国家统一法律职业资格考试

历年真题汇编

U0867859

2024年客观题

试卷册

法律出版社
LAW PRESS·CHINA
北京

图书在版编目（CIP）数据

国家统一法律职业资格考试历年真题汇编：五年自测版：全11册／法律考试中心，众合教育组编.
北京：法律出版社，2025. -- ISBN 978-7-5244-0066-0

Ⅰ. D92-44

中国国家版本馆CIP数据核字第2025VE6976号

国家统一法律职业资格考试历年真题汇编
（五年自测版）（全11册）
GUOJIA TONGYI FALÜ ZHIYE ZIGE KAOSHI LINIAN
ZHENTI HUIBIAN（WUNIAN ZICE BAN）（QUAN 11 CE）

法律考试中心
众　合　教　育　组编

策划编辑　徐　菲
责任编辑　李捷琳
装帧设计　李　瞻

出版发行　法律出版社
编辑统筹　法律考试·职业教育出版分社
责任校对　李慧艳
责任印制　胡晓雅
经　　销　新华书店

开本　787毫米×1092毫米　1/16
印张　27.25　　**字数**　1004千
版本　2025年3月第1版
印次　2025年3月第1次印刷
印刷　永清县金鑫印刷有限公司

地址：北京市丰台区莲花池西里7号（100073）
网址：www.lawpress.com.cn
投稿邮箱：info@lawpress.com.cn
举报盗版邮箱：jbwq@lawpress.com.cn

销售电话：010-83938349
客服电话：010-83938350
咨询电话：010-63939796

书号：ISBN 978-7-5244-0066-0
定价（全11册）：76.00元

凡购买本社图书，如有印装错误，我社负责退换。电话：010-83938349

前　　言

2018年法考时代正式开启，改革后的法考不再公布真题及参考答案，但我们都深知做真题对于备战法考的重要意义。在前期复习阶段，我们通常按照考点分类来接触法考真题，以便及时检验知识掌握情况；而在后期知识掌握程度较高的阶段，练习完整版的历年真题就十分有必要了，这时我们需要跳出单一考点，整体把握考试节奏，合理安排做题策略。

为此，《国家统一法律职业资格考试历年真题汇编（五年自测版）》中收录了2020～2024年法考回忆版试题，并采用套卷的形式进行精编。同时，编写组还邀请了法考名师对真题进行呕心解读，努力为考生提供一套高质量的沉浸式真题自测试卷。本套试题结合考生使用情况，具有以下特点。

1. 充分还原法考真题

本套试题依据新大纲教材，对法考以来的真题重新编排，采用"2+1"模式，即"客观题试卷一+客观题试卷二+主观题试卷"，让考生自测时真切感受法考氛围，沉浸式做题。

2. 全面解读法考考点

本套试题的解析部分集法考辅导专家理念于大成，各位名师依据最新法律法规并结合授课经验对真题进行了深入浅出的分析。同时，除了讲透真题外，名师们还在解析部分向考生传授一定的应试技巧，帮助考生举一反三。

3. 努力服务法考考生

编写组考虑广大考生的真实使用情况，将试题卷与答案卷分别成册，进行装订。每册客观题答案卷最后附有答案速查表，方便考生自我核查。编写组提供全程式陪伴，紧跟法律法规最新动态，积极回应考生建议及反馈。

寒冬离去，春意已临。《国家统一法律职业资格考试历年真题汇编（五年自测版）》编写组全体成员在此衷心祝愿各位考生圆梦2025！

法律考试中心

2025年3月

本书法律法规缩略语表

全　称	简　称
《最高人民法院关于适用〈中华人民共和国刑事诉讼法〉的解释》	《刑诉解释》
《最高人民法院关于适用〈中华人民共和国行政诉讼法〉的解释》	《行政诉讼法解释》
《最高人民法院关于适用〈中华人民共和国民事诉讼法〉的解释》	《民诉解释》
《最高人民法院关于民事诉讼证据的若干规定》	《民事诉讼证据规定》
《最高人民法院、最高人民检察院关于办理妨害信用卡管理刑事案件具体应用法律若干问题的解释》	《信用卡解释》
《最高人民法院关于适用〈中华人民共和国民法典〉有关担保制度的解释》	《担保制度解释》
《人民检察院刑事诉讼规则》	《高检规则》
《最高人民法院关于审理行政协议案件若干问题的规定》	《行政协议案件规定》
《公安机关办理刑事案件程序规定》	《公安部规定》
《法律援助值班律师工作办法》	《值班律师工作办法》
《最高人民法院关于审理环境民事公益诉讼案件适用法律若干问题的解释》	《环境公益诉讼解释》
《最高人民法院关于执行和解若干问题的规定》	《执行和解规定》
《中华人民共和国全国人民代表大会和地方各级人民代表大会代表法》	《代表法》
《中华人民共和国村民委员会组织法》	《村委会组织法》
《中华人民共和国全国人民代表大会和地方各级人民代表大会选举法》	《选举法》
《中华人民共和国全国人民代表大会组织法》	《全国人大组织法》
《中华人民共和国地方各级人民代表大会和地方各级人民政府组织法》	《地方政府组织法》
《最高人民法院关于适用〈中华人民共和国公司法〉若干问题的规定(二)》	《公司法司法解释(二)》

续表

全　称	简　称
《最高人民法院关于适用〈中华人民共和国民法典〉合同编通则若干问题的解释》	《民法典合同编通则解释》
《最高人民法院关于适用〈中华人民共和国民法典〉总则编若干问题的解释》	《民法典总则编解释》
《全国法院破产审判工作会议纪要》	《会议纪要》

2024年国家统一法律职业资格考试(回忆版)

试　卷　一

一、单项选择题(每题所设选项中只有一个正确答案,多选、错选或不选均不得分。本部分含1~50题,每题1分,共50分)

1. 习近平总书记高度重视发掘中华法治文明的本土法治资源,明确指出,“我们的先人们早就开始探索如何驾驭人类自身这个重大课题,春秋战国时期就有了自成体系的成文法典,汉唐时期形成了比较完备的法典。我国古代法制蕴含着十分丰富的智慧和资源,中华法系在世界几大法系中独树一帜”。对此理解正确的是:(　　)

A. 法治和人治是人类驾驭自身的方式和手段

B. 我国公布成文法的时间晚于罗马的《十二表法》

C. 大陆法系的典型代表是《国法大全》

D. 当前我国法治建设的重点是恢复古代成文法典体系

2. 在中国共产党的领导下,我国社会主义法治建设取得历史性成就、发生历史性变革。下列哪一说法是正确的?(　　)

A. 新民主主义革命时期创建了马锡五审判方式

B. 改革开放时开始建立中国特色社会主义司法制度

C. 党的十八届三中全会提出“有法可依、有法必依、执法必严、违法必究”十六字方针

D. “枫桥经验”于党的十八大之后出现

3. 党的二十届三中全会提出,“必须全面贯彻实施宪法,维护宪法权威”“完善以宪法为核心的中国特色社会主义法律体系,健全保证宪法全面实施制度体系,建立宪法实施情况报告制度”。下列说法正确的是:(　　)

A. 宪法的所有条文都要实施

B. 宪法只对公权力作出规定,没有关于私权利的规定

C. 宪法对社会生活进行全面细微的规定

D. 宪法是国家的根本法律规范

4. 钱某为残疾人,某日在乘坐地铁时欲使用无障碍设施,却被地铁工作人员阻拦,与其发生争执。执法人员在调解时指出,使用无障碍设施应该持有残疾人证,但钱某未能出示,依照相关规定,钱某无法使用设施。下列理解有误的是:(　　)

A. 执法人员的做法符合“谁执法谁普法”的普法责任制

B. 地铁工作人员的做法体现了形式主义和官僚主义

C. 执法应当顾及被执法者的感受

D. 禁止钱某使用无障碍设施与执法为民的要求相冲突

5. 陈某认为某购物中心在外墙上安装的显示屏造成“光污染”,遂提起诉讼要求关闭该显示屏。法院认为,根据生活经验,该显示屏产生的强光超出了一般人可容忍的范围,构成“光污染”,判决陈某胜诉。对此,下列哪一说法是正确的?(　　)

A. 法院对“光污染”概念进行了体系解释

B. 对于显示屏是否造成光污染,法院进行了设证推理

C. 法院对“光污染”概念进行了比较解释

D. 对于显示屏是否造成光污染,法院进行了当然推理

6. 法律的自主性可以作为工具和手段,对个人行为、模式等改变,影响到群体以及个人与群体、群体间的行为准则,从而影响整个社会的行为准则。下列说法正确的是:(　　)

A. 法律的自主性意味法律可以调整所有的社会关系

B. 法律的发展独立于道德和宗教

C. 社会以法的自主性为基础

D. 法律可以重塑人们的实践行为和行为模式

7. 甲在暴雨天气骑车出行,狂风将树吹断压倒了电线杆,甲被砸伤。甲仅向法院起诉电力公司要求赔偿。法院认为,甲没有尽到合理的注意义务,应当承担部分责任,电力公司和树木管理公司均未尽维护义务,应当承担相应的责任,遂判决电力公司承担20%的责任。对此,下列说法正确的是:(　　)

A. 树木管理公司和电力公司产生了法律责任竞合

B. 树木管理公司属于不诉免责

C. 甲受伤的原因是不可抗力

D. 法院的裁判体现了责任自负原则

8. 王某上班路上必经的左转车道经常拥堵,于是其擅自将左转道标识改为直行,交通拥堵大大改善,但王某被道路执法部门罚款。后有关部门将该车道改为直行车道,交通拥堵得到缓解。对此,下列表述正确的是:(　　)

A. 对于王某的法律评价体现了主观归责

B. 对王某的处罚体现法律实证主义的观点

C. 执法部门的做法自相矛盾

D. 执法部门应向王某退回罚款

9. 某商家以购物券诱导消费者消费,被市场监管部门以构成反不正当竞争为由罚款30万元。商家提出行政复议,市场监管部门将罚款改为6万元。对此,下列表述正确的是:(　　)

A. 小过重罚不利于营商环境建设中的可预期性

B. 良好的营商环境要求优先保护经营者

C. 行政处罚法和反不正当竞争法属于同一个法律部门

D. 行政复议不属于法律监督

10. 李某所在小区对面的KTV架设了一面广告牌,李某认为广告牌刺眼,要求KTV予以拆除,KTV未配合。李某起诉到法院,法官认为,相比于其他普通光源,广告牌的亮光超出了一般人的承受范围,因此认定广告牌构成光污染。对此,法官运用了下列哪一推理或解释?(　　)

A. 当然推理　　B. 体系解释

C. 比较解释　　D. 设证推理

11.《宪法》规定,监察机关独立行使职权的主要目的是排除行政机关、________和个人对监察机关的非法干扰,同时明确监察机关与司法机关等在办理________案件过程中的工作关系。

A. 司法机关、职务违法和职务犯罪

B. 司法机关、反侦察

C. 社会团体、反侦察

D. 社会团体、职务违法和职务犯罪

12.《宪法》规定:①国家鼓励集体经济组织、国家企业事业组织和其他社会力量依照法律规定举办各种教育事业。②国家发展自然科学和社会科学事业,普及科学和技术知识,奖励科学研究成果和技术发明创造。③国家推行计划生育,使人口的增长同经济和社会发展计划相适应。④国家保障自然资源的合理利用,保护珍贵的动物和植物。下列哪个选项体现了基本文化制度?(　　)

A. ①②③④　　B. ②③④

C. ①②　　D. ③④

13.《宪法》规定,中华人民共和国是全国各族人民共同缔造的________的多民族国家。平等团结________的社会主义民族关系已经确立,并将继续加强。关于空格部分缺失的内容,下列哪一项是正确的?(　　)

A. 单一、和谐　　B. 单一、互助和谐

C. 统一、互助和谐　　D. 统一、和谐美丽

14. 关于"十恶",下列说法正确的是:(　　)

A. 砍伐皇陵的树木,并盗走了香炉,成立"谋反"

B. 甲、乙素来有仇,甲杀了乙及其一侍女,成立"不道"

C. 丙半路遇到老师,老师教育丙,丙气不过,殴打了老师,成立"不义"

D. 兄弟分立门户,未经父母同意,成立"不孝"

15. 中国古代法在法律体系上的特征是"礼律合一"。关于"礼"与"律"的关系问题,下列哪一说法是正确的?(　　)

A. "德教为政教之本,刑罚为政教之用",唐律实现了"礼"与"律"的统一

B. "礼之所去,刑之所取,失礼则入刑,相为表里者也",两者共同构成了秦汉法律的完整体系

C. 朱熹说,"故圣人之治,为之教以明之,为之刑以弼之",说明宋律的主旨是"明刑弼教"

D. 清末礼法之争,焦点是"礼"与"律"的关

系问题

16. 甲国和乙国是《联合国海洋法公约》的缔约国,同时又是某区域性政府间国际组织“维亚”的成员。对于甲国和乙国之间的渔业争端,下列说法正确的是:(　　)

A. 该政府间国际组织对纠纷所作出的决议具有法律约束力

B. 对于同一争端,该政府间国际组织的决议效力优于《联合国海洋法》公约的相关规定

C. 该政府间国际组织经过联合国安理会授权可以采取行动解决两国之间的渔业争端

D. 该组织可以通过特别协定与联合国建立固定关系,成为联合国的专门机构

17. 乙国驻华大使馆与中国人金某在北京签订图书翻译合同,约定由金某将某图书翻译成乙国语言。金某翻译完毕后,因乙国大使馆并未按照约定支付费用,张某将乙国大使馆诉至我国法院。下列乙国大使馆的行为表示接受我国法院管辖的是:(　　)

A. 乙国大使出庭,为主张国家豁免而应诉答辩

B. 乙国大使说明该翻译合同应适用中国法律

C. 乙国大使出庭就实体问题对金某提起反诉

D. 乙国大使出庭作证

18. 一艘登记在甲国但悬挂巴拿马国旗的船舶幸运号在公海被海盗袭击,甲国军舰正义号收到求救信号后为了救助该船舶不得已击沉了海盗船。后来因为该悬挂巴拿马国旗的船舶更换为乙国国旗,甲国军舰对该船舶进行登临检查。在检查过程中发现该巴拿马籍船舶藏有乙国的假币。下列说法正确的是:(　　)

A. 甲国击沉海盗船的行为违反国际法

B. 乙国对该船舶藏有假币的行为不具有管辖权

C. 甲国对该船舶行使登临权符合国际法的规定

D. 该巴拿马籍船舶可以悬挂任一国家的国旗

19. 关于排除犯罪事由,下列说法正确的是:(　　)

A. 甲突遇数只狼狗袭击,不得已欲进入乙家中进行避险。乙拒绝并将甲推搡至路边。甲情急之下推开乙,闯入乙的住宅内。乙倒在住宅内,遭受轻伤。甲对乙构成正当防卫

B. 甲在酒吧与酒吧员工乙发生争执,乙用酒瓶砸击甲。甲被迫拿起酒吧珍藏的瓶装红酒进行抵挡,导致该瓶红酒受损。甲的行为构成正当防卫

C. 甲雇请乙为其修建房屋。乙修建完成后,甲拒绝支付建设款。乙盛怒之下将房屋拆毁。乙的行为构成正当防卫

D. 甲欲加入黑社会团伙,团伙老大要求测试甲的抗击打能力。甲同意。团伙老大派乙殴打甲,造成甲重伤。由于存在被害人承诺,乙不构成故意伤害罪

20. 关于共同犯罪、不作为犯罪,下列说法正确的是:(　　)

A. 丙带领多人围攻侵害乙。甲见状,将手中铁锹扔给乙。乙持铁锹反击,致丙重伤。甲不构成故意伤害罪

B. 甲故意伤害丙,乙为甲望风。甲将丙打成重伤。甲是实行犯,乙是帮助犯。对二者的追诉期限必然相同

C. 由于法律没有规定“普通公民可以构成渎职罪”,所以,普通公民教唆国家机关工作人员实施渎职犯罪的,不构成渎职罪的教唆犯

D. 甲发现乙溺水,扔下救生圈。在乙尚未抓到救生圈时,甲发现乙是自己的仇人,于是捞走救生圈,乙溺亡。甲构成不作为的故意杀人罪

21. 甲没有医师执业资格,长期非法行医,开办诊所。已满 13 周岁不满 14 周岁的乙多次到甲诊所就诊,谎称自己年龄为 15 岁。甲确实不知乙未满 14 周岁。经过乙同意,甲与乙发生性关系。下列说法正确的是:(　　)

A. 甲构成非法行医罪

B. 甲构成负有照护职责人员性侵罪

C. 甲构成强奸罪

D. 甲构成猥亵儿童罪

22. 甲来到乙家做客,临时起意决定实施昏醉抢劫,先投放迷药,然后甲离开乙家。两小时后,甲估计乙已经喝了迷药并昏迷,然后返回乙家,发现乙不在家,便拿走财物。实际上,乙喝了迷药后就接到电话,出门办事了。乙坐在外出的车里后排座位上睡着了。对甲该如何处理?(　　)

A. 甲只构成盗窃罪

B. 甲构成抢劫罪既遂

C. 甲构成抢劫罪未遂

D. 甲构成入户抢劫

23. 甲代售地下六合彩，乙将装有3万元现金的袋子放到甲的柜台上，对甲讲："我用这3万元现金购买彩票。"乙的真实想法是，如果未中奖，就想办法将3万元现金拿走。甲信以为真，利用网络支付3万元购买彩票给乙。乙拿到彩票，发现未中奖，趁甲未注意，将装有废纸的袋子与现金的袋子调包，拿走装有现金的袋子离去。下列说法正确的是：（　　）

A. 乙构成侵占罪，侵占的是3万元现金

B. 乙构成盗窃罪，盗窃的是3万元现金

C. 乙构成诈骗罪，诈骗的是彩票

D. 乙属于正当防卫，因为甲代售地下六合彩，从事的是非法经营活动

24. 甲带着碰运气的心理，实施一项计划，将价值6元的香蕉伪装成价值60元的香蕉，寄卖给不特定人，将货款和快递费设置为到付方式（邮件单上有香蕉价格和快递费），希望收件人误以为是家人购买的商品，由此收件人有可能予以购买。甲实施该计划后，果然有许多收件人误以为是家人购买的商品，予以购买，并支付货款60元和快递费10元。不考虑数额，下列说法正确的是：（　　）

A. 甲不构成诈骗罪，因为甲与收件人没有语言沟通，没有欺骗行为

B. 甲不构成诈骗罪，因为甲在邮件单上写明了香蕉价格和快递费

C. 甲不构成诈骗罪，因为收件人没有财产损失

D. 甲构成诈骗罪

25. 甲与官员乙达成权钱交易，乙承诺办事，甲给乙行贿，方式是，甲设立一个炒股账户并打入500万元，将这些资金送给乙，将账号、密码交给乙。乙接收后进行炒股，赚了80万元。后乙未能给甲办成事。甲修改了账户密码。乙无法支配该账户资金。下列说法正确的是：（　　）

A. 乙构成受贿罪未遂

B. 乙构成受贿罪既遂，既遂数额是580万元

C. 甲构成行贿罪犯罪中止

D. 甲构成行贿罪既遂，并且构成盗窃罪

26. 某地规定居民需纳税一年以上才有购房资格。甲不具有购房资格，请求乙（非国家工作人员）想办法帮忙作假，以取得购房资格。乙向甲称这事需要40万元，甲给了40万元。乙又谎称需要补缴税款10万元（实际上不需要），又收取甲10万元。乙留下20万元，将30万元送给税务工作人员丙，请帮忙办理此事。丙不具有纳税系统操作权限，于是丙找到同事丁（税务工作人员），请丁进行操作。丙对丁称自己收了请托人20万元，给了丁10万元。丁违规办了此事。下列说法错误的是：（　　）

A. 丁构成受贿罪，数额是20万元

B. 丙构成斡旋受贿和行贿罪

C. 乙构成诈骗罪和行贿罪

D. 甲构成对有影响力的人行贿罪，数额是50万元

27. 关于毒品犯罪，下列说法正确的是：（　　）

A. 甲为了吸毒，将毒资交给乙，让乙代购。乙代购到毒品后，让甲给自己分一点毒品，自己也吸毒。甲答应。乙的代购行为构成贩卖毒品罪

B. 甲有海洛因，乙有冰毒。甲是吸毒者，想吸食冰毒。乙是贩毒者，想贩卖冰毒，不想吸食海洛因，而是想贩卖掉。二人交换了海洛因和冰毒。甲乙均构成贩卖毒品罪

C. 丈夫甲吸毒，妻子乙多次劝阻无效。某日，乙在家发现大量毒品，顿感绝望，于是吞入大量毒品自杀身亡。甲的吸食毒品行为与乙的死亡有因果关系

D. 甲为了吸食而购买50克海洛因，吸食后，将剩余45克海洛因放在家里。甲构成非法持有毒品罪

28. 关于刑法中的"减轻处罚"，下列说法错误的是：（　　）

A. 与从轻处罚相比，减轻处罚对被告人更有利

B. 减轻处罚，是指在量刑幅度以下判处刑罚。这里的"以下"包括本数

C. 若要适用酌定减轻处罚，须经最高人民法院核准

D. 减轻处罚既包括对主刑减轻处罚，也包括对附加刑减轻处罚

29. 关于犯罪形态，下列说法错误的有：（　　）

A. 甲欲抢劫哨兵手中的枪，夜晚埋伏于哨兵身后草丛中，一直没有机会下手，遂放弃，在返回途中被抓捕。甲构成犯罪预备

B. 甲向乙购买毒品，给乙汇了一部分货款，乙交了货。甲在 ATM 上汇尾款时被抓获。乙未能收到尾款。乙构成贩卖毒品罪既遂

C. 乙将台式电脑交给甲修理，约定次日取回。甲在修理时，发现主机机箱内藏着 100 克金条，偷偷拿出来放入自己口袋。次日，甲交还电脑时，乙忽然想起金条之事，发现金条没了，要求甲返还，甲予以返还。甲构成盗窃罪犯罪中止

D. 甲对路边一位女士乙心生歹意，欲强奸，将其骗到一无人处，实施暴力。该女士随即大声呼救。甲发现远处有行人，便放弃。甲构成强奸罪犯罪未遂

30. 关于正当防卫和紧急避险，下列说法错误的有：(　　)

A. 正当防卫人原则上没有躲避不法侵害的义务。紧急避险人的主要目的是躲避危险

B. 正当防卫只保护个人法益，紧急避险可保护公共法益

C. 对他人的紧急避险不可以实施正当防卫，对他人的正当防卫不可以实施紧急避险

D. 紧急避险的时间条件是危险正在发生。正当防卫的时间条件是不法侵害正在进行，对法益制造紧迫危险

31.《刑法》第 329 条第 1 款(抢夺、窃取国有档案罪)规定："抢夺、窃取国家所有的档案的，处五年以下有期徒刑或者拘役。"有观点认为，既然抢夺国有档案构成犯罪，那么，比抢夺程度更严重的抢劫国有档案，也应当构成犯罪。关于这种观点，下列评析意见错误的有：(　　)

A. 这种观点是对"抢夺"的扩大解释

B. 这种观点符合当然解释

C. 这种观点符合体系解释

D. 这种观点违反了罪刑法定原则，因为刑法条文没有规定"抢劫国有档案的，构成犯罪"

32. 在我国刑事诉讼活动中，下列承担控诉职能的诉讼参与人有：(　　)

A. 公诉人指控犯罪时向法院申请出庭的证人

B. 检察院出庭支持公诉的检察官

C. 自诉案件中自诉人委托的诉讼代理人

D. 认罪认罚案件中的刑事被告人

33. 关于刑事诉讼活动中回避制度的适用，下列表述正确的是：(　　)

A. 审查起诉阶段，辩护人申请检察长鲁某回避，对于鲁某是否回避应由上级检察院的检察委员会决定

B. 对于发回一审法院重审的案件，参加案件原审工作的书记员郭某不得再参与本案审理

C. 诈骗案件侦查阶段，辩护人对侦查人员王某提出回避申请，王某应立即退出案件侦查

D. 法官李某无意间目睹一起故意杀人案，李某不得担任该案的审判人员

34. 在刑事诉讼中，证人证言必须在法庭上经过公诉人、被害人和被告人、辩护人双方质证并且查实以后，才能作为定案的根据。这体现了刑事诉讼证据的：(　　)

A. 客观性原则　　　B. 关联性原则

C. 合法性原则　　　D. 真实性原则

35. 家住甲县的张某因涉嫌诈骗被乙县公安机关立案侦查，鉴于张某在乙县没有固定住处，乙县公安机关决定对张某在指定居所监视居住，下列表述正确的有：(　　)

A. 指定居所监视居住期间产生的食宿费用应当由张某承担

B. 若张某担心在甲县住处监视居住会被邻居知道后对自己影响不好，可以申请乙县公安机关对自己在指定居所监视居住

C. 张某的辩护律师会见张某前，应当经过乙县公安机关批准

D. 张某在被指定居所监视居住期间，应当上交驾驶证、身份证

36. 下列关于法律援助与值班律师制度，说法正确的是：(　　)

A. 法律援助机构为犯罪嫌疑人指派了法律援助辩护律师甲，犯罪嫌疑人的父亲又为其另行委托了辩护律师乙，犯罪嫌疑人应当接受其父亲委托的辩护律师

B. 犯罪嫌疑人自愿认罪认罚，在签署认罪认罚具结书时，辩护律师因客观原因不能到场的，检察院可以安排值班律师在场见证

C. 犯罪嫌疑人自愿认罪认罚，没有委托辩护人，拒绝值班律师帮助的，签署具结书时，检察院仍应当通知值班律师到场见证

D. 对不满 16 周岁的未成年犯罪嫌疑人，法律援助机构应当为其指派值班律师提供法律帮助

37. 王某因涉嫌受贿被监察机关立案调查，调查终结后移送检察院审查起诉，下列表述正确的是：(　　)

A. 检察院若对王某决定不起诉，可没收王某的违法所得

B. 检察院若对王某决定不起诉，需报上一级检察院备案

C. 检察院若认为监察机关移送的部分证据未鉴定，需要补充调查，必要时，检察院可自行补充侦查

D. 检察院若经过审查发现，案件事实清楚，证据确实、充分，但王某行为属于非国家工作人员受贿，本案应当由公安机关立案侦查，应当将案件退回监察机关处理

38. 苏某因醉酒驾驶涉嫌危险驾驶罪被检察院提起公诉，法院进行审判。苏某认罪认罚，同意适用速裁程序。下列选项正确的是：(　　)

A. 检察院无须派员出庭参加审理

B. 庭审可以不开展法庭调查和法庭辩论

C. 若发现苏某可能不构成犯罪，法院应当转为简易程序进行审理

D. 若苏某认为量刑不当提起上诉，二审法院应当裁定撤销原判、发回重审

39. 某区法院一审以集资诈骗罪判处被告人黄某 12 年有期徒刑，黄某不服上诉，某市中级法院经过二审认为一审认定案件事实不清、证据不足，遂将案件撤销原判，发回重审。某区法院重审后以非法吸收公众存款罪判处黄某有期徒刑 3 年，某区检察院认为一审裁判确有错误提出抗诉，某市中级法院进行审理。下列表述正确的是：(　　)

A. 某市中级法院开庭进行审理，检察院要求撤回抗诉，某市中级法院应当准许

B. 某市中级法院开庭进行审理，若某市检察院不派员出庭也未说明原因，某市中级法院可以裁定按撤回抗诉处理

C. 某市中级法院经过审理，仍然认为案件事实不清、证据不足，可以再次将案件撤销原判，发回重审

D. 某市中级法院经过审理，可以改判黄某犯集资诈骗罪，判处有期徒刑 13 年

40. 甲和乙(聋哑人)引诱三名未成年人丙、丁、戊卖淫，公安机关的下列哪一侦查行为合法？(　　)

A. 对戊的询问应尽可能减少频次，避免造成二次伤害

B. 询问戊后，询问笔录没有让戊核对

C. 询问丙和丁时，可以让她们当场对质

D. 讯问乙时可以让乙的父亲陪同翻译并记录在案

41. 小吴，16 岁，因涉嫌抢劫被公安机关立案侦查，目前被逮捕羁押于看守所。公安机关侦查终结移送检察院审查起诉，下列说法正确的是：(　　)

A. 在侦查阶段，小吴因内心恐惧想要会见其祖父，公安机关应当同意

B. 检察院经过审查，认为小吴符合取保候审条件，无须继续羁押，应当建议公安机关对小吴变更强制措施

C. 检察院经过审查，认为小吴不符合起诉条件，决定对小吴不起诉的，可以责令小吴向被害人赔礼道歉、赔偿损失

D. 检察院讯问小吴时，小吴坚持拒绝法定代理人或合适成年人在场，检察院可以不安排法定代理人或合适成年人在场

42. 甲持刀将邻居乙杀害，某市公安机关侦查终结后移送某市检察院审查起诉，经过鉴定，检察院认为甲属于依法不负刑事责任的精神病人，符合强制医疗条件，决定对甲不起诉。下列表述正确的有：(　　)

A. 某市公安机关侦查时，在解剖乙尸体时，应当通知乙的家属到场

B. 甲对某市检察院作出的不起诉决定不服，有权向某市检察院申诉

C. 某市检察院作出不起诉决定后，应当向同级的某市中级法院申请强制医疗

D. 某市检察院审查起诉时可以对甲采取临时保护性约束措施

43. 甲运输毒品时被公安机关发现，公安机关在甲车里发现了用茶叶盒包装的毒品。甲辩称是朋友乙送的，自己不知情。但经侦查，毒品包装上有甲的指纹，侦查人员还发现甲与乙的 28 次通话记录。下列证据不属于间接证据的是：(　　)

A. 甲留在毒品包装上的指纹

B. 车里的毒品

C. 甲的辩解

D. 28 次通话记录

44. 甲区王某在乙区工作，在丙区吸毒被发现，丙区公安局对其予以强制隔离戒毒。王某对强制隔离戒毒决定不服，提起行政诉讼，下列哪个选项是正确的？（　　）

A. 甲区法院和丙区法院均有管辖权

B. 当场作出的强制隔离戒毒决定违法

C. 情况紧急，可以由 1 名执法人员作出强制隔离戒毒决定

D. 因现场发现王某吸毒行为，执法人员应当在 24 小时内补办批准手续

45. 甲公司私自打井临时取水，区水务局经听证对甲公司作出罚款 9 万元的决定。甲公司申请行政复议，甲公司在复议期间又提起行政诉讼。对此，下列哪个选项是正确的？（　　）

A. 法院应当裁定不予立案

B. 复议机关应当决定终止审理

C. 甲公司负责人应当参加听证

D. 甲公司应承担水务局组织听证的费用

46. 中国证券监督管理委员会为国务院直属机构，2023 年，中国证券监督管理委员会以第 217 号令公布了《中国证券监督管理委员会行政许可实施程序规定》。对此，下列哪个说法是正确的？（　　）

A. 公布的命令应当载明制定机关、序号、通过日期、施行日期以及公布日期等内容

B. 中国证券监督管理委员会的设立，应当经过全国人大或全国人大常委会的批准

C. 当事人对行政行为不服提起行政诉讼时，可以一并要求法院审查该规定

D. 中国证券监督管理委员会承担国务院的基本行政管理职能

47. 2024 年 1 月，黄某的房屋被区政府以修建市政广场为由予以征收，黄某向区政府申请公开土地总体利用规划。2024 年 2 月，区政府作出《政府信息公开申请答复书》，不予公开。2024 年 9 月，黄某对答复不服，直接提起行政诉讼，下列哪个选项是正确的？（　　）

A. 黄某不能以传真的方式申请信息公开

B. 因涉及国家秘密不予公开，法院应当裁定驳回起诉

C. 法院应当裁定不予立案

D. 因黄某起诉超过行政诉讼起诉期限，法院应当判决答复书无效

48. 甲公司因燃气经营权到期，向区行政审批局申请延长燃气经营权，区行政审批局审核后作出不予延期决定。甲公司不服，申请行政复议。复议机关经负责人批准延长了复议审理期限，后撤销区行政审批局的不予延期决定并责令其重新作出行政行为。对此，下列哪个说法是正确的？（　　）

A. 行政许可不予延期的决定应经区行政审批局负责人集体讨论作出

B. 区行政审批局在作出不予延期的决定前应予以听证

C. 行政复议审理期限延长应书面通知申请人

D. 若区行政审批局拒不执行复议决定，甲公司可申请法院强制执行

49. 区交通局以高某无法出示车辆运营许可证为由，扣押了高某的运营车辆。高某不服提起行政诉讼，请求撤销区交通局的决定，法院告知高某可以一并提出行政赔偿诉讼。下列哪个说法是正确的？（　　）

A. 高某提起行政赔偿的，应当在一审开庭前提起

B. 如果高某提供担保，县交通局应当解除扣押

C. 法院无权主动告知高某其可以提起行政赔偿诉讼

D. 如果法院判决高某胜诉，被扣押车辆的营运损失属于《国家赔偿法》规定的直接损失

50. 2022 年，检察官王某辞去公职。2024 年，王某以律师身份担任诉讼代理人，区司法局经过调查后以其非法执业为由对其作出警告的行政处罚。王某申请复议，复议机关作出维持决定后，当事人不服，提起行政诉讼。下列说法正确的是：（　　）

A. 区司法局在作出处罚行为时应当告知相对人先向复议机关申请复议

B. 复议的申请期限为 60 日

C. 复议机关只能是区政府

D. 检察官离任两年内不得以任何身份担任

诉讼代理人或辩护人

二、多项选择题(每题所设选项中至少有两个正确答案,多选、少选、错选或不选均不得分。本部分含51~85题,每题2分,共70分)

51. 张某为其汽车购买了保险,合同约定保险公司应赔偿该车因火灾发生的损失。后该车发生自燃,保险公司以“自燃”并非“火灾”为由拒赔,张某遂诉至法院。法院经审理认为,在日常生活中,“自燃”属于“火灾”的一种形式,但该保险合同中另有条款对“自燃”作了规定,故该合同中的“自燃”和“火灾”是不同的含义,遂判张某败诉。以下说法正确的是:(　　)

A. 法院的解释属于司法解释

B. 法院对火灾的论证属于外部证成

C. 法院运用了文义解释的方法

D. 法院运用了体系解释的方法

52. 下列关于我国选举制度的规定中,体现选举权的平等性原则的是:(　　)

A. “全国和地方各级人民代表大会代表的选举,一律采用无记名投票的方法。”

B. “有少数民族聚居的地方,每一聚居的少数民族都应有代表参加当地的人民代表大会。”

C. “不设区的市、市辖区、县、自治县、乡、民族乡、镇的人民代表大会的代表,由选民直接选举。”

D. “本行政区域内各选区每一代表所代表的人口数应当大体相等。”

53. 2024年6月28日,第十四届全国人民代表大会常务委员会第十次会议决定:授权国务院在海南自由贸易港暂时调整适用《中华人民共和国食品安全法》(第76条第1款、第80条第1款)有关规定,期限为五年。根据宪法和法律的规定,下列选项正确的是:(　　)

A. 该决定由全国人民代表大会宪法和法律委员会进行审议

B. 国务院应严格根据该授权调整适用上述两个条款

C. 该决定属于宪法规定的立法权

D. 全国人民代表大会常务委员会可以延长授权期限或者恢复施行上述两个条款

54. 关于我国宪法的序言,下列哪些说法是正确的?(　　)

A. 宪法序言规定了我国的根本任务

B. 政协制度只在序言里规定

C. 序言里规定了我国的外交政策

D. 宪法序言具有最高法律效力

55. 关于备案审查和合宪性审查,下列哪些说法是正确的?(　　)

A. 都是事先和事后审查相结合

B. 都是依职权、依申请审查

C. 都由全国人民代表大会行使

D. 都是推进宪法实施的重要途径

56. 甲经再审判无罪,拟申请国家赔偿,遂向县法律援助中心申请法律援助。县法律援助中心以甲未证明经济困难为由拒绝提供援助,甲向县司法局提出异议,下列行为正确的是:(　　)

A. 县司法局认定甲的申请无须证明经济困难即可申请援助

B. 县司法局指定一名法律援助志愿者为其制作国家赔偿申请书

C. 县司法局责令县法律援助中心限期改正,为甲提供法律援助

D. 县司法局对县法律援助中心的相关责任人员作出行政处罚

57. 甲乙两国加入一个已生效的条约,加入时甲国外交部部长露娜作出排除条约第19条对甲国适用的保留,乙国缔约代表汉斯作出改变条约第19条部分规定对乙国适用效果的解释性声明。缔约国丙国反对甲国的保留和乙国的解释性声明,但丙国并不反对条约其他条款在甲丙和乙丙之间的适用。根据《维也纳条约法公约》的相关规定,下列说法正确的有哪些?(　　)

A. 露娜议定条约加入事宜时无须出具全权证书

B. 汉斯议定条约加入事宜时应出具全权证书

C. 因丙国反对甲国的保留,该条约在甲丙之间除第19条以外都适用

D. 因丙国反对乙国的解释性声明,该条约在乙丙之间除第19条以外都适用

58. “抢劫银行或者其他金融机构”是抢劫罪的法定刑升格条件。张某抢劫运营中的甲银行的运钞车。李某盗窃运营中的乙银行的运钞车。下列说法正确的有:(　　)

A. 将张某的行为解释为“抢劫银行或者其他金融机构”,属于扩大解释

B. 将张某的行为解释为“抢劫银行或者其他金融机构”，属于类推解释

C. 将李某的行为解释为“抢劫银行或者其他金融机构”，属于类推解释

D. 将李某的行为解释为“抢劫银行或者其他金融机构”，属于当然解释

59. 下列情形中，行为人负有刑法上的作为义务的有：(　　)

A. 甲将流浪狗带回家饲养。某日，该狗撕咬邻居女童，甲袖手旁观，女童被咬成轻伤

B. 甲和乙是球友。某日，二人相约在球场打球，甲突发心脏病，乙没有救助。甲因未得到及时救助而死亡

C. 成年的甲看到父亲在盗窃，甲不阻止

D. 甲和乙打离婚官司，在法院拿到一审离婚判决书(尚未正式生效)。甲和乙走出法院时，乙遭遇车祸，甲不予救助

60. 甲与乙成立 A 公司。两人为谋取不正当利益，送给官员丙 20% 的股权，但不进行股权转让登记，由甲代持该股权，代持协议由甲和丙各持一份。三个月后，丙与甲乙发生了一些其他事项的纠纷。此时丙尚未取得股权的分红。丙担心甲、乙检举自己受贿事实(实际该担心是多余的)，就当着甲乙的面撕毁了代持协议，放弃了分红。下列说法正确的有：(　　)

A. 股权是分红的依据。丙尚未取得分红，故不成立受贿罪

B. 丙成立受贿罪既遂，既遂数额是收取股权时股权的价值

C. 丙成立受贿罪中止，因为丙自动放弃了股权及分红

D. 甲乙成立行贿罪，构成未遂

61. 官员甲利用职务给乙谋取了利益。乙送给甲一套市场价值 1600 万元的别墅。甲收了房子，考虑到会被查，所以户名没有从乙变为甲。乙送房时告知甲，自己已经支付了该房子的首付款和部分月供款，共计 700 万元，甲尚须支付剩余贷款 900 万元。案发时，该房子的市场价值为 800 万元。下列说法错误的有：(　　)

A. 甲构成受贿罪未遂，因为该房子未过户给甲

B. 甲构成受贿罪既遂，既遂数额是 1600 万元

C. 甲构成受贿罪，既遂数额是 700 万元，未遂数额是 900 万元

D. 甲构成受贿罪，犯罪所得的收益是 100 万元

62. 关于因果关系，下列说法正确的有：(　　)

A. 甲故意伤害乙，将乙打成重伤，然后离开。乙被他人送往医院。医生叮嘱乙住院治疗。由于生活不便的老母亲在家无人照料，乙只好出院，遂因伤势过重而死亡。甲与乙的死亡有因果关系

B. 甲无证驾驶汽车，正常驶过十字路口时，乙驾驶电动自行车突然闯红灯，甲来不及刹车撞死乙。乙的死亡结果应由甲负责

C. 甲吸毒，妻子乙为此多次与甲激烈争吵。某日，乙发现甲在家私藏大量毒品，于是乙全部服下自杀身亡。甲与乙的死亡有因果关系

D. 甲欲杀害乙，向站在悬崖边的乙开枪，打偏了，子弹飞向附近悬崖边的丙，未击中丙，但丙因受枪声惊吓，失足跌落悬崖。甲与丙的死亡有因果关系

63. 甲欲杀害乙，看到前方的丙，误以为是乙，开枪射杀，致丙重伤后，子弹继续飞行，击中前方几棵树后面的乙，致乙死亡。甲当时没有看到乙，但是有看到的可能性。下列哪些说法是正确的？(　　)

A. 根据法定符合说，甲对乙成立故意杀人罪既遂

B. 根据法定符合说，甲对丙同时构成故意杀人罪未遂和过失致人重伤罪

C. 根据具体符合说，甲对丙同时构成故意杀人罪未遂和故意伤害罪(重伤)

D. 根据具体符合说，甲对乙构成故意杀人罪既遂

64. 甲乙共谋入户抢劫丙家，计划由甲提前一天踩点。甲来到丙家踩点时，发现丙是自己中学同学，便心生悔意，将和乙共谋抢劫丙家的计划向丙如实交代。丙欲抓住乙，告知甲继续原计划。次日，甲乙来到丙家，甲告知乙在外望风，自己入户抢劫。甲进入丙家后，和丙一起报警，警察赶到将望风的乙抓获。下列选项说法正确的有：(　　)

A. 甲构成犯罪预备

B. 乙构成犯罪未遂

C. 甲构成犯罪中止

D. 乙构成犯罪预备

65. 甲乙约定好去丙家抢劫。下列情形中,甲构成抢劫罪既遂的有:(　　)

A. 甲去丙家的途中,被父母强行拉回家。乙抢劫既遂

B. 甲去丙家的途中,心生悔意,自行回家,并告知乙。乙抢劫既遂

C. 甲乙共同压制丙的反抗后,甲心生悔意,自行离去。乙继续抢劫,并既遂

D. 甲乙共同压制丙的反抗后,甲心生悔意,阻止乙,被乙打晕。乙继续抢劫,并既遂

66. 乙欲枪杀丙。甲站在后面看到这一幕,决定暗中帮助乙,也向丙开枪。对此,乙并不知情。丙身中一颗子弹而死亡,但是无法查明这颗子弹是甲射击的还是乙射击的。下列说法错误的有:(　　)

A. 乙构成故意杀人罪既遂

B. 乙构成故意杀人罪未遂,因为无法查明乙的开枪行为与死亡结果有因果关系

C. 甲构成故意杀人罪既遂,因为甲构成乙的故意杀人罪的片面共同正犯

D. 甲构成故意杀人罪未遂,因为甲不构成乙的故意杀人罪的片面共同正犯

67. 关于刑事诉讼法的工具价值与独立价值,下列哪项说法是正确的?(　　)

A. 对于超过 20 年追诉时效的刑事案件,经最高人民检察院核准后予以追诉,体现了刑事诉讼法保障刑法实施的工具价值

B. 为未成年人犯罪案件设置特别程序,体现了刑事诉讼法影响刑法实施的独立价值

C. 刑事诉讼法规定“犯罪事实清楚,证据确实、充分”的证明标准,体现了刑事诉讼法保障刑法实施的工具价值

D. 自诉案件双方当事人和解的,法院裁定准许自诉人撤诉,体现了刑事诉讼法创制刑法的独立价值

68. 在刑事诉讼中,犯罪嫌疑人、被告人有权委托辩护人。下列人员可以被委托为辩护人的有:(　　)

A. 正在被执行刑罚的人

B. 依法被剥夺、限制人身自由的人

C. 律师

D. 犯罪嫌疑人、被告人的近亲属

69. 李某和荣某于网上结识,相约去酒吧喝酒,荣某醉酒昏迷,醒来发现自己支付宝账户被转走 4 万元,于是向公安机关报案,经检测发现荣某体内含有致昏药剂成分。后检察院以李某涉嫌抢劫罪提起公诉,以下证据可证明李某构成抢劫罪的是:(　　)

A. 聊天记录显示李某曾反复劝荣某将支付方式改为指纹支付

B. 上网记录显示李某曾多次搜索“迷药”“下药”等词汇

C. 李某朋友作证,李某曾吹嘘自己给网友下药并发生关系

D. 监控记录显示,李某曾在荣某去洗手间时摇晃其酒杯

70. 某市某区市场监管局查处黄某生产、销售有毒有害食品一案,经过调查认为黄某行为已构成犯罪,便将收集到的证据材料移送某区公安机关立案侦查,案件随后由某区检察院提起公诉。请问某区市场监管局移送的哪些材料可以在刑事诉讼中作为证据使用?(　　)

A. 市场监管局调查询问黄某时制作的询问笔录

B. 市场监管局在黄某住处查获有毒有害食品的勘查笔录

C. 市场监管局委托食品检验研究院出具的鉴定报告

D. 市场监管局调查询问证人时制作的询问笔录

71. 韩某因涉嫌电信诈骗被检察院提起公诉,法院发现检察院未随案移送扣押的电脑的笔录,犯罪数额不清。鉴定意见只有鉴定机构盖章,没有鉴定人签名。法院认为韩某有自首情形,韩某向法庭提交了过去表现良好的证明材料,下列说法不正确的是:(　　)

A. 过去表现良好的证明材料可以作为定案依据

B. 鉴定意见经过补正后可以作为定案依据

C. 电脑不得作为本案的定案依据

D. 法院有权要求韩某提供自首的证据材料

72. 李某进入王某家中盗窃现金 3000 元,王某向公安机关报案,为多获赃款,王某谎称失窃 3 万元,并指示朋友赵某向公安机关作伪证称:“当

日其向王某归还现金3万元。”公安机关经查证后发现赵某所作系伪证,遂对王某、赵某分别予以刑事立案。关于本案处理,下列选项正确的是:(　　)

A. 在王某妨害作证案与赵某伪证案中,如李某的盗窃犯罪已被生效判决认定,则庭审期间公诉人不必对该裁判认定的事实进行证明

B. 在李某盗窃案中,王某的被害人陈述系非法证据,应予以排除

C. 在王某的妨害作证案中,赵某先前所作虚假证言违背了自白任意规则

D. 在赵某伪证案中,李某称自己只偷了3000元,系被害人陈述

73. 赵某跟徐某有仇,某晚放火将徐某烧死,公安机关将赵某抓获,经过侦查报请检察院审查批准逮捕,下列表述正确的是:(　　)

A. 若公安机关证据充分,赵某符合逮捕条件

B. 若公安机关证据充分,但赵某家中有一年迈卧床无自理能力的母亲,赵某是其唯一赡养人,赵某符合监视居住条件

C. 若检察院经过审查,公安机关证据不足,应当对赵某适用取保候审

D. 若检察院经过审查,公安机关证据不足,检察院作出不批准逮捕决定后,可以要求公安机关对赵某取保候审

74. 甲因吸毒被强制戒毒,戒毒期间发现其有贩卖毒品的事实,公安机关决定对其刑事拘留。下列做法正确的是:(　　)

A. 公安机关可在戒毒所讯问甲

B. 公安机关拘留甲后可以将甲继续羁押于戒毒所

C. 公安机关拘留甲后,应当立即报请检察院批准逮捕

D. 公安机关报请检察院批准逮捕甲,检察院发现甲有长期吸毒史,可以认为对甲采取取保候审尚不足以防止发生社会危险性

75. 廖某与韩某同居期间因琐事发生激烈争吵,韩某将廖某与前妻所生的四岁儿子推下楼,致其当场死亡,韩某因涉嫌故意杀人罪被提起公诉,关于本案审理,下列做法正确的是:(　　)

A. 合议庭可由审判员和人民陪审员三人或七人组成

B. 证人李某出庭作证后,可旁听审理

C. 合议庭评议后认为应判韩某死刑,应提请院长将本案提交审判委员会讨论决定

D. 一审判决作出后,廖某对量刑不服可提出上诉

76. 甲、乙侮辱丙,丙只对乙向法院提起了自诉,下列说法正确的是:(　　)

A. 法院可组织丙与乙进行调解

B. 庭审中若丙未经法庭许可中途退庭,法院应当裁定按撤诉处理

C. 法院可以依职权将甲列为共同被告人

D. 若乙自愿认罪,表示愿意接受处罚,法院可以适用速裁程序审理

77. 国务院直属机构国家金融监督管理总局发布了2024年第5号令《国家金融监督管理总局行政处罚裁量权实施办法》。下列说法正确的是:(　　)

A. 可以另行规定从轻或者减轻处罚的情形

B. 可以在诉讼中被附带性审查

C. 可以另行规定处罚时效

D. 可以另行规定没收违法所得违法数额的计算

78. 黄某被县公安局当场罚款200元。黄某不服,申请行政复议。下列哪些说法是正确的?(　　)

A. 黄某须书面提起行政复议

B. 经办人员应在处罚决定作出的24小时内向公安机关备案

C. 县公安局在作出处罚决定时应告知黄某如不服先向复议机关申请行政复议

D. 黄某可以通过县公安局提交行政复议申请

79. 下列属于行政诉讼受案范围的是:(　　)

A. 李某向法院请求确认区政府向其颁发的宅基地使用许可证合法

B. 证监会对甲公司发出警示函,要求甲公司对违规行为进行整改,甲公司提起行政诉讼

C. 王某对咨询区税务局是否征收契税的答复不满意,提起行政诉讼

D. 乙公司与区政府签订《城市污水特许处理协议》,区政府拒不履行,乙公司提起行政诉讼

80. 王某不服县政府对其作出的征收排污费的决定,向市政府提出行政复议,同时一并要求

审查作为收费依据的县政府制定的《某县排污费征收暂行办法》(以下简称《办法》)。下列说法正确的是:(　　)

A. 在审查《办法》期间,复议机关应当中止对征收排污费的审查

B. 如王某申请听证,复议机关应当组织听证

C. 如认为《办法》违反上位法,市政府应当建议县政府纠正

D. 市政府可以要求县政府对该《办法》的合法性作出当面说明

81. 甲与镇政府签订《拆迁补偿安置协议》后镇政府不履行,甲向县政府申请行政复议,县政府作出维持决定,甲欲提起行政诉讼。下列哪些选项是正确的?(　　)

A. 甲对复议决定不服应当在60日内提起行政诉讼

B. 镇政府应当就合同已经履行的相关问题承担举证责任

C. 甲可以向法院主张由镇政府进行赔偿

D. 本案应当由县法院管辖

82. 区生态环境局对甲公司罚款500元,甲公司不服申请复议,复议机关作出维持决定。甲公司不服复议决定,提起诉讼。下列哪些选项是正确的?(　　)

A. 复议机关应当为区政府

B. 甲公司申请复议的期限为60日

C. 法院收到区生态环境局提交的证据材料,应当出具收据,并加盖法院印章

D. 该案应由中级人民法院进行管辖

83. 区生态环境局以道至公司未提交建设项目环境影响报告表即开工建设为由,经听证后对该公司作出罚款50万元的决定。道至公司不服向区政府申请复议,区政府进行调解并制作调解书。对此,下列哪些说法是正确的?(　　)

A. 行政复议调解书经双方当事人签字或盖章后即具有法律效力

B. 区生态环境局应根据听证笔录作出处罚决定

C. 如公司不履行行政复议调解书,应由市生态环境局依法强制执行

D. 区生态环境局对环境影响报告表的审批属于行政许可

84. 王某开设的美容院无证经营,区卫生健康委对王某罚款6万元。王某不服,申请行政复议,下列哪些选项是正确的?(　　)

A. 复议机关应当当面听取王某意见

B. 复议机关不能适用简易程序进行审理

C. 复议决定一经送达即生效

D. 区政府应当将复议决定书同时抄送给市卫生健康委

85. 区交警大队以左某逆向行驶为由对其作出罚款500元的处罚决定,左某向区政府申请复议,区政府作出维持决定后,左某不服,提起行政诉讼。对此,下列说法正确的是:(　　)

A. 左某申请法院调取证据应当在举证期限内提出

B. 由区交警大队和区政府共同对罚款决定的合法性承担举证责任

C. 区政府在复议程序中依法收集和补充的证据,可以作为法院认定罚款决定合法性的依据

D. 法院依职权调取的证据不需要进行质证

三、不定项选择题(每题所设选项中至少有一个正确答案,多选、少选、错选或不选均不得分。本部分含86~100题,每题2分,共30分)

86. 自1986年起,中国已经连续实施了多个五年普法规划。关于普法规划,下列哪些理解是正确的?(　　)

A. 要牢牢坚持以人民为中心,树立以人为本的普法理念和工作导向

B. 是自上而下和自下而上的法治建设过程的结合

C. 能够发挥法律对社会文化的推动作用

D. 普法内容仅限于法律,不包括党内法规

87. 宪法集中体现了党和人民的统一意志和共同愿望,是国家意志的最高表现形式。“法者,国家所以布大信于天下也。”可以说,宪法是国家布最大的公信于天下。下列理解正确的是:(　　)

A. 宪法是经济制度的基本表现形式

B. 政府对市场主体的违规承诺也应当兑现

C. 政府失信会对市场主体造成伤害

D. 契约精神和诚实信用原则与法治,在本质上是一致的

88. 习近平法治思想,把马克思主义法治理论的精髓,同中华优秀传统法律文化的精神特质融会贯通起来,系统阐述了我国历史上丰富的出礼

入刑、德主刑辅思想。下列哪些选项体现了上述思想？（　　）

A. 隆礼重法　　B. 明德慎罚

C. 明刑弼教　　D. 明法重刑

89. 根据2023年3月13日第十四届全国人民代表大会第一次会议《关于修改〈中华人民共和国立法法〉的决定》第二次修正《立法法》。此次修改对“授权立法”进行了完善。关于“授权立法”，下列表述正确的是：（　　）

A. 性质上属于地方立法

B. 有助于完善中国特色社会主义法律体系

C. 可以对国家法律作出变通规定

D. 是突破制度障碍的主要工具

90. 关于共同犯罪、犯罪故意，下列说法错误的有：（　　）

A. 甲知道乙要对丙进行抢劫，将一把弹簧刀给乙，乙收下。作案那天，乙不想抢劫了，仅对丙进行敲诈勒索，所以没有使用该弹簧刀。乙敲诈成功。甲不构成犯罪

B. 乙偷到丙的车，对甲谎称：“这是我抢劫来的车，请帮我销赃。”甲答应并照办。甲存在认识错误，所以不构成掩饰、隐瞒犯罪所得罪

C. 丙将举报乙的材料交给甲。甲发现其中有假，但仍然使用这些虚假材料举报乙构成犯罪。甲没有诬告陷害的故意，所以不构成诬告陷害罪

D. 甲知道自己参加的一个组织是从事非法活动的非法组织。该组织被司法机关认定为黑社会性质组织。但是，甲认为该组织不是黑社会性质组织。甲缺乏参加黑社会性质组织罪的犯罪故意，因此不构成该罪

91. 甲在旅行途中看见一辆房车，停在草地上，车门没关，车里没人，车没熄火，便进去，用自己随身携带的锥子撬下音响，拿走。甲离开车10米左右，被车主发现并被抓住。下列说法错误的有：（　　）

A. 房车不属于“入户盗窃”“入户抢劫”中的“户”

B. 甲构成入户盗窃，但是构成未遂

C. 甲构成携带凶器盗窃

D. 甲属于携带凶器抢夺，以抢劫罪论处

92. 甲让乙办理四张银行卡，交给丙从事网络诈骗犯罪活动。乙明知用途而照办。在丙使用银行卡过程中，银行的风险系统经过识别，认定丙使用的银行卡有风险，将四张银行卡全部冻结，共冻结资金100万元（均是甲丙诈骗所得）。甲丙让乙帮忙解决。乙答应，到银行进行挂失，然后将100万元资金转入自己另一张银行卡。甲丙让乙返还，此时乙产生了不予归还的意图，拒不归还。下列说法正确的有：（　　）

A. 乙构成帮助信息网络犯罪活动罪

B. 乙构成诈骗罪的共犯

C. 乙的挂失行为构成盗窃罪

D. 乙的拒不返还构成侵占罪

93. 刘某乘公交车时，因玩手机而坐过站，要求司机立即停车遭拒。刘某大怒，称不停车那就全车人同归于尽，于是抢夺司机方向盘，导致公交车落水，三人死亡。抢救结束后，公交车公司负责人周某向主管部门谎报只有一人死亡。下列说法正确的有：（　　）

A. 刘某构成妨害安全驾驶罪

B. 刘某构成以危险方法危害公共安全罪

C. 如果认为刘某仅构成故意杀人罪，则存在遗漏评价

D. 周某虽然向主管部门谎报安全事故情况，但是不构成谎报安全事故罪

94. 甲（17岁）和乙（13岁）共同伤害孙某（13岁）并致其轻伤，公安机关开展立案侦查，因发现乙不满14周岁无须承担刑事责任，对乙撤销案件，目前乙已返回学校继续学习。公安机关对甲侦查终结后移送检察院审查起诉，检察院随后向法院提起公诉。下列表述正确的有：（　　）

A. 公安机关讯问乙时，其父有权查阅讯问笔录并提出异议

B. 孙某可以同时对甲和乙提起附带民事诉讼

C. 若孙某只对甲提起附带民事诉讼，法院应依职权追加乙为附带民事诉讼被告人

D. 法院作出判决后，孙某父亲不服，可未经孙某同意对刑事部分及附带民事部分的判决提起上诉

95. 讯问是刑事诉讼的重要办案措施，它可以被应用于哪些司法环节？（　　）

A. 立案阶段　　B. 侦查阶段

C. 起诉阶段　　D. 审判阶段

96. 张某发现某食品公司生产的食品有违禁

成分,向县市场监管局举报。县市监局受理后调查发现食品厂涉嫌生产有毒、有害食品罪,将案件移交县公安局。县公安局审理后作出不予刑事立案决定书。请问对县公安局不予立案的监督,下列说法正确的是:(　　)

A. 张某可以向作出不立案决定的公安局申请复议

B. 张某可以向县检察院提出申诉,县检察院认为应当立案的,可以直接通知县公安局立案

C. 县市场监管局可以向县公安局申请复议

D. 县市场监管局还可以向县公安局的上一级公安局申请复核

97. 甲(17 岁)和乙(16 岁)是某高中学生,一日因琐事在学校互殴,甲持刀将乙砍伤,班主任王老师目睹了全过程,公安机关对甲立案侦查,案件随后由检察院向法院提起公诉,下列表述正确的有:(　　)

A. 侦查人员张某一人询问乙形成的被害人陈述笔录,应当依法排除

B. 侦查人员讯问甲后未让甲核对确认的供述笔录,应当依法排除

C. 班主任王老师提交的书面互殴过程回忆属于书证

D. 经过审理,甲最后陈述后,甲的辩护律师李某可以进行补充陈述

98. 甲因涉嫌故意伤害罪被某区检察院提起公诉,某区法院一审判决后甲不服上诉,某市中级法院二审时发现甲是无刑事责任能力的精神病人,符合强制医疗条件。下列表述正确的有:(　　)

A. 某市中级法院如果开庭审理甲的强制医疗案件,应当通知甲的妻子出庭

B. 某市中级法院审理强制医疗案件,若甲的母亲申请不开庭审理,法院应当不开庭审理

C. 某市中级法院可以裁定将案件发回某区法院重审

D. 某市中级法院应当对甲改判不负刑事责任,不能再进行强制医疗程序的审理

99. 某搬家公司在参加政府采购活动中,与其他公司恶意串通,县财政局对其作出罚款 5000 元和禁止 1 年内参加政府采购活动的行政决定,某公司不服提起行政诉讼。法院遵从当事人意愿适用简易程序进行审理,下列说法正确的是:(　　)

A. 禁止其参加政府采购活动属于行政强制措施

B. 举证期限须由当事人协商一致确定

C. 法院可以短信方式通知当事人开庭时间

D. 如果法院裁定转为普通程序,审理期限自立案之日起计算

100. 某县公安局于 2022 年 5 月 25 日以郭某涉嫌合同诈骗罪将其刑事拘留,同年 6 月 26 日取保候审,8 月 11 日检察院决定批准逮捕郭某。2023 年 5 月 11 日,法院以指控依据不足为由判决郭某无罪,郭某被释放。2024 年 3 月 2 日郭某申请国家赔偿。郭某向赔偿义务机关当面递交赔偿申请书,下列选项正确的是:(　　)

A. 郭某申请国家赔偿的时效为两年

B. 赔偿义务机关应当当场出具加盖本机关专用印章并注明收讫日期的书面凭证

C. 郭某申请赔偿的请求时效从 2022 年 8 月 11 日起计算

D. 赔偿义务机关作出赔偿决定,应当告知郭某可以在 30 日内向上一级机关申请复议

2024 年国家统一法律职业资格考试(回忆版)

试 卷 二

一、单项选择题(每题所设选项中只有一个正确答案,多选、错选或不选均不得分。本部分含 1～50 题,每题 1 分,共 50 分)

1. 甲公司与乙公司订立《钢材购销合同》,双方法定代表人刘某和谢某经各自董事会决议分别代表甲乙公司订立合同,且均已签字盖章。乙公司在后续合同履行过程中发现钢材购销合同中所盖甲公司公章系其法定代表人刘某伪造。关于《钢材购销合同》的效力,下列说法正确的是:(　　)

A. 合同有效　　B. 合同效力待定

C. 合同无效　　D. 合同不成立

2. 王甲委托周某帮忙购买自己曾经的祖宅,委托合同写明全权委托,直至买到祖宅为止。周某后来与祖宅现住人李某达成房屋买卖合同,准备履行合同时发现王甲已于上礼拜过世。王甲的唯一儿子王乙表示对购买祖宅一事不知情,并且拒绝追认合同。关于此合同,下列说法正确的是:(　　)

A. 李某有权请求周某继续履行合同

B. 因为王甲去世,合同无效

C. 李某有权请求王乙继续履行合同

D. 因为王乙拒绝追认,合同无效

3. 张甲年过八十,与其侄子张乙签订房屋买卖合同,价款 200 万元。买卖合同中包括“居住权条款”并约定张甲有终身居住权,张甲每个月需支付 1000 元。关于本案,下列选项正确的是:(　　)

A. 居住权生前可以转让,死后不能继承

B. 居住权可以有偿设立,居住权条款有效

C. 买卖合同生效时,居住权正式设立

D. 居住权不能以条款设立,居住权条款无效

4. 甲丢了一只小狗,发了高价寻狗启事。乙不知道这件事,捡到小狗后归还。甲给了乙 200 元答谢,乙表示不用。后乙知道了高价寻狗启事,找甲索要报酬,被甲拒绝,并要求乙赔偿因乙这几天没有好好照顾狗,带狗治疗费用 500 元。关于本案,下列说法正确的有:(　　)

A. 乙已经拒绝,不得索要报酬

B. 乙有权索要报酬

C. 因为乙没有照顾好小狗,不得索要报酬

D. 因为没有照顾好小狗,乙要赔偿医疗费用

5. 龙某原为某实业公司的销售人员,退休后与该实业公司签订了《销售人员责任认定书》,约定了全年销售任务,年底货款 100% 两清,提成 20%。请问:龙某和某实业公司签订的《销售人员责任认定书》性质属于:(　　)

A. 非典型合同　　B. 行纪合同

C. 买卖合同　　D. 劳动合同

6. 甲公司拟为其员工宿舍楼聘请物业服务机构,通过某招标公司公开发出投标邀请。2024 年 7 月 5 日,乙物业公司向招标公司发出《投标文件》,7 月 15 日,招标公司向乙公司发出中标通知书。后甲公司决定自行管理该宿舍楼,遂于 7 月 22 日通知乙公司不与其签订合同。对此,下列说法正确的是:(　　)

A. 甲公司与乙公司之间成立预约合同

B. 乙公司可请求甲公司承担违约损害赔偿责任

C. 乙公司可请求甲公司承担缔约过失责任

D. 甲公司与乙公司之间的合同未成立

7. 甲欠乙 100 万元已到期,丙欠甲 120 万元。后丙和甲签订以物抵债协议,以价值 30 万元的货车抵债。经查,丙对甲欠乙债未还的事实知情。关于本案,下列说法正确的是:(　　)

A. 乙有权请求丙把货车交付给自己

B. 乙有权请求代位行使 120 万元

C. 乙有权请求法院撤销甲和丙之间的以物抵债协议

D. 甲和丙恶意损害债权人乙的利益,以物抵债协议无效

8. 2024 年 3 月 1 日,甲乙两公司签订买卖合

同,合同约定3月15日甲公司交付零件,4月15日乙公司支付货款,且合同债权不得转让。3月15日,甲公司交付了零件。4月1日,甲公司将债权转给丙公司,4月5日甲公司通知乙公司转让了债权,乙公司认为甲公司违约,到了4月15日拒不支付货款。经查,甲公司和丙公司的实际控股人都是何某。4月20日,乙公司仓库发生爆炸。经查,爆炸是由零件瑕疵导致的。下列说法正确的是:(　　)

A. 债权转让无效

B. 未通知乙公司前,债权转让效力待定

C. 乙公司同意前,债权转让效力待定

D. 乙公司可以主张抵销丙公司的债权

9. 自来水公司为大豆公司安装水表,大豆公司日用水量2000立方米。后自来水公司从水表公司购得水表为大豆公司更换,大豆公司日用水量约为2500立方米。大豆公司多次向自来水公司反映水表有问题,自来水公司称水表没问题。后大豆公司找专业机构检测水表约快20%。关于本案,下列哪一说法是正确的?(　　)

A. 大豆公司应当自行承担检测费用

B. 大豆公司可以解除合同

C. 自来水公司构成不当得利

D. 大豆公司可以向自来水公司主张违约责任

10. 甲公司和乙融资租赁公司签订《买卖合同》,甲公司将大型仪器卖给乙公司。同日,甲公司和乙公司签订《租赁合同》,甲公司租赁该大型仪器,租期1年。租赁期间内,甲公司向丙公司借款,与丙公司签订《质押合同》,并交付该大型仪器。经查,甲公司和丙公司的总经理均为张某。关于本案,下列说法正确的是:(　　)

A. 丙公司的质押权在交付后生效

B. 仪器所有权人仍是甲公司

C. 乙公司有权请求丙公司返还仪器

D.《质押合同》效力待定

11. 李某为了走捷径,从甲轻轨站1A闸机口刷卡进去,过了10分钟后刷卡从2B闸机口出来,结果发现轻轨站扣了自己3块钱。李某很生气,欲提起诉讼。关于本案,下列说法正确的是:(　　)

A. 地铁公司应当考虑旅客的合理诉求,提供免费服务

B. 地铁公司的收费不合理

C. 损害了甲的公平交易权

D. 地铁公司已将收费标准进行公示,所以收费合理

12. 甲的长相因酷似乙明星,在网络上热度很高。后甲去整容,把脸调整得更像乙明星,因此受邀获得了许多商演机会,并且在直播平台上直播带货,赚了很多钱。对此,下列说法正确的是:(　　)

A. 甲持续整容成酷似乙明星外形的行为侵犯了乙的肖像权

B. 甲多次出演商演营利的行为侵犯了乙的肖像权

C. 甲直播带货的行为侵犯了乙的肖像权

D. 甲的行为不构成对乙肖像权的侵犯

13. 邹某、钱某和刘某是同村村民,邹某向钱某借款15万元盖了厂房。后邹某以100万元将厂房出卖给刘某,后邹某过世,未向钱某偿还15万元借款,刘某也尚未支付100万元购房款。其唯一儿子邹小某身处国外,向村委会书面表示自己放弃继承。关于本案,下列说法中正确的是:(　　)

A. 邹小某放弃继承权无效

B. 刘某债务消灭

C. 钱某债权消灭

D. 村委会成为遗产管理人

14. 周某在路上骑自行车正常行驶,被突然向右急打方向的李某撞倒,到医院就医花去医药费2000元。周某找到李某赔偿,李某称自己是因为林某遛狗不牵狗绳,狗突然出现在路上才突然变道。关于本案,下列哪一说法是正确的?(　　)

A. 李某负全责

B. 林某负全责

C. 李某负主要责任,林某负次要责任

D. 林某负主要责任,李某负次要责任

15. 李某父亲向张某借了高利贷,无力偿还,于是被张某殴打,张某称要不还钱,要不让李某嫁给自己。李某无奈嫁给张某并生育一女。6年后李父死亡,李某母亲劝说李某与张某离婚。对此,下列说法不正确的是:(　　)

A. 李某母亲可作为利害关系人申请撤销婚姻关系

B. 李某与张某离婚对其女儿的父母关系无

影响

C. 此婚姻关系虽经过5年仍可以撤销

D. 李某可以向张某要求损害赔偿

16. 甲公司和乙公司签订一份房屋租赁合同,租赁期限5年。甲公司告知乙公司有关主管部门认定房屋为危楼需要加固。乙公司遂与丙公司签订建设工程施工合同对危楼进行加固,在加固过程中房屋倒塌将路人王某砸伤。关于本案,下列说法错误的是:(　　)

A. 王某可以请求乙公司和丙公司承担连带责任

B. 王某可以请求甲公司承担侵权责任

C. 甲公司和乙公司之间的房屋租赁合同无效

D. 乙公司可以请求甲公司承担违约责任

17. 松冉股份公司公开发行的股份总额为3000万元,由唐某、陈某、刘某、甲、乙共同出资设立,各股东分别持股34%、31%、13%、17%、5%,由五位股东组成公司的董事会。松冉股份公司的股东会决议授权董事会发行1300万股股份,只有唐某投反对票。后董事会决议发行新股,唐某反对,其余董事均同意。张某以价值120万元的专利认购新股,王某以现金认购200万新股。下列说法正确的是:(　　)

A. 因唐某反对,该股东会授权董事会发行股份的决议无效

B. 因唐某反对,该董事会决议无效

C. 张某以专利权作价出资,应当经松冉股份公司股东会决议

D. 王某不能获得200万股股份

18. 甲用梅园公司的股权估值定价后向瑞辰公司出资,持股20%。随即,甲对梅园公司违规操作并谋取巨额私利,导致梅园公司经营受阻,出资给瑞辰公司的股权也大幅度贬值。此时,甲将其持有的瑞辰公司20%的股权转让给不知情的乙。下列有关说法正确的是:(　　)

A. 甲对瑞辰公司已经履行了出资义务,对于股权贬值,甲无须承担补足责任

B. 对于股权贬值的差额,甲应向瑞辰公司补足

C. 对股权贬值的差额,甲和乙应承担连带向瑞辰公司补足的责任

D. 对股权贬值的差额,甲应向瑞辰公司补足,甲无力补足的,乙承担补充责任

19. 某国有独资公司根据新《公司法》修改其章程,以下关于公司章程的修改及内容的说法中,正确的是:(　　)

A. 公司章程的修改由履行出资人职责的机构决定

B. 授权董事会修改公司章程

C. 公司不设监事会,但是须设立审计委员会

D. 公司必须设股东会

20. 华夏文化公司从事文化创意设计,股东为甲、乙、丙三人,并由该三人组成董事会,丙担任公司的法定代表人。2023年华夏文化公司获得一项外观设计专利,丙擅自代表华夏文化公司将该专利以市价转让给A公司。后查明,A公司是由丙的妻子丁通过其胞妹控制的公司。下列说法正确的是:(　　)

A. 丙转让该专利,应报告董事会并经董事会同意

B. 丙以市价转让该专利,所以丙没有违反忠实义务

C. 丙转让该专利应向华夏文化公司披露,并按照公司章程的规定经董事会或者股东会决议通过

D. 丙与A公司无关联关系,所以丙没有违反忠实义务

21. 栖凤有限合伙企业(简称栖凤合伙)从事私募股权投资,张某是普通合伙人,执行合伙事务,王某和李某为有限合伙人。法院判决栖凤合伙向赵某清偿债务1000万元,但栖凤合伙无力履行该判决。张某、王某、李某决定解散栖凤合伙,并开展清算工作。关于栖凤合伙的清算注销事宜,下列说法正确的是:(　　)

A. 清算程序中,赵某为已知债权人,清算人无须再通知其申报债权

B. 无论栖凤合伙是否被注销登记,张某、王某、李某都应对赵某的1000万元债务承担连带责任

C. 栖凤合伙的清算人必须由张某、王某、李某共同担任

D. 栖凤合伙未清偿完毕赵某的1000万元债务前,也可办理注销登记

22. 甲公司从事危险品处理的业务,因为经营不善被法院受理了破产重整,法院指定了破产管

理人。管理人发现甲公司的危险品处理资质马上要到期,且过期后不能再重新申请,此时第一次债权人会议还未召开,管理人向主管部门申请续期,支付了5万元续期的费用。以下说法正确的是:( )

A. 该费用作为共益债务,优先支付

B. 该费用作为破产费用,优先支付

C. 该费用未经债权人会议决议,应由该管理人自行承担

D. 管理人应向债权人承担赔偿责任

23. 甲公司授权其业务员张某给乙公司开具一张330万元的汇票用来支付货款,但是张某以甲公司的名义为乙公司开具了660万元的汇票。乙公司将该汇票转让给丙公司并记载“不得转让”,丙公司又将该汇票背书转让给丁公司,丁公司提示承兑被拒绝。下列有关说法正确的是:( )

A. 丁公司可以请求张某支付全部款项

B. 因为乙公司与丙公司约定不得转让,因此丁公司不得向乙公司追索

C. 因为乙公司与丙公司约定不得转让,因此丁公司不得向甲公司追索

D. 因张某将330万元写成了660万元,该票据无效

24. 王某在鼎好公司从事外墙清洗工作。2023年9月,鼎好公司为包括王某在内的外墙清洗职工购买了团体意外险并缴纳了首期保费,王某口头同意并指定其妻子为受益人。同年12月,鼎好公司未按期缴纳当期保费,但是王某对此并不知情。2024年3月,王某在工作时因绳子断裂坠亡。王某的妻子向保险公司索赔保险金,下列哪一选项是正确的?( )

A. 王某的妻子有权向保险公司申请支付保险金

B. 因鼎好公司拖欠保费,保险公司有权解除保险合同

C. 鼎好公司未按时支付保费,保险公司无须支付保险金

D. 保险公司可因王某未签字而解除合同

25. 陈某与中建投信托公司(以下简称中建投)签订信托合同,约定投资范围为股票投资,同时也约定受托人为了受益人利益的最大化可以自主变更信托文件的内容。后市场中股票价格下跌,中建投决定改变信托资金的投资方向,卖出所有股票,将资金收回,用于投资债券市场以规避风险,并发布管理公告。信托财产因此未遭受损失。下列哪一说法是正确的?( )

A. 中建投的行为不构成违约,无须承担赔偿责任

B. 中建投对信托财产的管理行为违反信托合同,陈某可以解除信托

C. 陈某有权申请法院撤销中建投投资债券市场的行为

D. 陈某有权请求中建投承担赔偿责任

26. 月福超市发现其销售的“弯弯”牛奶,在消费者饮用后,出现大量腹泻症状。据查,是由于生产厂商在生产“弯弯”牛奶时,消毒设备质量不达标,大肠杆菌数量超标导致消费者食用后腹泻。为避免损失扩大,下列哪一措施月福超市不能直接采取?( )

A. 立即通知购买“弯弯”牛奶的消费者

B. 召回其售出的“弯弯”牛奶

C. 立即停止销售“弯弯”牛奶

D. 立即通知生产“弯弯”牛奶的厂商

27. 星河教育培训中心对外宣传可以参访名校、状元陪读,吸引了很多学员,已售出课程1000多套,学员报名后发现不能保证全员参访名校,也提供不了状元陪读。星河教育培训中心属于下列哪种行为?( )

A. 互联网不正当竞争

B. 虚假宣传

C. 诋毁商誉

D. 混淆行为

28. 甲在逛超市时发现并购买了10个过期的咸鸭蛋,每个2元,结账时特意要求收银员逐个结算,收银员为甲开具了10张2元的购物小票。甲遂拿着10张购物小票要求超市给予1万元的赔偿,下列哪一说法是正确的?( )

A. 超市只需向甲退还价款

B. 超市除向甲退还价款外,还应再赔偿甲1万元

C. 超市对甲的赔偿最多不超过1000元

D. 超市对甲的赔偿最多不超过1万元

29. 王某已经进城落户,祖父去世后王某继承了祖父位于临山村的祖宅及宅基地,然后自行对祖宅进行重建,乡政府责令王某停止建设、限期改正,王某逾期不改正。下列选项正确的是:( )

A. 乡政府有权要求王某补办审批手续

B. 临山村无权因王某违规重建房屋而取消其对宅基地的使用权

C. 乡政府有权没收王某重建的房屋

D. 乡政府有权拆除王某重建的房屋

30. 甲获批一项实用新型专利，乙未经许可制造并使用了该专利产品，甲起诉乙要求追究其赔偿责任，乙在法庭中提出如下抗辩理由，哪一项可被支持？（　　）

A. 甲获批专利后，授权其员工张某在朋友圈发布该专利产品，设置为全体可见

B. 乙制造并使用该专利产品的目的是进行科学实验以改进其性能

C. 甲申请专利以前，乙已经在制造相同的产品

D. 乙对甲获批专利不知情

31. 甲公司在生产的口罩上使用了一条蛇盘绕的权杖图案作为商标，乙公司是甲公司的经销商。乙公司发现甲公司没有将该图案注册为商标，便将其申请了注册商标，核定的使用范围也是口罩。经查，该商标图案与世界卫生组织会徽的主要部分极为相似，且世界卫生组织未许可甲、乙公司使用该标志。下列哪一说法是正确的？（　　）

A. 任何单位或个人可随时申请宣告乙公司的商标无效

B. 甲公司可在原使用范围内继续使用该商标

C. 如果乙公司起诉甲公司侵权，甲公司可以先用权抗辩

D. 甲公司应在5年内申请宣告乙公司的商标无效

32. 下列事项属于国际私法调整的是：（　　）

A. 外国人甲因我国出入境机关拒绝其入境发生纠纷

B. 美籍华人乙某因缴税问题与我国税务机关发生纠纷

C. 丙国A企业为执行丙国的单边制裁措施，不履行与中国B企业之间的合同

D. 丁国投资者与我国政府之间因投资协议发生纠纷

33. 住所地在R国的甲公司和中国乙公司在A省C市签订买卖合同，合同总价款20亿元，约定产生纠纷由最高人民法院管辖。合同到期后乙公司交货但甲未付款金额5亿元，合同由哪个法院管辖？（　　）

A. 由A省高院管辖

B. 由C市中院管辖

C. 由R国法院管辖

D. 由最高人民法院国际商事法庭管辖

34. 甲国华德公司和中国千盛公司发生纠纷，双方当事人在甲国法院提起诉讼。甲国法院受理了该案件并判决华德公司胜诉。华德公司向中国法院申请承认和执行相关判决。存在下列哪一情形时，我国法院有权拒绝承认和执行甲国法院的判决？（　　）

A. 中国千盛公司没有获得公平的陈述或提出抗辩的机会

B. 甲国法院错误适用准据法

C. 华德公司和千盛公司有非排他性的选择中国法院管辖的协议

D. 千盛公司没有委托律师参加诉讼

35. 反补贴措施针对的补贴必须具有专向性。根据我国《反补贴条例》，下列行为不构成专向性补贴的是：（　　）

A. 甲国政府给某首都产业园区内的企业以补贴

B. 乙国政府出资修通了某企业前往机场的高速公路

C. 丙国政府明确给予某特殊名单内企业的补贴

D. 丁国政府以该企业的出口实绩为条件给予企业的补贴

36. 中国甲公司向某国乙公司出口一批价值4.3亿元的货物，双方约定CIP2020规范双方之间的合同，并约定信用证方式付款。乙公司收到货物的时候，发现很多货物因为钩损发生损坏。根据《联合国国际货物销售合同公约》和相关国际法规则，下列说法正确的是：（　　）

A. 由于货物发生损坏，乙公司可以要求银行不支付全部货款

B. 对于卸货时造成的损失，乙公司可以向甲公司要求赔偿

C. 乙公司可就卸货时造成的钩损向保险公司索赔

D. 乙公司可因质量问题拒绝接收货物

37. 甲国和乙国都是《保护工业产权巴黎公约》的缔约国，丙国不是。甲国人张某 2022 年 2 月 18 日在丙国国内举办的公开展会上展出了自己的相关技术，并和丙国企业一起签订了有关技术的使用合同。2022 年 8 月 18 日，张某在甲国提出了该技术的发明专利申请，后来张某又在 2023 年 1 月 10 日向乙国提出了该技术的发明专利申请。关于该专利申请，下列说法正确的是：(　　)

A. 张某可以在乙国主张优先权，如能证明，则其申请日从 2022 年 8 月 18 日计算

B. 乙国是否授予张某专利权受甲国法律的影响

C. 张某可以在甲国主张优先权，如能证明，则其申请日从 2022 年 2 月 18 日计算

D. 如张某的专利申请在甲国被驳回，则其不能享有优先权

38. 中国甲投资公司为在上海投资连锁酒店，在牵头行中国银行的组织下与中国银行、香港恒生银行、美国花旗银行等 11 家银行组成的银行集团成员分别签订了贷款协议。协议约定：在偿还全部贷款之前，甲投资公司不得在自己的资产上为其他债权人设立抵押。关于该国际贷款关系，下列说法正确的是：(　　)

A. 因有牵头行，本案属于间接银团贷款协议

B. 题干中协议约定的条款属于消极担保条款

C. 题干中协议约定的条款属于贷款协议的先决条件条款

D. 作为银团成员的各家银行可以就各自的份额，按照各自的贷款条件分别向中国甲投资公司发放贷款

39. M 市 A 区的甲公司和乙公司签订《货物买卖合同》，合同中约定因为履行合同发生纠纷应当由 M 仲裁委仲裁。在合同的履行过程中，甲公司与 N 市 B 区丙公司签订了《转让协议》，约定甲公司将《货物买卖合同》中的权利义务转让给丙公司，在《转让协议》中约定因为履行合同发生纠纷由 N 市 B 区法院管辖。甲公司向丙公司提供了《货物买卖合同》原件，同时将合同转让事宜通知了乙公司。后来丙公司按照《货物买卖合同》的约定向乙公司交付了货物，但乙公司拒绝支付货款。丙公司应当如何救济？(　　)

A. 因仲裁协议对丙无效，管辖协议对乙无效，丙公司可以向被告住所地 A 区法院起诉

B. 因仲裁协议对丙无效，管辖协议对乙无效，丙公司可以向合同履行地 B 区法院起诉

C. 丙可以根据仲裁协议向 M 市仲裁委申请仲裁

D. 丙可以根据管辖协议向 B 区法院起诉

40. 张某在甲公司任职，其每月工资多数用于支付母亲的医疗费，后甲公司因裁员解除与张某的劳动合同，但未向张某支付经济补偿。张某申请劳动仲裁，在仲裁中，张某可以向劳动仲裁委申请采取的措施有：(　　)

A. 先予执行，可不提供担保

B. 先予执行，应当提供担保

C. 先行裁决，可不提供担保

D. 先行裁决，应当提供担保

41. 甲区的章某和刘某签订《股权转让协议》，约定章某受让刘某持有的某公司(登记注册地为乙区，主要办事机构在丙区)股权，同时约定因为履行协议发生纠纷应当由丙区法院管辖。完成股权变更登记后，刘某起诉章某支付转让款，此时某公司主要办事机构已经从丙区变更为到丁区。本案应由哪个法院管辖？(　　)

A. 甲区法院　　　　B. 乙区法院

C. 丙区法院　　　　D. 丁区法院

42. A 区甲公司与 B 区的乙公司签订《买卖合同》，合同中约定因为履行合同发生纠纷由 A 区法院管辖。后乙公司无力支付货款，甲公司发现乙公司和 C 区的丙公司之间的货物买卖合同已经履行完毕，但丙公司一直没有向乙公司支付货款。同时，乙、丙公司之间的货物买卖合同存在仲裁协议，约定发生纠纷由 D 仲裁委仲裁。甲公司欲要求丙公司清偿债务，下列表述正确的是：(　　)

A. 甲公司可以向 A 区法院起诉

B. 甲公司可以向 B 区法院起诉

C. 甲公司可以向 C 区法院起诉

D. 甲公司可以向 D 仲裁委申请仲裁

43. 甲市 A 区天南公司诉甲市 B 区海北公司合同纠纷一案，B 区法院一审判决海北公司支付货款 100 万元。海北公司不服一审判决提起上诉，甲市中院经审理后认为本案一审认定基本事

实不清，遂撤销一审判决，发回B区法院重新审理。B区法院重新审理过程中，海北公司提出管辖权异议，称在本案重新审理期间海北公司的主要营业地已经变更为乙市C区。关于本案表述正确的是：(　　)

A. 海北公司的管辖权异议成立，B区法院应当裁定案件移送C区法院

B. 海北公司的管辖权异议成立，B区法院应当与C区法院协商确定管辖

C. 海北公司的管辖权异议成立，B区法院应当层报该省高院指定管辖

D. B区法院应当对海北公司提出的管辖权异议不予审查

44. 甲公司诉乙公司合同纠纷一案中，甲公司申请法院冻结乙公司银行账户2000万元现金存款，经法院责令，甲公司以其名下的20套房屋作为担保。法院裁定查封甲公司提供担保的20套房屋，同时裁定准许了甲公司的保全申请，冻结了乙公司银行账户2000万元。后本案终审判决驳回甲公司诉讼请求，乙公司认为甲公司错误申请保全导致其遭受损失，可以通过如下何种方式维护自己的权利？(　　)

A. 乙公司可以就其遭受的损失起诉甲公司

B. 乙公司可以申请法院查封甲公司的提供担保的房屋

C. 可以申请法院对甲公司提供担保房屋实现担保物权

D. 可以申请法院直接对甲公司提供担保的房屋强制执行

45. 陈某和张某结婚后，发现张某早就在老家和郑某登记结婚，陈某向法院请求婚姻无效并分割财产，下列哪项是正确的？(　　)

A. 诉讼中陈某可以申请撤回起诉

B. 郑某作为有独立请求权的第三人参加诉讼

C. 法院受理案件后不能组织当事人调解

D. 仅陈某和张某有权起诉请求确认婚姻无效

46. 甲、乙结婚，乙外出多年没回家，乙的母亲丙本来就不满意他俩结婚，丙遂以甲、乙存在不能结婚的亲属关系为由起诉请求法院判决确认甲、乙婚姻无效，法院审查发现乙在丙提起诉讼前即因车祸死亡。法院应当如何处理？(　　)

A. 判决驳回原告诉讼请求

B. 裁定驳回原告起诉

C. 裁定诉讼终结

D. 继续审理后判决确认婚姻关系无效

47. 陆某与宋某的借贷纠纷，法院决定适用小额诉讼程序。3月20日，法院向当事人送达起诉状副本和开庭传票。因宋某不在家，由其妻子签收。4月1日开庭时，宋某未到庭。经查，宋某已于3月25日离家出走，下落不明。关于本案法院的处理，下列哪一选项是正确的？(　　)

A. 适用简易程序的其他规定或者裁定转为普通程序

B. 继续审理，并对宋某缺席判决

C. 裁定宋某妻子以财产代管人身份参加诉讼

D. 诉讼中止，待宋某下落明确后再恢复审理

48. 张某和王某因为房屋所有权发生纠纷，向甲市A区法院提起诉讼，甲市A区法院作出一审判决后，双方当事人都没有上诉。判决生效后，李某认为该判决侵犯其合法权益，遂向A区法院提出第三人撤销之诉，A区法院依法受理。甲市检察院认为该判决适用法律错误，遂向甲市中院提出抗诉，甲市中院裁定再审。A区法院对李某提起的第三人撤销之诉应当如何处理？(　　)

A. 继续审理第三人撤销之诉，并作出判决

B. 裁定驳回李某提起的第三人撤销之诉，告知李某参加再审程序

C. 中止第三人撤销之诉的审理，等待再审的审理结果

D. A区法院应当将第三人撤销之诉移送甲市中院合并审理

49. 章佑与蒋浩离婚，章佑的哥哥章佐起诉蒋浩返还借款10万元。诉讼中，法院追加章佑为共同被告，法院经审理后认定该笔债务为夫妻共同债务，判决蒋浩和章佑连带偿还借款10万元。章佐和章佑不服一审判决，提起上诉，章佐请求二审法院改判由蒋浩一人承担债务，章佑亦请求二审法院改判由蒋浩一人承担债务。下列说法正确的是：(　　)

A. 章佐为上诉人，蒋浩为被上诉人，章佑按原审列明

B. 章佑为上诉人，蒋浩为被上诉人，章佐按原审列明

C. 章佐为上诉人，章佑与蒋浩为被上诉人

D. 章佐与章佑为上诉人，蒋浩为被上诉人

50. 公司的法定代表人赵成，甲公司股东会决议变更法定代表人，但赵成拒绝归还公司公章。甲公司将赵成诉至法院，法院终审判决要求赵成向甲公司归还公章。赵成拒不履行法院生效判决，甲公司申请法院强制执行，在执行中赵成称公章已经遗失。本案执行程序应当如何处理？（　　）

A. 裁定终结执行

B. 通知有关机关协助，重新制章

C. 裁定终结本次执行

D. 组织双方调解，确定赵成赔偿责任

二、多项选择题（每题所设选项中至少有两个正确答案，多选、少选、错选或不选均不得分。本部分含 51～85 题，每题 2 分，共 70 分）

51. 王某是 16 岁的中学寄宿生，身材高大，长相成熟。某日，到李某经营的电动自行车专卖店声称在附近上班，欲购买电动自行车，李某推荐了一款新车型，与王某签订了买卖合同，并交付车辆。王某支付 4500 元，花了父母给他一学期的生活费。由于驾驶经验不足，返校途中，王某不慎撞伤行人张某，车辆也受损。王某父母找到李某要求退款被李某拒绝。对此，下列说法正确的是：（　　）

A. 李某善意不知道王某未成年，买卖合同有效

B. 张某可以请求王某父母赔偿损失

C. 王某父母可以请求李某返还 4500 元

D. 王某有相应的民事行为能力，买卖合同有效

52. 易某是某高校教授，曹某是其博士生，两人形成情人关系。易某与曹某约定：易某与其原配离婚，与曹某结婚并支付曹某 100 万元，曹某不得将情人关系公布于世。后易某通过其关系单位支付给曹某 100 万元，但未与曹某结婚，曹某便将情人关系公布于世。对于此事，下列表述错误的是：（　　）

A. 易某和曹某的约定属于附条件的民事法律行为

B. 易某支付了曹某 100 万元，履行了约定的主要义务，曹某的行为则属于违约行为

C. 曹某所得的 100 万元属于不当得利

D. 易某和曹某的约定不具有法律效力

53. 张某继承其父的一套房屋。房屋内有一套红木家具，张某将其赠与李某。后李某将这一套红木家具以 30 万元的价格转让给收购旧家具的甲公司并交付。甲公司对上述事实并不知情。后张某父亲的好友周某回国，告诉其这套红木家具是他本人之前寄放在张某家中。经查证属实。关于本案，下列哪些选项是正确的？（　　）

A. 赠与合同无效

B. 周某可以请求甲公司返还家具

C. 周某可以请求张某赔偿 30 万元

D. 周某可以请求李某返还 30 万元

54. 周某女友郑某过生日，周某向 A 蛋糕店订购蛋糕送给郑某，并在收货人姓名上填写了郑某名字。郑某对此事毫不知情。后商家途中将蛋糕损坏，郑某表示不满。关于本案，下列说法正确的是：（　　）

A. 周某可以追究 A 蛋糕店的违约责任

B. 郑某可以追究 A 蛋糕店的违约责任

C. 郑某可以解除蛋糕买卖合同

D. 周某可以解除蛋糕买卖合同

55. 某房地产公司向银行借款，后逾期未归还。双方另行签订了以房抵债协议，但一直未办理过户登记手续。关于本案，下列说法正确的有：（　　）

A. 债务人办理过户登记后，债权人无权再请求支付现金债务

B. 债权人既可以选择房屋也可以选择现金债务

C. 债务人既可以选择房屋也可以选择现金债务

D. 债权人只能选择要求支付现金债务

56. 甲公司和乙公司签订了一份原材料购销合同，约定金额 100 万元，甲公司向乙公司支付了 20 万元的定金。乙公司法定代表人去世且经营不善，经甲公司多次催告后拒不履行合同，甲公司遂通知乙公司解除合同。后甲公司和丙公司签订了原材料购销合同，约定金额 150 万元。甲公司向法院提起诉讼：（1）请求确认解除与乙公司的合同。（2）请求乙公司双倍返还定金和赔偿损失。关于本案，下列说法正确的是：（　　）

A. 甲公司有权要求乙公司支付 30 万元

B. 甲公司有权要求乙公司支付 50 万元

C. 合同解除自甲公司解除通知到达乙公司时生效

D. 合同解除自起诉状副本送达乙公司时生效

57. 孟某与房地产公司签订《推介确认合同》,孟某通过公司提供的小程序找有意向的客户。得知杨某有购房想法,孟某从中斡旋,积极使杨某与房地产公司达成房屋买卖合同,但是杨某却将房屋登记在其女儿名下。下列说法正确的是:(　　)

A. 孟某未促成合同,无须对其支付报酬

B. 孟某促成了合同,房地产公司应向其支付报酬

C. 孟某促成了合同,杨某应向其支付报酬

D. 孟某未促成合同,可以向房地产公司主张必要费用

58. 李某与王某系夫妻,婚后李某向周某借款2000万元,用于个人公司经营,后李某财务恶化,无法偿还借款,王某向周某偿还了100万元,用于清偿李某债务。关于本案,下列说法正确的是:(　　)

A. 李某债务是个人债务

B. 该债务系李某王某夫妻关系存续期间产生,属于夫妻共同债务

C. 王某还款有效,周某有权继续要求王某就李某所借债务进行偿还

D. 王某以事后追认的方式对共同举债事实进行认定,构成夫妻共同债务

59. 2021年5月13日,甲和乙结婚。婚后两人将甲婚前全款购买的个人房屋变更登记为共同共有。后甲乙双方经常因生活琐事争吵,自2021年10月19日分居至今。现乙向法院提出离婚并请求分割房屋。关于本案,下列说法正确的是:(　　)

A. 甲乙应按1∶1比例分割房屋

B. 由于乙未出资,对房屋无贡献,可以少分

C. 房屋属于共同共有

D. 房屋仍为甲个人所有

60. 某日,司机甲驾驶货车在路上行驶,转弯时与司机乙驾驶的客车相撞导致车上乘客丙受伤。经交管部门认定,本次事故司机甲负全责,司机乙无责任。经查,司机甲驾驶的货车所有人为丁,甲是丁雇用的司机。货车号牌对应的登记车辆与甲驾驶的货车不一致,甲驾驶的货车系套牌行驶,号牌所有人戊对此知情并收取了好处费。乘客丙可以向哪些主体提出人身侵权损害赔偿?(　　)

A. 甲　　B. 乙

C. 丁　　D. 戊

61. 某甲在自己的菜园里发现一只好看的七星瓢虫,拍视频发抖音。某乙要花30万元购买,甲不理解但同意出售。经查,该七星瓢虫为国家二级濒危保护动物。请问:甲乙的买卖合同违反了民法的什么原则?(　　)

A. 诚信原则　　B. 绿色原则

C. 公序良俗原则　　D. 自愿原则

62. 甲在健身房充值了1万元办理了健身卡,只用了3个月,健身房便闭店停业,只向甲退还了2000元。下列说法或做法正确的是:(　　)

A. 消费者协会约请健身房经营者到场陈述事实意见

B. 消费者协会约谈健身房经营者,责令其退还剩余金额

C. 健身房经营者应向甲退还全部金额

D. 健身房应当提前30日在醒目位置公告经营者的有效联系方式等信息

63. 甲公司为非上市股份公司,为了公司的发展和日后的上市计划,拟发行具有特别表决权的类别股,设定该类别股的表决权重比普通股大。下列有关说法正确的是:(　　)

A. 发行特别表决权的类别股需提前在公司章程中修改关于类别股的规定

B. 该公司公开发行股份前,不得签发特别表决权的类别股

C. 选举公司董事时可以用该类别股的特别表决权进行表决

D. 选举公司监事时可以用该类别股的特别表决权进行表决

64. 李某是天河公司的董事和法定代表人,因公司内部其他高层、董事之间矛盾重重,李某一气之下向公司提交了辞职报告:声明本人辞去董事的职务,但是继续担任法定代表人,并处理公司事务。关于李某辞职的相关说法正确的是:(　　)

A. 李某辞去董事职务时,同时辞去法定代表人

B. 李某辞去董事职务需要天河公司的股东会决议

C. 李某辞去董事职务导致天河公司董事人数低于法定人数的，李某需继续履行董事职务

D. 李某工作达到任期年限后，才可以辞职

65. 甲公司的注册资本为 200 万元，其中李某认缴 50 万元，已实缴完毕，王某认缴 50 万元尚未实缴，吴某缴纳 120 万元，并约定将其中的 20 万元作为资本公积金。后甲公司的经营遇到困境，使用除资本公积金外的其他公积金仍不能弥补亏损，三位股东同意通过减少公司注册资本来弥补亏损。下列说法正确的是：(　　)

A. 甲公司需先使用资本公积金弥补亏损，再以减少注册资本的方式弥补亏损

B. 甲公司可免除王某缴纳 50 万元出资的义务

C. 若用资本公积金弥补亏损，须相应减少吴某的出资金额

D. 甲公司通过减少注册资本来弥补亏损的股东会决议作出后，无须通知债权人

66. 张某和王某共同出资设立云柔公司，云柔公司拖欠甲公司货款 100 万元，张某和王某打算将云柔公司简易注销。下列有关说法正确的是：(　　)

A. 张某和王某应召开股东会作出解散公司的决议

B. 张某和王某应承诺，云柔公司没有债务

C. 云柔公司的简易注销程序应提前通知甲公司

D. 如果云柔公司未清偿甲公司的债务而被简易注销，甲公司有权要求张某和王某承担连带责任

67. 甲购买一辆轿车后投保普通车险，后来甲将该车辆转让给二手租车公司乙，但未告知保险公司。约定两天后办理手续，先行交付。但交付之后未办理相关手续，乙将车租给丙，丙发生车祸。下列说法正确的是：(　　)

A. 如果甲将轿车转让事宜通知保险公司，保险公司接到通知后可以增加保险费

B. 如果甲将轿车转让事宜通知保险公司，保险公司接到通知后可以解除保险合同

C. 保险公司需按合同约定承担保险责任

D. 保险公司无须承担保险责任

68. 2022 年方圆证券投资基金公司(以下简称方圆公司)开始募集封闭式公募基金“日日盈”，8 月上市，陈某购买了该基金 8% 的份额。2024 年 1 月，因方圆公司将基金财产借给本公司董事，国务院证券监督管理机构对方圆公司处以罚款。关于该基金，下列说法正确的是：(　　)

A. 方圆公司向证监会办理基金备案手续后，基金合同生效

B. “日日盈”的基金募集申请经注册后，方可发售基金份额

C. 陈某在交纳认购的基金份额的款项时，基金合同成立并生效

D. 方圆公司不得对“日日盈”产品作出盈利预测或收益承诺

69. 周某和乙公司有经常性的债权债务关系，周某将 800 万元自有财产设立了信托，约定其妻子与现有和将来所有的子女作为受益人。几个月后，周某因经营状况恶化，拖欠乙公司的 1000 万元货款无法偿还，乙公司请求法院强制执行信托财产。下列说法正确的是：(　　)

A. 乙公司可以向法院申请强制执行该笔信托财产

B. 受益人的范围不确定，信托无效

C. 周某设立信托的目的合法，信托有效

D. 该信托财产与周某的其他财产相区别，不得用来清偿周某的个人债务

70. 某市上林县三里镇乡镇集中供水服务由六仙自来水公司独家提供，当地无其他可替代的供水来源。六仙自来水公司在用户提出供水申请时，通过要求用户填报预先设置的格式用水业务申请表，以“用户自愿”的形式要求用户无论是否用水，最少按照底数 8 立方米计量缴费，否则不予开通用水。关于六仙自来水公司的行为，下列表述正确的是：(　　)

A. 六仙自来水公司限制了用户的选择权

B. 若六仙自来水公司证明其经营的领域具有法定垄断地位，不应当被处罚

C. 双方签订合同时是在平等自愿的前提下进行的，六仙自来水公司的行为并无不当

D. 六仙自来水公司构成滥用市场支配地位

71. 甲公司在丙电商平台上直播销售乙公司生产的啤酒，甲公司的主播在直播间声称此啤酒可以延年益寿，购买一箱即可以参与抽奖活动，

最高奖金价值10万元。王某从该直播间购买了一箱啤酒,喝完后上吐下泻。经查,发现该啤酒成分不合格。据查,甲公司的直播间在丙电商平台上显示的观看人数是20万人,实际上只有20人,其他数据也都是刷出来的。丙电商平台对甲公司的销售行为并不了解。王某要求丙电商平台提供甲公司的信息和住所地,丙电商平台向王某提供了甲公司的地址、联系方式等。下列说法正确的是:( )

A. 甲公司构成虚假宣传

B. 甲公司构成不正当有奖销售

C. 甲公司要对王某承担赔偿责任

D. 甲公司和丙电商平台对王某承担连带责任

72. 某城市银行董事长甲授意信贷部总经理乙向大客户部总经理丙发放巨额信用贷款。丙获得贷款后不知去向,对城市银行的稳健运营造成极其严重的后果。国家金融监管总局对该城市银行及甲和乙进行处罚,下列说法正确的是:( )

A. 禁止甲10年内从事银行业工作

B. 取消乙10年内担任董事、高级管理人员的资格

C. 责令该城市银行停业整顿

D. 对甲、乙罚款

73. 某省市场监督管理局政务中心的下属企业违规利用一个信息系统的政务数据收费2024万元。审计机关发现上述情形后采取的如下措施中,合法的是:( )

A. 审计机关对市场监督管理局进行行政处罚

B. 审计机关冻结市场监督管理局政务中心的账户

C. 审计机关经负责人批准查询市场监督管理局政务中心的账户

D. 审计机关制止市场监督管理局政务中心的行为

74. 甲造纸厂排放的污水污染了下游的农田,造成多名农户的损失。市生态环境局对甲造纸厂进行检查,发现造纸厂的排污口监测设备已经损毁弃用。但造纸厂依然提供了最新的排污合格的监测报告。据查,甲造纸厂委托乙公司进行排污监测,乙公司的员工李某没有实际监测即填写了合格报告。对于农户的损害赔偿责任,下列说法正确的是:( )

A. 乙公司提供的监测报告弄虚作假,甲造纸厂无须对农户承担赔偿责任

B. 甲造纸厂应对农户承担赔偿责任

C. 乙公司应与甲造纸厂共同对农户承担连带责任

D. 李某应与甲造纸厂共同对农户承担连带责任

75. 甲公司与李某订立劳动合同,约定李某从事研发工作,合同期限为5年并签署了保密和竞业限制协议。同时约定,李某离职应当办理工作交接手续,否则需要向公司支付违约金。后李某未经预告直接辞职,且拒不配合工作交接,导致李某负责的项目因研发设计进度延误,迟延交付样机,甲公司因此对客户承担了违约责任。下列有关说法正确的是:( )

A. 李某应按合同约定向甲公司支付违约金

B. 李某应提前30日向甲公司提出离职申请

C. 李某无须对甲公司的经济损失承担赔偿责任

D. 李某应该对甲公司的损失承担赔偿责任,数额根据具体情况确定

76. 苏某画了一幅山水画,黄某临摹了苏某的该幅画作并进行了细微的修改,以陈某(著名画家)的名字署名,公开展览后在网上高价售卖。下列说法正确的是:( )

A. 黄某侵犯了苏某的姓名权

B. 黄某侵犯了陈某的署名权

C. 黄某侵犯了苏某的展览权

D. 黄某侵犯了苏某的改编权

77. 中国甲公司和希腊乙公司签订买卖合同,合同约定适用欧盟法,关于该法律的查明问题,下列说法正确的是:( )

A. 法院可以通过召集庭前会议的方式明确所需要查明的外国法的范围

B. 应该由双方当事人负责欧盟法的查明

C. 外国法查明的费用应该由败诉方承担

D. 因为中国不是欧盟成员国,所以对欧盟法的选择无效

78. 中国人王明和南非人马修均定居在新加坡,马修未经许可在网上发布涉及王明隐私的照片。王明在我国法院提起人格权侵权诉讼。关于

本案所适用的法律，下列说法正确的是：(　　)

A. 人格权侵权纠纷适用新加坡法，且适用的范围包括新加坡的国际私法规则

B. 本案中的诉讼时效适用新加坡法

C. 双方当事人可以选择本案所适用的法律

D. 马修的民事行为能力应该适用新加坡法

79. 下列属于国际经济法调整的是：(　　)

A. 中国人王阳明和乙国人珍妮之间的婚姻关系

B. 某国甲公司和外国乙公司之间的贸易纠纷

C. 甲国驻乙国的外交秘书开车撞伤乙国人引发的交通事故纠纷

D. 甲公司在乙国投资进行公共设施建设，后来该项目被乙国政府征收所引起的纠纷

80. 下列哪些是法院应当受理的确认之诉？(　　)

A. 赵大强申请确认其与赵小二的父子关系不成立

B. 浩南公司申请确认其与大田公司投资协议中的仲裁条款无效

C. 白云公司起诉蓝天公司申请确认其的债务已过诉讼时效

D. 方某起诉刘某解除房屋租赁合同

81. 吴某对周某享有 8 万元到期债权，周某无力偿还。周某放弃了对邓某享有的 10 万元到期债权。吴某向法院起诉周某和邓某，请求撤销周某放弃到期债权的行为；同时请求法院判决周某向自己清偿 8 万元到期债权。关于本案表述正确的是：(　　)

A. 本案构成诉的客体合并

B. 本案构成诉的选择合并

C. 本案构成诉的主体合并

D. 本案构成诉的重叠合并

82. 检察机关的下列行为体现了《民事诉讼法》中民事检察监督原则的有：(　　)

A. 检察院对法院执行活动中的不当行为发出检察建议

B. 检察院对某公司单方捏造事实提起虚假诉讼的犯罪事实提起公诉

C. 对污染环境的某公司提起检察公益诉讼

D. 对某份侵害社会公共利益的调解书提起抗诉

83. 小于(10 岁)的父母带小于到东方医院就诊，小于不慎把可乐撒在地上，导致地板湿滑，路过的小李不慎滑倒，导致骨折，花费医疗费 1.2 万元。因为赔偿问题各方协商无果，小李欲起诉要求赔偿，本案应当如何确定被告？(　　)

A. 仅以小于为被告

B. 仅以小于及其父母为被告

C. 仅以东方医院为被告

D. 以小于及其父母、东方医院为被告

84. 李某在自家院子里饲养了一只烈性犬，用铁链拴着，李某出国学习期间，委托张某每日上门喂食。某日，王某路过李某的院子看见狗在睡觉，遂向狗扔了一块石头导致狗受到惊吓，挣脱锁链，冲出院子，最后撞倒了薛某导致薛某受伤。因为赔偿问题，各方协商未果，薛某向法院提起诉讼，薛某可以谁为适格被告提起诉讼？(　　)

A. 以李某，张某为共同被告

B. 以李某为被告

C. 以李某、王某为共同被告

D. 以张某为被告

85. 甲公司向河流违法排放工业废水，导致河流污染严重，当地环保组织“绿色家园”对甲公司提起公益诉讼，法院经过审理后判决支持了“绿色家园”的诉讼请求。本案判决生效后，法院可以受理下列哪些起诉？(　　)

A. 环保组织“蓝色天空”对甲公司污染环境的行为提起民事公益诉讼

B. 河流沿岸的养殖户张三就甲公司排污遭受的损失起诉甲公司

C. 检察机关对甲公司提起民事公益诉讼

D. 检察机关以甲公司构成污染环境罪对甲公司提起公诉

三、不定项选择题(每题所设选项中至少有一个正确答案，多选、少选、错选或不选均不得分。本部分含 86～100 题，每题 2 分，共 30 分)

86. 甲公司以其某地块建设用地使用权作抵押，向 A 银行借款并办理了抵押登记后，甲公司在该地块开发 10 栋住宅。并将住宅与建设用地使用权一并抵押给 B 银行借款，A 银行借款到期后甲未按约定还款。对此下列说法正确的是：(　　)

A. A 银行可以一并处分建设用地使用权和住宅

B. A 银行可以将 10 栋住宅一并作为抵押财产

C. 甲公司将建设用地使用权再次抵押时应当通知 A 银行

D. 甲公司将建设用地使用权抵押给 B 银行是无权处分

87. 孟某和祝某通过微信约定,祝某向孟某购买海螺 500 斤,12 元/斤。双方约定违约金 1 万元,任何一方违约,另一方均可向对方主张违约金。孟某负责运输。孟某通过冷链车将海螺送至祝某处,祝某一直未取货亦未付款。2 天后导致海螺变质腐烂。关于本案,下列说法正确的是:(　　)

A. 孟某可以主张解除合同

B. 孟某可以请求祝某继续支付价款

C. 祝某可以主张减少违约金

D. 祝某可以撤销海螺买卖合同

88. 夏某持有嘉茂公司 0.8% 的股权,嘉茂公司收购了华兴公司 85% 的股权。董某担任嘉茂公司和华兴公司的法定代表人,嘉茂公司授意董某处置了华兴公司的主要财产,夏某认为董某的行为侵犯了华兴公司的合法权益,申请查阅公司的财务会计报告。下列有关说法正确的是:(　　)

A. 夏某持有嘉茂公司 0.8% 的股权,无权查阅嘉茂公司的财务会计报告

B. 夏某无权查阅华兴公司的财务会计报告

C. 夏某应当委托嘉茂公司查阅华兴公司的财务会计报告

D. 夏某应当说明查阅财务会计报告的目的

89. 赵某、王某、李某出资设立华升会计师事务所(特殊普通合伙企业,以下简称华升所)。2018 ~ 2022 年,赵某代表华升所为中胜地产出具审计报告。2023 年 9 月,证券监管部门认定中胜地产 2020 年审计报告存在重大疏漏,赵某有重大过失。该消息一出,中胜地产股价大跌,投资者损失惨重。2024 年 1 月,赵某从华升所退伙。中胜地产投资者要求赔偿,下列有关说法正确的是:(　　)

A. 对投资者损失的赔偿,赵某退伙后,以退伙时退还的财产份额为限承担责任

B. 对投资者损失的赔偿,华升所和中胜地产承担连带责任

C. 华升所对投资者损失的赔偿,由赵某、王某、李某承担无限连带责任

D. 华升所对投资者损失的赔偿,由赵某承担无限连带责任

90. 罗某和毛某协商,由罗某实际出资,毛某担任股东,和赖某、刘某共同设立星河公司。毛某持股 80%,担任公司董事,但由罗某实际管理公司的具体事务。因毛某和罗某在工作中出现重大过失,赖某利用他们的过失抽回了出资。以下说法正确的是:(　　)

A. 赖某应向星河公司返还抽逃的出资

B. 星河公司可以要求毛某和赖某承担连带责任

C. 毛某为公司董事,星河公司可以要求其承担责任

D. 罗某为实际控制人,实际管理公司事务,星河公司可以要求其承担责任

91. 王某向马某购买了其承包林场中的杨树、杏树等 10 棵树木,并支付了价款,随后王某去马某的林场直接砍伐了 10 棵树。经查,买卖合同中没有约定哪一方办理采伐许可证,依当地的交易习惯,通常由买方办理,但王某并未办理林木的采伐许可证。林草局可对王某实施哪些处罚?(　　)

A. 追究王某滥伐林木的法律责任

B. 追究王某盗伐林木的法律责任

C. 对王某罚款

D. 责令王某补种 10 棵林木

92. 消费者王某在甲直播间购买一个杯子,可以定作刻写自己的名字,商家称此为“夜光杯”,在夜晚能显示名字。后来王某收到货后发现与宣传不符,在夜晚并不能显示名字。王某向直播平台投诉了商家,直播平台对于“夜光杯”的实际情况不知晓,将直播间运营者甲的相关信息告知了王某,并暂时对该直播间采取了禁播措施,下列说法正确的是:(　　)

A. 王某可以请求直播平台赔偿损失

B. 商家甲违反诚信经营义务

C. 王某可以主张将“夜光杯”退货

D. 王某可向商家甲主张惩罚性赔偿责任

93. 甲公司的主营业务是通过抖音账号“惠农”提供直播电商服务。甲公司旗下有吉吉、毛毛、媛媛等多位主播,按照甲公司的安排从事农产品的直播销售工作,领取基本工资和业绩提成以及年底

奖金。2023 年甲公司直播销售总额为 1.5 亿元。甲公司于 2023 年在某地捐建两所希望小学。下列有关纳税的说法正确的是:(　　)

A. 甲公司缴纳企业所得税前可依法扣减其捐建希望小学的款项

B. 各位主播缴纳个人所得税时,可减除费用 6 万元

C. 2023 年的直播销售收入应由甲公司缴纳企业所得税

D. 2023 年的直播销售收入应由各位主播缴纳个人所得税

94. 童某创作了一首歌曲《晨光》,科技公司使用人工智能"模仿"金某的声音演唱了该歌曲,惟妙惟肖。后科技公司提供付费下载该歌曲的服务。航天公司付费下载后,在其飞机上供乘客点播欣赏。科技公司和航天公司均未征求童某和金某的许可,对此,下列说法正确的是:(　　)

A. 科技公司侵犯了童某的著作权

B. 科技公司侵犯了金某的表演者权

C. 航空公司侵犯了童某的著作权

D. 航空公司侵犯了金某的表演者权

95. 黄蜂公司和白云公司因为合同纠纷向 A 仲裁委申请仲裁,仲裁庭在审理本案中发现黄蜂公司与白云公司恶意串通,通过仲裁方式转移财产以逃避债务,仲裁庭可以如何处理?(　　)

A. 报仲裁委所在地中院,中院对其罚款

B. 在裁决书里对虚假仲裁行为予以谴责

C. 裁决驳回仲裁申请

D. 移送公安机关以虚假诉讼罪追究刑事责任

96. 甲公司诉乙公司合同纠纷一案,诉讼中,A 区法院根据甲公司的申请,冻结乙公司 100 万元银行存款。该案经法院终审判决甲公司胜诉,甲公司向 A 区法院申请执行。此时,B 区法院受理乙公司的破产申请。A 区法院应当如何处理?(　　)

A. 中止执行,待 B 区法院宣告破产后终结执行,将冻结的存款交管理人

B. 中止执行,将冻结的存款交管理人

C. 继续执行,将冻结的存款划扣给甲公司

D. 终结执行,将冻结的存款交管理人

97. 张某委托李律师代为参加诉讼,委托授权书中关于授权范围明确载明"可以代为调解",李律师可以代为实施的行为有:(　　)

A. 签署调解协议

B. 签收调解书

C. 参加法院主持的调解并发表意见

D. 申请法院执行调解书

98. 甲起诉乙还款,向法院出示了乙出具的借条,乙辩称借款已经归还,并出示了自己向甲转账的记录。甲称该笔转账是乙向自己偿还之前的一笔借款。关于本案表述正确的是:(　　)

A. 借款已经归还,属于借款法律关系消灭的事实,由乙承担举证责任

B. 借款已经归还,属于借款法律关系不存在的事实,乙不承担证明责任

C. 甲主张"转账是清偿另一笔借款"对本案乙主张的还款事实而言是反证

D. 甲主张"转账是清偿另一笔借款"对本案乙主张的还款事实而言是本证

99. 甲公司与乙公司签订《建设工程施工合同》,约定乙公司承建甲公司的一处建设工程,工程完工后,甲、乙公司因为工程价款发生争议,乙公司起诉甲公司要求支付工程款,诉讼中,法院询问双方当事人是否对工程造价申请鉴定,双方当事人均未提出鉴定申请。后甲公司主张工程质量存在问题,向法庭提供了其在乙公司起诉前委托某建筑工程质量鉴定中心对该工程质量问题出具的鉴定报告。下列表述正确的是:(　　)

A. 本案应当由乙公司对工程造价事实承担证明责任

B. 本案法院可以依职权决定对工程造价事实进行鉴定

C. 本案乙公司提交的鉴定报告是书证

D. 本案乙公司提交的鉴定报告是鉴定意见

100. 乙没有取得驾驶资格,与甲签订《车辆买卖合同》约定甲将其所有的一辆汽车出售给乙。合同签订后,甲将汽车交付给乙。乙驾驶该车辆正常行驶过程中遇到丙闯红灯,乙刹车不及而将丙撞伤。经查证:乙驾驶的车牌是套牌车,套牌是丁的。丁知道乙套牌,并收取了套牌费用。若丙提起诉讼,可以谁为被告?(　　)

A. 可以乙为被告

B. 可以丁为被告

C. 可以乙和丁为共同被告

D. 可以甲、乙、丁为共同被告

国家统一法律职业资格考试

历年真题汇编

2024年客观题
答案册

法律出版社
LAW PRESS·CHINA
北京

2024年国家统一法律职业资格考试(回忆版)

试卷一参考答案及解析

一、单项选择题

1.【解析】A。A项,法治和人治,是治理国家的两种方式。在很长的时期内,法治和人治一直并存,到了近代,法治才成为国家治理的主要手段。A项正确。

B项,公元前536年,春秋时期郑国执政子产将郑国的法律条文铸在金属鼎上,这是中国历史上第一次公布成文法。罗马于公元前451年和450年分两次颁布《十二表法》,我国公布成文法的时间早于罗马的《十二表法》。B项错误。

C项,虽然大陆法系受罗马法影响,但不能说罗马法属于大陆法系。大陆法系的典型代表是《德国民法典》和《法国民法典》,而非罗马的《国法大全》。C项错误。

D项,对待中华优秀传统法律文化,我们要按照新的时代要求加以转化,汲取营养、择善而用,使数千年中华法治文明积淀的宝贵精神遗产焕发新的活力,为建设中华民族现代文明增添法治动力。这并不意味着我们要恢复古代成文法典体系,而是创造性转化。D项错误。

综上,本题答案为A。

2.【解析】A。A项,马锡五审判方式是抗日战争时期在陕甘宁边区实行的方便群众诉讼的审判制度,形成于新民主主义革命时期。A项正确。

B项,中国特色社会主义司法制度,是中国共产党领导广大人民群众,以马克思主义法律思想为指导,立足中国国情,在认真总结社会主义法治国家建设成功经验,科学借鉴人类法治文明优秀成果的基础上建立和发展起来的司法制度。中国特色社会主义司法制度的创立和发展经历了艰难曲折的探索历程,其最早可追溯到新中国成立,而非改革开放。B项错误。

C项,1978年党的十一届三中全会提出"有法可依、有法必依、执法必严、违法必究",明确完整地概括了我国社会主义法制在内容上的基本要求。党的十八届三中全会提出"科学立法、严格执法、公正司法、全民守法"新十六字方针。C项错误。

D项,"枫桥经验",是指20世纪60年代初,浙江省诸暨县(现诸暨市)枫桥镇干部群众创造的"发动和依靠群众,坚持矛盾不上交,就地解决,实现捕人少,治安好"的经验。党的十八大以来继续坚持和发展"枫桥经验"。D项错误。

综上,本题答案为A。

3.【解析】D。A项,宪法的实施通常包括宪法的遵守、宪法的适用和宪法实施的保障三个方面。宪法的实施并不意味着宪法的所有条文都要实施,比如一些宣言性规范、对于事实的描述,是不需要实施的。A项错误。

B项,宪法既对国家的基本制度和国家机构进行了规定,也对公民的基本权利和义务进行了规定。B项错误。

C项,宪法对社会生活作了根本性规定,并未规定社会生活的方方面面,具体细节则仍待其他法律、法规加以规定。C项错误。

D项,宪法是国家的根本法,被称为"法律的法律"。D项正确。

综上,本题答案为D。

4.【解析】A。A项,"谁执法谁普法"的普法责任制,就是把普法责任进一步细化、实化,在执法的过程中进行实时普法、精准普法,以生动直观的方式把法理、情理讲清楚,让人民群众更好地理解法律规定,自觉执行法律裁决,也让人民群众在法治实践中感受法治精神。本案中执法人员机械教条地适用法律,反而与其精神相违背。A项错误,当选。

B项,虽然存在明文规定,但地铁工作人员机械地适用规定,没有灵活变通,没有给残疾人提供最大便利,体现了形式主义和官僚主义作风。B项正确,不当选。

C项,执法不仅是简单地执行法律法规的规定,同时也要对相对人负责,严禁过度执法。本案中,相对人属于残疾人,执法应当尽可能尊重和保障残疾人的权益,考虑残疾人的感受。C项正确,不当选。

D项,要真正做到执法为民,就必须客观地认识执法权力的本质、执法者的责任,正确认识和履行具体的执法行为,增强保障人民利益的自觉性、坚定性。本案中,地铁工作人员和执法者应当考虑残疾人的客观情况,而不能拘泥于相关规定的限制条件。所以禁止钱某使用无障碍设施是拘泥于法律规定,与执法为民的要求相冲突。D项正确,不当选。

综上,本题答案为A。

5.【解析】B。A项,体系解释,也称逻辑解释、系统解释,是将被解释的法律条文放在整部法律中乃至整个法律体系中,联系此法条与其他法条的相互关系来解释法律,本题不涉及逻辑上的判断,故A项错误。

B项,设证推理是逆推,又称"推定",包括经验推定与规范推定两类,设证推理是从所有能够解释事实的假设中优先选择一个假设的推论。它的基本逻辑是由果推因。推论人必须尽可能地使推论结论与待解释现象之间的关系是一种单一的因果关系。在本题中,法院认为商场外显示屏存在"光污染",系基于显示屏的强光超出一般人能忍受的程度这一经验,从而推导出该购物中心外墙上的显示屏存在"光污染"的结论,这一推理过程属于设证推理,故B项正确。

C项,比较解释是指根据外国的立法例和判例学说对某个法律规定进行解释。本题中未提及外国的法律和学说,C项错误。

D项,当然推理是指由某个更广泛的法律规范的效力推导出某个不那么广泛的法律规范的效力,包括"举轻以明重"和"举重以明轻"两种形式。本题中未体现,D项错误。

综上,本题答案为B。

6.【解析】D。A项,法律不是万能的,存在法律不调整的社会关系,如友谊关系、爱情关系。A项错误。

B项,法律和道德、宗教在发展过程中相互作用,相互影响。当然法律的发展有其相对的对立性,但并不是完全独立的。B项错误。

C项,社会是法律产生与形成的基础,法以社会为基础,法的性质和功能决定于社会。C项错误。

D项,法具有规范作用,可分为指引作用、评价作用、预测作用、强制作用和教育作用。法作为一种规范可以对人们的行为产生影响。D项正确。

综上,本题答案为D。

7.【解析】B。A项,法律责任的竞合,是指一个法律主体的同一个法律行为导致了两种或两种以上的法律责任,并且这些法律责任之间是冲突的。本题中,树木管理公司和电力公司对甲的侵权责任,只有一种法律责任。A项错误。

B项,不诉免责即"告诉才处理",被侵权人甲没有起诉树木管理公司,树木管理公司成立不诉免责。B项正确。

C项,虽然甲雨夜外出,树木歪倒确实不可控,但这种情况并非完全不可抗力,因为电线杆歪倒属于电力公司的责任。显然电力公司未尽到管理维护的义务,需承担赔偿责任。如果归于不可抗力,则电力公司无须承担责任。C项错误。

D项,责任自负原则是指谁违法谁负责,反对株连或者变相株连。电力公司并不是因违法而承担的责任。D项错误。

综上,本题答案为B。

8.【解析】B。A项,王某的行为在客观上是违法的,因为其破坏了道路指示标志,但在主观上具有一定的正当性。如果仅按客观归责,则应追究王某的责任。如果考虑其主观意图,则可以使王某免责。A项错误。

B项,王某的行为虽然违法,但其本质上是合理的。非实证主义者以内容的正确性作为法的概念的一个必要的定义要素,按照此观点不应该认定王某的行为违法。执法者对王某进行处罚,体现的是法律实证主义的观点,即只要违反法律规定,就要按照法律进行处罚。法律实证主义者考虑法的权威性制定和社会实效,而不考虑其道德合理性。B项正确。

C、D项,虽然有关部门事后修改了该车道,但并不表明政府执法就是自相矛盾的。执法者基于法律规定对王某进行惩罚,具有法律依据,符合形式法治要求。后来对车道进行完善,是对执法的优化和提升,二者并不矛盾,因此也不需要向王某退回罚款。C、D项错误。

综上,本题答案为B。

9.【解析】A。A项,考查小过重罚对法治的影响。小过重罚使营商主体对执法者的执法缺乏预期,伤害市场信心,不利于营商环境建设,也与法治精神相违背。A项正确。

B项,本案中,执法者处罚过重,显然不利于保护营商环境主体。但这并不意味着在执法和司法中要优先保护营商主体,而是公平地适用法律,一视同仁。B项错误。

C项,行政处罚法属于行政法部门,反不正当竞争法虽然也涉及政府执法,但属于经济法部门,二者存在不同。C项错误。

D项,考查法律监督的类型,这既是法理学的知识点,也是法治思想中关于监督体系的内容。行政复议属于行政机关内部监督的一种形式,与其他国家机关的监督构成国家监督。D项错误。

综上,本题答案为A。

10.【解析】D。法官从广告牌的亮光超出了一般人的承受范围这一经验判断,倒推出这种亮光应该属于法律规定中的光污染,属于设证推理中的经验推定,即从经验判断推导出法律判断的前提。这是典型的设证推理,而非当然推理。当然推理包括两种形式:举重以明轻和举轻以明重。本案中并不存在广告牌的对比事例,因此不存在当然推理。D项正确,A项错误。

体系解释又称逻辑解释、系统解释。比较解释是指根据外国的立法和判例学说对某个法律规定进行解释。本案中,法官解决的问题是广告牌的亮光是否构成光污染,这是一个规范和事实之间的推理问题。并没有针对光污染进行法律解释,因此不涉及法律解释的方法,B、C项错误。

综上,本题答案为D。

11.【解析】D。《宪法》第127条规定,监察委员会依照法律规定独立行使监察权,不受行政机关、社会团体和个人的干涉。监察机关办理职务违法和职务犯罪案件,应当与审判机关、检察机关、执法部门互相配合,互相制约。故D项正确。

综上,本题答案为D。

12.【解析】C。文化制度,是指一国通过宪法和法律调整以社会意识形态为核心的各种基本关系的规则、原则和政策的综合。我国文化制度主要包括教育事业、科技事业、文学艺术事业、广播电影电视事业、新闻出版事业、文物事业、图书馆事业以及社会意识形态等方面。①体现了国家发展教育事业。②体现了国家发展科学事业,均属于我国的基本文化制度。③是我国的计划生育制度,体现了我国《宪法》对基本社会制度的规定。④体现了我国的生态制度。故C项正确。

综上,本题答案为C。

13.【解析】C。我国《宪法》在序言中规定,中华人民共和国是全国各族人民共同缔造的统一的多民族国家。平等团结互助和谐的社会主义民族关系已经确立,并将继续加强。故C项正确。

综上,本题答案为C。

14.【解析】D。A项,“谋反”指谋害皇帝、危害国家的行为;“谋大逆”指图谋破坏国家宗庙、皇帝陵寝以及宫殿的行为。A项不成立谋反,错误。

B项,“不道”指杀一家非死罪三人、肢解人及造畜蛊毒、厌魅的行为,甲杀了两人,不构成“不道”,B错误。

C项,“不义”指杀本管上司、授业师及夫丧违礼的行为,丙“殴打老师”,不成立“不义”,C项错误。

D项,“不孝”指未经祖父母、父母同意私立门户、分异财产等,D项正确。

综上,本题答案为D。

15.【解析】A。A项,“德本刑用”是唐朝的立法指导思想,唐朝继承和发展以往礼法并用的统治方法和立法经验,使法律内容“一准乎礼”,真正实现了礼与法的统一。A项正确。

B项,“礼之所去,刑之所取,失礼则入刑,相为表里者也”,体现的是西周时期礼与刑的关系,秦朝“缘法而治”“严刑重法”,汉律开始儒家化。B项错误。

C项,“明刑弼教”是明朝的立法思想,是明律的主旨。C项错误。

D项,清末礼法之争,是指在清末变法修律过程中,“礼教派”与“法理派”围绕《大清新刑律》等新式法典的修订产生的论争。主要焦点集中在:(1)关于“干名犯义”条存废;(2)关于“存留养亲”;(3)关于“无夫奸”及“亲属相奸”等;(4)关于“子孙违犯教令”;(5)关于子孙卑幼能否对尊长行使正当防卫权。D项错误。

综上,本题答案为A。

16.【解析】D。选项A错误。该组织决议的效力一般由该组织章程规定,不能简单认为“政府间”国际组织的决议都有法律约束力。

选项B错误。国际组织决议和《联合国海洋法公约》效力的高低,也是通过具体文件进行解决。或规定在该国际组织章程中,或规定在某个公约的具体条款中。没有统一的规则。

选项C错误。联合国安理会有权决定采取行动以维持国际和平与安全。但是这种行动的目的仅仅限于维持国际和平与安全,不涉及一般争端。选项中的“渔业”争端,明显不符合安理会的权限和宗旨。

选项D正确。政府间国际组织可以通过特别协定成为联合国的专门机构。

综上所述,本题答案为D。

17.【解析】C。我国相关立法规定,构成默示放弃国家豁免的情形有四种:(1)起诉(包括起诉引起的反诉);(2)应诉(实体抗辩);(3)主动提起反诉;(4)作为第三人提出诉讼请求或参加。

不构成默示放弃的情形有三种:(1)为主张豁免或抗议管辖权而应诉答辩;(2)出庭作证;(3)同意适用中国法律。

逐项解析:

选项A错误。根据我国相关立法的规定,出庭主张豁免的应诉不构成默示放弃。

选项B错误。根据我国相关立法的规定,同意适用中国法律不构成默示放弃。

选项C正确。根据我国相关立法的规定,主动提起反诉构成对国家豁免的默示放弃。

选项D错误。根据我国相关立法的规定,出庭作证不构成放弃。

综上所述,本题答案为C。

18.【解析】C。选项A错误。海盗属于公海中普遍管辖的范畴,任何国家都可以对海盗行为实施管辖权,并对其进行拿捕。题干中击沉海盗船属于行使普遍管辖的范畴。这里可能会有同学对“击沉”有疑问。目前国际立法中关于针对海盗船使用武力的具体方式没有明确规定。结合司法实践,题干中的行为符合国际法的规定。

选项B错误。乙国对该藏有假币的行为具有管辖权,其理论基础是保护性管辖。保护性管辖是指国家对于在其领土外发生的侵害其国家或国民重大利益的行为具有管辖权。本题中藏有假币的行为发生在乙国境外,并且属于对乙国国家利益的重大侵害。所以乙国对该行为具有管辖权。但要注意的是,保护性管辖只能在加害人进入受害国之后,或者通过引渡具体行使。不能到公海去直接抓捕。简而言之就是乙国对藏有假币的行为具有管辖权,但不能在公海直接进行抓捕行为。

选项C正确。根据国际法的规定,登临权指一国军舰、军用飞机,或其他得到正式授权、有清楚标志可识别的政府船舶或飞机,对公海上的外国船舶(军舰等享有豁免权的除外),有合理根据认为其存在不法情况时,拥有登船检查并采取措施的权利。

登临权中的“不法情况”具体包括以下几种:海盗,贩奴,非法广播,船舶无国籍,虽挂外国旗或拒不展示船旗,但实与登临军舰属同一国籍。

根据国际法的相关规则,挂两国以上国旗或者视方便而换旗的,视为船舶无国籍。本题中幸运号更换旗帜的行为,视为船舶无国籍,符合登临权的行使要求。

选项D错误。船舶在海上行驶的时候挂且只能挂一国国旗,并且要求船舶和船旗国应该有真实联系并登记。

综上所述,本题答案为C。

19.【解析】A。A项,第一,甲要闯入乙家,构成紧急避险。

第二,对于甲的紧急避险,乙的反击不构成正当防卫,因为紧急避险不属于不法侵害,正当防卫要求制止的是不法侵害。

第三,对于甲的紧急避险,乙的反击不构成紧急避险,因为不符合法益衡量的要求。甲之所以能构成紧急避险,是因为满足限度条件“保护较大法益(自己的生命身体法益)而不得已损害较小法益(乙的住宅安宁状态)”。这就意味着,乙对甲的反击,肯定不满足紧急避险的限度条件“保护较大法益而不得已损害较小法益”。

第四,对于甲的紧急避险,乙的反击既不构成正当防卫,也不构成紧急避险,而构成不法侵害。那么,甲对乙的反击所进行的反击,就属于在制止乙的不法侵害,因此构成正当防卫。同时,甲也是为了继续躲避狼狗袭击的危险,所以也属于继续实施紧急避险。在此,正当防卫与紧急避险竞合了。竞合以后,优先认定为正当防卫,因为这种认定对甲更有利。A 项说法正确。

B 项,第一,甲对乙不构成正当防卫,因为甲只是抵挡,不是反击。正当防卫是违法性阻却事由,要成立正当防卫,要求行为先要有违法性(法益侵害性)。甲只是单纯抵挡,不是反击,该抵挡行为本身没有违法性,在客观要件这一步就得出无罪结论。第二,甲对酒吧老板构成紧急避险,也即为了躲避来自乙的危险,而不得已损害酒吧老板的财产。如果甲不拿酒吧老板的红酒,该红酒就不会受损。B 项说法错误。

C 项,乙不构成正当防卫,理由有:第一,甲拒绝支付建设款,属于违约行为,不属于不法侵害。乙的行为不是在制止不法侵害,因此不构成正当防卫。第二,正当防卫的对象可以是财物,但是要有制止不法侵害的效果。例如,甲骑摩托车要撞乙,乙用铁锤砸倒摩托车,导致车毁坏,甲摔倒。乙针对财物的反击起到了制止不法侵害的效果,所以成立正当防卫。而本题中,即使甲存在不法侵害,乙拆毁房屋的行为也不会起到制止不法侵害的效果,所以不成立正当防卫。C 项说法错误。

【对比区分】雇主拖欠劳动者的劳动报酬,这种违约行为已经属于不法侵害,因为刑法规定了拒不支付劳动报酬罪。劳动者针对雇主的这种不法侵害,可以防卫反击,反击对象可以是财物,但是也必须起到制止不法侵害的效果。例如,雇主为了不支付劳动报酬,要转移资产,劳动者为此扣押资产,成立正当防卫。劳动者如果拆毁厂房,则不成立正当防卫。

D 项,被害人承诺遭受轻伤,承诺有效;承诺遭受重伤,承诺无效。乙将甲打成重伤,甲的承诺无效。因此,乙构成故意伤害罪。D 项说法错误。

综上所述,本题答案为 A。

20.**【解析】**A。A 项,第一,丙带人不法侵害乙。乙反击属于制止不法侵害,构成正当防卫。甲将铁锹给乙,属于帮助乙实施正当防卫,也属于正当防卫,因此不构成故意伤害罪。第二,乙的反击致丙重伤,不构成防卫过当。这是因为,丙带领多人围攻侵害乙,对乙实施严重危及人身安全的暴力犯罪;面对这种严重的不法侵害,防卫人将对方打成重伤,不构成防卫过当。A 项说法正确。

B 项,共同犯罪中,各个共犯人的量刑档次不一定相同,例如,对实行犯的量刑必然重于帮助犯。追诉期限由量刑档次决定。因此,对各个共犯人的追诉期限也不一定相同。在此应各算各的账。B 项说法错误。

C 项,真正身份犯中的定罪身份是针对实行犯而言。例如,一个人要构成滥用职权罪等渎职犯罪的实行犯,要求具有国家机关工作人员的身份。但是,一个人要构成真正身份犯的教唆犯、帮助犯等共犯,不要求具有定罪身份。因此,普通公民虽然不能构成渎职罪的实行犯,但可以构成渎职罪的教唆犯、帮助犯。C 项说法错误。

D 项,基于自愿救助产生的特定关系可以产生作为义务。这是指某项法益处于危险境地时,行为人自愿救助,使法益的保护依赖行为人时(形成依赖关系),行为人就有继续保护的义务。总结产生作为义务的条件:第一,自愿救助。第二,法益对象对该行为产生依赖关系。本题中,乙尚未抓到救生圈,尚未形成依赖关系,所以甲没有救助义务,不构成不作为犯罪。假如乙已经抓到救生圈,对甲的救助行为形成依赖关系,此时甲有了救助义务,却不救助,则构成不作为犯罪。D 项说法错误。

综上所述,本题答案为 A。

21.**【解析】**A。第一,甲没有医师执业资格,长期非法行医,构成非法行医罪。

第二,负有照护职责人员性侵罪的犯罪主体是负有照护职责的人员。虽然甲与乙是医患关系,但是甲对乙没有较稳定的照护职责,因此不构成本罪。

第三,甲不构成奸淫幼女型强奸罪,因为甲确实不知道乙是幼女。根据司法解释,如果乙女未满 12 周岁,那么即使甲不知道乙女是幼女,也构成强奸罪。

第四,甲不构成猥亵儿童罪,因为甲确实不知道乙女是儿童。

【对比区分】假如乙长期依赖甲的治疗,比如长期住院治疗,甲是主治医师,属于负有照护职责的人员。那么,甲构成负有照护职责人员性侵罪。第一,甲满足了该罪的主体要件。第二,主观上,甲有实施负有照护职责人员性侵罪的犯罪故意。第三,客观上,虽然甲是在幼女的同意下发生性关系,但仍属于强奸行为。这种强奸行为与该罪是性质相同、程度不同的关系,这种强奸行为(重罪行为)可以包容评价为该罪(轻罪行为)。在该罪的范围内,主客观相一致。所以,此时甲对乙的年龄的认识错误不重要。

综上所述,本题答案为 A。

22.**【解析】**C。第一,抢劫罪既遂的行为结构是,带着非法占有目的,实施强制手段→压制对方反抗→对方因为无法反抗而被迫放弃财物、处分财物→行为人因此取得财物。甲带着非法占有目的实施了昏醉形式的强制手段,基于此甲成立抢劫罪。A 项说法错误。

第二,甲接下来也压制了乙的反抗,甲也取得了财物,似乎甲构成抢劫罪既遂。但是,成立抢劫罪既遂,要求第三步与第四步具有因果关系。行为人虽然取得财物,但是被害人不是因为无法反抗而放弃财物,行为人不构成抢劫罪既遂。本题中,由于乙不在现场,甲拿走财物时,不需要应对乙的反抗,也即甲下迷药的行为对甲的取财行为没有起到应有作用(压制乙的反抗、排除乙的阻力)。因此,甲的下迷药行为构成抢劫罪(未遂),甲的取财行为构成盗窃罪(既遂)。两个行为构成两罪,应并罚。B 项说法错误,C 项说法正确。

第三,成立"入户抢劫"要求带着实施财产犯罪或人身犯罪的目的而入户。甲是被邀请入户做客,因此不属于入户抢劫,而属于在户内抢劫。D 项说法错误。

综上所述,本题答案为 C。

23.【解析】B。第一,乙将 3 万元现金放到甲的柜台,购买彩票,甲将彩票交给乙。这个交易活动完成后,意味着乙占有了彩票,甲占有了柜台上的 3 万元现金。此时,即使甲没有将 3 万元现金拿到自己手里,甲仍然在占有现金,虽然不是紧密占有,但属于松弛占有。

第二,由于此时甲在占有现金,乙不再占有现金,所以,乙拿走现金不构成侵占罪,因为侵占罪是指将他人所有、自己占有的财物变成自己所有。A 项说法错误。

第三,乙通过调包行为,趁甲不注意,将甲占有的现金转移为自己占有,构成盗窃罪。这个环节,乙没有欺骗甲,甲不存在"基于认识错误而处分现金"的行为。B 项说法正确。

第四,乙购买彩票时,支付了 3 万元现金,所以乙不属于骗取彩票,因此乙不构成诈骗罪。因此,C 项说法错误。

第五,D 项问题。(1)根据司法解释,非法经营地下六合彩,构成非法经营罪。但是,乙拿走现金的行为不是在制止甲的非法经营罪,所以不构成正当防卫。(2)3 万元现金属于甲的非法经营活动的违法所得。甲对该违法所得的非法占有受刑法保护,应由国家没收,一般人若侵犯,则有可能构成财产犯罪。刑法在此不允许"黑吃黑"。D 项说法错误。

综上所述,本题答案为 B。

24.【解析】D。诈骗罪的行为结构是,带着非法占有目的,对他人实施欺骗行为→使对方产生认识错误→对方基于认识错误而处分财物→行为人取得财物→他人遭受财产损失。

第一,欺骗行为的方式既包括语言沟通方式,例如电信诈骗,也包括通过行为举止欺骗,例如,甲带着不想付费的意图,走进餐厅,坐下点菜,这种行为举止就欺骗了服务员,使服务员误以为甲有付餐费的意图。本题中,甲虽然与收件人没有语言沟通,但是通过行为举止使收件人产生认识错误,因此存在欺骗行为。A 项说法错误。

第二,甲在邮件单上写明了香蕉价格和快递费,就此而言,没有欺骗。但是,诈骗罪中的"使对方产生认识错误",既包括对商品价格的认识错误,也包括对购买人身份产生认识错误。甲通过邮寄行为,意图使收件人误以为家人是购买人,使收件人产生了认识错误,并且基于认识错误而处分了钱财。B 项说法错误。

第三,收件人基于认识错误而处分了 60 元,存在财产损失。这是因为一方面,收件人没有购买香蕉的意图,并不一定需要香蕉,花钱买了自己不需要的东西,就是一种损失。另一方面,即使需要香蕉,收件人花 60 元购买到价值 6 元的香蕉,花冤枉钱了,存在财产损失。C 项说法错误。

综上,甲的行为满足了诈骗罪的构成要件,构成诈骗罪,并且既遂。D 项说法正确。

综上所述,本题答案为 D。

25.【解析】D。第一,甲的行贿方式类似于,将存有 500 万元的银行卡送给乙。乙接收了这个资金账户就构成受贿罪既遂。对此不需要对账户进行户名转让登记。乙的受贿罪既遂数额是 500 万元。甲构成行贿罪既遂。A 项说法错误。

第二,乙炒股赚了 80 万元,属于犯罪所得的收益。犯罪所得是既遂数额。所以,80 万元不是既遂数额。B 项说法错误。

第三,甲构成行贿罪既遂后,不可能再构成行贿罪犯罪中止,因为既遂排斥中止。C 项说法错误。

第四,当甲构成行贿罪既遂,意味着甲失去了对 500 万元资金的占有。乙构成受贿罪既遂,意味着乙占有了 500 万元资金。在此前提下,甲修改账户密码,使乙无法支配账户资金,意味着使乙失去了对资金的占有,甲获得了对资金的占有。甲属于将乙占有的资金转移为自己占有,构成盗窃罪。刑法保护乙对受贿所得的占有,国家对此可以没收,但其他人包括甲不能侵犯。也即,刑法在此不允许"黑吃黑"。D 项说法正确。

综上所述,本题答案为 D。

26.【解析】D。本案的行为链条是:请托人(甲)→中间乙(非国家工作人员)→中间丙(国家工作人员)→终端办事人(丁)。分析这类案件的顺序是从终端办事人向请托人的方向分析。

第一,丁构成受贿罪。受贿罪的收钱,既包括为自己收钱,也包括为第三人(中间人)收钱。官员知道中间人收钱,还承诺办事,即使不收中间人的钱,也构成受贿罪,数额以知道中间人收钱的数额为准。这就属于为第三人(中间人)收钱。本题中,丁知道丙收了 20 万元,还给办事,构成受贿罪,数额是 20 万元,而不是 10 万元。A 项说法正确。

第二,丙收乙的 30 万元,构成斡旋受贿型受贿罪,数额是 30 万元。丙送丁 10 万元,构成行贿罪,数额是 10 万元,同时构成丁的受贿罪的共犯。行贿罪与受贿罪的共犯是想象竞合关系,择一重罪论处。假如定行贿罪,该行贿罪与丙的斡旋受贿型受贿罪是牵连关系(结果与原因的关系也是牵连关系),择一重罪论处。B 项说法正确。

第三,乙对甲谎称需要补税,收甲 10 万元,构成诈骗罪。乙收甲 40 万元,构成利用影响力受贿罪,数额是 40 万元。乙给丙 30 万元,构成行贿罪。乙还构成丙的受贿罪的共犯。乙的受贿罪共犯与行贿罪是想象竞合关系,择一重罪论处。这个行贿罪与乙的利用影响力受贿罪是想象竞合关系,因为直到丁许诺办事时,乙才构成利用影响力受贿罪,所以整体上是一个行为。该想象竞合择一重罪论处,假如定利用影响力受贿罪,与诈骗罪应并罚,因为是两个行为构成两个不同性质的犯罪。C项说法正确。

第四,甲对乙构成对有影响力的人行贿罪,但数额是40万元,因为另外10万元是被乙诈骗的,不算行贿数额。如果乙告知甲"我还给丙、丁行贿了",则甲对丙、丁也构成行贿罪,但甲只有一次行贿行为,所以是想象竞合,择一重罪论处。D项说法错误。

综上所述,本题答案为D。

27.【解析】D。A项,乙为吸毒者甲代购毒品,分两种情形。第一,收钱。如果有牟利目的,也即加个价赚钱,那么乙就是中间商,对甲构成贩卖毒品罪。如果没有牟利目的,则不构成贩卖毒品罪。第二,不收钱,分点毒品。如果有贩卖目的,也即分点毒品想卖掉,则构成贩卖毒品罪。如果没有贩卖目的,只想自己吸食,则不构成贩卖毒品罪。因此,乙不构成贩卖毒品罪。A项说法错误。

B项,虽然买卖的方式包括物物交换,但是对于交换毒品,要区分吸毒者与贩毒者。由于甲换回来冰毒,只是想吸食,所以不构成贩卖毒品罪。由于乙不是吸毒者,是贩毒者,想贩卖掉冰毒,换回来海洛因不是想吸食,而是为了卖掉,所以,乙构成贩卖毒品罪。B项说法错误。

C项,甲的吸食毒品行为对乙的生命法益没有制造危险,乙的自杀行为属于被害人自陷风险、自己负责,因此甲的吸食行为与乙的死亡没有因果关系。C项说法错误。

D项,甲为了吸食而购买毒品,不构成毒品犯罪。但是,将超过10克的海洛因放在家里,则构成非法持有毒品罪。D项说法正确。

综上所述,本题答案为D。

28.【解析】B。A项,从轻处罚,是指在同一个刑格幅度内,从轻处罚。减轻处罚,是指在刑格(量刑幅度)以下判处刑罚。因此,减轻处罚对被告人更有利。A项说法正确。

B项,减轻处罚,是指在刑格以下判处刑罚。这里的"以下"不包括本数。例如,对盗窃罪的"三年以上十年以下有期徒刑",如果判3年,属于从轻处罚,而非减轻处罚。从轻处罚和减轻处罚不存在竞合。减轻处罚,是要求低于3年,在下一个刑格处罚。B项说法错误。

C项,《刑法》第63条第2款:"犯罪分子虽然不具有本法规定的减轻处罚情节,但是根据案件的特殊情况,经最高人民法院核准,也可以在法定刑以下判处刑罚。"这是特别减轻处罚制度。C项说法正确。

D项,减轻处罚是对法定刑减轻处罚,法定刑包括主刑和附加刑,所以减轻处罚包括对主刑减轻处罚,也包括对附加刑减轻处罚。对此参见最高人民法院第二巡回法庭2019年第15次法官会议纪要《减轻处罚应当同时适用于附加刑》。D项说法正确。

综上所述,本题答案为B。

29.【解析】C。A项,第一,犯罪着手,要求行为对法益产生现实、紧迫、直接的危险。甲构成的罪名是抢劫枪支罪。该罪的着手,要求开始实施强制手段,比如开始实施暴力。甲没有开始实施暴力,所以没有着手。第二,在着手之前,甲的埋伏行为属于预备行为,处在预备阶段。第三,甲一直没有机会下手,遂放弃,表明是因为意志以外原因而被迫放弃,所以构成犯罪预备,而非预备阶段的犯罪中止。A项说法正确。

B项,贩卖毒品罪的既遂标准是卖掉毒品,而不是收到货款。这是因为,卖掉毒品,就使毒品扩散出去,给国民健康造成危险。至于犯罪分子是否收到货款,刑法对此不予关心。乙交了货,就构成该罪既遂。B项说法正确。

C项:(1)盗窃罪有个考点叫"封缄物的占有问题"。这个存有金条的电脑整体上是个封缄物,金条是内容物,电脑是个外形物。乙将电脑交给甲保管修理,约定次日取回,甲占有封缄物的外形物,但没有占有内容物(金条),内容物(金条)仍由乙占有。背后的法理依据是,外形物起到封缄效果(屏障效果),起到主人控制内容物的效果,视为内容物还在主人控制范围内,所以,主人仍占有内容物。(2)注意,虽然乙此时忘记金条的存在,但不影响其占有金条。只要财物在主人的实际控制范围内,只要主人在占有自己的财物,即使临时忘记,不影响其占有。例如,主人忘记自己家箱子里存有一个珠宝,不能因此认为主人对该珠宝失去占有。(3)甲没有占有内容物(金条),将金条装进自己口袋,意味着将乙占有的财物通过平和手段转移为自己占有,构成盗窃罪。当甲放进自己口袋,意味着控制金条,构成盗窃罪既遂。一旦构成既遂,即使事后返还,也不可能构成中止。既遂与中止是排斥关系。C项说法错误。

【对比区分】2012年第18题A项:"甲是个体干洗店老板,洗衣时发现衣袋内有钱,将钱藏匿",答案是甲构成侵占罪。(1)顾客将衣服交给老板,离开干洗店,则老板占有衣服,衣服口袋的钱已经不在顾客的实际控制范围内,顾客不再占有该钱,该钱属于遗忘物。老板将顾客所有、自己占有的钱变成自己所有,构成侵占罪。(2)分析侵占罪时,刑法不承认民法的一个规则"对货币,占有即所有"。(3)封缄物一般是指保险箱、保险柜、行李箱、有外包装的包裹等,贴身的衣服口袋不算封缄物,所以,不能按照封缄物去分析。真题考过,主人将金饰藏进一个抽油烟机内,此时抽油烟机算封缄物。

D项:(1)甲实施暴力,已经着手,进入实行阶段。(2)乙大声呼救,甲看到远处有行人而放弃,属于害怕当场被抓而放弃,属于被迫放弃,因此构成犯罪未遂。D项说法正确。

综上所述,本题答案是为C。

30.【解析】B。A项,第一,原则上,面临不法侵害,防卫人没有躲避义务,也即"正义不需要向不正义让步"。但是,司法解释规定了例外情形:遇到精神病患者、未成年人实施的不法侵害,如果不是严重危及人身安全的不法侵害,应先采取躲避措施;若无法躲避,则可以反击防卫。

第二,紧急避险的主要目的就是躲避危险。例如,野狗追咬狗蛋,狗蛋为了躲避野狗追咬,不得已闯进小芳家。狗蛋构成紧急避险。A 项说法正确。

B 项,第一,正当防卫是制止不法侵害。这里的不法侵害包括对国家法益、公共法益的不法侵害。对这类不法侵害可以正当防卫,但需要满足紧迫性条件。例如,外国间谍甲正在窃取我国国家秘密,群众乙看到,情况紧急,乙对甲可以反击防卫。所以,“正当防卫只保护个人法益”的说法错误。

第二,紧急避险可以保护个人法益、公共法益及国家法益。例 1,消防员为了扑灭大楼火灾,不得已闯入他人院子使用水管,属于紧急避险。灭火是为了保护公共法益。例 2,警察为了抓捕小偷,不得已踩踏村民的麦田,属于紧急避险。抓小偷是为了保护社会法益。B 项说法错误。

C 项,第一,对他人的紧急避险不可以实施正当防卫。(1)对紧急避险的反击,不构成正当防卫,因为紧急避险不属于不法侵害,正当防卫要求制止的是不法侵害。(2)对紧急避险的反击不构成紧急避险,因为不符合法益衡量的要求。(3)对紧急避险的反击属于不法侵害。例如,几条恶犬追咬甲,甲为了躲避,不得已闯入乙家。乙见状,将甲推出去。乙不构成紧急避险,因为乙保护的法益(住宅安宁状态)小于损害的法益(甲的身体健康)。甲之所以能构成紧急避险,是因为满足一个条件“保护较大法益而不得已损害较小法益”。这就意味着,乙对甲的行为,肯定不满足紧急避险的条件“保护较大法益而不得已损害较小法益”。

第二,对他人的正当防卫进行反击,不构成正当防卫,而是故意犯罪,因为正当防卫不属于不法侵害。例如,甲杀乙,乙反击甲,甲又反击乙。甲的反击构成故意犯罪。

第三,对他人的正当防卫能否进行紧急避险?不可以。例如,甲杀乙,乙防卫反击、反杀,甲为了躲避反杀,抢来旁边丙的摩托车,骑走。甲的抢车行为不构成紧急避险,构成抢劫罪。这是因为,甲面临的危险(乙的防卫反击)是甲故意自己招来的,刑法对其不予保护。如果乙的反杀变成事后防卫(不再是正当防卫),则甲既可以紧急避险,也可以正当防卫。C 项说法正确。

D 项,第一,紧急避险的时间条件是危险正在发生。所谓正在发生,是指法益受到的危险已经产生但尚未消除。如果事前或事后避险,属于避险不适时。

第二,正当防卫的时间条件是不法侵害正在进行。正当防卫的起始时间:当不法侵害已经开始,并且对法益产生紧迫危险时,便可实施正当防卫。例如,甲欲盗窃乙家,计划翻进院墙,穿过院子,来到房屋门前,撬门进入。翻院墙是盗窃罪的预备行为,撬门是盗窃罪的着手实行行为,因为此时对屋内财产法益才产生紧迫危险。因此,针对盗窃罪进行正当防卫,正当防卫的起始时间是甲撬门时。但是,翻院墙是非法侵入住宅罪的着手实行行为,因为此时对“住宅安宁状态”法益已经产生紧迫危险,所以针对非法侵入住宅行为进行正当防卫,正当防卫的起始时间是翻院墙时。D 项说法正确。

综上所述,本题答案为 B。

31.【**解析**】D。抢劫是对人实施暴力,压制人的反抗。例如,甲将档案管理员乙打晕,然后拿走档案,属于抢劫档案。抢夺是对物暴力,对人有危险。例如,甲趁档案管理员乙不注意,从乙的手里夺走档案袋,属于抢夺档案。

A 项,“抢劫”与“抢夺”是性质相同、程度不同的关系,类似于“杀人”与“伤害”。“杀人”一词蕴含“伤害”,“杀人”能包容评价为“伤害”。同理,“抢劫”一词蕴含“抢夺”,能包容评价为“抢夺”。反过来,也可以认为,“抢夺”既包括一般的抢夺,也包括“抢劫”评价来的抢夺。因此,将“抢夺”解释为包括了抢劫,是对“抢夺”的扩大解释,不是类推解释,没有超出词义的射程范围,没有超出一般人的预测可能性。A 项说法正确。

B 项,当然解释,是指在论证无罪时“举重以明轻”(重的行为都无罪,轻的行为当然更应无罪),在论证有罪时“举轻以明重”(轻的行为都构成犯罪,重的行为当然更构成犯罪)。既然抢夺国有档案是犯罪,抢劫国有档案更应是犯罪。B 项说法正确。

C 项,体系解释,是指根据体系逻辑来论证解释后的含义在刑法体系中是否协调合理。如果认为抢夺国有档案构成犯罪,但抢劫国有档案不构成犯罪,那么,在逻辑体系上就会不协调、不合理。所以,对抢劫国有档案进行定罪符合体系解释。C 项说法正确。

D 项,对抢劫国有档案进行定罪,是一种扩大解释,符合当然解释、体系解释,不是类推解释,所以不违反罪刑法定原则。D 项说法错误。

综上所述,本题答案为 D。

32.【**解析**】C。本题考查刑事诉讼职能与诉讼参与人的范围。

A 项,证人属于诉讼参与人(其他诉讼参与人),但不具有控诉职能,A 不当选。

B 项,出庭支持公诉的检察官为公诉人,具有控诉职能,但不属于诉讼参与人,B 不当选。

C 项,自诉人委托的诉讼代理人代自诉人行使控诉职能,且属于诉讼参与人(其他诉讼参与人),C 当选。

D 项,刑事被告人属于诉讼参与人(当事人),但不具有控诉职能,刑事被告人具有辩护职能,D 不当选。

综上所述,本题选 C。

33.【**解析**】D。本题考查回避制度中回避的决定、回避的理由、回避的适用主体。

A 项,申请检察长回避,应当由负责审查起诉的检察院的检察委员会审查决定,A 项说由“上级”检察院的检察委员会决定是错误的。

B 项,二审法院将案件裁定撤销原判、发回重审的,一审法院原合议庭组成人员应当更换,但书记员只负责客观记录庭审情况,对案件审理结果没有影响,无须更换,B 项说“书记员郭某不得再参与本案审理”是错误的。

C 项,申请侦查人员回避的,为了保证办案效率和有效收集证据,侦查人员无须立即停止侦查工作,待侦查机关负责人审查后再作出是否回避的决定。C 项说侦查人员“王某应立即退出案件侦查”是错误的。

D 项,法官李某无意间目睹一起故意杀人案,此时李某为该案证人,根据证人作证优先的要求,李法官只能担任本案证人,不能再担任本案的审判人员,D 项正确。

综上所述,本题应选 D。

34.【解析】C。本题考查刑事证据的属性。

刑事证据具有客观性、关联性、合法性三重属性。本题题干可以精简为:“证言经过质证并且查证属实后作为定案根据。”显然,这是在强调证据的审查判断程序,没有经过法定调查程序的证据不得作为定案根据。因此,本题选 C。

35.【解析】D。本题考查强制措施中的监视居住制度。

A 项,在住处监视居住还是在指定居所监视居住由办案机关决定,犯罪嫌疑人没有选择权,因此张某在指定居所监视居住期间产生的食宿费用由国家负担,无须张某承担,A 错误。

B 项,如 A 项解析所述,在哪里监视居住由办案机关决定,犯罪嫌疑人张某无权申请,B 错误。

C 项,犯罪嫌疑人张某涉嫌诈骗,不属于危害国家安全犯罪或者恐怖活动犯罪,辩护律师会见张某前无须经过侦查机关批准,C 错误。

D 项,犯罪嫌疑人张某在被监视居住期间,应当将护照等出入境证件、身份证件、驾驶证件交执行机关保存,D 正确。

综上所述,本题选 D。

36.【解析】C。本题综合考查法律援助制度、值班律师制度及审查起诉程序。

A 项,法律援助机构为犯罪嫌疑人指派辩护律师后,犯罪嫌疑人的近亲属又代为委托辩护人的,应当由犯罪嫌疑人决定辩护人的人选。A 项说犯罪嫌疑人“应当”接受其父亲委托的辩护律师是错误的。

B 项,犯罪嫌疑人签署认罪认罚具结书时,有辩护人的,应由辩护人在场见证具结,不得让值班律师见证具结。辩护人确因客观原因无法到场的,可以通过远程视频方式见证具结。B 项说检察院可以安排值班律师在场见证是错误的。

C 项,犯罪嫌疑人自愿认罪认罚,没有委托辩护人,拒绝值班律师帮助的,签署具结书时,为了充分保障犯罪嫌疑人的合法权益,保证其认罪认罚的自愿性,检察院仍应当通知值班律师到场见证,并在具结书上注明。C 正确。

D 项,犯罪嫌疑人没有委托辩护人,法律援助机构没有指派律师为其提供辩护,由值班律师为其提供法律帮助。D 项中,不满 16 周岁的未成年犯罪嫌疑人若委托了辩护人或者法律援助机构为其指派了辩护律师,无须为其指派值班律师提供法律帮助,因此 D 错误。

综上所述,本题选 C。

37.【解析】C。本题综合考查不起诉的程序与补充侦查。

A 项,检察院决定不起诉的案件,需要没收违法所得的,无权直接没收,需要经检察长批准并提出检察意见,移送有关主管机关处理,A 错误。

B 项,检察院拟不起诉的,需报上一级检察院批准,但不是备案,B 错误。

C 项,对监察机关移送的案件需要补充调查的,检察院应当退回监察机关补充调查。必要时,可以自行补充侦查,C 正确。

D 项,检察院对于监察机关移送起诉的案件属于公安机关管辖,但案件事实清楚,证据确实、充分,符合起诉条件的,经征求监察机关、公安机关意见后,没有不同意见的,可以直接起诉。检察院不可直接退回监察机关,D 错误。

综上所述,本题选 C。

38.【解析】B。本题综合考查速裁程序与二审程序。

A 项,法院不论适用普通程序、简易程序还是速裁程序进行一审,均应开庭审理。只要法院开庭审理,为了有效支持公诉、进行监督,同级检察院应当派员出庭。因此,A 说检察院无须派员出庭参加速裁程序的审理是错误的。

B 项,法院适用速裁程序审理,因被告人自愿认罪认罚,为了提高办案效率,法庭一般不进行法庭调查和法庭辩论,B 正确。

C 项,若被告人不构成犯罪,既不符合速裁程序适用条件,也不符合简易程序适用条件,C 项中,若发现苏某可能不构成犯罪,法院应当转为普通程序重新审理。因此 C 错误。

D 项,二审法院经过审理,若认为一审法院量刑不当的,应当依法改判,无须将案件撤销原判、发回重审,D 错误。

综上所述,本题选 B。

39.【解析】B。本题考查二审审理程序和上诉不加刑原则。

A 项,某市中级法院开庭二审,此时已经超过抗诉期限,检察院要求撤回抗诉的,是否准许由某市中级法院审查裁定。选项说“应当”准许错误。

B 项,某市中级法院开庭审理,某市检察院应当派员出庭支持抗诉。若某市检察院不派员出庭也未说明原因,某市中级法院可以理解为某市检察院撤回抗诉并裁定按撤回抗诉处理,B 正确。

C 项,二审法院以事实不清为由发回重审,只能发回一次。C 项说可以再次发回,错误。

D 项,二审法院可以改变一审法院认定的罪名,但不得加重刑罚。虽然某区检察院认为某区法院判处黄某 3 年确有错误而抗诉,某市中级法院经过二审,对黄某量刑可以改判重于 3 年,但不得改判重于某区法院第一次判处的 12 年。否则黄某最初被某区法院判处 12 年后还不如别上诉了。因此,D 项说可以改判黄某有期徒刑 13 年违背了上诉不加刑原则，D 错误。

综上所述，本题选 B。

40.【解析】A。本题考查办案机关讯问、询问未成年人。

A 项，询问未成年被害人戊，应当以适当的方式进行，注意保护其隐私和名誉，尽可能减少询问频次，避免造成二次伤害，A 正确。

B 项，询问笔录应当交戊阅读或者向其宣读，让戊核对确认。未经戊核对，无法保证笔录记载内容的真实性，询问笔录不得作为定案根据，B 错误。

C 项，询问多名被害人，为了防止被害人之间相互影响，准确查清事实，侦查人员应当分别询问，不可同时询问，更不可让多名被害人当场对质，C 错误。

D 项，因乙是聋哑人，讯问乙时应当为其提供翻译，但翻译人员应当与案件不存在利害关系，否则需要回避。乙的父亲作为乙的近亲属具有明显的身份利害，不得为乙翻译，D 错误。

综上所述，本题选 A。

41.【解析】C。本题综合考查未成年人刑事诉讼程序、羁押必要性审查和不起诉制度。

A 项，侦查阶段，一方面，从保障犯罪嫌疑人合法权益的角度来说，小吴有权会见辩护律师或者值班律师，侦查机关讯问小吴时应当通知其法定代理人或者合适成年人在场。另一方面，从保证有效打击犯罪的角度来看，为了防止发生串供等有碍侦查的情况出现，犯罪嫌疑人在侦查阶段无权会见亲朋好友，公安机关不应同意。A 错误。

B 项，经过羁押必要性审查，若在侦查阶段，检察院认为小吴符合取保候审条件的，应当建议公安机关变更强制措施。但目前在审查起诉阶段，属于检察院的自主办案范围，认为小吴符合取保候审条件的，应当决定对小吴变更强制措施，无须向公安机关提出建议，B 错误。

C 项，检察院决定不起诉的案件，可以根据案件的不同情况，对被不起诉的小吴予以训诫或者责令具结悔过、赔礼道歉、赔偿损失，C 正确。

D 项，检察院讯问未成年犯罪嫌疑人时，应当通知其法定代理人或者合适成年人在场，未成年犯罪嫌疑人没有选择权。因此 D 项中，即使小吴拒绝，检察院仍应在讯问时安排其法定代理人或合适成年人在场。因此 D 错误。

综上所述，本题选 C。

42.【解析】A。本题综合考查侦查行为、不起诉制度和强制医疗程序。

A 项，为了确定死因，查清案情，侦查机关有权决定解剖被害人乙的尸体，无须征得乙亲属同意。但为了充分保障乙亲属的合法权益，解剖尸体时应当通知乙家属到场，让其在解剖尸体通知书上签名，A 正确。

B 项，某市检察院经过审查起诉认为甲属于依法不负刑事责任的精神病人，甲符合《刑事诉讼法》第 16 条（法定情形不予追究刑事责任原则）的规定，检察院对甲作出的不起诉决定属于法定不起诉（绝对不起诉），被不起诉的甲无权申诉，B 错误。

C 项，某市检察院作出不起诉决定后，认为甲符合强制医疗条件的，应当指令甲实施暴力行为所在地或者甲居住地的基层检察院向同级的基层法院提出。因此，某市检察院不应向某市中级法院申请强制医疗，C 错误。

D 项，临时保护性约束措施只能由公安机关采取，某市检察院不能直接采取，D 错误。检察院若认为公安机关应当采取临时保护性约束措施而未采取，应当建议公安机关采取。若认为公安机关采取临时保护性约束措施不当，应当提出纠正意见。

综上所述，本题选 A。

43.【解析】C。本题考查证据分类中的直接证据与间接证据。

能够单独、直接证明案件主要事实的证据是直接证据。不能单独直接证明刑事案件主要事实，需要与其他证据相结合才能证明的证据是间接证据。其中，直接证据又可以分为“肯定性直接证据”和“否定性直接证据”。肯定性直接证据能够证明发生了犯罪事实和谁是犯罪人这两个要素；否定性直接证据指的是足以否定“发生了犯罪事实”或者“谁是犯罪人”其中一个要素的证据。否定性直接证据能够证明案件的主要事实不存在，或者不是刑事案件，或者犯罪嫌疑人、被告人没有实施犯罪行为。

ABD 三项，指纹、毒品、通话记录，均无法单独证明甲运输毒品的完整过程，只能证明案件的某一部分事实，属于间接证据。

C 项，甲辩称：“是朋友乙送的，自己不知情。”相当于否认存在主观有责性，认为不存在犯罪事实。其辩解属于否定性直接证据。

综上所述，本题选 C。

44.【解析】A。第一步，级别管辖。丙区公安局当被告，本案的级别管辖为基层法院。

第二步，地域管辖。本案属于特殊地域管辖的情形，被强制戒毒的王某显然满足“基于同一事实，被关的人诉关的行政强制措施，由原告所在地或被告所在地法院管辖”的构成要件，所以原告所在地的法院有管辖权，同时，原告所在地包括原告的户籍所在地、经常居住地和被限制人身自由地。本案中，甲区为原告所在地，丙区为被告所在地，因此甲区法院和丙区法院均有管辖权。但乙区工作地不能算作原告所在地。所以，A 项正确。

（2）在紧急情况下当场实施行政强制措施的，在返回行政机关后，立即向行政机关负责人报告并补办批准手续，可见，可以当场作出强制隔离戒毒决定，按照上述法律规定实施即可。B 项错误。同时，人身自由的强制措施应当“立即向行政机关负责人报告并补办批准手续”，而非 24 小时内。D 项错误。

（3）行政强制措施应当由两名以上行政执法人员实施，没有规定例外情形，紧急情况下，也需要 2 人以上。C 项错误。

综上，本题答案为 A。

45.【解析】A。(1)根据《行政诉讼法解释》第57条：法律、法规未规定行政复议为提起行政诉讼必经程序，公民、法人或者其他组织既提起诉讼又申请行政复议的，由先立案的机关管辖；同时立案的，由公民、法人或者其他组织选择。公民、法人或者其他组织已经申请行政复议，在法定复议期间内又向人民法院提起诉讼的，人民法院裁定不予立案。因此，A项正确。同时，由于诉讼不能立案，不会对复议审理程序产生任何影响，所以，复议不需要中止，更不需要终止审理。B选项错误。

(2)类似于行政诉讼行政机关负责人出庭制度，在复议听证程序中，被申请人的负责人应当参加听证。不能参加的，应当说明理由并委托相应的工作人员参加听证。本案中，区水务局作为被申请人，区水务局的负责人应当参加听证，并没有要求甲公司的负责人必须参加听证。因此，C项错误。

(3)行政复议机关受理和审理复议案件，不得向申请人收取任何费用。D项错误。

综上，本题答案为A。

46.【解析】A。(1)证监会为国务院直属机构，有权制定规章。《立法法》第96条规定，部门规章由部门首长签署命令予以公布。题中的规定是由证监会以证监会令公布的，属于部门规章。《规章制定程序条例》第30条第1款规定，公布规章的命令应当载明该规章的制定机关、序号、规章名称、通过日期、施行日期、部门首长或者省长、自治区主席、市长、自治州州长署名以及公布日期。A项正确。

(2)在国务院的机构设置中，考生只需要记住两个特例即可："一高"是国务院地位最高的组成部门，它的设立、撤销等事项，由全国人大及其常委会决定；"一低"是部委中的处级内设机构，它的设立动静不是特别大，只需要该部委自己决定即可。除了这两个特例，其他都由国务院批准或决定。中间的机构甚至名字没记住都无所谓，只要不是最高、不是最低，就交给国务院。证监会为国务院直属机构，既非"一高"，又非"一低"，所以，它的设立、撤销、合并应当由国务院决定，B项错误。

(3)题中的规定编号带"令"字，属于规章。同时，允许当事人向法院提出附带性审查的只有其他规范性文件(国务院制定的其他规范性文件除外)，规章是不能提出附带性审查的。所以，C项错误。

(4)直属机构证监会主管的是专门业务，而非基本的管理职能，基本的行政管理职能由国务院组成部门承担。D项错误。

综上，本题答案为A。

47.【解析】C。(1)现代社会的书面形式是广义的，包括信件、数据电文、传真等方式均属于书面形式，本案中，黄某能够以传真的方式申请信息公开，A项错误。

(2)信息不予公开属于复议前置的事项。本案中，黄某未申请复议直接提起诉讼的，法院应当裁定不予立案，C选项正确。如果已经立案，法院应当裁定驳回起诉，但此时是因为未经过复议直接起诉而裁定驳回的，并不是B选项所说的因涉及国家秘密不公开而驳回的。退一步讲，假设本案经过复议才来起诉，也就是满足了复议前置的条件，B依然不正确，因为不是国家秘密，是法院立案之后经过审理才能够作出判断的，不能以国家秘密为由，直接在立案的时候就驳回起诉，也就是说，是否属于国家秘密是当事人的胜诉、败诉条件，而不是立案的起诉条件。

(3)既然C选项是正确的，法院应当裁定不立案，立案都没办法立案，怎么会出现审理后如何判决的问题呢？D选项显然是错误的。退一步讲，不考虑复议前置的因素，假设本题可以直接起诉而且当事人确实超过了起诉期限，D依然不正确，与民法不同的是，在行政法制度中，一旦超过起诉期，当事人丧失的是起诉权，而不是胜诉的可能性，法院正确的处理方法是不立案或驳回起诉，而非作出判决。《行政诉讼法解释》第69条第1款规定，超过法定起诉期限且无《行政诉讼法》第48条规定情形的，已经立案的，应当裁定驳回起诉。

综上，本题答案为C。

48.【解析】C。(1)《行政许可法》第50条规定："被许可人需要延续依法取得的行政许可的有效期的，应当在该行政许可有效期届满三十日前向作出行政许可决定的行政机关提出申请。但是，法律、法规、规章另有规定的，依照其规定。行政机关应当根据被许可人的申请，在该行政许可有效期届满前作出是否准予延续的决定；逾期未作决定的，视为准予延续。"其中，并未要求不予延期需要负责人集体讨论，本题是"无中生有"的考法，难度较大。此处考点应与处罚法相区分，《行政处罚法》第57条第2款规定，对情节复杂或者重大违法行为给予行政处罚，行政机关负责人应当集体讨论决定。这说明在行政法制度中，集体决定是例外，只有重大疑难复杂的情形，才需要集体作出决定，一般情况负责人单独决定即可。A项错误。

(2)《行政许可法》第46条规定："法律、法规、规章规定实施行政许可应当听证的事项，或者行政机关认为需要听证的其他涉及公共利益的重大行政许可事项，行政机关应当向社会公告，并举行听证。"本案中，许可不予延期的决定并不属于法定听证范围，考生应当仔细区分，行政许可中规定的听证程序是许可程序，也就是"申请—受理—审查—许可或不予许可决定"的程序，《行政许可法》涉及的其他行为，比如许可的延期、许可撤销、许可注销和许可撤回均没有听证程序这方面的规定。B项错误。

(3)复议审理中，情况复杂，不能在规定期限内作出行政复议决定的，经行政复议机构的负责人批准，可以适当延长，并书面告知当事人。C项正确。在复议法中，只有申请人可以口头申请复议、公民可以口头委托代理人两项内容，其他的情况，包括复议机关，也包括申请人和第三人均应以书面的方式提出。

(4)《行政复议法》第77条规定，被申请人应当履行行政复议决定书、调解书、意见书。被申请人不履行或者无正当理由拖延履行行政复议决定书、调解书、意见书的，行政复议机关或者有关上级行政机关应当责令其限期履行，并可以约谈被申请人的有关负责人或者予以通报批评。本案中，若区行政审批局拒不执行复议决定，行政复议机关或者有关上级行政机关应当责令其限期履行，而不是申请法院强制执行。D 项错误。

综上，本题答案为 C。

49.【解析】D。(1)《最高人民法院关于审理行政赔偿案件若干问题的规定》第 14 条第 2 款规定：原告在第一审庭审终结前提起行政赔偿诉讼，符合起诉条件的，人民法院应当依法受理；原告在第一审庭审终结后、宣判前提起行政赔偿诉讼的，是否准许由人民法院决定。所以，A 选项应当在一审开庭前提起行政赔偿是错误的。

(2)《行政强制法》第 28 条第 1 款规定："有下列情形之一的，行政机关应当及时作出解除查封、扣押决定：(一)当事人没有违法行为；(二)查封、扣押的场所、设施或者财物与违法行为无关；(三)行政机关对违法行为已经作出处理决定，不再需要查封、扣押；(四)查封、扣押期限已经届满；(五)其他不再需要采取查封、扣押措施的情形。"本案中，提供担保并不属于解除扣押的情形。B 项错误。

本选项实际难度非常大，因为容易将民事和行政诉讼制度混淆，诉讼财产类保全只要提供担保，可以解除扣押等保全措施，比如《行政诉讼法解释》第 78 条第 4 款规定为："涉及财产的案件，被申请人提供担保的，人民法院应当裁定解除保全。"但行政实体法中，行政强制措施的目的是"控制与预防"。关涉的是社会秩序和公共安全的问题。

(3)《最高人民法院关于审理行政赔偿案件若干问题的规定》第 14 条第 1 款规定，原告提起行政诉讼时未一并提起行政赔偿诉讼，人民法院审查认为可能存在行政赔偿的，应当告知原告可以一并提起行政赔偿诉讼。本案中，人民法院应当告知原告可以一并提起行政赔偿诉讼。C 项错误。

(4)《最高人民法院关于审理行政赔偿案件若干问题的规定》第 29 条规定："下列损失属于国家赔偿法第三十六条第八项规定的'直接损失'：(一)存款利息、贷款利息、现金利息；(二)机动车停运期间的营运损失；(三)通过行政补偿程序依法应当获得的奖励、补贴等；(四)对财产造成的其他实际损失。"D 项正确。

综上，本题答案为 D。

50.【解析】B。(1)考生首先需要知道，对当场作出的行政处罚决定，应当先申请复议才能够提起行政诉讼。

其次考生还需要知道当场处罚就等同于处罚简易程序，因为只有事实清楚且处罚较轻的情况下，才能够现场发现违法，当场作出决定。如果案情复杂，不能够当场处罚，需要更多深思熟虑的机会去查清案情，如果处罚较重，也不能当场处罚，否则有点草菅人命，视老百姓权利为草芥的味道，对于较重的处罚可不能由执法人员当场拍板就作出了，需要负责人决定，甚至负责人集体决定。

最后，就要说到本题的关键点了，对于本题的警告是否必然等同于当场处罚呢？有些同学可能会误以为如此。其实，不管是处罚的简易程序(当场处罚)，还是行政诉讼简易程序，或者行政复议简易程序，都要求两个要素，一是行为(比如标的额较小)，二是案情要事实清楚。对于本题警告满足行为要素，属于处罚种类里最轻档次的处罚，但题干里没有交代"事实清楚"，并不意味着只要是警告这一处罚，案件就事实清楚。《行政处罚法》第 51 条规定："违法事实确凿并有法定依据，对公民处以二百元以下、对法人或者其他组织处以三千元以下罚款或者警告的行政处罚的，可以当场作出行政处罚决定。法律另有规定的，从其规定。"所以，题干本身不能推导出处罚是当场处罚，欠缺了"违法事实确凿并有法定依据"的要素，所以，也就不必然是复议前置的案件了。A 选项错误。

(2)复议申请期为自知道或者应当知道该行政行为之日起 60 日内。B 项正确。

(3)复议机关确立规则是："谁家孩子谁抱走，地方事务归政府，全国事务归部委，还有两类是例外。"一般政府的部门为被申请人时，复议机关为所属的政府，但有两类例外：一类是税务、海关等国家垂直领导机关，其复议机关是上级垂直领导部门，比如上级税务局，而非地方政府；另一类例外，就是本题涉及的司法局(司法行政部门)。《行政复议法》第 28 条规定："对履行行政复议机构职责的地方人民政府司法行政部门的行政行为不服的，可以向本级人民政府申请行政复议，也可以向上一级司法行政部门申请行政复议。"本案中，被申请人是区司法局，复议机关既可以是区政府，也可以是市司法局。C 项错误。

司法局之所以会成为例外，背后的法理是，县级以上各级人民政府的复议机构均设在司法行政部门(比如区司法局)之内，司法行政部门代表同级政府行使复议权、履行复议职责，如果区司法局代表区政府处理区公安局、区教育局的案件自然妥当，但如同本题，区司法局如果还要代表区政府对自身行政行为进行复议的话，复议的公正性就会令人怀疑，所以，《行政复议法》增加了上一级司法行政部门(市司法局)作为复议机关的选项。

(4)本选项并非行政法考点，属于"理论法学"法律职业伦理的内容。《检察官法》第 37 条第 1 款规定，检察官从人民检察院离任后两年内，不得以律师身份担任诉讼代理人或者辩护人。本案中，检察官离任两年内是不能以律师身份担任诉讼代理人或辩护人，不是任何身份。该考点不是本学科知识点。D 项错误。

综上，本题答案为 B。

二、多项选择题

51.【解析】BCD。A 项，司法解释是指国家最高司法机关有权对司法机关在法律适用过程中的具体法律应用问题进行解释。在司法实践中，最高人民法院与最高人民检察院有时采取联合解释的形式，共同发布司法解释文件。本题中，法院在审理案件过程中对"自燃"的解释并不属于司法解释。A 项错误。

B 项,法律证成可分为内部证成和外部证成。法律决定必须按照一定的推理规则从相关前提中逻辑地推导出来,属于内部证成;对法律决定所依赖的前提的证成属于外部证成。案件事实和法律规范均属于前提,外部证成关心前提。本题中,对"自燃"的解释属于对大前提的证明,属于外部证成。B 项正确。

C、D 项,法院理解的"自燃"属于"火灾"的一种形式,这是根据语言文字的日常意义进行的判断,属于文义解释。但法院又根据保险合同的规定,将"自燃"排除到"火灾"之外,这是典型的联系其他规定对某一理解对象进行综合判断的体系解释。需要提醒大家注意的是,体系解释也称逻辑解释、系统解释,其最大的特点就是不对理解对象进行单独解读,而是结合其他规定进行判断,如此操作的好处显而易见,可以避免对理解对象的单一判断进而导致和其他规定的逻辑冲突。C、D 项正确。

综上,本题答案为 BCD。

52.【解析】BD。我国选举制度的基本原则主要有:选举权的普遍性原则、选举权的平等性原则、直接选举和间接选举并用的原则和秘密投票原则。

秘密投票又称无记名投票,A 项体现的是秘密投票原则。A 项不当选。

选举权的平等性是指每个选民在每次选举中只能在一个选区享有一个投票权,不承认也不允许任何选民因民族、种族、职业、财产状况、家庭出身、居住期限的不同而在选举中享有特权,更不允许非法限制或者歧视任何选民对选举权的行使。该原则是"公民在法律面前一律平等"在选举制度中的具体体现。B、D 项体现了机会平等、实质平等,当选。

C 项体现的是直接选举和间接选举并用的原则,不当选。

综上,本题答案为 BD。

53.【解析】ABD。A 项,宪法和法律委员会承担推动宪法实施、开展宪法解释、推进合宪性审查、加强宪法监督、配合宪法宣传工作等工作职责,统一审议向全国人大及其常委会提出的宪法草案和有关法律问题的决定草案。A 项正确。

B 项,《立法法》第 15 条规定,被授权机关应当严格按照授权决定行使被授予的权力。被授权机关不得将被授予的权力转授给其他机关。B 项正确。

C 项,决定法律在一定期限、部分地方的暂时调整、暂停适用属于重大事项决定权的范围。C 项错误。

D 项,《立法法》第 16 条规定,全国人民代表大会及其常务委员会可以根据改革发展的需要,决定就特定事项授权在规定期限和范围内暂时调整或者暂时停止适用法律的部分规定。暂时调整或者暂时停止适用法律的部分规定的事项,实践证明可行的,由全国人民代表大会及其常务委员会及时修改有关法律;修改法律的条件尚不成熟的,可以延长授权的期限,或者恢复施行有关法律规定。D 项正确。

综上,本题答案为 ABD。

54.【解析】ABCD。A 项,《宪法》序言规定,国家的根本任务是,沿着中国特色社会主义道路,集中力量进行社会主义现代化建设。A 项正确。

B 项,《宪法》序言规定,中国共产党领导的多党合作和政治协商制度将长期存在和发展。通过查阅宪法全文可以发现,政治协商制度仅在序言中规定,并未在其他正文中规定。B 项正确。

C 项,《宪法》序言规定:中国坚持独立自主的对外政策,坚持互相尊重主权和领土完整、互不侵犯、互不干涉内政、平等互利、和平共处的五项原则,坚持和平发展道路,坚持互利共赢开放战略,发展同各国的外交关系和经济、文化交流,推动构建人类命运共同体。C 项正确。

D 项,虽然《宪法》序言没有规定具体的宪法规范,序言的最后一个自然段规定了宪法的根本法地位和最高法律效力。序言是《宪法》的重要组成部分,因此具有最高的法律效力。D 项正确。

综上,本题答案为 ABCD。

55.【解析】ABD。A 项,事先审查和事后审查是宪法监督的方式。合宪性审查既具有事先性,也具有事后性。备案审查包含着事先和事后这两种典型的形式。A 项正确。

B 项,无论是备案审查还是合宪性审查,既包含着依职权审查,即积极主动地审查以对立法质量进行把控;也包含依申请审查,即针对相关机关或个人的审查申请进行审查,以解决实践中的适用问题。B 项正确。

C 项,全国人大及其常委会是合宪性审查的主体,但备案审查的主体不包括全国人民代表大会。C 项错误。

D 项,备案审查和合宪性审查都是宪法监督的内容,是为了更好地推进宪法实施。D 项正确。

56.【解析】AC。A 项,《法律援助法》第 32 条规定,有下列情形之一,当事人申请法律援助的,不受经济困难条件的限制:(1)英雄烈士近亲属为维护英雄烈士的人格权益;(2)因见义勇为行为主张相关民事权益;(3)再审改判无罪请求国家赔偿;(4)遭受虐待、遗弃或者家庭暴力的受害人主张相关权益;(5)法律、法规、规章规定的其他情形。本题中,甲的申请不受经济困难条件的限制。A 项正确。

B 项,《法律援助法》第 5 条第 1 款规定,县级以上地方人民政府司法行政部门指导、监督本行政区域的法律援助工作。县司法局并不能直接指定法律援助人员提供法律援助服务。B 项错误。

C、D 项,行政处分针对行政机关内部工作人员,行政处罚针对行政管理相对人。《法律援助法》第 61 条规定:"法律援助机构及其工作人员有下列情形之一的,由设立该法律援助机构的司法行政部门责令限期改正;有违法所得的,责令退还或者没收违法所得;对直接负责的主管人员和其他直接责任人员,依法给予处分:(一)拒绝为符合法律援助条件的人员提供法律援助,或者故意为不符合法律援助条件的人员提供法律援助……"县司法局作出的应该是行政处罚,C 项正确,D 项错误。

综上，本题答案为AC。

57.【解析】ABC。选项A正确。根据《维也纳条约法公约》的规定。条约的谈判代表一般必须出具全权证书。但国家元首、政府首脑和外交部部长谈判缔约，或使馆馆长议定派遣国和接受国之间的条约约文，或国家向国际会议或国际组织或其机关之一派遣的代表，议定在该会议、组织或机关中的一个条约约文，由于他们所任职务，无须出具全权证书，仍被认为代表其国家。这里要注意公约和我国《缔结条约程序法》规定的差异，详见下述陷阱辨析。

选项B正确。参见A项解析。

选项C正确。本选项涉及条约保留的效果。在提出保留国和反对保留国之间，保留所涉及的“条款”视为不存在。本题中甲国对第19条提出保留，丙国反对该保留，但不反对其他条款的适用。其后果就是第19条在甲国和丙国之间视为不存在，自然也就无法适用；其余条款照旧适用。

选项D错误。本选项有一个需要特别说明的知识点和一个细节陷阱。首先，这里要特别注意“解释性声明”的性质，判断的关键在于声明的目的而非名称。如果某个国家解释性声明的目的在于更改条约条款的效果，那这个解释性声明就构成保留。如果某个国家的解释性声明的目的不在于更改条款效果，只是单纯解释，那就不构成保留。本题中的解释性声明显然属于条约保留的范畴。其次，这个解释性声明，也就是保留的内容只是更改第19条的“部分”规定，而非全部规定。结合C项中的解析，第19条中保留涉及的“部分规定”视为不存在，在乙国和丙国之间无法适用。但保留不涉及的那一部分，照样可以适用。特别注意题目中关于“部分”规定的表述。

综上所述，本题答案为ABC。

58.【解析】AC。A、B项，将抢劫运营中的银行运钞车解释为“抢劫银行或者其他金融机构”，属于扩大解释，因为该结论没有超出词义的射程范围，没有超出国民的预测可能性，不会让一般国民感觉难以预料。A项说法正确，B项说法错误。

C、D项，第一，将盗窃行为解释为抢劫行为，属于类推解释，因为明显超出了词义的射程范围。但是，将抢劫行为解释为盗窃行为，则不属于类推解释，因为抢劫中蕴含盗窃，可以包容评价为盗窃。第二，将盗窃行为解释为抢劫行为，不属于当然解释。当然解释中，论证有罪时，举轻以明重，是指轻的行为都构成犯罪，重的行为更构成犯罪。例如，盗窃构成犯罪，那么抢劫更构成犯罪，这是当然解释。C项说法正确，D项说法错误。

综上所述，本题答案为AC。

59.【解析】AD。A项，甲对自己饲养的动物负有监管义务，由该监管义务产生作为义务。甲不作为，构成不作为犯罪。A项入选。

B项，第一，从先行行为角度看，即使是甲邀请乙打球，这种邀请没有给对方创设危险，不是先行行为，而是生活行为，不会由此产生作为义务。第二，题中甲、乙是相约关系，那就从特定关系角度看，相约打球不属于相约探险，不会形成危险共同体，不存在基于自愿救助而产生的特定关系，因此不会产生作为义务。对乙的不救助只能道德谴责，不能用刑罚惩罚。B项不入选。

C项，父亲是成年人，儿子对父亲没有监护义务，因此没有阻止义务。C项不入选。

D项，夫妻之间相互负有救助义务。案发时，离婚判决书尚未正式生效，此时夫妻关系尚未解除。甲负有救助义务，而其不予救助，构成不作为犯罪。D项入选。

综上所述，本题答案为AD。

60.【解析】CD。关于收受干股型受贿罪：(1)成立受贿罪，不要求将股权登记转让给受贿人，可以由行贿人代持。(2)未进行转让登记的，受贿数额（既遂数额）以实际分红计算。(3)转让登记的，受贿数额（既遂数额）以转让时股权价值计算，分红属于受贿所得的收益。(4)收受股票的，受贿数额（既遂数额）以收受时股票价值计算。(5)双方约定数额达到3万元，但以上受贿数额未能达到3万元的，定受贿罪未遂。

本题中，第一，只要甲乙与丙达成行贿受贿的约定，丙便成立受贿罪，甲乙成立行贿罪。由于股权未进行转让登记，那么受贿罪的既遂标准是收到的实际分红。丙在收到分红前，就自动放弃，构成犯罪中止。第二，由于丙构成受贿罪中止，不是既遂，那么甲乙的行贿罪不可能是既遂，否则就矛盾了。甲乙的行贿罪没有既遂，就只剩下犯罪中止和犯罪未遂供选择。甲乙如果不想分红，则构成行贿罪中止。案情表明，不是甲乙不想给丙分红，而是丙不想要了，由此导致甲乙的行贿罪只能是未遂。

综上所述，本题答案为CD。

61.【解析】ABCD。第一，受贿罪的既遂，只要求在事实上取得财物，不要求在民法上取得财物的所有权。乙送给甲房子，甲收了房，不要求过户，就构成受贿罪的既遂。A项说法错误。

第二，甲受贿罪的既遂数额是指实际收到的财物数额。虽然甲收了一套房子，但是，该房子的剩余贷款900万元需要甲支付，这意味着甲从乙处获得的实际利益是700万元。所以，甲的受贿数额是700万元。B项说法错误。

第三，900万元不算是甲受贿未遂的数额。如果案件改为：乙向甲承诺，送给甲价值1600万元的财物，后乙仅送给了700万元，乙未送剩余的900万元，那么，900万元是甲的受贿罪的未遂数额。本题中，乙送房时就告知甲，甲自己需支付剩余的900万元，那么900万元就不算甲的受贿数额。C项说法错误。

第四，犯罪既遂数额（犯罪所得数额）以犯罪时为准，犯罪所得的收益的数额以案发时为准。甲的犯罪所得数额，按照犯罪时为700万元。假如案发时，该房子升值了，涨价到3200万元，则甲存在犯罪所得的收益。题中交代，案发时，该房子降价市值800万元，这意味着甲的犯罪所得（700万元）没有获得收益。不过，即使掉价很厉害,也不能反过来认为“犯罪时甲没有犯罪所得”,只能说,案发时没有犯罪所得的收益。D项说法错误。

综上所述,本题答案为ABCD。

62.【解析】AD。A项,第一,介入因素是被害人的自身行为,也即乙出院回家。这个介入因素不异常,因为乙不是故意不配合治疗,而是无奈之举。由于介入因素不异常,因此甲的行为与乙的死亡有因果关系。第二,即使认为介入因素异常,那么介入因素与先前行为是独立关系。接下来判断谁对死亡结果的发生作用更大,还是一样大。甲的重伤行为对死亡的作用和介入因素的作用至少一样大,因此属于二因一果。归纳言之,无论介入因素是否异常,最终的结论是甲的行为与死亡结果都有因果关系。第三,乙出院属于阻断救助行为,但出院属于被迫无奈。不能认为:“乙自己阻断了救助行为,所以死亡结果应算到乙的头上。”A项说法正确。

B项,介入因素是被害人自身的行为,也即突然闯红灯的行为。这个行为比较异常,并且对死亡的发生作用大,因此,死亡结果应由乙负责,乙属于被害人自陷风险,自己负责。甲正常行驶,没有闯红灯,并且能够信赖交通参与者不要闯红灯,死亡结果不应由甲负责。B项说法错误。

C项,甲私藏毒品的行为虽然是个违法行为,但是对乙的生命法益没有制造危险。乙的自杀行为比较异常,与甲没有因果关系。C项说法错误。

D项,介入因素是被害人的自身行为,也即丙因受到惊吓而失足坠崖。在当时具体的情境下,丙的这种举动不异常,因此甲的开枪行为与丙的死亡有因果关系。D项说法正确。

甲的行为属于打击错误(后面的事实认识错误有讲),因为甲对于丙的死亡不是故意,而是过失或者意外事件。假设是过失。根据具体符合说,甲对乙构成故意杀人罪未遂,对丙构成过失致人死亡罪,想象竞合,择一重罪论处,定故意杀人罪未遂。根据法定符合说,甲对乙构成故意杀人罪未遂,对丙构成故意杀人罪既遂,想象竞合,择一重罪论处。

综上所述,本题答案为AD。

63.【解析】AC。第一,甲将前方预定目标(树前面的人)的身份认错,构成对象错误。对象错误没有观点争议。甲看到前方有个人,就向其开枪,肯定构成故意杀人罪,没打死,就构成犯罪未遂。甲不可能构成过失致人重伤罪,因为没有过失心理,是故意心理。B项说法错误。

第二,甲对实害对象(树后面的人)及实害结果(死亡结果)持过失心理。因此,甲还存在打击错误。

根据具体符合说,甲对树前面的人(丙)构成故意杀人罪未遂,甲对树后面的人(乙)构成过失致人死亡罪,想象竞合,择一重罪论处,定故意杀人罪未遂。D项说法错误。

根据法定符合说,甲对树前面的人(丙)构成故意杀人罪未遂,甲对树后面的人(乙)的死亡本来是过失心理,但是拟制为故意心理,所以构成故意杀人罪既遂,想象竞合,择一重罪论处,定故意杀人罪既遂。A项说法正确。

第三,无论根据具体符合说还是法定符合说,甲对树前面的人均构成故意杀人罪未遂。故意杀人罪可以包容评价为故意伤害罪,因此甲也构成故意伤害罪既遂(重伤)。故意伤害罪既遂与故意杀人罪既遂是法条竞合关系,特殊法条优于一般法条,定特殊法条也即故意杀人罪既遂。但是,当二者的犯罪形态不一致时,为了做到罪刑相适应,将法条竞合调整为想象竞合。因此,故意伤害罪既遂(重伤)与故意杀人罪未遂是想象竞合关系,择一重罪论处。C项说法正确。

综上所述,本题答案为AC。

64.【解析】CD。第一,甲处在踩点阶段,属于预备阶段。甲在预备阶段自动放弃,构成预备阶段的犯罪中止。

第二,当甲处在预备阶段,共犯乙也处在预备阶段。甲未将中止的想法告诉乙,乙也没有中止行为,因此甲的中止效力不能惠及乙。乙不构成犯罪中止。同伙甲的自动放弃,对于乙而言属于意志以外的原因,导致乙无法着手实行,因此乙构成犯罪预备。归纳言之,在第一天,当甲构成预备阶段的犯罪中止,乙构成犯罪预备后,甲乙的共同犯罪就终局了。

第三,分析次日的问题。表面上看,甲入户似乎属于着手实行,但是甲实际上已经没有实施犯罪。根据共犯从属性原理,“实行者”甲此时不构成犯罪,那么望风者乙也就不构成帮助犯。

可能有人认为,乙主观上以为甲进去犯罪,乙主观上还有帮助犯罪的故意,因此乙应当构成帮助犯未遂。但是,定罪应当先看客观,看客观上乙的望风行为是不是危害行为。帮助行为对法益的侵害是间接性的侵害,要成为危害行为,必须以实行者实施了犯罪行为为前提,这是共犯从属性原理。现在,“实行者”不实施犯罪,反倒要抓帮助者。这种孤立的望风行为不可能对户主财产有实际危险,不是危害行为,所以在客观上不构成犯罪。至此不需要考虑其主观上有犯罪故意。

综上所述,本题答案为CD。

65.【解析】AC。A项,甲没有主动放弃,没有中止行为,不构成犯罪中止,那么就要对其他共犯人的既遂结果负责,因此也构成既遂。需要注意的是,有的人可能认为,甲是被迫放弃,所以构成犯罪预备。但是,不能孤立地判断共犯人的犯罪形态。假如甲在去丙家途中出了车祸,去不了,乙抢劫既遂了,甲仍要构成既遂。

B项,在预备阶段,甲要成立犯罪中止,要求脱离共犯关系,为此要求明确告知共犯人自己放弃犯罪的意图。甲明确告知乙自己放弃,成立中止,对乙的既遂结果就不用负责了。

C项,在实行阶段,要成立中止,要脱离共犯关系,原则上要求有效阻止共犯人。甲仅仅自行离去,不成立中止,对乙的既遂负责。

D项,在实行阶段,要成立中止,原则上要求有效阻止共犯人。甲实施了阻止行为,虽然原则上要求有效阻止，但是甲被打晕，甲已经尽力了，能够成立中止，对乙的既遂不用负责。

综上所述，本题答案为 AC。

66.【解析】AC。A、B 项，从乙的角度看，乙自始至终认为自己在单干，所以乙构成单独的故意杀人罪。无法查明乙的开枪行为与死亡结果有因果关系，此时对乙应适用存疑时有利于被告原则，也即不能将死亡结果算到乙的头上，因此乙不构成故意杀人罪既遂，而是未遂。A 项说法错误，B 项说法正确。

C、D 项，从甲的角度看，甲要构成乙的故意杀人罪的共同正犯，要求对乙的故意杀人罪有贡献。第一，甲对乙的杀人没有心理性贡献，因为甲是暗中参与，乙不知道甲的帮助。第二，甲对乙的杀人没有物理性贡献，因为无法查明甲是否打中丙，无法证明甲对乙的杀人有物理性贡献。由于甲对乙的杀人既没有物理性贡献，也没有心理性贡献，甲对乙的杀人不构成共同正犯。具体而言，由于甲对乙的杀人没有物理性贡献，甲对乙的杀人不构成片面的共同正犯。所以，对甲不能适用“部分实行、全部负责”原则，也即甲对乙的杀人不用负责。甲只需对自己的杀人负责。由于无法查明甲的开枪行为与死亡结果是否有因果关系，此时对甲应适用存疑时有利于被告原则，也即不能将死亡结果算到甲的头上，因此甲不构成故意杀人罪既遂，而是未遂。C 项说法错误，D 项说法正确。

归纳言之，甲和乙在本案中不是共同正犯的关系，而是同时犯的关系，所以对二者均适用存疑时有利于被告原则，二者均构成各自单独的故意杀人罪未遂。

综上所述，本题答案为 AC。

67.【解析】ABCD。本题考查刑事诉讼法具有的工具价值与独立价值。

在我国，刑事诉讼法（程序法）对刑法（实体法）而言，既具有工具价值（程序法可以帮助实体法实现），也具有独立价值（程序正义本身即为正义）。

A 项，追诉时效是刑法制度，核准追诉是刑事诉讼制度。A 项的含义为，经过核准追诉，即使超过追诉时效，仍可予以追诉。即“核准追诉”（程序）对“追诉时效”（实体）的影响。这种影响既可体现工具价值（帮助打击犯罪），也可体现独立价值（经过核准追诉程序方可追诉）。因此，A 项正确。

B 项，“为未成年人犯罪案件设置特别程序”，其含义可以表述为“未成年人刑事诉讼程序”对“未成年人犯罪”的关系，即程序对实体的关系，既可体现工具价值（设置专门程序有利于打击犯罪），也可体现独立价值（设置专门程序进行特殊保护），因此，B 项正确。

C 项，“证明标准”属于刑事诉讼证据制度，对于定罪量刑既具有工具价值（为定罪量刑提供可操作标准），也具有独立价值（达到标准方可定罪量刑），因此，C 项正确。

D 项，“和解”“撤诉”均为刑事诉讼制度，对于刑法的实现既具有工具价值（提升办案效率），也具有独立价值（不经法院裁判不可终结程序），因此，D 项正确。

综上所述，本题选 ABCD。

68.【解析】CD。本题考查辩护人的范围。

AB 项，正在被执行刑罚的人和依法被剥夺、限制人身自由的人，因不可能胜任辩护工作，绝对不得担任辩护人，AB 错误。

C 项，律师当然可以接受委托担任辩护人，C 正确。

D 项，除了律师，犯罪嫌疑人、被告人的亲朋好友也可以接受委托担任其辩护人，D 正确。

综上所述，本题应当选 CD。

69.【解析】ABD。本题考查刑事证据的关联性属性。

关联性也称相关性，是指证据必须与案件事实有客观联系，对证明刑事案件事实具有某种实际意义。

AB 项，李某劝说被害人修改支付方式以及通过网络搜索迷药相关信息，均可证明李某预备实施抢劫的事实，具有关联性。

C 项，李某给网友下药并发生关系的事实与本抢劫案没有关联性。

D 项，李某在被害人去洗手间时摇晃其酒杯是为了在下药后使迷药与酒水充分融合，属于李某开始实施抢劫的事实，具有关联性。

综上所述，本题应当选 ABD。

70.【解析】BC。本题考查行政证据转化刑事证据。

一般而言，行政机关收集的实物类证据（物证、书证、视听资料、电子数据、勘验笔录、检查笔录等），经法庭查证属实，且收集程序符合有关法律、行政法规规定的，可以作为定案的根据。但言词类证据（鉴定意见除外）不得直接作为刑事证据使用，需要侦查人员重新讯问、询问，重新收集。

AD 项，调查询问笔录，属于行政执法机关收集的言词证据（黄某供述和证人证言），不得直接作为刑事证据使用。

B 项，勘查笔录，属于行政执法机关收集的实物证据，可以作为刑事证据使用。

C 项，鉴定意见，虽然属于行政执法机关收集的言词证据，但鉴于其专业性和无法重复性等特点，可以作为刑事证据使用。

综上所述，本题选 BC。

71.【解析】ABCD。本题考查证据的审查、判断及证明责任。

A 项，“过去表现良好的证明材料”属于品格证据，与韩某是否实施电信诈骗没有关联性，不得作为定案根据，A 错误。

B 项，对于鉴定意见，鉴定机构公章和鉴定人签名缺一不可，如有缺失，会影响证据的真实性，相关鉴定意见不得作为定案根据，没有补正的可能，B 错误。

C 项，电脑属于物证，若未附有笔录，且不能证明来源，不得作为定案根据。但本题中，电脑只是未附有笔录，虽然导致犯罪数额不清，但未提及“无法证明来源”，此时电脑属于瑕疵证据，法院应当通知检察院进行补正或者作出合理解释。若能够补正或者作出合理解释，该电脑仍可作为定案根据。因此,C 项说电脑不得作为本案的定案依据,过于绝对,错误。

D 项,在公诉案件中,一般情况下,公诉人承担证明责任,被告人不承担证明责任。因此若法院认为韩某有自首情节,应当由公诉人举示证据进行证明,而不应要求被告人韩某提供自首的证据材料,D 错误。

综上所述,本题选 ABCD。

72.【解析】AD。本题综合考查刑事证据中的非法证据排除、自白任意性证据规则、证明对象和证据种类。

A 项,“李某的盗窃犯罪已被生效判决认定”属于人民法院生效裁判所确认并且未依审判监督程序重新审理的事实,系免证事实,无须证明,A 正确。

B 项,非法证据,不论是侦查人员通过刑讯逼供等非法手段获取证据,还是侦查人员出现严重程序失误获取证据,导致非法证据的主体必须是侦查人员。B 项中,王某称“失窃 3 万元”,该陈述并非侦查人员通过非法程序获取,其陈述可因无法经过查证属实而不得作为定案根据,但不属于非法证据,B 错误。

C 项,自白任意性规则是指犯罪嫌疑人、被告人所作的任何供述都应当出于自愿而非被侦查机关强迫作出的,对于被强迫作出的自白不能作为定案根据的规则。而在王某的妨害作证案中,一方面,赵某并非该案的犯罪嫌疑人、被告人。另一方面,赵某作伪证并未受到侦查机关的强迫。因此,赵某所作伪证不适用自白任意性规则,C 错误。

D 项,赵某作伪证的目的在于陷害李某。因此在李某盗窃案中,李某称自己只偷了 3000 元,属于犯罪嫌疑人供述或者辩解,但在赵某伪证案中,李某称自己只偷了 3000 元,则属于被害人陈述,D 正确。

综上所述,本题选 AD。

73.【解析】AB。本题综合考查强制措施中取保候审、监视居住和逮捕的适用条件。

A 项,赵某涉嫌故意杀人,公安机关收集到充分证据(满足证据条件),赵某可能被判处十年以上有期徒刑、无期徒刑甚至死刑(满足刑罚条件、危险性条件),社会危险性很高,符合适用逮捕措施的条件,A 正确。

B 项,赵某涉嫌故意杀人,公安机关证据充分,赵某符合逮捕条件。鉴于赵某是生活不能自理的母亲的唯一赡养人,对赵某可以适用监视居住措施,B 正确。

C 项,检察院经过审查,若公安机关证据不足,对赵某不符合适用逮捕条件。此时,一方面,案件处于公安机关侦查过程中,检察院不可直接决定对赵某适用取保候审措施;另一方面,即使赵某符合取保候审条件,是否适用取保候审由负责侦查的公安机关决定,不能说“应当”对赵某适用取保候审。因此,C 错误。

D 项,检察院经过审查,若公安机关证据不足,对赵某不适用逮捕。鉴于案件处于公安机关负责的侦查阶段,检察院作出不批准逮捕决定后,不另行侦查,不得直接提出采取取保候审措施的意见。因此,D 项说“可以要求公安机关对赵某取保候审”错误。

综上所述,本题选 AB。

74.【解析】AD。本题综合考查强制措施中的拘留、逮捕,以及侦查中的讯问。

A 项,公安机关拘留甲时,因甲系强制隔离戒毒人员,为了方便办案,侦查人员可以在其执行场所即戒毒所进行讯问,A 正确。

B 项,公安机关拘留甲后,应当在 24 小时内将甲送看守所羁押,不可继续羁押于戒毒所,B 错误。

C 项,甲涉嫌贩卖毒品,但根据题干信息无法得知甲贩卖毒品的重量,甲尚不满足逮捕所需的证据条件、刑罚条件和危险性条件,此时公安机关不应立即报请检察院批准逮捕,C 错误。

D 项,甲有长期吸毒史,这意味着若对甲采取取保候审措施,甲很可能继续“以贩养吸”,具有高度的再犯可能性,社会危险性较大,D 正确。

综上所述,本题选 AD。

75.【解析】AC。本题综合考查审判组织和一审、二审程序。

A 项,韩某涉嫌故意杀人罪,不论其在基层法院一审还是中级法院一审,均可由审判员三人或者审判员与陪审员共三人或者七人组成合议庭,A 正确。如果你选 A 错误,估计是认为本案可能被判处十年以上有期徒刑、无期徒刑甚至死刑,社会影响重大,“应当”由法官三人、陪审员四人组成七人合议庭,因此 A 说“可以”由审判员和陪审员三人或七人组成合议庭是错误的,是吗?请注意,“应当由法官三人、陪审员四人组成七人合议庭”的情形,不仅要求被告人可能被判处十年以上有期徒刑、无期徒刑甚至死刑,还必须“社会影响重大”,本题中没有介绍案件影响是否重大,还不能说“应当”由法官三人、陪审员四人组成七人合议庭。

B 项,证人就算出庭作证完毕,仍有再次出庭作证可能,因此证人不可旁听庭审,B 错误。

C 项,中级法院拟判处死刑的案件,为了充分保障被告人合法权益,维护司法公正,应当在宣判前提请院长决定将案件提交审判委员会讨论,C 正确。

D 项,本案中,廖某与前妻所生的四岁儿子是被害人,廖某系法定代理人。在公诉案件中,被害人一方的控诉权能主要由检察院行使,因此对一审判决不服,廖某可以申请检察院抗诉,但廖某无权提出上诉,D 错误。

综上所述,本题选 AC。

76.【解析】AB。本题考查自诉案件第一审的具体审理程序。

A 项,侮辱罪属于第一类自诉案件,即告诉才处理的亲告罪,鉴于犯罪情节较为轻微,法院可以组织双方当事人进行调解,A 正确。

B 项,自诉人未经法庭许可中途退庭,鉴于其无视法庭纪律,且庭审会因缺失自诉人而导致控辩审三方诉讼构造不完整,法院应当裁定按自诉人撤诉处理,B 正确。

C 项,法院审理遵循不告不理的被动性审判特征,不可依职权追加自诉人没有告诉的被告人。本题中,丙只对乙向法院提起自诉,法院不可直接追加甲为被告人,C错误。

D项,速裁程序要求被告人认罪认罚,而认罪认罚是指犯罪嫌疑人、被告人承认检察院指控的犯罪事实和提出的量刑建议,可见,认罪认罚从宽制度仅适用于公诉案件。因此,速裁程序也只能适用于公诉案件。简言之,自诉不速裁,D错误。

综上所述,本题选AB。

77.【解析】AD。国家金融监督管理总局属于国务院直属机构,有权制定规章,同时,只有规章以上的文件在编号中可以带"令"字,本题中的办法是由国家金融监督管理总局以第5号令公布的,可以判断,其性质属于部门规章。本题考查部门规章"另有规定"的情形。

(1)《行政处罚法》第32条规定:"当事人有下列情形之一,应当从轻或者减轻行政处罚:(一)主动消除或者减轻违法行为危害后果的;(二)受他人胁迫或者诱骗实施违法行为的;(三)主动供述行政机关尚未掌握的违法行为的;(四)配合行政机关查处违法行为有立功表现的;(五)法律、法规、规章规定其他应当从轻或者减轻行政处罚的。"本案中,部门规章可以对从轻或者减轻处罚的情形作出特殊规定。A项正确。

(2)《行政诉讼法》第53条规定,公民、法人或者其他组织认为行政行为所依据的国务院部门和地方人民政府及其部门制定的规范性文件不合法,在对行政行为提起诉讼时,可以一并请求对该规范性文件进行审查。前款规定的规范性文件不含规章。题中的办法属于规章,不能提出附带性审查。B项错误。

(3)《行政处罚法》第36条第1款规定:违法行为在二年内未被发现的,不再给予行政处罚;涉及公民生命健康安全、金融安全且有危害后果的,上述期限延长至五年。法律另有规定的除外。本案中,规章不能对处罚的时效作出特殊规定,C项错误。

(4)《行政处罚法》第28条第2款规定,当事人有违法所得,除依法应当退赔的外,应当予以没收。违法所得是指实施违法行为所取得的款项。法律、行政法规、部门规章对违法所得的计算另有规定的,从其规定。D项正确。

综上所述,本题答案为AD。

78.【解析】BCD。(1)《行政复议法》第22条第1款规定:申请人申请行政复议,可以书面申请;书面申请有困难的,也可以口头申请。因此,A项错误。

(2)当场作出治安管理处罚决定的,经办的人民警察应当在24小时内报所属公安机关备案。因此,B项正确。

(3)根据《行政复议法》第23条,县公安局当场罚款200元,属于复议前置情形,作出处罚决定时应告知黄某如不服先向复议机关申请行政复议。C项正确。

(4)《行政复议法》第32条规定:"对当场作出或者依据电子技术监控设备记录的违法事实作出的行政处罚决定不服申请行政复议的,可以通过作出行政处罚决定的行政机关提交行政复议申请。行政机关收到行政复议申请后,应当及时处理;认为需要维持行政处罚决定的,应当自收到行政复议申请之日起五日内转送行政复议机关。"本案中,县公安局当场罚款200元,黄某可以通过作出处罚决定的县公安局提交行政复议申请。D项正确。

该规定背后的法理在于,对于当场作出或者依据电子技术监控设备记录的违法事实作出的行政处罚决定等2类处罚,是在高效、便捷条件下作出的,具有一定程度的"先天不足",在具有效率的同时,存在过错的可能性也增大了。《行政复议法》的上述制度,给予了处罚决定机关二次审查的机会,在将当事人的复议申请转送复议机关前,行政机关可以再次冷静地审视下自己的处罚行为是否存在违法性,只有其认为需要维持的合法行为,才会转送到复议机关正式申请复议。这样的制度规定,不仅给处罚决定机关"留有回环",让其有机会二次审查自己的行为;也有利于减轻复议机关的受案压力,因为有些违法行为,在处罚决定机关审查时就会纠错,当事人对纠错结果满意的话,就不会再复议了。

综上,本题答案为BCD。

79.【解析】BD。(1)A选项实际上是难度很大的一个选项,表面上看,行政许可属于具体行政行为,自然属于行政诉讼受案范围,但是还要关注到,李某的请求是请求法院确认具体行政行为合法。《行政诉讼法解释》第68条列举了当事人的诉讼请求,具体包括:"(一)请求判决撤销或者变更行政行为;(二)请求判决行政机关履行特定法定职责或者给付义务;(三)请求判决确认行政行为违法;(四)请求判决确认行政行为无效;(五)请求判决行政机关予以赔偿或者补偿;(六)请求解决行政协议争议;(七)请求一并审查规章以下规范性文件;(八)请求一并解决相关民事争议;(九)其他诉讼请求。"其中,确认合法也不属于法律规则允许当事人提出的诉讼请求。背后的法理在于:"只有认为被诉行政行为侵犯其合法权益,公民、法人或者其他组织才有权依法提起行政诉讼;如果认为行政行为合法,则不能提起行政诉讼。行政行为一经作出即发生法律效力,未经法定程序予以撤销,其法律效力无须人民法院的行政判决予以确认。无争议即无诉讼。国家设立行政诉讼制度的目的在于化解行政争议,维护公民、法人和其他组织的合法权益,监督行政机关依法行政。如果认为被诉行政行为合法,未侵犯其合法权益,不存在行政争议,则无须启动行政诉讼程序。"通俗一点说,就是只要没有被有权机关否定之前,行政行为就是合法有效的,不需要通过诉讼的方式确认合法,行为也是合法的。因此,A项错误。

(2)证监会对甲公司发出警示函,要求甲公司对违规行为进行整改,该行为属于责令改正,责令改正在法考中被认为是制止违法的行政强制措施,是一种已经对当事人权利义务产生了实际影响的具体行政行为,属于行政诉讼的受案范围。B项正确。

(3)税务局对是否征收契税的咨询答复,对王某的权利义务不产生实际影响,不属于具体行政行为,是不影响权利义务的、不具有处分性的事实行为，故而不属于行政诉讼的受案范围。C项错误。

（4）《城市污水特许处理协议》属于行政协议，在区政府不履行行政协议的情况下，乙公司有权以区政府为被告提起行政诉讼，属于行政诉讼的受案范围。D项正确。

综上所述，本题答案为BD。

80.【解析】AD。（1）在对规范性文件审查的期间，复议机关都不知道如何适用法律文件，自然需要中止复议审理程序，对文件合法性进行判定后，才知道未来如何作出复议决定。A项正确。

（2）复议的听证分两种类型：第一，应当听证。审理重大、疑难、复杂的行政复议案件，行政复议机构应当组织听证。第二，可以听证。行政复议机构认为有必要听证，或者申请人请求听证的，行政复议机构可以组织听证。本案中，如王某申请听证，复议机关可以组织听证，而非应当听证。B项错误。

（3）本案中，市政府作为文件制定者县政府的上级机关，自然有权处理该文件，根据《行政复议法》第59条的规定，复议机关认为相关条款合法的，在行政复议决定书中一并告知；认为相关条款超越权限或者违反上位法的，决定停止该条款的执行，并责令制定机关予以纠正。注意此处是责令制定机关予以纠正，而非建议。C项错误。

（4）行政复议机构认为必要时，可以要求规范性文件或者依据的制定机关当面说明理由，制定机关应当配合。D项正确。

综上所述，本题答案为AD。

81.【解析】BCD。（1）公民、法人或者其他组织不服复议决定的，可以在收到复议决定书之日起15日内向人民法院提起诉讼。本题经过复议再起诉，起诉期为15日，而非60日。A项错误。

（2）与民事合同的举证责任类似，《行政协议案件规定》第10条第3款规定，对行政协议是否履行发生争议的，由负有履行义务的当事人承担举证责任。B项正确。

（3）《国家赔偿法》第8条规定，经复议机关复议的，最初造成侵权行为的行政机关为赔偿义务机关，但复议机关的复议决定加重损害的，复议机关对加重的部分履行赔偿义务。本案中，作为复议维持案件，复议机关没有加重，因此由原机关镇政府承担赔偿责任。C项正确。

（4）本案属于复议维持的案件，被告应当为镇政府和县政府，同时，复议机关作共同被告的案件，以作出原行政行为的行政机关（镇政府）确定案件的级别管辖。同时，只有国务院部门或者县级以上地方人民政府为被告时，才由中级人民法院管辖，而镇政府并非县级以上的地方政府，由其确定级别管辖时，管辖法院为基层法院，D项正确。

综上，本题答案为BCD。

82.【解析】AB。（1）复议机关确立规则是："谁家孩子谁抱走，地方事务归政府，全国事务归部委，还有两类是例外。"在一个区的范围内，不管复议被申请人是区教育局之类的所属部门，还是乡政府之类的下级政府，还是派出所这样的区公安局设立的派出机构，复议机关均适用"地方事务归政府"的逻辑，由区政府作为复议机关。被申请人是区生态环境局，复议机关为同级政府即区政府。A项正确。

（2）复议申请期限为自知道或者应当知道该行政行为之日起60日内，B项正确。

（3）《最高人民法院关于行政诉讼证据若干问题的规定》第20条规定，人民法院收到当事人提交的证据材料，应当出具收据，注明证据的名称、份数、页数、件数、种类等以及收到的时间，由经办人员签名或者盖章。本案中，收据要求是"由经办人员签名或者盖章"，而不是加盖法院印章，法院或行政机关公章一般在对外终局性的发生法律效力的文书上才会加盖，比如处罚决定书、许可决定书、判决书和调解书等。C项错误。

（4）本案属于复议维持案件，被告为区生态环境局和区政府，此时，应当以作出原行政行为的行政机关（区生态环境局）确定案件的级别管辖，而区生态环境局作为被告不属于中院管辖的情形，只有县级以上地方政府为被告才由中院管辖，本案应当由基层法院管辖，D项错误。

综上所述，本题答案为AB。

83.【解析】BD。（1）复议调解书涉及三方关系，其生效不仅要求复议机关盖章，还要求双方当事人签字。本案中，双方当事人签字或盖章后，仍需要加盖复议机关印章。A项错误。

（2）处罚听证结束后，行政机关应当根据听证笔录，作出行政处罚决定。B项正确。

（3）复议调解书涉及三方关系，是在复议机关主持之下达成的，调解书凝结了复议机关的意思表示，所以，本案中，如公司不履行行政复议调解书，由复议机关区政府强制执行，或申请法院强制执行，而非市生态环境局来强制执行。C项错误。

（4）《行政许可法》第12条规定："下列事项可以设定行政许可：（一）直接涉及国家安全、公共安全、经济宏观调控、生态环境保护以及直接关系人身健康、生命财产安全等特定活动，需要按照法定条件予以批准的事项……"本案中，区生态环境局对环境影响报告表的审批属于生态环境保护等需要提前批准的事项，因此属于行政许可。D项正确。

综上所述，本题答案为BD。

84.【解析】CD。（1）《行政复议法》第49条规定，适用普通程序审理的行政复议案件，行政复议机构应当当面或者通过互联网、电话等方式听取当事人的意见，并将听取的意见记录在案。因当事人原因不能听取意见的，可以书面审理。本案中，并非原则上需要当面听取，通过互联网、电话等方式听取意见也是可以的。背后的法理是，集中管辖后的复议机关，比如地方案件归政府，一个地方的大部分复议案件都在区政府这里了，如果都要当面听取意见的话，区政府人手不够，听不过来的。A项错误。

(2)《行政复议法》第 53 条规定："行政复议机关审理下列行政复议案件，认为事实清楚、权利义务关系明确、争议不大的，可以适用简易程序：(一)被申请行政复议的行政行为是当场作出；(二)被申请行政复议的行政行为是警告或者通报批评；(三)案件涉及款额三千元以下；(四)属于政府信息公开案件。除前款规定以外的行政复议案件，当事人各方同意适用简易程序的，可以适用简易程序。"虽然本案罚款数额为 6 万元，但如果当事人同意，还可以简易程序审理。B 项犯了绝对化的错误。

(3)《行政复议法》第 75 条规定："行政复议机关作出行政复议决定，应当制作行政复议决定书，并加盖行政复议机关印章。行政复议决定书一经送达，即发生法律效力。"C 项正确。行政复议是具有救济因素的行政行为，比如，复议机关区政府认为区卫生健康委罚款 6 万元违法，可以作出复议改变决定，改为罚款 1 万元，这相当于行政机关区政府作出一个新的行政处罚替换掉了违法的旧的行政处罚，而处罚这样的行政行为是送达就会产生相应的法律效力的，所以，《行政复议法》才规定行政复议决定书一经送达，即发生法律效力。有同学可能认为，不是复议决定作出后还可以起诉吗？复议决定不应该生效吧，这是错误的观点。行政行为是否生效和是否可以寻求行政诉讼的救济是不同维度的内容。

(4)县级以上地方各级人民政府办理以本级人民政府工作部门为被申请人的行政复议案件，应当将发生法律效力的行政复议决定书、意见书同时抄告被申请人的上一级主管部门。本案中，被申请人是区卫生健康委，其上一级主管部门是市卫生健康委，因此区政府应当将复议决定书同时抄送给市卫生健康委，D 项正确。抄告制度背后的法理是，在实践中，区卫生健康委有两个上级机关，地域上归区政府管理，业务上归市卫生健康委管理，旧的复议机关模式也是区卫生健康委为被申请人时，复议机关有两个，当事人既可以选择区政府，也可以选择市卫生健康委。但 2023 年修改后的复议机关模式实现了集中管辖，复议机关只剩下了区政府，那么区政府审完了的复议案件，应"知会"(学术名字叫抄送)市卫生健康委。

综上所述，本题答案为 CD。

85.【解析】ABCD。(1)在行政诉讼证据制度中，当事人申请法院调取证据、延长举证期限、申请保全证据、申请证人出庭、申请重新鉴定、申请重新勘验，都应当在举证期限之内提出。A 项正确。

(2)行政诉讼中，被告需要证明被诉行政行为的合法性，但在复议维持的情况下，有两个被告，那么对于原行为和复议维持决定都是由谁承担举证责任呢？根据《行政诉讼司法解释》相关规定，作出原行政行为的行政机关和复议机关对原行政行为合法性共同承担举证责任，可以由其中一个机关实施举证行为。复议机关对复议决定的合法性承担举证责任。

这里用通俗的语言阐释下背后法理：原机关作为原行为的作出者，由其证明原行为的合法性自然是天经地义的，那为什么原行为合法性的举证责任还需要复议机关承担呢？这是因为复议维持本质上是对原行为合法的肯定，复议维持的正确性以原行为存在合法性为基础，复议机关为了自己的面子也会努力证明原行为的合法性。本案中，原机关是区交警大队，复议机关是区政府，那么就应当由两个机关共同对罚款 500 元决定的合法性承担举证责任。B 项正确。

(3)行政机关一般不能用事后补充证据证明行政行为的合法性，但有唯一例外，2018 年《行政诉讼法解释》明确规定："复议机关作共同被告的案件，复议机关在复议程序中依法收集和补充的证据，可以作为人民法院认定复议决定和原行政行为合法的依据。"所以，C 项正确。

背后的法理是和 B 选项相关的，原行为如果因为证据不足被法院撤销，复议机关的维持决定也会受到牵连，所以，总得允许复议机关用作维持决定时补充的证据来证明原行为的合法。

(4)考生应当区别依申请调取的证据和依职权调取的证据不同的质证规则，当事人申请法院调取的证据，由申请调取证据的当事人在庭审中出示，并由当事人质证。而法院依职权调取的证据，由法庭出示，并可就调取该证据的情况进行说明，听取当事人意见。因此，法院依职权调取的证据，由法庭出示即可，不需要进行质证。D 项正确。背后的法理在于，法院调取的证据，是法官的证据，由原被告轮流质问法官，法院的权威性何在？

综上所述，本题答案为 ABCD。

三、不定项选择题

86.【解析】ABC。A 项，以习近平法治思想武装头脑，引领普法工作，就是要牢牢坚持以人民为中心，树立以人为本的普法理念和工作导向，做到普法为了人民、依靠人民、服务人民，促进人民高品质生活，夯实全面依法治国的社会基础。A 项正确。

B 项，普法规划是一种自上而下的官方行动，为了使法治观念深入人心。但这项行动不仅仅是自上而下的，也是自下而上的。在民众法治意识不断提升的过程中，也会反过来推动普法取得更好的效果，所以普法是自上而下和自下而上的结合。B 项正确。

C 项，法治观念在融入社会文化的过程中，也可以推动社会文化的发展。C 项正确。

D 项，虽然在普法规划刚启动的时候，党内法规并未进入普法视野，但随着社会主义法治体系不断完善，党内法规体系成为重要组成部分，普法宣传也将党内法规纳入，以促进依法治国和依规治党的统一和衔接。D 项错误。

综上所述，本题答案为 ABC。

87.【解析】ACD。A 项，宪法是国家的根本法，在确认经济关系的诸法律、法规和政策中，宪法是最基本的形式。A 项正确。

B 项，法治政府是诚信政府。如果政府违规作出决策，则需要问责，同时对营商主体的损害进行补偿，但并非要将违规承诺兑现。B 项错误。

C 项，政府应自觉维护法律权威，依法履行职责。如果政府失信,则会破坏营商主体的信赖利益,影响市场秩序的稳定性。C 项正确。

D 项,契约精神和诚信理念与法治在本质上是一致的,违背契约精神,也会损害法治的公信。D 项正确。

88.【解析】ABC。习近平法治思想坚持把依法治国和以德治国相结合,发挥法律的规范作用和道德对法律的支撑作用,使法治和德治在国家治理中相互补充、相互促进、相得益彰,推进国家治理体系和治理能力现代化。

A 项,“隆礼重法”出自荀子的治国理念:隆礼尊贤而王,重法爱民而霸。在国家治理上,荀子非常看重“礼”,主张礼法兼施,这也是北洋政府时期的立法原则。A 项当选。

B 项,“明德慎罚”是西周时期的法律思想,具体要求可以归纳为“实施德教,用刑宽缓”。B 项当选。

C 项,“明刑弼教”是明朝的立法思想,源于“明于五刑,以弼五教”,意思是以刑律晓谕民众,使大家都知法、畏法而守法,以辅助教化之所不及,也体现了礼与刑的关系。C 项当选。

D 项,“明法重刑”是战国时商鞅的思想,主张抛弃其他各家,特别是儒家的礼治学说,用国家的法律法令来统一人们的思想。“重刑”,是指对轻微的犯罪行为也要处以严厉的刑罚,未正确对待德、礼的作用。D 项不当选。

综上所述,本题答案为 ABC。

89.【解析】BCD。A 项,按照我国的立法体制,立法可分为中央立法和地方立法。授权立法是一种特殊的立法形式,授权立法不是地方性的,其更偏于中央性和授权性。A 项错误。

B 项,授权立法是一种新颖的立法形式,通过赋予自贸试验区、经济特区等特定的立法权,能够促进立法的多样性,完善中国特色社会主义法律体系。B 项正确。

C 项,《立法法》第 16 条第 1 款规定,全国人民代表大会及其常务委员会可以根据改革发展的需要,决定就特定事项授权在规定期限和范围内暂时调整或者暂时停止适用法律的部分规定。授权立法可以对法律进行调整和变通,C 项正确。

D 项,授权立法在一定程度上属于试验性立法,是全面深化改革的保障和要求。D 项正确。

90.【解析】ABCD。A 项,第一,在预备阶段,甲帮助乙抢劫,乙收了刀,甲就成立了乙的抢劫罪的帮助犯。第二,乙自动放弃抢劫,没有着手实行抢劫,构成抢劫罪在预备阶段的犯罪中止。基于此,甲就构成抢劫罪帮助犯的犯罪预备,因为实行犯的自动放弃是帮助犯意志以外的原因。实行犯的犯罪中止的效力不能惠及帮助犯。第三,乙着手实行了敲诈勒索罪,并既遂。对此,甲的刀没有发挥贡献,因此甲不构成敲诈勒索罪的帮助犯。A 项说法错误。

B 项,甲的认识错误是,主观上以为该车是乙抢劫来的犯罪所得,实际上是乙盗窃来的犯罪所得。但是,甲至少认识到,该车是乙的犯罪所得。而成立掩饰、隐瞒犯罪所得罪,只要求认识到是犯罪所得即可。因此,甲构成该罪。B 项说法错误。

C 项,甲明知是虚假材料,仍然举报乙构成犯罪,显然具有实施诬告陷害罪的故意,因此构成诬告陷害罪。C 项说法错误。

D 项,参加黑社会性质组织罪的成立,要求主观上有故意,但是,只要求明知是非法组织即可,不要求认识到该组织是黑社会性质组织。这是因为,该非法组织是不是黑社会性质组织,是由司法机关在进行司法处理时加以认定的。行为人在行为时(参加时)无法认识到司法机关的认定结论。D 项说法错误。

综上所述,本题答案为 ABCD。

91.【解析】ABCD。第一,入户盗窃、入户抢劫中的“户”,是指与外界相对隔离的生活场所。户,不要求是固定不动的建筑物。渔民居住生活的渔船属于户。本题中的房车,是与外界相对隔离的生活场所,因此属于户。A 项说法错误。

第二,甲构成入户盗窃。当甲将音响拿出房车,并且此时没有立即被抓,那么甲便将音响置于自己的实际控制范围内了,此时就盗窃罪既遂了。此后再被抓,不构成未遂,因为既遂排斥未遂。B 项说法错误。

第三,携带凶器盗窃,要求有对人使用凶器的意图,譬如防止主人抓捕。例如,甲趁着夜色,拎着镰刀,偷割了邻居的一亩小麦,不属于携带凶器盗窃。本题中甲拿锥子是为了撬音响,是用来盗窃财物的工具,当时没有对人使用的意图,因此不构成携带凶器盗窃。C 项说法错误。

第四,甲的侵财行为不是对物暴力,对人也没有危险,因此不是抢夺行为,不属于携带凶器抢夺。D 项说法错误。

综上所述,本题答案为 ABCD。

92.【解析】AB。A、B 项,乙明知甲丙要从事网络诈骗,还给丙提供卡,乙既构成诈骗罪的帮助犯,还构成帮助信息网络犯罪活动罪,想象竞合,择一重罪论处。AB 项说法正确。

C 项,乙在办理挂失时,对 100 万元资金尚没有非法占有目的,因此此时不构成盗窃罪。C 项说法错误。

D 项,乙办理挂失,将 100 万元资金转入自己另一张卡后,乙便已占有该资金,乙此后产生不想归还的意图,并拒不返还,是否构成侵占罪?对此存在观点展示。多数说认为,乙不构成侵占罪。主要理由是,甲丙是基于不法原因(转移赃款)让乙保管占有该资金,因此甲丙缺乏返还请求权。所以,乙的拒不返还不构成侵占罪。乙虽然不构成侵占罪,但国家会从乙处没收该资金。少数说认为乙构成侵占罪。本题按照多数说作答。D 项说法错误。

综上所述,本题答案为 AB。

93.【解析】ABCD。A 项,刘某抢夺正在行驶的公交车的方向盘,构成妨害安全驾驶罪。A 项说法正确。

B 项,刘某抢夺方向盘,要与全车人同归于尽,导致公交车落水,三人死亡。这种行为严重危害了公共安全,达到放火罪、爆炸罪等罪的严重程度,因此构成以危险方法危害公共安全罪。B 项说法正确。

C 项,刘某放任乘客的死亡,对死亡结果至少持间接故意的态度,构成故意杀人罪,与妨害安全驾驶罪、以危险方法危害公共安全罪想象竞合,择一重罪论处。如果认为刘某仅构成故意杀人罪,不构成妨害安全驾驶罪、以危险方法危害公共安全罪,则存在遗漏评价,没有评价刘某危害公共安全的法益侵害事实。C 项说法正确。

D 项,不报、谎报安全事故罪,是指在安全事故发生后,负有报告职责的人员不报或者谎报事故情况,贻误事故抢救,情节严重的行为。成立本罪,要求不报、谎报行为导致贻误事故抢救。本案中,三人已经死亡,抢救已经结束,此时谎报事故情况,不存在贻误事故抢救的问题,因此不构成本罪。D 项说法正确。

综上所述,本题答案为 ABCD。

94.【解析】AB。本题综合考查附带民事诉讼,二审上诉主体和未成年人刑事诉讼程序。

A 项,公安机关讯问未成年人乙时,应当通知其法定代理人(本案中为乙父)到场。讯问后,讯问笔录应当交乙及其父亲阅读或者向其宣读;若乙或者乙父对笔录内容有异议的,应当核实清楚,准予更正或者补充,A 正确。

B 项,不仅刑事被告人甲可以作为附带民事诉讼被告人,未被追究刑事责任的乙因同样实施了伤害行为,也可以作为附带民事诉讼被告人,被害人孙某可以同时对甲和乙提起附带民事诉讼,B 正确。

C 项,若孙某只对甲提起附带民事诉讼,法院应当尊重附带民事诉讼原告人对诉权的处分,受制于不告不理的审判要求,法院不得主动依职权追加乙为附带民事诉讼被告人,C 错误。

D 项,未成年人孙某是被害人,其父作为法定代理人有权未经孙某同意对附带民事部分的判决提出上诉,但无权对刑事部分的判决提出上诉。孙某父亲对刑事部分判决不服的,可以申请检察院提出抗诉,因此 D 错误。

综上所述,本题选 AB。

95.【解析】BCD。本题考查讯问措施的适用阶段。

为了查清案情,公、检、法分别在侦查阶段、起诉阶段、审判阶段,均可讯问犯罪嫌疑人、被告人。只是在立案阶段,办案机关只能适用任意性措施,不可适用强制性措施。因讯问属于强制性措施,不可适用于立案阶段,故本题应选 BCD。

96.【解析】C。本题考查对不立案决定的救济制度。

A 项,公安机关作出不立案决定的,控告人(被害人)不服的,有权向公安机关申请复议、复核,或者向检察院申诉,或者向法院提起自诉。本题中张某是举报人,其对不立案决定不服,没有法定救济途径。A 错误。

B 项,一方面,张某不是控告人(被害人),其作为举报人对不立案决定无权向检察院申诉。另一方面,即使县检察院经过审查认为县公安局应当立案,也应当首先要求县公安局书面说明不立案的理由,若认为理由不成立的,再通知县公安局立案。县检察院不可以直接通知县公安局立案。因此,B 错误。

C 项,县市场监管局作为行政执法机关,对县公安局作出的不立案决定不服,有权在收到不予立案通知书后 3 日以内向县公安局申请复议,C 正确。

D 项,移送案件的行政执法机关对不予立案决定不服的,可以向作出决定的公安机关申请复议,但没有向上一级公安机关复核的救济方式,D 错误。

综上所述,本题选 C。

97.【解析】B。本题综合考查刑事证据的审查与未成年人刑事诉讼程序。

A 项,应当由两名侦查人员开展询问,由侦查人员张某一人询问乙形成的被害人陈述笔录属于瑕疵证据,并非必须排除,若能得到补正或者合理解释,仍可作为定案根据,A 错误。

B 项,侦查人员讯问犯罪嫌疑人甲后,讯问笔录未交甲核对确认,不能保证讯问笔录记载内容的真实性,属于严重的程序违法,讯问笔录应当依法排除,B 正确。

C 项,王老师目睹了案发经过,是证人,其提交的书面互殴过程回忆是证人证言,不是书证,C 错误。

D 项,未成年被告人甲最后陈述后,为了维护其合法权益,体现对未成年被告人的感化和教育,甲的法定代理人可以进行补充陈述,但甲的辩护律师李某无权补充陈述,D 错误。

综上所述,本题选 B。

98.【解析】AC。本题考查强制医疗程序的具体适用。

A 项,某市中级法院审理强制医疗案件,为了充分保障被告人甲的合法权益,应当通知甲的妻子(法定代理人或近亲属身份)到场,A 正确。

B 项,甲的母亲(法定代理人)请求不开庭审理,某市中级法院应当进行审查以决定是否同意,B 说“法院应当不开庭审理”是错误的。

C 项,某市中级法院经过二审认为甲符合强制医疗条件,这意味着某区法院一审时对甲是否具有刑事责任能力的事实没有查清,某市中级法院有权以事实不清为由将案件裁定撤销原判,发回重审,C 正确。

D 项,某市中级法院经过二审认为甲符合强制医疗条件,不仅可以将案件发回重审,也可以依照强制医疗程序对案件作出处理,即在审理后改判甲不负刑事责任,同时决定对甲强制医疗。D 说法院“不能再进行强制医疗程序的审理”是错误的。

综上所述,本题选 AC。

99.【解析】CD。(1)限制其参加政府采购活动属于行政处罚。禁止 1 年内参加政府采购活动,是剥夺了该公司本应具有的参与招投标的资格,减损了该公司的权益并达到了惩戒的效果,满足行政处罚的构成要件。该行为显然不满足行政强制措施的要件,不是制止违法或预防危险的“暂时性”限制人身自由或财产的行为。A 项错误。

(2)《行政诉讼法解释》第 104 条第 1 款规定，适用简易程序案件的举证期限由人民法院确定，也可以由当事人协商一致并经人民法院准许，但不得超过 15 日。可见，举证期限还可以由法院确定，并非只能当事人协商。B 项错误。

(3)适用简易程序审理的行政案件，人民法院可以用口头通知、电话、短信、传真、电子邮件等简便方式传唤当事人、通知证人、送达裁判文书以外的诉讼文书。C 项正确。

(4)法院发现案情复杂，需要转为普通程序审理的，应当在审理期限届满前作出裁定并将合议庭组成人员及相关事项书面通知双方当事人。案件转为普通程序审理的，审理期限自人民法院立案之日起计算。D 项正确。注意对比，行政诉讼和民事诉讼，是从立案之日起计算，背后法理是高效便民，让当事人能够尽快拿到判决书。而刑事诉讼法是转化之日起计算，是因为刑诉会涉及嫌疑人重要的权利，甚至会杀头的，让法官转化普通程序后，稳妥审理较好。

综上所述，本题答案为 CD。

100.【解析】ABD。(1)《国家赔偿法》第 39 条规定，赔偿请求人请求国家赔偿的时效为两年，自其知道或者应当知道国家机关及其工作人员行使职权时的行为侵犯其人身权、财产权之日起计算，但被羁押等限制人身自由期间不计算在内。A 项正确。

(2)赔偿请求人当面递交申请书的，赔偿义务机关应当当场出具加盖本机关专用印章并注明收讫日期的书面凭证。申请材料不齐全的，赔偿义务机关应当当场或者在 5 日内一次性告知赔偿请求人需要补正的全部内容。B 项正确。

(3)赔偿请求人以人身权受到侵犯为由，请求时效期间自其收到决定撤销案件、终止侦查、不起诉或者判决宣告无罪等终止追究刑事责任或者再审改判无罪的法律文书之日起计算。本案中，2022 年 8 月 11 日是检察院批捕之日，而非郭某收到判决无罪的法律文书之日，C 项错误。

(4)赔偿义务机关为公安或检察院等司法机关时，国家赔偿的程序为三步走：第一步，自己先行处理；第二步，上一级司法机关司法复议；第三步，上一级司法机关的同级法院赔偿委员会司法赔偿。本题中，赔偿义务机关作出赔偿决定(第一步的处理结果)，应当依法告知赔偿请求人有权在 30 日内向赔偿义务机关的上一级机关申请复议(告知第二步救济途径和救济申请期限)。D 项正确。

综上所述，本题答案为 ABD。

2024年国家统一法律职业资格考试(回忆版)

试卷二参考答案及解析

一、单项选择题

1.【解析】A。人章关系的正常交易流程分三步:第一步:先有合同条款再盖章确认;第二步:盖章确认的是有代表权或代理权的行为人签署的合同,即代表或代理行为与盖章行为具有一致性;第三步:法人、非法人组织加盖的是真章而非假章。

异常人章关系包括4种情形,分别是:(1)真人假章;(2)假人真章;(3)有人无章;(4)有章无人。《民法典合同编通则解释》第22条确立了"原则上看人不看章"的规则,即只要行为人有代表权或代理权就不影响合同的成立有效并生效。本题中,甲公司法定代表人刘某使用伪造的公章,即典型的"真人假章"的异常人章关系问题,基于"看人不看章"的原则,法定代表人李某有代表权,因此,钢材购销合同成立有效并生效。故A项说法正确,当选;B、C、D项说法错误,不当选。

综上所述,本题的正确答案为A。

2.【解析】C。委托代理终止,是指被代理人和代理人之间的代理关系消灭。被代理人死亡后,原则上代理关系终止,但是,如果授权中明确代理权在代理事务完成时终止的,委托代理人实施的代理行为有效。本题中,王甲委托周某帮忙购买祖宅时明确约定"直至买到祖宅为止"。因此,即使王甲死亡,周某以王甲的名义和李某签订的买卖合同依然合法有效。故B、D项说法错误,不当选;同时,房屋买卖合同的当事人是王甲和李某,周某并非合同当事人。因此,李某无权请求周某继续履行合同。故A项说法错误,不当选。最后,基于限定继承原则,王甲死亡,其唯一的儿子王乙概括继承王甲的遗产,既要继承权利,又要继承义务。因此,李某有权请求唯一继承人王乙继续履行合同。故C项说法正确,当选。

综上所述,本题的正确答案为C。

3.【解析】B。A项考查居住权的限制。居住权不得转让、继承。如在离婚财产分割中,一方出于好意帮扶,在自己所有的房屋上为经济困难的另一方设立居住权,则该居住权专属于对方人身。如果居住权人转让和继承,即违反了居住权设立的目的和初衷,导致所有权人几乎永远无法实现权利,破坏了居住权的人役权属性。因此,A项前段表述错误,不当选。

B项考查居住权的性质。居住权无偿设立,但是当事人另有约定的除外。即居住权可有偿可无偿。故B项正确,当选。

C、D项考查居住权的设立。居住权的设立采"登记生效主义",即书面有效居住权合同+登记=居住权。因此,居住权可以采用单独的合同订立,也可以采用条款订立。同时,居住权自登记时设立而非合同生效时。故C、D项均错误,不当选。

综上所述,本题的正确答案为B。

4.【解析】B。A、B、C项考查单方允诺之债。从甲的角度而言,"寻狗启事"属于悬赏广告,在法律性质上系单方允诺之债。单方允诺之债,是指表意人向相对人作出的为自己设定某种义务,使相对人取得某种权利的意思表示。悬赏人以公开方式声明对完成特定行为的人支付报酬的,完成该行为的人可以请求其支付。本题中,甲丢了小狗后发布寻狗启事,乙捡到小狗后归还,作为完成特定行为的乙有权索要报酬,即使乙不知道寻狗启事的存在亦不影响其报酬请求权(《民法典》第499条)。故A、C项说法不正确,不当选;B项说法正确,当选。

D项考查动产遗失物的拾得。从乙的角度而言,乙拾得小狗属于动产遗失物的拾得,依法应当将小狗返还权利人且在返还前负有妥善保管小狗的义务。因故意或重大过失致使遗失物小狗损害的,应当承担民事责任。本题中,拾得人乙并不存在故意或重大过失,无须承担赔偿责任。故D项说法不正确,不当选。

综上所述,本题的正确答案为B。

5.【解析】A。有名合同,又称典型合同,是指在法律上已赋予特定名称并设有具体规则的合同。《民法典》合同编第二分编共规定了19类典型合同。分别是买卖合同;供用电、水、气、热力合同,赠与合同,借款合同,保证合同,租赁合同,融资租赁合同,保理合同,承揽合同,建设工程合同,运输合同,技术合同,保管合同,仓储合同,委托合同,物业服务合同,行纪合同,中介合同,合伙合同。除《民法典》合同编第二分编规定的19类典型合同,其他民商事单行法律亦规定了大量有名合同,如旅游合同、劳动合同、保险合同等。

无名合同,又称非典型合同,是指在法律上尚未确立一定的名称和具体(专门)规则的合同。最典型的无名合同包括借用合同、培训协议、美容服务协议、对赌协议、医疗服务合同、餐饮服务合同、住宿服务合同、储蓄合同、借新还旧合同、让与担保合同、合作开发房地产合同、联营合同、代持股协议、聘用/任合同、保险柜使用协议等。

本题中,龙某已经从某实业公司退休,某实业公司无须再向龙某定期支付劳动报酬,双方签订的合同不再属于劳动合同。同时,买卖合同是出卖人转移标的物的所有权于买受人,买受人支付价款的合同。按照《销售人员责任认定书》的约定,龙某无须将特定标的物出卖给某实业公司并移转所有权,二者并非买卖合同。最后,行纪合同是行纪人以自己的名义为委托人从事贸易活动,委托人支付报酬的合同。行纪合同中的行纪人系具有相应资质的商事主体而非民事主体自然人,因此,二者签订的合同亦非行纪合同。一言以蔽之,龙某和某实业公司签订的合同系在法律上尚未确立一定的名称和具体(专门)规则的合同,即无名合同(非典型合同)。故A项说法正确,当选;B、C、D项说法错误,不当选。

综上所述,本题的正确答案为A。

6.【解析】B。A项考查预约合同。预约合同,是指约定将来订立一定合同的合同。当事人约定在将来一定期限内订立合同的认购书、订购书、预订书等,构成预约合同。预约合同和本约合同系两个独立的合同且二者存在牵连关系。本题中,甲公司和乙公司之间仅存在一份合同关系。二者并未约定将来还要单独再签订一份新合同。因此,不成立预约合同。故A项说法错误,不当选。

B、C、D项考查竞争性缔约。采取招标方式订立合同,当事人请求确认合同自中标通知书到达中标人时成立的,法院应予支持(中标通知书属于《民法典》第483条的承诺)。本题中,某招标公司公开发出投标邀请在性质上属于要约邀请(《民法典》第473条),乙物业公司向招标公司发出《投标文件》在性质上属于要约(《民法典》第472条),7月15日,招标公司向乙公司发出中标通知书,自中标通知书到达中标人乙公司时,甲公司和乙公司之间的合同成立有效并生效,双方应当依约履行合同,甲公司不履行合同,应当向乙公司承担违约责任。故B项说法正确,当选。C、D项说法错误,不当选。

综上所述,本题的正确答案为B。

7.【解析】C。A项考查合同相对性原理。甲和丙签订以货车抵债协议,该协议当事人系甲和丙,与乙无关。因此,乙无权请求丙把货车交付给自己。故A项说法错误,不当选。

B项考查债权人代位权诉讼。债权人代位权的行使范围以债权人的到期债权为限。本题中,乙的到期债权系100万元。因此,乙有权代位行使100万元而非120万元。故B项说法错误,不当选。

C项考查债权人撤销权诉讼。债务人以明显不合理的价格,实施以物抵债行为,影响债权人的债权实现,债务人的相对人知道或应当知道该情形,债权人请求撤销债务人的行为的,法院应当依据《民法典》第539条的规定予以支持(《民法典合同编通则解释》第43条)。甲丙将价值30万元的货车抵120万元的债务,价格明显不合理且相对人丙对甲欠乙债未还的事实知情。因此,甲丙二人的以物抵债协议系积极诈害乙债权的行为,乙依法有权将甲丙作为共同被告诉至法院撤销二者的以物抵债协议。故C项说法正确,当选。

D项考查无效的民事法律行为。"知情"不等于"恶意串通"。因此,乙无权基于甲丙恶意串通损害其债权为由主张以物抵债协议无效(《民法典》第154条)。故D项说法错误,不当选。

综上所述,本题的正确答案为C。

8.【解析】D。债权转让(让与),是指不改变债权的内容,由债权人将债权的全部或部分转让给第三人的制度。基于当事人意思自治原则,当事人可以约定债权不得转让(《民法典》第545条第1款)。但是,基于货币的高流通性及"原则上占有即所有"的原理,对于金钱之债的转让不应有所限制,否则将会使货币功能作用大打折扣,也不利于交易的便捷进行。因此,当事人约定金钱债权不得转让的,不得对抗第三人(《民法典》第545条第2款)。这里的第三人不以"善意"为要件,即金钱之债不得转让的约定,对于任何第三人都不发生效力,无论该第三人对此约定知情与否,第三人对于金钱债权的受让均有效(全国人大常委会法工委和最高人民法院均持该观点)。本题中,甲公司和乙公司明确约定金钱债权不得转让且甲公司(让与人)和丙公司(受让人)的实际控制人均为何某,即丙公司非善意,但是,依法不影响丙公司取得金钱债权,甲公司和丙公司签订的债权转让合同合法有效。故A、B、C项说法均错误,不当选。

债务人的债权与转让的债权是基于同一合同产生,债务人可以向受让人主张抵销(《民法典》第549条)。因为两个债权基于同一合同产生具有密切联系,受让人就应当认识到债务人对让与人可能基于该合同享有债权。因此,受让人能够在订立债权转让合同时对这种抵销可能性进行预先安排。本题中,作为零件买卖合同出卖人的甲公司转让其对买受人乙公司所享有的价款债权并通知了乙公司。受让人丙公司向债务人乙公司请求支付价款时,乙公司有权以甲公司交付货物有质量瑕疵为由,主张以乙公司对甲公司享有的违约赔偿债权抵销该支付价款债权。因为转让债权与乙公司对甲公司的违约赔偿债权都是基于该零件买卖合同(同一合同)产生。故D项说法正确,当选。

综上所述,本题的正确答案为D。

9.【解析】C。A项考查产品责任。因产品存在缺陷造成他人损害的,生产者应当承担侵权责任。本题中,大豆公司因水表公司生产的水表存在缺陷多支付水费,生产者水表公司依法应当向大豆公司承担侵权责任。因此,大豆公司请专业机构检测水表缺陷支付的检测费应当由生产者水表公司承担。故A项说法错误,不当选。

B项考查法定解除权。解除合同的程度法定,即必须达到根本违约(合同目的无法实现的程度)。本题中,自来水公司和大豆公司之间系供水合同关系,自来水公司供应的自来水本身不存在任何问题。大豆公司的合同目的并未受到影响,因此,大豆公司不可以解除合同。故B项说法错误,不当选。

C项考查不当得利之债。不当得利作为法定之债,其构成要件有四:(1)没有法定或约定的原因;(2)一方获益;(3)一方受损;(4)获益与受损之间存在因果关系。本题中,大豆公司日用水量2000立方米,自来水公司却以2500立方米计算水费，超出部分多收取的水费依法构成不当得利，应当返还。故C项说法正确，当选。

D项考查违约责任。违约责任的构成要件有三：(1)存在合法有效的合同；(2)存在违约行为；(3)不存在法定或约定的免责事由。本题中，自来水公司和大豆公司之间系供水合同关系，自来水公司供应的自来水本身不存在任何问题。自来水公司不存在违约行为，因此，无须承担违约责任。故D项说法错误，不当选。

综上所述，本题的正确答案为C。

10.【解析】C。首先，承租人将其自有物出卖给出租人，再通过融资租赁合同将租赁物从出租人处租回的，承租人和出卖人系同一人不影响融资租赁合同的成立。同时，动产物权转让时，当事人又约定由出让人继续占有该动产的，物权自该约定生效时发生效力。本题中，甲公司和乙公司通过占有改定的方式订立融资租赁合同，即"先卖后租"，租赁合同生效时，大型仪器的所有权发生变动，归乙公司所有。故B项说法错误，不当选。

其次，租赁期间，甲公司将乙公司的大型仪器质押给丙公司的行为属于无权处分，无权处分不影响合同的效力仅影响合同的履行。因此，甲公司和丙公司之间的《质押合同》合法有效而非效力待定。故D项说法错误，不当选。

最后，动产质权的善意取得必须同时满足三个要件：(1)行为人无权处分；(2)相对人主观上善意且无重大过失；(3)完成公示，即动产已经交付。本题中，甲公司和丙公司的总经理均为张某。因此，相对人丙公司主观上非善意，不能善意取得大型仪器的动产质权(质押权不生效)，乙公司有权请求丙公司返还仪器。故A项说法错误，不当选；C项说法正确，当选。

综上所述，本题的正确答案为C。

11.【解析】D。运输合同根据运输对象的不同，分为客运合同和货运合同。客运合同自承运人向旅客出具客票时成立，但是当事人另有约定或另有交易习惯的除外。旅客取得客票的时间就是客运合同成立的时间。但是在当事人另有约定的情况下，客运合同的成立时间与客票取得时间不一致。例如，在航空运输合同中，旅客与承运人约定运输合同从旅客登机时成立，则航空运输合同的成立时间就是旅客登上飞机的时刻。随着电子商务的发展，承运人无须按照传统的窗口购票的方式向旅客交付客票，可以充分利用网络向旅客显示订票成功。同时，按照交易习惯，出租车、网约车运输中，按照交易习惯，在旅客登上出租车或网约车接单时即告运输合同成立。本题中，依据交易习惯，李某刷卡进入轻轨站后，客运合同即成立，李某依约应当支付票款。故D项说法正确，当选；A、B、C项说法均错误，不当选。

综上所述，本题的正确答案为D。

12.【解析】D。肖像权，是指自然人所享有的对自己的肖像上所体现的人格利益的一种人格权。肖像权属于标表性人格利益，以形象标示特定人。侵害肖像权的行为属于一般侵权行为，具体有6种形态，分别是：(1)丑化；(2)污损；(3)利用信息技术手段伪造(如AI换脸技术)；(4)制作；(5)使用；(6)公开。其中，制作，是指通过拍摄、雕塑、制作头像硬币等方式再现自然人的外部形象，他人未经同意不得制作其肖像。使用，是指自然人有权决定是否在书籍、报刊、电影、电视、网络等载体中使用其肖像，包括发表、复制、发行、出租、展览等使用方式。公开，是指以广告宣传、装饰橱窗、用作商标等方式将自然人的肖像公之于众。

本题中，甲将自己整容成"明星脸"并进行商演带货系在使用自己的肖像，不存在上述6类侵犯肖像权的侵权形态。故A、B、C项说法错误，不当选；D项说法正确，当选。

综上所述，本题的正确答案为D。

13.【解析】D。A项继承权的放弃。继承权的放弃，是指继承人在继承开始后，遗产分割前，以明示的方式作出的拒绝接受被继承人遗产的意思表示。继承人放弃继承应当以书面形式向遗产管理人或其他继承人表示。在诉讼中，继承人向法院以口头方式表示放弃继承的，要制作笔录，由放弃继承的人签名。本题中，邹小某作为唯一继承人在继承开始后遗产分割前书面放弃继承权的，放弃行为有效。故A项说法错误，不当选。

B、C项考查合同权利义务的终止。合同权利义务终止的方式共6种，分别是清偿、解除、抵销、提存、免除和混同。本题中，无论是邹某和钱某之间的借款合同还是邹某和刘某之间的买卖合同，均不存在上述终止(消灭)事由。因此，刘某的债务和钱某的债权均未消灭。故B、C项说法均错误，不当选。

D项考查遗产管理人。继承开始后，遗嘱执行人为遗产管理人；没有遗嘱执行人的，继承人应当及时推选遗产管理人；继承人未推选的，由继承人共同担任遗产管理人；没有继承人或继承人均放弃继承的，由被继承人生前住所地的民政部门或村民委员会担任遗产管理人。本题中，唯一继承人邹小某书面放弃继承，依法应当由邹某所在地的村民委员会担任遗产管理人。故D项说法正确，当选。

综上所述，本题的正确答案为D。

14.【解析】B。饲养的动物造成他人损害的，动物饲养人或管理人应当承担侵权责任。同时，紧急避险，是指为了使国家利益、社会公共利益、本人或他人的人身权利、财产权利以及其他合法权益免受正在发生的急迫危险，不得已而采取紧急措施的行为。在紧急避险的情况下，险情由人为原因引起的，由引起险情发生的人承担民事责任。本题中，李某将周某撞倒是为了躲避林某的狗，属于紧急避险，险情由饲养人林某引起，依法应当由林某承担全部责任。故B项说法正确，当选；A、C、D项说法均错误，不当选。

综上所述，本题的正确答案为B。

15.【解析】A。A、C项考查可撤销婚姻。可撤销婚姻的情形有二：(1)胁迫；(2)重大疾病婚前未告知。本题中，张某胁迫李某结婚，婚姻可撤销。可撤销婚姻的撤销权人为当事人本人,即只有李某本人可以撤销婚姻,李某母亲不得申请撤销婚姻。故A项说法不正确,当选。受胁迫方的一方李某请求撤销婚姻的,应当自胁迫行为终止之日起1年内。本题中,李某父亲死亡,胁迫行为方才终止,开始起算1年除斥期间。因此,此婚姻关系虽经过5年仍可以撤销。故C项说法正确,不当选。

B项考查监护制度。父母与子女间的关系,不因父母离婚而消除。离婚后,子女无论由父或母直接抚养,仍是父母双方的子女。即离婚不影响监护仅影响抚养(《民法典》第1084条)。故B项说法正确,不当选。

D项考查离婚过错损害赔偿。可撤销婚姻被撤销的,无过错方有权请求损害赔偿(包括物质损害赔偿和精神损害赔偿)。本题中,无过错方(受胁迫方)李某依法可以向过错方(胁迫方)张某请求损害赔偿(《民法典》第1054条)。故D项说法正确,不当选。

综上所述,本题的正确答案为A。

16.【解析】D。A、B项考查建筑物和物件损害责任。建筑物、构筑物或其他设施倒塌、塌陷造成他人损害的,由建设单位与施工单位承担连带责任(《民法典》第1252条)。本题中,乙公司和丙公司签订建设工程施工合同,在施工过程中房屋倒塌将路人王某砸伤,依法应当由乙公司和丙公司承担连带责任。故A项说法正确,不当选;同时,因所有人、管理人、使用人或第三人的原因,建筑物、构筑物或其他设施倒塌、塌陷造成他人损害的,由所有人、管理人、使用人或第三人承担侵权责任。本题中,作为房屋所有人的甲公司明知房屋为危房依然出租给乙公司,依法亦要承担侵权责任。因此,王某也可以请求甲公司承担侵权责任。故B项说法亦正确,不当选。

C项考查无效的民事法律行为。违背公序良俗的民事法律行为无效。本题中,甲公司将危房出租给乙公司的行为依法违背公序良俗中的公共秩序。因此,房屋租赁合同无效。故C项说法正确,不当选。

D项考查违约责任。违约责任的构成要件有三:(1)存在合法有效的合同;(2)存在违约行为;(3)不存在法定或约定的免责事由。本题中,甲公司和乙公司签订的危房租赁合同无效,无效合同不存在违约责任问题。故D项说法错误,当选。

综上所述,本题的正确答案为D。

17.【解析】C。A项,股东会决议内容违反法律、行政法规的无效。本案中,股东会授权董事会发行新股,且新股的比例未超过公开发行股份的50%,内容符合法律、行政法规的规定,该决议合法有效,A项错误。

B项,董事会被授权决定发行新股的决议,应当经全体董事2/3以上通过。本案中,虽然唐某反对,但其余四位董事均同意,符合法定要求的全体董事的2/3以上,该董事会决议依法成立;董事会经授权决定发行新股,内容合法有效,B项错误。

C项,新股发行的价格涉及新旧股东之间的利益冲突,由股东会决议以非货币财产出资的新股发行,旨在避免定价不当导致原有股东利益受损,防止不同股东之间利益失衡。因此,张某以专利作价出资,应由股东会决议,不能适用授权资本制,C项正确。

D项,董事会依授权决定发行新股,王某以货币出资,可依法获得股份,D项错误。

综上,本题答案为C。

18.【解析】B。A、B项,甲用股权出资后,在很短的时间内,出资给瑞辰公司的股权大幅度贬值,并非基于客观原因和市场变化,而是甲的违规操作造成的后果,应认定甲对瑞辰公司构成虚假出资,对贬值的差额,甲应承担补足出资的法律责任,A项错误,B项正确。

C项,甲将有瑕疵的股权转让给乙,乙作为受让人被蒙在鼓里,对此并不知情,无须与甲承担连带责任,C项错误。

D项,股东转让已认缴出资但未届出资期限的股权的,由受让人承担缴纳该出资的义务;受让人未按期足额缴纳出资的,转让人对受让人未按期缴纳的出资承担补充责任。本案中,没有提及甲的股权出资未到期,且即使甲将未到期的股权转让,也应由受让人承担到期出资的责任,转让人承担补充责任,D项的表述无论是适用前提还是责任主体都是错误的。

综上,本题答案为B。

19.【解析】A。A、B、D项,国有独资公司只有国家作为唯一的股东,不设股东会,D项错误。由履行出资人职责的机构行使股东会职权,履行出资人职责的机构可以授权公司董事会行使股东会的部分职权,但是公司章程的制定和修改等重大事项依旧由履行出资人职责的机构决定,不能授权董事会,A项正确,B项错误。

C项,国有独资公司实行"三选一"的监督机制,即国有独资公司的监督机构在审计委员会、监事会与一名监事的三种选项之间择一。因此,当国有独资公司不设监事会时,可以设立审委会,也可以设一名监事,C项说法过于绝对,错误。

综上,本题答案为A。

20.【解析】C。A、C、D项,A公司由丙的妻子丁通过其胞妹控制,丙与A公司之间存在利益输送的可能,属于关联关系的范围,D项错误。

丙实施关联交易,应向华夏文化公司的董事会或股东会报告,并根据公司章程的规定经董事会或股东会决议通过。C项正确。丙向华夏文化公司报告的法人机关,应根据公司章程的规定来确定。本案中,公司章程没有规定或规定不明,丙可以要求股东会和董事会中的任一机关作出决议。A项表述过于绝对,错误。

B项,如何认定董、监、高的行为是否为自我或关联交易,并不以损害公司利益为前提。自我或关联交易的本质是董、监、高违反忠实义务,是公司意思表示的缺少或属于不真实的交易行为。《公司法》并未将是否损害公司利益作为责任要件。本案中,丙未依法经过公司决议机关的批准擅自实施此交易,即使按照市场价交易,依然违反了忠实义务,B项错误。

综上所述,本题答案为C。

21.【解析】D。A 项，清算的核心流程就是清产核资，因此合伙企业清算过程中，清算人自被确定之日起10日内将合伙企业解散事项通知债权人，并于60日内在报纸上公告。债权人应当自接到通知书之日起30日内，未接到通知书的自公告之日起45日内，向清算人申报债权。清算人需通知包括赵某在内的债权人，A 项错误。

B 项，对于栖凤合伙不能清偿赵某的1000万元债务，张某作为普通合伙人应承担连带责任；李某和王某作为有限合伙人，只以认缴出资额为限承担有限责任，无须承担连带责任，B 项错误。

C 项，清算人由全体合伙人担任；经全体合伙人过半数同意，可以自合伙企业解散事由出现后15日内指定一个或者数个合伙人，或者委托第三人，担任清算人。清算人未必由全体合伙人担任，有可能经由法定程序由部分合伙人或委托第三人担任清算人。甚至自合伙企业解散事由出现之日起15日内未确定清算人的，合伙人或者其他利害关系人可以申请人民法院指定清算人。合伙企业的清算人未必是合伙人，C 项说法过于绝对，错误。

D 项，合伙企业作为非法人组织，即使注销登记后，原普通合伙人对于合伙企业的债务依然承担无限连带责任，故栖凤合伙经过清算程序后，即使对赵某的债务未能全部清偿，依然可以办理注销登记，由普通合伙人张某继续对赵某的债务承担连带责任，D 项正确。

综上所述，本题答案为 D。

22.【解析】A。A、B 项，甲公司被受理破产重整后，为了继续营业而支付的资质续期的费用，是为了保障债务人及全体债权人的共同利益而负担的非程序性债务，属于共益债务，A 项正确，B 项错误。破产费用主要包括债务人被受理破产申请后，为了保障破产程序的进行而发生的费用，比如破产案件的诉讼费用，债务人财产的管理、变价和分配的费用，管理人执行职务的费用、报酬和聘用工作人员的费用。

C 项，共益债务的负担并不要求以债权人会议决议为前置程序，C 项错误。

D 项，管理人未依法勤勉尽责，忠实执行职务，给债权人、债务人或者第三人造成损失的，依法承担赔偿责任。本案中的管理人恪尽职守，基于专业判断及时对甲公司的资质进行续期，并无违规行为，无须承担赔偿责任，D 项错误。

综上所述，本题答案为 A。

23.【解析】B。A 项，张某代理甲公司出票，甲公司才是出票人，张某并非票据当事人，丁公司不能直接向张某主张票据责任，A 项错误。

B、C 项，乙公司将该汇票背书转让给丙公司时记载了“不得转让”，对乙公司起到保护作用，即乙公司不被间接后手追索。在丁公司被拒绝承兑后，可以向丙公司或甲公司追索，但不能向乙公司追索。B 项正确，C 项错误。

D 项，虽然张某代理甲公司出票，超出了授权的范围，但基于对善意相对人的保护及票据的文义性，该票据依然有效。甲公司作为出票人应承担票据责任，甲公司承担责任后可向张某追偿。D 项错误。

综上所述，本题答案为 B。

24.【解析】C。A、C 项，2024 年 3 月发生保险事故时，超过了约定的应缴纳保费期限的60日，保险合同效力中止，王某发生保险事故，保险公司无须承担给付保险金的责任，A 项错误，C 项正确。

B 项，鼎好公司拖欠保费，需要经过法定的时间和程序后，保险公司才能解除合同。鼎好公司欠费时，保险公司可以催告，催告后30日或到期后60日，鼎好公司没有按时补缴保费的，保险合同效力中止，或者按照合同约定的条件减少保险金额。2年内双方没有恢复合同效力的，2年以后保险人才能解除合同，B 项表述错误。

D 项，团体意外险，无须被保险人签字，只需用人单位征得被保险人同意，并收集其身份信息进行投保。D 项错误。

综上所述，本题答案为 C。

25.【解析】A。A、D 项，陈某与中建投在信托合同中约定了信托财产的投资范围为股票市场，同时也授予了受托人变更的权利。当市场发生变化时，中建投基于对受益人利益考虑而调整投资范围，该行为并没有造成受益人的损失并及时进行了公告，中建投的行为并不构成违约，无须承担赔偿责任。A 项正确，D 项错误。

B 项，委托人设立信托后，产生了包括受益人在内的诸多主体的利益关联，非经法定或合同约定情形不得随意撤销。委托人解除信托主要基于两种情形：一是，自益信托，即委托人是唯一受益人的，委托人或者其继承人可以解除信托。信托文件另有规定的，从其规定。二是，设立信托后，受益人对委托人有重大侵权行为或者经受益人同意或者发生信托文件规定的其他情形，委托人可以解除信托。本案并未出现解除信托的任一情形，B 项错误。

C 项，信托设立后，委托人撤销受托人的行为需要具备如下要件：(1) 受托人的行为。违反信托目的处分信托财产或者因违背管理职责、处理信托事务不当致使信托财产受到损失的。(2) 法律后果。即出现了“信托财产受到损失”这种法律后果。本案中，中建投虽然改变了既定的投资范围，但是基于受益人利益最大化的目的，且未对信托财产造成损失，不符合撤销的要件，C 项错误。

综上所述，本题答案为 A。

26.【解析】B。A、C、D 项，月福超市作为食品经营者发现其经营的“弯弯”牛奶不符合食品安全标准，应立即停止经营，通知相关生产经营者和消费者。A、C、D 项是月福超市可直接采取的措施，不当选。

B 项，对于不符合食品安全标准的食品召回，首先是生产者的责任，生产者认为应当召回的，应当立即召回。本案中牛奶的质量问题归咎于生产环节，并非食品经营者造成其经营的食品不符合食品安全标准，不符合经营者召回的情形，B 项当选。

综上所述，本题答案为 B。

27.【解析】B。A项，互联网不正当竞争指的是经营者利用网络从事生产经营活动时，经营者利用技术手段，通过影响用户选择或者其他方式，实施妨碍、破坏其他经营者合法提供的网络产品或者服务正常运行的行为。核心特点是技术控制或技术干扰。本案中星河教育培训中心的行为不符合此特征，A项错误。

B项，虚假宣传的核心特点是给自己“加滤镜”。星河教育培训中心对其提供的产品及服务作了虚假的商业宣传，欺骗、误导了消费者，属于虚假宣传行为，B项正确。

C项，诋毁商誉的核心特点是“同行拉踩”，即经营者编造、传播虚假信息或者误导性信息，损害竞争对手的商业信誉、商品声誉。本案中星河教育培训中心并没有提及竞争对手的任何情形，C项错误。

D项，混淆行为的核心特点是弱者搭强者的便车，本案中没有提及任何其他经营者，不存在弱者或强者的关系，D项错误。

综上所述，本题答案为B。

28.【解析】C。A项，超市销售的咸鸭蛋不符合食品安全标准，不仅应为甲退货，还应按照甲的要求，支付惩罚性赔偿金。A项排除了超市的赔偿责任，错误。

B、C、D项，《食品安全法》确立了“退一赔十”的惩罚性赔偿规则，将保护食品、药品安全和消费者权益作为首要价值取向，构建更加科学合理食品、药品惩罚性赔偿制度。但是，此规则不能成为消费者恶意索赔的工具，甲明知超市售卖的咸鸭蛋是过期的，恶意拆分成10次付款，并意图主张按10次索赔，违反诚信的基本原则，不能被支持。应当根据甲多次购买相同食品的总数，在合理生活消费需要范围内依法支持其诉讼请求。即将甲购买10个咸鸭蛋的行为，算成一次整体的交易，由超市为其退货，并支付不超过1000元的赔偿金，B、D项错误，C项正确。

综上所述，本题答案为C。

29.【解析】D。A项，王某未办理宅基地的用地手续及乡村建设规划许可证，违规在原宅基地上重建的房屋，属于违规建筑，应依法处理，无法通过补办审批手续使其合法化，A项错误。

B项，王某已经进城落户，不是本集体经济组织成员，无权获得单独的宅基地使用权。因为继承祖宅可享有祖宅坐落的宅基地使用权，当祖宅被拆除后，宅基地使用权归还集体经济组织。B项表述为王某有权获得宅基地使用权的说法是错误的。

C、D项，王某在宅基地上重建的房屋属于未依法取得乡村建设规划许可证的违规建筑，由乡、镇人民政府责令停止建设、限期改正；逾期不改正的，可以拆除。D项正确，C项错误。

综上所述，本题答案为D。

30.【解析】C。A项，甲获批专利后，其专利技术和产品已经公开，但甲享有独占的权利，未经甲许可，其他主体不可以生产经营为目的制造、使用、销售、许诺销售、进口其专利产品，A项甲授权其员工在朋友圈公开该专利产品，不能成为乙的抗辩理由，A项错误。

B项，“反向工程”抗辩的适用情形为专为科学研究和实验而使用有关专利。本案中乙不仅使用了有关专利，还制造了有关专利产品，使用行为可因“反向工程”而抗辩，但制造行为不可因此抗辩，B项错误。

C项，在甲申请专利以前，乙已经在制造该专利产品，乙享有先用权，在原范围内继续制造、使用不构成侵权，先用权抗辩可被支持，C项正确。

D项，专利侵权是基于客观行为进行判断，不知情不能作为抗辩的理由，D项错误。为生产经营目的使用、许诺销售或者销售不知道是未经专利权人许可而制造并售出的专利侵权产品，能证明该产品合法来源的，属于善意侵权，不承担赔偿责任。但善意侵权不适用于“制造”和“进口”的环节。且即使认定为善意侵权也属于侵权行为。

综上所述，本题答案为C。

31.【解析】A。A项，为了保护官方标志的尊严，也为了避免误导公众，同政府间国际组织的名称、旗帜、徽记等相同或者近似的标志不可被注册为商标，也不准使用，但经该组织同意或者不易误导公众的除外。本案中涉及的一条蛇盘绕的权杖图案与世界卫生组织会徽的主要部分类似，且世界卫生组织未许可其使用，属于禁止注册且禁止使用的标志，任何单位或个人可随时申请宣告商标无效。A项正确。

B、C项，商标先用权是指在商标注册人申请商标注册前，他人已经在同一种商品或类似商品上先于商标注册人使用与注册商标相同或近似并有一定影响的商标。在这种情况下，先使用人可以在原使用范围内继续使用该商标，注册商标专用权人无权禁止。然而，这仅适用于合法使用的商标标识，对于禁止使用的标识则不适用。简而言之“先用权”首先得是合法的权利才能讨论其权利范围。本案中，无论甲公司还是乙公司对于“一条蛇盘绕的权杖图案”都不具有商标的相关权利，甲公司自然也无法主张先用权抗辩，B、C项错误。

D项，注册商标侵犯了他人的在先权利，权利人应该在商标注册后5年内申请宣告该商标无效。本案中，乙公司注册的商标属于违法标识，申请宣告无效不受5年的期限限制，D项错误。

综上所述，本题答案为A。

32.【解析】C。选项A错误。出入境管理机关拒绝入境的行为不符合民事性的要求，是行政纠纷。不属于国际私法调整。

国际私法调整的是涉外民商事法律关系。其中必须同时满足两个特性：涉外性和民事性。涉外性的判断标准有以下5点，只要符合其一即可：(1)国籍；(2)经常居所地；(3)标的物；(4)产生、变更和消灭民事法律关系的事实；(5)其他。

民事性的判断标准和民法一致，即平等主体之间的财产关系和人身关系。

选项B错误。这也是行政纠纷,不符合民事性的要求。

选项C正确。首先争端双方一方是丙国企业,另一方是中国企业,符合涉外性的要求。其次,双方之间是平等主体之间的合同纠纷,符合民事性的要求。所以属于国际私法的调整对象。

这个选项需要注意的是,很多同学会被"单边制裁措施"迷惑。大家注意,在判断是否属于国际私法调整的时候,只考虑法律关系的性质,不考虑其原因。本选项中的法律关系是平等主体之间的涉外合同关系,属于国际私法的调整对象,和造成纠纷的原因没有关系。

选项D错误。外国投资者和东道国政府之间的纠纷属于国际投资纠纷,属于国际经济法调整。这个选项的明显错误在于双方不属于"平等主体"。

综上所述,本题答案为C。

33.【解析】D。我国立法规定,国际商事法庭受理下列案件:(1)协议选择最高人民法院管辖,且诉讼标的在3亿元人民币以上的第一审国际商事案件;(2)高院一审的国际商事案件,认为需要由最高人民法院审理且经过最高人民法院同意;(3)在全国有重大影响的第一审国际商事案件;(4)根据相关规定进行的国际商事仲裁的保全、撤销和执行;(5)最高人民法院认为应当由国际商事法庭审理的其他国际商事案件。本题中的案件属于上述第(1)种情形。所以D项正确,其余错误。应当由最高人民法院国际商事法庭管辖。

综上所述,本题正确答案为D。

34.【解析】A。选项A正确。程序不公正是我国法院不予认可和执行外国法院判决的重要依据。

选项B错误。不予认可和执行外国法院判决的理由中,没有法律适用问题。

选项C错误。如果外国法院没有管辖权,则我国法院不予认可和执行外国法院的判决。判断外国法院没有管辖权的标准有四个,分别是:(1)外国法院依照其法律无管辖权;(2)外国法院依照其法律虽有管辖权但无适当联系;(3)属于我国法院专属管辖;(4)违反当事人排他性管辖协议。这里考查的是第(4)点。大家注意,只有违反了当事人的"排他性"管辖协议,才能认定外国法院没有管辖权,从而拒绝承认与执行外国法院的判决。本选项中表述的是"非"排他性管辖协议,显然不符合外国法院没有管辖权的判断条件。

选项D错误。只有无诉讼能力的人未得到适当代理,才违反程序公正。本题中千盛公司具有诉讼能力,其自己选择不委托律师参加诉讼不影响外国法院判决的承认与执行。

综上所述,本题答案为A。

35.【解析】B。专向性补贴是指特殊或者少数企业或产业所获得的,不具有普惠性质补贴,具体有以下五种,符合其一即可:(1)由出口国(地区)政府明确确定的某些企业、产业获得的补贴;(2)由出口国(地区)法律、法规明确规定的某些企业、产业获得的补贴;(3)指定特定区域内的企业、产业获得的补贴;(4)以出口实绩(真实出口业绩)为条件获得的补贴;(5)以使用本国(地区)产品替代进口产品为条件获得的补贴。

本题中ACD三种均属于专向性补贴,B项中的行为属于基础设施建设,不属于补贴,自然更不是专向性补贴了。

综上所述,本题答案为B。

36.【解析】C。选项A错误。信用证是一种单据业务,银行的义务是见单付款。不能因为货损降低银行的付款责任。

选项B错误。在CIP术语下,卖方是在装运地货交第一承运人完成交货并转移风险。本案中的钩损显然发生在货交第一承运人之后,此时在买卖双方的关系中,货物损失的风险由买方自行承担。所以买方乙公司无权向甲公司索赔。

选项C正确。在CIP术语下,除非另有约定,卖方有购买一切险的义务。钩损属于一切险的赔偿范围。所以乙公司可以向保险公司索赔。

选项D错误。《联合国国际货物销售合同公约》规定,买方不能以质量问题拒绝接收货物。注意,接收不等于接受。

综上所述,选项C正确。

37.【解析】A。优先权指在优先权期限内(发明专利和实用新型专利为12个月,外观设计和商标为6个月),每一个在后申请的申请日均为第一次申请的申请日(优先权日)。优先权需要当事人主张并加以证明,在先申请的驳回、放弃、撤回均不影响优先权。D项错误。A项正确。

另外,缔约国应对在任何一个成员国举办的或经官方承认的国际展览会上展出的商品中可以取得的发明专利、实用新型、外观设计和可以注册的商标给予临时保护。如果展品所有人在临时保护期内申请了专利或商标注册,则申请的优先权日不再是首次申请日,而是展品公开展出之日。临时性保护也需要当事人主张并加以证明。

这里必须注意的是,临时性保护只适用于"成员国"国内举办的或者经过官方认可的国际展会。本题中丙国不是成员国,所以在丙国展会中展出的产品不享有优先权。也就是张某不能基于2022年2月18日在丙国国内展会展出而在甲国主张优先权。C项错误。

本题涉及三个时间点。第一,2022年2月18日,在丙国展会展出,权利人不能因此基于临时性保护主张优先权,这个时间点对于优先权没有意义;第二,2022年8月18在甲国申请专利,甲国是成员国。可以因此主张优先权,也就是这个时间点可以作为后续申请的申请日(优先权日);第三,2023年1月16日在乙国申请。由于存在甲国的在先申请,所以在乙国申请的时间可以提前到2022年8月18日,这也就是优先权日。

另外,《保护工业产权巴黎公约》坚持独立性原则,也就是某一国家对知识产权的保护不依赖其他国家的意思表示。B 项错误。

综上所述，本题答案为 A。

38.【解析】B。由数家各国商业银行联合组成集团，按照统一的贷款条件向借款人提供贷款。可以分为直接银团和间接银团两种方式：(1)直接银团贷款。首先，由牵头行组织；其次，各个参与银行分别签订贷款协议；再次，按照统一条件发放贷款；最后；各个银行仅就各自份额负责，不负连带责任。(2)间接银团贷款。首先，牵头行单独签订协议，向借款人提供贷款；其次，牵头行将贷款债权分别转让给其他参与银行。

这里需要注意的是，无论是直接还是间接银团贷款。只要是银团贷款，各个银行贷款的条件都是一致的。所以 D 项错误。不能以“各自”的条件发放贷款。

另外，间接银团和直接银团的区别不在于是否有“牵头行”，二者都有牵头行的参与。直接银团贷款中，各个放贷银行分别与借款人签署协议，有多份贷款协议，只是条件相同。间接银团贷款中，由牵头行和借款人签署一份贷款协议，其余银行通过债权转让参与，只有一份协议。本题中的文字表述是银团成员分别签订了贷款协议，所以属于直接银团贷款，A 项错误。

国际贷款协议中的先决条件条款指在放款前借款人必须满足的条件。分为总括性先决条件和分批性先决条件两类。总括性先决条件指发放全部贷款所需要的基本条件，包括相应法律文件、政府批文、承诺保证等。其基本内容和陈述及保证一致。分批性先决条件指每一笔贷款发放时所需要具备的条件，除了总括性中的内容之外，一般包括相关情况没有发生变化，没有违约事件，等等。

消极担保条款，指借款人在偿还全部贷款之前，不得在自己的资产及收益上为其他债权人维持或设定任何担保物权。本题中协议的内容显然属于消极担保条款。B 项正确，C 项错误。

综上所述，本题答案为 B。

39.【解析】C。本题考查仲裁协议效力的扩张。首先我们需要捋清楚本案存在的两组法律关系：甲公司和乙公司签订《货物买卖合同》，该合同约定发生纠纷由 M 仲裁委仲裁，后甲公司将《货物买卖合同》中的权利义务转让给丙公司；甲公司和丙公司的《转让协议》约定发生纠纷由 N 市 B 区法院管辖。

其次，本案发生的纠纷是丙公司在受让《货物买卖合同》后，与乙公司因为履行《货物买卖合同》发生纠纷，与甲、丙公司的《转让协议》无关，故甲、丙公司《转让协议》约定的管辖协议对本案没有约束力。

最后，丙公司和乙公司履行《货物买卖合同》发生纠纷，《货物买卖合同》约定的仲裁条款对丙公司是否有约束力呢？考点在于仲裁条款效力的扩张，债权债务转让的，仲裁协议对受让人有效，但当事人另有约定、在受让债权债务时受让人明确反对或者不知有单独仲裁协议的除外。本案甲公司将《货物买卖合同》中的权利义务转让给丙公司，当事人没有另行约定纠纷解决条款，丙公司在受让《货物买卖合同》时没有明确反对仲裁条款，甲公司向丙公司提供了《货物买卖合同》原件，即丙公司对《货物买卖合同》中的仲裁条款知情，故《货物买卖合同》的仲裁条款对受让人丙公司有约束力，丙公司与乙公司履行《货物买卖合同》发生纠纷，应当根据合同中的仲裁条款向 M 仲裁委申请仲裁。

综上所述，本题答案为 C。

40.【解析】A。本题考查劳动仲裁中的先予执行和先行裁决制度。

首先，仲裁庭对追索劳动报酬、工伤医疗费、经济补偿或者赔偿金的案件，当事人之间权利义务关系明确，不先予执行将严重影响申请人的生活的，可以根据当事人的申请裁决先予执行，移送人民法院执行。其考点有二，一是先予执行的裁决由仲裁庭作出，移送法院执行；二是劳动者申请先予执行可以不提供担保。本题 A 选项正确，B 选项错误。

其次，关于先行裁决，一般而言，仲裁庭应当对全案作出裁决，但是在一些复杂案件中，其中一部分事实已经清楚，可以就该部分先行裁决，以防止全案拖延。一来本案中并没有提及部分事实已经查清这一适用前提，二来先行裁决应当由仲裁庭根据案件具体审理情况决定，不存在当事人申请先行裁决的问题，故本题 C、D 选项错误。

综上所述，本题答案为 A。

41.【解析】C。本题考查协议管辖。张某和刘某因为《股权转让协议》发生纠纷，属于财产权益纠纷，当事人在《股权转让协议》中约定发生纠纷由丙区法院管辖，丙区是公司的原主要办事机构所在地，与争议有实际联系，同时没有违反级别管辖和专属管辖的规定，该管辖协议有效，故刘某和张某因为履行该协议产生纠纷应当根据管辖协议确定由丙区法院管辖。本案是根据《股权转让协议》中的管辖协议确定的管辖法院，与公司主要办事机构的变更没有关系，故公司主要办事机构从丙区变更为丁区不影响本案的管辖。

综上所述，本题答案为 C。

42.【解析】C。本题考查《民法典合同编通则解释》关于代位权诉讼的主管和管辖，属于简单问题。本案债务人乙公司怠于行使对相对人丙公司的债权，影响债权人甲公司债权的实现，故债权人甲公司可以对相对人丙公司提起代位权诉讼。首先，代位权诉讼以债权人甲公司为原告，相对人丙公司为被告，债务人乙公司为第三人；其次，代位权诉讼由被告住所地法院管辖，但依法应当适用专属管辖的除外，本案债务人乙公司和相对人丙公司之间的货物买卖合同纠纷不存在专属管辖，故甲公司对丙公司提起代位权诉讼应当由被告丙公司住所地 C 区法院管辖；最后，债权人提起代位权诉讼后，债务人或者相对人以双方之间的债权债务关系订有仲裁协议为由对法院主管提出异议的，法院不予支持；但债务人或者相对人在首次开庭前就债务人与相对人之间的债权债务关系申请仲裁的，法院可以依法中止代位权诉讼。故债务人乙公司与相对人丙公司之间的仲裁协议对债权人甲公司没有约束力，甲公司应当向C区法院提起代位权诉讼，不受仲裁协议的约束。综上所述，本题C选项正确，ABD选项错误。

综上所述，本题答案为C。

43.【解析】D。管辖权异议先看提出的时间，应当在一审提交答辩状期间提出，在一审提交答辩状期间被告没有提出管辖权异议并且应诉答辩的，视为受诉法院取得应诉管辖权，但违反级别管辖和专属管辖的除外。故法院发回重审或者按第一审程序再审的案件，当事人提出管辖异议的，法院不予审查。本案海北公司是在重新审理过程中提出的管辖权异议，故B区法院应当对其管辖权异议不予审查，继续审理案件，A、B、C选项错误，D选项正确。

综上所述，本题答案为D。

44.【解析】A。本题考查错误申请保全造成损失的赔偿问题。根据《民事诉讼法》第108条，（保全）申请有错误的，申请人应当赔偿被申请人因保全所遭受的损失。同时，《民事诉讼法》规定，诉前保全应当责令申请人提供担保，诉讼中的保全可以责令申请人提供担保，此时要求申请人提供担保是为将来可能承担的赔偿责任提供担保。本案中，乙公司认为甲公司错误申请保全给自己造成损失可以要求甲公司赔偿，但问题是甲公司是否存在错误申请保全？错误保全是否给乙公司造成了损失？造成了多大的损失？——此时甲公司应否承担赔偿责任，应当承担何种赔偿责任尚未确定，属于实体纠纷，需要通过诉讼方式予以解决。故乙公司可以就其遭受的损失起诉甲公司，待法院通过诉讼程序作出判决后方可根据该判决申请对乙公司提供担保的房屋强制执行，故A选项正确，D选项错误。当然，实现担保物权作为特别程序，不解决实体纠纷，故乙公司亦不能向法院申请对甲公司提供担保的房屋实现担保物权，C选项错误。

关于B选项，根据《民诉解释》第164条，对申请保全人或者他人提供的担保财产，法院应当依法办理查封、扣押、冻结等手续。故甲公司申请冻结乙公司的银行存款，以其名下的20套房屋作为担保，法院已经对该担保的房屋办理查封手续，不能重复查封，故乙公司不能申请法院查封甲公司提供担保的房屋，B选项错误。

综上所述，本题答案为A。

45.【解析】B。首先，有权请求确认婚姻无效的主体包括婚姻当事人和利害关系人，其中利害关系人包括：(1)以重婚为由的，为当事人的近亲属及基层组织；(2)以未到法定婚龄为由的，为未到法定婚龄者的近亲属；(3)以有禁止结婚的亲属关系为由的，为当事人的近亲属。本案中张某重婚导致其与陈某的婚姻无效，故张某、陈某有权请求确认婚姻关系无效，同时张某、陈某的近亲属或者基层组织也有权请求法院确认其婚姻无效，故D选项错误。

其次，由于婚姻效力涉及国家的基本婚姻制度以及公序良俗，在诉讼中对当事人的处分权予以限制，如①诉讼中不允许原告撤诉。②对婚姻效力的审理不适用调解，但对财产分割和子女抚养问题可以调解：调解达成协议的，另行制作调解书；未达成调解协议的，应当一并作出判决。故本案中原告陈某不能申请撤诉，A选项错误；本案中法院对婚姻效力问题不能调解，但对财产分割问题可以调解，C选项错误。

最后，法院审理重婚导致的无效婚姻案件时，涉及财产处理的，应当准许合法婚姻当事人作为有独立请求权的第三人参加诉讼。故本案中应当允许合法婚姻的当事人郑某作为有独立请求权的第三人参加诉讼，B选项正确。

综上所述，本题答案为B。

46.【解析】D。本题考查确认婚姻效力案件的一些特殊规定。题干中存在两个关键信息：首先，原告是乙的母亲，涉及确认婚姻效力案件的当事人问题；其次，乙在丙起诉前死亡，涉及婚姻一方或者双方当事人死亡后，利害关系人能否起诉确认婚姻关系无效的问题。

首先，根据《婚姻家庭编解释（一）》第9条，有权请求确认婚姻无效的主体包括婚姻当事人以及利害关系人，利害关系人包括：(1)以重婚为由的，为当事人的近亲属及基层组织；(2)以未到法定婚龄为由的，为未到法定婚龄者的近亲属；(3)以有禁止结婚的亲属关系为由的，为当事人的近亲属。本案是以甲、乙存在禁止结婚的亲属关系为由请求确认甲、乙婚姻无效，故乙的母亲丙作为乙的近亲属有权提起诉讼请求确认甲、乙的婚姻无效。

其次，根据《婚姻家庭编解释（一）》第14条，夫妻一方或者双方死亡后，生存一方或者利害关系人请求确认婚姻无效的，法院应当受理。其基本原理在于，夫妻一方或者双方死亡后，仍有确认婚姻效力的必要性。婚姻无效是因为其违反了法律的禁止性规定，不仅对婚姻当事人、近亲属的身份关系、财产关系产生影响，还会对整个社会的婚姻家庭秩序产生影响。故不论是无效婚姻的一方还是双方当事人死亡，允许生存的一方或者利害关系人起诉请求确认婚姻关系无效。同理，我们可以延伸得出另外一个结论：如果在确认婚姻无效的案件中，一方当事人死亡，诉讼应当继续进行，法院经过审理后认为婚姻无效的，应当判决宣告婚姻无效。

故本案中，乙的母亲丙作为夫妻一方的近亲属，有权以甲、乙存在禁止结婚的亲属关系为由起诉请求确认婚姻无效，同时，乙在丙提起诉讼前已经死亡不影响法院受理丙的起诉，也不影响诉讼的继续进行，法院应当继续审理后判决宣告婚姻无效。本题D选项正确，A、B、C错误。

综上所述，本题答案为D。

47.【解析】A。关于送达的效力问题，法院直接送达诉讼文书，应当直接向受送达人本人送达文书，本人不在的可以交他的同住成年家属签收；故本案中因宋某不在家，法院将起诉状副本和开庭传票交由宋某妻子代为签收的送达行为有效。既然经过有效送达，开庭时宋某未到庭，法院可以对宋某缺席判决。但值得注意的是，本案是适用小额诉讼程序审理，根据《民事诉讼法》第166条，一方当事人下落不明的案件不得适用小额诉讼程序审理，故本案法院不得继续适用小额诉讼程序，应当适用简易程序的其他规定或者裁定转为普通程序审理，当然，适用简易程序的其他规定或者转为普通程序审理的过程中，被告宋某属于经传票传唤无正当理由拒不到庭，可以对其缺席判决。故本题A选项表述正确，B选项关于继续审理的表述错误。本案也无须诉讼中止，D选项错误。

C选项中，自然人下落不明满二年的，利害关系人可以向法院申请宣告失踪，法院适用特别程序审理后判决宣告失踪的，应当为其指定财产代管人。本案宋某在实体上并不满足宣告失踪的条件，在程序上也未经特别程序判决，审理借贷纠纷的法院不能直接裁定宋某的妻子以财产代管人身份参加诉讼，C选项错误。

综上所述，本题答案A。

48.【解析】D。本题考查第三人撤销之诉与再审的关系。在第三人撤销之诉审理过程中，法院裁定再审的，原则上应当将第三人诉讼请求并入再审程序；但如果原审当事人恶意串通，通过诉讼方式侵害第三人合法权益，法院应当中止再审程序，先行审理第三人撤销之诉。本案中并没有原审当事人张某和王某恶意串通，通过诉讼方式侵犯第三人合法权益的情形，故应当将第三人撤销之诉并入再审程序，由再审法院将第三人撤销之诉与再审诉讼合并审理，故受理第三人撤销之诉的A区法院应当裁定将第三人撤销之诉移送再审法院（甲市中院）合并审理，D选项正确。既然是由再审法院将第三人撤销之诉与再审诉讼合并审理，故A区法院不能继续审理第三人撤销之诉，不能驳回李某提起的第三人撤销之诉，也无须中止对第三人撤销之诉的审理，故A、B、C选项错误。

综上所述，本题答案为D。

49.【解析】D。本题考查二审当事人的诉讼地位，属于简单考查。本案一审原告是章佐，被告是章佑和蒋浩，一审法院判决章佑和蒋浩连带向章佐偿还借款10万元。首先判断上诉人，本案章佐和章佑都提出了上诉，故都是上诉人；其次判断被上诉人，假设章佐和章佑的上诉请求成立，二审法院直接按照章佐章佑的上诉请求改判，改判由蒋浩一人承担债务，则该改判结果相对于一审判决而言对蒋浩不利，故蒋浩为被上诉人。

综上所述，本题答案为D。

50.【解析】A。本题考查执行特定物这一经典考点。本案执行标的为甲公司的公章，系特定物，执行标的为特定物的应当执行原物，如果原物毁损、灭失，需要折价赔偿，折价赔偿问题属于实体纠纷，执行程序不能解决纠纷，故当事人可以就折价赔偿问题达成协议，协议不成的，法院应当裁定执行终结，当事人可以就折价赔偿问题另行起诉。故本案中法院应当裁定终结执行，A选项正确，C选项错误。执行标的为特定物的必须执行原物，不能执行其他物品，故B选项错误；执行不能解决纠纷，故法院在执行中不能组织当事人调解，D选项错误。

综上所述，本题答案为A。

二、多项选择题

51.【解析】BD。A、C、D项考查民事法律行为。限制民事行为能力人独立实施的与其意思能力相适应的民事法律行为，合法有效。限制民事行为能力人实施的民事法律行为是否与其年龄、智力、精神健康状况相适应，法院可以从行为与本人生活相关联的程度，本人的智力、精神健康状况能否理解其行为并预见相应的后果，以及标的、数量、价款或报酬等方面认定（《民法典总则编解释》第5条）。本题中，16周岁的王某独立处置4500元依法应认定与其意思能力相适应。因此，买卖合同合法有效，王某父母不可以请求李某返还4500元。需要注意的是，该买卖合同有效的原因是王某有相应的民事行为能力而非相对人李某善意。假设王某独立处置4.5万元，哪怕相对人李某善意不知道王某未成年，买卖合同也不会合法有效，而应当认定为效力待定。因此，A项说法虽然结论正确，但是，理由错误，依然是错误的。故A、C项说法错误，不当选；D项说法正确，当选。

B项考查事实行为。事实行为，是指行为人不具有设立、变更、终止民事法律关系的意图，但依据法律规定能引起既定的民事法律后果的行为。事实行为充分体现了法律的意思，法律效果不是当事人主动追求的（意欲发生的），而是法律直接规定的。典型的事实行为包括侵权行为和创作行为。侵权行为系事实行为，与侵权人的民事行为能力无关。因此，16周岁的王某将行人张某撞伤，依然要承担侵权责任，因王某为限制民事行为能力人，依法应由其监护人王某父母向被侵权人（受害人）张某承担侵权责任（监护人责任/替代责任）。故B项说法正确，当选。

综上所述，本题的正确答案为BD。

52.【解析】AB。A、B、D项考查附条件的民事法律行为。民事法律行为可以附条件，但是根据其性质不得附条件的除外。① 附条件的民事法律行为中的条件必须是合法事实。如果所附的条件违背法律规定或公序良俗，应当认定该民事法律行为无效。本题中，易某和曹某之间关于支付100万元、不得将情人关系公布于世的约定违背公序良俗。因此，不属于附条件的民事法律行为且该民事法律行为无效。无效的民事法律行为自始无效，不具有法律效力，无须履行，更不存在违约问题。故A、B项表述均错误，当选；D项表述正确，不当选。

C项考查不当得利。不当得利作为法定之债，其构成要件有四：(1)没有法定或约定的原因；(2)一方获益；(3)一方受损；(4)获益与受损之间存在因果关系。本题中，易某和曹某的约定无效，曹某所得的100万元依法构成不当得利。故C项表述正确，不当选。

---

① 例如，票据行为，为保障其流通性，不得附条件；撤销权、解除权等形成权的行使，本身就是为了使不确定的法律关系尽快确定，如果允许其附条件，会使本不确定的法律关系更加不确定。因此，不得附条件。

综上所述,本题的正确答案为 AB。

53.【解析】CD。就物权效力角度而言,红木家具并非张父的遗产(遗产是指自然人死亡时遗留的个人合法财产),张某对周某红木家具的占有系无权占有(善意占有)。后张某将红木家具赠与李某的行为系无权处分,无权处分不影响合同的效力仅影响合同的履行。因此,张某和李某的赠与合同合法有效。但是,李某不能善意取得红木家具的所有权,因为善意取得动产所有权需要相对人支付合理对价,赠与无法善意取得所有权(《民法典》第 311 条)。从债权效力角度,张某无权处分周某红木家具的行为构成一般侵权,依法应当承担侵权损害赔偿责任,周某可以请求张某赔偿 30 万元。故 A 项说法错误,不当选;C 项说法正确,当选。

就物权效力角度而言,善意取得动产所有权的构成要件有四:(1)行为人无权处分;(2)相对人主观上善意且无重大过失;(3)相对人客观上支付合理对价;(4)已经完成公示(动产已交付)。本题中,李某在不享有红木家具所有权的情况下,将红木家具出卖给甲公司的行为依然构成无权处分,甲公司完全符合善意取得构成要件,善意取得红木家具所有权。因此,周某不可以请求甲公司返还家具。就债权效力角度而言,李某的行为亦属于一般侵权,依法应当承担侵权责任,周某可以请求李某返还 30 万元。故 B 项说法错误,不当选;D 项说法正确,当选。

综上所述,本题的正确答案为 CD。

54.【解析】AD。涉他合同,又称涉及第三人的合同,是指合同当事人在合同中为第三人设定了权利或约定了义务的合同。涉他合同包括两类,分别是:(1)向第三人履行的合同(为第三人设定权利/《民法典》第 522 条);(2)由第三人履行的合同(为第三人约定义务/《民法典》第 523 条)。

向第三人履行的合同根据第三人是否享有独立的履行请求权分为不真正利他合同和真正利他合同。本题中,既没有法定规定亦没有当事人约定第三人郑某享有独立的履行请求权,因此,属于典型的不真正利他合同。不真正利他合同中,第三人郑某不是买卖合同当事人,不享有独立的履行请求权,不享有独立的违约责任请求权,更不享有形成权,即撤销权和解除权。故 B、C 项说法错误,不当选;A、D 项说法正确,当选。

综上所述,本题的正确答案为 AD。

55.【解析】AB。代物清偿,又称以物抵债,是指在债的履行过程中,债权人受领他种给付以代替原定给付而使债的关系消灭。以物抵债包括两类,即履行期限届满后的清偿型以物抵债协议(《民法典合同编通则解释》第 27 条)和履行期限届满前的担保型以物抵债协议(《民法典合同编通则解释》第 28 条)。在履行期限期满后,债权人和债务人达成清偿型以物抵债协议后,协议即成立有效并生效(采诺成性协议说),在当事人没有特别约定的情况下,出现新旧两债并存的局面,即借款合同之债(旧债)和以物抵债协议之债(新债)。此时,债权人享有选择权,既有权选择债务人支付现金,也有权选择债务人履行抵债协议。一旦债权人作出选择,不得反悔(一选终选)。

本题中,某房地产公司和银行达成以房抵债协议后,债权人银行享有选择权,既可以选择房屋也可以选择现金,一旦债务人办理过户登记后,债权人则无权再选择支付现金债务。故 A、B 项说法正确,当选;C、D 项说法错误,不当选。

综上所述,本题的正确答案为 AB。

56.【解析】BC。A、B 项考查损害赔偿金。损害赔偿金,又称赔偿损失,是指违约方以支付金钱的方式弥补受害方因违约行为而遭受损失的责任形式。非违约方依法行使合同解除权并实施了替代交易,主张按照替代交易价格与合同价格的差额确定合同履行后可以获得的利益的,法院依法予以支持(《民法典合同编通则解释》第 60 条)。本题中,甲公司和乙公司签订了合法有效的原材料买卖合同后,出卖人乙公司拒不履行合同,导致甲公司合同目的无法实现,甲公司为寻求替代交易额外支出费用 50 万元(150 万元减去 100 万元),该损害赔偿金依法有权请求违约方乙公司支付。故 A 项说法错误,不当选;B 项说法正确,当选。

C、D 项考查合同解除权的行使。合同解除权属于简单形成权,行权方式为或诉或裁或通知。当事人一方依法主张解除合同的,应当通知对方。合同自通知到达对方时解除。本题中,甲公司和乙公司签订了合法有效的原材料买卖合同后,出卖人乙公司拒不履行合同,导致甲公司合同目的无法实现,即乙公司构成根本违约,非违约方甲公司通知违约方乙公司解除合同。合同自通知到达乙公司时解除,向法院起诉只是确认解除的效力(在民事诉讼中为确认之诉)。故 C 项说法正确,当选;D 项说法错误,不当选。

综上所述,本题的正确答案为 BC。

57.【解析】BC。中介合同是中介人向委托人报告订立合同的机会或提供订立合同的媒介服务,委托人支付报酬的合同(服务性合同)。中介人是交易双方当事人之间起介绍、协助和“牵线搭桥”作用的中间人。主要包括两类,即报告中介/指示中介(为委托人提供订约机会)和媒介中介(为促成委托人和第三人订立合同进行介绍或提供机会,在双方之间进行周旋/斡旋)。我国《民法典》并没有对中介人的资格进行限制,自然人也可以进行中介服务。本题中,孟某和房地产公司签订的《推介确认合同》属于典型的媒介中介合同(题目中的关键词为“斡旋”)。在媒介中介合同中,中介人不仅向委托人提供报告订约机会,而且还要找第三人促成合同订立,由于有了中介人的中介活动,使委托人和第三人双方发生了法律关系,委托人和第三人都因此而获益。因此,在一般情况下,除合同另有约定或另有交易习惯外,中介人的报酬原则上应由合同的当事人平均分担(《民法典》第 963 条)。

跳单,又称“跳中介”,是在中介人向委托人提供中介服务后，委托人利用中介人提供的服务，而绕开中介人私下与相对人订立合同，或另行委托其他中介人与相对人订立合同的现象（《民法典》第965条）。跳单违约的构成要件有三：（1）委托人接受了中介人的中介服务；（2）委托人利用了中介人提供的信息机会或媒介服务（具有因果关系）；（3）委托人绕开中介人直接和第三人订立合同。本题中，杨某将房屋登记在女儿名下的行为构成“跳单”，依法应当向中介人孟某支付报酬。

据此，在媒介中介成功的情况下，房地产公司和杨某均相当向孟某支付报酬。故B、C项说法正确，当选；A、D项说法错误，不当选。

综上所述，本题的正确答案为BC。

58.【解析】CD。夫妻共同债务包括三类，即借款用途为共同生活、共同经营和共同意思表示。其中，共同意思表示，是指夫妻双方共同签名或夫妻一方事后追认等共同意思表示所负的债务。夫妻一方以个人名义负担债务后，另一方事后以明示或默示的方式追认的，如向债权人明确承诺还款、补签借条，该债务也构成夫妻共同债务。事后追认的方式不限于书面形式，可以通过电话、短信、微信或行为等方式表示追认。本题中，虽然李某向周某借款2000万元用于个人公司经营，但是，配偶李某以“事后还款行为”的方式表示追认该债务。因此，该债务依法可以认定为夫妻共同债务而非李某个人债务。故A项说法不正确，不当选。同时，该债务认定为夫妻共同债务的理由系“夫妻一方事后追认”而非因为发生在婚姻关系存续期间。故B项说法亦不正确，不当选。

综上所述，本题的正确答案为CD。

59.【解析】AC。一方的婚前财产属于法定个人财产（特有财产）。具体而言，夫妻一方的个人财产，不因婚姻关系的延续而转化为夫妻共同财产。但当事人另有约定的除外（如一方对另一方进行赠与）。本题中，甲将婚前个人财产在婚后变更登记为夫妻共同财产，等于将房屋一半财产所有权赠与乙。因此，该房屋从个人所有的财产变更为夫妻共同共有的财产。故C项说法正确，当选；D项说法错误，不当选。

夫妻一方隐藏、转移、变卖、毁损、挥霍夫妻共同财产，或伪造夫妻共同债务企图侵占另一方财产的，在离婚分割夫妻共同财产时，对该方可以少分或不分。本题中，乙不存在上述过错。因此，离婚分割房屋时应当按1:1比例平均分割。故A项说法正确，当选；B项说法错误，不当选。

综上所述，本题的正确答案为AC。

60.【解析】CD。本题综合考查机动车交通事故责任、个人用工责任和客运合同，难度较大，错误率较高。

用人单位的工作人员因执行工作任务造成他人损害的，由用人单位承担侵权责任。本题中，客车司机乙系单位用工中的工作人员，无须对外承担侵权责任（《民法典》第1191条）。故B项错误，不当选。同理，个人之间形成劳务关系，提供劳务一方因劳务造成他人损害的，由接受劳务一方承担侵权责任。本题中，货车司机甲系个人用工中提供劳务的一方，无须对外承担侵权责任，依法应当由接受劳务一方丁对外承担替代侵权责任。故A项错误，不当选；C项说法正确，当选。

套牌机动车发生交通事故造成损害，属于该机动车一方责任，当事人请求由套牌机动车的所有人或管理人承担赔偿责任的，法院应予支持；被套牌机动车所有人或管理人同意套牌的，应当与套牌机动车的所有人或管理人承担连带责任。本题中，戊对套牌事实知情，依法应当与丁对乘客丙的损害承担连带责任。故D项正确，当选。

综上所述，本题的正确答案为CD。

61.【解析】BC。A项考查诚实信用原则。诚实信用原则，简称“诚信原则”，是指民事主体从事民事活动时，应当诚实守信，正当行使民事权利并履行民事义务，不实施欺诈和规避法律的行为，在不损害他人利益和社会利益的前提下追求自己的利益。诚信原则是市场经济活动中一项基本道德准则，具有伦理价值。诚信原则的本质是民事权利的行使应当“秉持诚实、恪守承诺，禁止权利滥用”。本题中，甲乙二人买卖国家二级濒危保护动物的行为与诚信原则无关。故A项说法错误，不当选。

B项考查绿色原则。绿色原则，是指民事主体从事民事活动，应当有利于节约资源、保护生态环境。绿色原则是贯彻宪法关于保护环境的要求，同时也是落实党中央关于建设生态文明、实现可持续发展理念的要求，将环境资源保护上升至民法基本原则的地位，具有鲜明的时代特征，将全面开启环境资源保护的民法通道，有利于构建生态时代下人与自然的新型关系，顺应绿色立法潮流。本题中，甲乙二人买卖国家二级濒危保护动物的行为将破坏生态环境。故B项说法正确，当选。

C项考查公序良俗原则。公序良俗原则，是指民事主体从事民事活动不得违背公共秩序和善良风俗。本题中，甲乙二人买卖国家二级濒危保护动物的行为属于违背公共秩序的行为。故C项说法正确，当选。

D项考查自愿原则。自愿原则，又称意思自治原则，是指民事主体有权按照自己的意思决定是否参与民事活动，参与何种民事活动以及如何参与民事活动，并自觉承受相应的法律后果。自愿原则的本质系“不能将自己的意志强加给他人”。本题中，甲乙二人买卖国家二级濒危保护动物的行为与自愿原则无关。故D项说法错误，不当选。

综上所述，本题的正确答案为BC。

62.【解析】AD。A项，消费者协会属于公益性的社会团体，为维护消费者利益，解决消费者纠纷履行公益性职责。消费者协会可以就消费者投诉的损害消费者合法权益的行为开展调查，与有关经营者核实情况，约请有关经营者到场陈述事实意见、提供证据资料等。A项正确。

B项，消费者协会可以就消费者权益保护事项向有关经营者、行业组织提出改进意见或者进行指导谈话，加强消费者、经营者、行业组织、专业机构、有关行政部门等各相关方的组织协调，推动解决涉及消费者合法权益保护的重要问题。消费者协会没有行政处罚的权力，不能责令健身房经营者向甲退费，B 项错误。

C 项，健身房为甲提供了 3 个月的商品或服务，在健身房闭店停业时，甲可根据法律规定或合同约定要求健身房的经营者退还未消费的余额，如果退还全部金额，等同于甲“白嫖”了健身房 3 个月的健身服务，有失公允，C 项错误。

D 项，健身房采用收取预付款方式提供商品或者服务。经营者决定停业的，应当提前 30 日在其经营场所、网站、网店首页等的醒目位置公告经营者的有效联系方式等信息。D 项正确。

综上所述，本题答案为 AD。

63.【解析】AC。A 项，公司可以按照公司章程的规定发行类别股，因此甲公司想要发行特别表决权股需提前在公司章程中规定，每一类别股的股份数及其权利和义务，A 项正确。

B 项，公司公开发行股份后不能发行特别表决权的类别股，但是公开发行股份之前可以发行，B 项表意相反，错误。

C、D 项，为了防止监督失灵、监事或审委会沦为某些股东的爪牙，在选举和更换监事或审委会成员时，特别表决权股与普通股每一股的表决权数相同，即不可主张适用特别表决权。D 项错误，C 项正确。

综上所述，本题答案为 AC。

64.【解析】AC。A 项，法定代表人依附于执行公司事务的董事或经理的职务，辞职适用“联动辞任”制度，当担任法定代表人的董事或经理辞职时，视为同时辞去法定代表人。A 项正确。

B、D 项，董事与公司之间是委托关系，董事享有无因辞职的权利。董事辞任的，应当以书面形式通知公司，公司收到通知之日辞任生效，不需要股东会同意，不需要任期届满。B、D 项错误。

C 项，虽然董事享有无因辞职的权利，但如果董事任期届满前辞职导致公司的董事会人数低于法定的 3 人，公司的经营秩序会因此受到影响。此时董事需超期服役，即在改选出的董事就任前，原董事仍应当依照法律、行政法规和公司章程的规定，履行董事职务。C 项正确。

综上所述，本题答案为 AC。

65.【解析】AD。A 项，简易减资是通过调账的方式，减少注册资本而使账面亏损变少，因此是在公司用公积金弥补亏损后，仍有亏损的状况下才能适用。甲公司用公积金弥补亏损，应先用任意公积金和法定公积金，仍不能弥补的，按规定使用资本公积金弥补。总而言之，对于亏损的弥补顺序为：任意和法定公积金→资本公积金→简易减资，故 A 项正确。

B、D 项，简易减资只是对账面作技术处理，公司的“真金白银”既不变多也不变少。因此没有影响公司的经营实力和偿债能力，不会对债权人造成任何影响，故简易减资程序中无须通知债权人，也无须对其进行清偿或担保，D 项正确。正是因为程序简化了，必须保证此过程中，甲公司的财产没有变少，因此不能向股东分配，也不能免除股东向公司缴纳出资或股款的义务，B 项错误。

C 项，吴某缴纳的 120 万元中，20 万元为资本公积金，100 万元计入注册资本。这两笔款项性质不同，相互独立，没有此消彼长的关系。因此，用资本公积金弥补亏损后，并不影响吴某的出资金额，C 项错误。

综上所述，本题答案为 AD。

66.【解析】ABD。云柔公司简易注销的流程为：(1)确定企业没有未结清的债务。(2)股东会作出解散决议，全体股东签署承诺书。(3)在国家企业信用信息公示系统上公告，公告简易注销登记和全体股东承诺等信息，公告期限不少于 20 天。公告期内，有异议的利害关系人可以提出异议。(4)公告期限届满，无利害关系人提出异议的，公司可以向公司登记机关申请注销登记。

A 项，公司死亡三部曲：解散→清算→注销。只是一般注销程序，需要成立清算组进行清算，充分保护债权人的利益；简易注销程序的适用前提是公司没有债务，故可简化成立清算组进行清算的程序，但需全体股东承诺 + 公示。云柔公司没有其他法定解散事由，而是股东决议解散，因此需要作出解散公司的股东会决议，体现公司要走向生命终点的意志，A 项正确。

B 项，简易注销中必不可少的条件即全体股东的承诺，B 项正确。

C 项，简易注销的适用前提是公司没有债务需要清偿（包括未产生债务或所有的债务已经清偿完毕），因此在简易注销程序开始前，应该将甲公司的债务清偿完毕，在简易注销程序中，无须通知债权人，C 项错误。

D 项，简易注销不等于简化责任。公司通过简易程序注销公司登记，股东承诺内容不实的，应当对注销登记前的债务承担连带责任。若存在拖欠税款、偷税、漏税的，股东必须承担补缴税款、滞纳金和罚款等行政处罚。D 项正确。

综上所述，本题答案为 ABD。

67.【解析】ABD。本案可以拆分出两个核心问题：

(1)丙承租的车辆发生事故，保险公司是否需要赔偿？车辆转移后，用途的变化导致风险程度显著增加，被保险人或受让人未及时通知保险公司，因增加风险导致的保险事故，保险公司无须承担赔偿保险金的责任，C 项错误，D 项正确。

(2)如果甲将轿车转让事宜通知保险公司，保险公司可以作何选择？鉴于承保车辆转移以后，用途的变化导致事故的风险显著增加，保险公司可以按照合同约定增加保险费或者解除合同退还剩余的保费。A、B 项正确。

综上所述，本题答案为 ABD。

68.【解析】ABD。A、B、C 项，公募基金的募集流程为向证监会注册→公开募集→验资→备案→公告。因此公募基金发售前需要注册，B 项正确；基金合同的成立和生效不是同时发生的，投资人交纳认购的基金份额的款项时，基金合同成立；基金管理人依法向国务院证券监督管理机构办理基金备案手续，基金合同生效。A 项正确，

C 项错误。

D 项，方圆公司作为基金管理人应该遵从“卖者尽责，买者自负”的风险负担原则，不得作出盈利预测或收益承诺，D 项正确。

综上所述，本题答案为 ABD。

69.【解析】CD。A、D 项，周某以 800 万元设立有效信托后，该信托财产作为独立财产，与周某的其他财产相区别，不再属于周某的财产范围，不能直接用于清偿周某的个人债务。债权人乙公司不能申请法院强制执行该笔财产，A 项错误，D 项正确。

B 项，《信托法》对受益人确定的要求是：受益人或者受益人范围确定，未出生的孩子可以成为家族信托的受益人。B 项错误。

C 项，周某以风险隔离及财富传承的目的设立信托，是合法有效的。C 项正确。

综上所述，本题答案为 CD。

70.【解析】AD。A、C 项，对于经营者提出的“保底消费”的条件，用户的选择权表现为有权自主决定是否接受水费保底消费，如果消费者认为水费保底消费不合理，他们有权拒绝接受。可是本案中，六仙自来水公司作为当地自来水的唯一供应商，在供水服务市场具有不可替代的市场支配性，实际其用户并无选择权，只能接受其附加“无论是否用水，最少按照底数 8 立方米计量缴费”的不合理交易条件。虽然申请表上有“用户自愿”的字样，但并不能因此认定其行为合法，而应认定其限制了用户的选择权，A 项正确，C 项错误。

B、D 项，虽然六仙自来水公司经营的领域具有法定垄断地位，但也不能为所欲为。其强迫用户接受不合理的保底消费条件，仍然属于滥用市场支配地位，应被处罚，B 项错误，D 项正确。

综上所述，本题答案为 AD。

71.【解析】ABC。A 项，甲公司的直播间观看人数等相关数据是虚假的，营造出了“虚假繁荣”，欺骗、误导了消费者，构成虚假宣传，A 项正确。

B 项，甲公司实行抽奖式有奖销售，最高奖金额超过了 5 万元，构成了不正当有奖销售。B 项正确。

C 项，甲公司销售的啤酒不符合食品安全标准，应对消费者承担赔偿责任，C 项正确。

D 项，丙电商平台作为直播营销平台经营者应当建立健全消费者权益保护制度，明确消费争议解决机制。发生消费争议的，直播营销平台经营者应当根据消费者的要求提供直播间运营者、直播营销人员的相关信息以及相关经营活动记录等必要信息。

在食品、药品相关争议中，网络交易第三方平台提供者知道或者应当知道食品、药品的生产者、销售者利用其平台侵害消费者合法权益，未采取必要措施，给消费者造成损害，消费者要求其与生产者、销售者承担连带责任的，人民法院应予支持。

本案中，丙电商平台对甲公司的销售行为并不知情，且及时向王某提供了相关信息，丙电商平台无须对王某承担连带责任，D 项错误。

综上，本题答案为 ABC。

72.【解析】ABCD。C 项，城市银行违规向关系人丙发放信用贷款，严重违反了审慎经营的业务规则，且产生了极其严重的后果，国家金融监管总局可责令该城市银行停业整顿或吊销其经营许可证，C 项正确。

除此之外，还可以对直接负责的董事甲、高管乙追究个人责任，包括责令银行对其给予纪律处分；警告 + 罚款（5 万～50 万元）；取消其一定期限直至终身的任职资格，禁止其一定期限直至终身从事银行业工作。A、B、D 项正确。

综上所述，本题答案为 ABCD。

73.【解析】CD。A 项，行政处罚由具有行政处罚权的行政机关在其法定职权范围内实施。审计机关虽然可以发现违法违规行为，但无权直接进行处罚。对违反国家规定的财政收支、财务收支行为，依法应当给予处理、处罚的，审计机关在法定职权范围内作出审计决定；需要移送有关主管机关、单位处理、处罚的，审计机关应当依法移送。审计机关不能直接对被审计对象进行处罚，A 项错误。

B 项，冻结账户属于司法行为，审计机关需要申请人民法院实施。B 项错误。

C 项，审计机关经过县级以上审计机关负责人批准，有权查询被审计单位在金融机构的账户。C 项正确。

D 项，审计机关对被审计单位正在进行的违反国家规定的财政收支、财务收支行为，有权予以制止。D 项正确。

综上所述，本题答案为 CD。

74.【解析】BC。A、B 项，环境污染的民事侵权责任，适用无过错归责原则，甲造纸厂实施了排污行为，农户受到了损害，甲造纸厂的排污行为与农户的损失之间有因果关系，甲造纸厂应承担赔偿责任。A 项错误，B 项正确。

C 项，乙公司在环境监测活动中，弄虚作假出具虚假的监测报告，对于农户的损失负有责任，应与甲造纸厂共同对农户承担连带责任，C 项正确。

D 项，虽然虚假的监测报告是李某出具的，但李某毕竟是在履行乙公司的工作任务，属于职务侵权，应该由乙公司承担对外的责任，乙公司承担责任后可以向李某追偿，D 项错误。

综上所述，本题答案为 BC。

75.【解析】BD。A 项，劳动者需对用人单位承担违约金的情形只有两种：一是用人单位为劳动者提供了专项培训费用，并约定了服务期。如果劳动者违反服务期约定，应当按照约定向用人单位支付违约金，但违约金的数额不得超过用人单位提供的培训费用。二是劳动者违反竞业限制约定。本案中，劳动合同约定的违约金的适用前提是“劳动者离职不办理工作交接手续”，不符合上述适用情形，李某无须为此承担违约金，A 项错误。

B 项，李某基于自己的选择要与甲公司解除劳动合同，要遵守诚信原则，应提前30日以书面形式通知甲公司，便于甲公司做好换人的准备，B项正确。

C、D项，因为李某未依法提前通知甲公司而直接辞职，违法解除了双方的劳动合同，造成甲公司的损失，李某应对甲公司承担赔偿责任。至于具体的赔偿金额，法院可综合考量李某参与研发的时间、离职的时间、本人工资水平等因素来确定。C项错误，D项正确。

综上所述，本题答案为BD。

76.【解析】BC。A项，黄某没有针对苏某的姓名进行任何行为，没有侵犯苏某的姓名权，A项错误。

B项，黄某假冒了陈某的署名，侵犯了陈某的署名权。B项正确。

C项，黄某临摹的画作属于苏某作品的复制件，未经苏某许可公开展出，侵犯了苏某的展览权，C项正确。

D项，黄某在临摹苏某的画作时，只是对原画进行了"细微"的修改，没有产生与原作品显著的区别，没有独创性，应认定为复制而非改编，黄某侵犯了苏某的复制权，但没有侵犯改编权，D项错误。

综上所述，本题答案为BC。

77.【解析】AB。选项A正确。我国相关立法规定，法院"可以"召集庭前会议或者以其他适当方式，确定需要查明的外国法的范围。

选项B正确。我国相关立法规定，当事人选择适用外国法的，由当事人负责查明外国法。当事人没有选择适用外国法，根据我国冲突规范应该适用外国法的，由法院、行政机关或者仲裁机构负责查明，谁受案谁查明。本题中双方当事人在合同中选择适用欧盟法，所以应当由当事人负责查明。

选项C错误。我国相关立法规定，当事人有约定的，从其约定；无约定的，法院可根据诉求及案情，在"作出判决时"确定合理费用的负担。简言之就是有约定，从约定，无约定，法院定。

选项D错误。我国立法中对当事人在合同中选择法律的范围没有限制，而且当事人可以选择对我国未生效的国际条约，只要该条约不违反我国的强制性规定和社会公共利益。所以中国不是欧盟成员国，并不影响当事人选择欧盟法。

综上所述，本题答案为AB。

78.【解析】BD。选项A错误。我国立法中不承认反致，也就是说，根据我国冲突规范所适用的外国法只包括外国的实体法，不包括外国的冲突法（国际私法）。

选项B正确。我国立法规定，诉讼时效适用案件基础法律关系所适用的法律。本案的基础法律关系是人格权侵权，应当适用被侵权人的经常居所地法，即新加坡法。所以本案中的诉讼时效也应该适用新加坡法。

选项C错误。本案是人格权侵权纠纷，应当适用被侵权人的经常居所地法。当事人在本案中无权选择所适用的法律。

选项D正确。我国立法规定，自然人的行为能力则首先适用经常居所地法，如果依照经常居所地法为无（包含限制）民事行为能力，依照行为地法为有民事行为能力，则适用行为地法。婚姻家庭、继承、票据中有特殊规定的，按照其规则处理。本案中马修的经常居所地在新加坡，且没有经常居所地法和行为地法对行为能力认定不一致的描述。所以应当适用新加坡法。

综上所述，本题答案为BD。

79.【解析】BD。国际经济法的调整对象是国际经济关系，包括横向的经济交往和纵向的经济管理。其中B项属于横向的经济交往关系，D项属于纵向的经济管理关系，都是国际经济法的调整对象。A项属于涉外人身关系，是国际私法的调整对象。C项属于外交关系，是国际公法的调整对象。

综上所述，本题答案为BD。

80.【解析】AD。本题考查确认之诉的判断。A选项中，原告的诉讼请求是请求确认其与被告之间的父子关系不成立，是确认之诉，是消极的确认之诉，表述正确。B选项中，诉的分类前提得是一个诉，确认仲裁协议效力属于对仲裁的司法审查程序，不是诉讼程序，不是诉，不能将其判断为确认之诉，B选项错误。确认之诉中原告的诉讼请求是请求确认一种法律关系成立与否以及效力问题，不能仅仅请求确认一种行为、事实，而C选项中原告的诉讼请求仅仅是请求确认债务超过诉讼时效这一事实状态，不构成确认之诉。

D选项中，解除合同是形成之诉还是确认之诉？这是我们反复强调的问题，形成之诉中原告胜诉的判决应当有既判力，即具有直接变更、消灭既存法律关系的效力。而根据《民法典》第565条，当事人直接以起诉的方式主张解除合同，法院确认该主张的，合同自起诉状副本送达对方时解除，并不是判决生效时解除，故解除合同的判决不具有形成力，不是形成之诉。根据《民法典》，法院判决支持原告解除合同主张的，合同自起诉状副本送达对方时解除，故解除合同的诉讼在本质上是对解除合同效力进行确认，是确认之诉。

综上所述，本题答案为AD。

81.【解析】AC。本题考查诉的合并。首先，债权人吴某提起撤销权诉讼，应当以债务人周某和相对人邓某为共同被告，本案被告有两人以上，构成诉的主体合并，C选项正确。其次，本案吴某基于《民法典》规定的撤销权法律关系请求撤销周某放弃债权的行为，同时吴某基于其与周某之间债权债务关系请求周某清偿债务，本案存在两个客体（撤销权法律关系和债权债务法律关系），构成诉的客体合并，A选项正确。

诉的选择合并与诉的重叠合并是一个意思，属于诉的客体合并中的一种，指原告对被告基于若干不同法律关系提出同一诉讼请求，本案中原告吴某基于撤销权法律关系提出撤销周某放弃到期债权行为的诉讼请求，基于债权债务关系提出周某返还到期债权的请求，诉讼请求不同，不构成诉的重叠合并（或者选择合并），故B、D选项错误。

综上所述，本题答案为AC。

82.【解析】AD。民事检察监督原则是指检察机关作为诉讼监督机关,依法对人民法院在民事诉讼、执行活动中行使审判权和执行权的行为进行监督。检察监督的对象是法院及其工作人员行使审判权、执行权的行为;检察监督的方式包括:(1)对法院及其工作人员的违法行为提出检察建议;(2)对法院的生效判决、裁定、调解书提出抗诉或者检察建议。A选项中检察院对法院在执行活动中不当行使权力的行为发出检察建议是通过检察建议的方式对法院行使执行权进行监督,D选项中检察院对法院的生效调解书提出抗诉是通过抗诉的方式对法院行使审判权所制作的调解书进行监督,均是检察监督原则的体现,表述正确。

B选项中检察机关对某公司的犯罪行为提起公诉,是行使刑事诉讼中提起公诉的权力,并没有对法院行使权力的行为进行监督,与检察监督原则无关;C选项中检察机关对损害公共利益的行为提起公益诉讼也没有对法院行使权力的行为进行监督,与检察监督原则无关。表述错误。

综上所述,本题答案为AD。

83.【解析】BD。本题考查根据《民法典》判断民事诉讼中的适格当事人。

第一步,我们确定本案的基本法律关系,根据《民法典》第1198条,在经营场所、公共场所受到第三人侵权,由侵权人承担侵权责任;但经营者、管理者没有尽到安全保障义务的,应当承担补充责任。首先,本案应当由侵权人小于承担责任,故诉讼中应当将侵权人小于列为适格被告;其次,东方医院作为经营者、管理者没有尽到安全保障义务的,应当承担补充责任,而东方医院是否尽到安全保障义务在起诉时无法判断,需要经过实体审理后才能确定,故在起诉时应当根据权利人小李的主张而定,小李主张东方医院承担责任的,将东方医院列为共同被告。

第二步,梳理其他法律关系,本案小于是限制民事行为能力人,根据《民诉解释》第67条,无、限制民事行为能力人致人损害的,本人和监护人为共同被告,故本案小于和父母应当作为共同被告。

综上所述,本案应当以小于及其父母为共同被告,如果小李主张东方医院承担责任,东方医院应当作为共同被告。故本案可以有两种起诉方式,第一,小李没有主张东方医院承担责任,则以小于及其父母为共同被告;第二,如果小李主张东方医院承担责任,则以小于及其父母、东方医院为共同被告。本题B、D选项正确。同时,小于及其父母应当作为共同被告,不能单独以小于为被告,A选项错误;只有在将小于及其父母列为共同被告的同时,如果小李主张东方医院承担责任,将东方医院列为共同被告,即不能单独将东方医院列为被告,C选项错误。

综上所述,本题答案为BD。

84.【解析】ABCD。根据《民法典》第1250条,因第三人的过错致使动物造成他人损害的,被侵权人可以向动物饲养人或者管理人请求赔偿,也可以向第三人请求赔偿。动物饲养人或者管理人赔偿后,有权向第三人追偿。可见因第三人过错致使动物造成他人损害的,动物的饲养人、管理人以及第三人承担"不真正连带责任"。不真正连带责任的本质在于:饲养人、管理人和第三人对外承担连带责任,但最终责任由第三人承担(饲养人、管理人赔偿后可以向第三人追偿)。故本案中饲养人、管理人、第三人对外承担连带责任,受害人薛某具有选择权,可以在三者之间择一起诉,也可以一并起诉,故本案A、B、C、D均为正确。当然,本案最终责任应当由第三人王某承担,故饲养人李某和管理人张某如果承担责任后可以向王某追偿,但与本题无关。

综上所述,本题答案为ABCD。

85.【解析】BD。首先,法院受理公益诉讼案件后,依法可以提起诉讼的其他机关和有关组织可以在开庭前以共同原告身份参加公益诉讼,在开庭前没有申请作为共同原告参加诉讼,在裁判生效后,另行提起公益诉讼的,法院裁定不予受理,但法律、司法解释另有规定的除外。故本案对于甲公司违法排放工业废水的行为,"绿色家园"组织已经提起公益诉讼,且法院已经作出生效裁判,其他环保组织"蓝色天空"另行提起公益诉讼的,法院不予受理,A选项错误。

其次,公益诉讼的受理与裁判不影响同一侵权行为的受害人另行提起普通民事诉讼,故养殖户张三可以另行提起普通民事诉讼,不受公益诉讼的影响,B选项正确。

再次,检察机关提起公益诉讼的前提是没有法律规定的机关、组织或者法律规定的机关、组织没有提起公益诉讼。本案中"绿色家园"已经对甲公司排放工业废水的行为提起公益诉讼,故检察机关不能对甲公司的上述行为提起公益诉讼,C选项考查检察机关提起公益诉讼的补充性,C选项表述错误。

最后,甲公司违法排放工业废水的行为可能构成《刑法》规定的污染环境罪,对此,检察机关作为刑事诉讼中的公诉机关,有权对此提起公诉,D选项正确。

综上所述,本题答案为BD。

三、不定项选择题

86.【解析】A。由于房和地的不可分性,我国一向采"房随地走""地随房走"的"房地一体"抵押规则。以建筑物抵押的,该建筑物占用范围内的建设用地使用权一并抵押。以建设用地使用权抵押的,该土地上的建筑物一并抵押。抵押人未一并抵押的,未抵押的财产视为一并抵押。

建设用地使用权抵押后,该土地上新增的建筑物不属于抵押财产。该建设用地使用权实现抵押权时,应当将该土地上新增的建筑物与建设用地使用权一并处分。但是,新增建筑物所得的价款,抵押权人无权优先受偿。即对于新增建筑物,程序上有权一并处分,但实体上无权优先受偿(《民法典》第397、417条和《担保制度解释》第51条)。

本题中,建设用地使用权上存在两个抵押权,即A银行和B银行且A银行登记在先,效力优先。10栋住宅上仅存在一个抵押权,即B银行。对于A银行而言,程序上可以一并处分建设用地使用权和住宅,但是,对10住宅无权优先受偿。故A项说法正确,当选;B项说法错误,不当选。同时,甲公司有权将自己的建设用地使用权多次抵押,属于有权处分("一物数抵"),只要依法办理建设用地使用权的抵押登记即可,无须通知在先抵押权人A银行。故C、D项说法均错误,不当选。

综上所述,本题的正确答案为A。

87.【解析】ABC。A、B项考查合同解除权和违约责任。合同解除权的程度法定,即根本违约(合同目的无法实现/落空/以违约结果作为基本标准)。本题中,祝某和孟某之间的海螺买卖合同成立有效并生效,买受人祝某拒绝收货且拒绝付款,构成根本违约。非违约方孟某可以解除海螺买卖合同。故A项说法正确,当选。同时,合同解除不影响违约责任。因此,非违约方孟某可以请求祝某承担违约责任,即继续支付价款。故B项说法正确,当选。

C项考查违约金司法调整规则。违约金包括两类,分别是赔偿性违约金和惩罚性违约金。对于赔偿性违约金而言,约定的违约金高于实际损失且过分的,可以请求法院或仲裁机构予以适当减少。当事人约定的违约金超过造成损失的30%的,一般可以认定为"过分高于造成的损失"。本题中,双方买卖合同的标的额为6000元,违约金高达1万元。因此,违约方祝某可以主张减少违约金。故C项说法正确,当选。

D项考查可撤销的民事法律行为。可撤销的民事法律行为的情形包括4类,分别是重大误解、欺诈、胁迫和可撤销。本题中,孟某和祝某签订的海螺买卖合同不存在上诉情形,合法有效。故D项说法错误,不当选。

综上所述,本题的正确答案为ABC。

88.【解析】B。A项,夏某作为有限公司的股东,有权查阅公司的财务会计报告等非核心资料,对持股比例没有要求或限制,A项错误。

B项,虽然嘉茂公司控股了华兴公司,但持股比例只有85%并非100%,华兴公司不是嘉茂公司的全资子公司,不适用双层穿透原则,夏某并非华兴公司的股东,无权查阅华兴公司的财务会计报告,B项正确。

C项,首先,夏某无权查阅华兴公司的财务会计报告,委托第三方查阅的说法自然也无从谈起。其次,股东查阅相关资料,如果需要,也应委托律师事务所、会计师事务所等中介机构进行,不能委托其他主体,C项错误。

D项,首先,夏某无权查阅华兴公司的财务会计报告,说明查阅目的的说法无从谈起;其次,财务会计报告作为非核心资料,股东有绝对的"查阅+复制权",无须向公司说明理由,公司也无权拒绝,D项错误。

综上所述,本题答案为B。

89.【解析】BD。A项,合伙人不能通过退伙逃避本应该承担的责任。对中胜地产投资者的赔偿,赵某需承担无限连带责任,此债务产生于赵某退伙之前,赵某退伙后,对此本应该承担的责任,也应继续承担无限连带责任,A项错误。

B项,华升所为中胜地产出具的2020年审计报告存在重大疏漏,造成投资者损失,且无法证明自己无过错,应与中胜地产承担连带责任,B项正确。

C、D项,赵某的重大过失导致华升所对中胜地产的投资者承担赔偿责任,赵某应承担无限连带责任,其他合伙人李某和王某以其在合伙企业中的财产份额为限承担责任,C项错误,D项正确。

综上所述,本题答案为BD。

90.【解析】ABCD。A项,赖某非经法定程序抽逃出资,应向星河公司返还抽逃的出资,A项正确。

B项,赖某抽逃出资给星河公司造成损失的,毛某作为有责任的董事,应与赖某承担连带责任,B项正确。

C项,毛某作为公司董事,因重大过失给公司造成损失,应承担责任,C项正确。

D项,罗某作为公司的实际控制人,且实际管理公司事务,作为事实或影子董事,违反信义义务给公司造成了损失,应承担责任,D项正确。

综上所述,本题答案为ABCD。

91.【解析】ACD。A、B项,盗伐和滥伐区分的主要因素是损害的法益不同。

盗伐可拆分为"盗"+"伐"。"盗"即偷,损害的是国家、其他组织或个体有关林木的财产权;"伐"损害的是生态环境。简言之就是未经许可擅自砍伐了属于别人的树木。

滥伐只损害生态环境,没有"偷",没有损害他人的财产权。简言之就是未经许可擅自砍伐了属于自己的树木。

本案中,王某与马某已经签署了买卖合同并支付了价款,获得了合同中约定的10棵树木的所有权,王某未取得采伐许可证而砍伐树木的行为,是擅自砍伐了属于自己的树木,只是破坏了生态环境,没有"偷"他人的树木,没有侵犯林木的财产权,因此应认定为滥伐。A项正确,B项错误。

C项,滥伐行为由县级以上人民政府林业主管部门责令限期在原地或者异地补种滥伐株数1倍以上3倍以下的树木,可以处滥伐林木价值3倍以上5倍以下的罚款。C、D项正确。

综上所述,本题答案为ACD。

92.【解析】BCD。A项,直播平台作为网络服务提供者,对甲销售的"夜光杯"的具体情况不知情,不存在明知而放任的情形,且在王某投诉时,及时提供了甲的相关信息,且采取了临时禁播的措施,尽到了自己的职责,无须对王某承担赔偿责任,A项错误。

B项,商家甲对其经营的"夜光杯"进行了不实的宣传,误导消费者,违反诚信经营的义务,B项正确。

C、D项,商家甲的行为构成欺诈,王某有权要求甲承担"退一罚三,最低500"的法律责任。即王某有权主张退货并要求甲增加赔偿其受到的损失,增加赔偿的金额为王某购买"夜光杯"的价款的3倍;增加赔偿的金额不足500元的,为500元。C、D项正确。

综上所述,本题答案为BCD。

93.【解析】ABC。A项,甲公司捐建希望小学属于公益性捐赠支出,在年度利润总额12%以内的部分,准予在计算应纳税所得额时扣除;超过年度利润总额12%的部分,准予结转以后3年内在计算应纳税所得额时扣除。A项正确。

B项,各位主播与甲公司建立了劳动合同关系,按照甲公司的工作安排进行直播销售,所获得的底薪、业绩提成及年底奖金属于工资、薪金,计入综合所得,应依法缴纳个人所得税。关于居民个人的综合所得,每个纳税年度可依法扣减费用6万元,B项正确。

C、D项,各位主播与甲公司建立了劳动合同关系,1.5亿元是各位主播完成甲公司的工作任务而创造的销售业绩,应属于甲公司的经营收入,由甲公司缴纳企业所得税,C项正确,D项错误。

综上所述,本题答案为ABC。

94.【解析】AC。A、C项,按照"侵权一招鲜"的逻辑:

第一步确认权利人及权利范围:童某是《晨光》的著作权人,有权禁止他人未经许可复制、发行、信息网络传播、表演、广播(复发网传广播权,机械现场两表演)该歌曲。

第二步判断第三方的行为定性:(1)科技公司未经许可对《晨光》实施了复制、发行、信息网络传播等行为;(2)航空公司未经许可对《晨光》实施了机械表演。

第三步:侵权判定。科技公司和航空公司均侵犯了童某的著作权,A、C项正确。

B、D项,表演者对其表演活动享有相应的人身权利和财产权利。本案中没有提及金某曾经演唱过《晨光》,因此没有发生金某的表演活动,也就不存在对其表演者权的侵犯前提,B、D项错误。

但是,我国《民法典》将人格权独立成编,以立法形式将保护"声音"写入《民法典》,明确参照适用肖像权的形式保护自然人的声音,体现了对人格权益全面尊重和保护的立法精神。声音作为一种人格权益,具有人身专属性,任何自然人的声音均受法律保护,科技公司未经金某许可擅自以营利为目的用AI模仿金某的声音,对其构成民事侵权,应承担相应责任。

综上所述,本题答案为AC。

95.【解析】C。首先,黄蜂公司与白云公司恶意串通虚假仲裁,可见当事人申请仲裁的事实和理由是虚构的,不能得到支持,仲裁庭应当作出驳回其仲裁申请的裁决,C选项正确。其次,仲裁裁决书只对当事人的仲裁申请作出支持与否的裁决,在裁决中把当事人骂一顿没有意义,B选项错误。在民事诉讼中进行虚假诉讼,妨碍人民法院审理案件的,法院可以对当事人予以罚款、拘留,罚款、拘留作为对妨碍诉讼的一种强制措施,应当由法院决定,且适用于妨碍人民法院进行诉讼、执行的情形,虚假仲裁没有妨碍法院的诉讼秩序、执行秩序,不能适用民事诉讼法中的强制措施,A选项错误。D选项其实是一个刑法问题,《刑法》第307条之一规定,"以捏造的事实提起民事诉讼,妨害司法秩序或者严重侵害他人合法权益的"构成虚假诉讼罪,该罪名在《刑法》分则第六章"妨害社会管理秩序罪"的第二节"妨害司法罪"中,其犯罪客体是司法秩序以及他人合法权益,而虚假仲裁的行为并未进入司法程序,没有妨碍司法秩序,不构成虚假诉讼罪。但值得注意的,如果当事人通过虚假仲裁的方式获得了仲裁裁决后向法院申请执行仲裁裁决,则妨碍司法秩序,构成本罪。

综上所述,本题答案为C。

96.【解析】B。本题考查法院受理破产申请对执行程序的影响。根据《企业破产法》第19条,法院受理破产申请后,有关债务人财产的保全措施应当解除,执行程序应当中止。故本案中B区法院已经受理了乙公司的破产申请,甲公司申请A区法院对乙公司的执行程序应当中止,A区法院应当解除对乙公司100万元存款的冻结,故C、D选项错误,A、B选项中关于中止执行的表述正确。

A区法院裁定中止执行,解除冻结后对已经冻结的财产应当如何处理?B区法院受理乙公司破产申请时应当为乙公司指定管理人,同时乙公司的财产属于债务人财产,应当由管理人进行管理和处分,故A区法院在中止执行、解除冻结后即应当将已经冻结的存款交由管理人进行管理和处分,而不是在B区法院宣告乙公司破产后再将冻结的存款交管理人,故B选项正确,A选项错误。当然,此时甲公司作为债权人可以根据生效判决书向管理人申报债权。

综上所述,本题答案为B。

97.【解析】ABC。本题考查委托代理人的代理权限。首先,关于代理的权限,分为一般授权和特别授权,其中代为承认、放弃、变更诉讼请求,和解、调解等涉及处分当事人实体权利的事项,需要经过当事人特别授权,本案中当事人在委托授权书中明确授予代为调解的权利,故李律师有权代为调解,包括参加调解程序并发表意见、签署调解协议、签收调解书等,故A、B、C选项正确。其次,关于代理的阶段,如果当事人在委托授权书中没有写明代理人在执行程序中有代理权及具体代理事项,代理人的代理权仅限于一审或者二审程序,在执行程序中没有代理权,故本案中委托代理人李律师不能代理张某申请执行,D选项错误。

综上所述,本题答案为ABC。

98.【解析】AC。甲起诉乙归还借款,乙辩称借款已经归还,向法庭出示了自己向甲转账的记录,以证明还款事实。

第一个问题,借款是否已经归还的事实应当由谁承担证明责任?"谁主张,谁举证",说得直白一点,谁主张积极事实谁承担证明责任,而主张消极事实的一方当事人不承担证明责任。本案中乙说还了,甲说没还,乙主张的还款事实是积极事实,应当由乙对其主张的还款事实承担证明责任。当然,深究一下,"谁主张,谁举证"的规范化表述是《民诉解释》第 91 条:"(一)主张法律关系存在的当事人,应当对产生该法律关系的基本事实承担举证证明责任;(二)主张法律关系变更、消灭或者权利受到妨害的当事人,应当对该法律关系变更、消灭或者权利受到妨害的基本事实承担举证证明责任。"具体到本案而言:首先,如果甲主张"借了",是主张借款法律关系存在的事实,应当由甲对该事实承担证明责任;其次,如果乙主张"还了"是主张借款法律关系因为还款而消灭,属于借款法律关系消灭的事实,应当由乙对该事实承担证明责任。综上所述,乙主张的还款事实属于借款关系已经消灭的事实,应当由乙对其主张的还款事实承担证明责任,故 A 选项正确,B 选项错误。

第二个问题,关于甲的主张"转账是清偿另一笔借款"属于何种证据?首先,原告甲的主张属于当事人的陈述,是民事诉讼法所规定的一种证据;该证据是本证还是反证呢?三步走:第一步,甲的陈述"转账是清偿另一笔借款"是为了否认乙主张的还款事实;第二步,根据前述分析,借款是否已经归还应当由主张已经归还的乙承担证明责任;第三步,该陈述是对还款事实不承担证明责任的甲提供的,是反证。C 选项正确,D 选项错误。

综上所述,本题答案为 AC。

99.【解析】AC。本题考查两个问题,一是鉴定的启动方式,二是当事人自行委托鉴定的问题。

第一个问题,关于鉴定的启动方式。首先,鉴定的启动原则上应当由当事人申请,但待鉴定事项属于法院应当依职权调查的事实(国家、社会、第三人利益,身份关系,程序性事项三大类)的,法院可以依职权决定鉴定。本案工程造价问题并不涉及国家、社会、第三人利益,不涉及身份关系,不涉及程序性事项,故应当由当事人申请鉴定,法院不能依职权决定鉴定,故本题 B 选项错误。其次,根据《民事诉讼证据规定》第 31 条,应当由对待鉴定事实承担证明责任的一方当事人提出鉴定申请,否则该事实处于真伪不明时应当由对待鉴定事实承担证明责任的一方当事人承担不利后果。本案是乙公司起诉甲公司要求支付工程款,故应当由乙公司对甲公司应当支付的工程款数额承担证明责任,应当由乙公司对工程造价的事实承担证明责任,当然,应当由乙公司对工程造价申请鉴定,故 A 选项正确。

第二个问题,当事人自行委托鉴定的性质。当事人自行委托有关机构或者人员进行鉴定后出具的书面意见由于未经法定程序启动、鉴定人的选任不符合法定程序、鉴定材料未经质证等,不属于《民事诉讼法》所规定的"鉴定意见",但可以作为证据使用,准用私文书证的证据规则。故甲公司在乙公司起诉前自行委托鉴定机构对工程质量问题进行鉴定后出具的鉴定报告不是鉴定意见,而是书证,故 C 选项正确,D 选项错误。

综上所述,本题答案为 AC。

100.【解析】ABC。本题考查在《民诉解释》中没有规定的情况下,根据实体法的规定确定民诉中的适格当事人。《交通事故赔偿解释》第 3 条规定:"套牌机动车发生交通事故造成损害,属于该机动车一方责任,当事人请求由套牌机动车的所有人或者管理人承担赔偿责任的,人民法院应予支持;被套牌机动车所有人或者管理人同意套牌的,应当与套牌机动车的所有人或者管理人承担连带责任。"本案中被套牌的机动车所有人丁同意套牌,应当与机动车所有人乙承担连带责任。故本案中权利人丙具有选择权,可以机动车所有人乙为被告,可以被套牌机动车所有人丁为被告,也可以将乙和丁列为共同被告。当然,甲将机动车出售并交付给乙,根据《民法典》第 1210 条的规定,"当事人之间已经以买卖或者其他方式转让并交付机动车但是未办理登记,发生交通事故造成损害,属于该机动车一方责任的,由受让人承担赔偿责任"。出让人甲不应当承担实体责任,故在诉讼中不能将甲列为被告。

综上所述,本题答案为 ABC。

2024 年答案速查表

试 卷 一

一、单项选择题

1. A	2. A	3. D	4. A	5. B	6. D	7. B	8. B	9. A	10. D	11. D	12. C	13. C
14. D	15. A	16. D	17. C	18. C	19. A	20. A	21. A	22. C	23. B	24. D	25. D	26. D
27. D	28. B	29. C	30. B	31. D	32. C	33. D	34. C	35. D	36. C	37. C	38. B	39. B
40. A	41. C	42. A	43. C	44. A	45. A	46. A	47. C	48. C	49. D	50. B		

二、多项选择题

51. BCD	52. BD	53. ABD	54. ABCD	55. ABD	56. AC	57. ABC	58. AC
59. AD	60. CD	61. ABCD	62. AD	63. AC	64. CD	65. AC	66. AC
67. ABCD	68. CD	69. ABD	70. BC	71. ABCD	72. AD	73. AB	74. AD
75. AC	76. AB	77. AD	78. BCD	79. BD	80. AD	81. BCD	82. AB
83. BD	84. CD	85. ABCD					

三、不定项选择题

86. ABC	87. ACD	88. ABC	89. BCD	90. ABCD	91. ABCD	92. AB	93. ABCD
94. AB	95. BCD	96. C	97. B	98. AC	99. CD	100. ABD	

试 卷 二

一、单项选择题

1. A	2. C	3. B	4. B	5. A	6. B	7. C	8. D	9. C	10. C	11. D	12. D	13. D
14. B	15. A	16. D	17. C	18. B	19. A	20. C	21. D	22. A	23. B	24. C	25. A	26. B
27. B	28. C	29. D	30. C	31. A	32. C	33. D	34. A	35. B	36. C	37. A	38. B	39. C
40. A	41. C	42. C	43. D	44. A	45. B	46. D	47. A	48. D	49. D	50. A		

二、多项选择题

51. BD	52. AB	53. CD	54. AD	55. AB	56. BC	57. BC	58. CD
59. AC	60. CD	61. BC	62. AD	63. AC	64. AC	65. AD	66. ABD
67. ABD	68. ABD	69. CD	70. AD	71. ABC	72. ABCD	73. CD	74. BC
75. BD	76. BC	77. AB	78. BD	79. BD	80. AD	81. AC	82. AD
83. BD	84. ABCD	85. BD					

三、不定项选择题

86. A	87. ABC	88. B	89. BD	90. ABCD	91. ACD	92. BCD	93. ABC
94. AC	95. C	96. B	97. ABC	98. AC	99. AC	100. ABC	

国家统一法律职业资格考试

历年真题汇编

2023年客观题

试卷册

法律出版社
LAW PRESS·CHINA
——北京——

2023年国家统一法律职业资格考试(回忆版)

试 卷 一

一、单项选择题(每题所设选项中只有一个正确答案,多选、错选或不选均不得分。本部分含1~50题,每题1分,共50分)

1. 习近平总书记指出:国家之权乃是“神器”,是个神圣的东西。公权力姓公,也必须为公。下列选项正确的是:(　　)

A. 公权力是神圣的,超越政治的

B. 公职人员在公职外不可以有个人利益

C. 公权力必须得到制约和监督

D. 公权力行使的依据仅限于“国法”

2. 习近平总书记指出,“制度的生命力在于执行”。好的制度如果没有执行或执行不力,其优越性就会成为“空中楼阁”,就不能转化为实际的治理效能。不要让它们形同虚设,成为“稻草人”,形成“破窗效应”。下列做法,最能符合这一要求的是:(　　)

A. 建设完备的法律规范体系

B. 建设有力的法治保障体系

C. 建设高效的法治实施体系

D. 建设完善的党内法规体系

3. ChatGPT的发展给法律带来挑战。对此,国家网信办联合其他部门通过了《生成式人工智能服务管理暂行办法》。该办法规定,国家坚持发展和安全并重、促进创新和依法治理相结合的原则,采取有效措施鼓励生成式人工智能创新发展,对生成式人工智能服务实行包容审慎和分类分级监管。对此,下列说法正确的是:(　　)

A. 法律必然滞后于科技发展

B. 国家对人工智能的法律监管,表明科技并非价值中立

C. 发展价值优于安全价值

D. 促进创新和依法治理相结合的原则以个案平衡的原则适用于实践

4. 关于我国宪法基本原则的理解,下列选项错误的是:(　　)

A. 2004年将“国家尊重和保障人权”写入《宪法》,成为国家的基本价值观

B. 2018年《宪法修正案》将序言中的“健全社会主义法制”修改为“健全社会主义法治”,这是依法治国理念的新发展

C. 我国宪法规定了人民对国家权力进行监督

D. 宪法对公民基本权利和义务的规定是基本人权原则的具体体现

5. 宪法是国家的根本法。关于我国《宪法》的说法,下列表述错误的是:(　　)

A. 宪法正文明确规定宪法的根本法地位和最高的法律效力

B. 宪法以根本法的形式确认了人民当家作主,规定了社会制度和国家制度、公民与国家的关系、国家机构、国家标志等内容

C. 宪法是母法,其他法律都必须以宪法为依据

D. 我国宪法规定国家生活中的根本问题,对政治、经济、文化、教育等方面作了原则性规定

6. 根据宪法和法律的规定,下列关于我国各级人大代表的行为,表述正确的是:(　　)

A. 人大代表郑某在某次人大会议上抨击正在实行的政策,言辞激烈,应当追究其法律责任

B. 公安局欲逮捕涉嫌犯罪的甲乡人大代表王某,立即通知了甲乡人民代表大会

C. 人大代表周某因打架斗殴被行政拘留,暂时停止其代表职务

D. 人大代表小吴被判处有期徒刑3年,其代表资格终止

7. 关于中华人民共和国的国家标志,下列选项正确的是:(　　)

A. 出境入境口岸的适当场所应当悬挂国徽

B. 1999年《宪法修正案》将国歌写入宪法

C. 国家机构应当每日升挂国旗,中国人民政治协商会议应当在工作日升挂国旗

D. 升挂或者使用破损、污损、褪色或者不合

规格的国旗的，应依法追究其刑事责任

8. 为保障农村村民实行自治，根据相关法律的规定，某乡政府结合当地实际作出了一系列决定，其中做法正确的是：（　　）

A. 为监督某村村委会的工作，该乡政府派人加入村务监督委员会

B. 某村村委会的组成人员由该乡政府任命

C. 为解决某村村民纠纷，由该乡政府安排村民的土地承包经营

D. 要求村民会议制定的村民自治章程和村规民约报乡政府备案

9. 为了实现区域经济协调发展目标，甲省拟撤销辖区内的a市、b市，成立设区的乙市。下列选项正确的是：（　　）

A. 甲省政府自行决定设立乙市，报国务院备案

B. 乙市人大代表的名额由乙市人大常委会确定

C. 乙市政府欲设立某工作部门，由甲省政府批准

D. 乙市下辖某村欲成立村委会，由乙市政府批准

10. 封父将女儿封芝琴嫁与张家后，为多要彩礼，又将女儿许配给他人。封芝琴以屡卖女儿为名把封父告到了华池县抗日民主政府司法处。马锡五协助华池县司法处公开二审此案。当着上千群众的面，马锡五逐个询问当事人，而后，又征询在场群众的意见。在审明案情听取意见之后，马锡五代表法庭当场宣判封芝琴与张柏儿的婚姻有效。关于马锡五审判方式，以下说法错误的是：（　　）

A. 坚持调解优先　　B. 注重调查研究

C. 便于群众诉讼　　D. 就地解决纠纷

11. 在宋朝，有个富豪死的时候写了遗书，把遗产给女儿女婿，让他们照顾好自己三岁的儿子。遗书载：十分之三的遗产留给儿子，十分之七的遗产留给女儿女婿。儿子长大后跟姐姐姐夫争遗产，诉至官府。县令对儿子说，幸好你爹聪明，留了这个遗书，不然你就活不了。然后改判十分之七归儿子，十分之三归女儿。下列说法正确的是：（　　）

A. 宋代判决以遗书为先

B. 县令判决遵从法律

C. 判决完全不遵守契约

D. 宋朝规定，出嫁女能得到一半的财产

12.《商君书·定分》中关于“抢兔子”的评述：一只野兔跑在大街上，众人会争相抓它。而有人挑着一担兔子走在大街上，却无人争抢。商鞅总结为：“故名分未定，尧、舜、禹、汤且皆如骛焉而逐之；名分已定，贪盗不取。”对此，下列哪一说法是正确的？（　　）

A. 商鞅认为只有圣人才是无私的

B. 法家和儒家不同，法家强调名分

C. 中国古代名分与现代所有权概念相同

D. 名分不定，纷争不息，定分才能止争

13. 根据《法官法》《人民调解法》的有关规定，下列哪一做法符合法律规定？（　　）

A. 某法学院有4年教学工作经验的副教授冯某参加公开的法官选拔

B. 某县人民法院对人民调解员陈某进行指导工作

C. 褚某在担任人民调解员时，利用业余时间有偿处理民间纠纷

D. 从某法院离职的院长卫某，在该法院担任其父亲侵权案件的诉讼代理人

14.《法官职业道德基本准则》为加强法官职业道德建设、保证法官正确履行法律赋予的职责，作出明确规定。以下选项中，不符合法官职业道德基本准则要求的是：（　　）

A. 赵法官在庭审过程中，为了活跃庭审气氛，主动与双方当事人拉起家常、谈笑风生

B. 钱法官为了更深入全面了解案情，下班之后单独会见当事人及其代理人

C. 面对当事人提交的诉状中存在的欠缺和错误，立案庭孙法官主动对其予以详细指导

D. 人民法庭李法官在巡回审判中经常使用当地俗语，将法言法语转化为群众容易理解的话

15. 甲国某公司拟向乙国某公司转让某些野生动植物活体和标本。两国均为《濒危野生动植物种国际贸易公约》的缔约国。其中A种动物的活体和标本被列入公约附件一，B种植物的活体和标本被列入公约附件二，C种动物被列入公约附件三。下列说法正确的是：（　　）

A. A种动物的活体，需要办理乙国的进口许可证，方可转让

B. B种植物的活体，需要办理乙国的进口许

可证,方可转让

C. 上述 A 和 B 的标本的转让,不适用公约的规定

D. C 种动物的跨境交易规则,由甲乙两国自行管理

16. 中国人立志和德国人珍妮结婚并生下一子,几人一直定居在中国。立志经过申请获得了德国国籍但并未注销中国国籍。根据《出境入境管理法》及相关法律规定,下列说法正确的是:(　　)

A. 如公安机关发现立志违法并决定将其驱逐出境,珍妮可以提起行政诉讼

B. 如立志涉嫌危害公共安全被公安机关拘留,其可以提起行政复议

C. 本案中立志不具有中国国籍

D. 如立志有未了结的民事诉讼,其不得出境

17. 李亚瑟是甲国驻乙国使馆的武官,依据《维也纳外交关系公约》的规定,下列说法正确的是:(　　)

A. 李亚瑟可以在周末从事自己擅长的专业技术领域的活动并从中获利

B. 对于相关民事诉讼,李亚瑟可以通过书面形式放弃豁免

C. 李亚瑟的武官身份会导致刑事责任的豁免

D. 李亚瑟不得因为甲国的利益,在乙国参加反政府组织的游行示威

18. 关于财产犯罪,下列说法错误的是:(　　)

A. 甲是洗车工,在为乙洗车时,发现车上有两张不记名、不挂失的彩票,发现还没过期,私自拿走后兑奖,其中一张中奖了一万元。甲构成盗窃罪

B. 甲拿一把剔骨刀,看到乙背着挎包坐在公园长椅上睡着了,悄悄割断乙的挎包背带,拿走挎包。甲构成抢夺罪

C. 王某将电脑拿到商场里的一个电脑维修柜台,交给修理师傅,约定 3 日后来取。赵某得知此事,欲非法占有该电脑。次日清晨,赵某趁商场未开门营业,欺骗里面的保洁员,谎称前面那个维修柜台上的电脑是自己的,请保洁员走过去拿给自己。保洁员不知情,便照办。赵某构成盗窃罪

D. 甲潜入乙家盗窃名贵珠宝,对桌上大量现金视而不见,在尚未发现珠宝时,乙回家。为了抗拒抓捕,甲将乙打倒后逃跑。甲构成抢劫罪未遂

19. 某餐厅为内部员工提供福利套餐,该套餐正常售价是 100 元,员工线上购买该套餐,享受优惠价格为 40 元。餐厅的某个经理甲利用职务便利,在网上对外出售该套餐,声称该餐厅搞优惠活动,价格为 70 元。顾客在网上下单,货款打入餐厅账户。顾客凭号码来餐厅领取该套餐。甲利用职务便利,私下将货款中的 30 元打入自己账户,然后向老板谎称向内部员工发售了福利套餐。关于本案,不考虑数额,下列说法正确的是:(　　)

A. 甲对餐厅构成盗窃罪

B. 甲对餐厅构成职务侵占罪

C. 甲对餐厅构成诈骗罪

D. 甲对顾客构成诈骗罪

20. 甲故意伤害乙,乙为了防卫,向甲扔了一个火把,火把刚好掉入稻草堆里。乙趁甲转移注意力时立马逃离。甲见起火,能够灭火,不灭火,离开现场。火势变大,烧毁邻居家,酿成严重火灾。关于本案,下列说法错误的是:(　　)

A. 甲有灭火义务

B. 甲不灭火,构成不作为犯罪

C. 乙有灭火义务

D. 乙由于造成过当结果(严重火灾),构成防卫过当

21. 甲和朋友乙一同吃夜宵,聊天中,甲戏称乙是 200 斤肥猪,乙气不过,用身体压制瘦小的甲,致甲呼吸困难、无法动弹,有生命危险。甲为了活命,用酒瓶砸乙,致乙重伤。关于本案,下列说法正确的是:(　　)

A. 虽说甲的挑衅有过错,但其构成正当防卫

B. 虽说甲的挑衅有过错,但其构成防卫过当

C. 甲构成故意伤害罪(重伤)

D. 甲构成过失致人重伤罪

22. 关于犯罪形态,下列说法正确的是:(　　)

A. 武某作为犯罪嫌疑人,请求刘某为自己作伪证,并给了刘某 2 万元。刘某收了钱,答应作伪证,准备了伪证内容。后刘某因为害怕,在开庭当天,未出席作证。武某构成妨害作证罪未遂,刘某构成伪证罪未遂

B. 田某从境外非法运输成品油，且已运输至我国境内，但在海关被查获。田某构成走私普通货物、物品罪既遂

C. 谢某非法种植大量罂粟，情节严重。谢某某日观看法制频道后，将罂粟全部铲除。谢某构成非法种植毒品原植物罪犯罪中止

D. 彭某因故意伤害罪被判处有期徒刑 8 年。执行 3 年后，彭某越狱，逃出监狱，摆脱追捕，次日潜入某户人家抢劫，被当场抓获。彭某构成脱逃罪未遂

23.《刑法》第 24 条第 2 款规定："对于中止犯，没有造成损害的，应当免除处罚；造成损害的，应当减轻处罚。"在下列情形中，构成犯罪中止，且属于"造成损害"的中止犯的是：(　　)

A. 钱某非法入户伤害武某，闯入武某卧室，意图重伤武某。武某苦苦哀求，钱某未伤害武某，遂离去

B. 李某打电话敲诈勒索谢某，表示不给钱就杀害谢某全家，谢某很恐惧。后李某放弃敲诈勒索，并给受惊的谢某赔罪

C. 孙某给机场管理人员打电话，谎称机场有炸弹，意图扰乱社会秩序。机场方面立即大规模疏散人群。后孙某悔悟，主动告知实情，机场方面停止疏散人员

D. 赵某意图拐卖妇女，于是骗取女青年吴某的信任，以旅游为名将其带至山区寻找买家。几天的相处，让赵某觉得吴某不错，于是放弃了出卖行为

24. 丁某犯了罪，让王某帮自己去顶罪。王某心里不想去，但对丁某说："给我五万元酬劳，我就去，否则我不去！"丁某只好给钱。次日，王某拿着钱购买了 100 克毒品，藏在家中，供自己吸食。下列说法正确的是：(　　)

A. 王某乘人之危索要财物，构成敲诈勒索罪

B. 王某对丁某构成诈骗罪

C. 丁某基于不法原因给付 5 万元，故王某不构成诈骗罪

D. 王某将毒品藏在家中的行为不构成犯罪

25. 甲男欲强奸乙，对其实施暴力，想压制反抗。练过散打的乙将甲制服后，欲将其扭送至公安机关。甲为逃跑，掏出弹簧刀将乙捅成重伤。关于本案，下列说法正确的是：(　　)

A. 甲构成强奸罪未遂和故意伤害罪既遂，并罚

B. 甲构成强奸罪致人重伤这一结果加重犯

C. 由于甲构成结果加重犯，甲的基本犯强奸罪构成既遂

D. 甲为了抗拒抓捕而使用暴力，构成转化型抢劫罪

26. 甲没有获得药品批准文件，就销售国外合法的仿制药，该仿制药对治疗丙肝有疗效。下列说法正确的是：(　　)

A. 甲构成销售假药罪

B. 甲构成妨害药品管理罪

C. 甲构成非法经营罪

D. 甲不构成犯罪

27. 甲以自己的名义办理银行卡，并存入 100 万元后，将该卡和密码交给国家工作人员乙，向乙行贿，乙收下。次日，甲为帮在银行工作的朋友完成业绩，又将该卡中的 100 万元资金全部转为定期存款，等朋友的事情结束，甲会转回活期存款。在定期存款到期前，须持有甲的身份证才能使用该笔资金。案发时，该笔存款尚未到期。关于本案，下列哪一选项的说法是正确的？(　　)

A. 甲将银行卡里的资金转为定期，视为撤回了对乙的贿赂款，甲构成行贿罪犯罪中止

B. 甲将乙已经控制的资金转为定期存款，系违背乙的意志将资金交给银行使用，构成盗窃罪

C. 甲将银行卡里的资金转为定期存款，意在等存款到期后交给乙处置，甲仅构成行贿罪犯罪预备

D. 乙收下银行卡，构成受贿罪既遂。乙不能实际使用卡里资金，不影响对其犯罪形态的认定

28. 甲是律师，想找案源，于是求助法官乙，乙找法官丙。丙手头有一个案子，给当事人极力推荐律师甲，因此甲成为当事人的律师。此后，甲给乙案源费，乙将案源费的一半分给丙。关于本案，不考虑数额和情节，下列说法错误的是：(　　)

A. 甲构成行贿罪

B. 乙构成受贿罪，属于斡旋受贿

C. 乙构成利用影响力受贿罪

D. 丙构成受贿罪

29. 关于渎职犯罪，下列说法错误的是：(　　)

A. 公务员甲明知决策者的决定明显错误，存在违法问题，不予提醒，仍予以执行，因此造成严

重后果。甲构成渎职犯罪

B. 行政执法人员在执法中发现犯罪案件，应该移交司法机关追究刑事责任，不移交，造成严重后果的，无论其是否有徇私动机，都构成徇私舞弊不移交刑事案件罪

C. 甲对乙实施非法拘禁犯罪，乙被非法拘禁。乙的家属向司法工作人员丙求救。丙收到请求后，有解救职责，故意不予解救，造成严重后果。丙构成滥用职权罪

D. 法院审判委员会的委员甲明知亲戚乙无罪，为了彰显自己大公无私、公正廉洁，判决乙有罪，造成严重后果。甲构成徇私枉法罪

30. 张某犯抢劫罪，追诉期限是 15 年。15 年后，已经不能追诉了，检察官王某发现张某在抢劫罪追诉期的第 13 年，在与邻居吵架时，殴打了邻居，导致邻居轻微伤。王某明知该行为不构成寻衅滋事罪，仍将该行为定性为寻衅滋事罪，由此使抢劫罪的追诉时效中断，并重新计算，抢劫罪的追诉时效没有过期。王某基于此，起诉张某犯抢劫罪和寻衅滋事罪。法官赵某认为，张某不构成寻衅滋事罪，但是判决张某构成抢劫罪，没有注意到追诉时效问题。在张某服刑 3 年后，司法机关纠正了该案。关于本案，下列说法错误的是：(　　)

A. 王某起诉张某构成寻衅滋事罪的行为，构成徇私枉法罪

B. 王某起诉张某构成抢劫罪的行为，构成徇私枉法罪

C. 不应追诉张某的抢劫罪

D. 赵某判决张某构成抢劫罪的行为，构成徇私枉法罪

31. 关于共同犯罪的形态，下列说法正确的是：(　　)

A. 只有在复杂共同犯罪中，才存在共犯过剩的问题

B. 无论是任意共同犯罪还是必要共同犯罪都存在对向犯

C. 间接正犯是正犯的一种，与其相对应的概念是单独正犯

D. 承继的共犯仅存在于参与事前无通谋的共同犯罪之中

32. 在下列情形中，乙构成帮助犯的是：(　　)

A. 甲绑架了妇女丙，欲卖往外地。乙知道真相，仍同意甲与丙在其家中留宿两天

B. 甲偷越国边境，打算从事电信诈骗。乙知道真相，仍为甲去寺庙里祈福，保佑甲顺利过关

C. 乙看到甲入户盗窃，主动为甲望风，甲对此不知情。期间无异常情况发生。甲盗窃既遂

D. 甲在街边随意殴打他人，寻衅滋事。乙驻足观看，并用手机直播

33. 李某欲伤害吕某却误伤宋某并致宋某死亡，一审法院以李某犯故意伤害罪，判处有期徒刑 15 年，李某上诉。下列说法正确的是：(　　)

A. 二审期间，辩护人出示了李某患精神障碍的新材料，法院应当进行精神病鉴定

B. 如宋某父亲在二审中提起附带民事诉讼，法院可以调解

C. 二审法院可改判李某有期徒刑 10 年，同时宣告禁止令

D. 若二审开庭后，李某申请撤回上诉，法院应当裁定准许

34. 唐某涉嫌敲诈勒索罪，被 A 市 B 区检察院提起公诉，唐某可委托下列哪位担任辩护人？(　　)

A. 唐某表哥，曾因犯伪证罪被吊销公证员证书

B. 唐某姐夫，任 A 市 C 区检察院副检察长

C. 唐某母亲，任 A 市 B 区法院立案庭庭长

D. 唐某中学同学，美国执业律师，美籍华人

35. 下列关于犯罪嫌疑人、被告人的程序选择权说法正确的是：(　　)

A. 被告人可以在一审和二审中选择由法官和陪审员组成合议庭

B. 被告人上诉，在二审中可以选择开庭审理和不开庭审理

C. 犯罪嫌疑人、被告人认罪认罚，可以选择不适用速裁程序而适用普通程序

D. 犯罪嫌疑人、被告人可以选择在住处监视居住或者在指定居所监视居住

36. 下列哪种情形不符合刑事庭审的要求？(　　)

A. 有专门知识的人出庭发表意见后，可以在旁听席落座旁听

B. 被告人的父亲醉酒，不得旁听

C. 对于被害人人数众多的案件，法院可依职

权指定其中10人旁听庭审

D.审判未成年被告人的案件，未成年人保护组织可以派代表出庭旁听

37.甲因犯故意伤害罪被A市B区法院判处有期徒刑8年，甲在A市监狱服刑。在服刑的第3年，甲越狱脱逃，并在C市D区持刀抢劫致一人死亡，后甲在E市长途汽车站被抓获，下面哪一法院对甲有管辖权？（　　）

A.A市B区法院　　B.C市D区法院

C.A市中院　　D.C市中院

38.王某因涉嫌合同诈骗被追诉，法院在审理过程中，王某申请回避，下列回避申请符合法定理由的是：（　　）

A.王某以被害人的诉讼代理人曾经是自己的法律顾问为由申请回避

B.王某以法庭书记员是被害人的侄子为由申请回避

C.王某以鉴定人学历造假为由申请回避

D.王某以公诉人讯问语气严厉为由申请回避

39.张某醉驾被交警何某查获，案件侦查终结后，某县检察院以危险驾驶罪向某县法院提起公诉，下列表述正确的是：（　　）

A.何某出庭说明情况后，可允许其旁听审理

B.交通事故认定书可作为证据使用

C.张某承认指控犯罪，经张某同意后法院可以决定适用简易程序

D.何某的执法记录仪拍摄的视频和酒精检测数据均为直接证据

40.被告人孙某在庭前会议中申请排除在看守所形成的一份有罪供述，法院召开庭前会议，关于在庭前会议中非法证据排除正确的是：（　　）

A.合议庭法官可以委托法官助理主持庭前会议

B.在庭前会议中，附带民事诉讼被告人申请调解，法官可以庭前会议只解决程序问题为由拒绝

C.在庭前会议中，检察院决定撤回孙某申请排除的有罪供述，在庭审时再次出示

D.必要时，法官可以通知侦查人员出庭了解情况

41.检察院在审查起诉工作中发现一项非法证据，依法予以排除，这体现了刑事诉讼程序的：（　　）

A.独立价值　　B.工具价值

C.没有价值　　D.效率价值

42.张某因犯诈骗罪被M市A区法院判处有期徒刑2年，张某提出上诉，M市中级人民法院在审理中发现，张某还因在B区实施诈骗被B区检察院向B区法院提起公诉，请问下列说法正确的是：（　　）

A.裁定B区法院中止审理，待M市中级人民法院作出终审裁判后，B区法院继续审理

B.M市中级人民法院应当裁定撤销A区法院一审判决，将张某在A区法院与B区法院的诈骗案一并提审

C.M市中级人民法院决定并案审理的，应当裁定发回重审，由A区法院处理

D.M市中级人民法院决定并案审理的，若张某不同意，法院只能分案审理

43.关于驳回回避申请的复议，下列说法正确的是：（　　）

A.法院驳回回避申请，需以书面形式作出

B.针对所有驳回回避申请的决定，当事人及其法定代理人都可申请复议一次

C.若当事人以法定事由以外的事由申请回避，法院予以驳回，当事人不得申请复议

D.被决定回避的司法人员，对决定有异议的可以当庭申请复议一次

44.张某强奸并杀害了同村的一名女孩（8周岁），经公安机关调查发现，户籍登记及身份证明上的时间均显示张某已满14周岁。但张某父亲称："当时登记时填错了时间，实际还没满14周岁。"以下属于意见证据的是：（　　）

A.户籍民警称："的确有育龄孕妇改过孩子出生日期。"

B.同村村民称："当年出生的男孩很多，张某应该就是其中一个。"

C.骨龄鉴定人称："骨龄鉴定确实存在两年左右的误差。"

D.户籍登记处人员称："张某的登记表上存在涂改情况。"

45.2023年3月，中共中央、国务院印发《党和国家机构改革方案》，决定组建国家数据局，由国家发展和改革委员会管理，关于国家数据局，

下列哪个说法是正确的?(　　)

A. 国家数据局的设立,由国务院机构编制管理机关提出方案,报国家发展和改革委员会决定

B. 国家数据局的编制由国务院机构编制管理机关审核方案,报国务院批准

C. 国家数据局的领导职数应按照《国务院组织法》关于领导职数的规定确定

D. 国家数据局不具有独立的行政管理职能

46. 交通运输部于 2022 年 9 月 21 日通过了规章《机动车驾驶员培训管理规定》,于 2022 年 9 月 26 日公布,自 2022 年 11 月 1 日起施行,下列哪个选项是正确的?(　　)

A. 该规章只有国务院公报文本为标准文本

B. 该规章应当在实施之日起 30 日内报国务院备案

C. 该规章的送审稿应当交国务院法制机构审查

D. 公布规章的命令应当载明该规章的通过日期

47. 对于无效具体行政行为,下列哪一说法是正确的?(　　)

A. 具体行政行为一经确认无效应赔偿对当事人造成的损失

B. 确认无效的具体行政行为对作出行政决定的行政机关也没有拘束力

C. 我国法律并没有无效行政行为的规定

D. 滥用裁量权的具体行政行为均为无效的行政行为

48. 某区公安分局下设的派出所民警在巡逻时发现郭某正在路边毁损共享电动车,经询问查证后以派出所名义对其罚款 500 元。后派出所将处罚决定书予以公开,郭某不服,提起行政复议,下列哪个说法是正确的?(　　)

A. 对郭某的处罚决定可以当场作出

B. 郭某对处罚决定书公开行为不服,不能提起行政诉讼

C. 郭某的询问笔录应有派出所民警签名并加盖派出所印章

D. 郭某应向区政府申请行政复议

49. 2022 年 1 月 17 日,某省设区的市政府公布了规章《扬尘管理治理办法》,关于该文件,下列哪个说法是正确的?(　　)

A. 该规章应当在公布后报有关机关备案

B. 该规章应在省政府公报上公布

C. 该规章可成为行政诉讼一并审查的对象

D. 该规章可设定临时性许可

50. 行政管理中的费用应当依法收取,关于收费问题,下列哪个说法是正确的?(　　)

A. 行政机关申请人民法院强制执行,强制执行的费用由被执行人承担

B. 代履行的费用一律由当事人承担

C. 扣押中产生的检测、检验、检疫或者技术鉴定的费用由当事人承担

D. 行政机关实施行政许可,不得收取任何费用。但是,规章另有规定的,依照其规定

二、多项选择题(每题所设选项中至少有两个正确答案,多选、少选、错选或不选均不得分。本部分含 51 ~ 85 题,每题 2 分,共 70 分)

51. 在学习习近平法治思想过程中,同学们围绕公平正义是法治的生命线展开了讨论,以下说法正确的是:(　　)

A. 甲同学认为,维护社会公平正义,应当坚持法律面前人人平等

B. 乙同学认为,促进社会公正,是坚持以人民为中心的内在要求

C. 丙同学认为,切实保障社会公正,是社会主义法治的价值追求

D. 丙同学认为,公平正义要贯穿全面依法治国的全过程

52. a 省的 b 市是一个设区的市。关于 b 市制定的地方性法规,下列选项正确的是:(　　)

A. 向全国人大常委会和国务院备案

B. 由 a 省人大批准

C. a 省高级人民法院有权向全国人大常委会提出对该地方性法规合宪性审查的要求

D. a 省人大有权改变或者撤销该地方性法规

53. 关于全国人大常委会的宪法监督程序,下列说法错误的是:(　　)

A. 省高级人民法院有权向全国人大常委会书面提出审查要求

B. 全国人大常委会和地方各级人大常委会有权监督宪法的实施

C. 社会团体可以向全国人大常委会书面提出审查要求

D. 1982 年《宪法》规定了全国人大常委会有权监督宪法的实施

54. 根据《宪法》和《选举法》的有关规定，下列说法正确的是：(　　)

A. 乡级人大代表和县级人大代表均由辖区选民直接选举产生

B. 县级人大代表向县级人大常委会辞职

C. 乡级人大代表向本级人大常委会辞职

D. 代表丧失行为能力的，代表职务暂停

55. 在下列关于我国特别行政区制度的说法中，正确的是：(　　)

A. 香港特别行政区终审法院法官和高等法院首席法官任职还需要经过立法会同意，并报全国人大备案

B. 香港特别行政区法院法官由全国人大常委会任命

C. 澳门特别行政区检察长由行政长官提名，中央政府任命

D. 香港特别行政区立法会主席由立法会议员选举产生

56. 关于全国人民代表大会专门委员会，下列选项正确的是：(　　)

A. 全国人民代表大会宪法和法律委员会有权修改存在合宪性问题的法律、法规

B. 全国人大有关的专门委员会和常委会的工作机构可以对报送备案的规范性文件进行主动审查

C. 全国人民代表大会专门委员会是由全国人大主席团提名，全国人大通过产生的常设性工作机构

D. 在全国人大闭会期间，全国人大常委会可以对全国人民代表大会专门委员会成员进行调整

57. 甲国向乙国提出引渡请求，请求引渡位于乙国的甲国人金荣和乙国人萨亚，指控二人在商业活动中存在腐败行为。其中金荣的行为按照乙国法不认为是犯罪，但按照《联合国反腐败公约》的规定，该行为构成犯罪。萨亚是乙国人。两国都是《联合国反腐败公约》缔约国，两国还有关于引渡的双边条约。根据相关国际法规则，下列说法正确的是：(　　)

A. 根据《联合国反腐败公约》的规定，金荣不可能被引渡

B. 根据《联合国反腐败公约》的规定，乙国可以拒绝引渡萨亚

C.《联合国反腐败公约》中的可引渡犯罪，应该扩展普适于甲乙两国的双边条约

D.《联合国反腐败公约》可以但是不必然作为引渡的依据

58. 乘客把手机遗忘在出租车上，司机看到了，但是没有提醒，待乘客走远后才把车开走，然后试了多次密码，把手机解开，将乘客银行卡里的资金转移到乘客支付宝里，并利用乘客支付宝信息资料，将乘客支付宝里的资金转到自己的账户里。司机完成这些操作后，乘客打来了电话，司机谎称自己是路人，并挂断了电话。关于本案，下列说法正确的有：(　　)

A. 乘客刚下车时，对手机还未脱离占有。司机看到了但不提醒，对手机构成不作为的盗窃罪

B. 乘客走远后，手机转移为司机占有。司机开车驶离，对手机构成侵占罪

C. 司机欺骗乘客自己是路人，该行为对乘客构成诈骗罪

D. 司机转移资金的行为，对乘客构成信用卡诈骗罪

59. 甲公司出租店铺，赵某伪造公司印章和收款单，向租户李某收取了8万元租金。赵某是甲公司的职员，没有收取租金的权利。关于本案，下列说法正确的是：(　　)

A. 即使赵某构成表见代理，也不影响其构成诈骗罪

B. 即使李某又向甲公司支付了8万元，也不影响赵某构成诈骗罪

C. 即使赵某对甲公司构成职务侵占罪，也不影响其构成诈骗罪

D. 即使赵某利用了职务便利，也不影响其构成诈骗罪

60. 张某想找本县李局长办件违规的事情，给李局长的弟弟李四送钱，请李四向李局长说情。李四收钱并答应。李四向李局长说情，告诉了自己收钱的事情。李局长拒绝帮忙。后张某又找到本县王县长，给王县长送钱。王县长收钱并答应。王县长找到李局长，李局长竟然也没有答应。不考虑数额，关于本案，下列说法正确的有：(　　)

A. 李四构成利用影响力受贿罪

B. 张某对李四构成对有影响力的人行贿罪

C. 王县长构成斡旋受贿

D. 张某对王县长构成行贿罪

61. 甲想找官员丁办一件违规的事情,但不认识丁,只知道乙(非国家工作人员)的儿子丙是市长秘书(国家工作人员),于是给乙300万元,请乙全权处理、想办法办成事,乙答应办事。乙给丙说了此事,给丙150万元,丙答应办事。丙找到丁,请求办事,但没有告知自己收了钱,也没给丁钱。丁觉得以后还需要丙办事,就答应了,并办成了事。关于本案,下列说法正确的是:(　　)

A. 甲对乙构成对有影响力的人行贿罪

B. 甲对丙构成行贿罪

C. 乙构成利用影响力受贿罪

D. 丙构成斡旋受贿

62. 甲是某国有公司的工作人员,属于国家工作人员,负责管理并销售本公司的矿石。乙是某私营企业的老板,经常购买矿石。甲与乙共谋,在乙购买矿石时,甲故意少记矿石重量,让乙多拿到矿石,然后二人将多拿到的矿石平分。二人如此照办。关于本案,下列说法正确的有:(　　)

A. 无论甲是否有国家工作人员的身份,甲都能构成贪污罪

B. 无论甲是否有国家工作人员的身份,甲都能构成侵占罪

C. 乙没有国家工作人员的身份,所以与甲不能构成共同犯罪

D. 无论乙是否有国家工作人员的身份,乙都能构成共犯

63. 甲、乙合伙开娱乐场,经营卖淫业务。甲的父亲丙和乙的父亲丁商量对策。丙说,如果乙被抓,能找关系使乙免于处罚,前提是乙不能供出甲。丁同意,并劝乙同意,乙也同意。此后,乙因涉嫌组织卖淫罪被抓捕,乙谎称是自己一个人开的娱乐场,使甲逃避了刑事追究。关于本案,下列说法正确的有:(　　)

A. 乙构成伪证罪

B. 乙构成包庇罪

C. 丁构成妨害作证罪

D. 丙构成妨害作证罪

64. 根据犯罪构成和不作为犯罪理论,下列哪些选项的说法是正确的?(　　)

A. 客运司机甲在运送旅客的途中,发现乙正在盗窃其他旅客财物,甲视而不见,导致旅客财物被偷。甲的行为不构成不作为犯罪

B. 甲学生和乙学生共同居住在某宿舍。某日,甲发现屋内着火,没有救助乙,自己逃出宿舍。甲的行为不构成不作为犯罪

C. 甲男找到卖淫女乙,在乙家中进行性交易。过程中,乙突然犯心脏病,陷入昏迷。甲怕嫖娼的事情暴露,便未施救。乙女未得到及时救助而死亡。甲的行为不构成不作为犯罪

D. 李某在某酒店住宿,看到酒店房间的电线裸露,有发生事故的危险。李某未向酒店反映该情况。李某退房后的某日,该房间发生电器事故。李某不构成不作为犯罪

65. 在有作为可能性和结果避免可能性的情况下,关于不作为犯的判断,下列说法正确的有:(　　)

A. 瘾君子甲和乙经常在乙家吸毒。有一次二人吸毒后,乙口吐白沫。甲怕事情败露,未进行救治,乙死亡。甲不构成不作为犯罪

B. 甲和乙在旅游途中相识,相约爬野山,遇山体滑坡。甲在能救助乙的情况下,弃乙不顾而逃离,乙死亡。甲不构成不作为犯罪

C. 乙前往山中,村民甲告知前面危险。乙不顾劝阻。后甲发现乙摔伤,奄奄一息,未救助,乙死亡。甲不构成不作为犯罪

D. 民警甲在辖区酒吧喝酒,发现有人在强奸乙女,甲认为自己已下班,遂未制止。甲不构成不作为犯罪

66. 甲、乙二人对丙素有仇怨,一直想伺机报复。某日,甲、乙得知丙去了歌舞厅,于是也前往。甲和乙商议由甲进去寻找丙,由乙在后门门口蹲守。甲进去数分钟后,丙从后门出来。乙没看到丙,丙看到了乙。丙不知道乙在蹲守自己,丙想教训乙,于是用随身携带的铁棍击打乙。乙掏出随身携带的小刀回击。最后二人都负轻伤。关于本案,下列说法正确的有:(　　)

A. 乙一开始有伤害意图,不影响乙成立正当防卫

B. 乙一开始有伤害意图,所以成立防卫过当

C. 如果乙成立正当防卫,那么甲也成立正当防卫

D. 不管持何种刑法学说,丙都不构成正当防卫

67. 关于犯罪形态,下列说法错误的有:(　　)

A. 甲发现孩子丙(5岁)不是自己亲生的,于

是将丙打成重伤。甲的母亲乙看到这个场景，不予救助。丙死亡。乙构成故意杀人罪的不作为的帮助犯既遂

B. 甲想杀乙，给乙邮寄了一个炸弹，有外包装。快递员在运输途中遇到暴雨，炸弹被雨淋湿，失效了。乙收到该包裹，没有遇到危险。甲构成故意杀人罪犯罪预备

C. 甲欲杀妻骗保，在即将把妻子推向悬崖之际，顿生悔意放弃了。甲构成故意杀人罪中止和保险诈骗罪中止，想象竞合

D. 甲伪造证据，向法院提起民事诉讼。法院判决被告胜诉。甲构成虚假诉讼罪未遂

68. 关于立功的认定，下列说法正确的是：(　　)

A. 抢劫犯赵某被抓捕后，揭发朋友周某，明知其是抢劫犯，仍为其提供住处。赵某不成立立功

B. 毒贩钱某被抓捕后，揭发警察付某，为其通风报信。经查，付某构成帮助犯罪分子逃避处罚罪。钱某不成立立功

C. 犯赌博罪的孙某被抓捕后，揭发马某在 2 年前打死一人。经查，马某构成正当防卫。孙某不成立立功

D. 走私犯李某揭发邻居 3 年前将自己打成轻微伤。李某不成立立功

69. 官员甲经常为某私营公司的副总经理乙办事。某日，甲将自己旅游花费的 6 万元发票，交给乙，请乙想办法予以报销。乙将这些发票交给本公司的会计，谎称是业务支出。由于乙是副总经理，有很大的权限，会计便相信乙，给乙 6 万元。按照该公司规定，乙是不能报销甲的这些发票的。乙将 6 万元转给甲。关于本案，下列说法正确的有：(　　)

A. 乙构成诈骗罪

B. 如果不要求职务侵占罪的实行行为只能是侵占行为，那么乙构成职务侵占罪

C. 如果要求职务侵占罪的实行行为只能是侵占行为，那么乙不构成职务侵占罪

D. 甲构成受贿罪，乙构成行贿罪

70. 甲不符合在某地落户的条件，但为了能够在某地落户，便请求某私营企业老板乙，由乙代表企业提交虚假的人才引进证明材料，上报申请。甲给予乙 10 万元感谢费。后甲获得当地政府开具的人才引进证明（国家机关公文）。由于该企业提交的是虚假的证明，所以政府开具的人才引进证明的信息不真实，但是政府人员并不知情。关于该案，下列说法正确的有：(　　)

A. 甲构成对非国家工作人员行贿罪

B. 甲因为骗取政府给予落户资格，所以构成诈骗罪

C. 乙构成提供虚假证明文件罪

D. 乙构成伪造国家机关公文罪的间接正犯

71. 关于帮助信息网络犯罪活动罪，下列说法正确的有：(　　)

A. 乙对甲谎称："我要实施网络赌博，请提供银行卡给我。"甲相信并照办。实际上，乙使用银行卡用于网络诈骗。甲构成诈骗罪的帮助犯

B. 乙对甲谎称："我要实施网络诈骗，请提供银行卡给我。"甲相信并照办。实际上，乙使用银行卡用于网络洗钱。甲构成诈骗罪的帮助犯

C. 乙对甲称："我要实施网络诈骗，请提供银行卡给我。"甲相信并照办。乙使用银行卡实施了网络诈骗。甲构成诈骗罪的帮助犯和帮助信息网络犯罪活动罪，想象竞合

D. 乙对甲称："我要去澳门赌博，请提供银行卡给我。"甲相信并照办。乙使用银行卡在澳门赌博。甲不构成犯罪

72. 公安机关侦查人员左某在讯问犯罪嫌疑人李某时，因怒难遏，殴打李某致伤，检察院以刑讯逼供罪对左某立案侦查，下列表述正确的有：(　　)

A. 在讯问左某时，因左某提出不愿意全程录音录像，检察院应关闭相关设备

B. 检察院拟对左某决定逮捕，应当经上一级检察院批准

C. 检察院拟对左某作出不起诉决定，应当经上一级检察院批准

D. 检察院组织李某辨认左某的照片，混杂数量不得少于 10 张

73. 检察院审查起诉发现，涉嫌故意伤害罪的周某系精神病且符合强制医疗条件，遂向法院提出强制医疗申请，下列说法正确的是：(　　)

A. 检察院应作出不起诉决定

B. 法院在审理该强制医疗案件时，应当会见周某

C. 对法院作出的强制医疗决定，被害人的近

亲属可向上一级法院申请复议

D. 在强制医疗一段时间后，周某申请解除强制医疗，法院可以独任审理

74. 小田(11岁)被继父于某长期殴打，邻居报警后，公安机关对本案立案侦查。经鉴定，小田头部与四肢等多处软组织挫伤，构成轻微伤。案件随后由检察院以虐待罪向法院提起公诉，下列选项错误的有：(　　)

A. 法院认为小田母亲未尽看护职责，可以向其提出司法建议

B. 因小田年幼无法提起自诉，检察院在本案中系代为告诉

C. 检察院在起诉于某时可以向法院提出适用禁止令的建议

D. 法院可以委托专业机构对小田启动心理测评

75. 王某被杀害，盲人齐某听见王某喊："杀人了，李某杀人了。"刘某称其看见李某拿着刀去了王某家并看到了带血的刀。邻居小阳看见李某杀人的全过程。下列选项正确的有：(　　)

A. 齐某提供的是直接证据，传闻证据

B. 小阳可以作为证人

C. 不能根据小阳的证言直接定罪，还需要其他证据进行补强

D. 刘某称其看见了带血的刀，其证言属于间接证据

76. 甲、乙(17周岁)殴打丙、丁并致二人轻伤，在审理阶段，甲、乙与丙、丁分别达成和解，但在准备签署和解协议时，丙因病去世，丙的母亲和弟弟参加了和解协商。下列表述正确的有：(　　)

A. 甲、乙与丙的亲属和解，需要同时征得丙的母亲和弟弟同意

B. 若甲、乙与丁达成和解协议，约定的赔偿损失内容应当在签署协议后即时履行

C. 因乙系未成年人，乙的父亲可以代乙赔偿

D. 因乙系未成年人，乙的父亲可以代乙赔礼道歉

77. 甲交通肇事致乙轻伤，检察院以故意伤害罪对甲提起公诉，乙对甲提起附带民事诉讼。法院经过审理，认为案件事实不清、证据不足，判甲无罪。下列表述正确的有：(　　)

A. 法院认为甲不构成犯罪，对乙提起的附带民事诉讼，可以调解。若甲、乙调解不成，法院应当对刑事部分与附带民事部分一并宣判

B. 法院作出一审判决后，乙可以请求检察院提起抗诉

C. 法院作出一审判决后，若没有上诉、抗诉，判决生效后，检察院发现甲成立前罪的新证据，可以对甲重新提起公诉

D. 法院作出一审判决后，若没有上诉、抗诉，判决生效后，甲向法院申请国家赔偿，应当有法院赔偿委员会中的3名审判员参加

78. 王某与吴某共同实施抢劫罪，一审法院判处王某死刑立即执行，判处吴某有期徒刑10年。吴某未上诉，王某不服判决提起上诉。二审法院裁定驳回上诉，维持原判。关于本案死刑复核程序，下列哪些选项是正确的？(　　)

A. 如最高人民法院复核认为判处王某死刑无误，但引用法律条款存在瑕疵，可在纠正后核准

B. 王某与吴某的案卷材料均应移送最高人民法院

C. 如最高人民法院经复核认为原判对吴某量刑过轻可直接改判

D. 最高人民法院对王某作出复核裁定后，王某的辩护律师再提交书面辩护意见，最高人民法院不再接受

79. 县水利局向一采砂场颁发河道采砂许可证，允许其在某河道采砂。后由于采砂场区域被划入湿地保护范围，水利局撤回采砂许可证，采砂场提起行政诉讼要求补偿250万元损失。对此，下列哪些说法是正确的？(　　)

A. 在提起行政诉讼前，采砂场应当先向水利局请求补偿

B. 应该是按照实际投入的标准进行补偿

C. 法院应判决水利局履行补偿义务

D. 水利局在撤回采砂许可前应组织听证

80. 区市场监督管理局认为某公司销售的产品未标明反式脂肪酸含量，属于销售标签不符合规定的产品，根据《食品安全法》对其处以没收违法所得50元，并处罚款2000元的行政处罚，该公司不服提起行政复议，下列哪些说法是正确的？(　　)

A. 该公司复议申请期为60日

B. 对该公司的处罚决定书应当载明申请复议的期限

C. 该公司逾期不履行处罚决定,区市场监督管理局可以加处罚款,但最高额不超过 2050 元

D. 对该公司的罚款决定不能适用简易程序

81. 王某(15 周岁)和徐某发生争执,王某脚踹徐某和徐某的房门,经调查并对徐某进行伤情鉴定,区公安分局以故意伤害为由,给予王某行政拘留 10 日并罚款 500 元,以故意毁坏财物为由,对王某拘留 5 日。下列哪些说法是正确的?(　　)

A. 对王某的处罚决定,应当分别决定,可以合并执行

B. 王某、徐某系因民事纠纷打架斗殴、毁损财物,公安机关应先行调解

C. 王某已满 14 周岁公安机关可以对其执行拘留决定

D. 对徐某进行伤情鉴定的时间不计入办理案件的期限

82. 区综合行政执法局认定,辉煌旅行社在未征得游客书面同意的情况下,委托其他旅行社履行包价旅游合同。经听证后,区综合行政执法局对辉煌旅行社作出责令改正、责令停业整顿 3 个月、罚款 30 万元的处罚,对直接负责的主管人员罚款 1 万元。辉煌旅行社向区政府提起行政复议,区政府以作出处罚超过法定期限为由确认违法。辉煌旅行社不服,向法院提起行政诉讼,下列哪些说法是正确的?(　　)

A. 管辖法院应为中级法院

B. 法院应当在审查行政处罚行为合法性的同时,对复议决定一并审查

C. 对旅行社及主管人员的处罚违反一事不二罚原则

D. 在作出处罚决定前,应当由法制人员对决定进行法制审核

83. 某区政府实施房屋征收时,确定区规划和自然资源局为征收部门。区征地办受区规划和自然资源局委托与陈某签订《征地房屋拆迁补偿协议》,后陈某以区征地办不具有签约主体资格为由诉至法院,请求确认协议无效。对此,下列哪些选项是正确的?(　　)

A. 该协议不得约定争议管辖法院

B. 本案不能进行调解

C. 本案被告应为区政府

D. 本案应当由区法院管辖

84. 县生态环境局以甲公司在生产过程中使用不符合国家标准的锅炉设备,超标排放污染物质为由,查封甲公司用以生产的锅炉,后对甲公司罚款 8 万元,甲公司不服,向县政府申请复议,对此,下列哪些说法是正确的?(　　)

A. 在紧急情况下,查封可以不听取甲公司的陈述申辩

B. 如果甲公司逾期不缴纳罚款,县生态环境局可以将查封的锅炉拍卖

C. 在复议决定作出前当事人和解,则复议程序应当终止

D. 如果县政府认为本案事实不清,则在经审核事实清楚后,可以作出改变决定

85. 黄某殴打张某,经甲鉴定机关鉴定张某构成轻伤。2021 年 11 月 12 日,县公安局以黄某构成故意伤害罪为由决定立案侦查。2021 年 11 月 30 日将黄某刑事拘留,后县检察院作出逮捕决定。2022 年 5 月 3 日,乙鉴定机关重新鉴定的结果是没有伤情。2022 年 5 月 5 日,县检察院变更刑事强制措施为取保候审,后予以释放。2022 年 5 月 15 日,县公安局决定撤销案件。黄某申请赔偿,赔偿义务机关不予以赔偿。下列哪些选项是正确的?(　　)

A. 本案赔偿义务机关是县检察院

B. 因为是甲鉴定机关出具错误的轻伤鉴定意见,所以本案赔偿义务机关是甲鉴定机关

C. 赔偿义务机关对取保候审不承担赔偿责任

D. 黄某不服赔偿义务机关决定,可以向区法院提起赔偿诉讼

三、不定项选择题(每题所设选项中至少有一个正确答案,多选、少选、错选或不选均不得分。本部分含 86～100 题,每题 2 分,共 30 分)

86. 关于法谚"法无定法则无法"的理解,以下说法正确的是:(　　)

A. 一切法律必然属于定法

B. 法律的最高价值是其确定性

C. 法不确定性违背了法律本性

D. 实质法治必然要求废止定法

87. 关于我国行政建置和行政区划的说法,下列选项正确的是:(　　)

A. 街道办事处是我国的基层政权

B. 甲县人民政府欲将其下辖的两个镇合并,

由该县人民政府批准

C.经省级人民政府批准,县人民政府可以设立区公所

D.乡镇人民政府是我国的基层群众自治组织

88.下列关于全国人大专门委员会的表述,错误的是:(　　)

A.专门委员会是全国人大的专门性工作机构

B.专门委员会委员由全国人大主席团在代表中提名,全国人大会议通过

C.全国人大专门委员会可以对报送备案的规范性法律文件进行主动审查和专项审查

D.十三届全国人大设有宪法和法律委员会、特定问题调查委员会等专门委员会

89.2023年3月,中共中央、国务院印发《党和国家机构改革方案》,提出组建国家数据局,负责协调推进数据基础制度建设,统筹数据资源整合共享和开发利用,统筹推进数字中国、数字经济、数字社会规划和建设等,由国家发展和改革委员会管理。正确的是:(　　)

A.国家数据局的设立,由国务院机构编制管理机关提出方案,报国家发展和改革委员会决定

B.国家发展和改革委员会主管基本业务,履行行政管理职能

C.国家数据局可以制定规章

D.国家数据局可以只设立处级内设机构

90.某县监察委员会主任黄某在任期内离职,李某接任,以下符合《宪法》规定的程序是:(　　)

A.县人大常委会须报上一级监察委员会和人大常委会备案

B.县人大常委会决定李某代理监察委员会主任

C.由黄某提名李某

D.县人大常委会主任会议提名,李某代理主任

91.人权作为法的主要价值之一,法律要保障人权。下列关于人权的说法错误的是:(　　)

A."中华人民共和国公民在法律面前一律平等",《宪法》规定的平等权是免予国家干预的权利

B."国家尊重和保障人权",《宪法》中此条规定的人权指的是生存权和发展权

C.公民权是人权的法律化和具体化,而人权是公民权的政治基础

D."退休人员的生活受到国家和社会的保障",《宪法》中关于此权利的规定属于公民社会经济权利的范畴

92.关于追诉时效,下列说法正确的是:(　　)

A.牛某与甲登记结婚后,又与乙登记结婚。因为重婚罪属于继续犯,所以追诉期限从牛某与乙解除婚姻之日起开始计算

B.温某触犯某项危害国家安全罪,法定最高刑是10年以上有期徒刑。如果没有追诉时效的延长或中断事由,那么经过15年,就不能再追诉

C.甲收买被拐卖的妇女。追诉期限从被拐卖妇女被解救之日起开始计算

D.甲犯某项罪行,在公安机关立案侦查后逃避侦查。从公安机关立案侦查之日起,经过20年,则不能再追诉

93.关于窝藏罪,下列说法正确的有:(　　)

A.犯罪人甲没有逃匿的意图但其朋友乙给甲的水杯投放安眠药,待甲熟睡后,开车载着甲逃至外地,将甲藏匿起来。乙不构成窝藏罪

B.犯罪人甲本想去投案,但乙劝甲赶紧逃跑,引起了甲想逃走的想法,甲便逃往外地。乙不构成窝藏罪

C.甲犯罪后和妻子乙逃往外地生活,乙照顾甲的日常起居。乙不构成窝藏罪

D.乙对犯罪人甲声称,会定期给甲的妻子打钱,让甲安心逃跑。后乙依约打钱。乙不构成窝藏罪

94.王某穿着林业机关工作人员的衣服,假装自己是林业工作者,带着非法占有目的采伐林木,引起路人围观。路人以为他是工作人员,故未制止。后王某将林木运走。不考虑数量,下列说法正确的是:(　　)

A.王某构成招摇撞骗罪

B.王某构成盗窃罪

C.王某构成盗伐林木罪

D.王某构成滥伐林木罪

95.甲明知乙是有辨认能力但无控制能力的精神病人,仍指使乙打伤丙的眼睛。乙在打击时,

丙反抗,乙直接杀死丙。关于本案,下列说法错误的是:(　　)

A. 乙有责任能力,应负刑事责任

B. 甲符合教唆犯的成立条件

C. 甲构成间接正犯

D. 甲应对丙的死亡结果负责

96. 甲于2000年1月出生,2017年12月因盗窃他人财物被立案侦查,2018年4月被提起公诉,经过法院审理,终审判决甲3年有期徒刑,下列说法正确的是:(　　)

A. 法院应当公开审理

B. 法院不需要通知甲的法定代理人到场

C. 法院不需要封存甲的犯罪记录

D. 法院对甲不能适用少年法庭审理

97. 周某向柏某等30多人出售恶意软件代码用于网上低价购买高价商品,后刘某为周某提供网上信息软件服务帮助,获利较多。现公安机关依法对周某立案侦查,下列表述正确的是:(　　)

A. 鉴于周某出售的代码数量特别多且具有同类性质,无法逐一收集,公安机关应抽样收集典型证据

B. 对柏某可远程视频询问,并对询问过程录音录像

C. 在立案前的调查核实过程中,公安机关可采取技术侦查手段

D. 公安机关对刘某可并案侦查

98. 李某(17岁)因犯帮助信息网络犯罪活动罪被法院判处2年有期徒刑,缓期3年执行。关于犯罪记录封存问题,下列表述正确的是:(　　)

A. 对青少年进行普法教育宣传,法院可向媒体提供李某的犯罪记录,媒体发布时应隐去李某的个人信息

B. 李某在参军入伍时应当如实报告自己的犯罪记录

C. 李某若再次犯罪被侦办,公安机关可以查询其犯罪记录

D. 李某去互联网公司应聘,公司可向公安机关查询其是否有犯罪记录

99. 区房管局以刘某享受安置房为由停止发放其房屋租赁补助,刘某申请行政复议,区政府以刘某超出行政复议申请期限为由驳回其行政复议申请,刘某以区房管局为被告提起诉讼,下列选项正确的有:(　　)

A. 刘某有权向法院申请先予执行房屋租赁补助

B. 区房管局发放房屋租赁补助属于行政给付

C. 刘某申请行政复议期限为60天

D. 法院应通知刘某追加区政府为被告

100. 县公安局以杨某涉嫌寻衅滋事罪为由对其立案侦查,并于2019年10月11日决定对杨某采取刑事拘留措施,后县公安局向县检察院提请批准逮捕,县检察院作出批准逮捕决定。2019年11月20日,县检察院以事实不清、证据不足为由作出不起诉决定。2019年11月21日,县公安局决定将杨某的刑事强制措施变更为监视居住,并于同日将杨某释放。2020年5月20日,杨某监视居住期限届满,2020年7月20日,杨某向赔偿义务机关申请国家赔偿,赔偿义务机关以不符合申请国家赔偿条件为由作出不予受理的决定。下列选项中正确的是:(　　)

A. 本案属于《国家赔偿法》规定的终止追究刑事责任情形

B. 杨某申请国家赔偿符合法定条件

C. 对不予受理决定不服,杨某可向市公安局申请复议

D. 应该赔偿杨某2019年10月11日至2020年5月20日被限制人身自由的损失

2023年国家统一法律职业资格考试(回忆版)

试 卷 二

一、单项选择题(每题所设选项中只有一个正确答案,多选、错选或不选均不得分。本部分含1~50题,每题1分,共50分)

1. 知名作曲家张某在二手书店翻到了早年自己丢弃的笔记本,里面有自己青涩年华的乐谱,遂提出要买回笔记本。书店店员报价5000元,作曲家张某认为价格太高。关于本案,下列哪一说法是正确的?(　　)

A. 作曲家张某对乐谱仍有著作权

B. 作曲家张某对乐谱仍有所有权

C. 可以在买下笔记本后主张胁迫撤销

D. 可以在买下笔记本后主张显失公平撤销

2. 张三、李四和王五共同购买一辆汽车,用于货运经营,后汽车出现故障,李四和王五打算趁此机会进行整体维修。张三最近经济紧张,并不想出钱维修,于是想将自己的共有份额转让给曹某。关于本案,下列哪一选项是正确的?(　　)

A. 李四和王五享有平等的优先购买权

B. 维修汽车需要所有人共同决定

C. 该汽车为三人共同共有

D. 张三向外转让份额需要经李四和王五一致同意

3. 甲欲将自己名下的一套房屋出售给乙,甲和乙签订《房屋买卖合同》,为保证乙的物权实现,甲和乙在登记机关办理了预告登记。1月15日,甲在该房屋上为其母亲设立了居住权,但未办理登记。1月16日,乙付清全部房款并办理房屋过户手续。5月5日,甲又在该房屋上为其父亲设立了居住权,并办理登记。而乙直到当年年底,也未请求甲办理不动产过户登记。关于本案,下列说法正确的是:(　　)

A. 甲的父亲未拥有该房屋的居住权

B. 甲的母亲拥有该房屋的居住权

C. 甲和乙的房屋买卖合同无效

D. 甲和乙的房屋买卖合同有效

4. 7月15日,李某和宋某约定在宋某的房屋上为李某设立居住权,期限10年,李某一次性支付10万元给宋某。7月20日,李某把房屋租给不知情的丁某,8月15日,李某和宋某办理了居住权登记。关于本案,下列说法正确的是:(　　)

A. 7月15日居住权设立

B. 租赁合同有效

C. 李某在10年内死亡,居住权可以继承

D. 李某支付10万元的行为无效

5. 甲将一块玉佩担保给乙,并完成交付。几天后,乙借给甲10万元,约定3个月后甲归还乙10万元并附带利息,若未付清,乙获得该玉佩的所有权。3个月期限届满后,甲未还款。请问,乙获得何种权利?(　　)

A. 乙获得该玉佩所有权

B. 乙就该玉佩获得质权

C. 乙就该玉佩获得抵押权

D. 乙就该玉佩获得留置权

6. 李某想将自己的汽油车更换为新能源车辆,欲以8万元的价格出售其汽油车,邻座的张某听见后,表示愿意购买此车。但李某与张某向来不睦,便对张某说次日再考虑一下。第二日,张某又来问李某是否愿意出售车辆,李某拒绝。关于本案,下列选项正确的是:(　　)

A. 李某应当承担缔约过失责任

B. 李某对张某构成承诺

C. 张某对李某构成要约

D. 李某对张某构成要约

7. 甲在校内的二手平台上发布了信息出售自己的自行车,价款1000元,附上了发票照片和自行车照片,并附言"诚信出售,先到先得"。乙看到消息后,通过微信联系甲,出价900元。甲不同意。之后二者又来回拉扯了几次。几天后,乙给甲发微信"就按你说的价来,1100元"。后二人线下见面,乙转账1000元给甲,甲主张还差100元并出示了微信聊天记录。乙表示是自己打错了。

关于本案,下列哪一说法是正确的?(　　)

A. 两人间成立了 1100 元的合同

B. 甲在二手平台上发布的信息属于要约邀请

C. 两人未达成合意

D. 两人间成立了 1000 元的合同

8. 甲公司为乙医院提供医疗设备,乙医院欠甲公司设备费用 300 万元满一年。甲公司发现,丙公司欠乙医院医疗服务费 500 万元,丙公司逾期支付满两年,乙医院一直未催促丙公司支付服务费。甲公司欲向丙公司行使代位权向法院起诉。关于本案,下列说法正确的有:(　　)

A. 甲公司对丙公司行使代位权,甲公司对乙医院的诉讼时效中止

B. 甲公司对丙公司行使代位权,乙医院对丙公司的诉讼时效中止

C. 甲公司的代位权以 300 万元为限

D. 甲公司的代位权以 500 万元为限

9. 张某从某商场购买了一款新款扫地机器人,约定了 15 天的试用期。对此,下列说法不正确的是:(　　)

A. 若张某在试用期间支付了部分价款,则视为其同意购买

B. 若张某直到试用期届满后第二天才想起来归还扫地机器人,商场有权拒绝受领

C. 若张某试用期间将扫地机器人出租给陈某,则视为其同意购买

D. 若扫地机器人在试用期间遭意外火灾毁损,则张某应当支付价款

10. 甲公司和乙学校(公立)签订捐赠 1000 万元的协议,约定该 1000 万元捐款专门用于购买书籍。甲公司已经支付给乙学校 300 万元,后甲公司因为资金链断裂,无法支付剩下的余款,乙学校请求甲公司继续支付剩余尾款。关于本案,下列哪一选项是正确的?(　　)

A. 甲公司可以向法院申请撤销尚未支付的 700 万元

B. 乙学校无权请求甲公司继续支付余款

C. 甲公司可以请求乙学校返还已经支付的 300 万元

D. 甲公司可以不再支付剩余的 700 万元

11. 外卖骑手张某见李某跳河,将手机交给路人王某便从十米高跳入湖中救李某,因跳下去背部不慎划伤,李某不想被救拼命挣脱,张某用力过大导致背部伤口撕扯,李某因此胳膊骨折,王某因不小心将张某手机掉在地上,屏幕被摔碎。关于本案,下列说法正确的是:(　　)

A. 外卖骑手张某的手机损坏,保管人王某应当赔偿损失

B. 外卖骑手张某背部受伤,被救者李某应当适当补偿

C. 外卖骑手张某的手机损坏,保管人王某应当适当补偿

D. 被救者李某胳膊受伤,外卖骑手张某应当赔偿损失

12. 甲公司与乙公司经常有业务往来,甲公司虚构与乙公司的应收账款,质押给丙公司融资并办理了质押登记手续。同时,丁公司提供保证。经查,丙公司曾向乙公司发函确认该笔应收账款,乙公司认可其真实性。现甲公司到期无法偿还丙公司的债务。关于担保的实现,下列说法正确的是:(　　)

A. 丙公司只能请求丁公司承担保证责任

B. 应收账款质押权未设立

C. 丙公司应当先就应收账款实现担保

D. 丙公司可以同时实现债权质押权和保证

13. 凌某和李某分居多年,于 2021 年 9 月签订离婚协议书。双方对婚后设立的多家公司的股权、名下的多套房产以及其他财产、债务进行了分割,并且变更了部分公司的股权登记和部分房产登记,其余则尚未变更。2023 年李某到法院提起离婚诉讼。对此,下列哪一选项是正确的?(　　)

A. 协议书尚未生效,法院应依法分割财产和债务

B. 未变更的其他股权和房产,按协议书处理

C. 已登记变更的,自变更起成为一方个人财产

D. 如财产分割无法达成一致,法院应判决不准离婚

14. 段某有三个儿子段甲、段乙和段丙,段甲曾经和段某吵架伤害过段某,段乙曾经雇凶杀段甲但没杀到,对于段甲和段乙的行为,段某表示很心痛,经过多年后段某已经原谅了段甲和段乙,立遗嘱愿意把全部遗产平均分给三个儿子,段丙口头上表示什么都不要,不需要把遗产分给

他。关于本案,三个儿子谁能继承段某的遗产?(　　)

A. 段甲不能继承段某的遗产

B. 段乙不能继承段某的遗产

C. 段甲和段乙都不能继承段某的遗产,并且段丙应该多分一些遗产

D. 段甲、段乙和段丙都能平均分得段某的遗产

15. 某公司挖天然气管道途经郝某家耕地,不影响耕地使用。郝某报出高价索赔,否则不让挖掘。经过协商,某公司以行业规定最高标准给予补偿。后郝某觉得补偿太少,要求补上之前索要高价的差额。郝某的行为违反了哪种原则?(　　)

A. 违反公序良俗原则

B. 违反诚实信用原则

C. 违反平等原则

D. 违反公平原则

16. 雷某起诉与宋某离婚,第一次法院判决不准离婚。二人分居两年后雷某再次起诉,宋某不同意离婚。诉讼期间雷某转移财产,把自己的租金所得转移到自己父亲的账户,租金来源于雷某婚前自己全款购买且仅登记在自己名下的房屋。下列说法不正确的是:(　　)

A. 租金所得是夫妻共同财产

B. 房子是雷某的个人财产

C. 法院应该判决离婚

D. 分割财产时,雷某可以少分

17. 新华信托公司推出“海潮一号”信托计划,投资于某科技项目。甲、乙、丙投资2000万元,认购了“海潮一号”。但新华信托公司经营管理不善,加之新华信托公司的底层资产主核是地产,地产行业持续低迷,导致新华信托公司资不抵债。2023年5月26日,新华信托公司被宣告破产。下列哪一说法是正确的?(　　)

A. “海潮一号”的信托财产属于新华信托公司的清算财产

B. “海潮一号”可以继续存续

C. 甲、乙、丙应向破产管理人申报债权

D. 甲、乙、丙在新华信托公司的破产分配中优先受偿

18. 盈东公司由张盈和刘东出资设立,分别持股70%和30%。公司成立前五年,经营顺利,并按照公司章程对各股东分配利润。第六年,张盈主张用公司的盈利来做技术革新,所以当年利润不分配,并作出股东会决议。刘东反对,打算向第三人转让其股权退出盈东公司,为了股权被准确估值,向公司书面提出查阅会计账簿及原始凭证的请求。下列说法正确的是:(　　)

A. 刘东有权要求公司以合理的价格回购其股权

B. 刘东有权向法院起诉要求公司分配第六年的利润

C. 因涉及商业秘密,刘东无权要求查阅公司的原始凭证

D. 公司不应以刘东查账目的不正当为由拒绝其请求

19. 甲、乙、丙共同出资设立天枫公司,持股比例分别为35%、35%、30%。丙准备将股权转让给丁,并与丁签署了《股权转让意向书》,约定:丙不履行该意向书应双倍返还定金,丁不履行该意向书的,定金被没收。丙就此事宜通知了甲和乙,甲、乙均主张优先购买权,丙遂表示不同意转让股权。下列有关说法正确的是:(　　)

A. 甲和乙以同等条件主张优先购买权应被支持

B. 甲和乙有权要求丙赔偿其合理损失

C. 甲和乙应按同等比例享有优先购买权

D. 丁有权要求丙继续履行《股权转让意向书》将股权转让给丁

20. 2020年,高某作为投保人为妻子安某购买了一份人身意外保险,约定若安某在60岁之前意外死亡,则保险公司支付200万元保险金给受益人。经安某同意,安某的母亲作为该保险的唯一受益人。2021年,高某与安某的孩子小高出生。2022年12月,安某的母亲因病去世。2023年1月,安某因意外事故死亡,时年40岁。2023年5月,高某将该人身保险的受益人变更为自己,随后向保险公司主张给付200万元保险金。关于涉案人身保险,下列哪一说法是正确的?(　　)

A. 小高因继承而取得受益人身份

B. 安某的法定继承人可主张保险公司给付200万元保险金

C. 高某有权以受益人身份来主张保险公司给付200万元保险金

D. 安某母亲的法定继承人可主张保险公司

给付200万元保险金

21. 李某是某市国资委副主任，主管工业发展建设。在职期间向甲房地产公司投资500万元，占股20%，此股权由王某代为持有，二人签署代持股协议，约定由李某实际投资并享有投资收益，王某仅为名义股东，李某实际参与公司的经营。甲房地产公司经营良好，2年后王某将该股权转让给不知情的赵某并办理了股权转让手续。据查，李某投资给甲房地产公司的出资款为其受贿所得。下列说法正确的是：(　　)

A. 因为李某是公务员，与王某签署的代持股协议无效

B. 王某将股权转让给赵某是无效的

C. 对李某的违法犯罪行为予以追究、处罚时，应当采取拍卖或者变卖的方式处置卖与赵某的股权

D. 对李某的违法犯罪行为予以追究、处罚时，应追缴该股权的转让价款

22. 乙公司是甲公司的长期合作伙伴，采用月结的方式结算货款，每月月底乙公司开具一张支票给甲公司结算当月的货款，双方完成对账后，由甲公司填写金额后向银行请求付款。2023年7月，乙公司按照惯例开出支票给甲公司，被甲公司的财务人员遗失，丙公司捡到以后，填写了金额并伪造了甲公司的签章将支票背书给自己，随后向银行请求付款，银行向丙公司给付了票据金额。下列说法正确的是：(　　)

A. 乙公司出票时未填写票据金额，该支票无效

B. 该支票有效

C. 银行错误支付款项给丙公司，仍应承担票据的付款义务

D. 丙公司依法取得票据权利

23. 浪奇公司通过虚构大宗商品贸易、虚增存货等方式，累计虚增收入129亿元，虚增资产20亿元，构成系统性财务造假，8050名投资者因此受到损害，浪奇公司的财务造假行为被查处，80名受损投资者委托投资者保护机构作为代表提起诉讼，其中甲公司明确表示不愿意参加该诉讼。下列有关说法正确的是：(　　)

A. 该案件的判决结果对全体的投资者有效

B. 该案件的判决结果对除甲公司外的其余投资者有效

C. 该案件的判决结果只对作出委托的80名投资者有效

D. 该案件中，其他投资者应向法院申请登记，判决结果对登记的投资者才有效

24. 甲花50万元购买了一辆高档摩托车，并向保险公司投保了全额财产损失险。后甲花2万元对摩托车的发动机进行了改装升级，摩托车的动力和速度比之前大大提升，甲未将这一情况告知保险公司。某天，甲开着改装后的摩托车发生车祸，摩托车全损。对此，下列哪一说法是正确的？(　　)

A. 保险公司有权解除合同并不退还保费

B. 保险公司有权拒绝赔偿

C. 保险公司应当赔偿甲50万元的损失

D. 保险公司应当赔偿甲52万元的损失

25. 王某多年前组建了“中国鸽业经销商联谊群”，群内成员为广东省内商品鸽主要的收购商、经销商，该群每月收购商品鸽3000万只，广东省每月出产商品鸽3000万～3500万只。某日，王某在群内发布公告：毛鸽收购价格每只下调1元，2022年2月11日发布执行。公告发布后被全省收鸽商广泛转发，并拒绝按照原价收购商品鸽。多个区域的养鸽户在遭遇2天的统一拒收后，不得不降价出售。下列哪一说法是正确的？(　　)

A. 王某的行为属于利用收鸽商数字平台滥用市场支配地位

B. 群内收鸽商达成了纵向垄断协议

C. 王某是商品鸽降价协议的组织者

D. 王某发布群公告应该进行公平竞争审查

26. 陈某自编自唱了一首歌，唱片公司将陈某的演唱录制为伴奏版的录音带，传唱很火。李某是著名的网络主播，未经许可，在直播间带货时播放了这首歌的伴奏版，并模仿陈某唱歌，吸引了很多粉丝观看，并获得打赏20万元，下列哪一说法是正确的？(　　)

A. 侵犯了陈某作为著作权人的信息网络传播权

B. 侵犯了陈某作为表演者的信息网络传播权

C. 侵犯了唱片公司的获得报酬权

D. 李某构成了侵犯著作权罪

27. 甲公司是从事某职业资格培训的机构，张

某备考期间，在甲公司兼职，为网络班学员直播讲解历年真题。考季结束，甲公司为张某支付了课时费。当年，张某通过了考试，取得了职业资格证书。张某结合自己的备考心得录制了视频在网络上销售，收益颇丰，下列有关张某应缴纳的个人所得税的说法，哪一项是正确的？（　　）

A. 甲公司向张某支付的课时费应缴纳个人所得税

B. 张某出售视频的收入属于综合所得

C. 张某的课时费和出售视频的收入应汇算清缴

D. 张某的课时费和出售视频的收入应合并计税

28. 文某军、文某喜等五人日常从事绿化养护工作。2022 年 10 月中旬，在完成当日的绿化养护和清理业务之后，为牟取非法利益，文某军提议砍伐非养护树林内的水杉树出售，所得利益由五人均分，其他四人均表示同意。经查，涉案被伐林木所在地为乔木林地，土地权属性质为国有土地，林木所有权归国家所有。经评估，被伐 8 棵水杉树的立木蓄积量为 5.5 立方米。对于上述情况，下列说法正确的是：（　　）

A. 如果文某军、文某喜等五人补办砍伐许可证，可免于承担刑事责任

B. 如果文某军、文某喜等五人主动赔偿生态环境损失，可免于承担行政责任

C. 林业主管部门责令文某军、文某喜等五人限期在原地补种水杉树

D. 文某军、文某喜等五人可要求林业主管部门代为补种水杉树

29. 2022 年 2 月，李某入职超凡公司，双方签署的劳动合同约定试用期到 6 月 30 日止，试用期和转正后的工资均为 5000 元。2022 年 5 月 1 日，李某突发先天性心脏病，治疗结束后不能胜任原工作，超凡公司安排李某不上夜班且不涉及重体力工作的岗位，但李某仍不能胜任。2022 年 6 月 1 日，超凡公司将李某辞退。2022 年 8 月，因为业务量激增，超凡公司重新聘用李某，并签订了无固定期限劳动合同。下列哪一说法是正确的？（　　）

A. 李某可要求超凡公司支付经济赔偿金 1 万元

B. 超凡公司辞退李某需说明理由

C. 超凡公司辞退李某程序违法

D. 超凡公司重新聘用李某可再约定 6 个月试用期

30. 下列哪个标志在经过使用前，就可以被注册为相关商品或服务的商标？（　　）

A. 用于快递服务的文字“一日达”

B. 使用在整个鞋底位置的红色

C. 用于饮料的文字“零卡低糖”

D. 眼部按摩仪的“三维立体凸起”

31. 以下发明创造应授予实用新型专利的是：（　　）

A. 一种芯片间的数据传输方法

B. 一种速效的感冒药

C. 造型新颖美观的台灯，但未对技术性能进行改进

D. 有特定弧度的座椅，可以有效缓解腰酸背痛

32. 德国乙公司拥有某专利技术，中国甲公司本想购买该技术但是费用太高，双方在德国商议许久后没有达成许可协议。甲公司遂在菲律宾和马来西亚擅自使用乙公司的专利技术。乙公司向中国法院提起侵权诉讼，请求法院判令甲公司对在菲律宾和马来西亚侵犯其专利的行为承担责任。甲公司则以乙公司的售价过高，其行为涉嫌垄断为由向我国法院提起诉讼。根据我国相关法律，下列说法正确的是：（　　）

A. 由于垄断所涉及的协议转让行为发生在德国，关于是否构成垄断的问题应该适用德国法

B. 关于乙公司的行为是否构成垄断，只能适用中国法律

C. 本案中，甲公司可以和乙公司在诉讼中选择适用德国法

D. 本案中，该专利技术的归属应该适用德国法

33. 经常居所地在上海的中国人孙倩和德国人汉森结婚后，在越南收养了一名当地女童阮灵作为养女。3 年后，汉森因疾病死亡，留下 100 万元人民币的存款，但未留遗嘱。后因遗产纠纷和收养关系的解除纠纷，孙倩和阮灵诉至某人民法院。依我国法律，下列哪一项是正确的？（　　）

A. 收养关系的成立应当适用中国法

B. 收养关系的解除，应在中国法、德国法和越南法中适用有利于保护阮灵权益的法律

C. 汉森的遗产继承适用德国法

D. 收养关系的效力应适用中国法

34. 德国人甲在德国通过网络向中国乙公司购物。之后由于双方就发货、款式等问题无法达成一致。甲在德国法院提起诉讼，要求取消合同。德国法院通过合法途径向中国乙公司送达了起诉书副本。中国乙公司在收到起诉书副本5天前，向中国法院提起诉讼，请求判决德国人甲继续履行合同。根据相关法律的规定，下列说法正确的是：（　　）

A. 中国法院有权受理中国乙公司的诉讼

B. 如中国法院受理该案，应通过外交途经向甲送达相关诉讼文书

C. 如果甲对中国法院的管辖提出异议，并认为德国法院审理案件更为方便，则我国法院可以裁定驳回乙公司的诉讼，告知其向更方便的德国法院起诉

D. 甲可以和乙公司协议选择本案中消费者合同所适用的法律

35. 中国奇峰公司向甲国海利公司出售一批货物，双方约定采用DPU2020术语规范当事人之间的合同。该批货物属于我国《出口管制法》中需要管制的货物。中国和甲国都是《联合国国际货物销售合同公约》的缔约国，根据相关国际法规则，下列说法正确的是：（　　）

A. 奇峰公司应当在目的地交货，并有购买保险的义务

B. 奇峰公司应该确保所交付的货物没有第三人的权利

C. 海利公司在收到货物后可以自行转卖给第三人

D. 奇峰公司在运输终端卸下后交货即可

36. 主营业地在新加坡的康达公司与主营业地在上海的慧鑫公司签订了货物买卖合同，约定合同产生纠纷由慧鑫公司主营业地基层人民法院管辖，合同用中文制定。后因合同纠纷，慧鑫公司将康达公司诉至该人民法院。经查明，我国和新加坡均是《联合国国际货物销售合同公约》的缔约国，依我国法律和《联合国国际货物销售合同公约》，下列说法正确的是：（　　）

A. 如双方未约定合同适用的法律，因合同用中文制定，且当事人约定合同纠纷由慧鑫公司主营业地基层人民法院管辖，可推定其选择合同适用中国法

B. 该合同的效力应当根据上述公约进行判定

C. 如双方当事人约定适用新加坡法，应按照约定适用新加坡的国内法，即使该国是《联合国国际货物销售合同公约》的缔约国

D. 如双方未约定，则合同所适用的法律应当根据最密切联系原则确定

37. 中国运达公司从法国MC公司进口一批网络设备，双方选择FCA2020规范双方之间的合同。双方同意运达公司指定的承运人在装货开始后向法国卖方签发已装船提单。依据相关规则，下列哪一项是正确的？（　　）

A. 只要运达公司进口网络设备就必须经过网络安全审查

B. 因双方同意承运人在装货开始后向卖方签发已装船提单，法国卖方MC公司承担运输途中的风险

C. 已装船提单必须有明确收货人

D. FCA术语适用于各种运输方式，包括多式联运

38. 中国甲公司向乙国A公司出口一批货物，双方选择FOB2020规范双方之间的合同并向保险公司投保了保险。双方选择信用证方式付款，货物在运输过程中因为海上风暴发生推定全损。根据相关国际法规则，下列说法错误的是：（　　）

A. 如相关权利主体申请委付，保险公司可以选择接受，也可以选择拒绝

B. 信用证中，提交的单据表面上不相符，但实质上没有歧义的，不应认定构成不符

C. 买方乙国A公司可以该批货物已经损失为理由拒绝付款

D. 银行对单据的真实性不承担责任，只要表面相符即可

39. 王某诉马某侵权损害赔偿纠纷一案，经开庭审理后，合议庭经评议，拟支持王某的诉讼请求。法院通知双方当事人8月1日进行宣判，马某发现本案书记员张某是原告的表妹夫，遂于7月31日向法院提出书记员张某回避的申请。关于本案，表述正确的是：（　　）

A. 以书记员不属于应当回避人员为由，驳回马某的回避申请

B. 以马某的申请不符合法定回避的情形为由，驳回马某的回避申请

C. 因为马某超过了法定申请回避的期限，法院对马某的申请不予审查

D. 法院应当决定延期宣判，对马某提出的回避申请予以审查

40. 甲公司是一家上市公司，在公报中虚构业绩，导致大量投资者损失，众多投资者纷纷提起诉讼，法院经过审查后确定有5808名投资者受到甲公司虚报业绩的损害。某证券投资者保护基金公司受易某等80名投资者委托，担任特别代表人向法院提起诉讼，郭某一人声明退出诉讼。关于本案判决对投资者的约束力，表述正确的是：（　　）

A. 如果代表人败诉，判决约束易某等80名投资者，其他投资者可以另行起诉

B. 如果代表人胜诉，判决约束除郭某外的5807人

C. 如果代表人胜诉，判决约束全部5808名投资者

D. 如果代表人败诉，判决只约束投保基金，所有投资者可以另行起诉

41. 甲起诉乙归还借款10万元，甲委托张律师代理诉讼。法院经审理后认为现有证据无法证明债权是否成立，需要甲到庭陈述相关事实，法院遂通知甲到庭就案件事实接受询问，甲以工作繁忙为由拒绝到庭，法院决定延期审理。第二次开庭时甲仍未出庭，委托张律师出庭。关于本案表述正确的是：（　　）

A. 可以对甲拘传

B. 可以对甲缺席判决，驳回甲的全部诉讼请求

C. 按甲撤诉处理

D. 如现有证据无法证明债权成立，法院可以对甲主张的债权不予认定

42. 李某起诉赵某合同纠纷一案，法院多次向赵某送达应诉通知书均无人签收，后法院通过赵某的邻居了解到，赵某到外地出差，已经一年多没有回来居住。法院可以通过何种方式向赵某送达文书？（　　）

A. 可以采取电子送达方式

B. 可以采取留置送达方式

C. 可以采取邮寄送达方式

D. 可以采取公告送达方式

43. 甲工厂排污导致河流污染，河流下游的居民因长期饮用受污染的水导致身体健康受损，纷纷向法院起诉，经法院公告后共有70名居民参加登记。经登记的当事人推选代表人参加诉讼，法院经过审理后判决甲工厂向参加登记的权利人分别赔偿5万元。判决生效后，刘某方才知道代表人诉讼的存在，向法院主张其因为甲工厂排污遭受了10万元的损失，由于不能归责于本人的事由没有参加诉讼，遂向法院提起第三人撤销之诉，请求撤销原判决，判决甲工厂向其赔偿10万元。关于本案，法院应当如何处理？（　　）

A. 判决驳回刘某的诉讼请求

B. 依法裁定撤销原判决中错误的部分

C. 依法判决撤销原判决中错误的部分

D. 对刘某的起诉裁定不予受理

44. 星辉公司起诉皓月公司合同纠纷一案，一审法院适用简易程序，由张法官独任审理，判决驳回星辉公司诉讼请求，星辉公司不服一审判决提起上诉，二审法院认为本案一审程序违法，剥夺当事人辩论权，裁定撤销一审判决，发回一审法院重审。关于本案重新审理表述正确的是：（　　）

A. 一审法院应当适用普通程序，由张法官以外的法官独任审理

B. 一审法院应当适用普通程序，张法官不得参与重审合议庭

C. 一审法院应当适用简易程序，由张法官以外的法官独任审理

D. 一审法院应当适用普通程序，张法官和人民陪审员不得参与重新审理

45. 申腾公司对锦达公司享有100万元到期债权，锦达公司怠于行使对苍南公司100万元到期债权，申腾公司遂代位起诉苍南公司要求归还100万元，法院判决支持了申腾公司的诉讼请求，判决生效后，苍南公司拒不履行生效判决，下列可以向法院提出强制执行申请的主体是：（　　）

A. 申腾公司或锦达公司都可以提出执行申请

B. 仅申腾公司可以提出执行申请

C. 仅锦达公司可以提出执行申请

D. 需要申腾公司和锦达公司共同向法院提出申请

46. 乙公司与张某共同出资设立甲公司,乙公司持股10%,张某担任执行董事和法定代表人。丙公司长期拖欠甲公司的到期货款,甲公司不予追讨。乙公司书面请求张某代表甲公司追讨丙公司的欠款,张某不置可否。乙公司代表甲公司向法院提起诉讼,法院判决支持了原告的诉讼请求。判决生效后,丙公司拒不履行生效判决。下列可向法院申请强制执行的主体是:(　　)

A. 仅甲公司有权申请

B. 仅乙公司有权申请

C. 甲公司和乙公司共同申请

D. 甲公司或乙公司均可申请

47. 乙市的宜欣公司,向甲市仲裁委申请仲裁,获得生效裁决后。向乙市法院申请强制执行丙市宁宇公司的财产,宁宇公司提出执行管辖异议,表示自己在乙市无财产可执行,随后又撤回了该执行管辖异议,但提出了不予执行申请。请问就法院的执行管辖权,下列哪一个选项是正确的?(　　)

A. 乙市法院因宁宇公司提出不予执行申请而获得管辖

B. 甲市法院有执行管辖权

C. 丙市法院有执行管辖权

D. 乙市法院因宁宇公司撤回执行管辖异议而获得管辖

48. A市B区的甲公司和C市D区的乙公司签订买卖合同,约定发生纠纷到设立在A市的A仲裁委员会解决,生效裁决由A市B区的法院执行。甲公司就买卖合同向A仲裁委员会申请仲裁,A仲裁委员会支持甲公司的请求。乙公司未履行,甲公司查到乙公司有很多财产在C市E区仓库,拟申请执行。下列有执行管辖权的法院是:(　　)

A. C市D区法院和C市E区法院有执行管辖权

B. C市中级人民法院有执行管辖权

C. A市中级人民法院有执行管辖权

D. A市B区法院有执行管辖权

49. 甲市中级人民法院根据申请人毛某的申请对甲市乙区的被执行人顾某位于甲市丙区的一套房屋进行拍卖。李某高价拍得该处房屋后,发现毛某也注册账号不断加价,使拍卖价格远远高于预期,李某申请法院撤销拍卖,关于李某的救济,下列表述正确的是:(　　)

A. 向甲市乙区法院另行起诉毛某

B. 向甲市丙区法院另行起诉毛某

C. 向甲市中级人民法院提出对执行行为的异议

D. 向甲市中级人民法院提出案外人对执行标的的异议

50. 甲市A学校与乙市B建筑公司签订建设工程施工合同,约定B公司承建A学校的某学生宿舍楼,同时在合同中约定因为履行合同发生纠纷,由丙市的仲裁委仲裁。后来A学校与B公司就工程款计算以及支付方式达成补充协议,但补充协议中并未约定仲裁条款。后来A学校逾期支付工程款,B公司欲追索工程款,可以通过何种途径?(　　)

A. 向甲市法院起诉

B. 向乙市法院起诉

C. 向丙市法院起诉

D. 向丙市的仲裁委申请仲裁

二、多项选择题(每题所设选项中至少有两个正确答案,多选、少选、错选或不选均不得分。本部分含51~85题,每题2分,共70分)

51. 王某去李某的手机店里购买了新款手机,王某手机用了一个月后发生爆炸致其受伤。经查,该手机有明显使用痕迹,是二手手机。关于本案,下列说法正确的是:(　　)

A. 王某可以以显失公平为由撤销合同

B. 王某可以追究李某的违约责任

C. 王某可以追究李某的侵权责任

D. 王某可以继续保留手机,但请求减少手机价款

52. 甲和乙之间有车辆租赁协议,到期后甲约定将车卖给乙,约定价款20万元,3个月内完成分期付款。丙知道后,向甲表示愿意以25万元的价格购买此辆车,并且一个星期内付全款,甲同意,并让丙直接去找乙提车。关于本案,下列选项正确的是:(　　)

A. 乙已经取得车辆所有权

B. 丙有权请求乙返还车辆

C. 丙善意取得车辆所有权

D. 甲系无权处分

53. 王某有两个儿子王甲和王乙,因不满王甲遂立遗嘱所有财产由王乙继承。王某死后王乙

按照遗嘱继承。王某遗产有名画一幅，王乙以100万元卖出后，将100万元赠与王甲。后王某老友李某回国，表示该画为其寄存在王某处，并非王某所有。对于该画，下列说法正确的是：(　　)

A. 李某可以请求王乙赔偿100万元

B. 李某可以请求王甲赔偿100万元

C. 王乙属于善意取得，不构成侵权

D. 李某可以主张王乙侵权

54. 甲在保管乙的汽车时，因经济紧张，以自己的名义，将汽车卖给丙，并明确告知丙，该车属于乙所有，乙让自己代为卖车。后丙和甲签订汽车买卖合同。关于甲的行为，下列说法正确的是：(　　)

A. 甲构成无权代理

B. 甲构成无权处分

C. 经乙追认后买卖合同合法有效

D. 乙有权向丙主张付款

55. 甲与银行签订了一份保险柜使用协议，协议约定甲可以使用保险柜30年。其中，锁具及物品存取事宜由甲自行安排。3年后，甲死亡，甲的继承人请求银行返还物品。关于本案，下列说法正确的是：(　　)

A. 该协议兼有租赁合同与保管合同的性质

B. 银行可以拒绝返还

C. 甲的继承人的请求应得到支持

D. 该协议为仓储合同

56. 塑料公司与商贸公司签订合同购买一批吸管，约定塑料公司先交货商贸公司后付款。后商贸公司与牛奶公司签订合同转售这批吸管。塑料公司按商贸公司指示将吸管交付给牛奶公司，牛奶公司已付款并使用这批吸管。但是，商贸公司迟迟未付货款直至约定期限已过。关于本案，下列说法正确的有：(　　)

A. 塑料公司不可以向牛奶公司主张不当得利

B. 塑料公司可以向商贸公司主张不当得利

C. 该批吸管所有权已归牛奶公司

D. 塑料公司有权基于合同相对性向牛奶公司主张货款

57. 甲公司因经营不善歇业，欠专职司机潘某工资3万元，潘某多次催要未给，一气之下把公司一辆面包车开走。甲公司的母公司乙公司知道此事主动偿还潘某2万元。关于本案，下列说法正确的是：(　　)

A. 甲公司尚欠潘某1万元

B. 乙公司行为属于无因管理

C. 甲公司尚欠潘某3万元

D. 潘某开走面包车属于自助行为

58. 甲在乡下的老房子年久失修，邻居乙曾多次催促其加固，但甲一直未采取措施。某日因暴雨甲家一面院墙倒塌了一半，砸到了乙家的摩托车。因甲在外地，乙雇人清理了院子里的残砖废料，并修理了摩托车，另外半截墙也快要倒塌。关于本案，下列说法正确的有：(　　)

A. 乙可以请求甲支付摩托车修理费

B. 乙可以请求甲加固另一半未倒塌的墙

C. 乙可以请求甲支付清理残砖废料的费用

D. 甲可以请求乙返还清理出来的残砖废料

59. 2021年8月，甲公司与乙公司签订融资租赁合同，约定乙公司以售后回租方式，将自有的3辆清障车转让给甲公司租回使用，租金按月支付。乙公司自2022年3月起开始拖欠租金，经催告后仍未支付。甲公司遂于2022年7月底自行收回租赁车辆，8月将车辆以20万元的价格转让给丙公司。后甲公司诉至法院，请求乙公司赔偿损失。根据有关评估机构提供的报告，2022年7月涉案车辆的市价约为30万元。对此，下列哪些选项是正确的？(　　)

A. 甲公司出售车辆的价格不合理，因此扩大的损失应由其自行承担

B. 甲公司有权解除融资租赁合同

C. 甲公司的损失为未付租金及相应违约金扣减车辆变卖价值的差额

D. 甲公司无权自行处分租赁车辆

60. 物业公司在小区内A栋设立了一个分类投放的垃圾桶供整栋楼业主使用，设立垃圾桶的地点距离303住户王某的卧室仅有3米远，垃圾桶招惹大量蚊虫，使王某卧室的门窗完全无法打开，王某多次与物业公司交涉，请求更换垃圾桶摆放位置，但是物业公司均未予理会，王某遂向法院提起诉讼。关于本案，王某可以提出以下哪些请求？(　　)

A. 请求物业公司排除妨害

B. 解除物业服务合同

C. 请求物业公司停止侵害

D. 请求物业公司赔礼道歉

61. 谷某驾车到某饭店就餐，将车停放在该饭店专用的地下车库后取得停车票据一张，上面印有当日日期并载明：在本饭店消费 300 元以上的，当日停车免费；未达到 300 元的，按每小时 10 元收取停车费。当日 20 时，谷某的车辆被常某盗走后转卖。对此，谷某有权提出下列哪些请求？（　　）

A. 请求常某返还转卖所得

B. 请求饭店承担侵权责任

C. 请求饭店承担违约责任

D. 请求饭店承担补充赔偿责任

62. 甲公司主营房地产业务，李某持股 3%，担任公司销售部门的副总经理。公司章程规定：客户经副总经理介绍购房，可享受 8% 的优惠。张某经李某介绍购房，获得了 8% 的优惠。李某的妹妹想要买房，李某安排销售员刘某谎称房屋存在瑕疵，将房屋便宜 12% 卖给妹妹，房屋的过户登记手续均已完成。经甲公司其他股东同意，李某将其股权转让给吴某并退出公司，后随着经济回暖，房价大涨。下列有关说法不正确的是：（　　）

A. 张某购房的 8% 优惠，应由李某赔偿给甲公司

B. 甲公司与李某妹妹的房屋买卖合同无效

C. 李某应承担对甲公司的赔偿责任

D. 吴某应对甲公司承担连带责任

63. 卓宇能源公司因经营不善，就是否解散召开股东会。持股 60% 的股东甲同意解散，持股 40% 的股东乙反对，拒绝签字，并在股东会决议上注明："卓宇能源公司曾在陷入困境时向乙借款 2000 万元，未提供担保，公司需在偿还该笔借款后再决议是否解散。"后法院受理了卓宇能源公司的破产重整申请，法院指定管理人后，股东乙申报了 2000 万元债权，债权人丙向管理人申报了 1000 万元债权，以下说法正确的是：（　　）

A. 卓宇能源公司的股东会决议有效

B. 卓宇能源公司的股东会决议不成立

C. 乙的债权应劣后于丙受偿

D. 乙的债权应与丙同等受偿

64. 甲股份公司的股东乙持股 51%，丙持股 1%，由 11 名董事组成董事会，张某是董事之一。在任期届满前，张某向公司提交了书面辞职申请。甲股份公司欲召开股东会补选董事，董事会根据大股东乙的提名确定李某为董事候选人，丙提名赵某为董事候选人，并于股东会召开 10 日前书面提交董事会。下列有关说法正确的是：（　　）

A. 公司收到张某的辞职申请时，辞职生效

B. 在公司补选的董事就任前，张某仍应履行董事职务

C. 经出席股东会的股东所持表决权的过半数同意可选举董事

D. 丙提名的董事候选人应被股东会审议

65. 张某和王某共同出资设立甲公司，张某持股 10%，王某持股 90%，王某担任公司的法定代表人。甲公司章程规定：公司不得对外捐款。在某慈善晚宴中，王某欲代表甲公司向某扶贫慈善基金会捐款 50 万元。就此捐赠事项，甲公司召开股东会，在王某同意、张某反对的情形下作出股东会决议，随后王某代表甲公司与该扶贫慈善基金会签署捐赠协议。下列说法正确的是：（　　）

A. 张某有权在法定期限内申请撤销甲公司的股东会决议

B. 甲公司章程中有关禁止捐赠的内容无效

C. 甲公司有权要求王某赔偿损失

D. 捐赠资金支付之前，甲公司有权撤销捐赠

66. 张某、宋某、李某等 13 名股东出资设立甲公司，张某担任公司的董事长和法定代表人。据查，宋某与王某签署了代持股协议，约定王某实际出资并享有实际出资收益，由宋某代持股权。甲公司的股东名册及商事登记中的股东均为宋某，对此张某知情。李某将股权对外转让给刘某，但未办理股东名册和商事登记的变更手续。甲公司欲分配 2022 年度的利润，下列有关说法正确的是：（　　）

A. 甲公司召开股东会会议应通知王某

B. 甲公司召开股东会会议应通知刘某

C. 宋某有权参与甲公司的利润分配

D. 李某有权参与甲公司的利润分配

67. 甲、乙、丙、丁、戊五人共同设立了山奇加工厂（以下简称山奇厂，普通合伙企业）。合伙人共同商定由甲、乙两人共同执行合伙事务。2023 年 5 月，甲单独以山奇厂的名义和不知情的供应商 A 签订建材买卖合同。2023 年 6 月，甲、乙共同决议以山奇厂的名义和 B 签订合作开发协议，丙经过甲和乙的同意，用合伙份额为 C 设立质

权。下列说法正确的是:(　　)

A. 甲代表山奇厂与A签订的买卖合同,对山奇厂发生法律效力

B. 甲和乙代表山奇厂与B签订的合作开发协议,对山奇厂发生法律效力

C. 对于甲签订的建材买卖合同,只有乙有权提出异议

D. 丙为C设立质权,经过了甲和乙的同意,C获得质权

68. 张某出资设立个人独资企业甲咨询服务所,因经营不善,拖欠诸多债务无力清偿,被债权人申请破产清算,清算人核查资产债务后,发现清算费用10万元,拖欠工人工资10万元,欠缴税款5万元,拖欠其他债权人20万元,甲咨询服务所的财产不能清偿全部债务,下列说法正确的是:(　　)

A. 甲咨询服务所资不抵债,被法院宣告破产注销后,未清偿的债务无须清偿

B. 甲咨询服务所的财产在支付清算费用后应优先清偿工人工资

C. 甲咨询服务所不能清偿的税务,由张某用个人财产承担无限责任

D. 甲咨询服务所不能清偿的其他债权,由张某用家庭财产承担无限责任

69. 天泰房地产公司不能清偿到期债务且资产不足以清偿全部债务,被法院依法受理破产重整,法院指定了管理人,管理人制订重整计划,按计划天泰房地产公司引进战略投资者,并对相关的权益作出具体的安排,下列重整计划的内容合法的是:(　　)

A. 天泰房地产公司原出资人权益调整为零

B. 债权额为10万元以下的小额债权人全额清偿

C. 天泰房地产公司的原股东不得向战略投资者以外的第三人转让股权

D. 有担保的债权在重整计划执行第二年可行使权利

70. 天远公司是国有煤炭集团下属的煤电公司,经当地政府批准划拨甲、乙两块土地使用权。天远公司在甲地块修建厂房,在乙地块修建职工住房。随着国家推动建设以绿色电力为特征的现代电力系统,天远公司被关停。为了保证下岗职工的居住权益,通过人力资源保障制度给予员工住房补贴,经相关政府批准将乙地上的房屋转让给员工,且不需要办理土地使用权出让手续。风达公司是当地的风力发电厂,欲购买甲地的厂房。下列有关说法正确的是:(　　)

A. 天远公司在转让乙地住房中所获收益中的土地收益,应上缴国家或者作其他处理

B. 天远公司在转让乙地住房中所获收益中的土地收益,留下一半在天远公司

C. 转让甲地厂房给风达公司的转让方应是天远公司

D. 转让甲地厂房给风达公司的转让方应是当地政府

71. 鸿途公司开发“全能车”APP,使用“全能车”APP,用户只需要注册一个账号,交一份押金就可以打开哈啰单车、青桔单车、摩拜单车等十几家企业的共享单车。因为便捷迅速吸引了大量用户注册、交押金及使用费。据查,鸿途公司从未获得过任何授权,也并未与单车企业有过合作。关于鸿途公司的行为,下列说法正确的是:(　　)

A. 鸿途公司的行为构成滥用市场支配地位

B. 鸿途公司的行为构成不正当竞争行为

C. 鸿途公司的行为构成混淆行为

D. 鸿途公司的行为构成侵犯商业秘密

72. 程某、庞某出资设立甲公司,通过购买大量手机建立机房,控制多个互联网账号,运用群控软件,按照需求单的要求准时给直播间上人气,调高直播间的在线人数、点赞、评论等。王某在直播间销售服装,2023年1月利用甲公司的“服务”增加了直播间的观看人数,从而吸引大量客户进直播间下单购买货品。对此,下列说法正确的是:(　　)

A. 甲公司的行为构成互联网不正当竞争

B. 甲公司的行为不构成虚假宣传

C. 王某的行为构成虚假宣传

D. 王某的行为侵犯了消费者的知情权

73. 马某是某商业银行的信贷经理,多次违规给朱某发放贷款,朱某是该银行大股东牛某的妻子。商业银行因发放给朱某的大量贷款无法收回,资金周转失灵,经营陷入困局。国家金融监督管理部门对该银行依法促成机构重组,重组期间马某委托中介出售自家房屋,并取出存款办理手续准备出境。国家金融监督管理部门可以直接

采取的措施有哪些？(　　)

A. 冻结朱某的银行账户

B. 限制该商业银行的红利分配

C. 禁止马某出售房屋

D. 限制马某出境

74. 甲省审计机关对某国有商业银行省分行开展审计调查时，发现省分行向西元房地产公司提供了多笔大额贷款，存在无法收回的风险。经审查，省分行的流动性资产余额与流动性负债余额的比例为20%，低于法律规定的25%，但符合该商业银行总行下发的《关于支持房地产企业发展的意见》，该审计机关的下列哪些做法是合法的？(　　)

A. 向省政府报告该省分行存在的风险

B. 请求财政部门予以协助，财政部门应当依法予以配合

C. 检查省分行的信息安全系统

D. 建议商业银行总行对《关于支持房地产企业发展的意见》进行纠正

75. 周某是厨师和美食博主，拥有相当数量的粉丝。周某制作了一段自己做菜的视频，命名为"周氏爆炒龙虾"上传到网络平台，因为独特的拍摄场景布置，角度选择、音像配合以及巧妙的剪辑，受到广大网友的追捧，点击量过百万。李某看到视频后，运用"AI换脸"技术把视频里周某的脸换成自己，并命名为"李氏爆炒龙虾"上传至网络平台，点击量过万，李某侵犯了周某的哪些权利？(　　)

A. 姓名权　　　　B. 肖像权

C. 名誉权　　　　D. 著作权

76. 程某是报社派驻在A国的记者，报社要求程某每天写一篇有关当地的随笔刊发在报纸上。并在报纸头版明确载明：未经报社许可，不得转载或摘编。下列哪些未经许可的行为侵犯了报社的著作权？(　　)

A. 广播电台在节目中播放了此随笔，并向报社寄送了费用

B. 初中教科书将随笔收录并向报社寄送了费用

C. 程某离职后，将自己撰写的随笔收录至作品集并出版

D. 某期刊转载了该随笔，并向报社寄送费用

77. 中国人甲和中国人乙是夫妻，乙去德国公派留学并在留学期间和德籍华人丙结识。为了和丙结婚，乙加入德国国籍。缔结婚姻后几个月，乙因为车祸意外死亡，丙在德国法院诉讼并获得死亡赔偿金。丙将死亡赔偿金存在中国银行，甲得知此事后向我国某法院提起诉讼要求继承上述赔偿金。根据我国相关法律，下列说法正确的是：(　　)

A. 法院应适用中国法确定本案是继承关系还是夫妻财产关系

B. 乙的行为构成法律规避

C. 法院应当适用中国法处理甲和乙的夫妻财产关系

D. 因为乙已经获得德国国籍，所以应当认定其为德国人

78. 中国人李某和新加坡人叶某在开曼群岛注册公司，主营业地在上海。之后叶某通过运作将李某踢出董事会，李某向我国法院起诉要求保护其作为股东的合法权益。根据我国法律，下列说法正确的是：(　　)

A. 本案适用开曼法或者中国法

B. 该公司的经常居所地在中国

C. 当事人可以选择本案所适用的法律

D. 该公司为中国公司

79. 某甲国公司以远低于市场价值的价格向我国销售相关产品。我国相关产业发现甲国为该外国公司提供了很多优惠措施，包括政府通过一家企业为其提供资金扶助，以及修建了一条直通机场的高速公路。我国相关产业遂向我国商务部发起反补贴调查申请，根据相关法律，下列说法正确的是：(　　)

A. 甲国政府通过相关企业向该公司提供的资金扶助，构成补贴

B. 甲国政府给公司修了一条直通机场的高速公路，属于补贴

C. 商务部只能依据相关产业的申请发起调查

D. 甲国政府可以在WTO争端解决机构发起相关程序

80. 刘某以10万元价格购入李某的车，李某将车交付刘某，但未办理登记。后李某反悔，希望以原价买回该车辆，刘某不同意，后刘某驾驶该车辆上路，由于陈某违反交通规则横穿马路，导致刘某与王某车辆相撞，经交警现场鉴定，陈某

承担70%责任，刘某承担30%责任。王某欲起诉赔偿，关于本案的被告，下列表述正确的是：(　　)

A. 本案可以李某、陈某为共同被告

B. 本案可以陈某为被告

C. 本案可以刘某、陈某为共同被告

D. 本案可以李某、刘某以及陈某为共同被告

81. 甲公司拖欠员工陈某工资，后双方经人民调解委员会调解，甲公司和陈某达成调解协议，约定甲公司应当在调解协议生效后一个月内向陈某支付拖欠的工资5万元。人民调解委员会据此制作调解协议书。一个月期限届满后，甲公司拒不履行，陈某应当如何救济？(　　)

A. 申请法院强制执行调解协议书

B. 直接向法院起诉甲公司要求履行调解协议书

C. 向劳动仲裁委申请劳动仲裁

D. 就调解协议向法院申请支付令

82. 甲、乙两公司因合同纠纷提起诉讼，甲公司申请丙运输公司的赵某作为证人出庭作证，乙公司申请本公司的仓库管理员钱某作为证人出庭作证，以下选项中正确的是：(　　)

A. 因为钱某是乙公司员工，需经得甲公司同意方有证人资格

B. 为提高效率，赵某提前写好证词当庭宣读

C. 法院可安排赵某和钱某当庭对质

D. 赵某因路途遥远申请视频作证，法院未询问乙公司意见直接同意

83. 甲开车将乙撞伤，乙起诉甲要求赔偿医疗费10万元。法院判决支持了乙的诉讼请求。一年后，乙的腿疼痛加剧，经医院诊断为之前撞伤的后遗症，为了治疗后遗症，乙花费医疗费5万元。乙再次起诉甲要求赔偿治疗后遗症所花费的5万元，下列表述正确的是：(　　)

A. 后遗症是标准时前发生的事实，法院应当告知乙申请再审

B. 后遗症是标准时后发生的事实，法院应予受理

C. 乙的起诉不构成重复起诉，法院应当依法受理

D. 乙的起诉构成重复起诉，告知乙申请再审

84. 甲、乙结婚后，育有一子小甲。甲起诉乙离婚，诉讼中，甲、乙就儿子的抚养权达成调解协议，约定小甲由乙抚养。但法院经过审理发现，甲、乙二人均未满20周岁，应当如何处理？(　　)

A. 判决驳回甲的诉讼请求

B. 判决确认婚姻关系无效

C. 就小甲的抚养问题出具调解书

D. 判决撤销婚姻关系

85. 黄某将房屋租赁给陈某，陈某导致黄某的房屋装修和家具、家电等损毁严重，黄某向法院提起诉讼，请求判令陈某赔偿损失2万元。法院经过审理后判决支持了黄某的全部诉讼请求。陈某不服一审判决，提起上诉，二审法院经过审理后认为本案一审认定基本事实不清，遂裁定撤销原判，发回重审。在重新审理过程中，由于修缮房屋的装修费用大幅上涨，黄某变更诉讼请求，请求判令被告陈某修缮房屋，恢复原状。关于本案表述正确的是：(　　)

A. 法院应当不予准许黄某变更诉讼请求

B. 法院应对变更后的诉讼请求进行审理

C. 法院不能以原一审判决认定的事实作为依据

D. 陈某应受原审程序中其行为拘束

三、不定项选择题(每题所设选项中至少有一个正确答案，多选、少选、错选或不选均不得分。本部分含86～100题，每题2分，共30分)

86. 甲到影楼拍摄了一套艺术写真照，影楼工作人员乙为炫耀自己高超的修图技术，未经甲允许，擅自将精修图和原图同时发到某平台，由于对比明显，甲的同学们看到后对甲进行了嘲讽和讥笑。关于本案，以下说法正确的是：(　　)

A. 甲可以请求影楼承担侵权责任或违约责任

B. 甲的肖像权被侵犯

C. 甲可以请求乙和影楼承担连带侵权责任

D. 甲的名誉权被侵犯

87. 甲、乙为夫妻，育有一子丙，离婚后丙随母亲乙一起生活。后乙嫁给丁，暑假期间丙去甲家，甲发现丙的名字变成戊(随丁姓)。后丙欲上私立学校，需要增加抚养费。关于本案，下列说法正确的有：(　　)

A. 甲有权因乙为丙改了名字不支付抚养费

B. 乙为丙改了名字，则甲、丙之间的监护义务终止

C. 乙应为甲探望丙提供便利

D. 丙有权起诉请求甲增加抚养费

88. 张某有一辆小型轿车借给刚取得驾驶证的王某,并告诉他只能在市区使用,王某因工作需要驾车上高速发生事故,造成丁某受伤。对此,下列说法正确的是:(　　)

A. 王某对张某构成违约,应承担违约责任

B. 丁某可以请求王某承担损害赔偿

C. 张某无须对丁某承担损害赔偿

D. 机动车所有权人为张某,丁某有权请求张某承担损害赔偿

89. 甲将自己的一辆旧捷达轿车作价 5 万元转让给乙(甲不知道乙没有取得驾驶证),未办理登记过户手续。乙在驾驶过程中将丙撞伤,丙为此花去医药费 2 万元,为此引起纠纷。下列表述正确的是:(　　)

A. 乙对丙的受伤承担无过错责任

B. 丙的治疗费用首先由交强险赔付

C. 甲对丙的受伤应承担连带责任

D. 甲对丙的受伤不承担责任

90. 严某在浏览某美食平台时,看到一家新开的餐馆,排名前 10 的评价都是积极推荐,次日便前往体验。餐后,严某对美未公司开的这家餐馆从口味到环境均感失望,遂在该网络平台上给出差评,内容为:“美未原来不美味,建议大家谨慎打卡。”美未公司发现后,立即与严某联系,表示严某的评价过于苛刻,已构成侵权,要求严某删除差评,遭到严某拒绝。后美未公司又联系该平台,要求其删除严某的差评,被该平台拒绝。对此,下列说法正确的是:(　　)

A. 网络平台应与严某承担连带责任

B. 网络平台并无义务删除严某的差评

C. 严某侵犯了美未公司的名誉权

D. 严某侵犯了美未公司的名称权

91. 甲向乙借款 10 万元,并将一块名表交付给乙,约定还款期限届满后,如果未按期支付本息 12 万元,则乙可以选择:该表归乙所有;或者由丙无条件按照 12 万元回购该表。丙对前述安排表示认可,并参与签订协议。经查,该名表系甲花费 15 万元,在二手市场上购得。对此,下列说法正确的是:(　　)

A. 该名表归乙的约定无效

B. 乙只能要求甲清偿债务,而无其他的救济途径

C. 乙只能参照担保物权的规定,就该表优先受偿

D. 乙仍可要求丙支付 12 万元以消灭甲的债务

92. 甲、乙、丙共同出资设立捷光公司,持股比例分别为 56%、43%、1%。甲、乙和外聘的张某组成董事会,甲担任董事长和法定代表人,乙兼任总经理,丙没有任何职务。因为不能及时完成战略转型,捷光公司经营陷入困境,拖欠丁的巨额款项无力清偿。捷光公司股东会决议解散公司,下列有关说法正确的是:(　　)

A. 甲有义务组织清算

B. 乙有义务组织清算

C. 丙有义务组织清算

D. 丁有权加入清算组

93. 甲、乙、丙共同出资设立世峰装修工作室(普通合伙企业,以下简称工作室)。合伙协议约定:由甲执行合伙事务,乙和丙不参与合伙事务执行。工作室经营不善面临困境,丙自丁处获知其有一批稀缺材料,对工作室的业务复苏至关重要,但丁要求预付 100 万元定金。丙就此事项征询乙和甲的意见,乙觉得有利润前景遂表示同意,甲坚决反对。随后丙代表工作室与丁签订了购销合同。下列说法正确的是:(　　)

A. 丙可以撤销对甲执行合伙事务的委托

B. 必须经甲、乙、丙一致同意,工作室才能与丁签署购销合同

C. 工作室对该购销合同事后追认的,该合同有效

D. 丙代表工作室与丁签署的购销合同有效

94. 甲公司被法院受理破产清算,法院指定了管理人。甲公司的大股东及法定代表人是王某,公司的核心财务资料及印章由王某保管。管理人要求王某交接相关资料,但王某回外地老家处理私人事宜,拒归,并告知管理人,甲公司的小股东周某也了解公司情况,让周某配合管理人。据查周某未在甲公司担任任何职务。下列有关说法正确的是:(　　)

A. 周某有义务配合管理人

B. 法院可拘留王某

C. 因王某不配合,人民法院可直接终结破产程序

D. 法院可对王某罚款

95. 张某担任甲公司的总经理。2022 年 3

月,甲公司被法院受理破产清算并指定了管理人。2022 年 1 月,在甲公司已经资不抵债的情形下,张某利用职权获得了 35 万元的年终奖,管理人要求张某返还该笔款项,但未将该笔款项列入债权表,张某与管理人沟通未果,下列有关说法正确的是:(　　)

A. 张某的年终奖属于非正常收入,管理人有权要求张某返还

B. 张某返还年终奖后所形成的债权,属于职工债权

C. 张某可向法院起诉管理人,确认债权

D. 张某可向法院起诉甲公司,确认债权

96. 甲向乙购买一批货物,为支付货款签发了一张 100 万元的银行承兑汇票,6 个月后到期,工商银行进行了承兑。乙因急需用钱,将该汇票向丙进行了贴现,获得资金 95 万元,丙将汇票背书转让给丁。票据到期后,丁向工商银行主张付款,因为甲的账户资金不足,被工商银行拒付。丁经营管理混乱,一年后丁被人民法院依法受理破产仍未主张追索权。下列有关说法正确的是:(　　)

A. 甲的账户资金不足,工商银行有权对丁拒绝付款

B. 工商银行已经拒绝付款,无须对丁承担票据责任

C. 丙有权以贴现无效为由拒绝向丁承担票据责任

D. 乙有权拒绝对丁承担票据责任

97. 甲公司和乙公司之间签订买卖合同,后甲公司将一张承兑汇票背书转让给乙公司作为付款。乙公司要求银行付款时,发现该汇票已经由丙公司申请公示催告程序,催告期间届满,无人申报权利,丙公司申请法院对该汇票作出了除权判决。乙公司可以通过哪些方式救济?(　　)

A. 把汇票退给甲公司,要求甲公司通过其他方式支付货款

B. 向作出除权判决的法院提出第三人撤销之诉

C. 向作出除权判决的法院申请再审

D. 向作出除权判决的法院起诉丙公司

98. 廖某出借 10 万元给黄某,到期后,黄某无力清偿,廖某起诉黄某获得胜诉判决后申请对黄某强制执行。黄某的好友李某向法院提交保证书,愿意用自己的一辆汽车作为担保,经廖某同意,法院决定暂缓执行 6 个月。但当事人并未就该汽车办理抵押登记。6 个月后黄某仍然无力清偿,下列选项正确的是:(　　)

A. 廖某向法院申请恢复强制执行

B. 廖某向法院申请对李某的汽车实现担保物权

C. 李某仅在黄某财产不足以清偿 10 万元的范围内承担担保责任

D. 廖某应将该车交由法院拍卖

99. 甲、乙借款纠纷,A 区法院经过审理后判决甲胜诉。判决生效后,乙拒不履行判决,甲向乙的住所地 B 区法院申请强制执行。执行中,乙表示自己没有现金和存款,但是有一块祖传的玉石可用于抵债,双方就此达成和解协议,约定乙将玉石交付给甲用以抵偿债务,乙当即将玉石交付给甲。甲将玉石摆放在卧室中观赏,后甲身体不适,就医后发现该玉石不是古玉,而是一块具有放射性物质的石头,甲身体不适是因为该玉石具有极强放射性。甲可以采取下列哪些(种)方式救济?(　　)

A. 甲可以向 B 区法院起诉乙要求赔偿

B. 甲可以向 B 区法院申请恢复对原判决的执行

C. 甲可以向 B 区法院起诉请求撤销执行和解协议

D. 甲可以向 A 区法院申请再审

100. 甲、乙、丙成立某公司,公司住所地为 C 区。公司章程规定与公司有关的诉讼由 A 区法院管辖,后来丙将股权转让给丁,丙、丁在股权转让协议中约定因为转让协议发生的任何纠纷由 B 区法院管辖。后公司召开股东会作出了公司增资的决议,丁认为股东会的表决方式以及决议内容违反公司章程规定,欲向法院起诉请求撤销该决议,应当向哪些(个)法院起诉?(　　)

A. 本案属于公司诉讼,依法应当由公司住所地 C 区法院管辖

B. 本案公司章程规定的管辖协议有效,丁应当向 A 区法院起诉

C. 本案公司章程规定的管辖协议无效,丁不能向 A 区法院起诉

D. 本案丙、丁之间约定的管辖协议有效,丁应当向 B 区法院起诉

国家统一法律职业资格考试

历年真题汇编

2023年客观题
答案册

法律出版社
LAW PRESS·CHINA
北京

2023年国家统一法律职业资格考试(回忆版)

试卷一参考答案及解析

一、单项选择题

1.【解析】C。公权力是为维护和增进公益而设的权力,不能超越政治。A项说法错误。

公职人员作为公民也存在个人利益,要正确处理个人利益与公共利益的关系。公职人员不能将自己的利益置于公共利益之上。在行使职权时,公职人员不能受到个人利益的影响。B项说法错误。

马克思强调,社会主义国家的一切权力属于人民,一切公职人员必须“在公众监督之下进行工作”。只要公权力存在,就必须有制约和监督。C项说法正确。

党纪和国法是当代中国国家治理制度的一体两翼。党纪往往体现更高更严的要求,公职人员要以更高的标准、更严的纪律加以自我约束。D项说法错误。

2.【解析】C。要增强制度执行力,制度执行就要到人到事,做到用制度管权管事管人。推进法治体系建设,重点和难点在于通过严格执法、公正司法、全民守法,推进法律正确实施,把“纸上的法律”变为“行动中的法律”。C项说法正确。

3.【解析】B。作为第一生产力的科学技术与法相互影响、相互作用。法律并不必然滞后于科技发展,立法有时会预先对科技活动进行规制、提供法律救济。A项说法错误。

新的科学技术出现也会导致伦理困境和法律评价上的困难,如器官移植、克隆技术等,科技并非价值中立,需要新的法律予以规范。B项说法正确。

国家坚持发展和安全并重,统筹发展和安全是我国现代化建设的本质要求与历史使命。C项说法错误。

促进创新和依法治理相结合的原则没有体现在个案中进行平衡,而是事前给定的,因而D项说法错误。

4.【解析】D。本题考查的是宪法的基本原则和宪法修正案的内容。大家在记忆宪法修正案时,可以着重从修宪的时代背景角度去理解把握宪法修正案的内容,因为任何法律的制定和修改都会有明显的时代烙印,结合自己熟悉的修宪的时代背景,就不难回忆推导出宪法修正案的相关内容。2004年人权入宪,2018年推进全面依法治国,建设中国特色社会主义法治体系。A、B项说法正确。

宪法的基本原则主要有人民主权原则、基本人权原则、法治原则和权力制约原则。权力制约既包括公民权利对国家权力的制约,也包括国家权力相互之间的制约。我国《宪法》规定“全国人民代表大会和地方各级人民代表大会都由民主选举产生,对人民负责,受人民监督”等,是权力制约原则在我国宪法中的体现。C项说法正确。

宪法对公民基本权利和义务的规定是人民主权原则的具体体现。D项说法错误。

5.【解析】A。我国《宪法》序言的最后一段规定了宪法的根本法地位和最高法律效力。A项说法错误。

宪法具有根本性、最高性、原则性、纲领性、稳定性。B、C、D选项说法正确。

6.【解析】B。根据《代表法》的规定,代表在人民代表大会各种会议上的发言和表决,不受法律追究。A项说法错误。

根据《代表法》的规定,乡、民族乡、镇的人民代表大会代表,如果被逮捕、受刑事审判或者被采取法律规定的其他限制人身自由的措施,执行机关应当立即报告乡、民族乡、镇的人民代表大会。B项说法正确。

根据《代表法》的规定,代表有下列情形之一的,暂时停止执行代表职务,由代表资格审查委员会向本级人民代表大会常务委员会或者乡、民族乡、镇的人民代表大会报告:(1)因刑事案件被羁押正在受侦查、起诉、审判的;(2)被依法判处管制、拘役或者有期徒刑而没有附加剥夺政治权利,正在服刑的。周某被行政拘留,无须暂时停止其代表职务。小吴被判处有期徒刑3年,没有附加剥夺政治权利,应暂时停止其代表职务。C、D项说法错误。

7.【解析】A。《国徽法》第5条规定,下列场所应当悬挂国徽:(1)北京天安门城楼、人民大会堂;(2)县级以上各级人民代表大会及其常务委员会会议厅,乡、民族乡、镇的人民代表大会会场;(3)各级人民法院和专门人民法院的审判庭;(4)宪法宣誓场所;(5)出境入境口岸的适当场所。A项说法正确。

2004年《宪法修正案》规定“中华人民共和国国歌是《义勇军进行曲》”,将国歌写入宪法。B项说法错误。

《国旗法》第5条规定,下列场所或者机构所在地,应当每日升挂国旗:(1)北京天安门广场、新华门;(2)中国共产党中央委员会,全国人民代表大会常务委员会,国务院,中央军事委员会,中国共产党中央纪律检查委员会、国家监察委员会,最高人民法院,最高人民检察院;中国人民政治协商会议全国委员会;(3)外交部;(4)出境入境的机场、港口、火车站和其他边境口岸,边防海防哨所。《国旗法》第6条第1款规定,下列机构所在地应当在工作日升挂国旗:(1)中国共产党中央各部门和地方各级委员会;(2)国务院各部门;(3)地方各级人民代表大会常务委员会；(4)地方各级人民政府；(5)中国共产党地方各级纪律检查委员会、地方各级监察委员会；(6)地方各级人民法院和专门人民法院；(7)地方各级人民检察院和专门人民检察院；(8)中国人民政治协商会议地方各级委员会；(9)各民主党派、各人民团体；(10)中央人民政府驻香港特别行政区有关机构、中央人民政府驻澳门特别行政区有关机构。C项说法错误。

《国旗法》第19条第1款规定，不得升挂或者使用破损、污损、褪色或者不合规格的国旗，不得倒挂、倒插或者以其他有损国旗尊严的方式升挂、使用国旗。仅是禁止性规定，没有规定追究其刑事责任。D项说法错误。

8.【解析】D。根据《村委会组织法》第32条的规定，村应当建立村务监督委员会或者其他形式的村务监督机构，负责村民民主理财，监督村务公开等制度的落实，其成员由村民会议或者村民代表会议在村民中推选产生，其中应有具备财会、管理知识的人员。村民委员会成员及其近亲属不得担任村务监督机构成员。村务监督机构成员向村民会议和村民代表会议负责，可以列席村民委员会会议。A项说法错误。

根据《村委会组织法》第11条第1款的规定，村民委员会主任、副主任和委员，由村民直接选举产生。任何组织或者个人不得指定、委派或者撤换村民委员会成员。B项说法错误。

村民委员会应当尊重并支持集体经济组织依法独立进行经济活动的自主权，维护以家庭承包经营为基础、统分结合的双层经营体制，保障集体经济组织和村民、承包经营户、联户或者合伙的合法财产权和其他合法权益。乡、民族乡、镇的人民政府对村民委员会的工作给予指导、支持和帮助，但是不得干预依法属于村民自治范围内的事项。土地承包经营方案属于村民自治范围内的事项，该乡政府不得干预。C项说法错误。

根据《村委会组织法》第27条第1款的规定，村民会议可以制定和修改村民自治章程、村规民约，并报乡、民族乡、镇的人民政府备案。D项说法正确。

9.【解析】C。《宪法》第107条第3款规定："省、直辖市的人民政府决定乡、民族乡、镇的建置和区域划分。"《宪法》第89条规定，国务院行使下列职权：……(15)批准省、自治区、直辖市的区域划分，批准自治州、县、自治县、市的建置和区域划分……故A项说法错误。

根据《选举法》第13条的规定，设区的市、自治州和县级的人民代表大会代表的具体名额，由省、自治区、直辖市的人民代表大会常务委员会依照《选举法》确定，报全国人民代表大会常务委员会备案。乙市人大代表的名额由甲省人大常委会确定。B项说法错误。

根据《地方各级人民政府机构设置和编制管理条例》第9条的规定：地方各级人民政府行政机构的设立、撤销、合并或者变更规格、名称，由本级人民政府提出方案，经上一级人民政府机构编制管理机关审核后，报上一级人民政府批准；其中，县级以上地方各级人民政府行政机构的设立、撤销或者合并，还应当依法报本级人民代表大会常务委员会备案。故乙市政府设立某工作部门，须经甲省政府批准。C项说法正确。

村民委员会的设立、撤销、范围调整，由乡、民族乡、镇的人民政府提出，经村民会议讨论同意，报县级人民政府批准。D项说法错误。

10.【解析】A。马锡五在陕甘宁边区长期的司法审判实践中，形成了马锡五审判方式。马锡五审判方式是把群众路线的工作方法创造性地运用到审判工作中去的司法民主的崭新形式，也是从一系列司法案件中总结归纳出的经验成果。其审判方式的特点有：(1)深入农村调查研究，实事求是了解案情。(2)依靠群众，教育群众，尊重群众意见。(3)方便群众诉讼；手续简便、不拘形式。陇东"封芝琴与张柏儿婚姻上诉案"是马锡五调查审理的典型案件，根据题干内容，并没有体现坚持调解优先的做法。

11.【解析】B。宋代法律在继承关系上，有较大的灵活性。除沿袭以往遗产兄弟均分制外，允许在室女享有部分财产继承权。遗嘱在宋代适用广泛，其中遗书是宋代遗嘱的主要形式。县令没有依照遗书判决。A项错误，B项正确。县令认为富豪为保全儿子性命而留遗书，考虑契约。C项错误。《宋刑统·户婚律·户绝资产》规定，"今后户绝者，所有店宅、畜产、资财，营葬功德之外，有出嫁女者，三分给与一分，其余并入官。如有庄田，与分近亲承佃"。即出嫁女可以继承户绝资产中的"店宅、畜产、资财"的三分之一，但前提是出嫁女要对被继承人尽孝道，并且在继承的时候官府要查明是否存在与夫合谋侵夺父家财产的情况。D项错误。

12.【解析】D。本题意在说明，定分是止争的前提和基础，定分是手段，止争是目的，定分则能止争。D项正确。

13.【解析】D。根据《法官法》第15条的规定，人民法院可以根据审判工作需要，从律师或者法学教学、研究人员等从事法律职业的人员中公开选拔法官。除应当具备法官任职条件外，参加公开选拔的律师应当实际执业不少于5年，执业经验丰富，从业声誉良好，参加公开选拔的法学教学、研究人员应当具有中级以上职称，从事教学、研究工作5年以上，有突出研究能力和相应研究成果。冯某的教学年限条件不满足公开选拔法官的条件，A项说法错误。

根据《人民调解法》第5条的规定，国务院司法行政部门负责指导全国的人民调解工作，县级以上地方人民政府司法行政部门负责指导本行政区域的人民调解工作。基层人民法院对人民调解委员会调解民间纠纷进行业务指导。县人民法院对人民调解员陈某进行指导工作，于法无据，B项说法错误。

褚某利用职务便利，收取费用，于职业形象不利，C项说法错误。

根据《法官法》第36条的规定，法官从人民法院离任后两年内，不得以律师身份担任诉讼代理人或者辩护人。法官从人民法院离任后，不得担任原任职法院办理案件的诉讼代理人或者辩护人,但是作为当事人的监护人或者近亲属代理诉讼或者进行辩护的除外。D 项说法正确。

14.【解析】B。《法官职业道德基本准则》第 13 条规定,自觉遵守司法回避制度,审理案件保持中立公正的立场,平等对待当事人和其他诉讼参与人,不偏袒或歧视任何一方当事人,不私自单独会见当事人及其代理人、辩护人。据此,B 项说法错误,尽管钱法官的出发点是好的,但是下班之后单独会见当事人及其代理人,这种方式是不恰当的。

A 项说法正确,赵法官并未偏袒任何一方当事人。

C 项说法正确,符合《法官职业道德基本准则》中坚持司法为民的相关规定,也符合《最高人民法院关于人民法院登记立案若干问题的规定》第 7 条第 1 款的要求:"当事人提交的诉状和材料不符合要求的,人民法院应当一次性书面告知在指定期限内补正。"

D 项说法正确,符合《法官职业道德基本准则》中有关坚持司法为民的相关要求。

15.【解析】D。选项 A 错误。根据上述公约的规定,国际濒危野生动植物的国际贸易采取清单加许可证制度,调整对象既包括活体,也包括标本。列入附件一的物种,必须取得进口和出口两个许可证。列入附件二的物种,仅需要取得出口许可证。列入附件三的物种,其进出口规则由两国自行管理设置。

选项 B 错误。如 A 项解析所述,列入附件二的,需要出口许可证即可。

选项 C 错误。如 A 项解析所述,公约既适用于活体,也适用于标本。

选项 D 正确。参见 A 项解析。

综上所述,本题答案为 D。

16.【解析】B。选项 A 错误。根据我国《出境入境管理法》第 81 条第 2 款,外国人违反本法规定,情节严重,尚不构成犯罪的,公安部可以处驱逐出境。公安部的处罚决定为"最终决定"。这个最终决定的意思就是既不能提起行政复议,也不能提起行政诉讼。

选项 B 正确。行政行为相对人认为具体行政行为侵犯其合法权益的,可以依法申请行政复议。本案中的说法显然符合这个条件。

选项 C 错误。根据我国相关法律的规定,"定居"外国,自愿取得外国国籍的,"自动丧失"中国国籍。本案中,立志虽然取得了德国国籍,但是仍旧定居中国。并且其没有办理退出中国国籍的手续,所以本案中,应当认定其仍旧具有中国国籍。

注意,这个时候虽然立志在事实上具有两个国家的国籍,但是从法律上,我们仍旧认定其具有中国国籍。

选项 D 错误。根据我国相关法律规定,外国人有未了结的民事案件,经人民法院决定的,不得出境。大家一定记住,民事案件不得出境的,必须同时满足两个条件,"未了结"和"人民法院"决定,缺一不可。

综上,本题答案为 B。

17.【解析】D。选项 A 错误。根据相关国际法规则,外交代表不应在接受国内为私人利益从事任何专业或者商业活动。

选项 B 错误。根据相关国际法规则,外交特权与豁免的放弃只能由派遣国作出,并书面通知接受国,个人是无权进行放弃的。

选项 C 错误。根据相关国际法规则,外交人员豁免于接受国的刑事管辖,但不免除刑事责任。也就是豁免的仅仅是"管辖",责任并没有豁免。通常的做法是送回大使馆,通过外交途径追究责任。也就是"管不了,责依旧"。

选项 D 正确。根据相关国际法规则,外交人员不得干涉接受国的内政。具体包括不介入党派斗争,不参加反对接受国政府的集会、游行和示威活动。

综上所述,本题答案为 D。

18.【解析】B。A 项,第一,乙车上的彩票属于乙占有。甲拿走,构成盗窃行为。第二,不记名、不挂失的彩票,在开奖前,价值大小是不确定的,有可能很小,有可能很大。乙偷了个价值大小不确定的财物。对此,多数说认为,价值根据开奖后的价值来确定。最终价值是 1 万元,那么甲属于盗窃了价值 1 万元的财物,构成盗窃罪,并且既遂。如果乙忘记兑奖,不影响其既遂。少数说认为,行为与行为对象的价值应同时存在。甲盗窃时,彩票的价值大小不确定,有可能很小(一张纸),应按照价值很小来认定,所以此时,甲尚不构成盗窃罪。如果事后中奖了,甲拒不归还奖金,则构成侵占罪。如果事后没有中奖,则甲不构成犯罪。如果事后中奖了,但甲却忘记兑奖,导致乙损失中奖收益,那么甲也不构成犯罪,按照民事案件处理。本题问的是唯一正确答案。对此应根据多数说来作答。所以,A 项说法正确。

B 项,盗窃罪和抢夺罪都是将他人占有的财物转移为自己占有。二者区别在于转移占有的手段的暴力程度不同。盗窃罪是对物以平和手段,对人身没有危险。抢夺罪是对物暴力,对人身有危险,不要求危险程度很高。如果甲一把扯走挎包,属于对物暴力,该手段对乙的人身多少有些危险,构成抢夺罪。题中,甲先割断背带,该行为是对背带本身实施暴力,但是,接下来甲拿走包时的行为(转移占有的行为),对乙的人身没有危险,所以不构成抢夺罪,而构成盗窃罪。B 项说法错误。

C 项,受骗人是保洁员,直接受害人是修理师傅,因为修理师傅有保管义务,弄丢了有赔偿责任。赵某构成三角诈骗,还是盗窃罪的间接正犯,关键看受骗人保洁员有无处分电脑的权利。显然,保洁员没有处分权利。因此,赵某构成盗窃罪的间接正犯。C 项说法正确。

提示:有个回忆版本是,"乙将装有笔记本电脑的包临时放在商场一楼设备间,也是保洁员的休息室兼办公室,当时保洁员不在。甲发现乙的电脑放在此处,对保洁人员谎称电脑是自己的,保洁人员将电脑给了甲"。在这个版本里,由于该房间是保洁员的休息室兼办公室,因此保洁员有处分的权利。甲构成三角诈骗,构成诈骗罪。

D 项,甲犯盗窃罪,为了抗拒抓捕而使用暴力,构成转化型抢劫罪。关于转化型抢劫罪的既遂标准,多数说认为,以前三罪(盗窃罪、诈骗罪、抢夺罪)为准,前三罪既遂,转化型抢劫罪便既遂;前三罪未遂,则转化型抢劫罪未遂。少数说认为,只有使用暴力后最终取得财物,才构成转化型抢劫罪既遂。根据多数说,甲的盗窃罪是未遂,所以甲的转化型抢劫罪也是未遂。可能有人认为,甲主动放弃拿现金,构成盗窃罪中止,然而,盗窃罪是财产犯罪,财产法益不具有专属性,具有可替代性,因此不能仅看不拿现金,还要看是否拿其他财物。甲主动放弃拿现金时,甲的盗窃犯意并没有消除,还要拿珠宝,此时盗窃罪没有呈现终局形态。此后,主人回家抓甲,甲的盗窃罪只能被迫放弃,构成未遂。多数说和少数说都会认为,甲构成转化型抢劫罪未遂。D 项说法正确。

综上所述,本题答案为 B。

19.【解析】B。本题不考虑数额,只作定性分析。

第一,甲利用职务便利,擅自贱卖餐厅的财物,100元的财物以 70 元卖掉,导致餐厅损失 30 元。该行为构成故意毁坏财物罪。例如,甲如果将餐厅价值 1 万元的财物扔到大街上,或以 1 元钱的价格随便卖给路人,也应构成故意毁坏财物罪。又如,甲擅自将他人的股票低价抛售,导致他人财产损失的,也构成故意毁坏财物罪。

如果甲擅自私下将餐厅的财物低价卖给亲友等特定关系人,则构成盗窃罪,盗窃数额是差价部分的数额。这是因为,盗窃罪的非法占有目的,既包括为自己非法占有,也包括为特定第三人非法占有。本题中,甲将餐厅财物出售给不特定的广大顾客,无法构成盗窃罪,而构成故意毁坏财物罪。A 项说法错误。

提示:本题在《刑法修正案(十二)》生效之前。在《刑法修正案(十二)》于2024 年 3 月 1 日生效后,甲的行为构成徇私舞弊低价出售企业资产罪(《刑法》第 169 条)。该罪的行为对象以前仅包括国有资产;根据《刑法修正案(十二)》,现在也包括民营企业的资产。

第二,甲利用职务便利,私下将货款中的 30 元打入自己账户。该行为构成职务侵占罪。B 项说法正确。

第三,甲向老板谎称向内部员工发售了福利套餐。该行为不构成诈骗罪。这是因为,虽然该行为欺骗了老板,但是该行为本身没有骗取老板的财物。该行为只是掩盖自己职务侵占 30 元的一种手段。在甲此前贱卖套餐的行为中,没有欺骗行为。所以,甲对餐厅及老板不构成诈骗罪。C 项说法错误。

第四,甲对顾客不构成诈骗罪。(1)甲欺骗顾客,使顾客误以为 70 元的价格是餐厅给顾客搞的优惠活动。然而,顾客并未因此遭受财产损失,反而获利。而成立诈骗罪,要求给被害人造成财产损失。(2)甲出售给顾客套餐时,该套餐此时不属于甲实施某个取得型财产犯罪的犯罪所得(赃物)。假如,甲先盗窃餐厅财物,然后谎称是自己的财物,卖给不知情的顾客,则多数说认为,对顾客构成诈骗罪,因为顾客想买合法商品,却买到权利有瑕疵的赃物,存在财产损失。少数说则只算经济账,不考虑法律问题,认为如果顾客买到的商品,在经济价值上不吃亏,那么甲对顾客不构成诈骗罪;基于此,市场价 100元的商品,顾客花 70 元买到,顾客不吃亏,因此甲对顾客不构成诈骗罪。回到本题中,甲对顾客不构成诈骗罪。因此,D 项说法错误。

综上所述,本题答案为 B。

20.【解析】D。A 项,甲的故意伤害行为引发乙的防卫行为(起火),因此甲具有灭火的作为义务。A 项说法正确。

B 项,甲有灭火义务和灭火可能性,却不灭火,构成不作为的放火罪。B 项说法正确。

C 项,乙的防卫行为(扔火把)会不会成为先行行为而产生作为义务?多数说认为,关键看防卫行为有没有可能导致过当结果,如果有可能,则有防止过当结果发生的义务。乙的防卫行为引发起火,有可能造成火灾,严重危害公共安全,那就是过当结果。所以,乙有灭火义务。少数说认为,防卫行为不会产生作为义务。本题问唯一正确答案,那么须按照多数说作答。根据多数说,C 项说法正确。

D 项,成立防卫过当,要求防卫行为与过当结果之间有因果关系,或者防卫行为单独与过当结果有因果关系,或者防卫行为与防卫者的不作为共同导致过当结果(二因一果)。本案中,乙的防卫行为产生作为义务,并且乙不作为,那么需要考察乙的防卫行为与不作为是否共同导致过当结果(严重火灾)。防卫行为(扔火把)给火灾的发生仅提供了必要条件(无 A 则无 B),重点要看不作为与严重火灾之间有无因果关系。由于甲在故意伤害乙,乙只能逃命,缺乏灭火的条件,也即缺乏作为可能性,严重火灾的造成不能归属于乙的不作为。而防卫行为(扔火把)与严重火灾之间仅具有必要条件关系,不具有刑法上的因果关系;况且,防卫行为是由甲的故意伤害行为引起的。所以,严重火灾的结果不能归属于防卫行为。因此,乙不构成防卫过当,而构成正当防卫。D 项说法错误。

综上所述,本题答案为 D。

21.【解析】A。甲不属于防卫挑拨。防卫挑拨,是指甲欲侵害乙,故意先挑衅乙(如推搡乙、扇乙耳光),促使乙侵害自己(如乙用拳头反击甲),然后以正当防卫为借口加害乙。结论:甲不成立正当防卫,属于故意犯罪。理由是,甲属于恶意利用正当防卫制度。

本题中,甲只是开玩笑,没有想侵害乙,没有恶意利用正当防卫的意图,不属于防卫挑拨。乙对甲实施严重的不法侵害,甲的反击属于正当防卫。由于乙的不法侵害严重到对甲有生命危险的程度,甲的防卫行为导致乙重伤,并不构成防卫过当,属于正当防卫。所以,甲不构成故意伤害罪,也不构成过失致人重伤罪。A 项说法正确。

综上所述,本题答案为 A。

22.【解析】B。A 项,第一,武某作为犯罪嫌疑人,指使他人作伪证,不构成妨害作证罪或伪证罪的教唆犯,因为不具有期待可能性。第二，刘某答应作伪证，为伪证作准备，所以成立伪证罪。伪证罪的着手标准是开始作伪证，既遂标准是作完伪证。成立既遂，不要求使法官相信、作出错误判决。刘某尚未去法庭作伪证，便自动放弃，构成预备阶段的犯罪中止。A 项说法错误。

B 项，田某走私成品油，构成走私普通货物、物品罪。走私犯罪的既遂标准：陆路输入的，越过国境线；海运、空运的，船舶、飞机到达本国港口、机场。此后被海关查获，不影响既遂的成立。所以，田某构成犯罪既遂。B 项说法正确。

C 项，非法种植毒品原植物罪（《刑法》第 351 条），是指非法种植罂粟、大麻等毒品原植物，情节严重的行为。谢某非法种植大量罂粟，情节严重，表明已经构成该罪，并且既遂。此后铲除，只能认定为事后悔过行为，不能改变既遂形态。对于这种悔过行为，法律规定，可以免除处罚。C 项说法错误。

D 项，脱逃罪的既遂标准：摆脱监管人员的实力控制。逃出关押场所，但明显处于被追捕过程中，且没有摆脱追捕的，仍属于未遂。本题中，彭某逃出监狱，摆脱了追捕，构成脱逃罪既遂。此后被抓，不能改变既遂的结论。关于数罪并罚问题，假如彭某的脱逃罪定 2 年有期徒刑，抢劫罪定 10 年有期徒刑，又犯新罪，先减后并。用故意伤害罪的 8 年减去已经执行的 3 年，等于 5 年。然后故意伤害罪的 5 年与脱逃罪的 2 年、抢劫罪的 10 年并罚；下限是数刑中最高刑 10 年，上限是总和刑期 17 年，假如最终定 15 年刑期，那么对彭某还需执行 15 年有期徒刑。D 项说法错误。

综上所述，本题答案为 B。

23.【**解析**】A。A 项，《刑法》第 24 条第 2 款规定："对于中止犯，没有造成损害的，应当免除处罚；造成损害的，应当减轻处罚。"（1）这里的损害结果不是指既遂结果，否则就是犯罪既遂了。（2）这里的损害结果是刑法要处罚的危害结果。钱某的故意伤害罪构成犯罪中止。该中止犯属于"造成损害结果"的中止犯，因为钱某非法侵入住宅的行为是刑法要处罚的行为，《刑法》规定了非法侵入住宅罪。所以，A 项入选。

B 项，李某构成敲诈勒索罪的犯罪中止。李某导致谢某产生恐惧心理，不过，这种"恐惧心理"本身不是刑法处罚的危害结果。我国刑法没有规定单纯的恐吓罪。所以，李某敲诈勒索罪的中止，属于"没有造成损害结果"的中止。B 项不入选。

C 项，编造、故意传播虚假恐怖信息罪（《刑法》第 291 条之一），是指编造爆炸威胁、生化威胁、放射威胁等恐怖信息，或者明知是编造的恐怖信息而故意传播，严重扰乱社会秩序的行为。

本罪是实害犯，成立本罪，要求造成严重扰乱社会秩序的实害结果。所以，本罪一旦成立，也就既遂。孙某的行为已经造成严重扰乱社会秩序的实害结果（大规模疏散人群），因此成立本罪，并且既遂。既遂之后，孙某不可能再构成犯罪中止。C 项不入选。

D 项，赵某实施的是拐骗方式的拐卖妇女罪。在开始实施骗的行为时，该罪就成立。将妇女卖出去，就犯罪既遂。在卖出去之前，自动放弃，构成犯罪中止。因此，赵某构成犯罪中止。赵某之前骗的行为没有给吴某造成值得刑法处罚的损害结果，因此赵某属于"没有造成损害结果"的中止犯。D 项不入选。

综上所述，本题答案为 A。

24.【**解析**】B。A 项，成立敲诈勒索罪，要求实施恐吓行为，也即以恶害相通告，"你若不给钱，我就对你施加恶害"，由此使对方产生恐惧心理。王某对丁某并未实施恐吓行为，所以不构成敲诈勒索罪。A 项说法错误。

B 项，王某不想帮忙，却要钱，说明具有非法占有丁某钱财的目的。王某带着非法占有目的，欺骗丁某，使丁某基于认识错误而交付钱财，因此构成诈骗罪。B 项说法正确。

C 项，丁某让王某顶罪，是让王某实施包庇罪，给 5 万元属于王某实施犯罪的酬劳。王某并不想实施犯罪，此时丁某尚未给出的钱财值得刑法保护。王某以"我为你犯罪"为由，欺骗丁某支付酬劳，构成诈骗罪。C 项说法错误。

D 项，王某将数量较大的毒品放在家里，供自己吸食，构成非法持有毒品罪。D 项说法错误。

综上所述，本题答案为 B。

25.【**解析**】A。A 项，甲的强奸罪未能得逞，构成强奸罪未遂。此后，甲将乙捅成重伤，构成故意伤害罪既遂。这是前后两个独立的犯罪，应并罚。A 项说法正确。

B 项，成立强奸罪致人重伤这一结果加重犯，要求是强奸罪的实行行为导致重伤。强奸罪的实行行为是指带着奸淫目的实施暴力行为。甲用刀捅乙时，只带着逃跑目的和伤害目的，没有带着奸淫目的，所以该暴力行为不是强奸罪的实行行为，而是故意伤害罪的实行行为。所以，甲不构成强奸罪致人重伤。如果甲带着奸淫目的实施暴力，且该暴力导致乙重伤，则甲构成强奸罪致人重伤。B 项说法错误。

C 项，结果加重犯成立，并不意味着基本犯既遂。基本犯是否既遂，有自己的独立标准。强奸罪的基本犯既遂标准就是奸淫得逞。甲并未奸淫得逞，所以构成强奸罪未遂。何况，甲并不构成强奸罪致人重伤这一结果加重犯。C 项说法错误。

D 项，成立转化型抢劫罪，要求犯盗窃罪、诈骗罪、抢夺罪，为窝藏赃物、抗拒抓捕、毁灭罪证而使用暴力或以暴力相威胁。所以，甲不构成转化型抢劫罪。D 项说法错误。

综上所述，本题答案为 A。

26.【**解析**】D。A 项，假药的认定采取实质标准（看疗效），虽然没有获得药品批准文件，但是有疗效的药，不属于假药。因此，甲不构成销售假药罪。A 项说法错误。

B 项，妨害药品管理罪的行为类型之一是，未取得药品相关批准证明文件，生产、进口药品或者明知是上述药品而销售，对人体健康造成具体危险的行为。该罪是具体危险犯。虽然甲未取得药品批准文件,但是该药有疗效,表明对人体健康没有具体危险。所以,甲不构成妨害药品管理罪。B 项说法错误。

C 项,关于药品方面的非法经营罪,总结变化如下:

第一,2014 年《最高人民法院、最高人民检察院关于办理危害药品安全刑事案件适用法律若干问题的解释》第 7 条规定:(1)违反国家药品管理法律法规,未取得或者使用伪造、变造的药品经营许可证,非法经营药品(开黑药店),情节严重的,定非法经营罪。(2)以提供给他人生产、销售药品为目的,违反国家规定,生产、销售不符合药用要求的非药品原料、辅料,情节严重的,定非法经营罪。

第二,2022 年《最高人民法院、最高人民检察院关于办理危害药品安全刑事案件适用法律若干问题的解释》删除了上述两项规定,因此上述两项行为不再构成非法经营罪。删除的原因是,立法者认识到,关于药品方面的犯罪,应当采取实质标准(看有无疗效、有无危险),放弃形式标准(行政管理证件)。

总结"开黑药店,卖药":(1)如果没有疗效,是假药,定销售假药罪。(2)如果是劣药,定销售劣药罪。(3)如果是未取得药品批准文件而生产、进口的药(简称黑药),对人体健康有危害,定妨害药品管理罪,不定非法经营罪。(4)如果不是假药、劣药,不是对人体健康有危害的黑药,单纯开黑药店,不再定非法经营罪,不构成犯罪,由市监局行政处罚。

此外,上述解释第 11 条规定:"以提供给他人生产、销售、提供药品为目的,违反国家规定,生产、销售不符合药用要求的原料、辅料……以生产、销售伪劣产品罪从重处罚"。基于此,以提供给他人生产、销售药品为目的,违反国家规定,生产、销售不符合药用要求的非药品原料、辅料,不定非法经营罪后,可以定生产、销售伪劣产品罪。

本题中,第一,黑药店问题。本题没有说明甲有无药品经营许可证。即使甲没有药品经营许可证,单纯无经营许可证而销售药品,已经不再定非法经营罪。第二,黑药问题。本题中,销售的是未取得药品批准文件而进口的黑药。该药即使对人体健康有危险,定的也是妨害药品管理罪,不定非法经营罪。题中该药对人体健康没有危险,不构成妨害药品管理罪。概言之,无论如何,甲不构成非法经营罪。C 项说法错误。D 项说法正确。

提示:甲如果私自进口该仿制药,因为该药有疗效,所以不构成妨害药品管理罪,但是私自进口行为如果偷逃关税,则构成走私普通货物、物品罪。

综上所述,本题答案为 D。

27.【**解析**】D。第一,受贿罪的既遂标准是,国家工作人员接受了他人财物,控制了财物。甲将卡和密码交给乙,乙收下后,乙便构成受贿罪既遂。

第二,一个犯罪只能有一个犯罪形态,各个犯罪形态之间是排斥关系。乙一旦构成受贿罪既遂,就不可能再变成其他犯罪形态,既遂排斥未遂。因此,既遂后,乙即使不能实际使用卡里资金,既遂也不能变成未遂。所以,D 项说法正确。

第三,行贿罪的既遂标准是,行贿人送出财物,国家工作人员客观上占有了财物。当乙收下财物时,甲的行贿罪构成既遂。

第四,甲一旦构成行贿罪既遂,就不可能再变成其他犯罪形态。因此,甲的既遂不可能再变成犯罪预备或犯罪中止。A 项和 C 项说法错误。

第五,成立盗窃罪,要求带着非法占有目的,通过平和手段将他人占有的财物转移为自己占有。非法占有目的包括排除意思和利用意思。排除意思是指,永久性排除占有人的占有,没有归还意思。甲构成行贿罪既遂,乙构成受贿罪既遂,表明甲失去对卡里资金的占有,乙事实上占有了卡里资金。虽然甲将卡里资金转为定期存款,但是甲并没有永久性排除乙占有的意思,过段时间,甲会转回活期存款。因此,甲没有非法占有目的,甲的行为属于盗用行为,不构成盗窃罪。B 项说法错误。

综上所述,本题答案为 D。

28.【**解析**】C。A 项,成立行贿罪,要求谋取不正当利益。甲通过法官寻找案源,针对其他律师而言,属于谋取不公平的竞争优势。谋取不公平的竞争优势,属于谋取不正当利益。因此,甲构成行贿罪。A 项说法正确。

BC 项,利用影响力受贿罪与斡旋受贿的区别:(1)主体身份不同。前者,不是国家工作人员。后者,是国家工作人员。(2)发挥影响力的根据不同。二者的行为主体都是中间人,都对终端办事人发挥影响力,但发挥影响力的根据不同。前者的根据是私人关系,后者的根据是国家工作人员的职权地位及工作关系。本题中,乙作为中间人,是国家工作人员,利用自己的职权地位对丙发挥影响力,为甲谋取不正当利益,属于斡旋受贿,构成受贿罪。B 项说法正确。C 项说法错误。

D 项,丙为甲谋取利益,收受财物,构成受贿罪。D 项说法正确。

综上所述,本题答案为 C。

29.【**解析**】B。A 项,《公务员法》第 60 条规定:"公务员执行公务时,认为上级的决定或者命令有错误的,可以向上级提出改正或者撤销该决定或者命令的意见;上级不改变该决定或者命令,或者要求立即执行的,公务员应当执行该决定或者命令,执行的后果由上级负责,公务员不承担责任;但是,公务员执行明显违法的决定或者命令的,应当依法承担相应的责任。"这表明,甲明知决策者的决定明显错误,存在违法问题,应予以提醒。在不予以提醒的情况下,予以执行,由此造成严重后果,构成渎职犯罪。本案的原型案例是,"夏某旭、刘某永滥用职权案"——河南省周口市中级人民法院刑事裁定书,(2017)豫 16 刑终 482 号。A 项说法正确。

B 项,徇私舞弊不移交刑事案件罪(《刑法》第 402 条),是指行政执法人员徇私舞弊,对应当移交司法机关追究刑事责任的不移交,情节严重的行为。该罪的主观要件是故意,且须有徇私动机。B 项说法错误。

C 项,(1)对于拐卖妇女、儿童罪和收买被拐卖的妇女、儿童罪两罪的被害人，有解救职责，故意不解救的，构成不解救被拐卖、绑架妇女、儿童罪（《刑法》第416条）。其中的“绑架”是指绑架型拐卖罪，不是指绑架罪。（2）对非法拘禁罪、绑架罪、拐骗儿童罪的被害人，有解救职责，故意不解救的，定滥用职权罪；过失不解救，定玩忽职守罪。C项说法正确。

D项，第一，审判委员会的委员属于司法工作人员，是徇私枉法罪的行为主体。第二，徇私枉法罪的主观要件是故意，且要求有徇私动机。规定徇私动机，旨在将因为法律水平不高而造成错误排除在外。甲是审判委员会的委员，明知亲戚乙无罪，为了彰显自己大公无私、公正廉洁，判决亲戚乙有罪。甲实际上仍有徇私动机，这里“私”就是博取名声。甲构成徇私枉法罪。D项说法正确。

综上所述，本题答案为B。

30.【解析】D。A项，王某明知张某不构成寻衅滋事罪，仍予以起诉，构成徇私枉法罪。A项说法正确。

B项，王某明知张某不构成寻衅滋事罪，不能适用追诉时效中断规定，不能追诉张某的抢劫罪，仍予以起诉，构成徇私枉法罪。B项说法正确。

C项，由于张某不构成寻衅滋事罪，不能适用追诉时效中断规定，不能追诉张某的抢劫罪。C项说法正确。

D项，徇私枉法罪是故意犯罪。赵某没有注意到追诉时效问题，说明存在疏忽大意过失，而不是故意，不是明知不应追诉张某的抢劫罪而故意判张某有罪。因此，赵某不构成徇私枉法罪。但是，赵某过失导致不应被追诉的人受到刑事追诉，构成玩忽职守罪。假如赵某法律水平低下导致无罪的人被判有罪，则不构成玩忽职守罪。但是，追诉时效问题是基本的刑法适用问题。赵某不是因为法律水平低下而错判，而是因为工作态度疏忽大意而错判。D项说法错误。

综上所述，本题答案为D。

31.【解析】D。A项，第一，在共同犯罪中，如果只有共同正犯，缺少共犯（教唆犯、帮助犯），则被称为简单共同犯罪。如果存在共犯，则被称为复杂共同犯罪。第二，实行过限，是指甲乙共同实施A罪，实行犯乙多实施了B行为。对于B行为及结果，甲是否承担刑事责任？实行过限的行为主体主要是实行犯，也称实行过剩，也称共同犯罪的过剩或共犯过剩。实行过限存在于两种类型：（1）简单共同犯罪，也即共同正犯。（2）复杂共同犯罪，也即共犯（教唆犯和帮助犯）+正犯。例如，甲乙共同盗窃丙家，甲在客厅偷，乙在卧室偷，乙看到睡着的女主人丙，又强奸了丙。甲乙是共同正犯，属于简单共同犯罪，但仍存在实行过剩。所以，A项说法错误。

B项，任意共同犯罪（任意共犯），是指一人能够单独实施的犯罪由二人以上共同实施的情形。例如，故意杀人罪、盗窃罪，既可以由一人实施，也可以由二人以上共同实施。必要共同犯罪（必要共犯），是指必须由二人以上共同实施的犯罪。例如，重婚罪、聚众斗殴罪，不可能由一人实施。必要共犯中有对向犯。对向犯（对合犯），是指在行为结构上二人处于对向或相向关系，如重婚罪是对向犯。对向犯只存在于必要共同犯罪中。所以，B项说法错误。

C项，从数量上看，正犯包括单独正犯和共同正犯。从方式看，正犯包括直接正犯和间接正犯。直接正犯是指亲自实施实行行为。间接正犯是指不亲自实施，利用他人实施，对他人有支配力。间接正犯的对应概念是直接正犯。C项说法错误。

D项，承继的共同犯罪，是指中途参与他人犯罪。如果事前就有共谋，则不构成承继的共犯。D项说法正确。

综上所述，本题答案为D。

32.【解析】A。A项，甲构成绑架型拐卖妇女罪。将妇女控制到手后，便构成该罪的既遂。虽然此时既遂，但是不法状态在持续，也即绑架型拐卖罪是继续犯（持续犯）。甲的继续犯既遂后，在持续期间，乙参与进来，帮助甲，构成继续犯的帮助犯。因此，乙构成甲的拐卖妇女罪的承继的帮助犯。A项入选。

B项，帮助犯的帮助行为要具有法益侵害性。乙的祈福行为没有法益侵害性，因此不构成甲的偷越国（边）境罪的帮助犯。B项不入选。

C项，（1）望风行为的帮助作用有两种：一是提供心理性帮助，使实行犯在里面安心盗窃；二是提供物理性帮助，比如主人回家，借故拖延主人进屋。（2）片面帮助犯，是指乙暗中帮助甲实行犯罪，而甲对此并不知情。本题中，第一，由于里面的甲不知道乙在望风，乙的望风对甲没有心理性帮助作用。第二，乙的望风有无物理性帮助作用？少数说认为，虽然望风期间无异常情况，但是，主人有可能回家，因此，望风还是起到了可能的物理性帮助作用。所以，乙构成帮助犯，属于片面的帮助犯。多数说认为，片面的帮助犯的成立条件比普通的帮助犯应高一些，物理性帮助行为只有发挥了实际的物理性帮助作用，才能成立片面的帮助犯。由于望风期间无异常情况，表明望风没有发挥实际的物理性帮助作用。所以，乙的望风既无心理性帮助作用，也无实际的物理性帮助作用，不构成帮助犯，也不构成片面的帮助犯。本题问唯一正确答案，应按照多数说作答。C项不入选。

D项，甲在实施寻衅滋事犯罪，乙驻足观看，用手机直播，这些行为对甲并没有起到心理性或物理性的帮助作用，不构成帮助犯，不构成共同犯罪。直播是在曝光甲的犯罪行为，有可能起到阻止甲继续犯罪的效果。D项不入选。

综上所述，本题答案为A。

33.【解析】B。本题综合考查二审程序，难度较大。

A项，解题关键词是“二审”“新材料”“应当”“鉴定”。在二审中，若辩护人提出新的事实和证据，法院应如何处理，目前立法及司法解释没有明确规定。从理论上讲，法院对新的证据材料应当进行审查，认为有必要的，可以对李某进行精神病鉴定。换言之，法院独立审判，是否开展鉴定，由法院审查决定，并非辩护人出示了新的材料，法院即应当组织鉴定，A错误。

B 项,解题关键词是“二审”“附带民事诉讼”“调解”。附带民事诉讼解决民事赔偿问题,以调解为原则。因此即便在一审中没有提出附带民事诉讼,在二审中提起的,法院仍然可以组织调解,B 正确。

C 项,解题关键词是“二审”“禁止令”。根据上诉不加刑原则的要求,对于只有被告人上诉的情形,二审法院不仅不得加重被告人的刑罚,也不得增加宣告禁止令,C 说“同时宣告禁止令”错误。

D 项,解题关键词是“二审开庭后”“应当裁定准许”。二审开庭后,意味着上诉期已届满,此时李某申请撤回上诉,应当经过二审法院的审查,是否准许由法院裁定。因此,D 说“法院应当裁定准许”是错误的。

综上所述,本题答案为 B。

34.【**解析**】C。本题考查辩护人的范围,难度不大。

A 项,解题关键词是“表哥”“吊销公证员证书”。唐某表哥被吊销公证员证书,且不是唐某的“同胞兄弟姐妹”,即不属于监护人或者近亲属,不得担任辩护人,A 错误。

B 项,解题关键词是“姐夫”“副检察长”。唐某姐夫是检察院的现职工作人员,且不是唐某的监护人或者近亲属,不得担任辩护人,B 错误。

C 项,解题关键词是“母亲”“立案庭庭长”。唐某母亲是法院的现职工作人员,但她是唐某的近亲属,唐某可以委托其母亲担任辩护人,C 正确。

D 项,解题关键词是“同学”“美籍华人”。唐某的中学同学是外国人,也不属于唐某的监护人或者近亲属,不得担任辩护人,D 错误。

综上所述,本题答案为 C。

35.【**解析**】C。本题考查犯罪嫌疑人、被告人的程序选择权,比较简单。

A 项,解题关键词是“法官和陪审员”“合议庭”。被告人可以申请由法官与陪审员组成合议庭,但没有选择权,A 错误。

B 项,解题关键词是“选择开庭”“不开庭”。是否开庭审理由法官依法决定,被告人没有选择权,B 错误。

C 项,解题关键词是“认罪认罚”“不适用速裁”“适用普通”。犯罪嫌疑人、被告人认罪认罚的,可以适用速裁程序审理,但若被告人不同意适用,可以适用简易程序或者普通程序审理,C 正确。

D 项,解题关键词是“在住处监视居住”“指定居所监视居住”。对犯罪嫌疑人、被告人监视居住,原则上应当在其住处监视居住,若符合法定条件,公安司法机关也可以决定在指定居所监视居住,犯罪嫌疑人、被告人没有选择权,D 错误。

综上所述,本题答案为 C。

36.【**解析**】A。A 项,解题关键词是“有专门知识的人”“落座旁听”。有专门知识的人、鉴定人、证人等不得旁听庭审,A 错误。

B 项,解题关键词是“醉酒”“不得旁听”。醉酒的人、精神病人不得旁听庭审,B 正确。

C 项,解题关键词是“被害人”“人数众多”“依职权指定”“10 人旁听”。法院有权决定旁听庭审的人员和人数,C 正确。提示,《刑诉解释》第 224 条规定:“被害人人数众多,且案件不属于附带民事诉讼范围的,被害人可以推选若干代表人参加庭审。”这一条文不适用本题。该条文中参加庭审的代表人,需要坐在被害人席位(公诉人旁边),而非坐在旁听人席位。至于哪些人、多少人坐在旁听席,由法院视情况决定。

D 项,解题关键词是“未成年”“保护组织”“派代表”。未成年被告人刑事案件,虽然不公开审理,但其所在学校和未成年人保护组织可以派代表到场,对未成年被告人进行教育和保护,D 正确。

综上所述,本题答案为 A。

37.【**解析**】C。首先,考虑级别管辖。本案甲在 C 市 D 区持刀抢劫致一人死亡,可能被判处无期徒刑或者死刑,应当由中级法院一审。

其次,考虑地区管辖。看到罪犯脱逃又犯罪,适用特殊管辖,由服刑地、犯罪地法院审判。本案服刑地为 A 市,脱逃后的犯罪地为 C 市 D 区。但是,甲虽在 C 市 D 区又犯罪,没有在 C 市 D 区被抓获,因此 C 市 D 区法院无权管辖,甲应当由服刑地 A 市的法院管辖。因此,甲应当由服刑地的中级法院管辖,即 A 市中级法院审理,本题选 C。

38.【**解析**】B。本题考查回避的理由,难度不大。

A 项,解题关键词是“诉讼代理人”“法律顾问”。辩护人、诉讼代理人,受人之托,忠人之事,具有明显的倾向性,不是回避对象,无须回避,A 错误。

B 项,解题关键词是“书记员”“被害人的侄子”。首先,法庭书记员属于回避对象。其次,“书记员是被害人的侄子”符合身份不当的法定回避理由。因此,B 正确。

C 项,解题关键词是“鉴定人”“学历造假”。虽然鉴定人属于回避对象,但“学历造假”却不是“身份不当、违法违规、跨越阶段”的法定回避理由。如果鉴定人确实学历造假,不具备鉴定人资质,根据“鉴定意见出错就作废”的证据审查规则,鉴定意见不得作为定案根据。是故,C 错误。

D 项,解题关键词是“公诉人”“讯问语气严厉”。虽然公诉人属于回避对象,但“讯问语气严厉”却不是“身份不当、违法违规、跨越阶段”的法定回避理由,D 错误。

综上所述,本题答案为 B。

39.【**解析**】B。本题综合考查一审程序中的旁听问题、简易程序适用条件、证据种类、证据分类,难度较大。

A 项,解题关键词是“何某”“旁听”。侦查人员不得旁听庭审,在说明情况后应当退出法庭。需要注意,虽然从法理上讲,交警属于行政执法人员,不属于司法人员。但在我国司法实践中,危险驾驶罪由“交警”而非“刑警”立案侦查,侦查终结后移送检察院审查起诉。因此本案中,交警何某就是侦查人员,不得旁听庭审,A 错误。

B 项,解题关键词是“交通事故认定书”“作为证据”。交警对醉驾进行认定而出具的交通事故认定书,对张某定罪量刑意义重大,在刑事诉讼活动中可以作为证据使用,B 正确。

C 项,解题关键词是“承认指控”“同意”“简易程序”。在我国,适用简易程序需要同时具备四个条件:基层法院审理,被告人承认指控,案件事实清楚,被告人同意适用。本案中,缺少“案件事实清楚”这一条件,法院不能适用简易程序审理,C 错误。

D 项,解题关键词是“执法记录仪”“酒精监测数据”“直接证据”。直接证据可以区分为肯定性直接证据和否定性直接证据。其中,肯定性直接证据要求能够证明完整的案发经过,即“有人 + 有事”。本案中,执法记录仪拍摄的视频可以反映张某醉驾及被查获的经过,属于直接证据。但酒精检测数据不能完整证明危险驾驶经过,属于证明案件片段的间接证据。因此,D 错误。

综上所述,本题答案为 B。

40.【解析】D。本题考查庭前会议制度,难度适中。

A 项,解题关键词是“法官助理”“主持庭前会议”。庭前会议应当由合议庭中的审判员来主持,法官助理无权成为合议庭组成人员,更无权主持庭前会议,A 错误。

B 项,解题关键词是“附带民事”“调解”“拒绝”。庭前会议可以对程序事项了解情况、听取意见,附带民事诉讼调解属于程序事项,法官可以在庭前会议中了解当事人意见,不应拒绝,B 错误。

C 项,解题关键词是“撤回”“再次出示”。检察院在庭前会议中撤回的证据,在庭审中若没有新的理由,不得再次出示,C 错误。

D 项,解题关键词是“必要时”“通知侦查人员出庭”。在庭前会议中,法官必要时可以通知侦查人员出庭,了解情况、听取意见,但不会就是否存在非法证据作出实质调查和处置,D 正确。

综上所述,本题答案为 D。

41.【解析】A。本题考查刑事诉讼法与刑法的关系,难度不大。

刑事诉讼法对刑法而言,既具有工具价值,又具有独立价值。工具价值是指,刑事诉讼法可以帮助刑法实施和落实,有利于打击犯罪、查清事实和提高办案效率。独立价值是指,刑事诉讼程序公正本身就是正义的体现,可以不依赖实体公正而存在。

A、C 项,检察院适用刑事诉讼程序,依法排除非法证据,本身就是程序正义的体现,彰显程序的独立价值,A 正确,C 错误。

B 项,检察院依法排除非法证据,可能导致案件事实不清,证据不足,甚至对“事实有罪”的犯罪嫌疑人作出不起诉决定,如此无法有力地打击犯罪,不利于刑法实施,没有体现工具价值,B 错误。

D 项,检察院排除非法证据,需要对非法证据进行审查、调查和处理,会消耗司法资源,不利于诉讼效率提高。在效率和公正面前,非法证据排除规则显然选择的是后者,是故,D 错误。

综上所述,本题答案为 A。

42.【解析】C。本题考查并案管辖问题,难度不大。

A、B、C 项,在二审法院审理过程中,发现被告人还有其他犯罪的,可以考虑并案审理。如果决定并案审理,为了保护被告人的审级利益,二审法院不能直接并案二审,只能将案件撤销原判、发回重审,由一审法院解决并案问题。因此,A 说分别审理和 B 说一并提审都是错误的,C 正确。

D 项,分案审理还是并案审理,属于法院职权范围,被告人没有选择权,D 错误。

综上所述,本题答案为 C。

43.【解析】C。本题考查驳回回避申请的复议,难度不大。

A 项,解题关键词是“驳回”“书面”。法院驳回回避申请,可以使用口头或者书面方式作出决定,A 说“需以书面形式作出”是错误的。

B 项解题关键词是“所有”“复议一次”。C 项解题关键词是“法定事由以外”“不得申请复议”。当事人及其法定代理人以法定事由申请回避的,回避申请被驳回后,可以复议一次。若以法定事由以外的事由申请回避,回避申请被驳回后,没有复议权利。因此,C 正确。B 说“针对所有驳回回避申请”“都可申请复议一次”是错误的。

D 项,解题关键词是“被决定回避”“复议一次”。只有被驳回回避申请的人,即当事人及其代理人(法定代理人、辩护人、诉讼代理人)有权申请复议。而被决定回避的公安司法人员,应当退出办案程序,对回避决定没有救济途径。是故,D 错误。

综上所述,本题答案为 C。

44.【解析】B。本题考查意见证据规则,难度不大。

意见证据是指,证人作证时,不是客观陈述自己的感知,而是对案件事实提出推断性的臆测。意见证据应当依法排除,不得作为定案根据。

AD 项,户籍民警和户籍登记处人员的陈述属于客观陈述事实,没有主观臆测,不是意见证据,AD 错误。

B 项,村民称“张某应该就是其中一个”,属于主观臆测的意见证据,B 正确。

C 项,意见证据适用于证人证言,不适用于鉴定意见,骨龄鉴定人的陈述不是意见证据,C 错误。

综上所述,本题答案为 B。

45.【解析】B。(1)在国务院的机构设置中,考生只需要记住两个特例即可,“一高”是国务院机构中地位最高的组成部门,它的设立、撤销等事项,由全国人大及其常委会决定;“一低”是部委中的处级内设机构,只需要该部委自己决定即可。这两个特例之外的国务院的机构设置,都由国务院批准或决定。国家数据局既非“一高”,又非“一低”,所以,它的设立、撤销、合并应当由国务院决定,所以,A 选项错误。

(2)国务院下属的各种行政机构编制增减,均由国务院批准,所以,B 选项正确。

(3)国务院办公厅、国务院组成部门、国务院直属机构和国务院办事机构的领导职数,按照《国务院组织法》的规定确定。国务院组成部门管理的国家行政机构的领导职数,参照《国务院组织法》关于国务院直属机构领导职数的规定确定。本题中,国家数据局属于由国务院组成部门管理的国家行政机构,简称部管局,它的领导职数,不是按照《国务院组织法》的规定确定,而是参照《国务院组织法》关于国务院直属机构领导职数的规定确定,所以,C 选项错误。

(4)国务院组成部门管理的国家行政机构由国务院组成部门管理,主管特定业务,行使行政管理职能,D 选项错误。

综上所述,本题答案为 B。

46.【解析】D。(1)部门规章签署公布后,应当及时在国务院公报或者部门公报和中国政府法制信息网以及全国范围内发行的报纸上刊载。在国务院公报或者部门公报上刊登的规章文本为标准文本。A 选项表述绝对,故而错误。

(2)部门规章应当自公布之日起 30 日内,由法制机构向国务院备案。自公布之日,而非自实施之日,备案是一种法律规范公布后的事后审查机制,B 选项错误。

(3)规章送审稿由制定机关的法制机构负责统一审查。比如,杭州市政府的规章就由杭州市的法制机构杭州市司法局审查,浙江省政府的规章就由浙江省的法制机构浙江省司法厅负责审查,国务院法制机构(司法部)是服务于国务院的,是对国务院的行政法规进行审查的。所以,C 选项错误。

(4)公布规章的命令应当载明该规章的制定机关,序号,规章名称,通过日期,施行日期,部门首长或者省长、自治区主席、市长、自治州州长署名以及公布日期。D 选项正确。

综上所述,本题答案为 D。

47.【解析】B。(1)明显且重大违法的具体行政行为为无效的行政行为,滥用裁量权是具体行政行为违法的理由,但如果未达到明显且重大违法的程度,是不会构成无效的,D 选项错误。那何为无效呢?《行政诉讼法》第 75 条规定,行政行为有实施主体不具有行政主体资格或者没有依据等重大且明显违法情形,原告申请确认行政行为无效的,人民法院判决确认无效。我们常说的无效的三种情形,“无资格、无依据、无可能”,即来源于《行政诉讼法》的规定,所以,C 选项说我国法律并没有无效行政行为的规定,是错误的。

(2)和无效的民事行为一样,无效行政行为的后果为“自始无效、当然无效、确定无效”,无效的具体行政行为自发布之时不论是对相对人,还是对行政机关自身、其他的国家机关都没有任何法律约束力,所以,B 选项正确。

(3)具体行政行为被确定无效后,原则上应当尽可能恢复到具体行政行为发布以前的状态。行政机关应当返还从当事人处取得的利益(如罚没款物),取消要求当事人履行的所有义务,如果给当事人带来损失,没有办法恢复到具体行政行为发布以前的状态,行政机关应当赔偿对当事人造成的损失。此处考生应当注意的是,只有给当事人带来了实际损害结果且行为无法恢复到具体行政行为发布前的状态,才需要赔偿当事人的损失,所以,A 选项错误。

综上所述,本题答案为 B。

48.【解析】D。(1)考生要区别清楚 A 选项有两层含义:第一,派出所可否罚款 500 元。答案是可以的,因为《治安管理处罚法》对派出所的法定授权范围是 500 元以下罚款和警告。第二,派出所可否当场罚款 500 元。答案是不能,公安机关能够当场作出的处罚,也就是简易程序,限于 200 元以下的罚款和警告,故 A 选项错误。

(2)公开行为会影响当事人的权利义务(隐私权),属于可诉的具体行政行为,对此,《最高人民法院关于审理政府信息公开行政案件若干问题的规定》第 1 条规定,行政机关主动公开或者依他人申请公开政府信息侵犯其商业秘密、个人隐私,当事人依法提起行政诉讼的,法院应当受理。所以,B 选项错误。

(3)被询问人确认笔录无误后,应当签名或者盖章,询问的人民警察也应当在笔录上签名。因此,询问笔录无须派出所加盖印章,C 选项错误。

(4)《行政复议法》第 24 条第 1 款第 4 项规定,对本级人民政府或者其工作部门管理的法律、法规、规章授权的组织作出的行政行为不服的,由本级人民政府管辖。所以,区公安局下属的派出机构派出所作出的行政行为应当由区政府管辖,D 选项正确。

复议机关确立的规律是:“谁家孩子谁抱走,地方事务归政府,全国事务归部委,还有两类是例外。”在一个县的范围内,不管复议被申请人是县公安局之类的所属部门,还是乡政府之类的下级政府,还是派出所这样的县政府或县公安局设立的派出机构,复议机关均适用“地方事务归政府”的逻辑,由县政府作为复议机关。

综上所述,本题答案为 D。

49.【解析】A。(1)《规章制定程序条例》规定,规章应当自公布之日起 30 日内,由法制机构依照《立法法》和《法规规章备案条例》的规定向有关机关备案。所以,A 选项正确。

(2)该规章是设区的市政府制定的规章,所以,只需要在该市政府的公报上公布即可,B 选项错误。

(3)允许当事人向法院提出附带性审查的只有其他规范性文件(国务院制定的其他规范性文件除外),不包括规章,所以,C 选项错误。

(4)只有国务院的决定和省规章可以设定临时性许可,设区的市政府规章无权设定临时性许可。所以,D 选项错误。

综上所述,本题答案为 A。

50.【解析】A。(1)强制执行可收费,因为强制执行是当事人不自行履行义务,行政机关在万不得已的情况下采取的,所以,A 选项正确,B 选项代履行也属于强制执行,也是可收费的,但是,收取的只能是合理费用,而不是所有费用,B 选项错在一律上了。

(2)查封、扣押等行政强制措施不收费,因为是国家机关为了公共利益,如预防危险的发生或者预防证据损毁,对当事人财产进行暂时性的限制,C 选项错误。

(3)实施行政许可和对行政许可事项进行监督检查收取费用,必须由法律、行政法规作特别规定,规章和地方性法规都无权规定。部门规章、地方性法规、地方政府规章等均无权规定行政许可的收费。这主要是防止地方为了地方私利,部门为了部门私利,巧立名目混乱收费。据此,D 选项错误。

综上,本题答案为 A。

二、多项选择题

51.【解析】ABCD。坚持法律面前人人平等,努力让人民群众在每一项法律制度、每一个执法决定、每一宗司法案件中都感受到公平正义。A 项说法正确。

不断增强人民群众在公平正义方面的获得感。人民群众在公平正义方面的获得感是衡量法治中国建设含金量的重要标志。B 项说法正确。

习近平总书记指出:"必须牢牢把握社会公平正义这一法治价值追求,努力让人民群众在每一项法律制度、每一个执法决定、每一宗司法案件中都感受到公平正义。"C 项说法正确。

要把保障和促进社会公平正义贯彻到全面依法治国各领域全过程。D 项说法正确。

52.【解析】AD。备案的基本规则是:批准当自己,备案找上级,人大不备案,规章只到国务院。b 市人大常委会制定的地方性法规由 a 省人大常委会批准,a 省人大常委会向全国人大常委会和国务院备案。故 A 选项正确。

区州市提一级,自治县提两级,常委会合法性。设区的市、自治州人大及其常委会制定的地方性法规由所属的省或者自治区人大常委会批准。故 B 选项错误。

有权向全国人大常委会提出对备案法规合宪性、合法性审查要求的主体包括:两央(国务院、中央军委)两高(最高人民法院、最高人民检察院)监省常(国家监察委员会、省级人大常委会)。a 省高级人民法院无权向全国人大常委会提出对该地方性法规合宪性审查的要求。故 C 选项错误。

a 省人大对 b 市人大常委会制定的地方性法规,既可以改变也可以撤销,既可以审查合法性也可以审查合理性。因此,a 省人大可以改变或者撤销 b 市人大常委会制定的地方性法规。故 D 选项正确。

53.【解析】ABC。国务院、中央军委、最高人民法院、最高人民检察院、国家监察委员会和省级人大常委会认为行政法规、地方性法规、自治条例和单行条例同宪法或法律相抵触的,可以向全国人大常委会书面提出审查要求;其他国家机关、社会团体、企事业组织以及公民认为行政法规、地方性法规、自治条例和单行条例同宪法或法律相抵触的,可以向全国人大常委会书面提出审查建议,由常委会工作机构进行研究,必要时,送有关的专门委员会进行审查、提出意见。故 A、C 选项错误。

根据我国现行《宪法》规定,全国人大有权修改宪法,监督宪法的实施,全国人大常委会有权监督宪法的实施和解释宪法。故 B 选项错误,D 选项正确。

54.【解析】AB。县乡直接选,因此 A 选项正确。

《选举法》规定,县级人大代表向县级人大常委会辞职,乡级人大代表向乡人大辞职,乡没有人大常委会。故 B 选项正确,C 选项错误。

地方各级人民代表大会代表迁出或调离本行政区域的,未经批准两次不出席本级人大会议的,丧失行为能力的,被罢免、辞职、丧失选举权利、丧失中国国籍、被剥夺政治权利的,其代表资格终止,而不是暂停,故 D 选项错误。

55.【解析】CD。香港特别行政区终审法院法官和高等法院首席法官的任职需要经过立法会同意,并报全国人大常委会备案,故 A 选项错误。

香港特别行政区所有的法官,都是根据当地法官、律师和知名人士组成的独立委员会推荐,由行政长官任命,故 B 选项错误。

澳门特别行政区检察长由澳门特别行政区永久性居民中的中国公民担任,由行政长官提名,报中央人民政府任命。故 C 选项正确。

香港特别行政区立法会议员由选举产生,立法会主席由立法会议员选举产生。故 D 选项正确。

56.【解析】BC。《立法法》第 112 条第 3 款规定:"全国人民代表大会宪法和法律委员会、有关的专门委员会、常务委员会工作机构经审查认为行政法规、地方性法规、自治条例和单行条例同宪法或者法律相抵触,或者存在合宪性、合法性问题需要修改或者废止,而制定机关不予修改或者废止的,应当向委员长会议提出予以撤销的议案、建议,由委员长会议决定提请常务委员会会议审议决定。"因此全国人民代表大会宪法和法律委员会只能提出修改意见,无权作出修改。故 A 选项错误。B 选项正确。

根据《全国人大组织法》第 34 条第 3 款的规定,全国人民代表大会各专门委员会的主任委员、副主任委员和委员的人选由主席团在代表中提名,全国人民代表大会会议表决通过。在全国人大闭会期间,全国人民代表大会常务委员会可以任免专门委员会的副主任委员和委员,由委员长会议提名,常务委员会会议表决通过。故 C 选项正确。D 选项表述不准确,错误。

57.【解析】BCD。选项 A 错误。"双重犯罪"确实是国际引渡规则中的一般原则,但该公约恰恰对这个问题有所扩展。也就是说,如果根据被请求国的法律不认为是犯罪,但根据该公约认为是犯罪,如果被请求国没有反对意见,则仍旧可以认定为双重犯罪。也就是传统的双重犯罪仅限于"请求国 + 被请求国",公约中扩大为"请求国 + 公约"也可以。

选项 B 正确。萨亚具有被请求国的国籍,根据该公约的规定对被请求国人"或引渡或起诉""或引渡或执行",也就是说,仍旧没有必须引渡的义务,所以可以拒绝引渡萨亚。但是值得注意的是,该公约的规定,已经比传统的"本国人不引渡"要严格了,即具有引渡的可能性。

选项C正确。该公约明确规定,公约中规定的可引渡犯罪,扩展普适于缔约国的其他引渡条约。

选项D正确。公约可以作为引渡的依据,但并不必然作为引渡的依据。

综上所述,本题答案为BCD。

58.【解析】BC。A项,乘客刚下车时,距离手机很近,手机还在自己的实际控制范围内,对手机尚未失去占有。此时乘客的短暂遗忘并不意味着乘客失去对手机的占有,成立盗窃罪,要求将他人占有的财物转移为自己占有。司机"不提醒",并未达到一个"将乘客占有的手机转移为自己占有"的效果,因为此时乘客尚未走远,乘客对手机依然占有。所以,司机的"不提醒"不构成盗窃罪。A项说法错误。

B项,乘客走远后,便失去了对手机的占有,此时,手机转移为司机在占有。(1)这种转移为司机占有,并不意味着司机构成盗窃罪。这是因为,这种转移占有的根据是司机是车箱空间的管理人,对车箱空间内的财物本身就有管控力,当乘客对车箱里的财物失去占有时,该财物的占有自动转换为司机占有。即使是司机没有意识到该财物的存在,也认为司机在占有,因为根据生活观念,能够推定司机对车箱空间里的财物有占有意思,因此司机对车箱空间里的财物不要求有现实具体的占有意思。这就如同,房屋的主人可能遗忘了房屋内某个财物的存在,但是根据生活观念,能够推定房屋主人对房屋内的财物有占有意思,房屋主人对房屋内的财物不需要有现实具体的占有意思。(2)手机转移为司机占有后,司机带着不法的目的,将车开走,表明司机不想归还手机,想将手机据为己有。该行为表明,司机将乘客所有的、自己占有的财物变成自己所有,构成侵占罪。B项说法正确。

C项:(1)司机对乘客有返还手机的义务,欺骗乘客自己是路人,属于骗免返还义务,构成诈骗罪,属于诈骗财产性利益。(2)在罪数上,对司机前面的侵占罪和后面的诈骗罪不需要并罚,因为司机最终只获得一份"好处",给乘客只造成一份财产损失。多数说认为,按照吸收犯原理处理,重罪吸收轻罪,最终定诈骗罪。C项说法正确。

D项:(1)司机将乘客银行卡里的资金转移到乘客支付宝里,该行为不构成财产犯罪,因为该行为类似于将乘客左口袋的钱放进乘客的右口袋,资金还在乘客的占有之下。(2)司机利用乘客的支付宝信息资料,将乘客支付宝里的资金转到自己的账户里,该行为构成财产犯罪。多数说认为,该行为构成盗窃罪,理由是:第一,支付宝信息资料不属于银行卡信息资料。第二,司机属于盗划资金,在此过程中不存在"欺骗被害人,使被害人基于认识错误而处分资金"的环节。少数说认为,该行为构成信用卡诈骗罪。理由是,支付宝信息资料属于银行卡信息资料,因此应按照《信用卡解释》的特殊规定非法使用银行卡信息资料,一律定信用卡诈骗罪。本题应按照多数说作答。D项说法错误。

综上所述,本题答案为BC。

59.【解析】ABCD。第一,赵某不构成表见代理。理由是,赵某伪造甲公司的印章和收款单,表明形成代理权外观的原因不在于甲公司。第二,赵某不构成表见代理,意味着甲公司有权拒绝追认赵某的收款行为,亦即甲公司依然享有针对李某的债权。这意味着,李某既是受害人,遭受了财产损失,支付给赵某8万元,李某也是受骗人。赵某对李某构成诈骗罪,属于两者间的诈骗。

假如赵某构成表见代理,那么甲公司就必须接受赵某收款行为的效力,甲公司丧失针对李某的债权,甲公司成为受害人。而李某仅为受骗人。多数说认为,赵某构成诈骗罪,属于三角诈骗,因为受骗人和受害人不是同一人。少数说认为,赵某对甲公司构成盗窃罪,也即在甲公司不知情的情况下,代为行使了甲公司针对李某的债权。本题应按照多数说作答。换言之,即使赵某构成表见代理,赵某也构成诈骗罪,属于三角诈骗。A项说法正确。

按照本案案情,赵某对李某构成诈骗罪,并且既遂,犯罪所得是8万元。此后,即使李某又向甲公司支付了8万元,也不能改变赵某构成诈骗罪的结论。B项说法正确。

假如赵某构成表见代理,按照多数说,赵某对甲公司构成诈骗罪。在此基础上,假如赵某利用了职务便利,那么赵某便升级为职务侵占罪。就高不就低,最终定职务侵占罪。在此注意,诈骗罪与职务侵占罪不是对立排斥关系。升级为职务侵占罪,并不能改变赵某构成诈骗罪的结论。CD项说法正确。

综上所述,本题答案为ABCD。

60.【解析】BD。A项,成立利用影响力受贿罪,要求终端办事人许诺办事。这是因为,利用影响力受贿,也是权钱交易,请托人花钱买的是终端办事人的职务行为,而不是游说者(中间人)的游说行为,因为游说者不是国家工作人员,没有职权。本题中,李局长拒绝办事,因此李四不构成利用影响力受贿罪。A项说法错误。

B项,张某向李四送钱,构成对有影响力的人行贿罪,并且既遂,因为李四收了钱。虽然利用影响力受贿罪与对有影响力的人行贿罪是对向犯,但并不意味着,一方成立犯罪,另一方必然成立犯罪,或者一方不成立犯罪,另一方必然不成立犯罪。虽然李四不构成利用影响力受贿罪,但是张某构成对有影响力的人行贿罪。B项说法正确。

C项,斡旋受贿与普通受贿的区别是,如果斡旋者是终端办事人的上级,具有隶属、制约关系,则不构成斡旋受贿,而属于普通受贿。这是因为,斡旋行为是指游说,请求给个面子。而上级给下级发话,就不是游说,而带有命令要求的意味。本题中,王县长是李局长的上级领导,因此不构成斡旋受贿,而是普通的受贿罪。在被动收受财物的情形下,成立普通的受贿罪,只要求许诺办事就行,不要求实施了办事行为,更不要求将事办成。王县长收钱并许诺办事,因此成立受贿罪,并且收了钱,构成受贿罪既遂。C项说法错误。

D 项，王县长构成受贿罪，相应地，张某构成行贿罪，并且既遂，因为将钱送出去了。本题中，李局长不构成受贿罪，因为一直拒绝许诺。D 项说法正确。

综上所述，本题答案为 BD。

61.【解析】ABCD。本案的特点是有两个中间人。行为结构是：请托人（甲）→中间人（乙，非国家工作人员）→中间人（丙，国家工作人员）→终端办事人（丁）。

第一，中间人乙是丙的近亲属，非国家工作人员，构成利用影响力受贿罪。甲对乙构成对有影响力的人行贿罪。

第二，中间人丙是国家工作人员，构成斡旋受贿型受贿罪。对于给丙钱，甲有概括故意。甲对丙构成行贿罪。

综上所述，本题答案为 ABCD。

62.【解析】BD。A 项，贪污罪是真正身份犯，行为主体必须是国家工作人员。如果甲没有国家工作人员的身份，则不能构成贪污罪。A 项说法错误。

B 项，甲构成贪污罪，具体而言是侵占型贪污罪，也即，甲将公司所有、自己在管理占有的财物变成自己或第三人所有，甲构成侵占罪。甲在侵占罪的基础上，具有国家工作人员身份，利用职务便利，进而升级为贪污罪。由于侵占罪不是身份犯，所以无论甲有无国家工作人员的身份，甲都能构成侵占罪。当然，对甲最终定贪污罪。B 项说法正确。

C、D 项，乙没有国家工作人员的身份，不能构成贪污罪的正犯（实行犯），但是构成贪污罪的共犯（教唆犯和帮助犯）。构成贪污罪，要求有国家工作人员的身份。就贪污罪的共犯而言，不要求有国家工作人员的身份。C 项说法错误，D 项说法正确。

综上所述，本题答案为 BD。

63.【解析】CD。A 项，犯罪人作虚假供述，不构成伪证罪，因为不具有期待可能性。A 项说法错误。

B 项，乙专门为了帮助甲，实施包庇行为。多数说认为，乙不构成窝藏、包庇罪，因为甲乙构成共同犯罪，对共犯人乙不具有期待可能性。少数说认为，乙构成窝藏、包庇罪，因为对乙具有期待可能性。按照多数说，乙不构成包庇罪。B 项说法错误。

CD 项，妨害作证罪（《刑法》第 307 条第 1 款），是指以暴力、威胁、贿买等方法阻止证人作证或者指使他人作伪证的行为。这里的“等方法”包括教唆、指使。丙和丁教唆、指使乙作伪证，构成妨害作证罪。CD 项说法正确。

综上所述，本题答案为 CD。

64.【解析】BCD。A 项，甲有阻止小偷的作为义务，来源根据有两项：一是基于职务、业务产生的保护义务，二是基于特定领域产生的保护义务。基于特定领域产生保护义务，需要具备两个条件：第一，行为人是特定领域的管理者，被害人不是特定领域的管理者。第二，行为人对特定领域内的危险具有控制力，被害人对行为人形成依赖关系。这里的依赖关系，是指虽然现场有其他人，但其他人却没有刑法上的作为义务，或者有作为义务，但没有作为能力，被害人只能依赖行为人去消除危险。可能有人认为，在本案中，车上有其他乘客，被害人能够依赖其他乘客去阻止小偷，所以对司机没有产生依赖关系。但是，其他乘客没有阻止义务。所以，被害人只能依赖司机。假如车厢里有警察，则警察有阻止义务，此时司机没有阻止义务。因此，司机甲构成不作为犯罪。A 项说法错误。

B 项，基于特定领域产生保护义务，需要具备的第一个条件是，行为人是特定领域的管理者，被害人不是特定领域的管理者。本案中，虽然甲是特定领域的管理者，但是被害人乙也是特定领域的管理者。这时，在刑法上，甲没有救助乙的义务。当然，在道德上，甲有救助义务。B 项说法正确。

C 项，乙女是场所的管理者，甲男不是场所的管理者，所以甲男没有救助义务。C 项说法正确。

D 项，电线裸露就是一种危险源，但是李某对该危险源没有监管义务。所以，李某没有作为义务。可能有人认为，此时房间属于李某的特定领域，所以有作为义务。但是，特定领域产生作为义务要求：第一，在特定领域内，某个被害人遭遇现实危险；第二，此时特定领域管理者在该领域内。例如，李某约了一个卖淫女来到自己的房间，卖淫女被电器电伤，此时李某有救助义务。D 项说法正确。

综上所述，本题答案为 BCD。

65.【解析】AC。A 项，基于特定领域产生保护义务，需要具备两个条件：第一，行为人是特定领域的管理者，被害人不是特定领域的管理者。第二，行为人对特定领域内的危险具有控制力，被害人对行为人形成依赖关系。A 中，甲不是场所主人，没有救助义务。假如甲发病，则乙有救助义务。A 项说法正确。

B 项，甲乙相约爬山，形成危险共同体，意味着愿意相互照顾。在乙遇到危险时，甲有救助义务。这种救助义务是基于自愿救助产生的保护义务。这是指在某项法益处于危险境地时，行为人自愿救助，使法益的保护依赖于行为人时（形成依赖关系），行为人就有继续保护的义务。甲不救乙，构成不作为犯罪。B 项说法错误。

C 项，甲没有与乙相约爬山，没有形成危险共同体。甲没有表示自愿救助乙，因此没有救助义务。甲不构成不作为犯罪。C 项说法正确。

D 项，《人民警察法》第 19 条规定：“人民警察在非工作时间，遇有其职责范围内的紧急情况，应当履行职责。”这份职责，不受是否穿警服的影响。因此，甲有作为义务。甲构成不作为犯罪。D 项说法错误。

综上所述，本题答案为 AC。

66.【解析】AD。A 项，虽然乙一开始有伤害意图，但是，乙在蹲守时，没有开始对丙实施紧迫的不法侵害。在乙没有看到丙时，丙先动手伤害乙，丙属于实施了紧迫的不法侵害。乙的反击构成正当防卫。乙的故意伤害罪处在预备阶段，无法着手实行，构成犯罪预备。乙前面的故意伤害罪犯罪预备与后面的正当防卫，是两个独立行为，可以并存。不能因前者而否定后者，也不能因后者而否定前者。A 项说法正确。

B 项,面对丙的严重暴力的不法侵害,乙的防卫行为仅造成丙轻伤,不构成防卫过当。B 项说法错误。

C 项,正当防卫是违法性阻却事由,具有个人专属性,效力不能及于其他人。乙成立正当防卫,但不能因此认为甲也成立正当防卫。甲的故意伤害罪处在预备阶段,没有找到丙,所以构成犯罪预备。C 项说法错误。

D 项,第一,丙构成偶然防卫,因为在客观上,乙虽然实施的不法侵害(蹲守)尚不紧迫,但仍属于不法侵害,丙的伤害行为在客观上制止了乙的不法侵害;在主观上,丙没有意识到自己的行为起到制止乙的不法侵害的效果,缺乏防卫认识。

第二,丙的偶然防卫制造了过当结果,因为乙的不法侵害(蹲守)尚不紧迫,此时丙将乙打成轻伤,不符合相当性要求,属于过当结果。所以,丙构成偶然防卫过当。对于偶然防卫过当,无论是防卫认识不要说(结果无价值论、结果本位主义),还是防卫认识必要说(行为无价值论、行为本位主义),都不会认为成立正当防卫,因为成立正当防卫,不能制造过当结果。(1)防卫认识不要说认为,偶然防卫能成立正当防卫,那么偶然防卫过当就成立防卫过当,应负刑事责任,罪名是故意伤害罪既遂。(2)防卫认识必要说认为,偶然防卫不成立正当防卫,那么偶然防卫过当更不成立正当防卫,因此,丙构成故意伤害罪既遂;定既遂,是因为过当结果(轻伤结果)是“坏结果”。D 项说法正确。

综上所述,本题答案为 AD。

67.【**解析**】ABD。A 项考查多个作为义务人之间的先后关系。甲作为养父是第一位的作为义务人,乙作为祖母是第二位的作为义务人。若第一位的作为义务人不救助法益甚至侵害法益,则不能期待第二位的作为义务人实施救助。因此,乙不构成不作为犯罪。A 项说法错误。

B 项,隔离犯,是指行为与结果之间存在时空间隔。隔离犯的着手,看邮寄物在邮寄途中有无危险。如果有,则寄出就是着手。炸弹在途中有危险,所以寄出就是着手。着手后,因意志以外的原因未能得逞,构成未遂。B 项说法错误。

C 项,一方面,甲构成故意杀人罪实行阶段的犯罪中止。另一方面,甲构成保险诈骗罪预备阶段的犯罪中止。保险诈骗罪的着手是理赔时。甲尚未获得理赔,还处在预备阶段。甲的一个行为同时触犯两罪,属于想象竞合。C 项说法正确。

D 项,关于虚假诉讼罪的既遂标准,多数说:(1)致使法院基于捏造的事实采取财产保全或者行为保全措施的;(2)致使法院开庭审理的。满足任一条件,便构成既遂。少数说:法院受理便既遂。无论根据哪个学说,甲均构成虚假诉讼罪既遂,因为法院已经作出判决了。注意,虚假诉讼罪的既遂,不要求行为人胜诉。D 项说法错误。

综上所述,本题答案为 ABD。

68.【**解析**】CD。A 项,立功的一种表现是犯罪人揭发他人犯罪。周某构成窝藏罪。犯罪人赵某揭发周某实施了窝藏罪,构成立功。可能有人认为,周某犯窝藏罪,是为了帮助赵某,赵某揭发周某,很不厚道,能奖励赵某构成立功吗?赵某揭发周某实施的犯罪,这里的犯罪包括实施了有利于赵某的犯罪。总结一下,“揭发他人犯罪”的揭发者只要求是犯罪人就行,这个犯罪人可以是他人犯罪的获益者。同理,这个犯罪人也可以是他人犯罪的受害人。例如,小芳因诈骗罪被抓后,揭发狗蛋曾对自己实施过强奸行为。查证属实的话,小芳构成立功。A 项说法错误。

B 项,犯罪人钱某揭发付某实施了帮助犯罪分子逃避处罚罪,构成立功。钱某揭发付某实施的犯罪,这里的犯罪包括实施了有利于钱某的犯罪。B 项说法错误。

C 项,揭发他人犯罪型立功,其中的“犯罪”,要求具备客观阶层的条件,是侵害法益的行为,具有法益侵害性(违法性)。马某构成正当防卫,正当防卫是排除违法性的事由,表明马某的行为没有违法性(法益侵害性),是正当行为,不是犯罪行为。所以,孙某不构成立功。C 项说法正确。

D 项,由于成立故意伤害罪要求达到轻伤,所以邻居的行为不构成犯罪。李某不是在揭发他人“犯罪”,不构成立功。D 项说法正确。

综上所述,本题答案为 CD。

69.【**解析**】ABCD。A 项,乙构成诈骗罪,骗取了单位的财物。A 项说法正确。

B 项,关于职务侵占罪的实行行为,第一种观点认为,本罪的实行行为有:侵占,盗窃,诈骗。侵占罪、盗窃罪、诈骗罪是 A,职务侵占罪是 A + B。其中,B1 是行为主体;B2 是行为对象;B3 是行为方式,要求利用职务便利。B1、B2、B3,缺少一个,职务侵占罪就退回到侵占罪、盗窃罪或诈骗罪上。基于此,乙在诈骗罪的基础上,具备了 B1、B2、B3,所以升级为职务侵占罪。就高不就低,最终定职务侵占罪。B 项说法逻辑自洽。

C 项,关于职务侵占罪的实行行为,第二种观点认为,本罪的实行行为只有侵占行为,也即将单位所有、自己基于职务而占有的财物变成自己所有。在侵占罪的基础上,具备了 B1、B2、B3,就能升级为职务侵占罪。由于乙的行为是诈骗行为,不是侵占行为,不构成职务侵占罪。C 项说法逻辑自洽。

提示:本题考查的是观点展示,只要求逻辑自洽。如果问唯一正确答案,那么应以第一种观点作答,因为第一种观点是多数说。

D 项,乙给甲 6 万元,属于权钱交易,所以乙构成行贿罪,甲构成受贿罪。乙构成职务侵占罪或侵占罪,又构成行贿罪,并罚。D 项说法正确。

综上所述,本题答案为 ABCD。

70.【**解析**】ACD。A 项,对非国家工作人员行贿罪(《刑法》第 164 条第 1 款),是指自然人或单位为谋取不正当利益,给予公司、企业或者其他单位的工作人员以财物,数额较大的行为。甲为谋取不正当利益,给予非国家工作人员乙数额较大的财物,构成本罪。A 项说法正确。

B 项，诈骗罪要求骗取的是财物。落户资格不属于财物，所以甲不构成诈骗罪。B 项说法错误。

C 项，提供虚假证明文件罪（《刑法》第 229 条），是指承担资产评估、验资等职责的中介组织的人员故意提供虚假证明文件的行为。关于该罪的行为主体，注意两点：第一，不限于承担资产评估、验资等职责的中介组织的人员，还包括其他领域的中介组织的人员。第二，不限于有资质的中介组织的人员，还包括无资质的中介组织的人员。本题中，乙的企业去办理人才引进事项，此时就属于这个领域的中介组织，无论其是否具有人才引进的资质，只要向政府提供虚假证明，就构成提供虚假证明文件罪。C 项说法正确。

D 项，关于伪造国家机关公文罪：第一，伪造包括有形伪造与无形伪造。有形伪造，是指没有制作权限的人，冒用国家机关名义制作公文、证件。无形伪造，是指有制作权限的人，擅自以国家机关的名义制作与事实不符的公文、证件；如果未经授权，擅自制作与事实相符的公文、证件，不属于伪造。第二，本罪可以由间接正犯构成。本题中，乙欺骗国家机关工作人员，使其开具了公文，构成伪造国家机关公文罪的间接正犯。D 项说法正确。

乙的一个行为同时构成提供虚假证明文件罪和伪造国家机关公文罪的间接正犯，想象竞合，择一重罪论处。

综上所述，本题答案为 ACD。

71.【**解析**】CD。A 项：第一，甲在客观上帮助乙实施了诈骗罪，但是，甲在主观上没有帮助乙实施诈骗罪的帮助故意。所以，甲不构成诈骗罪的帮助犯。第二，甲也不构成赌博罪的帮助犯，因为在客观上乙没有实施赌博。第三，甲构成帮助信息网络犯罪活动罪，因为甲在客观上帮助乙实施了网络犯罪，甲在主观上有帮助乙实施网络犯罪的故意。A 项说法错误。

B 项：第一，甲不构成诈骗罪的帮助犯，因为乙在客观上没有实施诈骗罪。第二，甲不构成洗钱罪的帮助犯，因为甲主观上没有帮助乙洗钱的帮助故意。第三，甲构成帮助信息网络犯罪活动罪，因为甲在客观上帮助乙实施了网络犯罪，甲在主观上有帮助乙实施网络犯罪的故意。B 项说法错误。

C 项：第一，乙构成诈骗罪的实行犯，甲构成诈骗罪的帮助犯。第二，甲还构成帮助信息网络犯罪活动罪。甲构成的两罪想象竞合，择一重罪论处。C 项说法正确。

D 项，乙在澳门赌博，不构成赌博罪。因此，甲帮助乙在澳门赌博，也不构成犯罪。D 项说法正确。

综上所述，本题答案为 CD。

72.【**解析**】CD。本题综合考查检察院自侦案件办理过程适用强制措施、侦查行为、起诉等程序，难度适中。

A 项，解题关键词是"不愿意""检察院应当关闭"。检察院办理自侦案件，在讯问犯罪嫌疑人时，应当全程录音录像，不能因为犯罪嫌疑人左某不愿意录制而关闭相关设备，A 错误。

B 项，解题关键词是"决定逮捕""上一级检察院批准"。对于检察院负责侦查的部门移送本院负责捕诉的部门审查决定逮捕的案件，负责捕诉的部门只需报请本院检察长决定是否逮捕即可，无须报请上一级检察院批准，B 错误。

C 项，解题关键词是"不起诉""上一级检察院批准"。对于国家机关工作人员职务犯罪案件，即检察院自侦的案件和监委会调查的案件，移送检察院审查起诉，出于办案的慎重考虑，检察院在作出不起诉决定前需要报上一级检察院批准。需要注意，对于公安机关侦查的案件，移送检察院审查起诉，检察院在作出不起诉决定前则无须报上一级检察院批准。本案为检察院自侦案件，检察院在对左某作出不起诉决定前报请上一级检察院批准是正确的，C 正确。

D 项，解题关键词是"辨认""照片""10 张"。对于检察院自侦案件，被辨认人的照片不得少于 10 张，D 正确。

综上所述，本题答案为 CD。

73.【**解析**】ABC。本题考查精神病强制医疗的具体程序，难度不大。

A 项，解题关键词是"应作""不起诉"。检察院审查起诉属于普通刑事诉讼程序，若发现周某系依法不负刑事责任的精神病人，应当作出法定不起诉决定。同时，周某符合强制医疗条件，检察院可以向法院申请强制医疗，启动特别程序。是故，A 正确。

B 项，解题关键词是"法院""应当会见"。检察院向法院申请对周某进行强制医疗，法院在审理时应当会见周某，便于全面了解案件事实，依法作出决定，B 正确。

C 项，解题关键词是"被害人的近亲属""上一级法院""复议"。在强制医疗案件中，周某和本案被害人以及他们的法定代理人、近亲属，对法院作出的强制医疗决定不服的，都有权利向上一级法院申请复议，C 正确。

D 项，解题关键词是"解除强制医疗""独任审理"。在刑事审判程序中，只有简易程序和速裁程序允许法官一人独任审判。其他审判程序，不论普通程序还是特别程序，均需组成合议庭进行审理。是故，D 错误。

综上所述，本题答案为 ABC。

74.【**解析**】ABD。本题综合考查未成年人刑事诉讼程序与自诉案件，难度较大。

A 项，解题关键词是"小田母亲""司法建议"。法院可以向有关单位提出司法建议，不能对个人提出司法建议，A 错误。

B 项，解题关键词是"自诉""检察院""代为告诉"。本案中，于某已被公安机关立案侦查，检察院提起公诉，本案属于公诉案件，不是自诉案件。检察院是代表国家提起公诉，而非代小田提起自诉，B 错误。

C 项，解题关键词是"检察院""禁止令"。检察院向法院提起公诉时，可以视情况向法院提出对被告人适用禁止令的建议，这属于检察院量刑建议的组成部分，C 正确。

D 项，解题关键词是"小田""心理测评"。法院对未成年被告人、证人、被害人均可进行心理疏导，但仅可以对未成年被告人进行心理测评。本案中,小田属于未成年被害人,法院可对其进行心理疏导,但不可对其实施心理测评,D 错误。

综上所述,本题答案为 ABD。

75.【解析】BCD。本题综合考查证据的种类、分类和证据规则,难度适中。

A 项,解题关键词是"齐某""直接证据""传闻证据"。直接证据是指能够反映完整案发经过的证据。传闻证据是指证人不出庭作证而提供的庭外证言,或者证人的陈述并非直接源于其亲自感知(视觉、嗅觉、听觉等)的案件事实,而是转述他人的陈述。本案中,盲人齐某只是听到王某的呼救,无法反映李某杀害王某的过程,属于间接证据。此外,王某被害呼救属于故意杀人案的案发组成部分,齐某虽然无法看到,但直接听到了案发经过,其证言内容直接源于案件事实本身,不是传闻证据。A 错误。

B 项,解题关键词是"小阳""证人"。在我国,了解案件情况的,当事人之外的人可以作为证人。本案中,邻居小阳并非本案当事人,小阳看到了李某杀人的全过程,了解案件事实,可以作为证人,B 正确。

C 项,解题关键词是"小阳的证言""直接定罪""补强"。一方面,孤证不能定案。若本案仅有小阳的证言,不可直接认定李某有罪。另一方面,小阳的证言属于言词证据,证明力较弱,需要有其他证据进行印证和补强方可作为定案的根据。因此,C 正确。

D 项,解题关键词是"带血的刀""间接证据"。本案中,刘某称其看见李某拿着刀去了王某家并看到了带血的刀,但刘某并未看到李某杀害王某的全部经过。因此,刘某陈述的内容只是本案的主要片段,而并非完整的案发经过,属于间接证据,D 正确。

综上所述,本题答案为 BCD。

76.【解析】BC。本题考查刑事和解程序,难度适中。

A 项,解题关键词是"同时""母亲""弟弟"。甲、乙与丙的亲属和解,需要取得第一顺位的全体近亲属同意,本案中,母亲属于第一顺位继承人,弟弟则属于第二顺位继承人。是否和解,需要征得丙的母亲同意,无须征得丙的弟弟同意,A 错误。

B 项,解题关键词是"和解协议""即时履行"。和解协议中约定的赔偿损失内容,应当在签署协议后即时履行,B 正确。

C、D 项,C 项解题关键词是"未成年人""代乙""赔偿",D 项解题关键词是"代乙""赔礼道歉"。未成年被告人的法定代理人可以代为赔偿,但不能代为赔礼道歉。赔礼道歉需要由乙亲自履行。因此,C 正确,D 错误。

综上所述,本题答案为 BC。

77.【解析】BC。本题综合考查二审、附带民事诉讼、一审重新起诉、国家赔偿,难度较大。

A 项,解题关键词是"不构成犯罪""调解不成""应当""一并宣判"。法院对附带民事诉讼部分调解不成的,不仅可以将刑事部分与附带民事诉讼部分一并宣判,还可以告知乙对甲另行提起民事诉讼,A 错误。

B 项,解题关键词是"一审判决后""请求检察院"。被害人对未生效的第一审判决,没有上诉权和抗诉权,但可以请求检察院启动二审抗诉,B 正确。

C 项,解题关键词是"生效后""新证据""重新提起公诉"。法院当初裁判时,事实不清、证据不足,法院判决甲无罪是正确的。即使在一审判决生效后,检察院发现了前罪新的有罪证据,也无须对之前的无罪判决启动审判监督程序。检察院只需根据新的证据向法院重新提起公诉,C 正确。

D 项,解题关键词是"生效后""国家赔偿""赔偿委员会""3 名审判员"。赔偿委员会作赔偿决定,必须有 3 名以上审判员参加,不一定必须是 3 名,也可以是 5 名,D 说应当 3 名是错误的。

综上所述,本题答案为 BC。

78.【解析】AB。本题考查死刑复核程序,难度适中。

A 项,解题关键词是"瑕疵""纠正后核准"。最高人民法院在复核死刑案件时,若发现案件引用的法律条款存在瑕疵,但判处王某死刑并无不当,可以在纠正后作出核准的裁判,A 正确。

B 项,解题关键词是"王某与吴某""均应移送"。最高人民法院复核死刑案件,奉行全面审查原则,下级法院对同案审理的王某与吴某的案卷,应当全部移送最高人民法院,B 正确。

C 项,解题关键词是"吴某""量刑过轻""直接改判"。吴某被判处有期徒刑 10 年,经过一审法院和二审法院两级审理,已经生效。最高人民法院在死刑复核程序中认为已经生效的吴某裁判确有错误的,不可直接改判,应当启动审判监督程序进行纠正,C 错误。

D 项,解题关键词是"复核裁定后""不再接受"。虽然最高人民法院已经对王某作出复核裁定,但为了最大程度保障死刑被告人的合法权益,此时辩护律师提交辩护意见及证据材料的,最高人民法院应当接收并出具接收清单,D 错误。

综上所述,本题答案为 AB。

79.【解析】ABC。(1)当事人因行政机关撤回许可而主张补偿的,应当先向行政机关提出申请,行政机关在法定期限或合理期限内不予答复或当事人对行政机关作出的补偿决定不服的,可以依法提起行政诉讼。所以,A 选项正确。

(2)采砂许可的许可类型为特许,有限自然资源开发利用、公共资源配置以及直接关系公共利益的特定行业的市场准入等均属于特许的范畴。同时,被撤回的许可事项属于特许的,一般按照当事人实际投入的损失确定补偿数额,实际投入仅指实际成本。所以,B 选项正确。

(3)根据信赖利益保护原则,撤回行政许可给相对人造成财产损失的,作出撤回行政许可决定的行政机关应当依法予以补偿。在当事人提起行政诉讼后,法院应当判决水利局履行补偿义务,C 选项正确。

(4)撤回是独立的具体行政行为，由于行政法没有统一法典，只有行政处罚、行政许可和行政强制措施等少量行为有法可依，《行政处罚法》和《行政许可法》规定了处罚和许可本身的听证制度，但没有规定撤回、撤销、注销、行政确认等行为的听证制度，所以，D 选项错误。

综上，本题答案为 ABC。

80.【解析】AB。(1)复议申请期为 60 日，起诉期为 6 个月，所以，A 选项正确。

(2)行政处罚决定书应当载明下列事项：当事人的姓名或者名称、地址，违反法律、法规、规章的事实和证据，行政处罚的种类和依据，行政处罚的履行方式和期限，申请行政复议、提起行政诉讼的途径和期限，作出行政处罚决定的行政机关名称和作出决定的日期。即使考生没有记住具体的法律条文，但根据现代社会的法治基本理念和行政法基本原则也应该能够推导出 B 选项是正确的，程序正当原则中的子原则——公众参与就要求行政机关在作出行政决定后要告知当事人理由和救济途径。

(3)《行政处罚法》第 72 条规定，到期不缴纳罚款的，每日按罚款数额的 3% 加处罚款，加处罚款的数额不得超出罚款的数额。可见，加处罚款是针对当事人不缴纳罚款本身而作出的，没收并没有加处规则。

(4)《行政处罚法》只规定对法人处 3000 元以下的罚款和警告可以适用简易程序，本题是对某公司罚款 2000 元，是有适用简易程序的可能性的，所以，D 选项错误。

综上，本题答案为 AB。

81.【解析】AD。(1)公民犯有两种以上应受拘留的犯罪的，公安机关应分别决定处罚但可以合并执行，合并执行的拘留期限最长不超过 20 日。所以，A 选项正确。

(2)《治安管理处罚法》第 9 条规定："对于因民间纠纷引起的打架斗殴或者损毁他人财物等违反治安管理行为，情节较轻的，公安机关可以调解处理……"可见，调解的前提条件是情节较轻，本题中，王某已经分别被拘留 10 日和 5 日，说明其违法情节较重，不满足调解的前提条件，B 选项错误。B 选项的考查角度是以往真题没有出现过的，考生应当予以足够关注。

(3)首先，要处罚。不满 14 周岁的人违反治安管理或精神病人在不能辨认或不能控制自己行为的时候违反治安管理的，公安机关不予处罚，本题王某已满 14 周岁，公安机关可以对其作出拘留决定。其次，不执行。基于人道主义立场，违法行为人有下列情形之一的，不执行拘留：①已满 14 周岁不满 16 周岁的；②已满 16 周岁不满 18 周岁，初次违反治安管理的；③70 周岁以上的；④怀孕或者哺乳自己不满 1 周岁婴儿的。所以，C 选项王某已满 14 周岁公安机关可以对其执行拘留决定是错误的。

(4)公安机关办理治安案件的期限，自受理之日起不得超过 30 日；案情重大、复杂的，经上一级公安机关批准，可以延长 30 日。为了查明案情进行鉴定的期间，不计入办理治安案件的期限。D 选项正确。

综上，本题答案为 AD。

82.【解析】BD。(1)"级别管辖看被告"。第一步，需要判断被告。《行政诉讼法解释》第 22 条第 3 款规定："复议机关确认原行政行为违法，属于改变原行政行为，但复议机关以违反法定程序为由确认原行政行为违法的除外。"可见，确认违法也是复议改变的一种表现形式，因为确认违法决定是从根本上否定原行为的合法性和正确性，属于改变了原行为的处理结果。但如果复议机关以违反法定程序为由确认原行政行为违法，也只是对原行为程序上的否定，并不影响实体上的结果，所以，以程序违法为由确认原行为违法应归类为复议维持。本案仅仅确认原行为程序违法，属于"审过且结果没变"的情形，2018 年《行政诉讼法解释》将其视为维持。所以，被告为原机关区综合行政执法局和复议机关区政府。

第二步，在级别管辖上，作出原行政行为的行政机关和复议机关为共同被告的，以作出原行政行为的行政机关来确定案件的级别管辖。按照级别管辖的逻辑，县级以上地方人民政府为被告的案件由中院管辖，而以区综合行政执法局(其性质是政府的工作部门，而不是政府)来确定管辖法院的级别，最终就应该由基层法院管辖。那么究竟以哪个行政机关来确定管辖法院的级别呢？法律选择了"就低原则"，以原机关的行政级别来确定管辖法院的级别。在本案中，应当以区综合行政执法局来确定管辖法院的级别，就应该由基层法院管辖。所以，A 选项错误。

(2)本案属于复议维持的情形，"诉 2 个，审 2 个，判 2 个"，法院既需要对原行为合法性进行审查，也需要对复议维持决定的合法性进行审查，所以，B 选项正确。

(3)一事不二罚原则是对当事人的同一个违法行为，不得给予两次以上罚款的行政处罚。但本题中，区综合行政执法局罚款 30 万元和罚款 1 万元的决定分别针对旅行社和直接负责的主管人员，是对不同的处罚对象作出的，所以，并没有违反一事不二罚原则，C 选项错误。

(4)《行政处罚法》第 58 条规定："有下列情形之一，在行政机关负责人作出行政处罚的决定之前，应当由从事行政处罚决定法制审核的人员进行法制审核；未经法制审核或者审核未通过的，不得作出决定：(一)涉及重大公共利益的；(二)直接关系当事人或者第三人重大权益，经过听证程序的；(三)案件情况疑难复杂、涉及多个法律关系的；(四)法律、法规规定应当进行法制审核的其他情形。行政机关中初次从事行政处罚决定法制审核的人员，应当通过国家统一法律职业资格考试取得法律职业资格。"本题罚款数量较大而且经过了听证程序，属于应当进行法制审核的处罚，D 选项正确。

综上，本题答案为 BD。

83.【解析】AD。(1)和民事合同引发的民事争议一样，除了不动产专属管辖外的地域管辖，是可以协商的，可以协商到原告地、被告地或协议签订地等，但本题涉及不动产房屋的征收拆迁，属于不动产案件，于是地域管辖是不能够协商的，A 选项正确。

(2)行政协议,又称行政合同,“合同合同,合而同之”,行政合同案件是可以商量的,学术术语说,行政协议属于行政裁量行为,属于可以调解的范围,B 选项错误。

(3)区征地办受区规划和自然资源局委托与陈某签订《征地房屋拆迁补偿协议》,委托制度的本质就是“找帮手”,被委托人区征地办没有独立开展行政活动并承担责任的资格,所以,被告应当是区规划和自然资源局,C 选项错误。

(4)县级以上地方政府为被告应当由中院管辖,本案被告为区规划和自然资源局属于县级政府的部门,不属于县级政府,所以,本案应当由基层法院,也就是区法院管辖,D 选项正确。

综上,本题答案为 AD。

84.【解析】CD。(1)陈述申辩权是保证行政决定公平、公正的重要性程序权利,是行政法基本原则程序正当原则提出的要求,再紧急的情况也不能限制当事人的基本陈述申辩权,A 选项错误。

(2)拍卖权是有严格的条件限定的。在当事人不复议、不诉讼、经催告也不履行的情况下,依法拥有查封、扣押权的行政机关,对财产实施查封、扣押后,可以将查封、扣押的财产拍卖抵扣罚款。事实上,由于一般所有的行政机关均拥有查封、扣押的权力,此时,就等于间接地拥有了一部分直接强制执行的权力,即拍卖权,我们将拍卖权的行使条件概括为:“山重水复疑无路,扣的货物抵罚款。”本题没有交代该公司不复议、不诉讼、经催告也不履行,则不满足拍卖的构成要件。B 选项错误。

(3)当事人都和解了,对行政行为都没有争议了,复议案件再审理下去还有什么意义呢,复议案件自然应当终止了。C 选项正确。

(4)与民事诉讼和行政诉讼二审判决类似,行政行为事实不清,证据不足,但是经行政复议机关审理查明事实清楚,证据确凿的,复议机关是可以作出变更决定的,D 选项正确。

综上,本题答案为 CD。

85.【解析】AC。(1)在拘留、逮捕、有期徒刑判决等一系列的司法决定中,“谁最后作有罪决定,谁赔偿”。本题中最后一个认定当事人有罪的机关为县检察院,赔偿义务机关应当为逮捕的决定者即县检察院,A 选项正确。

(2)虽然公安局错误的拘留和检察院错误的逮捕均是建立在甲鉴定机关错误的轻伤鉴定的基础上的,但是,拘留也好,逮捕也好,都是司法机关独立作出的意思表示,而鉴定意见只是其在作出拘留或逮捕决定时的诸多证据之一,所以,不应该由鉴定机构承担赔偿责任,而应该由司法决定的作出机关承担责任。B 选项错误。当然,在赔偿后,回头怎么追责,那是另外的问题了。

(3)取保候审没有对公民进行实际羁押,因此这部分不赔,C 选项正确。

(4)由于赔偿义务机关为县检察院,对其不予赔偿决定,当事人应该向其上级检察院市检察院提起司法复议,D 选项错误。

综上,本题答案为 AC。

三、不定项选择题

86.【解析】D。法的不确定性是其特性之一,司法者需要针对具体案件事实作出法的不同价值之间的衡量与抉择。A、C 选项说法错误。

法的价值主要包括秩序、自由、人权和正义等价值,法律是自由的保障,它以“自由”为最高价值目标。B 项说法错误。

实质法治要求保证其法律决定与实质价值或道德的一致性,为公众所普遍接受。实质法治忽视定法。D 项说法正确。

87.【解析】C。我国的基层政权包括农村基层政权和城市基层政权两部分。不设区的市、市辖区是我国的城市基层政权;乡、民族乡、镇是我国的农村基层政权。街道办事处作为市、市辖区人民政府的派出机关,是城市基层政权建设的重要组成部分。A 项表述不完整,说法错误。

根据《行政区划管理条例》第 9 条的规定,乡、民族乡、镇的设立、撤销、更名,行政区域界线的变更,人民政府驻地的迁移,由省、自治区、直辖市人民政府审批。甲县人民政府欲将其下辖的两个镇合并,应由该省人民政府批准。B 项说法错误。

根据《地方政府组织法》第 85 条的规定,县、自治县的人民政府在必要的时候,经省、自治区、直辖市的人民政府批准,可以设立若干区公所,作为它的派出机关。市辖区、不设区的市的人民政府,经上一级人民政府批准,可以设立若干街道办事处,作为它的派出机关。C 项说法正确。

根据《宪法》第 111 条的规定,城市和农村按居民居住地区设立的居民委员会或者村民委员会是基层群众性自治组织。D 项说法错误。

88.【解析】D。全国人大的专门委员会是按专业分工设立的辅助性工作机构。A 项说法正确。专门委员会人选由全国人民代表大会主席团在代表中提名,全国人民代表大会会议通过。B 项说法正确。《立法法》第 111 条第 1 款规定,全国人民代表大会专门委员会、常务委员会工作机构可以对报送备案的行政法规、地方性法规、自治条例和单行条例等进行主动审查,并可以根据需要进行专项审查。C 项说法正确。特定问题调查委员会不属于专门委员会,属于临时性委员会,D 项说法错误。

89.【解析】D。国家数据局是国务院组成部门管理的国家行政机构,其设立、撤销或者合并由国务院机构编制管理机关提出方案,报国务院决定。A 项说法错误。国家发展和改革委员会是国务院组成部门,主管特定业务,履行行政管理职能,B 项说法错误。国家数据局无权制定规章,C 项说法错误。国务院组成部门管理的国家行政机构根据工作需要可以设立司、处两级内设机构,也可以只设立处级内设机构。D 项说法正确。

90.【解析】BD。根据《监察法》第 9 条第 3 款的规定,地方各级监察委员会主任每届任期同本级人民代表大会每届任期相同。县监察委员会主任黄某在任期内离职,根据《地方政府组织法》第50条的规定,县级以上的地方各级人民代表大会常务委员会在本级人民代表大会闭会期间,在省长、自治区主席、市长、州长、县长、区长和监察委员会主任、人民法院院长、人民检察院检察长因故不能担任职务的时候,根据主任会议的提名,从本级人民政府、监察委员会、人民法院、人民检察院副职领导人员中决定代理的人选;决定代理检察长,须报上一级人民检察院和人民代表大会常务委员会备案。

综上,本题答案为BD。

91.【解析】AB。我国立法允许平等权上的合理差别,以保障弱者,实现结果上的平等。因此,平等权需要国家通过立法的形式进行一定程度上的限制。故A选项错误。

《宪法》规定的"国家尊重和保障人权"内涵丰富,而不单指生存权和发展权等。故B选项错误。C选项正确。

退休人员的生活保障权是公民的社会经济方面的权利之一。故D选项正确。

92.【解析】AB。A项,《刑法》第89条规定,对于继续犯,从犯罪行为终了之日起计算追诉时效。牛某构成重婚罪。重婚罪是继续犯,从犯罪行为终了之日起计算追诉时效。重婚罪的行为终了是指结束重婚状态。因此,A项说法正确。

B项,法定最高刑为10年以上有期徒刑的犯罪,追诉期限是15年,经过15年,便不能再追诉。在此不能适用特别追诉制度(向最高人民检察院申请)。特别追诉制度只能用于法定最高刑是无期徒刑、死刑的,追诉期限为20年的情形。B项说法正确。

C项,收买被拐卖的妇女、儿童罪不是继续犯,收买行为结束,该罪便结束。收买后若非法拘禁妇女,非法拘禁罪是继续犯,那么追诉期限从非法拘禁行为终了之日起开始计算。C项说法错误。

D项,《刑法》第88条第1款规定:"在人民检察院、公安机关、国家安全机关立案侦查或者在人民法院受理案件以后,逃避侦查或者审判的,不受追诉期限的限制。"这是追诉时效的延长规定。基于此,对甲的罪行,不受追诉期限的限制。所以,D项说法错误。

综上所述,本题答案为AB。

93.【解析】CD。A项,窝藏罪,是指帮助犯罪人逃匿的行为。这种帮助行为可以违背犯罪人意愿。因此,乙构成窝藏罪。A项说法错误。

B项,窝藏罪中的"帮助犯罪人逃匿",这里的"帮助"应作扩大解释,包括狭义的帮助行为,还包括实行行为、教唆行为。B项说法错误。

提示:第一,如果犯罪人拒绝了逃匿,这种劝诱行为不值得定罪。第二,犯罪人意欲自首,行为人仅劝诱其不自首,但没劝诱逃匿的,不成立窝藏罪。

C项,成立窝藏罪,要求帮助行为对逃匿行为起到实质的、直接的帮助效果,也即给司法机关抓捕犯罪人直接增加难度。妻子乙的行为并没有达到这种效果,所以不构成窝藏罪。C项说法正确。

D项,乙的行为对甲的逃匿行为没有起到实质的、直接的帮助效果,没有给司法机关抓捕甲直接增加难度,乙不构成窝藏罪。D项说法正确。

综上所述,本题答案为CD。

94.【解析】BC。第一,招摇撞骗罪的成立,要求有"欺骗"行为。这是指,采取欺骗手段,使对方产生认识错误,基于此骗取对方付出一些东西,包括感情、服务、财物等。本案中,王某虽然欺骗路人,但路人并没有付出什么东西,也即王某没有骗取路人的财物。所以,王某不构成招摇撞骗罪。A项说法错误。

第二,盗窃罪=非法占有他人财产,侵犯财产权。盗伐林木罪=非法占有林木,破坏生态环境。滥伐林木罪=破坏生态环境,没有非法占有目的。王某带着非法占有目的,盗伐林木,构成盗窃罪和盗伐林木罪,法条竞合,最终以盗伐林木罪论处。

综上所述,本题答案为BC。

95.【解析】A。A项,责任能力,是指行为人对自己行为性质的辨认能力与控制能力。行为人需要同时具备辨认能力和控制能力,才有责任能力。题中,乙无控制能力,因此无责任能力。A项说法错误。

B、C项,教唆犯的成立条件是故意引导他人制造违法事实。间接正犯是在此基础上对他人有支配力。二者不是对立排斥关系。甲故意引导乙制造违法事实,因此构成教唆犯。在此基础上,甲构成间接正犯,因为乙是无责任能力的精神病人,甲对乙有支配力。就高不就低,最终定间接正犯。B项、C项说法正确。

D项,乙杀死丙,属于实行过限。甲对丙的死亡结果应负过失的责任。理由是,甲虽然只有伤害的故意,对死亡结果没有故意,但是指使乙暴力伤害丙,便能预见到乙的伤害行为可能会升级为杀人,但是甲轻信能够避免,因此甲对死亡结果有过于自信的过失。甲构成故意伤害罪(过失)致人死亡。D项说法正确。

综上所述,本题答案为A。

96.【解析】AB。本题考查认定未成年人的年龄节点,有一定难度。

A项,解题关键词是"应当公开"。甲犯罪时不满18周岁,进入法院审理时已满18周岁。法院是否公开审理,看审判时的年龄而非犯罪时的年龄,A项说法法院应当公开审理是正确的。

B项,解题关键词是"不需要通知""法定代理人"。讯问未成年被告人,应当通知其法定代理人到场。本案中,法院在审理甲时,甲已满18周岁,不存在法定代理人,法院无须通知甲的法定代理人到场,B正确。

C项,解题关键词是"不需要""封存""犯罪记录"。对于犯罪时不满18周岁,被判5年以下有期徒刑的,法院应当封存犯罪记录。本案中,甲犯罪时不满18周岁,被判3年有期徒刑,法院应当封存甲的犯罪记录,C

错误。

D 项,解题关键词是“不能适用”“少年法庭”。对于犯罪时不满 18 周岁,法院立案时不满 20 周岁的被告人,法院应当适用未成年人案件审判组织(少年法庭)审理。本案中,甲犯罪时 17 周岁,进入法院立案时已满 18 周岁,法院应当对甲适用少年法庭审理,D 错误。

综上所述,本题答案为 AB。

97.【**解析**】ABD。C 项,立案前初查时,不得采取技术侦查措施。

98.【**解析**】C。本题考查未成年人刑事案件诉讼程序中的犯罪记录封存问题,难度不大。

A 项,解题关键词是“向媒体提供”。法院在封存李某犯罪记录后,应当保密,不得向外界披露李某的个人信息以及可能推断出李某身份的其他资料。因此,法院不应向媒体提供李某的犯罪记录,A 错误。

B 项,解题关键词是“参军入伍”“应当如实报告”。李某的犯罪记录被封存后,在入伍、就业时,免除犯罪记录的报告义务,B 错误。

C 项,解题关键词是“再次犯罪”“可以查询”。司法机关基于办案的需要,比如审查是否构成累犯等情形,有权查询李某的犯罪记录,C 正确。

D 项,解题关键词是“公司应聘”“可向公安机关查询”。李某被封存犯罪记录,在就业时免除犯罪记录的报告义务,公司自然没有权利查询李某的犯罪记录,D 错误。

综上所述,本题答案为 C。

99.【**解析**】BC。(1)“复议改变,单独告;复议维持,共同告;复议不作为,择一告”,区政府以超过复议申请期限为由驳回了刘某复议请求属于“未实质审理过”的复议不作为情形,如果就停发补助行为不服,被告为区房管局;如果就区政府复议不作为不服起诉,被告为区政府。本题中刘某已经作出了选择,以区房管局为被告提起诉讼,说明刘某起诉的是停发补助行为,此时的被告应当只有一个行政机关区房管局,法院不需要通知刘某追加区政府为被告,D 选项错误。

(2)法院对起诉行政机关没有依法支付抚恤金、最低生活保障金和工伤、医疗社会保险金,权利义务关系明确、不先予执行将严重影响原告生活的案件,可以根据原告的申请,裁定先予执行。我们将这种先予执行称为“可怜的人,申请可怜的钱”。何为“可怜的钱”呢?特点为救命或救急,如等着治病、养伤的救命钱“工伤、医疗社会保险金”,等着填饱肚子的“抚恤金、最低生活保障金”,而本题中的房屋租赁补助显然没有那么急迫用以救命、救急的作用,所以,不存在先予执行制度。A 选项错误。

(3)复议申请期限为 60 日,行政诉讼起诉期为 6 个月,所以,C 选项正确。

(4)行政给付,是指政府提供必需的生存条件、防范生活风险和社会共同生活条件的行政义务。例如,城市居民最低生活保障金、农村的五保户救济金、遭遇自然灾害的生活救济金和国家承担的社会保险费用等,本题中的房屋租赁补助属于行政给付的范围,B 选项正确。

综上,本题答案为 BC。

100.【**解析**】AB。(1)国家赔偿范围的口诀是:“没罪关了就要赔”,其中的构成要件有两个:第一,“没罪”,公民没有实施犯罪行为或者没有充分确凿的证据证明公民实施了犯罪行为。其中“没罪”是由撤销案件、不起诉或者判决宣告无罪等终止追究刑事责任的形式来体现的。本题中,县检察院以事实不清、证据不足为由作出不起诉决定,是终止追究刑事责任的体现,A 选项正确。第二,“关”,关指的是实际羁押,主要包括有期徒刑判决、拘役、无期徒刑判决等对公民的人身自由构成实际限制的刑事行为,如果对公民的人身自由的限制不是通过实际羁押的方式来进行,国家不承担赔偿责任,比如减刑、假释、保外就医等。本题中,监视居住没有对公民进行实际羁押,因此这部分不赔,所以,D 选项赔偿部分包括了 2019 年 11 月 21 日到 2020 年 5 月 20 日的表述错误。但杨某确实也存在在“没罪”的情况下被羁押的期间,所以,杨某申请国家赔偿是符合赔偿的法定构成要件的,B 选项正确。

(2)本案的赔偿义务机关为最后作出有罪决定的县检察院,而非公安局,所以,对拒绝赔偿,杨某可以向赔偿义务机关县检察院的上一级市检察院申请复议,而非向上一级公安局申请复议,C 选项错误。

综上,本题答案为 AB。

2023 年国家统一法律职业资格考试(回忆版)

试卷二参考答案及解析

一、单项选择题

1.【**解析**】A。A 项考查著作权的保护期,关键词为"著作权"。著作权属于典型的综合性权利(既有人身性又有财产性)。著作权包括著作人身权(4 项)和著作财产权(12 项)。其中,著作人身权中的署名权、修改权和保护作品完整权的保护期不受限制(永久保护),著作人身权中的发表权和著作财产权的保护期为作者终生及其死后 50 年,截止于作者死亡后第 50 年的 12 月 31 日。本题中,作曲家张某虽然将笔记本抛弃,丧失笔记本(乐谱)的所有权(物权),但是,并未丧失著作权(知识产权)。故 A 项说法正确,当选。

B 项考查动产所有权的抛弃,关键词为"所有权"。动产所有权的抛弃在性质上属于单方民事法律行为,单方意思表示完成时即发生法律效果。本题中,作曲家张某将笔记本丢弃时即丧失笔记本(乐谱)的所有权。故 B 项说法不正确,不当选。

C、D 项考查可撤销的民事法律行为,关键词为"胁迫撤销"和"显失公平撤销"。可撤销的民事法律行为,是指民事法律行为虽已成立并生效,但因意思表示存在瑕疵,可以因权利人行使撤销权而使其丧失效力。可撤销的民事法律行为的情形共 4 种,分别是重大误解、欺诈、胁迫、显失公平。其中,胁迫的本质是胁迫人不正当的预告危害使被胁迫人陷入恐惧或害怕的心理状态。至于手段如何,是否真实、谁实施的(第三人的胁迫依然可撤销)均在所不问。显失公平的本质是"利用",即利用对方处于危困状态、利用对方缺乏判断能力。本题中,书店店员仅仅报价 5000 元,不存在胁迫和显失公平,因此,不存在撤销问题。故 C、D 项说法均不正确,不当选。

综上所述,本题的正确答案为 A。

2.【**解析**】A。首先,一般认为,共同共有仅包括 5 类:"夫、家、遗、伙、居",即只有当事人之间存在夫妻关系、家庭关系、遗产继承关系、合伙关系和同居关系才会被认定为共同共有,除此之外,均推定为按份共有。本题中,张三、李四和王五并不存在上述 5 类特殊法律关系,因此,应当推定为按份共有。故 C 项错误,不当选。

其次,对于按份共有物的保存行为(保值增值的行为),按份共有人有约从约,无约均有。本题中,对于按份共有物汽车的整体维修属于保存行为,按份共有人张三、李四和王五没有约定,因此,各按份共有人均有权决定。故 B 项错误,不当选。

再次,按份共有人对外转让共有的份额是自由的,无须经过其他按份共有人的同意,仅需将转让条件及时通知其他按份共有人即可。故 D 项错误,不当选。

最后,按份共有人的份额确定规则分三步:第一步,看约定,即有约从约;第二步,看出资额;第三步,推定等额。本题中,张三、李四和王五对于份额没有约定也没有表明出资额。因此,推定每人各占 1/3 的份额。同时,按份共有人对外转让份额时,其他按份共有人在同等条件下享有优先购买权。李四和王五二者均行使优先购买权的,先协商,协商不成的,按比例行权。因此,李四和王五各按 1/3 的份额行使优先购买权,即享有平等的优先购买权。故 A 项正确,当选。

综上所述,本题的正确答案为 A。

3.【**解析**】D。C、D 项考查民事法律行为的效力,关键词为"无效"和"有效"。从正面角度而言,有效的民事法律行为需要同时符合四个构成要件,用 4 个字来表达:"强、公、主、意"。(1)"强"即不违反法律、行政法规的强制性规定;(2)"公"即不违背公序良俗;(3)"主"即主体/行为人具有相应的民事行为能力;(4)"意"即意思表示真实。本题中,甲和乙签订的《房屋买卖合同》完全符合上述四个构成要件,因此,合法有效。故 D 项说法正确,当选。从反面角度而言,无效的民事法律行为共 5 种情形,用 5 个字来表述为"强、公、主、意、恶"。(1)"强"代表违反法律、行政法规的效力性强制性规定的民事法律行为;(2)"公"代表违背公序良俗的民事法律行为;(3)"主"代表无民事行为能力人独立实施的民事法律行为;(4)"意"代表行为人与相对人以虚假的意思表示实施的民事法律行为;(5)"恶"代表恶意串通损害他人合法权益的民事法律行为。甲和乙签订的《房屋买卖合同》不存在上述无效情形。故 C 项说法错误,不当选。

A、B 项考查居住权的设立和不动产预告登记。关键词为"拥有"和"居住权"。居住权的设立采"登记生效主义",即"有效合同 + 登记 = 居住权"。本题中,甲在该商品房上为其母亲设立居住权,但未办理登记,因此,母亲没有取得该房屋居住权。故 B 项说法错误,不当选。预告登记后,债权消灭或自能够进行不动产登记之日起 90 日内未申请登记的,预告登记失效。本题中,1 月 16 日乙付清全部房款并能够办理房屋过户手续。而乙直到当年年底,也未请求甲办理不动产过户登记,超过了 90 日的法定期限,预告登记失效。同时,5 月 5 日,甲又在该房屋上为其父亲设立了居住权,并办理登记。因此,甲的父亲拥有该房屋的居住权。故 A 项说法错误,不当选。

综上所述,本题的正确答案为 D。

4.【解析】B。A、D 项考查居住权的设立,关键词为"设立"和"无效"。居住权的设立采"登记生效主义",通俗而言,有效合同(债权效力) + 登记(物权效力) = 居住权。本题中,7 月 15 日,李某和宋某只是约定设立居住权,只具有债权效力。8 月 15 日,二者办理了居住权登记方才产生物权效力,即 8 月 15 日居住权设立。故 A 项说法不正确,不当选。居住权的设立,可有偿可无偿。因此,李某和宋某约定居住权有偿,合法有效。故 D 项说法亦不正确,不当选。

B、C 项考查居住权的限制,关键词为"有效"和"可以继承"。居住权属于用益物权,单纯支配和利用的是标的物(住宅/房屋)的使用价值。因此,居住权人享有对标的物(住宅/房屋)的占有、使用两项权能。但是,收益(出租)权能相对禁止(原则上,居住权人不得将房屋出租,当事人另有约定的除外),处分权能(转让和继承)绝对禁止。本题中,宋某和李某对于房屋的出租未作特别约定,李某不得将房屋出租。李某将房屋出租给丁某的行为构成无权出租,无权出租,不影响合同的效力,仅影响合同的履行。因此,李某和丁某的租赁合同依然合法有效。故 B 项说法正确,当选。居住权不得继承,居住权人死亡的,居住权消灭。故 C 项说法不正确,不当选。

综上所述,本题的正确答案为 B。

5.【解析】B。B、C、D 项考查动产担保物权的识别,关键词为"质权""抵押权""留置权"。基于物权法定规则,动产既可以抵押,也可以质押,还可以被债权人依法留置。其中,抵押权并不移转动产标的物的占有(通俗而言,有抵押无交付,有交付无抵押,抵押和交付水火不容),因此,无须交付。本题中,甲将玉佩交付给乙提供担保,不符合抵押权的特征。故 C 项说法错误,不当选。动产质押权和动产留置权需要移转动产标的物的占有,但是,留置权属于法定担保物权。本题中,甲将玉佩交付给乙担保 10 万元债权及利息,该担保系由当事人约定而非法律规定。同时,动产质权属于意定担保物权,且动产质权的设立依交付。故 D 项说法错误,不当选;B 项说法正确,当选。

A 项考查流质条款,关键词为"所有权"。在债务履行期限届满前,债权人处于相对的优势地位,与出质人约定债务人不履行到期债务时质押财产直接归债权人所有的,属于流质条款,该条款本身无效。完成公示的(动产已经交付的),可以依法认定为动产质权,对动产享有优先受偿权。本题中,债权人乙和债务人甲关于"若未付清,乙获得该玉佩的所有权"的约定属于典型的流质条款,该条款无效,但是,玉佩已经交付(完成公示),债权人乙享有动产质权而非所有权,有权对玉佩行使优先受偿权。故 A 项说法错误,不当选。

综上所述,本题的正确答案为 B。

6.【解析】C。B、C、D 项考查合同的订立,关键词为"要约"和"承诺"。当事人订立合同,可以采取要约、承诺方式。其中,要约是希望与他人订立合同的意思表示,该意思表示应当符合下列条件:(1)内容具体确定(目的意思);(2)表明经受要约人承诺,要约人即受该意思表示约束(效果意思)。本题中,李某欲以 8 万元出售自己汽油车的内心意思并未对张某产生法律约束力(订立买卖合同),因此,李某对张某不构成要约。实质上,李某的行为属于要约邀请,即希望他人向自己发出要约的表示,并未想产生法律约束力,需要再考虑一下。故 D 项说法错误,不当选。第二日,张某内心确实想以 8 万元购买李某的汽油车,想与李某订立汽油车买卖合同,因此,张某对李某构成要约。故 C 项说法正确,当选。承诺是受要约人同意要约的意思表示。第二日,对于张某意欲购买汽车的意愿,李某表示拒绝。因此,李某对张某不构成承诺,二者之间的汽车买卖合同因意思表示未合意而未成立(通俗而言,张某想买,李某不想卖)。故 B 项说法错误,不当选。

A 项考查缔约过失责任,关键词为"应当承担"。缔约过失责任作为法定之债,其构成要件有四:(1)行为发生于缔约过程中;(2)一方违反基于诚信原则产生的先合同义务;(3)导致对方信赖利益的损失;(4)一方违反先合同义务与他方所受损失之间存在因果关系。本题中,李某并未假借订立合同恶意和张某磋商,没有任何过错,因此,不应当承担缔约过失责任。故 A 项说法错误,不当选。

综上所述,本题的正确答案为 C。

7.【解析】D。B 项考查要约和要约邀请的区别,关键词为"要约邀请"。商业广告和宣传原则上属于要约邀请,但是,内容具体确定则属于要约。内容具体确定包括三要素:(1)当事人;(2)标的物;(3)数量。本题中,甲在校内二手平台上发布的出售自行车的信息内容具体确定,属于要约而非要约邀请。故 B 项说法错误,不当选。

C 项考查合同订立的要约承诺规则,关键词为"未达成"。要约和承诺意思表示合意,合同成立。本题中,甲发布的商业广告和宣传属于要约,价款 1000 元且甲表明"诚信出售,先到先得",即该要约为不得撤销要约。后乙出价 900 元,属于对要约内容的实质性变更,为反要约(新要约),甲不同意。因此,乙的要约失效(要约被拒绝)。后乙给甲发微信"就按你说的价来",属于承诺,两人达成了合意,即对于合同的必备条款当事人、标的物和数量三要素意思表示合意,合同成立。故 C 项说法错误,不当选。

A、D 项考查意思表示解释规则,关键词为"1100 元"和"1000 元"。有相对人的意思表示的解释,应当按照所使用的词句,结合相关条款、行为的性质和目的、习惯以及诚信原则,确定意思表示的含义。本题中,甲发布的商业广告和宣传属于要约,价款 1000 元。乙先出价 900 元,甲不同意。后乙又给甲发微信"就按你说的价来,1100 元"。其中,如果以前段"就按你说的价来"解释乙的意思表示含义,则价款为 1000 元。如果以后段"1100 元"来解释乙的意思表示含义,则与乙之前的行为的目的不相一致且乙明确表示是自己打错了。因此,综合整个交易过程,应当认定两人间成立了1000元的合同。故A项说法错误,不当选;D项说法正确,当选。

综上所述,本题的正确答案为D。

8.【解析】C。A、B项考查诉讼时效中止。诉讼时效的中止,是指在诉讼时效进行中(最后6个月内),由于出现了法定事由(客观障碍)而暂停诉讼时效进行的法律制度。诉讼时效中止发生在诉讼时效期间届满前6个月内。本题中,甲公司对丙公司提起债权人代位权之诉时,300万元和500万元两个债权债务的诉讼时效期间均未在诉讼时效届满前6个月内。因此,均不发生诉讼时效中止问题。故A、B项均错误,不当选。

C、D项考查债权人代位权之诉。代位权的行使范围以债权人的到期债权为限。本题中,甲公司对乙医院的到期债权为300万元。因此,代位权以300万元为限。故C项说法正确,当选;D项说法错误,不当选。

综上所述,本题的正确答案为C。

9.【解析】D。试用买卖合同主要出现在新产品的推介过程中,立法目的在于保护买受人的利益,确保买受人对标的物的充分了解,降低其买到瑕疵商品甚至假冒伪劣商品的风险,增强交易的安全性。试用买卖合同,又称试验买卖合同、检验买卖合同,是指当事人双方约定,于合同成立时,出卖人将标的物交付买受人试验或检验,并以买受人在约定期限内对标的物的认可为生效要件(条件)的买卖合同。

A、B、C项考查试用买卖合同中选择权的行使方式,关键词为"视为"和"有权拒绝"。试用买卖合同中的选择权属于形成权,该权利的行使可以明示,也可以默示。默示行使选择权(形成权),即视为同意购买的情形,包括两类:(1)积极的默示行为,如付款行为和非试用行为(出卖、出租和设定担保物权的行为);(2)消极的默示行为,即纯粹的沉默行为。本题中,若试用人张某在试用期内支付了部分价款或将标的物扫地机器人出租给陈某,系以积极的默示行为的方式视为同意购买。故A、C项说法正确,不当选。同时,若试用人张某在试用期届满,对是否购买标的物扫地机器人未作表示,系以消极的默示行为,即纯粹的沉默行为视为购买。买卖合同成立并生效,商场有权拒绝受领标的物扫地机器人而请求张某依约支付购买标的物扫地机器人的价款。故B项说法正确,不当选。

D项考查试用买卖合同中的风险负担,关键词为"意外火灾"和"毁损"。在试用买卖中,标的物的交付,并非履行买卖合同的主要义务的交付,买受人也不因此取得所有权,不能享有收益,只能试用。因此,风险不应由买受人承担,否则,有违公平。据此,标的物在试用期内毁损、灭失的风险由出卖人承担。本题中,若扫地机器人在试用期间遭意外火灾毁损,依法应由出卖人商场承担风险,试用人张某不应当支付价款。故D项说法不正确,当选。

综上所述,本题的正确答案为D。

10.【解析】D。A项考查赠与人的任意撤销权,关键词为"撤销"和"尚未支付"。赠与人在赠与财产转移前,原则上享有任意撤销权。但是,基于公序良俗的考虑,有三种例外:(1)经过公证的;(2)具有公益性质的;(3)具有道德义务性质的。本题中,受赠人乙学校(公立)系事业单位法人、公益法人,该赠与系公益性质的赠与。因此,赠与人甲公司不可以行使任意撤销权,撤销尚未支付的700万元。故A项错误,不当选。

C项考查赠与人的法定撤销权,关键词为"返还"和"已经支付"。赠与财产转移后,受赠人有下列"忘恩负义"情形之一的,赠与人可以行使法定撤销权:(1)严重侵害赠与人或赠与人的近亲属的合法权益;(2)对赠与人有扶养义务而不履行;(3)不履行赠与合同约定的义务。本题中,甲公司和乙学校的赠与协议约定该1000万元捐款专门用于购买书籍,属于典型的附义务的赠与合同(专款专用/专物专用/专门用于),受赠人乙学校并未违反约定的义务。因此,甲公司不可以行使法定撤销权,请求乙学校返还已经支付的300万元。故C项错误,不当选。

B、D项考查赠与人的穷困抗辩权,关键词为"无权请求"和"不再支付"。赠与合同系最典型的单务、无偿合同。因此,法律赋予赠与人以"穷困抗辩权",即赠与人的经济状况显著恶化,严重影响其生产经营或家庭生活的,可以不再履行赠与义务。穷困抗辩权的构成要件有四:(1)赠与合同已经成立并生效;(2)合同尚未履行完毕;(3)赠与人经济状况显著恶化,且达到严重影响其生产经营或家庭的程度;(4)受赠人请求赠与人继续履行合同。本题中,甲公司资金链断裂,无法支付剩下的余款,乙学校虽然有权请求甲公司继续支付剩余尾款,但甲公司可以行使穷困抗辩权,不再支付剩余的700万元。故B项错误,不当选;D项正确,当选。

综上所述,本题的正确答案为D。

11.【解析】B。A、C项考查保管合同和公平补偿规则,关键词为"赔偿损失"和"适当补偿"。保管合同属于可有偿可无偿的合同。在无偿保管的情形下,保管人只有在故意或重大过失时才承担赔偿责任。本题中,外卖骑手张某为救李某将手机交给路人王某,王某属于无偿保管,后王某因"不小心"将张某手机掉在地上,屏幕被摔碎,无偿保管人王某没有故意或重大过失。因此,无须承担赔偿责任。同时,受害人和行为人对损害的发生都没有过错的,依照法律的规定由双方分担损失。公平补偿规则适用的前提条件是法律规定,法律并未规定无偿保管人要承担适当补偿责任。因此,无偿保管人王某对于张某手机屏幕摔碎的损失,既不需要承担赔偿责任,亦无须适当补偿,即王某无任何责任。故A、C项说法均不正确,均不当选。

B、D项考查无因管理,关键词为"赔偿损失"和"适当补偿"。无因管理作为法定之债,其构成要件有四:(1)没有法定或约定的义务;(2)主观上为了避免他人利益受损失而具有管理他人事务的意思;(3)客观上实施了管理他人事务的行为;(4)不违反本人明示或可推知的意思，但是，本人的意思违反法律或违背公序良俗的除外。同时，在无因管理中，管理人所受损害可以向受益人主张补偿，但受益人所受损害不得向管理人主张赔偿。本题中，外卖骑手张某救助跳河的李某，依法构成无因管理，管理人张某背部受伤的损害，受益人（被救者）李某应当适当补偿，故B项说法正确，当选；但是，受益人（被救者）李某胳膊受伤，不得请求管理人张某赔偿损失。故D项说法不正确，不当选。

综上所述，本题的正确答案为B。

12.【解析】C。首先，应收账款质押权和保理合同的本质均为债权转让，因此，二者可以互相类推适用各自的法律规则。应收账款债权人与债务人虚构应收账款作为质押标的，与债权人订立应收账款（债权）质押合同的，应收账款债务人不得以应收账款（债权）不存在为由对抗债权人。同时，以应收账款（债权）出质的，质权自办理出质登记时设立。本题中，甲公司虚构与乙公司的应收账款，质押给丙公司融资且在丙公司向乙公司发函确认该笔应收账款时，乙公司认可其真实性。因此，甲公司和丙公司之间的应收账款（债权）质押合同合法有效。同时，甲公司和丙公司亦办理了应收账款质押登记手续。因此，债权人丙公司取得合法有效的应收账款质押权。故B项说法不正确，不当选。

其次，当事人在保证合同中对保证方式没有约定或约定不明确的，按照一般保证承担保证责任。本题中，丁公司为丙公司的债权提供保证担保，但未约定保证方式。因此，丁公司为一般保证人，依法享有先诉抗辩权。

最后，被担保的债权既有物的担保又有人的担保的，债务人不履行到期债务或发生当事人约定的实现担保物权的情形，债权人应当按照约定实现债权；没有约定或约定不明确，债务人自己提供物的担保的，债权人应当先就该物的担保实现债权。本题中，丙公司的债权既有债务人甲公司提供的应收账款质押权担保（债务人的物保）又有丁公司提供的一般保证（人保），且当事人之间关于实现担保没有约定。因此，债权人丙公司应当先执行债务人甲公司提供的应收账款质押权担保，不足部分，再执行一般保证人丁公司的财产。而非“同时”实现债权质押权和保证，更非“只能”请求丁公司承担保证责任。故A、D项说法均不正确，不当选。C项说法正确，当选。

综上所述，本题的正确答案为C。

13.【解析】A。A、B项考查离婚协议的生效，关键词为“尚未生效”和“按协议书处理”。离婚协议是夫妻双方载明双方自愿离婚的意思表示，并就子女抚养、财产分割以及债务清偿等事项订立的协议。离婚协议的成立要件包括：(1)存在夫妻双方当事人；(2)夫妻双方就自愿离婚、子女抚养、财产及债务处理等事项达成合意；(3)离婚协议应当具备书面形式。离婚协议的成立不等于离婚协议的生效。离婚协议中关于财产分割、子女抚养等内容的约定，以夫妻双方解除婚姻关系为前提，以夫妻双方完成离婚登记为生效条件。本题中，凌某和李某于2021年9月签订的离婚协议书成立且有效，但是，双方并未办理协议离婚登记手续。2023年李某提起诉讼离婚，法院应当认定该离婚协议成立有效但未生效，并根据实际情况判决。故A项正确，当选；B项错误，不当选。

C项考查夫妻财产制，关键词为“个人财产”。婚后，在不存在书面分别财产所有制协议的情况下，夫妻双方的财产为共同共有。本题中，凌某和李某签订的离婚协议尚未生效，虽然已将部分财产及债务进行了分割并办理了登记，但是，在未办理协议离婚登记的情况下，并不发生财产权益变动为一方个人财产的法律效果。故C项错误，不当选。

D项考查诉讼离婚的法定情形，关键词为“不准离婚”。离婚的法定情形包括：(1)重婚或与他人同居。(2)实施家庭暴力或虐待、遗弃家庭成员。(3)有赌博、吸毒等恶习屡教不改。(4)因感情不和而分居满2年。(5)一方被宣告失踪。(6)夫以妻擅自中止妊娠侵犯其生育权为由请求损害赔偿的，法院不予支持；夫妻双方因是否生育发生纠纷，致使感情确已破裂，一方请求离婚的，法院经调解无效的。(7)经法院判决不准离婚后，双方又分居满1年。据此可知，法院是否判决双方离婚并不以财产分割达成一致为前提而以是否符合法定情形为基础。故D项错误，不当选。

综上所述，本题的正确答案为A。

14.【解析】D。A、B项考查继承权的丧失，关键词为“不能继承”。继承权绝对丧失的情形有二：(1)故意杀害被继承人；(2)为争夺遗产故意杀害其他继承人。本题中，段甲曾经和段某吵架“伤害过”段某而并未故意杀害被继承人段某。因此，段甲不丧失继承权。同时，段乙虽然曾经雇凶杀段甲但并非“为争夺遗产”，因此，段乙亦不丧失继承权。故A、B项说法错误，不当选。

C、D项考查继承权的丧失和遗产分配，关键词为“应该多分”和“平均分得”。继承人放弃继承应当以书面形式向遗产管理人或其他继承人表示。在诉讼中，继承人向法院以口头方式表示放弃继承的，要制作笔录，由放弃继承的人签名。本题中，段丙“口头上表示”什么都不要，不需要把遗产分给他，依法不发生放弃继承权的法律效果，段丙依然享有继承权。本题中，段某有合法有效的遗嘱愿意把全部遗产“平均分给”三个儿子。因此，段丙不应该多分一些遗产。故C项说法错误，不当选。D项说法正确，当选。

综上所述，本题的正确答案为D。

15.【解析】B。A项考查公序良俗原则。公序良俗原则，是指民事主体从事民事活动不得违背公共秩序和善良风俗。本题中，郝某向某公司索要高价赔偿与公共秩序和善良风俗无关。故A项说法错误，不当选。

B项考查诚实信用原则。诚实信用原则，简称“诚信原则”，是指民事主体从事民事活动时，应当诚实守信，正当行使民事权利并履行民事义务，不实施欺诈和规避法律的行为，在不损害他人利益和社会利益的前提下追求自己的利益。诚信原则是市场经济活动中一项基本道德准则，具有伦理价值。诚信原则的本质是民事权利的行使应当“秉持诚实、恪守承诺,禁止权利滥用”。本题中,某公司挖天然气管道途经郝某家耕地,郝某请求补偿理所当然,但是,趁机索要高价,实属权利滥用行为。因此,郝某的行为违反了诚信原则。故B项说法正确,当选。

C项考查平等原则。平等原则,是指民事主体,不论自然人、法人还是非法人组织,不论自然人是男、女、老、少、贫、富,不论法人规模大小、经济实力雄厚与否,不论非法人组织经营什么业务,在从事民事活动时,他们相互之间在法律地位上都是平等的,他们的合法权益受到法律的平等保护。平等原则包括两个维度的问题:(1)形式意义上的平等。该平等体现在三个层面:①民事权利能力一律平等;②法律地位一律平等;③法律适用一律平等。(2)实质意义上的平等。法律对未成年人、老年人、残疾人、妇女、消费者等给予特殊保护。本题中,郝某向某公司索要高价的行为既不违反形式意义上的平等,亦不违反实质意义上的平等。因此,郝某的行为并未违反平等原则。故C项说法错误,不当选。

D项考查公平原则。公平原则,是指民事主体从事民事活动时要秉持公平理念,公正、平允、合理地确定各方的权利和义务,并依法承担相应的民事责任。公平正义是人类共同追求的基本价值,也是法律追求的基本价值。本题中,某公司挖天然气管道途经郝某家耕地,已经按照行业规定最高标准给予补偿,合理确定了双方的权利和义务。因此,不违反公平原则。故D项说法错误,不当选。

综上所述,本题的正确答案为B。

16.【解析】A。A、B项考查夫妻财产制,关键词为“个人财产”。A项中,夫妻一方个人财产在婚后产生的收益,除孳息和自然增值外,应认定为夫妻共同财产。租金所得属于孳息,应为雷某的个人财产,故A项错误,当选。B项中,房子为雷某婚前的财产,属于法定的夫妻一方雷某的个人财产,B项正确,不当选。

C项考查离婚的法定情形,关键词为“离婚”。经法院判决不准离婚后,双方又分居满1年,一方再次提起离婚诉讼的,应当准予离婚,故C项正确,不当选。

D项考查离婚财产分割,关键词为“少分”。离婚时,一方隐藏、转移、变卖、毁损、挥霍夫妻共同财产,或伪造夫妻共同债务企图侵占另一方财产的,分割夫妻共同财产时,对隐藏、转移、变卖、毁损、挥霍夫妻共同财产或伪造债务的一方,可以少分或不分。故D项正确,不当选。

综上所述,本题的正确答案为A。

17.【解析】B。A项,信托财产具有独立性,信托财产与属于受托人所有的财产(以下简称固有财产)相区别,不得归入受托人的固有财产或者成为固有财产的一部分。受托人被宣告破产而终止,信托财产不属于其遗产或者清算财产。所以本案中,新华信托公司破产时,“海潮一号”信托财产不属于信托公司的清算财产,A项错误。

B项,信托公司被宣告破产,受托人的职责终止,但并不影响信托财产的持续运营。在此情形下,依照信托文件规定选任新受托人,或者在特殊情况下,按法律规定选任新受托人。新华信托公司的清算人应当妥善保管信托财产,协助新受托人接管信托事务。B项正确。

C、D项,甲、乙、丙作为委托人,将其财产权委托给受托人,由受托人按委托人的意愿以自己的名义,为受益人的利益或者特定目的,进行管理或者处分。所以甲、乙、丙与新华信托公司之间是委托关系,甲、乙、丙并非新华信托公司的债权人,不能申报破产债权,不参与破产分配,更没有优先受偿权。C、D项错误。

综上,本题答案为B。

18.【解析】D。A项,股东主张异议回购的适用情形之一是公司连续5年盈利且符合分红条件,但连续5年均决议不分红,投反对票的股东有权要求公司以合理的价格回购其股权退出公司。本案中,公司成立前5年依法对股东进行了分红,只是第6年才根据大股东意见作出了不分红的决议,虽然小股东刘东反对,但不符合异议回购的情形,A项错误。

B项,股东起诉要求分红的前提,要么依决议主张分红,即有股东会作出载明具体分配方案的股东会决议;要么司法强制分红,即有股东违反法律规定滥用股东权利导致公司不分配利润,给其他股东造成损失。本案中不符合上述情况的任何一种,刘东不具备独立的分红请求权,无权向法院起诉要求分红,B项错误。

C项,原始凭证作为公司经营最真实的记录,为了保证股东的知情权落到实处,在有限公司股东目的正当的前提下,允许其书面申请查阅原始凭证。C项错误。

D项,刘东为了在转让股权时,股权被准确估值,避免自己的权益受到损害而申请查账,目的是合理正当的,公司不应以目的不正当为由拒绝刘东的请求,D项正确。

综上所述,本题答案为D。

19.【解析】B。A项,股东转让股权是其他股东行使优先购买权的前提条件,若股东不转让股权,该前提条件消灭,优先购买权当然无法行使。除非公司章程有规定或者全体股东有约定。本案中,公司章程或全体股东没有特别约定,丙“反悔”后,甲和乙的优先购买权不应被支持,A项错误。

B项,在丙反悔、放弃转让的情形下,如果甲和乙欲行使优先购买权而为履行合同做了必要的准备,比如聘请律师审查合同、准备资金等,必然会因为丙放弃转让股权而付之东流,可能产生一定的经济损失,此损失属于缔约过失责任,应由丙对甲和乙承担赔偿责任,B项正确。

C项,首先,根据A项的解析,甲和乙无权主张优先购买权;其次,即使甲和乙有权行使优先购买权,对于各自的购买比例首先应协商,协商不成时按转让时各自的出资比例来行使,故不一定按“同等比例”行使优先购买权,C项说法错误。

D项,《股权转让意向书》应当认定为丙丁双方当事人为订立《股权转让协议》而签订的预约合同,双方均有权放弃该意向书。本案中丙放弃转让股权,则需按意向书承担双倍定金返还的义务,丁无权强求丙转让股权,D

项错误。

综上，本题答案为B。

20.【解析】B。A项，受益人是基于被保险人的选择而记入保险合同的保险合同关系人，并不能通过继承产生受益人的身份，A项错误。

B项，本案中受益人先于被保险人死亡，且没有其他受益人，此时保险赔偿金应作为被保险人安某的遗产继承。B项正确。

C项，高某变更受益人为自己的时间是保险事故发生之后，此变更无效，因此高某并没有取得受益人的身份，C项错误。

D项，安某母亲作为受益人先于被保险人死亡，此保险合同与安某母亲再无瓜葛，更不会成为安某母亲的遗产被继承，D项错误。

综上，本题答案为B。

21.【解析】D。A项，公务员不得从事或者参与营利性活动，在企业或者其他营利性组织中兼任职务，这属于管理性规范，并不属于效力性强制规范。因此，公务员若违反了该规范，应由其管理机关追究相应责任，但并不能以此影响合同效力。本案中，代持股协议为李某和王某基于合意签署的合同，没有违反法律、行政法规的强制性规定，因而有效，至于李某违反了《公务员法》中有关职务回避的要求，李某为此承担责任即可，A项错误。

B项，名义股东转让代持的股权，参照善意取得制度。本案中受让人赵某为善意相对人，且办理了股权转让手续，该转让行为有效，赵某善意取得了该股权，B项错误。

C、D项，股权被赵某善意取得后，该股权不再归李某（王某代持），对李某的违法、犯罪行为追究、处罚时，不能拍卖赵某合法持有的股权，但该股权受让款作为赃款的投资收益应被追缴，C项错误，D项正确。

综上，本题答案为D。

22.【解析】B。A项，虽然金额是支票的绝对必要记载事项，但是出票时未记载，使用前将金额补齐是有效的，A项错误。

B项，首先，该支票虽然出票时未记载金额，但金额在使用前补齐不影响票据效力；其次，虽然存在被伪造的情形，但伪造签章不影响票据的效力，B项正确。

C项，付款人的审查义务是形式审查，银行虽然未发现该支票被伪造，但已经尽到了形式审查义务履行付款责任是有效的，无须再重复承担票据的付款义务，C项错误。

D项，丙公司是“始作俑者”，不可能因此获得票据权利。首先，丙公司与甲公司之间没有真实的交易关系，该背书行为不符合诚实信用的基本原则；其次，丙公司存在恶意伪造签章及背书的行为，不能善意取得该票据。故丙公司不能取得票据权利，D项错误。

综上，本题答案为B。

23.【解析】B。本案适用了特别代表人诉讼制度，该制度是2019年《证券法》修改时引进的新制度。在虚假陈述等证券民事赔偿诉讼案件中，受损害的投资者往往人数众多，投资者保护机构受50名以上投资者委托，可以作为代表人参加诉讼，并为经证券登记结算机构确认的权利人依法向人民法院登记，但投资者明确表示不愿意参加该诉讼的除外。“默示加入，明示退出”的原则既保障了全面性，又兼顾了灵活性，能高效完善地保护投资者。

本案中，只有甲公司明确提出不愿意参加诉讼而退出本案，其余投资者均能适用本案判决，只有B项表述正确。

综上，本题答案为B。

24.【解析】B。A项，保险合同有效期内，保险标的的关键部件被改装，导致风险显著增加，如果甲向保险公司如实告知，保险公司可选择解除保险合同，但此时也应退还剩余的保费，A项错误。

B、C、D项，在保险合同的有效期内，保险标的的危险程度显著增加，甲未如实向保险公司告知，因保险标的的危险程度显著增加而发生的保险事故，保险人不承担赔偿保险金的责任。B项正确，C、D项错误。

综上，本题答案为B。

25.【解析】C。A项，《反垄断法》禁止具有市场支配地位的经营者利用数据和算法、技术以及平台规则等从事法律规定的滥用市场支配地位的行为。此行为规制的经营者的性质为数字平台，且滥用市场支配地位的方式是利用数据、算法及平台规则等，比如“屏蔽封杀”。本案中，虽然王某通过微信群公告的形式号召收鸽商统一行动，但实施此行为的经营者是实体的收鸽商，并非数字平台，不符合数字平台滥用市场支配地位的构成，A项错误。

B项，收鸽商是具有竞争关系的经营者，彼此之间达成合意，联合抵制交易，属于横向垄断协议，B项错误。

C项，《反垄断法》虽然没有引入“轴辐协议”的概念，但是对相应的行为进行了规制，《反垄断法》规定，经营者不得组织其他经营者达成垄断协议或者为其他经营者达成垄断协议提供实质性帮助。轴辐协议的特征是组织者或帮助者（轴心）与参与方（辐条）之间存在交易关系，参与方之间具有竞争关系。本案中，王某及其联合的其他收鸽商与养鸽户之间是交易关系，养鸽户之间是同业竞争关系。在王某的组织下，下游的养鸽户不得不统一降价，这是“轴辐协议”的典型构成，王某是养鸽户达成降价协议的组织者，C项正确。

D项，为了使行政垄断行为的规制由事后的监管延伸至事先的预防，《反垄断法》规定了公平竞争审查制度，但针对的对象是行政机关和法律、法规授权的具有管理公共事务职能的组织制定涉及市场主体经济活动的规定，王某发布的微信公告并非公平竞争审查的对象，D项错误。

综上，本题答案为C。

26.【解析】C。按照“侵权一招鲜”的逻辑分析：

第一步：(1)陈某是作者，有权禁止他人未经许可对其创作的歌曲，进行复制、发行、信息网络传播、表演、广播(复发网传广播权,机械现场两表演)等。

(2)陈某是表演者,在财产权方面体现为:禁止他人未经许可对其表演活动现场直播、公开传送、信息网络传播、录制为音像制品以及对录有其表演活动的音像制品盗版(复制+发行)、上传至网络、出租(复发网传出租碟,现场直播和录制)等行为。

(3)唱片公司是录制者,有权禁止他人未经许可对其录音制品复制、发行、出租、信息网络传播,要求各种形式的播放行为对其支付报酬(复发网传出租碟,各种播放只交钱)。

第二步:判定题目中第三方的行为性质进而判定应得到谁的授权,以及是否侵权。

A项,信息网络传播的核心特征是有"上传——下载"的交互关系,主动权在受众(听众、观众),可以自行选定时间和地点,主动地通过媒介接受作品的权利。本案中,李某在网络直播中演唱歌曲是通过非交互式的方式公开传播作品,李某主动传播作品,受众(听众、观众)必须按媒介安排的时间或地点被动地接受作品,属于广播权控制的行为,并非信息网络传播权控制的行为,A项错误。

B项,李某模仿陈某的表演活动,但没有针对陈某的现场表演活动进行任何的行为。德国学者雷炳德在其论著中明确指出:"在著作权法上,模仿艺术表演的行为是自由的。"一般而言,常见的真人"模仿秀"并不侵害被模仿的表演者的权利。李某没有侵犯陈某作为表演者的权利。B项错误。

C项,李某将唱片公司录制的音像制品在其直播间播放,属于唱片公司"获取报酬权"的控制范围,李某未向唱片公司支付报酬侵犯了获取报酬权,C项正确。

D项,根据刑法的有关规定,侵犯著作权罪的表现形式一般是复制、发行、信息网络传播作品或音像制品(比如盗版),以及对美术作品制假、售假,或损害技术措施等,且情节严重。本案中,李某的行为不符合该罪的构成,D项错误。

综上,本题答案为C。

27.【解析】A。A项,张某在甲公司兼职获得的课时费,属于张某取得的劳务报酬,应依法缴纳个人所得税,A项正确。

B、D项,张某出售视频属于经营活动,出售视频取得的收益属于经营所得。而综合所得包括以下四项收入:(1)工资、薪金所得;(2)劳务报酬所得;(3)稿酬所得;(4)特许权使用费所得。经营所得不属于综合所得的范围,B项错误。且只有综合所得才按年度合并计算,经营所得无须合并计算,D项错误。

C项,因为综合所得按纳税年度合并计算个人所得税,平时预缴的税款有可能多也有可能少,需要通过汇算清缴进行核查,多退少补。但经营所得适用5%~35%的超额累进税率,直接缴税,无须汇算清缴,C项错误。

综上,本题答案为A。

28.【解析】C。A项,盗伐森林或者其他林木,数量较大的,处3年以下有期徒刑、拘役或者管制,并处或者单处罚金。本案中,文某军、文某喜等五人盗伐水杉树,立木蓄积量为5.5立方米,达到了"数量较大"的标准,需依法定罪追责。A项表述错误,理由有二:首先,事先未取得采伐许可证进行违法砍伐林木且数量较大,构成犯罪的行为,不可能通过事后"补办"而豁免责任;其次,以非法砍伐为目的,也不可能办理林木采伐许可证,A项错误。

B项,盗伐林木,损害环境,赔偿损失是违法者本应该承担的民事责任,并非免于承担行政责任的理由,B项错误。

C项,对于盗伐行为,林业主管部门可以责令行为人限期在原地或者异地补种林木,并处以罚款,C项正确。

D项,如果违法者拒不补种树木,或者补种不符合国家有关规定,才会由林业主管部门依法组织代为履行,代为履行所需费用由违法者承担。所以林业主管部门代为补种是有前提条件的,而不是其应提供的"服务",违法者不能要求林业主管部门代为补种,D项错误。其实"要求"这个词,也暴露了本项的错误,作为违法者不可能对行政执法部门"颐指气使"地提出"要求"。

综上,本题答案为C。

29.【解析】B。A、B、C项,本案中,试用期间,李某因患病,在规定的医疗期满后不能从事原工作,也不能从事由用人单位另行安排的工作,用人单位因此可以认定试用期间李某不符合录用条件,有权与之解除劳动合同,但应当向李某说明理由。A、C项错误,B项正确。

D项,试用期是为了劳资双方在开启持续且稳定的合作之前双向考察,双向选择之需要。同一用人单位与同一劳动者只能约定一次试用期。超凡公司已经与李某约定过试用期,且超凡公司既然决定第二次录用,且李某也愿意再回来,说明这是双向奔赴的选择,不应再约定试用期,D项错误。

综上,本题答案为B。

30.【解析】B。A项,"一日达"属于快递服务行业通用的运送效率的一种状态,没有显著性,不能区分商品或服务的来源,不应被注册为商标。而且,"一日达"也带有一定的欺骗性,除非快递公司所有的运输业务均能做到"一日达",否则容易使公众误认,也不能作为商标使用,更不能被注册,A项错误。

B项,虽然《商标法》第8条列举的可申请注册的商标包括文字、图形、字母、数字、三维标志、颜色组合和声音等,以及上述要素的组合。本项中的"红鞋底"认定"限定使用位置的单一颜色商标"不属于《商标法》第8条明确列举的内容,但其并未被《商标法》明确排除在可以作为商标注册的标志之外,《商标法》第8条列举的可注册标识及其构成要素不构成对于商标可注册类型的限定,法律未明确规定的新类型商标符合商标特征的,也可以在中国注册和保护。B项正确。

C项,"零卡低糖"是对饮料产品的通用成分的描述,不具有区分商品来源的显著性,不可被注册为商标,C项错误。

D项，眼部按摩仪为实现按摩的效果，必然需要凸起，作为三维立体标志此凸起属于“为获得技术效果而需有的商品形状”，不具有区分商品来源的显著性，不能被注册为商标，D项错误。

综上，本题答案为B。

31.【解析】D。虽然发明和实用新型获得授权的条件均是新颖性、实用性和创造性。但二者有本质的区别，实用新型可谓是“小发明”，特点为：(1)实用新型专利只保护产品。该产品应当是经过工业方法制造的、占据一定空间的实体。(2)对实用新型的创造性要求不太高，但实用性要强，实用价值大。

A、B项的发明创造，具有很高的创造性，应授予发明专利，A、B项错误。

C项，实用新型与现有技术相比，应该有实质性的特点或进步，C项的台灯仅有造型新颖美观的特性，没有进行技术性能改进，可以授予外观设计专利，达不到实用新型专利的授予条件，C项错误。

D项的座椅，外观造型与现有技术相比较，有实质的特点，虽然没有很高的创造性，但能产生实用价值，可授予实用新型专利，D项正确。

综上，本题答案为D。

32.【解析】B。选项A错误。根据相关法律的规定，涉及劳动者权益保护、反倾销、反垄断、外汇金融安全、环境安全和食品卫生安全的案件，直接适用我国法律法规的强制性规定。所以，是否构成垄断的问题，应该适用中国法。

选项B正确。参见选项A解析。

选项C错误。根据我国相关法律的规定，当事人可以在知识产权侵权行为发生后协议选择法院地法(可以选，也可以不选；选的话只能选择法院地法)。注意，这里既有时间限制，也有地点限制。只能在侵权行为发生后进行选择，而且只能选择法院地法。本题中法院地在中国，所以不能选择德国法。

选项D错误。知识产权的归属和内容适用“被请求保护地”法，也就是权利授予地法。本题中该专利是菲律宾和马来西亚专利。所以应该分别适用菲律宾法和马来西亚法。

综上所述，本题答案为B。

33.【解析】D。选项A错误。收养的条件和手续(成立)，适用收养人和被收养人的经常居所地法。也就是重叠适用大人和孩子的经常居所地法。本案中，被收养人的经常居所地在越南，收养人的经常居所地在中国，所以这个说法是错误的。应该同时适用中国法和越南法。

选项B错误。收养的解除，适用收养时被收养人经常居所地法或者法院地法。不考虑“有利于”。

选项C错误。动产的法定继承，适用被继承人死亡时的经常居所地法，本题应该适用中国法。

选项D正确。收养的效力适用收养时收养人的经常居所地法，也就是大人的经常居所地法，正确。

综上所述，本题答案为D。

34.【解析】A。选项A正确。这个选项考查的是平行诉讼。根据我国相关法律的规定，我国法院根据我国法律对涉外案件有管辖权的，对于外国法院已经管辖的案件，我国法院仍旧可以行使管辖权。简单理解就是“他管我也管”。需要注意的是，2023年《民事诉讼法》第281条规定，当事人以外国法院先受理为由，书面申请中止的，法院可以裁定中止。

选项B错误。域外文书送达的方式有非常多的途径，外交途径只是其中一种。选项中用“应”通过的说法过于绝对，错误。

选项C错误。根据我国法律的规定，同时满足下列条件，法院可以裁定驳回起诉：(1)被告提出管辖异议。(2)当事人之间不存在选择中国法院管辖的协议。(3)案件不属于中国法院专属管辖。(4)案件不涉及我国主权、安全或者社会公共利益。(5)案件争议的基本事实不是发生在中国境内，人民法院审理案件和当事人参加诉讼“明显”不方便。(6)外国法院审理该案件更加方便。特别注意，上述条件必须同时满足，只有外国法院更方便是不够的。

选项D错误。根据我国法律的相关规定，双方当事人不能协议选择消费者合同所适用的法律，只有消费者可以单方面选择适用商品、服务提供地法律，这个点需要格外注意。一般来说，看到“合同”，大家的第一反应是可以协议选择，但是消费者合同恰恰不允许协议选择。这些特殊的点就是考查的重点。

综上所述，本题答案为A。

35.【解析】B。选项A错误。DPU2020下，应当在目的地将货物卸下后交货，并且目的地不是运输的终点。以快递为例，目的地是具体的小范围地址，例如你家。运输终点是大范围模糊地址，例如城市场站。所以，选项A前半句话是正确的，但是DPU2020下，卖方没有购买保险的业务，因此后半句错误。

选项B正确。这属于《联合国国际货物销售合同公约》规定的卖方权利担保中的所有权担保。也就是卖方有义务保障其所出售的货物必须是“清洁”的，没有他人权利的货物。

选项C错误。根据我国《出口管制法》第16条的规定，对于需要管制的货物，该货物的最终用户不得擅自改变货物的最终用途或向第三方转让。在题目中，没有特别说明的情况下，货物的买方即可以认定为货物的“最终用户”。

选项D错误。参见选项A解析。

综上所述，本题答案为B。

36.【解析】C。选项A错误。根据我国法律的相关规定，当事人没有选择所适用的法律，各自援引相同国家的法律且未提出异议的，可以推定双方选择了相关国家的法律。合同的文字和管辖权对法律选择的推定没有任何影响。

选项B错误。根据《联合国国际货物销售合同公约》的规定,公约不解决合同效力、货物所有权以及货物造成的人身伤亡赔偿问题。

选项 C 正确。根据上述公约的规定,当事人可以通过选择适用其他法律排除公约的适用。既然当事人已经明确选择适用新加坡法律,那就不再适用公约,即使新加坡是公约的缔约国也不可以。

选项 D 错误。根据《联合国国际货物销售合同公约》的规定,如果双方当事人没有排除《联合国国际货物销售合同公约》的适用,且相关合同满足公约的适用条件,则《联合国国际货物销售合同公约》应该予以适用。本案中双方当事人的主营地分别位于公约的两个不同缔约国,符合适用的条件。所以在当事人没有选择的情况下,应当适用《联合国国际货物销售合同公约》。

综上所述,本题答案为 C。

37.【解析】D。选项 A 错误。根据我国《网络安全法》第 35 条的规定,关键信息基础设施的运营者采购网络产品和服务,可能影响国家安全的,应当通过国家网信部门会同国务院有关部门组织的国家安全审查。

选项 B 错误。FCA2020 中,应当由买方也就是中国运达公司承担运输途中的风险。

选项 C 错误。提单记载装船与否与提单是否有明确的收货人没有关联。

选项 D 正确。在《国际贸易术语解释通则 2020》中,将所有贸易术语按照运输方式分成了两个大类。其中 FAS/FOB/CIF/CFR 四个术语只能用于水运,其余所有术语可用于任何运输方式,当然也包括多式联运。

综上所述,本题答案为 D。

38.【解析】C。选项 A 正确。根据相关规则,在推定全损的情况下,被保险人可以向保险人提出委付请求,也就是按照全部损失进行赔偿,保险标的的剩余价值转移给保险公司。保险公司可以接受,也可以不接受。

选项 B 正确。这是信用证表面相符的一种扩大解释,也就是表面上不相符,但实质上没有歧义的,应当认定为“相符”。

选项 C 错误。这个点考查的是运输中风险的承担,FOB2020 下,由买方法国 A 公司承担运输途中的风险,所以其需要支付货款。注意,这个选项考查的是贸易术语,不是信用证,不要混为一谈。

选项 D 正确。信用证关系中,银行对票据仅承担“表面相符”的义务,对真实性没有实质审查的义务。

综上所述,本题答案为 C。

39.【解析】C。本题就考一个问题,申请回避最迟在法庭辩论终结前。本案合议庭已经评议,则说明法庭辩论已经终结,当事人不能提出回避申请,故马某的回避申请超出申请回避的期限,法院对其申请不予审查,按期宣判即可。本题 C 选项正确,D 选项错误。书记员属于应当回避的人员,A 选项错误;表妹夫属于有利害关系的人,符合申请回避的法定情形,B 选项错误。本题答案为 C。

40.【解析】B。本题考查证券纠纷特别代表人诉讼。法院确定了 5808 名权利人,某投资者保护机构受 80 名权利人委托,担任特别诉讼代表人,有权代表已经确定的权利人进行诉讼,除非权利人明确声明退出。本案中郭某声明退出,故投资者保护机构有权代表除郭某外的其他 5807 名权利人进行诉讼,法院所作判决对除郭某外的其他 5807 名权利人发生法律效力。当然,郭某可以另行起诉,法院经过审理认为其诉讼请求成立的,裁定适用法院已经作出的判决,无须另行裁判,但值得注意的是,判决只是对郭某有预决效力,并不直接对郭某产生拘束力。本题答案为 B。

41.【解析】D。本题直接考查《民诉解释》第 110 条第 1、3 款的规定:“人民法院认为有必要的,可以要求当事人本人到庭,就案件有关事实接受询问。在询问当事人之前,可以要求其签署保证书。”“负有举证证明责任的当事人拒绝到庭、拒绝接受询问或者拒绝签署保证书,待证事实又欠缺其他证据证明的,人民法院对其主张的事实不予认定。”对本条的理解其实非常简单:当事人到庭的作用是什么？两方面,一是参加庭审行使诉讼权利,二是就案件事实接受询问。参加庭审行使诉讼权利完全可以委托律师代为进行(离婚诉讼除外),那当事人拒绝到庭接受询问导致的后果是什么？可能导致事实无法查清。事实无法查清怎么办？适用证明责任,推定承担证明责任的一方当事人承担不利后果。结合本案,甲已经委托律师代为参加诉讼行使诉讼权利了,在法律规定的范围内,代理人的诉讼行为对当事人发生法律效力,故对甲不能拘传、不能缺席判决、不能按撤诉处理。仅仅是对债权是否成立这一事实需要甲到庭陈述,如果甲拒不到庭,导致根据现有证据无法证明债权成立时,应当适用证明责任对该事实进行认定。而甲主张债权成立,应当由甲对债权成立这一事实承担证明责任,故在该事实未查清时,应当由甲承担不利后果,即推定甲主张的债权成立这一事实不成立,故本题答案为 D。

42.【解析】C。本题考查送达方式。首先,电子送达需要经过受送达人同意,且确保收悉,题干中并未提示赵某同意电子送达这一信息,故不能电子送达,A 选项错误;其次,留置送达适用于受送达人拒绝签收,法院都没有找到赵某,赵某没有表达过拒绝签收的意思,故不能留置送达,B 选项错误;最后,本案到底应该邮寄送达还是公告送达呢？题目怎么说的？赵某到外地出差。是不是下落不明？不是。找不找得到？找得到。只是法院直接送达文书不方便或者说有困难,故可以委托当地法院代为送达,或者以邮寄方式送达文书。题目中没有委托送达这一选项,故只能选择邮寄送达,本题答案为 C。

43.【解析】D。本题非常简单,就考一个问题,人数不确定的代表人诉讼中,没有参加登记的权利人对代表人诉讼的生效裁判不能提起第三人撤销之诉。因为人数不确定的代表人诉讼中,法院作出的生效判决仅仅对参加登记的权利人生效,没有参加登记的权利人并不直接受到代表人诉讼判决的约束,可以另行起诉,故不能对原代表人诉讼中的生效判决提出第三人撤销之诉,法院对刘某提出的第三人撤销之诉应当裁定不予受理，本题D选项正确。本题答案为D。

44.【解析】B。本题考查发回重审的程序以及审理组织。首先，简易程序仅仅适用于基层法院及其派出法庭审理的第一审民事案件，发回重审或者再审的案件不得适用简易程序审理，故C选项错误。其次，对于发回重审的案件，一审法院应当适用一审程序另行组成合议庭审理，对此规定的理解有如下角度：第一，发回重审的案件应当组成合议庭审理，不能适用独任制，故本题A、C选项错误。第二，发回重审的案件应当适用一审程序组成合议庭，故合议庭可以由审判员组成，也可以由审判员与人民陪审员共同组成，故本题D选项错误。第三，发回重审的案件应当另行组成合议庭审理，故原合议庭成员或者独任审判员应当回避，故B选项正确。本题答案为B。

45.【解析】B。本题就考查一个问题，代位权诉讼中，原告胜诉后由谁申请执行。根据《民法典》第537条，法院认定代位权成立的，由债务人的相对人向债权人履行义务，债权人接受履行后，债权人与债务人、债务人与相对人之间相应的权利义务终止。显然，申腾公司对苍南公司提起代位权诉讼，法院经过审理后认为代位权成立的，应当判决相对人苍南公司向债权人申腾公司履行义务，故债权人申腾公司为生效法律文书确定的权利人，应当由申腾公司向法院提出执行申请。本题答案为B。

46.【解析】D。本案考查股东代位诉讼胜诉后，谁有权申请强制执行。何为股东代表诉讼，即他人侵害了公司合法权益，给公司造成损失而公司怠于追究其责任时，符合法定条件的股东可以自己的名义代表公司提起诉讼。首先，在股东代表诉讼中，股东的利益并没有直接受到损害，股东是为了公司的利益而以股东的名义直接提起的诉讼，故股东代表诉讼的胜诉利益归属于公司，甲公司应当有权对该判决申请强制执行。其次，提起股东代表诉讼的股东是否有权申请强制执行呢？这个问题在立法和司法解释中并未明确规定，同学们可以结合股东代表诉讼的立法目的进行分析。股东代表诉讼是指他人侵害公司合法权益，而公司怠于追究其责任时，符合法定条件的股东可以自己的名义代表公司提起诉讼，以维护公司的合法权益。同样的道理，当股东代表诉讼获得胜诉判决后，公司同样怠于申请执行，该胜诉判决则沦为一纸空文，股东代表诉讼制度的立法目的亦无从实现，所以提起股东代表诉讼的股东为了公司的利益亦应当有权向法院提出执行申请，方才符合股东代表诉讼这一制度设计的内在逻辑，故本案中提起股东代表诉讼的股东乙公司也有权提出执行申请。本题答案为D。

47.【解析】C。本题考查执行的管辖。仲裁裁决书由被执行人住所地或者被执行财产所在地中院执行，题目并未告知被执行财产所在地，故只能确定被执行人宁宇公司住所地（丙市）中院有执行管辖权，故本题C选项正确。甲市中院是仲裁机构所在地法院，没有执行管辖权，B选项错误；乙市中院是申请执行人宜欣公司住所地法院，没有执行管辖权，同时执行中亦不存在应诉管辖的问题，故没有管辖权的乙市中院不会因为被执行人宁宇公司不提出管辖权异议、撤回管辖权异议、提出不予执行抗辩等取得管辖权，故A、D选项错误。本题答案为C。

48.【解析】B。本题考查执行管辖问题。首先，甲公司和乙公司之间的买卖合同约定了仲裁协议，发生纠纷案件应当由A仲裁委仲裁，该仲裁协议有效，当事人发生纠纷应当向A仲裁委申请仲裁。其次，仲裁裁决具有强制执行效力，当事人申请执行仲裁裁决应当由被申请人住所地或者被执行财产所在地中院管辖。被执行人乙公司住所地在C市D区，对应的中级人民法院为C市中院；被执行财产所在地为C市E区，对应的中级人民法院为C市中院，故本案权利人只能向C市中院申请执行。最后，执行中不存在协议管辖、应诉管辖的问题，故本案中当事人协议生效裁决由A市B区法院执行，该管辖协议无效。权利人只能向C市中院申请执行。本题答案为B。

49.【解析】C。首先，在执行程序中法院组织拍卖（司法拍卖）是依法行使强制执行权，就查封、扣押、冻结的财产强制进行拍卖变价进而清偿债务的强制执行行为，并不是平等主体之间的民事法律行为，所以李某希望撤销拍卖，应当通过执行程序中的救济途径，不能直接提起诉讼，本题A、B选项错误。执行救济主要有两种，一是对执行行为的异议，二是案外人对执行标的的异议，其核心区别在于异议人是否对执行标的（房屋）主张实体权利，本案中，异议人李某并未对执行标的主张实体权利，只是认为拍卖程序违法，希望撤销该违法的拍卖，属于对执行行为异议，故本题C选项正确，D选项错误。当然，引申一步，如果法院裁定驳回李某的撤销申请后，李某应当如何救济？对此，对执行异议裁定不服的，可以向上一级法院申请复议一次。本题答案为C。

50.【解析】D。本题主要考点在于主合同中约定的纠纷解决条款对补充协议是否有约束力。问题的关键在于判断主合同和补充协议的关系：如果补充协议只是对主合同中部分内容进行补充、修改、解释，补充协议必须依附主合同而存在，则主合同中约定的纠纷解决条款（包括仲裁协议、管辖协议等）当然应当适用于补充协议；如果表面上是补充协议，但实际上是一个独立的合同，补充协议和主合同独立、可分，补充协议不依附主合同而存在，则在没有特别约定的情况下，主合同中约定的纠纷解决条款（包括仲裁协议、管辖协议等）对补充协议没有约束力，应当将主合同和补充协议作为两个独立的合同，分别确定纠纷的解决方式。具体到本案而言，本案的补充协议是对主合同的价款计算以及支付方式进行约定，其内容必须依附主合同而存在，并不是一个独立的合同，主合同中的仲裁协议对补充协议应当具有约束力，故双方发生纠纷，B公司欲向A学校追索工程款，应当根据主合同中的仲裁条款，向约定的仲裁委（丙市的仲裁委）申请仲裁，D选项正确。当然，既然存在有效的仲裁协议，当事人就不能向法院起诉，A、B、C选项错误。故本题答案为 D。

二、多项选择题

51.【解析】BCD。A 项考查可撤销的民事法律行为，关键词为“显失公平”和“撤销”。可撤销的民事法律行为的情形包括 4 类，分别是：(1) 重大误解；(2) 欺诈；(3) 胁迫；(4) 显失公平。其中，显失公平，是指一方利用对方处于危困状态、缺乏判断能力（信息不对称）等情形，致使民事法律行为成立时显失公平。显失公平的识别核心要素是“利用”，即是否利用对方处于危困状态，是否利用对方缺乏判断能力。本题中，李某将二手手机冒充新款手机出卖给王某的行为属于“欺诈”而非显失公平。故 A 项说法错误，不当选。

B、C 项考查请求权竞合，关键词为“违约责任”和“侵权责任”。因当事人一方的违约行为，损害对方人身权益、财产权益的，受损害方有权选择请求其承担违约责任或侵权责任。本题中，买受人王某手机用了一个月后发生爆炸致其受伤，出卖人李某的行为既构成违约，又构成侵权。因此，受害人王某有权选择追究李某的违约责任或侵权责任。故 B、C 项说法均正确，均当选。

D 项考查违约责任的形式，关键词为“减少手机价款”。违约责任的形式有 5 类，分别是：(1) 继续履行；(2) 采取补救措施；(3) 损害赔偿金；(4) 违约金；(5) 定金。其中，采取补救措施包括修理、更换、重作、退货和减价。本题中，王某和李某之间的买卖合同因欺诈而可撤销。受欺诈方王某可以选择撤销合同，也可以选择不撤销合同。受欺诈方王某不行使撤销权继续保留手机，此时，王某依法可以追究李某的违约责任，包括减少手机的价款。故 D 项说法正确，当选。

综上所述，本题的正确答案为 BCD。

52.【解析】AD。A 项考查动产交付，关键词为“已经取得”。动产交付包括两类，分别是现实交付和观念交付。观念交付又包括 3 种，分别是：(1) 简易交付；(2) 指示交付；(3) 占有改定。其中，简易交付又称“无形交付”，是指标的物动产在订约前已为买受人占有，买卖合同生效时即交付完成。简易交付的本质是动产标的物的买受人先占有而后购买，典型情形是“先租/借后买”，第二个合意买卖合同生效时，视为动产已经交付，发生物权变动。本题中，甲和乙之间先有一个租赁关系，后又约定到期后将车卖给乙，属于典型的“先租后买”型简易交付，第二个合意买卖合同生效时，视为车辆已经交付，发生物权变动，乙取得车辆的所有权。故 A 项说法正确，当选。

B、C、D 项考查善意取得，关键词为“返还”“善意取得”“无权处分”。善意取得所有权的构成要件有 4 个，分别是：(1) 行为人无权处分；(2) 相对人主观上善意且无重大过失；(3) 相对人客观上支付合理对价；(4) 已经完成公示（不动产已经登记、动产已经交付）。本题中，在车辆所有权已经归乙后，甲又将车辆出卖给丙的行为构成无权处分，即以自己的名义处分他人或共有的财产。故 D 项说法正确，当选。但是，甲、丙之间并未完成公示，即并未交付，既未现实交付，亦未观念交付。因此，丙不能善意取得车辆的所有权，更无权请求乙返还车辆。故 B、C 项说法均错误，不当选。

综上所述，本题的正确答案为 AD。

53.【解析】AD。首先，李某和王某之间系保管合同关系，保管合同不移转标的物名画的所有权，因此，名画的所有权人是李某，王某仅仅是名画的占有人。遗嘱作为单方民事法律行为，只有两种效力状况，即有效和无效。遗嘱人以遗嘱处分了他人财产的，应当认定该部分遗嘱无效。本题中，遗嘱人王某通过遗嘱将李某的名画处分给儿子王乙的，该部分遗嘱无效。

其次，善意取得的构成要件有 4 个：(1) 行为人无权处分；(2) 相对人主观上善意且无重大过失；(3) 相对人客观上支付合理对价；(4) 已经完成公示，即不动产已登记，动产已交付。本题中，遗嘱继承人王乙通过父亲王某的遗嘱占有第三人李某的名画，并未支付合理对价，因此，不能善意取得名画的所有权，名画的所有权依然归李某所有，王乙仅仅是占有人。

再次，一般侵权的构成要件有 4 个：(1) 侵害行为；(2) 损害后果；(3) 因果关系；(4) 主观过错。本题中，作为占有人的王乙将李某的名画以 100 万元出卖的行为构成一般侵权，所有人李某可以请求王乙赔偿 100 万元。故 A、D 项说法正确，当选；C 项说法错误，不当选。

最后，赠与合同是移转标的物所有权的合同且货币作为一般等价物，占有即所有。本题中，王乙将名画出卖后将 100 万元货币赠与王甲，因此，该 100 万元归王甲所有且王甲不构成侵权。因此，李某不可以请求王甲赔偿 100 万元。故 B 项说法错误，不当选。

综上所述，本题的正确答案为 AD。

54.【解析】BD。A、B 项考查无权代理和无权处分的区别，关键词为“无权代理”和“无权处分”。无权代理和无权处分的核心区别是“谁的名义”。无权代理是以“他人的名义”处分他人的财产；而无权处分是以“自己的名义”处分他人的财产。本题中，作为保管人的甲未经寄存人乙的同意，将乙的汽车以“自己的名义”出卖给第三人丙的行为构成无权处分而非无权代理。故 A 项说法不正确，不当选。B 项说法正确，当选。

C 项考查无权处分买卖合同的效力，关键词为“追认后”和“合法有效”。基于“物债两分”的区分原则，买卖合同的生效，仅在买卖双方产生债权效力（互相对对方享有债权请求权）而不能直接发生物权变动（物权效力）。具体而言，买卖合同的生效，仅使出卖人负有交付标的物并移转标的物所有权的义务，并不直接导致标的物所有权的丧失。同时，买受人仅享有请求出卖人交付标的物并移转标的物所有权的债权请求权，亦不能基于买卖合同而直接取得标的物的所有权。因此，即使出卖人出卖标的物时对标的物尚无所有权或处分权，也不影响买卖合同效力，买卖合同合法有效。本题中，保管人甲以自己的名义将寄存人乙的汽车出卖给第三人丙，甲、丙之间的汽车买卖合同无须乙的追认即合法有效。故 C 项说法不正确,不当选。

D项考查无权处分买卖合同的履行,关键词为“主张付款”。无权处分,不影响合同的效力仅影响合同的履行。在无权处分的情形下,如标的物的所有权人同意出卖标的物,则出卖人和第三人之间的买卖合同正常履行;如标的物的所有权人不同意出卖标的物,则出卖人和第三人之间的买卖合同不能正常履行,买受人可以解除买卖合同并追究出卖人的违约责任。本题中,作为标的物汽车所有权人的乙当然有权向买受人丙主张付款,即以“行为的方式”表明出卖人同意出卖标的物。故D项说法正确,当选。

综上所述,本题的正确答案为BD。

55.【解析】AC。A、D项考查无名合同和有名合同的识别,关键词为“兼有”和“仓储合同”。无名合同,又称非典型合同,是指在法律上尚未确立一定的名称和具体(专门)规则的合同。而作为有名合同(又称典型合同)的仓储合同是保管人储存存货人交付的仓储物,存货人支付仓储费的合同。本题中,甲和银行之间的保险柜使用协议,一方面,具有租赁合同的性质,即移转标的物保险柜的使用权;另一方面,具有保管合同的性质,即保管寄存人交付的保管物并返还该物,而非单纯的储存标的物。因此,该协议属于无名合同而非仓储合同。故A项说法正确,当选;D项说法错误,不当选。

B、C项考查法定继承,关键词为“拒绝返还”和“得到支持”。遗产是自然人死亡时遗留的个人合法财产。被继承人死亡后,遗产依法由法定继承人继承。本题中,保险柜内的物品作为甲的遗产,甲死亡后,当然由其法定继承人继承,法定继承人依法有权请求银行返还物品,银行无权拒绝。故B项说法错误,不当选;C项说法正确,当选。

综上所述,本题的正确答案为AC。

56.【解析】ABC。D项考查不真正利他合同(涉他合同),关键词为“合同相对性”。不真正利他合同,是指当事人约定由债务人向第三人履行债务的合同。此时,第三人并非合同当事人,不享有独立的请求权。本题中,塑料公司和商贸公司签订吸管买卖合同,双方约定由塑料公司向买卖合同以外的第三人牛奶公司履行属于典型的“不真正利他合同”,牛奶公司并非买卖合同的当事人。因此,在商贸公司并未按照合法有效的买卖合同给付货款时,基于合同相对性原理,塑料公司有权追究商贸公司的违约责任,请求商贸公司给付货款,但无权向牛奶公司主张货款(塑料公司和牛奶公司之间不存在直接的合同关系,“无约可违”)。故D项说法错误,不当选。

C项考查动产物权变动,关键词为“所有权”。动产物权变动依交付。本题中,塑料公司按照和商贸公司之间合法有效的吸管买卖合同向合同以外的第三人牛奶公司交付吸管后,吸管的所有权即归牛奶公司所有(发生动产物权变动)。故C项说法正确,当选。

A、B项考查不当得利,关键词为“不当得利”。不当得利作为法定之债,其构成要件有四:(1)没有法定或约定的原因;(2)一方获益;(3)一方受损;(4)获益与受损之间存在因果关系。本题中,牛奶公司与商贸公司之间存在合法有效的吸管转售合同,牛奶公司依据合法有效的吸管转售合同获得吸管的所有权并给付价款,存在约定的原因。因此,塑料公司不可以向牛奶公司主张不当得利。故A项说法正确,当选。商贸公司将吸管转售给牛奶公司获得货款却不依约向塑料公司交付货款,依法构成不当得利。因此,塑料公司可以向商贸公司主张不当得利。故B项说法正确,当选。

综上所述,本题的正确答案为ABC。

57.【解析】AB。A、C项考查第三人代为履行(清偿),关键词为“尚欠”。第三人代为履行(清偿)的构成要件有四:(1)合同未约定第三人具有履行义务;(2)债务人不履行债务;(3)第三人对履行该债务具有合法利益;(4)根据债务性质、合同约定或法律规定,未明确将第三人代为履行排除在外。本题中,作为母公司的乙公司和债务人甲公司(子公司)具有关联关系,对履行甲公司欠潘某的3万元具有合法利益,乙公司的行为依法构成第三人代为履行(清偿)。因乙公司仅代为履行(清偿)部分债权2万元,因此,甲公司尚欠潘某1万元。当然,第三人乙公司代为履行2万元后,基于“法定的债权转让”原理享有对甲公司的2万元追偿权。故A项说法正确,当选;C项说法错误,不当选。

B项考查无因管理,关键词为“属于”。无因管理作为法定之债,其构成要件有四:(1)没有法定或约定的义务;(2)主观上为了避免他人利益受损失而具有管理他人事务的意思;(3)客观上实施了管理他人事务的行为;(4)不违反本人明示或可推知的意思,但是,本人的意思违反法律或违背公序良俗的除外。本题中,母公司和子公司是两家独立的公司,二者的债务依法应当自己偿还。母公司乙公司替子公司甲公司偿还债务完全符合上述构成要件,依法构成无因管理。故B项说法正确,当选。

D项考查自助行为,关键词为“属于”。自助行为属于侵权责任的免责事由,自助行为,是指权利人为保护自己的权利,在来不及请求公力救济的情况下,对义务人的财产予以扣押或对其人身自由予以限制约束等行为。自助行为的构成要件有五:(1)须存在不法侵害状态;(2)须为保护自己的合法权利;(3)须情况紧急而来不及请求有关国家机关的援助;(4)须不得超过必要的限度;(5)须为法律或公序良俗所许可。本题中,甲公司欠专职司机潘某工资3万元,潘某有各种救济途径,如前往法院起诉。此时,并不属于情况紧急而来不及请求有关国家机关援助。因此,潘某将甲公司一辆面包车开走的行为依法构成侵权而非自助行为。故D项说法不正确,不当选。

综上所述,本题的正确答案为AB。

58.【解析】ABCD。A项考查侵权之债,关键词为“修理费”。侵权之债作为法定之债,其构成要件有四:(1)加害人存在侵害行为;(2)受害人存在损害后果;(3)侵害行为和损害后果之间存在因果关系;(4)加害人主观上存在过错。本题中，甲家院墙倒塌将乙的摩托车砸坏，依法构成一般侵权，甲应当承担侵权责任，即赔偿乙摩托车的修理费。故 A 项说法正确，当选。

B 项考查物权的保护，关键词为“加固”。可能妨害物权的，权利人可以请求消除危险。消除危险请求权不受诉讼时效期间的限制。本题中，甲家另外半截墙虽然尚未倒塌，但是，有随时倒塌的危险（可能性）。因此，邻居乙依法有权请求甲加固另一半未倒塌的墙。故 B 项说法正确，当选。

C 项考查无因管理之债，关键词为“支付”和“费用”。无因管理作为法定之债，其构成要件有四：(1) 没有法定或约定的义务；(2) 主观上为了避免他人利益受损失而具有管理他人事务的意思；(3) 客观上实施了管理他人事务的行为；(4) 不违反本人明示或可推知的意思，但是，本人的意思违反法律或违背公序良俗的除外。本题中，乙雇人清理邻居甲家院墙倒塌后的残砖废料，依法构成无因管理。因此，管理人乙有权请求受益人甲支付清理残砖废料的费用。故 C 项说法正确，当选。

D 项考查不当得利之债，关键词为“返还”。不当得利作为法定之债，其构成要件有四：(1) 没有法定或约定的原因；(2) 一方获益；(3) 一方受损；(4) 获益与受损之间存在因果关系。本题中，乙清理邻居甲家院墙倒塌后的残砖废料，作为所有权人的甲有权基于不当得利请求乙返还。当然，作为所有权人的甲亦有权基于返还原物请求权（物权请求权）请求乙返还。归纳而言，甲请求乙返还的请求权基础有二，分别是：不当得利返还请求权和返还原物请求权。故 D 项说法正确，当选。

综上所述，本题的正确答案为 ABCD。

59.【解析】ABC。A 项考查出租人的权利，关键词为“自行承担”。承租人应当按照约定支付租金。承租人经催告后在合理期限内仍不支付租金的，出租人可以请求支付全部租金；也可以解除合同，收回租赁物。本案中，乙公司未按照约定支付租金且经催告后仍不支付租金，出租人甲公司有权解除合同，收回租赁物。但是，甲公司将市价约为 30 万元的清障车以 20 万元的不合理低价转让给丙公司，自身存在过错，因此，对于扩大的损失应由其自行承担。故 A 项正确，当选。

B 项考查出租人的解除权，关键词为“有权”。融资租赁合同对于欠付租金解除合同的情形没有明确约定，但承租人欠付租金达到两期以上，经出租人催告后在合理期限内仍不支付的，出租人有权请求解除融资租赁合同。本案中，乙公司 3 月至 7 月底共拖欠 5 期租金，经出租人甲公司催告后仍未支付，因此，甲公司有权解除融资租赁合同。故 B 项正确，当选。

C 项考查违约责任的范围，关键词为“违约金”。承租人逾期履行支付租金义务，出租人按照融资租赁合同的约定要求承租人支付逾期利息、相应违约金的，人民法院应予支持。本案中，乙公司未按照合同约定给付租金，依法应当给付未付租金、逾期利息以及相应的违约金。同时，甲公司以不合理的低价转让清障车的行为亦有过错，应当扣减车辆变卖价值的差额 10 万元。因此，甲公司的损失为未付租金及相应违约金扣减车辆变卖价值的差额。故 C 项正确，当选。

D 项考查出租人的处分权，关键词为“无权”。动产融资租赁合同属于非典型担保合同，其核心功能是担保承租人依约给付租金，当承租人不依约给付租金时，出租人得解除合同，收回租赁物并将租赁物出卖以担保租金债权的实现。因此，动产融资租赁合同的出租人依法享有处分权。故 D 项说法错误，不当选。

综上所述，本题的正确答案为 ABC。

60.【解析】AC。A、C、D 项考查物权的保护，关键词为“排除妨害”“停止侵害”“赔礼道歉”。妨害物权的，权利人可以请求排除妨害。侵权行为一直在持续的，权利人可以请求停止侵害。本题中，物业公司设立垃圾桶的行为妨害了 303 住户王某物权（房屋所有权）的行使和效益的发挥，因此，王某有权请求物业公司停止侵害、排除妨害。故 A、C 项说法正确，当选。人身权益受到侵害的，受害人有权请求赔礼道歉。本题中，物业公司的行为并未侵犯住户王某的人身权益。因此，王某无权请求物业公司赔礼道歉。故 D 项说法不正确，不当选。

B 项考查物业服务合同的解除，关键词为“解除”。解聘物业服务企业属于业主共同决定的事项，业主依照法定程序共同决定解聘物业服务企业的，可以解除物业服务合同。本题中，王某只是小区内的一户业主，无权单独解除物业服务合同。故 B 项说法不正确，不当选。

综上所述，本题的正确答案为 AC。

61.【解析】ABCD。A 项考查不当得利，关键词为“返还”。不当得利作为法定之债，其构成要件有四：(1) 没有法定或约定的原因；(2) 一方获益；(3) 一方受损；(4) 获益与受损之间存在因果关系。同时，得利人知道或应当知道获得的利益没有法律根据的，受损失的人可以请求得利人返还其获得的利益并依法赔偿损失。本题中，常某将谷某的车辆盗走后转卖，依法构成不当得利，作为车辆所有权人的谷某依法有权请求盗窃者常某返还转卖所得的不当得利。故 A 项说法正确，当选。

B、D 项考查安保义务人责任，关键词为“侵权”和“补充”。宾馆、商场、银行、车站、机场、体育场馆、娱乐场所等经营场所、公共场所的经营者、管理者或群众性活动的组织者，未尽到安全保障义务，造成他人损害的，应当承担侵权责任。同时，因第三人的行为造成他人损害的，由第三人承担侵权责任；经营者、管理者或组织者未尽到安全保障义务的，承担相应的补充责任。经营者、管理者或组织者承担补充责任后，可以向第三人追偿。本题中，谷某前往某饭店就餐，饭店未尽到安全保障义务（有过错），导致谷某的车辆被常某盗走并转卖，盗窃者（第三人）常某和安保义务人饭店均应承担侵权责任。具体而言，第三人常某承担侵权责任，饭店承担相应的补充责任（第二顺位），饭店承担责任后，可以向常某追偿。故 B、D 项均正确，当选。

C 项考查违约责任，关键词为“承担”。寄存人到保管人处从事购物、就餐、住宿等活动，将物品存放在指定场所的，视为保管，但是当事人另有约定或另有交易习惯的除外。同时，违约责任的构成要件有三：(1)存在合法有效的合同；(2)存在违约行为；(3)不存在法定或约定的免责事由。本题中，谷某前往饭店就餐，将车辆放在饭店专用的地下车库，二者之间构成保管合同关系。后车辆被常某盗走并转卖，饭店构成违约，依法应当承担违约责任。故C项说法正确，当选。

综上所述，本题的正确答案为ABCD。

62.【解析】ABD。A项，根据甲公司的章程，李某作为副总经理介绍张某购房，张某有权获得8%的优惠，此行为没有违法、违规或违反公司章程的情形，没有对甲公司的利益造成损害，李某无须承担赔偿责任，A项错误，当选。

B项，李某安排甲公司与其妹妹之间的房屋买卖合同属于关联交易，但法律并不禁止关联交易。且此合同基于双方真实的意思表示，没有违反法律、法规的强制性规定，符合《民法典》关于民事法律行为生效的要件，并不会因为是关联交易而无效，B项错误，当选。

C项，法律禁止董事、高管利用关联交易损害公司利益，李某操作关联交易，将甲公司的房屋低价卖给其妹妹，损害了甲公司的利益，应对甲公司承担赔偿责任，C项正确，不当选。

D项，吴某依法自李某处继受取得其股权，成为甲公司新的股东。与李某担任甲公司高管的行为和责任并无关系，故吴某无须承担连带责任，D项错误，当选。

综上，本题答案为ABD。

63.【解析】BD。A、B项，卓宇能源公司的股东会讨论公司是否解散，根据公司法的规定，此事项作为“七件大事”(资本章程改，合分散变形)之一，需要经代表2/3以上表决权的股东同意作出股东会决议。本案中的股东会决议只有代表60%表决权的股东甲同意，表决结果未达到公司法规定的通过比例，属于“票不够”的情形，所以该股东会决议不成立，A项错误，B项正确。

C、D项，股东乙对卓宇能源公司的债权合法有效，应获得清偿。该债权无担保属于普通债权，丙对卓宇能源公司的债权也属于普通债权，在卓宇能源公司的破产重整程序中，作为平等的债权，应按比例清偿，D项正确，C项错误。

综上，本题答案为BD。

64.【解析】ACD。A、B项，董事与公司之间形成的是委托关系，张某有权单方无因辞职。本案中，甲股份公司由11名董事组成董事会，即使张某辞职，也不会造成董事会人数低于法定最低限额的3人，故张某无须超期服役，公司收到其辞职申请时辞职生效，A项正确，B项错误。

C项，甲股份公司章程对选举董事没有特别约定，应按简单多数的原则来表决，鉴于选举董事并非需特别决议的事项，由出席股东会的股东所持表决权过半数同意作出决议即可，C项正确。

D项，我国目前立法中对单独的董事提名权没有法律规定，同时在公司实践中，对提名的主体、被提名对象等也没有一个通用的标准，因此，目前董事提名权并非一项法律意义上单独的权利。实践中通常由股东提出新增或改选董事人选，前一届董事会对该股东的提名形成决议，继而以董事会的名义提交股东会决议通过，由此选举出新的董事及董事会。

从上述董事提名过程可以看出，对于在董事会中无董事席位的股东，实际上不能当然行使向股东会选举和更换董事的提名权。《公司法》对股份公司的股东规定了唯一的救济方式：临时提案权。单独或合计持有公司1%以上股份的股东，可以在股东会召开10日前提出临时提案并书面提交董事会。根据该规定，中小股东可以绕开董事会，在单独或合计持有公司股份1%以上时，可以以临时提案的方式向股东会行使选举或更换董事的提名权。本案中丙的持股比例达到了1%，有权行使临时提案权，故其提名的董事候选人能被股东会审议，D项正确。

综上，本题答案为ACD。

65.【解析】AC。A项，甲公司有关捐赠的股东会决议内容违反了公司章程，股东张某有权在决议作出后的60日内向法院申请撤销该决议。A项正确。

B项，甲公司章程规定的禁止捐赠内容，属于意思自治事项，没有违反法律、行政法规的强制性规定，是有效的。B项错误。

C项，王某执行职务时违反了公司章程，给公司造成损失的，应当承担赔偿责任。C项正确。

D项，甲公司对于扶贫慈善基金的捐赠具有公益、道德义务性质，不适用“赠与人在赠与财产的权利转移之前可以撤销赠与”的规则。D项错误。

综上，本题答案为AC。

66.【解析】CD。本案中有两组法律关系：

(1)宋某与王某的代持股协议。宋某是名义股东，享有股东权利、承担股东义务；王某是实际出资人，不是甲公司的股东。

A、C项，出席股东会、参与利润分配均属于股东的权利，代持股关系中，名义股东宋某才是公司的股东，因此甲公司召开股东会应通知宋某，并由宋某参与公司的利润分配，当宋某分到公司利润后，应根据代持股协议交还给王某。故A项错误，C项正确。

(2)李某和刘某之间股权转让的法律关系。因未办理股东名册和商事登记的变更手续，受让人刘某尚未取得公司的股东资格。

B、D项，甲公司召开股东会应通知股东李某并由李某享有参与利润分配的权利。李某按股权转让合同的约定向刘某承担责任。故B项错误，D项正确。

综上，本题答案为CD。

67.【解析】ABC。A项，甲违反了意定授权，未按照合伙协议的约定，越权执行了合伙事务，相对人A被推定为善意，该合同有效，山奇厂应承担合同义务，A项正确。

B 项，甲和乙按照合伙协议的授权执行合伙事务，该合同有效，山奇厂应承担责任。B 项正确。

C 项，异议权是在合伙人执行合伙事务的事前、事中、事后随时随地关注并提出疑问的权利，只有其他合伙事务执行人有此机会和能力，故只有合伙事务执行人才有异议权。本案中甲执行事务，只有乙有异议权，C 项正确。

D 项，普通合伙企业具备极强的人合性，普通合伙人的份额质押，给合伙企业带来了充分的不确定性，必须经其他合伙人一致同意才能设定，否则质押无效。D 项中丙只经过了甲和乙的同意，没有经过丁和戊的一致同意，用其合伙份额为 C 设定的质押无效，因此给 C 造成的损害由丙负责赔偿，D 项错误。

综上，本题答案为 ABC。

68.【解析】BC。A 项，甲咨询服务所作为个人独资企业是非法人组织，即使注销后，原投资人对个人独资企业存续期间的债务仍应承担偿还责任，但债权人在 5 年内未向债务人提出偿债请求的，该责任消灭，A 项错误。

B 项，个人独资企业的财产在支付清算费用后，按顺序清偿：职工工资 > 税款 > 其他债权，B 项正确。

C、D 项，对于甲咨询服务所无力清偿的债务，投资人以个人财产承担无限责任。例外情形是个人独资企业的投资人在申请企业设立登记时明确以其家庭共有财产作为个人出资的，应当依法以家庭共有财产对企业债务承担无限责任。本案中没有表明例外情形，因此对于甲咨询服务所无力清偿的债务应由张某用个人财产承担责任，C 项正确，D 项错误。

综上，本题答案为 BC。

69.【解析】ABCD。A 项将出资人权益调整为零的依据是合法的，主要理由为以下两个方面：

（1）债权绝对优先于股权。债务人若资不抵债，则从财务审计的角度而言，债务人的净资产已为负值。而破产程序中，若债务人属于资不抵债情形，债务人清偿债务后无剩余财产可以分配给出资人。若债务人通过破产清算而注销，则出资人权益还将随债务人的法律主体资格同时消灭。基于上述理由，虽然将出资人权益调整为零并没有可以直接适用的法律依据，但是符合债权优先于股权的法定顺位，且不违背基本的经济常识，所以其具有合理性。

（2）契合股权重组的需要。重整计划若要得到各组债权人（尤其是普通债权人）的认可，其债权调整、清偿方案对债权人的利益需要优于破产清算，这一目标单独通过资产重组通常无法实现，还要依靠股权重组。

B 项合法。设立小额债权人组是基于重整实务中提高重整计划表决效率的需要。小额债权人组虽然债权金额较小，但往往人数众多，其表决权的行使会加大表决程序的成本，拖延表决时间。由于小额债权额一般较小，即使全额或者高比例清偿，也不会给债务人财产造成过多负担。相对于为小额债权支付高于一般普通债权的受偿比例而言，对提高重整计划表决效率所带来的时间和成本节约，特别是重整计划早日付诸实施所带来的效益，更值得重视。

C 项合法。战略投资者参与公司的重组，一般都想要得到目标公司的控制权，自然不希望原股东将股权集中转让给第三人来与自己抗衡，因此对原股东的股权转让对象作出限制是合理的，且此内容没有禁止股权转让，不违反法律、行政法规的强制性规定。

D 项合法。担保物权只是在重整期间暂停行使，也就是重整计划被法院批准之前。一旦重整计划被法院表决进入执行阶段后，担保物权便没有法定的限制，在重整计划执行中在第二年行使该权利没有违反法律、行政法规的强制性规定。

综上，本题答案为 ABCD。

70.【解析】AC。A 项，乙地上房屋转让给员工作为保障住房，经政府审批不办理土地使用权的出让手续。毕竟天远公司自政府无偿划拨得到该土地使用权，因此在房地产交易中涉及的土地收益，天远公司应按国务院的规定，上缴国家或者作其他处理，不应留给自己，不能“白嫖”国家的资源，A 项正确，B 项错误。

C、D 项，虽然甲地是天远公司经划拨、自政府处无偿获得的土地使用权，但天远公司毕竟是土地使用权人和地上厂房的所有权人，是转让标的的权利人。因此在房地产转让关系中，天远公司为转让方，C 项正确，D 项错误。

综上，本题答案为 AC。

71.【解析】BD。A 项，滥用市场支配地位指的是具有市场支配地位的经营者，不得滥用市场支配地位，排除、限制竞争。本案中的“全能车”APP 的运营企业，不具备市场支配地位的任何元素，不能认定为滥用市场支配地位，A 项错误。

B 项，经营者在生产经营活动中，应当遵循自愿、平等、公平、诚信的原则，遵守法律和商业道德。“全能车”APP 改变了共享单车行业原有的商业结构，其运营具有竞争属性。鸿途公司的获益，是以牺牲全体共享单车企业的合法产业利益、整体消费者的长远福祉，损害公平竞争为高昂代价的。因此，可认定鸿途公司构成《反不正当竞争法》规定的“其他妨碍、破坏其他经营者合法提供的网络产品或者服务正常运行”的不正当竞争行为。B 项正确。

C 项，混淆行为指的是经营者通过一定的行为，引人误认为是他人商品或者与他人存在特定联系，比如：（1）擅自使用与他人有一定影响的商品名称、包装、装潢等相同或者近似的标识；（2）擅自使用他人有一定影响的企业名称（包括简称、字号等）、社会组织名称（包括简称等）、姓名（包括笔名、艺名、译名等）；（3）擅自使用他人有一定影响的域名主体部分、网站名称、网页等。本案中“全能车”是“借鸡生蛋”，但并没有引人误认为自己是某只“鸡”，不符合混淆行为的构成要件，C 项错误。

D 项，各个单车企业通过投入大量人力物力研发出了具有自己特色的共享单车运营模式，因此其运营模式就构成了商业秘密。而"全能车"App 通过非法手段获取了各单车的商业秘密,且未经许可擅自开放端口,构成商业秘密侵权行为。D 项正确。

综上,本题答案为 BD。

72.【解析】ACD。A 项,甲公司作为网络水军,其行为妨碍、破坏了其他经营者合法提供的网络产品或者服务正常运行,对群控平台的正常运行进行干扰,通过不正当途径攫取其他经营者通过长时间经营积累的商业资源和竞争优势,扰乱市场秩序。甲公司进行了"技术干扰或控制"属于互联网不正当竞争行为,A 项正确。

B、C 项,王某作为经营者利用网络水军刷人气,营造虚假繁荣,误导了消费者,属于虚假宣传行为,甲公司为王某刷人气,帮助王某进行虚假宣传,应一并处罚,B 项错误,C 项正确。

D 项,从消费者的角度来看,"网络水军"严重侵犯了消费者的知情权。在直播间中,人气、点赞、评论等数据往往会影响消费者的购买决定。如果这些数据是通过"网络水军"人为操纵的,那么消费者就会被虚假的热度和口碑误导,可能购买到不合适或者质量不过关的商品。D 项正确。

综上,本题答案为 ACD。

73.【解析】BD。A 项,冻结账户属于司法行为,国家金融监督管理部门需要申请司法机关来进行,不能直接采取冻结措施,A 项错误。

B 项,商业银行违规发放贷款,违反审慎经营的业务规则,且情节严重,严重损害了存款人及其他客户的利益,国家金融监督管理部门可以对银行"三停两限"即对银行三停止(停止部分业务、新业务、增设分支机构),两限制(限制分红、限制资产转让);对责任人"换人限权"(控股股东转让股权或限制股东权利、调整董高或限制其权利),商业银行违规发放关系人贷款,违反审慎经营的业务规则,国家金融监督管理部门有权限制商业银行分红。B 项正确。

C、D 项,银行在机构重组期间,经批准,对直接负责的董事、高级管理人员和其他直接责任人员,可以采取下列措施:(1)直接负责的董事、高级管理人员和其他直接责任人员出境将对国家利益造成重大损失的,通知出境管理机关依法阻止其出境;(2)申请司法机关禁止其转移、转让财产或者对其财产设定其他权利。所以国家金融监督管理部门可直接对相关人员限制出境,通知出境管理机关即可,但处理财产等同于冻结行为,需司法机关协助,不可直接处理,C 项错误,D 项正确。

综上,本题答案为 BD。

74.【解析】ABCD。A 项,审计机关履行审计监督职责,省分行的运行中存在风险隐患的,应当及时向本级人民政府报告或者向有关主管机关、单位通报。A 项正确。

B 项,审计机关履行审计监督职责,可以提请公安、财政、自然资源、生态环境、海关、税务、市场监督管理等机关予以协助。有关机关应当依法予以配合。本案中的审计机关提请财政部门协助,财政部门应当配合。B 项正确。

C 项,审计机关有权检查被审计单位信息系统的安全性、可靠性、经济性,被审计单位不得拒绝。C 项正确。

D 项,省分行所执行的上级主管单位有关财政收支、财务收支的规定与法律、行政法规相抵触,审计机关应当建议有关主管机关、单位纠正。有关主管机关、单位不予纠正的,审计机关应当提请有权处理的机关、单位依法处理。D 项正确。

综上,本题答案为 ABCD。

75.【解析】BD。A 项,自然人享有姓名权,有权依法决定、使用、变更或者许可他人使用自己的姓名,但是不得违背公序良俗。任何组织或者个人不得以干涉、盗用、假冒等方式侵害他人的姓名权。本案中,李某并未对周某的姓名进行任何的操作,没有侵犯姓名权,A 项错误。

B 项,肖像是通过影像、雕塑、绘画等形式在一定载体上所反映的特定自然人可以被识别的外部形象。可识别性是肖像的核心特征,除面部形象外,任何可以被识别为特定主体的外部形象都属于肖像权的保护范围。本案中,在换脸后的新视频中,人物面部形象虽然发生改变,但从未被修改的原视频的场景细节仍能识别出身体形象的主体,该身体形象即属于可被识别为特定主体的肖像,周某对该身体形象亦享有肖像权。李某侵犯了周某的肖像权,B 项正确。

C 项,名誉权的基本内容是对名誉利益的保有和维护的权利。本案中,李某并未以侮辱、诽谤等方式侵害周某的名誉权,C 项错误。

D 项,短视频"周氏爆炒龙虾"独特的拍摄场景布置、角度选择、音像配合以及巧妙的剪辑均体现出制作者的独创性,属于视听作品,周某享有著作权,李某未经周某同意将该视频进行技术处理后并上传至网络,侵害了周某的著作权,D 项正确。

综上,本题答案为 BD。

76.【解析】CD。A 项,广播电台、电视台播放他人已发表的作品,可以不经著作权人许可,但应当按照规定支付报酬。本案中的广播电台享有法定许可的权利,其播放行为向报社支付了报酬,所以没有侵犯报社的著作权,不符合题意,排除。

B 项,初中教科书是实施义务教育的教科书,为编写此教科书而汇编已经发表的作品,可以享有法定许可权,对于此项使用,作者不能声明禁止。B 项没有侵犯报社的著作权,不当选。

C 项,随笔虽然由程某完成,但是作为报社工作人员创作的职务作品,属于特殊职务作品,程某仅享有署名权,其他的著作权由报社享有,未经报社许可,程某本人对随笔复制、发行侵犯了报社的著作权,C 项当选。

D 项,因为报社作为著作权人事先声明了未经许可禁止转载和摘编,某期刊不再享有"法定许可权",故期刊转载的行为侵犯了报社的著作权,D 项当选。

综上,本题答案为 CD。

77.【解析】ABC。选项 A 正确。本选项考查的是定性问题,应当根据法院地法进行定性,本案中甲在中国法院起诉,所以应当根据中国法进行定性。

选项B正确。根据我国相关法律的规定,法律规避的要件主要有三个方面:第一,故意制造或者改变连接点;第二,规避我国法律法规中的强制性规定;第三,以适用对自己有利的外国法为目的。本题中乙改变了国籍,规避了我国法律的一夫一妻制,属于法律规避。

选项C正确。根据我国法律的规定,夫妻财产关系,当事人可以在一方经常居所地、国籍国或者主要财产所在地中选择所适用的法律。没有选择的,适用共同经常居所地法,没有共同经常居所地的,适用共同国籍国法。本案中无协议选择,没有共同经常居所地(乙的经常居所地仍旧在中国,因为经常居所地必须满足连续居住满1年,且作为生活中心,并且要排除公务、就医和劳务派遣。题目中乙因"公派"出国留学,其经常居所地仍旧在中国),具有共同国籍国中国(参见D项解析)。所以适用中国法正确。

选项D错误。根据相关法律规定,定居外国,并且获得外国国籍的,"自动"丧失中国国籍,本题中乙并未定居德国,其中国国籍并未自动丧失。也就是说,乙在事实上同时拥有中国和德国两国国籍。但是由于我们不承认双重国籍,在法律上,一般认定其仍旧具有中国国籍,是中国人。

综上所述,本题答案为ABC。

78.【解析】AB。选项A正确。法人及其分支机构的行为能力、权利能力、股东权利义务、公司组织结构适用登记地法,主营业地和登记地不一致的,可以适用主营业地法。本案中登记地是开曼,主营业地是上海,所以适用开曼法或者中国法。

选项B正确。法人的国籍是其登记注册地,法人的住所是其主要办事机构所在地(文字多表现为总部),法人的经常居所地是其主营业地。本题中主营业地在中国,那该公司的经常居所地也就在中国。

选项C错误。参见选项A解析,法人相关问题的法律适用规则并不允许当事人选择法律。

选项D错误。参见选项B解析。

综上,本题答案为AB。

79.【解析】AD。选项A正确。补贴的标准,其实很简单,就是政府提供+接受者受益,具体包括政府的拨款、贷款或注资等措施。本题中虽然是通过某企业提供,但实际上还是政府提供,该企业仅仅是一个渠道,所以构成补贴。

选项B错误。基础设施建设,也就是造桥铺路等行为,是不属于补贴的。

选项C错误。商务部既可以应相关产业的申请发起调查,也可以自己主动发起调查。

选项D正确。对反补贴措施不服的,相关国家或地区政府可以在世界贸易组织发起争端解决程序。一定注意是相关国家或者地区政府才能够在WTO发起相关程序,企业是没有资格在WTO发起争端解决程序的。

综上所述,本题答案为AD。

80.【解析】BC。《民法典》第1172条规定:二人以上分别实施侵权行为造成同一损害,能够确定责任大小的,各自承担相应的责任;难以确定责任大小的,平均承担责任。本案交警大队已经确定责任大小,故应当各自承担相应责任,王某可以将陈某列为被告,可以将机动车方列为被告,可以将陈某和机动车方列为共同被告。第二重法律关系是机动车方的责任由谁承担的问题。《民法典》第1210条规定,当事人之间已经以买卖或者其他方式转让并交付机动车但是未办理登记,发生交通事故造成损害,属于该机动车一方责任的,由受让人承担赔偿责任。故本案机动车方的责任应当由刘某承担,李某无须承担。综上所述,本案在实体上应当由刘某和陈某各自向王某承担责任,李某不承担责任。故诉讼中,李某不能作为适格被告。如果王某向刘某主张责任,可以刘某为被告;如果王某向陈某主张责任,可以陈某为被告;如果王某向刘某和陈某均主张责任,可以将刘某和陈某列为共同被告。故本题A、D选项错误,B、C选项正确。本题答案为BC。

81.【解析】BD。调解委员会组织当事人就劳动争议达成的协议具有劳动合同的约束力,不能强制执行,A选项错误。如果当事人对调解协议的履行等产生纠纷一般而言属于劳动纠纷,应当适用仲裁前置的规则,但依据《最高人民法院关于审理劳动争议案件适用法律问题的解释(一)》第51条,本案中人民调解委员会主持当事人仅就劳动报酬争议达成协议,劳动者要求支付调解协议中约定的劳动报酬,不再要求仲裁前置,当事人可以直接向法院起诉,法院按照普通民事纠纷受理,B选项正确,C选项错误。当然,调解协议作为一份合同,约定了明确的金钱给付内容,符合督促程序适用条件,债权人可以向法院申请支付令,D选项正确。本题答案为BD。

82.【解析】CD。作为证人需要满足两个条件:①了解案件事实;②能够正确表达。同时证人不需要回避。故本案中钱某虽然是乙公司的工作人员,但其具有证人资格,且无须经过对方当事人同意,A选项错误。D选项考查证人出庭,证人应当出庭作证,但有下列情形之一的,经法院许可,可以通过书面证言、视听传输技术或者视听资料等方式作证:①健康原因;②路途遥远、交通不便;③不可抗力;④其他有正当理由。证人赵某因为路途遥远不能出庭作证,经法院同意后可以通过书面证言、视听传输技术或者视听资料方式作证,且无须经过对方当事人同意,D选项正确。B、C选项考查证人作证的程序,首先证人应当客观陈述其亲身感受的事实,不得宣读事先准备的书面材料,B选项错误;证人作证应当分别进行,但必要时法院可以安排证人进行对质,C选项正确。本题答案为CD。

83.【解析】BC。本题考查既判力的时间效力以及重复起诉的判断。乙因为交通事故起诉甲要求支付医疗费,法院判决生效后,乙因为治疗后遗症花费医疗费5万元,这属于判决生效后发生的新的事实,当事人可以再次起诉,法院应当依法受理,这是结论。我们可以从两个角度得出该结论:一是直接根据《民诉解释》第248条,裁判生效后,发生新的事实,当事人再次提起诉讼的,人民法院应当受理,故乙就后遗症问题提起诉讼不属于重复起诉,法院应当依法受理,故本题C选项正确,D选项错误。二是从既判力的时间效力这一理论角度分析,判决仅仅对标准时之前的法律关系具有既判力,标准时之后发生新的事实不受原判决既判力约束,当事人可以再次起诉。本案中后遗症是判决生效(标准时)之后发生的新的事实,不受原判决既判力约束,当事人可以再次起诉,故B选项正确,A选项错误。本题答案为BC。

84.【解析】BC。首先,关于婚姻效力的问题,在离婚诉讼中,关于婚姻的效力属于与身份有关的事实,法院应当依职权调查,如果经审理确属无效婚姻,应当将婚姻无效的情形告知双方当事人,并依法作出婚姻无效的判决,故本题法院应当判决确认婚姻无效,故A、D选项错误,B选项正确。其次,判决确认婚姻关系无效的,如果涉及财产分割和子女抚养问题,法院应当组织当事人进行调解,达成调解协议的应当另行制作调解书,没有达成调解协议的,应当一并作出判决。本案中甲、乙就小甲的抚养问题达成了调解协议,法院应当根据调解协议另行制作调解书,C选项正确。本题答案为BC。

85.【解析】BCD。本题考查发回重审。A、B选项考查发回重审后是否允许当事人变更诉讼请求。我们可以从两个角度解释:第一个角度,从原理分析,发回重审后一审法院应当适用一审程序重新审理,既然是适用一审程序重新审理,故当事人可以增加、变更诉讼请求,可以提出反诉,"有独三"也可以参加诉讼。第二个角度,我们直接根据司法解释的规定分析,《民诉解释》第251条规定,二审裁定撤销一审判决发回重审的案件,当事人申请变更、增加诉讼请求或者提出反诉,第三人提出与本案有关的诉讼请求的,法院可以合并审理。A选项错误,B选项正确。

C选项考查发回重审后法院能否以原判决认定的事实作为裁判依据?答案是否定的,因为一审判决被撤销,故一审法院必须重新审理,即应当重新认定事实、适用法律,作出新的判决,不能将原判决认定的事实作为裁判依据。C选项表述正确。我们再延伸一个问题,一审法院重新审理后的结果有没有可能跟原审结果一样?当然有可能。但此时能不能将判决结果直接表述为"判决如下:维持原判决"呢?不能。虽然判决结果可能跟原判决一样,但也必须以新判决的形式作出。D选项中,虽然原一审法院所作的判决被撤销,但基于诉讼诚信原则,当事人在之前程序中所进行的诉讼行为依然有效,对当事人和法院均产生相应的约束力。所以D选项正确。本题答案为BCD。

三、不定项选择题

86.【解析】AB。B项考查肖像权侵权,关键词为"肖像权"。肖像权,是指自然人所享有的以自己的肖像上所体现的人格利益为内容的一种人格权。侵犯肖像权的形态有6类,分别是:(1)丑化;(2)污损;(3)伪造;(4)制作;(5)使用;(6)公开。(《民法典》第1019条)本题中,影楼工作人员乙为炫耀自己高超的修图技术,未经甲允许,擅自将精修图和原图同时发到某平台的行为属于公开,依法侵犯了甲的肖像权。故B项说法正确,当选。

D项考查名誉权侵权,关键词为"名誉权"。名誉权,是指民事主体对自身名誉享有不受他人侵害的权利。侵犯名誉权的形态包括2类,分别是:(1)侮辱;(2)诽谤。(《民法典》第1024条)侮辱,是指故意以暴力或其他方式贬损他人人格,毁损他人名誉。实践中常见的侮辱方式有暴力侮辱、语言侮辱和文字侮辱。诽谤,是指捏造、散布虚假事实造成他人社会评价降低。本题中,影楼工作人员乙未经甲允许,擅自将精修图和原图同时发到某平台的行为既不属于侮辱,也不属于诽谤。因此,未侵犯甲的名誉权。故D项说法不正确,不当选。

C项考查用工责任,关键词为"连带责任"。用工责任系替代责任,用人单位的工作人员因执行工作任务造成他人损害的,由用人单位承担侵权责任。本题中,影楼工作人员乙未经甲允许,擅自将精修图和原图同时发到某平台。该行为侵犯了甲的肖像权,该侵权责任依法应当由用人单位影楼单独承担,而非乙和影楼承担连带责任。故C项说法不正确,不当选。

A项考查请求权竞合,关键词为"侵权责任"和"违约责任"。因当事人一方的违约行为,损害对方人身权益、财产权益的,受损害方有权选择请求其承担违约责任或侵权责任。本题中,甲到影楼拍摄一套艺术写真照,与影楼之间形成承揽合同关系。影楼工作人员乙未经甲允许,擅自将精修图和原图同时发到某平台的行为既侵犯了甲的肖像权又违反了与甲之间的承揽合同,既违约又侵权,依据请求权竞合理论,受害人甲有权选择请求影楼承担侵权责任或违约责任。故A项说法正确,当选。

综上所述,本题的正确答案为AB。

87.【解析】CD。A项考查父母离婚后子女姓名的更改,关键词为"不支付抚养费"。父母不得因子女变更姓氏而拒付子女抚养费。父或母擅自将子女姓氏改为继母或继父姓氏而引起纠纷的,应当责令恢复原姓氏。本题中,母亲乙擅自将儿子丙的姓氏更改为继父姓氏,生父甲不得拒付抚养费,但是,甲有权向法院提起诉讼,责令恢复原姓氏。故A项说法错误,不当选。

B项考查监护关系的终止,关键词为"改了名字"。有下列情形之一的,监护关系终止:(1)被监护人取得或恢复完全民事行为能力;(2)监护人丧失监护能力;(3)被监护人或监护人死亡;(4)法院认定监护关系终止的其他情形。(《民法典》第39条)监护关系并不会因为父或母一方擅自更改子女姓氏而终止。故B项说法错误,不当选。

C项考查探望权,关键词为"提供便利"。离婚后,不直接抚养子女的父或母,有探望子女的权利,另一方有协助的义务。本题中,虽然甲、乙离婚,但离婚不影响监护,不与儿子丙共同生活的生父甲依然需要给付抚养费。同时,甲享有探望权,乙有义务提供便利协助。故C项说法正确,当选。

D项考查父母离婚后抚养费的给付,关键词为“增加”。具有下列情形之一,子女要求有负担能力的父或母增加抚养费的,法院应予支持:(1)原定抚养费数额不足以维持当地实际生活水平;(2)因子女患病、上学,实际需要已超过原定数额;(3)有其他正当理由应当增加。本题中,丙因上学需要增加抚养费的,有权请求生父甲给付。故D项说法正确,当选。

综上所述,本题的正确答案为CD。

88.【**解析**】ABC。A项考查违约责任,关键词为“构成”。借用合同系典型的无名合同,其违约责任的构成要件有三:(1)存在合法有效的合同;(2)存在违约行为;(3)不存在法定或约定的免责事由。本题中,王某和张某之间存在合法有效的借用合同,借用人王某违反与出借人张某的约定驾车上高速存在违约行为且不存在免责事由。因此,借用人王某构成违约,依法应当承担违约责任。故A项说法正确,当选。

B、C、D项考查机动车交通事故责任,关键词为“损害赔偿”。因租赁、借用等情形机动车所有人、管理人与使用人不是同一人时,发生交通事故造成损害,属于该机动车一方责任的,由机动车使用人承担赔偿责任;机动车所有人、管理人对损害的发生有过错的,承担相应的赔偿责任(按份责任)。机动车交通事故责任的主体确定采“危险控制理论”,通俗而言,“谁开的车,谁承担侵权责任”。本题中,借用人王某驾车造成丁某受伤,依法应当由使用人王某承担损害赔偿责任。出借人张某将车借给有驾驶证的王某,主观上不存在过错,无须承担侵权责任。故B、C项说法正确,当选;D项说法不正确,不当选。

综上所述,本题的正确答案为ABC。

89.【**解析**】ABD。首先,当事人之间已经以买卖或其他方式转让并交付机动车但是未办理登记,发生交通事故造成损害,属于该机动车一方责任的,由受让人承担赔偿责任。本题中,甲将轿车出卖给乙,乙驾车撞伤丙,依法应当由乙对丙的损害承担侵权责任。出卖人甲无须承担侵权责任。故C项表述错误,不当选;D项表述正确,当选。

其次,机动车交通事故责任中,机动车与非机动车或行人发生交通事故的,采“无过错责任原则”。本题中,乙驾车将丙撞伤,依法应当承担无过错责任。故A项表述正确,当选。

最后,机动车发生交通事故造成损害,属于该机动车一方责任的,先由承保机动车强制保险的保险人(保险公司)在强制保险责任限额范围内予以赔偿;不足部分,由承保机动车商业保险的保险人(保险公司)按照保险合同的约定予以赔偿;仍然不足或没有投保机动车商业保险的,由侵权人赔偿。本题中,乙驾车将丙撞伤,治疗费2万元依法应当先由交强险赔付。故B项表述正确,当选。

综上所述,本题的正确答案为ABD。

90.【**解析**】B。C项考查名誉权侵权,关键词为“侵犯了”。自然人、法人和非法人组织均享有名誉权。名誉权的侵权形态包括两类,即侮辱和诽谤。其中,侮辱,是指故意以暴力或其他方式贬损他人人格,毁损他人名誉;诽谤是指捏造、散布虚假事实,造成他人社会评价降低。本题中,严某在美食平台发表的差评仅是其个人感受和体验,当然具有主观性。但该评价并不存在侮辱和诽谤的情形,因此,并未侵犯美未公司的名誉权。故C项说法不正确,不当选。

D项考查名称权侵权,关键词为“侵犯了”。法人和非法人组织享有名称权,有权依法决定、使用、变更、转让或许可他人使用自己的名称。名称权的侵权形态与姓名权相似,包括3类,即干涉、盗用和假冒(冒用)。其中,干涉是指限制、阻挠和干预权利主体自主决定、使用、变更、转让和许可他人使用名称;盗用、假冒是指未经允许,为谋取不正当利益,擅自使用他人企业的名称。本题中,严某在对美未公司提供的餐饮服务进行评价时使用了美未公司的名称,但是,并不存在干涉、盗用和假冒企业名称的行为。因此,并未侵犯美未公司的名称权。故D项说法不正确,不当选。

A、B项考查网络服务提供者责任,关键词为“连带责任”和“删除”。网络用户利用网络服务实施侵权行为的,权利人有权通知网络服务提供者采取删除、屏蔽、断开链接等必要措施。通知应当包括构成侵权的初步证据及权利人的真实身份信息。网络服务提供者接到通知后,应当及时将该通知转送相关网络用户,并根据构成侵权的初步证据和服务类型采取必要措施;未及时采取必要措施的,对损害的扩大部分与该网络用户承担连带责任。本题中,网络用户严某仅是在网络平台上发表自己对美未公司餐饮服务的评价,其行为本身不构成侵权,网络平台无义务采取删除、屏蔽、断开链接等必要措施,亦无须与严某承担连带责任。故A项说法不正确,不当选;B项说法正确,当选。

综上所述,本题的正确答案为B。

91.【**解析**】AD。首先,借款合同是借款人向贷款人借款,到期返还借款并支付利息的合同。借款合同包括商业借贷和民间借贷两种类型。本题中,甲向乙借款10万元,贷款人(债权人)并非金融机构,该借款合同系民间借贷合同,该合同完全符合民事法律行为的有效要件,合法有效。因此,借款期限届满后,债权人乙有权基于合法有效的借款合同请求债务人甲清偿债务。

其次,债务人与债权人约定将财产形式上转移至债权人名下,债务人不履行到期债务,财产归债权人所有的,人民法院应当认定该约定无效,但是不影响当事人有关提供担保的意思表示的效力。债权人请求参照《民法典》关于担保物权的规定对财产(标的物)折价或以拍卖、变卖该财产所得的价款优先受偿的,人民法院应予支持。本题中,债务人甲和债权人乙约定,还款期限届满后,如果未按期支付本息12万元,则该表归乙所有的约定属于典型的流质条款,该约定无效。但是,债务人甲将名表为债权人乙的10万元债务提供担保的意思表示是真实的。因此,债权人乙依法有权就该名表折价、拍卖、变卖所得的价款优先受偿。

再次,债务人与债权人约定将财产转移至债权人名下,在一定期间后再由债务人或其指定的第三人以交易本金加上溢价款回购,该约定属于典型的"回购型让与担保",合法有效。本题中,债务人甲和债权人乙约定还款期限届满后,如果未按期支付本息12万元,则乙可以选择由丙无条件按照12万元回购该表。丙对前述安排表示认可,并参与签订协议。因此,该回购型让与担保合法有效,乙仍可要求丙支付12万元以消灭甲的债务。

最后,从总体上看,本题可以解构为两层法律关系。第一层:甲和乙之间的民间借贷合同(主合同),该合同合法有效。因此,乙可以请求甲清偿债务。第二层:甲和乙、丙之间的让与担保合同(从合同),该合同本身合法有效,但是,流质条款无效。因此,乙可以请求丙支付12万元回购名表以消灭甲的债务,也可以请求参照担保物权的规定,就该名表优先受偿。一言以蔽之,债权人乙有3种选择:(1)请求债务人甲清偿债务;(2)请求丙支付12万元回购名表以消灭甲的债务;(3)请求参照担保物权的规定,就该名表优先受偿。故A、D项说法正确,当选;B、C项说法错误("只能"太绝对),不当选。

综上所述,本题的正确答案为AD。

92.【解析】AB。清算义务人应该符合两项特征:一是对公司负诚信义务,二是对公司具有法律上的控制权(力)。董事符合上述条件,故公司法规定,董事为公司的清算义务人。

公司的小股东,没有参与公司运营,对公司没有法律上的控制力,没有清算的能力和义务,也无须承担怠于清算的责任。

A、B项,本案中,大股东甲和乙同时是公司的董事,为公司的清算义务人,A、B项正确。

C项,丙既是小股东又没有在公司中任职,对公司没有掌控力,如果公司启动了清算程序,丙有参加清算的权利,但是丙没有清算的义务或责任,C项错误。

D项,丁作为债权人,与公司的清算存在直接的利害关系,不能担任清算组成员,D项错误。

综上,本题答案为AB。

93.【解析】AD。A项,甲作为合伙事务执行人,不能顾全合伙企业的大局,不能为合伙企业的利益和未来考虑,难堪重任,其他合伙人可以决定撤销该委托,A项正确。

B项,工作室与丁签署的购销合同属于日常业务合同,不属于"3属性(改名、改地、改范围)、3资产(处分不动产、财产权利、设定担保)、1人事(聘请他人担任经营管理人员)"的"七件大事"的范畴,不需要合伙人一致同意,B项错误。

C、D项,丙作为非执行人,不应代表工作室签署合同,丙违反意定限制,越权代表合伙企业与丁签订了购销合同,丁被推定为善意相对人,购销合同有效。如果因此给合伙企业造成损害,由丙对合伙企业承担赔偿责任,C项错误,D项正确。

综上,本题答案为AD。

94.【解析】BD。A项,《公司法》第232条规定,董事为公司清算义务人。本案中,小股东周某未在公司任职,不属于上述人员范围,无须承担配合清算的义务及责任。A项错误。

B、D项,甲公司被受理破产后,未经法院许可,法定代表人王某擅自离开住所回外地老家,人民法院可以予以训诫、拘留,可以依法并处罚款。B、D项正确。

C项,因王某不配合,债务人拒不提交相关资料的,人民法院可以对直接责任人员依法处以罚款,但不能直接终结破产程序,C项错误。破产程序终结的适用情形有两大类:一是"绝望",即债务人弹尽粮绝,无财产可供分配;二是"圆满",即债务人与债权人和解,或债权被全额清偿。总之是债权债务关系彻底结束的时候才能适用。仅仅因为债务人或其有关人员不配合清算、不提交相关资料不能直接终结。

综上,本题答案为BD。

95.【解析】AD。A项,在甲公司已经资不抵债的情形下,张某利用职权获得的年终奖属于非正常收入,管理人有权追回,A项正确。

B项,年终奖作为非正常收入因不合情而被追回,但毕竟合法,故张某返还该款项后有权获得债权,年终奖作为"绩效奖金"应属于普通债权,而非职工债权,B项错误。

C、D项,因张某对享有的甲公司的债权有异议,提起债权确认之诉时应以债务人甲公司为被告,C项错误,D项正确。

综上,本题答案为AD。

96.【解析】BD。A项,因为票据的无因性,当工商银行承兑后成了第一顺位付款的义务人,到期应对持票人无条件付款,出票人甲的账户资金不足,并非工商银行抗辩的法定理由,A项错误。

B项,工商银行拒绝付款后,丁应向其前手义务人主张追索权,而工商银行只是付款请求权的对象,不是追索权的行使对象,所以工商银行不再承担票据责任。但工商银行如果故意压票,拖延支付,由金融行政管理部门处以罚款,对直接责任人员给予处分;给持票人造成损失的,工商银行依法承担赔偿责任。B项正确。

C项,贴现体现的是背书转让的法律关系,乙向丙贴现,提前获得相应的现金,需要向丙支付一定的资金占用利息(贴现息),丙将扣除贴现利息后的金额支付给乙,并没有违反法律或法规的强制性规定,是有效的。丙的抗辩理由不成立,C项错误。

D项,因为丁超过了追索权的行使时效(6个月),丧失了对前手的追索权,乙无须对丁承担票据责任,D项正确。

综上,本题答案为BD。

97.【解析】AD。本题是对实体法和程序法的融合考查。从程序法的角度：首先，公示催告程序作为非讼程序，不能适用再审，也不能适用第三人撤销之诉，B、C选项错误。其次，丙公司经公示催告程序后申请法院作出了除权判决，乙公司作为利害关系人因正当理由不能在除权判决作出前向法院申报权利，可以自知道或者应当知道判决公告之日起1年内，向作出除权判决的法院起诉，故本题D选项正确。就实体角度而言，甲公司将一张承兑汇票背书转让给乙公司作为付款，因为该承兑汇票被宣告无效，乙公司无法行使票据权利，乙公司可以向其前手甲公司退票，并请求甲公司另行给付买卖合同关系下的对价，故乙公司可以将该汇票退给甲公司，要求甲公司通过其他方式支付货款，A选项正确。本题答案为AD。

98.【解析】AD。本题考查执行担保。在执行中被执行人或者他人向法院提供担保，经申请人同意，法院可以决定暂缓执行。被执行人或者他人以财产提供担保，可以依法办理担保物权公示手续，已办理公示手续的，申请人可以依法主张优先受偿权。可见是否办理担保物权登记手续仅仅影响申请执行人是否具有优先受偿权，并不影响执行担保的效力。关于执行担保，暂缓执行期限届满后被执行人仍不履行义务，或者暂缓执行期间担保人有转移、隐藏、变卖、毁损担保财产等行为的，法院可以依申请执行人的申请恢复执行，并直接裁定执行担保财产或者保证人的财产，不得将担保人变更、追加为被执行人，也无须考虑担保人的先诉抗辩权。故本案中暂缓执行期限届满，被执行人黄某仍不履行义务，申请人廖某可以申请法院恢复执行，法院可以直接对担保财产（汽车）采取拍卖、变卖等执行措施，A、D项正确。当然，廖某无须另行通过实现担保物权等特别程序实现担保物权，也无须考虑李某的先诉抗辩权，B、C项错误。本题答案为AD。

99.【解析】AC。本题考查执行和解。甲申请执行借款合同纠纷的判决中，甲、乙二人达成以物抵债的和解协议，并且乙当即交付了玉石，意味着和解协议履行完毕，法院应当作执行结案处理，故不存在申请恢复执行或者就履行和解协议向法院起诉的问题，B选项错误。本案和解协议履行完毕后，由于乙瑕疵履行的行为给甲造成损失，甲可以另行起诉，由执行法院即B区法院管辖，故本题A选项正确。当然，如果甲认为和解协议存在无效或者可以撤销的情形，可以向执行法院起诉请求确认和解协议无效或者撤销和解协议，本题C选项正确。最后，本案据以执行的生效判决（甲、乙之间借款合同纠纷）并不存在错误，故不能申请再审，本题D选项错误。本题答案为AC。

100.【解析】B。本题题干中存在两个法律关系：一是丙和丁之间的股权转让协议，该协议中约定发生纠纷由B区法院管辖；二是该公司内部的法律关系，公司章程约定发生纠纷由A区法院管辖。本案是股东丁起诉公司要求撤销股东会决议，属于公司内部的法律关系发生纠纷，与丙、丁之间的股权转让协议无关。根据《民事诉讼法》第27条，公司诉讼由公司住所地法院管辖。但本案中公司章程中约定与本公司有关的诉讼由A区法院管辖，问题来了，公司诉讼能否适用协议管辖，或者说当事人能否通过管辖协议的方式改变公司诉讼的管辖？这是本题的核心考点。《民事诉讼法》第27条规定的公司诉讼由公司住所地法院管辖只是一种特殊地域管辖规定，并不是专属管辖的规定，故公司诉讼并不排斥协议管辖的适用，这一观点也得到最高人民法院的认可。故本案中公司章程规定与公司有关的诉讼由A区法院管辖，该管辖协议有效，丁起诉请求撤销公司股东会决议的诉讼应当根据该管辖协议确定由A区法院管辖，不再由公司住所地C区法院管辖，所以本题A、C选项错误，B选项正确。当然，丙、丁之间股权转让协议中约定的管辖协议有效，但丁起诉公司请求撤销公司股东会决议与丙、丁之间的股权转让协议无关，D选项错误。本题答案为B。

2023 年答案速查表

试 卷 一

一、单项选择题

1. C　2. C　3. B　4. D　5. A　6. B　7. A　8. D　9. C　10. A　11. B　12. D　13. D
14. B　15. D　16. B　17. D　18. B　19. B　20. D　21. A　22. B　23. A　24. B　25. A　26. D
27. D　28. C　29. B　30. D　31. D　32. A　33. B　34. C　35. C　36. A　37. C　38. B　39. B
40. D　41. A　42. C　43. C　44. B　45. B　46. D　47. B　48. D　49. A　50. A

二、多项选择题

51. ABCD　52. AD　53. ABC　54. AB　55. CD　56. BC　57. BCD　58. BC
59. ABCD　60. BD　61. ABCD　62. BD　63. CD　64. BCD　65. AC　66. AD
67. ABD　68. CD　69. ABCD　70. ACD　71. CD　72. CD　73. ABC　74. ABD
75. BCD　76. BC　77. BC　78. AB　79. ABC　80. AB　81. AD　82. BD
83. AD　84. CD　85. AC

三、不定项选择题

86. D　87. C　88. D　89. D　90. BD　91. AB　92. AB　93. CD
94. BC　95. A　96. AB　97. ABD　98. C　99. BC　100. AB

试 卷 二

一、单项选择题

1. A　2. A　3. D　4. B　5. B　6. C　7. D　8. C　9. D　10. D　11. B　12. C　13. A
14. D　15. B　16. A　17. B　18. D　19. B　20. B　21. D　22. B　23. B　24. B　25. C　26. C
27. A　28. C　29. B　30. B　31. D　32. B　33. D　34. A　35. B　36. C　37. D　38. C　39. C
40. B　41. D　42. C　43. D　44. B　45. B　46. D　47. C　48. B　49. C　50. D

二、多项选择题

51. BCD　52. AD　53. AD　54. BD　55. AC　56. ABC　57. AB　58. ABCD
59. ABC　60. AC　61. ABCD　62. ABD　63. BD　64. ACD　65. AC　66. CD
67. ABC　68. BC　69. ABCD　70. AC　71. BD　72. ACD　73. BD　74. ABCD
75. BD　76. CD　77. ABC　78. AB　79. AD　80. BC　81. BD　82. CD
83. BC　84. BC　85. BCD

三、不定项选择题

86. AB　87. CD　88. ABC　89. ABD　90. B　91. AD　92. AB　93. AD
94. BD　95. AD　96. BD　97. AD　98. AD　99. AC　100. B

国家统一法律职业资格考试

历年真题汇编

2022年客观题

试卷册

法律出版社
LAW PRESS·CHINA
北京

2022年国家统一法律职业资格考试(回忆版)

试　卷　一

一、单项选择题(每题所设选项中只有一个正确答案,多选、错选或不选均不得分。本部分含1~50题,每题1分,共50分)

1. 根据《地方政府组织法》,下列不属于衡量法治政府标准的是:(　　)

A. 权责法定　　　　B. 便民惠民

C. 执法严明　　　　D. 廉洁诚信

2. 关于宪法相关知识,下列说法错误的是:(　　)

A. 1787年《美国联邦宪法》规定了公民广泛的文化权利和国家的文化政策

B. 我国的根本政治制度是人民代表大会制度

C. 我国《宪法》规定的基本社会制度包括劳动保障制度

D. 我国现行《宪法》从总纲中的概述、公民的相关权利、国家机构的相关职权三个角度对我国的基本文化制度进行了较为完善的规定

3. 根据《宪法》和《民族区域自治法》的规定,下列选项正确的是:(　　)

A. 民族区域自治以少数民族聚居区为基础,是民族自治与区域自治的结合

B. 民族自治区的自治条例和单行条例报全国人大批准后生效

C. 上级国家机关应该在收到自治机关变通执行或者停止有关决议、决定执行的报告之日起30日内给予答复

D. 民族自治地方的国家机关既是地方国家机关,又是自治机关

4. 有关国务院的职权,下列说法错误的是:(　　)

A. 国务院可以向全国人大常委会提出授予国家勋章和国家荣誉称号的议案

B. 国务院依照法律规定决定省、自治区、直辖市的范围内部分地区进入紧急状态

C. 有权制定有关行政拘留的规范性文件

D. 编制和执行国民经济和社会发展计划和国家预算

5. 关于各级人民政府,以下说法正确的是:(　　)

A. 地方各级人民政府从属于本级国家权力机关,由国家权力机关产生,向它负责,受它领导。同时,地方各级人民政府还要服从上级人民政府的领导

B. 地方各级审计机关对本级人大常委会和上一级审计机关负责

C. 经过上一级政府批准,地方各级政府可以设立工作部门

D. 经过全国人大或全国人大常委会批准,国务院可设立工作部门

6. 关于国家监察机关,下列说法错误的是:(　　)

A. 各级监察委员会是行使国家监察职能的专责机关

B. 国家监察委员会对全国人大及其常委会负责并报告工作

C. 监察机关应设立内部监督机构,加强对监察人员的监督

D. 监察机关办理职务违法等犯罪案件,应与审判机关、检察机关以及执法部门互相配合,互相制约

7. 关于司法制度,下列选项错误的是:(　　)

A. 解决纠纷是司法制度的普遍性特征

B. 司法具有解决纠纷、调整社会关系的直接功能

C. 司法工作人员不得向当事人借用手机

D. 司法人员原则上只能在工作场所与当事人接触

8. 关于我国的审判机关,下列说法正确的是:(　　)

A. 在我国专门法院中,海事法院的地位相当于基层人民法院

B. 最高人民法院巡回法庭庭长、副庭长由最高人民法院院长提请全国人大常委会任免

C. 合议庭评议案件笔录由合议庭作出决定的多数人员签名

D. 审判委员会讨论案件的事实认定与法律适用，其决定合议庭应当执行

9. 小明律师是明镜律师事务所的一名专职执业律师，为了宣传本所和自身业务，小明律师经常在业余时间在某短视频平台发布自己制作的法律类视频，以法律服务中心的名义提供法律咨询、诉讼代理等一系列的法律服务，但并未说明自己的律师身份。关于小明律师的行为，下列说法正确的是：(　　)

A. 小明律师的做法错误，因为会干扰到正常的诉讼和仲裁

B. 小明律师的做法错误，属于以不正当方式招揽业务，构成不正当竞争

C. 小明律师的做法正确，因为小明律师并非以律师的身份在法律服务中心提供法律服务

D. 小明律师的做法正确，因为小明律师作为专职执业律师，即使在法律服务中心提供的也仍然是法律服务

10. 关于中国古代的法律制度，下列说法错误的是：(　　)

A. 先秦的奴隶制五刑以肉刑为中心，包括墨、劓、刖、宫、大辟

B. 死刑复奏制度是在汉武帝时正式确立的

C. 大理寺在唐代属于中央审判机构

D. 明代对风俗伦理方面的犯罪较唐律处刑为轻

11. 关于中国法律制度的发展和演进，下列哪一表述是错误的？(　　)

A. 商鞅“改法为律”强调了法律规范的普遍性

B. 汉武帝顺应历史发展废除肉刑进行刑制改革，为建立封建刑罚制度奠定了重要基础

C. 唐律是我国传统法典的楷模与中华法系形成的标志

D. 清末修律改变了中国传统上的“诸法合体”，形成了近代法律体系的雏形

12. 有法谚云：“对法律最好的解释是法律本身”。对于这句名言，下列选项说法正确的是：(　　)

A. 对法律进行客观目的解释

B. 法律之外无解释

C. 立法的过程也是法律解释的过程

D. 对法律所作的解释都是最佳解释

13. 为了防止利益输送，切实维护司法廉洁和司法公正，法官和检察官应当杜绝与律师进行不正当的接触交往行为。下列行为中不违反法律职业道德的是：(　　)

A. 王法官、李检察官和张律师进行同堂培训后一起在食堂进行探讨

B. 小明律师代理一宗疑难案件，向其大学校友马法官咨询，马法官收取 2 万元咨询费

C. 赵检察官办理一宗未成年人犯罪的案件，向其监护人推荐一位和自己关系要好的辩护律师

D. 某法官将同事法官的家庭地址和电话告知某律师

14. 从事法律职业的人员应当强化自身职业道德观念，遵守模范道德准则，坚守职业道德底线。下列哪一情形违反了司法工作人员的职业道德规范？(　　)

A. 某检察官在退休 5 年后，在不保留退休待遇的情况下，去律所担任了法律顾问

B. 某法官在读大学本科的子女在其任职辖区的法律援助中心当志愿者，某法官无须任职回避

C. 某检察官被开除公职之后在其原任职辖区内的某律所担任技术研发人员

D. 某法官的同事向其多次询问某案件的审理关键信息，某法官明确表示拒绝后予以记录，但并未向有关纪检部门进行报告

15. 一辅警在下班途中发现甲违法停车，遂拍照上传至交管系统，后交管部门对甲进行罚款。甲不服，将交管部门起诉到人民法院。人民法院经过审理后认为，辅警在没有交警在场的情况下执法，取证程序不适当，判决撤销该罚款处罚。关于该案，下列说法正确的是：(　　)

A. 该案体现出法的滞后性特征

B. 法院的判决体现辅警执法具有合法性，但是缺乏合理性

C. 辅警发现违法停车即拍照，体现了执法效率原则

D. 该案体现出执法具有主动性特征

16. 对于民族自治区域内国家机关领导人员

的任职资格，哪一职位必须由实行区域自治的民族的公民担任？（　　）

A. 法院院长　　B. 检察院检察长

C. 人大常委会主任　D. 自治州州长

17. 甲乙签订了买卖合同，因甲没有履行合同义务，两人发生争执，争吵升级至打架，甲失手将乙打成重伤。公安机关侦查结束后，检察院对甲依法提起公诉，乙向法院提起刑事附带民事诉讼，要求赔偿医疗费用，庭审后判处甲有期徒刑3年，并赔偿乙所支付的所有治疗费用。关于本案的法律关系，下列说法错误的是：（　　）

A. 检察机关提起公诉是基于甲的违法行为

B. 乙向人民法院提起刑事附带民事诉讼而与甲所形成的法律关系是横向法律关系

C. 检察机关与甲之间形成的关系是保护性法律关系

D. 程序性法律关系是第一性法律关系，实体性法律关系是第二性法律关系

18. 甲乙两国因沿海资源开发发生争端，找丙国总统居中斡旋。甲国为解决争端，封锁了乙国的海域。根据相关国际法规则，下列说法正确的是：（　　）

A. 甲乙两国元首去丙国商谈之前，可以通过网络进行秘密谈判

B. 丙国总统可以在谈判前设宴并提出解决方案

C. 丙国总统可以主持谈判

D. 甲国的封锁行为符合国际法的规定

19. 甲国国际法学者约翰意图参选联合国国际法院法官，乙国作为联合国安理会常任理事国坚决反对。根据相关国际法规则，下列说法正确的是：（　　）

A. 如约翰成功当选，则在涉及甲国的案件中（一般）不需要回避

B. 由于乙国的反对，约翰不可能当选为国际法院的法官

C. 国际法院法官人选可以由各国驻联合国代表团提名

D. 约翰需要在联合国安理会和联合国大会都经过2/3多数通过，才能当选国际法院法官

20. 关于正当防卫，下列说法错误的是：（　　）

A. 宋某持刀拦路抢劫武某，武某系武警退役人员，假装害怕，趁宋某放松警惕，突然攻击宋某，致其受伤。武某的行为不构成正当防卫

B. 陈某骑摩托车找李某算账。找到李某后，陈某下车拿铁棍追打李某。李某夺路而逃，甩掉陈某后，看到陈某停在路边的摩托车，出于泄愤，将该摩托车踹下河，致使价值1万元的摩托车报废。李某的行为不构成正当防卫

C. 甲乙基于共同伤害的故意，报复周某。甲用刀刺向周某，周某将一旁的乙强拉过来挡在前面，致使乙被刺死。周某的行为不构成正当防卫

D. 许某伤害韩某，韩某奋起反抗，导致许某摔倒，头部撞到桌角，倒地昏迷，嘴角抽搐。见此情景，韩某又抢起小板凳砸向许某头部，致其死亡。韩某的行为不构成正当防卫

21. 下列哪个行为构成犯罪中止？（　　）

A. 高某欲杀害王某，计划投毒6次以便致王某中毒死亡，投毒4次后，由于害怕而放弃继续投毒。但前四次投毒导致王某死亡

B. 丈夫甲杀害妻子乙，捅了数刀，以为乙死亡，便离开现场。后甲回到现场，发现乙未死，可怜乙，将乙送往医院抢救成功

C. 李某欲制造毒品，在化学实验室制造出80克毒品，后因害怕便将毒品扔进水里

D. 宋某敲诈勒索王某，要求王某给自己汇款30万元。后宋某害怕坐牢，便告知王某："我放弃了，不用打钱了，请放心。"但是，王某基于害怕，仍旧给宋某账户汇入30万元。宋某得知后及时退还

22. 关于共同犯罪与犯罪形态，下列说法错误的是：（　　）

A. 甲乙合谋杀害丙，二人将丙殴打致昏迷后，以为丙已经死亡。甲先行离开，让乙打扫现场。乙在打扫现场时发现丙尚有气息，遂向丙胸口踢一脚，致丙死亡。甲构成故意杀人罪既遂

B. 甲乙欲共同抢劫丙的财物，在去往丙家途中，甲忽然肚子疼，便让乙继续前往。乙进入丙家中，进行抢劫，丙哀求，乙便放弃抢劫。甲构成抢劫罪的犯罪未遂

C. 甲乙合谋抢劫丙，使用暴力后，发现丙身上没带钱，甲乙便押着丙前往丙家中取钱。途中，甲因临时有事要离开，便让乙继续前往丙家。乙到了丙家，发现丙生活困难，于心不忍，遂放弃。

甲构成抢劫罪的犯罪未遂

D. 甲得知乙想杀仇人丙。夜里，丙尚未出现，丁出现。甲欲杀害丁，指着丁，对乙讲："那个人就是丙，可以开枪。"乙便开枪，打死了丁。甲乙构成故意杀人罪的共同犯罪

23. 甲涉嫌诈骗罪被抓获归案，在刑事拘留期间潜逃。在潜逃期间，无业游民乙向甲称自己有他人犯罪的线索要3万元卖给甲。甲花3万元买到该犯罪线索。甲打电话将该犯罪线索提供给公安机关。该犯罪线索是某国有公司总经理的受贿罪事实，经查证属实。然后甲自动投案，如实供述了诈骗罪和潜逃的事实。下列说法正确的是：(　　)

A. 甲的潜逃行为不构成脱逃罪

B. 甲提供犯罪线索的行为不构成立功

C. 甲自动投案，如实供述，针对诈骗罪构成自首

D. 甲自动投案，如实供述，针对脱逃罪构成自首

24. 陈某(女)到偏僻山区旅游，夜宿王某家。王某想起堂弟万某没有媳妇，于是第二天对陈某谎称带其坐公交车去观光，将陈某带至万某家。王某对万某讲，让陈某做万某的老婆，然后收取万某10元作为车费，坐公交车离去。万某扣留陈某，要求其当自己的老婆。陈某不同意，表示愿意给2万元，称"够你买个老婆了"。万某不同意，索要3万元，否则不放其离开。陈某被迫同意并给钱。万某释放陈某。下列说法错误的是：(　　)

A. 王某将陈某骗至万某家的行为，不属于非法拘禁行为

B. 王某将陈某留在万某家的行为不构成拐卖妇女罪，万某扣押陈某的行为也不构成收买被拐卖的妇女罪

C. 陈某给万某2万元，并称"够你买个老婆了"，属于教唆万某实施收买被拐卖的妇女罪的教唆犯

D. 万某取得陈某的3万元，构成抢劫罪

25. 甲将自己的自行车(价值5000元)出借给乙，并约定"乙如果遗失则按3倍价格赔偿"。几日后丙从乙处偷走该车。甲得知车被偷后，非常开心。丙又得知乙需要3倍价格赔付，便向乙提出"按照5000元价格将车卖给你"。乙迫于无奈便答应照办。下列说法正确的是：(　　)

A. 丙构成盗窃罪既遂

B. 丙构成盗窃罪中止

C. 丙同时构成盗窃罪和敲诈勒索罪，想象竞合，择一重罪论处

D. 丙的盗窃行为实际上不违背所有权人甲的意愿，因此不构成盗窃罪

26. 甲欲抢劫乙的财物，计划先开枪打死乙然后取财，不慎击中路人丙，致丙死亡。下列说法正确的是：(　　)

A. 甲属于打击错误，按照法定符合说，甲对丙的死亡承担过失责任

B. 甲属于对象错误，按照具体符合说，甲对丙的死亡承担过失责任

C. 甲属于偶然防卫，按照防卫认识不要说，甲构成正当防卫

D. 甲构成抢劫罪致人死亡

27. 关于转化型抢劫罪，下列说法正确的是：(　　)

A. 甲盗窃完乙的财物，离开现场，后想到还可以盗窃乙的笔记本电脑，一小时后返回，在乙家单元楼门口碰到了乙，乙抓捕甲，甲为了抗拒抓捕将乙击昏。甲构成抢劫罪

B. 甲在公交车上盗窃乙的财物被发现，甲逃窜下车，乙也追下车。甲为了抗拒抓捕，将乙打成重伤。甲构成"在公共交通工具上抢劫"

C. 甲在乙家盗窃到珠宝，出门后便被小区保安发现，保安要抓捕甲，甲为了窝藏赃物，对保安实施暴力，但被保安控制住，并扣押了珠宝。甲构成抢劫罪既遂

D. 甲在行驶的大巴上盗窃了乙的财物。一小时后，大巴进入高速公路的服务区，乙发现财物被甲盗窃，要抓捕甲，甲为了抗拒抓捕将乙打成重伤。甲构成抢劫罪

28. 乙从国有粮库购买新稻谷若干吨，将新稻谷运送至甲个人经营的米业工厂，欲加工成大米，出米率为70%。甲收到新稻谷后，将陈年大米替代新稻谷加工的大米，交付给乙。关于本案，下列说法正确的是：(　　)

A. 就新稻谷而言，甲构成侵占罪；就交付给乙的陈年大米而言，甲不构成犯罪

B. 就新稻谷而言，甲构成侵占罪；就交付给乙的陈年大米而言，甲构成诈骗罪

C. 就新稻谷而言，甲构成盗窃罪；就交付给乙的陈年大米而言，甲不构成犯罪

D. 就新稻谷而言，甲构成盗窃罪；就交付给乙的陈年大米而言，甲构成诈骗罪

29. 关于危害公共安全犯罪，下列选项说法错误的是：（　　）

A. 马某从高空向下扔正在燃烧的蜂窝煤球，下方有人和易燃物。马某构成放火罪

B. 李某在公交车上沉迷手机游戏，坐过车站，便抢夺司机的方向盘要求停车。李某构成妨害安全驾驶罪

C. 陈某在公交车上与司机发生口角，便暴力捶打司机，导致公交车撞上对面的小轿车，致使小轿车内多人遭受轻伤。陈某构成妨害安全驾驶罪

D. 朱某记恨王某，在王某的摩托车上动手脚，致使王某在骑摩托车时发生故障，撞伤多名行人。朱某成立破坏交通工具罪

30. 张某是甲工厂的领导，指示下属梁某"想办法"从乙工厂的技术人员田某处获取乙工厂的技术秘密。梁某给田某30万元，田某拒绝提供技术秘密。梁某拿出电锯威胁田某，不答应便用电锯锯死田某。田某被迫说出技术秘密。梁某给了田某30万元，田某收下。后甲工厂利用该技术秘密制作产品，销量大增。下列说法错误的是：（　　）

A. 梁某构成侵犯商业秘密罪的直接正犯

B. 张某构成侵犯商业秘密罪的教唆犯

C. 田某是侵犯商业秘密罪的胁从犯

D. 田某构成非国家工作人员受贿罪

31. 关于食品犯罪，下列说法正确的是：（　　）

A. 钱某从山林间拾得许多蘑菇，明知是毒蘑菇还卖给他人，其行为构成销售有毒、有害食品罪

B. 李某欲杀害妻子，在鸡汤中加入毒药，妻子中毒死亡。李某除构成故意杀人罪以外，还构成生产有毒、有害食品罪

C. 有证据证明赵某在生产食品时加入了非食品原料，但检测部门未检测出有毒、有害物质。赵某仍构成生产有毒、有害食品罪

D. 孙某用工业甲醇兑水，冒充白酒出售，导致数人中毒。孙某的行为不构成生产、销售有毒、有害食品罪，而构成投放危险物质罪

32. 关于洗钱罪，下列说法正确的是：（　　）

A.《刑法》对洗钱罪的原规定是"明知是毒品犯罪……的所得及其产生的收益"，《刑法修正案（十一）》删除了"明知"。这表明，洗钱罪可以由过失构成

B. 诈骗罪、盗窃罪等财产犯罪的行为人，实施自己为自己洗钱的行为，不可能构成洗钱罪

C. 洗钱罪的上游犯罪未经审判确定有罪，不得审判洗钱罪

D. 上游犯罪超过追诉时效，洗钱罪没有超过追诉时效的，可以追究洗钱罪的刑事责任

33. 王某担任某刑事案件一审法院合议庭中的审判员，小林是书记员。一审作出判决后，被告人上诉，二审法院经过审理认为一审法院存在严重的程序违法，将案件撤销原判，发回重审。此时，王某已成为一审法院的审判委员会委员。下列表述正确的是：（　　）

A. 一审法院重新审理的，小林不能再担任本案书记员

B. 一审法院重新审理后，若案件上审判委员会讨论，王某可以参与该案的讨论

C. 一审法院重新审理后，若案件上审判委员会讨论，王某可以参加表决

D. 一审法院重新审理的，应当开庭审理

34. 宫某因绑架杀人被公安机关立案侦查，下列关于法律援助的说法正确的是：（　　）

A. 若宫某没有委托辩护人，也表示不需要法律援助，公安机关可不为其通知法律援助

B. 值班律师可应宫某申请或主动为其提供法律咨询

C. 值班律师可在为宫某提供法律咨询后签订合同转为辩护人

D. 如为宫某提供法律援助辩护人，该辩护人需要具备3年以上相关执业经历

35. 杨某醉酒驾驶电动自行车与行人宋某发生碰撞，公安机关对杨某以危险驾驶罪立案侦查，侦查终结后移送检察院审查起诉。下列选项中，检察院可以作出存疑不起诉决定的依据是：（　　）

A. 鉴定机构承认杨某的血液样本被污染

B. 交警认定杨某对事故负主要责任，宋某负次要责任

C. 杨某辩称自己知道醉酒不能驾驶轿车，但

不知道不能驾驶电动自行车

D. 杨某驾驶的电动自行车符合法律规定的非机动车的标准

36. 张某和唐某系夫妻关系，唐某和李某（已婚）以夫妻名义共同生活，张某向法院对李某以重婚罪提起自诉。法院告知张某也可以对唐某提起自诉并告知其放弃告诉的法律后果。下列表述正确的是：（　　）

A. 如果张某到公安机关报案，公安机关不予接受

B. 如果张某到公安机关报案，公安机关经过审查认为属于重婚案件，应当告知张某可以向法院起诉

C. 如果法院经过审理判决李某无罪，张某对唐某以重婚罪提起自诉，法院应当受理

D. 若张某基于客观原因无法取得唐某与李某之间的转账记录，申请法院调取，法院应当及时调取

37. 甲涉嫌盗窃和诈骗，某县人民法院经过审理，一审判甲犯盗窃罪，处5年有期徒刑；犯诈骗罪，处5年有期徒刑，决定合并执行8年有期徒刑。甲不服上诉，某市中级人民法院经过审理认为案件事实不清、证据不足，裁定发回重审。某县人民法院经过审理，对甲以诈骗罪判处有期徒刑6年，对盗窃罪未予认定。某县人民检察院认为判决确有错误，提起抗诉，某市中级人民法院开庭进行审理，下列说法正确的是：（　　）

A. 某市中级人民法院可以改判甲犯盗窃罪和诈骗罪，但决定合并执行的刑罚不能超过8年有期徒刑

B. 某市中级人民法院可以改判甲犯盗窃罪和诈骗罪，但决定合并执行的刑罚不能超过6年有期徒刑

C. 某县人民检察院抗诉，某市中级人民法院经过审理，若改判甲犯盗窃罪，对该罪的量刑不能超过5年

D. 某县人民检察院抗诉，某市中级人民法院经过审理，若改判甲犯诈骗罪，对该罪的量刑不能超过6年

38. 孙某与唐某因故意杀人被法院判处死刑立即执行。最高人民法院进行死刑复核时，唐某提出法律援助请求，法律援助机构指派王律师为其提供法律援助。孙某未提出法律援助请求。之后唐某又委托律师华某担任自己的辩护人。最高人民法院核准死刑后执行死刑前，法院发现孙某还涉嫌其他犯罪，于是裁定停止死刑执行。下列表述正确的是：（　　）

A. 最高人民法院核准唐某死刑后，华某不能再为唐某进行辩护

B. 唐某自行委托律师后，应停止对其提供法律援助

C. 确认孙某实施了其他犯罪，最高人民法院应裁定继续执行死刑

D. 最高人民法院核准孙某死刑案件，孙某申请法律援助的，最高人民法院应当在核准死刑并签发死刑执行命令后，通知原审法院为孙某指派法律援助律师

39. 小王和小李均系未成年人，涉嫌共同抢劫犯罪。小李在审查起诉阶段被酌定不起诉，小王被提起公诉后，法院决定对其变更强制措施为取保候审。法院随后由两名审判员和一名人民陪审员组成合议庭审理。关于本案审判程序，下列哪一选项是正确的？（　　）

A. 小王的辩护人向法庭提交的有关小王从小父母离异，缺失家庭教育的材料，可以作为本案定案根据

B. 小王若无法提供保证人，法院应当指定合适成年人作为小王的保证人，必要时可以安排小王接受社会观护

C. 本案人民陪审员可从熟悉未成年人身心特点、关心未成年人保护工作的人民陪审员中直接指定

D. 小李可以证人身份出庭作证

40. 叶某持刀当街砍人，群众报警，某县公安机关将叶某抓获，经过鉴定发现叶某系依法不负刑事责任的精神病人，可以强制医疗。某县公安机关将叶某移交某县人民检察院，某县人民检察院经审查认为叶某符合强制医疗条件，遂向某县人民法院提出强制医疗申请。下列表述正确的是：（　　）

A. 某县人民法院应当通知法律援助机构为叶某指派辩护人

B. 某县公安机关应当对叶某撤销案件

C. 某县人民检察院应当将案件移送某市人民检察院，由某市人民检察院向某市中级人民法院提出强制医疗申请

D. 某县人民检察院可以对叶某采取临时保护性约束措施

41. 家住A市的黄某在B市出差,后乘坐由B市始发开往D市的高铁。黄某在车开出后盗窃其他旅客的财物,得手后在下一站C市高铁站下车,后乘坐长途大巴回到A市。侦查人员最终在A市黄某家中将其抓获。请问,对本案拥有管辖权的法院是:(　　)

A. 负责该高铁乘务的铁路公安机关对应的审判铁路运输刑事案件的法院

B. C市高铁站所在地负责审判铁路运输刑事案件的法院

C. A市的人民法院

D. B市的人民法院

42. 司某晚上下班开车回家进入地下车库,在拐弯处将醉酒卧地的边某碾压致死,公安机关对司某以过失致人死亡罪立案侦查。经查,碾压边某的地方属于司机的视野盲区,公安机关认为该案属于意外事件,于是撤销案件。下列说法不正确的是:(　　)

A. 边某的近亲属可以向法院提起自诉

B. 公安机关撤销案件符合《刑事诉讼法》第16条的宗旨和目的

C. 侦查机关可以进行侦查实验,应当对实验过程录音录像

D. 侦查机关应当将撤销案件的决定告知边某近亲属

43. 下列关于刑事庭审中休庭、延期审理和中止审理的适用,正确的是:(　　)

A. 孟某故意杀人案,在审判阶段,孟某在看守所自杀,法庭决定休庭

B. 蔡某诈骗案,检察院当庭口头补充指控起诉书中没有的新的犯罪事实,法院裁定中止审理

C. 赵某自诉王某诽谤案,赵某因接触新型冠状病毒感染者被隔离,因未委托代理人出庭,法院决定延期审理

D. 关某强奸案,被告人以公诉人在法院工作为由当庭申请其回避,法院决定休庭

44. 刘某因非法吸收公众存款罪被判处有期徒刑7年,服刑期间积极退赔众多被害人损失,执行机关向法院提出减刑建议,以下说法正确的是:(　　)

A. 认定刘某的悔改表现应当从严把握

B. 法院可以书面审理刘某减刑案件

C. 法院可以在刘某服刑的监狱开庭审理

D. 对减刑证据应由刘某承担证明责任

45. 采用非强制手段可以达到行政管理目的的,不得设定和实施行政强制,这体现了哪项行政法基本原则?(　　)

A. 比例原则

B. 信赖利益保护原则

C. 考虑相关因素原则

D. 公众参与原则

46. 徐某的丈夫在私立医院花费10万元后去世,徐某向甲省乙市丙县社会医疗保险事业局申请办理新农合医疗费用报销。该局以乙市政府制定的《新农村合作医疗管理通知》(以下简称《管理通知》)规定的私立医院费用不能报销为由不予报销。由于甲省政府《甲省新型农村合作医疗定点医疗机构暂行管理规定》并未制定私立医院的报销限制,徐某对不予报销行为申请复议,并一并请求复议机关审查乙市政府的《管理通知》,下列哪个选项是正确的?(　　)

A. 徐某没有复议申请人的资格

B. 应该以市政府为被申请人

C. 复议机关不能以《管理通知》确认不予报销是合法行为

D. 复议机关应确认《管理通知》违法并予以撤销

47. 市人社局将田某的养老保险关系转入社会保险关系,田某认为自己应该是按照事业单位保险缴纳,于是向市政府申请复议,市政府作出维持决定,田某不服,提起诉讼。下列选项正确的是:(　　)

A. 法院应当对市政府和市人社局的行为一并进行裁判

B. 市政府对市人社局行政行为合法性不承担举证责任

C. 田某应当在收到复议决定之日起60日内提起诉讼

D. 本案应当由中级人民法院管辖

48. 甲县自然资源局因财政科科员李某履职问题,对其予以诫勉。关于诫勉的后果和性质,下列哪个选项是正确的?(　　)

A. 诫勉的性质是公务员行政处分

B. 诫勉是甲县自然资源局对公务员的监督

C. 李某在12个月内不得涨工资

D. 诫勉属于甲县自然资源局依《公务员法》对李某的组织调动和安排

49. 某市市场监督管理局查处某奶茶公司外包装标签违法，决定没收奶茶包装和生产设备，并罚款20万元，奶茶公司不服提起诉讼，某市市场监督管理局向法院提供了现场笔录、外包装和询问该公司员工李某的询问笔录等证据，下列哪个选项是正确的？（　　）

A. 现场笔录应当加盖某市市场监督管理局公章

B. 询问笔录应加盖该公司公章

C. 该公司应在法庭辩论终结前提供上述证据

D. 该公司对现场笔录的真实性有异议，可要求市监局的相关执法人员出庭说明

50. 2021年4月21日，国务院第132次常务会议通过修订后的《土地管理法实施条例》。关于该条例，下列哪个选项是正确的？（　　）

A. 为授权立法

B. 该条例实施后需要作出补充规定，国务院各部门可以向国务院提出条例解释要求

C. 该条例应当签署总理令公布

D. 因该条例属于修订，不适用《行政法规制定程序条例》

二、多项选择题（每题所设选项中至少有两个正确答案，多选、少选、错选或不选均不得分。本部分含51～85题，每题2分，共70分）

51. 在过去几年中，政府等部门密切联系人民群众，通过开门评警、回访等多种形式广征民意，倾听基层呼声，为人民群众排忧解难，切身践行为人民服务的宗旨，为人民提供高质量服务。关于上述做法，下列表述适当的有：（　　）

A. 政法机关应当坚持专门机关工作和群众路线相结合

B. 信访制度会破坏司法的权威性，导致公信力下降，应终止信访制度

C. 畅通群众利益协调、权益保障法律渠道

D. 把信访纳入法治化轨道，保障合理合法诉求依照法律规定和程序就能得到合理合法的结果

52. 某地法院为方便“老、残”等行动不便人员参加诉讼，专门设置了特殊情况人员专门受理、接纳通道。以下哪些说法是正确的？（　　）

A. 法院的做法体现了司法为民、司法便民的要求

B. 保障弱势群体的权益是实现司法公正的必然要求

C. 法院的做法违背了法律面前人人平等原则，不利于实现司法公正

D. 司法公正对社会公正具有关键的引领作用，司法不公对社会公正具有致命的破坏作用

53. 某高校教授应邀担任松林小学的特聘法治宣传人员，在松林小学举办法治课堂。关于该做法，下列哪些说法是正确的？（　　）

A. 青少年思维尚不成熟，举办法治课堂有利于正确树立法律观念

B. 法治课堂应当作为普法宣传常态化机制

C. 法治课堂是贯彻“谁执法，谁普法”的具体举措

D. 对青少年进行法治宣传和教育是全社会共同的责任

54. 关于党的领导，下列说法正确的有：（　　）

A. 中国共产党的领导是中国特色社会主义最本质的特征

B. 依法执政是依法治国的关键。各级党组织和全体党员要带头尊法学法守法用法，任何组织和个人都不得有超越宪法法律的特权

C. 必须坚持党领导立法、保证执法、支持司法、带头守法，把依法治国基本方略同依法执政基本方式统一起来

D. 党的领导理论可以追溯到列宁关于无产阶级专政与社会主义法治的思想

55. 关于我国的宪法监督制度，下列哪些说法是正确的？（　　）

A. 宪法和法律委员会对备案的规范性文件有合法性审查权

B. 自治县的人民代表大会制定的自治条例和单行条例，由省、自治区、直辖市的人民代表大会常务委员会报全国人民代表大会常务委员会和国务院备案

C. 全国人民代表大会有权撤销自治区人民代表大会制定的自治条例与单行条例

D. 省级人大常委会有权撤销本级政府制定的不适当的规章

56. 关于我国的经济制度，下列说法错误的有：（　　）

A. 我国1999年实行社会主义市场经济

B. 我国的经济制度的基础是全民所有制经济

C. 集体经济组织实行家庭承包经营为基础、统分结合的双层经营体制

D. 土地的使用权可以依照法律的规定转让

57. 根据我国《宪法》和法律的规定,下列说法正确的有:(　　)

A. 在我国,法律面前人人平等,禁止差别对待,但是允许合理差别,如对老人、儿童、残疾人等弱势群体,应当给予特殊保护

B. 在选举权领域,性别和年龄属于宪法所列举的禁止差别理由

C. 英烈的姓名、肖像、名誉、荣誉受法律保护。任何组织和个人不得将英烈的姓名、肖像用于或者变相用于商标、商业广告,损害英烈的名誉或荣誉

D. 我国《宪法》明文规定了公民的监督权,公民有对其他公民提出批评、建议、控告、检举、申诉的权利,但是不得诬告陷害

58. 下列关于监察机关的说法中,正确的有:(　　)

A. 上级监察机关必要时可以办理所辖各级监察机关管辖范围内的监察事项

B. 各级人民代表大会常务委员会听取和审议本级监察委员会的专项工作报告

C. 监察机关办理职务违法和职务犯罪案件,应当与审判机关、检察机关以及执法部门互相配合,互相制约

D. 国家监察委员会有权制定监察法规

59. 关于区域协同立法,下列说法正确的有:(　　)

A. 县级以上政府可以共同建立跨行政区划的区域协同发展工作机制,加强区域合作

B. 上级政府应当对下级政府的区域合作工作进行指导、协调和监督

C. 省、自治区、直辖市、设区的市、自治州可以开展区域协同立法

D. 区域协同立法不能同宪法、法律、行政法规相抵触

60. 建设中国特色社会主义法治体系,必须坚持立法先行,发挥立法的引领和推动作用,关于我国的立法体制,下列说法错误的有:(　　)

A. 全国人大及其常委会有权制定基本法律

B. 行政法规由国务院公布,向全国人大备案

C. 国务院公报刊登的行政法规文本为标准文本

D. 全国人大常委会无权撤销国务院制定的不合法的行政法规

61. 关于法律概念,下列说法正确的有:(　　)

A. 法实证主义者认为法律和道德不存在概念上的必然联系

B. 法律概念由评价性概念和论断性概念构成

C. 法实证主义者的核心观点可以被概括为恶法亦法

D. 非实证主义者的核心观点可以被概括为恶法非法

62. 甲男与乙女离婚诉讼中,双方对甲男在婚前给予乙女的一笔钱的分割产生了争议。甲男称该钱为婚前支付的彩礼,乙女称该钱为甲男赠与。法院经调查当地习俗后认定该钱系甲男婚前向乙女支付的彩礼,而非赠与乙女的财产。下列说法正确的有:(　　)

A. 当地习俗是非正式的法的渊源

B. 当地习俗是法律推理的大前提

C. 法院查明风俗习惯的过程,属于法律发现

D. 法院的推理过程,采用涵摄的方法

63. 悬挂甲国国旗的飞跃号船长约翰,在公海上故意冲撞我国渔船,致使船上多人受伤。后飞跃号停靠我国海南某港口,约翰上岸接受治疗。停靠期间飞跃号被我国执法机关扣押,并对相关人员提起刑事诉讼,受害人及其家属对约翰提起刑事附带民事赔偿诉讼。甲国与我国都是《联合国海洋法公约》缔约国。以下说法正确的是:(　　)

A. 我国法院对该刑事诉讼案件有管辖权

B. 该刑事诉讼案件由海洋法法庭管辖

C. 该刑事附带民事诉讼案件应该适用我国法律

D. 该刑事附带民事诉讼案件应该适用《联合国海洋法公约》

64. 关于刑法上的因果关系,下列说法正确的有:(　　)

A. 甲申请贷款时提供了伪造的材料,骗取贷

款主要是为了生产经营,具有归还意思。但是,因为经营失败,甲未能归还贷款,给银行造成重大损失。伪造材料行为与重大损失没有刑法上的因果关系

B. 溺水者乙抓住一个可以救命的漂浮物,该漂浮物属于甲所有,甲见状立即拿走漂浮物,导致乙溺水身亡。甲的行为与乙的死亡具有刑法上的因果关系

C. 甲乙没有意思联络,同时向丙开了一枪,均打中非要害部位。丙因两处受伤、流血过多而死亡。甲乙的行为与丙的死亡均具有刑法上的因果关系

D. 甲乙没有意思联络,均想投毒杀丙,乙到达现场时发现甲已经向丙的水中投放了毒药,乙便没有投放毒药,丙中毒死亡。根据合法则的条件说,甲的行为与丙的死亡具有因果关系,乙的行为与丙的死亡没有因果关系

65. 甲乙共谋入户抢劫一户人家。乙在进入这户人家前感到害怕,便告知甲想放弃,但没有劝甲放弃便离去。甲独自入户后,发现主人很穷苦,心生可怜,便放弃抢劫。下列说法正确的有:(　　)

A. 甲构成犯罪中止

B. 乙构成犯罪中止

C. 甲构成犯罪未遂

D. 乙构成犯罪未遂

66. 甲乙共谋运输毒品,并且约定"如果被查,就开枪拒捕"。后二人在运输毒品时遇到警察抓捕,乙见此情景,当场举手投降,甲看到乙投降,仍决定开枪,打死一名警察。下列说法正确的有:(　　)

A. 甲构成故意杀人罪既遂

B. 乙构成故意杀人罪既遂

C. 乙构成故意杀人罪预备阶段的中止

D. 乙构成故意杀人罪实行阶段的中止

67. 老板甲带下属乙到 KTV 唱歌,后与 KTV 的保安发生冲突。乙叫来一伙人在 KTV 的停车场待命,其中 A、B、C、D 等人带枪,其余人未带枪。保安队长叫保安们也在 KTV 停车场集合。双方发生了斗殴,乙护送甲离开,甲离开时,对乙说:"打他们。"事后证明,甲当时不知道有人带了枪。乙便命令 A、B、C、D 四人一起开枪教训他们,四人领命,A、B、C 怕出人命,朝地上开了一枪,D 对准一个保安开枪,当场打死保安。下列说法正确的有:(　　)

A. D 构成故意杀人罪既遂

B. 甲、乙构成故意伤害罪致人死亡

C. 甲、乙构成聚众斗殴罪,又过失致人死亡,拟制为故意杀人罪

D. A、B、C 三人构成故意伤害罪致人死亡

68. 甲乙共同实施暴力,抢劫丙的财物,丙反抗。甲持刀想刺杀丙然后取财,慌乱中不慎刺中了乙,导致乙重伤,丙趁机逃跑。下列说法错误的有:(　　)

A. 甲属于打击错误,按照具体符合说,甲对乙的重伤应负故意责任

B. 甲对乙的重伤应负刑事责任,构成结果加重犯"抢劫罪致人重伤"

C. 因为甲乙构成抢劫罪的共同犯罪,所以乙对自己的重伤应负责,构成抢劫罪致人重伤

D. 甲属于偶然防卫,但不影响其成立抢劫罪

69. 关于财产犯罪和人身犯罪,下列说法正确的有:(　　)

A. 甲盗窃丙的财物,被发现后逃跑,丙追赶。甲逃跑途中遇见乙,告知乙真相,请乙帮助自己殴打丙、拦住丙。乙便对丙实施暴力,将丙打倒,致丙轻伤。甲乙构成抢劫罪的共同犯罪

B. 甲欲入户抢劫丙家,进入丙家,用迷药将丙迷晕,甲欲将丙家的保险柜抬走,无奈由于太重而搬不动。甲便电话告知乙,请其来帮忙,乙答应,来到丙家,与甲共同搬走保险柜。甲乙构成抢劫罪的共同犯罪

C. 乙在水果摊位购买水果后,不付钱便离开。摊主甲追上前讨要水果钱,抓住乙的肩膀不让走,乙在挣脱中摔倒在地,导致重伤。甲构成过失致人重伤罪

D. 甲是无业游民,购买了一批假药,打算免费赠送老年人,骗取信任,以此诈骗其钱财。然而,存储假药的仓库发生火灾,假药全部被毁。甲构成诈骗罪的犯罪预备和提供假药罪的犯罪预备

70. 关于盗窃罪与诈骗罪,下列说法正确的有:(　　)

A. 甲公司以职工乙名义购买了房屋,与乙协议约定房屋产权归甲公司,房产证由甲公司保管。乙到房管局声称自己丢失了房产证,房管局予以补办。乙将房屋卖给不知情的丙,并予以过

户。乙对甲公司构成盗窃罪

B. 快递员错将快递(洗衣机)送至甲家门口,甲发现该快递的收件人是对门邻居乙,仍拿回自己家。甲构成盗窃罪

C. 甲到朋友乙家中喝酒,二人喝醉后,甲欲盗窃乙家门外一排摩托车,乙提供工具。甲选中一辆,正要撬走,乙建议撬另一辆,甲照办,撬走。事后发现该车是乙的车。乙构成盗窃罪既遂

D. 甲在无人售货的超市将高价价签换成低价价签,然后在自助付款机上扫描低价价签,后拿走该商品。甲构成盗窃罪

71. 关于下列情形,说法正确的有:(　　)

A. 甲(15 周岁)实施盗窃,请乙(18 周岁)为自己望风。乙答应照办。甲窃得 1 万元,分给乙 3000 元。乙构成盗窃罪的帮助犯

B. 夜晚,甲遵守交通规则,正常驾车进入地下车库,不料在下坡拐弯处轧死躺在地上的乙。乙当时睡在此处,而此处严禁睡觉。甲不构成过失致人死亡罪

C. 甲建立网络线路是为了自己实施诈骗。乙建立网络线路也是为了自己实施诈骗。二人互不知情。乙在接入线路实施诈骗时,误接入甲的线路,并成功诈骗了丙的财物。乙以为接入的是自己的线路。甲不知道乙接入了甲的线路。甲乙构成诈骗罪的共同犯罪

D. 某药厂的负责人王某明知药品已经过期,仍然作为捐献的药品捐出。王某构成提供劣药罪

72. 关于认罪认罚从宽原则的表述,下列哪些选项是正确的?(　　)

A. 体现了无罪推定

B. 体现了刑事诉讼程序的独立价值

C. 体现了职权主义诉讼构造

D. 提高了犯罪嫌疑人、被告人刑事诉讼地位

73. 某区检察院审查起诉甲乙故意伤害丙一案,认定甲为防卫过当,乙为正当防卫,分别对甲乙作出不起诉决定。被害人丙在收到不起诉决定书 7 日内,向检察院提起申诉,同时向法院提起自诉,下列表述正确的有:(　　)

A. 丙向检察院申诉,应由某市检察院复查

B. 检察院在收到法院已经受理丙自诉的通知后,应当终止复查

C. 某区检察院作出不起诉决定后发现新的证据,证明乙不是正当防卫,需要追究刑事责任,应当重新侦查

D. 甲可以对不起诉决定提出申诉

74. 常某和郑某交往期间,骗取郑某 8 万元,公安机关对常某以涉嫌诈骗立案侦查。审查起诉阶段,常某认罪认罚,积极退还部分款项并取得郑某谅解。法院决定适用速裁程序审理,在审理过程中,常某辩称欺骗郑某感情为真,但 8 万元款项属于民间借贷并在积极退赔中,自己没有非法占有的意图。下列表述不正确的有:(　　)

A. 法院当庭对常某在量刑方面从重处罚

B. 常某的表态仅影响"认罚",不影响"认罪"

C. 法院可以将速裁程序转为简易程序继续审理

D. 法院可以将速裁程序转为普通程序继续审理

75. 郭某和刘某因共同贩卖毒品被法院一审分别判处有期徒刑 7 年和 6 年,郭某不服上诉,刘某未上诉。二审法院经过审理认为,本案事实清楚,证据充分且原审量刑适当,但发现郭某还涉嫌容留他人吸毒,刘某没有参与。下列表述正确的有:(　　)

A. 二审法院审理过程中,刘某要求出庭的,二审法院应当准许

B. 刘某出庭参加二审的,可以参加质证

C. 二审法院可以对郭某案延期审理,对刘某案维持原判

D. 二审法院可以对郭某分案处理,对郭某案发回重审,对刘某案维持原判

76. 在监狱服刑的罪犯在被暂予监外执行期间,出现下列哪些情况,在监狱之外的时间不能折抵刑期?(　　)

A. 通过贿赂手段违法适用暂予监外执行的

B. 因怀孕被暂予监外执行的

C. 在暂予监外执行期间逃跑的

D. 因重病保外就医的

77. 郭某和王某(17 周岁)将未成年少女小孙和小赵送至 KTV,二人被强迫卖淫。郭某和王某因涉嫌协助组织卖淫罪被检察院提起公诉,下列说法正确的有:(　　)

A. 在审查起诉阶段,若认为王某是从犯,有悔罪表现,可能判处 1 年有期徒刑,检察院可对其酌定不起诉

B. 在审判阶段，法院可以组织相关机构对小孙、小赵进行心理疏导

C. 在审判阶段，对小赵的询问应由女性工作人员进行

D. 在审判阶段，询问小孙时，应当通知其父母到场

78. 苏某贪污公款后逃往海外，某市检察院向某市中级人民法院申请没收苏某的违法所得，法院发出公告。苏某的丈夫毛某在公告期内申请参加诉讼。公告期满后法院开庭审理，毛某接到法院通知后无正当理由拒不到庭，法院经过审理裁定没收苏某违法所得5000万元。毛某不服上诉，某省高级人民法院进行二审。在审理过程中，苏某回国投案自首。下列表述不正确的有：(　　)

A. 毛某无故拒不到庭，法院可以不开庭审理

B. 毛某无故拒不到庭，无权提出上诉

C. 在二审时，若苏某的朋友魏某申请参加诉讼主张债权，法院经过审查发现魏某一直在国外留学，刚刚回国才了解案件情况，法院应告知魏某另行提起诉讼

D. 苏某回国投案自首，某省高级人民法院应将案件裁定撤销原判，发回重审

79. 某省人民政府决定将部分县级人民政府有关部门行使的100项行政处罚权下放至街道办事处行使，下列哪些选项是正确的？(　　)

A. 管辖权下放决定应当公布

B. 承接行政处罚权的街道办事处应当以自己的名义实施行政处罚

C. 县级人民政府有关部门可以继续作出该100项行政处罚决定

D. 应当定期组织评估街道办事处的处罚行为

80. 区市场监督管理局接到消费者对某熟食店的举报后，派员上门执法，发现熟食店卫生不合格，当场作出查封该店和责令该店停产停业6个月的决定书。以下说法正确的有：(　　)

A. 应当由2名以上行政执法人员实施查封行为

B. 责令停产停业属于行政强制措施

C. 可以当场作出责令停产停业决定

D. 查封应制作并当场交付查封决定书和清单

81. 钱某打架斗殴，县公安局传唤后对其处以行政拘留5日的行政处罚。钱某以邮政快递的方式向县公安局申请对其违法的证据进行信息公开，县公安局作出不予公开的决定。钱某不服，经过复议后提起诉讼，下列哪些选项是正确的？(　　)

A. 县公安局签收之日为收到申请之日

B. 当场发现钱某打架斗殴的，公安机关可以口头传唤

C. 钱某申请公开时，应该提供身份证明

D. 若钱某申请的是行政执法案卷信息，可以不公开

82. 陈某1个月内连续30次向区政府申请公开某项政府信息，明显超过合理次数和范围，下列哪些选项是正确的？(　　)

A. 区政府可以要求陈某说明理由

B. 如果陈某申请理由不合理，区政府可以拒绝公开

C. 区政府不得收取信息处理费

D. 政府对于陈某申请的部分信息应当变为主动公开

83. 县公安局决定对宋某实行强制隔离戒毒，宋某不服，在强制隔离戒毒期间提起行政诉讼。下列哪些说法是正确的？(　　)

A. 强制隔离戒毒只能由法律设定

B. 强制隔离戒毒是行政强制执行

C. 宋某可以口头委托近亲属以宋某名义提起行政诉讼

D. 可以向宋某经常居住地法院提起行政诉讼

84. 区公安局以涉嫌盗窃为由对张某作出拘留决定，后区检察院对其作出批准逮捕决定，但经审查情节显著轻微，区检察院作出不起诉决定后立即释放了张某，张某申请国家赔偿，赔偿义务机关拒绝了张某的赔偿请求。下列哪些说法是正确的？(　　)

A. 赔偿义务机关为区检察院

B. 赔偿义务机关拒绝赔偿决定符合法律规定

C. 针对拒绝赔偿决定可向上一级机关申请复议

D. 法院赔偿委员会作出赔偿决定，由法院3名以上审判员组成

85. 某公司通过出让方式取得建设用地，与市自然资源局签订国有土地出让合同约定动工期限。后某公司超1年未动工，经市政府批准，市自然资源局以自己的名义对某公司作出征缴闲置土地费决定书，决定征缴闲置土地费80万元。以下哪些说法是正确的？(　　)

A. 国有土地出让合同属于不可撤销合同

B. 某公司如对征缴决定书不服申请行政复议，被申请人为市政府

C. 某公司如对征缴决定书不服提起行政诉讼，被告为市自然资源局

D. 征缴决定书属于行政确认

三、不定项选择题(每题所设选项中至少有一个正确答案，多选、少选、错选或不选均不得分。本部分含86～100题，每题2分，共30分)

86. 关于法律漏洞，下列说法错误的是：(　　)

A. 只要是法律没有规定的事项都属于法律漏洞

B. 全部漏洞，即立法空白，指从整个法律体系的角度，法律应该规定却没有规定

C. 自始漏洞指立法者在制定法律时考虑到社会客观情况，有意不作规定，而是交由有关部门决定

D. 任何一种漏洞，都可以归结为明显漏洞或隐藏漏洞

87. 关于法律职业道德，下列哪些说法是错误的？(　　)

A. 法律职业道德的基本内容可以从大众朴素的道德体系中推出

B. 忠于党、忠于国家、忠于人民、忠于法律是法律职业道德的基本原则之一

C. 违反法律职业道德的行为等同于违法行为

D. 法律职业道德的基本原则包括以事实为根据，以法律为准绳

88. 关于法官的考核、保障，下列说法正确的是：(　　)

A. 省级人民法院设立法官权益保障委员会，维护法官合法权益，保障法官依法履行职责

B. 任何干涉法官办理案件的行为，法官有权拒绝并予以全面如实记录和报告

C. 职业保障、工资保险福利保障、人身和财产保障都属于法官保障的内容

D. 某法官利用业余时间写作并出版普法书籍，符合法律职业道德

89. 关于公职律师，下列说法错误的是：(　　)

A. 只要担任过法官、检察官或律师2年以上，经申请人所在单位同意，由申请人所在单位向司法行政机关提出申请

B. 构建社会律师、公职律师、公司律师等优势互补、结构合理的律师队伍

C. 公职律师任职期间，只能为本单位服务，接受本单位考核。公职律师任职满2年，且最后一次年度考核称职的，可转为社会律师

D. 曾被吊销律师、公证员执业证书的，不得担任公职律师

90. 最高人民法院颁布典型案例，通过“以案释法”的形式向公民普法，是普及法律知识的最好方式之一。典型案例的素材全部源于实际发生在公民身边的审判、执行案件，从观感上更靠近公民，更容易得到公民的关切，也更能为公民所接受。下列说法错误的是：(　　)

A. 典型案例有普遍约束力

B. 在我国，指导性案例是正式的法的渊源

C. 对于最高人民法院的典型案例，法院审判类似案件时必须参照适用

D. 司法具有政策实施功能

91. 习近平总书记指出：“推进全面依法治国是国家治理的一场深刻变革，必须以科学理论为指导。”对此，下列哪些说法是正确的？(　　)

A. 习近平法治思想是新时代全面依法治国的根本遵循和行动指南

B. 习近平法治思想构成了系统完备、逻辑严密、内在统一的科学思想体系

C. 习近平法治思想为全球治理体系变革提供了中国方案

D. 贯彻中国特色社会主义法治理论是中国特色社会主义法治道路的核心要义之一

92. 关于网络犯罪，下列说法正确的有：(　　)

A. 乙以为甲可能利用网络实施诈骗，为甲提供了网络接入服务。实际上，甲根本未实施犯罪。乙构成帮助信息网络犯罪活动罪

B. 乙明知甲欲利用网络实施诈骗，仍为其提

供了网络接入服务。甲利用了乙的网络接入服务实施了诈骗罪。乙构成帮助信息网络犯罪活动罪和诈骗罪(帮助犯),想象竞合,择一重罪论处

C. 甲为了实施网络诈骗,建立了10个微信群,成员有2000人。甲准备实施诈骗时被公安机关抓捕。甲构成非法利用信息网络罪

D. 某民营公司职员甲利用技术手段偷偷登录其无权登录的公司的某个网络系统,获取公司采取保密措施的客户名单(十几位客户),离职后联系相关客户,让客户选择与自己合作。甲构成侵犯商业秘密罪

93. 某旅游公司法定代表人王某组织12人偷越国边境,王某让下属吴某将12人带至国内边境某城市,然后将人分成两组,由甲带领其中7人,由乙带领其中5人,分别偷越边境。甲带领这组人顺利偷越了边境。乙带领的这组人尚未出境便被抓。下列说法正确的有:(　　)

A. 甲构成犯罪既遂

B. 王某和吴某构成犯罪既遂

C. 乙构成犯罪既遂

D. 本案应按照单位犯罪处理

94. 关于运输毒品罪,下列说法正确的有:(　　)

A. 刘某为了自己吸食毒品,向张某购买了毒品,给张某发送了收件地址。张某顺利将毒品寄了过来。尽管刘某没有亲自运输毒品,但依然构成运输毒品罪的共犯

B. 马某携带毒品前往某地,准备交给赵某,到了该地后未能联系到赵某,又携带毒品返回原地。马某构成运输毒品罪的既遂

C. 张某发现某种电子烟中的大麻素能够使人精神成瘾,但不知道其具体成分,仍出售这种电子烟。张某构成贩卖毒品罪

D. 李某为了吸食,在外地购买毒品,携带毒品回程,中途被警方抓住。李某构成运输毒品罪

95. 甲乙是没有正式编制的辅警,23时巡逻时,发现了身体虚弱、嘴角流血、不能说话的丙,甲乙开车将其送往救助站,送到救助站门外,让丙自己走进救助站,甲乙未与救助站办理交接手续便驾车离去。第二天,救助站人员发现丙倒在救助站门口,赶紧送往医院,不治身亡。经检查,丙因失血过多而死亡,如果及时得到救助则不会死亡。下列说法正确的有:(　　)

A. 甲乙没有正式编制,不是国家机关工作人员,因此不可能构成渎职犯罪

B. 甲乙的行为构成不作为犯罪

C. 甲乙的不作为与丙的死亡结果存在因果关系

D. 甲乙构成玩忽职守罪

96. 某国家机关工作人员甲,明知其领导乙的妻子丙给自己的钱是受贿所得,仍按照乙的意思进行转移,被以洗钱罪进行侦办。下列表述正确的有:(　　)

A. 法院审理甲时,丙出庭称:“我把钱给甲时,甲说‘知道了,明白了’。”丙的陈述属于传闻证据

B. 甲向侦查人员承认自己曾向乙行贿,该供述与本案具有关联性

C. 同单位人员丁向法庭称:“我觉得甲应该知道这些钱远远超过乙的收入”,该陈述属于猜测性证言,经补正可作为证据使用

D. 甲向法庭说:“他们指控我洗钱的1093万元都是我的合法所得!”该辩解是直接证据

97. 张某因涉嫌故意杀人在某市中级人民法院一审,法院由3名法官、4名人民陪审员组成7人合议庭审理。庭审结束后,合议庭提请院长决定提交审判委员会讨论。下列表述不正确的有:(　　)

A. 人民陪审员不能对案件的事实认定发表意见

B. 人民陪审员不能对案件的法律适用发表意见

C. 审判委员会讨论决定案件和事项时,审判长最后发表意见

D. 审判委员会讨论决定案件和事项时,审判委员会全体成员均应出席

98. 赵某故意杀害孙某案在某市中级人民法院一审。法院经过审理发现,赵某符合强制医疗条件,判决赵某不负刑事责任,并作出强制医疗决定。赵某母亲不服该决定,打算申请复议。下列表述正确的有:(　　)

A. 某市中级人民法院应将赵某的强制医疗案交由赵某犯罪地或者居住地的基层人民法院审理

B. 若某市检察院认为法院作出的强制医疗

决定确有错误,有权向某省高级人民法院提出纠正意见

C. 赵某母亲应当向某省高级人民法院申请复议

D. 赵某母亲复议期间,强制医疗决定不停止执行

99. 张某是生态环境局的二级主任科员,符合一级主任科员的任职资历条件,但是在单位考核中没有被晋升,以下选项正确的是:(　　)

A. 二级主任科员为张某的职级

B. 对张某的定期考核为年度考核

C. 如张某符合任职资历,可以直接晋升一级主任科员

D. 张某职级应当逐级晋升

100. 县林业局发现某公司在未取得合法林地征用手续的情况下用挖掘机开挖公路、破坏森林,责令其恢复原状并罚款20万元。该公司缴纳罚款后,县林业局予以结案。县检察院发现这一情况后,向县林业局发出检察建议,建议采取有效措施,恢复森林植被。后县检察院以县林业局未履行法定职责为由向县法院提起诉讼。对此,下列说法正确的是:(　　)

A. 责令恢复原状是行政处罚

B. 县林业局有权代为恢复原状

C. 县检察院的检察建议是提起公益诉讼的前置程序

D. 公益诉讼的起诉期限为6个月

2022年国家统一法律职业资格考试(回忆版)

试 卷 二

一、单项选择题(每题所设选项中只有一个正确答案,多选、错选或不选均不得分。本部分含1~50题,每题1分,共50分)

1. 袁某和祖某系夫妻,后二人吵架,袁某离家出走。2年后,依祖某申请,法院宣告袁某失踪。关于本案,下列哪一说法是正确的?( )

A. 袁某被宣告失踪后,丧失民事行为能力

B. 袁某被宣告失踪后,祖某可以继承袁某财产

C. 袁某父母不同意,可以申请撤销失踪宣告

D. 祖某提出离婚诉讼的,法院应当准许

2. 某日,古玩爱好者王某在本地经常光顾的古玩街花费数万元购买了一对青铜烛台,疑为明代真品。后经鉴定,该烛台为现代仿品,仅值数百元。下列哪一说法是正确的?( )

A. 王某可主张存在重大误解,请求撤销合同

B. 王某意思表示真实有效,无权请求撤销合同

C. 王某可主张存在显失公平,请求撤销合同

D. 王某可主张其被出卖人欺诈,请求撤销合同

3. 宏晟宾馆系一家五星级酒店,经营状况良好。远胜公司喜欢宏晟宾馆大厅内陈列的一幅山水画,多次协商未果。后远胜公司以4.5亿元(高于市场价1亿元)收购了宏晟宾馆的全部资产。收购的第二天,远胜公司拍卖了该幅山水画,拍卖价1.5亿元,引起人们的关注。关于该项收购交易的行为,下列哪一说法是正确的?( )

A. 属于重大误解,可以撤销

B. 属于欺诈,可以撤销

C. 属于显失公平,可以撤销

D. 并无瑕疵,合法有效

4. 2020年张某(男)与李某(女)结婚。双方签订婚前协议:张某婚前财产房屋一套归张某所有,李某享有居住权。但是,李某不得转让、出租并且将婚前协议进行了公证。2022年张某死亡,李某将房屋出租。关于本案,下列说法正确的是:( )

A. 居住权成立,租赁合同有效

B. 居住权不成立,租赁合同有效

C. 居住权成立,租赁合同无效

D. 居住权不成立,租赁合同无效

5. 某村委会为村民通行方便,与甲约定,某村每个月给甲500元,甲不建围墙。2021年开始,村委会不再按约向甲给付500元。甲向村委会主任多次催要未果后,表示要恢复建围墙。村民均认为甲的行为影响出行,要求起诉甲。关于本案,下列哪一说法是正确的?( )

A. 甲侵犯了村民的地役权

B. 甲侵犯了村民的相邻权

C. 地役权自合同成立时设立

D. 甲恢复建围墙的行为合理

6. 2019年7月8日,M市甲因摩托车遭台风损坏,送至乙处修理,二人约定7月10日付款取车。不久,甲因工作调离M市,忘了取车。2022年7月13日,甲回M市取车,乙要求支付修理费,否则不还。甲诉至法院。关于本案,下列哪一说法是正确的?( )

A. 乙的修理费诉讼时效已届满,但其可以行使留置权

B. 乙的修理费诉讼时效已届满,甲有权请求乙返还摩托车

C. 乙的修理费诉讼时效已届满,该请求权消灭

D. 乙的修理费诉讼时效已届满,其从权利留置权消灭

7. 甲乙结婚后,甲购买一套房屋,登记在甲的名下。后乙怀孕,甲被确诊癌症。甲要求乙将孩子打掉,乙不同意。后甲立下遗嘱,该房屋归乙和自己父母所有。后甲死亡,乙生下孩子随母姓。关于本案,下列说法错误的是:( )

A. 若甲的父母不同意孩子随母姓,有权向法

院起诉变更

B. 孩子可以随母姓

C. 甲的遗嘱因为处分了夫妻共有财产部分无效

D. 甲的遗嘱因为没有给未出生的孩子留下必要份额而部分无效

8. 甲公司和乙公司签订了一份长期的供货合同。后因地震,原材料成本和运输费用均上涨,若继续履行合同甲公司将遭受重大损失,甲公司与乙公司协商变更合同被拒。关于本案,下列选项正确的是:(　　)

A. 合同因重大误解可撤销

B. 合同因不可抗力可撤销

C. 合同因显失公平可撤销

D. 合同因情势变更可变更

9. 李某在古玩店发现刘某以 1 万元出售一只清代紫烟壶,李某知道这壶是一对,收藏家胡某正以 10 万元报价在古玩园内寻求另一只。李某与刘某达成协议以 1 万元购买,于 3 日后付款,并向刘某支付 5000 元定金。李某前往胡某家中以 10 万元达成协议,3 日内交货,胡某向李某支付 2 万元定金。3 日后刘某取出时不小心将紫烟壶摔碎。关于本案,下列哪一说法是正确的?(　　)

A. 刘某只需将定金返还给李某

B. 刘某应当向李某返还 5000 元双倍定金

C. 李某有权向胡某请求减少返还定金金额

D. 李某应当向胡某返还 20000 元双倍定金

10. 甲与乙签订了为期 3 年的供货合同,丙与乙约定合同期限内,愿意在 2000 万元范围内对乙承担保证责任。两年后,甲因经济困难无力履行合同,与乙协议终止供货合同,此时未付货款为 2022 万元,乙同意免除其 22 万元尾款,并同意甲将 500 万元债务转让给丁,以上内容均未通知丙。下列哪一选项是正确的?(　　)

A. 丙应承担 2022 万元的保证责任

B. 丙对甲的债务承担连带保证责任

C. 丙应承担 2000 万元的保证责任

D. 丙应承担 1500 万元的保证责任

11. 某大学在未设围栏的露天篮球场举办篮球比赛,拾荒老妇詹某为抄近道横穿球场,篮球队员马某专心比赛快速奔跑不慎撞倒詹某,致詹某头部受伤。关于詹某的人身损害,下列哪一选项是正确的?(　　)

A. 应由马某承担部分赔偿

B. 应由某大学承担全部赔偿责任

C. 应由马某承担全部赔偿责任

D. 应由詹某自担损失

12. 甲沾酒就倒。某日,甲去酒店参加乙的生日聚会,聚会上甲喝多了。第二天,甲醒来出酒店时,酒店前台对甲说昨晚甲在参加乙生日聚会时打碎了酒店的花瓶,让甲赔偿 2000 元。关于本案,以下选项正确的是:(　　)

A. 花瓶损失由乙赔偿

B. 甲因醉酒不具有民事行为能力

C. 甲因醉酒不具有民事权利能力

D. 花瓶损失由甲赔偿

13. 4 月 20 日,贺某因购买制造假酒设备和原料向宫某借款 50 万元,期限 1 年,月息 2%,并告知了借款用途,宫某当即表示同意,并于次日向贺某交付现金 20 万元,4 月 22 日向贺某银行卡实时转账 30 万元。应宫某要求,董某以自己所持某有限责任公司的股权为该笔借款提供担保,并办理了质押登记。对此,下列说法正确的是:(　　)

A. 借款合同无效

B. 董某应承担担保责任

C. 借款合同于 4 月 20 日成立

D. 借款合同部分无效

14. 甲公司与肖某签订了买卖合同,约定甲公司向肖某出售一台钻机,肖某支付货款 500 万元。后肖某发现该钻机质量与产品说明不符,双方产生纠纷。对此,下列选项错误的是:(　　)

A. 甲公司应向肖某承担违约责任

B. 肖某无权要求甲公司赔偿损失

C. 甲公司应向肖某承担产品责任

D. 肖某有权要求甲公司负责钻机的修理、更换、退货

15. 甲曾因酒驾犯罪而受到刑事处罚,出狱后居住于某小区。后乙因琐事与甲闹僵,在小区微信群中说:“A 栋 6 楼 601 室的甲是罪犯”。甲看到后非常气愤。关于本案,下列说法错误的是:(　　)

A. 乙侵犯了甲的名誉权

B. 乙侵犯了甲的隐私权

C. 甲请求乙赔礼道歉、消除影响不受诉讼时效期间的限制

D. 乙侵犯了甲的个人信息权益

16. 某小区有流浪狗频频伤人，居民向物业公司反映，未获回应。某日，居民马大姐倒垃圾时，不慎洒落一袋厨余垃圾在路边，未做清理。几只饥饿的流浪狗随即围上去抢食，拿着香肠的小学生小军正巧路过被狗咬伤。关于小军的损害赔偿责任的承担，下列哪一说法是正确的？（　　）

A. 小军无权请求他人承担

B. 应由马大姐承担

C. 应由物业公司和马大姐承担连带责任

D. 应由物业公司承担

17. 2016年8月，杨某、华某、方某成立甲公司，注册资本600万元，三股东分别认缴150万元、240万元、210万元，华某为执行董事和法定代表人。公司章程规定，各股东于2021年8月30日缴足出资。杨某代陈某持股，对此华某、方某均知情。2021年10月4日，华某以甲公司的名义催告杨某于10月31日缴足出资。10月20日，杨某与方某达成协议，将其股权全部转让给了方某。基于上述事实，下列说法正确的是：（　　）

A. 杨某是公司股东，向方某转让股权有效

B. 杨某代持陈某的股权，杨某将股权转让给方某系无权处分

C. 杨某虽代持陈某的股权，但仍应按章程约定期限履行出资义务

D. 因华某明知杨某与陈某之间是代持股协议关系，故应请求陈某履行出资义务

18. 宁某于2021年4月1日入职甲公司，未签订书面劳动合同，后来甲公司出资设立了乙公司，2021年9月1日甲公司将宁某安排到乙公司工作。劳动安排和社保等关系均由乙公司承担。乙公司告知宁某，只能在乙公司工作到2022年9月1日，也没有签署书面劳动合同。2022年9月1日，乙公司终止了与宁某的劳动关系，宁某欲申请劳动仲裁，下列哪一选项是正确的？（　　）

A. 乙公司需向宁某支付1.5个月工资的经济补偿金

B. 乙公司需向宁某支付1个月工资的经济补偿金

C. 乙公司无须向宁某支付经济补偿金

D. 甲公司需向宁某支付11个月的2倍工资

19. 汪某是蓝鸥公司的大股东和法定代表人。为公司上市融资，汪某以个人名义和公司名义分别与爱思基金签订增资协议。该协议约定，蓝鸥公司全体股东放弃对此次增资的优先认缴权，爱思基金投资2亿元用以增加公司资本。汪某与蓝鸥公司承诺，爱思基金增资后3年内公司完成上市，若未完成该目标，汪某以市场价格收购爱思基金持有的公司股权，且蓝鸥公司以当年公司全部利润为汪某收购股权提供担保。下列说法正确的是：（　　）

A. 蓝鸥公司以当年公司全部利润为汪某收购股权提供担保，因违反利润分配原则无效

B. 蓝鸥公司以当年公司全部利润为汪某收购股权提供担保，因违反资本维持原则无效

C. 该协议涉及其他股东优先认缴权的约定，其他股东可主张无效、

D. 蓝鸥公司为汪某收购股权提供担保，须经股东会决议通过，且汪某无表决权

20. 甲、乙、丙共同出资设立古德古玩店（普通合伙企业）。甲用一套商住房屋的使用权和现金100万元出资，房屋交付古玩店作为经营店面，但是没有过户登记。现金按合伙协议约定应于2025年12月底前缴纳。古玩店欠丁公司货款到期后无力清偿。下列有关说法正确的是：（　　）

A. 丁公司可要求甲对古玩店提前缴纳出资

B. 丁公司可要求甲对古玩店未清偿的债务承担无限连带责任

C. 甲应将房屋过户给古玩店并办理登记手续

D. 甲可以未到出资期限抗辩丁公司的偿债请求

21. 甲出资设立了一个花店（个人独资企业），聘用秦某做店长负责花店的事务管理，约定秦某仅在50万元的交易额范围内代表花店签订合同。后秦某未经甲同意与乙签订了80万元的订货合同，并以该花店的店面设定抵押。后花店无力清偿乙的货款，以下说法正确的是：（　　）

A. 该抵押行为有效

B. 该订货合同无效

C. 甲可以因秦某行为解聘秦某

D. 乙对店面的变现财产主张优先受偿，甲无权拒绝

22. 甲公司从事房地产开发，为筹措资金向乙银行借款500万元，借期2年，由丙公司承担连带责任担保。到期后，甲公司无力向乙银行清偿贷

款,乙银行向法院申请甲公司破产,法院受理并指定丁律所担任破产管理人。管理人调查后,发现丙公司尚有清偿能力。下列说法正确的是:( )

A. 乙银行有权要求法院提供收到破产申请和所附证据的书面凭证

B. 甲公司可以丙公司未丧失清偿能力为由,主张不具备破产原因而继续经营

C. 法院可判决驳回乙银行的诉讼请求

D. 乙银行对法院驳回申请不服的,可以在法定期限内向上一级法院上诉,也可以直接向上一级法院提出破产申请

23. 甲公司于 2022 年 8 月 1 日被法院受理破产,破产管理人发现甲公司于 2022 年 5 月向乙公司全额支付货款 1200 万元用于订购某一设备,乙公司于 2022 年 7 月 29 日向甲公司发货,甲公司于 2022 年 8 月 13 日收到该设备。下列有关说法正确的是:( )

A. 该设备属于甲公司的债务人财产

B. 乙公司有权取回该设备

C. 甲公司有权要求乙公司返还货款 1200 万元

D. 管理人有权决定解除该合同

24. 甲公司向乙银行借贷 100 万元,丙公司为其提供担保。甲公司股东之间矛盾重重,已经 3 年多没有召开股东会,法定代表人和主要管理人员均下落不明,经营陷入困境。乙银行的贷款到期后,甲公司未清偿,乙银行向法院申请甲公司破产,法院受理后指定了丁为破产管理人。管理人发现甲公司的资产负债表中的资产大于负债,下列说法正确的是:( )

A. 因甲公司的资产足以清偿全部债务,故不具备破产原因

B. 甲公司可以丙公司有清偿能力而申请继续经营

C. 乙银行向甲公司申报破产债权后不能向丙公司主张担保责任

D. 乙银行向甲公司申报破产债权后仍有权向法院起诉,请求丙公司承担担保责任

25. 锡云公司派代表陆某参加展销会,蓝天公司的业务员杜某在展销会上选中了锡云公司的设备。杜某代表蓝天公司向锡云公司采购设备若干,并以蓝天公司的名义开具支票来支付货款,但该支票未加盖蓝天公司的印章。后锡云公司将该支票背书转让给丁。对此,下列说法正确的是:( )

A. 因缺少蓝天公司的签章,该支票无效

B. 因蓝天公司未签章,丁有权向杜某主张追索权

C. 丁经背书取得票据,是合法的票据持有人,享有票据权利

D. 丁有权向锡云公司行使追索权

26. 甲为自己的车买了一年的商业车险,承保车辆用途填写的是家庭自用。后甲将车以每月 4000 元的价格租给乙用于开网约车。某日,乙开车的时候不小心掉入河里,造成车的损失若干。下列说法不正确的是:( )

A. 保险合同有效,保险公司应承担赔偿责任

B. 因车辆的危险程度显著增加,保险公司有权解除保险合同

C. 如果甲未如实告知,保险公司有权拒绝赔偿

D. 如果保险公司解除合同,应当将剩余的保险费退还投保人

27. 张某到甲公司购买保险,甲公司指定了一家医院让张某做体检,体检报告记录:肺部 X 光片显示,有阴影,怀疑肺部结节。9 月 5 日,张某拿着体检报告与甲公司保险业务员签订保险合同,在肺部是否有疾病处勾选“否”,业务员未仔细检查,即代表甲公司与张某签订了保险合同。9 月 20 日,张某交了保险费。9 月 21 日,张某去医院检查确诊肺癌。下列说法正确的是:( )

A. 张某没有履行如实告知义务,保险公司可以解除保险合同

B. 张某没有履行如实告知义务,保险公司无须承担赔偿责任

C. 张某已经到甲公司指定的医院检查,免除了如实告知的义务

D. 保险公司应该承担赔偿责任

28. 甲跟信托公司签订《信托协议》参与信托计划,8 月 20 日,甲将 300 万元转入信托公司的固有账户,8 月 28 日,信托公司将 200 万元投入信托产品溪海一号的专用账户。两年后溪海一号进行清算,下列有关说法正确的是:( )

A. 甲有权向信托公司主张 100 万元本金和预期收益

B. 甲有权主张溪海一号清算后200万元本金和相应收益

C. 因为甲履行了与信托公司之间的合同,故有权主张溪海一号清算后300万元本金和相应收益

D. 虽然信托公司只将200万元投入信托产品中,但甲仍有权主张溪海一号清算后300万元本金和相应收益

29. 宜宾市砖瓦协会及发起人吴桥公司、四和公司、曹某某,迫使张某某等部分商家签订《停产整改合同》,迫使宜宾市部分砖瓦企业停产,通过减少砖瓦供应量,提高砖瓦价格,赢取不当利益。宜宾市砖瓦协会和仍维持生产的砖瓦企业向停产企业支付了少量停产扶持费后不再依照约定付款。下列有关说法正确的是:(　　)

A. 宜宾市砖瓦商户签署《停产整改合同》构成了横向垄断协议

B. 张某某被迫签署《停产整改合同》,应免于处罚

C. 张某某有权要求宜宾市砖瓦协会及发起人承担赔偿责任

D. 宜宾市砖瓦协会为了行业自律,应免于处罚

30. 江州市大米协会为了提高当地大米的品牌效应,推行高端化产品,遂对本地区大米生产商提出要求:每斤大米销售价格不得低于10元,不然不得使用江州大米的商标,并出台了《价格公约》,各大米生产商只能签订并遵守该公约。关于该协议,下列说法正确的是:(　　)

A. 是维护品牌的正当经营策略

B. 江州市大米协会没有签署协议,没有违法行为

C. 是横向垄断协议行为

D. 是纵向垄断协议行为

31. 金硕巅峰公司是知名教育培训机构,其广告宣传为"金硕巅峰,已助众多考生圆梦金硕"。作为同行业教育培训机构,飞跃公司在其网站展示并出售"金硕VIP全程班",对此下列说法正确的是:(　　)

A. 飞跃公司的行为会引人误认为其与金硕巅峰公司存在特定联系,其行为违法

B. 飞跃公司涉嫌虚假宣传,其行为违法

C. 飞跃公司宣传其提供的产品,系合法经营行为

D. 飞跃公司没有使用金硕巅峰公司的企业名称,不构成违法

32. 中国甲公司想收购M国乙公司,与M国丙律所驻北京代表处签订代理协议,委托M国丙律所在当地核实乙公司信息,并依核实后的信息完成了对M国乙公司的收购。后甲公司发现M国丙律所提交的核实资料有问题,遂向中国某法院对M国丙律所提起诉讼,若各方当事人没有就法律适用达成协议,下列说法错误的是:(　　)

A. 甲公司和M国丙律所的民事关系应适用中国法

B. M国丙律所代理甲公司核实乙公司信息的行为应适用M国法律

C. 中国法院应向M国丙律所驻北京代表处送达本案司法文书

D. 丙律所驻北京代表处是否有权利签订代理协议,适用中国法

33. 中国上海甲公司与南非公民约翰签订劳务合同,后甲公司与莫桑比克乙公司签订劳务派遣合同,将约翰从上海派遣到莫桑比克做非全日制工。后甲乙两公司因约翰的劳动合同发生纠纷诉至我国某法院,下列关于法律适用的哪项判断是正确的?(　　)

A. 因约翰工作地是莫桑比克,劳务派遣合同纠纷应当适用莫桑比克法

B. 因约翰是南非公民,劳务派遣合同纠纷应当适用南非法

C. 因中国上海是劳务派出地,劳务派遣合同纠纷可以适用中国法

D. 约翰有权委托某南非驻沪领事以领事身份担任诉讼代理人,但在诉讼中该领事不享有特权与豁免

34. 张某是我国在德国留学的一名留学生,王某是我国著名影视明星,定居在德国。张某多次跟踪王某并拍摄很多照片发布在我国某网站,王某在我国法院提起侵犯人格权的相关诉讼。根据我国法律的规定,关于本案所适用的法律,下列说法正确的是:(　　)

A. 张某和王某可以在一审法庭辩论终结前协议选择适用德国法

B. 如依德国冲突规范,该类案件应适用被侵权人的国籍国法,则本案应该适用中国法

C. 本案的诉讼时效应该适用中国法

D. 本案所适用的法律应该由法院负责查明

35. 中国甲公司和美国乙公司签订绿色农产品进口合同,约定适用 CIF2020 并通过信用证方式付款。信用证由丙银行开立并由丁银行通知和保兑。“众合”号货轮承运了该批货物并开立了载明“凭指示”字样的提单。货物运到中国后恰逢关税调整,甲公司最终额外支付了 25% 的关税后提取了该批货物。根据 UCP600 和相关规则,下列说法正确的是:(　　)

A. 该提单通过交付即可转让

B. 如银行发现不符点,可以自行联系开证申请人以确定其是否接受不符点

C. 如果丙银行破产,丁银行可免除保兑义务

D. 甲公司可以就其多交付的关税向乙公司要求赔偿

36. A 国甲公司与乙国政府签订书面投资协议,协议中明确规定双方直接因投资引发的争端提交国际投资争端解决中心(ICSID)解决。协议签订后乙国政府以国内经济环境发生变化为理由拒绝履行。经查明,A 国和乙国都是《关于解决国家与其他国家国民之间投资争端公约》缔约国,下列说法正确的是:(　　)

A. A 国可以对乙国政府不履行投资协议的行为行使外交保护

B. 如乙国没有特别要求,本案中双方将争端提交 ICSID 解决不需要以用尽当地救济为条件

C. ICSID 可因东道国对相关争端没有法律规定或者规定不明暂不作出裁定

D. 对 ICSID 裁决不服的,可以向国际法院上诉

37. 中国甲公司与 A 国乙公司买卖货物,约定采用 CFR2020,该货物系军民两用货物,并被列入出口管制清单。签订合同后,甲公司将货物放在仓库 B231,中国与 A 国都是《联合国国际货物销售合同公约》缔约国,下列说法正确的是:(　　)

A. 该批货物在 B231 仓库进行交货

B. 乙公司可以自行将该批货物转让给第三方

C. 乙公司有义务为该批货物购买平安险

D. 对于该批货物的出口,甲公司应该申请许可

38. 相关中国企业申请商务部对来自甲乙丙三国的相关产品进行反补贴调查。商务部调查后决定征收反补贴税,并进行追溯征收。根据我国相关法律的规定,下列说法错误的是:(　　)

A. 支持调查者的产量占国内同类产品总产量不足 25% 的,不得启动调查

B. 因产品来自甲乙丙三国不同的国家,可以对相关产品对我国造成的影响进行累积评估

C. 对我国商务部作出的决定不服的,甲乙丙三国的出口经营者可对商务部提起行政诉讼

D. 我国法院可以违反行政程序为由撤销商务部作出的追溯征收反补贴税的决定

39. 法院判决钟某偿还赵某借款 100 万元,赵某申请执行该判决,法院冻结了钟某名下持有的某公司股份。孙某向法院提出执行异议,主张自己才是实际出资人,钟某是代持有股份。法院驳回异议后,孙某向法院提起诉讼,依然以自己是实际股东为由,请求法院判令停止执行并解除冻结。关于孙某提起的诉讼进行诉的分类,下列选项中正确的是:(　　)

A. 积极确认之诉　　B. 给付之诉

C. 消极确认之诉　　D. 形成之诉

40. 黄某通过网络购物购买雅贝公司生产的保温壶,后因保温壶质量问题提起诉讼。法院受理后建议通过线上平台交换证据,雅贝公司同意在线交换,黄某不同意在线进行证据交换。法院仍然组织黄某和雅贝公司在线进行证据交换。法院的这一做法违反了下列哪一民事诉讼法规定的基本原则?(　　)

A. 平等原则

B. 在线诉讼与线下诉讼具有同等效力原则

C. 对等原则

D. 同等原则

41. 甲公司诉赵某违约一案由鲍法官独任审理,赵某提出管辖权异议被驳回,赵某怀疑鲍法官有偏见,遂申请鲍法官回避,被驳回。甲公司被收购,法定代表人变更为薛某,赵某发现薛某和鲍法官是同学,再次提出回避申请。下列表述正确的是:(　　)

A. 赵某不能再次提出回避申请,只能申请复议

B. 鲍法官应当暂停本案的审理工作

C. 法院可以裁定驳回赵某的回避申请

D. 如果法院决定鲍法官回避，赵某可以再次提出管辖权异议

42. 张三与甲公司存在劳动合同关系，但是由于甲公司迟迟不发工资，张三向当地劳动仲裁委员会申请劳动仲裁。在仲裁过程中，张三以生活困难为由提出先予执行的申请，下列选项正确的是：(　　)

A. 由受理案件的仲裁庭裁决先予执行，并依法执行

B. 由受理案件的仲裁庭裁决先予执行，移交法院执行

C. 由受理案件仲裁庭交由仲裁机构所在地法院审查后作出裁定

D. 仲裁庭对于先予执行的申请无权处理，应当不予受理

43. 庄某在乙超市购买了丙厂家生产的面包，后发现面包标签上没有成分标识，遂以违约为由起诉乙超市，法院判决乙超市赔偿。丙厂家认为自己与判决结果有法律上的利害关系，遂对该判决提起第三人撤销之诉，乙超市同意丙厂家的主张。关于本案当事人表述正确的是：(　　)

A. 乙超市应当作为第三人撤销之诉的共同原告

B. 乙超市应当作为第三人撤销之诉的被告

C. 乙超市应当作为第三人撤销之诉的第三人

D. 法院应当裁定驳回丙厂家的起诉

44. 甲公司因为合同纠纷起诉乙公司，某县人民法院适用简易程序审理后判决甲公司败诉。甲公司不服一审判决，提起上诉，二审法院指定吴法官对本案独任审理，乙公司当庭表示异议。关于本案，下列说法正确的是：(　　)

A. 二审程序应当组成合议庭审理，不得适用独任制

B. 简易程序一审终审，不得上诉

C. 二审法院有权直接指定法官适用独任制审理

D. 二审法院应裁定转为合议庭审理

45. 房某驾车将石某撞伤，石某将房某诉至法院，要求房某赔偿医疗费 20 万元。在法院主持下，双方当事人达成调解协议，约定房某一次性向石某支付 10 万元，双方就本案再无争议。法院根据上述调解协议制作调解书，双方当事人签收后履行完毕。1 年后，石某主张调解协议是受到房某胁迫签署的，且治疗车祸事故的后遗症又花费手术费 4 万元。关于本案表述正确的是：(　　)

A. 因为调解书显失公平，石某可以申请撤销调解书

B. 因为调解违反自愿原则，石某可以申请对该调解书再审

C. 调解协议未涉及后遗症的问题，石某可以就医疗费 4 万元再次起诉

D. 因为调解书违反法律规定，石某可以起诉请求确认调解书无效

46. 甲欠乙 100 万元货款，乙申请法院对甲进行了诉前财产保全，3 天后，乙申请法院对甲发出支付令。法院应当如何处理？(　　)

A. 本案属于金钱给付，法院应当受理乙的申请

B. 法院不应受理乙的申请，因为本案属于合同纠纷

C. 法院不应受理乙的申请，因为乙已经申请了诉前保全

D. 法院应当受理乙的申请，向甲发出支付令

47. 关于公示催告程序中法院作出的除权判决，下列说法正确的是：(　　)

A. 因具有排除他人对票据享有权利的效果，属于形成判决

B. 因申请人可凭判决要求支付票据上记载的金钱数额，属于执行依据

C. 因不具有解决实质争议的效果，属于非诉程序的判决

D. 因具有推定票据权利归申请人所有的效果，属于确权判决

48. 汉江石油集团是一家上市企业，其位于乙省某县的子公司排放污染物致当地下游受到污染，环保组织提起以汉江石油集团和子公司为被告的公益诉讼，下列说法正确的是：(　　)

A. 连续 3 年从事环保公益活动且在乙省民政厅注册的环保组织可作为原告提起公益诉讼

B. 案件审理中，汉江石油集团及其子公司若提起反诉，法院应当一并审理并作出判决

C. 环保组织应当在 10 日内书面告知相关行政主管部门

D. 如诉讼中双方当事人达成和解协议，法院

应当将和解协议进行公告,公告期不少于30日

49. 洪某投资建厂,欠吕某工程款100万元,双方协商将洪某名下部分厂房转给吕某抵债,双方未办理过户手续。后洪某因拖欠周某借款500万元被起诉,周某获得生效胜诉判决后申请执行,法院欲拍卖洪某名下的全部厂房,吕某提出执行异议。洪某向吕某承诺履行还款义务,吕某撤回异议。后因洪某不履行承诺,吕某再次向执行法院提出异议,被以重复异议为由裁定驳回。关于对吕某的救济,下列哪一表述是正确的?(　　)

A. 向执行法院申请复议

B. 向上一级法院申请复议

C. 向执行法院提起执行异议之诉

D. 向上一级法院提起执行异议之诉

50. 朱某和葛某的民间借贷纠纷,法院一审判决朱某向葛某支付本金及利息。朱某不服一审判决提起上诉,二审中葛某表示一审判决正确应该维持。二审法院判决驳回上诉,维持原判。判决生效后,葛某以一审判决利息计算存在错误为由申请再审。下列说法正确的是:(　　)

A. 葛某有再审利益,法院应当裁定再审

B. 经法院院长同意,法院可以裁定再审

C. 经朱某同意,法院可以裁定再审

D. 葛某缺乏再审利益,违反诉讼诚信原则,法院应当裁定驳回再审申请

二、多项选择题(每题所设选项中至少有两个正确答案,多选、少选、错选或不选均不得分。本部分含51~85题,每题2分,共70分)

51. 某旅游公司授权甲去云南洽谈民宿价格。正值松茸季,甲以公司名义和商家用公司团购优惠价订立松茸买卖合同并付款,准备卖给自己的客户赚钱,写寄送地址的时候不小心写成公司地址,寄到了公司。公司知晓后拿来做福利发给员工。关于本案,下列说法正确的是:(　　)

A. 甲有权请求公司返还价款

B. 商家可以欺诈为由撤销合同

C. 甲构成无权代理

D. 甲有权请求公司返还松茸

52. 孟某将其名下一套公寓以200万元的价格出售给邱某。该公寓系孟某于10年前在二手房交易市场购买。该公寓本次出售时,其住宅建设用地使用权已达30年。关于该公寓房的交易,下列说法错误的是:(　　)

A. 办理不动产变更登记前,应先办理土地使用权登记

B. 该公寓土地使用年限届满时如不续期,邱某丧失房屋所有权

C. 该公寓转让应由邱某单独申请不动产变更登记

D. 孟某应以200万元的应纳税所得额缴纳个人所得税

53. 孙某将一对价值100万元的骨瓷花瓶出质给文某,向文某借款70万元,约定借款期限为3年。3年后,孙某未能依约还款。因受市场价格波动影响,该花瓶折价为出质时市场价的一半左右。因孙某无法偿还借款,遂与文某协商将该花瓶以48万元卖给第三人黄某。黄某依约付款后,孙某反悔,认为价格太便宜,要求文某不得向黄某交付,并向文某主张返还花瓶。下列说法正确的是:(　　)

A. 花瓶所有权现归孙某

B. 孙某无权向文某主张返还花瓶

C. 孙某对文某的债务已经消灭

D. 花瓶所有权现归黄某

54. 张某去世后,其名下某房屋按照张某遗嘱由其唯一的儿子张小东继承,但是一直未办理过户登记。后张小东因将赴国外长期工作遂与李某签订房屋买卖合同欲转让房屋。据此,下列说法正确的是:(　　)

A. 张小东应先为其办理过户登记,才能处分该房屋

B. 张小东享有房屋的处分权,房屋买卖合同合法有效

C. 因未办理过户登记,张小东未取得该房屋所有权

D. 张小东为李某办理过户登记后,李某取得房屋所有权

55. 飞扬租车公司将一辆汽车租给尤某长期使用。某日,尤某将车驶入某大厦地下停车场,未及时取车便因违法被行政拘留。期满后尤某前往取车,因未交费,停车场锁住了车轮胎。数日后,尤某乘人不备砸开锁冲破关卡开走该车,对此下列选项正确的是:(　　)

A. 该停车场的锁车行为合法

B. 该停车场有权基于留置权请求尤某返还

车辆

C. 尤某强行开走汽车的行为侵害了该停车场的物权

D. 该停车场有权请求飞扬租车公司支付停车费

56. 3 周岁的小明在三楼自家阳台玩耍，爬到防护栏不慎踩空，头卡在防护栏上。14 周岁的小强见状通过二楼空调围栏爬到三楼，为避免小明窒息，托举小明至解救。其间，小强手臂被划伤，二楼空调围栏被踩坏。关于本案，下列说法正确的有：(　　)

A. 小强的救助行为应经过监护人同意

B. 小强的父母应对空调围栏所有人承担赔偿责任

C. 小明的父母应对空调围栏所有人承担赔偿责任

D. 小明的父母应对小强进行合理补偿

57. 甲有一台设备，其先和乙签订买卖协议约定 15 日后交付，又和丙签订买卖协议，丙支付货款后约定以占有改定方式交付。然后甲又将设备出租给丁，约定每月交付租金。关于本案，下列说法正确的是：(　　)

A. 该设备所有权人为丙

B. 该设备所有权人为甲

C. 甲与丁之间的租赁协议合法有效

D. 乙可以基于买卖协议请求甲赔偿

58. 汪某于 2016 年 6 月 6 日与志华中学达成捐赠协议，约定汪某每年向志华中学捐赠 5 万元图书，连续捐赠 10 年。2016 年 8 月 8 日，汪某向志华中学交付了第一批图书。2020 年 5 月，汪某罹患重病，无法工作，为治病花光了所有积蓄，家庭生活陷入了困难，遂向志华中学表示无法继续捐赠。据此，下列选项正确的是：(　　)

A. 汪某有权撤销赠与

B. 汪某与志华中学之间的赠与合同于 2016 年 6 月 6 日成立

C. 志华中学可以免除汪某捐赠义务

D. 汪某可以不再履行捐赠义务

59. 甲公司与乙公司签订租赁合同，约定将一台机器出租给乙公司，并于一周后交付。租赁合同成立次日，甲公司就同一台机器与丙公司订立买卖合同，依合同约定以占有改定方式进行交付。一周后，甲公司将机器交给乙公司使用，并按照约定收取押金若干。关于本案，下列选项正确的是：(　　)

A. 适用买卖不破租赁规则

B. 不适用买卖不破租赁规则

C. 丙公司已取得机器所有权

D. 乙公司有权请求甲公司承担违约责任，返还押金

60. 方某从国外购得一匹名贵布料，为取悦女友，找到当地著名旗袍设计师包某为女朋友量身定制旗袍。因材质复杂，包某认为需要高端裁剪设备一台，双方约定 15 日之内完工，价款 2 万元（包括设备 5000 元）。当包某全力赶工至第 13 天时，方某通知包某已与女友分手，不需要加工旗袍了。关于本案，下列说法正确的是：(　　)

A. 方某有权解除该合同

B. 方某应当支付大部分报酬

C. 设备所有权归包某所有

D. 未完工旗袍所有权归方某和包某共有

61. 某小区在小区设立初期雇佣了一家物业公司，其后该物业公司一直就在该小区工作。该物业公司在物业房周围搭建了一圈房子，同时，该物业公司又将小区草地出租给洗车公司。关于本案，下列选项正确的是：(　　)

A. 该小区业主可以经过法定程序解聘该物业公司

B. 在物业房周围搭建房子的行为侵犯了业主的建筑物区分所有权

C. 将草地出租给洗车公司的行为侵犯了业主的建筑物区分所有权

D. 除去合理成本，剩余租金应归全体业主共有

62. 福安股份是一家非上市股份有限公司，注册资本 2 亿元。2021 年 4 月的财务会计报告显示 2020 年亏损 0.4 亿元。经过一年的努力，经营有所好转，2021 年税后利润 0.8 亿元。下列说法正确的有：(　　)

A. 福安股份 2021 年的 0.8 亿元税后利润应先弥补上一年度的亏损再提取法定公积金

B. 福安股份应提取 0.08 亿元作为法定公积金

C. 福安股份的董事会可以决定提取一定比例的任意公积金

D. 福安股份 2021 年 4 月发行新股的溢价款

应列入资本公积金

63. 张某、王某、李某约定共同设立庄安公司，并约定设立过程中产生的费用和债务由3人平均分担。在公司的筹备过程中，张某以自己的名义与甲公司签订合同，购买办公用品若干，货款50万元。王某以设立中庄安公司的名义与乙公司签订房屋租赁合同，租赁5间房屋作为庄安公司的办公室。李某外出旅游的路上，发生交通事故，将刘某撞伤，李某负全责。因为政策管控，庄安公司设立失败，下列有关说法正确的有：（　　）

A. 刘某有权要求张某、王某、李某承担连带责任

B. 张某、王某、李某应按约定的份额对甲公司承担责任

C. 乙公司有权要求张某、王某、李某承担连带责任

D. 如果王某对乙公司清偿了全部的债务，有权要求张某、李某按约定比例分担责任

64. 春园股份有限公司（以下简称春园公司）是一家非上市股份有限公司，由18名股东于2004年出资设立。其中甲持股比例为49%，担任公司的董事长，乙持股比例为1%，丙持股比例为10%。2021年3月，甲安排将春园公司的资金若干转入甲的全资子公司账户供其使用。2021年4月，丙将股份对外转让给丁。2021年5月，鉴于春园公司未向甲追究责任，各股东准备维权，下列有关说法正确的有：（　　）

A. 乙有权对甲提起代位诉讼

B. 丙有权对甲提起代位诉讼

C. 丁有权对甲提起代位诉讼

D. 如果股东提起代位诉讼，春园公司为第三人，但被告需对春园公司承担赔偿责任

65. 甲是天枫公司的销售经理，与公司签署了保密协议。甲在职期间利用职务权限登录天枫公司的后台暗中记录了公司若干重要客户的联系方式。后甲从天枫公司辞职，出资设立了同行业的雨嘉公司。甲逐一联系天枫公司的重要客户，许以重利欲促成这些客户与雨嘉公司的合作。基于对甲的信任，很多客户中断了与天枫公司的合作转而成为雨嘉公司的客户，并与之签约合作。下列说法正确的是：（　　）

A. 客户自愿与雨嘉公司建立合作，甲没有侵犯天枫公司的商业秘密

B. 甲侵犯了天枫公司的商业秘密

C. 甲与雨嘉公司共同侵犯了天枫公司的商业秘密

D. 甲与客户共同侵犯了天枫公司的商业秘密

66. 甲、乙、丙出资设立天枫商行（普通合伙企业），丙未经其他两位合伙人同意，便自己代表天枫商行与小贷公司签署担保合同，将商行的仓库抵押给小贷公司贷款200万元用于商行的经营。甲用盛庄大厦的底商和250平方米的办公室出资，其中办公室交由天枫商行使用且办理了变更登记。底商只是交由天枫商行用作门店使用，未办理过户登记。随后甲以自己的名义将底商卖给丁，并自己代表天枫商行将办公室也卖给丁，并办理了变更登记。据查，合伙协议没有特别约定，合伙人针对上述行为产生分歧，下列说法正确的有：（　　）

A. 丙将仓库抵押给小贷公司的行为有效

B. 丙将仓库抵押给小贷公司的行为无效

C. 丁可以取得底商的所有权

D. 丁可以取得办公室的所有权

67. 甲、乙、丙共同出资设立清科事务所（普通合伙企业），甲的出资比例为38.5%。甲因购房向丁借款150万元，到期无力清偿，丁起诉甲并胜诉。合伙协议约定各合伙人按出资比例分取利润。关于丁的权利下列说法正确的有：（　　）

A. 丁有权申请法院执行清科事务所的全部利润

B. 甲可以其应分取的38.5%的清科事务所的利润清偿丁的债务

C. 丁有权申请法院执行甲的合伙份额

D. 如果法院强制执行甲的财产份额，丁有优先购买权

68. 甲、乙、丙、丁出资设立草原狼商店（普通合伙企业），合伙协议约定2020年3月各合伙人完成出资。2020年4月，乙未如期缴纳出资，甲、丙、丁一致同意作出决议将乙除名，并通知了乙。2020年5月，盛鑫公司与草原狼商店签署了买卖合同，采购一批货物，金额为100万元。2021年3月，甲、丙、丁一致同意吸收戊为新的合伙人，并于2021年4月完成变更登记，至此草原狼商店登记的合伙人为甲、丙、丁、戊。后草原狼商店无力清

偿盛鑫公司的货款。下列说法正确的有:(　　)

A. 乙自2020年4月,接到除名通知时丧失合伙人资格

B. 未经乙同意,戊不能成为草原狼商店的合伙人

C. 盛鑫公司不知道乙被除名,故乙应该对盛鑫公司承担连带责任

D. 戊应该对盛鑫公司承担连带责任

69. 甲公司向乙公司采购一批货物,签发100万元的汇票来支付货款,乙公司背书转让给丙公司支付货款,同时注明"7月30日之前不得转让"。丙公司7月15日将该汇票背书给丁公司,7月28日,丁公司为了清偿对东方公司的债务,将该汇票直接交付给东方公司的财务人员张某。下列说法正确的有:(　　)

A. 丁公司取得了汇票权利

B. 东方公司财务人员张某取得汇票权利

C. 如果丁公司向乙公司追索,乙公司有权拒绝

D. 如果丙公司向乙公司追索,乙公司有权拒绝

70. 甲公司运营A直播平台,效益非常好。乙公司研发了一种技术,可以截取包括A直播平台在内的若干网络直播平台的直播数据,包括各时间段流量、打赏等数据,将其整理后发布在自己的平台上。这给甲公司的数据执行规则造成了影响,损害了甲公司的声誉。已知A直播平台的主要用户和主播都在丙市,且用户数目约为1000万人,主播数目约为10万人。甲公司起诉乙公司,但现在无法确定甲公司的损失及乙公司的侵权所得为多少。下列说法正确的有:(　　)

A. 尽管甲公司与乙公司不具有竞争关系,但是乙公司依然构成不正当竞争行为

B. 乙公司侵犯了甲公司的商业秘密

C. 法院可以判决乙公司赔偿甲公司1010万元

D. 该案只能由丙市人民法院审理

71. 篓山驴肉是当地特色食品,甲公司一直以"绿意"为商标生产驴肉,马某购买食用甲公司生产的"绿意"驴肉后上吐下泻。据查,该驴肉没有国家标准,只有省卫生健康委制定的地方标准和省行业协会制定的行业标准。下列说法正确的有:(　　)

A. 应以省卫生健康委制定的地方标准为依据

B. 应以省行业协会制定的行业标准为依据

C. 应由马某承担证明甲公司的驴肉不合格的责任

D. 应由甲公司承担证明自己产品合格的责任

72. 缪公是一位大豆专家,其研发出某款新型的豆制品并申请商标为缪公大豆,某检测机构为其出具了符合标准的检验报告。缪公大豆销售给甲公司,陈某为甲公司带货,在快迪直播平台卖缪公大豆,李某在陈某的直播间购买了该产品,食用后引发了身体的损害。经查,缪公大豆不符合食品安全标准。直播平台对入驻商品进行过审查,且缪公大豆出现问题后,直播平台立即关闭了陈某的直播间,并将陈某等人的联系方式给了李某。下列有关李某索赔的相关说法正确的有:(　　)

A. 李某有权要求检测机构承担赔偿责任

B. 李某有权要求快迪直播平台承担赔偿责任

C. 李某有权要求陈某承担赔偿责任

D. 李某有权要求甲公司承担赔偿责任

73. 甲因为发明了一个净水装置解决缺水地区饮水问题,广受好评,获得诸多奖励:某国际组织奖励5万美元,甲所在县政府奖励一套商品房,价值200万元;乙公司奖励10万元,乙公司的利润总额为50万元。对此,下列说法正确的有:(　　)

A. 甲所得国际组织奖励的5万美元,免征个税

B. 甲所得县政府奖励的商品房,免征个税

C. 甲所得乙公司奖励的10万元,应缴纳个税

D. 乙公司缴纳企业所得税时,所奖励的10万元可全额税前扣除

74. 2021年以来,接连多起网络主播偷逃税案件,引发社会对该行业快速发展过程中出现的问题的关注。在税法课上,多位同学就"网络主播偷税被罚和补税事件"展开讨论。根据我国税法,下列说法正确的有:(　　)

A. 网络主播直播带货所获收入,应界定为经营所得

B. 网络主播有隐匿应收财款行为时,应界定

为避税行为

C. 网络主播带货平台应将涉税信息报送税务机关

D. 网络主播有瞒报应税收入行为时，应界定为偷税行为

75. M省为了控制用电量，要求各银行给发电厂的贷款增量比例不能超过上年度的5%。M省甲国有银行分别给K市某发电厂贷款增幅为6%、给L市某发电厂贷款增幅30%。银行内部审计发现了上述情形，审计机关欲对该情形实施审计，K市和L市的审计机关对审计管辖范围有争议。对此，下列说法正确的有：(　　)

A. K市审计机关和L市审计机关协商确定实施审计的主体

B. 由M省审计机关指定审计机关实施审计

C. 审计机关应当将审计中发现的风险隐患情况，向本级人民政府通报

D. 审计机关认为银行内部审计存在问题的，有权进行监督

76. 在乡、村庄规划区内，某单位经批准欲占用100亩(1公顷=15亩)土地来修建人民公墓，下列说法正确的有：(　　)

A. 确需占用农用地的，应当依法办理农用地转用审批手续

B. 依法办理农用地转用审批手续后，由城市、县人民政府城乡规划主管部门核发乡村建设规划许可证

C. 建设单位在取得乡村建设规划许可证后，方可办理用地审批手续

D. 建设单位在办理用地审批手续后，方可办理乡村建设规划许可证

77. 中国甲公司和德国乙公司准备在中国设立中外合资丙公司，双方约定丙公司的合资协议适用德国法律。双方发生的纠纷可以提交北京仲裁委员会在新加坡仲裁，也可以向中国法院提起诉讼。后双方因合资协议发生纠纷。甲公司向我国法院起诉，乙公司则以双方存在有效仲裁协议为由认为法院不具有管辖权。根据我国相关法律，下列说法正确的是：(　　)

A. 如甲公司请求北京市某中级人民法院审查仲裁协议的效力，则该法院有管辖权

B. 由于该仲裁协议违反了我国法律关于专属管辖的规定，所以该仲裁协议无效

C. 如中国法认为该仲裁协议无效，新加坡法认为该仲裁协议有效，法院应当适用新加坡法

D. 如相关法院认为仲裁协议有效，应逐级报核至最高人民法院，再根据最高人民法院的回复意见作出裁定

78. 德国甲公司在上海向越南乙公司出具汇票，汇票付款人为德国甲公司在上海的分支机构。越南乙公司在河内将汇票背书转让给了越南丙公司，丙公司财务将汇票丢失，被经常居所地在广州的李先生拾得。现中国某法院受理有关该汇票的纠纷，下列哪些判断是正确的？(　　)

A. 乙公司对该汇票的背书行为，应适用越南法

B. 丙公司对乙公司行使汇票追索权的期限，应适用中国法

C. 丙公司请求保全汇票权利的程序，应适用越南法

D. 李先生拾得汇票是否构成不当得利的问题，应适用越南法

79. 我国国内相关产业认为甲乙两国出口到中国的产品构成倾销，遂申请商务部对其进行反倾销调查。商务部经过调查后最终认定倾销成立并决定征收反倾销税。中国和甲乙两国均是世界贸易组织成员。下列说法正确的是：(　　)

A. 商务部可以对两国的出口产品分别进行调查和评估

B. 应该按照同一标准对甲乙两国的出口经营者征收反倾销税

C. 相关主体对商务部的决定不服的，可以提起行政诉讼

D. 甲乙两国的相关企业对商务部的决定不服，可以在世界贸易组织提起争端解决程序

80. 牛某驾车将行人任某撞倒，经查，牛某驾驶的车辆系刘某所有，某日被苏某盗窃，后苏某将车出借给牛某。现任某拟提起诉讼，关于起诉，下列哪些选项是正确的？(　　)

A. 牛某、苏某为共同被告

B. 以牛某为被告向法院提起诉讼

C. 以苏某为被告向法院提起诉讼

D. 以刘某为被告向法院提起诉讼

81. 我国实行立案登记制，关于民事第一审普通程序，下列表述正确的有：(　　)

A. 原告必须提交书面起诉状

B. 被告具有诉讼权利能力

C. 原告是正当当事人

D. 原告应提供支持自己诉讼请求的证据

82. 甲起诉乙归还借款200元，某区法院受理后适用小额诉讼的程序审理。关于本案，下列说法正确的有：(　　)

A. 法院可以采用短信方式传唤当事人

B. 法院可以采用短信方式送达裁判文书

C. 本案不得适用小额诉讼的程序审理

D. 本案法院所作判决一审终审

83. 某省上年度就业人员年平均工资为8万元。张三诉李四归还借款6万元，该省某基层法院受理案件后，张三和李四均同意适用小额诉讼的程序审理。在审理过程中，李四对张三提出反诉，要求张三归还欠款8万元，法院应当如何处理？(　　)

A. 法院应当继续适用小额诉讼的程序审理

B. 如果张三、李四同意适用小额诉讼的程序审理，法院应当适用小额诉讼的程序审理

C. 当事人可以对法院适用小额诉讼程序审理提出异议

D. 法院应当适用简易程序的其他规定审理或者裁定将案件转为普通程序

84. 张三向甲公司借款10万元，后张三逾期未归还借款和利息。甲公司起诉张三，法院判决张三向甲公司偿还借款10万元，张三拒不履行生效判决，甲公司向法院申请执行。执行中甲公司和张三达成执行和解协议后，法院裁定中止执行。后张三认为该和解协议系受胁迫达成，拒不履行和解协议。关于本案，下列说法正确的有：(　　)

A. 甲公司可以申请恢复对原生效判决的执行

B. 甲公司可以就和解协议起诉张三

C. 张三可以起诉甲公司要求撤销和解协议

D. 甲公司可以重新就借款合同纠纷提起诉讼

85. 高中生小赵在校园中不小心伤害了小张(侵权时小张和小赵均未满18周岁)，小赵的监护人老赵和小张的监护人老张协商未果。起诉时，小赵年满18周岁。下列选项正确的有：(　　)

A. 小赵和老赵为共同被告

B. 小赵为被告，老赵为小赵的法定代理人

C. 小张为原告，老张为小张的法定代理人

D. 小张和老张为共同原告

三、不定项选择题(每题所设选项中至少有一个正确答案，多选、少选、错选或不选均不得分。本部分含86～100题，每题2分，共30分)

86. 甲向乙借款，第三人丙为甲的借款以自有不动产提供担保，并与债权人乙签订不动产抵押合同。丙经乙多次催告恶意不办理抵押登记，借款合同到期后，甲无力还款。关于本案，下列说法正确的有：(　　)

A. 丙恶意不办理抵押登记，视为抵押权已经设立

B. 抵押合同生效时抵押权设立

C. 丙在抵押物的价值范围内承担违约责任

D. 抵押合同效力待定

87. 甲公司有一台价值200万元的大型车床，为经营需要，甲公司分别于5月7日、6月7日、7月7日向乙、丙、丁三家银行借款100万元、60万元、40万元，并分别在借款当日约定以该车床作抵押担保。乙银行的抵押权未登记，丙银行的抵押权于6月9日登记，且丙银行对乙银行的抵押权知情；丁银行抵押权于7月9日登记，但丁银行对乙银行的抵押权不知情。关于乙、丙、丁三家银行的抵押权顺位，下列判断正确的是：(　　)

A. 乙银行的顺位先于非善意的丙银行

B. 丁银行顺位先于未登记的乙银行

C. 丙银行顺位先于未登记的乙银行

D. 丙银行顺位先于后登记的丁银行

88. 沈某(男，29周岁)与邱某(31周岁)均为再婚，二人婚前均有一子一女，分别为沈俊(5周岁)、沈俏(4周岁)和冯靓(7周岁)、冯丽(3周岁)。经沈某前妻和邱某前夫同意，二人计划收养对方子女，组成新的六人家庭。关于本案，下列说法正确的是：(　　)

A. 沈某前妻和邱某前夫是否有特殊困难不影响收养

B. 沈某未满30周岁，不可以收养冯靓和冯丽

C. 邱某已满30周岁，可以收养沈俊和沈俏

D. 沈某可以但只能收养冯靓和冯丽中的一人

89. 甲乙系邻居,甲因出国委托乙帮忙照看房屋。乙让空调公司拆除自己家废旧空调时,突然想起甲家也有两台废旧空调,于是让空调公司雇员丙帮忙拆甲家的空调,同时约定空调折旧费算拆除费,丙说他们公司不让对外接私活,但他有个老乡丁,可以请丁帮忙拆除,乙同意。第二天丁来甲家拆空调,不慎从三楼坠落,造成全身瘫痪。关于本案,下列选项正确的是:(　　)

A. 甲乙之间构成无因管理之债

B. 乙应对丁承担相应的赔偿责任

C. 乙与丁构成承揽合同关系

D. 甲应对丁承担相应的赔偿责任

90. 甲(13 周岁)初中住校,晚上睡觉时从学校的床上滚下来摔断了胳膊。据悉,学校的床上有挡板,超过床一半长度,相关规定要求不能短于床的 1/3。学校从来没有人掉下过床。关于本案,下列说法正确的是:(　　)

A. 学校有义务保障学生在校安全

B. 学校已经尽到合理限度的责任,可以免责

C. 甲从床上掉下系监护人责任

D. 学校应当承担补充责任

91. 张甲与妹妹张乙、张乙之子张丙三人一同参与某旅游景点的水上漂流项目。船因故障触礁后翻倒,三人一同溺水。张乙抢救无效当场死亡。张甲当晚死亡,张丙次日死亡。张甲未婚无子女,父母早逝。张乙另有一子张丁,张丙育有一子张戊。关于张甲遗产继承,哪些选项是正确的?(　　)

A. 张丁系张乙之子,有权代位继承张甲遗产

B. 张甲遗产无人继承,应收归国家所有

C. 张戊系张丙之子,有权转继承张丙代位继承的张甲遗产

D. 张甲的死亡赔偿金不属于遗产

92. 苗苗公司研发的奶粉通过了质检。苗苗公司向贫困山区捐出几百万元助学款,食品行业协会无偿推荐了该奶粉。在 A 公司组织的奶粉展销会上,B 公司销售了苗苗公司的奶粉。甲在 B 公司的展台购买了奶粉,食用后得了急性肾病。经查,该奶粉中含有二甘醇(食用该物质会导致肾病),质检机构因疏忽而遗漏做特定物质的检测使二甘醇未被检测出来,A 公司没有严格审查入驻商家的资质文件。下列应对甲承担赔偿责任的主体中不正确的是:(　　)

A. A 公司　　　　B. B 公司

C. 食品行业协会　　　　D. 食品检验机构

93. 甲商业银行拟全资收购乙商业银行,乙商业银行因此需要解散。根据相关法律规定,下列说法正确的是:(　　)

A. 乙商业银行应向该辖区市场监督管理局提出解散申请

B. 乙商业银行解散清算时,在支付清算费用、所欠的职工工资和劳保费用后,应优先支付个人储蓄存款本金和利息

C. 乙商业银行应向辖区银保监局*提出解散申请

D. 乙商业银行解散清算时,按照清偿计划及时偿还存款的本金和利息等债务

94. 关于纯电动乘用汽车所应缴纳的税赋,下列说法正确的是:(　　)

A. 购买该类汽车的自然人应减征车船税

B. 进口该类汽车的贸易公司应缴纳增值税

C. 抽奖获得该类汽车的外国人应缴纳噪声类环境保护税

D. 获赠该类汽车的合伙企业应缴纳企业所得税

95. 甲、乙两公司基于巧合,各自设计出造型和结构相同的新型健身器材。2021 年 11 月 1 日,甲在全国健康研究会上首次展示该器材,乙公司于同日在世界博览会上首次展示该器材。甲公司于 2022 年 2 月 1 日对该器材申请实用新型专利权,乙公司于 2022 年 2 月 2 日对该器材申请实用新型专利权。对此,下列选项错误的是:(　　)

A. 甲公司的申请日早于乙公司的申请日,有可能获得授权

B. 因甲公司的健身器材在申请之前公开过,甲公司的申请应被驳回

C. 因乙公司的健身器材在申请之前公开过,乙公司的申请应被驳回

D. 国家知识产权局专利局应通知甲、乙公司协商,协商不成,驳回二者的申请

---

* 2023 年 3 月,《党和国家机构改革方案》印发,组建国家金融监督管理总局,不再保留中国银行保险监督管理委员会。

96. 张某应聘快递公司的工作,约定试用期3个月,工资6000元。快递公司规定每天工作时间为早上9点到晚上9点,每周工作6天。两个月后,张某以工作时间严重超过法律规定上限为由,拒绝超时加班的安排。快递公司以张某在试用期间被证明不符合录用条件为由与其解除了劳动合同。张某提请了仲裁,要求快递公司给付1个月工资作为经济赔偿金。下列说法正确的是:(　　)

A. 快递公司解除与张某的劳动合同违法

B. 快递公司关于工作时间的规定无效

C. 张某严重违反了快递公司的规章制度,快递公司有权解除与张某的劳动合同

D. 仲裁委员会应驳回张某的仲裁申请

97. A县甲公司与B县乙公司签订买卖合同,约定C县为合同履行地,合同发生纠纷,由守约方所在地法院管辖。后双方因合同履行发生纠纷,甲公司向A县法院提起诉讼,乙公司提出管辖异议,认为自己为守约方,甲公司主张自己为守约方。关于本案管辖法院,下列说法正确的是:(　　)

A. 因甲公司与乙公司均有可能为守约方,根据管辖协议,A县法院和B县法院均有管辖权

B. B县法院有管辖权

C. A县法院有管辖权

D. C县法院有管辖权

98. 素文公司和宇威公司发生纠纷,诉至甲市乙区法院,宇威公司在提交答辩状期间提出管辖权异议,乙区法院裁定驳回。宇威公司对此不服,遂不到庭,法院作出缺席判决。之后宇威公司不服一审判决,上诉至甲市中级人民法院。经审查,两公司确实存在管辖协议,约定发生纠纷时应由丙市丁区法院管辖。关于本案,下列说法正确的是:(　　)

A. 裁定撤销一审判决,移送至丙市丁区法院审理

B. 裁定撤销一审判决,发回甲市乙区法院重审

C. 二审法院继续审理,依法裁判

D. 裁定撤销一审判决,移送丙市中级人民法院审理

99. 乙欠甲30万元,乙以45万元的价格从丙处购买一辆价值20万元的轿车。甲认为乙以明显不合理的高价从丙处购买财产,影响其债权的实现,遂向法院提起诉讼,请求法院判决撤销乙、丙之间的买卖合同,同时请求将乙支付给丙的款项返还给自己。关于甲的诉讼请求,下列表述正确的是:(　　)

A. 属于诉的主体合并

B. 属于诉的重叠合并

C. 属于诉的预备合并

D. 属于诉的客体合并

100. 韦某有一花瓶价值5万元,孙某借去观赏,称次日返还。但孙某拖延数日未还,韦某诉至法院请求孙某返还花瓶并胜诉。因孙某并未履行,韦某申请执行。执行中,法院发现该花瓶已被损毁,双方达成和解协议,约定由孙某将其所有的另外一个花瓶给韦某。后孙某觉得吃亏,拒绝履行和解协议。关于本案,下列说法正确的有:(　　)

A. 韦某可申请恢复执行原生效法律文书

B. 法院可执行孙某5万元的其他财产

C. 韦某可以就和解协议提起诉讼

D. 韦某可以申请对和解协议强制执行

国家统一法律职业资格考试

历年真题汇编

2022年客观题
答案册

法律出版社
LAW PRESS·CHINA
——北京——

2022年国家统一法律职业资格考试(回忆版)

试卷一参考答案及解析

一、单项选择题

1.【解析】B。根据《地方政府组织法》第62条的规定:"地方各级人民政府应当维护宪法和法律权威,坚持依法行政,建设职能科学、权责法定、执法严明、公开公正、智能高效、廉洁诚信、人民满意的法治政府。"

综上所述,本题答案为B。

2.【解析】A。1787年《美国联邦宪法》由序言和7条文本组成。该宪法的主要内容包括立法权、行政权、司法权、授予各州的权力、宪法修正案提出和通过的程序、强调宪法和根据宪法制定的法律以及缔结的条约是"全国最高法律"、宪法本身的批准问题等,并没有对公民的权利进行规定,故A选项错误。

人民代表大会制度是我国根本政治制度。故B选项正确。

我国《宪法》规定了社会保障、劳动保障、医疗卫生、计划生育、人才培养、社会秩序和安全维护等基本社会制度。故C选项正确。

1982年《宪法》作为我国的现行宪法,政治、经济、文化、社会、生态等各方面的基本制度规定得都较为完善,从总纲中的概述、公民的相关权利、国家机构的相关职权三个角度对我国的基本文化制度进行了较为完善的规定。故D选项正确。

综上所述,本题答案为A。

3.【解析】A。《民族区域自治法》第12条第1款规定:"少数民族聚居的地方,根据当地民族关系、经济发展等条件,并参酌历史情况,可以建立以一个或者几个少数民族聚居区为基础的自治地方。"《民族区域自治法》第12条第3款规定:"民族自治地方依据本地方的实际情况,可以包括一部分汉族或者其他民族的居民区和城镇。"可以看出,民族区域自治实际上以少数民族聚居区为基础,是民族自治与区域自治的结合。故A选项正确。

民族自治地方的自治条例和单行条例统一实行事前批准制,自治区一级的自治条例和单行条例由全国人大常委会批准,自治州和自治县的自治条例和单行条例由省级人大常委会批准。因此,全国人大无权审批民族自治区的自治条例和单行条例。故B选项错误。

《民族区域自治法》第20条规定:"上级国家机关的决议、决定、命令和指示,如有不适合民族自治地方实际情况的,自治机关可以报经该上级国家机关批准,变通执行或者停止执行;该上级国家机关应当在收到报告之日起六十日内给予答复。"故C选项错误。

《民族区域自治法》第3条第1款规定:"民族自治地方设立自治机关,自治机关是国家的一级地方政权机关。"民族自治地方的自治机关专指自治区、自治州、自治县的人民代表大会和人民政府,不包括法院和检察院。所以,在民族地方的所有国家机关中,只有人大和政府才属于自治机关,而司法机关仅属于地方国家机关,而不是自治机关。故D选项错误。

综上所述,本题答案为A。

4.【解析】C。国家勋章和国家荣誉称号由全国人大常委会根据国务院、中央军委、委员长会议的议案提请全国人大常委会决定授予。故A选项正确。

人大常委会可以决定全国和部分省市进入紧急状态,而国务院可以决定省级范围内部分地区进入紧急状态。故B选项正确。

根据我国《立法法》第11条的规定,犯罪和刑罚,对公民政治权利的剥夺、限制人身自由的强制措施和处罚,属于法律的绝对保留事项,因此只能由全国人大或全国人大常委会制定法律加以规定,国务院的行政法规无权规定上述事项。故C选项错误。

国务院编制和执行国民经济和社会发展计划和国家预算,由全国人大批准。全国人大闭会期间,全国人大常委会决定计划和预算的部分调整方案。故D选项正确。

综上所述,本题答案为C。

5.【解析】D。地方各级人民政府从属于本级国家权力机关,由国家权力机关产生,向它负责,受它监督。同时,地方各级人民政府还要服从上级人民政府的领导。A选项错误。

审计机关在国务院总理领导下,依照法律规定,独立行使审计监督权,不受其他行政机关、社会团体和个人的干涉。同时,审计机关采用双重领导体制,即地方各级审计机关对本级政府和上一级审计机关负责。B选项错误。

乡政府不设工作部门。县级以上地方各级政府经过上一级政府批准,可以设立工作部门。C选项错误,D选项正确。

综上所述,本题答案为D。

6.【解析】B。《监察法》第3条规定:"各级监察委员会是行使国家监察职能的专责机关,依照本法对所有行使公权力的公职人员(以下称公职人员)进行监察,调查职务违法和职务犯罪,开展廉政建设和反腐败工作,维护宪法和法律的尊严。"故A选项正确。

监察委员会对全国人民代表大会及其常务委员会负责,并接受监督。县级以上地方各级监察委员会对本级人民代表大会及其常务委员会和上一级监察委员会负责,并接受监督。故B选项错误。

《监察法》第63条规定:"监察机关通过设立内部专门的监督机构等方式,加强对监察人员执行职务和遵守法律情况的监督,建设忠诚、干净、担当的监察队伍。"故C选项正确。

《宪法》第127条第2款规定:"监察机关办理职务违法和职务犯罪案件,应当与审判机关、检察机关、执法部门互相配合,互相制约。"故D选项正确。

综上所述,本题答案为B。

7.【解析】B。司法权的性质是判断权,司法具有解决纠纷的直接功能,故解决纠纷是司法制度的普遍性特征。司法的直接功能是解决纠纷,间接功能是调整社会关系、人权保障、解释和补充法律、形成公共政策、秩序维持、文化支持等。故A选项正确,B选项错误。

司法人员不得向当事人、律师、特殊关系人、中介组织借款,租借房屋,借用交通工具、通讯工具或者其他物品。故C选项正确。

司法人员原则上只能在工作场所与当事人接触,必须要出去会见当事人,应当提前获得单位批准。偶然遇见当事人的,应当在3日内向单位纪检部门报备。故D选项正确。

8.【解析】B。我国专门法院包括军事法院、金融法院、海事法院和知识产权法院,海事法院的地位相当于中级人民法院。故A选项错误。

《人民法院组织法》第42条第2款规定,最高人民法院巡回法庭庭长、副庭长,由最高人民法院院长提请全国人民代表大会常务委员会任免。故B选项正确。

合议庭对其审判的案件的事实认定和法律适用负责。合议庭评议案件应当按照多数人的意见作出决定,少数人的意见应当记入笔录。评议案件笔录由合议庭全体组成人员签名。故C选项错误。

审判委员会只应当讨论决定重大、疑难、复杂案件的法律适用,审判委员会讨论案件的决定,合议庭应当执行。故D选项错误。

9.【解析】B。小明律师在短视频平台发布自己制作的法律类视频,进行的是提供法律咨询、诉讼代理等一系列的法律服务,并不会干扰到正常的诉讼和仲裁程序,故A项说法错误,不选。

《律师和律师事务所违法行为处罚办法》第6条规定:"有下列情形之一的,属于《律师法》第四十七条第二项规定的律师'以不正当手段承揽业务的'违法行为:……(三)以对本人及所在律师事务所进行不真实、不适当宣传或者诋毁其他律师、律师事务所声誉等方式承揽业务的……"本案中,小明律师在宣传视频中以法律服务中心的名义进行宣传,而并没有以明镜律师事务所的名义,会导致观看群体产生错误认知,属于违法行为,故B项正确,当选。

《律师执业行为规范(试行)》第12条第1款规定:"律师在执业期间不得以非律师身份从事法律服务。"本案中,小明律师没有以律师身份从事法律服务的行为不当。故C项错误,不选。

专职律师违规兼职包括以下情形:专职律师在执业期间担任党政机关、人民团体、事业单位、社会团体在编工作人员(兼职律师除外);担任企业的法定代表人、董事(不含外部独立董事)、监事(不含外部独立监事)、高级管理人员或者员工;与律师事务所以外的其他单位签订劳动合同或形成劳动关系的;在律师事务所以外的其他单位参加全日制工作的(律师事务所接受委托并指派本所律师到相关单位提供法律服务的除外)。本案中,小明律师作为专职执业律师在法律服务中心提供法律服务的做法错误,故D项错误,不选。

10.【解析】B。先秦的奴隶制五刑以肉刑为中心,包括墨(刺字)、劓(割鼻)、刖(断足)、宫(男性去势,女性幽闭)、大辟(死刑)。故A选项内容正确,不当选。

死刑复奏制度,是指奏请皇帝批准执行死刑判决的制度。北魏太武帝时正式确立这一制度,为唐代的死刑三复奏打下了基础。这一制度的建立既加强了皇帝对司法审判的控制,又体现了皇帝对民众生命的重视。故B选项内容错误,当选。

唐代的三法司中,大理寺主审判,刑部主复核,御史台主监察。故C选项内容正确,不当选。

《大明律》强调"重其所重,轻其所轻"原则。该原则指的是贼盗及有关钱粮等事,明律较唐律处刑为重,且扩大株连范围。典礼及风俗教化等一般性犯罪,明律处罚轻于唐律。故D选项内容正确,不当选。

11.【解析】B。商鞅的"改法为律"强调法律规范的普遍性,是古代法律观念上的一大进步。故A选项内容正确,不当选。

汉代文帝最先废除肉刑,故B选项内容错误,当选。

唐律是中国传统法典的楷模与中华法系形成的标志,在中国法制史上具有继往开来、承前启后的重要地位。唐朝承袭秦汉立法成果,吸收汉晋律学成就,使唐律表现出高度的成熟性。唐律因具有传统法律的典型性,对宋元明清产生了深刻影响。故C选项内容正确,不当选。

在法典编纂形式上,修律改变了中国传统的"诸法合体"的形式,明确了实体法之间、实体法与程序法之间的差别,分别制定、颁行或起草了有关宪法、刑法、民法、商法、诉讼法、法院组织法等方面的法典或法规,形成了近代法律体系的雏形。故D选项正确,不当选。

12.【解析】A。客观目的解释指着重于社会效果的预测和社会利益的衡量,根据各种社会因素对法律规范的社会目的和社会效益进行解释。"对法律最好的解释是法律本身"这句话表明了法律条文独立于立法者的立法目的所展现出来的独立的客观目的,即法律自身所具有的客观价值和目的,因此,A项正确。

立法机关制定法律后,有多种方式解释法律。既有对法律本身进行的解释,也有对脱离法律之外的解释。这不冲突,如立法者目的解释就需要根据参与立法的人的意志或立法资料揭示某个法律规定,或者说将对某个法律规定的解释建立在参与立法的人的意志或立法资料的基础上,因此B项错误。

立法是指有立法权的国家机关按照法定的职权和程序,创制、修改、补充、认可和废止法律的活动。立法过程中对草案条文的任何表述都是为了说明创制该法条的缘由,其和法律公布生效后对其进行的解释并不相同,故C项错误。

法律解释的方法有多种,不同的解释方法担负的功能各异,如文义解释和主观目的解释最大限度地限制解释者的自由裁量,体系解释能够避免因孤立看待单一条文而导致法律体系内部的冲突等。同一事件中使用不同法律解释方法得出的结论可能并不相同,甚至冲突,故D项错误。

综上所述,本题答案为A。

13.【解析】A。根据《关于建立健全禁止法官、检察官与律师不正当接触交往制度机制的意见》第3条第1项和第5项的规定,禁止法官、检察官在案件办理过程中,非因办案需要且未经批准在非工作场所、非工作时间与辩护、代理律师接触。非因工作需要且未经批准,擅自参加律师事务所或者律师举办的讲座、座谈、研讨、培训、论坛、学术交流、开业庆典等活动;以提供法律咨询、法律服务等名义接受律师事务所或者律师输送的相关利益。A项中并非在办案过程中接触,也并未言明是在律所或者律师举办的讲座、座谈、研讨等活动中进行,故A项做法不违反职业道德,当选。

根据《关于建立健全禁止法官、检察官与律师不正当接触交往制度机制的意见》第3条第5项的规定,禁止法官、检察官与律师以提供法律咨询、法律服务等名义接受律师事务所或者律师输送的相关利益。故B项做法违反法律职业道德,不当选。

根据《关于建立健全禁止法官、检察官与律师不正当接触交往制度机制的意见》第3条第3项的规定,严禁法官、检察官与律师有下列接触交往行为:为律师介绍案件;为当事人推荐、介绍律师作为诉讼代理人、辩护人;要求、建议或者暗示当事人更换符合代理条件的律师;索取或者收受案件代理费用或者其他利益。C项中赵检察官向监护人推荐自己熟悉的律师,明显违反了上述规定。因此C项违反了法律职业道德,不当选。

根据《关于建立健全禁止法官、检察官与律师不正当接触交往制度机制的意见》第3条第2项的规定,禁止法官、检察官向律师泄露案情、办案工作秘密或者其他依法依规不得泄露的情况,因此某法官将同事法官的家庭住址和电话告知某律师可能会导致双方的不正当接触和交往,故D项违反法律职业道德,不当选。

综上所述,本题答案为A。

14.【解析】C。由《关于进一步规范法院、检察院离任人员从事律师职业的意见》第4条第2项的规定可知,辞去公职或者退休的人民法院、人民检察院领导班子成员,四级高级及以上法官、检察官,四级高级法官助理、检察官助理以上及相当职级层次的审判、检察辅助人员在离职3年内,其他辞去公职或退休的人民法院、人民检察院工作人员在离职2年内,不得到原任职人民法院、人民检察院管辖地区内的律师事务所从事律师职业或者担任"法律顾问"、行政人员等。又根据同法第4条第3项的规定可知,确因工作需要从事律师职业或者担任律师事务所"法律顾问"、行政人员的,应当及时根据规定将行政、工资等关系转出人民法院、人民检察院,不再保留机关的各种待遇。因此A项中,某检察官在退休5年后,并且未保留退休待遇,并未违反司法工作人员的职业道德规范,不当选。

根据《法官法》第24条的规定,法官的配偶、父母、子女有下列情形之一的,法官应当实行任职回避:(1)担任该法官所任职人民法院辖区内律师事务所的合伙人或者设立人的;(2)在该法官所任职人民法院辖区内以律师身份担任诉讼代理人、辩护人,或者为诉讼案件当事人提供其他有偿法律服务的。B项中某法官的子女在其任职辖区的法律援助中心当志愿者,不属于上述情形之一,因此B项说法并不违反司法工作人员的职业道德规范,不当选。

根据《关于进一步规范法院、检察院离任人员从事律师职业的意见》第4条第1项的规定,被开除公职的人民法院、人民检察院工作人员不得在律师事务所从事任何工作。故C项说法违反了司法工作人员的职业道德规范,当选。

由《司法机关内部人员过问案件的记录和责任追究规定》第7条第1款的规定可知,办案人员如实记录司法机关内部人员过问案件的情况,受法律和组织保护。D项中某法官如实记录其同事向其多次询问某案件的审理关键信息,做法正确,并未向有关纪检部门进行报告的做法不违反法律规定,因此D项不当选。

综上所述,本题答案为C。

15.【解析】D。执法的主体是国家行政机关及其公职人员,执法行为具有主动性和单方面性。本案中,辅警看到有人违法停车,主动进行执法行为,体现了执法的主动性特征。甲不服进行起诉,法院撤销了该处罚,并未体现出法的滞后性特征,故A项错误,D项正确。B项,辅警主动进行执法目的正当,但是其在交警不在场的情形下进行执法,并未遵守法定执法程序,因此,辅警的执法行为合理但是不合法。故B项说法错误。执法效率原则是执法的基本原则,但是执法效率原则建立在合法的基础上,即不能为了效率采用不合法的手段和程序,合法是基础,因此C项说法错误。

综上所述,本题答案为D。

16.【解析】D。民族自治区域内,法院和检察院并不是自治机关,法律并未要求民族自治区域内的法院院长或者检察院检察长必须由区域自治的民族的公民担任。故A、B项错误。

《民族区域自治法》第16条第3款规定:“民族自治地方的人民代表大会常务委员会中应当有实行区域自治的民族的公民担任主任或者副主任。”因此C项错误。根据《民族区域自治法》第17条的规定,自治区主席、自治州州长、自治县县长由实行区域自治的民族的公民担任。故D项正确。

综上所述,本题答案为D。

17.【解析】D。法律行为以当事人的意志为转移,可以进一步分为合法行为与违法行为,检察机关提起公诉是基于甲的违法行为,属于法律行为的一种。故A选项正确。

横向法律关系指平等主体之间形成的法律关系。纵向(隶属)法律关系指不平等主体之间形成的法律关系。在刑事附带民事诉讼中,双方当事人是平等的诉讼主体,双方形成横向法律关系。故B选项正确。调整性法律关系和保护性法律关系是按照法律关系产生的依据、执行的职能和实现规范的内容所作的划分。调整性法律关系是基于人们的合法行为产生的,保护性法律关系是由于违法行为而产生的。本案中,检察机关与甲之间因甲的违法行为形成的关系是刑事法律关系,属于保护性法律关系。故C选项正确。在实体性和程序性法律关系中,实体性法律关系是第一性法律关系(主法律关系),程序性法律关系是第二性法律关系(从法律关系)。故D选项错误。

18.【解析】A。选项A正确。争端在甲国和乙国之间发生,双方可以通过谈判和协商解决争端。至于谈判的方式和秘密性与否,均由争端双方自行确定,法律并没有限制。

选项B错误。考生要注意区别斡旋和调停的区别。斡旋是第三方不实质介入谈判,包括不参与谈判,不提出方案。调停是第三方实质介入谈判,包括参与谈判,或者提出方案。换句话说,斡旋中第三方只负责拉人、组局,不实质性的介入争端的解决。调停则是第三方实质性的介入争端解决中。B项中丙国总统的设宴行为还属于斡旋,但是提出解决方案就过界了,超越了斡旋的范畴,所以是错误的。

选项C错误。参见B项解析,斡旋中第三方是不参与谈判的,主持显然是参与的一种,丙国总统的行为不符合国际法关于斡旋的要求。

选项D错误。平时封锁作为争端解决方法,只能由联合国安理会决定才具有合法性。联合国安理会决定之外的平时封锁是不符合国际法规定的。

综上所述,本题答案为A。

19.【解析】A。A选项正确。国际法院法官对于涉及其国籍国的案件通常不适用回避,除非就任前曾经参与该案件。本题没有说明是否参与的问题,所以不需要回避。最完整的表述是加上“一般”不需要回避,但是不加也可以认为正确。

B选项错误。联合国安理会常任理事国对国际法院法官的人选没有否决权。这个点是联合国安理会选举规则中的特殊规定。

C选项错误。这是《国际法院规约》第4条的规定,属于超纲内容,但由于本题是单选,基本不影响整体判断。根据上述公约,国际法院法官应该从常设公断(仲裁)法院各国团体所提名单之内选举产生。

D选项错误。国际法院的法官必须在联合国大会和联合国安理会都获得绝对多数才可以当选。也就是联合国大会和联合国安理会分别独立选举,都是绝对多数才可以。

大家注意,这个绝对多数究竟是多少,《国际法院规约》并没有明确规定,可以分别参考联合国大会和联合国安理会的相关规则。联合国大会是2/3以上,联合国安理会则是9票。

综上所述,本题答案为A。

20.【解析】A。A项,正当防卫是指制止正在进行的不法侵害。武某假装害怕,宋某虽然放松警惕,但是宋某的不法侵害仍然正在进行。面对正在进行的不法侵害,武某有权实施正当防卫,因此,武某构成正当防卫。A项说法错误。

B项,正当防卫的手段,既可以针对不法侵害人的身体,也可以针对不法侵害人的侵害工具或物品。毁坏其工具或物品成立正当防卫的条件是,能够起到制止正在进行的不法侵害的效果。在本题中,李某毁坏陈某的摩托车,不构成正当防卫。理由是,李某已经甩掉陈某,该摩托车此时不是陈某的侵害工具或物品,陈某并没有使用摩托车实施不法侵害。此时,李某出于泄愤,毁坏陈某的摩托车,不构成正当防卫,而构成故意毁坏财物罪。B项说法正确。

C项,周某的行为对乙构成犯罪。第一,乙也在对周某实施不法侵害,周某强拉乙的行为,也是在制止乙的不法侵害,属于对乙的防卫行为。但是,这种防卫行为导致乙死亡,超出了防卫的必要限度,属于防卫过当,即周某制止乙的不法侵害,可以将乙拉倒、打倒,但不能将乙拉来垫背。将乙拉来垫背,不是制止乙的不法侵害的必要手段。第二,周某将乙拉来抵挡甲的刺杀,属于强迫乙为自己“挡子弹”,属于将乙置于死亡的危险境地,类似于将乙推向火坑,属于故意杀人行为,因此构成故意杀人罪。第三,周某不构成紧急避险。为了救自己的命而牺牲他人的命,不构成紧急避险,而属于避险过当。归纳言之,周某的行为构成防卫过当、避险过当,应负刑事责任,但应从宽处罚,具体罪名是故意杀人罪。因此,C项说法正确。

D项,正当防卫是指制止正在进行的不法侵害。韩某看到许某已经倒地昏迷,表明韩某知道许某已经结束了不法侵害,且丧失了再次侵害的可能性,此时韩某继续防卫,属于事后防卫,而非正当防卫。韩某抡起小板凳砸向许某头部,致其死亡,构成故意杀人罪。D项说法正确。

综上所述,本题答案为A。

21.【解析】D。A项,该案件属于结果的提前发生,即以为投毒6次才能致人死亡,实际上投毒4次便导致死亡。对此主要判断前面的行为是否已经着手实行,如果已经着手实行,则死亡结果属于既遂结果。高某投毒4次,表明其杀人已经着手,进入实行阶段,因此死亡结果属于既遂结果。高某构成故意杀人罪既遂,而非犯罪中止。A项不入选。

B项,甲捅了数刀,以为乙已经死亡,离开现场,此时甲的犯罪行为已经结束,犯意已经消除,表明犯罪已经呈现终局形态,具体而言是犯罪未遂,因为乙实际上未死。B项不入选。

C项,制造毒品罪的既遂标准是制造出来毒品。至于制造出来的毒品数量多少、纯度高低,都不影响既遂的成立。因此,李某构成制造毒品罪既遂,而非犯罪中止。C项不入选。

D项,当犯罪行为已经实行终了,此时要成立犯罪中止,不仅要求自动放弃犯罪,还要求采取防止措施(中止行为),防止了实害结果发生。本题中,宋某的敲诈行为已经终了,要成立犯罪中止,需要采取防止措施,即防止王某遭受财产损失。宋某采取了防止措施,虽然王某仍然打了钱,但宋某及时退还,防止了王某遭受实际的财产损失。因此,宋某构成犯罪中止。注意,在此不能认为"宋某的账户收到钱了,因此宋某构成犯罪既遂",因为宋某此时没有收钱的意思,没有非法占有王某钱财的目的。敲诈勒索罪的既遂,要求实现非法占有他人财物的目的,非法取得他人财物。D项入选。

综上所述,本题答案为D。

22.【解析】A。A项,(1)甲乙殴打丙致其昏迷后,以为丙已经死亡,准备打扫现场。此时,甲乙的故意杀人罪的共同犯罪便呈现终局形态,即杀人的行为已经彻底结束,杀人的犯意也彻底消除。然后找终局形态的下位概念,具体而言是犯罪未遂,因为实际上丙未死。至此,二人的共同犯罪便已经结束了。

(2)乙发现丙未死,故意杀死丙,构成故意杀人罪既遂,与自己先前的故意杀人罪未遂没必要并罚,因为指向的是同一个被害对象,重刑吸收轻刑,以故意杀人罪既遂论处。

(3)对于乙的第二次杀人,甲不用负责。因为甲只是让乙打扫现场,并未交代"若丙未死,便杀死丙"。乙的第二次杀人属于自己个人的行为,甲对此不用负责。

(4)有人可能认为,甲一开始想杀丙,乙杀了丙,符合甲的心愿,因此甲应负责。然而,不能泛泛地根据主观心愿"算账"。甲一开始是想杀丙,但甲杀丙的行为已经在第一个阶段终局了,一旦终局(犯罪未遂),便表明甲的故意杀人罪已经彻底结束。

(5)乙的行为不属于事前故意(结果的推迟发生),因为事前故意的行为模型是"甲要杀乙,将乙打成重伤昏迷"(前行为)+"以为乙死亡,便将乙扔进河里,致乙死亡"(后行为),其中后行为是过失致人死亡。而本题中,乙的后行为是故意杀人。因此,不能套用事前故意的分析结论。A项说法错误。

B项,甲、乙构成抢劫罪的共同犯罪。乙构成实行阶段的犯罪中止。在预备阶段,甲虽然未能着手实行,但是当共同正犯乙着手实行后,甲的犯罪形态便只能在实行阶段找。由于甲没有自动放弃犯罪,所以不能定犯罪中止,即乙的中止效力不能及于甲乙的中止,对于甲而言,乙的中止属于甲意志以外的原因。甲出于意志以外原因而未能得逞,构成犯罪未遂。B项说法正确。

C项,甲乙使用暴力,表明抢劫罪已经着手实行,进入实行阶段。在实行阶段,乙构成犯罪中止。乙的中止效力不能及于甲,甲没有自动放弃的意愿。乙的中止,对于甲而言属于甲意志以外的原因。甲出于意志以外原因而未能得逞,构成犯罪未遂。C项说法正确。

D项,(1)乙构成故意杀人罪的实行犯(直接正犯)。乙产生了同一犯罪构成内的对象认识错误,这种认识错误不重要,即乙看到一个人,就朝其开枪,显然构成故意杀人罪,并且既遂。(2)乙的杀害对象是特定对象,即仇人丙。甲欺骗乙,使乙产生认识错误,如果乙知道前方不是丙,则不会开枪。因此,甲的欺骗对乙形成了支配力,甲构成故意杀人罪的间接正犯。传统理论认为,间接正犯是单独犯罪的现象,与被利用人不能构成共同犯罪,但这种说法过于绝对。本题中,甲和乙就故意杀人罪构成共同犯罪,甲是间接正犯,乙是直接正犯。D项说法正确。

综上所述,本题答案为A。

23.【解析】D。A项,脱逃罪,是指依法被关押的罪犯、犯罪嫌疑人、被告人脱逃的行为。甲是依法被关押的犯罪嫌疑人,构成脱逃罪。A项说法错误。

B项,司法解释规定,犯罪分子通过贿买、暴力、胁迫等非法手段,或者被羁押后与律师、亲友会见过程中违反监管规定,获取他人犯罪线索并"检举揭发"的,不能认定为有立功表现。其中的"贿买"是指向国家工作人员行贿,从国家工作人员处购买犯罪线索。甲向乙购买,不属于贿买。甲对乙没有实施暴力、胁迫等非法手段,因此甲提供的犯罪线索,构成立功。B项说法错误。

C、D项,关于逃跑后又回来,总结如下:模型一,甲犯A罪后,被动归案,不成立自首。甲后又逃跑,构成脱逃罪。甲后又回来。甲不构成A罪的自首。甲构成脱逃罪的自首。模型二,甲犯A罪后,自动投案,如实供述,成立自首。甲后又逃跑,撤销自首,并且逃跑行为构成脱逃罪。甲后又回来。一方面恢复A罪的自首,另一方面构成脱逃罪的自首,想象竞合。本题中,甲针对诈骗罪不构成自首,但针对脱逃罪构成自首。C项说法错误,D项说法正确。

综上所述,本题答案为D。

24.【解析】C。A项,王某将陈某骗至万某家,过程中没有剥夺陈某的人身自由,不属于非法拘禁行为。A项说法正确。

B项,成立拐卖妇女罪要求有出卖目的,即将妇女作为"商品"予以出卖、收取对价的目的。如果不收取对价,则属于"赠送行为",不属于出卖行为。王某没有收取对价,因此不构成拐卖妇女罪。王某收取的10元只是公交车费,不能被视为将妇女作为商品出卖的对价。由于王某不构成拐卖妇女罪,因此,万某也不构成收买被拐卖的妇女罪。万某属于免费接收,而非收买。根据罪刑法定原则,对王某的行为只能作无罪处理。B项说法正确。

C项,成立教唆犯要求故意引起他人确切的、具体的犯意,而不能仅是抽象的、泛泛的犯意。本题中,陈某对万某称"够你买个老婆了",不属于引起万某确切、具体的犯意,因此不构成教唆犯。C项说法错误。

D项,抢劫罪是指带着非法占有他人财物的目的,对他人实施足以压制反抗的强制手段。这种强制手段包括暴力、胁迫及其他方法。其他方法包括昏醉抢劫和拘禁型抢劫。万某扣留陈某,属于拘禁行为,足以压制陈某的反抗,属于拘禁型抢劫,构成抢劫罪。D项说法正确。

综上所述,本题答案为C。

25.【解析】A。A、B项,丙从乙处偷到车,便构成盗窃罪既遂。犯罪形态都是终局形态,因此相互之间是排斥关系,而非并存关系。一旦成立既遂,便不可能成立中止。因此,A项说法正确,B项说法错误。

C项,敲诈勒索罪的实行行为是恐吓行为,恐吓行为的模型是,以恶害相通告,使对方产生恐惧心理,对方基于恐惧心理而交付财物。丙向乙提出"按照5000元价格将车卖给你",尚未达到使乙恐惧的程度,因此不属于恐吓行为,不构成敲诈勒索罪。C项说法错误。

D项,成立盗窃罪要求盗窃行为违背被害人(占有人)的意愿。如果占有人同意行为人拿走财物,则行为人不构成盗窃罪。但是注意,这里的被害人是指财物的占有人。因为盗窃罪是指将他人占有的财物非法地转移占有,不要求将他人所有且占有的财物转移占有。本题中,丙的盗窃行为的被害人是乙,因为乙是财物的占有人。丙的行为显然违背了乙的意愿,所以构成盗窃罪。虽然甲是财物的所有权人,但是甲没有占有财物,所以不是丙的盗窃行为的直接被害人,所以是否违背甲的意愿并不重要。D项说法错误。

综上所述,本题答案为A。

26.【解析】D。甲的预定目标是乙,实害对象是丙,甲对丙的死亡持过失心理,因为甲是不慎击中丙的。因此,甲的行为属于打击错误。甲对乙的身份并未产生认识错误,所以不是对象错误。

根据具体符合说,甲对乙构成故意杀人罪未遂;甲对丙构成过失致人死亡罪,由于甲的手段是为了抢劫,所以甲构成抢劫罪(过失)致人死亡;想象竞合,择一重罪论处,定抢劫罪(过失)致人死亡。

根据法定符合说,甲对乙构成故意杀人罪未遂;甲对丙在事实上是过失致人死亡,但拟制为故意杀人罪既遂,由于甲的手段是为了抢劫,所以甲构成抢劫罪(故意)致人死亡;想象竞合,择一重罪论处,定抢劫罪(故意)致人死亡。

A、B项说法均错误。A项错在"按照法定符合说,甲对丙的死亡承担过失责任"。B项错在"甲属于对象错误"。

C项,偶然防卫是指客观上在制止不法侵害,但主观上没有认识到自己在制止不法侵害。如果丙正在实施不法侵害,则甲击中丙属于偶然防卫。但是,本题中丙没有实施不法侵害,因此甲不属于偶然防卫。C项说法错误。

D项说法正确。具体符合说认为,甲构成抢劫罪(过失)致人死亡。法定符合说认为,甲构成抢劫罪(故意)致人死亡。但二者都同意甲构成抢劫罪致人死亡。

综上所述,本题答案为D。

27.【解析】C。A项,(1)转化型抢劫罪要求"当场"使用暴力,即前面的盗窃行为与后面的暴力行为要具有时间上的紧密联系性。本题中相隔时间太久,不属于当场使用暴力,不能转化为抢劫。(2)转化型抢劫要求盗窃、诈骗、抢夺罪进入着手实行阶段。本题中甲第二次盗窃尚处在预备阶段,因此不能转化抢劫。甲的第二次行为构成盗窃罪犯罪预备和故意伤害罪的想象竞合,择一重罪论处,定故意伤害罪,然后与第一次盗窃罪并罚。所以,A项说法错误。

B项,(1)转化型抢劫罪的"当场"是指时间上的当场性,而非空间上的当场性,因此,持续追捕,即使追出一段距离,此时使用暴力,也属于当场使用暴力。因此,甲转化为抢劫罪。(2)"在公共交通工具上抢劫"属于抢劫罪的法定刑升格条件,该条件要求在公共交通工具上使用暴力。由于甲是下了公交车后实施暴力,因此不构成"在公共交通工具上抢劫"。B项说法错误。

C项,甲犯盗窃罪后,刚出门便被发现并使用暴力,构成转化型抢劫罪。关于转化型抢劫罪的既遂标准,多数说认为,以前三罪(盗窃、诈骗、抢夺)为准,前三罪既遂了,转化型抢劫罪便既遂;前三罪未遂,则转化型抢劫罪未遂。少数说认为,只有使用暴力后最终取得财物,才构成转化型抢劫罪既遂。本题问唯一答案,应以多数说为准,甲构成转化型抢劫罪既遂。C项说法正确。

D项,甲的盗窃行为与暴力行为相隔太久,不具有时间上的当场性,因此不转化为抢劫。甲构成盗窃罪和故意伤害罪,应数罪并罚。D项说法错误。

综上所述,本题答案为C。

28.【解析】B。第一,侵占罪的行为结构是,将他人所有、自己占有的财物,变成自己所有。乙将新稻谷交给甲加工,新稻谷便由甲占有,甲将新稻谷据为己有,属于将乙所有、自己占有的财物变成自己所有,构成侵占罪。

第二,甲用陈年大米冒充新大米,交付给乙,属于通过欺骗方式免除返还新大米的义务,属于诈骗财产性利益,构成诈骗罪。

由于甲的前后两个犯罪给乙只造成一份财产损失,甲也仅获得一份好处,因此对前后两个犯罪不需要并罚。根据重罪吸收轻罪的原理,以诈骗罪论处。

综上所述,本题答案为B。

29.【解析】D。A项,马某扔的是燃烧的蜂窝煤,具有危及多数人的可能性,危害了公共安全,有引发火灾危险,构成放火罪。同时马某也构成高空抛物罪,两罪想象竞合,择一重罪论处,定放火罪。如果马某扔的是酒瓶子,没有危及多数人的可能性,则不构成危害公共安全犯罪,而构成高空抛物罪;如果过失致人死亡,则同时构成过失致人死亡罪,与高空抛物罪想象竞合。A 项说法正确。

B 项,妨害安全驾驶罪,是指对行驶中的公共交通工具的驾驶人员使用暴力或者抢控驾驶操纵装置,干扰公共交通工具正常行驶的行为。基于此,李某构成妨害安全驾驶罪。B 项说法正确。

C 项,陈某的行为构成妨害安全驾驶罪。该行为不构成交通肇事罪,因为成立交通肇事罪,要求造成一人死亡,或者三人重伤,或者一人重伤并且有严重情节。而陈某的行为仅导致多人轻伤,未导致一人重伤。C 项说法正确。

D 项,第一,破坏交通工具罪要求破坏的交通工具是火车、汽车、电车、船只、航空器,摩托车不属于这些交通工具。第二,成立破坏交通工具罪,要求危害公共安全,并且达到一定的严重程度,因为该罪属于重罪。破坏个人骑行的电瓶车或摩托车,危害程度不高,不成立破坏交通工具罪。所以,朱某不构成破坏交通工具罪。如果摩托车价值数额较大,则朱某构成故意毁坏财物罪。如果导致行人受到轻伤,则朱某构成故意伤害罪,属于间接故意。D 项说法错误。

综上所述,本题答案为 D。

30.【解析】C。A、B 项,根据《刑法》第 219 条的规定,以盗窃、贿赂、欺诈、胁迫、电子侵入或者其他不正当手段获取权利人的商业秘密,情节严重的,构成侵犯商业秘密罪。张某是教唆犯,梁某是直接正犯。A、B 项说法正确。

C 项,胁从犯,是指被胁迫参加犯罪的人。如果行为人身体完全被强制或意志自由完全被剥夺,则不构成胁从犯,符合紧急避险条件的,可以成立紧急避险。梁某拿出电锯威胁田某,不答应便用电锯锯死田某。田某已经被压制了反抗,意志自由完全被剥夺,因此不构成胁从犯,并且构成紧急避险,因为田某为了保护较大法益(自己的生命),不得已损害了较小法益(乙工厂的技术秘密)。C 项说法错误。

D 项,梁某、张某的手段既包含贿赂,也包含胁迫,即这两种手段不是对立排斥关系,可以并存。不能因为存在胁迫,便否定贿赂手段。因此,二人构成对非国家工作人员行贿罪。田某收了钱,构成非国家工作人员受贿罪。这种受贿属于事后型受贿,即在提供了技术秘密后,田某收钱,属于收取对价(不正当报酬)。D 项说法正确。

综上所述,本题答案为 C。

31.【解析】A。A 项,生产、销售有毒、有害食品罪中的食品包括未经加工的原始食材,如打捞有毒的鱼并出售。因此,钱某构成销售有毒、有害食品罪。A 项说法正确。

B 项,生产、销售有毒、有害食品罪是选择性罪名,可以分解出生产有毒、有害食品罪。这里的"生产"要求具有销售的目的,即带着销售目的而生产。单纯为了自用或其他用途而生产有毒、有害食品,不构成生产有毒、有害食品罪。因此,李某不构成生产有毒、有害食品罪,仅构成故意杀人罪。B 项说法错误。

C 项,根据法条规定,生产、销售有毒、有害食品罪,是指在生产、销售的食品中掺入有毒、有害的非食品原料。虽然赵某掺入了非食品原料,但是未能检测出有毒、有害物质,因此不属于掺入有毒、有害的非食品原料,所以不构成生产、销售有毒、有害食品罪。C 项说法错误。

D 项,孙某用工业甲醇冒充白酒出售,构成生产、销售有毒、有害食品罪。该罪与投放危险物质罪不是对立排斥关系,而是可以想象竞合。生产、销售有毒、有害食品罪是行为犯(抽象危险犯),投放危险物质罪是具体危险犯。孙某的行为导致数人中毒,表明已经对公众产生了实害结果,因此构成投放危险物质罪。两罪想象竞合,择一重罪论处。D 项说法错误。

综上所述,本题答案为 A。

32.【解析】D。A 项,洗钱罪是故意犯罪,要求明知是上游犯罪的犯罪所得。删除"明知"并不能改变这一结论。实际上,大多数故意犯罪的条文中并没有"明知"的表述。A 项说法错误。

B 项,(1)《刑法修正案(十一)》增设规定,上游犯罪的行为人自己为自己洗钱,也构成洗钱罪。(2)虽然洗钱罪的条文在描述上游犯罪时,没有"财产犯罪"的字眼,但并不意味着财产犯罪不能成为洗钱罪的上游犯罪。例如,上游犯罪有金融诈骗罪,该罪本质上是财产犯罪。又如,上游犯罪有黑社会性质的组织犯罪,其中包括该组织实施的各种犯罪,如该组织实施的财产犯罪。这种财产犯罪也能成为洗钱罪的上游犯罪。行为人自己对这种财产犯罪的犯罪所得进行洗钱,构成洗钱罪。B 项说法错误。

C 项,(1)洗钱罪的成立,应当以上游犯罪的犯罪事实成立为认定前提。(2)上游犯罪的犯罪事实已经查证属实,但对上游犯罪在程序上尚未审判的,不影响对洗钱罪的审判。C 项说法错误。

D 项,上游犯罪的追诉时效与洗钱罪的追诉时效互不干扰,"各算各的账"。D 项说法正确。

综上所述,本题答案为 D。

33.【解析】D。A 项,案件由二审法院发回一审法院重审的,一审法院应当另行组成合议庭,小林作为书记员,仍可继续参加本案的审理记录工作,A 项说"小林不能再担任本案书记员"错误。

B、C 项,王某曾审理过该案,案件被二审法院发回重审后,王某不得再担任本案的合议庭组成人员,也不能再参与本案的审理工作。审判委员会讨论案件,也属于审判活动的一部分,王某作为一审法院的审判委员会委员,不得参与该案的讨论,更不能参加表决。故 B、C 项错误。

D 项,案件被二审法院发回一审法院重新审理的,一审法院应当开庭审理，D 项正确。

综上所述，本题答案为 D。

34.【解析】D。A 项，宫某涉嫌绑架杀人，可能被判处无期徒刑或者死刑，属于应当提供法律援助（盲精未，无死缺）的对象，公安机关应当通知法律援助机构指派律师为其提供辩护，A 项错误。

B 项，对于值班律师介入的案件，犯罪嫌疑人有权申请会见值班律师。值班律师若要主动会见犯罪嫌疑人，则需要经过办案机关的许可。B 项说值班律师可“主动为其提供法律咨询”，缺少了“经办案机关允许”这一前提条件，B 项错误。

C 项，值班律师是法律援助制度的新发展，为符合条件的犯罪嫌疑人、被告人提供公益法律服务。若值班律师会见犯罪嫌疑人后可以接受委托转为辩护人，可能有些值班律师在会见时会尽力说服犯罪嫌疑人、被告人委托自己，如此一来，公益法律服务变成了案源拓展活动，这与设计值班律师制度的初衷相悖。因此，值班律师会见宫某，不可接受委托成为其辩护人，C 项错误。

D 项，为了保证有效辩护，在法律援助中，对于可能被判处无期徒刑、死刑的人，应当由具有一定刑辩执业经历的律师担任辩护人，根据《法律援助法》第 26 条的规定，要求具有 3 年以上相关执业经历，D 项正确。

综上所述，本题答案为 D。

35.【解析】A。本题中，杨某涉嫌醉酒驾驶机动车，可能构成危险驾驶罪。若对杨某定罪，需要具备两方面关键证据：(1)证明杨某每百毫升血液中酒精含量 80 毫克以上的证据；(2)证明杨某驾驶车辆为机动车的证据。

A 项，杨某的血液样本被污染，导致无法证明杨某每百毫升血液中酒精含量是否达到 80 毫克以上，必然导致案件事实不清、证据不足，A 项正确。

B 项，对杨某入罪的关键在于醉酒驾驶机动车，杨某和宋某谁对碰撞事故承担主要责任与杨某是否构成犯罪无关，B 项错误。

C 项，杨某醉酒驾驶机动车，可能构成危险驾驶罪。至于杨某对“机动车”能否充分认识，与杨某是否构成犯罪无关，C 项错误。

D 项，杨某需要醉酒驾驶机动车才会构成危险驾驶罪，但杨某驾驶的电动自行车属于非机动车，杨某的行为不能被定性为犯罪行为，即没有犯罪事实发生，检察院应当据此对杨某作出法定不起诉决定而非存疑不起诉决定，D 项错误。

综上所述，本题答案为 A。

36.【解析】B。A 项，张某到公安机关报案，无论公安机关是否有管辖权，都应当接受。A 项说“公安机关不予接受”是错误的。

B 项，自诉案件共分三类，重婚案属于第二类自诉案件，既可由公安机关立案侦查，也可由被害人向法院提起自诉。因此，张某到公安机关报案，公安机关发现属于重婚案件，应当告知张某可以向法院提起自诉。当然，若张某坚持由公安机关处理，公安机关应当受理。B 项正确。

C 项，张某对李某提起自诉时，法院已告知张某可以对唐某提起自诉并告知其放弃告诉的法律后果。这个后果就是，一旦张某放弃起诉唐某，法院对李某宣告判决后，张某又对唐某就重婚事实提起自诉的，法院不予受理，C 项说“法院应当受理”是错误的。

D 项，无论是公诉案件还是自诉案件，当事人申请法院调查取证存在一个规律，那就是法院肯定不会“一触即发”，法院会审查“必要性”，有必要的才会调取，没必要的不会调取。D 项说张某“申请法院调取的，法院应当及时调取”是错误的。

综上所述，本题答案为 B。

37.【解析】A。A、B 项，某市中级人民法院二审后将案件发回某县法院重审，某县人民法院判甲 6 年有期徒刑，某县人民检察院抗诉，某市中级人民法院再次二审。此时，甲不受上诉不加刑原则的保护，某市中级人民法院可以加重甲的刑罚，即可判甲重于 6 年有期徒刑。申言之，鉴于检察院认为一审判 6 年有期徒刑有错，某市中级人民法院二审可以对甲改判重于 6 年有期徒刑。又鉴于甲被某县人民法院第一次判 8 年有期徒刑后上诉，甲受到上诉不加刑原则的保护，某市中级人民法院二审不可以对甲改判重于 8 年有期徒刑。简言之，某市中级人民法院经过二审，可以对甲判处重于 6 年有期徒刑但不得重于 8 年有期徒刑。故 A 项对，B 项错。

C、D 项，某县人民检察院抗诉，甲不受上诉不加刑原则的保护，无论定甲何罪，量刑上均可超过某县人民法院对甲判处的 6 年有期徒刑，因此 C 项说“量刑不能超过 5 年”、D 项说“量刑不能超过 6 年”均错误。

综上所述，本题答案为 A。

38.【解析】B。A 项，辩护权是被告人及其辩护人的基本诉讼权利，即使最高人民法院核准唐某死刑，华某仍可向最高人民法院提交辩护意见。此外，华某也可以接受唐某委托，代为向最高人民法院或者最高人民检察院提出申诉。A 项说华某不能再为唐某进行辩护是错误的。

B 项，法律援助辩护的存在是以被告人没有委托辩护为前提的，唐某自己委托律师后，法律援助辩护人应退出诉讼程序，B 项正确。

C 项，若孙某还实施了其他犯罪，便意味着可能还有同案犯没有落网，可能还有被害人未被发现，可能还有巨额赃款有待追缴等，基于司法公正的需要，最高人民法院应当裁定不予核准死刑，将案件撤销原判，发回重审。C 项说最高人民法院应裁定继续执行死刑是错误的。

D 项，存在两处错误：一是时间错误，应在“复核死刑案件时”，不是“核准死刑并签发死刑执行命令后”；二是指派单位错误，应当“通知司法部法律援助中心指派”，不是“通知原审法院为孙某指派”。

综上所述，本题答案为 B。

39.【解析】B。A 项，辩护人提交的小王家庭情况的材料与小王是否实施犯罪没有关联，不能作为证据使用，更不能成为定案根据，只能作为法官的办案参考，A 项错误。

B 项，审判阶段，被取保候审的未成年被告人若无法提供保证人，法院应当指定合适成年人作为保证人，必要时可以安排小王接受社会观护，即由专门观护组织在诉讼期间对小王进行辅导、监督、观察、矫正、保护、管束，以达到改善行为、预防再犯、保证诉讼顺利进行的目的，B 项正确。

C 项，审理未成年被告人案件中的人民陪审员，可以从熟悉未成年人身心特点、关心未成年人保护工作的人民陪审员名单中选取，但应当“随机抽取”，不可“直接指定”，C 项错误。

D 项，本题中，小李、小王共同抢劫，虽然小李被检察院酌定不起诉，但小李仍然实施了抢劫行为，与小王系同案犯罪嫌疑人。小李具有当事人身份，不可作为证人，D 项错误。

综上所述，本题答案为 B。

40.【解析】B。A 项，精神病强制医疗程序中的被申请人或者被告人可以委托或者被法律援助机构指派诉讼代理人。因此，A 项说为叶某指派辩护人是错误的。

B 项，叶某是依法不负刑事责任的精神病人，无须承担刑事责任，属于《刑事诉讼法》第 16 条第 6 项中“其他法律规定免予追究刑事责任的”情形，公安机关应当对叶某撤销案件，B 项正确。

C 项，基层人民法院即可审理强制医疗程序，某县人民检察院可以向某县人民法院申请强制医疗，无须移送某市人民检察院，C 项错误。

D 项，对实施暴力行为的精神病人，公安机关可以对其采取临时保护性约束措施，检察院和法院无权采取。因此，D 项错误。

综上所述，本题答案为 B。

41.【解析】A。黄某在高铁运行中实施盗窃，但并未在列车运行途中被抓获，其行为应由负责该列车乘务的铁路公安侦办，由该公安机关对应的审判铁路运输刑事案件的法院审判，A 项正确。

综上所述，本题答案为 A。

42.【解析】B。A 项，边某死亡，公安机关对司某撤销案件，边某的近亲属可以通过向法院提起自诉（第三类自诉：公诉转自诉）的方式寻求救济，A 项正确。

B 项，犯罪嫌疑人、被告人存在违法犯罪事实，只是因“显著轻微、超过时效、特赦免刑、没有告诉、已经死亡”等不再追究刑事责任。若犯罪嫌疑人、被告人没有犯罪事实，对其当然不需要追究刑事责任，但这不属于《刑事诉讼法》第 16 条调整。本案中，司某驾车碾压边某的事实被定性为意外事件，司某没有违法犯罪事实，公安机关撤销案件与《刑事诉讼法》第 16 条无关，B 项错误。

C 项，为了查清司某在驾车时能否看到躺在地上的边某，必要时可以进行侦查实验。进行侦查实验，为了保证办案的客观、公正，应当全程录音录像，C 项正确。

D 项，公安机关作出撤销案件决定后，应当告知司某和边某，但鉴于边某已经死亡，为了方便被害人一方寻求救济，公安机关应当将撤销案件的决定告知边某近亲属，D 项正确。多说一句，假设边某没有死亡，公安机关只需将撤销案件的决定告知司某和边某，无须告知边某近亲属。

综上所述，本题答案为 B。

43.【解析】D。A 项，解题关键词是“自杀”“休庭”。在审判阶段，被告人死亡的，法院应当裁定终止审理，若现有证据能够认定被告人无罪，应当判决无罪。本题中，孟某在审判阶段自杀，法庭应当裁定终止审理或者判决无罪，不应适用休庭，A 项错误。

B 项，解题关键词是“口头补充”“起诉书中没有”“中止审理”。公诉人当庭发表与起诉书不同的意见，属于补充起诉的，法院应当要求检察院在指定时间内以书面方式提出；必要时，可以宣布休庭。可见，B 项说法院裁定中止审理是错误的。

C 项，解题关键词是“新型冠状病毒”“延期审理”。在我国刑事诉讼活动中，中止审理一般适用于人力不可控的“天灾人祸”情形，如审理中被告人脱逃、重病，或者发生自然灾害导致庭审无法继续进行等。但延期审理一般适用于诉讼程序自身的原因，如需要重新鉴定、补充侦查等情形。本题中，赵某因接触新型冠状病毒感染者被隔离，属于不可抗力，法院可以裁定中止审理，但不能适用延期审理，故 C 项错误。

D 项，解题关键词是“公诉人在法院工作”“回避”“休庭”。当事人申请出庭的检察人员回避，法院认为属于法定回避理由的，应当决定休庭，并通知检察院尽快作出决定。本题中，被告人关某申请公诉人回避，理由是公诉人在法院工作，属于“身份不当”的法定回避理由，法院应当决定休庭，D 项正确。

综上所述，本题答案为 D。

44.【解析】C。A 项，法院审理减刑案件，罪犯积极履行赔偿义务的，认定有悔改表现时可从宽掌握。确有履行能力而不履行或者不全部履行赔偿义务的，认定有悔改表现时可从严掌握。本题中，刘某服刑期间积极退赔众多被害人损失，在认定悔改表现时可从宽掌握，A 项错误。

B 项，法院审理减刑案件可以不开庭审理，但如果罪犯系职务犯罪罪犯，组织、领导、参加、包庇、纵容黑社会性质组织罪犯，破坏金融管理秩序罪犯或者金融诈骗罪犯，法院应当开庭审理。本题中，刘某因非法吸收公众存款罪被判刑，属于破坏金融管理秩序罪犯，法院应当开庭审理刘某减刑案件，B 项错误。

C 项，开庭审理应当在罪犯刑罚执行场所或者法院确定的场所进行，有条件的法院还可以采取视频开庭的方式进行。故 C 项正确。

D 项，罪犯是否符合减刑、假释条件，由执行机关提出意见，检察院负责监督。在庭审中，执行机关代表宣读减刑、假释建议书，并说明主要理由。罪犯处于服刑状态，没有自由，没有举证条件，不承担证明责任。因此，D 项错误。

综上所述，本题答案为 C。

45.【解析】A。比例原则有三方面的要求，这三个内涵是分层次的递进关系：

第一，合目的性，是指行政机关行使裁量权所采取的具体措施必须符合法律目的。

第二，适当性，是指行政机关所选择的具体措施和手段应当为法律所必需，结果与措施和手段之间存在正当性。

第三，损害最小，是指行政机关在可以采用多种方式实现某一行政目的的情况下，应当采用对当事人权益损害最小的方式，即行政机关能用轻微的方式实现行政目的，就不能选择使用手段更激烈的方式。通俗地说，能不侵害就不侵害，能少侵害就少侵害。采用非强制手段可以实现行政管理目的的，不得设定和实施行政强制，其实这就是比例原则的体现，A 选项正确，B、C、D 选项错误。

综上，本题答案为 A。

46.【解析】C。本题根据最高人民法院公布的“行政诉讼附带审查规范性文件典型案例”中的“徐某英诉山东省五莲县社会医疗保险事业处不予报销医疗费用案”改编。

(1)如果徐某的丈夫没有死亡，则徐某只具有事实上的利害关系，对于不予报销行为不具有法律上的利害关系。但是，在本案中徐某的丈夫死亡，徐某作为妻子可以像继承财产一样，继受丈夫的复议申请人资格，故徐某可以作为复议申请人申请复议，A 选项错误。

(2)本案被申请复议的具体行政行为“不予报销”是由丙县社会医疗保险事业局作出的，本案复议被申请人自然是丙县社会医疗保险事业局。注意，是具体行政行为决定被告和被申请人，而不是附带性审查的文件来决定被告和被申请人，B 选项错误。

(3)题干中已经交代了乙市政府《管理通知》限制了徐某对私立医院医疗费的报销范围，违反了上位法甲省政府的《甲省新型农村合作医疗定点医疗机构暂行管理规定》，法院自然不能拿一个违法的文件来认定以它为依据的具体行政行为(不予报销行为)合法，C 选项正确。

(4)根据 B 选项的分析，本案的被申请人是丙县社会医疗保险事业局，那么复议机关是丙县政府，是《管理通知》的制定者乙市的下级机关。即使丙县政府认为《管理通知》抵触上位法甲省政府的《甲省新型农村合作医疗定点医疗机构暂行管理规定》，也是无权撤销或者改变该文件的，D 选项错误。

综上，本题答案为 C。

47.【解析】A。(1)本案属于复议维持的情况，所以被告应当为市人社局和市政府，法院的审理和裁判对象也应当为原行为和复议维持决定，就是我们通常所说的“诉两个，审两个，判两个”，法院应当对复议决定和原行政行为一并作出裁判，所以，A 选项正确。

(2)在复议维持的情况下，复议维持决定的合法性应当由复议机关(市政府)承担举证责任，但是，原行为(田某的养老保险关系转入社会保险关系)的合法性应当由原机关(市人社局)和复议机关(市政府)共同承担举证责任，这是因为复议维持本质上是对原行为合法性的肯定，也就是说，复议维持的正确性以原行为存在合法性为基础，故 B 选项错误。

(3)复议后再起诉的起诉期为 15 日，而非 60 日，所以，C 选项错误。

(4)本案属于复议维持的情况，被告应当为市人社局和市政府，作出原行政行为的行政机关和复议机关为共同被告的，以作出原行政行为的行政机关确定案件的级别管辖。本案应当由原机关市人社局来确定级别管辖。同时，因为只有县级以上的政府或国务院部门为被告时管辖法院才为中院，所以，本案应当由基层人民法院管辖，D 选项错误。

综上，本题答案为 A。

48.【解析】B。《公务员法》第 57 条第 1、2 款规定：“机关应当对公务员的思想政治、履行职责、作风表现、遵纪守法等情况进行监督，开展勤政廉政教育，建立日常管理监督制度。对公务员监督发现问题的，应当区分不同情况，予以谈话提醒、批评教育、责令检查、诫勉、组织调整、处分。”

(1)诫勉是对思想、工作、作风等方面存在问题的干部进行教育的一种形式，由组织和纪律监察部门对干部谈话规诫、监督管理，并组织跟踪考核的制度。公务员处分种类是封闭的六种，即警告、记过、记大过、降级、撤职、开除。故 A 选项错误。

(2)诫勉是领导和公务员谈谈话、“告诫和勉励”一下，是组织对公务员的监督，所以，B 选项正确。

(3)只有在处分期间，公务员才不能涨工资，而且还有例外情形，最轻程度的处分——警告，在处分期间可以涨工资。C 选项错误。

(4)诫勉只是“告诫和勉励”，本身不涉及公务员工作职务的调动和重新安排，D 选项错误。

综上，本题答案为 B。

49.【解析】D。(1)现场笔录无须加盖所属行政机关的公章，只需要如实地反映现场情况。A 选项错误。

(2)被告提供的被诉具体行政行为所依据的询问笔录，应当有行政执法人员、被询问人、陈述人、谈话人签名或者盖章，本题中询问对象为该公司员工李某，不需要加盖公司印章。所以，B 选项错误。

(3)原告和第三人应当在开庭审理前或者法院指定的交换证据清单之日提供证据，经准许可以在法庭调查中提供。所以，C 选项错误。

(4)根据《行政诉讼法解释》第 41 条规定，有下列情形之一，原告或者第三人要求相关行政执法人员出庭说明的，人民法院可以准许：①对现场笔录的合法性或者真实性有异议的；②对扣押财产的品种或者数量有异议的；③对检验的物品取样或者保管有异议的；④对行政执法人员身份的合法性有异议的；⑤需要出庭说明的其他情形。可见，该公司对现场笔录的真实性有异议，可要求市监局的相关执法人员出庭说明，所以，D 选项正确。但考生需要特别注意，此处是出庭说明，而非出庭作证，执法人员的身份也并非证人。

综上，本题答案为D。

50.【解析】B。(1)授权立法的含义是全国人大将本属于全国人大“法律”所规制的事项，暂时授权给国务院以行政法规的形式加以规制。《立法法》第12条规定了国务院的授权立法：“本法第十一条规定的事项尚未制定法律的，全国人民代表大会及其常务委员会有权作出决定，授权国务院可以根据实际需要，对其中的部分事项先制定行政法规，但是有关犯罪和刑罚、对公民政治权利的剥夺和限制人身自由的强制措施和处罚、司法制度等事项除外。”从内容上很难判断一个行政法规是国务院自有权力的立法，还是授权立法，但看文件名称，就容易判断了，授权国务院制定的行政法规，因为只是临时被授权一段时间，探索立法经验，所以名称为“暂行条例”或者“暂行规定”，而行政法规的名称一般称“条例”，也可以称“规定”“办法”等，可见，《土地管理法实施条例》只是行政法规，并非授权立法，A选项错误。

(2)行政法规条文本身需要进一步明确界限或者作出补充规定的，由国务院解释。国务院各部门和省级政府可以向国务院提出行政法规解释要求。国务院法制机构研究拟订行政法规解释草案，报国务院同意后，由国务院公布或者由国务院授权国务院有关部门公布。B选项正确。

(3)国务院法制机构应当根据国务院对行政法规草案的审议意见，对行政法规草案进行修改，形成草案修改稿，报请总理签署国务院令公布施行。注意，签署的是“国务院令”，而非总理令。为什么全国人大的法律可以是以国家主席令的形式公布，而行政法规不能以总理令的形式公布呢？这是因为根据《宪法》的规定，国家主席是国家机构，而国务院总理并不是国家机构，国务院才是国家机构，所以，只能以国务院令的形式公布。据此，C选项错误。

(4)《行政法规制定程序条例》第38条第1款规定：“行政法规的修改、废止程序适用本条例的有关规定。”背后的法理很简单，对于行政法规的修改，本质上也是一种“废旧立新”的立法过程，所以，自然应当适用《行政法规制定程序条例》，D选项错误。

综上，本题答案为B。

二、多项选择题

51.【解析】ACD。“联系群众，为人民服务”是我国国家机关的组织和活动原则之一。故A选项正确。

信访制度必须坚持，将信访纳入法治化轨道。为确保司法权威，提升司法公信力，我们必须终结涉诉信访。涉诉信访对司法权威性具有极大的破坏性，必须终结。故B选项错误。

构建对维护群众利益具有重大作用的制度体系，建立健全社会矛盾预警机制、利益表达机制、协商沟通机制、救济救助机制，畅通群众利益协调、权益保障法律渠道。把信访纳入法治化轨道，保障合理合法诉求依照法律规定和程序就能得到合理合法的结果。故C、D选项正确。

综上所述，本题答案为ACD。

52.【解析】ABD。以人民为中心是中国特色社会主义法治的本质要求。法治建设要为了人民、依靠人民、造福人民、保护人民。法院专门设置老年人、残疾人快速通道，有助于满足老年人与残疾人的诉讼需求，体现了司法为民、司法便民的要求。故A选项正确。

法律面前人人平等并非形式上的平等，更不是均等，在特定条件下，为了实现真正的平等，可以制造合理差别。法院专门设置“老、残”等行动不便人员专门受理、接纳通道属于对社会弱势群体和特殊群体的倾向性保护，并没有违背法律面前人人平等原则，是实质的平等，是合理差别限度内的平等。故C选项错误，B选项正确。

社会公正要求在政治、经济、文化、法治等各个方面都必须要实现公正。司法公正要求法律面前人人平等，公平、公正对待各方诉讼参与者。司法是维护社会公平正义的最后一道屏障，司法公正对社会公正具有关键的引领作用，司法不公对社会公正具有致命的破坏作用。故D选项内容正确。

综上所述，本题答案为ABD。

53.【解析】ABD。习近平法治思想要求，全民学法从青少年抓起，中小学开设法治课程，树立青少年的法律意识。故A选项正确。

要健全普法宣传教育机制，各级党委和政府要加强对普法工作的领导，宣传、文化、教育部门和人民团体要在普法教育中发挥职能作用。实行国家机关“谁执法谁普法”的普法责任制，建立法官、检察官、行政执法人员、律师等以案释法制度，加强普法讲师团、普法志愿者队伍建设。把法治教育纳入精神文明创建内容，开展群众性法治文化活动，健全媒体公益普法制度，加强新媒体新技术在普法中的运用，提高普法实效。某高校与松林小学均非国家机关，因此，法治课堂并不是“谁执法，谁普法”的具体举措。故B、D项正确，C选项错误。

综上所述，本题答案为ABD。

54.【解析】ABCD。2018年《宪法修正案》明确规定，中国共产党领导是中国特色社会主义最本质的特征。故A选项正确。

依法治国首先要坚持依法执政。法律面前人人平等，任何人都不得拥有超越宪法和法律的特权。故B选项正确。

必须坚持党对全面依法治国的领导，但是党也必须依法领导，要坚持党领导立法、保证执法、支持司法、带头守法，把依法治国基本方略同依法执政基本方式统一起来。故C选项正确。

马克思主义和列宁思想是中国特色社会主义法治理论的理论渊源，其中，列宁关于无产阶级专政与社会主义法治的思想是党的领导的理论源脉。故D选项正确。

综上所述，本题答案为ABCD。

55.【解析】BCD。《全国人大组织法》第39条第1款规定：“宪法和法律委员会承担推动宪法实施、开展宪法解释、推进合宪性审查、加强宪法监督、配合宪法宣传等工作职责。”宪法和法律委员会仅推动宪法实施等相关工作,对备案法规的合法性审查权属于全国人大常委会。故A选项错误。

《立法法》第109条规定:“……(三)自治州、自治县的人民代表大会制定的自治条例和单行条例,由省、自治区、直辖市的人民代表大会常务委员会报全国人民代表大会常务委员会和国务院备案;自治条例、单行条例报送备案时,应当说明对法律、行政法规、地方性法规作出变通的情况……”故B选项正确。

《立法法》第108条规定:“……(二)全国人民代表大会常务委员会有权撤销同宪法和法律相抵触的行政法规,有权撤销同宪法、法律和行政法规相抵触的地方性法规,有权撤销省、自治区、直辖市的人民代表大会常务委员会批准的违背宪法和本法第八十五条第二款规定的自治条例和单行条例……”故C选项正确。

《立法法》第108条规定:“……(五)地方人民代表大会常务委员会有权撤销本级人民政府制定的不适当的规章……”故D选项正确。

综上所述,本题答案为BCD。

56.【解析】ABC。我国1993年《宪法修正案》第7条规定,国家实行社会主义市场经济。故A选项错误。

《宪法》第6条第1款规定:“中华人民共和国的社会主义经济制度的基础是生产资料的社会主义公有制,即全民所有制和劳动群众集体所有制……”故B选项错误。

《宪法》第8条第1款规定,农村集体经济组织实行家庭承包经营为基础、统分结合的双层经营体制。集体经济有农村和城市两种类型,在城市的集体经济主要体现各种形式的合作经济。故C选项错误。

《宪法》第10条第4款规定:“任何组织或者个人不得侵占、买卖或者以其他形式非法转让土地。土地的使用权可以依照法律的规定转让。”故D选项正确。

综上所述,本题答案为ABC。

57.【解析】AC。《宪法》第33条第2款规定:“中华人民共和国公民在法律面前一律平等。”我国的平等权是形式平等与实质平等的有机统一。形式平等要求禁止差别对待,但实质平等同时允许合理差别,主要是为了保障弱者的权益。故A选项正确。

《宪法》第34条规定:“中华人民共和国年满十八周岁的公民,不分民族、种族、性别、职业、家庭出身、宗教信仰、教育程度、财产状况、居住期限,都有选举权和被选举权;但是依照法律被剥夺政治权利的人除外。”选举要求18周岁才行,年龄是差别的理由,但性别不是。故B选项错误。

《英雄烈士保护法》第22条第2款规定:“英雄烈士的姓名、肖像、名誉、荣誉受法律保护。任何组织和个人不得在公共场所、互联网或者利用广播电视、电影、出版物等,以侮辱、诽谤或者其他方式侵害英雄烈士的姓名、肖像、名誉、荣誉。任何组织和个人不得将英雄烈士的姓名、肖像用于或者变相用于商标、商业广告,损害英雄烈士的名誉、荣誉。”故C选项正确。

《宪法》第41条第1款规定:“中华人民共和国公民对于任何国家机关和国家工作人员,有提出批评和建议的权利;对于任何国家机关和国家工作人员的违法失职行为,有向有关国家机关提出申诉、控告或者检举的权利,但是不得捏造或者歪曲事实进行诬告陷害。”由此可知,公民的监督权的对象是国家机关及其工作人员而不是其他公民。故D选项错误。

综上所述,本题答案为AC。

58.【解析】ABCD。《监察法》第16条第2款规定:“上级监察机关可以办理下一级监察机关管辖范围内的监察事项,必要时也可以办理所辖各级监察机关管辖范围内的监察事项。”故A选项正确。

监察委员会不需要向本级人大及其常委会作工作报告,但是,各级人大常委会有权听取本级监察委员会的专项工作报告。《监察法》第60条第1款和第2款规定:“各级监察委员会应当接受本级人民代表大会及其常务委员会的监督。各级人民代表大会常务委员会听取和审议本级监察委员会的专项工作报告,组织执法检查。”故B选项正确。

《监察法》第4条第1款和第2款规定:“监察委员会依照法律规定独立行使监察权,不受行政机关、社会团体和个人的干涉。监察机关办理职务违法和职务犯罪案件,应当与审判机关、检察机关、执法部门互相配合,互相制约。”故C选项正确。

根据全国人大常委会的授权,国家监察委员会有权制定监察法规(效力等级相当于行政法规)。故D选项正确。

综上所述,本题答案为ABCD。

59.【解析】ABCD。根据《地方政府组织法》第80条的规定,县级以上的地方各级人民政府根据国家区域发展战略,结合地方实际需要,可以共同建立跨行政区划的区域协同发展工作机制,加强区域合作。上级人民政府应当对下级人民政府的区域合作工作进行指导、协调和监督。因此A、B选项正确。根据《地方政府组织法》第10条第3款的规定,省、自治区、直辖市以及设区的市、自治州的人民代表大会根据区域协调发展的需要,可以开展协同立法。因此C选项说法正确。《宪法》规定,宪法具有最高的法律效力,一切法律、行政法规和地方性法规都不得同宪法相抵触。根据《地方政府组织法》第10条第1款的规定,省、自治区、直辖市的人民代表大会根据本行政区域的具体情况和实际需要,在不同宪法、法律、行政法规相抵触的前提下,可以制定和颁布地方性法规,报全国人民代表大会常务委员会和国务院备案。故D选项说法正确。

综上,本题答案为ABCD。

60.【解析】ABD。只有全国人大有资格制定基本法律,故A选项错误。

《立法法》第72条第1款规定,国务院根据宪法和法律,制定行政法规。《立法法》第77条第1款规定,行政法规由总理签署国务院令公布。《立法法》第109条规定:“行政法规、地方性法规、自治条例和单行条例、规章应当在公布后的三十日内依照下列规定报有关机关备案:(一)行政法规报全国人民代表大会常务委员会备案……”故B选项错误。

《立法法》第78条规定,行政法规签署公布后,及时在国务院公报和中国政府法制信息网以及在全国范围内发行的报纸上刊载。在国务院公报上刊登的行政法规文本为标准文本。故C选项正确。

全国人大常委会有权撤销国务院制定的不合法的行政法规、下级人大及其常委会的决定和命令。故D选项错误。

61.【解析】ACD。以是否承认法律和道德之间存在概念上(非内容上)的必然(非偶然)的联系为标准,可以将人们关于法律概念的争论划分为法律实证主义和非实证主义两个阵营。法实证主义者认为法律和道德不存在概念上的必然联系,而非实证主义者则认为法律和道德存在概念上的必然联系。A选项正确。

根据概念的功能不同,将法律概念分为描述性概念、评价性概念和论断性概念。故B选项错误。

法实证主义者侧重于研究实际存在的法律(实然法),认为法律的存在与法律在道德上的好坏是两个不能混同的议题,因此其核心观点可以被概括为恶法亦法,即道德上邪恶的法律也是法律。故C选项正确。

非实证主义者侧重于研究法律在道德上应当是什么的问题(应然法),认为法律的要求不能同道德的要求相抵触,法律的效力依附于道德,因此其核心观点可以被概括为恶法非法,即道德上邪恶的法律就不再是法律了。故D选项正确。

62.【解析】AD。法的渊源包括正式的法的渊源与非正式的法的渊源。正式的法的渊源是指具有明文规定的法律效力,如宪法、法律、法规等,主要为制定法。非正式的法的渊源则指不具有明文规定的法律效力,但具有法律说服力,如正义标准、理性原则、公共政策、道德信念、社会思潮、习惯、乡规民约、社团规章、权威性法学著作、外国法等。习惯属于非正式的法的渊源。故A选项正确。

司法的形式过程体现为司法三段论,大、小前提和结论对应的内容是固定的,法律规范只能充当大前提,案件事实只能充当小前提,结论只能在第三步。本案中法院调查当地习俗并非作为法律推理的大前提,而是通过当地习俗确定了该笔钱款性质是彩礼,只是在确定法律推理的小前提案件事实。故B选项错误。

法律发现是指法律人获得法律决定或判断的事实过程,这一过程受到心理因素和社会因素等法外因素的主导。所谓心理因素和社会因素主要是指法律人的直觉、偏见、情感、利益立场、社会阶层、价值偏好等。法律论证要求法律人必须要对其所得的决定或判断提供尽可能充足的理由支持,即要保证作为结论命题的决定或判断是推理或论证的结果。本案中,法院查明风俗习惯的过程是一个理性的过程,因此,属于法的证成,故C选项错误。

涵摄是指从大前提和小前提中必然地推导出结论或结论必然地蕴含在前提之中的推论。结合本案,甲男称该钱为婚前支付的彩礼,乙女称该钱为甲男赠与。结合案件事实,首先要先对这笔钱款的性质作出认定,确认其性质之后,方可以找到与之匹配的大前提,并综合推导出结论。因此,D选项正确。

63.【解析】AC。A选项正确。根据相关国际法关于保护性管辖的规定,外国人在我国境外损害我国或公民利益的,我国可以行使管辖权。保护性管辖行使的条件是被管辖对象进入我国或者被引渡到我国。本题中,约翰在公海损害了我国公民的利益,并且该船舶已经处于我国境内。我国完全可以依据保护性管辖原则行使管辖权。

B选项错误。国际海洋法法庭主要管辖各国就海洋划界、开发中出现的争端。自然人和法人可以成为海洋法法庭的管辖对象,但这里的自然人和法人限于和国际海底管理局签订国际海底矿产开发合同的当事人。也就是说,海洋法法庭不管辖各国发生在海上的普通民事和刑事纠纷。

C选项正确。根据我国相关法律的规定,不同国籍船舶碰撞发生在公海的,适用法院地法。本案在我国起诉,应该适用我国法律。

D选项错误。《联合国海洋法公约》处理的是各国之间的权利和义务,不涉及各国自然人和法人等发生的民事纠纷。

综上所述,本题答案为AC。

64.【解析】ABCD。A项,甲虽然伪造了材料,但是主观上想归还贷款,只要经营状况好,就能够归还。之所以不能归还,给银行造成重大损失,是因为经营失败。所以,伪造材料行为与重大损失没有刑法上的因果关系。A项说法正确。

B项,考查阻断救助行为。乙正在自我救助,甲阻断乙的救助行为,给乙创设了新的溺亡危险,该危险现实化为死亡结果,因此该死亡结果能够归属于甲的阻断行为,二者具有刑法上的因果关系。B项说法正确。

C项,考查重叠的因果关系。本题中每一枪都不足以致命,但是两处枪伤叠加在一起导致死亡,属于二因一果。C项说法正确。

D项,刑法只讨论现实的危害结果,不讨论假设的危害结果。现实的死亡结果是甲的毒药导致的,因此其与甲的行为有因果关系。由于乙未投毒,因此死亡结果与乙没有因果关系。乙的故意杀人罪尚未着手(尚未投毒),尚处在预备阶段,便自动放弃,构成预备阶段的犯罪中止。D项说法正确。

综上所述,本题答案为ABCD。

65.【解析】AB。(1)乙的问题。共同犯罪过程中,有人中途退出,成立犯罪中止的条件是脱离共犯关系,即消除自己的贡献,包括物理性、心理性的贡献。本题中,甲、乙是共同正犯,在入户前,乙想放弃,此时犯罪处于预备阶段,尚未着手实行。此时,乙只要消除物理性贡献、心理性贡献,便可以成立犯罪中止。由于乙此时尚未提供物理性贡献,如给甲一把刀,所以不存在消除物理性贡献的问题。乙告知甲,自己想放弃,如此便消除了心理性贡献,即甲知道自己只能“单干”了。因此,乙构成预备阶段的犯罪中止。注意,乙此时成立犯罪中止,并不要求乙阻止甲的犯罪。(2)甲的问题。甲在实行阶段,自动放弃犯罪,成立实行阶段的犯罪中止。

综上所述,本题答案为AB。

66.【解析】AC。共同犯罪过程中,有人中途退出,成立犯罪中止的条件是脱离共犯关系,即消除自己的贡献,包括物理性、心理性的贡献。本题中,甲乙共谋杀害警察,这种共谋行为属于预备行为。乙见到警察抓捕,便举手投降,表明此时乙的杀人尚未着手实行,仍处在预备阶段。乙的贡献主要是心理性贡献,即共谋所产生的贡献。此时乙要消除这种心理性贡献,只需要明确向甲表达退出意思即可,让甲意识到自己只能“单打独斗”了。乙当场在甲的面前举手投降,便向甲传达了退出意思,因此消除了心理性贡献,能够成立犯罪中止,属于预备阶段的中止。甲构成故意杀人罪既遂。

综上所述,本题答案为AC。

67.【解析】ABCD。A项,D对准保安开枪,当场打死保安,表明D有杀人的故意,构成故意杀人罪既遂。A项说法正确。

B项,甲乙只有教训人的意思,表明其只有伤害的故意,没有杀人的故意,因此甲乙构成故意伤害罪,同时对死亡结果应负过失的责任,即对死亡结果存在过于自信的过失(预见到打手可能会弄出人命,但轻信能够避免),因此甲乙构成故意伤害罪致人死亡。B项说法正确。

C项,甲乙聚集多人相互斗殴,构成聚众斗殴罪。根据《刑法》第292条第2款的规定,在聚众斗殴中,过失致人死亡的,对直接致人死亡的行为人和首要分子拟制为故意杀人罪。甲乙是聚众斗殴的首要分子,对死亡结果应负过失责任,所以根据该法律拟制规定,对甲乙应定故意杀人罪既遂。C项说法正确。二者是想象竞合关系,择一重罪论处,最终定故意杀人罪既遂。

D项,(1)A、B、C三人与D是故意伤害罪的共同正犯,D的故意杀人罪属于实行过限。A、B、C对D的杀人结果不负故意责任,因为没有杀人故意。但是,三人对D的杀人结果负有过失责任,即三人已经预见到同伙持枪伤害,有可能闹出人命,但轻信不会发生,存在过于自信的过失。因此,A、B、C三人构成故意伤害罪致人死亡。(2)A、B、C三人虽然参与聚众斗殴,过失致人死亡,但不能拟制为故意杀人罪,因为《刑法》第292条第2款关于拟制为故意杀人罪的规定,仅适用于直接导致人死亡的行为人和首要分子。D项说法正确。

综上所述,本题答案为ABCD。

68.【解析】AC。A项,甲的预定目标是丙,实害对象是乙,甲对乙的重伤持过失心理,所以甲构成打击错误。

根据具体符合说,甲对丙构成故意杀人罪未遂;甲对乙构成过失致人重伤罪,由于甲的手段是为了抢劫,所以甲构成抢劫罪(过失)致人重伤;想象竞合,择一重罪论处,定抢劫罪(过失)致人重伤。所以,A项说法错误。

根据法定符合说,甲对丙构成故意杀人罪未遂;甲对乙构成故意杀人罪未遂和故意伤害罪既遂(重伤)的想象竞合,由于甲的手段是为了抢劫,所以甲构成抢劫罪(故意)致人重伤;想象竞合,择一重罪论处,定抢劫罪(故意)致人重伤。

B项,具体符合说和法定符合说都同意甲构成抢劫罪致人重伤。因此,B项说法正确。

C项,乙是被害人,对自己的重伤不负刑事责任,因此,乙构成抢劫罪,但不构成抢劫罪致人重伤。C项说法错误。

D项,偶然防卫,是指客观上在制止不法侵害,但主观上没有认识到自己在制止不法侵害。乙正在对丙实施不法侵害,甲不慎刺中乙,客观上制止了乙的不法侵害,但甲主观上没有认识到这一点,因此属于偶然防卫。根据防卫认识不要说,甲致乙重伤的行为构成正当防卫。根据防卫认识必要说,甲致乙重伤的行为不构成正当防卫,但也不构成过失致人重伤罪,因为甲制造了好结果,而成立过失致人重伤罪,要求制造坏结果。不过,关于偶然防卫的上述分析是针对甲致乙重伤的行为而言的。甲带着非法占有丙的财物的目的,对丙实施暴力,便成立了抢劫罪。因此,D项说法正确。

综上所述,本题答案为AC。

69.【解析】AB。A项,事后转化抢劫=前提事实(实施前罪)+实行行为(事后使用暴力)。“前罪实施者”类似于一种身份,只有具有这种身份才能构成转化抢劫的实行犯。因此,转化抢劫类似于一种真正身份犯。可用该原理来指导转化抢劫的共犯问题。题干中,(1)从转化抢劫的角度分析。乙不是前罪实施者,没有特定身份,不能担任转化抢劫的实行犯角色。甲不能构成转化抢劫的教唆犯,因为如此的话,会缺少转化抢劫的实行犯,乙不构成转化抢劫的实行犯。为此,只能让甲成为转化抢劫的间接正犯,乙构成转化抢劫的帮助犯。二人构成转化抢劫的共同犯罪。传统观点认为,间接正犯是单独犯罪的现象,与被利用人不能构成共同犯罪。这种说法过于绝对,并不准确。(2)从故意伤害罪的角度分析,乙构成故意伤害罪的实行犯,甲构成故意伤害罪的教唆犯。(3)综合结论,乙同时构成故意伤害罪的实行犯和转化抢劫的帮助犯,想象竞合,择一重罪论处。甲同时构成故意伤害罪的教唆犯和转化抢劫的间接正犯,想象竞合,择一重罪论处。A项说法正确。

B项,抢劫罪的实行行为包括暴力等强制行为和取财行为。乙中途参与取财行为,构成甲的抢劫罪的承继的共同犯罪。B项说法正确。

C项,(1)甲抓住乙的行为是为了实现债权(财产性利益),是一种追财行为,该行为并没有超过必要限度,因此属于合法行为,不是危害行为,在客观要件板块便直接得出无罪结论，即甲的无罪结论不需要用后面“违法阻却事由”板块中的正当防卫来论证。(2)乙摔倒在地，属于被害人自陷风险，自己负责。因此，甲不构成过失致人重伤罪。C 项说法错误。

D 项，(1)犯罪预备，是指为了着手实行犯罪，准备工具，制造条件，基于意志以外原因未能着手。甲准备假药的行为属于准备诈骗用的工具，是预备行为。基于意志以外原因，甲未能着手，因此，甲构成诈骗罪的犯罪预备。(2)提供假药罪的主体是特殊主体，要求是药品使用单位及其人员，如医院或医生。甲不是药品使用单位的人员，所以不构成提供假药罪。D 项说法错误。

综上所述，本题答案为 AB。

70.【解析】AD。A 项，从形式上看，房屋登记在乙的名下，乙是房屋的产权人，但是在此应实质判断，根据协议约定，房屋的产权归甲公司所有，产权证也由甲公司保管，因此，房屋是甲公司的财产，甲公司是房屋的真正产权人。乙在甲公司不知情的情况下，将甲公司的房屋变卖掉，对甲公司构成盗窃罪。同时，乙欺骗买家丙，使丙用正常价买到一个权利有瑕疵的财物，使丙遭受了财产损失，多数观点认为乙对丙构成诈骗罪。乙的一个变卖行为同时触犯盗窃罪和诈骗罪，想象竞合，择一重罪论处。A 项说法正确。

B 项，一个人对财物的占有包括事实上的占有和观念上的占有。事实上的占有是指财物在自己实际控制范围内，对财物具有支配力。观念上的占有是指财物虽然不处在自己的实际控制范围内，但根据社会一般观念仍然认为自己在占有。本题中，快递员将一个快递放到甲家门口，该快递便由甲在事实上占有。一旦确定事实上的占有，便不需要考虑观念上的占有。甲明知该快递的所有权人是邻居乙，甲仍据为己有，甲属于将他人所有、自己占有的财物，变成自己所有，构成侵占罪。B 项说法错误。

C 项，生活中的醉酒状态不能排除责任能力，不能排除刑事责任。(1)分析实行者甲。第一，对预定目标他人的车，构成着手实行阶段的犯罪中止。第二，对实害对象乙的车，构成盗窃罪既遂。(2)分析帮助者乙。第一，对预定目标他人的车，与实行犯相同，构成犯罪中止。第二，对实害对象乙的车，不用负刑事责任，因为自己是被害人。C 项说法错误。

D 项，(1)盗窃罪与诈骗罪具有以下区别：诈骗罪中，行为人欺骗受害人，受害人基于认识错误而处分财物。自助机器不是自然人，没有意识自治能力，其扫描价签不属于有意识的行为，而属于程序在运行。刑法上的行为要求是有意识的行为。由于甲在付款过程中，不存在“欺骗受害人，受害人基于认识错误而处分财物”，因此，不能认为“甲欺骗了机器，构成诈骗罪”。接下来，甲只可能构成盗窃罪或抢夺罪。(2)盗窃罪与抢夺罪具有以下区别：盗窃罪中，行为人通过平和手段转移占有，手段对人没有危险。抢夺罪中，行为人对物使用暴力，对人有危险，夺取财物。甲的手段是平和手段，因此构成盗窃罪。实际上，在这种无人售货超市的自助付款区上方都有摄像头监控(监控室的人在监控)，甲的行为带有“堂而皇之”的特征，但仍构成盗窃罪，即带有公开盗窃的特征。D 项说法正确。

综上所述，本题答案为 AD。

71.【解析】AB。A 项，共同犯罪是指在客观违法阶层，二人一起制造违法事实(法益侵害事实)，即“违法是一起的，责任是独立的”。甲乙在客观阶层构成共同犯罪，甲是实行犯，乙是帮助犯；在主观阶层，甲因为未达到责任年龄，最终不追究刑事责任，而追究乙的盗窃罪帮助犯的刑事责任。A 项说法正确。

B 项，首先，甲遵守交通规则，正常驾车。其次，甲在下地库时，没有“仔细检查地面有没人躺着人”的义务。相反，其他人有“不在地库下坡处睡觉”的义务。根据信赖原则，甲能够信赖不会有人躺在下坡处睡觉，这是一种信赖利益。因此，甲虽然在客观上对乙制造了危险，但是在法律上没有制造法不允许的危险，不是危害行为。连危害行为都不是，便可以直接得出无罪的结论。B 项说法正确。

C 项，成立共同犯罪，要求有意思联络，即参与意识。(1)甲乙没有相互的意思联络或参与意识。(2)甲乙没有单方面的意思联络或参与意识。片面的帮助犯是指“乙以为自己在单干，甲知道在帮乙”。虽然在客观上甲帮助了乙，但是主观上甲并没有想帮助乙。因此，甲不构成片面的帮助犯。所以，甲乙不构成共同犯罪。C 项说法错误。

D 项，(1)过期的药品是劣药。(2)提供劣药罪的主体是药品使用单位及其人员，如医院或医生。药厂是药品的生产单位，不是使用单位，因此，王某不构成提供劣药罪。王某的行为也不构成销售伪劣产品罪，因为其是捐赠行为，不是销售行为。王某的行为如果造成他人轻伤或重伤，则构成故意伤害罪。D 项说法错误。

综上所述，本题答案为 AB。

72.【解析】BD。A 项，认罪认罚从宽，是指犯罪嫌疑人、被告人承认检察院指控的犯罪事实和提出的量刑建议，有可能获得实体上的从宽处罚和程序上的从简处理。而无罪推定是指任何人在未经依法判决有罪之前，应视其无罪。显然，这两个概念“风马牛不相及”，A 项错误。

B 项，刑事诉讼程序具有独立价值——程序正义，认罪认罚从宽原则由《刑事诉讼法》第 15 条明确规定，体现独立价值，B 项正确。

C 项，认罪认罚从宽原则没有要求法官强令被告人认罪认罚，是否认罪认罚由被告人选择，并不强调法官的职权指挥，与职权主义无关。故 C 项错误。

D 项，认罪认罚从宽原则增加了犯罪嫌疑人、被告人参与定罪、量刑的程度，在侦查、起诉、审判阶段，犯罪嫌疑人、被告人均可表示认罪认罚，与公安司法机关进行定罪、量刑协商，发表对案件处理的意见，增强了对其诉讼权利的保障，体现了犯罪嫌疑人、被告人诉讼地位的提升,D项正确。

综上所述,本题答案为BD。

73.【解析】ABD。A项,本案中,某区检察院作出不起诉决定,被害人丙不服提出申诉,应当由某市检察院复查,A项正确。

B项,检察院在收到法院已经受理自诉案件的通知后,应当终止复查丙的申诉,最终以法院的裁判为准,B项正确。

C项,某区检察院作出不起诉决定后,发现新的事实、证据,认为符合起诉条件的,应当撤销不起诉决定,提起公诉,无须重新侦查,C项错误。

D项,某区检察院认为甲属于防卫过当,但犯罪情节轻微,对甲作出的不起诉决定属于酌定不起诉。甲若不服,有权向某区检察院提出申诉,D项正确。

综上所述,本题答案为ABD。

74.【解析】ABCD。A项,常某当庭表示"8万元款项属于民间借贷""没有非法占有的意图",相当于对诈骗指控拒不认罪,此时法院不能再适用速裁程序审理,因此A项说"当庭对常某在量刑方面从重处罚"是错误的。

B项,常某当庭表示"8万元款项属于民间借贷",意指本案属于民间借贷纠纷,不属于刑事案件,实质是否认诈骗罪指控,影响"认罪",B项错误。

C项,一方面,常某当庭反悔认罪,不承认指控罪名,不仅不符合速裁程序的适用条件,也不符合简易程序的适用条件,C项说转为简易程序错误;另一方面,从速裁程序转为简易程序或者普通程序后,需要重新审理,而非"继续"审理,C项说继续审理错误。

D项,错在"继续"审理,应当转为普通程序重新审理。

综上所述,本题答案为ABCD。

75.【解析】ABD。A、B项,刘某虽然没有上诉,但要求出庭的,二审法院应当准许,故A项正确。此外,质证是法庭调查的重要步骤,刘某出庭的,可以参加质证与辩论,B项正确。

C、D项,二审法院发现郭某和刘某共同贩卖毒品事实清楚,证据充分,量刑适当。但郭某还存在容留他人吸毒问题需要追究,此时二审法院可以对郭某分案处理,将郭某案裁定撤销原判,发回重审。鉴于刘某案没有错误,应对刘某案裁定维持原判。故C项说"对郭某案延期审理"错误,D项正确。

综上所述,本题答案为ABD。

76.【解析】AC。罪犯通过贿赂方式违法实现暂予监外执行或者在暂予监外执行期间脱逃的,罪犯在监狱之外的期间不计入刑期。本题应选AC。

77.【解析】BCD。A项,王某17周岁,可以适用附条件不起诉,但不能适用酌定不起诉。酌定不起诉的一个关键条件是"依照刑法规定不需要判处刑罚或者免除刑罚",而A项说王某可能判处1年有期徒刑,不符合酌定不起诉条件,A项错误。

B项,在未成年人刑事案件中,司法机关需要"双向保护",既要保障未成年犯罪嫌疑人、被告人的合法权益,也要保障未成年被害人、证人的合法权益。法院可以对未成年被害人进行心理疏导,也可以委托专门机构、专业人员进行,B项正确。

C项,小赵系未成年人,被送至KTV强迫卖淫,小赵属于遭受性侵害的被害人。为了充分保障未成年被害人的个人隐私与合法权益,法院应当安排女性工作人员询问小赵,C项正确。

D项,为了保障未成年人合法权益,公安司法机关在讯问未成年犯罪嫌疑人、被告人,询问未成年证人、被害人时,均应通知其法定代理人到场。本题中,小孙是未成年被害人,法院询问小孙时应当通知其父母到场,D项正确。

综上所述,本题答案为BCD。

78.【解析】BCD。A项,毛某作为本案一审时唯一申请参加诉讼的利害关系人,接到法院通知后无正当理由拒不到庭,法院可视为无利害关系人主张权利,可以不开庭审理,A项正确。

B项,由于苏某不在案,为维护苏某或利害关系人的合法权益,苏某的近亲属毛某有权提出上诉,这与毛某是否出庭无关,B项错误。

C项,魏某出于客观原因没有参加一审,二审期间申请参加诉讼的,某省高级人民法院应当准许,并撤销原裁定,将案件发回某市中级人民法院重审。C项说"告知魏某另行提起诉讼"错误。

D项,苏某回国投案自首,即不再处于"逃匿、死亡"状态,对苏某不能再适用违法所得的没收程序,某省高级人民法院应当裁定终止审理。对苏某可由有管辖权的检察院向对应的法院提起公诉。D项说法院应当"发回重审"错误。

综上所述,本题答案为BCD。

79.【解析】AD。乡镇人民政府、街道办事处是直接接触老百姓的基层行政机关,但长期以来,它们没有对违法行为的处罚权,这就导致了基层行政机关对于一些违法现象束手无策,"看得见的管不了,管得了的看不见"。针对这一现象,2021年修订的《行政处罚法》推进行政执法权限和力量向基层延伸和下沉,《行政处罚法》第24条第1、2款规定:"省、自治区、直辖市根据当地实际情况,可以决定将基层管理迫切需要的县级人民政府部门的行政处罚权交由能够有效承接的乡镇人民政府、街道办事处行使,并定期组织评估。决定应当公布。承接行政处罚权的乡镇人民政府、街道办事处应当加强执法能力建设,按照规定范围、依照法定程序实施行政处罚。"

(1)在管辖权下放后,县政府部门是否可以继续行使处罚权?街道办事处是以自己的名义、还是以县政府部门的名义作出处罚决定?有两种操作模式。

第一种为"授权模式"。为了避免"多头执法"导致重复处罚,管辖权一般会通过地方性法规授权的形式下放,这就导致处罚的权力所有权也会发生转移,权力就如同物权一样,从县政府部门转移到了街道办事处,比如原来某项属于县文化和旅游局的处罚权在下放到街道后，街道办事处就可以以自己的名义独立作出处罚决定，并承担责任，但是原来拥有处罚权的县文化和旅游局就不能再行使该项处罚权了。这是实质意义的下放，实践里较为常见。

第二种为“委托模式”。这种模式中处罚权还会保留在县政府部门手中，而街道办事处只是作出处罚决定的“帮手”，街道办事处需要以县政府部门的名义作出处罚决定，责任也应该由县政府部门承担。

对此，全国人大编写的权威资料是这么表述的：“街道处罚权存在授权、委托、‘街道吹哨、部门报到’等多种模式。本条规定省、自治区、直辖市可以决定将处罚权交由乡镇、街道行使，并未限制赋权的具体形式，各地可根据实际情况，采用适宜方式将行政处罚权交给乡镇、街道行使。如通过直接授权的形式，则乡镇、街道以自己名义行使行政处罚权并承担法律责任。如通过委托形式，则乡镇、街道以原处罚机关的名义行使行政处罚权，由原处罚机关承担相应法律责任。”既然存在两种模式，B、C 选项均犯了以偏概全的毛病，忽略了另外一种形式的存在，B、C 选项均错误。

（2）从公民、法人、其他组织的角度，县政府部门如文化和旅游局行使文化类的处罚权很好判断，现在交给街道办事处来行使，到底街道办事处有没有处罚的主体资质，老百姓是无从判断的，所以，A 选项正确，管辖权下放决定应当公布。

（3）街道办事处行使了这 100 项处罚权，但是否适合行使、行使的过程中有没有存在违法现象，都需要有关部门定期评估，不能一放了之，D 选项正确。

综上，本题答案为 AD。

80.【解析】AD。（1）在行政法制度中，调取证据 2 人以上，实质审查 2 人以上，行政强制措施的作出自然应当由 2 名以上行政执法人员实施，所以，A 选项正确。

（2）责令该店停产停业 6 个月的决定，属于《行政处罚法》中规定的行为罚，是指行政机关暂时停止违法行为人生产经营活动和其他业务活动的制裁方法，不属于“控制与预防”性的行政强制措施，所以，B 选项错误。

（3）既然责令该店停产停业属于行政处罚，那么 C 选项考查的就是行政处罚程序中的当场处罚，也就是简易处罚程序制度。之所以简易程序又等同于当场处罚，是因为只有适用简易程序的行政处罚，其调查检查阶段与决定阶段在时间上是连续的，在主体上也是统一的。执法人员在当场查明事实之后，无须报送行政机关的负责人，而是自己当场作出处罚决定。那么责令停产停业可否适用当场处罚（简易程序）制度呢？适用简易程序进行处罚要求：①违法事实确凿并有法定依据；②处罚种类和幅度分别是对公民处以 200 元以下、对法人或者其他组织处以 3000 元以下的罚款或者警告。显然，责令停产停业并不在可以适用简易程序的范围之内，所以，C 选项错误。

（4）D 选项，行政机关决定实施查封、扣押的，应当制作并当场交付查封、扣押决定书和清单，D 选项正确。

综上，本题答案为 AD。

81.【解析】ABCD。（1）申请人以邮寄方式提交政府信息公开申请的，以行政机关签收之日为收到申请之日；以平常信函等无须签收的邮寄方式提交政府信息公开申请的，政府信息公开工作机构应当于收到申请的当日与申请人确认，确认之日为收到申请之日。本题中钱某邮政快递的方式申请，所以，以行政机关签收之日为收到申请之日，A 选项正确。

（2）对现场发现的违反治安管理行为人，警察经出示工作证件，可以口头传唤，但应当在询问笔录中注明。因为此时如果不口头传唤，事后很难找寻到违法嫌疑人。所以，B 选项正确。

（3）《政府信息公开条例》在申请资格中体现了“一松一紧”的特点，“一松”表现在取消了申请人所申请的信息应当与“自身生产、生活、科研等特殊需要”相关的要求，“一紧”表现在要求无论申请何种政府信息，均需要提供身份证明。所以，C 选项正确。

（4）行政机关在履行行政管理职能过程中形成的讨论记录、过程稿、磋商信函、请示报告等过程性信息以及行政执法案卷信息，可以不予公开。D 选项正确。

行政执法案卷信息与当事人、利害关系人之外的其他主体没有直接利害关系，且通常涉及相关主体的商业秘密和个人隐私，因此《政府信息公开条例》把行政执法案卷信息作为政府信息公开的例外情形有其必要性和合理性。

由于阅览卷宗限于特定对象，比如受害人，因而原则上优于通过信息公开制度保障的其他主体享有的知情权。所以，《关于审理政府信息公开行政案件若干问题的规定》第 2 条第 4 项规定：公民、法人或者其他组织对行政程序中的当事人、利害关系人以政府信息公开名义申请查阅案卷材料，行政机关告知其应当按照相关法律、法规的规定办理的行为不服提起行政诉讼的，人民法院不予受理。比如，公安机关在行政程序中的案件办理情况和结果等执法信息应当向特定对象公开，并为特定对象提供查询服务，受害人等特定的人可以在处罚过程中查阅卷宗（行使卷宗阅览权）。卷宗阅览的法律依据为《公安机关执法公开规定》等特别法，而非《政府信息公开条例》。

综上，本题答案为 ABCD。

82.【解析】AB。（1）本题为 2019 年和 2020 年题目的再次考查，对于数量、频次明显超过合理范围的信息公开申请，行政机关是有权要求申请人说明理由的，所以，A 选项正确。

（2）对于数量、频次明显超过合理范围的信息公开申请，行政机关是有权要求申请人说明理由的，若理由不合理，行政机关可以不予提供相关信息，所以，B 选项正确。

（3）申请公开政府信息的数量、频次明显超过合理范围的，行政机关可以收取信息处理费，所以，针对 1 个月内连续 30 次申请公开可以收取相应信息处理费用。

所以,C 选项错误。

(4)只有在多个申请人就相同政府信息向同一行政机关提出公开申请,且该政府信息属于可以公开的,行政机关才可以纳入主动公开的范围,而不是一个申请人申请多次就可以转化为主动公开。D 选项错误。

综上,本题答案为 AB。

83.【解析】ACD。(1)强制戒毒是强制措施,还是强制执行,最有效的区分标准是看是否有构成执行内容的"基础决定"。行政强制执行一般有基础决定,行政强制措施没有基础决定。这是因为行政强制措施的目的是控制危险或获取证据,如此急迫的目的决定了其不可能有基础决定。所以,B 选项错误。

(2)强制隔离戒毒属于限制人身自由的强制措施,只能由法律予以设定,所以,A 选项正确。

(3)一般情况下不能口头委托,只能由他人代书,但近亲属作为委托代理人时享有口头委托的特权。公民因被限制人身自由而不能提起诉讼的,其近亲属可以依其口头或者书面委托以该公民的名义提起诉讼。所以,C 选项正确。

(4)本案属于特殊地域管辖的情形,被强制戒毒的宋某显然满足"基于同一事实,关了的人诉关了的行政强制措施,由原告所在地或被告所在地法院管辖"的构成要件,所以原告所在地的法院有管辖权,同时,原告所在地包括原告的户籍所在地、经常居住地和被限制人身自由地,那么宋某在经常居住地法院起诉显然是可以的,D 选项正确。

另外,行政诉讼是为了保障当事人诉讼权利,通俗地说是为了方便老百姓,户籍所在地、经常居住地和被限制人身自由地均为原告所在地,没有先后关系,理论上宋某可以在户籍所在地、经常居住地、被限制人身自由地和被告所在地法院起诉。

综上,本题答案为 ACD。

84.【解析】ABCD。(1)在刑事司法赔偿中,对错误限制公民人身自由的赔偿义务机关的确定采用了后置原则,也就是在拘留、逮捕、有期徒刑判决等一系列的司法决定中,"谁最后作有罪决定,谁赔偿"。本题中最后一个认定当事人有罪的机关为区检察院,所以,赔偿义务机关应当为逮捕的决定者即区检察院,A 选项正确。

(2)经审查情节显著轻微,区检察院作出不起诉决定属于《国家赔偿法》中的"免罪"情形,应当适用"免罪关了分前后,赔后不赔前"的口诀,也就是以判决生效为界限区分前后,在判决生效前对当事人的羁押,无论是拘留还是逮捕,不赔偿;在判决生效之后,如果对当事人还有羁押,则赔偿。对有犯罪事实而不负刑事责任的未成年人、精神病人和《刑事诉讼法》第 16 条的"显时特告死"人员,判决确定前被羁押的,国家不承担赔偿责任;但对起诉后经人民法院判处拘役、有期徒刑、死刑并已执行的,国家仍需依法给予赔偿。对于"判决确定前被羁押的,国家不承担赔偿责任",全国人大常委会法制工作委员会的官方解释理由是:"考虑到被羁押人事实上已经实施了危害社会和他人的行为,司法机关需要对行为情节进行甄别,以查明行为是否构成犯罪,因此国家对羁押措施不承担赔偿责任。"本题没有等到判决生效,张某就已经被释放,所以,国家不应对其予以赔偿,赔偿义务机关拒绝赔偿决定是符合法律规定的。B 选项正确。

(3)赔偿义务机关为公安机关或检察院等司法机关时,国家赔偿的程序为三步走:第一步,自己先行处理;第二步,上一级司法机关司法复议(注意不是行政复议,司法复议的对象为上一级司法机关);第三步,上一级司法机关的同级法院赔偿委员会司法赔偿。因此,针对拒绝赔偿决定,张某可以向区检察院的上一级检察院申请复议。C 选项正确。

(4)法院审查国家赔偿案件的是赔偿委员会(类似于行政诉讼案件的行政审判庭),赔偿委员会由法院 3 名以上审判员组成,组成人员的人数应当为单数。D 选项正确。

综上,本题答案为 ABCD。

85.【解析】BC。(1)和普通的民事合同一样,国有土地出让合同等行政协议存在胁迫、欺诈、重大误解、显失公平等情形而请求撤销,法院经审理认为符合法律规定可撤销情形的,可以依法判决撤销该协议,A 选项错误。

(2)对于经批准的具体行政行为,提起行政救济,究竟告上级,还是告下级,完整的口诀是"诉讼看名义,复议直接告上级"。行政诉讼被告确定采纳的是形式标准,一般是"看名义"的,也就是以在对外发生法律效力的文书上署名的机关为被告,本案是以市自然资源局的名义作出的行为,诉讼的被告自然是市自然资源局,C 选项正确;而行政复议采纳的是实质标准,复议直接以批准机关(也就是上级行政机关)为被申请人,而无论该行为是以哪个机关的名义作出的。对于本题而言,复议被申请人应当是两个机关中的上级机关即市政府,B 选项正确。

(3)行政确认是行政机关对特定的法律事实、法律关系或者法律状态作出具有法律效力的认定并且予以证明的行政行为,如道路交通事故责任认定、工伤认定和排污不合格认定等,征缴决定显然不是对当事人具有某种资格的确定那么简单,而是剥夺当事人财产权的,类似于罚款的处罚决定,D 选项错误。

综上,本题答案为 BC。

三、不定项选择题

86.【解析】AC。法律漏洞是指某事项应当由法律规定但法律未作规定的情形。法律作为底线并非所有的事项都应当由法律来调整。法外之空间法律未作规定的,不属于法律漏洞。故 A 选项错误。

全部漏洞是指法律对某一应当规定的事项完全没有作出规定。故 B 选项正确。

自始漏洞可以分为明知漏洞和不明知漏洞。明知漏洞指立法者在立法时已认识到对该问题的规定存在漏洞,而故意将这一问题保留给其他部门或机关来具体规定,典型如法律规则中的委任性规则。明知漏洞属于立法策略中的立法者的有意沉默,又被称为"法政策漏洞”。不明知漏洞是指立法者在立法时因疏忽或认知能力的局限而没有意识到法律规定有欠缺的情形。故C选项错误。

根据漏洞的表现形态不同，可以将漏洞分为明显漏洞和隐藏漏洞。明显漏洞是指基于立法计划，立法者应当积极对某一问题作出规定却未作规定的情形。隐藏漏洞是指基于立法计划，立法者虽对某一问题作出规定，应当规定例外情形却未规定的情形。无论是全部漏洞、部分漏洞、自始漏洞，还是嗣后漏洞，最终都可以划分为明显漏洞或者隐藏漏洞。故D选项正确。

87.【解析】AC。法律职业道德与大众朴素的道德观虽有一定关系，但仍在内容和方法中有明显区别，因此法律职业道德基本内容无法从大众朴素的道德体系中推出。故A选项错误。

我国法律职业道德的基本原则主要包括：(1)忠实执行宪法和法律，维护法律的尊严。(2)以事实为根据，以法律为准绳。(3)严明纪律，保守秘密。(4)互相尊重，相互配合。(5)恪尽职守，勤勉尽责。(6)清正廉洁，遵纪守法。故B选项正确。

法律职业道德在本质上仍然属于道德规范，因此法律职业道德本身并不具备国家强制性(但已经被相关法律规范明示认可的除外)，因此违反职业道德的行为不能等同于违法行为。故C选项错误。

法律适用的基本原则是以事实为根据，以法律为准绳，也是我国司法工作实践的科学总结。以事实为依据，是指司法机关和司法人员在审理案件时，必须以证据证明的客观事实为依据，而不能主观臆断。以法律为准绳，是指审理案件要以法律为标准和尺度，严格按照法律规定办事。两者是一个完整统一的、不可分割的适用原则。故D选项正确。

88.【解析】BCD。各级法院设立法官权益保障委员会，并非仅省级人民法院设立法官权益保障委员会。根据《法官法》第52条的相关规定，人民法院设立法官权益保障委员会，维护法官合法权益，保障法官依法履行职责。故A选项错误。

根据《法官法》第54条的相关规定，任何单位或者个人不得要求法官从事超出法定职责范围的事务。对任何干涉法官办理案件的行为，法官有权拒绝并予以全面如实记录和报告；有违纪违法情形的，由有关机关根据情节轻重追究有关责任人员、行为人的责任。故B选项正确。

法官的保障主要有职业保障、工资保险福利保障、人身和财产保障等。法官的人身和财产保障，指法官依法履行职责，受法律保护；法官的人身、财产和住所安全受法律保护。故C选项正确。

《法官行为规范》第83条第1项规定，在不影响审判工作的前提下，可以利用业余时间从事写作、授课等活动。故D选项正确。

综上所述，本题答案为BCD。

89.【解析】AC。从事法律事务工作2年以上，或者曾经担任法官、检察官、律师1年以上，具有公职人员身份，品行良好，所在单位同意其担任公职律师。由申请人所在单位向司法行政机关提出申请，故A选项错误。

党的十八届四中全会提出，构建社会律师、公职律师、公司律师等优势互补、结构合理的律师队伍，故B选项正确。

公职律师任职期间，只能为本单位服务，接受本单位考核。公职律师任职满3年，且最后一次年度考核称职的，可转为社会律师。公职律师经历计入社会律师执业年限，故C选项错误。D选项正确。

90.【解析】ABD。典型案例并不具有普遍约束力，故A项说法错误。指导性案例在我国并没有明文规定的法律效力，属于非正式渊源，故B项说法错误。最高人民法院发布的《关于案例指导工作的规定》第7条规定，最高人民法院发布的指导性案例，各级人民法院审判类似案例时应当参照，故C项说法正确。司法具有公共政策形成功能，故D项说法错误。

91.【解析】ABCD。习近平法治思想是马克思主义法治理论中国化的最新成果，是全面依法治国的根本遵循和行动指南，A选项正确。

习近平法治思想具有系统性，它科学地指出了当前和今后一个时期推进全面依法治国十一个重要方面的要求，构成了系统完备、逻辑严密、内在统一的科学思想体系，B选项正确。

习近平法治思想的世界意义在于为人类政治文明进步贡献了中国智慧，为全球治理体系变革提供了中国方案，C选项正确。

中国特色社会主义法治道路的核心要义在于坚持党的领导，坚持中国特色社会主义制度，贯彻中国特色社会主义法治理论，D选项正确。

92.【解析】BCD。A项，帮助信息网络犯罪活动罪的成立，应遵守共犯从属性原则，即如果实行者不构成犯罪，则帮助者不构成帮助信息网络犯罪活动罪。因此，乙不构成帮助信息网络犯罪活动罪。A项说法错误。

B项，甲构成诈骗罪的实行犯。乙提供帮助，一方面构成诈骗罪的帮助犯，另一方面构成帮助信息网络犯罪活动罪，想象竞合，择一重罪论处。B项说法正确。

C项，根据《刑法》第287条之一规定，设立用于实施诈骗犯罪的通讯群组，情节严重的，构成非法利用信息网络罪。根据司法解释，建立了10个微信群，成员有2000人，属于情节严重。因此，甲构成非法利用信息网络罪。不难看出，非法利用信息网络罪是将诈骗罪的预备行为作为独立罪名来认定。C项说法正确。

D项，(1)公司采取保密措施的客户名单和相关信息，是公司的商业秘密。甲通过电子侵入的方式非法获取该商业秘密，构成侵犯商业秘密罪。(2)甲不构成非法侵入计算机信息系统罪，因为该罪的系统要求是国家事务、国防建设方面的系统。(3)甲不构成非法获取计算机信息系统数据罪，因为该罪的数据要求达到一定的数量。(4)甲不构成非法利用信息网络罪，因为该罪的行为方式要求设立网站、群组、发布消息等。甲没有实施这些行为。D 项说法正确。

综上所述,本题答案为 BCD。

93.【解析】AB。A 项,组织他人偷越国(边)境罪的既遂标准是,被组织者非法出境或入境。甲构成该罪既遂。A 项说法正确。

B 项,王某、吴某与甲构成共同犯罪,根据“部分实行、全部负责”原则,当甲构成犯罪既遂,则王某、吴某也构成犯罪既遂。B 项说法正确。

C 项,甲、乙相互之间不构成共同犯罪。第一,甲、乙只是王某的“马仔”,只是执行者的角色,并不是领导层成员。第二,甲、乙各自分别执行,对对方的执行任务并没有提供物理性的贡献。第三,甲、乙虽然在主观上可能知道对方和自己一样,在组织偷渡,但是这种“知道”并不会给自己或对方产生实质的心理性贡献。大家都是“马仔”,各自完成好任务即可。第四,如果组织中的某个成员知道其他成员在犯罪,便让其对其他成员的犯罪负责,则与该成员的角色地位明显不符。因此,乙不用对甲的既遂结果负责,乙构成犯罪未遂。C 项说法错误。

D 项,组织偷越国(边)境罪是自然人犯罪,不是单位犯罪。即使是单位行为,也仅追究主管人员和其他直接责任人等自然人的刑事责任。D 项说法错误。

综上所述,本题答案为 AB。

94.【解析】BCD。A 项,刑法不处罚为了自己吸食购买毒品行为。例如,甲为了自己吸食,向乙购买毒品,乙向甲出售毒品。乙构成贩卖毒品罪,甲不构成贩卖毒品罪的共犯(教唆犯、帮助犯)。同理,本题中,张某构成贩卖、运输毒品罪,但刘某不构成贩卖、运输毒品罪的共犯。A 项说法错误。

B 项,运输毒品罪的既遂标准是,毒品离开原存放地,发生较长距离的位移。马某运输毒品,发生较长距离的位移,便构成运输毒品罪。至于未能找到接收者,不影响既遂的成立。B 项说法正确。

C 项,贩卖毒品罪的行为对象是“毒品”,毒品是指能够使人精神成瘾的精神药品。张某只要认识到大麻素是能够使人精神成瘾的物品,就认识到贩卖这种物品会产生危害社会的结果,便具有了贩卖毒品罪的犯罪故意,构成贩卖毒品罪。至于张某不知道大麻素的具体成分,不知道大麻素已经属于“毒品”,这一点并不重要。“毒品”只是对能够使人成瘾的精神药品的一种称谓、名称。这种称谓、名称不需要行为人认识到。行为人需要认识到的是物品的实质特征。C 项说法正确。

D 项,司法解释规定,为了自己吸食而运输毒品,定运输毒品罪。因此,李某构成运输毒品罪,并且已经使毒品发生较长距离的位移,构成运输毒品罪既遂。D 项说法正确。

综上所述,本题答案为 BCD。

95.【解析】BCD。A 项,渎职犯罪是身份犯,主体是国家机关工作人员。刑法上认定国家工作人员及国家机关工作人员,不是看有无正式编制,而是看是否从事公务。甲乙虽然没有编制,但是在从事巡逻这种公务活动,此时其属于国家机关工作人员,具有渎职罪的主体身份。因此,A 项说法错误。

B 项,甲乙作为巡逻的警察,负有救助义务。不作为包括两种方式:一是不履行作为义务;二是不正确履行作为义务。甲乙虽然履行了作为义务,但没有正确履行作为义务,即履行作为义务不到位,没有将丙交到救助站人员手里,造成严重后果。因此,甲乙构成不作为犯罪。B 项说法正确。

C 项,不作为犯罪的因果关系的判断公式是,如果履行了作为义务,则结果便不会发生,那么不履行作为义务便是结果发生的原因。题中告知,如果甲乙及时将丙交到救助站人员手里,丙得到及时救助便不会死亡,因此,甲乙的不作为与丙的死亡存在因果关系。C 项说法正确。

D 项,(1)客观上,甲乙具有渎职犯罪的主体身份,甲乙的行为是不作为,且导致严重后果。(2)主观上,甲乙对死亡结果存在过于自信的过失,即认为自己这样做(送到门口)能够避免死亡结果的发生,实际上没有避免。因此,甲乙构成玩忽职守罪。D 项说法正确。

综上所述,本题答案为 BCD。

96.【解析】D。A 项,本题中,丙可能构成乙受贿的共犯,但丙没有与甲通谋洗钱,因此丙在甲洗钱案中处于证人地位。在丙的证言中,甲说“知道了,明白了”,甲的知道与明白可以证明甲具有洗钱犯罪的主观有责性。换言之,丙的陈述源于甲洗钱的犯罪事实,并非“道听途说”;此外,丙出席法庭作证,丙的陈述也不属于“庭外作证”,因此,丙的陈述不属于传闻证据,A 项错误。

B 项,甲供述向乙行贿,甲可能构成行贿罪,但与为乙洗钱没有任何关联,B 项错误。

C 项,关于甲是否明知乙的收入水平及“这些钱”的多少,丁的陈述属于个人猜测,没有事实根据,也不符合一般生活经验,应当依法排除,不得作为定案根据,没有补正的必要,C 项错误。

D 项,甲否认指控,称 1093 万元都是合法所得,这意味着甲的辩解否定了洗钱犯罪事实的存在,属于否定性直接证据。当然,甲的辩解不一定真实,需要法庭进行查证,但不影响其辩解作为直接证据,D 项正确。

综上所述,本题答案为 D。

97.【解析】ABCD。AB 项,某市中级人民法院组成 7 人合议庭,人民陪审员可以对事实认定发表意见,A 项错误;人民陪审员也可以对法律适用发表意见,只是不参加表决,B 项错误。

C 项,审判长作为合议庭组成人员,需要在审判委员会会议上汇报案情,不能最后发表意见,C 项错误。

D 项,审判委员会全体会议由组成人员的过半数出席即可,D 项错误。

综上所述,本题答案为 ABCD。

98.【解析】CD。A 项,不同于缺席审判程序与财产没收程序,强制医疗程序一般由基层人民法院管辖,但是,市检察院或者省检察院向中级人民法院或者高级人民法院提起公诉,中级人民法院或者高级人民法院在审理中发现被告人符合强制医疗条件的,可以适用强制医疗程序审理并作出决定。本题中,某市中级人民法院可以直接适用强制医疗程序审理,无须交由基层人民法院,A 项错误。

B 项,某市检察院认为某市中级人民法院作出的强制医疗决定确有错误,应当向作出强制医疗决定的法院,即某市中级人民法院提出纠正意见,不应向某省高级人民法院提出纠正意见,B 项错误。

C 项,被决定强制医疗的人、被害人及其法定代理人、近亲属对法院作出的强制医疗决定不服,有权向上一级法院申请复议。本题中,赵某母亲对某市中级人民法院作出的强制医疗决定不服,有权向某省高级人民法院申请复议,C 项正确。

D 项,赵某母亲提出复议,一方面,某市中级人民法院作出的强制医疗决定不一定真有错误,只是赵某母亲认为有错;另一方面,若停止执行强制医疗决定,赵某有可能继续实施暴力行为,危害社会。因此,赵某母亲申请复议期间,强制医疗决定不能停止执行,D 项正确。

综上所述,本题答案为 CD。

99.【解析】ABD。(1)根据《公务员法》第 19 条第 2 款规定:"综合管理类公务员职级序列分为:一级巡视员、二级巡视员、一级调研员、二级调研员、三级调研员、四级调研员、一级主任科员、二级主任科员、三级主任科员、四级主任科员、一级科员、二级科员。"其中,二级主任科员是张某的职级,A 选项正确。

(2)《公务员法》第 37 条第 1 款规定,非领导成员公务员的定期考核采取年度考核的方式。二级主任科员属于非领导成员的职级公务员,定期考核应采用年度考核的方式,B 选项正确。

(3)公务员职级应当逐级晋升,根据个人德才表现、工作实绩和任职资历,参考民主推荐或者民主测评结果确定人选,经公示后,按照管理权限审批。C 选项中,在张某符合任职资历要求的情况下,还要考虑个人德才表现、工作实绩等其他因素和程序。所以,C 选项错误。

(4)公务员领导职务和职级应当逐级晋升,所以,D 选项正确。

综上,本题答案为 ABD。

100.【解析】BCD。(1)责令恢复原状的功能在于恢复合法状态,没有给当事人增加负担,因而不具有惩戒性,故不属于行政处罚。命题人认为责令恢复原状属于制止违法行为的行政强制措施,A 选项错误。

(2)行政机关作出当事人排除妨碍、恢复原状的行政决定后,当事人逾期不履行,经催告仍不履行,其后果已经或将危害交通安全、造成环境污染或破坏自然资源的,行政机关或行政机关委托的无利害关系的第三人可以代履行。本题中,某公司在未取得合法林地征用手续的情况下用挖掘机开挖公路、破坏森林,构成了对自然资源的破坏,县林业局自然有权代履行,也就是代为恢复原状,B 选项正确。

(3)民事公益诉讼是以公告为起诉前提,行政公益诉讼是以检察建议为起诉前提。可见,C 选项正确。

(4)行政公益诉讼起诉期与普通行政诉讼案件一样,均为 6 个月,D 选项正确。

综上,本题答案为 BCD。

2022年国家统一法律职业资格考试(回忆版)

试卷二参考答案及解析

一、单项选择题

1.**【解析】**D。A、B项考查宣告失踪的法律后果,关键词为"丧失"和"继承"。自然人被宣告失踪后,既不影响其人身关系,也不影响其财产关系。因此,袁某被宣告失踪后,其民事行为能力(独立做事的资格)不受影响。故A项说法不正确,不当选。同时,袁某被宣告失踪后,其财产并不发生遗产继承,而是确定财产代管人以保护失踪人袁某的财产利益。故B项说法不正确,不当选。

C项考查撤销失踪宣告,关键词为"撤销"。失踪人重新出现,经本人或利害关系人申请,法院应当撤销失踪宣告。撤销失踪宣告的法定事由是失踪人"重新出现"。本题中,袁某父母不同意,不可以申请撤销失踪宣告。故C项说法不正确,不当选。

D项考查诉讼离婚的法定情形,关键词为"准许"。一方被宣告失踪,另一方提起离婚诉讼的,法院应当准予离婚。本案中,袁某和祖某系夫妻,袁某被宣告失踪,祖某提出离婚的,法院应当准许。故D项说法正确,当选。

综上所述,本题的正确答案为D。

2.**【解析】**B。首先,重大误解是指行为人对行为的性质、对方当事人或标的物的品种、质量、规格、价格、数量等产生错误认识,按照通常理解如果不发生该错误认识行为人就不会作出相应意思表示。据此可知,重大误解的本质是"行为人因自身原因对合同的主要内容认识错误"。本题中,双方当事人交易的标的物是"古玩",属于特殊商品,古玩交易市场向来存在"买卖全凭眼力,真假各安天命"的行业惯例(愿赌服输),即由买受人通过实物查看,自行判断商品价值,并与出卖人达成交易合意,即便买受人确实对商品价值存在误判,也不构成法律上所认可的重大误解。因此,王某的意思表示真实有效,无权请求撤销合同。故A项说法不正确,不当选;B项说法正确,当选。

其次,显失公平是指一方利用对方处于危困状态、缺乏判断能力(信息不对称)等情形,致使民事法律行为成立时显失公平。当事人一方是自然人,根据该当事人的年龄、智力、知识、经验并结合交易的复杂程度,能够认定其对合同的性质、合同订立的法律后果或交易中存在的特定风险缺乏应有的认知能力的,法院可以认定该情形构成《民法典》第151条规定的"缺乏判断能力"。本题中,虽然王某花费数万元购买了仅值数百元的青铜烛台,客观上价格相差悬殊,但是,主观上出卖人并未"利用"王某处于危困状态、缺乏判断能力。因此,王某购买青铜烛台的行为不符合显失公平的主观构成要件,不属于显失公平。故C项说法不正确,不当选。

最后,欺诈是指故意告知虚假情况或负有告知义务的人故意隐瞒真实情况,致使当事人基于错误认识作出意思表示的行为。本题中,王某自己对青铜烛台的价值存在误判,出卖人并未实施任何欺诈行为,买卖合同合法有效。故D项说法不正确,不当选。

综上所述,本题的正确答案为B。

3.**【解析】**D。首先,重大误解是指行为人对行为的性质,对方当事人或标的物的品种、质量、规格、价格、数量等产生错误认识,按照通常理解如果不发生该错误认识行为人就不会作出相应意思表示。据此可知,重大误解的本质是"行为人因自身原因对合同的主要内容认识错误"。本题中,远胜公司自愿收购宏晟宾馆的全部资产,不存在认识错误,该项收购交易的行为不属于重大误解,不可以撤销。故A项说法不正确,不当选。

其次,欺诈是指故意告知虚假情况或负有告知义务的人故意隐瞒真实情况,致使当事人基于错误认识作出意思表示的行为。据此可知,欺诈的本质是"因第三人原因(诱使)导致对合同的内容认识错误"。本题中,远胜公司自愿收购宏晟宾馆的全部资产,不存在认识错误,该项收购交易的行为不属于欺诈,不可以撤销。故B项说法不正确,不当选。

最后,显失公平是指一方利用对方处于危困状态、缺乏判断能力(信息不对称)等情形,致使民事法律行为成立时显失公平。本题中,远胜公司自愿收购宏晟宾馆的全部资产,不存在一方利用对方处于危困状态、缺乏判断能力(信息不对称)等情形,该项收购交易的行为不属于显失公平,不可以撤销,合法有效。故C项说法不正确,不当选;D项说法正确,当选。

综上所述,本题的正确答案为D。

4.**【解析】**B。居住权的标的物系"房屋(住宅)",采"登记生效主义",即书面居住权合同+登记=居住权。本题中,张某(男)与李某(女)虽然签订了书面的居住权协议(婚前协议中包括居住权的内容),但双方仅对协议进行了公证并未前往房屋登记机构进行居住权登记。因此,居住权不成立。故A、C项说法错误,不当选。

基于物权"区分原则",或称"物债两分原则",未办理物权登记,不影响合同效力。因此,虽然李某不享有张某房屋的居住权(物权效力),但是,李某和张某签订的有关居住权协议合法有效(债权效力)。张某死后,李某作为房屋的唯一继承人,享有房屋所有权。因此,李某将房屋出租的行为合法有效。故 B 项说法正确,当选;D 项说法错误,不当选。

综上所述,本题的正确答案为 B。

5.【解析】D。首先,地役权是指为了自己不动产使用的便利和效益,按照合同约定而使用他人不动产的权利。地役权系享受性权利,如看风景、看海景、通行便利等。相邻关系(相邻权),是指两个或两个以上相互毗邻的不动产的所有人或使用人,在行使占有、使用、收益、处分权利时发生的权利义务。相邻权(相邻关系)系最低限度的容忍义务,如排水、采光等。本案中,某村委会为村民"通行便利",与甲签订的协议属于典型的地役权而非相邻权(相邻关系)。

其次,地役权的设立采"公示对抗主义",即地役权自"合同生效时"设立而非"合同成立时"设立。故 C 项说法不正确,不当选。

最后,有偿利用供役地,约定的付款期限届满后在合理期限内经两次催告未支付费用。供役地权利人有权解除地役权合同,地役权消灭。本案中,供役地权利人甲多次催要费用未果,甲有权解除地役权合同恢复建围墙,该行为合理,既不侵犯村民的地役权,又不侵犯村民的相邻权(相邻关系)。故 A、B 项说法均不正确,不当选;D 项说法正确,当选。

综上所述,本题的正确答案为 D。

6.【解析】A。甲将摩托车交由乙修理,二者形成承揽合同关系。承揽合同是承揽人按照定作人的要求完成工作,交付工作成果,定作人支付报酬的合同。本题中,承揽人乙对定作人甲享有修理费请求权,即报酬请求权(债权请求权),该权利依法受 3 年诉讼时效期间的限制,即 2019 年 7 月 11 日至 2022 年 7 月 10 日。2022 年 7 月 13 日,承揽人乙的修理费诉讼时效已届满,定作人甲享有诉讼时效抗辩权("抗辩权发生说")而非导致乙的请求权消灭。故 C 项说法错误,不当选。

定作人未向承揽人支付报酬的,承揽人对完成的工作成果享有留置权。同时,主债权诉讼时效期间届满后,财产被留置的债务人请求债权人返还留置财产的,人民法院不予支持;债务人请求拍卖、变卖留置财产并以所得价款清偿债务的,人民法院应予支持。据此可知,债权人的留置权并不会因为主债权诉讼时效期间届满而消灭,债权人对留置财产依然享有留置权,即优先受偿权,债务人无权请求返还。故 A 项说法正确,当选;B、D 项说法错误,不当选。

综上所述,本题的正确答案为 A。

7.【解析】A。A 项考查未成年子女的姓名变更权,关键词为"有权"。未满 18 周岁的人需要变更姓名的时候,由本人或父母、收养人向户口登记机关申请变更登记。据此可知,未成年子女的姓名变更权由父母决定,父亲去世的,由母亲单独决定,祖父母、外祖父母无权决定变更。故 A 项说法不正确,当选。

B 项考查未成年人子女姓氏,关键词为"可以"。自然人应当随父姓或母姓。本案中,孩子的父亲甲死亡,可以随母姓。故 B 项说法正确,不当选。

C 项考查夫妻财产制和遗嘱效力,关键词为"部分无效"。夫妻婚后购买不动产,无论登记在谁名下,均属于夫妻共同共有。同时,遗嘱人以遗嘱处分了他人(配偶)财产的,应当认定该部分遗嘱无效。本案中,甲立下遗嘱,将夫妻共同共有的房屋处分给妻子乙和自己的父母。该遗嘱中处分妻子乙房屋的遗嘱部分无效。故 C 项说法正确,不当选。

D 项考查胎儿应留份制度,关键词为"部分无效"。未对缺乏劳动能力又没有生活来源的继承人保留必要的遗产的份额的,对应当保留的必要份额的处分无效。本案中,甲在立遗嘱时,妻子乙已经怀孕,甲未给胎儿保留必要的份额,因此,遗嘱部分无效。故 D 项说法正确,不当选。

综上所述,本题的正确答案为 A。

8.【解析】D。A、B、C 项考查可撤销的民事法律行为,关键词为"可撤销"。可撤销的民事法律行为的情形包括四类,分别是:(1)重大误解;(2)欺诈;(3)胁迫;(4)显失公平。不可抗力并非合同可撤销的法定情形。故 B 项错误,不当选。同时,重大误解和显失公平系在合同成立时存在瑕疵而导致合同可撤销的情形。本题中,甲公司和乙公司在签订合同时不存在上述情形,供货合同合法有效。故 A、C 项错误,不当选。

D 项考查情势变更,关键词为"可变更"。情势变更制度系为了保障合同履行中的公平,构成要件有三:(1)发生在合同成立后履行完毕前;(2)无法预见且不属于商业风险;(3)继续履行对一方明显不公平。本题中,甲公司和乙公司的供货合同签订后,地震(无法预见且不属于商业风险)导致原材料成本和运输费用均上涨,继续履行合同对甲公司明显不公平。甲公司有权请求法院或仲裁机构变更或解除合同。故 D 项说法正确,当选。

综上所述,本题的正确答案为 D。

9.【解析】D。A、B 项考查定金的限额性和定金罚则,关键词为"只需"和"双倍"。定金的数额由当事人约定;但是,不得超过主合同标的额的 20%,超过部分不产生定金的效力。刘某和李某之间的买卖合同(主合同)标的额为 10000 元,定金最多为 2000 元,而李某向刘某支付 5000 元定金。因此,5000 元中,2000 元产生定金的效力,3000 元不产生定金的效力。后刘某不小心将紫烟壶摔碎,导致根本违约(合同目的无法实现),依法应当承担双倍返还定金的罚则,即 2000 元乘以 2 等于 4000 元,再加上不产生定金效力的 3000 元,刘某应当向李某返还 7000 元。故 A、B 项说法错误,不当选。

C 项考查违约责任中的与有过失,关键词为"减少"。当事人一方违约造成对方损失,对方对损失的发生有过错的,可以减少相应的损失赔偿额。本题中,李某基于第三人刘某的原因造成对胡某的违约,但胡某并没有过错。因此,李某无权请求减少返还定金的金额。故 C 项说法错误,不当选。

D 项考查违约责任的相对性,关键词为“双倍”。当事人一方出于第三人的原因造成违约的,应当依法向对方承担违约责任。当事人一方和第三人之间的纠纷,依照法律规定或者按照约定处理。据此可知,违约责任具有相对性。本题中,李某出于刘某的原因造成对胡某的违约,依法应当向胡某承担违约责任,即双倍返还胡某向李某给付的 2 万元定金。故 D 项正确,当选。

综上所述,本题的正确答案为 D。

10.【解析】D。B 项考查保证方式,关键词为“连带保证责任”。当事人在保证合同中对保证方式没有约定或约定不明确的,按照一般保证承担保证责任。本题中,丙与乙并未约定保证方式,丙对甲的债务承担一般保证责任而非连带保证责任。故 B 项说法错误,不当选。

A、C、D 项考查保证的从属性。债权人未经保证人书面同意,允许债务人转移全部或部分债务,保证人对未经其同意转移的债务不再承担保证责任,但是债权人和保证人另有约定的除外。本题中,甲(债务人)欠乙(债权人)2022 万元,免除 22 万元后剩余 2000 万元,后债权人乙同意债务人甲对外转让 500 万元且未经保证人丙书面同意。因此,丙应承担的责任为 2000 万元减去 500 万元,即在 1500 万元范围内承担保证责任。故 A、C 项错误,不当选;D 项正确,当选。

综上所述,本题的正确答案为 D。

11.【解析】D。A、C 项考查一般侵权,关键词为“部分”和“全部”。一般侵权的构成要件有四:(1)侵害行为;(2)损害后果;(3)因果关系;(4)主观过错。本案中,篮球队员马某专心比赛快速奔跑撞倒詹某的行为不属于侵害行为且主观上不存在侵害詹某的主观过错,不构成一般侵权,马某依法不需要承担赔偿责任。故 A、C 项均错误,均不当选。

B 项考查安保义务人责任,关键词为“全部”。宾馆、商场、银行、车站、机场、体育场馆、娱乐场所等经营场所、公共场所的经营者、管理者或群众性活动的组织者,未尽到安全保障义务,造成他人损害的,应当承担侵权责任。据此可知,安保义务人责任属于过错责任,即只有安保义务人有过错的情形下,才承担侵权责任。本案中,学校的篮球场是专门从事篮球运动的场地,作为常见场地,本身不具备特殊危险因素,一般情况下,无须单独设置护栏或安全警示标志。

因此,某大学对篮球场已经尽到了合理的管理义务,不存在主观过错。某大学依法不需要承担全部赔偿责任。故 B 项错误,不当选。

D 项考查自担风险(自甘冒险),关键词为“自担损失”。自愿参加具有一定风险的文体活动,因其他参加者的行为受到损害的,受害人不得请求其他参加者承担侵权责任;但是,其他参加者对损害的发生有故意或重大过失的除外。活动组织者的责任适用安保义务人责任和教育机构责任的规定。本案中,虽然詹某并非参加者,但是,可以参照(类推)适用。詹某虽然不是运动员,也应该知道篮球运动对抗激烈,有可能发生碰撞并受伤,却在比赛过程中横穿球场,属于明知故犯,把自己置于潜在风险之中,可以适用“自甘风险原则”,应该自行承担伤害后果。故 D 项说法正确,当选。

综上所述,本题的正确答案为 D。

12.【解析】D。首先,自然人的民事权利能力(做人的资格)始于出生终于死亡,醉酒不影响自然人的民事权利能力。故 C 项说法错误,不当选。

其次,民事行为能力,即“独立做事的资格”,是指民事主体能以自己的行为取得民事权利、承担民事义务的资格。自然人的民事行为能力的本质是对客观事物的理解(认识/识别/判断和认知)能力,影响该能力的因素主要是年龄和精神健康状况。醉酒不影响自然人的民事行为能力。故 B 项说法错误,不当选。

最后,完全民事行为能力人因醉酒、滥用麻醉药品或精神药品对自己的行为暂时没有意识或失去控制造成他人损害的,应当承担侵权责任。本题中,甲醉酒后将酒店的花瓶打碎,且对于该醉酒状态乙并不存在过错。因此,依法应当由甲承担侵权责任。故 A 项说法错误,不当选;D 项说法正确,当选。

综上所述,本题的正确答案为 D。

13.【解析】A。A、D 项考查民间借贷合同的效力,关键词为“无效”。出借人事先知道或应当知道借款人借款用于违法犯罪活动仍然提供借款的,人民法院应当认定民间借贷合同无效。本题中,出借人宫某事先知道借款人贺某借款用于购买制造假酒设备和原材料(用于违法犯罪活动)仍然提供借款 50 万元。因此,法院应当认定借款合同全部无效,而非部分无效。故 A 项说法正确,当选;D 项说法不正确,不当选。

B 项考查担保效力的从属性,关键词为“担保责任”。主合同无效的,人民法院应当认定担保合同无效。本题中,宫某和贺某之间的借款合同(主合同)无效,董某和宫某之间的股权质押合同(担保合同)无效,董某不应承担担保责任。故 B 项说法不正确,不当选。

C 项考查自然人之间的借款合同的性质,关键词为“成立”。自然人之间的借款合同属于实践性合同,自贷款人提供借款时成立。具体而言,自然人之间的借款合同,以现金支付的,自借款人收到借款时,可以视为借款合同成立;以银行转账、网上电子汇款等形式支付的,自资金到达借款人账户时,可以视为借款合同成立。本题中,4 月 20 日,借款人贺某向出借人宫某借款 50 万元,宫某于次日(4 月 21 日)向贺某交付现金 20 万元。因此,借款合同中,该 20 万元自 4 月 21 日成立;4 月 22 日,出借人宫某向借款人贺某银行卡实时转账 30 万元。因此,借款合同中,该 30 万元自 4 月 22 日成立。据此可知,该 50 万元借款合同中,20 万元自 4 月 21 日成立;30 万元自 4 月 22 日成立。故 C 项说法不正确,不当选。

综上所述,本题的正确答案为 A。

14.【解析】C。A 项考查违约责任的构成要件,关键词为“承担”。违约责任的构成要件有三:(1)存在合法有效的合同;(2)存在违约行为;(3)不存在法定或约定的免责事由。本题中,甲公司与肖某存在合法有效的钻机买卖合同,出卖人甲公司存在瑕疵给付的违约行为(出售的钻机质量与产品说明不符)且不存在法定或约定免责事由。因此,出卖人甲公司应当向买受人肖某承担违约责任。故A项说法正确,不当选。

B、D项考查违约责任的五种形式,关键词为"赔偿损失"和"修理、更换、退货"。违约责任的形式有五种,分别是:(1)继续履行;(2)采取补救措施(修理、更换、重作、退货、减价等);(3)损害赔偿金(赔偿损失);(4)违约金;(5)定金。本题中,出卖人甲公司的行为属于瑕疵给付,即钻机质量与产品说明不符,买受人肖某当然有权请求采取补救措施,即修理、更换、退货。故D项说法正确,不当选。但是,甲公司的瑕疵给付行为并未造成买受人肖某人身或其他财产损失,因此,不存在赔偿损失的问题。故B项说法正确,不当选。

C项考查产品责任,关键词为"承担"。因产品存在缺陷造成他人损害的,被侵权人可以向产品的生产者请求赔偿,也可以向产品的销售者请求赔偿。据此可知,产品责任属于典型的侵权责任。本题中,虽然甲公司出售的钻机质量与产品说明不符,但并未造成他人损害,属于瑕疵给付,系单纯的违约责任问题,不存在侵权责任问题。故C项说法错误,当选。

综上所述,本题的正确答案为C。

15.【解析】A。A项考查名誉权侵权,关键词为"侵犯了"。名誉权侵权的形态包括两类,分别是:(1)侮辱(故意以暴力或其他方式贬损他人人格,毁损他人名誉);(2)诽谤(捏造、散布虚假事实造成他人社会评价降低)。本题中,甲曾因酒驾犯罪而受到刑事处罚是"客观事实",乙的行为既不是侮辱,又不是诽谤,因此,并未侵犯甲的名誉权。故A项说法不正确,当选。

B项考查隐私权侵权,关键词为"侵犯了"。隐私权的侵权形态包括四类,分别是:(1)刺探;(2)侵扰;(3)泄露;(4)公开。本案中,甲曾因酒驾犯罪而受到刑事处罚虽然是"客观事实",但该客观事实属于甲不为人所知,也不愿为他人所知的私密信息。乙未经甲的同意将该私密信息公开的行为,依法侵犯了甲的隐私权。故B项说法正确,不当选。

C项考查诉讼时效的适用范围,关键词为"不受"。人格权受到侵害的,受害人有权依法请求行为人承担民事责任。受害人的停止侵害、排除妨碍、消除危险、消除影响、恢复名誉、赔礼道歉请求权,不适用诉讼时效的规定。本题中,乙侵犯了甲的隐私权,甲请求乙赔礼道歉、消除影响的请求权依法不受诉讼时效期间的限制。故C项说法正确,不当选。

D项考查个人信息保护,关键词为"侵犯了"。个人信息是以电子或其他方式记录的能够单独或与其他信息结合识别特定自然人的各种信息,包括自然人的姓名、出生日期、身份证件号码、生物识别信息、住址、电话号码、电子邮箱、健康信息、行踪信息等。自然人的个人信息受法律保护。任何组织或个人需要获取他人个人信息的,应当依法取得并确保信息安全,不得非法收集、使用、加工、传输他人个人信息,不得非法买卖、提供或公开他人个人信息。本题中,乙在小区微信群中说"A栋6楼601室的甲是罪犯"的行为属于公开他人个人信息的行为,依法侵犯了甲的个人信息权益。故D项说法正确,不当选。

综上所述,本题的正确答案为A。

16.【解析】D。线索1:受害人小军被流浪狗咬伤,流浪狗不存在饲养人或管理人。因此,题目与"饲养动物损害责任"无关。

线索2:受害人小军在小区内被流浪狗咬伤,小区的物业服务公司(物业公司)对于小区负有管理职责,依法负有保障小区业主人身及财产安全的义务。因此,考点一被锁定为"安保义务人责任"。

线索3:引来流浪狗的是马大姐的厨余垃圾,倾倒垃圾属于日常生活行为,是否构成侵权,需要判断是否符合一般侵权的四要件。因此,考点二被锁定为"一般侵权"。

首先,物业公司是否需要承担侵权责任?物业公司系物业服务区域的管理者,依法需要履行安全保障义务。本题中,小区有流浪狗频频伤人,居民向物业公司反映,"未获回应"说明物业公司有过错,依法应当承担侵权责任。

其次,马大姐是否需要承担侵权责任?作为小区居民的马大姐是否构成侵权,需考量马大姐的行为是否构成一般侵权。一般侵权责任的构成要件有四:(1)侵害行为(加害行为);(2)损害后果;(3)因果关系;(4)主观过错。本题中,马大姐倒垃圾系一般生活行为,"不慎"洒落一袋厨余垃圾在路边,未做清理亦很难认定为法律意义上的侵害行为(加害行为)且不存在导致小军损害的主观过错。因此,马大姐的行为不构成一般侵权,无须承担侵权责任,更无须与物业公司承担连带责任。

最后,小军(小学生)系受害人,被流浪狗咬伤,本人并不存在过错(与有过失/过失相抵)或受害人故意等使责任主体物业公司免责的事由。

因此,小军的损害依法应当由物业公司承担。故A、B、C项说法错误,不当选。D项说法正确,当选。

综上所述,本题的正确答案为D。

17.【解析】C。A、B项,杨某作为名义股东,具有公司的股东身份,杨某将其名下股权转让给方某为有权处分,但为了防止杨某借处分股权套现损害实际出资人陈某的利益,故此行为参照适用善意取得制度。方某作为公司股东,对于杨某与陈某代持股的关系是知情的,故该股权转让无效,方某不能善意取得该股权。A项、B项均错误。

C项,杨某虽然是代持股协议关系中的名义股东,但毕竟具有股东身份,应承担足额出资的股东义务,C项正确。

D项,就算华某知道杨某代持股的情况,也不能免除杨某作为股东的出资义务,D项错误。

综上,本题答案为C。

18.【解析】A。劳动合同期满，终止固定期限劳动合同，用人单位应支付经济补偿金。用人单位维持或者提高劳动合同约定条件续订劳动合同，劳动者不同意续订的情形下是例外，用人单位无须支付经济补偿金。本案中，乙公司在与宁某的劳动合同期限届满时，终止了此合同，且没有例外情形，故应向宁某支付经济补偿金。

经济补偿金按劳动者在本单位工作的年限计算，每满1年支付1个月工资的标准向劳动者支付。6个月以上不满1年的，按1年计算；不满6个月的，向劳动者支付半个月工资的经济补偿金。本案中，宁某非基于本人原因从原用人单位被安排到新用人单位工作，劳动者在原用人单位的工作年限合并计算为新用人单位的工作年限，故支付经济补偿金的工龄应自2021年4月1日至2022年9月1日共1年零5个月，共支付1.5个月工资作为经济补偿金。A项正确，B、C项错误。

D项，甲公司未与宁某签订书面劳动合同，应该向宁某支付2倍工资作为处罚。但是2021年9月1日开始甲公司与宁某的劳动合同关系已经结束，故甲公司支付2倍工资的节点也应就此结束，甲公司应支付2倍工资的周期应该是2021年5月1日（用工满1个月的次日）至2021年9月1日共计4个月不应是11个月。2021年9月1日以后，宁某与乙公司建立劳动关系，未签署书面劳动合同，乙公司应该向宁某支付2倍工资。D项错误。

综上，本题答案为A。

19.【解析】D。A、B项，汪某与爱思基金签署对赌协议，主要是取信于投资人爱思基金，促使蓝鸥公司能顺利融资，有利于公司和全体股东，从实质来讲，蓝鸥公司为此提供担保没有违法之处，且蓝鸥公司用来承担担保责任的范围是公司的利润，也没损害公司的资本金，不涉及违反利润分配原则和资本维持原则，AB项错误。

C项，此协议基于当事人的合意，且并没有违反法律、法规的强制性规定，是有效的。如果蓝鸥公司内部其他股东没有放弃优先认缴权，可能造成蓝鸥公司无法履行此协议，但不会造成协议无效，C项错误。

D项，蓝鸥公司为汪某的回购义务承担担保责任，本质为蓝鸥公司对内提供担保，依法应有股东会决议，且汪某作为被担保人，应适用回避制度，不得参加此事项的表决。该项表决由出席会议的其他股东所持表决权的过半数通过。D项正确。

综上所述，本题答案为D。

20.【解析】B。A项，甲和古玩店的出资义务以及古玩店和丁公司之间的债是两层法律关系。甲是否对古玩店完全履行了出资义务以及是否需要提前履行出资义务均是甲和古玩店之间的内部关系，与丁公司无关，A项错误。

B项，古玩店是普通合伙企业，对于古玩店不能清偿的债务，甲作为普通合伙人有义务对债权人承担连带责任，B项正确。

C项，普通合伙企业为非法人组织，没有独立财产和独立责任。普通合伙人对合伙企业不能清偿的债务承担连带责任，故普通合伙人的出资没有法律限制或要求，房屋的使用权出资亦合法有效。本题中，甲与古玩店约定的出资为房屋使用权，故只需按约定将房屋交由古玩店使用即可，无须办理房屋的过户登记手续，C项错误。

D项，甲与古玩店的出资期限是基于双方的约定，而甲作为普通合伙人对债权人丁公司承担连带责任是法定义务，二者是两层不同的法律关系，甲以与古玩店的约定来抗辩债权人丁公司的法定要求，不能被支持，D项错误。

综上所述，本题答案为B。

21.【解析】C。A、D项，为企业财产设定担保，便赋予债权人对作为担保物的企业财产的担保物权，一旦债务人不履行债务，债权人就可以要求债务人处分抵押财产并就所得价款优先受偿。由此可见，以个人独资企业的财产提供担保，本质上是对个人企业财产的处分，一般只能由资产的所有人，即个人独资企业的投资人自己行使，其他人（比如被聘任的经营管理人员）用企业财产设定担保应经过投资人的特别授权。本案中，投资人甲对秦某并没有特别授权，法律禁止秦某擅自用花店的店面设定抵押，如果乙有充分的证据能证明自己为善意，抵押行为有效，否则无效。案情并没有线索提示乙为善意，故该抵押行为应无效，但A、D项直接认定此抵押有效，乙享有优先受偿权，是错误的。

B项，甲对秦某的职权范围限制不能对抗善意第三人。本案中，秦某超越了甲对其赋予的50万元的权限范围，越权与乙签署了80万元的合同，案情没有明示乙的恶意，应认定为善意相对人，B项直接认定该合同无效，错误。

C项，秦某违反甲赋予的权限，辜负了甲的信任，甲有权解聘秦某，C项正确。

综上所述，本题答案为C。

22.【解析】A。A项，人民法院收到破产申请时，应当向申请人出具收到申请及所附证据的书面凭证。故申请人有权要求法院提供收到破产申请和所附证据的书面凭证，A项正确。

B项，破产原因是对债务人自身经营状况的评判，债务人不能清偿到期债务，且资产不足以清偿全部债务或明显缺乏清偿能力的，即具备了破产原因。至于是否有保证人及保证人是否有清偿能力与债务人是否具有破产原因并无因果关系。因此，相关当事人以为债务人的债务承担连带责任的人尚未丧失清偿能力为由，主张债务人不具备破产原因的，人民法院不支持，B项错误。

C项，破产程序中驳回用“裁定”而非“判决”，C项错误。

D项，乙银行对法院驳回申请不服的，说明乙银行认为法院给出的结论“搞错了”，此时应向上一级法院上诉，以求纠正错误。当法院“不理我”（未接收、不出具有关接收凭证、未按期裁定是否受理）时，才有必要向上一级法院申请，D项表述错误。

综上所述，本题答案为A。

23.【解析】A。A、B 项,围绕“特殊取回权”来考查。特殊取回权的特点是在债务人被受理破产时,出卖人已将买卖标的物向作为买受人的债务人发运,债务人尚未收到且未付清全部价款的,为了保护出卖人的利益,此处突破了民法中货物所有权转移的原则,出卖人可以取回在运途中的标的物。本案的破题关键是甲公司通过预付货款的方式已经全额支付了该笔货款,不符合“特殊取回权”的特点,因此该设备已经归为甲公司的债务人财产,乙公司无权取回,A 项正确,B 项错误。

C、D 项,围绕“双方均未履行完毕的合同”来考查。只有债务人被受理破产前双方均未履行或未履行完毕的合同才属于“双方均未履行完毕的合同”,由管理人决定履行或解除。本案不属于此类情形,在甲公司被受理破产前,甲公司支付了全部的货款,乙公司交付了设备,可以说双方均已履行完毕了此合同,管理人没有权利无理由解除,甲公司也不能无端地要求乙公司返还货款,C、D 项错误。

综上所述,本题答案为 A。

24.【解析】D。A 项,破产原因有两种:一是到期不还 + 资不抵债;二是到期不还 + 明显丧失清偿能力。本案中,甲公司具备第二种破产原因,此情形无须考虑资产负债关系。或者说,即使资产负债表中的资产大于负债,也不影响对第二种破产原因的认定,A 项错误。

B 项,破产原因是对债务人自身的经营能力的判断,与保证人是否有清偿能力无关,B 项错误。

C、D 项,甲公司作为债务人对乙银行有清偿义务,丙公司作为保证人对乙银行有保证责任,这是彼此不排斥的两层关系,因此乙银行破产程序中申报债权后又向人民法院提起诉讼,请求担保人承担担保责任的,人民法院依法予以支持。C 项错误,D 项正确。

综上所述,本题答案为 D。

25.【解析】A。A 项,出票人签章是支票的绝对必要记载事项,本案的支票未加盖出票人印章,故该支票无效,A 项正确。

B、C、D 项,追索权是票据权利,行使追索权的前提是票据有效,本案的支票因欠缺出票人签章而无效,故不存在票据权利,丁并非票据权利人,也无法向任何主体主张追索权,B、C、D 项均错误。

综上所述,本题答案为 A。

26.【解析】A。A 项,承保期间,保险标的的用途由家庭自用改为运营,风险显著增加,被保险人甲应将此情形向保险公司如实告知。告知后,保险公司可以选择:(1)增加保费;(2)解除保险合同并退还保费。如果甲未如实告知,对于增加的风险造成的保险事故,保险公司不予赔偿。A 项没顾及车辆风险显著增加后的种种可能,直接给出保险公司应承担赔偿责任的说法是错误的。

B、D 项,车辆的危险程度显著增加,与保险公司承保时的情况不同,与原合同约定的保险费也不匹配,如果危险承担显著增加后的情况不在保险公司承保的范围内,保险公司有权主张解除合同并退还剩余的保险费,所以 B、D 项正确。

C 项,甲未如实告知车辆危险程度显著增加的情形,没有给保险公司选择的机会,违反诚信的基本原则,故保险公司对于增加的风险导致的事故不予赔偿,C 项正确。

综上所述,本题为选非题,答案为 A。

27.【解析】D。A、B 项,张某到保险公司指定的医院进行体检,并将体检报告提交给保险公司。既然保险公司已经知道被保险人的体检结果,即使投保人未如实告知,保险公司也不会被“骗”,故不可以此为由主张解除合同。既然合同不能被解除,发生保险事故,保险公司应承担赔偿责任,A、B 项错误,D 项正确。

C 项,被保险人按照保险公司的要求到指定医院体检,与投保人如实告知是互补的关系,并非彼此排斥的关系,故即使保险人在合同订立时指定医疗机构对被保险人体检,也不能免除投保人如实告知的义务,C 项错误。

综上所述,本题答案为 D。

28.【解析】B。本案中,对于认购了溪海一号的 200 万元信托财产的本金及清算收益,甲作为受益人有权主张权利,但另外 100 万元并没有参与此信托产品,故不能参与此信托产品的收益,所以 B 项正确,C、D 项错误。

甲转入信托公司固有账户的另外 100 万元,没能成立信托,可认定为信托公司对甲因合同关系产生的债,甲有权要求返还,但预期收益无法保障。第一,本案中的《信托协议》未明确约定预期收益;第二,即使约定了预期收益,信托公司也不承担刚性兑付的责任,根据资管新规的内容,禁止信托公司在发行信托理财产品时,向投资者作出保本保收益的承诺,或者作出其他等同于刚性兑付的承诺。即使作出了类似的承诺,也是无效内容。所以 A 项错误。

综上所述,本题答案为 B。

29.【解析】A。A 项,具有竞争关系的各砖瓦企业实施了限制生产的垄断协议,属于横向垄断协议,A 项正确。

B 项,张某某实际参与了违法的横向垄断协议,不能因其被迫而免罚,如果他坚决反对,可以不参加或者举报让反垄断执法机构惩治,B 项错误。

C 项,横向垄断协议实施者主张损害赔偿,实质上是要求瓜分垄断利益,不应被支持,C 项错误。

D 项,宜宾市砖瓦协会是促成此协议行为的始作俑者,应被罚款,如果情节严重可被撤销登记,D 项错误。

综上所述,本题答案为 A。

30.【解析】C。市场供需关系决定价格,完善自由的市场竞争环境中,消费者有机会获得物美价廉的商品。江州市大米协会出手干预竞争,大米生产商迫于其压力而建立起价格同盟,排除、限制了竞争。江州市大米协会促成了此协议行为,违反了《反垄断法》,应受到应有的处罚。A、B 项错误。

C、D 项,本案中参与协议的具有竞争关系的经营者达成了有关限定价格的同盟,排除、限制了竞争,属于横向垄断协议行为,C 项正确,D 项错误。

综上所述,本题答案为C。

31.【解析】A。A项,金硕巅峰公司具有一定的社会影响,飞跃公司在其出售的产品中突出使用了金硕巅峰公司的企业名称的关键部分,引人误认为是金硕巅峰公司的商品或者与金硕巅峰公司存在特定联系,构成了混淆行为,是违法的,A项正确。

B项,"虚假宣传"的核心特点是经营者对其商品的性能、功能、质量、销售状况、用户评价、曾获荣誉等各个方面作虚假或者引人误解的商业宣传,欺骗、误导消费者。本案中,飞跃公司并没有针对自己的商品作出虚假或引人误解的虚假宣传,B项错误。

C项,飞跃公司搭了金硕巅峰公司的便车,借对方的商业信誉提升自己商品的市场占有率,"浑水摸鱼"违反诚信原则,是违法的,C项错误。

D项,飞跃公司的商品中虽然没有使用金硕巅峰公司完整的企业名称,但使用了金硕巅峰公司企业名称中的关键部分,足以使消费者误认,已经构成了混淆行为,D项错误。

综上,本题答案为A。

32.【解析】C。本题中,甲公司是本人,丙律所是代理人,乙公司是第三人。

选项A正确,不当选。甲公司和丙律所的民事关系属于代理的内部关系,首先适用当事人选择的法律,没有选择的,适用代理关系发生地法律。本题明确表示"没有就法律适用达成协议",所以不存在选择的法律,那就要适用代理关系发生地,也就是委托发生地法律。代理协议在北京签订,适用中国法。

选项B正确,不当选。B选项涉及的是代理的外部关系,也就是涉及第三人乙公司和本人甲公司之间的关系,没有选择的,适用代理行为地法律。大家注意,代理的外部关系指本人和第三人之间的关系,只不过这个关系通过代理人的行为进行。本题中明确说明由M国丙律所在"当地"调查乙公司,显然代理行为发生在M国,所以适用M国法律是正确的。

选项C错误,当选。根据我国法律的规定,涉外民事诉讼司法文书可以向代表机构、分支机构和业务代办人送达,其中业务代办人必须有专门授权。本题中的代表机构显然有权接受送达,但要注意是"可以"向其送达,而非应该。

选项D正确,不当选。这个选项考查的是法人及其分支机构的行为能力问题。根据我国法律的规定,法人及其分支机构的权利能力、行为能力、股东权利义务和组织结构适用登记地法律,登记地和主营业地不一致的,可以适用主营业地法律。本题中丙律所驻北京代表处的登记地在中国,也不存在登记地和主营业地不同的情形,其行为能力应该适用中国法。

综上所述,本题答案为C。

33.【解析】C。选项A错误。根据我国相关法律的规定,劳动合同首先适用劳动者工作地法律,难以确定工作地的,适用用人单位主营业地法律。劳务派遣的,可以适用派出地法。本题中劳动者工作地在莫桑比克,存在劳务派遣并且派出地是中国,所以本案中的劳动合同可以适用莫桑比克法,也可以适用中国法。A项中"应当"适用莫桑比克法的说法是错误的。

B项错误。参见A项解析。

C项正确。参见A项解析。

D项错误。外国公民可以委托其本国领事或外交人员担任诉讼代理人,但有两个限制:一是以"个人身份",二是没有特权与豁免。D项中以"领事身份",显然是错误的。

综上所述,本题答案为C。

34.【解析】D。选项A错误。根据我国法律的规定,侵犯人格权的,适用被侵权人经常居所地法。在本案中也就是应当适用德国法。该条规则并没有允许当事人选择所适用的法律,所以A项错误。大家注意,当事人选择法律的前提一定是法律规则允许选择,如果没有说可以选,那就是不能选。

选项B错误。B项的考点在于反致,我国立法中不承认反致,也就是不能再依据德国的冲突规范适用中国法了。简单来说,不承认反致的结果就是只能根据我国冲突规范指向外国的实体法,不能再反弹回来或者指向其他的国家。

选项C错误。诉讼时效本身没有自己的规则,适用基础法律关系所适用的法律。本案中基础法律关系适用德国法,所以本案的诉讼时效也应该适用德国法。

选项D正确。当事人选择适用外国法的,由当事人负责查明。当事人没有选择,依据我国冲突规范应当适用外国法的,由法院、仲裁机构、行政机关负责查明,具体谁受案,谁查明。本案中不允许当事人选择法律,根据我国冲突规范应当适用德国法,且诉至法院。所以应该由法院负责查明所适用的法律。

综上所述,本题答案为D。

35.【解析】B。选项A错误。本题中的提单载明"凭指示",应该被认定为指示提单,应该通过背书方式进行转让。

选项B正确。这是UCP600相比于UCP500的主要修改。银行发现不符点时,可以自行联系开证申请人以确定其是否接受(放弃)不符点,如果开证申请人接受不符点,则银行可以释放单据(给钱)。这里要注意,是"可以"自行联系,哪怕开证申请人接受不符点,也是"可以"付款,所以最终决定是否接受不符点的权利还是在银行手里。

选项C错误。保兑行独立地承担第一位的付款责任,哪怕开证行破产,也要继续履行保兑责任。简单理解,保兑行也就是相当于另一个开证行。

选项D错误。在CIF中涉及关税的只有一点,那就是进出口手续和费用的承担。CIF中,由买方承担进口手续和费用。

综上所述,本题答案为B。

36.【解析】B。选项A错误。ICSID的管辖权排斥国家的外交保护和对相关争端的国内管辖。

选项 B 正确。大家注意，ICSID 的管辖权以双方书面协议为核心条件，东道国可以要求投资者将争端提交 ICSID 解决前用尽当地救济。注意，是“可以要求”而不是必须。B 项中特别说明，乙国没有特别要求，不需要用尽当地救济。

选项 C 错误。根据规定，ICSID 应该依据双方同意的规则作出裁判。如果没有达成协议，则可以适用争端当事国的国内法（包括冲突规则）以及相关的国际法规则作出裁判。不得借口没有法律规则或者法律规则含义不清而暂停作出裁决。而且在双方同意时，ICSID 可以依据公平和善良原则对争端作出裁决。

选项 D 错误。对 ICSID 裁决不服的，不能上诉，只能向 ICSID 秘书长申请撤销。

综上所述，本题答案为 B。

37.【解析】D。选项 A 错误。国际贸易术语可以和《联合国国际货物销售合同公约》一同适用，术语规范事项范围内，优先用术语。本题中采用 CFR 术语，该批货物应该在装运地“装上船”时转移风险。交货的地点和特殊要求可总结为口诀“D 组在目的地，其余装运地；水运均特殊（FAS 船边，FOB /CIF/CFR 装上船），包邮（DPU）兼承运（CIP/FCA/CPT）”。

选项 B 错误。由于该批货物为军民两用货物，涉及出口管制。货物的最终用户（一般就是买方）应当承诺，不经许可，不得擅自改变货物的用途或将其转让给第三方。

选项 C 错误。CFR2020 术语下，买卖双方均没有购买保险的义务。只有 CIF 术语下，在没有约定的时候，卖方有义务购买平安险。关于是否有购买保险的义务，可以总结为口诀：带“I”的有义务（卖方出钱）。

选项 D 正确。根据我国相关法律的规定，在我国出口管制清单上的货物，必须申请出口许可证。

综上所述，本题答案为 D。

38.【解析】B。选项 A 正确。在反补贴调查中有两个数字：大于 50% 的，可以发起调查；不足 25% 的，不能发起调查。具体内容如下：支持发起调查者的产量占支持调查者和反对调查者总量 50% 以上可以启动，不足国内同类产品总产量 25% 的，不得启动。

选项 B 错误。这一个选项又一次考到了累积评估，其规则和反倾销中类似。以分别评估为一般规则，以累积评估为特殊例外。而且累积评估必须同时满足三个条件：第一，不同国家的补贴金额不属于微量。第二，进口数量不属于忽略不计。第三，根据倾销进口产品之间以及倾销进口产品与国内同类产品之间的竞争条件，累积评估是适当的。特别注意，只有来自两个以上的国家，是不能进行累积评估的。

选项 C 正确。根据我国相关法律，对反补贴决定不服的，相关主体可以提起行政复议或者行政诉讼。

选项 D 正确。行政行为违反法定程序的，法院判决撤销或者部分撤销行政行为，并可以判决被告重新做出行政行为。

综上所述，本题答案为 B。

39.【解析】A。法院裁定驳回案外人孙某的异议，应当由案外人孙某提起案外人异议之诉，请求判决不准许对该股权的执行，因为原告孙某对该股权享有足以排除执行的权利。故法院驳回孙某异议后，孙某提出的案外人异议之诉是积极的确认之诉——孙某的诉讼请求是请求确认自己对执行标的享有足以排除执行的权利，进而阻止继续对该执行标的的执行。法院经过审理确认孙某对该股权享有足以排除执行的权利的，判决不准许对该股权强制执行，此时法院作出的驳回异议的裁定失效，法院不得对该股权强制执行；法院经过审理认为孙某对该股权不享有足以排除执行的权利的，判决驳回诉讼请求，法院继续对该股权强制执行。

综上所述，本题答案为 A。

40.【解析】B。根据《民事诉讼法》第 16 条的规定，经当事人同意，民事诉讼活动可以通过信息网络平台在线进行。民事诉讼活动通过信息网络平台在线进行的，与线下诉讼活动具有同等法律效力。据此，通过信息网络平台在线进行民事诉讼需要经过当事人同意，故本案在黄某不同意在线进行证据交换时法院依然组织黄某通过在线方式进行证据交换，直接违反在线诉讼与线下诉讼具有同等效力原则，B 选项正确。关于平等原则，要求当事人在诉讼中权利义务相同或者相对应，本案中法院的做法并没有破坏当事人之间的平等地位，与平等原则无关，A 选项错误。同等、对等原则适用于外国人。同等原则是指外国人在中国进行民事诉讼和中国当事人的权利、义务相同；对等原则是指外国法院限制我国当事人诉讼权利，我国法院对该国公民进行同样限制，本案中没有外国人参加，故本案与同等、对等原则无关，D、C 选项错误。

综上所述，本题答案为 B。

41.【解析】B。赵某申请鲍法官回避被驳回后，由于甲公司法定代表人变更，变更后的法定代表人与鲍法官存在同学关系，故属于出现了新的事实和理由，赵某有权再次提出回避申请，A 选项错误。赵某申请后，回避决定作出前，被申请回避的人应当暂停本案的工作，故本案鲍法官应当暂停本案的工作，B 选项正确。同学关系属于其他利害关系，要足以影响公正审理的才需要回避，但不论鲍法官与薛某的同学关系是否影响公正审理，C 选项均为错误——回避或者驳回回避申请应当用决定，而不是裁定。D 选项的考点在于回避的效力，在民事诉讼中审判人员回避后诉讼程序应当继续进行，意味着原程序中所进行的诉讼行为继续有效，故在鲍法官回避前赵某已经提出管辖权异议，法院裁定驳回其异议，该裁定继续有效，赵某不能再次提出管辖权异议，D 选项错误。

综上所述，本题答案为 B。

42.【解析】B。根据《劳动争议调解仲裁法》第 44 条第 1、2 款的规定，仲裁庭对追索劳动报酬、工伤医疗费、经济补偿或者赔偿金的案件，同时符合下列条件的，可以根据当事人的申请裁决先予执行，移送法院执行：(1)当事人之间权利义务关系明确；(2)不先予执行将严重影响申请人的生活。劳动仲裁中可以先予执行，仲裁庭只有裁决权，没有执行权。故本案中对于张三提出的先予执行申请，应当由仲裁庭作出裁决后交法院执行，本题B选项正确。

综上所述，本题答案为B。

43.**【解析】**B。在原审中，庄某为原告，乙超市为被告，由于庄某是以违约为由提起诉讼，故原告、被告之间的法律关系为买卖合同关系。如果丙厂家参加原审，丙厂家并非该买卖合同关系的一方当事人，故其诉讼地位应当为有独立请求权的第三人或者无独立请求权的第三人，当然，丙厂家对原告庄某和被告乙超市所争议的买卖合同关系没有独立请求权，只是与该案件的处理结果存在法律上的利害关系，故丙厂家如果参加原审，其诉讼地位为无独立请求权的第三人。丙厂家本应作为原审无独立请求权的第三人，但由于不能归责于本人事由没有参加诉讼，有证据证明原生效裁判侵犯自身合法权益的，有权提起第三人撤销之诉。

第三人撤销之诉中以起诉第三人为原告，原审原告、被告、有独立请求权的第三人为被告，原审无独立请求权的第三人分情形讨论：原审承担责任的无独立请求权的第三人作为被告，原审不承担责任的无独立请求权的第三人作为第三人。本案丙厂家提起第三人撤销之诉，为第三人撤销之诉的原告；原审只有原告庄某和被告乙超市，故原审的原告庄某和被告乙超市应当作为被告，本题B选项正确。

综上所述，本题答案为B。

44.**【解析】**D。二审原则上应当由审判员组成合议庭，但中级人民法院对第一审适用简易程序审结或者不服裁定提起上诉的第二审民事案件，事实清楚、权利义务关系明确的，经双方当事人同意，可以由审判员一人独任审理。首先，二审程序如果符合条件的可以适用独任制，故A选项错误。其次，本案中乙公司当庭对二审法院适用独任制提出异议，即表明未取得双方当事人同意，故本案二审不得适用独任制。同时，法院在审理过程中，发现案件不宜由审判员一人独任审理的，应当裁定转由合议庭审理。当事人认为案件由审判员一人独任审理违反法律规定的，可以向法院提出异议：法院审查，认为异议成立，裁定转由合议庭审理；异议不成立的，裁定驳回。故本案二审不能适用独任制审理，乙公司的异议成立，法院应当裁定将案件转为合议制，故D选项正确。最后，二审适用独任制需要经过双方当事人同意，故二审法院不能依职权适用独任制审理，C选项错误。当然，从来没有简易程序一审终审的说法，故B选项错误。

综上所述，本题答案为D。

45.**【解析】**C。本案中石某和房某侵权损害赔偿纠纷，经法院调解达成调解协议后法院据此制作了调解书。调解书生效后，石某主张两个问题：一是认为据以制作调解书的调解协议是受到胁迫签署的；二是调解书生效后为治疗后遗症花费了4万元。逐一分析：石某主张调解协议是受到胁迫签署的，调解违反了自愿原则，石某有权对调解书申请再审。但值得注意的是，申请再审的期限是裁判文书生效后6个月内，而此时距调解书生效之日已经超过6个月，石某不能申请再审，B选项错误。石某主张治疗后遗症又花费手术费4万元，属于调解书生效后发生了新的事实，故此时石某可以另行起诉，法院应当依法受理，故C选项正确。当然，调解书作为法院制作的生效裁判文书，只能通过再审、第三人撤销之诉等法定程序予以纠正，不存在撤销或者确认无效的问题，A、D选项错误。

综上所述，本题答案为C。

46.**【解析】**C。根据《民诉解释》第427条的规定，债权人向法院申请支付令，法院发现债权人已经向法院申请诉前保全的，应当通知债权人不予受理。具体到本案，由于乙已经向法院申请了诉前保全，故乙向法院申请支付令，法院应当在5日内通知乙不予受理。本题A、B、D选项错误，C选项正确。

综上所述，本题答案为C。

47.**【解析】**C。确认之诉的判决为确认判决，给付之诉的判决为给付判决，形成之诉的判决为形成判决。公示催告程序作为非讼程序，根本就不是一个“诉”，故不可能是确认之诉、给付之诉、形成之诉，故该程序中作出的除权判决不属于确认判决、给付判决和形成判决中的任意一种，排除A、D选项，C选项表述正确。B选项考查除权判决的效力，公示催告期间届满无人申报权利的，申请人应当在公示催告届满之日起1个月内向法院申请作出除权判决，宣告票据无效。除权判决应当公告，自公告之日起生效，申请人有权向支付人请求支付，支付人拒绝支付的，申请人可以向法院起诉。因此，除权判决不能直接成为执行根据，B选项错误。

综上所述，本题答案为C。

48.**【解析】**D。根据《环境保护法》第58条第1款的规定，对污染环境、破坏生态，损害社会公共利益的行为，符合下列条件的社会组织可以向人民法院提起诉讼：(1)依法在设区的市级以上人民政府民政部门登记；(2)专门从事环境保护公益活动连续5年以上且无违法记录。故连续3年从事环保公益活动的环保组织没有资格提起环境公益诉讼，故A选项错误。根据《环境公益诉讼解释》第17条的规定，环境民事公益诉讼案件审理过程中，被告以反诉方式提出诉讼请求的，法院不予受理，故B项错误。根据《民诉解释》第284条的规定，人民法院受理公益诉讼案件后，应当在10日内书面告知相关行政主管部门，而非环保组织，因此C选项说法错误。根据《环境公益诉讼解释》第25条第1款的规定，环境民事公益诉讼当事人达成调解协议或者自行达成和解协议后，人民法院应当将协议内容公告，公告期间不少于30日，D选项说法正确。

综上所述，本题答案为D。

49.**【解析】**C。根据《民事诉讼法》第238条的规定，执行过程中，案外人对执行标的提出书面异议的，人民法院应当自收到书面异议之日起15日内审查，理由成立的，裁定中止对该标的的执行；理由不成立的，裁定驳回。案外人、当事人对裁定不服，认为原判决、裁定错误的，依照审判监督程序办理；与原判决、裁定无关的，可以自裁定送达之日起15日内向人民法院提起诉讼。据此，法院审查后认为案外人主张对执行标的享有足以排除强制执行的理由不成立，裁定驳回后，案外人可通过申请再审或提起执行异议之诉方式救济。本题中吕某因主张对作为执行标的的部分厂房享有所有权而提出异议，其性质属于执行标的异议。由于吕某重复提出异议被法院裁定驳回，为维护其合法权益，可参照适用《民事诉讼法》第238条的规定，因异议理由不成立而被裁定驳回的方式予以救济。此时，由于据以执行的生效判决并未涉及厂房的权利归属，故与原生效判决无关，案外人吕某可向执行法院提起执行异议之诉。选项C正确，其余选项均错误。

综上所述，本题答案为C。

50.**【解析】**D。本题较难，考查最高人民法院在多起再审案件中强调的一个实务观点："对于无正当理由未提起上诉且二审判决未改变一审判决对其权利义务判定的当事人，一般不应再为其提供特殊的救济机制，法院应当以不具有再审利益为由裁定驳回其再审申请。"①

结合本案，我们可以从以下两个方面解读最高人民法院的裁判要旨：

角度一，我国实行两审终审制度，当事人认为一审判决错误的，应当提起上诉，通过二审程序寻求权利救济。也就是当事人首先应当通过二审这一常规救济程序寻求权利的救济。只有在穷尽了常规救济途径之后，当事人仍然认为生效裁判有错误的，才可以通过再审这一特殊救济程序寻求权利救济。如果当事人对一审判决没有提起上诉，二审法院没有改变一审判决对其权利义务的判定，其后再以判决错误为由申请再审的，则应当认为其不具有再审利益，对其提出的再审请求不能支持，否则将变相鼓励不守诚信的当事人滥用再审程序，将再审这一特殊救济程序异化为普通救济程序，破坏两审终审制度。

角度二，再审的前提是生效判决"确有错误"。根据《民诉解释》第321条的规定，"第二审人民法院应当围绕当事人的上诉请求进行审理。当事人没有提出请求的，不予审理，但一审判决违反法律禁止性规定，或者损害国家利益、社会公共利益、他人合法权益的除外"。葛某在本案的二审中并没有提出上诉请求，且明确表示一审判决正确应予维持，故二审法院仅仅对朱某的上诉请求进行审理后作出驳回上诉，维持原判的二审判决，该判决符合法律规定，并不存在任何错误，就这个角度而言，本案也无须启动再审程序。故ABC选项错误，D选项正确。

综上所述，本题答案为D。

二、多项选择题

51.**【解析】**AC。首先，无权代理，是指行为人没有代理权、超越代理权或代理权终止后，仍然以被代理人的名义实施民事法律行为。本题中，某旅游公司"授权"甲谈民宿价格，甲却以"公司名义"订立松茸买卖合同，该行为超出甲的代理权限，构成无权代理。某旅游公司和商家之间的买卖合同因无权代理而效力待定。故C项说法正确，当选。

其次，无权代理人以被代理人的名义订立合同，被代理人已经开始履行合同义务或接受相对人履行的，视为对合同的追认。本题中，某旅游公司知晓甲以公司名义签订松茸买卖合同后拿来做福利发给员工，视为以"行为的方式"追认甲无权代理的行为，一经追认，松茸买卖合同自始有效，对某旅游公司发生效力（某旅游公司是松茸买卖合同中的买受人）。此时，甲不可以请求公司返还松茸，但有权请求公司返还其支付的价款。故A项说法正确，当选；D项说法错误，不当选。

最后，欺诈，是指故意告知虚假情况，或负有告知义务的人故意隐瞒真实情况，致使当事人基于错误认识作出意思表示的行为。本题中，甲以某旅游公司的名义与商家签订合同的行为系无权代理而非欺诈。因此，商家无权以欺诈为由撤销松茸买卖合同。故B项说法错误，不当选。

综上所述，本题的正确答案为AC。

52.**【解析】**ABCD。A项考查房地一体登记制度，关键词为"应先"。因买卖合同申请登记的，应"一并申请"国有建设用地使用权及房屋所有权转移登记，而无先后顺序问题。故A项说法错误，当选。

B项考查建设用地使用权自动续期制度，关键词为"丧失"。住宅建设用地使用权期限届满的，自动续期。邱某不会丧失房屋所有权。故B项说法错误，当选。

C项考查不动产变更登记，关键词为"单独申请"。因买卖、设定抵押权等申请不动产登记的，应当由当事人双方"共同申请"。本题中，孟某将公寓出售给邱某，依法应由孟某和邱某双方共同申请，而非邱某"单独申请"。故C项说法错误，当选。

D项考查个人所得税，关键词为"200万元"。财产转让所得，应当缴纳个人所得税。财产转让所得，以转让财产的收入额减除财产原值和合理费用后的余额，为应纳税所得额。本案中，孟某以200万元的价格出售公寓，应纳税所得额非200万元，而应是200万元减去财产原值和合理费用后的余额。故D项说法错误，当选。

综上所述，本题的正确答案为ABCD。

53.**【解析】**BD。A、D项考查动产物权变动，关键词为"所有权"。观念交付包括三种，分别是：(1)简易交付；(2)指示交付；(3)占有改定。其中，指示交付，是指动产物权设立和转让前，第三人占有该动产的，负有交付

---

① 参见（2017）最高法民申2483号（王某与卢某某、宁夏建工集团房地产开发有限公司、第三人宁夏恒昌盛房地产开发有限公司民间借贷纠纷案，《最高人民法院公报》2018年第7期）、（2019）最高法民申1062号、（2019）最高法民申6015号、（2021）最高法民申7513号等。

义务的人可以通过转让请求第三人返还原物的权利代替交付。本题中,起初,孙某将自己的骨瓷花瓶质押给文某,花瓶的所有权人为孙某,占有人为文某。后孙某与文某协商将花瓶以48万元出卖给黄某,构成指示交付,花瓶的所有权发生物权变动,归黄某所有。故A项说法错误,不当选;D项说法正确,当选。

B项考查返还原物请求权,关键词为"无权"。返还原物请求权的构成要件有二:(1)所有权人;(2)无权占有。本案中,现花瓶的所有权人为黄某而非孙某,因此,孙某无权向文某主张返还花瓶。故B项说法正确,当选。

C项考查债权债务的终止,关键词为"消灭"。债务已经履行的,债权债务终止。本题中,孙某向文某借款70万元,将质押物花瓶出卖后,买受人支付了48万元,尚有22万元债务未履行。因此,债务尚未消灭。故C项说法错误,不当选。

综上所述,本题的正确答案为BD。

54.【解析】BD。A、C考查非基于民事法律行为的物权变动,关键词为"未办理"。非基于民事法律行为的物权变动类型包括四种,分别是:(1)政府征收;(2)法律文书;(3)继承;(4)事实行为。其中,因继承取得物权的,自继承开始时发生效力。通俗而言,因继承发生物权变动的,唯一的继承人自被继承人"死亡时"立刻取得被继承人的所有财产权,既不需要登记,亦不需要交付。登记或交付既不是生效效力,亦不是对抗效力。本题中,被继承人张某死亡时,唯一的继承人张小东即取得房屋所有权,未办理登记,不影响物权变动。此时,张小东作为房屋的所有权人当然有权处分房屋。故A、C项说法均错误,不当选。

B项考查基于民事法律行为的物权变动,关键词为"享有"和"处分权"。张小东因遗嘱继承取得房屋所有权后,享有房屋的占有、使用、收益和处分权能,有权自由处分房屋,该处分行为系有权处分,其与李某签订的房屋买卖合同合法有效。故B项说法正确,当选。

D项考查不动产物权变动,关键词为"过户登记"。处分依照继承规定享有的不动产物权,依照法律规定需要办理登记的,未经登记,不发生物权效力。不动产(房屋)的所有权基于买卖合同发生所有权变动的,依法应当办理过户登记手续。本题中,张小东和李某之间存在合法有效的房屋买卖合同,出卖人张小东为买受人李某办理过户登记手续后,发生物权效力,即所有权变动的效力。故D项说法正确,当选。

综上所述,本题的正确答案为BD。

55.【解析】ABC。首先,民事留置权的构成要件有四:(1)债权已到期;(2)合法占有债务人或第三人的动产;(3)基于同一法律关系;(4)不违反法律规定、当事人的约定,不违背公序良俗。本题中,汽车的有权占有人尤某(基于合法有效的租赁合同占有汽车)不交停车费,某大厦依法有权对动产标的物汽车行使留置权。因此,该停车场的锁车行为合法。故A项说法正确,当选。

其次,留置权系占有型担保物权。虽然留置权人不是标的物的所有权人,但是,留置权人是标的物的占有人。占有的动产被侵占的,占有人有权请求返还原物。本题中,尤某乘人不备砸开锁冲破关卡开走该车,侵犯了停车场的留置权,停车场有权基于有权占有人的身份请求尤某返还车辆。故B、C项说法均正确,当选。

最后,基于合同相对性原理,保管合同的当事人是尤某和某大厦停车场。该停车场只能向合同相对人尤某请求支付停车费,而无权向合同以外的第三人飞扬公司请求。故D项说法错误,不当选。

综上所述,本题的正确答案为ABC。

56.【解析】CD。首先,无因管理作为法定之债,其构成要件有四:(1)没有法定或约定的义务;(2)主观上为了避免他人利益受损失而具有管理他人事务的意思;(3)客观上实施了管理他人事务的行为;(4)不违反本人明示或可推知的意思,但是,本人的意思违反法律或违背公序良俗的除外。本题中,14周岁的小强为避免3周岁的小明窒息,托举小明至解救的行为构成无因管理(见义勇为)。

其次,无因管理行为(见义勇为)的性质系"事实行为"而非民事法律行为。事实行为,是指行为人不具有设立、变更、终止民事法律关系的意图,但依据法律规定能引起既定的民事法律后果的行为。典型的事实行为包括无因管理行为、不当得利行为、侵权行为、发明创作行为等。事实行为对行为人没有民事行为能力的要求,无民事行为能力人、限制民事行为能力人和完全民事行为能力人均可以实施事实行为。本题中,14周岁的小强实施无因管理行为无须经过监护人同意。故A项说法错误,不当选。

最后,无因管理的管理人享有三项权利,分别是:(1)必要费用请求权;(2)所负债务请求权;(3)所受损害请求权。本题中,小强为避免小明窒息托举小明导致手臂被划伤的损害,系管理人所受损害,依法有权请求小明(被管理人/受益人)的父母进行合理补偿(所受损害请求权)。故D项正确,当选。同时,小强将二楼空调围栏踩坏的损害,系管理人所负债务,依法有权请求小明(被管理人/受益人)的父母承担赔偿责任。故B项说法错误,不当选;C项说法正确,当选。

综上所述,本题的正确答案为CD。

57.【解析】ACD。动产所有权的变动依"交付"。甲和乙之间的设备买卖合同成立有效并生效,但是,出卖人甲并未将设备交付给买受人乙。因此,设备的所有权并未发生变动,依然归甲所有。后甲再次将设备出卖给丙,系有权处分,甲和丙之间的设备买卖合同合法有效,甲以占有改定(观念交付)的方式完成了交付。因此,该设备的所有权归丙。乙只能依据合法有效的买卖合同追究甲的违约责任,请求甲赔偿损失。故A、D项说法正确,当选;B项说法错误,不当选。

行为人以自己的名义出租他人之物系无权出租,租赁合同合法有效。故C项说法正确,当选。

综上所述,本题的正确答案为ACD。

58.【解析】BCD。A 项考查赠与人的任意撤销权,关键词为“有权”。赠与合同系最典型的单务、无偿合同。因此,赠与人在赠与财产转移前,原则上享有任意撤销权。但是,基于公序良俗的考虑,有三种例外:(1)公证的;(2)公益性质的;(3)道德义务性质的。本题中,受赠人志华中学系事业单位法人、公益法人,该赠与系公益性质的赠与。因此,赠与人汪某不得行使任意撤销权。故 A 项说法错误,不当选。

B 项考查赠与合同的成立,关键词为“成立”。赠与合同系诺成性合同(不要物合同),赠与人和受赠人意思表示一致,合同即成立。本题中,赠与人汪某和受赠人志华中学之间于 2016 年 6 月 6 日达成赠与的合意。因此,当天合同即成立。故 B 项说法正确,当选。

C、D 项考查穷困抗辩权,关键词为“不再履行”。赠与合同系最典型的单务、无偿合同,因此,法律赋予赠与人以“穷困抗辩权”,即赠与人的经济状况显著恶化,严重影响其生产经营或家庭生活的,可以不再履行赠与义务。穷困抗辩权的构成要件有四:(1)赠与合同已经成立并生效;(2)合同尚未履行完毕;(3)赠与人经济状况显著恶化,且达到严重影响其生产经营或家庭生活的程度;(4)受赠人请求赠与人继续履行合同。本题中,2020 年 5 月,汪某罹患重病,无法工作,为治病花光了所有积蓄,家庭生活陷入了困难,遂向志华中学表示无法继续捐赠。此时,受赠人志华中学可以免除赠与人继续履行合同的义务,如果受赠人不免除,则赠与人依法可以行使穷困抗辩权,不再履行赠与合同。故 C、D 项均正确,当选。

综上所述,本题的正确答案为 BCD。

59.【解析】BCD。A、B 项考查买卖不破租赁规则,关键词为“适用”和“不适用”。租赁物在承租人按照租赁合同“占有期限内”发生所有权变动的,不影响租赁合同的效力。本题中,甲公司虽然将机器出租给乙公司但双方约定 1 周后交付。次日,甲公司将机器出卖给丙公司时,乙公司并未占有租赁物。因此,不适用买卖不破租赁规则。故 A 项说法错误,不当选;B 项说法正确,当选。

C 项考查动产物权变动,关键词为“已取得”。动产交付包括两类,分别是现实交付和观念交付。其中,观念交付又包括三类,分别是:(1)简易交付;(2)指示交付;(3)占有改定。占有改定,是指动产物权转让时,当事人又约定由出让人继续占有该动产的,物权自该约定生效时发生效力。本题中,甲公司将动产机器出卖给丙公司,双方约定以占有改定的方式进行交付,该约定合法有效。丙公司自该约定生效时取得机器的所有权。故 C 项说法正确,当选。

D 项考查违约责任,关键词为“有权”。违约责任的构成要件有三:(1)存在合法有效的合同;(2)存在违约行为;(3)不存在法定或约定的免责事由。本题中,甲公司和乙公司之间存在合法有效的租赁合同,后甲公司在交付机器前将设备又出卖给丙公司,导致乙公司合同目的无法实现,甲公司构成违约且不存在法定或约定的免责事由。因此,非违约方乙公司依法有权追究违约方甲公司的违约责任,请求其返还押金。故 D 项说法正确,当选。

综上所述,本题的正确答案为 BCD。

60.【解析】ABC。A 项考查定作人的任意解除权,关键词为“有权”。定作人在承揽人完成工作前可以随时解除合同,造成承揽人损失的,应当赔偿损失。据此可知,承揽合同中,定作人享有任意解除权。本题中,方某为女友定作旗袍与包某之间成立承揽合同关系,方某系定作人,享有任意解除权。当然,方某行使任意解除权造成包某损失的,依法应当承担赔偿责任。故 A 项说法正确,当选。

B 项考查承揽人的报酬请求权,关键词为“大部分”。承揽合同是承揽人按照定作人的要求完成工作,交付工作成果,定作人支付报酬的合同。定作人应当按照约定的期限支付报酬。工作成果部分交付的,定作人应当相应支付。本题中,双方约定 15 日之内完工,当承揽人包某全力赶工至第 13 天时,定作人方某通知解除承揽合同。因此,定作人方某应当向承揽人包某支付大部分报酬。故 B 项说法正确,当选。

C 项考查设备所有权的归属,关键词为“归包某”。基于合同相对性原理,高端裁剪设备系由包某以自己的名义采购,所有权依法归包某所有。故 C 项正确,当选。

D 项考查工作成果所有权的归属,关键词为“共有”。定作人提供材料的,材料所有权归定作人方某所有,因此,承揽人定作的未完工旗袍所有权,依法归定作人方某所有而非方某和包某共有。故 D 项说法不正确,不当选。

综上所述,本题的正确答案为 ABC。

61.【解析】ABCD。首先,物业服务合同的当事人是物业公司和业主。业主有权共同决定选聘和解聘物业服务企业或其他管理人。业主依照法定程序共同决定解聘物业服务人的,可以解除物业服务合同。决定解聘的,应当提前 60 日书面通知物业服务人,但是合同对通知期限另有约定的除外。依据上述规定解除合同造成物业服务人损失的,除不可归责于业主的事由外,业主应当赔偿损失。故 A 项说法正确,当选。

其次,业主的建筑物区分所有权由三项权利构成,分别是专有权、共有权和成员权。其中,物业服务用房和小区内的草地均属于全小区业主共有,物业公司未经业主同意,擅自搭建和出租的行为构成侵权。故 B、C 项说法正确,当选。

最后,建设单位、物业服务企业或者其他管理人等利用业主的共有部分产生的收入,在扣除合理成本之后,属于业主共有。本题中,物业公司将全小区共有的草地出租给洗车公司的租金归全体业主共有,物业公司可以扣除合理成本。故 D 项说法正确,当选。

综上所述,本题的正确答案为 ABCD。

62.【解析】AD。A 项,公积金是储备金的性质,将公司的税后利润弥补亏损之后的盈余提取 10% 列入法定公积金,A 项正确。

B 项，福安股份应提取的法定公积金为(0.8 - 0.4)× 10% = 0.04 亿元，B 项中的 0.08 亿元是错误的。

C 项，任意公积金由股东会决定提取的比例或数额。为了预防公司将来面临的意外经营亏损，或者公司需扩大生产规模及面对内外部的竞争压力需要优化升级，需要更多的资金储备，此时可用任意公积金来实现弹性调配。任意公积金和股东分红是此消彼长的关系，如果公司需要更多储备资金以求将来的发展，股东会可决议提取更多的任意公积金，这样股东的分红就相应减少甚至没有分红。反之，如果公司不需要很多的储备资金，股东会可提取很少的任意公积金甚至不提取任意公积金，这样公司的分红就相应增多。因为任意公积金直接与股东的分红利益相关，应由股东会决议，而不能由董事会决议，C 项错误。

D 项，股份有限公司以超过股票票面金额的发行价格发行股份所得的溢价款以及国务院财政部门规定列入资本公积金的其他收入，应当列为公司资本公积金，D 项正确。

综上所述，本题答案为 AD。

63.【解析】CD。A 项，刘某是李某基于个人的原因而致损的主体，此行为与设立公司无关，应由李某个人承担责任，其他发起人不承担连带责任，A 项错误。

B、C 项，庄安公司设立失败，发起人为民事合伙的性质，对外部主体甲公司和乙公司承担连带责任，甲公司和乙公司可以向发起人中的一个或几个追究连带责任，发起人内部约定的责任承担份额只能用于内部追偿，故 B 项错误，C 项正确。

D 项，发起人王某对外承担了全部责任，有权向其他发起人追偿。本案中，发起人约定了各自的责任承担比例为“平均分担”，该约定有效，故王某可按约定份额向另外两位发起人追偿，D 项正确。

综上所述，本题答案为 CD。

64.【解析】AD。春园公司的董事长甲执行职务过程中违反法律、法规损害公司的利益，春园公司怠于追究，单独或合计持股 1% 以上且持股时间 180 天以上的股东有权提起股东代位诉讼。

A 项，乙持股比例为 1%，自 2004 年公司成立至 2021 年 5 月提起诉讼，持股时间达到了 180 天以上，符合原告资格，A 项正确。

B 项，丙于 2021 年 4 月将股权转让给丁，2021 年 5 月时，丙不再是春园公司的股东，不具备代位诉讼的原告资格，B 项错误。

C 项，股东丁的持股时间仅 1 个月(2021 年 4 月至 5 月)，不足 180 天，不具备代位诉讼的原告资格，C 项错误。

D 项，股东代位诉讼的本质意义是股东为公司“出头”，替公司维权，因为公司无法自行起诉，所以由股东起诉，股东为原告，侵权人为被告，公司为第三人。但是侵权人最终向公司履行赔偿责任，D 项正确。

综上所述，本题答案为 AD。

65.【解析】BC。A、B 项，题干中客户“基于对甲的信任”而最终选择了与甲的新公司合作，成为很大的陷阱。如果甲开设雨嘉公司后，原天枫公司的客户基于对甲的信任，自愿选择与雨嘉公司进行交易，人民法院应当认定甲没有采用不正当手段获取权利人的商业秘密。但本案中甲利用以不正当手段获取的客户资料，主动联系客户并许以重利，已经超出了客户“自愿”的范畴，应认定甲侵犯了天枫公司的商业秘密。A 项错误，B 项正确。

C 项，雨嘉公司作为甲出资设立的公司，对于甲以不正当手段获取天枫公司的客户资料这一事实必然是知情的，且使用这些资料用于拉拢客户，应认定雨嘉公司与甲共同侵犯了天枫公司的商业秘密，C 项正确。

D 项，客户逐利，基于对甲的信任和雨嘉公司的“重利”选择与雨嘉公司合作，无可厚非。而且客户本身就是天枫公司的商业秘密，也无所谓客户侵害天枫公司的商业秘密，D 项错误。

综上，本题答案为 BC。

66.【解析】BC。本案有两条关键线索：

一是围绕“底商”。

甲用底商出资，只交付给合伙企业使用，并未办理变更登记，故该底商的所有权依旧归甲，甲将自己的底商转让给了丁，且办理了过户手续，是合法的处分行为，丁取得该底商的所有权。至于甲因此对合伙企业造成的损害，属于二者的内部关系，与丁无关，所以 C 项正确。

二是合伙人处分合伙企业的不动产。

合伙企业的不动产，无论是合伙人作为出资转入合伙企业的，还是合伙企业在经营中购置或建设的，都属于合伙企业的财产，也是合伙企业生产经营活动的重要保障，处分合伙企业的不动产属于企业经营的重大问题，需要全体合伙人一致同意。

本案中，丙未经其他合伙人一致同意擅自处分了合伙企业的仓库，甲未经其他合伙人一致同意擅自处分了合伙企业的办公室，因法律对此有明确规定，要求合伙人“一致同意”，故此行为不能适用“表见代表”或“表见代理”的原则。目前，对于“已经全体合伙人一致同意”的判断，可遵循“加盖合伙企业公章 + 全体合伙人签名”、“在合同上加盖合伙企业公章 + 形成全体合伙人同意的会议决议”和“未在合同上加盖合伙企业公章但有全体合伙人签名”的认定标准。

如果对方当事人有明确的证据证明其为善意，处分行为可认定为有效，否则无效。本案的案情中没有线索显示对方当事人证明了善意，故抵押行为及办公室的转让行为均无效，小贷公司无法获得抵押权，丁无法获得办公室的所有权，A、D 项错误，B 项正确。

综上所述，本题答案为 BC。

67.【解析】BC。A 项，合伙企业的全部利润归全体合伙人，不是甲的个人财产，丁是甲的债权人，无权申请执行归属于全体合伙人的合伙企业的全部利润，A 项错误。

B 项，按照合伙协议约定，甲应分取的利润为清科事务所全部利润的38.5%,这些利润属于甲的责任财产,用以清偿甲的债务是合法的,B项正确。

C项,甲的合伙份额属于甲的责任财产,债权人申请执行该份额用于还债是合法的,C项正确。

D项,人民法院强制执行合伙人的财产份额时,应当通知全体合伙人,其他合伙人有优先购买权,此处的优先购买权是基于合伙人之间的人合性赋予的,丁作为甲的债权人,并非合伙人,没有人合性,不享有合伙份额的优先购买权,D项错误。

综上所述,本题答案为BC。

68.【解析】AD。A项,乙被除名退伙,其接到除名通知之日,除名生效,乙退伙从而丧失合伙人资格,A项正确。

B项,戊入伙时,乙已经退伙不再是合伙人,因此戊入伙无须乙同意,B项错误。

C项,盛鑫公司的债务发生时,乙已经退伙,因此盛鑫公司的债务与乙无关。这与盛鑫公司是否知道乙的退伙没有关系,C项错误。

D项,戊入伙成为新的合伙人,对入伙前的债务应承担连带责任,D项正确。

综上所述,本题答案为AD。

69.【解析】AC。A项,乙公司作为背书人记载了"不得转让",后手丙公司将该汇票背书转让给丁公司,该背书转让行为有效,丁公司可取得票据权利,只是丁公司不得向乙公司追索,A项正确。

B项,我国《票据法》认为票据转让方式唯有背书,且背书必须连续,直接交付并非我国《票据法》所承认的票据转让方式。本案中,丁公司只是将该汇票直接交付给了东方公司的财务人员张某,且是为了清偿对东方公司的债务。张某只是基于职务行为持有该票据,丁公司与张某之间既没有民事权利义务关系,也没有票据的背书转让关系,张某并非票据的当事人,不享有票据权利。B项错误。

C、D项,鉴于乙公司记载过"不得转让",那么保护乙公司的方式为不被间接后手追索,但仍应承担对直接后手保证付款的义务。故乙公司不能拒绝丙公司的追索,但可以抗辩丁公司的追索,所以C项正确,D项错误。

综上所述,本题答案为AC。

70.【解析】AB。A、B项,侵犯商业秘密的案件中,不要求侵权人与权利人之间存在竞争关系,即使双方没有直接的竞争关系,乙公司通过不正当手段获取并使用了甲公司的商业秘密,也违反了诚信经营的基本原则,构成侵犯商业秘密的不正当竞争行为,A、B项正确。

C项,对于侵犯商业秘密,权利人因被侵权所受到的实际损失、侵权人因侵权所获得的利益难以确定的,由人民法院根据侵权行为的情节判决给予权利人500万元以下的赔偿。C项中的1010万元没有法律依据,C项错误。

D项,侵权的案件可以由侵权行为地或被告住所地法院管辖,其中侵权行为地包括侵权行为发生地和侵权结果发生地。本案中丙市作为侵权结果发生地,可以成为本案的管辖地,但不是唯一的管辖地,D项中的"只能"表述有误。

综上所述,本题答案为AB。

71.【解析】AD。A、B项,食品安全标准是强制执行的标准。除食品安全标准外,不得制定其他食品强制性标准。对地方特色食品,没有国家标准的,应当以地方标准为依据。故对该驴肉应适用省卫健委制定的地方标准。行业标准通常是行业协会和一些头部企业联合制定的标准,是具有先进性的,但不具备强制执行性,A项正确,B项错误。

C、D项,食品无小事,但凡因为食品不合格而引发的纠纷都可以类比适用产品"缺陷"责任,消费者举证证明因食用食品或者使用药品受到损害,初步证明损害与食用食品或者使用药品存在因果关系,有权请求食品、药品的生产者、销售者承担侵权责任。食品的生产者与销售者应当对食品符合质量标准承担举证责任。本案中应由甲公司承担证明自己的产品符合质量标准的责任,C项错误,D项正确。

综上所述,本题答案为AD。

72.【解析】ACD。A项,缪公大豆不符合质量安全标准,某检测机构却为其出具了虚假的符合标准的检验报告,受损害的消费者有权要求检测机构与经营者承担连带责任,A项正确。

B项,快迪直播平台只有在知道或者应当知道食品、药品的生产者、销售者利用其平台侵害消费者合法权益,未采取必要措施,给消费者造成损害时,才会应消费者要求与生产者、销售者承担连带责任。本案中,直播平台对入驻商家进行过审核,对缪公大豆不符合食品安全标准并不知情,且缪公大豆出现问题后立即采取了措施防止损害进一步扩大,将主播的联系方式提供给了消费者,协助消费者维权,无须承担连带责任,B项错误。

C、D项,缪公大豆不符合食品安全标准,作为销售者的陈某和甲公司需按照首付责任制,对受害消费者承担赔偿责任,C、D项正确。

综上所述,本题答案为ACD。

73.【解析】AC。A项,甲获得的国际组织奖励的有关技术创新方面的奖金可以免交个税,A项正确。

B项,甲获得的县政府的奖励不能免税,B项错误。

C项,甲获得的乙公司的奖励不能免税,C项正确。

D项,对于公益性捐赠,乙公司应在利润总额的12%范围内进行税前扣除,故当年乙公司只能在$50 \times 12\% = 6$万元的范围内税前扣除,而不能全额税前扣除,D项错误。

综上所述,本题答案为AC。

74.【解析】CD。A项,实务中网络主播与平台的关系不同,所得收入的性质也不同。如果网络主播受雇于平台或经纪机构,其收入系通过与平台或经纪机构间建立的劳动关系所得,故该所得定性为工资薪金所得;如主播未与平台或经纪机构建立劳动关系,而是以其个人身份为平台提供劳务，收入宜认定为劳务报酬所得；如主播设立个体工商户、个人独资企业或合伙企业以直播形式从事生产经营活动，其收入宜认定为经营所得。A项直接将网络主播的收入定性为“经营所得”，排除了另外两种可能性，存在逻辑漏洞，A项错误。

B、D项，避税是指纳税人在充分了解现行税法的前提下，对经济活动的筹资、投资、经营等活动做出巧妙的安排，这种安排手段处在合法与违法之间的灰色地带，以达到规避或减轻税负的目的，因此避税筹划既不违法，也不合法，而是处在两者之间，所以称“非违法”。

偷税是在纳税人的纳税义务已经发生并能够确定的情况下，采取不正当或不合法手段以逃脱其纳税义务的行为。偷税有两个基本特征：非法性和欺诈性。

避税和偷税的行为的时间点不同。偷税的行为是在纳税义务产生以后实施的，而避税的行为是在纳税义务产生之前实施的。

网络主播在纳税义务产生之后，隐匿应收财款及瞒报应税收入均属于偷税行为，B项错误，D项正确。

C项，国家互联网信息办公室、国家税务总局、国家市场监督管理总局联合发布了《关于进一步规范网络直播营利行为促进行业健康发展的意见》，要求平台每半年向网信、税务部门报送存在直播营利行为的网络直播发布者个人身份、直播账号、网络昵称、取酬账户、收入类型及营利情况等信息。这可以夯实平台责任，建立完善的直播平台涉税信息报告制度，让税务部门精确掌握网络主播的真实身份和收入信息。C项正确。

综上所述，本题答案为CD。

75.【解析】BD。A、B项，M省甲国有银行违规发放贷款的范围涉及K市某发电厂和L市某发电厂，对应的K市和L市的审计机关对审计管辖范围有争议的，由其共同的上级审计机关即M省审计机关确定。而不是由争议的市级机关协商，所以A项错误，B项正确。

C项，一般同级为“通报”，上下级为“汇报”，我国的审计机关监管体系为双重体系，地方各级审计机关对本级人民政府和上一级审计机关负责并报告工作，审计业务以上级审计机关领导为主。审计机关履行审计监督职责，发现经济社会运行中存在风险隐患的，应当及时向本级人民政府报告或者向有关主管机关、单位通报。C项中的“通报”错误。

D项，被审计单位应当加强对内部审计工作的领导，按照国家有关规定建立健全内部审计制度。审计机关应当对被审计单位的内部审计工作进行业务指导和监督，D项正确。

综上所述，本题答案为BD。

76.【解析】ABC。在乡、村庄规划区内进行乡镇企业、乡村公共设施和公益事业建设的，不得占用农用地；确需占用农用地的，流程为：农用地转为建设用地→乡村建设规划许可证→用地审批，A、B、C项正确，D项顺序错误。

综上所述，本题答案为ABC。

77.【解析】AC。选项A正确。根据我国法律的规定，仲裁机构和法院都有权审查仲裁协议的效力。由法院确认仲裁协议效力的，仲裁的申请人、被申请人住所地，仲裁机构所在地和仲裁协议签订地的中级人民法院或专门人民法院有权具体管辖。北京某中级人民法院作为约定的仲裁机构所在地中级人民法院，有权管辖仲裁协议效力案件。

选项B错误。专属管辖是针对法院的专属，也就是说，如果通过诉讼方式，由法院裁判解决争端，那就必须遵守专属管辖的规定，只能由专属的那个法院管辖。但是我们完全可以通过选择仲裁的方式排除诉讼，不由法院解决争端，也就没有所谓的专属管辖制度了。所以说，专属管辖并不影响仲裁协议的效力。

选项C正确。仲裁协议首先适用双方当事人选择的法律，并且这种选择必须专门明示，基础合同所适用的法律与合同中仲裁条款所适用的法律不是一回事。本案中双方选择的是“合资协议”适用德国法，没有达到专门的要求，不能认定对仲裁协议所适用的法律做出了选择。当事人没有选择法律的，适用仲裁机构所在地或者仲裁地法律。这两个地方的法律对仲裁协议效力做出不同认定的，适用认定仲裁协议有效的法律。

本选项中仲裁机构所在地在北京，仲裁地在新加坡，并且中国法认为仲裁协议无效，新加坡法认为仲裁协议有效，所以应当适用新加坡法。

注意，仲裁机构所在地和仲裁地可以不是一个地方，当事人有权在仲裁机构所在地之外选择仲裁地。

选项D错误。这个错误有点迷惑性。根据相关法律的规定，法院对涉外仲裁作出“否定性”评价的，需要逐级报核最高人民法院。肯定性评价是不需要报核的。否定性评价包括协议无效、不予认可或执行、撤销裁决等。本案中的裁决显然不属于需要报核的对象。

综上所述，本题答案为AC。

78.【解析】AB。选项A正确。根据我国相关法律的规定，背书、担保等票据行为适用行为地法律。本题中的背书行为发生在“河内”，这是越南的一个城市，所以就适用越南法律。

选项B正确。根据我国法律的规定，票据追索权的期限适用出票地法律，本题中德国甲公司在上海出具汇票，因此，行使汇票追索权的期限适用中国法。

选项C错误。根据我国法律的相关规定，票据丢失的权利保全程序，适用付款地法。本题中由德国甲公司在上海的分支机构付款，付款地在上海，因此，应该适用中国法。

选项D错误。根据我国法律的相关规定，不当得利首先适用双方当事人选择的法律。没有选择的，适用共同经常居所地法；既没有选择也没有共同经常居所地的，适用发生地法。D项显然忽视了当事人的选择，是错误的。

综上所述，本题答案为AB。

79.【解析】AC。选项A正确。这道题涉及反倾销调查是进行分别评估还是累积评估，算是一个非常生僻的知识点了。根据我国相关法律的规定，在反倾销调查中，分别评估是常态，累积评估是个例。倾销进口产品来自两个以上国家（地区），并且必须同时满足下述条件才可以进行累积评估：

第一，来自每一国家（地区）的倾销进口产品的倾销幅度不小于2%。

第二，进口量不属于可忽略不计。

第三，根据倾销进口产品之间以及倾销进口产品与国内同类产品之间的竞争条件，进行累积评估是适当的。

题目中完全没有提到后两个条件，所以只能进行分别评估。

选项 B 错误。这个选项有两点错误：一是应该按照倾销幅度进行分别征收，而不是同一标准。二是反倾销税的征税对象应该是进口经营者，也就是中国公司。

选项 C 正确。根据我国法律的规定，对商务部处罚决定不服的，既可以提起行政复议，也可以提起行政诉讼。

选项 D 错误。对反倾销和反补贴以及保障措施不服的，可以在世界贸易组织提起争端解决程序，但是，提起的主体是国家或者单独关税区政府，企业不行。

综上所述，本题答案为 AC。

80.【解析】ABC。《民法典》第 1215 条第 1 款规定："盗窃、抢劫或者抢夺的机动车发生交通事故造成损害的，由盗窃人、抢劫人或者抢夺人承担赔偿责任。盗窃人、抢劫人或者抢夺人与机动车使用人不是同一人，发生交通事故造成损害，属于该机动车一方责任的，由盗窃人、抢劫人或者抢夺人与机动车使用人承担连带责任。"故本案应当由盗窃人苏某和使用人牛某承担连带责任，刘某是原所有人，在实体上不承担责任，不是适格被告，D 选项错误。权利人任某主张牛某承担责任，将牛某列为被告；权利人任某主张苏某承担责任，苏某为被告；权利人任某主张牛某和苏某承担连带责任的，将其列为共同被告。故 A、B、C 选项正确。

综上所述，本题答案为 ABC。

81.【解析】BC。起诉条件的要求有四个：一是原告适格；二是有明确的被告；三是有具体的诉讼请求和事实、理由；四是属于法院主管和受诉法院管辖。首先，起诉并不要求提交书面起诉状，也可以口头起诉，由法院记入笔录，并告知对方当事人，A 选项错误。其次，起诉条件中仅仅要求原告提出"具体"的诉讼请求和事实、理由，并不要求该事实、理由有证据证明，也不要求该诉讼请求能够得到法律支持，因为法院对起诉条件的审查仅仅是一种形式审查，至于该诉讼请求、事实、理由是否有证据，证据是否充分，诉讼请求能否得到支持均是受理后法院对案件进行实体审理的内容，在起诉时在所不问，故 D 选项错误。再次，起诉条件要求原告是与本案有利害关系的公民、法人或者其他组织，即要求原告是适格当事人，当然，适格当事人还有一种说法——正当当事人，故 C 选项正确。最后，起诉条件对被告的要求是"有明确被告"，这一点需要从两个方面掌握：一方面，被告有诉讼权利能力；另一方面，对被告的要求仅仅是"明确"，但不要求被告适格，因为被告是否适格是法院受理案件后对案件进行实体审理后的判断，在起诉时在所不问。综上所述，起诉条件要求有明确的被告，即对被告的要求是有诉讼权利能力，但不要求被告适格。故 B 选项正确。

综上所述，本题答案为 BC。

82.【解析】ABD。首先，本案属于金钱给付案件，标的额 200 元，且不存在禁止适用小额诉讼程序的情形，故法院可以适用小额诉讼的程序审理，小额诉讼的程序一审终审，故本题 C 选项错误，D 选项正确。其次，小额诉讼程序本身也是一种简易程序，故简易程序中的其他规定也适用于小额诉讼的程序。适用简易程序审理案件，法院可以采取简便方式送达诉讼文书（包括裁判文书）；以简便方式送达的开庭通知，未经当事人确认或者没有其他证据证明当事人已经收到的，不得缺席判决。故本案中法院可以采用短信等简便方式传唤当事人，送达裁判文书，A、B 选项表述正确。

综上所述，本题答案为 ABD。

83.【解析】CD。张三起诉李四归还借款 6 万元，标的额超过了该省上年度就业人员平均工资的 50%，但在 2 倍以下，当事人可以协议适用小额诉讼的程序，故在张三、李四同意适用小额诉讼的程序审理的情况下，法院可以适用小额诉讼的程序审理。但审理过程中李四对张三提出了反诉，根据《民事诉讼法》的规定，当事人提出反诉的案件不得适用小额诉讼的程序审理，故本案不能继续适用小额诉讼的程序审理，应当适用简易程序的其他规定审理或者裁定将案件转为普通程序。当然，当事人也可以对法院适用小额诉讼程序提出异议。故本题 C、D 选项正确，A、B 选项错误。

综上所述，本题答案为 CD。

84.【解析】ABC。根据《执行和解规定》，当事人在执行中达成和解协议后法院应当裁定中止执行，如果和解协议履行完毕，法院裁定执行终结。当然，由于迟延履行或者瑕疵履行造成损失的可以另行起诉赔偿；如果义务人拒不履行和解协议，权利人可以申请恢复对原生效法律文书的执行，也可以选择就和解协议提起诉讼。可见，《执行和解规定》将执行和解协议规定为了一种民事合同——当事人可以就执行和解协议起诉，一方面，义务人拒不履行和解协议的，权利人可以起诉义务人要求履行和解协议（给付之诉）；另一方面，当事人、利害关系人也可以起诉要求确认和解协议无效或者撤销和解协议。在本案中，权利人甲公司和义务人张三在执行中达成和解协议，义务人张三认为和解协议的达成是因为受到胁迫，而拒不履行和解协议。此时权利人甲公司要想实现权利，可以申请恢复对原生效判决的执行，也可以选择就和解协议起诉；同时义务人张三认为和解协议是因为受到胁迫而达成的，可以向法院起诉请求撤销和解协议。综上所述，本题 A、B、C 选项正确。当然，本案甲公司和张三之间的借款合同纠纷已经由法院依法审理并作出判决,该判决具有既判力,甲公司和张三就本案借款合同不能再次起诉,如果甲公司再次就借款纠纷起诉将构成重复起诉,法院不予受理,D选项错误。

综上所述,本题答案为ABC。

85.【解析】AC。首先,分析被告方。小赵侵权时为限制民事行为能力人,根据《民诉解释》第67条的规定,无、限制民事行为能力人造成他人损害的,无、限制民事行为能力人和其监护人为共同被告,故本案应当以小赵和老赵为共同被告,A选项正确。其次,分析原告方。小张有诉讼权利能力,且为侵权法律关系的被害人,故为适格原告;同时小张没有诉讼行为能力,故应当由其监护人老张作为法定代理人代为诉讼。故本案C选项正确,D选项错误。最后,由于开庭时小赵已经年满18周岁,具有诉讼行为能力,应当亲自参加诉讼,不存在法定代理人的问题,故B选项错误。

综上所述,本题答案为AC。

三、不定项选择题

86.【解析】C。首先,不动产抵押权的设立依"登记"。本题中,抵押人丙未协助债权人乙办理抵押登记手续。因此,不动产抵押权未设立。故A项说法错误,不当选。

其次,不动产抵押权的设立采"登记生效主义"而非"登记对抗主义",即有效抵押合同+登记=不动产抵押权。抵押合同生效时,不动产抵押权未设立。故B项说法错误,不当选。

最后,基于"区分原则"或"物债两分原则",未办理物权登记的,不影响合同的效力。本题中,虽然抵押人丙未协助抵押权人(债权人)乙办理不动产抵押登记手续,但是,不影响乙丙之间的抵押合同的效力,抵押合同合法有效。此时,抵押权人(债权人)乙可以基于合法有效的抵押合同追究抵押人丙的违约责任,即在抵押物的价值范围内承担违约责任。故C项说法正确,当选;D项说法错误,不当选。

综上所述,本题的正确答案为C。

87.【解析】BCD。同一财产向两个以上债权人抵押的,拍卖、变卖抵押财产所得的价款的清偿顺序规则为:其一,均已经登记的,先登记的优先于后登记的。根据全国人大常委会法工委的解释,按照抵押权登记的时间先后确定清偿顺序的原则,既适用于以登记为抵押权生效要件的不动产抵押,也适用于以登记为抵押权对抗要件的动产抵押,即无论是不动产抵押还是动产抵押,数个抵押权都已登记的,都按照登记的先后顺序清偿。其二,有的登记,有的未登记的,登记的优先于未登记的。根据全国人大常委会法工委的解释,这样规定主要是因为办理抵押登记的,其他债权人就可以通过查阅登记资料知道该财产已经设定抵押的情况,公示性较强;而没有办理抵押登记的,其他债权人一般很难知道该财产是否已经设定了抵押,所以,法律给予已登记的抵押权以特别的保护。本题中,丙银行的抵押权于6月9日登记、丁银行的抵押权于7月9日登记。因此,丙银行>丁银行。同时,乙银行因为未登记,排在最后。最终排序结果为:丙银行>丁银行>乙银行。故A项错误,不当选;B、C、D项正确,当选。

综上所述,本题的正确答案为BCD。

88.【解析】AC。首先,继父或继母经继子女的生父母同意,即可以收养继子女,不受生父母是否有特殊困难无力抚养的子女的限制。故A项说法正确,当选。

其次,继父或继母收养继子女的,亦不受收养人应当年满30周岁的限制。因此,沈某可以收养冯靓和冯丽,邱某也可以收养沈俊和沈俏。故B项说法不正确,不当选;C项说法正确,当选。

最后,继父或继母收养继子女的,亦不受有子女只能收养一名子女的限制。因此,沈某可以收养冯靓和冯丽两名子女。故D项说法不正确,不当选。

综上所述,本题的正确答案为AC。

89.【解析】BC。A项考查无因管理之债,关键词为"构成"。无因管理作为法定之债,其构成要件有四:(1)没有法定或约定的义务;(2)主观上为了避免他人利益受损失而具有管理他人事务的意思;(3)客观上实施了管理他人事务的行为;(4)不违反本人明示或可推知的意思,但是,本人的意思违反法律或违背公序良俗的除外。本题中,甲因出国委托乙帮忙照看房屋,二者之间有约定的原因(委托合同)。同时,乙作为受托人,擅自决定拆除甲家的空调,非受托照看房屋的范围,违反了本人/被管理人(甲)可推知的意思。因此,甲乙之间不构成无因管理之债。故A项说法错误,不当选。

C项考查承揽合同,关键词为"构成"。承揽合同是承揽人按照定作人的要求完成工作,交付工作成果,定作人支付报酬的合同。承揽包括加工、定作、修理、复制、测试、检验等工作。本题中,丁按照乙的要求拆除甲家的空调,乙支付报酬,乙与丁之间存在合法有效的承揽合同关系。故C项说法正确,当选。

B、D项考查定作人的责任,关键词为"赔偿"。承揽人在完成工作过程中造成第三人损害或自己损害的,定作人不承担侵权责任。但是,定作人对定作、指示或选任有过错的,应当承担相应的责任。本题中,定作人乙选任非专业的丁拆除空调,存在选任过错,乙应当对丁承担相应的赔偿责任。故B项说法正确,当选;D项说法错误,不当选。

综上所述,本题的正确答案为BC。

90.【解析】AB。首先,限制民事行为能力人在学校或其他教育机构学习、生活期间受到人身损害,学校或其他教育机构未尽到教育、管理职责的,应当承担侵权责任。据此可知,学校有义务保障学生在校安全,即负有安全保障义务。本题中,学校的床上有挡板,超过床一半长度,相关规定要求不能短于床的1/3。因此,学校尽到了管理职责,可以免责,无须承担侵权损害赔偿责任。故A、B项说法均正确,当选。

其次,无民事行为能力人、限制民事行为能力人造成他人损害的,由监护人承担侵权责任。监护人尽到监护职责的，可以减轻其侵权责任。有财产的无民事行为能力人、限制民事行为能力人造成他人损害的，从本人财产中支付赔偿费用；不足部分，由监护人赔偿。据此可知，监护人责任的本质是被监护人造成第三人损害。本题中，13 周岁的甲（限制民事行为能力人）从学校的床上掉下系受害人而非加害人，与监护人责任无关。故 C 项说法错误，不当选。

最后，无民事行为能力人或限制民事行为能力人在幼儿园、学校或者其他教育机构学习、生活期间，受到幼儿园、学校或其他教育机构以外的第三人人身损害的，由第三人承担侵权责任；幼儿园、学校或者其他教育机构未尽到管理职责的，承担相应的补充责任。据此可知，教育机构承担补充责任的前提是第三人实施了侵权行为且学校有过错。本题中，不存在第三人侵权且学校没有过错。因此，学校无须承担补充责任。故 D 项说法错误，不当选。

综上所述，本题的正确答案为 AB。

91.【解析】ACD。A 项考查代位继承，关键词为“有权”。被继承人的兄弟姐妹先于被继承人死亡的，由被继承人的兄弟姐妹的子女代位继承。本题中，张甲未婚无子女，父母早逝。妹妹是张甲唯一的第二顺序法定继承人。同时，妹妹张乙先于张甲死亡。因此，张乙的子女张丙和张丁有权代位继承张甲的遗产。故 A 项说法正确，当选。

B 项考查遗产归国家的情形，关键词为“归国家”。无人继承又无人受遗赠的遗产，归国家所有，用于公益事业；死者生前是集体所有制组织成员的，归所在集体所有制组织所有。本题中，张甲的遗产由张丙和张丁代位继承而非无人继承又无人受遗赠。故 B 项说法不正确，不当选。

C 项考查转继承，关键词为“有权”。继承开始后，继承人于遗产分割前死亡，并没有放弃继承的，该继承人应当继承的遗产转给其继承人，但是遗嘱另有安排的除外。本题中，张丙代位继承张甲的遗产后，遗产分割前，张丙又死亡的，由张戊转继承张丙代位继承的张甲遗产。故 C 项说法正确，当选。

D 项考查遗产的认定，关键词为“不属于”。遗产是自然人“死亡时”遗留的个人合法财产。本题中，张甲死亡后才获得的“死亡赔偿金”不属于遗产。故 D 项说法正确，当选。

综上所述，本题的正确答案为 ACD。

92.【解析】C。本题中有三条线索：

第一，A 公司举办的展销会上，B 公司的展台出售的食品不符合食品安全标准，造成消费者甲的损害，B 公司作为销售者，按首付责任制的规则应对甲承担赔偿责任。A 公司作为展销会的举办者，未履行《食品安全法》规定的审查、检查、报告等义务，使消费者的合法权益受到损害的，应对消费者承担连带责任。A、B 项正确。

第二，食品行业协会推荐了不合格的食品，食品行业协会因此应承担的是行政责任：没收违法所得 + 责任人员的记大过、降级或者撤职，甚至开除处分，但并没有对消费者直接的赔偿责任，C 项错误。

第三，食品检验机构因为过失出具了不实的检验报告，造成消费者损害，应对消费者承担相应责任，D 项正确。

综上所述，本题为选非题，答案为 C。

93.【解析】D。A、C 项，乙商业银行因合并而解散，应当向国务院银行业监督管理机构提出申请，而非辖区的银保监局或市场监督管理局，A、C 项错误。

B、D 项，商业银行破产清算，在支付清算费用、所欠的职工工资和劳保费用后，应优先支付个人储蓄存款本金和利息，但乙商业银行并非破产清算，而是因合并而清算。乙商业银行在提出清算申请时应附支付存款的本金和利息等债务清偿计划，并按计划支付存款的本金和利息，这里的存款本金和利息，不局限于个人储蓄的存款本金和利息，B 项错误，D 项正确。

综上所述，本题答案为 D。

94.【解析】B。A 项，纯电动乘用车（9 座以下）未列入车船税的税目表，不属于车船税的征税范围。所以个人购买纯电动乘用车不交车船税，不是“减征”，A 项错误。

B 项，纯电动乘用车并非免增值税的范围，故进口该车需要缴纳增值税，B 项正确。

C 项，缴纳环境保护税的主体是在中华人民共和国领域和中华人民共和国管辖的其他海域，直接向环境排放应税污染物的企业事业单位和其他生产经营者，个人并非环境保护税的纳税主体，C 项错误。

D 项，合伙企业作为非法人组织，不缴纳企业所得税，D 项错误。

综上所述，本题答案为 B。

95.【解析】BCD。A 项，虽然在中国政府主办或者承认的国际展览会上首次展出，6 个月内申请专利不会丧失新颖性，但展出并不会享有优先权。故甲、乙两公司的专利申请日依旧为实际申请日，即甲公司为 2022 年 2 月 1 日、乙公司为 2022 年 2 月 2 日，甲公司申请在先，有可能获得专利授权，A 项正确。

B、C 项，申请专利的发明创造在申请日以前 6 个月内，在中国政府主办或者承认的国际展览会上首次展出的，不丧失新颖性，不会因此被驳回，B、C 项错误。

D 项，只有两个以上申请人同一天申请专利的，专利局才会通知申请人协商，协商不成的，各自驳回。本案中，两个申请人的申请日有前后之分，并非同一日，故 D 项错误。

综上所述，本题为选非题，答案为 BCD。

96.【解析】AB。A、B、C 项，快递公司的规章制度中，工作时间的内容严重违反了劳动法有关工作时间的规定，是无效的，快递公司因张某违反了此无效的规章制度而与之解除劳动合同是违法的，A、B 项正确，C 项错误。

D 项，张某拒绝违法的超时加班的规定，系维护自己的合法权益，不能据此认定劳动者在试用期间不符合录用条件，快递公司与其解除劳动合同是违法的，劳动者有权要求其支付经济赔偿金,赔偿金是补偿金的2倍。本案中,张某工作2个月,不足半年,经济补偿金为0.5个月工资,那么应该承担的经济赔偿金是补偿金的2倍即1个月工资,仲裁机构应支持张某的申请,D项错误。

综上所述,本题答案为AB。

97.【解析】BD。根据《民诉解释》第30条第1款的规定,根据管辖协议,起诉时能够确定管辖法院的,从其约定;不能确定的,依照《民事诉讼法》的相关规定确定管辖。换言之,管辖协议中约定的管辖法院应当在起诉时能够确定,如果在起诉时无法根据管辖协议确定管辖法院,则该管辖协议无效,应当根据《民事诉讼法》的规定确定管辖法院。本案中,当事人在管辖协议中约定由“守约方所在地法院管辖”,至于谁是守约方,只能待案件经过实体审理后才能确定,故在起诉时无法确定,应当认定该管辖协议无效,故选项A错误。在管辖协议无效的情况下,根据《民事诉讼法》的规定,合同纠纷由被告住所地或者合同履行地法院管辖:首先确定被告乙公司住所地为B县,B县法院有管辖权;然后确定合同履行地,本案合同中约定履行地为C县,故以约定的履行地C县为合同履行地,C县法院有管辖权。综上所述,本案有管辖权的法院为B县(被告住所地)和C县(合同履行地)法院,选项B、D正确。至于选项C提及的A县法院为原告住所地法院,没有管辖权,选项C错误。

综上所述,本题答案为BD。

98.【解析】C。宇威公司在提交答辩状期间提出管辖权异议,乙区法院裁定驳回。对驳回管辖权异议的裁定,当事人可以在收到裁定书之日起10日内上诉,而宇威公司并未上诉,故上诉期满,该管辖权异议裁定生效,据此,乙区法院依法取得对本案的管辖权,故一审管辖不存在错误,A、D选项错误。宇威公司拒不到庭,乙区法院依法对宇威公司缺席判决的做法正确,不存在程序违法问题,故二审法院无须发回重审,B选项错误。

综上所述,本题答案为C。

99.【解析】ACD。本案中,债权人甲认为债务人乙以明显不合理的高价从丙处购买财产,遂提起撤销权诉讼,根据《民法典合同编通则解释》第44条第1款的规定,债权人提起撤销权诉讼的,应当以债务人和债务人的相对人为共同被告,故本案中应当以债权人甲为原告,债务人乙和相对人丙为共同被告,既然本案被告方为两人以上,故构成诉的主体的合并,A选项正确。

同时,本案中原告甲提出了两个诉讼请求:一是撤销乙、丙之间的买卖合同,二是要求将乙支付给丙的款项返还给乙,这两个诉讼请求之间是什么关系呢?我们发现,撤销乙、丙之间买卖合同的请求得到支持的情况下,才存在乙向丙返还财产的问题,法院才需要对返还财产的请求进行审理;如果撤销乙、丙之间买卖合同的请求没有得到支持,则不存在丙向乙返还财产的问题,法院无须对返还财产的请求进行审理。故撤销乙、丙之间买卖合同是丙向乙返还财产的先决问题,两个请求构成诉的预备合并,法院应当先对撤销乙、丙之间买卖合同这一诉讼请求进行审理,在该请求得到支持的前提下再对乙向丙返还财产这一请求进行审理。当然,诉的预备合并本身属于诉的客体合并中的一种,故本题C、D选项正确。本案不存在重叠合并的问题,B选项错误。

综上所述,本题答案为ACD。

100.【解析】C。法院判决孙某将一个特定的花瓶归还给韦某,韦某申请强制执行,本案执行标的为特定物。根据司法解释规定,执行标的为特定物的应当执行原物,原物毁损或者灭失的,当事人可以就折价赔偿问题达成协议,无法达成协议的,法院应当裁定执行终结,当事人可以就折价赔偿问题另行起诉。在本案中,执行标的(花瓶)已经被损毁,当事人就折价赔偿问题达成了协议:孙某将其所有的另外一个花瓶交付给韦某。该协议为执行中达成的和解协议,可以适用执行和解的规定:和解协议履行完毕的,法院裁定终结执行;义务人拒不履行和解协议的,权利人可以申请恢复对原生效法律文书的执行,也可以就和解协议起诉。故孙某拒不履行和解协议的,韦某可以申请恢复对原生效判决的执行,也可以就和解协议起诉要求孙某履行和解协议。但是值得注意的是,如果韦某申请恢复对原生效判决的执行,原生效判决所确定的执行标的为特定物——执行标的为特定物的应当执行原物——原物已经毁损,无法执行,故韦某不能申请恢复执行。综上所述,韦某只能就和解协议提起诉讼。本题A选项错误,C选项正确。

B选项错误,可以从两个角度予以分析。角度一,直接根据司法解释规定“执行标的为特定物的,应当执行原物”,不得执行其他财产,所以B选项错误;角度二,花瓶到底值多少钱,孙某对韦某折价赔偿到底应当赔偿多少,这是实体纠纷,执行不能解决纠纷,故法院不能执行孙某价值5万元的其他财产。折价赔偿属于实体纠纷,执行不能直接解决,当事人可以就折价赔偿问题达成协议解决,协议不成的,通过诉讼方式解决。

D选项错误,和解协议是当事人自行达成的协议,没有强制执行效力,当事人不能申请执行。

综上所述,本题答案为C。

2022 年答案速查表

试　卷　一

一、单项选择题

1. B	2. A	3. A	4. C	5. D	6. B	7. B	8. B	9. B	10. B	11. B	12. A	13. A
14. C	15. D	16. D	17. D	18. A	19. A	20. A	21. D	22. A	23. D	24. C	25. A	26. D
27. C	28. B	29. D	30. C	31. A	32. D	33. D	34. D	35. A	36. B	37. A	38. B	39. B
40. B	41. A	42. B	43. D	44. C	45. A	46. C	47. A	48. B	49. D	50. B		

二、多项选择题

51. ACD	52. ABD	53. ABD	54. ABCD	55. BCD	56. ABC	57. AC	58. ABCD
59. ABCD	60. ABD	61. ACD	62. AD	63. AC	64. ABCD	65. AB	66. AC
67. ABCD	68. AC	69. AB	70. AD	71. AB	72. BD	73. ABD	74. ABCD
75. ABD	76. AC	77. BCD	78. BCD	79. AD	80. AD	81. ABCD	82. AB
83. ACD	84. ABCD	85. BC					

三、不定项选择题

86. AC	87. AC	88. BCD	89. AC	90. ABD	91. ABCD	92. BCD	93. AB
94. BCD	95. BCD	96. D	97. ABCD	98. CD	99. ABD	100. BCD	

试　卷　二

一、单项选择题

1. D	2. B	3. D	4. B	5. D	6. A	7. A	8. D	9. D	10. D	11. D	12. D	13. A
14. C	15. A	16. D	17. C	18. A	19. D	20. B	21. C	22. A	23. A	24. D	25. A	26. A
27. D	28. B	29. A	30. C	31. A	32. C	33. C	34. D	35. B	36. B	37. D	38. B	39. A
40. B	41. B	42. B	43. B	44. D	45. C	46. C	47. C	48. D	49. C	50. D		

二、多项选择题

51. AC	52. ABCD	53. BD	54. BD	55. ABC	56. CD	57. ACD	58. BCD
59. BCD	60. ABC	61. ABCD	62. AD	63. CD	64. AD	65. BC	66. BC
67. BC	68. AD	69. AC	70. AB	71. AD	72. ACD	73. AC	74. CD
75. BD	76. ABC	77. AC	78. AB	79. AC	80. ABC	81. BC	82. ABD
83. CD	84. ABC	85. AC					

三、不定项选择题

86. C	87. BCD	88. AC	89. BC	90. AB	91. ACD	92. C	93. D
94. B	95. BCD	96. AB	97. BD	98. C	99. ACD	100. C	

国家统一法律职业资格考试

历年真题汇编

2021年客观题
试卷册

法律出版社
LAW PRESS·CHINA
北京

2021 年国家统一法律职业资格考试(回忆版)

试 卷 一

一、单项选择题(每题所设选项中只有一个正确答案,多选、错选或不选均不得分。本部分含 1~50 题,每题 1 分,共 50 分)

1.《史记·商君列传》有云:"孝公既用卫鞅,鞅欲变法,恐天下议己。""令既具,未布,恐民之不信,已乃立三丈之木于国都市南门,募民有能徙置北门者予十金。民怪之,莫敢徙。复曰:'能徙者予五十金。'有一人徙之,辄予五十金,以明不欺。卒下令。"商鞅变法中"立木为信"的典故体现了什么法治思想?( )

A. 夫法者,所以兴功惧暴也。律者,所以定分止争也。令者所以令人知事也

B. 盖天下之事,不难于立法,而难于法之必行

C. 善禁者,先禁身,而后人;不善禁者,先禁人,而后身

D. 法不阿贵,绳不挠曲

2. 全面依法治国,必须坚持人民主体地位。对此,下列哪一理解是错误的?( )

A. 法律既是保障人民自身权利的有力武器,也是人民必须遵守的行为规范

B. 人民依法享有广泛的权利和自由,同时也承担应尽的义务

C. 人民通过各种途径直接行使立法、执法和司法的权力

D. 人民根本权益是法治建设的出发点和落脚点,法律要为人民所掌握、遵守、运用

3. 十三届全国人大常委会对去年以来报送备案的 1310 件行政法规、地方性法规、司法解释、香港和澳门特别行政区法律等进行逐件审查;对公民、组织提出的属于全国人大常委会审查范围的 3378 件审查建议进行逐一研究,提出处理意见并及时反馈;围绕疫情防控、野生动物保护、食品药品安全、优化营商环境等 4 个方面进行专项审查和集中清理,发现需要修改或废止的规范性文件共 3372 件。关于备案审查制度,下列哪一说法是错误的?( )

A. 备案审查制度是完善严密的法治监督体系的重要内容

B. 宪法和法律委员会是我国的合宪性审查主体

C. 公民可以在全国人大常委会官网向全国人大常委会提出行政法规和地方性法规审查的建议

D. 要进一步加强备案审查能力建设

4. 法谚云:"语言是法律精神的体现。"对此,下列哪一说法是正确的?( )

A. 若语言有歧义,则法律无效力

B. 若语言可翻译,则法律必然被移植

C. 以语言表述法理,则法理的表现必然受到语言的制约

D. 以语言表述规范,则规范即为法律

5. 法谚云:"一切规则皆有例外,例外也明示原则。"对这一说法,下列正确的是:( )

A. 规则为原则之例外

B. 规则有漏洞,原则无歧义

C. 规则乃共通原则,原则系特别规则

D. 规则具化原则,原则证成规则

6. 沈某因继承爷爷留下来的一座房屋的所有权起诉至法院,要求继祖母李某搬离房子。法院认为,此住房是李某唯一住房,且李某年事已高,无其他生活来源,如让其搬离违背社会公序良俗。虽然此房屋并未登记设立居住权,但根据《民法典》规定居住权的立法目的,应当承认李某的居住权利。故法院判沈某败诉。下列说法错误的是:( )

A. 法院对《民法典》关于居住权立法目的的解释属于外部证成

B. 为了证成李某的权利,法院做了目的论扩张

C. 沈某的所有权是普通权利,受到居住权这一基本权利的限制

D. 为了确保判决合目的性，法院考量了公序良俗

7. 为促进中国(上海)自由贸易试验区的发展，有关部门决定在上海市暂时停止实施《中华人民共和国国际海运条例》的部分规定，该决定应由哪个机关作出？(   )

A. 上海市人民代表大会

B. 国务院

C. 上海市人民政府

D. 全国人大常委会

8. 某人工智能公司研制出“小 K”系统，自动生成著作，罗某未经许可将该文章署名并发表，法院判决罗某侵犯该公司的知识产权，下列关于现代科学技术的影响说法错误的是：(   )

A. “小 K”可以成为法律关系的主体

B. 扩大了法律关系主体的权利能力

C. 丰富了法律关系客体的表现形式

D. 扩大了法律调整的社会法律关系的范围

9. 我国《宪法》中第 5 条第 3 款规定：“一切法律、行政法规和地方性法规都不得同宪法相抵触。”关于该款宪法规范的规定，下列选项正确的是：(   )

A. 该款宪法规范属于确认性规则

B. 该款宪法规范属于倡导性规则

C. 在逻辑结构上，该款宪法规范没有规定法律后果

D. 在逻辑结构上，该款宪法规范规定了行为模式

10. 下列哪一情况，人大代表要终止代表资格？(   )

A. 被刑事羁押，正在接受审判的

B. 迁出或者调离本行政区域的

C. 未经批准两次缺席本级人大会议的

D. 被判处管制，但未被剥夺政治权利的

11. 根据《香港特别行政区维护国家安全法》(本题以下简称《港区国安法》)，下列选项正确的是：(   )

A.《国家安全法》是《港区国安法》的重要立法依据

B. 香港特别行政区维护国家安全委员会作出的决定不受司法复核

C. 警务处维护国家安全部门负责人由驻香港特别行政区维护国家安全公署提名，行政长官任命

D. 香港特别行政区维护国家安全委员会秘书处秘书长由行政长官任命

12. 根据《地方政府组织法》的规定，云南省人大常委会第二十四次会议决定：“我省县乡两级人民代表大会代表环节选举工作安排在 2021 年 7 月 1 日同步进行，2021 年 12 月 31 日前选举产生新一届县乡两级人民代表大会第一次会议。”对此，下列选项正确的是：(   )

A. 县乡人大代表的选举由省级人大常委会主持

B. 县人大代表由乡人大代表选举

C. 乡人大有权选举乡人大主席、副主席、乡长、副乡长、镇长、副镇长

D. “同步进行”是指县选举的人大代表同时也是乡人大代表

13.《唐律疏议》有云：“杂犯轻罪，触类弘多，金科玉条，包罗难尽。其有在律在令无有正条，若不轻重相明，无文可以比附。临时处断，量情为罪，庶补遗阙，故立此条，情轻者，笞四十；事理重者，杖八十。”对此，下列哪一理解是正确的？(   )

A. 与“举重以明轻”“举轻以明重”功能重复

B. 判断“情轻”“情重”的标准是律文规定

C. 目的在于弥补立法漏洞

D. 主要适用于严重的违法行为

14. 唐朝时期，杨氏嫁与王某为妻，后杨父生活不能自理，杨氏为尽孝道，欲长期照顾杨父，王某答应与杨氏解除婚姻关系。下列说法正确的是：(   )

A. 官府可据此强制解除婚姻关系

B. 双方可以适用“和离”

C. 王某可根据七出休妻

D. 杨氏可根据义绝强制解除婚姻关系

15. 秦朝时期，民人甲告发自己的父亲偷摘邻居家的桑叶，官府判决：某人“盗采人桑叶而赀徭三旬”，其子甲告发父亲犯罪，予以奖励。但是有官员反对，理由是根据当时的秦律规定：“子告父母，臣告主，非公室告，勿听。”对此，下列选项正确的是：(   )

A. “盗采人桑叶而赀徭三旬”体现了秦朝“明法重刑”的原则

B. 赀徭是判处强制罚金或者强制服徭役的

行为,不是独立刑种之一

C. 如果官府判定失察,将会以“不直”受处

D. 秦朝鼓励告奸,因此奖励甲告其父符合法律规定

16. 关于审判制度和检察制度,下列哪些说法是正确的?(　　)

A. 法院人才分为员额法官、审判辅助人员、司法行政人员三类,其中法官助理属于员额法官的一种

B. 省、自治区、直辖市设立法官遴选委员会,负责初任法官人选专业能力的审核并任命法官

C. 检察权一体化行使原则决定了检察机关不宜实行司法责任制

D. 最高人民检察院和省级人民检察院检察官可以从下两级人民检察院遴选

17. 下列关于法律援助的说法哪一项是正确的?(　　)

A. 法律援助律师在办理援助案件时,告知当事人若收取一定的办案费,可以加快案件的办理进度

B. 刑事诉讼中的法律援助,不需要考察受援助对象的经济状况

C. 盲、聋、哑人拒绝法律援助机构指派的律师为其辩护的,有正当理由的应当准许,同时告知另行委托辩护人

D. 检察院审查批准逮捕时,认为公安机关对犯罪嫌疑人应当通知辩护而没有通知的,应当通知辩护

18. 乙国民航因机械故障坠毁在甲、乙两国边界并引发森林火灾,甲、乙两国界碑也因此损毁,乙国组织力量紧急救援,为灭火和抢救生命,救援队擅自进入甲国国界数十米。由于乙国扑救不及时,导致火灾蔓延到甲国境内,给甲国造成了人员和财产损失。根据国际法相关规则,下列说法中正确的是哪一项?(　　)

A. 乙国救援人员未经甲国同意越过边境救灾,构成国际不法行为

B. 乙国可自行修复界碑,修复后通知甲国

C. 乙国通知甲国后,应尽快修复界碑

D. 乙国无须承担甲国因火灾蔓延其境内导致损失的国际法律责任

19. 根据《联合国海洋法公约》和中国的相关法律规定,下列哪一选项是正确的?(　　)

A. 甲国军舰有权无害通过我国领海

B. 乙国商业飞机可以无害通过我国领海上空

C. 我国海警船从毗连区开始紧追丙国走私船,在其进入公海时紧追应终止

D. 丁国有权在我国大陆架铺设海底电缆,但线路的划定须经我国主管机关同意

20. 关于共同犯罪的认定,下列选项说法正确的是:(不考虑数额和情节)(　　)

A. 刘某看到自己年迈的母亲长期被保姆虐待,放任不管,构成虐待罪的间接正犯

B. 王某看到10周岁的儿子盗窃他人笔记本电脑,不予制止,构成盗窃罪的间接正犯

C. 曹某明知赵某实施电信诈骗活动而提供网络技术支持,构成诈骗罪的共犯与帮助信息网络犯罪活动罪的想象竞合

D. 丁某以为孙某实施电信诈骗活动而提供网络技术支持,但孙某实际实施的是非法获取计算机信息系统数据罪,丁某不构成犯罪

21. 对于①,应当立足②在防卫时所处情境,按照③的一般认知,依法作出合乎情理的判断,不能苛求防卫人。对于防卫人因为恐慌、紧张等心理,对不法侵害是否已经开始或者结束产生错误认识的,应当根据④,依法作出妥当处理。关于上述序号内容,下列选项说法正确的是:(　　)

A. ①不法侵害是否已经开始或者结束;②防卫人;③社会公众;④主客观相统一原则

B. ①不法侵害是否已经开始或者结束;②社会公众;③防卫人;④罪刑相适应原则

C. ①是否严重危害人身;②防卫人;③社会公众;④主客观相统一原则

D. ①是否严重危害人身;②社会公众;③防卫人;④罪刑相适应原则

22.《刑法》第20条第3款:“对正在进行行凶、杀人、抢劫、强奸、绑架以及其他严重危及人身安全的暴力犯罪,采取防卫行为,造成不法侵害人伤亡的,不属于防卫过当,不负刑事责任。”其中“杀人、抢劫、强奸、绑架”这四项是指①,而不是指②,如果没有③,则适用④。下列选项匹配的是:(　　)

A. ①具体犯罪行为,②具体罪名,③正在进行,④一般防卫

B. ①具体罪名,②具体犯罪行为,③正在进

行,④紧急避险

C. ①具体犯罪行为,②具体罪名,③严重危及人身安全,④一般防卫

D. ①具体罪名,②具体犯罪行为,③严重危及人身安全,④紧急避险

23. 甲与乙女有婚外情,甲欲与妻子丙离婚。乙唆使甲用毒牛奶杀害丙。甲接受了教唆。几天后,甲将一瓶毒牛奶递给丙。丙不知道牛奶有毒,又将牛奶递给身边的孩子丁喝。甲见状,就说了一句"他喝过了,不用喝了",便走开了,没有实施其他阻止行为。丁喝了毒牛奶后死亡。下列说法错误的是:(　　)

A. 甲对丙构成故意杀人罪未遂

B. 甲对丁构成故意杀人罪既遂

C. 乙对丙构成故意杀人罪未遂

D. 乙对丁构成故意杀人罪既遂

24. 关于自首的认定,下列说法正确的是:(　　)

A. 甲与乙共同犯罪。甲自动投案,如实供述了自己的罪行,但未供述同案犯乙的共同犯罪事实。甲不构成自首

B. 甲与乙共同犯罪。甲知道乙被抓后,担心乙会供出自己,便前往公安机关供述了自己的罪行。实际上乙确实供述了甲的罪行。甲不构成自首

C. 甲明知货物是易爆物品,还将货物储存在仓库。仓库爆炸后,甲才前往公安机关供述了自己的罪行。甲不构成自首

D. 甲醉酒驾驶,不慎导致路人李某重伤。甲前往公安机关投案,导致李某未得到及时救助而死亡。甲供述了案件事实,但辩称自己是过失。甲不构成自首

25. 关于侵犯财产罪的既遂,下列说法正确的是:(　　)

A. 甲盗窃电瓶车,看守人王某在监控室发现了甲的行为,故意等甲骑走车几分钟后才追赶,并抓到甲。甲成立盗窃罪既遂

B. 乙敲诈勒索吴某,要求吴某将10万元现金放入指定的垃圾桶内,以便自己取走。吴某将10万元放入指定垃圾桶,后被清洁工捡走。吴某以为乙取走了10万元。乙成立敲诈勒索罪既遂

C. 丙在网上销售假酒。李某不知情而购买,并向支付平台(并非丙的账户)支付了货款。李某收到货后发现是假酒,便向支付平台申请退款,支付平台予以办理。丙构成诈骗罪既遂

D. 丁入户盗窃赵某家,被两个邻居发现。两个邻居报警,并守在赵某家门口,丁无法出门。几分钟后,警察赶到,在丁的口袋里发现盗窃的财物。丁构成盗窃罪既遂

26. 下列选项中,构成抢劫罪的是:(不考虑数额)(　　)

A. 甲为了报复而伤害乙,乙受伤倒地昏迷,其钱包掉在地上。甲看到后,拿走钱包

B. 甲为了报复而伤害乙,乙受伤倒地昏迷,手正好覆盖在口袋上。甲看到后,把乙的手拿开,拿走口袋内的钱包

C. 甲为了报复而伤害乙,乙为避免进一步受伤,提出愿意给付甲5000元,甲要求给1万元,否则还要伤害。乙给了甲1万元

D. 甲为了报复而伤害乙,致乙受伤。甲准备离开时,乙请求甲送其去医院,愿意支付甲5000元,甲要求支付1万元,否则不送其去医院。乙给了甲1万元

27. 甲在网上商家处购买了一部手机。几日后,快递员乙电话通知甲来小区门口取包裹。甲趁乙不注意,从快递车中取走包裹(内有手机)。乙找不到包裹。甲便声称,既然丢失了,那我向商家申请退款。商家信以为真,给甲退了货款。商家又找快递公司进行了索赔。关于本案,下列说法正确的是:(　　)

A. 甲对手机构成盗窃罪,对手机款构成诈骗罪

B. 无须区分手机与手机款,甲整体上构成诈骗罪

C. 甲仅构成对手机的盗窃罪

D. 甲仅构成对手机款的诈骗罪

28. 高空抛物罪要求"从建筑物或者其他高空抛掷物品"。下列说法正确的是:(　　)

A. 行为人只有从高空抛物的,才可能构成高空抛物罪

B. 行为人从平地抛起物品、从高空落下的行为适用该规定

C. 从建筑物抛下物品,只要是二层,就属于高空抛物

D. 成立高空抛物罪,要求伤害到他人

29. 甲购买乙公司一批车辆,双方约定分期付

款,乙公司交付了车辆,等到甲付完货款,车辆所有权归甲。为了防止甲不继续支付货款,乙公司在这些车辆上安装了定位监控系统。甲找丙通过技术手段破坏了定位监控系统后,将车辆变卖。丙构成:(　　)

A. 破坏计算机信息系统罪

B. 非法侵入计算机信息系统罪

C. 非法控制计算机信息系统罪

D. 帮助信息网络犯罪活动罪

30. ①虚假诉讼罪是《刑法修正案(九)》新增的罪名;②普通公民通过虚假诉讼骗取他人财物,法官受骗作出判决,虚假诉讼行为人构成虚假诉讼罪与诈骗罪的想象竞合;③虚假诉讼行为人与审理法官串通,法官枉法裁决,虚假诉讼行为人构成虚假诉讼罪与诈骗罪的想象竞合;④虚假诉讼行为人没有与审理法官串通,法官明知真相仍枉法裁决,虚假诉讼行为人构成虚假诉讼罪,法官不构成虚假诉讼罪。下列哪一选项是正确的?(　　)

A. ①②③④均正确

B. ①②③正确,④错误

C. ①②正确,③④错误

D. ①正确,②③④错误

31. 甲系某国有企业出纳(国家工作人员),乙怂恿甲挪用公款300万元给自己投资,称两个月后归还,并承诺获利平分。甲照办。后乙用300万元中的100万元投资,200万元用于购房。两个月后,乙将300万元归还给甲,甲归还给单位。甲、乙挪用公款的数额分别是:(　　)

A. 甲、乙的数额均是100万元

B. 甲、乙的数额均是300万元

C. 甲的数额是300万元,乙的数额是100万元

D. 甲的数额是100万元,乙的数额是300万元

32. 王某没有户籍,经同名同姓的堂兄同意,拿着堂兄的户口本为自己办理了身份证。王某用该身份证注册了一个支付宝账号,登录后系统提示可以绑定一张银行卡。王某猜测该银行卡是堂兄的,遂绑定。次日,王某用支付宝消费了3万元,从堂兄的银行卡中扣款。王某的行为构成:(　　)

A. 抢夺罪　　B. 信用卡诈骗犯罪

C. 盗窃罪　　D. 侵占

33. 关于刑事诉讼法的构造、特征,下列说法错误的是:(　　)

A. 1996年的《刑事诉讼法》修改时将庭前审查由实质性审查改为形式性审查,体现了当事人主义的改革思路

B. 法官开庭前审阅案卷材料,体现了一定的职权主义色彩

C. 审查起诉程序中,形成了检察院居中、侦查机关与被追诉方对抗的三方诉讼构造

D. 实践中证人出庭作证少,主要采取摘录宣读的调查方式,反映了控辩式改革仍处于发展阶段

34. 关于检察院依法对刑事诉讼实行法律监督原则的适用,下面正确的是:(　　)

A. 刘某向检察院申诉公安机关未对其被诈骗600万元一事立案,检察院经过监督程序通知公安机关立案

B. 对一起校园内猥亵儿童案件,公安机关接到报案后,在立案之前商请检察院派员提前介入,对如何询问被害儿童和收集证据进行指导

C. 法院审理宋某涉嫌故意杀人案时,公诉人发现审判长应回避而未回避,遂当庭提出纠正意见

D. 检察院在对马某盗窃案审查批捕时发现,公安机关未退还马某之前交纳的取保候审保证金,因此作出不批准逮捕的决定

35. 甲是水果商贩,与乙因购买水果问题发生争执,甲随手用身边的水果刀刺中乙的后背,路人丙看到后报警。甲见乙躺着不动后便坐在原地等待警察到来,甲知道丙报了警,事后得知乙被鉴定为轻微伤,以下正确的是:(　　)

A. 法官认为甲为激情犯罪,可以从轻、减轻处罚

B. 甲的行为属于自首

C. 检察官经查认为甲的行为没有造成严重后果,情节显著轻微,不认为是犯罪

D. 若甲能如实供述自己的犯罪行为,检察院可以对甲酌定不起诉

36. 南天公司涉嫌走私普通货物罪,琉星律所的秦某担任南天公司的诉讼代表人,南天公司的实际控制人杨某也被追究刑事责任。关于本案的诉讼代表人和辩护人,正确的是:(　　)

A. 秦某在本案中行使辩护职能

B. 杨某不可以委托琉星律所的其他律师担任其辩护人

C. 秦某担任诉讼代表人既可由南天公司委托也可由检察院指定

D. 秦某可一并担任南天公司和杨某的辩护人

37. 以下哪一案件可由检察院直接立案侦查?(　　)

A. 海警工作站站长蔡某在办理海上刑事案件询问证人时,实施殴打行为,暴力取证

B. 疫情期间官员张某隐瞒发热症状参与聚集活动,致多人感染

C. 警察王某利用办理刑事案件的职务便利为境外组织刺探情报

D. 副检察长李某在办公楼招投标过程中收受巨额财物

38. 甲在A市某超市门口盗窃摩托车(价值约1万元人民币)时被车主乙发现后驾驶盗窃的摩托车逃跑,乙驾车追甲到B市C区时,甲把行人丙撞倒后逃离,后丙不治身亡。甲逃跑后在D市被抓获。下列关于审判管辖,正确的有:(　　)

A. 本案应当由A市的基层人民法院审理

B. 本案可由C区法院审理

C. 本案可由B市中级人民法院审理

D. 本案可由D市的法院审理

39. 甲作为犯罪嫌疑人乙的辩护人期间,为帮助乙减轻罪刑,从公安机关缉毒大队民警丙处获得某人非法持有毒品的线索,并在看守所会见期间以传递纸条的方式将信息告知乙,庭审阶段乙向法庭提供该线索,甲将其作为辩护依据,请求减轻乙罪刑,导致法院错判。关于甲的行为,以下表述正确的是:(　　)

A. 甲构成虚假诉讼罪

B. 甲通过传递纸条方式告知乙线索,构成扰乱法庭秩序罪

C. 就乙提供非法持有毒品的线索进行辩护是不合法的辩护行为

D. 从丙处获取非法持有毒品的线索属于正当行使调查取证权

40. 黄某因网络诈骗多人被立案侦查。关于本案电子数据的收集与运用,下列哪一选项是正确的?(　　)

A. 黄某的硬盘数据未以封存状态移送,应作为非法证据予以排除

B. 侦查人员提取黄某的手机银行数据时应制作笔录并附电子数据清单

C. 黄某的服务器数据存在局部篡改,应先判断是否属于瑕疵证据

D. 侦查人员提取黄某电脑数据时应有见证人员在场并全程录像

41. 崔某系县环境监察部门负责人,负责当地水源保护区的污染防治工作,因不认真履行监管职责,在日常检查中多次发现某企业排放污水未加制止,导致当地水源严重污染,关于崔某涉嫌的渎职犯罪,下列哪一选项是正确的?(　　)

A. 崔某在行政执法时询问排污企业负责人的笔录在本案中不能作为证据使用

B. 在崔某被留置期间,检察院的刑事执行检察部门可对监管活动进行监督

C. 检察院应就崔某的失职行为与水源污染之间的因果关系加以证明

D. 监察机关可在调查阶段告知崔某本案移送审查起诉后才能适用认罪认罚从宽制度

42. 某公司违法出版盗版刊物被国家新闻出版部门发现,检察院认为其犯罪情节轻微,作出不起诉决定,以下说法正确的是:(　　)

A. 国家新闻出版部门可以向法院提起自诉

B. 检察院提出检察意见,让国家新闻出版部门对其进行行政处罚

C. 检察院可以对某公司的全部违法出版物予以没收

D. 后来某公司又被发现继续违法出版,检察院可以撤销之前的不起诉决定,一并起诉

43. 田某因犯制造毒品罪被判处有期徒刑,刑满释放后不久,田某再次因涉嫌制造毒品被提起公诉,田某的辩护律师对关于毒品纯度、监听通话语音和笔迹同一性的三份鉴定意见有异议,申请法庭通知有专门知识的人出庭,关于本案的处理,正确的是:(　　)

A. 田某此前制造毒品用于贩卖,可在本案中用于证明田某制造毒品的主观目的

B. 辩护人申请有专门知识的人出庭后,应当先由控方发问

C. 田某的辩护人最多只能申请两名有专门知识的人出庭

D. 检察院提起公诉时应一并提供田某曾犯制造毒品罪的裁判文书

44. 在某起组织、领导黑社会性质组织案件的庭审中，被告人伍某的辩护人申请法院通知之前提供了对伍某不利证言的项某出庭作证，下列表述不正确的有：(　　)

A. 法院决定对项某采取不公开个人信息的保护措施，可以在判决书中对项某使用化名

B. 项某作证时故意作虚假陈述，必要时，公诉人可以宣读证言笔录进行核对

C. 项某到庭后，应当先由公诉人对其发问

D. 公诉人对项某进行诱导性发问，辩护人可以提出异议

45. 甲在没有取得规划许可证的情况下，在合法经营的商铺外擅自搭建地面工棚，区规划和自然资源局查封了施工现场和正常经营的商铺，该行为违反了哪个行政法基本原则？(　　)

A. 合理行政原则　　B. 高效便民原则

C. 诚实守信原则　　D. 权责统一原则

46. 市监察委因市卫生健康委副主任刘某在抗疫期间玩忽职守给予政务记大过处分，下列哪个说法是正确的？(　　)

A. 在处分期间可以晋升工资档次

B. 应按照规定降级

C. 如果刘某不服，可依《公务员法》向公务员主管部门申诉处分

D. 刘某所在机关不得再以同一行为进行行政

47. 2021 年 4 月 27 日公布了由国家市场监督管理总局局长和生态环境部部长共同签署的《机动车排放召回管理规定》，该规定自 2021 年 7 月 1 日起施行，该规定为国家市场监督管理总局、生态环境部令第 40 号。关于该规定，下列哪一选项是正确的？(　　)

A. 该规定的解释主体为国家市场监督管理总局

B. 该规定须在国务院公报上刊载

C. 公民若认为该规章违反法律规定，可以向国务院书面提出审查的建议

D. 审议该规定草案时，须由起草单位作说明

48. 县生态环境局经现场检查认定某公司养殖场存在影响空气环境问题，作出责令停产整治决定书，责令其停止经营性养殖活动 3 个月。该公司不服，提起行政诉讼。关于本案，下列哪一选项说法正确？(　　)

A. 责令停产整治是责令相对人对违法活动进行改正

B. 责令停产整治决定书不属于行政处罚

C. 责令停产整治决定书属于行为罚

D. 起诉期限为 15 日

49. 河务局认定某公司在河滩区违法存放工程弃土，决定对其处罚 10 万元。该公司既未申请行政复议，也未提起行政诉讼，还未在指定期限内缴纳罚款。河务局向法院申请强制执行。下列哪个说法是正确的？(　　)

A. 河务局应向该公司所在地基层人民法院申请强制执行

B. 应当由法院执行庭对被执行行为的合法性进行审查

C. 申请法院强制执行前，河务局应履行催告义务

D. 法院审查符合执行条件，应当判决准予执行

50. 县公安局认定王某殴打了李某，经过听证后对王某作出拘留 7 日、罚款 300 元的处罚决定。王某向法院起诉，请求撤销处罚决定；同时，李某认为处罚过轻，也向法院起诉。法院经过审理认为县公安局处罚决定过轻，于是判决对王某拘留 10 日、罚款 300 元，对此，下列哪一选项是正确的？(　　)

A. 因法院加重了对王某的处罚，所以法院判决是违法的

B. 县公安局组织听证属于程序违法情形

C. 县公安局可以传唤李某提供证言

D. 一审期间县公安局可以改变行政处罚决定

二、多项选择题(每题所设选项中至少有两个正确答案，多选、少选、错选或不选均不得分。本部分含 51～85 题，每题 2 分，共 70 分)

51. 下列对全面依法治国工作重要环节的说法中，哪些选项是正确的？(　　)

A. 健全法律法规规章起草征求人大代表意见制度，增加代表列席常委会会议人数

B. 政府建立所有决策终身责任追究制度及责任倒查机制

C. 减少多头执法，减少市县两级政府执法队

伍种类

D. 加强和规范司法解释和案例指导，统一法律适用标准

52. 截至2021年10月，全国人大常委会法工委基层立法联系点先后就126部法律草案、年度立法计划等征求基层群众意见建议7800余条，2200余条意见建议被不同程度采纳吸收，其中1300余条被直接反映在法律条文中。关于上述做法，下列选项正确的有：(　　)

A. 该做法表明我国的人民民主是全过程的民主，人民群众可以有效地参与国家立法

B. 该做法表明我国的人民民主是全过程的民主，人民事实上直接行使管理国家的权力

C. 该做法打通了国家立法机关直接联系人民群众的渠道，是实现法治社会的重要措施

D. 依法治国的基础在基层，根基在民众

53. 甲男与乙女经介绍结婚，甲男向乙女的母亲吕某支付了彩礼，后甲、乙感情不和离婚，甲男未要求返还彩礼，乙女诉请法院要求吕某返还彩礼。法院审理认为，根据当地风俗，彩礼不是对女方的赠与，同时法律规定支付彩礼的一方在离婚时有权请求接受彩礼一方返还彩礼，故驳回了乙女的诉讼请求。下列选项正确的是：(　　)

A. 法院运用了反向推理

B. 法院得出判决的过程是法律发现的过程

C. 法院对彩礼的认定，使用的大前提是公序良俗

D. 法院整体判决运用了涵摄的方法

54. 甲给自己的车辆投保险，约定发生火灾时保险公司赔付。某日甲的车发生自燃，遂至法院请求保险公司赔偿。法院经审理认为，按照日常理解，“自燃”属于火灾的一种形式，但根据订立保险合同时的约定，自燃不是火灾，法院通过分析判定自燃不是火灾，判决甲败诉，以下说法正确的是：(　　)

A. 法院运用了体系解释方法

B. 法院运用了解释的冲突模式

C. 法院运用了文义解释

D. 法院运用了比较解释

55. 某省人大常委会对设下辖区的甲市人民政府报送的《甲市交通管理办法》进行审查时，发现该规章有与上位法相抵触的情形，根据《宪法》和法律相关规定，省人大常委会的下列哪些做法是错误的？(　　)

A. 致函市政府，提出审查研究意见和处理建议，由市政府主动纠正

B. 提出书面审查意见，转该市人大常委会处理

C. 撤销该办法

D. 对该办法进行修正

56. 2020年5月，全国人大通过了《关于建立健全香港特别行政区维护国家安全的法律制度和执行机制的决定》。2020年6月30日，十三届全国人大常委会二十次会议表决通过了《港区国安法》。根据《宪法》和法律，下列说法哪些是正确的？(　　)

A.《港区国安法》的制定依据是《宪法》《香港特别行政区基本法》和该决定

B. 全国人大常委会有权将依据该决定制定的《港区国安法》列入《香港特别行政区基本法》附件三

C.《港区国安法》的出台意味着香港特别行政区将不再需要制定国家安全相关法律

D. 香港特别行政区本地法律与《港区国安法》规定不一致的，适用《港区国安法》

57. 我国《宪法》第二章规定了“公民的基本权利和义务”，《宪法》中的权利之所以被称为基本权利，下列选项的理由中，正确的有：(　　)

A. 对公民来说不可或缺

B. 是公民其他权利的基础

C. 由《宪法》规定

D. 涉及公民和国家之间的关系

58. 根据我国《宪法》和法律，关于国家勋章和国家荣誉称号，下列选项正确的是：(　　)

A. 国家勋章和国家荣誉称号是国家最高荣誉

B. 全国人大常委会有权决定国家勋章和国家荣誉称号的授予

C. 国务院可以向全国人大常委会提出授予国家勋章和国家荣誉称号的议案

D. 全国人大常委会可以依法决定撤销国家勋章和国家荣誉称号

59. 关于撤职案，下列说法错误是：(　　)

A. 全国人大常委会有权对其产生的国家机关组成人员进行撤职

B. 中央军委主席有权向全国人大常委会提

出针对中央军委其他组成人员的撤职案

C. 委员长会议有权向全国人大常委会提出针对国务院组成人员的撤职案

D. 地方人大常委会的撤职对象是地方一府两院中除正职外的组成人员

60. 国家标志是国家的主权独立和尊严的象征。根据《宪法》和法律，关于中华人民共和国的国家标志，下列选项正确的是：(　　)

A. 各级人民政府应当悬挂国徽

B. 举行宪法宣誓仪式时，应当在宣誓场所悬挂国旗、国徽，奏唱国歌

C. 机场、港口、火车站应当每日升挂国旗

D. 国家标志包括国旗、国歌、国徽、首都、国家主席等

61. 在甲诉其子女赡养纠纷案中，经法官调解诉讼各方达成调解协议，关于该案反映出的司法功能，下列选项正确的是：(　　)

A. 具有使甲的子女认知赡养法律制度的功能

B. 案件的成功调解，有利于维护尊老、敬老的传统道德风尚

C. 法官能否成功调解赡养纠纷，受我国司法体制机制、法律文化传统、法官素质等因素影响

D. 具有化解家庭赡养纠纷，维护社会和谐的功能

62. 某地有较大影响的一起涉嫌危害公共安全犯罪案件，在移送审查起诉时，办案检察官经全面审查移送材料，听取辩护律师的意见，收集相关证据，提出该案犯罪事实不清、证据不足的意见，最终被公安机关接受。对检察官的以上行为，下列说法正确的是：(　　)

A. 听取辩护律师意见，有利于保障犯罪嫌疑人及律师诉讼权利

B. 坚持正确意见，体现了“坚持担当精神，强化法律监督”的职业道德准则

C. 审查移送材料查明罪与非罪，收集证据，体现检察官以法律为准绳，秉持客观公正的办案立场

D. 认罪认罚情况，有助于了解犯罪嫌疑人真实意愿，确保认罪认罚制度正确实施

63. 根据《维也纳外交关系公约》和相关国际法规则，下列哪些行为是合法的？(　　)

A. 甲国的外交邮袋可托交该国商业飞机机长转递

B. 甲乙两国宣战后，甲国查封乙国大使馆的档案文件

C. 即使甲国驻乙国大使馆馆长长期处于撤离状态，乙国也不得进入其馆舍搜查档案文件

D. 甲国驻乙国大使馆利用馆舍庇护被乙国通缉的丙国人

64. 关于刑法上的故意、过失的认定，下列说法正确的有：(　　)

A. 甲以为眼前财物是王某的遗忘物，实际是李某占有的财物，进而拿走该财物。甲没有盗窃罪的故意，只有侵占罪的故意

B. 乙误以为自己运输的是假美元，实际是假欧元。乙的认识错误属于具体的事实认识错误。乙成立运输假币罪

C. 丙雇凶手伤害李某，反复叮嘱凶手不要导致李某死亡，但凶手仍致李某死亡。丙对死亡结果有过失

D. 丁误以为赵某是不满 14 周岁的男童而出卖给他人，实际上赵某是 15 周岁的少女。由于主客观不一致，因此丁不成立犯罪

65. 关于共同犯罪，下列说法正确的有：(　　)

A. 甲看到乙入户盗窃，主动为乙望风，乙对此不知情。期间无异常情况发生。乙盗窃既遂后，出来得知甲为自己望风，给甲 100 元。甲构成盗窃罪的片面帮助犯

B. 甲看到乙入户盗窃，主动为乙望风，乙对此不知情。期间，主人丙回来了，甲拉住丙假意聊天，拖延时间。乙顺利盗窃既遂。甲构成盗窃罪的片面帮助犯

C. 丙向王某承诺，在王某杀害李某后，将王某藏匿起来。当王某杀害李某后，要求丙帮助藏匿，丙予以拒绝。丙构成窝藏罪和故意杀人罪的共犯

D. 甲乙没有意思联络，分别向田某开枪。田某死亡，能够查明只有一颗子弹击中，但无法查明谁发射的这颗子弹。甲乙均构成故意杀人罪未遂

66. 梁某对王某怀恨在心，在水果摊前二人发生口角，梁某拿起水果刀刺王某的颈部。一旁的曹某看见后报警。梁某看到曹某报警，便停止，并且没有逃离现场，等候警察的到来，同时为王某

进行抢救包扎。警察赶到,梁某供述了自己的行为。经鉴定,王某仅受到轻伤。下列说法正确的是:(　　)

A. 梁某明知曹某报警,在现场等候,构成自首

B. 梁某属于激情犯罪,应当酌定从轻处罚

C. 梁某自动放弃犯罪,并且防止严重后果发生,构成犯罪中止

D. 对梁某的犯罪中止应当免除处罚

67. 关于拐卖妇女罪,下列说法正确的有:(　　)

A. 甲欲拐卖妇女,将妇女控制后,没有找到买家,构成拐卖妇女罪的未遂

B. 乙欲拐卖妇女,将妇女控制后,没有找到买家,便与妇女以夫妻名义共同生活,仍构成拐卖妇女罪

C. 丙收买被拐卖的妇女后,将其关押,剥夺其人身自由,后又将其卖掉,仅以拐卖妇女罪论处即可

D. 成年妇女王某欲离开原居住地,向丁谎称自己卖身救母,需要50万元。丁支付王某50万元,将王某带回家。丁不构成收买被拐卖的妇女罪

68. 关于侵犯财产罪的认定,下列说法正确的有:(不考虑数额和情节)(　　)

A. 家长们将小学生的生活费发到家长微信群里。在班主任接收前,家长甲迅速领取了其中的5000元。甲的行为构成抢夺罪

B. 乙趁赵某熟睡时,利用赵某的手机,将赵某微信中的5000元转入自己的微信账户。乙的行为构成盗窃罪

C. 丙趁钱某熟睡时,利用钱某的手机,将钱某银行卡中的5000元转入钱某的微信账户,然后从钱某的微信账户将5000元转入自己的微信账户。丙的行为构成盗窃罪

D. 丁趁孙某熟睡时,利用孙某的手机,将孙某的银行卡与孙某的微信绑定,然后利用孙某的微信支付信息,从孙某的微信账户将5000元转入自己的微信账户。丁构成信用卡诈骗罪

69. 诈骗罪的处分财物要求具有处分行为和处分意识。下列选项中,存在处分意识的有:(　　)

A. 甲伪造车辆的所有权凭证和年检表,以虚构的车辆作抵押,向王某借款20万元,借款到手后潜逃

B. 乙请客吃饭,吃完后对服务员表示送朋友到门口再回来买单。服务员同意。乙到门口后趁机逃走

C. 丙用技术手段将电表上的用电量减少5000度。收费员上门收费时,由于不知情,以丙修改后的度数为标准予以收费

D. 丁在超市购物,将一箱饮料中的一瓶饮料取出,将一瓶高档白酒放入其中,然后将这箱饮料端到收银台。收银员以一箱饮料的价格予以收费

70. 关于药品犯罪的认定,下列说法正确的是:(　　)

A. 生产、销售、提供假药罪是抽象危险犯,生产、销售、提供劣药罪是具体危险犯

B. 生产、销售国务院药品监督管理部门禁止使用的药品的,构成生产、销售假药罪

C. 药品使用单位或其人员销售、提供假药给他人的,成立销售、提供假药罪

D. 擅自进口有疗效无危险的药品在国内销售的,不成立销售假药罪,也不构成妨害药品管理罪

71. 关于洗钱罪与窝藏、转移、隐瞒毒品、毒赃罪的认定,下列说法正确的有:(　　)

A. 乙协助贩毒分子将贩毒所得赃款汇到境外,成立洗钱罪与转移毒赃罪的想象竞合

B. 贩毒分子丙将自己贩毒所得赃款汇到境外,成立洗钱罪,但不成立转移毒赃罪

C. 国家工作人员丁收到贿赂款后,将受贿款汇到境外的,应以受贿罪与洗钱罪实行并罚

D. 甲欲向王某行贿,王某让甲直接将贿赂款汇到境外王某的账户,甲照办。甲构成行贿罪与洗钱罪的想象竞合

72. 刘某酒后驾车驶入非机动车道后,造成行人于某轻微擦伤。刘某因涉嫌危险驾驶罪被立案侦查并移送审查起诉。对于该案,以下说法不正确的有:(　　)

A. 如刘某认罪认罚,而检察院认为其可能被免除刑罚,可作不起诉决定

B. 如检察院发现缺少案发时刘某血液酒精检测报告,经一次退回补充侦查后,即可作不起诉决定

C. 如于某拒绝谅解刘某,不能对刘某作酌定

不起诉决定

D. 如刘某如实供述并具有重大立功表现，经上一级检察院批准，可作不起诉决定

73. 张某实施合同诈骗后向公安机关自首，主动交代犯罪事实，并自愿认罪认罚。关于本案处理，下列选项正确的有：(　　)

A. 张某的认罪认罚可导致程序从简，包括降低证据要求

B. 如张某有转移财产行为，不应适用认罪认罚从宽制度

C. 如张某不同意适用速裁程序，不影响认定其认罚

D. 张某的自首与认罪认罚可作重复评价

74. 李某因涉嫌抢夺罪被立案侦查，后被移送审查起诉，下列关于认罪认罚的说法正确的有：(　　)

A. 李某在审查起诉阶段拒绝签署认罪认罚具结书，不影响其在审判阶段认罪认罚

B. 李某在侦查阶段被逮捕后，若其认罪认罚，检察院应当开展羁押必要性审查

C. 若检察院在审查起诉阶段发现李某在侦查阶段认罪认罚不是真实意愿，可以重新对李某开展认罪认罚工作

D. 在侦查阶段，李某认罪认罚，但没有委托辩护人，也拒绝值班律师提供法律帮助，侦查机关应当通知法律援助机构为其提供法律援助辩护

75. 甲某在我国海域内乘坐从大江市到大河市的轮船，在途经大海市的时候，在轮船卫生间内拍摄淫秽视频，到达大河市后，乘坐交通工具到达大山市，在大山市的酒店内把淫秽视频上传至网络。甲某后因涉嫌传播淫秽物品罪被拘捕，以下哪些法院对本案具有管辖权？(　　)

A. 大江市人民法院　B. 大河市人民法院

C. 大海市人民法院　D. 大山市人民法院

76. 杨某和刘某因涉嫌诈骗罪被提起公诉，二人均被逮捕。杨某委托律师谭某担任辩护人，刘某委托其在法院工作的哥哥刘甲担任辩护人。关于本案辩护人在审判阶段的权利。下列哪些是正确的？(　　)

A. 谭某和刘甲均有权独立辩护

B. 刘甲会见刘某应当经法院许可

C. 谭某和刘甲均有权向本案证人、被害人收集证据材料

D. 谭某会见杨某时可以向其核实有关证据

77. 鲁某经营一家音像商店，店里有限量版黑胶片影碟。某天店中失窃，鲁某报案。公安机关经过侦查，发现门把手上有一枚指纹。店里监控记录了小偷作案的全过程。鲁某把失窃物品制作了清单交给公安机关。后公安机关找到犯罪嫌疑人，并在其家中发现失窃的黑胶片影碟。下列关于证据的表述错误的有：(　　)

A. 记录盗窃过程的录像是传闻证据

B. 侦查人员提取门把手上的指纹是原始证据

C. 在犯罪嫌疑人家中搜到的黑胶片影碟是直接证据

D. 失窃物品清单是实物证据

78. 侦查人员讯问王某，共讯问4次，第2次讯问时对王某实施了刑讯逼供，后续讯问没有再刑讯逼供，但王某后两次讯问还是作出了和第2次讯问时一样的供述，下列表述正确的有：(　　)

A. 王某的4次供述均应依法排除

B. 王某的第3次和第4次供述由于没有遭受刑讯逼供，可以作为定案根据

C. 检察院在审查批捕时发现侦查人员存在刑讯逼供行为的，应当及时进行调查核实

D. 检察院在审查批捕时审查认定侦查人员存在刑讯逼供行为的，有权排除相关供述

79. 下列哪些行为属于具体行政行为？(　　)

A. 市场监管局发文要求电商平台合法经营、规范经营

B. 防汛指挥部发布大雨蓝色预警，请市民出行注意安全

C. 中国证监会对某公司负责人采取终身禁入证券市场措施

D. 证监局向某证券公司出具警示函，指出其执业中存在的问题并责令采取整改措施

80. 关于行政行为的效力，下列哪些说法是错误的？(　　)

A. 具体行政行为一经作出即生效

B. 被废止的行为废止后会溯及既往失去效力

C. 具体行政行为只拘束行政机关和相对人

D. 申请行政诉讼会导致具体行政行为丧失

拘束力

81. 下列哪些说法属于行政强制措施?(　　)

A. 李某酒后驾车,公安局决定暂扣其驾驶执照6个月

B. 公安局发现武某酒醉影响公共秩序,将其带离现场并约束至酒醒

C. 市场监督管理局发现张某销售未经检验检疫的猪肉,扣押未售出的猪肉

D. 税务稽查局认定某公司涉嫌转移财产逃税,扣押其相当于应缴税款的商品

82. 区税务局认定甲公司构成外贸出口"真代理、假进销"的违规行为,决定追缴其获得的出口退税500万元,后因甲公司逾期不缴纳税款,区税务局通知银行从其账户强制扣缴500万元,甲不服追缴决定向市税务局申请行政复议,复议决定维持原行政行为,甲诉至法院,下列哪些说法是正确的?(　　)

A. 甲公司申请行政复议期限为3个月

B. 追缴决定属于行政处罚

C. 区税务局和市税务局为共同被告

D. 强制扣缴属于行政强制执行

83. 某县财政局工作人员孙某在2020年度考核中被确定为不称职等次,下列哪些说法是正确的?(　　)

A. 对孙某可以按照规定程序降低一个职务层次任职

B. 孙某的考核等次确定不属于人事处理

C. 孙某的考核等次由县财政局负责人或授权的考核委员会确定

D. 孙某可以按照国家规定享受2020年年终奖金

84. 因甲公司销售不符合质量标准的煤炭,某区市场监督管理局对甲公司作出罚款30万元,并责令甲公司停产停业6个月的处罚决定。后因甲公司逾期不缴纳罚款,某区市监局对其按照每日3%的标准加处罚款,甲公司不服,提起诉讼,对此,下列说法正确的是:(　　)

A. 每日3%的加处罚款属于间接强制执行

B. 加处罚款的数额在行政诉讼期间不予计算

C. 责令停产停业属于资格罚

D. 行政处罚应当由2名以上具有行政执法资格的执法人员实施

85. 市公安交通管理部门现场查获方某驾驶小型汽车通过一平台接单,该车未取得网络预约出租汽车运输证,涉嫌从事非法网络约车经营活动,遂扣押涉案车辆,停放在一收费停车场。关于本案,下列哪些说法是正确的?(　　)

A. 如发现不应扣押,应及时作出解除扣押

B. 扣押行为应当由两名以上具备执法资格的执法人员实施

C. 扣押时应当制作现场笔录

D. 停车费由方某承担

三、不定项选择题(每题所设选项中至少有一个正确答案,多选、少选、错选或不选均不得分。本部分含86~100题,每题2分,共30分)

86. 陕西省为了解决村级"小微权力"权责不清、程序不严、执行失范等问题,近日省民政厅、省委组织部联合印发《关于推行村级"小微权力"清单制度的意见》,在全省推行村级"小微权力"清单制度。将建立村级"小微权力"事项清单和村级班子主要负责人责任清单"两个清单",对村级重大事项、日常性事务和公共教育、劳动就业、社会保障、脱贫攻坚等与群众生产生活密切相关的权力事项进行全面梳理,进一步厘清村级组织和村干部的职责权限。下列哪些表述是正确的?(　　)

A. "小微权力"清单有利于将矛盾纠纷化解在基层

B. "小微权力"清单能为乡村振兴战略实施提供重要的支撑

C. "小微权力"清单有助于加强对权力运行事前、事中、事后的监督力度

D. "小微权力"清单有利于社会主义法治建设的顺利进行

87. 某地法院开展便民服务,为老弱(幼)人群提供法律服务,取得佳效。下列说法正确的是:(　　)

A. 法院的做法体现了司法为民、司法便民的要求

B. 法院的做法违背了法律面前人人平等原则,不利于实现司法公正

C. 保障弱势群体的权益是实现司法公正的必然要求

D. 司法公正对社会公正具有关键的引领作用,司法不公对社会公正有致命的破坏作用

88. 2020年8月，十三届全国人大常委会二十一次会议上，全国人大常委会首次听取《国家监察委员会关于开展反腐败国际追逃追赃工作情况的报告》的专项工作报告，下列选项正确的是：(　　)

A. 国家监察委员会作专项报告是接受全国人大常委会监督并对其负责的表现之一

B. 在全国人大常委会听取国家监察委员会的专项报告时可邀请全国人大代表列席会议

C. 反腐败国际合作，加强反腐败国际追逃追赃工作的组织协调是国家监察委员会的重要职责

D. 全国人大常委会组成人员可依据法律规定的程序就监察工作中有关问题提出询问或质询

89. 我国《宪法》第13条规定："公民的合法的私有财产不受侵犯。国家依照法律规定保护公民的私有财产权和继承权。国家为了公共利益的需要，可以依照法律规定对公民的私有财产实行征收或者征用并给予补偿。"关于该条文，下列说法正确的是：(　　)

A. 国家保护公民合法的私有财产不受侵犯

B. 一切国家机关、社会团体和个人都不得侵犯公民的合法私有财产

C. 国家保护私人财产属于国家的给付义务

D.《宪法》条文中的"私有财产不受侵犯"是国家消极义务的表达

90. 关于《选举法》和平等权的说法，下列选项正确的是：(　　)

A. 宪法保护的平等权禁止任何选举权上的差别对待

B. 各个地区的代表名额由根据该地区人口数计算确定的名额数构成

C. 每一代表所代表的城乡人口数应大体相等

D. 城市代表和农村代表名额相同

91. 关于法律职业道德，下列哪些说法是正确的？(　　)

A. 法律职业道德的基本内容可以从大众朴素的道德体系中推出

B. 与一般道德相比，法律职业道德更关注法律实务问题

C. 法律职业人员的程序性思维可能与广大群众观念价值存在差异

D. 立法本身存在的矛盾直接导致了法律职业道德与大众观念的差异

92. 甲绑架了乙，要求乙的妻子丙火速交付30万元赎金。丙由于经常被丈夫打骂，觉得这是个除掉丈夫的好机会，便以无钱为由，拒付赎金，也未报警。甲恼羞成怒，杀害了乙。关于本案，下列说法正确的是：(　　)

A. 只有承认片面共犯理论，才能认定丙与甲构成共同犯罪

B. 如果不能认定丙与甲构成共同犯罪，就必须认定丙构成故意杀人罪的间接正犯，否则将无法追究其刑事责任

C. 即使认定丙与甲构成共同犯罪，也只能认定二者构成故意杀人罪的共同犯罪

D. 绑架罪属于继续犯，如果认定丙与甲构成共同犯罪，就应按照绑架罪中的"杀害被绑架人"追究丙的刑事责任

93. 甲盗窃他人的银行卡，在银行柜台冒用该银行卡，欺骗柜员，将卡中资金50万元转入自己银行账户。次日，甲来到另一银行柜台，告知柜员乙真相，指示乙将该50万元汇往境外。下列说法正确的有：(　　)

A. 甲构成盗窃罪

B. 乙仅构成掩饰、隐瞒犯罪所得罪

C. 由于甲实施了信用卡诈骗罪的行为，所以乙构成洗钱罪

D. 如果对乙以洗钱罪论处，那么必须对甲以信用卡诈骗罪论处，否则违反罪刑法定原则

94. 关于因果关系的判断，下列说法正确的是：(　　)

A. 甲高空抛物，不慎砸中赵某，致其死亡。虽然高空抛物造成伤害的概率很低，但甲的行为与赵某的死亡具有因果关系

B. 乙驾驶出租车搭载女乘客。途中，乙选择了一条与手机导航路线不同的偏航路线。女乘客误以为乙要加害自己，迅速跳车，导致重伤。实际上乙没有加害意图。乙的偏航行为与女乘客的重伤有因果关系

C. 丙向李某家放火，李某观察火势不大，便入户抢救贵重物品，不料火势突然变大，导致李某被烧死。丙的放火行为与李某的死亡没有因果关系

D. 丁盗窃钱某用于治病的资金，钱某悲痛欲绝，自杀身亡。丁的盗窃行为与钱某的死亡有因

果关系

95. 关于渎职犯罪,下列说法正确的有:(　　)

A. 市场监管执法人员甲明知王某生产的口罩是伪劣产品,涉嫌犯罪,而向其通风报信,帮助逃避处罚。甲构成包庇罪

B. 铁路警察乙发现李某盗窃,因收了李某的钱财,对李某不予立案。乙构成徇私枉法罪和受贿罪,择一重罪论处

C. 监狱管理人员丙在罪犯赵某执行有期徒刑期间,利用职权私下让其回家,要求其按时返回。丙构成私放在押人员罪

D. 警察丁利用职权,使无资格获取驾驶证的田某取得驾驶证。某日,田某违章驾车,酿成车祸,致人死亡。丁构成滥用职权罪

96. 樊某寻衅滋事造成付某财物损毁,检察院对其批准逮捕,樊某在侦查阶段拒不认罪,直至移送审查起诉后自愿认罪认罚,但未与付某就财物损毁的附带民事赔偿问题达成一致意见。关于检察院对樊某认罪认罚后的处理,正确的是:(　　)

A. 应及时对樊某的羁押必要性进行审查

B. 可在起诉樊某时建议法院适用速裁程序审理

C. 检察院拟对樊某提出缓刑量刑建议的,可自行对樊某进行社会调查

D. 可积极促成樊某和付某自愿达成刑事和解

97. 孕妇张某家住 A 市,因涉嫌组织卖淫被立案侦查,经公安机关批准被监视居住,张某委托律师李某作为辩护人。下列表述正确的有:(　　)

A. 李某可不经公安机关批准会见张某

B. 公安机关可不定期检查张某在监视居住期间遵守相关规定的情况

C. 公安机关可以暂扣张某的护照

D. 张某即使有固定住所,仍可对其指定居所监视居住

98. 李某、黄某因涉嫌生产、销售不符合安全标准的食品罪,被刑事拘留并报请检察院审查逮捕。关于本案审查逮捕的程序,下列选项正确的是:(　　)

A. 李某认罪认罚,检察院应对其进行讯问

B. 因本案在当地有重大影响,检察院可采取当面听取侦查人员、犯罪嫌疑人、辩护人等意见的方式进行公开审查

C. 因本案案情重大复杂,检察院可在收到提请批准逮捕书后 20 日内作出决定

D. 发现黄某未满 16 周岁,检察院对其作出不批捕及终止侦查的决定

99. 国家市场监督管理总局是国务院的直属机构,关于该机构,下列说法正确的是:(　　)

A. 国家市场监督管理总局无权设定规章

B. 国家市场监督管理总局应单独确定编制

C. 国家市场监督管理总局设立由国务院决定

D. 国家市场监督管理总局主管特定事务

100. 甲乙因琐事发生口角,甲将乙打伤,因情节较轻,派出所进行调解,后两人达成甲赔偿乙 500 元的协议后,甲拒绝履行调解协议,下列说法正确的是:(　　)

A. 派出所应当告知乙可以就赔偿争议向法院提起民事诉讼

B. 派出所可以裁决甲赔偿乙 500 元

C. 派出所应当对甲进行行政处罚

D. 乙可以向派出所申请执行调解协议书

2021年国家统一法律职业资格考试(回忆版)

试 卷 二

一、单项选择题(每题所设选项中只有一个正确答案,多选、错选或不选均不得分。本部分含1~50题,每题1分,共50分)

1. 女舞蹈家关某在某小学参加活动,观看小学生舞蹈表演,发现10岁女孩林晓极具舞蹈天赋,遂对林晓表示愿意赠与其100万元,该笔资金只能用于舞蹈培训,助其成为舞蹈艺术家。林晓当场接受。林晓的父母知悉后,明确表示拒绝。下列哪一选项是正确的?(　　)

A. 林晓的父母应维护林晓的利益,赠与有效

B. 林晓的父母可拒绝接受,赠与无效

C. 林晓可以独立判断,赠与有效

D. 林晓获赠属于纯获利益,赠与有效

2. 杨某、范某、路某三人系好友,某日,三人商定由杨某出资5000元,范某出资2万元,路某出资5000元共同购买宠物犬一只,约定三人按照出资比例共有,按周轮流饲养。后路某在饲养期间将宠物犬作价3.6万元卖给了杨某,范某收到2.4万元款项时才知情,下面哪种说法是正确的?(　　)

A. 杨某有优先购买权

B. 范某有优先购买权

C. 路某构成无权处分

D. 路某构成份额转让

3. A公司与B银行签订了最高额抵押合同,以建设用地使用权作抵押,抵押额为6000万元,期限一年。第一季度,A公司向B银行借款4000万元,而后B银行将债权转让给C公司。第二季度,A公司与B银行约定将之前的2000万元债务转入最高额抵押。第三季度,A公司向B银行再借款4000万元。一年期满,A公司无法清偿到期债务,B银行申请拍卖建设用地使用权,所得价款8000万元。下列哪一说法是正确的?(　　)

A. B银行可以获得6000万元优先权

B. B银行仅能就4000万元优先受偿

C. C公司可以受偿4000万元优先权

D. C公司可以受偿2000万元优先权

4. 某学生在甲省上学时,接手机信息提示,所持有借记卡被人在乙省通过ATM取走1万元,学生发现借记卡在身边并报警,然后存入卡里1元,保存凭条后,将发卡银行诉至法院索要赔偿。经查,该学生没有泄露银行密码,但长时间未修改密码。下列表述正确的是:(　　)

A. 发卡银行应赔偿损失

B. 发卡银行与盗刷者承担连带责任

C. 该学生自行承担责任

D. 学生自己承担1/2的责任

5. 毓秀公司与茂华公司签订《融资租赁合同》,将毓秀公司的一批寿山石以500万元的价格出售给茂华公司,再由茂华公司以月租金100万元的价格出租给毓秀公司,租期5年,到期后如毓秀公司未违约,则该批寿山石复归毓秀公司所有。经查,该批寿山石一直放在毓秀公司,实际是以市场价5万元从市场上购得的一批老挝石冒充的。茂华公司签订合同前,曾派人到毓秀公司查验,但未发现有假。关于《融资租赁合同》,下列哪一说法是正确的?(　　)

A. 该合同因租赁物虚假而无效

B. 该合同属于实践性合同

C. 该合同可撤销

D. 该合同效力没有任何瑕疵

6. 甲公司和乙公司签订购销合同,约定由甲公司提供参数,乙公司备工备料,利用乙公司的技术制造一台大型工业冶炼炉(高约20米、中径50米),并按照甲公司指定地点安装交付。合同还约定,乙公司有义务定期调试设备,并提供必要的培训服务。关于该合同的法律性质,下面说法正确的是:(　　)

A. 承揽合同　　B. 建设工程合同

C. 买卖合同　　D. 技术服务合同

7. 雷某因家门口临时堆放装修材料,故安装了一个监控摄像头。邻居周某偶然发现该摄像

头拍摄范围过大，可完整拍到周某家人员进出情况，遂要求雷某拆除。雷某表示可以调整拍摄范围，只拍自家门口无须拆除，但周某态度强硬，要求必须拆除。雷某被惹怒，不仅拒绝拆除，也拒绝调整。下列说法正确的有：（　　）

A. 周某有权要求雷某拆除摄像头，排除妨碍

B. 雷某的行为侵害了周某的隐私权

C. 雷某的行为是合法行使财产权，并无不当

D. 雷某的行为侵害了周某的名誉权

8. 甲与乙 2017 年结婚，次年二人育有一女丙。甲外出打工，多年未回。2021 年 5 月甲的同事丁突然上门要债，称甲赌博欠下巨债未还。乙经多方打听，发现甲具有赌博的恶习，结婚时予以隐瞒。乙向法院提起了离婚，以下选项正确的是：（　　）

A. 乙提起离婚，法院无须调解，可直接判决离婚

B. 甲有赌博恶习屡教不改，离婚后应由乙直接抚养女儿

C. 甲隐瞒婚前赌博的恶习，构成了欺诈，乙可以请求撤销婚姻

D. 甲赌博的债务是在婚姻期间形成的，为夫妻共同债务

9. 顾客甲在超市买东西时，看见顾客乙将手机遗落在水果摊位上。甲因乙挑水果行为粗鄙，便没有直接告诉乙遗落了手机，而是将手机送到超市的失物招领处。招领处的工作人员丙在登记时，不小心碰翻顾客丁遗落的小鱼缸，致使该手机进水损坏。对此，下列哪一说法正确？（　　）

A. 甲的行为构成无因管理

B. 甲的行为构成拾得遗失物

C. 对于乙的手机损坏，丙与丁系共同侵权

D. 对于乙的手机损坏，甲与丙系共同侵权

10. 2020 年，小明出资 15 亿元设立 M 基金会法人，用于救治唇腭裂患者。关于 M 基金会法人，下列哪一表述是正确的？（　　）

A. 自批准成立之日起取得法人资格，无须办理设立登记

B. 应当设立理事会，可以不设立监督机构

C. 应当依法制定法人章程

D. M 基金会法人终止时，剩余财产可以返还给出资人

11. 小二准备出国游玩，于是将一市场价约为3000 万元的颜真卿的真迹交给老赵保管。老赵订立遗嘱称自己所有财产均由儿子小赵继承。老赵去世后，小赵在整理老赵遗产时，发现该颜真卿真迹，带回了家。某日，小四来小赵家做客时看到了这幅书法作品知道为真迹，但故意欺骗小赵该书法作品为仿品，提出购买的请求。小赵同意，便以 3000 元的价格出卖给小四并交付。两年后，小二回国后请求小赵返还该书法作品，小赵遂得知实情。对此，下列哪一表述是正确的？（　　）

A. 小赵有权以遭受欺诈为由诉请法院撤销与小四的买卖合同

B. 小赵有权以显失公平为由诉请法院撤销与小四的买卖合同

C. 小赵与小四之间的买卖合同无效

D. 小四可善意取得该书法作品

12. A（房地产开发公司）将一建设工程发包给 B（建筑公司），约定包工包料，A 按固定单价向 B 支付工程款，不可以变更。B 施工期间，受疫情的影响，施工原材料市价暴涨 160%，如果不调整工程款，B 将面临巨额亏损。B 向 A 提出调整工程款，A 拒绝其请求。B 诉至法院。法院应如何处理工程款，下列哪一表述是正确的？（　　）

A. 约定符合诚信原则，对工程款不予调整

B. 约定符合自愿原则，对工程款不予调整

C. 属于商业风险，对工程款不予调整

D. 成立情势变更，重新确定工程款

13. 2020 年 4 月 2 日，陆某将房屋出卖给李某，约定："房屋价格为 300 万元，试用期为房屋交付后一个月，合同生效后一个月内要一次性支付全部价款，价款全部支付后的一个月内办理过户登记。"当天，陆某向李某交付了房屋。2020 年 4 月 16 日，李某与王某订立合同约定："李某将房屋出租给王某，租期为 1 年。"2020 年 4 月 26 日，房屋漏水，李某价值数万元的财产被毁损。2020 年 4 月 27 日，李某通知陆某，拒绝购买房屋。对此，下列哪一表述是正确的？（　　）

A. 因李某尚不享有房屋的所有权，2020 年 4 月 16 日，房屋租赁合同已成立但效力未定

B. 2020 年 4 月 16 日，视为李某同意购买，房屋买卖合同生效

C. 房屋买卖合同未生效，因李某 2020 年 4 月 27 日通知拒绝购买

D. 因房屋漏水给李某造成的损失，由李某自己承担

14. 欣欣小区开发商与向荣物业公司订立前期物业服务合同，后成某购买了欣欣小区的房屋。成某因车位长期无故被人占用，不满向荣物业公司服务，于是拒付物业费。对此，下列哪一表述是正确的？（　　）

A. 成某可以其长期在外工作，未实际接受物业服务为由，拒绝支付物业服务费

B. 成某可以未参与该物业服务合同的签订为由，主张该物业服务合同对其无约束力

C. 确有必要时，向荣物业公司可停止供水、供电，催促成某交付物业费

D. 成某无权以物业服务瑕疵为由主张物业服务合同对其无约束力

15. 2019 年 11 月，蓝天公司在甲市设立甲分公司，办理了营业执照，沙某为甲分公司的负责人。2020 年 11 月，沙某以甲分公司的名义与乙公司订立机器购买合同，约定甲分公司半年后付款，该机器买卖未经蓝天公司内部决议，乙公司对此知情。后甲分公司无力支付到期价款。2021 年 4 月，沙某应乙公司的请求，以甲分公司的名义为乙公司对丙公司的债务提供担保，该担保未经蓝天公司内部决议，丙公司对此知情。后乙公司未履行对丙公司的到期债务。下列哪一表述是正确的？（　　）

A. 2020 年 11 月订立的买卖合同，乙公司无权请求蓝天公司支付价款

B. 2020 年 11 月订立的买卖合同，乙公司有权请求蓝天公司支付价款

C. 2021 年 4 月订立的担保合同，丙公司无权请求蓝天公司承担赔偿责任

D. 2021 年 4 月订立的担保合同，丙公司有权请求蓝天公司承担担保责任

16. 小林承包了本村的 70 亩地。2019 年，经村委会同意，小林用 30 亩地与同村小力的 25 亩地互换，但未办理登记。2021 年，小林将 40 亩地出租给森茂公司，约定租期为 6 年，亦未办理登记。小林与森茂公司对 2021 年至 2027 年间土地权属状况的表述，下列哪一项是正确的？（　　）

A. 森茂公司对 40 亩土地不享有土地经营权

B. 小林对 70 亩土地享有土地承包经营权

C. 小林对 65 亩土地享有土地承包经营权

D. 小林对 25 亩土地享有土地承包经营权

17. 李某是甲公司的大股东。乙公司和丙公司签订了借款合同，乙公司希望甲公司承担保证责任。李某伪造了股东会同意担保的决议，委托周某担任特别代理人，为乙公司和丙公司的借款合同提供担保。甲公司拒绝承担担保责任，引起争议。经审查，李某是丙公司的实际控制人。下面说法正确的是：（　　）

A. 甲公司可以主张股东会决议不成立

B. 因为周某是特别代理人，不适用越权担保制度

C. 不管股东会决议成不成立，该担保合同都有效

D. 股东会决议是公司内部事务，丙公司进行了合理审查，该担保合同有效

18. 甲是乐帆公司的股东，持股 30%。乐帆公司未设置董事会，由丙担任董事。甲欲转让其股权给张某，换取张某对世城公司的股权。此事书面通知乐帆公司的其他股东后，股东乙提出以等值现金优先购买甲的股权，其他股东均未表态。甲拒绝了乙，执意将股权转让给张某，但因董事丙的拖延，未能办理变更登记。2021 年 8 月，甲为担保对李某的债务，将股权质押给不知情的李某并办理了质押登记。下列说法正确的是：（　　）

A. 未经变更登记，张某不能取得乐帆公司的股权

B. 李某不能取得该股权质权

C. 如张某因未办理变更登记受损失，有权要求甲和丙承担连带责任

D. 因不符合“同等条件”，乙主张优先购买不成立

19. 银鑫公司是一家从事口罩生产与销售的公司，古某是执行董事，任某是股东之一。同时，任某为旭威公司的实际控制人，旭威公司也从事口罩生产与销售。2021 年 7 月，鉴于银鑫公司 3 年未向股东分红，任某向古某提出，要查阅和复制银鑫公司的财务会计报告、会计账簿等文件材料。下列哪一说法是正确的？（　　）

A. 鉴于银鑫公司与旭威公司间存在实质性竞争关系，任某不得查阅和复制银鑫公司的财务会计报告

B. 鉴于银鑫公司与旭威公司间存在实质性

竞争关系，任某不得查阅和复制银鑫公司的会计账簿

C. 银鑫公司的任何文件材料，都不允许任某进行查阅和复制

D. 当古某未妥善保存银鑫公司的文件材料时，任某可起诉银鑫公司要求查阅和复制银鑫公司的文件材料

20. 甲公司的主营业务是游乐场运营，突如其来的疫情致使其从国外订购的一批游乐设施迟迟不能到位，被迫停业。后甲公司被债权人申请重整，法院受理并指定了管理人，重整计划草案经债权人会议通过，法院批准以后，在执行重整计划的时候，上述游乐设施运抵了国内，管理人主张应按原重整计划变卖该设施用于抵债，但甲公司董事长认为疫情已经缓解，经济在复苏，应该继续经营，需要变更重整计划。就该设施的处理方案最终应由哪一主体决定？（　　）

A. 管理人　　　　B. 债权人会议

C. 法院　　　　　D. 董事长

21. 维森公司章程规定于 2020 年 12 月 31 日经营期限届满，到期后并没有股东就解散事宜提出任何意见。2021 年 1 月，经过科研人员的不懈努力，研发了新的技术，并连续接到两笔巨额订单。股东会讨论公司是否继续经营，其中持股 3% 的股东牛力坚决反对，其余股东均同意公司继续经营，遂作出了继续经营的股东会决议，下列说法正确的是：（　　）

A. 由于已届经营期限，维森公司自动进入清算阶段

B. 由于已届经营期限，两笔巨额订单无效

C. 牛力有权要求其他股东收购其股权

D. 牛力有权要求维森公司以合理价格回购其股权

22. 合钢工作室（有限合伙企业）由 30 位合伙人出资设立，其中甲是唯一的普通合伙人。全体合伙人协商一致同意合伙人乙以其在工作室的薪酬为出资。合钢工作室合伙协议虽经全体合伙人签章但并未登记。合伙人丙在没有通知其他合伙人的情况下，私自将其所持合伙份额转让给不知情的鲁拉；合伙人丁擅自将所持合伙份额出质给第三人元德。以下说法正确的是：（　　）

A. 乙的出资合法有效

B. 合钢工作室的合伙协议已经生效

C. 因未提前 30 天通知其他合伙人，丙将合伙份额转让的行为无效

D. 丁将合伙份额出质的行为因没有得到全体合伙人一致同意无效

23. A 省 B 县悦阳公司生产的 RED 粉剂能为某类过敏人群提供营养支持，悦阳公司拟将其注册为特殊医学配方食品。对此，下列哪一表述是正确的？（　　）

A. 若 RED 粉剂成功注册，A 省食品安全监督管理部门应及时将其纳入特殊医学配方食品目录

B. 悦阳公司应将 RED 粉剂提交 A 省食品安全监督管理部门注册

C. 若 RED 粉剂成功注册，悦阳公司在生产时可在注册的产品配方外，增加促进消化的益生菌

D. 在申请注册时，RED 粉剂的标签、说明书应声明“本品不能替代药品”

24. 甲公司为清偿欠乙公司的到期工程款，向乙公司背书转让了一张金额为 100 万元的承兑汇票，该汇票的出票人为丙公司，付款人为丁银行并已经承兑。因乙公司急需周转资金，便在汇票到期前，去丁银行贴现，丁银行查询后发现，因甲公司的其他债权人向法院申请了保全，甲公司的账户已被冻结，故拒绝贴现。关于乙公司所持有的汇票下列哪一项是正确的？（　　）

A. 甲公司账户已被冻结，乙公司不可以再将该汇票背书转给他人

B. 乙公司无须等到该汇票到期，就可以向丙公司行使追索权

C. 乙公司等到该汇票到期，可以向丁银行行使付款请求权

D. 乙公司无须等到该汇票到期，就可以向甲公司行使追索权

25. 甲公司派员工苏琪到乙公司购买农用车，并交给其一张支票用于支付货款，但该支票未填写收款人、具体金额和出票日期，只是注明：“此支票由苏琪用来购买农用车，见票一月可兑付。”苏琪到乙公司进货时，发现乙公司的电动自行车利润大，市场前景更好，遂购买电动自行车，苏琪自行填写金额和收款人名称后用该支票支付购车款。但甲公司不同意苏琪购进电动自行车的行为。以下说法正确的是：（　　）

A. 该支票未填具体金额而无效

B. 该支票未填收款人名称而无效

C. 该支票因记载“此支票由苏琪用来购买农用车,见票一月可兑付”而无效

D. 该支票因未记载出票日期而无效

26. 佳运公司是一家证券公司,由3位股东出资设立,其中维德公司持股67%,峰尚公司持股30%,张某持股3%。维德公司向银行申请一笔贷款,需要佳运公司提供担保,维德公司向峰尚公司承诺,如果其同意担保就同意佳运公司年底分红,股东会表决时峰尚公司同意,张某反对,于是维德公司伪造了张某的签字,并将股东会决议提供给银行获得了贷款。下列说法或做法正确的是:(　　)

A. 国务院证券监督管理机构有权责令维德公司停业整顿

B. 国务院证券监督管理机构有权对张某警告

C. 国务院证券监督管理机构可以限制峰尚公司的股东权利

D. 国务院证券监督管理机构责令关闭佳运公司

27. 陈某为45岁的妻子王某投保人身险,约定缴费期20年,保险赔偿金40万元,受益人为陈某及其儿子陈小某。陈某缴纳5年保险费后,由于其开办的公司收益下降,无力承担保险费用,遂要求解除保险合同。以下说法正确的是:(　　)

A. 解除保险合同需经过妻子王某同意

B. 解除保险合同需要经过陈小某同意

C. 陈某有权解除保险合同,并要求退还保险单现金价值

D. 陈某有权解除保险合同,保险单现金价值应退还给王某

28. 2005年张某40岁,老婆李某为他购买了一份人寿保险,保险合同约定当张某65岁以后可返还30万元。保险费每年1万元,交费期20年,每年8月1日缴纳保险费。至2014年8月1日,李某每年按时交保险费1万元,从未间断。2015年2月,李某和张某夫妻关系恶化,李某不愿意继续缴纳保险费,遂在2015年8月未及时缴纳当期保险费,保险公司催缴后李某也没缴纳。2016年2月,张某罹患肝癌,住院花去医疗费60万元。李某想补交保险费并申请赔偿,下列说法正确的是:(　　)

A. 保险公司应该赔偿60万元

B. 保险公司应该赔偿30万元

C. 截至2016年2月李某未支付当期保险费,保险公司有权解除保险合同

D. 保险公司在收到李某提出的恢复效力申请后,如果30日内未明确拒绝,应认定为同意恢复效力

29. 甲公司为本公司的客车投保了交强险和商业三者险,公司的司机郑某在开车的时候撞到路边的护栏,导致护栏损坏,价值10万元。同时车上的乘客王某受轻微伤,郑某也受伤。因为发生交通事故,王某错过了投标,造成经济损失100万元。下列有关说法正确的是:(　　)

A. 郑某的人身损害由交强险赔偿

B. 王某的人身损害由交强险和商业三者险赔偿

C. 护栏的损害由交强险和商业三者险赔偿

D. 王某错过投标的经济损失由商业三者险赔偿

30. 爱美公司、茵美公司在婴幼儿奶粉的相关市场各持有60%和30%的市场份额,爱美公司、茵美公司约定婴幼儿Ⅰ段配方奶粉(600g装)最低销售价为450元,实际成本为250元。关于两公司的行为,下列哪一说法是正确的?(　　)

A. 推定爱美公司和茵美公司具有市场支配地位

B. 若茵美公司主动向反垄断执法机构报告并反映该行为,则应免受处罚

C. 爱美公司被举报后,主动将产品定价降至300元,应免受处罚

D. 若爱美公司尚未实施定价行为,则应当免于罚款

31. 2015年3月4日,静车公司和海金公司签署《投资合作协议》,共同设立吉乐公司,静车公司持股45%,海金公司持股55%,共同控制吉乐公司。静车公司和海金公司的全球及境内营业额已达到经营者集中申报的金额,但没有向反垄断执法机构申报。经查,吉乐公司成立一年以来,在经营期间并没有排除竞争、扰乱市场的情况,下列哪一说法是正确的?(　　)

A. 对静车公司、海金公司、吉乐公司都罚款

B. 仅对吉乐公司罚款

C. 仅对静车公司、海金公司罚款

D. 对三公司均不罚款

32. 经常居住地同在广州的越南公民甲和莱索托公民乙，去中国西北无人区探险时失踪。数年后两人亲属在广州某法院申请宣告死亡。关于本案的法律适用，下列选项正确的是哪个？(　　)

A. 都适用中国法

B. 若莱索托法律无法查明，则应适用中国法确定能否对乙宣告死亡

C. 应分别适用越南法和莱索托法

D. 同时适用中国法和甲乙各自的国籍国法

33. 中国甲公司与英国乙公司签订了商事合同，约定合同适用英国法。现甲乙两公司因合同履行发生纠纷诉至中国某人民法院，根据我国法律和相关司法解释，下列说法哪一项正确？(　　)

A. 若双方在一审法庭辩论时将合同适用的法律变更为苏格兰法，应准许

B. 若英国存在多个法域，该合同纠纷应适用伦敦所在的英格兰法

C. 若双方在一审法庭辩论时约定该纠纷的诉讼时效适用中国法，应从其约定

D. 该纠纷的诉讼时效应适用中国《民法典》

34. 荷兰甲公司将一批货物卖给中国乙公司，买卖合同订立时，该批货物载于由荷兰鹿特丹开往大连的韩国籍“靖远”号远洋货船上。乙公司就该批货物的所有权纠纷诉至中国某法院，根据我国法律，下列判断正确的是哪项？(　　)

A. 应适用中国法或荷兰法

B. 若双方约定适用瑞士法，应从其约定

C. 若双方没有约定，应适用韩国法

D. 可以在中国法或者荷兰法中择一适用

35. 中国乙公司与西班牙甲公司签订合同进口一批货物，合同选用 CIF2020，同时约定甲公司应为该批货物投保水渍险。甲公司将货物交承运人装船后，承运人签发了清洁提单(选用《海牙规则》)。后在海运途中货物因遭遇恶劣天气部分毁损，下列说法正确的是：(　　)

A. 甲公司应为该批货物投保一切险

B. 承运人应赔偿货物损失

C. 保险公司应赔偿货物损失

D. 因货物部分毁损，中国乙公司有权要求减价

36. 中国甲公司向某国乙公司出口一批与两用物项相关的精密设备，合同选用 CIF2020，信用证支付，信用证中注明“暂不生效，待进口许可证签发后生效”。根据《中华人民共和国出口管制法》与信用证规则，下列哪一选项是正确的？(　　)

A. 因为是精密设备，故甲公司有义务投保最高险种

B. 信用证为甲公司顺利结汇提供了充分的保证

C. 若该设备被列入出口管制清单，则未经中国相关部门许可，作为最终用户的乙公司不得擅自改变该设备的最终用途或向第三方转让

D. 若中国甲公司未在出口管制清单中查到该设备，则可以直接出口

37. 甲国 A 公司从乙国 B 公司进口三批粮食，合同选用 CIF2020。第一批粮食正常发货后，乙国遭遇台风，致使后两批粮食不能发运，存放在仓库。B 公司认为其遭遇了不可抗力，可以免责。两国均为《联合国国际货物销售合同公约》的成员国，下列说法正确的是：(　　)

A. 若后两批货物无法交付，甲国 A 公司可宣告合同无效

B. 若后两批货物无法交付，乙国 B 公司通知甲国 A 公司后，即可解除合同

C. 保险人应承担后两批粮食不能交付的赔偿责任

D.《联合国国际货物销售合同公约》规定遭遇不可抗力一方有通知对方的义务

38. 中国甲公司为牙膏生产公司，为其“芳芳”牙膏向英国与俄罗斯申请“FANG FANG”商标，因英语“FANG”含有毒牙的意思，故英国不予注册，俄罗斯给予了注册。根据 WTO 的《与贸易有关的知识产权协定》(TRIPs)，关于英俄两国的不同做法，下列说法中正确的是：(　　)

A. 违反了平等原则

B. 违反了国民待遇原则

C. 违反了最惠国待遇原则

D. 知识产权独立性原则影响了甲公司商标在不同国家的注册

39. 李四向张三借款 100 万元，约定利息为 2

万元,李四逾期拒不归还借款及利息,张三起诉李四要求清偿欠款100万元,支付利息2万元,并要求判令李四支付逾期还款期间的罚息10万元。请问本案有几个诉讼标的?(　　)

A.本案有返还本息和支付罚息两个诉讼标的

B.本案有本金返还和支付利息、罚息两个诉讼标的

C.本案只有一个诉讼标的

D.本案有三个诉讼标的

40.江某乘坐甲公司的出租车发生交通事故,江某起诉甲公司要求赔偿医疗费5万元。甲公司和出租车司机均主张没有过错。江某提出,即使被告甲公司不构成侵权,但也构成违约,遂要求法院以违约为由判决甲公司赔偿5万元。关于本案说法正确的是:(　　)

A.本案属于诉的变更,应当征得法院准许

B.根据一事不再理原则,对变更后的诉讼请求不予受理

C.本案属于诉的合并,法院应当一并审理

D.本案属于诉的分离,法院应当告知甲另行起诉

41.根据最高人民法院规定,在甲省标的额超过3000万元的案件由中级人民法院管辖。展军公司向甲省乙市丙区法院起诉小华公司要求返还货款2000万元,法庭辩论终结后,合议庭评议一致决定支持展军公司的诉讼请求。在主审法官撰写判决书时,展军公司将诉讼请求变更为赔偿违约金3500万元。丙区法院应当如何处理?(　　)

A.组织当事人开庭对违约金的问题进行审理

B.将案件移送乙市中级人民法院管辖

C.作出支持返还货款2000万元的判决送达双方当事人

D.告知小华公司,由小华公司决定是否提出管辖权异议

42.A区甲和B区乙签订买卖合同,后来双方当事人达成补充协议约定因为履行本合同发生纠纷应当由合同履行地C区法院管辖。后经过乙同意,甲将合同权利义务转让给丙,但丙对补充协议毫不知情。乙、丙约定因为履行本合同产生纠纷应当由合同签订地D区法院管辖。后乙和丙因为履行本合同发生纠纷,可以向下列哪个法院起诉?(　　)

A.A区法院　　　B.D区法院

C.B区法院　　　D.C区法院

43.金某向A县法院起诉文某要求赔偿违约金20万元,法院向文某送达应诉通知书后,文某提出反诉,要求法院判令金某履行合同。法院在开庭前组织当事人召开庭前会议,文某向法院提出管辖权异议,主张双方当事人签订的补充协议约定因为履行本合同发生纠纷应当由B县法院管辖。法院应当如何处理?(　　)

A.继续审理本诉和反诉

B.对管辖权异议不予审查,但应当依职权将案件移送B县法院

C.经审查认为管辖权异议成立,裁定将案件移送B县法院

D.继续审理本诉,告知文某就其主张另行向B县法院起诉

44.邓某起诉张某要求归还借款10万元,张某向法庭提交了具有邓某签名的收条复印件,其内容表述为“已收到张某归还的借款10万元”。下列关于收条复印件的表述正确的是:(　　)

A.该收条为直接证据

B.该收条为反证

C.该收条没有证据能力

D.该收条没有证明力

45.大学生甲毕业后一直住在舅舅乙家待业。舅舅乙认为甲整天待在家里,不思进取,经常对甲进行辱骂,甲不堪其辱,向法院申请禁止令。法院认为其申请成立,向乙发出禁止令,禁止乙辱骂甲。乙对该禁止令不服,认为其行为属于正常的家庭教育,并不违法,乙可以何种方式进行救济?(　　)

A.向上级法院上诉

B.向作出该禁止令的法院申请复议

C.向作出该禁止令的法院申请再审

D.向上级法院申请再审

46.甲因为专利纠纷向A区法院申请诉前财产保全,A区法院采取保全措施后,甲向B区法院起诉。A区法院拟将保全的财产移送B区法院。此时B区法院认为本院无管辖权,遂将案件移送A区法院,A区法院认为B区法院移送错误。A区法院对保全的财产应当如何处理?(　　)

A. 暂停处理,等待管辖权确定

B. 与B区法院协商,协商不成的报上级法院指定管辖

C. 移送B区法院,B区法院不能再行移送A区法院

D. 移送B区法院,B区法院可以再行移送A区法院

47. 郝某与刘某自愿结婚,刘某的母亲坚决反对,以刘某未达结婚年龄为由请求法院确认二人婚姻关系无效,但刘某坚决反对,刘某的母亲无奈之下向法院申请撤回起诉,法院应当如何处理?( )

A. 调解结案

B. 裁定驳回起诉

C. 裁定准许撤回起诉

D. 不准许撤回起诉,判决确认婚姻无效

48. 甲乙签订一份古董花瓶的买卖合同,约定甲将自己所有的一个古董花瓶卖给乙,乙支付价款50万元。乙支付价款后,甲拒不履行合同。乙起诉甲要求其交付花瓶。法院判决支持了乙的诉讼请求。甲拒不履行生效判决,乙申请法院强制执行。在执行中,法院发现花瓶已经打碎。后甲、乙达成和解协议,约定甲向乙赔偿60万元。后甲拒不履行和解协议。关于本案表述正确的是:( )

A. 乙可以就和解协议起诉甲,要求甲赔偿60万元

B. 乙可以申请恢复对原生效判决的执行

C. 法院可以执行甲50万元的财产

D. 法院可以执行甲60万元的财产

49. 包某与洪某结婚后,洪某向法院提起诉讼,请求确认其与包某之间的婚姻关系无效。案件审理过程中,包某病故。经查,包某没有其他近亲属,关于本案处理正确的是:( )

A. 继续审理本案

B. 裁定追加包某所在地民政部门为当事人

C. 裁定驳回起诉

D. 裁定诉讼终结

50. 甲因为咨询合同纠纷起诉要求乙支付咨询费2万元。法院经过审理后发现甲乙之间约定的咨询费是20万元。法院询问甲是否将诉讼请求追加为20万元,甲表示乙拖欠费用,丧失诚信,要分10次起诉而惩罚乙,据此,法院下列处理正确的是:( )

A. 就2万元咨询费进行审理,判决的既判力客观范围扩张至20万元

B. 征求乙的意见后,再决定是否将剩余18万元咨询费纳入审理范围

C. 就2万元咨询费进行审理,判决的既判力客观范围限于2万元

D. 就20万元咨询费一并审理并不违反处分原则

二、多项选择题(每题所设选项中至少有两个正确答案,多选、少选、错选或不选均不得分。本部分含51~85题,每题2分,共70分)

51. 潘某有一批珍贵红木,委托仲某找买家,刘某出价600万元,辛某出价400万元。仲某以潘某名义与刘某缔约时,辛某找到仲某表示愿意给仲某50万元回扣,出价350万元购入该批红木,仲某同意。后仲某告知潘某红木市场状况欠佳,只能以该价卖出。仲某与辛某签订了合同。请问就仲某的行为,以下选项错误的是:( )

A. 仲某为无权代理

B. 仲某与辛某对潘某的损失为连带责任

C. 该合同当然无效

D. 该合同当然有效

52. 魏某年逾九旬,儿女不在身边,多年由邻居方某照顾。魏某为了表示感谢,立遗嘱将房屋赠与方某,又担心儿女反对。咨询律师后,魏某与方某签订合同,设立居住权。以下说法正确的是:( )

A. 方某死后,居住权可以继承

B. 设立居住权,不可以转让或出租

C. 合同自设立时生效

D. 可以口头或书面订立合同

53. 甲与乙签订租赁合同,约定甲以100万元向乙购买一套房屋,再由乙向甲租赁该房屋,租期一年,月租金10万元,丙为乙的租金支付承担连带责任保证,经查,该房屋不存在,甲和乙均知情,丙不知情,下列说法正确的是:( )

A. 租赁合同有效,保证合同无效

B. 名为租赁合同,实为借款合同

C. 租赁合同无效,保证合同可撤销

D. 租赁合同无效,保证合同无效

54. 2021年5月30日,甲造船厂向乙农商银行借款500万元,以现有的以及将有的生产设备、

原材料、半成品、产品设定了动产浮动抵押，并办理了抵押登记。2021年6月6日，洪某与甲造船厂约定，洪某以80万元购买甲造船厂的一条渔船，同时将该渔船作为支付购船款的抵押物，洪某先支付了20万元。同年6月15日，甲造船厂向洪某交付了渔船，并于6月20日办理了抵押登记。后洪某一直未支付剩余款项。以下说法正确的有：（　　）

A. 甲造船厂的抵押权优先于乙农商银行的抵押权

B. 洪某已经取得渔船所有权

C. 乙农商银行的抵押权优先于甲造船厂的抵押权

D. 乙农商银行的抵押权可以对抗洪某

55. 2021年5月，张某向李某短期借款，将其一辆豪车抵押给李某作为担保，但未办理抵押登记。同年6月，张某与王某订立买卖合同，将该车所有权转让给王某，未实际交付，也未办理登记，而是约定张某能继续有偿使用2个月，同年7月，张某驾车发生剐蹭事故，遂将车送周某的修车行修理，修理完毕后，张某未前来取车，也未付修理费。下列哪些选项是正确的？（　　）

A. 未办理登记，不影响李某依生效抵押合同取得抵押权

B. 修车费与豪车价值相差太大，周某不能行使留置权

C. 未实际交付，也未登记，不影响王某取得该车所有权

D. 该车已不是张某所有的财产，周某不能享有留置权

56. 甲公司将其所有的房屋出租给乙公司并交付使用，租期2年。在租赁期限内，甲公司因向丙公司借款，遂将该房屋抵押给丙公司作为担保，并办理了抵押登记，对此，下面说法正确的是：（　　）

A. 甲公司抵押该房屋，无须征得乙公司同意，租赁关系不受影响

B. 甲公司出卖该房屋，无须征得丙公司同意，抵押权不受影响

C. 租赁期限届满，乙公司享有以同等条件优先承租该房屋的权利

D. 甲在房屋租赁期间出卖该房屋，乙享有以同等条件优先购买的权利

57. 王某与顾某婚后有一子王小某，后离婚判决将王小某归王某抚养，顾某多次探望王小某均遭阻挠，故顾某申请法院强制执行。关于本案，下列说法正确的有：（　　）

A. 可将顾某带到王某住处探望

B. 可将王小某带到指定地点让顾某探望

C. 可对王某采取拘留措施

D. 可对王某采取罚款措施

58. 2021年3月1日，薛女与江男感情破裂离婚，协议分割财产。2021年9月1日，薛女发现江男隐藏了婚后股票100万元，且江男平时喜好赌博，打牌欠款50万元。现薛女要重新分割财产，江男主张应分担债务。下列选项正确的是：（　　）

A. 江男损害了夫妻共同财产利益

B. 薛女应承担50万元债务

C. 薛女有权要求重新分割财产

D. 薛女应承担25万元债务

59. 2020年8月，甲立公证遗嘱，将自己的两套房子X、Y由共同生活的儿子张乙继承。2021年3月，女儿张丙投资失败，生活陷入困难，甲将X房赠与张丙，并已过户登记。张乙不满并对甲言语不敬。甲失望，后来自书遗嘱将Y房赠与侄子张丁。2021年8月甲去世，张乙与张丙、张丁因X、Y房归属发生纠纷，下列说法正确的是：（　　）

A. 应当由张乙继承

B. 张乙并不因对甲言语不敬而丧失继承权

C. 应当由张丁受赠Y房

D. 甲将X房赠与张丙，系无权处分

60. 高某欲从事水下捞鲍鱼的工作，经朋友介绍，想在顾某承包的海区学习潜水后再找相关工作。顾某告知不教潜水，高某说可以跟工人学，后顾某同意。高某遂自己购买潜水衣等与工人同吃同住。某日，高某与工人一起出海训练，不幸在该海区溺亡。高某无子女，父母和姐姐均已去世，尚有一外甥女傅某，傅某系姐姐扶养成年的继女。对此，下列说法正确的是：（　　）

A. 高某与顾某形成雇佣合同关系

B. 高某应对自己的死亡承担主要责任

C. 傅某有权继承高某的遗产

D. 顾某应对高某承担安全保障义务

61. 老李早年丧偶，一直没有再婚，80岁时与其侄子乙订立书面合同约定：“待老李成为无、限制民事行为能力人之时，由乙担任老李的监护人；老

李去世后,老李的房屋归乙所有。"老李的儿子小李知情后,称将来由自己担任老李的监护人,老李不同意。老李83岁时被法院宣告为限制民事行为能力人,老李84岁时提出到养老院生活,乙没有答应。对此,下列哪些表述是正确的?(　　)

A.乙不是老李的近亲属,不能担任老李的监护人

B.老李被宣告为限制民事行为能力人后,小李对老李须负担赡养义务

C.若小李有监护能力,乙不能担任老李的监护人

D.老李提出到养老院生活,系老李有能力独立处理的事务,乙不得干涉

62.乙不小心遗失了身份证迟迟没有发觉,甲捡到后灵机一动,利用乙的身份信息与丙、丁共同设立了华宇公司。据查,华宇公司的公司章程、股东名册、公司登记等文件中均体现为乙的名字。下列有关说法正确的是:(　　)

A.如果乙名下的股权出资不足,华宇公司可请求乙补足出资

B.如果乙名下的股权出资不足,债权人对公司债务不能清偿的部分有权请求甲承担补充赔偿责任

C.乙可以起诉请求确认其不是华宇公司的股东

D.如果乙起诉确认其不是华宇公司的股东,应以华宇公司为被告

63.赵某、朴某、鲁某三人成立怡安公司经营一购物大厦,赵某、朴某各持股49%,鲁某持股2%。赵某和朴某系夫妻,后赵某和朴某夫妻感情破裂,经常争吵,终于在2018年3月的股东会上爆发,不欢而散,此后公司再未召开股东会。2021年5月,赵某和朴某准备离婚,欲解散怡安公司,但因购物大厦生意火爆,公司近两年一直持续盈利。下列说法正确的是:(　　)

A.赵某有权请求强制解散怡安公司

B.因为怡安公司持续盈利故不能被强制解散

C.鲁某有权请求强制解散怡安公司

D.如果朴某提出强制解散怡安公司的诉讼请求,应以怡安公司为被告

64.荣辉公司于2015年5月成立,公司章程规定:张某、李某、王某三人组成董事会,张某担任董事长和法定代表人,任期3年。2017年7月,王某出于个人原因提出辞职,股东会决议未通过,但是王某也不再参与经营事务。2017年9月,股东会以李某能力不足为由,决议解除其董事职务。以下说法正确的是:(　　)

A.李某被提前解除董事职务,不影响其向公司要求按原任期给付剩余的报酬

B.股东会决议一经作出,李某丧失董事资格

C.股东会不准许王某辞职的决议不影响王某辞职的实际效力

D.因董事会少于法定人数,王某的辞职不能立即发生效力

65.旺顺公司由甲、乙、丙、丁出资设立,持股比例分别是45%、30%、20%、5%。公司章程约定甲担任公司的执行董事和法定代表人,乙担任公司的总经理,丙担任财务部长,丁没有参与公司任何的经营活动。因为经营管理不善加上持续的疫情,旺顺公司陷入经营停滞。股东会决议解散公司,但是半年过去了迟迟没有清算。现查明,旺顺公司的主要财产、账册、重要文件等灭失,无法进行清算,债权人受到严重损害。下列有关说法正确的是:(　　)

A.甲有义务组成清算组

B.乙有权申请人民法院指定清算组进行清算

C.甲、乙、丙应对债权人承担连带责任

D.丁应对债权人承担连带责任

66.安馨企业是经营某品牌保健品的普通合伙企业,由七名合伙人出资设立。合伙协议约定:黄某和洪某执行合伙事务,且二人须共同执行,对外代表合伙企业实施法律行为。2021年3月,黄某以安馨企业的名义与思如公司签署了保健品的销售合同。洪某得知后,认为该合同中的销售价格过低,遂表示不同意,下列哪些说法是正确的?(　　)

A.其他合伙人有权撤销黄某享有的合伙事务执行权

B.其他合伙人对黄某的行为有权监督并提出异议

C.在思如公司不知情时,该销售合同对安馨企业发生法律效力

D.在洪某表示异议后,安馨企业有权暂停此销售合同的履行

67.甲企业是一家普通合伙企业,罗某、武某、

万某为合伙人,合伙协议约定合伙的经营期限为10年。该企业成立后,因市场竞争激烈,经营业绩不佳。2021年3月,因企业流动资金吃紧,各合伙人希望于某投资入伙,于某未经深入调查,即签订了入伙协议,登记成为甲企业的合伙人。加入合伙企业后,于某得知经营状况,后悔不已,遂向罗某等人要求撤销入伙协议,遭到反对,见撤销不成,于某转而要求退伙。同年6月1日,罗某等其他合伙人同意了于某的退伙要求,6月10日办理了退伙登记。对此,下列哪些说法是正确的?(　　)

A.2021年6月1日,为于某的退伙生效时间

B.入伙协议签订后,于某应对甲企业之前的债务承担无限连带责任

C.2021年6月10日后,对于甲企业对外所负的债务,于某应承担无限连带责任

D.因存在重大误解,于某的撤销主张成立,入伙协议应自始无效

68.恒瑞咖啡厅是一家普通合伙企业,2020年8月合伙人齐某多次遭到客户投诉,给企业造成损失,其他合伙人全体一致决议将齐某除名。齐某不服,仍然以恒瑞咖啡厅的名义推销产品。2020年年底,恒瑞咖啡厅经营状况日益恶化,除齐某外的其他合伙人全体一致决议解散咖啡厅,齐某提出异议。下列说法正确的是:(　　)

A.齐某接到除名通知时,除名生效

B.除名决议暂不生效,需排除齐某异议才生效

C.齐某已经提出异议,解散决议不生效

D.恒瑞咖啡厅解散后,可以由一个或数个合伙人担任清算人进行清算

69.柯莱公司是外商投资企业,中国某地政府在引进外资时曾依法对其作出承诺并订立了合同。柯莱公司为履行项目与甲银行(牵头银行)等签订了间接银团贷款协议。后因行政区划调整,合同履行发生争议。下列说法中正确的是:(　　)

A.该银团贷款各参与贷款的银行之间承担连带责任

B.因行政区划调整,政府无须再履行相关政策承诺

C.如因社会公共利益需要,政府不能再履行政策承诺,须对柯莱公司进行合理的补偿

D.该银团贷款由甲银行单独与柯莱公司签订协议

70.远图律师事务所担任甲公司的破产管理人,由于欠缺财务专业知识,3个月后仍未理清财务账目,引起债权人会议不满,该律师事务所遂准备聘用3位会计师辅助财务事务管理,以下说法正确的是:(　　)

A.债权人会议有权审查聘用会计师的薪酬

B.管理人可以自行决定聘用会计师

C.管理人聘用会计师并确定会计师报酬的方案需经过债权人会议通过

D.管理人聘用会计人员的费用可以从破产财产中随时清偿

71.2021年1月6日甲公司被裁定进入破产程序。乙公司对甲公司享有到期债权本金1亿元,利息500万元,丙公司为该债权提供连带责任保证。后乙公司向甲公司的破产管理人申报破产债权并得以确认,乙公司准备起诉丙公司主张保证责任,下列哪些说法是正确的?(　　)

A.丙公司可因对甲公司进入破产程序不知情而免责

B.乙公司对丙公司的保证债权应停止计息

C.乙公司可在破产程序外对丙公司另行起诉

D.丙公司全部清偿乙公司债权后可代乙公司在破产程序中受偿

72.甲公司于2018年12月向乙公司借款3000万元,借期3年,年利率10%,丙公司为保证人,承担一般保证责任。2020年9月1日,甲公司被裁定进入破产程序,2021年4月1日,丙公司也被裁定进入破产程序。下列说法正确的是:(　　)

A.乙公司在丙公司被裁定进入破产前,向其主张保证责任时,丙公司可主张自2020年9月起停止计息

B.在甲公司的破产程序中,如乙公司不申报债权,丙公司可以用将来求偿权申报债权

C.乙公司在丙公司的破产程序中申报债权时,丙公司有权行使先诉抗辩权

D.乙公司在甲公司与丙公司的破产程序中,有权分别申报债权

73.甲公司承建某小区的开发建设,环境影响报告书已经经过市生态环境主管部门审批,甲公

司为了建设地下停车场，经批准临时占用林地搁置建设材料。甲公司的停车场建设过程中因噪音过大被群众举报，经调查噪音超过了环评文件的要求。下列有关说法正确的是：(　　)

A. 甲公司可以就停车场单独进行环境影响评价并报送审批

B. 甲公司应当进行后评价

C. 甲公司占用的林地最迟应当在 3 年内恢复植被和林业生产条件

D. 甲公司的环评文件报省生态环境主管部门备案

74. 甲委托乙以他的自身经历写成一部自传《戎马生涯》，未明确约定著作权的归属与报酬，乙完成该部自传约 20 万字后不久，与甲相约外出旅游，二人不幸遭遇车祸身亡。《戎马生涯》的手稿由乙的唯一继承人丙保管，甲唯一的继承人丁要求丙归还《戎马生涯》手稿。丙拒绝并自行联系出版社出版了《戎马生涯》，署名为丙。下列说法正确的是：(　　)

A. 丙有权行使《戎马生涯》的著作财产权

B. 丁有权行使《戎马生涯》的著作财产权

C. 丁有权请求丙承担剽窃的民事责任

D. 丙有权请求丁支付适当的报酬

75. 曙光公司是提供燃气的国有企业。审计机关对曙光公司进行审计时，有证据证明曙光公司将用户缴纳的燃气费以职工马某的名义另行存储，并篡改会计账簿。为防止用户资金流失，审计机关认为有必要采取相应措施。关于审计机关可采取的措施，下列哪些选项是正确的？(　　)

A. 冻结燃气公司和员工马某涉嫌转移资产的银行账户

B. 查询曙光公司以马某的名义在银行的存款

C. 封存曙光公司的会计账簿

D. 查询曙光公司的银行账户

76. 朝晖公司在甲省注册成立，从事无人机生产经营业务，被纳入国家需重点扶持的高新技术企业名录。2018 年 2 月至 10 月，朝晖公司临时将营业设备和人员派往乙省，配合乙省推广新型水稻种植技术。同年 12 月，朝晖公司筹划业务转型，申请歇业。关于朝晖公司 2018 年企业所得税的缴纳，下列说法正确的有哪些？(　　)

A. 朝晖公司应适用 15% 的企业所得税税率

B. 朝晖公司在办理歇业时应持税务登记证件

C. 朝晖公司是非居民企业

D. 朝晖公司应在乙省办理税务登记手续

77. 日本甲公司与中国乙公司将商事合同纠纷提交中国国际经济贸易仲裁委员会仲裁。根据我国法律和《中国国际经济贸易仲裁委员会仲裁规则》，下列哪些选项是正确的？(　　)

A. 两公司可约定仲裁地在新加坡

B. 如两公司未约定仲裁协议适用的法律，则应适用合同纠纷应适用的法律

C. 两公司可约定合同和仲裁协议分别适用瑞士法和中国法

D. 如仲裁庭在日本仲裁，应适用日本冲突规范确定应适用的实体法

78. 中国人张某在韩国首尔出差时在金达公司购买了一箱“野生高丽参”给家人补养身体，回国后经鉴定该高丽参系人工养殖，遂引发纠纷。经查，金达公司在中国既无住所，也未从事过相关经营活动，但在大连有可供扣押的房产。根据我国相关的法律规定，下列说法正确的有哪些？(　　)

A. 本纠纷应在韩国法和中国法中适用对张某有利的法律

B. 如张某在大连起诉，我国法院有管辖权

C. 本纠纷应适用韩国法

D. 如张某在大连起诉，我国法院能否管辖取决于金达公司的意思表示

79. 中国企业采购国外货物，合同约定交货时间不得晚于 6 月 1 日，实际装船时间是 6 月 15 日，卖方出具保函换取了承运人签发的注明 6 月 1 日完成装船的提单。买方因此主张信用证欺诈，向中国有管辖权的法院申请止付令。下列哪些判断是正确的？(　　)

A. 本案提单属于预借提单

B. 即使存在保兑行并已经善意付款，法院仍旧可以作出中止支付的裁定

C. 本案提单为倒签提单

D. 如果存在保兑行且已经善意付款，则法院不应作出中止支付的裁定

80. 朱某在甲 4S 店购买汽车，该店提供试驾体验。朱某提出上高速公路测试汽车性能，甲 4S

店安排经理程某陪同朱某试驾。在试驾过程中，突遇曾某横穿高速公路，朱某虽紧急刹车，却仍然将曾某撞伤。曾某欲就损害赔偿问题提起诉讼，下列哪些民事主体可以成为本案的适格被告？（　　）

A. 甲4S店　　　　B. 高速公路管理人

C. 朱某　　　　　D. 程某

81. 甲公司与乙公司因为合同纠纷诉至法院，二审时甲、丙公司合并为丁公司。关于本案表述正确的是：（　　）

A. 法院对甲、乙公司的一审判决对丁公司具有既判力

B. 乙公司无权要求法院追加丁公司作为当事人参加诉讼

C. 法院可以依职权决定由丁公司作为当事人参加诉讼

D. 如果丁公司作为当事人参加诉讼，已经进行的诉讼程序对丁公司具有拘束力

82. 2018年甲和银行签订借款合同，乙提供担保；2019年甲再次和银行签订借款合同，丙提供担保。甲逾期拒不还款，银行起诉甲要求还本付息，并要求乙和丙承担保证责任。关于本案，下列表述正确的是：（　　）

A. 基于两笔借款的诉讼属于诉的客体的合并，无须经过甲的同意

B. 本案构成必要共同诉讼，故合并审理无须经过被告甲同意

C. 乙、丙保证责任之间不存在牵连关系，法院不能合并审理

D. 乙、丙分别为两次借款提供担保，合并审理需要经过乙、丙同意

83. 李四向张三借款30万元，当事人在借款合同中约定发生纠纷由广州仲裁委员会仲裁；王五对该笔债务承担连带保证责任，但保证合同中并未约定仲裁条款。李四拒不归还借款，张三向王五住所地法院起诉王五要求其承担保证责任。王五向法院提出异议，主张本案借款合同中存在仲裁协议。关于本案表述正确的是：（　　）

A. 法院应当驳回张三起诉

B. 法院应当继续审理

C. 本案借款合同中的仲裁协议对担保合同的当事人有约束力

D. 本案借款合同中的仲裁协议对担保合同的当事人没有约束力

84. 张某向刘某借款60万元，张某向刘某出具借条载明，今借到刘某人民币60万元整，借款期限为2年。黄某作为连带保证人在借条上签字。还款期限届满，张某仅向刘某归还了6万元。刘某起诉张某和黄某，要求归还本金60万元，并按照双方口头约定的每年10%的利率支付利息6万元。开庭时，张某承认已经支付的6万元是首年利息。但是在第二次开庭时，张某主张归还的6万元为本金，双方并不存在关于利息的约定。黄某自始至终主张当事人之间不存在关于利息的约定。关于利息问题各方当事人均无法提供证据。关于本案表述正确的是：（　　）

A. 张某第一次开庭已经自认存在利息的约定，应当承担66万元的还款义务

B. 黄某应当对60万元本金承担连带保证责任

C. 黄某应当对54万元本金承担连带责任

D. 张某第一次开庭时的自认因为黄某反对而无效，应当承担54万元的还款义务

85. 陈北以任青欠款未还为由向法院提起诉讼。任青主张借款已经归还，向法院提供了有陈北签名的还款收条。陈北主张该收条上的签名系伪造。关于本案收条真实性的证明责任，下列表述正确的是：（　　）

A. 任青应当对签名为真实负有提供证据的责任

B. 陈北应当对签名为虚假负有提供证据的责任

C. 任青应当对收条为真实承担证明责任

D. 陈北应当对收条为虚假承担证明责任

三、不定项选择题（每题所设选项中至少有一个正确答案，多选、少选、错选或不选均不得分。本部分含86～100题，每题2分，共30分）

86. 黄某育有一子一女。黄某一直与其子黄伟共同生活。其女黄美与前夫赵某育有一女赵小星，后与卢某再婚，共同抚养卢某与前妻的儿子卢小东至其成年。2021年1月1日，黄美因车祸去世。同年2月1日，黄某因病去世，留下3套商品房。关于黄某的遗产继承，下列哪些说法是正确的？（　　）

A. 卢小东有权继承

B. 黄伟有权继承

C. 赵小星有权继承

D. 卢某有权继承

87. 甲去桃花源村旅游，全村都是旅游景区，甲入住村内酒店。在村里溜达的时候看见一棵杨梅树，问旁边的乙，这棵树是谁的，乙回答说没人管。甲遂爬上树摘杨梅，一不小心摔了下来。后经查明，是村民丙的。下列哪些选项是正确的？（　　）

A. 桃花源村应对甲的摔伤负责

B. 甲自己负全责

C. 丙不对甲负有安保义务

D. 乙对甲的摔伤承担责任

88. 书法爱好者甲委托书法家乙创作一书法作品，约定："报酬 100 万元，甲先支付 30 万元作为履约金，书法完成后，如果甲不满意，则不再支付剩余的 70 万元，且已支付的 30 万元不予退还。"关于甲、乙这一合同，下列表述中错误的是：（　　）

A. 构成显失公平　　B. 属附生效条件

C. 违反诚信原则　　D. 违反自愿原则

89. 小明将自家祖传的翡翠卖给了小亮，价格为 100 万元，双方订立的《买卖合同 A》约定："两年内，小明有权按市价 120% 的价格买回，小亮不得拒绝；两年内，如果小亮把翡翠转卖或出质给他人，则小明、小亮的买卖合同自动失效。"一年后，小肖见到该翡翠后心生喜爱，向小亮提出购买，小亮告知小肖《买卖合同 A》中的约定，小肖仍坚持购买，小亮于是与小肖订立《买卖合同 B》，约定小亮将该翡翠出卖给小肖，价格为 150 万元，并交付。下列表述正确的是：（　　）

A.《买卖合同 B》有效

B.《买卖合同 B》效力待定

C.《买卖合同 B》严重损害小明的利益，无效

D. 小明有权请求小肖返还该翡翠

90. A 公司、B 公司签订供货合同，约定 B 公司向 A 公司供货，A 公司向 B 公司付款。供货合同中约定了"特别条款"，即"A 公司法定代表人董事长谢某以其房屋、汽车、股权、存款等个人全部财产担保 A 公司对 B 公司付款义务的履行，若 A 公司到期未履行全部或者部分付款义务，谢某对其承担连带责任"。谢某在供货合同上签名，但未向 B 公司交付担保财产，亦未给 B 公司办理担保财产的登记。之后，A 公司到期未履行付款义务。下列表述正确的是：（　　）

A. 特别条款已生效但未设立抵押权

B. 特别条款违反物权客体特定原则，无效

C. B 公司有权主张对谢某的全部个人财产优先受偿

D. B 公司有权请求谢某对 A 公司的付款义务承担连带责任

91. 夏某违规将其一辆卡车停放在小区占住了道路，该小区物业知情但未做任何处理，开车回家的刘某只能绕道而行。刘某绕行至何某楼下时，刘某被何某放在自家 20 楼阳台上的晾衣杆（大风吹落）砸伤。刘某因此遭受的人身损害，应如何承担责任，下列表述正确的是：（　　）

A. 卡车主夏某应当承担部分赔偿责任

B. 小区物业应当承担相应的补充责任

C. 何某应当对全部损害承担赔偿责任

D. 可按高空抛物处理，由小区相关业主承担公平责任适当补偿

92. 甲公司并购乙上市公司，聘请某会计师事务所进行尽职调查，会计师王欢是核心成员。王欢了解甲公司并购乙上市公司的进度及详细信息，在此信息公告前，王欢建议好朋友张乐大量购买乙上市公司的股票，待并购信息公告后又将股票高价卖出，收益颇丰，张乐酬谢王欢 100 万元。此行为引起股价大幅度震荡，造成众多投资者的损失。下列说法正确的是：（　　）

A. 甲公司应该赔偿投资者的损失

B. 王欢应该赔偿投资者的损失

C. 某会计师事务所应该赔偿投资者的损失

D. 证券监督管理部门可以对王欢没收违法所得并处以罚款

93. 凌霄公司发行的公司债券在某证券交易场所上市交易，当时该证券的信用等级为 AAAA。2020 年，因凌霄公司生产经营遭遇困境，公司债券信用评级机构将其调低为 AAA。凌霄公司实际控制人刘某认为，这一评级结果必然导致公司债券价格迅速走低，应待公司财务数据完善后再公告才不至于影响债券价格的走势。对此下列说法正确的是：（　　）

A. 如刘某指使凌霄公司不公告这一情况，对其可处以不高于 200 万元罚款

B. 凌霄公司应立即向国务院证券管理机构报送临时报告

C. 如凌霄公司公告信用评级降低结果时，不公告评级调低后的评级结果对公司可能产生的法律后果，可对公司处以不高于500万元的罚款

D. 凌霄公司应立即向证券交易所报送临时报告

94. 姜某是一名普通投资者，在中建证券公司开户开展证券产品的交易，风险承受能力级别为C2(中低风险承受能力)。据查，普通投资者的风险承受能力由低到高的级别为C1～C5。中建证券公司为其推荐了风险等级匹配的产品，姜某一直拒绝，坚持要选择高风险产品。中建证券公司告知，该产品远远超过了姜某风险承受能力，但姜某坚持要购买，结果被套牢，损失惨重。下列说法正确的是:(　　)

A. 中建证券公司要对姜某的损失承担赔偿责任

B. 中建证券公司应当就产品或者服务风险高于姜某承受能力进行特别的书面风险警示

C. 如果姜某属于风险承受能力最低类别的投资者，中建证券公司不得向其销售高风险的产品

D. 如果姜某和中建证券公司发生证券业务纠纷，姜某提出调解请求的，中建证券公司不得拒绝

95. 通利公司为本公司一辆中型客车向保险公司投保了交强险和商业三者险，该车用于市内与郊区营运，保险费2万元。保险期间为2019年9月1日到2020年8月31日。因为郊区道路改建，通利公司不能继续营运这条线路，便将该车抵债给了达蔚公司，于2019年11月7日交付但未办理过户登记，达蔚公司将该车用于员工上下班通勤。2019年12月3日，该车发生车祸，达蔚公司向保险公司索赔，但通利公司尚未通知保险公司该车已转让，遂向达蔚公司表示可以协助索赔，下列说法不正确的是:(　　)

A. 达蔚公司对该车无保险利益，保险公司可对其拒绝赔偿

B. 该车转让后，达蔚公司可与保险公司协商重新核算并降低该车的保险费

C. 通利公司向达蔚公司转让该车没有得到保险公司同意，保险公司可因此解除合同

D. 达蔚公司改变车的用途，保险公司可因此解除保险合同

96. 甘泉自来水公司(以下简称甘泉公司)为某市65%的用户提供城市用水，甘泉公司与岳峰公司签订房地产项目供水合同时，指定由顺清公司负责该项目的给水工程设计，并直接将顺清公司作为乙方的格式合同交给岳峰公司签字，对此下列说法正确的是:(　　)

A. 甘泉公司构成拒绝交易

B. 反垄断执法机构仅能向该市水务局提出依法处理的建议

C. 相关市场应确定为市公共自来水供水服务市场

D. 可推定甘泉公司具有市场支配地位

97. 张某因为合同纠纷起诉甲公司，在诉讼中张某突发脑梗，经抢救后，张某仍然丧失行为能力。张某的父亲希望撤回起诉，以专心为张某治疗;张某的妻子表示希望继续诉讼。本案法院应当如何处理?(　　)

A. 法院应当追加张某的妻子为共同原告

B. 法院应当变更张某的妻子为原告诉讼继续进行

C. 追加张某的妻子为法定代理人，诉讼继续进行

D. 根据张某父亲的请求，裁定准予撤回起诉

98. 住所地在B区的乙向住所地在A区的甲借款20万元，借款合同中约定因为履行本合同发生纠纷应当由B区法院管辖;住所地在C区的丙为该笔债务提供担保，在担保合同中约定因为履行本合同发生纠纷，应当由C区法院管辖。关于本案表述正确的是:(　　)

A. 甲可以在B区法院起诉乙

B. 甲可以在B区法院起诉乙和丙

C. 甲可以在C区法院起诉丙

D. 甲可以在C区法院起诉乙和丙

99. 杨某将一幅字画卖给张某，约定张某首付10万元后杨某即将字画交付给张某，在张某付清剩余款项前，由杨某保留对字画的所有权。后刘某因为借款纠纷起诉杨某，获得胜诉判决后刘某申请法院强制执行，在执行中，法院扣押了这幅字画。关于本案表述正确的是:(　　)

A. 张某要求继续履行合同的，法院应当支持

B. 张某可以提出对执行行为的异议，法院应当支持

C. 张某可以提出案外人对执行标的的异议，

法院应当支持

D. 张某提供担保后请求法院解除扣押的，法院应当支持

100. 全某起诉吴某支付借款利息 2 万元，法院一审判决驳回其诉讼请求。后市检察院以本案一审程序违法为由提出抗诉，中级人民法院裁定再审后认为原一审程序错误，遂撤销原一审判决，发回一审法院重审。在重新审理过程中，全某明确诉讼请求为支付利息 2 万元，并要求追加保证人郑某承担连带责任。吴某以已经支付的利息超过法定标准为由，请求全某返还 3 万元不当得利。关于本案表述正确的是：(　)

A. 法院应当根据检察院的抗诉范围对本案进行重新审理

B. 应当根据全某的诉讼请求，追加郑某为共同被告审理其是否承担连带责任

C. 根据吴某的请求，对返还 3 万元不当得利的请求进行审理

D. 再审时应当追加郑某为共同被告

国家统一法律职业资格考试

历年真题汇编

2021年客观题

答案册

法律出版社
LAW PRESS·CHINA
——北京——

2021 年国家统一法律职业资格考试(回忆版)

试卷一参考答案及解析

一、单项选择题

1.【解析】B。商鞅“立木为信”的目的在于取信于民,强调言出法随,也就是言必信、行必果。商鞅“立木为信”是我国历史上一次著名的普法活动。通过立木为信,民众对于当时统治者严格执行法令的决心有了认识,也为后续商鞅变法的顺利展开打下了民意基础。把握住言出法随这个“立木为信”的核心内涵,这个题目就不难选择了。A 选项强调的是法律对维护统治秩序,解决社会矛盾的价值,B 选项是强调法律颁布之后能够有效执行的重要性,C、D 选项的核心意思都是在说法律要能够平等地适用于每一个人,甚至统治者(贵族)本人也要尊重和遵守法律。本题答案为 B。

2.【解析】C。制约国家权力,保障公民权利是法律的作用之一,与此同时公民也必须遵守法律。A 项正确。权利义务具有一致性,没有无权利的义务,也没有无义务的权利,B 项正确。人民并不直接行使管理国家的权力,C 项错误,当选。坚持以人民为中心是中国特色社会主义法治的本质要求,推进全面依法治国的根本目的是维护人民权益,D 项正确。本题答案为 C。

3.【解析】B。法治监督体系是由党内监督、人大监督、民主监督、行政监督、司法监督、审计监督、社会监督、舆论监督等构成的权力制约和监督体系。加强人大监督是完善严密的法治监督体系不可或缺的一环。备案审查制度则属于人大监督的重要内容。A、D 项正确。按照我国《立法法》的规定,“两央”(国务院、中央军委)、“两高”(最高人民法院、最高人民检察院)、“省委”(省级人大常委会)有权提出对备案法规(行政法规、地方性法规、自治州和自治县人大制定的民族法规)的审查要求,其他主体有权提出审查建议。C 项正确。按照我国《立法法》规定,在我国,宪法监督由全国人大及其常委会行使。全国人大宪法和法律委员会没有合宪性审查权,故 B 项错误。本题答案为 B。

4.【解析】C。语言存在歧义与法律有无效力并无必然联系,法律一直将“公布于众”作为通行的生效条件。因此,A 项错误。法律是否被移植并不取决于语言能否被翻译,而是取决于供体与受体的具体条件,如本国国情和需要、国外法与本土法的同构性和兼容性、法律体系的系统性要求、立法上适当的前瞻性等。因此,B 项错误。法律、法理的表述必然受到诸如语言表达能力的局限性的制约,“辞不尽意”“言尽悖”等现象就证明了这一认识,这也是法的局限性之一。因此,C 项正确。法律规范要依靠语言表达,但是规范包含的内容广泛,如自然规范、技术规范、社会规范等,法律只是社会规范之一,D 项错误。

5.【解析】D。法律规则和法律原则都是法律规范,但二者性质不同,法律规则内容明确具体,法律原则的内容宽泛抽象,从关系上来看,原则乃规则之母,法律规则属于法律原则内容的具体化的结果。因此,A、C 选项均错误。B 选项明显错误,宽泛抽象的原则在含义上较规则更加模糊。D 选项正确,规则是原则内容的细化,原则为规则提供基础和本源,构成规则的正当化基础。本题答案为 D。

6.【解析】C。外部证成是指对裁判前提的说理,一般包括法律和事实两部分,因此法律解释、案件事实的认定、法律渊源的判定等工作都属于典型的外部证成,法院对《民法典》居住权立法目的的说明,属于法律解释的范畴,因此属于外部证成,A 选项正确。B 选项正确,目的论扩张针对的是应当包含但未包含的情形,本题中基于立法目的,应当考虑李某居住权利,但此房屋并未登记设立居住权,因此应当扩张居住权的适用范围,属于目的论扩张。C 选项错误,居住权的设立基础是《民法典》,属于普通权利,而所有权则是公民依据《宪法》享有的基本权利,普通法律以宪法为基础,普通权利也以基本权利为依据。D 选项正确,关爱老人,老有所依,老有所养,老有所居是中华民族的传统美德,法院判决显然符合这一传统伦理的基本精神,符合公序良俗的基本原则。本题答案为 C。

7.【解析】B。本题的关键在于定位《国际海运条例》是何种性质的法律文件。一般来说,如果法律文件以“条例”来命名,基本就可以确定其属于“法规”的范畴(规章的命名方式往往称为“办法”或“规定”)。法规一般包括地方性法规和行政法规两类,要区分二者,关键就是看这个法律文件的前缀,如果以“中华人民共和国”来命名,那么就证明该条例辐射全国,属于中央立法,也就是行政法规。如果该法律文件之前冠以“某省”或“某市”的名字,那就证明其属于地方性法规。显然,《国际海运条例》是全国性的条例,也就是行政法规。针对行政法规的调整实施,由国务院决定。本题答案为 B。

8.【解析】A。“小 K”只是某人工智能公司研发的智能系统,本质上属于公司财产,不能成为权利主体,A 项错误,当选。科学技术对法的发展具有全方位的影响,科学技术的发展扩大了法律调整的社会关系的范围，扩大了法律主体的权利能力，B、D 项正确。法律关系的客体主要包括物、人身、精神产品、行为结果四种。本题中“小K”的出现丰富了作为法律关系客体的物的表现形式，其创作的文章丰富了作为法律关系客体的精神产品的表现形式，C 项正确。本题答案为 A。

9.【解析】D。确认性规范指已经存在的事实的认定，确立具体宪法制度和权力关系，以肯定性规范的存在为其主要特征，包括倡导性规范、调整性规范、授权性规范、组织性规范等形式，本条文包含“不得”，不属于确认性规范和倡导性规范，而属于禁止性规范。A、B 项错误。任何一个法律规则在逻辑结构上均由假定条件、行为模式和法律后果三个逻辑结构要素组成，故 C 项错误，D 项正确。本题答案为 D。

10.【解析】C。根据《代表法》规定：代表有下列情形之一的，其代表资格终止：(1) 地方各级人民代表大会代表迁出或者调离本行政区域的；(2) 辞职被接受的；(3) 未经批准两次不出席本级人民代表大会会议的；(4) 被罢免的；(5) 丧失中华人民共和国国籍的；(6) 依照法律被剥夺政治权利的；(7) 丧失行为能力的。故 A、B、D 项错误。本题答案为 C。

11.【解析】B。《港区国安法》根据《宪法》《香港特别行政区基本法》和《全国人民代表大会关于建立健全香港特别行政区维护国家安全的法律制度和执行机制的决定》而制定，《国家安全法》不是其立法依据，A 项错误。根据《港区国安法》第 14 条第 2 款的规定，香港特别行政区维护国家安全委员会作出的决定不受司法复核。B 项正确。根据《港区国安法》第 16 条第 2 款的规定，警务处维护国家安全部门负责人由行政长官任命，行政长官任命前须书面征求维护国家安全公署的意见。C 项错误。《港区国安法》第 13 条第 2 款规定：“香港特别行政区维护国家安全委员会下设秘书处，由秘书长领导。秘书长由行政长官提名，报中央人民政府任命。”D 项错误。本题答案为 B。

12.【解析】C。县、乡直接选举，其主持组织为选举委员会。直接选举的代表由选民直接选举产生。A、B 选项错误。

根据《地方政府组织法》第 12 条第 1 款的规定，乡级人民代表大会的职权包括选举本级人民代表大会主席、副主席，选举乡长、副乡长，镇长、副镇长，故 C 选项正确。

所谓“同步进行”指的是乡人大代表的选举与县人大代表的选举，两次选举同时举行，而不是说，选出的乡人大代表一定就是县人大代表。D 选项错误。本题答案为 C。

13.【解析】C。本题主要考查唐律中的兜底性规定，从侧面来展现唐律立法技术的成熟与先进。有法理学关于法律推理的知识和刑法相关知识的储备，大家不难知道，“举轻以明重”和“举重以明轻”分别应用于“入罪”和“出罪”两种情形，显然不存在功能重复的问题，据此，A 选项明显错误。题中“杂犯轻罪，触类弘多，金科玉条，包罗难尽”已经清楚地告诉大家，“情轻”“情重”的判断基础并非明确的律文规定，而要由法官比对类似规定进行灵活的裁量权衡（临时处断）以应对法律无法面面俱到的漏洞情形（所谓“在律在令无有正条”），因此 B 错，C 对。D 选项也是错误的，比附援引，轻重相明主要用以针对“杂犯轻罪”，如果是严重的违法行为，当然会被立法者重点规定进行打击（典型如唐律中关于“十恶”的规定），一般也就不可能存在明显的立法漏洞问题了。本题答案为 C。

14.【解析】B。我国古代关于婚姻解除的规定基本是沿用西周时期“七出”“三不去”的制度框架，但这一制度在唐宋时期有所变化，这些变化主要体现为女性在婚姻解除时的主动性和地位的上升。需要提醒大家的是，在西周时期并不存在所谓“离婚”一说，“七出”制度讲的是夫家（丈夫和公婆）在特定情形下（女方有过错）可以选择休妻，女方是不能解除婚姻关系的。但在唐朝时，增加了“和离”和“义绝”两种制度，一定程度上保障了女性的权益。“和离”是指夫妻双方可以通过协商达成合意解除婚姻关系（也就是现在讲的协议离婚或和平分手）；“义绝”是一种强制离婚制度，指夫妻间或夫妻双方亲属之间或夫妻一方对他方亲属有殴、骂、杀、奸等行为，视为夫妻双方恩断义绝，无论夫妻双方是否同意，由官府主导强制离婚。宋朝基本沿袭了唐朝上述的规定，并且增加了“夫外出三年不归，六年不通问，准妻改嫁或离婚”的规定。虽然这些规定从趋势上看是提升了女性的地位，但在封建时代，男性依然在婚姻中占据绝对的主导和优势地位。现在回到题目，本题中杨氏为照顾父亲，与丈夫王某合议解除婚姻关系，不存在“七出”的过错，也不符合“义绝”的要求，属于“和离”的情形，据此 B 选项入选，A、C、D 选项均错误。本题答案为 B。

15.【解析】A。秦朝采用法家学说，贯彻法家“以法治国”“明法重刑”的思想主张，A 项正确。赀刑以财罚为主，也有与财产相关的力役罚，包括赀甲、赀盾、赀徭等，赀刑是独立刑种。B 项错误。“不直”是指故意重罪轻判或者轻罪重判，失察不属于“不直”的罪名情形，C 项错误。秦朝虽奖励告奸，但明确禁止“子告父母”，奖励甲告其父的做法并不符合秦朝法律要求，D 项错误。本题答案为 A。

16.【解析】D。法院人才分为员额法官、审判辅助人员、司法行政人员三类。员额法官包括院长、副院长、审判委员会委员、庭长、副庭长、审判员。法官助理并不属于员额法官的一种，法官助理被包括在审判辅助人员内。A 选项错误。

省、自治区、直辖市设立法官遴选委员会，负责初任法官人选专业能力的审核。省级法官遴选委员会的组成人员应当包括地方各级人民法院法官代表、其他从事法律职业的人员和有关方面代表，其中法官代表不少于 1/3。B 选项错误。

检察权一体化行使原则与司法责任制并不排斥，检察机关的司法责任制强调，检察官对其职权范围内就案件作出的决定负责。检察长、检察委员会对案件作出决定的,承担相应责任。C 选项错误。

根据相关法律规定,初任检察官一般到基层人民检察院任职,上级人民检察院检察官一般逐级遴选,最高人民检察院和省级人民检察院检察官可以从下两级人民检察院遴选。参加上级人民检察院遴选的检察官应当在下级人民检察院担任检察官一定年限,并具有遴选职位相关工作经历。D 选项正确。本题答案为 D。

17.【解析】C。法律援助服务是完全无偿的,不存在“缓交费”及“减费”等规定,更不存在收取办案费后,可以加快办理案件的情形。A 选项错误。刑事诉讼中的法律援助,包括依申请的法律援助与依通知的法律援助。依申请的法律援助又分为一般情形和可以援助的情形。一般情形下,犯罪嫌疑人、被告人因经济困难没有委托辩护人,本人及其近亲属可以书面或者口头形式向办案机关所在地法律援助机构申请法律援助。因此,刑事诉讼中的法律援助也可能需要考察受援助对象的经济状况。B 选项错误。盲、聋、哑人没有能力为自己申请法律援助,也没有能力为自己辩护,属于依通知的法律援助的情形。对于依通知辩护的案件,拒绝法律援助机构指派的律师为其辩护的,公、检、法应当查明拒绝的原因,有正当理由的,应当准许,同时告知犯罪嫌疑人、被告人需另行委托辩护人。未另行委托辩护人的,公、检、法应当及时通知法律援助机构另行指派律师为其提供辩护。C 选项正确。检察院审查批准逮捕时,认为犯罪嫌疑人具有应当通知辩护的情形而没有通知的,人民检察院应当通知公安机关予以纠正,公安机关应当将纠正情况通知人民检察院。D 选项错误。本题答案为 C。

18.【解析】A。选项 A 正确。不经许可是不得进入他国境内的,哪怕是救援也不可以。另外有同学认为这符合国际不法行为中“不法性排除”条件中的紧急情况,这是不准确的。根据国际法的规定,危难或紧急状况确实可以排除行为的不法性,但是这种紧急状况是指国家遭受严重危及其生存或根本利益的状况,且该状况不是由该国本身造成。本题中火灾是由乙国自己的飞机造成,不能援引紧急状况免除行为的不法性。

选项 B 错误。对于界碑,双方都有保护的义务。如果一方发现界碑发生损坏,应尽快通知另一方,在双方代表在场的情况下进行修复。一定注意,必须是双方代表在场才能修复。

选项 C 错误。参见 B 项解析。

选项 D 错误。根据国际法关于边境制度的规定,如遇边境地区森林火灾,国家应该尽力扑救并控制火势,不使火灾蔓延到对方境内。题干中显然乙国没有尽到上述义务,应当承担甲国因火灾致损的国际法律责任。这里有考生说火灾是民航客机造成的,所以该行为不是国家行为,乙国不应当承担国际法律责任。这个说法是正确的。但是要注意责任的行为基础。对民航飞机坠落的损失,乙国不承担责任。但对火势蔓延到对方境内,乙国要承担责任。题中关于火灾有两个行为,一是飞机坠落引起火灾,这个行为由于不具有国家行为的属性,乙国确实不承担国家责任。二是乙国没有及时扑救,导致火灾蔓延到甲国境内,对于这个行为,乙国是要承担国家责任的。

综上所述,本题答案为 A。

19.【解析】D。选项 A 错误。领海中的无害通过权只适用于船舶,不适用于飞机,而且我国法律专门的规定也不适用于军舰。

选项 B 错误。参见选项 A 解析。

选项 C 错误。紧追可以从沿海国内水、领海、毗连区或专属经济区内开始。当被紧追对象进入其本国领海或第三国领海时必须终止,在公海可以继续。

选项 D 正确。根据我国《专属经济区和大陆架法》的规定,任何国家在遵守国际法和我国法律、法规的前提下,在中华人民共和国的专属经济区和大陆架享有铺设海底电缆和管道的自由。铺设海底电缆和管道的路线,必须经中华人民共和国主管机关同意。

综上所述,本题答案为 D。

20.【解析】C。A 项,(1)保姆构成虐待被监护、看护人罪。

(2)虐待罪的行为主体和行为对象是家庭成员。该“家庭成员”可以作扩大解释,可包括长年共同生活的管家、保姆。本题中保姆也可以构成虐待罪。两罪想象竞合,择一重罪论处。

(3)刘某对母亲负有保护义务,对保姆的虐待行为负有制止义务。刘某故意不制止,构成不作为犯罪。

(4)保姆的虐待行为不是刘某引起的,而且,刘某并没有支配控制保姆,只是单纯地、消极地不制止。因此,刘某不构成间接正犯。A 项说法错误。

(5)刘某构成不作为的帮助犯,并且在帮助犯的基础上构成正犯,因为对结果的发生所起的作用超过了帮助犯的角色,达到了正犯的程度。

B 项,(1)儿子是客观违法阶层的盗窃罪的“实行犯”,即客观上实施了法益侵害行为,侵害了他人的财产权,只是到了主观责任阶层,由于未达到责任年龄而阻却责任,最终不追究刑事责任。

(2)儿子盗窃的事实不是王某引起的,而且,王某并没有支配控制儿子,只是单纯地、消极地不制止。因此,王某不构成间接正犯。B 项说法错误。

(3)王某构成不作为犯罪。第一,王某对儿子有监管义务,对儿子的违法行为负有制止义务。王某不予制止,构成不作为犯罪。第二,王某构成不作为的帮助犯,并且在帮助犯的基础上构成正犯,因为对结果的发生所起的作用超过了帮助犯的角色,达到了正犯的程度。

C 项,曹某的帮助行为,既构成赵某的诈骗罪的帮助犯(共犯),又构成帮助信息网络犯罪活动罪的实行犯,一个行为同时触犯两个罪名,属于想象竞合,择一重罪论处。因此,C 项说法正确。

D 项,(1)非法获取计算机信息系统数据罪(《刑法》第 285 条第 2 款),是指违反国家规定,侵入国家事务、国防建设、尖端科学技术领域以外的计算机信息系统或者采用其他技术手段，获取该计算机信息系统中存储、处理或者传输的数据，情节严重的行为。

(2)丁某以为孙某实施电信诈骗罪，但是孙某没有实施该罪，因此，丁某不可能构成诈骗罪的帮助犯。

(3)孙某实施了非法获取计算机信息系统数据罪，但是丁某不构成该罪的帮助犯，因为丁某不知道孙某实施了该罪。

(4)丁某虽然不知道孙某实施了非法获取计算机信息系统数据罪，但是至少知道孙某利用信息网络系统实施了犯罪。丁某知道孙某利用信息网络实施犯罪，还提供网络技术支持，因此，丁某构成帮助信息网络犯罪活动罪。该罪是指明知他人利用信息网络实施犯罪，为其犯罪提供互联网接入、网络存储、通讯传输等技术支持的行为。因此，D项说法错误。

综上所述，本题答案为C。

21.【解析】A。不法侵害的结束，不仅要求不法侵害的行为结束，而且要求不法侵害的危险（继续实施侵害的可能性、反扑的可能性）消除。

(1)在判断时间上，应从行为时判断，而不应从事后角度判断，即应从当时的情景判断，不应事后诸葛亮，不应从事后查明的证据去判断。

(2)在判断的视角上，应从社会一般人（社会公众）的视角判断，而不应从上帝视角判断，即应尊重一般人在当时紧急情况下的认识能力和判断能力，不能要求一般人冷静、理性地判断危险情况。

基于以上理念，2020年8月28日最高人民法院、最高人民检察院、公安部出台《关于依法适用正当防卫制度的指导意见》，其中规定："对于不法侵害是否已经开始或者结束，应当立足防卫人在防卫时所处情境，按照社会公众的一般认知，依法作出合乎情理的判断，不能苛求防卫人。对于防卫人因为恐慌、紧张等心理，对不法侵害是否已经开始或者结束产生错误认识的，应当根据主客观相统一原则，依法作出妥当处理。"根据该规定，A项说法正确。

综上所述，本题答案为A。

22.【解析】C。(1)"杀人、抢劫、强奸、绑架"的解释。

①这四项是指犯罪行为，而不是具体罪名。例如，"抢劫"包括抢劫枪支、弹药，"绑架"包括以绑架手段拐卖妇女、儿童。

②这四种犯罪行为必须是以暴力手段严重危及人身安全，否则只能实施一般的正当防卫。例如，母亲故意不喂养婴儿或投毒杀人，对母亲、投毒者不能实施特殊正当防卫，致其重伤或死亡。若致其重伤、死亡，则属于防卫过当。但是可以实施一般的正当防卫。又如，用麻醉方法抢劫，对抢劫者不能实施特殊正当防卫，致其重伤、死亡。

(2)条文属性。得出以上结论的背后依据是《刑法》第20条第3款不是法律拟制（特事特办），而是注意规定（正常办事）。特殊正当防卫并没有改变正当防卫的一般成立条件。要成立特殊正当防卫，也要符合一般正当防卫的成立条件。例如，要符合时间上的适时性、手段上的必要性和相当性等。其特殊性仅体现在面临的不法侵害是严重危及人身安全的暴力犯罪，所以防卫的程度级别相应提高，造成伤亡也是必要的、相当的。

综上所述，本题答案为C。

23.【解析】D。A项，甲将毒牛奶递给丙，属于故意杀人的着手，犯罪进入实行阶段。丙未死亡，甲构成故意杀人罪未遂。A项说法正确。

B项，甲对丁有救助义务。救助义务的来源根据有两项。第一，甲的先行行为（递毒牛奶行为）对丁制造了危险，甲有消除危险的义务。第二，甲是丁的父亲，有救助义务。甲能够阻止却故意不阻止，构成不作为的故意杀人罪既遂。甲的一句"他喝过了，不用喝了"不属于合格地履行了救助义务。B项说法正确。

C项，当实行犯甲对丙构成故意杀人罪未遂，那么教唆犯乙对丙也构成故意杀人罪未遂。C项说法正确。

D项，乙教唆甲杀害的是丙，而没有教唆甲杀害丁。丁的死亡是甲的不作为导致的。而甲的不作为不是乙教唆的，是甲自己的独立行为。因此，乙的教唆行为与正犯甲的违法结果（丁的死亡）之间缺乏引起与被引起的因果关系，所以不能将该死亡结果归责给乙，乙对丁的死亡不承担教唆犯的责任，不能因为丁的死亡而给乙定故意杀人罪既遂。因此，D项说法错误。

综上所述，本题答案为D。

24.【解析】A。A项，就共同犯罪而言，要成立自首，只有交代同案犯的共同犯罪罪行，才符合自首的"如实供述"的必要条件。A项说法正确。

B项，自首的成立条件是自动投案，如实供述。自动投案的投案时间是被动归案前，即在被讯问或采取强制措施之前，都可以自动投案。在被动归案前，司法机关是否掌握犯罪人的罪行，不影响自动投案的时间和机会。本题中，司法机关已经掌握了甲的罪行。但是，甲符合自动投案、如实供述的条件，成立自首。B项说法错误。

C项，甲构成危险物品肇事罪。本题中甲存在过于自信的过失。仓库发生爆炸，造成实害结果，甲才成立危险物品肇事罪。在犯罪成立后，被动归案前，甲自动投案，如实供述，能够成立自首。C项说法错误。

D项，(1)犯罪行为这条线的分析。

①甲醉酒驾驶，成立危险驾驶罪。②交通肇事导致一人重伤，加上严重情节（如醉酒驾驶），就成立交通肇事罪。甲成立交通肇事罪。③甲不属于"因逃逸而致人死亡"，因为甲不是逃逸，而是向公安机关投案。④该死亡结果仍应归属于甲，与甲的肇事行为有因果关系。⑤成立交通肇事罪，要求的实害结果是，一人死亡，或三人重伤，或一人重伤加一个严重情节。甲的交通肇事同时具备了一人死亡和"一人重伤加一个严重情节"，更应构成交通肇事罪，即三个选项不是排斥关系，而是并存关系。

(2)自首这条线的分析。

①甲符合自动投案、如实供述的条件，因此成立自首。②有人认为，“甲不去救人，却去投案，因此不能成立自首”。这种说法不准确。自首的成立条件是自动投案，如实供述。对自动投案的动机、背景条件没有作要求。③犯罪行为这条线与自首这条线要分别认定。不救人，导致犯罪行为这条线有可能量刑更重。成立自首，导致量刑更轻。最后综合折算。④“如实供述”只要求如实供述案件事实。如实供述了案件事实，但对案件事实的定性存在不同理解，有不同看法，进行辩解，不影响如实供述。因此，甲如实供述了事实，就属于如实供述。D 项认为甲不成立自首，该说法错误。

综上所述，本题答案为 A。

25.【解析】A。A 项，第一，盗窃罪的既遂标准是控制财物，即建立了对财物的占有。第二，只要发动车辆、驶离原地，就视为行为人已经控制了车辆，构成既遂。第三，盗窃行为是否被他人监视，不直接影响盗窃罪的既遂、未遂的认定，因为监视只是看到，看到不等于抓到，不等于物理控制。如果在监视之外，还存在物理的包围圈，导致行为人不可能突出重围，则行为人只能构成未遂。基于此，本题中甲构成盗窃罪既遂。A 项说法正确。

B 项，敲诈勒索罪的既遂标准与盗窃罪相同，即控制财物，建立对财物的占有。本题中，乙没有取得财物，故不构成犯罪既遂，只能是犯罪未遂。B 项说法错误。

C 项，诈骗罪既遂标准与盗窃罪相同，即控制财物，建立对财物的占有。本题中，由于李某并未向丙的账户打款，丙的账户并未收到货款，即丙并未取得李某的钱财，因此不构成犯罪既遂，而是未遂。C 项说法错误。

D 项，盗窃罪的既遂标准是控制财物，即建立了对财物的占有。基于此，入户盗窃的既遂标准是，拿着财物离开住宅。本题中，丁拿着财物未能出主人家的门，只能构成犯罪未遂。D 项说法错误。

综上所述，本题答案为 A。

26.【解析】C。A 项，甲伤害乙，乙受伤倒地昏迷，此时甲仅构成故意伤害罪。此后，甲拿走乙的钱包，构成盗窃罪，不构成抢劫罪。理由是，甲此时没有实施抢劫罪的实行行为，即暴力、胁迫行为。所以，A 项不当选。

B 项，甲拿走钱包，构成盗窃罪，不构成抢劫罪。理由是，甲将乙的手拿开，这种举动不属于抢劫罪的暴力行为。抢劫罪的暴力行为要求达到足以压制被害人反抗的程度。所以，B 项不当选。

C 项，甲构成抢劫罪。理由是，甲要求给 1 万元，否则还要伤害，这种行为已经属于“以暴力相胁迫”的胁迫行为，属于抢劫罪的实行行为。所以，C 项当选。

D 项，甲不构成抢劫罪。理由是，甲要求支付 1 万元，否则不送其去医院，这种行为不属于“以暴力相胁迫”的胁迫行为。所以，D 项不当选。

综上所述，本题答案为 C。

27.【解析】A。(1)在快递员将手机交付给甲之前，甲对手机并没有占有及所有。甲趁乙不注意，从快递车中拿走手机，属于将快递员占有的财物，通过平和手段转移为自己占有，构成盗窃罪。

(2)甲隐瞒真相，向商家申请退款，属于诈骗商家的货款，构成诈骗罪。

(3)甲的两个行为，针对两个对象，构成两个罪。这属于先偷后骗，对这两个罪不需要数罪并罚，可以重罪吸收轻罪，定一个重罪即可。这是因为甲最终只获得一份好处，即多了一部手机。虽然存在两个被害人，但最终只有一个真实受损，即快递员或快递公司，最终只存在一份财产损失，即损失了一部手机。

综上所述，本题答案为 A。

28.【解析】C。A 项，明知井下有人作业，仍从井口向下扔东西，也属于高空抛物，即“高空”是个相对概念。因此，A 项说法过于绝对。

B 项，从地面向上抛物，使物品从高空坠落，不属于高空抛物，即高空抛物，要求从“高空”向下抛物。因此，B 项说法错误。

C 项，多高算“高”空？高度是二层楼或 3 米左右。因此，从建筑物抛下物品，只要是二层，就属于高空抛物。但是注意，属于高空抛物，不等于构成高空抛物罪。成立本罪，要求情节严重。因此，C 项说法正确。

D 项，本罪是情节犯，要求情节严重。本罪不是结果犯（实害犯），不要求造成实害结果，不要求伤害到他人。如果伤害到他人，会触犯故意伤害罪、过失致人重伤罪等，与高空抛物罪想象竞合，择一重罪论处。因此，D 项说法错误。

综上所述，本题答案为 C。

29.【解析】A。A 项，相关司法解释认为，计算机信息系统，是指具备自动处理数据功能的系统，包括计算机、网络设备、通信设备、自动化控制设备的系统。基于此，本题中丙的行为构成破坏计算机信息系统罪（《刑法》第 286 条）。

B 项，非法侵入计算机信息系统罪（《刑法》第 285 条第 1 款）。本罪的计算机信息系统，仅包括国家事务、国防建设、尖端科学技术领域的计算机信息系统，不包括一般的计算机信息系统如一般公司企业的计算机信息系统。因此，B 项不当选。

C 项，非法控制计算机信息系统罪（《刑法》第 285 条第 2 款）。本罪的计算机信息系统，是指国家事务、国防建设、尖端科学技术领域的计算机信息系统以外的一般的计算机信息系统。本题中，丙实施的是破坏行为，而非控制行为，因此不构成非法控制计算机信息系统罪。C 项不当选。

D 项，帮助信息网络犯罪活动罪（《刑法》第 287 条之二），是指明知他人利用信息网络实施犯罪，为其犯罪提供互联网接入、服务器托管、网络存储、通讯传输等技术支持，或者提供广告推广、支付结算等帮助的行为。丙不构成该罪。

综上所述，本题答案为 A。

30.【解析】C。第①句，说法正确。虚假诉讼罪是 2015 年《刑法修正案（九）》新增的罪名。

第②句，说法正确。虚假诉讼行为人欺骗了法官，使法官作出对被告人不利判决，将被告人财产处分给行为人，构成三角诈骗，即受骗人是法官，受害人是被告人。同时，虚假诉讼行为人也构成虚假诉讼罪。一个行为同时触犯两罪，属于想象竞合。

第③句，例如，甲与法官串通，由甲提起虚假诉讼，由法官判被告人乙败诉，将乙的财产处分给甲。第一，甲构成虚假诉讼罪的实行犯，法官构成帮助犯，即法官帮助甲一起欺骗法院。第二，法官构成枉法裁判罪的实行犯，甲构成教唆犯。第三，甲不构成诈骗罪，因为甲和法官勾结，甲没有欺骗法官。第四，乙的财产遭受损失，甲和法官应构成财产犯罪，具体而言是盗窃罪，即甲和法官通过平和手段，将乙占有的财物转移为甲占有。甲和法官构成虚假诉讼罪、枉法裁判罪、盗窃罪的共同犯罪，想象竞合，择一重罪论处。第③句认为，甲还构成诈骗罪。该说法错误。

第④句，例如，甲提起虚假诉讼，欲欺骗法官，法官发现真相，但仍判处被告人乙败诉，将乙的财物处分给甲。甲不知道法官暗中相助。第一，甲构成虚假诉讼罪的实行犯，法官构成片面的帮助犯。第二，法官构成枉法裁判罪，但甲不构成该罪的教唆犯，因为甲没有教唆法官枉法裁判，甲以为法官受骗。第三，甲想欺骗法官，但法官未受骗，甲构成诈骗罪未遂，实务中对普通的诈骗罪未遂一般不予刑罚处罚。第四，甲取得财物这一环节构成盗窃罪，法官是盗窃罪的片面正犯。第④句认为，法官不构成虚假诉讼罪。该说法错误。法官构成虚假诉讼罪的片面的帮助犯。

综上所述，本题答案为C。

31.【解析】A。挪用公款罪有三种客观处罚条件：(1)“进行非法活动”；(2)“数额较大，进行营利活动”；(3)“数额较大，超过三个月未还”。由于这三种行为方式都属于客观处罚条件，因此，不以计划用途来认定，而以实际用途来认定。例如，甲为了炒股而挪出公款（数额较大），但因为股市行情不好就一直将公款放着没用，超过3个月未还。对此就认定为挪用公款数额较大，超过3个月未还。

本题中，实际用途是：(1)100万元投资。这属于“数额较大，进行营利活动”，就此而言，甲、乙构成挪用公款罪的共同犯罪，数额是100万元。二人对100万元均要负责。(2)200万元用于购房，两个月后归还。这不构成挪用公款罪。

综上所述，本题答案为A。

32.【解析】C。(1)支付宝账户不属于银行卡账户，支付宝的支付密码不属于银行卡信息资料，因此不适用信用卡诈骗罪的相关规定。

(2)王某在堂兄不知情的情况下，将堂兄银行卡中的资金予以消费，属于将堂兄所有的财物，通过平和手段转移为自己占有，这种盗刷行为构成盗窃罪。

(3)由于王某没有实施欺骗行为，堂兄也没有产生认识错误，不存在基于认识错误处分财物，因此，王某不构成诈骗罪，也不构成信用卡诈骗罪。

综上所述，本题答案为C。

33.【解析】C。A、B项，当事人主义诉讼构造注重控辩双方积极对抗，法官消极中立。职权主义诉讼构造注重法官职权指挥，控辩双方的对抗受到一定制约。在我国，正式开庭前，法官可以查阅案件材料，还可以通过庭前会议了解情况、听取意见，体现了法官依职权查明的特性，具有一定的职权主义色彩，B项正确。但是，1996年《刑事诉讼法》修改时，对于庭前审查证据材料，从实质性审查（审查具体事实和证据的真伪）改为形式性审查（只审查检察院移送的案卷材料是否完备），目的是进一步弱化法官的职权，避免法官在开庭审理前通过实质审查证据形成先入为主的偏见，体现了一定的当事人主义改革思路，A项正确。

C项，完整的刑事诉讼构造仅存在于审判阶段。换言之，仅在审判阶段，才共同存在控、辩、审三方的职能。在审前阶段（侦查、起诉），主要存在控和辩的关系，而不存在居中的审判职能。因此，C项在审查起诉程序中就形成了控、辩、审三方构造是错误的。

D项，我国刑事诉讼构造是控辩式构造，目的在于弱化法官职权指挥，突出控辩双方的平等对抗。但在司法实践中，证人因惧怕遭到报复等不愿出庭作证，加之我国证人出庭保障制度及证人不出庭惩戒制度方面还不完善，导致证人很少出庭作证。这使得控辩双方无法对证人进行交叉询问，无益于控辩双方进行有针对性的对抗，不利于查明案件事实。这反映了我国控辩式诉讼构造仍需进一步改革完善，目前仍处于发展中阶段，D项正确。

综上所述，本题答案为C。

34.【解析】A。A项，检察院具有法律监督权，贯穿立案、侦查、起诉、审判、执行各诉讼阶段。A项中，刘某认为公安机关对应当立案的案件没有立案，申请检察院进行立案监督，检察院经过监督责令公安机关立案，这体现了检察院依法对刑事诉讼实行法律监督原则的适用。A项正确。

B项，检察院有权对刑事诉讼活动进行监督，监督权可以贯穿立案、侦查、起诉、审判、执行各诉讼阶段。但是，立案之前，意味着案件还没有进入刑事诉讼程序，此时检察院不会提前介入进行监督。B项错误。

C项，公诉人若发现法庭审判违反法律规定的诉讼程序，应当在休庭后及时向检察长报告，由检察院在庭审后提出。庭审中，应当维护法官的审判权威，公诉人不能当庭提出纠正违法意见，C项错误。

D项，为了保证逮捕的公正性，维护犯罪嫌疑人合法权益，对于公安机关侦查的案件，逮捕犯罪嫌疑人之前需要经过检察院审查批准，这体现了检察院的监督权。检察院是否批捕，应当以犯罪嫌疑人是否符合逮捕条件为依据。公安机关未退还保证金，检察院可以纠正违法，但与是否批捕没有必然联系，D项错误。

综上所述，本题答案为A。

35.【解析】C。A、C、D项，甲故意伤害乙，致乙轻微伤。对于故意伤害案,造成被害人轻伤、重伤或者死亡的才能构成犯罪,造成被害人轻微伤属于《刑事诉讼法》第16条规定中“情节显著轻微、危害不大,不认为是犯罪的”情形,在审查起诉阶段,检察院应当对甲不起诉,在审判阶段,法院应当宣判甲无罪。因此,A项法官可以对甲从轻、减轻处罚错误,C项检察官经查认为甲不构成犯罪正确。此外,因符合《刑事诉讼法》第16条而不起诉的,属于法定不起诉而非酌定不起诉,因此,D项检察院可以对甲酌定不起诉错误。

B项,自首需要具备两个要素:一是自动投案,二是如实供述。本题中,甲知道丙报了警而在现场等待,抓捕时无拒捕行为,可以属于自动投案。但题目中没有表明甲到案后是否如实供述,因此还不能评价为自首,B项错误。

综上所述,本题答案为C。

36.【解析】A。A项解题关键词是“秦某”“辩护职能”。秦某系被告单位南天公司的诉讼代表人,即具有被告人地位,当然具有辩护职能。A项具有迷惑性,考生会认为秦某在本案中只能担任诉讼代表人,不能担任辩护人,因此不能履行辩护职能,而忽略了秦某这位诉讼代表人其实是刑事被告人(单位被告人),被告人当然可以自行辩护,A项正确。

B、D项,本案中,秦某系琉星律所律师,被委托担任南天公司的诉讼代表人,秦某不得同时担任南天公司或者实际控制人杨某的辩护人,D项错误。此外,虽然秦某不得担任杨某的辩护人,但杨某仍可以委托琉星律所的其他律师担任其辩护人,B项错误。

C项,单位的诉讼代表人若由律师担任,只能由单位委托。若单位委托的诉讼代表人不符合规定或者经通知不到庭,法院再要求检察院另行确定诉讼代表人,C项错误。

综上所述,本题答案为A。

37.【解析】A。A项,在我国,检察院可以对司法工作人员利用职权实施的非贪腐的职务犯罪立案侦查。具体来说,司法工作人员是指具有侦查、检察、审判、监管职责的工作人员。本题中,中国海警局有权打击海上刑事犯罪,行使类似公安机关的侦查权。因此,海警工作站站长蔡某属于具有侦查职责的司法工作人员,其利用职权殴打证人可能构成暴力取证罪,依法可由检察院立案侦查,A项正确。

B项,检察院负责侦查部分国家公职人员的职务犯罪。本题中,张某虽系官员,但其隐瞒发热症状参与聚集活动并非利用职务便利实施的行为,不属于检察院管辖,B项错误。

C项,警察王某虽然利用职务便利,但其实施的为境外组织刺探情报行为属于危害国家安全犯罪,由国家安全机关立案侦查,C项错误。

D项,副检察长李某在办公楼招投标过程中收受巨额财物构成受贿罪,贪污贿赂犯罪属于监察委员会立案调查,检察院不能管辖,D项错误。

综上所述,本题答案为A。

38.【解析】B。从级别管辖的角度来看,中级人民法院一审“国恐无死,没缺没收”的案件。具言之,对于危害国家安全犯罪案件,恐怖活动犯罪案件,可能被判处无期徒刑、死刑的案件,财产没收程序案件,部分缺席审判案件,应当由中级人民法院一审。本题中,甲涉嫌盗窃罪和交通肇事罪,盗窃一辆价值约1万元的摩托车只能判处有期徒刑,交通肇事逃逸致人死亡的,处7年以上有期徒刑。显然,对甲数罪并罚,仍只能判处其有期徒刑,因此,甲应当由基层人民法院审理,无须中级人民法院审理。故C项可由B市中级人民法院审理错误。

从地域管辖的角度来看,我国对刑事案件以犯罪地法院管辖为主,被告人居住地法院管辖为辅。本题中,A市为盗窃罪的犯罪地,B市C区是交通肇事罪的犯罪地,D市为被告人的抓获地。因此,A市基层人民法院与B市C区法院均可审理本案。故A项应当由A市的基层人民法院审理过于绝对,错误。B项本案可由C区法院审理,正确。D项可由D市的法院审理,错误。

综上所述,本题答案为B。

39.【解析】C。A、B项,甲系辩护人,帮助乙伪造证据,构成辩护人伪造证据罪。因此,A项错误。虚假诉讼罪是以捏造的事实提起民事诉讼,妨害司法秩序或者严重侵害他人合法权益的行为,本题是刑事诉讼,故不构成本罪。此外,甲通过传递纸条方式告知乙线索,属于甲帮助乙伪造证据的行为方式,甲构成辩护人伪造证据罪,不构成扰乱法庭秩序罪,B项错误。

C项,乙向法庭提供的非法持有毒品的线索是甲通过非法方式获取并提供给乙,属于妨害司法公正的行为。甲对该妨碍司法公正的非法“立功”进行辩护,显然是违背律师执业道德和纪律的不合法辩护行为,C项正确。

D项,甲找丙不是为了调查乙的涉案事实,而是为了从丙处获取非法持有毒品的线索,目的是帮助乙伪造“立功”证据,这显然不是合法的调查取证行为,D项错误。

综上所述,本题答案为C。

40.【解析】B。A项,电子数据未以封存状态移送的,属于瑕疵证据,经补正或者作出合理解释的,可以采用,A项说应作为非法证据予以排除是错误的。

B项,侦查人员收集、提取电子数据,应当制作笔录,并附收集、提取电子数据的清单、规格、类别、文件格式、完整性校验值等,B项正确。

C项,电子数据被篡改的,因其存“伪”,属于严重违法,该电子数据不得直接作为定案根据,C项说应先判断是否属于瑕疵证据是错误的。

D项,侦查人员提取电子数据时,电子数据持有人无法签名或者拒绝签名的,应当在笔录中注明,由见证人签名或者盖章。有条件的,侦查人员应当对相关活动进行录像。可见,在提取电子数据时,并非必须有见证人,也并非必须录像,D项错误。

综上所述,本题答案为B。

41.【解析】C。A项,该选项迷惑性很强!你是不是在想:“这个点我知道,行政执法人员在行政执法工作中获取的实物证据在刑事诉讼活动中可以作为证据使用,但获取的言词证据不能直接作为证据使用,需要侦查人员重新收集。因此A项是对的。”这就中计了。假设本题是排污企业负责人涉嫌犯罪,由公安机关负责侦查。崔某作为行政执法人员获取的询问笔录在排污企业负责人的污染环境罪中不得直接作为证据使用,需要侦查人员重新收集。但是,本题是崔某涉嫌渎职犯罪,由监察机关负责调查,崔某询问排污企业负责人的笔录可以作为书证来证明崔某是否存在渎职行为。因此,A项说该询问笔录不能作为证据使用是错误的。

B项,检察院无权对监察机关的留置措施进行监督,留置场所的设置、管理和监督依照国家有关规定执行,B项说在崔某被留置期间,检察院可对监管活动进行监督是错误的。

C项,崔某不认真履行监管职责是因,某企业排放污水致当地水源严重污染是果,该因果关系是认定崔某是否构成渎职犯罪的重要证明对象。在公诉案件中,应当由检察院承担证明责任,C项正确。

D项,认罪认罚从宽制度不仅适用于刑事诉讼各阶段,对监察机关的调查活动同样适用。监察机关在调查过程中,若被调查人主动认罪认罚,监察机关有可能在移送检察院审查起诉时提出从宽处罚的建议。因此,D项说监察机关告知崔某本案移送审查起诉后才能适用认罪认罚从宽是错误的。

综上所述,本题答案为C。

42.【解析】B。A项,被害人可以依法向法院提起自诉,但是本题中,国家新闻出版部门是行政机关,可以对某公司违法出版盗版刊物的行为给予行政处罚。某公司出版盗版刊物侵害了市场经济秩序,并非直接侵害了国家新闻出版部门。简言之,国家新闻出版部门不是被害人,不能提起自诉,A项错误。

B项,对被不起诉人需要给予行政处罚的,经检察长批准,检察院应当提出检察意见,连同不起诉决定书一并移送有关主管机关处理。本题中,检察院认为某公司犯罪情节轻微,作出酌定不起诉决定,如认为需要对某公司给予行政处罚,应当提出检察意见,让国家新闻出版部门对其进行行政处罚,B项正确。

C项,检察院作出不起诉决定的,应当解除查封、扣押、冻结,需要没收违法所得的,经检察长批准,应当提出检察意见,移送有关主管机关处理。简言之,检察院无权直接没收赃款赃物,如需没收,应当移送有关机关(一般指法院)处理。本题中,C项说检察院可以没收违法出版物是错误的。

D项,检察院发现不起诉决定确有错误,符合起诉条件的,应当撤销不起诉决定,提起公诉。可见,检察院撤销不起诉的前提是之前的不起诉决定“确有错误”。本题中,某公司违法出版盗版刊物,检察院认为犯罪情节轻微,酌定不起诉,该不起诉决定没有错误,无须撤销。至于某公司随后继续违法出版,若构成犯罪,经过公安机关立案侦查,检察院向法院提起公诉即可,对之前的酌定不起诉决定无须撤销。D项错误。

综上所述,本题答案为B。

43.【解析】D。A项,根据关联性证据规则要求,证据应当与案件事实存在客观联系。其中,品格证据、类似行为等与案件定罪无关。本题中,田某此前制造毒品被刑事处罚,刑满释放后再次制造毒品,属于类似行为。田某此前制造毒品用于贩卖的目的与其再次制造毒品的主观目的没有必然关联,A项错误。

B项,证人、鉴定人或者有专门知识的人出庭后,一般先向法庭作陈述,陈述完毕后再接受控辩双方的发问。规则是哪一方申请出庭,哪一方先发问。本题中,辩护人申请有专门知识的人出庭后,应由有专门知识的人进行陈述,陈述完毕后,经审判长许可,再由申请其出庭的辩护方发问,B项错误。

C项,申请有专门知识的人出庭,一般不得超过2人。但是,若有多种类鉴定意见,可以相应增加人数。本题中,辩护律师对关于毒品纯度、监听通话语音和笔迹同一性的三份不同种类鉴定意见提出异议,申请有专门知识的人出庭的人数不受2人的限制,C项错误。

D项,田某此前制造毒品用于贩卖,与其刑满释放后再次制造毒品的主观意图没有必然关联,但是与田某是否构成累犯存在关联。简言之,田某曾因制造毒品被刑事处罚与田某再次制造毒品的定罪无关,但与量刑有关。根据《刑法》的规定,被判处有期徒刑以上刑罚的犯罪分子,刑罚执行完毕或者赦免以后,在5年以内再犯应当判处有期徒刑以上刑罚之罪的,是累犯,应当从重处罚。本题中,田某是否曾因犯制造毒品罪被判处有期徒刑与田某是否构成累犯紧密相关,检察院提起公诉时应一并提供田某曾犯制造毒品罪的裁判文书,D项正确。

综上所述,本题答案为D。

44.【解析】C。A项,本案系涉黑犯罪,若法院决定对项某采取不公开个人信息的保护措施,未来在判决书中可以对项某使用化名,A项正确。

B项,在审理过程中,证人进行虚假陈述的,公诉人应当通过发问澄清事实,必要时,可以宣读在审前阶段制作的该证人的证言笔录进行核实,B项正确。

C项,证人出庭后,一般先向法庭陈述证言;其后,经审判长许可,由申请通知证人出庭的一方发问,发问完毕后,对方也可以发问。本案中,项某到庭后,应当先由项某进行陈述。经审判长许可,再由伍某及其辩护人向项某发问。最后由公诉人发问。C项说应当先由公诉人对其发问是错误的。

D项,公诉人不能采取诱导式发问(问题中包含答案,如“你当天是穿的红色夹克吗?”),只能采取开放式发问(如“你当天穿的什么衣服去的?”)。对于公诉人的不当发问,辩护人有权提出异议,申请审判长制止,D项正确。

综上所述,本题答案为C。

45.【解析】A。本题行政机关违反了合理行政原则的子原则比例原则。比例原则要求行政机关在可以采用多种方式实现某一行政目的的情况下，应当采用对当事人权益损害最小的方式，即行政机关能用轻微的方式实现行政目的，就不能选择使用手段更激烈的方式。比例原则最核心的要求为“少侵害”，就处罚而言，能不罚就不罚，能少罚就少罚；就强制而言，能不强制就不强制，能少强制就少强制。《行政处罚法》第5条第2款：“设定和实施行政处罚必须以事实为依据，与违法行为的事实、性质、情节以及社会危害程度相当。”《行政强制法》第5条：“行政强制的设定和实施，应当适当。采用非强制手段可以达到行政管理目的的，不得设定和实施行政强制。”《行政强制法》第42条第1款：“实施行政强制执行，行政机关可以在不损害公共利益和他人合法权益的情况下，与当事人达成执行协议。执行协议可以约定分阶段履行；当事人采取补救措施的，可以减免加处的罚款或者滞纳金。”《行政强制法》第43条：“行政机关不得在夜间或者法定节假日实施行政强制执行。但是，情况紧急的除外。行政机关不得对居民生活采取停止供水、供电、供热、供燃气等方式迫使当事人履行相关行政决定。”《行政强制法》第23条：“查封、扣押限于涉案的场所、设施或者财物，不得查封、扣押与违法行为无关的场所、设施或者财物；不得查封、扣押公民个人及其所扶养家属的生活必需品。当事人的场所、设施或者财物已被其他国家机关依法查封的，不得重复查封。”

以上条款均为比例原则的体现。就本题而言，当事人在合法经营的商铺外擅自搭建地面工棚，地面工棚属于违法建筑物，行政机关自然有权查封，甚至在查清事实之后可以予以拆除，但行政机关扩大了强制措施的范围，将合法经营的商铺也予以查封，违反了比例原则，而比例原则又是合理行政原则的子原则，所以，行政机关的做法违反了A选项合理行政原则。

综上，本题答案为A。

46.【解析】D。(1)政务处分期间，公务员应当低调行事，工资、职务、职级和级别都不应有所增长，但有一个例外，警告处分期间可以涨工资。本题中刘某受到记大过处分，在处分期间不能晋升工资档次，故A选项错误。

(2)只有撤职的时候需要降低级别，警告、记过和记大过均不需要降低级别，可见，B选项错误。

(3)对行政处分不服应向人事机关申诉，而对政务处分决定不服的，可以依法向作出决定的监察机关申请复审；公职人员对复审决定仍不服的，可以向上一级监察机关申请复核。本选项采用了张冠李戴的命题技巧，还有考生没有注意到题干处分内容为政务处分，误以为是行政处分，进而产生误判，C选项错误。

(4)对同一违纪违法行为，监察机关已经作出政务处分决定的，公务员所在机关不再给予处分。可见，D选项正确。

综上，本题答案为D。

47.【解析】C。(1)规章解释权属于规章制定机关，《机动车排放召回管理规定》由国家市场监督管理总局和生态环境部共同制定，所以，解释主体不只有国家市场监督管理总局，还应当有生态环境部，故A选项错误。

(2)部门规章签署公布后，及时在国务院公报或者部门公报和中国政府法制信息网以及在全国范围内发行的报纸上刊载，可见，刊载部门规章的公报不只有国务院公报，部门公报也可以刊载，B选项表述过于绝对。

(3)国家机关、社会团体、企业事业组织、公民认为规章同法律、行政法规相抵触的，可以向国务院书面提出审查的建议，由国务院法制机构研究并提出处理意见，C选项正确。

(4)审议规章草案时，由法制机构作说明，也可以由起草单位作说明。为什么草案这么规定，而不那么规定，负责审议规章的相关负责人也可能不完全清楚，此时，就需要由起草单位或审查单位(法制机构)阐明立法理由，解释立法必要性和可行性，为其最终决断提供依据。可见，除了起草单位外，法制机构也可以作说明，D选项表述绝对，错误。

综上，本题答案为C。

48.【解析】C。(1)责令停产停业与责令限期改正不同，责令限期改正的行为性质属于行政强制措施，其核心在于恢复正常状态，性质更偏于教育和纠正功能，而没有处罚的惩戒性。而本题责令附带了明确期限的停止养殖活动，属于处罚种类中的责令停产停业，是一种暂时停止违法行为人生产经营活动和其他业务活动的制裁方法，可见，A、B选项错误。

(2)责令停产整治决定书首先属于处罚，然后，法定处罚种类有精神罚、财产罚、资格罚、行为罚和自由罚等，责令停止养殖活动3个月属于限制或禁止当事人从事特定活动的行为罚。C选项正确。注意行为罚和资格罚的区别主要在于资格罚是作用于许可证的，比如吊销许可证；而行为罚直接作用于行为能力本身。

(3)行政诉讼直接起诉的起诉期为6个月，只有经过复议后再起诉的起诉期才是15日，本题并没有经过复议，所以，起诉期为6个月，D选项错误。

综上，本题答案为C。

49.【解析】C。(1)行政机关申请法院强制执行的，一般由申请人所在地的基层人民法院管辖；但执行对象为不动产的，由不动产所在地的基层人民法院管辖。本题不应当向该公司所在地基层人民法院，而应当向河务局所在地基层人民法院申请，可见，A选项错误。

(2)因为申请法院强制执行案件(又称为非诉执行案件)需要法院对被执行行政行为的合法性进行审查，所以，审查主体应当是法院中更具有专业性、更懂行政法律制度的行政庭，而非执行庭，如果行政庭审查认为需要采取强制执行措施，再由法院负责强制执行非诉行政行为的机构执行。可见，B选项错误。

(3)行政机关已催告当事人履行义务且催告期已满10日。催告程序是非诉执行的前置程序。其要求是：行政机关申请法院强制执行前，应当催告当事人履行义务。如经催告，当事人履行了义务，则不再申请法院强制执行；经催告后，当事人仍不依法履行义务的，则申请法院强制执行。C 选项正确。

(4)考生应当区分清楚诉讼执行和非诉执行。诉讼执行是在当事人起诉，法院作出判决或调解书后，由执行庭执行的案件，执行标的为判决或调解书；而非诉执行案件，是在当事人既未申请行政复议，也未提起行政诉讼，还未在指定期限内履行义务情况下，由行政机关申请法院执行的程序，执行标的是罚款、税款等行政行为，非诉执行案件没有经历过起诉的过程，法院自然不会作出判决，如果法院认为申请被执行行政行为合法、符合执行条件，法院应当裁定准许执行，可见，D 选项错误。

综上，本题答案为 C。

50.【**解析**】D。(1)法院对行政处罚行为作出变更判决，原则上只能减轻不能加重，不得加重原告的义务或者减损原告的权益。但是，在行政诉讼中，利害关系人同为原告，且诉讼请求相反的除外。而本题就属于这种情况，王某请求撤销处罚，李某请求加重处罚，两方同为原告且诉讼请求相反，所以，法院加重处罚并不违法，A 选项错误。

(2)行政处罚的听证除了法定听证外，还会有约定听证，因为听证是正式地听取公民意见的方式，应当予以鼓励。应当告知听证权利的为吊销等六大事项，该六大事项对行政机关有强行要求；而其他事项，比如拘留 7 日、罚款 300 元，在官民双方自愿的情况下，均属于可以听证。命题人认为，当事人的听证权并非仅基于法律规定或法律授予，也可以基于行政机关的承诺。可见，B 选项认为本案适用听证程序即属于违法的判断是错误的。

(3)传唤是指公安机关通知违法行为人到指定的地点接受调查的一种调查手段。传唤的对象为违法行为人，受害人、证人不得适用传唤，所以县公安局传唤受害人李某提供证言是违法的，C 选项错误。

(4)根据有错必纠的理念，行政机关可以在一审中，也可以在二审、再审中改变其认为错误的行政行为，D 选项正确。

综上，本题答案为 D。

二、多项选择题

51.【**解析**】ACD。A 选项正确，科学立法、严格执法、公正司法、全民守法是全面依法治国工作的重要环节，也是建设法治国家和法治体系的必然要求。健全法律法规规章起草征求人大代表意见制度，增加代表列席常委会会议人数，体现了人大主导立法和民主立法的要求，符合科学立法的基本理念。B 选项错误，法治政府的建设要求贯彻行政责任原则，实现行政活动的权责统一，但这并不意味着政府的所有决策都要适用终身责任追究制度及责任倒查机制，这样反而会导致责任审查能力的过于分散和丧失重点，终身责任追究制度及责任倒查机制只针对重大行政决策。C 选项正确，减少多头执法，减少市县两级政府执法队伍种类，符合有条件推进综合执法，实现政府精兵简政的改革方向，体现了法治政府的建设要求。D 选项正确，通过案例指导和司法解释制度，能够有效地避免司法适用过程中的不统一现象，符合公正司法的基本理念。本题答案为 ACD。

52.【**解析**】ACD。以人民为中心是中国特色社会主义法治的本质要求。坚持以人民为中心要坚持全过程人民民主，保证人民在党的领导下依照法律规定通过各种途径和形式管理国家事务、管理经济和文化事业、管理社会事务。全国人大常委会法工委基层立法联系点加强了国家立法机关同人民群众的联系，让老百姓参与立法过程，提高立法质量。A 选项正确。

全国人大常委会法工委基层立法联系点加强了国家立法机关同人民群众的联系，让老百姓真正参与立法过程，而不是让人民群众直接行使国家权力。B 选项错误。

法治社会是法治国家、法治政府建设的基础和依托，法治国家、法治政府建设必须筑牢法治社会根基。法治社会要求全民守法，打通国家立法机关直接联系基层人民群众的渠道，让人民群众直接参与立法，可以让立法更好地反映人民意志，是实现法治社会的重要措施。C、D 选项正确。本题答案为 ACD。

53.【**解析**】ACD。A 选项正确，反向推理的基本逻辑是严格按照法律规定得出关于法律适用的判断，如若事实情形与法律规定不一致，那么将无法适用该法律规定得出结论。换句话说，反向推理的最终结果是不能适用该规定，理由是案件事实与法律所要求的事实情形不一致。在本题中，法官强调法律只规定了支付彩礼一方才有彩礼返还请求权，显然乙女不符合该规定要求的主体条件，进而不能适用该条款，这属于典型的反向推理。B 选项错误，真正的法律适用过程，不是一个法律发现的过程，而是法律论证的过程，前者夸大了社会因素和心理因素等法外因素对案件结果的影响能力，并且会导致判决可预测性和正当性的彻底丧失，因此并非妥当的司法裁判理论。C 选项正确，法官依照当地风俗认定了彩礼的性质，这显然是对公序良俗原则的适用。D 选项正确，所谓涵摄，即将案件事实与法律规定结合进而得出结论，演绎推理(涵摄)是最常用的案件处理办法，因为它直接体现了法律人对法律规定的尊重与服从，也能够为判决提供基础的合法性支撑，本案中法官的判决显然是依法得出，因此体现了演绎推理(涵摄)的要求。本题答案为 ACD。

54.【**解析**】ABC。本题做对的关键在于对法官两次对“火灾”的解读作出判定。法官根据日常理解，认定“自燃”属于火灾，这是根据词语的字面意思(日常含义)进行的判断，属于文义解释。但法官第二次又根据合同的约定，将“自燃”排除到火灾之外，这是典型的联系其他规定对某一理解对象进行综合判断的体系解释。需要注意的是，体系解释也叫逻辑解释，其最大的特点就是不对理解对象进行单独解读，而是要结合其他规定进行判断，如此操作可以避免对理解对象的单一判断进而导致和其他规定的逻辑冲突。据此，A、C 选项正确。B 选项同样正确，法律解释的冲突模式是指同一被解释对象，因适用不同解释方法而导致解释结果相互矛盾的情形，显然本题中文义解释和体系解释的解释结果是矛盾的。D选项错误，比较解释是指在解释过程中参考国外的判例、理论或法律规定，简单来说就是要"涉外"，本题中法官并未参考"国外因素"，因此不属于比较解释。本题答案为ABC。

55.【解析】CD。首先需要明确，省人大常委会对设区的市政府没有立法审查上的领导或监督关系，因此省人大常委会无权直接对该办法进行改变或者撤销。正确的做法应当是由省人大常委会将审查的意见和发现的问题反馈至有权机关进行直接处理。据此，C、D选项错误。不当立法可以由与该立法机关存在领导关系或监督关系的上级进行改变或撤销，也可以由该立法机关在发现问题后进行主动更改，因此A选项正确。B选项正确，市人大常委会与市政府是监督关系，可以对市政府的规章进行适当性审查，在发现问题时进行撤销。请注意，在立法审查时，并非级别越高，处理权限就越高，而是要准确地找到相应的上级机关。同时要注意区分备案主体和处理主体之间的差异，典型如本题中，市政府的规章需要报省人大常委会备案，但省人大常委会无权对其进行直接处理。本题答案为CD。

56.【解析】ABD。根据《港区国安法》第1条的规定，"根据中华人民共和国宪法、中华人民共和国香港特别行政区基本法和全国人民代表大会关于建立健全香港特别行政区维护国家安全的法律制度和执行机制的决定，制定本法"。A项正确。《关于建立健全香港特别行政区维护国家安全的法律制度和执行机制的决定》规定了全国人大常委会有权将《港区国安法》列入《香港基本法》附件三，由香港特别行政区在当地公布实施，B项正确。《港区国安法》第7条规定："香港特别行政区应当尽早完成香港特别行政区基本法规定的维护国家安全立法，完善相关法律。"C项错误。《港区国安法》第62条规定："香港特别行政区本地法律规定与本法不一致的，适用本法规定。"D项正确。本题答案为ABD。

57.【解析】ABCD。基本权利是指通过《宪法》进行规定和保护的公民权利。该权利之所以用"基本"加以限定，主要是为了指明该权利的重要性和根本性。首先，基本权利往往以基础人权为内容，是公民最为重要和不可或缺的权利，也是公民能够享受其他权利的基础；其次，公民基本权利指明了公民在国家生活中的基础地位，根据经典的宪法理论，人民制宪的根本目的在于保障自身的安全和利益，对公民权益的保障是国家公权力的合法性基础，这也从根本上界定了国家和公民的基本关系。本题答案为ABCD。

58.【解析】ABCD。国家勋章和国家荣誉称号往往冠以"共和国"或"人民"等称号，代表着国家的最高荣誉，A选项正确。国家勋章和国家荣誉称号由全国人大常委会根据国务院、中央军委、委员长会议的提请决定授予，授勋仪式一般由国家主席参与签发相关证书。全国人大常委会能够决定授予国家勋章和国家荣誉称号，当然也能够决定撤销，因此BCD选项正确。本题答案为ABCD。

59.【解析】ACD。A选项错误，全国人大常委会的撤职对象只有由其决定的中央政府和中央军委除正职外的其他组成人员，而全国人大常委会决定的"两院""一委"的相关人员，则不在撤职范围内。B选项正确，国务院总理和中央军委主席均可以对本机关的其他组成人员向全国人大常委会提出撤职案。C选项错误，委员长会议可以针对国务院除总理外的其他组成人员提出撤职案，而非国务院的组成人员（总理属于国务院组成人员）。D选项错误，地区和直辖市中的中院和市检的一把手是由省级人大常委会任免的，当然也可以由它撤职。本题答案为ACD。

60.【解析】AB。国家标志代表着一个国家的主权、尊严和权威，其使用场合应当具备官方性、权威性和正式性，因此A、B选项正确。D选项错误，国家主席在性质上是国家元首，属于国家机关的范畴。C选项具有一定的迷惑性，升降国旗的过程也是一个重要的爱国主义教育的过程，因此国家鼓励公民和社会组织在适宜的场合使用国旗及其图案，表达爱国情感。在举行重大庆祝、纪念活动，大型文化、体育活动，大型展览会时，也可以升挂国旗。但在非官方场合的国旗升降，一般属于"倡导"或"允许"的范畴，并不具备"应当每日"的强制性，也不具备"主权宣示"的必要性。因此并非所有的机场、港口、火车站都应当每日升挂国旗，而是强调"出入境"，一般的机场、港口、火车站（如主要承担货运职能的晋城北站）并不满足上述要求，故C选项错误。本题答案为AB。

61.【解析】ABCD。本题考查司法的功能。司法的功能从不同角度可以有不同的划分方式，但最重要的分类就是直接功能和间接功能。直接功能就是解决纠纷，间接功能就是司法在解决纠纷的基础上对社会产生诸如人权保障、调整社会关系、补充解释法律、形成公共政策等影响。由于社会生活的复杂性，事实上司法对社会可能产生的间接影响是非常多样的（类似于蝴蝶效应），因此A、B、D均为正确选项，其中D选项体现了直接功能，A、B选项主要体现了间接功能。C选项也是正确的，比如强调调解的"枫桥经验"之所以能够诞生在我国，就与我国的司法体制机制、法律文化传统、法官素质等国情因素密切相关。本题答案为ABCD。

62.【解析】ABC。检察官认真审查案件材料，听取辩护律师意见，体现了严谨的办案态度，有利于维护法律的正确实施和实现案件的公正处理，也体现了对当事人及律师合法权益的保障，因此A、C选项正确。检察官和法官职业道德准则都是五个方面，其中忠诚、为民、公正、廉洁四个方面是一致的，差异在于法官强调维护司法形象，检察官强调要有担当精神。所谓担当就是指敢于坚守职责，能够直面问题，在本案中，检察官发现公安机关移送材料的问题后能够严格坚持审查起诉标准，正体现了其担当精神。因此，B选项也正确。D选项本身的说法并无不妥，但与题目无关，因此不当选。本题答案为ABC。

63.【解析】AC。选项A正确。根据国际法相关规则,外交邮袋可以交商业飞机机长转递,但该机长不得被视为外交信差。

选项B错误。战争开始后,除使馆的财产和档案之外,一国可以对其境内的敌国财产采取没收等措施。一定要注意,使馆的财产和档案是不能没收查封的。

选项C正确。使馆的档案无论何时何地均不得侵犯。这项特权即使两国断交、使馆馆长长期或暂时撤退、发生武装冲突时也不例外。

选项D错误。这个选项考查的是“域外庇护”。甲国利用其驻乙国的大使馆进行的庇护属于“域外庇护”,不具有国际法基础,简单理解就是国际法不认可这种庇护。

综上所述,本题答案为AC。

64.【解析】ABC。A项,考查盗窃罪与侵占罪的关系。

第一,盗窃罪可以包容评价为侵占罪,但侵占罪不能包容评价为盗窃罪。本题中,甲有犯侵占罪的故意,不能包容评价为盗窃罪的故意。甲没有盗窃罪的故意。因此,A项说法正确。

第二,论证盗窃罪。客观上,甲将他人占有的财物转移为自己占有,具有盗窃罪的客观行为,但是主观上,甲没有盗窃罪的故意,因此不成立盗窃罪。

第三,论证侵占罪。客观上,盗窃罪的客观行为可以包容评价为侵占罪的客观行为。主观上,甲有侵占罪的故意。因此,甲成立侵占罪,并且既遂。

B项,运输假币罪包括假的人民币和假的外币,只要是假币即可。乙误以为自己运输的是假美元,实际是假欧元。这种认识错误属于同一犯罪构成(运输假币罪)内的认识错误,即具体的认识错误,具体而言是对象错误。这种对象错误不重要,因为乙至少认识到自己运输的是假币。这种对象认识错误不影响运输假币罪的成立和既遂。B项说法正确。

C项,第一,考查过于自信的过失。丙反复叮嘱凶手不要导致李某死亡,表明丙已经预见到凶手可能导致李某死亡,但是轻信凶手不会导致李某死亡。因此,丙对死亡结果存在过于自信的过失。C项说法正确。

第二,由于本题中没有交代凶手对死亡结果的态度,因此,凶手可能构成故意伤害罪(过失)致人死亡,也可能构成故意杀人罪。但无论如何,丙作为教唆犯,均构成故意伤害罪(过失)致人死亡。

D项,拐卖妇女、儿童罪是选择性罪名,存在选择性对象“妇女”和“儿童”。关于选择性对象之间的对象认识错误,结论是按客观认定。丁主观上想拐卖儿童,客观上拐卖了妇女(年满14周岁的女性,在刑法上属于妇女)。按照客观认定,对丁以拐卖妇女罪既遂论处。D项说法错误。

综上所述,本题答案为ABC。

65.【解析】BD。A、B项,(1)望风行为的帮助作用有两种。一是提供心理性帮助,使实行犯在里面安心盗窃。二是提供物理性帮助,比如主人回家,借故拖延主人进屋。

(2)片面帮助犯,是指甲暗中帮助乙实行犯罪,而乙对此并不知情。片面的帮助犯的帮助行为仅限于物理性帮助。这是因为心理性帮助要发挥帮助作用,需要让被帮助者(实行者)感知到,对实行者有精神上的鼓励作用,然而,片面的帮助犯的帮助行为,实行者并不知情,实行者没有感受到帮助者的心理性帮助。

A项中,由于盗窃期间无异常情况,甲没有发挥物理性帮助作用,乙也不知道甲在望风,甲对乙没有心理性帮助作用。由于甲没有起到帮助作用,所以不构成帮助犯,即不构成片面的帮助犯。A项说法错误。

B项中,甲拉住主人,发挥了物理性帮助作用,因此构成片面的帮助犯。B项说法正确。

C项,丙不构成窝藏罪,主要理由不是丙没有实施窝藏行为,而是丙事前与王某有通谋,一开始就构成故意杀人罪的共同犯罪。窝藏罪是事前无通谋,事后帮助窝藏。因此,本题中的丙即使实施了窝藏行为,也不构成窝藏罪,仍构成故意杀人罪的共犯。C项说法错误。

D项,第一,甲、乙没有意思联络,因此不构成共同犯罪,所以无法启动“部分实行,全部负责”原则。第二,对甲、乙应各自单独处理。根据存疑时有利于被告原则,死亡结果与甲、乙均无因果关系。甲、乙均构成故意杀人罪未遂。D项说法正确。

综上所述,本题答案为BD。

66.【解析】AC。A项,梁某坐等警察到达,抓捕时无拒捕行为,如实供述犯罪事实,应视为自动投案。梁某构成自首。A项说法正确。

B项,量刑的衡量标准是法益侵害性+可谴责性(主观恶性)+人身危险性。激情犯罪并不能降低以上三项指标,因此不是应当酌定从轻处罚的情节。B项说法错误。

C项,梁某用刀刺王某颈部,表明有杀人故意,应构成故意杀人罪。梁某自动放弃犯罪,并且防止死亡结果发生,因此构成故意杀人罪的犯罪中止。C项说法正确。

D项,《刑法》第24条第2款规定:“对于中止犯,没有造成损害的,应当免除处罚;造成损害的,应当减轻处罚。”梁某构成犯罪中止,但是造成了轻伤的损害结果,因此不是应当免除处罚,而是应当减轻处罚。故D项说法错误。

综上所述,本题答案为AC。

67.【解析】BCD。A、B项,采取控制、绑架方式实施拐卖妇女罪,既遂标准是将妇女拐到手,即控制妇女。本题中甲、乙均将妇女控制,就构成拐卖妇女罪的既遂。既遂之后的情形不影响既遂结论的成立。因此,A项说法错误,B项说法正确。

C项,“收买罪+拐卖罪=拐卖罪”。例如,甲收买了一位被拐卖的妇女,本想与之结婚,但后来又将其卖掉,对甲只以拐卖妇女罪论处。如果甲收买时,就是以出卖为目的,然后卖掉了,此时收买行为不构成收买被拐卖的妇女罪，整体就定一个拐卖妇女罪。

应注意的是，“收买罪 + 新罪 + 拐卖罪”。本题中，新罪是非法拘禁罪。由于非法拘禁罪能够被拐卖罪吸收，因此只定拐卖罪即可。C 项说法正确。

D 项，拐卖妇女罪的保护法益是妇女的人身自由。注意：成年妇女如果同意放弃该法益，则行为人不构成拐卖妇女罪，相应地，收买者也不构成收买被拐卖的妇女罪。本题中，成年妇女王某同意出卖自己，王某的身份不属于被拐卖的妇女，因此，丁不构成收买被拐卖的妇女罪。D 项说法正确。

综上所述，本题答案为 BCD。

68.【解析】BC。A 项，在班主任接收前，家长们发的小学生的生活费（类似红包）仍然是家长们占有并所有。甲领取其中的 5000 元，属于将他人占有的财物，通过平和手段，转移为自己占有，构成盗窃罪。因此，A 项说法错误。

B 项，第一，微信账户不属于银行卡账户，因此不适用信用卡诈骗罪的相关规定。第二，乙将赵某微信中的 5000 元转入自己的微信账户，属于将赵某占有的财物，通过平和手段，转移为自己占有，构成盗窃罪。第三，由于乙没有实施欺骗行为，赵某也没有产生认识错误，不存在基于认识错误处分财物，因此，乙不构成诈骗罪。B 项说法正确。

C 项，第一，丙将钱某银行卡中的 5000 元转入钱某的微信账户，由于这是从钱某的一个账户转入钱某的另一个账户，钱财仍处在钱某的账户，因此丙的这种行为不构成盗窃罪。第二，丙从钱某的微信账户将 5000 元转入自己的微信账户，属于将钱某占有的财物，通过平和手段转移为自己占有，构成盗窃罪。第三，由于丙没有实施欺骗行为，钱某也没有产生认识错误，不存在基于认识错误处分财物，因此，丙不构成诈骗罪。C 项说法正确。

D 项，第一，丁将孙某的银行卡与孙某的微信绑定，这种行为没有侵犯孙某的财产，不构成财产犯罪。第二，丁利用孙某的微信支付信息，从孙某的微信账户将 5000 元转入自己的微信账户。由于微信账户不属于银行卡账户，微信支付信息不属于银行卡信息资料，因此不适用信用卡诈骗罪的相关规定。第三，丁的这种行为属于将孙某占有的财物，通过平和手段转移为自己占有，构成盗窃罪。第四，由于丁没有实施欺骗行为，孙某也没有产生认识错误，不存在基于认识错误处分财物，因此，丁不构成诈骗罪。D 项说法错误。

综上所述，本题答案为 BC。

69.【解析】AC。A 项，被害人王某在处分 20 万元借款时，意识到 20 万元的存在，意识到自己将自己的 20 万元处分给甲，因此存在处分意识，所以甲构成诈骗罪。A 项当选。

B 项，被害人服务员只是同意乙去送朋友，并非同意乙不付餐费，即服务员既没有处分行为，也没有处分意识。乙的逃单行为属于盗窃财产性利益。这种类型的盗窃财产性利益，多数说认为不构成盗窃罪。因此，B 项不当选。

C 项，收费员以丙修改后的度数为标准予以收费，意味着少收了电费。这表明，收费员对电费（债权）存在处分行为和处分意识。丙构成诈骗罪。C 项当选。

D 项，收银员以一箱饮料的价格予以收费，表明收银员没有意识到高档白酒的存在，没有处分高档白酒的意识。因此，丁对高档白酒构成盗窃罪。注意，收银员虽然没有处分意识，但是有处分行为，即将含有高档白酒的一箱饮料处分给丁。D 项不当选。

综上所述，本题答案为 AC。

70.【解析】CD。A 项，根据《刑法》第 141、142 条规定，生产、销售、提供假药罪是抽象危险犯，即行为犯，只要有这类行为就构成犯罪。生产、销售、提供劣药罪是实害犯，不是具体危险犯；成立该罪，要求对人体健康造成实害结果。A 项的第二句说法错误。

B 项，第一，根据《药品管理法》的规定，假药的种类：（1）药品所含成份与国家药品标准规定的成份不符；（2）以非药品冒充药品或者以他种药品冒充此种药品；（3）变质的药品；（4）药品所标明的适应症或者功能主治超出规定范围。

第二，本题中的“国务院药品监督管理部门禁止使用的药品”不一定都是假药，还包括在某些场合禁止使用的真药。因此，B 项说法错误。

第三，根据《刑法》第 142 条之一的规定，生产、销售国务院药品监督管理部门禁止使用的药品，足以严重危害人体健康的，构成妨害药品管理罪。

C 项，根据《刑法》第 141 条的规定，药品使用单位或其人员销售、提供假药给他人的，成立销售、提供假药罪，即这种犯罪可以由单位构成，也可以由自然人构成。C 项说法正确。

D 项，擅自进口的有疗效无危险的药品不属于假药，因此不构成销售假药罪，也不构成妨害药品管理罪。该罪的行为类型之一是，未取得药品相关批准证明文件生产、进口药品或者明知是上述药品而销售。D 项说法正确。

综上所述，本题答案为 CD。

71.【解析】ABCD。A 项，（1）毒品犯罪是洗钱罪的上游犯罪，乙的行为构成洗钱罪。（2）毒赃，是指通过贩卖毒品获得的赃款。转移毒赃罪是指帮助贩毒分子转移毒赃，属于事后的赃物犯罪。本题中，乙协助贩毒分子转移毒赃，构成转移毒赃罪。乙的一个行为同时触犯洗钱罪与转移毒赃罪，属于想象竞合，择一重罪论处。A 项说法正确。

B 项，《刑法修正案（十一）》规定，自己给自己洗钱，也构成洗钱罪。这是一种特殊规定，是期待可能性原理的例外。基于此，贩毒分子给自己洗钱，也构成洗钱罪。但是，转移毒赃罪是事后的赃物犯罪，应遵循期待可能性原理，即贩毒分子给自己转移毒赃，不构成转移毒赃罪，因为不具有期待可能性；同理，也不构成掩饰、隐瞒犯罪所得罪。B 项说法正确。

C 项，自己给自己洗钱，也构成洗钱罪。因此，丁将受贿款汇到境外，为自己洗钱，构成洗钱罪。而丁之前还构成受贿罪。前后两个行为构成两个罪，应数罪并罚。在此不能根据期待可能性原理，认为洗钱罪属于不可罚的事后行为。这是因为既然《刑法修正案(十一)》规定了自洗钱行为构成洗钱罪，那么就不能将这种洗钱行为视为不可罚的事后行为。C 项说法正确。

D 项，贪污贿赂犯罪是洗钱罪的上游犯罪。洗钱罪的行为方式之一是跨境转移资产。甲向王某的账户打入贿赂款，构成行贿罪。甲直接将贿赂款打入王某的境外账户，也构成洗钱罪。甲整体上是一个行为，同时触犯两个罪，属于想象竞合，择一重罪论处。D 项说法正确。

综上所述，本题答案为 ABCD。

72.【解析】BCD。A、C 项，A 项解题关键词是“认罪认罚”“免除刑罚”“可”“不起诉”。C 项解题关键词是“拒绝谅解”“不能”“酌定不起诉”。对于犯罪情节轻微，依照《刑法》规定可以免除刑罚的，检察院可以作出不起诉决定。本题中，刘某酒后驾车造成行人于某轻微擦伤，犯罪情节轻微，检察院认为其可能被免除刑罚的，可以作出酌定不起诉决定，A 项正确；此外，是否可以酌定不起诉，取决于犯罪嫌疑人是否犯罪情节轻微、是否依照《刑法》规定不需要判处刑罚或者免除刑罚，与被害人是否谅解无关，C 项错误。

B 项，解题关键词是“一次退回”“即可”“不起诉”。检察院将案件一次退回补充侦查后，不可直接作出不起诉决定。检察院需要审查补充侦查后的证据情况，如果仍然认为证据不足，不符合起诉条件，且没有再次退回补充侦查必要，经检察长批准，方可作出不起诉决定，B 项错误。

D 项，解题关键词是“如实供述”“重大立功”“上一级”“不起诉”。犯罪嫌疑人自愿如实供述，有重大立功的，经最高人民检察院核准，检察院可以作出不起诉决定。本题中，刘某如实供述并具有重大立功表现，但没有经过最高人民检察院核准，此时仅经上一级检察院批准还不能作出不起诉决定，D 项错误。

综上所述，本题答案为 BCD。

73.【解析】BC。A 项，认罪认罚，有可能导致程序从简，适用简易程序或者速裁程序，但证据要求或者证明标准不能降低，侦查终结、提起公诉、作出有罪裁判应当做到犯罪事实清楚，证据确实、充分。A 项包括降低证据要求是错误的。

B 项，是否认罪认罚要结合犯罪嫌疑人退赃退赔的态度，若犯罪嫌疑人隐匿、转移财产，不能适用认罪认罚从宽制度。本题中，若张某有转移财产行为，不应对其适用认罪认罚从宽制度，B 项正确。

C 项，在刑事诉讼活动中，犯罪嫌疑人享有一定的程序选择权，若其不同意适用速裁程序或者简易程序，不影响“认罚”的认定。本题中，如张某不同意适用速裁程序，不影响认定其认罚，C 项正确。

D 项，对犯罪嫌疑人、被告人应当坚持罪责刑相适应原则，认罪认罚与自首、坦白不作重复评价。D 项说张某的自首与认罪认罚可作重复评价是错误的。

综上所述，本题答案为 BC。

74.【解析】ABC。A 项，在我国刑事诉讼活动中，认罪认罚从宽制度可以适用于侦查、起诉和审判各诉讼阶段。因此，即便李某在审查起诉阶段拒绝认罪认罚，李某在审判阶段仍可选择认罪认罚，A 项正确。

B 项，犯罪嫌疑人被逮捕后，若其认罪认罚，证明具有悔罪表现，为了保障其合法权益，避免不当羁押，检察院应当对羁押的必要性进行审查。在 B 项中，李某被逮捕后，若认罪认罚，检察院应当开展羁押必要性审查，B 项正确。

C 项，认罪认罚从宽制度贯穿刑事诉讼全过程，在审查起诉阶段，检察院发现犯罪嫌疑人违背意愿认罪认罚的，可以对其重新开展认罪认罚工作，C 项正确。

D 项，在我国刑事诉讼中，犯罪嫌疑人、被告人没有委托辩护人，应当为其提供法律援助的情况包括“盲精未，无死缺”。具言之，包括：(1)盲、聋、哑人；(2)尚未完全丧失辨认或者控制自己行为能力的精神病人；(3)可能被判处无期徒刑、死刑的人；(4)未成年犯罪嫌疑人、被告人；(5)缺席审判案件的被告人。李某不符合上述应当法律援助的情形，因此，李某没有委托辩护人，也拒绝值班律师提供法律帮助，此时只能由李某自行辩护。D 项错误。

综上所述，本题答案为 ABC。

75.【解析】BCD。在我国内水、领海发生的刑事案件，由犯罪地或者被告人登陆地的法院管辖，被告人居住地的法院也可管辖。本题中，甲某在途经大海市时录制淫秽视频，在大山市将视频上传网络，大海市和大山市属于犯罪地可以管辖。甲某在大河市登陆，大河市也可以管辖。故而本题选 BCD。虽然甲某从大江市出发，但题目未明确大江市是甲某的居住地，故 A 不当选。

综上所述，本题答案为 BCD。

76.【解析】ABD。A 项，辩护人进行辩护的依据是事实和法律，维护的是犯罪嫌疑人、被告人的合法权益，辩护人不是犯罪嫌疑人、被告人的代言人。本题中，谭某和刘甲均为辩护人身份，有权独立辩护，不受杨某和刘某的意见控制，A 项正确。

B 项，刘甲在法院工作，原则上不允许担任刘某辩护人，但鉴于刘甲是刘某哥哥的近亲属身份，刘甲可以担任刘某辩护人。但是，刘甲属于非律师身份的其他辩护人。在审判阶段，律师会见在押的被告人无须经过法院许可，但其他辩护人会见在押的被告人需要经过法院许可。因此，B 项正确。

C 项，在我国刑事诉讼中，调查取证权专属于辩护律师，其他身份辩护人没有调查取证权。谭某系辩护律师，享有调查取证权。刘甲系其他辩护人，没有调查取证权。因此，C 项错误。

D 项，在我国刑事诉讼中，侦查阶段，辩护律师不允许与犯罪嫌疑人核实证据，但自案件移送审查起诉之日起，可以与犯罪嫌疑人、被告人核实证据。本案已至审判阶段，谭某会见杨某时可以向其核实有关证据，D 项正确。

综上所述，本题答案为 ABD。

77.【解析】ACD。A 项，记录盗窃过程的录像属于视听资料或者电子数据，与传闻证据无关，A 项错误。

B 项，根据目前的指纹提取技术，侦查人员将门把手上的指纹提取后，门把手上原来的指纹不复存在，可见提取的指纹没有经过转换或者复制，属于原始证据，B 项正确。

C 项，黑胶片影碟系被盗物品，属于物证。该影碟无法完整证明犯罪嫌疑人实施盗窃的经过，属于间接证据，C 项错误。

D 项，首先，鲁某提供的被盗物品清单不能理解为书证。书证是指用反映的思想或者内容来证明案件事实的材料，一般产生于案发过程中或者案发前后，但一般不产生于诉讼过程中。鲁某将被盗物品制成清单，在侦查过程中提交公安机关，该清单只能作为侦查机关的办案参考材料，不能作为书证使用。其次，鲁某提供的被盗物品清单不能理解为物证。物证是以外部属性或者存在状态证明案件事实的材料，鲁某被盗的黑胶片影碟属于物证，但清单并非被盗物品本身，不是物证。最后，鲁某提供的被盗物品清单不能理解为被害人陈述。被害人陈述是指被害人对遭受犯罪行为侵害的过程向公安司法机关所作的陈述。鲁某提供的被盗物品清单仅记载了被盗物品，没有对犯罪过程的描述，不属于被害人陈述。综上，该清单只能作为办案的参考材料，不是证据，更无法评价为实物证据或者言词证据。D 项错误。

综上所述，本题答案为 ACD。

78.【解析】CD。A、B 项，侦查人员共对王某讯问 4 次，第 1 次讯问没有发生刑讯逼供，获取的供述可以作为定案根据。第 2 次讯问时，侦查人员对王某实施刑讯逼供，该供述应当依法排除，不得作为定案根据。之后的第 3 次和第 4 次讯问，王某受第 2 次讯问时遭受刑讯逼供的影响而作出的与第 2 次供述相同的重复性供述，应当一并排除。因此，A 项错误，第 1 次讯问获取的供述无须排除。B 项也是错误的。

C、D 项，检察院作为法律监督机关，在审查逮捕或审查起诉时发现侦查人员以非法方法收集证据的，应当及时进行调查核实，经审查认定存在非法取证行为的，对相关证据应当予以排除。据此，C、D 项正确。

综上所述，本题答案为 CD。

79.【解析】CD。（1）A 选项要求电商平台合法经营、规范经营，只是对公民遵纪守法义务的一种强调，并没有在公民应尽义务之外，对其权利义务产生新的影响，所以，该行为不具有处分性，不是具体行政行为，应归类为事实行为，A 选项不当选。

（2）B 选项属于行政指导，是行政机关以倡导、示范、建议、咨询等方式，引导公民自愿配合而达到行政管理目的的行为。行政指导的最大特点为“柔性”，对于行政机关提出的建议或者指导，公民可以接受，也可以不接受，如果不接受并不产生相应的法律责任，所以，行政指导是事实行为的一种，不属于具体行政行为，B 选项不当选。

（3）C 选项采取终身禁入证券市场措施满足具体行政行为的“特定性”（针对该负责人）、“处分性”（影响了负责人的权利义务）、“行政性”（属于一种行政管理手段）和“外部性”（该负责人并没有公务员等内部身份）四大特征，属于具体行政行为，C 选项当选。

（4）D 选项“指出其执业中存在的问题的警示函”属于行政处罚种类中的警告，是具体行政行为，“责令采取整改措施”则为更典型的具体行政行为，责令改正属于制止违法的行政强制措施。D 选项当选。

综上，本题答案为 CD。

80.【解析】ABCD。（1）一般来说，具体行政行为一经成立（作出）就可以立即生效。不过，也有例外：其一，无效的行政行为自始无效，虽然行为能够成立，但永远不会在法律意义上允许其产生法律效力。其二，对于附条件或附期限的行政行为，行政机关可以安排其某一事件发生后或者经过一段时间后才发生效力，成立和生效会产生时空上的分离。所以，A 选项表述“具体行政行为一经作出即生效”过于绝对化，A 选项错误。

（2）与可撤销的行政行为不同，被废止的具体行政行为自废止之日起丧失效力，原则上，具体行政行为废止之前给予当事人的利益、好处不再收回，B 选项错误。

（3）拘束力包括三个方面：①当事人和其他社会成员必须遵守；②行政机关自身要遵守，不得随意更改；③其他国家机关和社会成员必须尊重。可见，拘束力的对象除了相对人和行政机关自身外，还包括其他的国家机关和社会成员，其他国家机关也不得以相同的事实和理由再次受理和处理同一案件，其他社会成员也不得对同一案件进行随意的干预。C 选项错误。

（4）具体行政行为除了无效情形外，在行为生效后，未经法定程序（行政复议、行政诉讼和行政监督程序）撤销之前均有拘束力。有权机关可以撤销违法的具体行政行为，以此消除具体行政行为的法律效力，但必须经过法定程序由国家有权机关作出撤销决定，才能否定其法律效力。有关当事人、其他国家机关和其他社会成员无权擅自否定具体行政行为的法律效力。D 选项错误。

综上，本题答案为 ABCD。

81.【解析】BCD。行政强制措施是为了制止违法行为、防止证据损毁、避免危害发生、控制危险扩大而采取的行为。强制措施的目的有两类：一是维护行政秩序，将“场面控制住”，对违法行为予以当场制止，避免危险发生和控制危险扩大，是一种面向未来的具有预防性的行为。D 项扣押行为的目的在于防止当事人转移财物，有利于后续行政决定的执行；B 项约束行为的目的在于防止醉酒的武某对自身或者他人造成危险；C 项是为了防止未经检验检疫的猪肉流入市场销售影响民众的身体健康。B、C、D 三项的行为从目的上完全符合行政强制措施制止与预防的特点，因此上述三个行为均属于行政强制措施。二是防止证据损毁灭失，实现证据的固定与保存。在《治安管理处罚法》中,就有为了保存证据而采取的强制措施,如强制检查、强制传唤和强制扣押等,本题选项中没有出现这类强制措施。A 项暂扣驾驶证 6 个月为行政处罚,是确定当事人违法后对当事人的一种制裁,行为性质属于行政处罚。同时,该行为明确了 6 个月的期限,符合处罚明确性的特点,强制措施在作出时往往不会告知行为期限,只要目的实现了,强制措施自然会解除。

综上,本题答案为 BCD。

82.【解析】CD。(1)申请行政复议的期限原则上为 60 日,A 选项错误。

(2)行政处罚区别于其他负担性行政行为的主要标志是行政处罚的惩戒性。惩戒性包含两个要素:第一,目的是惩戒;第二,实现惩戒目的的方式是给当事人减损权益或者增加义务。按照法定标准足额纳税是每个公民和企业的义务,甲公司因偷逃税款而被税务机关追缴,属于让其履行其本应具有的义务的表现,而没有给甲公司减损权益或者增加义务,追缴行为不属于行政处罚,而属于行政征收,B 选项错误。

(3)"复议改变,单独告;复议维持,共同告;复议不作为,择一告",本案属于复议维持的情况,被告应当是区税务局和市税务局,C 选项正确。

(4)行政强制执行,是指行政机关或者行政机关申请法院对不履行行政决定的公民、法人或其他组织,依法强制其履行义务的行为,强制执行的过程为"先说后做",也就是遵守"先动嘴后动手"的流程。"说"就是这里的基础决定,基础决定实际上就是给当事人设定义务负担的具体行政行为,可以是要求当事人罚款,也可以是要求当事人缴税款,也可以是要求当事人限期拆房子;而"做"就是在当事人逾期不履行义务的情况下"动手"的过程,如不缴罚款税款后的"动手"行为是划拨、拍卖,责令限期拆房子而逾期不拆除后的"动手"行为是强制拆除。

本题中,甲公司不履行补缴税款(说)的义务,税务局通知银行划拨的行为满足行政强制执行后"做"构成要件,D 选项正确。

综上,本题答案为 CD。

83.【解析】AC。(1)公务员在年度考核中被确定为不称职的层次任职,按照规定程序降低一个职务或者职级,连续两年考核不称职的,行政机关可以予以辞退,A 选项正确。

(2)考核结果是调整公务员职位、职务、职级、级别、工资以及公务员奖励、培训、辞退的依据,自然属于公务员人事处理决定,这个是可以依据常识即可判断的内容。同时,根据《公务员法》第 95 条也可以侧面印证考核结果属于人事处理,该条规定了包括定期考核定为不称职在内的"人事处理"决定公务员所拥有的救济途径,包括复核、申诉等,B 选项错误。

(3)《公务员法》第 37 条第 1 款规定,非领导成员公务员的定期考核采取年度考核的方式。先由个人按照职位职责和有关要求进行总结,主管领导在听取群众意见后,提出考核等次建议,由本机关负责人或者授权的考核委员会确定考核等次。可见,C 选项正确。

(4)公务员在定期考核中被确定为优秀、称职的,按照国家规定享受年终奖金,而不称职则不能享受年终奖金,D 选项错误。

综上,本题答案为 AC。

84.【解析】ABD。(1)滞纳金和加处罚款属于间接强制执行中的执行罚。执行罚指在当事人逾期不履行金钱类义务时(比如罚款、税款等),行政机关要求当事人承担一定的金钱给付义务(类似于银行利息),促使其履行义务的执行方式。由于执行罚不直接作用于当事人的财产罚款、税款等本金,所以,被归类为间接强制执行。A 选项正确。

(2)当事人申请行政复议或者提起行政诉讼的,加处罚款的数额在行政复议或者行政诉讼期间不予计算。B 选项正确。

(3)资格罚和行为罚本质都是限制或禁止当事人从事特定活动,其区别就在于有没有通过作用于许可证的方式来达到惩罚效果。暂扣、吊销许可证件和降低资质等级是通过对许可证的暂时或永久地剥夺来实现对当事人行为能力的限制,而责令停产停业等行为罚则是直接禁止或限制了当事人的行为资格,前者针对许可证,后者直接针对行为本身。责令停产停业是直接作用于行为内容的,属于行为罚。C 选项错误。

(4)行政处罚应当由具有行政执法资格的执法人员实施。执法人员不得少于两人,法律另有规定的除外。D 选项正确。

综上,本题答案为 ABD。

85.【解析】ABC。(1)根据《行政强制法》第 28 条第 1 款的规定:"有下列情形之一的,行政机关应当及时作出解除查封、扣押决定:(一)当事人没有违法行为;(二)查封、扣押的场所、设施或者财物与违法行为无关;(三)行政机关对违法行为已经作出处理决定,不再需要查封、扣押;(四)查封、扣押期限已经届满;(五)其他不再需要采取查封、扣押措施的情形。"在已经确定当事人没有违法行为,扣押行为错误的情况下,自然应当及时解除扣押决定。A 项正确。

(2)行政机关实施行政强制措施应当由 2 名以上具备行政执法资格的行政执法人员实施,B 项正确。

(3)行政强制措施应当制作现场笔录,以还原当时执法现场的原始状态,C 项正确。

(4)行政强制措施查封、扣押中发生的费用由行政机关承担,故 D 项错误。

综上,本题答案为 ABC。

三、不定项选择题

86.【解析】ABCD。"小微权力"清单可以厘清村级班子权责、规范"小微权力"行使程序,也有助于让村民知道村级班子的权责,加强对村级班子进行的监督,减少因村级班子权限不明确造成的矛盾,A、C 选项正确。

“小微权力”清单有利于加强农村基层基础工作，构建乡村治理新体系，为乡村振兴战略实施提供重要的支撑，保障社会主义法治建设的顺利进行，B、D 选项正确。本题答案为 ABCD。

87.【解析】ACD。便民服务有助于满足老年人与残疾人的诉讼需求，保障了弱势群体的权益，体现了司法为民、司法便民的要求，有利于实现司法公正。A、C 项正确。法律面前人人平等强调形式平等与实质平等的有机统一，这就要求允许合理差别。合理差别的实质是保障弱者权益。因此，法院的做法并没有违背法律面前人人平等原则。B 项错误。D 项正确。本题答案为 ACD。

88.【解析】ABCD。《监察法》第 60 条规定：“各级监察委员会应当接受本级人民代表大会及其常务委员会的监督。各级人民代表大会常务委员会听取和审议本级监察委员会的专项工作报告，组织执法检查。县级以上各级人民代表大会及其常务委员会举行会议时，人民代表大会代表或者常务委员会组成人员可以依照法律规定的程序，就监察工作中的有关问题提出询问或者质询。”故 A、D 选项正确。

《监察法》第 52 条规定：“国家监察委员会加强对反腐败国际追逃追赃和防逃工作的组织协调，督促有关单位做好相关工作：（一）对于重大贪污贿赂、失职渎职等职务犯罪案件，被调查人逃匿到国（境）外，掌握证据比较确凿的，通过开展境外追逃合作，追捕归案；（二）向赃款赃物所在国请求查询、冻结、扣押、没收、追缴、返还涉案资产；（三）查询、监控涉嫌职务犯罪的公职人员及其相关人员进出国（境）和跨境资金流动情况，在调查案件过程中设置防逃程序。”故 C 选项正确。

《各级人民代表大会常务委员会监督法》第 13 条规定：“常务委员会听取和审议专项工作报告前，委员长会议或者主任会议可以组织本级人民代表大会常务委员会组成人员和本级人民代表大会代表，对有关工作进行视察或者专题调查研究。常务委员会可以安排参加视察或者专题调查研究的代表列席常务委员会会议，听取专项工作报告，提出意见。常务委员会听取和审议专项工作报告前，本级人民代表大会有关专门委员会或者常务委员会有关工作机构可以进行专题调查研究，提出报告并印发常务委员会会议。”B 选项正确。本题答案为 ABCD。

89.【解析】ABD。《宪法》第 13 条第 1 款规定：“公民的合法的私有财产不受侵犯。”一切国家机关、社会团体和个人都不得侵犯公民的合法私有财产。国家有义务保护公民的合法私有财产。A、B 项正确。国家保障公民权利的义务包括三种，分别是消极义务、积极义务与保护义务。公民的基本权利分为消极权利和积极权利。公民的消极权利，不需要国家帮助即可实现，因此，公民的消极权利对应的是国家的消极义务，需要的是国家的不作为。反过来说，公民的积极权利对应国家的积极义务，也叫国家的给付义务。财产权属于公民的消极权利，国家不得侵犯公民的私有财产，该条文属于国家消极义务的表述。C 项错误，D 项正确。

90.【解析】C。我国《宪法》保护的平等权是形式平等与实质平等的有机统一，实质平等允许存在合理差别，A 项错误。《选举法》第 17 条第 1 款规定“按照每一代表所代表的城乡人口数相同的原则”，意即每一代表所代表的人口数量，无论是城市人口还是农村人口都应当是相同的。但是，城乡人口总量不同因此城乡代表人数的数量不可能相同。故 C 项正确、D 项错误。根据《选举法》第 17 条第 2 款的规定，代表名额由根据人口数计算确定的名额数、相同的地区基本名额数和其他应选名额数构成。因此，各区的代表人数需综合考虑，并不是说根据该地区人口数计算。故 B 项错误。

91.【解析】BC。无论是法律职业还是法律职业道德，都是高度专业化的，因此，法律职业道德与大众朴素的道德观尽管有一定的关系，但是其内容与方法还是有差别之处。比如法律职业道德基本内容无法从大众朴素的道德体系中推出、法律职业人员的程序性思维可能与大众价值观念存在差异等。因此 A 选项错误，C 选项正确，这种差异是由于法律职业的高度专业性造成的，因此 D 选项错误。法律职业道德具有实践性，法律职业就是为了解决案件而存在，因此，与一般道德相比，法律职业道德更关注法律实务问题。故，B 选项正确。

92.【解析】AC。A 项，（1）妻子丙负有解救丈夫乙的作为义务，丙故意不解救，构成不作为犯罪。

（2）丙构成不作为的帮助犯。第一，丙不给钱，在心理上促进和强化了甲的杀人决意，因此，构成心理性的帮助犯。第二，甲已经有杀人的故意，即使丙给了赎金，不代表甲就不会杀人。所以，丙不是使甲从无到有产生杀人的故意，因此不是教唆犯。

（3）片面共同犯罪，是指二人共同制造违法事实，一方有参与意识（知情），另一方没有参与意识（不知情）。本题中，妻子丙故意不给钱，促进了甲的杀人决意。丙知道自己在心理上促进了甲杀人，但是甲不知道丙在精神鼓励自己杀人，因此丙构成片面的帮助犯。概言之，丙构成甲的故意杀人罪的心理性帮助犯、不作为的帮助犯、片面的帮助犯。

（4）如果不承认片面共犯理论，不承认知情一方可以构成片面的帮助犯，那么就无法认定妻子丙与甲构成共同犯罪，只能各自单独处理。只有承认片面共犯理论，才能认定丙与甲构成共同犯罪。因此，A 项说法正确。

B 项，如果不承认片面共犯理论，就只能对妻子丙和甲各自单独处理。如此，丙构成单独的不作为的故意杀人罪（正犯），即故意不履行解救义务，导致丈夫死亡。但是注意，丙不构成故意杀人罪的间接正犯，因为间接正犯要求“引起 + 支配”。第一，甲的杀人故意不是丙引起的，甲一开始实施绑架，就有杀人故意，即使丙给钱，甲也可能杀人。第二，丙对甲没有支配力和控制力。B 项说法错误。

C 项，即使按照片面共犯理论，认为妻子丙与绑匪甲构成共同犯罪，也只能构成故意杀人罪的共同犯罪，不构成绑架罪的共同犯罪。原因包括以下几个方面：第一，绑架罪的实行行为是实际控制人质,即非法拘禁行为。妻子丙的意图不是促使甲继续非法拘禁丈夫乙,而是促使甲杀害乙。第二,绑架罪的成立要求行为人具有向第三人勒索财物的目的。而妻子丙就是第三人,丙不可能有向自己勒索财物的目的。因此,C 项说法正确。

D 项,《刑法》第 239 条第 2 款规定:犯绑架罪,杀害被绑架人的,定绑架罪,处无期徒刑或者死刑。这便是结合犯:绑架罪 + 故意杀人罪 = 绑架罪(加重处罚)。绑匪甲符合:绑架罪 + 故意杀人罪 = 绑架罪(加重处罚)。但是,妻子丙不属于:绑架罪 + 故意杀人罪 = 绑架罪(加重处罚)。这是因为丙与甲只构成故意杀人罪的共同犯罪,丙不构成绑架罪。而适用上述结合犯的规定,前提是丙构成绑架罪。因此,D 项说法错误。

综上所述,本题答案为 AC。

93.【解析】AC。A 项,《刑法》第 196 条第 3 款规定:盗窃信用卡并使用的,以盗窃罪论处。

本题中,甲对人使用,欺骗人,实施了信用卡诈骗罪的行为,但最终拟制为盗窃罪。A 项说法正确。

B、C 项,洗钱罪的上游犯罪包括金融诈骗罪,而信用卡诈骗罪属于金融诈骗罪。基于此,由于甲实施了信用卡诈骗罪的犯罪事实、犯罪行为,因此乙构成洗钱罪,而非仅构成掩饰、隐瞒犯罪所得罪。B 项说法错误,C 项说法正确。

D 项,将洗钱罪的上游犯罪解释为不限于罪名,还包括犯罪行为,没有明显超出国民预测可能性,因此不属于类推解释,而属于扩大解释,所以不违反罪刑法定原则。因此,对乙以洗钱罪论处,不需要对甲以信用卡诈骗罪论处。D 项说法错误。

综上所述,本题答案为 AC。

94.【解析】A。A 项,根据危险的现实化理论,甲高空抛物,对楼下的人制造了危险,该危险现实化为死亡结果,赵某被砸死。因此,甲的行为与赵某的死亡有因果关系。A 项说法正确。

B 项,刑法上的因果关系的“因”,必须是危害行为。这就要求行为对法益制造了现实危险。题干交代,乙没有对女乘客实施加害行为、恐吓行为。乙仅仅实施了偏航行为,而偏航行为本身不会给女乘客的人身制造危险。偏航行为本身不是刑法上的危害行为。因此,女乘客的重伤与乙的偏航行为没有刑法上的因果关系。故 B 项说法错误。

C 项,考查被害人自陷风险。根据两步走做题标准,第一步,找出危险的实行者、支配者。由于是李某自行入户,进入火场被烧死,因此李某自陷风险,是危险的实行者、支配者。第二步,李某对危险有认识能力,但是对于贵重物品,缺乏自由的控制能力、避免能力。此时,对于贵重物品,法律不能期待人们坐视不管、不予抢救以遭受火灾危险。因此,李某被烧死这一结果不能算到李某头上,应算到放火者头上。故 C 项说法错误。

D 项,丁的盗窃行为与钱某的死亡没有刑法上的因果关系。理由是:第一,盗窃行为只给钱某的财物制造危险,没有给钱某的生命制造危险。第二,钱某的死亡结果不是盗窃罪保护范围内的法益。盗窃罪只能保护财产法益,不能保护生命法益。第三,可能有人认为,没有丁的盗窃行为,则钱某不会自杀身亡,因此钱某的死亡应算到丁的头上。然而,这种推理根据是条件说,即“无 A 则无 B,那么 A 即 B 因”。条件说用必要条件来认定因果关系,不当扩大了因果关系的认定范围,不能成为刑法上的因果关系的认定依据。2015 年第 1 题的结论:“即使有条件关系,也不一定能将结果归责于行为。”因此,D 项说法错误。

综上所述,本题答案为 A。

95.【解析】BCD。A 项,甲构成帮助犯罪分子逃避处罚罪,不构成包庇罪。A 项错误。

B 项,乙应当立案却不予立案,构成徇私枉法罪。乙收了李某的钱财,构成受贿罪。根据《刑法》第 399 条第 4 款规定,司法工作人员犯徇私枉法罪和受贿罪,不数罪并罚,而是择一重罪论处。因此,B 项说法正确。

C 项,私放在押人员罪的私放,既包括永久性释放,也包括一定时间的放出。丙私放赵某回家一段时间,构成私放在押人员罪。因此,C 项说法正确。

D 项,丁存在滥用职权行为,产生了重大实害结果(田某酿成车祸),构成滥用职权罪。本题出自实务判例,司法机关认定行为人构成滥用职权罪。因此,D 项说法正确。

综上所述,本题答案为 BCD。

96.【解析】AC。A 项,犯罪嫌疑人被逮捕后,为了充分保障犯罪嫌疑人合法权益,检察院应当对羁押必要性进行审查。樊某被采取逮捕措施,检察院应当及时对樊某的羁押必要性进行审查,A 项正确。

B 项,樊某未与付某就财物损毁的附带民事赔偿问题达成一致意见,检察院不应在起诉樊某时建议法院适用速裁程序审理,B 项错误。

C 项,犯罪嫌疑人认罪认罚,检察院拟提出适用缓刑或者判处管制的量刑建议的,既可以委托社区矫正机构进行调查评估,也可以自行调查评估。本题中,检察院拟对樊某提出缓刑量刑建议的,可自行对樊某进行社会调查,C 项正确。

D 项,樊某涉嫌寻衅滋事罪,不属于轻微的民间纠纷,不能适用当事人和解的公诉案件诉讼程序,D 项说检察院可积极促成樊某和付某自愿达成刑事和解是错误的。

综上所述,本题答案为 AC。

97.【解析】ABC。A 项,辩护律师有权会见被监视居住的犯罪嫌疑人,无须经过侦查机关的批准。但是,如果犯罪嫌疑人涉嫌危害国家安全犯罪案件、恐怖活动犯罪案件,辩护律师在侦查期间要求会见的,应当向侦查机关提出申请。本题中,张某涉嫌组织卖淫,不是“国恐”案件,李某会见张某无须经公安机关批准,A 项正确。

B 项,公安机关对被监视居住人可以采取电子监控、不定期检查等监视方法对其遵守监视居住规定的情况进行监督,B 项正确。

C 项,在监视居住期间,犯罪嫌疑人应当将护照等出入境证件、身份证件、驾驶证件交执行机关保存。C 项正确。

D 项,犯罪嫌疑人有固定住处的,监视居住应当在其住处执行。如果犯罪嫌疑人涉嫌危害国家安全犯罪、恐怖活动犯罪,在住处执行可能有碍侦查的,经上一级公安机关批准,才可以在指定的居所执行。本案中,张某涉嫌组织卖淫,不是"国恐"案件,如果张某有固定住处,应当在张某的住处执行监视居住。因此,D 项错误。

综上所述,本题答案为 ABC。

98.【解析】AB。A 项,犯罪嫌疑人认罪认罚的,检察院在审查批捕时应当讯问犯罪嫌疑人,A 项正确。

B 项,若案件在当地有重大影响,慎重起见,检察院审查批捕时可以采取公开审查方式,当面听取侦查人员、犯罪嫌疑人、辩护人的意见,B 项正确。

C 项,检察院批捕时间可长可短,关键看犯罪嫌疑人是否被刑事拘留。若犯罪嫌疑人已被拘留,检察院批捕时间为 7 日。若犯罪嫌疑人未被拘留,检察院批捕时间可以是 15 日至 20 日。本题中,犯罪嫌疑人李某、黄某均被刑事拘留,检察院应当在收到提请批准逮捕书后 7 日以内作出是否批准逮捕的决定,C 项错误。

D 项,李某、黄某共同犯罪,若黄某因未满 16 周岁不负刑事责任,检察院在对黄某作出不批准逮捕决定的同时,应当通知公安机关对黄某终止侦查。D 项中,检察院对黄某作出不批捕决定正确,但检察院不能直接作出终止侦查的决定。毕竟公安机关才是侦查机关,才有权决定终止侦查。检察院应当通知公安机关对黄某终止侦查,D 项错误。

综上所述,本题答案为 AB。

99.【解析】BC。(1)根据《立法法》第 91 条的规定,国务院各部、委员会、中国人民银行、审计署和具有行政管理职能的直属机构以及法律规定的机构,可以制定规章。可知,有权制定部门规章的主体为国务院组成部门和国务院直属行政机构,A 选项错误。

(2)在国务院下属的各类型的国家机构中,只有国务院议事协调机构不单独确定编制,国务院组成部门和国务院直属行政机构具有独立的人员编制,可见,B 选项正确。

(3)国务院直属机构既非"一高",又非"一低",所以,它的设立、撤销、合并应当由国务院决定,可见,C 选项正确。

(4)国务院直属机构主管国务院的某项专门业务,具有独立的行政管理职能。而特定业务是国务院组成部门管理的国家行政机构主管的,D 选项错误。

综上,本题答案为 BC。

100.【解析】AC。因民间纠纷引起的打架斗殴或损毁他人财物等违反治安管理行为,情节较轻的公安机关可以调解处理。经公安机关调解当事人达成协议的,不予处罚。未达成协议或达成协议后不履行的,公安机关应当依法对违反治安管理行为人给予处罚,并告知当事人可就民事争议向法院提起民事诉讼。所以,A、C 选项正确,B、D 选项错误。

综上,本题答案为 AC。

2021 年国家统一法律职业资格考试(回忆版)

试卷二参考答案及解析

一、单项选择题

1.【解析】B。赠与可以附义务。赠与附义务的,受赠人应当按照约定履行义务。本题中,关某与林晓之间的赠与合同中明确表示"只能用于舞蹈培训",因此,该合同系附义务的赠与合同。附义务的赠与非纯获利益的民事法律行为。10 岁的林晓系限制民事行为能力人,100 万元超出其意思能力,不可以独立判断。故 C、D 项错误,不当选。

限制民事行为能力人所实施的与其意思能力不相适应的双方民事法律行为效力待定。本题中,关某与林晓签订的附义务的赠与合同效力待定。作为法定代理人的父母知悉后,明确表示拒绝。因此,该赠与合同自始无效。故 A 项错误,不当选。B 项正确,当选。

综上所述,本题的正确答案为 B。

2.【解析】C。首先,共有包括按份共有和共同共有。本题中,杨某、范某和路某三人按份共有一只宠物犬。其中,杨某占 1/6 的份额、范某占 2/3 的份额、路某占 1/6 的份额。

其次,按份共有人对外转让共有份额时,其他按份共有人在同等条件下享有优先购买权。本题中,路某在饲养期间将宠物犬卖给杨某的行为系处分共有物而非共有物的份额。因此,其他按份共有人杨某和范某均不享有优先购买权。故 A、B、D 项均错误,不当选。

最后,除按份共有人之间另有约定外,按份共有人处分共有物应当经 2/3 以上份额的按份共有人同意。本题中,路某和杨某共占 1/3 的份额,在未经范某同意的情况下,路某构成无权处分。故 C 项正确,当选。

综上所述,本题的正确答案为 C。

3.【解析】A。A、B 项考查最高额抵押权中最高额的确定。最高额抵押权设立前已经存在的债权,经当事人同意,可以转入最高额抵押担保的债权范围。本题中,A 公司和 B 银行之间的债权额为 2000 万元(转入最高额债权)加上第三季度的 4000 万元等于 6000 万元,正好等于最高额。因此,B 银行可以优先受偿 6000 万元。故 A 项说法正确,当选;B 项说法错误,不当选。

C、D 项考查债权转让对最高额抵押权的影响。最高额抵押权系担保物权转让从属性的例外。最高额抵押担保的债权确定前,部分债权转让的,最高额抵押权不得转让,但是当事人另有约定的除外。本题中,B 银行将第一季度的 4000 万元债权转让给 C 公司,虽然债权转让协议合法有效,但是,该 4000 万元的性质为普通债权(一般债权),建设用地使用权的抵押权不随之转移,即该 4000 万元不存在任何优先权。故 C、D 项说法均错误,不当选。

综上所述,本题的正确答案为 A。

4.【解析】A。A 项考查违约责任,关键词为"应赔偿"。违约责任的构成要件有三:(1)存在合法有效的合同;(2)存在违约行为;(3)不存在法定或约定的免责事由。本题中,学生和发卡银行之间存在合法有效的储蓄合同,银行未履行客户信息保密义务导致被盗刷 1 万元存在违约行为且不存在法定或约定的免责事由。因此,发卡银行依法应承担赔偿责任。故 A 项表述正确,当选。

B 项考查共同侵权,关键词为"连带责任"。二人以上共同实施侵权行为,造成他人损害的,应当承担连带责任。本题中,发卡银行和盗刷者之间不存在共同侵权的意思联络,不构成共同侵权,因此,二者无须承担连带责任。故 B 项表述错误,不当选。

C、D 项考查有无过错,关键词为"自行承担"和"承担 1/2"。当事人一方违约造成对方损失,对方对损失的发生有过错的,可以减少相应的损失赔偿额。本题中,学生长时间未修改密码并非过错行为,因此,不可以减少发卡银行的赔偿责任。故 C、D 项表述错误,不当选。

综上所述,本题的正确答案为 A。

5.【解析】A。当事人以虚构租赁物方式订立的融资租赁合同无效。本题中,毓秀公司以老挝石冒充寿山石,虚构租赁物。因此,融资租赁合同无效。故 A 项说法正确,当选;C、D 项说法错误,不当选。

实践性合同,是指除当事人意思表示一致外,还需交付标的物方能成立的合同。典型的实践性合同包括定金合同、自然人之间的借款合同、保管合同和借用合同。融资租赁合同是出租人根据承租人对出卖人、租赁物的选择,向出卖人购买租赁物,提供给承租人使用,承租人支付租金的合同。据此,当事人意思表示一致,融资租赁合同即成立,属于典型的诺成性合同。故 B 项说法错误,不当选。

综上所述,本题的正确答案为 A。

6.【解析】A。首先,承揽合同是承揽人按照定作人的要求完成工作,交付工作成果,定作人支付报酬的合同。承揽包括加工、定作、修理、复制、测试、检验等工作。本题中,甲公司和乙公司之间约定制造工业冶炼炉并负责安装交付、定期调试设备并提供必要培训服务的合同属于承揽合同。故 A 项正确,当选。

其次,建设工程合同是承包人进行工程建设,发包人支付价款的合同。建设工程合同包括工程勘察、设计、施工合同。本题中,不存在工程勘察、设计、施工问题。因此,该合同不属于建设工程合同。故B项错误,不当选。

再次,买卖合同是出卖人转移标的物的所有权于买受人,买受人支付价款的合同。本题中,甲公司和乙公司约定乙公司定期调试设备并提供必要的培训服务,因此,该合同并非单纯的买卖合同。故C项错误,不当选。

最后,技术服务合同是当事人一方以技术知识为对方解决特定技术问题所订立的合同,不包括承揽合同和建设工程合同。本题中,甲公司和乙公司之间的约定并非单纯的设备调试和培训服务,还包括制造并安装工业冶炼炉,故D项错误,不当选。

综上所述,本题的正确答案为A。

7.【解析】B。首先,隐私是自然人的私人生活安宁和不愿为他人知晓的私密空间、私密活动、私密信息。本题中,雷某安装监控摄像头且可完整拍摄到邻居周某家人员进出情况的行为侵害了周某及其家人的私人生活安宁,侵害了周某的隐私权。故B项说法正确,当选;C项说法错误,不当选。

其次,认定行为人承担侵害隐私权的民事责任,应当考虑行为人和受害人的职业、影响范围、过错程度,以及行为的目的、方式、后果等因素。本题中,周某隐私权受到侵害后,依法有权请求侵害人雷某停止侵害、排除妨碍,但是,要求拆除摄像头的请求已经超过了必要限度,调整拍摄范围即可。故A项说法错误,不当选。

最后,名誉权侵权的形态包括两类,即侮辱和诽谤。本题中,雷某安装监控摄像头的行为既不属于侮辱,也不属于诽谤,并未侵犯周某的名誉权。故D项说法错误,不当选。

综上所述,本题的正确答案为B。

8.【解析】B。A项考查诉讼离婚程序,关键词为“无须”和“直接”。人民法院审理离婚案件,应当进行调解;如果感情确已破裂,调解无效的,应当准予离婚。本题中,乙提起离婚,法院必须先进行调解,不可直接判决离婚。故A项错误,不当选。

B项考查离婚后的子女抚养,关键词为“直接抚养”。已满2周岁的子女,父母双方对抚养问题协议不成的,由人民法院根据双方的具体情况,按照最有利于未成年子女的原则判决。本题中,甲有赌博恶习屡教不改,有不利于抚养女儿丙的情形,离婚后应由乙直接抚养女儿。故B项正确,当选。

C项考查可撤销婚姻的情形,关键词为“撤销婚姻”。可撤销婚姻的情形有二,即“病”和“胁”。“病”代表患有重大疾病婚前未告知,“胁”代表胁迫。本题中,不存在上述情形,婚姻并非可撤销。故C项错误,不当选。

D项考查夫妻共同债务的认定,关键词为“为”。夫妻双方共同签名或者夫妻一方事后追认等共同意思表示所负的债务,以及夫妻一方在婚姻关系存续期间以个人名义为家庭日常生活需要所负的债务,属于夫妻共同债务。本题中,甲因赌博欠下巨债属于个人债务,应由甲个人承担,乙不应承担。故D项错误,不当选。

综上所述,本题的正确答案为B。

9.【解析】B。首先,没有法定的或约定的义务,为避免他人利益受损失而进行管理的人,有权请求受益人偿还由此支出的必要费用。同时,拾得遗失物,应当返还权利人。据此可知,甲拾得遗失物,有法定的返还义务,不构成无因管理。故A项说法错误,不当选;B项说法正确,当选。

其次,二人以上共同实施侵权行为,造成他人损害的,应当承担连带责任。本题中,拾得人甲拾得遗失物手机后,可以返还权利人乙,也可以送交超市的失物招领处。因此,甲将手机送往超市失物招领处的行为不存在过错,无须承担侵权责任。同时,遗落小鱼缸的顾客丁对于乙的手机损坏不存在过错,无须承担侵权责任。

最后,招领处对于遗失物虽然负有妥善保管义务,但是,仅在故意或重大过失时才承担侵权责任。工作人员丙系“不小心”碰翻小鱼缸致使乙的手机损坏,亦无须承担侵权责任。据此,无论是甲丙还是丙丁,均不构成共同侵权。C、D项说法错误,不当选。

综上所述,本题的正确答案为B。

10.【解析】C。A项,具备法人条件,为公益目的以捐助财产设立的基金会、社会服务机构等,经依法登记成立,取得捐助法人资格。依法设立的宗教活动场所,具备法人条件的,可以申请法人登记,取得捐助法人资格。法律、行政法规对宗教活动场所有规定的,依照其规定。故A项说法错误。

B项,捐助法人应当设理事会、民主管理组织等决策机构,并设执行机构。理事长等负责人按照法人章程的规定担任法定代表人。捐助法人应当设监事会等监督机构。故B项说法错误。

C项,M基金会法人属于非营利法人中的捐助法人。而设立捐助法人应当依法制定法人章程。故C项说法正确。

D项,为公益目的成立的非营利法人终止时,不得向出资人、设立人或者会员分配剩余财产。剩余财产应当按照法人章程的规定或者权力机构的决议用于公益目的;无法按照法人章程的规定或者权力机构的决议处理的,由主管机关主持转给宗旨相同或者相近的法人,并向社会公告。故D项说法错误。

综上所述,本题的正确答案为C。

11.【解析】A。A项,欺诈,是指一方当事人故意告知对方虚假情况或故意隐瞒真实情况,诱使对方当事人作出错误意思表示。小四故意欺骗小赵该书法作品为仿品,诱使小赵作出错误的意思表示,所以,小四的行为构成欺诈。故A项说法正确。

B项,显失公平是指一方利用对方处于危困状态、缺乏判断能力(信息不对称)等情形,致使民事法律行为成立时显失公平。利用对方处于危困状态一般是指利用某人因陷入某种暂时性的急迫困境,从而急需金钱或有其他急需的状态。利用对方缺乏判断能力主要是指欠缺一般的生活经验或交易经验,而不包括欠缺特殊的判断能力。显然,小赵不属于上述情形,因此不成立显失公平。故B项说法错误。

C项,无权处分不影响合同的效力,仅影响合同的履行。因此,小赵和小四的买卖合同合法有效。故C项说法错误。

D项,善意取得的构成要件之一为买方客观上支付合理对价。本题中,继承人小赵误以为该书法作品是老赵所有,但是,继承是死因法律行为,老赵去世后,小赵通过继承取得老赵的遗产属于无偿受让,故小赵不能通过继承善意取得该书法作品的所有权。后小赵再将该书法作品出卖给小四属于无权处分,但是,小四属于以不合理的低价受让,所以小四不能善意取得该书法作品的所有权。故D项说法错误。

综上所述,本题的正确答案为A。

12.【解析】D。合同成立后,合同的基础条件发生了当事人在订立合同时无法预见的、不属于商业风险的重大变化,继续履行合同对于当事人一方明显不公平的,受不利影响的当事人可以与对方重新协商;在合理期限内协商不成的,当事人可以请求人民法院或者仲裁机构变更或者解除合同。人民法院或者仲裁机构应当结合案件的实际情况,根据公平原则变更或者解除合同。可知,情势变更发生在合同成立后履行完毕前,无法预见且不属于商业风险,如果继续履行对一方明显不公平。本题中,合同订立后履行完毕前,疫情导致原材料价格大幅上涨,如果继续按原合同条款履行,将造成B巨额亏损,对于B明显不公平,成立情势变更。法院可以情势变更为由判决变更合同,重新确定工程款。故D项说法正确,当选。

综上所述,本题的正确答案为D。

13.【解析】B。A项,因第三人主张权利,致使承租人不能对租赁物使用、收益的,承租人可以请求减少租金或者不支付租金。李某将房屋出租给王某时,陆某尚未给李某办理房屋的过户登记,房屋所有权人仍是陆某,所以李某属于擅自出租他人之物。但是,擅自出租的事实并不影响租赁合同的效力,依照法律规定,李某与王某间的房屋租赁合同已经成立并生效。故A项说法错误。

B项,陆某与李某之间的房屋买卖合同属于试用买卖合同,试用买卖的买受人在试用期内可以购买标的物,也可以拒绝购买。试用期限届满,买受人对是否购买标的物未作表示的,视为购买。试用买卖的买受人在试用期内已经支付部分价款或者对标的物实施出卖、出租、设立担保物权等行为的,视为同意购买。所以,2020年4月16日李某与王某订立租期为1年的房屋租赁合同时,应当视为李某以默示方式作出了同意的意思表示,房屋买卖合同生效。故B项说法正确。

C项,试用买卖的买受人李某同意的意思表示于2020年4月16日生效,该意思表示生效后,没有法定撤销事由,李某不得随意撤销已经生效的意思表示。所以李某于2020年4月27日通知陆某拒绝购买房屋不能撤销已经生效的意思表示。故C项说法错误。

D项,出卖人交付的标的物不符合质量要求的,买受人可以请求出卖人承担违约责任。陆某与李某间的房屋买卖合同生效后,因房屋漏水给李某造成的损失,李某有权请求陆某承担违约损害赔偿责任,而不是由李某自己承担。故D项说法错误。

综上所述,本题的正确答案为B。

14.【解析】D。A项,业主应当按照约定向物业服务人支付物业费。物业服务人已经按照约定和有关规定提供服务的,业主不得以未接受或者无须接受相关物业服务为由拒绝支付物业费。故A项说法错误。

B项,建设单位依法与物业服务人订立的前期物业服务合同,以及业主委员会与业主大会依法选聘的物业服务人订立的物业服务合同,对业主具有法律约束力。可知,该前期物业服务合同对全体业主都具有拘束力,成某作为业主不能以未参与合同签订为由主张不受约束,故B项说法错误。

C项,物业服务人不得采取停止供电、供水、供热、供燃气等方式催交物业费。故C项说法错误。

D项,见B项解析,物业服务合同对成某具有法律约束力。向荣物业公司存在违约行为,即没有制止他人擅自占用成某停车位,维护物业服务区域内的基本秩序,所以成某有权对向荣物业公司主张违约责任,但不得否认该合同对其的约束力。故D项说法正确。

综上所述,本题的正确答案为D。

15.【解析】B。A、B项,公司可以设立分公司。分公司不具有法人资格,其民事责任由公司承担。公司设立分公司,应当向公司登记机关申请登记,领取营业执照。2020年11月,沙某以甲分公司的名义与乙公司订立的机器购买合同,属于甲分公司的法定代表人沙某,在蓝天公司授予的代表权限范围内,以甲分公司的名义与乙公司订立的合同,属于有权代表,应当由蓝天公司承受,乙公司有权请求蓝天公司支付价款。故B项说法正确;A项说法错误。

C、D项,公司的分支机构未经公司股东会或者董事会决议以自己的名义对外提供担保,相对人请求公司或者其分支机构承担担保责任的,人民法院不予支持,但是相对人不知道且不应当知道分支机构对外提供担保未经公司决议程序的除外。沙某应乙公司的请求,以甲分公司的名义为乙公司对丙公司的债务提供担保,该担保未经蓝天公司内部决议,且丙公司对此知情,所以蓝天公司不对丙公司承担担保责任。但是,蓝天公司须对丙公司承担缔约过失损害赔偿责任。当然,丙公司订立担保合同时是恶意的,丙公司也有过错,可以减轻蓝天公司的缔约过失责任。故C项说法错误,D项说法错误。

综上所述,本题的正确答案为B。

16.【解析】C。A项,流转期限为5年以上的土地经营权,自流转合同生效时设立。当事人可以向登记机构申请土地经营权登记;未经登记,不得对抗善意第三人。所以小林将40亩地出租给森茂公司,为森茂公司设立6年的土地经营权时,不需要办理设立登记,流转合同生效时设立。故A项说法错误。

B、C、D项，承包方流转土地经营权的，其与发包方的承包关系不变。所以在6年内森茂公司对40亩地享有土地经营权，由森茂公司对这40亩地享有占有、使用、收益的权能，但是，这40亩地的土地承包经营权人仍是小林。土地承包经营权互换、转让的，当事人可以向登记机构申请登记；未经登记，不得对抗善意第三人。所以小林以其享有的30亩地的土地承包经营权与小力享有的25亩地的土地承包经营权互换，无须办理土地承包经营权的变更登记，即互换成功，因此小林对65亩地享有土地承包经营权。故B项说法错误；C项说法正确；D项说法错误。

综上所述，本题的正确答案为C。

17.【解析】A。A项，李某伪造了甲公司的股东会决议，说明甲公司未就该担保事项召开过股东会，所以伪造的决议不成立，A项正确。

B项，李某作为甲公司的大股东，未经股东会决议擅自代表甲公司和丙公司签署担保合同，属于越权担保。虽然李某没有亲自签署合同，而是委派了周某作为特别代理人，但并不能因此否认越权担保的性质，B项错误。

C、D项，甲公司并未针对担保事项召开股东会，该股东会决议是由李某伪造而来，故该决议不成立。李某又是丙公司的实际控制人，所以应认定丙公司明知该决议被伪造的事实，进行所谓的合理审查都是迷惑外人的“幌子”，不能认定丙公司为善意相对人，且甲公司未予以追认，担保合同无效。C、D项错误。

综上，本题答案为A。

18.【解析】D。A项，在甲将股权转让给张某时，当乐帆公司的股东名册变更时，张某可取得乐帆公司的股权成为股东，未经变更登记不能对抗善意相对人。A项错误。

B项，虽然甲将股权卖给张某后又质押给李某，但李某为善意相对人，且办理了质押登记，所以李某可善意取得该股权质权，B项错误。

C项，董事丙拖延未及时办理变更登记，未尽勤勉义务，应承担相应责任。这属于职责责任，并非连带责任，C项错误。

D项，有限责任公司股东对外转让股权时，给出同等条件是其他股东行使优先购买权的前提条件。该前提的设计需要平衡股权转让人、其他股东和股权受让人等各方主体的利益，既要保护公司的人合性又要保障股权的正常流通。本案中，股权受让人张某给出的对价是世城公司的股权，作为有限责任公司的股权不仅仅体现为财产价值，还蕴含着世城公司股东之间的人合性以及对世城公司将来发展的预期，这些对于转让方甲而言也许比现金更有价值，所以一定程度上具有不可替代性，股东乙给出的等值现金不符合同等条件，其主张的优先购买不能成立，D项正确。

综上，本题答案为D。

19.【解析】B。A、C项，财务会计报告是非核心资料，任某作为有限责任公司的股东有权查阅并复制，银鑫公司无权拒绝。故A、C两项错误。

B项，银鑫公司与旭威公司间存在实质性竞争关系，且任某在旭威公司任要职（实际控制人），因此银鑫公司有理由相信任某是“卧底”，如果其查阅到银鑫公司的财务会计账簿等资料会泄露给旭威公司，进而损害银鑫公司的合法权益，所以银鑫公司有权以任某查账的目的不正当，拒绝其查阅的请求。另外，对于财务会计账簿，任某本来也没有复制的权利，B项正确。

D项，当古某未妥善保存银鑫公司的文件材料时，公司无账可查，股东自然也无法查阅或复制，更谈不上起诉要求查阅和复制相关资料，D项错误。如果股东因此受到损失，可起诉古某，追究其民事赔偿责任。

综上，本题答案为B。

20.【解析】C。对于重整计划执行中的调整，《企业破产法》及司法解释中没有规定，实践中争议很大。《会议纪要》第19条规定了“债务人应严格执行重整计划，但因出现国家政策调整、法律修改变化等特殊情况，导致原重整计划无法执行的，债务人或管理人可以申请变更重整计划一次”。实践中，虽然没有出现《会议纪要》第19条规定的条件，但由于掌握信息的有限性以及重整计划执行中所遇问题的复杂性和不可预测性，重整计划的不完备性是普遍存在的，也是不可避免的。如果有利于增加债务人的资产，有利于债权人利益最大化，同时降低重整计划执行中的风险，应当可以对重整计划进行合理的调整。

参照《会议纪要》第19、20条的变更流程，重整计划变更的流程是：债务人或管理人提出变更申请→债权人会议通过→法院批准→6个月内制定变更后的重整计划→因重整计划变更而遭受不利影响的债权人组和出资人组进行表决→法院批准。本案中债务人甲公司认为应该继续经营要变更重整计划，需要按此流程推进，如果程序顺利完成，可按变更后的重整计划执行，否则只能按原计划执行。所以有关该设施的处理方案及变更重整计划的最终决定在法院批准的环节，C项正确。

综上，本题答案为C。

21.【解析】D。A项，公司章程规定的营业期限届满，可以通过修改公司章程使公司继续存在。即使公司就此解散，也需要组织清算组对公司进行清算，可以在解散事由出现之日起15日内，由董事作为清算义务人自行组成清算组；或在法定情形下，经相关主体申请法院指定清算组进行清算。公司的经营期限届满并不能自动进入清算阶段，A项错误。

B项，虽然公司章程的经营期限届满但公司并未启动清算程序，且后续公司股东会决议修改章程让公司得以存续，维森公司并没有结束生命，与客户签订的两笔订单合同合法有效，B项错误。

C项，股东之间的股权转让奉行“买卖自由”的原则，牛力无权强行要求其他股东购买其股权，C项错误。

D项，维森公司章程约定经营期限届满，股东会决议继续存续，股东牛力坚决反对，有权要求维森公司以合理的价格回购自己的股权。D 项正确。

综上,本题答案为 D。

22.【解析】B。A 项,“以薪酬出资”本质是用对合伙企业提供的劳务出资。乙是有限合伙人,不能以劳务出资,合伙协议中的此项约定无效,A 项错误。

B 项,合伙协议经全体合伙人签名、盖章后生效,登记只是对抗效力。本案中,合钢工作室的合伙协议已经全体合伙人签章,虽然未办理登记但也已经生效,B 项正确。

C 项,丙作为有限合伙人,将合伙份额对外转让应提前 30 天通知其他合伙人,并不要求其他合伙人同意也不保护其他合伙人的优先购买权。本案中丙虽然未依法履行通知的义务但只是违反了管理性规范,且需要保护善意的相对人的利益并维护交易秩序的稳定和安全,所以不会直接导致转让行为的无效,C 项错误。

D 项,丁是有限合伙人,在合伙协议无特殊约定的情况下,有权未经其他合伙人同意将份额质押给第三人,D 项表述质押无效是错误的。

综上,本题答案为 B。

23.【解析】A。A 项,为了便于公众及时知悉并合法运用,省级以上人民政府食品安全监督管理部门应当及时公布注册或者备案的特殊医学用途配方食品目录,并对注册或者备案中获知的企业商业秘密予以保密。A 项表述正确。

B 项,特殊医学用途配方食品应当经国务院食品安全监督管理部门注册。B 项中提交 A 省食品安全监督管理部门注册是错误的。

C 项,悦阳公司注册时,应当提交产品配方、生产工艺、标签、说明书以及表明产品安全性、营养充足性和特殊医学用途临床效果的材料。注册后应该严格按照注册的产品配方生产,擅自添加可能会造成不可预知的很严重的后果。未按照注册的产品配方、生产工艺等技术要求组织生产会被追究法律责任,C 项中悦阳公司擅自添加益生菌是错误的。

D 项,保健品的标签、说明书应声明“本品不能替代药品”,但 RED 粉剂是特殊医学配方食品,不需要声明这一点,D 项错误。

综上,本题答案为 A。

24.【解析】C。本案中的难点在于丁银行身兼数职,其一,丁银行是承兑人,承担票据到期后无条件付款的责任;其二,乙公司找的贴现银行,贴现等同于背书转让的行为,基于双方的自愿达成票据的流转关系。本案中,丁银行综合评估风险后,拒绝贴现无可厚非,但此行为并没有影响到票据的效力及持票人到期行使票据的权利。A 项,甲公司是该汇票的背书人,即使其账户被冻结,并不影响票据效力及票据流转,乙公司仍有权将该汇票背书转让,A 项错误。

B、D 项,汇票到期日前,有下列情形之一的,持票人也可以行使追索权:(1)汇票被拒绝承兑的;(2)承兑人或者付款人死亡、逃匿的;(3)承兑人或者付款人被依法宣告破产的或者因违法被责令终止业务活动的。本案中,票据只是被拒绝贴现,不存在上述情况,所以不能提前行使追索权,B、D 项错误。

C 项,贴现指付款人开具并经承兑人承兑的未到期的商业承兑汇票或银行承兑汇票背书后转让给受让人(持票人),受让人(持票人)向银行等金融机构提出申请将票据变现,银行等金融机构按票面金额扣去自贴现日至汇票到期日的利息,将剩余金额支付给持票人(收款人)。贴现的本质是将票据提前变现,即使汇票被拒绝贴现,也不影响票据效力及票据的权利义务。当票据到期时,丁银行作为承兑人,依法承担无条件付款的法定义务,乙公司有权向丁银行行使付款请求权,C 项正确。

综上,本题答案为 C。

25.【解析】D。A 项,确定的金额虽然是支票的绝对必要记载事项,但是可以由出票人授权补记,未补记前的支票,不得使用。所以支票并不会因为没有记载金额而无效,A 项错误。

B 项,收款人名称是相对记载事项,支票上未记载收款人名称的,经出票人授权,可以补记,不影响支票效力,B 项错误。

C 项,①签发支票的原因属于不产生票据法效力的内容,“此支票由苏琪用来购买农用车”属于签发支票的原因,该记载内容本身无效,但不影响支票的效力;②支票的特征是见票即付,“见票一月可兑付”是支票上另行记载的付款日期,该项内容属于不产生票据法效力的内容,即只是该记载内容本身无效,但不影响票据的效力,C 项错误。

D 项,出票日期是支票的绝对记载事项,未记载出票日期的支票无效,D 项正确。

综上,本题答案为 D。

26.【解析】C。A、C 项,佳运公司作为证券公司,不得为其股东或者股东的关联人提供融资或者担保。维德公司作为被担保人,峰尚公司助纣为虐,对此违法担保的行为均有过错,在按要求改正前,国务院证券监督管理机构可以限制其股东权利,拒不改正的,可以责令其转让所持证券公司的股权,但并没有责令停业整顿的处罚措施,所以 A 项错误,C 项正确。

B 项,佳运公司违法为股东提供担保的过程中,股东张某并无过错,不应被处罚,B 项错误。

D 项,证券公司违法从事证券自营业务的,或者违法将客户的资金和证券归入自有财产,或者挪用客户的资金和证券的,且情节严重才会被责令停业关闭。毕竟一个证券公司关乎太多主体的太多利益,不可动辄停业关闭。本案中,佳运公司违法为股东提供了担保,对其责令改正,给予警告,并处 50 万元以上 500 万元以下的罚款,但不能责令关闭,D 项错误。

综上,本题答案为 C。

27.【解析】C。A、B 项,人身保险合同中,投保人解除保险合同无须被保险人或受益人的同意,因此,A 项、B 项错误。

C、D 项,保单的现金价值是投保人多交的保险费累积的结果，所以投保人解除保险合同时，当保险合同无特别约定时，保险单现金价值应退还给投保人陈某，而非被保险人或受益人。因此，C项正确，D项错误。

综上，本题答案为C。

28.【解析】D。A项，2015年8月1日，李某应该缴纳当期保险费，保险公司催告，但李某自保险人催告之日起超过30日未支付当期保险费，保险合同没有特别约定，合同效力中止。在中止期内，张某发生保险事故，保险公司不承担给付医疗费的赔偿责任，A项错误。

B项，见A项解析，该保险合同中止，发生保险事故保险公司无须承担赔偿责任，且在中止前，被保险人张某并未达到65岁的条件，所以保险公司无须承担给付30万元保险金的责任，B项错误。

C项，合同约定分期支付保险费，投保人支付首期保险费后，除合同另有约定外，投保人自保险人催告之日起超过30日未支付当期保险费，或者超过约定的期限60日未支付当期保险费的，合同效力中止，或者由保险人按照合同约定的条件减少保险金额。自合同效力中止之日起满2年双方未达成协议的，保险人有权解除合同。本案中，李某未按时缴纳当期保险费，自保险人催告之日起超过30日仍未支付，合同无特别约定，所以合同效力中止，而非直接解除，C项错误。

D项，在合同中止期间，在恢复合同效力方面，投保人具有一定的主动权，具体表现为：

①投保人提出恢复效力申请并同意补交保险费，被保险人的危险程度在中止期间显著增加的，保险人有权拒绝恢复效力，否则保险人不得拒绝。

②保险人在收到恢复效力申请后，30日内未明确拒绝的，应认定为同意恢复效力。D项表述正确。

综上，本题答案为D。

29.【解析】C。A项，交强险是由保险公司对被保险机动车发生道路交通事故造成本车人员和被保险人以外的受害人人身伤亡、财产损失，在责任限额内予以赔偿的强制性责任保险。所以本车人员的损害不是交强险的赔偿范围。客运车辆发生道路交通事故致乘客遭受损害，如果乘客对交通事故的发生没有过错，乘客可以起诉承运人，要求进行赔偿。承运人在赔偿了乘客的损失之后，如认为有必要，可以侵权损害赔偿为由，向人民法院提起诉讼，追究事故责任人的赔偿责任。所以郑某作为本车司机，其损害不是交强险的赔偿范围，A项错误。

B项，交强险的分析如A项。商业三者险是指被保险人或其允许的驾驶人在使用保险车辆过程中发生意外事故，致使第三者遭受人身伤亡或财产直接损毁，依法应当由被保险人承担的经济赔偿责任，保险人负责赔偿。所以王某作为本车乘客，其损害不属于交强险和商业三者险的赔偿范围，B项错误。

C项，护栏作为交通事故造成的第三方财产损害，属于交强险和商业三者险的赔偿范围。首先由交强险在限额范围内赔偿，不足部分由商业三者险赔偿，C项正确。

D项，首先，王某作为本车乘客不是商业三者险的赔偿范围；其次，保险的赔偿范围只是因保险事故造成的人身或财产的直接损害，本案中王某因未参加投标造成的经济损失不是保险的保障范围，所以D项错误。

综上，本题答案为C。

30.【解析】A。A项，爱美公司和茵美公司在婴幼儿奶粉的相关市场的份额合计达到2/3（高达90%），推定其具有市场支配地位，A项正确。

B项，茵美公司主动向反垄断执法机构报告并反映该行为，如果其提供重要证据，反垄断执法机构可以酌情减轻或者免除对该经营者的处罚，并非必然免除处罚，B项错误。

C项，爱美公司违反《反垄断法》的规定，达成并实施了垄断协议，由反垄断执法机构责令停止违法行为，没收违法所得，并处上一年度销售额1%以上10%以下的罚款。虽然被举报后改正，但也不能忽略曾经犯下的"罪责"，不能免除处罚，C项错误。

D项，对于垄断协议行为的处罚原则是"以行为论，而非结果罚"，即尚未实施所达成的垄断协议的，可以处50万元以下的罚款，而非"应当免于处罚"，D项错误。

综上，本题答案为A。

31.【解析】C。静车公司与海金公司设立合营企业，其中静车公司持股45%，海金公司持股55%，双方共同控制合营企业，属于《反垄断法》第25条规定的经营者集中。参与集中的经营者的交易规模达到了国务院规定的申报标准的，经营者应当事先向国务院反垄断执法机构申报，未申报的不得实施集中。本案中，静车公司和海金公司的全球及境内营业额已达到经营者集中申报的金额，但没有申报，违反了《反垄断法》的规定，构成未依法申报违法实施的经营者集中，所以应当对参与集中的经营者静车公司和海金公司实施处罚。但是吉乐公司作为被设立的"新生命"并未实施违法违规行为，不应被处罚。只有C项正确。

综上，本题答案为C。

32.【解析】A。选项A正确。知识点就一句话，宣告死亡和宣告失踪适用被宣告对象的经常居住地法。本案中两人的经常居住地都在中国，所以适用中国法是正确的。

选项B错误，参见A项解析。

选项C错误，参见A项解析。

选项D错误，参见A项解析。

综上所述，本题答案为A。

33.【解析】A。选项A正确。根据我国法律的规定，当事人可以在一审法庭辩论终结前协议选择或者变更选择适用的法律。所以当事人在一审法庭辩论时变更适用的法律是可以的。

选项B错误。根据我国法律的相关规定，如果某案件以外国法为准据法，并且该外国不同地区实施不同法律的（存在多个法域），直接适用与案件有最密切联系的地区的法律。

选项C错误。根据我国法律的规定：诉讼时效，适用相关涉外民事关系应当适用的法律。题干中已经明确表示,当事人约定该合同适用"英国法"。所以本案中的诉讼时效应该适用英国法。

选项 D 错误。参见 C 项解析。

综上所述,本题答案为 A。

34.【解析】B。选项 A 错误。根据我国法律的相关规定,运输中动产物权首先适用双方当事人选择的法律,当事人没有选择的,适用目的地法律。所以首先适用当事人选择的法律;当事人没有选择的,适用中国法(目的地为大连)。

选项 B 正确。参见 A 项解析。

选项 C 错误。参见 A 项解析。

选项 D 错误。参见 A 项解析。

综上所述,本题答案为 B。

35.【解析】C。本题中甲公司为卖方,乙公司为买方。

选项 A 错误。根据《2020 年国际贸易术语解释通则》,CIF 术语中卖方有义务为货物购买保险。具体险种有约定从约定,无约定只购买平安险即可。题目中双方已经约定购买水渍险,那就按照双方的约定购买即可。

选项 B 错误。根据《海牙规则》,承运人对于运输过程中因为自然灾害造成的货物损失免责。其实这也属于民法中的一般免责事由,很好理解。

选项 C 正确。在水渍险中,保险公司对于因自然灾害造成的部分货物损失应该承担责任,这也是水渍险和平安险的主要区别。

选项 D 错误。这个点有一定的迷惑性,要注意对考点的挖掘。自然灾害造成的部分货物损失属于风险,而且这个选项提问的责任主体是"乙公司",是买卖合同的买方。所以这个选项考查的是贸易术语中运输途中的风险承担。CIF 术语中,风险在装运地装上船时由卖方转移到买方,应当由买方乙公司承担运输途中因风险造成的损失。可以总结为口诀:D 组在目的地(途中风险卖方担),其余装运地(途中风险买方担)。CIF 术语下货物的风险在装运地就已经由卖方转移到了买方,应该由买方承担运输途中的风险。所以中国乙公司作为买方应该自行承担该风险,不能要求减价。

综上所述,本题答案为 C。

36.【解析】C。选项 A 错误。根据《2020 年国际贸易术语解释通则》,CIF 术语中卖方有义务为货物购买保险。具体险种有约定从约定,无约定只购买平安险即可。题干中双方并无特别约定,所以只购买平安险即可。

选项 B 错误。"软条款信用证"指在信用证中规定一些限制性条款,或者条款不清、责任不明,从而使得信用证的不可撤销性在实质上大大降低,因而对受益人不利。本题中的信用证就属于典型的"软条款信用证",无法为买方顺利结汇提供充分保障。

选项 C 正确。根据我国《出口管制法》的相关规定,管制物项的最终用户应当承诺,未经国家出口管制管理部门允许,不得擅自改变相关管制物项的最终用途或者向任何第三方转让。

选项 D 错误。根据我国《出口管制法》的相关规定,对于出口管制清单所列管制物项或者临时管制物项,出口经营者应当向国家出口管制管理部门申请许可。所以仅在管制清单内未查询到相关物项,并不能直接出口,还要进一步查询相关物项是否属于临时管制物项。

综上所述,本题答案为 C。

37.【解析】D。选项 A 错误。这里首先要注意《联合国国际货物销售合同公约》中"宣告无效"和"解除合同"的关系。该公约关于"解除合同"的英文表达直译为"宣告合同无效",所以可以简单理解为,在该公约中"宣告无效"和"解除合同"是一个意思。

本题中甲国 A 公司是买方,只有在卖方构成根本违约,或者卖方在买方规定的宽限期内没有交货或者声明不交货时,才能解除合同,并且上述措施的采取必须没有公约规定的免责条件。本题中的货物是分期交货,第一批货物已经按期交付,后两批货物是因为遭遇台风而不能发货。这种情况属于公约中的免责条件,所以 A 公司不能宣告合同无效。

选项 B 错误。本题中 B 公司是卖方,只有在买方构成根本违约,或者买方不在卖方规定的额外时间内履行支付价款或收取货物的义务或声明将不履行上述义务时,才可以解除合同,而且上述措施的采取必须没有公约规定的免责条件。本题中第一批货物已经按期交付,而且存在免责条件,显然不能符合解除合同的条件。

选项 C 错误。这个选项实际上考的是海上运输保险的责任期间。CIF 2020 在无约定时只购买平安险,而这个险种针对的是"运输途中"货物所遭受的风险。具体的责任期间从货物自装运港"离开仓库"开始起算。本题中的货物仍旧在仓库中,所以保险责任尚未开始,保险公司不需要承担责任。

选项 D 正确。《联合国国际货物销售合同公约》规定,不履行义务的一方必须将障碍(免责事由)及其对他的影响通知另一方。如果另一方在不履行义务一方知道或应当知道该障碍后的一段合理期间内未获得通知,则不履行义务一方对于另一方未收到通知而造成的损失应该承担责任。

综上所述,本题答案为 D。

38.【解析】D。选项 A 错误,不当选。这个题目涉及的知识点是国际知识产权保护中的独立性原则。根据这个原则,各国对某个知识产权的保护独立确定,不依赖于他国的意思,也就会产生一个智力成果在不同国家产生不同的保护效果。

综上所述,本题答案为 D。

39.【解析】C。张三起诉李四要求支付本金 100 万元、利息 2 万元以及逾期还款的罚息 10 万元是三个具体的诉讼请求,但这三个诉讼请求都是基于张三和李四之间的借款合同关系这一诉讼标的。故本案中存在三个诉讼请求,但仅仅只有一个诉讼标的,即张三和李四之间的借款合同关系。

综上所述，本题答案为 C。

40.【解析】A。A 项，江某以侵权为由起诉甲公司，诉讼中，江某放弃侵权的主张，要求甲公司承担违约责任。显然，前者基于侵权法律关系，后者基于违约法律关系，诉讼标的发生了变化。诉讼标的即双方当事人争议的实体法律关系是法院裁判的对象，诉讼标的发生变化，则意味着诉发生了变化，应当征得法院准许。在诉讼中一般不允许任意变更诉讼标的，因为诉讼标的的变更实际上是要求法院对一个新的民事法律关系进行裁判。A 选项正确。B 项，一事不再理是指前诉正在实体审理中或者裁判已经生效，重复起诉的，法院不予受理。本案中原告是将诉予以变更，即已经放弃了前诉，自然不存在前诉正在实体审理中或者判决已经生效的问题，故并不妨碍法院对变更以后的诉进行审理。B 选项错误。C 项，诉的合并是指法院将两个以上的诉合并到一个诉讼程序中予以审理。典型的普通共同诉讼，是本来有两个以上独立的诉，但为了提高诉讼效率，在征得当事人同意后合并审理。本案并没有同时存在两个独立的诉，不存在诉的合并问题，C 选项错误。D 项，诉的分离是指将原来合并的几个诉分开进行审理，如为了提高效率，征得当事人同意后合并审理的普通共同诉讼，经过审理后发现合并审理会增加审理难度，造成诉讼拖延，又将其分离为若干独立的诉进行审理。本案中自始至终只有一个诉，不存在分离一说，D 选项错误。

综上所述，本题答案为 A。

41.【解析】C。增加、变更诉讼请求应当在法庭辩论终结前提出，而本案合议庭已经评议完成，故原告不能增加、变更诉讼请求，法院应当直接按照原诉讼请求，根据合议庭的评议作出支持展军公司 2000 万元诉讼请求的判决。

综上所述，本题答案为 C。

42.【解析】B。首先，甲和乙之间的买卖合同中有管辖协议的约定，现在甲将合同转让给丙，则涉及被转让合同的协议管辖条款对合同受让人的约束力问题，根据《民诉解释》第 33 条的规定，合同转让的，合同的管辖协议对合同受让人有效，但转让时受让人不知道有管辖协议，或者转让协议另有约定且原合同相对人同意的除外。故本案中甲将合同权利义务转让给丙，但丙不知道该管辖协议的存在，故甲、乙补充协议中关于协议管辖的约定对受让人丙没有约束力。其次，乙、丙就合同的履行约定了管辖协议，该协议对乙、丙具有约束力，故乙、丙因为履行合同发生纠纷，应当根据他们之间关于管辖协议的约定向 D 区法院起诉。

综上所述，本题答案为 B。

43.【解析】A。管辖权异议首先看时间，被告文某是在庭前会议时提出管辖权异议，显然已经超过提交答辩状期间，故法院对被告提出的管辖权异议不予审查，C 选项错误。被告在提交答辩状期间没有提出管辖权异议，且应诉答辩或者提出反诉的，受诉法院取得应诉管辖权，但违反级别管辖和专属管辖的除外。本案被告文某在提交答辩状期间没有提出管辖权异议，且提出反诉，同时本案不涉及级别管辖和专属管辖问题，故受理案件的 A 县法院取得应诉管辖权，应当对本诉继续审理，不能移送管辖，B 选项错误。关于反诉的管辖权问题，反诉直接向受理本诉的法院提出，不论受理本诉的法院对反诉案件本身是否具有管辖权，基于其受理了本诉，基于本反诉之间的牵连关系，当然取得对反诉案件的管辖权，但反诉专属于其他法院管辖的除外，此为牵连管辖。故基于牵连管辖，A 县法院取得对反诉案件的管辖权，所以 A 县法院对反诉亦应当继续审理。A 选项正确，D 选项错误。

综上所述，本题答案为 A。

44.【解析】A。A、B 选项考查证据的理论分类。首先，直接证据和间接证据的区分应当看证据内容的完整性。在内容上能够完整证明案件事实的证据是直接证据，在内容上只能证明待证事实的一个部分、一个片段的证据是间接证据。显然，收条能够完整证明还款事实，应当是直接证据，A 选项正确。当然，直接证据和间接证据的区分与证据的来源无关，题目用"复印件"是用证据的来源来干扰考生对直接证据和间接证据的判断。其次，本证和反证的判断与证明责任有关，我们按照常规步骤进行判断：第一步，收条的待证事实是借款已经归还；第二步，借款是否已经归还应当由主张已经归还的被告张某承担证明责任；第三步，收条是被告张某提供的，故是承担证明责任的张某提供的证据，是本证，所以 B 选项错误。

C、D 选项考查证据能力和证明力的问题。第一个概念，证据能力（又称为证据资格），是指一个材料能否在诉讼中作为证据使用。如果一个材料能够在诉讼中作为证据使用，则称之为具有证据能力；反之，如果一个材料不能作为证据使用，则称之为没有证据能力。如根据司法解释规定，以严重侵犯他人合法权益、违反法律禁止性规定或者严重损害社会公序良俗方法形成或获取的证据，不得作为认定案件事实的根据。显然，通过这种非法方式收集的证据，不能作为定案根据，即没有证据能力。第二个概念，证明力是指一个具有证据能力的证据对案件事实的证明作用，即这项证据能在多大程度上证明案件事实。司法解释规定："无法与原件核对的复印件不能单独作为定案根据。"首先，无法与原件核对的复印件是可以作为定案根据的，说明其具有证据能力和证明力；其次，由于其证明力比较小，所以不能单独定案，需要其他证据对其证明力进行补强。所以收条的复印件有证据能力，有证明力，只是证明力比较小而已。所以 C、D 选项错误。

综上所述，本题答案为 A。

45.【解析】B。禁止令的依据是《民法典》第 997 条规定，民事主体有证据证明行为人正在实施或者即将实施侵害其人格权的违法行为，不及时制止将使其合法权益受到难以弥补的损害的，有权依法向人民法院申请采取责令行为人停止有关行为的措施。但《民法典》并未规定对禁止令的救济措施。

本题可以从正向分析。禁止对方作出一定的行为，考生能想到这在民事诉讼中属于什么措施？行为保全——责令对方作出或者不得作出一定的行为。那么民事诉讼中规定对保全措施不服应当通过何种方式救济？同级复议，所以本题答案为B。

本题也可以从逆向排除。禁止对方作出一定的行为，并不属于一种诉讼程序，不存在实体争议的解决。而上诉是要启动二审程序，二审程序属于诉讼程序，需要解决实体权利义务纠纷；再审同样属于诉讼程序，需要解决实体权利义务纠纷。而禁止令不属于诉讼程序，不存在实体权利义务纠纷，故对其不能上诉，不能申请再审，由此排除A、C、D选项。

综上所述，本题答案为B。

46.【解析】A。当事人向采取诉前保全措施以外的其他有管辖权的法院起诉的，采取诉前保全措施的法院应当将保全手续移送受理案件的法院。本案A区法院采取保全措施后，甲向其他法院起诉，按理说A区法院应当将保全的财产移送受理案件的法院。但是，本题面临的问题是本案的管辖法院确定存在问题：B区法院受理案件后认为本院无管辖权，将案件移送给A区法院，A区法院亦认为本院无管辖权。就确定案件管辖权的角度而言，A区法院不能将案件退回，也不能再行移送，只能报请上级法院指定管辖，在上级法院指定管辖前，本案管辖权尚未确定。故此时采取诉前保全措施的A区法院不能擅自将保全的财产移送，应当待案件管辖权确定后，再将保全的财产移送有管辖权的法院。

综上所述，本题答案为A。

47.【解析】D。首先，有权请求确认婚姻无效的主体包括婚姻当事人及利害关系人。其中，利害关系人包括：(1)以重婚为由的，为当事人的近亲属及基层组织；(2)以未到法定婚龄为由的，为未到法定婚龄者的近亲属；(3)以有禁止结婚的亲属关系为由的，为当事人的近亲属。本案中是以刘某未达法定结婚年龄为由起诉确认婚姻无效，刘某的母亲是未达法定婚龄一方当事人刘某的近亲属，有权作为适格原告起诉请求确认婚姻关系无效，故法院不能裁定驳回起诉，B选项错误。

其次，法院受理请求确认婚姻无效的案件后，原告申请撤诉的，不予准许；对婚姻效力的审理不适用调解，应当依法作出判决。其原理在于婚姻效力问题涉及社会的公序良俗，故对当事人的处分权进行了限制——不允许调解，不允许撤诉。法院经过依法审理后认为婚姻无效的，应当依法判决确认婚姻无效。当然，考生也可以从调解制度的适用范围得出A选项错误的结论，因为身份关系的确认案件不能调解，本案确认婚姻无效属于身份关系的确认案件，不能调解。故本题A选项错误，C选项错误，D选项正确。

综上所述，本题答案为D。

48.【解析】A。甲拒不履行和解协议，权利人乙可以申请恢复对原判决的执行，也可以选择就执行和解协议提起诉讼。但是，原生效判决确定的执行标的是花瓶这一特定物，应当执行原物，但是花瓶已经毁损，无法执行，故此时无法恢复执行，只能选择就执行和解协议提起诉讼，故本题A选项正确，B选项错误。执行应当以生效法律文书为根据，本案中并没有生效法律文书确定甲应当向乙支付50万元或者60万元，所以C、D选项错误。

综上所述，本题答案为A。

49.【解析】A。首先排除C选项，裁定驳回起诉是指在起诉时案件不符合起诉条件，本案包某起诉洪某确认婚姻关系无效，在起诉时完全符合起诉条件，法院当然不能裁定驳回起诉。B选项中追加包某所在地民政部门为当事人没有任何法律依据，表述错误。根据《婚姻家庭编解释(一)》第14条规定，夫妻一方或者双方死亡后，生存一方或者利害关系人请求确认婚姻无效的，法院应当受理。同样的道理，在确认婚姻无效的案件中，一方当事人死亡的，法院应当继续审理，并就婚姻的效力问题作出判决。

综上所述，本题答案为A。

50.【解析】A。首先，基于处分原则，法院仅能针对原告诉讼请求作出判决，法院超出原告诉讼请求作出判决违反处分原则，据此可以判断B、D选项错误。其次，A、C选项考查法院对2万元咨询费进行审理并作出判决后，该判决的既判力是否及于剩余的18万元，这涉及部分请求的既判力问题。当一个请求权的法律效果可以拆分，权利人在诉讼请求中只主张部分法律效果(如张三对李四享有100万元债权，张三仅就其中80万元债权提起诉讼；或者张三对李四享有100万元本金债权和10万元利息债权，张三仅就本金债权提起诉讼)，法院作出判决后，既判力是仅限于原告主张的部分效果还是也及于包括未主张部分的全部效果呢？对于这一问题理论界存在较大争议。但命题老师认为，如果法院对部分请求的判决既判力仅及于原告主张的部分效果，将会纵容原告将其诉讼请求无限切割(如本题所示)，一是浪费司法资源，二是给对方当事人增加不必要的诉讼负担，故原则上法院对部分请求作出判决后，其既判力及于未主张部分，即对部分请求的判决应当产生全部既判力。结合本案，原告仅仅就20万元咨询费中的2万元部分提出请求，法院对该2万元部分的判决将对全部20万元的债权产生既判力。故本题A选项正确，C选项错误。

综上所述，本题答案为A。

二、多项选择题

51.【解析】ACD。首先，潘某委托仲某找买家出售红木，仲某系有权代理。故A项说法错误，当选。

其次，恶意代理，是指在代理过程中，代理人与第三人以损害被代理人的利益为目的，弄虚作假的违法行为。同时，代理人与相对人恶意代理签订的合同效力待定。如果被代理人(本人)潘某追认，则该合同对潘某发生效力；如果被代理人(本人)潘某不追认，则该合同对潘某不发生效力。故C、D项说法均错误，当选。

最后，代理人和相对人恶意串通，损害被代理人合法权益的，代理人和相对人应当承担连带责任。本题中，代理人仲某和相对人辛某恶意串通，损害被代理人潘某的合法权益,依法应对潘某的损失承担连带责任。故 B 项说法正确,不当选。

综上所述,本题的正确答案为 ACD。

52.【解析】BC。A、B 项考查居住权的限制,关键词为"继承"、"转让"和"出租"。居住权系用益物权,居住权人对房屋享有占有、使用的权能,不享有处分的权能。因此,居住权不得继承(绝对禁止)、不得转让(绝对禁止)、不得出租(相对禁止,当事人另有约定除外)。本题中,魏某和方某对于房屋出租问题没有特别约定,亦不可以出租。故 A 项错误,不当选;B 项正确,当选。

C 项考查居住权的设立,关键词为"生效"和"登记"。居住权的设立需要两步:(1)合法有效的书面居住权合同;(2)办理居住权登记。据此可知,居住权合同在未附条件或期限的情形下,自设立时生效。故 C 项正确,当选。

D 项考查居住权合同的形式,关键词为"口头"。居住权合同应当采用书面形式,不可以口头。故 D 项错误,不当选。

综上所述,本题的正确答案为 BC。

53.【解析】BD。首先,行为人与相对人以虚假的意思表示实施的民事法律行为无效。本题中,在房屋不存在的情况下,甲与乙签订的租赁合同和房屋买卖合同均因系双方通谋虚假意思表示而无效。

其次,基于担保合同效力的从属性,主合同无效,担保合同无效。本题中,丙为乙的租金支付承担连带责任保证。在租赁合同无效的情形下,保证合同作为从合同当然无效。故 A 项说法错误,不当选。同时,甲和乙对于房屋不存在的事实均知情,但是,丙不知情,亦可以认为系债权人和债务人恶意串通损害保证人的利益,保证合同亦无效。故 C 项说法错误,不当选。D 项正确,当选。

最后,甲和乙签订售后回租合同(先出卖再租赁)的真实意思表示系乙向甲借款,该隐藏行为合法有效,二者行为的本质系名为租赁,实为借款。故 B 项正确,当选。

综上所述,本题的正确答案为 BD。

54.【解析】BCD。A、C 项考查超级动产抵押权,关键词为"优先于"。动产抵押担保的主债权是抵押物的价款,标的物交付后 10 日内办理抵押登记的,该抵押权人优先于抵押物买受人的其他担保物权人受偿。据此可知,超级动产抵押权人优先的对象是标的物买受人的其他担保物权人而非标的物出卖人的其他担保物权人。本题中,超级动产抵押权人甲造船厂的抵押权可以优先于买受人洪某的其他担保物权人而不得优先于自己(渔船出卖人)的其他担保物权人。甲造船厂的超级动产抵押权和乙农商行的动产浮动抵押权应当依"登记在先原则"处理,即乙农商行的动产浮动抵押权优先于甲造船厂的超级动产抵押权。故 A 项说法错误,不当选;C 项说法正确,当选。

B 项考查动产物权变动,关键词为"已经取得"。动产所有权的变动依交付,除非当事人约定动产所有权保留。本题中,甲造船厂已经将渔船交付给了洪某且未特别约定所有权保留。因此,洪某已经取得渔船的所有权。故 B 项说法正确,当选。

D 项考查动产抵押中的正常经营买受人,关键词为"可以对抗"。动产浮动抵押权中的正常经营买受人的构成要件有:(1)买受人已经支付合理价款;(2)买受人已经取得抵押财产。本题中,洪某仅支付了 20 万元,剩余款项一直未支付。因此,洪某并非正常经营买受人,乙农商行的抵押权可以对抗洪某,即对渔船行使优先受偿权。故 D 项说法正确,当选。

综上所述,本题的正确答案为 BCD。

55.【解析】AC。A 项考查动产抵押权的设立,关键词为"不影响"。动产抵押权采"登记对抗主义"立法模式,即动产抵押权自抵押合同生效时设立,未经登记,不得对抗善意第三人。因此,合法有效的动产抵押合同能设立动产抵押权,产生内部效力。未经登记,只是不产生外部对抗效力,但不影响抵押权的取得。故 A 项正确,当选。

C 项考查观念交付之占有改定,关键词为"不影响"。动产物权变动依交付,交付包括现实交付和观念交付两类。其中,观念交付又包括三类,分别是简易交付、指示交付和占有改定。其中,占有改定的典型情形系"先卖后租"。本题中,张某先将车出卖给王某后又从王某处有偿租回,依占有改定规则,自租赁合同生效时,物权发生变动,车的所有权归王某所有。故 C 项正确,当选。

B、D 项考查民事留置权的善意取得,关键词为"不能"。债务人不履行到期债务,债权人因同一法律关系留置已经合法占有的第三人的动产,并主张就该留置财产优先受偿的,法院应予支持。本题中,张某将王某的汽车送周某修理,债权人周某因承揽合同合法占有第三人王某的动产汽车,依法享有民事留置权,与标的物车的价值大小无关。故 B、D 项均错误,不当选。

综上所述,本题的正确答案为 AC。

56.【解析】ABCD。首先,抵押权设立前,抵押财产已经出租并转移占有的,原租赁关系不受该抵押权的影响。本题中,甲公司将房屋出租给乙公司并交付,二者仅产生债权债务关系,房屋的所有权依然归甲公司所有。后甲公司将自己的房屋抵押给丙公司,无须征得承租人乙公司同意。但是,基于租赁权成立在先原则,租赁关系不受影响。故 A 项正确,当选。

其次,抵押期间,抵押人可以转让抵押财产。当事人另有约定的,按照其约定。抵押财产转让的,抵押权不受影响。本题中,甲公司将房屋抵押给丙公司并办理了抵押登记,丙公司取得房屋的抵押权。但是,抵押人甲公司和抵押权人丙公司并未在抵押合同中约定禁止或限制转让抵押财产。因此,抵押人甲公司出卖该房屋,无须征得抵押权人丙公司同意。但是,丙公司的抵押权不受影响。故 B 项正确,当选。

再次,租赁期限届满,房屋承租人享有以同等条件优先承租的权利。据此可知,房屋的承租人享有优先承租权。本题中,租赁期限届满,作为房屋承租人的乙公司享有以同等条件优先承租该房屋的权利。故 C 项正确,当选。

最后,出租人出卖租赁房屋的,应当在出卖之前的合理期限内通知承租人,承租人享有以同等条件优先购买的权利。据此可知,房屋的承租人享有优先购买权。本题中,出租人甲公司在房屋租赁期间出卖该房屋的,承租人乙公司享有以同等条件优先购买的权利。故 D 项正确,当选。

综上所述,本题的正确答案为 ABCD。

57.【解析】CD。对于拒不协助另一方行使探望权的有关个人或组织,可以由人民法院依法采取拘留、罚款等强制措施,但是不能对子女的人身、探望行为进行强制执行。本题中,顾某多次探望王小某均遭阻挠,依法可以对王某采取拘留、罚款等强制措施,但不得将顾某带到王某住处探望,也不得将王小某带到指定地点让顾某探望。故 A、B 项说法错误,不当选;C、D 项说法正确,当选。

综上所述,本题的正确答案为 CD。

58.【解析】AC。离婚后,夫妻一方发现另一方隐藏夫妻共同财产的,可以向人民法院提起诉讼,请求再次分割夫妻共同财产。本题中,江男隐藏婚后股票 100 万元的行为损害了夫妻共同财产利益,薛女有权要求重新分割财产。故 A、C 项说法正确,当选。

夫妻双方共同签名或夫妻一方事后追认等共同意思表示所负的债务,以及夫妻一方在婚姻关系存续期间以个人名义为家庭日常生活需要所负的债务,属于夫妻共同债务。本题中,江男赌博欠款 50 万元属于其个人债务,应由江男个人承担,薛女不应承担。故 B、D 项说法错误,不当选。

综上所述,本题的正确答案为 AC。

59.【解析】BC。首先,遗嘱人可以撤回、变更自己所立的遗嘱。甲立公证遗嘱后,可以将 X 房赠与女儿张丙,该赠与行为系有权处分。故 D 项错误,不当选。

其次,立遗嘱后,遗嘱人实施与遗嘱内容相反的民事法律行为的,视为对遗嘱相关内容的撤回。甲立公证遗嘱后,将 X 房赠与女儿张丙并过户登记的行为视为对公证遗嘱的撤回,女儿张丙取得 X 房的房屋所有权。同时,立有数份遗嘱,内容相抵触的,以最后的遗嘱为准。关于 Y 房屋,甲先立公证遗嘱给张乙,后立自书遗嘱给张丁,依法应以最后的自书遗嘱为准。因此,应当由张丁受赠 Y 房。故 A 项错误,不当选;C 项正确,当选。

最后,继承人有下列行为之一的,丧失继承权:(1)故意杀害被继承人;(2)为争夺遗产而杀害其他继承人;(3)遗弃被继承人,或虐待被继承人情节严重;(4)伪造、篡改、隐匿或销毁遗嘱,情节严重;(5)以欺诈、胁迫手段迫使或妨碍被继承人设立、变更或撤回遗嘱,情节严重。本题中,张乙对甲言语不敬不会导致张乙丧失继承权。故 B 项正确,当选。

综上所述,本题的正确答案为 BC。

60.【解析】BD。首先,雇佣合同是当事人一方向对方提供劳动力以从事某种工作、由对方提供劳动条件和劳动报酬的协议。本题中,高某并未向顾某提供劳动力,且当事人之间不存在控制、支配和从属关系,也不存在由一方指定工作场所、提供劳动工具或设备、限定工作时间、定期给付劳动报酬等关系。因此,高某与顾某不形成雇佣合同关系。故 A 项说法错误,不当选。

其次,宾馆、商场、银行、车站、机场、体育场馆、娱乐场所等经营场所、公共场所的经营者、管理者或群众性活动的组织者,未尽到安全保障义务,造成他人损害的,应当承担侵权责任。本题中,顾某作为海区的经营者和管理者应对进入海区学习潜水的高某承担安全保障义务。但是,对于高某的不幸溺亡,高某自己应承担主要责任,顾某仅在过错范围内承担相应的赔偿责任。故 B、D 项说法正确,当选。

最后,被继承人的兄弟姐妹先于被继承人死亡的,由被继承人的兄弟姐妹的子女代位继承。其中,子女应为"生子女或养子女"而不包括有扶养关系的继子女。本题中,傅某系高某姐姐扶养成年的继女,不享有代位继承权。故 C 项说法错误,不当选。

综上所述,本题的正确答案为 BD。

61.【解析】BD。A 项,具有完全民事行为能力的成年人,可以与其近亲属、其他愿意担任监护人的个人或者组织事先协商,以书面形式确定自己的监护人,在自己丧失或者部分丧失民事行为能力时,由该监护人履行监护职责。老李被法院宣告为限制民事行为能力人后,依照合同约定由乙担任老李的意定监护人。意定监护人不一定为被监护人的近亲属。故 A 项说法错误。

B 项,成年子女对父母负有赡养、扶助和保护的义务。成年子女不履行赡养义务的,缺乏劳动能力或者生活困难的父母,有要求成年子女给付赡养费的权利。所以老李被宣告为限制民事行为能力人后,小李对老李仍负担法定的赡养义务。故 B 项说法正确。

C 项,无民事行为能力或者限制民事行为能力的成年人,由下列有监护能力的人按顺序担任监护人:(1)配偶;(2)父母、子女;(3)其他近亲属;(4)其他愿意担任监护人的个人或者组织,但是须经被监护人住所地的居民委员会、村民委员会或者民政部门同意。所以老李被宣告为限制民事行为能力人后,如果小李有监护能力,小李可依法担任老李的法定监护人。但是,意定监护的效力优先于法定监护。故 C 项说法错误。

D 项,成年人的监护人履行监护职责,应当最大程度地尊重被监护人的真实意愿,保障并协助被监护人实施与其智力、精神健康状况相适应的民事法律行为。对被监护人有能力独立处理的事务,监护人不得干涉。故 D 项说法正确。

综上所述,本题的正确答案为 BD。

62.【解析】BCD。A、B 项,乙作为被冒名的主体,对于华宇公司的设立没有意思表示或任何法律行为,所以华宇公司与乙无关,乙不是华宇公司的股东,既无权利又无责任。透过现象看本质,乙名下股权的所有权利义务均应由冒名行为人甲来承担。所以乙名下的股权出资不足时，华宇公司应该要求甲补足出资，而不应该要求乙补足出资，A 项错误；债权人对公司不能清偿的部分应该要求甲补充赔偿，B 项正确。

C、D 项，乙作为被冒名的主体，不是公司的股东，可以提起诉讼确认其不是股东，股东资格的消极确认之诉应该以公司为被告，所以 C、D 项正确。

综上，本题答案为 BCD。

63.【解析】AD。A、C 项，怡安公司自 2018 年 3 月最后一次股东会后至 2021 年 5 月再未召开股东会，连续两年以上没有召开股东会，符合了公司管理僵局的前提。赵某持股 49%，达到了 10% 以上，符合原告资格，故赵某有权请求强制解散公司，A 项正确；鲁某持股 2%，不符合强制解散公司的原告资格（持股 10% 以上的股东），故鲁某无权申请解散怡安公司，C 项错误。

B 项，公司被强制解散的理由是经营管理陷入严重困难即管理僵局，与公司的财务状况无关，即使公司一直处于盈利状态也不影响被强制解散。B 项错误。

D 项，解散公司的诉讼，以公司为被告，D 项正确。

综上，本题答案为 AD。

64.【解析】BCD。A、B 项，我国公司法对董事与公司的关系并无明确的规定，但公司法理论研究与司法实践中已经基本统一认识，即公司与非职工代表担任的董事之间实为委托关系，依股东会的选任决议和董事同意任职而成立委托合同关系。既然为委托合同，则合同双方均有任意解除权，即公司可以随时解除董事职务，无论任期是否届满，董事也可以随时辞职，无须公司审批。

本案中，2017 年 9 月，股东会经有效决议解除李某的董事职务，该决议在无法定无效情形之下，一经作出即生效，对董事职务的解除也应自决议作出之日起即生效。B 项正确。

无因解职不能损害董事的合法权益。为平衡双方利益，公司解除董事职务应合理补偿，以保护董事的合法权益，并防止公司无故任意解除董事职务。无因解职有效的核心要件是公平。董事职务被解除后，因补偿与公司发生纠纷提起诉讼的，人民法院应当依据法律、行政法规、公司章程的规定或者合同的约定，综合考虑解除的原因、剩余任期、董事薪酬等因素，确定是否补偿以及补偿的合理数额。这并不是意味着被动解除职务的董事有权单方面按照原薪酬标准主张剩余年限的报酬，A 项"要求……剩余的报酬"的表述过于绝对，错误。

C 项，公司与董事之间实为委托关系，董事享有单方面解除职务的权利，故董事辞职系单方行为，一般情形下自辞职报告送达公司时生效，所以股东会是否准许，不影响王某辞职的实际效力，C 项正确。

D 项，虽然董事辞职系单方行为，但也不能因此损害公司的整体利益，所以法律补充了"超期服役"制度。董事在任期内辞任导致董事会成员低于法定人数的，在改选出的董事就任前，原董事仍应当依照法律、行政法规和公司章程的规定，履行董事职务。本案中，王某辞职后，董事会剩余二人，低于了法律最低限定的三人，故王某的辞职不能立即生效，需超期服役，D 项正确。

综上，本题答案为 BCD。

65.【解析】ABC。A 项，当股东会决议解散时，公司具有了解散事由，甲作为旺顺公司的核心股东，负有组成清算组的义务，应当在 15 日内成立清算组进行清算，A 项正确。

B 项，旺顺公司股东会决议解散，应当在 15 日内组成清算组进行清算，但经过了半年的时间都没有成立清算组，出现了"公司解散逾期不成立清算组进行清算的"情形，乙作为股东有权申请人民法院指定清算组进行清算。B 项正确。

C、D 项，旺顺公司出现了主要财产、账册、重要文件等灭失，无法进行清算的结果，债权人有权要求怠于履行义务的股东承担连带责任，正是所谓的"有因有果有连带"。本案中，甲、乙、丙既是公司的大股东，又是核心的经营管理人员，可认定其"怠于履行清算义务"，应对债权人承担连带责任。但丁是小股东且并非董事、监事，也没有选派人员担任董事、监事，所以丁没有"怠于履行清算义务"的情形，不应承担连带责任。故 C 项正确，D 项错误。

综上，本题答案为 ABC。

66.【解析】ACD。A 项，黄某受委托执行合伙事务，没按照合伙协议或者全体合伙人的决定执行事务，其他合伙人可以决定撤销该委托，A 项正确。

B 项，异议权是指事前、事中、事后实施监控并提出不同的意见，只有合伙事务执行人有此机会和能力，故异议权是合伙事务执行人的权利，非执行人只有监督权、知情权和撤销委托的权利，B 项中表述其他合伙人有权监督是正确的，但表述为有"异议"权是错误的，故 B 项错误。

C 项，虽然黄某没有按照合伙协议的授权执行事务，但合伙协议是合伙企业内部的文件，不能对抗善意相对人。本案中，销售合同相对人思如公司对黄某的越权情况不知情，该销售合同应认定为有效，C 项正确。

D 项，合伙事务执行人提出异议时，应当暂停该项事务的执行，即暂停该销售合同。接下来全体合伙人开会就此事项作出决议，如果认定黄某对合伙企业未尽到忠诚勤勉义务，合伙企业可对该合伙人主张赔偿责任，否则异议流程终结。所以 D 项的说法正确。

综上，本题答案为 ACD。

67.【解析】AB。A 项，2021 年 6 月 1 日，于某经全体合伙人一致同意而自愿退伙，6 月 1 日是合伙人达成退伙协议的日期，也是于某退伙的生效日，A 项正确。

B 项，签署入伙协议时，于某入伙成为了新的合伙人，对于其入伙前和入伙后的合伙企业债务，与其他合伙人一起承担连带责任，B 项正确。

C 项，2021 年 6 月 10 日，于某的退伙事宜经登记产生了对抗第三人的法律效力，故此后发生的新的债务与于某无关。于某只需要对其退伙前发生的债务承担连带责任，C 项错误。

D项，于某对入伙前合伙企业的经营情况未完全知情或超出其预期，并不能说明其存在重大误解而主张解除入伙协议。如果其他合伙人在于某入伙时未如实告知合伙企业的经营和财务状况，于某可因此向其他合伙人追究赔偿责任。D项错误。

综上，本题答案为AB。

68.【解析】AD。A、B项，齐某因故意或者重大过失给合伙企业造成损失，其他合伙人一致同意，有权将齐某除名，被除名人接到除名通知之日，除名生效，被除名人退伙。如果齐某对除名决议有异议，可以自接到除名通知之日起30日内，向人民法院起诉。所以A项正确，B项错误。

C项，齐某已经被除名，不再是合伙人，所以除齐某以外的其他合伙人就是合伙企业的全体合伙人，全体合伙人决定解散的，合伙企业应当解散，齐某提出的异议不能阻挡恒瑞咖啡厅的解散决议，C项错误。

D项，恒瑞咖啡厅解散，应当由清算人进行清算。清算人由全体合伙人担任；经全体合伙人过半数同意，可以自合伙企业解散事由出现后15日内指定一个或者数个合伙人，或者委托第三人，担任清算人。所以D项正确。

综上，本题答案为AD。

69.【解析】CD。A、D项，间接银团贷款指的是牵头行单独与借款人签订贷款合同并向借款人发放或承诺发放贷款，然后牵头行再通过将部分已经发放的贷款或承诺发放的贷款分别转让给其他愿意提供贷款的银行的方式安排其他愿意提供贷款的银行发放贷款，由牵头行和受让贷款的银行共同组成银团，并由同时作为代理行的牵头行负责贷款管理的银团贷款。间接银团贷款中的每个成员行所承担的权利与义务是相互独立的，彼此之间不存在连带关系。A项错误，D项正确。

B、C项，政府对外国投资者、外商投资企业应该践行承诺，如果随便就不履行承诺，于营造投资者友好的环境不利，于大国的权威不利。因国家利益、社会公共利益需要改变政策承诺、合同约定的，应当依照法定权限和程序进行，并依法对外国投资者、外商投资企业因此受到的损失予以补偿。B项直接表述为“无须再履行相关政策承诺”，错误。C项表述“公共利益+合理补偿”是正确的。

综上，本题答案为CD。

70.【解析】AD。A项，聘用会计师的薪酬属于管理人的费用，债权人会议的职权之一是审查管理人的费用和报酬，所以债权人会议有权审查聘用会计师的薪酬，A项正确。

B项，管理人聘用必要的工作人员协助破产管理工作，需要经过人民法院的许可而不能自行决定，B项错误。

C项，聘用必要的工作人员及决定其报酬，均需经过人民法院许可，而非经过债权人会议通过。管理人的报酬由人民法院确定，债权人会议有权审查管理人的费用和报酬，债权人会议对管理人的报酬有异议的，有权向人民法院提出。所以C项错误。

D项，管理人聘用会计人员的费用属于破产费用，应当由债务人财产随时清偿，D项正确。

综上，本题答案为AD。

71.【解析】BCD。A项，债权人知道或者应当知道债务人破产，既未申报债权也未通知担保人，致使担保人不能预先行使追偿权的，担保人就该债权在破产程序中可能受偿的范围内免除担保责任。本案中，乙公司已经向甲公司的破产管理人申报了债权，且准备对丙公司起诉，并不符合保证人免责的前提，所以A项错误。

B项，保证人承担的责任与债务人相同，人民法院受理债务人破产案件后，主债务会停止计息，故债权人请求担保人承担担保责任，担保人有权主张担保债务自人民法院受理破产申请之日起停止计息。B项正确。

C项，债权人申报债权与向保证人主张保证责任，是并列的两种救济措施，并非排斥的关系，所以人民法院受理债务人破产的案件，债权人在破产程序中申报债权后又向人民法院提起诉讼，请求担保人承担担保责任的，人民法院依法予以支持。C项正确。

D项，丙公司全部清偿乙公司债权后，乙公司的债权得到了全额的清偿，无须继续参与破产分配，此时丙公司可以代替乙公司在破产程序中受偿。这也可以理解为丙公司以其对甲公司的现实求偿权申报债权，参与破产分配。D项正确。

综上，本题答案为BCD。

72.【解析】ABD。A项，甲公司在2020年9月1日被裁定进入破产程序，乙公司对甲公司的债权自破产申请受理时停止计息。丙公司作为保证人，其对乙公司承担的保证责任，本质上是代替甲公司对乙公司的给付义务，与甲公司的责任相同。所以丙公司有权主张担保债务自人民法院受理破产申请之日起停止计息，A项正确。

B项，在甲公司破产程序中，如乙公司不申报破产债权，将来势必会向丙公司主张保证责任，彼时丙公司需要向乙公司清偿债务，进而会产生对甲公司的求偿权。但“将来”是什么时候无法确定，为了避免“将来”来的时候，甲公司的破产程序已经结束了而丙公司落入前后无着落的被动局面，法律允许丙公司以其对债务人的将来求偿权申报债权，B项正确。

C项，虽然丙公司是一般保证人，但鉴于其被裁定进入破产程序，如果主张先诉抗辩权，很可能当先诉抗辩权的条件具备时，丙公司的破产程序已经完结，彼时债权人再向丙公司主张保证责任时就已经为时已晚了。所以当丙公司被裁定进入破产程序时，不能以先诉抗辩权的理由拒绝债权人的债权申报，C项错误。

D项，债务人甲公司和保证人丙公司分别被裁定进入破产程序，乙公司可以其对甲公司的主债权向甲公司申报破产债权。同时乙公司可以其对丙公司的保证债权向丙公司申报破产债权，两者互不干扰，只是受偿总额不能超过乙公司的债权总额，所以D项正确。

综上，本题答案为ABD。

73.【解析】BC。A、B项，地下停车场是整个项目不可分割的组成部分，不可以“散装”。因停车场的施工导致噪声过大,不符合经过批准的环评文件,建设单位应进行后评价+采取改进措施+报送原环评文件审批部门和建设项目审批部门备案。A 项错误,B 项正确。

C 项,临时使用林地的期限最长不超过 2 年,并不得在临时使用的林地上修建永久性建筑物。临时使用林地期满后 1 年内,用地单位或者个人应当恢复植被和林业生产条件。甲公司临时占用的林地最长是 2 年,加上期满恢复过程的 1 年,C 项表述为最迟 3 年内恢复植被和林业生产条件是正确的。

D 项,甲公司进行后评价,采取改进措施后,应报原环评文件的审批机构备案。本案中原审批机关为市生态环境主管部门,D 项描述的备案机构是省生态环境主管部门,错误。

综上,本题答案为 BC。

74.【解析】BCD。A、B 项,当事人合意以特定人物经历为题材完成的自传体作品,当事人对著作权权属有约定的,依其约定;没有约定的,著作权归该特定人物享有,执笔人或整理人对作品完成付出劳动的,著作权人可以向其支付适当的报酬。本案中甲委托乙完成的自传作品《戎马生涯》,双方没有约定著作权归属,故《戎马生涯》的著作权应属于甲,与乙及乙的继承人丙无关。甲死亡后,著作财产权由继承人丁行使。A 项错误,B 项正确。

C 项,丙将他人作品窃为己有,署上自己的名字进行出版,实施了剽窃行为,侵害了作者的署名权。丁作为甲的继承人,对甲的署名权依法进行保护,故丁有权向丙主张停止侵害、赔偿损失等民事责任,C 项正确。

D 项,乙作为自传体作品的执笔人,完成 20 万字的文稿,对作品的完成付出了劳动,虽然双方未明确约定报酬,但执笔人有权向著作权人主张支付适当的报酬。乙死后,此财产权利可由继承人丙继承。丁是该作品的财产权益继承人,应承担此责任,D 项正确。

综上,本题答案为 BCD。

75.【解析】BCD。本题考查审计机关的权限。对于曙光公司公款私存,且存在篡改会计账簿的情形,公款私存的行为,审计机关经县级以上人民政府审计机关主要负责人批准,有权查询公款被转入的马某个人在金融机构与审计事项相关的存款,B 项正确。

对于曙光公司公款私存且篡改会计账簿的行为,审计机关经县级以上人民政府审计机关负责人批准,有权查询曙光公司的银行账户,有必要时可以封存相关资料,C、D 项正确;对在金融机构的有关存款需要予以冻结的,应当向人民法院提出申请,不能直接冻结。A 项错误。

综上,本题答案为 BCD。

76.【解析】ABD。A 项,朝晖公司作为国家需要重点扶持的高新技术企业,减按 15% 的税率征收企业所得税。A 项正确。

B 项,朝晖公司办理歇业时,必须持税务登记证件,B 项正确。

C 项,朝晖公司依法在中国境内成立,认定为居民企业。C 项错误。

D 项,2018 年 2 月至 10 月朝晖公司外出经营,在乙省累计超过 180 天,应当在营业地办理税务登记手续。D 项正确。

综上,本题答案为 ABD。

77.【解析】AC。选项 A 正确。根据《中国国际经济贸易仲裁委员会仲裁规则》的规定,当事人对仲裁地有约定的,从其约定。这里面要注意,仲裁机构所在地和仲裁地可以不是一个地方。

选项 B 错误。根据我国法律的相关规定,当事人可以约定仲裁协议所适用的法律;没有约定的,适用仲裁机构所在地法律或者仲裁地法律。与基础合同关系所适用的法律无关。

选项 C 正确。根据我国法律的规定,当事人可以约定仲裁协议所适用的法律,并且这种约定必须“专门”作出。另外,当事人也有权利约定合同所适用的法律。所以当事人完全可以约定合同和仲裁协议适用不同的法律,这样的做法符合法律的规定。

选项 D 错误。根据《中国国际经济贸易仲裁委员会仲裁规则》的规定,当事人对于案件实体适用法有约定的,从其约定。当事人没有约定或其约定与法律强制性规定相抵触的,由仲裁庭决定案件实体的法律适用。所以并不存在在日本仲裁,就按照日本的冲突规范确定所适用实体法的情形。

综上所述,本题答案为 AC。

78.【解析】BC。选项 A 错误。从“给家人补养身体”可以判断本案考查的是消费者合同的法律适用,具体规则可以拆解为三个层次。首先,双方不能选择所适用的法律。其次,消费者可以单方面选择商品、服务提供地法律。最后,消费者没有选择所适用法律的,商品、服务经营者在消费者经常居所地有经营活动的,适用消费者经常居所地法律;在消费者经常居所地没有经营活动的,适用商品、服务提供地法律。根据题干的描述,消费者未就法律适用问题作出选择,商品提供者在我国没有任何经营活动,所以应该适用商品、服务提供地法律,即韩国法。

选项 B 正确。根据我国相关法律的规定,涉外纠纷案件,且被告住所不在我国境内的,除人身关系以外的案件,可以由合同签订地、合同履行地、标的物所在地、侵权行为地、可供扣押财产所在地、代表机构所在地人民法院管辖。基本上“沾边就管”。本案中就属于依据可供扣押财产所在地这一因素进行管辖。

选项 C 正确。参见 A 项解析。

选项 D 错误。参见 B 项解析。提示一点,多个法院均有管辖权的,由原告实际选择一个法院起诉。

综上所述,本题答案为 BC。

79.【解析】CD。选项 A 错误。预借提单和倒签提单都是“虚假”提单,区别在于作假的对象。预借提单是在“状态”上作假,也就是本身没有装船,但签发了已装船提单。倒签提单是在“时间”上作假,也就是本身是 10 号装船,但签发了 1 号装船的提单。根据本题中的表述,该提单属于“时间”作假,应当认定为倒签提单。

选项 B 错误。根据我国相关司法解释的规定,即使存在欺诈,如果保兑行已经善意付款,则法院也不应作出中止支付的裁定。

选项 C 正确。参见 A 项解析。

选项 D 正确。参见 B 项解析。

综上所述,本题答案为 CD。

80.【解析】ABC。首先,《民法典》第 1243 条规定,未经许可进入高度危险活动区域或者高度危险物存放区域受到损害,管理人能够证明已经采取足够安全措施并尽到充分警示义务的,可以减轻或者不承担责任。故曾某未经允许闯入高速公路,高速公路管理人能够证明已经采取足够安全措施并尽到充分警示义务的,可以减轻或者不承担责任,但高速公路管理人能否证明已经采取足够安全措施并尽到充分警示义务需要在实体审理后方能确定,故在起诉时,原告曾某主张高速公路管理人承担责任的,可以将其列为适格被告。其次,《民法典》第 1209 条规定,因租赁、借用等情形机动车所有人、管理人与使用人不是同一人时,发生交通事故造成损害,属于该机动车一方责任的,由机动车使用人承担赔偿责任;机动车所有人、管理人对损害的发生有过错的,承担相应的赔偿责任。故应当由机动车的使用人朱某承担赔偿责任,在诉讼中应当以朱某为适格被告;如果机动车的所有人和管理人有过错,应当承担相应赔偿责任,故在诉讼中如果曾某主张甲 4S 店承担责任,则甲 4S 店为共同被告。最后,程某是甲 4S 店的工作人员,根据司法解释规定,法人的工作人员执行工作任务致人损害的,由法人为适格被告,故工作人员程某不能作为被告。

综上所述,机动车使用人朱某应当为被告,权利人曾某主张高速公路管理人、机动车所有人甲 4S 店承担责任的,可以将高速公路管理人和甲 4S 店列为共同被告;但程某作为甲 4S 店的工作人员,不是适格被告。

综上所述,本题答案为 ABC。

81.【解析】ACD。诉讼中法人或者非法人组织合并或者分立后,其实体权利义务和诉讼权利义务均由合并、分立后的法人或者非法人组织承担,由合并、分立后的法人继续诉讼,原当事人所为的诉讼行为对合并、分立后的法人或者非法人组织发生法律效力。首先,二审中甲公司和丙公司合并成立了丁公司,应当由合并后的丁公司继续诉讼,B 选项错误,C 选项正确;其次,原甲公司和丙公司的诉讼行为对合并后的丁公司具有拘束力,故法院对甲公司、乙公司的一审判决对丁公司具有既判力,已经进行的诉讼程序对丁公司具有拘束力,A、D 选项正确。

综上所述,本题答案为 ACD。

82.【解析】AD。首先,银行跟甲之间基于两笔不同借款关系的诉讼,构成诉的客体的合并,即将同一原告对同一被告提起两个以上的诉予以合并,或者在同一原告和被告之间的反诉与本诉合并审理。诉的客体合并的本质是主体同一,但是法律关系(客体)有若干个。一般来说,对于这种诉的客体合并,法院可以将其在同一程序中审理,但需要分别作出判决,无须当事人同意,A 选项正确。其次,银行跟乙和丙分别存在两个担保法律关系,被告一方为两人,存在两个不同的法律关系,故构成普通共同诉讼。普通共同诉讼本质上是若干独立可分之诉,法院认为可以合并审理的,经当事人同意后可以合并审理,但依然应当分别判决,所以 B、C 选项错误,D 选项正确。

综上所述,本题答案为 AD。

83.【解析】BD。根据《担保制度解释》第 21 条规定,主合同或者担保合同约定了仲裁条款的,人民法院对约定仲裁条款的合同当事人之间的纠纷无管辖权。债权人一并起诉债务人和担保人的,应当根据主合同确定管辖法院。债权人依法可以单独起诉担保人且仅起诉担保人的,应当根据担保合同确定管辖法院。张三和李四在主合同约定了仲裁条款,该仲裁条款仅仅对张三和李四具有约束力,对王五没有约束力,故本题 C 选项错误,D 选项正确。既然张三和王五之间不存在仲裁条款,故法院对张三和王五之间的纠纷有管辖权,法院应当继续审理,B 选项正确,A 选项错误。

综上所述,本题答案为 BD。

84.【解析】CD。本案债权人刘某是原告,债务人张某和保证人黄某是共同被告,本案是必要共同诉讼。第一次庭审时,张某承认已经支付的 6 万元是双方当事人约定的利息,从“黄某自始至终主张当事人之间不存在关于利息的约定”这一表述中可以看出黄某对张某承认的利息这一事实明确表示了反对,故张某承认的关于利息的约定不构成自认。故在双方均无法提供证据证明存在关于利息的约定时,法院应当认定不存在利息的约定。双方借款本金 60 万元,没有利息,已经还了 6 万元,还剩 54 万元。由于黄某是连带保证人,故黄某和张某应当对剩余 54 万元本金承担连带责任,本题 C、D 选项正确。张某承认了存在利息的约定,但必要共同诉讼人黄某予以了否认,故不构成自认,A 选项错误。本案中只有本金 60 万元,既然已经还了 6 万元,保证人只需对尚未归还的 54 万元承担连带责任,B 选项错误。

综上所述,本题答案为 CD。

85.【解析】AC。收条作为私文书证,其真实性应当由主张以该私文书证证明案件事实的当事人承担证明责任,故应当由任青对收条的真实性承担证明责任,C 选项正确,D 选项错误。根据司法解释规定,私文书证上由制作者签名、盖章、捺印的推定为真实,如果任青能够证明收条上具有陈北(真实的)签名、盖章、捺印,即可推定该收条为真实。在签名的真伪存在争议时,应当由任青提供证据证明收条上的签名为真实。A 选项正确,B 选项错误。

综上所述,本题答案为 AC。

三、不定项选择题

86.【解析】BC。首先,黄伟作为黄某的儿子系第一顺序的法定继承人。黄某去世,黄伟有权继承。故 B 项说法正确,当选。

其次,被继承人的子女先于被继承人死亡的,由被继承人的子女的直系晚辈血亲代位继承。同时,被继承人亲生子女的亲生子女、养子女可以代位继承,有扶养关系的继子女没有代位继承权。本题中,女儿黄美先于黄某死亡,其亲生女赵小星可以代位继承,但是,有扶养关系的继子卢小东不可以代位继承。故A项说法错误,不当选;C项说法正确,当选。

最后,丧偶儿媳对公婆,丧偶女婿对岳父母,尽了主要赡养义务的,作为第一顺序继承人。本题中,黄某一直与其子黄伟共同生活,卢某并未尽主要赡养义务,无权作为第一顺序继承人继承黄某的遗产。故D项说法错误,不当选。

综上所述,本题的正确答案为BC。

87.【解析】BC。首先,宾馆、商场、银行、车站、机场、体育场馆、娱乐场所等经营场所、公共场所的经营者、管理者或群众性活动的组织者,未尽到安全保障义务,造成他人损害的,应当承担侵权责任。据此可知,安保义务的责任主体系经营者、管理者和组织者。丙作为杨梅树的所有人并非安保义务人,不对甲负有安保义务,而应由桃花源村负安保义务。故C项正确,当选。

其次,桃花源村作为该村景区管理者虽然负有保障游客免遭损害的义务,但义务的确定应限于景区管理人的管理和控制能力范围之内。甲擅自爬树摘杨梅摔伤系其自身过错所致。作为安保义务人的桃花源村没有过错。因此,桃花源村对甲的摔伤不应负责,而应由甲自己负全责。故A项错误,不当选;B项正确,当选。

最后,行为人因过错侵害他人民事权益造成损害的,应当承担侵权责任。本题中,乙对于甲的摔伤不存在主观过错,依法无须承担侵权责任。故D项错误,不当选。

综上所述,本题的正确答案为BC。

88.【解析】ABCD。A项,显失公平是指一方利用对方处于危困状态、缺乏判断能力(信息不对称)等情形,致使民事法律行为成立时显失公平。"利用对方处于危困状态"一般是指利用某人因陷入某种暂时性的急迫困境,从而急需金钱或有其他急需的状态。"利用对方缺乏判断能力"主要是指欠缺一般的生活经验或交易经验,而不包括欠缺特殊的判断能力。同时,双方当事人的利益显著失衡发生在民事法律行为成立时。可见,甲、乙并不符合上述情形。故A项说法错误,当选。

B项,附生效条件的民事法律行为,自条件成就时生效。附解除条件的民事法律行为,自条件成就时失效。生效条件,又称为"延缓条件"或"停止条件",是指限制民事法律行为效力发生,使民事法律行为只有当约定的事实出现时,才发生效力的条件。解除条件,又称为"消灭条件"或"失效条件",是指限制民事法律行为效力的存续,使已发生效力的民事法律行为在条件实现时终止的条件。甲、乙之间成立承揽合同,根据约定,甲负有按约支付30万元履约金的义务,乙负有按约创作书法的义务,甲、乙的合同成立且已生效,不属于附生效条件的合同。故B项说法错误,当选。同时,根据双方的约定,书法完成后,若甲不满意,合同自动失去效力,因此,甲、乙的合同属于附解除条件的合同。

C、D项,甲乙双方的合同基于自由的意思表示,秉持诚实、恪守承诺,完全符合自愿原则与诚信原则,故C、D项说法错误,均当选。

综上所述,本题的正确答案为ABCD。

89.【解析】AD。A、B项,附解除条件的民事法律行为,自条件成就时失效。因此两年内,小亮将翡翠转让给小肖,《买卖合同A》所附解除条件成就,《买卖合同A》自动失去效力,溯及《买卖合同A》成立时,小亮对翡翠的所有权消灭,小明恢复对翡翠的所有权,《买卖合同B》是小亮无权处分订立的合同,但无权处分不影响《买卖合同B》的效力。依照法律的规定,《买卖合同B》已经成立且有效。故B项说法错误,A项说法正确。

C项,行为人与相对人恶意串通,损害他人合法权益的民事法律行为无效。成立恶意串通,要求合同双方当事人主观上有通谋,具有损害第三人合法权益的恶意,且合同的订立将损害第三人的合法权益。《买卖合同B》的订立,不会实质上损害小明的利益,小亮、小肖主观上不具有损害小明合法权益的恶意,不成立恶意串通。故C项说法错误。

D项,小肖受让翡翠时,知道《买卖合同A》约定的内容,知道小亮属于无权处分,小肖主观具有恶意,所以恶意的小肖不能善意取得翡翠的所有权。翡翠的所有权人有权请求小肖返还该翡翠。故D项说法正确。

综上所述,本题的正确答案为AD。

90.【解析】AD。A项,保证合同可以是单独订立的书面合同,也可以是主债权债务合同中的保证条款。第三人单方以书面形式向债权人作出保证,债权人接收且未提出异议的,保证合同成立。供货合同中约定的"特别条款"属于主债权债务合同中的保证条款,谢某与B公司间的保证合同自谢某在主合同上签名时成立并生效。谢某未交付担保财产,抵押权未设立。故A项说法正确。

B项,保证合同是为保障债权的实现,保证人和债权人约定,当债务人不履行到期债务或者发生当事人约定的情形时,保证人履行债务或者承担责任的合同。供货合同的"特别条款"中约定谢某以其个人全部财产担保A公司对B公司价款支付义务的履行,实质是以个人资产信用担保,即谢某提供保证担保,并没有违反物权客体特定原则。故B项说法错误。

C项,谢某未向B公司交付担保财产,亦未给B公司办理担保财产的登记,债权人B公司对保证人谢某仅享有保证债权,B公司不因保证对谢某的任何财产享有优先受偿权。故C项说法错误。

D项,当事人在保证合同中约定保证人和债务人对债务承担连带责任的,为连带责任保证。故D项说法正确。

综上所述,本题的正确答案为AD。

91.【解析】C。A、B项,夏某违规停放卡车的行为和小区物业未按照物业服务合同采取相应措施的行为与刘某的损害之间虽有事实上的联系,但并不具备相当因果关系,按照通常情形,违规停放卡车并不能导致他人因绕道而遭受损害，而且小区物业也没有其他违反安全保障义务的不作为行为。故A项说法错误，B项说法错误。

C项，建筑物、构筑物或者其他设施及其搁置物、悬挂物发生脱落、坠落造成他人损害，所有人、管理人或者使用人不能证明自己没有过错的，应当承担侵权责任。所有人、管理人或者使用人赔偿后，有其他责任人的，有权向其他责任人追偿。刘某因晾衣杆坠落遭受的损害，何某不能证明自己没有过错的，应当承担侵权损害赔偿责任。故C项说法正确。

D项，从建筑物中抛掷物品或者从建筑物上坠落的物品造成他人损害的，由侵权人依法承担侵权责任。因此本题中由具体侵权人何某依照法律的规定承担侵权责任，不适用公平责任由小区相关业主承担公平责任适当补偿。故D项说法错误。

综上所述，本题的正确答案为C。

92.【解析】BD。B项、D项，王欢作为证券服务机构的核心成员，了解甲公司对乙上市公司并购过程中的内幕信息，属于内部信息的知情人员，在内幕信息公开前，不得买卖该公司的证券，或者泄露该信息，或者建议他人买卖该证券。但是王欢利用其掌握的内幕信息建议张乐购买乙公司的股票，实施了内幕交易，所以王欢应对投资者损失承担赔偿责任，同时监督管理部门有权没收王欢的违法所得并处以罚款。B、D项正确。

A项、C项，实施内部交易的主体是王欢，而非甲公司或某会计师事务所，所以不应由甲公司和某会计师事务所赔偿投资者的损失。A、C项错误。

综上，本题答案为BD。

93.【解析】BD。A项，凌霄公司未按照法律规定报送有关报告或者履行信息披露义务，实际控制人刘某指使从事上述违法行为的，处以50万元以上500万元以下的罚款，所以对刘某的罚款是50万~500万元，A项错误。

B、D项，凌霄公司发行的债券评级发生变化，属于对上市交易公司债券的交易价格产生较大影响的重大事件，投资者尚未得知时，公司应当立即将有关该重大事件的情况向国务院证券监督管理机构和证券交易所报送临时报告，并予公告，说明事件的起因、目前的状态和可能产生的法律后果，B、D项正确。

C项，凌霄公司公告信用评级降低结果时，不公告评级调低后的评级结果对公司可能产生的法律后果，属于披露的信息有重大遗漏，监督管理部门对其责令改正，给予警告，并处100万元以上1000万元以下的罚款，故C项中罚款不超过500万元是错误的。

综上所述，本题答案为BD。

94.【解析】BCD。A项，股市有风险，投资需谨慎。本案中，中建证券公司已经做到了对投资者的适当性管理，在确定姜某不属于风险承受能力最低类别的投资者，且证券公司对购买该风险产品进行了充分告知及警示的前提下，姜某坚持投资，造成的后果应该由姜某自行负担，A项错误。

B项，毕竟购买风险级别不匹配的产品对投资者的风险太大，严谨起见，证券公司应当就产品或者服务风险高于其承受能力进行特别的书面风险警示（《证券期货投资者适当性管理办法》第19条），B项正确。

C项，风险承受能力最低类别的投资者抗风险能力极弱，一旦发生风险很可能会产生很严重的后果甚至诱发社会隐患，所以证券公司不得对风险承受能力最低类别的投资者销售或者提供风险等级高于其风险承受能力的产品或者服务。C项正确。

D项，在普通投资者和中建证券公司发生证券业务纠纷时，普通投资者处于弱势的一方，法律会对其有倾斜性的保护，如果普通投资者提出调解请求，中建证券公司不得拒绝。D项正确。

综上，本题答案为BCD。

95.【解析】ACD。A项，2019年11月7日该车已经交付给达蔚公司，虽然尚未办理过户登记，但风险已经由达蔚公司负担。2019年12月3日发生保险事故时，作为风险承担者的达蔚公司具有保险利益，保险公司拒绝赔偿是错误的，A项当选。

B项，通利公司投保时该车的用途为运营，转让给达蔚公司后，该车的用途改为非运营，据以确定保险费率的有关情况发生变化，保险标的危险程度明显减少，除合同另有约定外，保险公司应降低保险费，B项表述正确，不当选。

C项，保险标的转移，基于最大诚信的原则，被保险人或者受让人应当及时通知保险人，但并非征得保险公司同意，C项错误，当选。

D项，因保险标的转让导致风险显著增加时，保险公司才可以选择解除保险合同。虽然达蔚公司改变了该车的用途，但此变化的结果是减少了风险，所以保险公司不能因此解除保险合同，D项错误，当选。

综上，本题为选非题，答案为ACD。

96.【解析】CD。A项，“拒绝交易”是指经营者没有正当理由，拒绝与交易相对人进行交易。本案中，甘泉公司没有正当理由，限定交易相对人只能与其指定的经营者进行交易，属于限定交易并非拒绝交易，A项错误。

B项，甘泉公司被推定具有市场支配地位，又实施了限定交易的滥用行为，反垄断执法机构可以责令停止违法行为，没收违法所得，并处上一年度销售额1%以上10%以下的罚款。对于行政垄断行为，反垄断执法机构不能直接处罚而应该向行为人的上级提出处理建议，B项混淆了滥用市场支配地位与行政垄断的处理措施，B项错误。

C项，甘泉公司的业务及行为均只涉及该市城市用水的供应，所以相关市场应确定为市公共自来水供水服务市场，C项正确。

D项，甘泉公司在相关市场的份额达到了1/2（高达65%），可推定其具有市场支配地位，D项正确。

综上，本题答案为CD。

97.【解析】C。首先，诉讼中的当事人丧失诉讼行为能力的，应当由其法定代理人代为诉讼。本案中张某丧失行为能力，应当由其法定代理人代为诉讼。在民事诉讼中,无、限制民事行为能力人的监护人是其法定代理人。同时,根据《民法典》第28条的规定,无、限制民事行为能力的成年人,由下列有监护能力的人按顺序担任监护人:(1)配偶;(2)父母、子女;(3)其他近亲属;(4)其他愿意担任监护人的个人或者组织,但必须经被监护人所在地的居民委员会、村民委员会或者民政部门同意。故张某的妻子是第一顺位监护人,应当由张某的妻子担任张某的法定代理人。故本案应当追加张某的妻子为法定代理人,诉讼继续进行,C选项正确,D选项错误。当然张某的妻子应当是原告张某的法定代理人,不是当事人,不能追加其为共同原告或者原告,A、B选项错误。

综上所述,本题答案为C。

98.【解析】AB。根据《担保制度解释》第21条的规定,主合同或者担保合同约定了仲裁条款的,人民法院对约定仲裁条款的合同当事人之间的纠纷无管辖权。债权人一并起诉债务人和担保人的,应当根据主合同确定管辖法院。债权人依法可以单独起诉担保人且仅起诉担保人的,应当根据担保合同确定管辖法院。首先,确定主管问题,本案主合同和担保合同中均不存在仲裁协议的约定,故都属于法院主管。其次,确定管辖问题,本案主合同约定由B区法院管辖,担保合同约定由C区法院管辖,故如果债权人甲单独起诉债务人乙,根据主合同确定案件由B区法院管辖;如果债权人甲单独起诉担保人丙,根据担保合同确定案件由C区法院管辖;如果债权人甲一并起诉债务人乙和担保人丙,则根据主合同确定关系,即应当由B区法院管辖。

但是,值得注意的是,根据《民法典》第686条的规定,"保证的方式包括一般保证和连带责任保证。当事人在保证合同中对保证方式没有约定或者约定不明确的,按照一般保证承担保证责任"。本案中当事人在保证合同中并没有约定保证的方式,故视为一般保证。既然是一般保证,债权人甲就可以单独起诉债务人乙,根据主合同确定由B区法院管辖,A选项正确;债权人甲可以一并起诉债务人乙和担保人丙,根据主合同确定由B区法院管辖,B选项正确,D选项错误;但是,债权人甲不能直接起诉一般保证人丙,故C选项错误。

综上所述,本题答案为AB。

99.【解析】A。被执行人将其财产出卖给第三人,第三人已经支付部分价款并实际占有该财产,但根据合同约定被执行人保留所有权的,法院可以查封、扣押、冻结;第三人要求继续履行合同的,向人民法院交付全部余款后,裁定解除查封、扣押、冻结。本案中被执行人杨某通过保留所有权的方式将字画卖给张某,同时约定张某支付剩余款项前由杨某保留对字画的所有权。刘某申请对杨某强制执行,该幅字画虽由案外人张某占有,但根据保留所有权的买卖合同该字画属于被执行人杨某所有,故法院可以扣押这幅字画,但如果张某要求继续履行合同,向法院支付全部余款后则取得对字画的所有权,法院应当解除扣押,故本题A选项正确。既然法院可以扣押这幅字画,张某对法院的扣押行为提出的执行行为异议则不能成立,法院不能支持,B选项错误。此时字画所有权属于杨某,如果张某对字画主张实体权利,提出案外人对执行标的的异议亦不能得到支持,C选项错误。当然,法院解除扣押的前提是张某继续履行合同向法院支付余款,故张某仅提供担保法院不能解除扣押,D选项错误。

综上所述,本题答案为A。

100.【解析】BCD。首先,再审以原审范围为限,当事人超出原审范围增加、变更诉讼请求的,不属于再审范围。如果适用二审程序再审后将案件撤销原判,发回重审,重审依然属于再审程序,原则上不允许增加、变更诉讼请求,不允许反诉;但存在以下四种情形时,可以增加、变更诉讼请求,提出反诉:(1)原审未合法传唤缺席判决,影响当事人行使诉讼权利的;(2)追加新的当事人的;(3)诉讼标的物灭失或者发生变化致使原诉讼请求无法继续实现的;(4)当事人申请变更、增加的诉讼请求或者提出的反诉无法通过另诉解决的。本案中原告是全某,被告是吴某,法院一审判决后,市检察院以程序错误为由提起抗诉,应当由接受抗诉的中级人民法院提审,提审适用二审程序。中级人民法院提审过程中认为原一审程序错误,遂裁定撤销一审判决,发回一审法院重审。重审过程中原告要求追加保证人郑某承担连带责任。第一,吴某是债务人,郑某是连带保证人,故吴某和郑某应当作为共同被告。第二,再审中将案件撤销原判发回重审后,追加了新的当事人,符合再审范围有限原则的例外情形,可以允许当事人增加、变更诉讼请求,或者提出反诉。所以D选项追加郑某为共同被告的表述正确;全某可以增加诉讼请求,要求郑某承担连带责任,B选项正确;吴某可以提出反诉,C选项正确。既然本案中允许当事人增加、变更诉讼请求,提出反诉,再审法院则应当对当事人增加、变更的诉讼请求以及提出的反诉进行审理,而不仅仅限于检察院抗诉范围,故A选项错误。

综上所述,本题答案为BCD。

2021 年答案速查表

试 卷 一

一、单项选择题

1. B	2. C	3. B	4. C	5. D	6. C	7. B	8. A	9. D	10. C	11. B	12. C	13. C
14. B	15. A	16. D	17. C	18. A	19. D	20. C	21. A	22. C	23. D	24. A	25. A	26. C
27. A	28. C	29. A	30. C	31. A	32. C	33. C	34. A	35. C	36. A	37. A	38. B	39. C
40. B	41. C	42. B	43. D	44. C	45. A	46. D	47. C	48. C	49. C	50. D		

二、多项选择题

51. ACD	52. ACD	53. ACD	54. ABC	55. CD	56. ABD	57. ABCD	58. ABCD
59. ACD	60. AB	61. ABCD	62. ABC	63. AC	64. ABC	65. BD	66. AC
67. BCD	68. BC	69. AC	70. CD	71. ABCD	72. BCD	73. BC	74. ABC
75. BCD	76. ABD	77. ACD	78. CD	79. CD	80. ABCD	81. BCD	82. CD
83. AC	84. ABD	85. ABC					

三、不定项选择题

86. ABCD	87. ACD	88. ABCD	89. ABD	90. C	91. BC	92. AC	93. AC
94. A	95. BCD	96. AC	97. ABC	98. AB	99. BC	100. AC	

试 卷 二

一、单项选择题

1. B	2. C	3. A	4. A	5. A	6. A	7. B	8. B	9. B	10. C	11. A	12. D	13. B
14. D	15. B	16. C	17. A	18. D	19. B	20. C	21. D	22. B	23. A	24. C	25. D	26. C
27. C	28. D	29. C	30. A	31. C	32. A	33. A	34. B	35. C	36. C	37. D	38. D	39. C
40. A	41. C	42. B	43. A	44. A	45. B	46. A	47. D	48. A	49. A	50. A		

二、多项选择题

51. ACD	52. BC	53. BD	54. BCD	55. AC	56. ABCD	57. CD	58. AC
59. BC	60. BD	61. BD	62. BCD	63. AD	64. BCD	65. ABC	66. ACD
67. AB	68. AD	69. CD	70. AD	71. BCD	72. ABD	73. BC	74. BCD
75. BCD	76. ABD	77. AC	78. BC	79. CD	80. ABC	81. ACD	82. AD
83. BD	84. CD	85. AC					

三、不定项选择题

86. BC	87. BC	88. ABCD	89. AD	90. AD	91. C	92. BD	93. BD
94. BCD	95. ACD	96. CD	97. C	98. AB	99. A	100. BCD	

国家统一法律职业资格考试

历年真题汇编

2020年客观题
试卷册

法律出版社
LAW PRESS·CHINA
——北京——

2020年国家统一法律职业资格考试(回忆版)

试　卷　一

一、单项选择题(每题所设选项中只有一个正确答案,多选、错选或不选均不得分。本部分含1~50题,每题1分,共50分)

1. 关于全面依法治国的总目标,下列说法错误的是:(　　)

A. 严密的法治监督体系既是全面依法治国总目标的重要内容,也是法治建设的一个重要环节

B. 依法治国是党领导人民治理国家的基本方略,依法治国能不能做好,关键要看党能否做到依法执政,各级政府能否做到依法行政

C. 法治社会是法治建设的目标,法治政府是法治建设的主体,法治国家是法治社会的基础

D. 全面依法治国既是国家治理体系和治理能力现代化的重要保障,也是国家治理体系和治理能力现代化的重要内容

2. 自觉接受监督是政法机关的职责,下列说法错误的是:(　　)

A. 实行全面依法治国要求构建"以权力制约权力、以权利制约权力、以道德制约权力"的权力制约监督体系与机制

B. 政法机关既要接受国家监督,又要接受社会监督

C. 建设法治国家需要发挥人大代表、政协委员的监督作用

D. 建设法治国家首先要公民遵守法律

3. 党的十九届四中全会审议通过的《中共中央关于坚持和完善中国特色社会主义制度　推进国家治理体系和治理能力现代化若干重大问题的决定》要求,构建基层社会治理新格局,完善群众参与基层社会治理的制度化渠道。对此说法错误的是:(　　)

A. 健全党组织领导的自治、法治、德治相结合的城乡基层治理体系,实现政府治理和社会调节、居民自治良性互动

B. 推动社会治理和服务重心向基层下移,把更多资源下沉到基层,发挥法律在基层治理中的重要作用,逐步限制市民公约、村规民约等社会规范的作用

C. 健全社会矛盾预防化解机制,完善调解、仲裁、行政裁决、行政复议、诉讼等有机衔接的多元化纠纷解决机制

D. 坚持新时代的"枫桥经验",畅通和规范群众诉求表达、权益保障通道,努力将矛盾化解在基层

4. 贾某和丈夫王某非法代孕生下小雨。不久,王某因病去世,小雨的祖父母诉至法院,要求成为孩子的监护人,理由是王某为孩子生父,而贾某和孩子无血缘关系。法院审理认为,联合国《儿童权利公约》第3条确立了儿童最大利益原则,我国作为缔约国,应在司法中体现该原则。在确定子女监护权归属时,应从双方的监护能力、孩子对情感的需求、家庭结构完整性等方面最大化地保护子女利益,因此将监护权判归贾某。对此,下列说法正确的是:(　　)

A.《儿童权利公约》是国际惯例,属于我国法的正式渊源

B. 小雨是民事诉讼法律关系的主体之一

C. "我国作为缔约国,应在司法中体现该原则"是确定法律推理的小前提

D. 非法代孕子女监护权归属的法律问题,体现了法的本质最终反映为法的物质制约性

5. 法谚有云:"法官是会说话的法律",关于此法律谚语的理解,下列选项正确的是:(　　)

A. 法律不经法官,则无从解释

B. 法律不经解释,则不可适用

C. 法律不经裁判,不产生义务

D. 法律不经适用,则不具效力

6. 法谚云:"习惯在于自觉遵守,而法律在于强制服从",关于法律和习惯的说法,下列选项正确的是:(　　)

A. 法律不被公布则不能生效

B. 法律不被遵守则不具有强制力

C. 习惯不具有强制力

D. 习惯具有成文性

7. 某公司员工王某,去甲市为公司采购,途中身亡。因未发生在去甲市的必经路线,人社局认为其非因公外出,不予认定工伤。王某家属不服提起诉讼。法院认为,王某的事故虽然未发生在去甲市的必经之路,但系为公司采购而外出,符合《社会保险法》保障公民因工作遭受事故获得物质帮助的立法目的,故认定为因公外出。下列说法正确的是:(　　)

A. 人社局认定王某非因公外出,基于当然推理

B. "因公外出"是评价性概念

C. 法院用了客观目的解释

D. 法院将王某认定为因公外出属于内部证成

8. 林某是由甲县选出的乙市人大代表,因故意伤害罪被判有期徒刑 1 年,缓期 1 年零 6 个月执行。关于林某的人大代表资格,下列说法正确的是:(　　)

A. 林某的市人大代表资格暂停

B. 林某的市人大代表资格终止

C. 由甲县人民代表大会决定是否终止林某的市人大代表资格

D. 林某可以继续履行其代表职务

9. 宪法惯例形成的前提是,书面的宪法文件对某些宪法事项没有作出明确规定,而政治实践中又需要一定的政治规则。关于宪法惯例,下列哪一选项是正确的?(　　)

A. 宪法惯例往往可以反映一国的宪法制度和宪法实践

B. 由国家的强制力来保障实施,违反宪法惯例会直接导致一定的法律后果

C. 宪法惯例并非我国的宪法渊源

D. 可以采取成文的形式

10. 根据《宪法》和《民族区域自治法》的规定,下列选项不正确的是:(　　)

A. 民族区域自治以少数民族聚居区为基础,是民族自治和区域自治的结合

B. 民族自治地方的国家机关既是地方国家机关,又是自治机关

C. 上级国家机关应该在收到自治机关变通执行或者停止执行有关决议、决定的报告之日起 60 日内给予答复

D. 自治机关自主地管理本地方的教育、科学、文化、卫生、体育事业,保护和整理本民族的文化遗产,发展和繁荣民族文化

11. 关于县人大代表的选举,下列说法正确的是:(　　)

A. 县人大代表的选举由县人大主席团主持

B. 10 个选民联名有权提出县人大代表候选人

C. 县人大代表选举时,候选人的人数比应选代表人数至少应多出 1/5,至多多出 1/2

D. 县人大代表的选举与罢免,均要求全体选民过半同意

12. 关于合宪性审查和备案审查,下列选项正确的是:(　　)

A. 备案审查是指对规范性文件的事前审查

B. 全国人大常委会备案审查的对象包括行政法规、规章、司法解释

C. 合宪性审查的主体是全国人大宪法和法律委员会

D. 合宪性审查的对象包括规范性文件和具体行为

13. 我国现行《宪法》可以追溯到 1949 年具有临时宪法作用的《中国人民政治协商会议共同纲领》和 1954 年第一届全国人民代表大会第一次会议通过的《中华人民共和国宪法》。关于这两个文件,下列说法错误的是:(　　)

A.《中国人民政治协商会议共同纲领》是新中国第一部宪法性文件

B.《中国人民政治协商会议共同纲领》的效力高于 1954 年《宪法》

C. 1954 年《宪法》是一部刚性宪法

D. 既有规范性,又有纲领性

14. 关于法的现代化,说法正确的是:(　　)

A. 法的现代化仅要求法律制度的变革

B. 外源型法的现代化具有自发性和渐进性特征

C. 从清末开始,中国法的现代化一直是司法主导型

D. 法的现代化要求法具备形式合理性和实质合理性

15. 关于中国古代法典的表述,下列哪一选项

是正确的？(　　)

A.《法经》由李悝制定，是中国历史上第一部成文法典，以《具法》为篇首

B.《魏律》规定了“八议”制度，是死刑复核制度的最早规定

C.《宋刑统》全称为《宋建隆重详定刑统》，其篇章、体例效仿唐律而制

D.《大清新刑律》是中国第一部近代意义上的刑法典，以名例律为其总则部分

16. 白居易《井底引银瓶》中诗云：“感君松柏化为心，暗合双鬟逐君去。到君家舍五六年，君家大人频有言。聘则为妻奔是妾，不堪主祀奉苹蘩。终知君家不可住，其奈出门无去处。”关于古代妻妾制度，下列选项说法正确的是：(　　)

A. 媒妁之言是西周以来成立婚姻关系的条件之一

B. 妻、妾均通过三书六礼的仪式进门

C. 休妻、妾实行“七出”“三不去”制度，“七出”的法律地位优先于“三不去”

D. 西周时期妾所生的庶长子在嫡长子不贤时，可以继承爵位和宗祧

17. 关于律师职业道德，下列做法正确的是：(　　)

A. 某律师在网络上讲授法律知识，宣传自己是本领域的头部大律师

B. 律所在责令停业整顿期间不可以自行解散

C. 律师担任某企业独立董事，应当吊销其律师执业证

D. 某律师为了社会利益，在未受委托的情况下以律师名义为受害人提供服务

18. 甲国驻乙国使馆与乙国某公司签订办公设备买卖合同，后因款项支付发生纠纷，乙国某公司诉至乙国法院。乙国是一个主张限制豁免理论的国家，根据现行的国际法规则和实践，下列哪一选项是正确的？(　　)

A. 因为乙国主张限制豁免理论，故乙国法院有权管辖本案

B. 若甲国派代表出庭抗议乙国法院的管辖权，视为默示接受乙国法院的管辖

C. 若甲国明示放弃管辖豁免，乙国法院可在诉讼中扣押甲国财产

D. 如果甲国明示放弃管辖豁免，乙国法院可以强制执行判决

19. 根据《联合国海洋法公约》和中国相关规则和实践，下列哪一选项是正确的？(　　)

A. 甲国军用飞机须经我国同意方能飞越我国毗连区

B. 甲国潜水艇必须浮出水面并展示船旗才能通过我国毗连区

C. 甲国渔民在我国大陆架捕杀濒危海龟，依照我国刑法追究刑事责任

D. 联合国某专门机构的科考船在我国专属经济区科学考察，无须经我国同意

20. 间歇性精神病人在不能辨认或者不能控制自己行为时，实施严重危害社会行为的，该如何处理？(　　)

A. 应当负刑事责任

B. 不负刑事责任

C. 应当负刑事责任，但可以减轻或免除处罚

D. 待治愈后再追究刑事责任

21. 关于行为主体，下列说法正确的是：(　　)

A. 单位分支机构或内设机构不是独立法人单位，不能成为单位犯罪的主体

B. 犯罪集团和聚众犯罪的首要分子是一种特殊的身份犯

C. 已满 14 周岁不满 16 周岁的人绑架杀人的，对杀人行为具备责任年龄，对绑架行为不具备责任年龄

D. 单位犯罪本质上是单位主管人员、直接责任人员构成的特殊的共同犯罪

22. 甲在乙家以杀害故意殴打乙，乙被迫将燃烧着炭火的炭盆掀翻，试图以此制止甲的不法侵害。甲将乙击昏后，发现掀翻的炭盆已经引燃室内杂物，为烧死乙并毁灭罪证，甲未将火苗扑灭便离开现场。炭盆随后引发大火，将乙家和其他邻居的数栋房屋焚毁。乙也在大火中吸入过量有毒气体死亡。甲以为乙是被烧死的。下列说法正确的有：(　　)

A. 虽然大火是乙引起的，但甲有灭火义务，故甲构成放火罪

B. 甲以为乙被烧死，实际上乙是吸入有毒气体而死亡，故甲对乙的死亡仅构成故意杀人罪未遂

C. 甲的行为既有作为也有不作为，但作为与

不作为互相排斥，故对甲不能数罪并罚

D. 不论如何评价甲的行为，在本案中对甲仅能以一个罪名处罚

23. 甲在自己家巷子口看到乙提着麻袋走出来，怀疑乙是偷狗的人，遂叫乙站住。乙放下麻袋就跑，甲紧追不舍，乙不慎被脚下石头绊倒。甲追上后，为了教训乙，对倒在地上的乙实施暴力，致其脑出血，后因脑出血而死亡。经查明，乙确有偷狗行为，麻袋里是偷的狗。甲属于：(　　)

A. 正当防卫　　B. 假想防卫

C. 防卫过当　　D. 故意伤害

24. 刘某持西瓜刀闯进超市抢劫，超市员工陈某反击。二人扭打中，陈某夺下刀然后扔掉，碰巧砸中旁边的王某头部，致其重伤。刘某未取得财物，见状逃跑，出了超市后骑自行车逃跑。陈某追上，扑上前去，将刘某连人带车摔倒在地，刘某摔伤(轻伤)，陈某也摔伤(重伤)。下列说法正确的是：(　　)

A. 刘某对王某的受伤负刑事责任

B. 陈某致王某受伤，属于正当防卫，不负刑事责任

C. 陈某致王某受伤，系防卫过当

D. 刘某对陈某的重伤不负刑事责任，不构成抢劫罪致人重伤

25.《刑法》第 239 条第 2 款规定："犯前款罪，杀害被绑架人的，或者故意伤害被绑架人，致人重伤、死亡的，处无期徒刑或者死刑，并处没收财产。"下列情形中，属于"杀害被绑架人"的是：(　　)

A. 绑架并控制被绑架人后，故意伤害被绑架人，致被绑架人死亡

B. 为勒索钱财而控制被绑架人，因害怕其出声，用毛巾塞住其嘴巴，被绑架人窒息而死

C. 为勒索钱财而绑架被绑架人，取得赎金后释放被绑架人，因害怕其报警，又开车追了三公里，追上后撞死被绑架人

D. 绑架被绑架人时遭到其激烈反抗，用绳子勒死被绑架人

26. 甲、乙、丙等人经预谋后，从淘宝店购买了某品牌的最新款手机 30 部，收到手机后拆下手机主板，换上废旧主板，然后利用 7 天无条件退货规则，将手机退货，从店主处获得全额退款。关于甲等 3 人的刑事责任，哪一项说法是正确的(不考虑数额)？(　　)

A. 就手机主板构成诈骗罪

B. 就手机主板构成盗窃罪

C. 就手机整体构成诈骗罪

D. 就退货款构成诈骗罪

27. 甲为了自用，从境外网站购买爆炸物，但是卖家寄错了，寄来了子弹。下列说法正确的是：(　　)

A. 甲构成走私武器罪既遂

B. 甲构成走私弹药罪既遂

C. 甲构成非法买卖弹药罪既遂

D. 甲构成非法买卖爆炸物罪既遂

28. 甲无意竞拍土地，得知报名参加竞拍，会有人收购其竞拍资格，遂让自己的公司报名参加某市自然资源与国土资源管理局组织的土地竞拍。甲的公司连续报名参加两次竞拍，果然有人收购其竞拍资格，获利 600 万元。第三次参加竞拍，因无人收购而放弃竞拍资格。甲的行为构成：(　　)

A. 串通投标罪

B. 强迫交易罪

C. 非法经营罪

D. 非国家工作人员受贿罪

29. 王某发现乙公司的视频软件存在漏洞，只要使用特定手机型号就可以注册"888"等靓号，便故意使用这个漏洞，注册了大量的靓号，并出售谋取钱财。下列说法正确的是：(　　)

A. 王某影响乙公司服务器运营，构成非法侵入计算机信息系统罪

B. 王某利用乙公司服务器漏洞，大量注册靓号，构成非法获取计算机信息系统数据罪

C. 王某构成非法控制计算机信息系统罪

D. 王某利用乙公司服务器漏洞，影响了乙公司的计算机系统，构成破坏计算机信息系统罪

30. 甲和乙开公司，注册资本 1000 万元。甲、乙向国家工作人员丙行贿，送给其 10% 的股权并进行登记。之后丙持有的股票的价格涨到了 200 万元。乙又有事相求于丙，以 600 万元回购了丙的股份。丙的受贿金额共计是：(　　)

A. 100 万元　　B. 200 万元

C. 500 万元　　D. 600 万元

31. 甲在候车室候车时发现自己的钱包不见了，怀疑是邻座的乙偷了，但是没有证据，于是甲

又偷偷地把自己的手机放在乙的包里并报警。警察到了之后在乙包里发现甲的手机，但并没有钱包。甲知道自己弄错了，但害怕说出真相对自己不利，就没有说明事实。后乙因盗窃罪被判缓刑。下列选项正确的是：(　　)

A. 甲不管出于什么动机，仍构成诬告陷害罪

B. 因为乙没有被判处实刑，自由没有受到限制，甲没有责任

C. 甲的诬告陷害罪从发现不是乙偷钱包但没有澄清时开始着手

D. 甲在将手机放入乙包里的时候没有诬告陷害的故意，因此放手机的行为不属于着手，甲的行为不构成诬告陷害罪

32. 孟某携带价值为5000元的假文物去徐某（国家工作人员）的办公室，对徐某说，“我知道您喜欢文物，前两天特地去文物市场，花费20万元将这文物买来”，并且向徐某表达了希望能升职的想法。徐某说：“我知道了，你放心吧。”关于本案，下列说法正确的是：(　　)

A. 孟某将5000元的假文物送给徐某，构成行贿罪

B. 孟某将假文物冒充真文物送给徐某，构成诈骗罪

C. 徐某收受孟某的财物，构成受贿罪

D. 徐某不构成受贿罪

33. 检察院向法院以盗窃罪起诉甲，但法院在审理的过程中发现甲的犯罪行为属于侵占罪。关于法院的处理，下列表述正确的是：(　　)

A. 法院应当裁定终止审理

B. 法院应当建议检察院变更起诉

C. 法院应当建议检察院补充侦查

D. 法院应当继续审理并作出判决

34. 长河公司因涉嫌生产假药被立案侦查，法定代表人曹某逃至国外。下列哪一项是正确的？(　　)

A. 经最高人民检察院核准，检察院对曹某可以提起公诉，由法院进行缺席审判

B. 在审理期间，长河公司进入破产程序，法院应当裁定终止审理

C. 在审理期间，法院可以要求长河公司提供担保

D. 如长河公司经理方某被指控为单位犯罪直接责任人员，方某可以作为诉讼代表人

35. 苏某以S市某公司名义，未经批准在H市L区设立办事处，非法吸收公众存款490余万元后潜逃海外。半年后，苏某在越南被抓获并经P市押解入境。下列哪一选项是正确的？(　　)

A. 经指定管辖，H市检察院可向L区法院提起公诉

B. S市中级人民法院可以审理苏某非法吸收公众存款案件

C. P市的法院不可以审理苏某非法吸收公众存款案件

D. 在侦查过程中，经层报最高人民检察院，可请越南相关部门协助移送涉案财物

36. 中国人甲在公海的一艘巴拿马邮轮上，将与其素有嫌隙的另一名中国乘客乙杀害。关于本案的审判管辖，下列表述错误的是：(　　)

A. 本案可由该邮轮在我国最先停泊港所在地的法院管辖

B. 本案可由甲入境地的法院管辖

C. 本案可由乙离境前居住地的法院管辖

D. 本案可由甲离境前居住地的法院管辖

37. 下列关于值班律师的表述，正确的是：(　　)

A. 值班律师依法享有会见权、阅卷权以及提出建议权

B. 值班律师为犯罪嫌疑人、被告人提供法律咨询是辩护权的体现

C. 值班律师可以出庭为被告人发表对案件的看法

D. 犯罪嫌疑人、被告人拒绝认罪认罚的案件不适用值班律师制度

38. 下列关于辩护律师的做法，哪一项是正确的？(　　)

A. 拘留期间，辩护律师向侦查机关提出申请后可到看守所会见犯罪嫌疑人

B. 侦查结束后，辩护律师向公安机关申请阅卷

C. 移送起诉后，辩护律师发现公安机关已收集的证明犯罪嫌疑人罪轻的证据没有提交，向检察院申请调取

D. 审判阶段，辩护律师带一名助理出席庭审的，助理有权与辩护律师一起发表辩护意见

39. 关于对非法证据排除规则中“非法”的理解，下列表述错误的是：(　　)

A. 侦查人员询问女证人，以公开其隐私相威胁，证人因担心隐私被公开造成家庭矛盾被迫提供的证言

B. 侦查人员首次讯问犯罪嫌疑人时通过暴力方式获取了供述，第二次讯问时没有采用暴力方式，犯罪嫌疑人作出了同样的供述

C. 侦查人员对犯罪嫌疑人连续讯问 22 小时，但期间保持其正常饮食

D. 侦查人员威胁犯罪嫌疑人不如实供述就让他正在准备法考的儿子作为证人接受询问，犯罪嫌疑人担心影响其儿子考试作出的供述

40. 下列关于刑事证据的表述，哪一选项是正确的？（　　）

A. 李某涉嫌猥亵儿童，侦查人员在他手机里发现许多儿童色情图片，这些图片与本案无关联性

B. 赵某涉嫌危险驾驶，坐在后排座位的证人称："我估计他当时的时速得有 100 千米/小时。"该证言可以作为证据使用

C. 宋某涉嫌交通肇事逃逸，宋某称自己向被害人赔了 2000 元才离开现场的，宋某应对其辩解承担举证责任

D. 孙某涉嫌盗窃，认罪认罚，法院审查其认罪认罚的自愿性属于需要证明的程序法事实

41. 张某以牟利为目的，非法获取上万张公民的身份证信息，使用软件将相关公民头像照片制作成 3D 头像，通过支付宝人脸识别认证，并使用上述公民个人信息注册支付宝账户。张某通过这种方式获取支付宝提供的邀请注册新支付宝用户的相应红包奖励，获利 2 万余元。支付宝公司发现后向某县公安机关报案，并提供了相关注册信息及红包奖励等证据材料。某县公安机关对本案立案侦查，案件随后由某县检察院向某县法院提起公诉。下列表述正确的是：（　　）

A. 侦查人员抓获张某时在现场发现了用于存储作案信息的 U 盘，应当依法扣押并随案移送

B. 支付宝公司可以对张某提起刑事附带民事诉讼，要求张某返还非法获利 2 万余元

C. 支付宝公司向侦查机关提供的证据材料需在立案后由公安机关重新提取才能作为定案根据

D. 张某的行为涉嫌侵犯公民个人信息罪和诈骗罪，应择一重罪处罚

42. 周某 17 周岁，未申报盐务行业备案购买工业盐出售给当地农户，获利 20 余万元。公安机关以周某涉嫌非法经营罪立案侦查，侦查终结后移送检察院审查起诉，关于检察院对本案的处理，正确的是哪一项？（　　）

A. 工业盐不属于国家限制买卖物品，应当对周某法定不起诉

B. 如周某有重大立功，应当不起诉

C. 如周某积极退赃，且周某是未成年人，可以附条件不起诉

D. 如周某犯罪情节轻微，可以酌定不起诉

43. 张三因故意杀人被某市中级法院一审判处死刑立即执行，张三不服上诉，认为一审合议庭中甲法官系被害人亲属而没有回避。某省高级法院由乙、丙、丁 3 名法官组成合议庭进行二审，经过审理认为甲与被害人不存在亲属关系，无须回避。但是本案一审事实不清、证据不足，遂裁定将案件撤销原判，发回重审。下列表述正确的是：（　　）

A. 发回重审后，甲可继续作为合议庭成员审理本案

B. 发回重审后，某市中级法院因为本案事实不清、证据不足，应当将案件退回检察院补充侦查

C. 发回重审后，某市中级法院经过审理发现新的事实，证明张三不是故意杀人而是过失致人死亡，也无须判处其无期徒刑或者死刑，某市中级法院可以指令下级法院进行一审

D. 发回重审后，某市中级法院作出一审判决，若张三不服再上诉，某省高级法院仍可由乙、丙、丁三名法官组成合议庭

44. 武某因贷款诈骗罪被判处有期徒刑 8 年，在监狱执行 5 年后被某市中级法院裁定假释。武某在居住地接受社区矫正后被发现在判决宣告前还曾犯有招摇撞骗罪需要追究刑事责任。关于武某案的处理，下列哪一项是正确的？（　　）

A. 审理武某招摇撞骗案的某县法院可以直接撤销某市中级法院作出的武某假释裁定

B. 某市中级法院可以书面审理武某假释案件

C. 武某在社区矫正期间因搬家变更执行地的，应当由裁定假释的某市中级法院作出变更裁定

D. 武某的假释裁定被撤销后，应当解除对武

某的社区矫正

45. 根据《公务员法》的规定，聘任制公务员按照国家规定实行协议工资制。关于协议工资制的具体办法，由哪一部门制定？（　　）

A. 中央公务员主管部门

B. 省级以上人力资源和社会保障主管部门

C. 省级以上公务员主管部门

D. 国务院人力资源和社会保障主管部门

46.《外国人来华登山管理办法》为1991年国务院批准，1991年8月29日由国家体育运动委员会令发布的文件，该文件的性质属于：（　　）

A. 国务院决定

B. 部门规章

C. 部门其他规范性文件

D. 行政法规

47. 2018年3月的国务院机构改革，将国家工商行政管理总局、国家质量监督检验检疫总局、国家食品药品监督管理总局、国家发展和改革委员会和商务部的相关职责合并后，组建了国家市场监督管理总局，作为国务院直属机构。对该机构，下列哪个说法是正确的？（　　）

A. 国家市场监督管理总局的设立要经过全国人大常委会批准

B. 在设立国家市场监督管理总局时，应当确定人员编制

C. 国家市场监督管理总局无权制定部门规章

D. 国家市场监督管理总局承担跨国务院行政机构的重要业务工作的组织协调任务

48. 为了解决海上交通拥堵乱象，公安部将某沿海城市规划为试点城市，实行“海上城市环境优化”计划，开展海上运输环境清理活动，重点清理未登记停靠、未登记航行的船舶。甲的船舶未办理登记，行政机关向其发出通知，责令其3日内将船舶停靠在指定规划区域内，并限期不得驶离。请问，该行政机关的行政行为的性质是：（　　）

A. 查封

B. 财产扣押

C. 行政强制执行

D. 其他行政强制措施

49. 区政府认定李某房屋为超过规划范围的违法建筑物，于是组织人员拆除。李某对强制拆除行为提起诉讼。诉讼中，对区政府是否是夜间进行拆迁行为产生争议。李某邻居张某提供了证明房屋是夜间拆除的证言，区政府的工作人员王某提供的现场笔录证明房屋不是夜间拆除的。对此，下列哪个选项是正确的？（　　）

A. 王某现场笔录的证明力优先于张某的证言

B. 区政府对于强制拆除造成的损害结果承担举证责任

C. 如果法院认定强拆行为合法，则区政府对强制拆除造成的损失不承担任何责任

D. 如果政府认定强拆行为违法，则应当撤销拆除决定

50. 某区市场监督管理局以生产不符合标准的运动服为由对某公司处以罚款6000元，没收违法所得1.5万元。某公司不服向区政府申请复议。区政府将没收违法所得改为1.3万元后，维持了其他处罚。履行期限届满后，该公司拒绝罚款，并提起行政诉讼。下列哪个说法是正确的？（　　）

A. 本案被告是区市场监督管理局

B. 本案可以由区市场监督管理局所在地的中级人民法院管辖

C. 没收违法所得是行为罚

D. 区市场监督管理局可对其加处罚款，但加处罚款的标准要告知公司

二、多项选择题（每题所设选项中至少有两个正确答案，多选、少选、错选或不选均不得分。本部分含51～85题，每题2分，共70分）

51. 习近平总书记关于全面依法治国的重要论述，是新时代法治中国建设的思想旗帜和行动纲领，下列哪些选项是其论述的基本内容？（　　）

A. 坚持建设德才兼备的高素质法治工作队伍

B. 坚持人民主体地位

C. 坚持中国特色社会主义法治道路

D. 坚持加强党对全面依法治国的领导

52.《民法典》是新中国第一部以法典命名的法律，开创了我国法典编纂的先河，具有里程碑意义。对《民法典》的意义和举措，下列说法正确的是：（　　）

A. 婚姻家庭编凸显了中国社会治理经验，传

承了中华文化精神气质

B. 弘扬社会主义核心价值观为重要立法目的,具有鲜明中国特色

C. 人格权独立成编,扩大到网络社会对人格权的保护,彰显了信息网络时代社会对人格权保护的特殊价值

D. 其颁布和实施一劳永逸地解决了新时代中国的民事法治建设问题

53. 2020 年某月,甲男乘坐高铁期间,与对面座位的乘客乙女搭讪。后甲男趁乙女上厕所之时进行尾随,将她堵在厕所内并将门反锁,用随身带的管制刀具指着乙女,逼迫乙女交出总价值 8000 余元的一部手机,并放进自己随身携带的包内。后甲男被诉至法院。张法官认为,甲男行为不属于"在公共交通工具上抢劫",因为在高铁的厕所抢劫,危害不大,不应当适用"在公共交通工具上抢劫"的刑罚,否则与刑法意图不符。李法官则认为,高铁的公共厕所属于"高铁",而高铁属于法律所规定的"公共交通工具",所以应当适用"在公共交通工具上抢劫"的刑罚。下列说法不正确的是:(　　)

A. 张法官进行了价值衡量,李法官没有进行价值衡量

B. 张法官的解释属于法律解释中的目的解释,李法官的解释属于法律解释中的体系解释

C. 为了确保法的确定性和可预测性,任何情况下都必须坚持"文义解释"优先

D. 张法官与李法官的争议表明了规范与事实之间存在紧张关系

54. 国务院是我国最高国家权力机关的执行机关,是最高国家行政机关,下列关于国务院的说法不正确的是:(　　)

A. 国务院负责管理和领导对外事务,同外国缔结条约和协定

B. 全国人大常委会决定特别行政区进入紧急状态,国务院决定特别行政区的部分地区进入紧急状态

C. 审计机关在国务院总理领导下,依照法律规定独立行使审计监督权,不受其他行政机关、社会团体和个人的干涉

D. 国务院由正副总理、国务委员、组成部门的正副首长及秘书长组成

55. 关于我国现行《立法法》,下列说法错误的是:(　　)

A. 经全国人大或全国人大常委会授权,国务院可以就税收基本制度制定行政法规

B. 经全国人大或全国人大常委会授权,国务院可就诉讼和仲裁制定行政法规

C. 省人大常委会制定的新的一般规定与旧的特别规定不一致时,由该省人大裁决

D. 国务院有权改变或者撤销下级政府制定的不适当的规章

56. 设区的市的人大代表在任职期间,因诬告陷害罪被判处有期徒刑一年四个月,下列说法正确的是:(　　)

A. 须暂停履行其代表职务

B. 其人大代表资格终止

C. 其刑满释放后若仍在任期内,则可以继续履行代表职责

D. 应当由市人大决定是否终止其人大代表资格

57. 很多成语来自古代法律,下列说法正确的是:(　　)

A. 作奸犯科——"科"是唐代主要的法律形式之一,能够补充和变通律令

B. 就地正法——宋代以来死刑的主要行刑制度

C. 大逆不道——"大逆""不道"分别是《北齐律》重罪十条的两个罪名

D. 媒妁之言——西周以来婚姻关系成立的条件之一

58. "居有其所"是每个人最基本的生存需求。随着我国经济社会发展,居住权益保障问题日益成为人们普遍关注的社会热点问题,在这一背景下,《民法典》新增了居住权的规定。对此,下列表述正确的有:(　　)

A. 居住权作为一项人权,其产生先于《民法典》的规定

B. 居住权的设置有利于弱势群体的权益保障

C. 居住权既是道德权利,也是一项法律权利

D. 凡是道德需求的,都应当纳入法律的调整范围之内

59. 2020 年 5 月 28 日,十三届全国人大三次会议通过了《全国人民代表大会关于建立健全香港特别行政区维护国家安全的法律制度和执行

机制的决定》。关于香港特别行政区制定维护国家安全法的宪制责任，下面观点正确的是：( )

A. 维护国家主权统一和领土完整是香港特别行政区的宪制责任

B. 香港特别行政区应当尽早完成香港特别行政区基本法规定的维护国家安全立法。香港特别行政区行政机关、立法机关、司法机关应当依据有关法律规定有效防范、制止和惩治危害国家安全的行为和活动

C. 全国人大常委会有权力有责任维护香港特别行政区宪制秩序

D. 国家应当采取必要措施建立健全香港特别行政区维护国家安全的法律制度和执行机制，依法防范、制止和惩治危害国家安全的行为和活动

60. 国务院在中国政府网发布了国歌标准演奏曲谱和官方录音版本，下列有关国歌的行为，正确的是：( )

A. 公民不得在私下演唱国歌

B. 奏唱国歌应当使用国歌标准演奏曲谱

C. 公共场所可以将国歌作为背景音乐

D. 宪法宣誓仪式中应当奏唱国歌

61. 关于人民检察院的性质与组织体系，下列说法正确的是：( )

A. 检察院内设业务机构的负责人对本部门的办案活动进行监督管理

B. 上级检察院可以调用下级检察院的检察官办理案件并代表上级检察院出庭支持公诉，体现了检察一体化

C. 检察官在法庭审理中提交证明被告人构成坦白的证据，体现了检察一体化

D. 检察官在检察长领导下开展工作，所有办案事项均由检察长决定

62. 司法公正体现在司法活动各个方面和对司法人员的要求上。下列选项中法官的做法没有体现司法公正内涵的是：( )

A. 为满足审限要求，不顾原告系其多年好邻居，坚持庭审，及时调解结案

B. 在庭审中不偏不倚，以适当方式向双方表明了自己对案件的看法

C. 为暴力案件的被害人提供医疗和物质帮助

D. 法院为尽快处理扫黑除恶案件，安排某法官提前介入案件侦查阶段，严格依法指导侦查机关办案

63. 甲、乙、丙、丁四国都是某多边条约的缔约国，条约规定缔约国之间就该条约产生的纠纷应由国际法院管辖，甲国对此规定声明保留。乙国表示接受甲国的保留；丙国不仅反对甲国的保留，还反对条约在甲、丙两国之间生效；丁国仅反对甲国的保留，但不反对条约其他条款在甲、丁两国的适用。甲乙丙丁都是《维也纳条约法公约》的缔约国，下列哪些判断是正确的？( )

A. 甲、乙两国之间因该条约产生的纠纷应由国际法院管辖

B. 丙国可反对甲国的保留，但不能反对条约在甲丙之间的生效

C. 甲、丁两国之间条约有效，仅保留所涉的规定在两国之间视为不存在

D. 乙、丁两国之间因该条约产生的纠纷应由国际法院管辖

64. 下列哪些情况构成不作为犯罪？( )

A. 哥哥看到成年的弟弟杀死自己的父亲而不制止，构成故意杀人罪

B. 父亲看到自己 13 周岁的孩子盗窃而不制止，构成盗窃罪

C. 丈夫看到妻子伤害岳母而不制止，构成故意伤害罪

D. 甲女看到女儿乙遗弃自己的小孩，不管不问，构成遗弃罪

65. 下列情形中，死亡结果与甲的行为不具有因果关系的有：( )

A. 甲对乙施加暴力，劫取乙的财物后离去。乙受过度惊吓，回家途中因精神恍惚坠入河中溺亡

B. 甲前往乙家讨债，甲敲门时，乙发现是甲，为了躲债，尝试从阳台爬入下一层的阳台，不慎失足坠亡

C. 甲乙合谋，由乙将丙引诱至甲家地下室，由甲枪杀丙。乙驾车载丙前往甲家的途中，二人因琐事争吵起来，乙被丙的言语激怒，在车上将丙杀死

D. 黑社会性质组织成员乙听从组织、领导者甲的命令，负责对丙进行拘禁，却因疏忽致丙逃脱。乙恼羞成怒，来到丙的家中，将丙杀害

66. 甲乙共谋入户抢劫，由甲入户抢劫，由乙

望风。甲入户后,乙看外面人流较多,心生胆怯,打电话劝甲放弃。但甲执意继续,乙便声明离去。甲对主人丙实施暴力时,见丙穿着破烂,很可怜,便放弃暴力,没有拿走财物而离去。下列说法正确的有:(　　)

A. 乙是否中途离开对他的犯罪形态没有影响

B. 乙构成抢劫罪中止

C. 乙成立抢劫罪未遂

D. 甲成立抢劫罪中止

67. 甲乙共同去某工厂仓库盗窃。甲望风,乙进去盗窃。乙窃得财物,从仓库出来时,被保安丙看到,丙上前抓捕乙。乙逃跑,丙追赶。此时甲为了阻止丙,将丙打成轻伤。乙事后才知道甲殴打了丙。下列说法正确的有:(　　)

A. 甲构成转化型抢劫罪

B. 乙构成转化型抢劫罪

C. 乙仅构成盗窃罪

D. 甲构成盗窃罪和故意伤害罪,并罚

68. 下列情形,构成危害公共安全犯罪的有:(　　)

A. 盗窃公共道路井盖,导致车辆发生交通事故

B. 公交车司机驾驶途中与乘客互殴

C. 乘客抢夺公交车司机的方向盘

D. 高空抛燃烧的蜂窝煤球,引发火灾

69. 关于走私犯罪,下列说法正确的有:(　　)

A. 王某以传播为目的,在家中登录境外网站,下载淫秽影片,发给几位朋友观看,构成走私淫秽物品罪

B. 陈某向境外网站购买枪支,邮寄到境内陈某家中,陈某构成走私武器罪

C. 张某将贴身佩戴的小金佛吊坠放在行李里带出国,构成走私贵重金属罪

D. 李某携带假币前往公海出售,没有卖掉,又带回境内,构成走私假币罪

70. 甲乙约定结伴爬山,在大巴上,甲看到乙睡着,将乙的手机偷出来,把乙的微信里的余额转到自己账户上,然后把乙的手机放进自己的背包,打算下车后扔掉。下车后,乙问甲看到自己的手机了吗?甲谎称是不是落在车上了。乙自认倒霉。后来,甲没有扔掉乙的手机,而是谎称手机是自己的,卖给不知情的丙。下列说法正确的有:(　　)

A. 甲对手机构成盗窃罪

B. 甲对手机和微信余额构成不同种罪名

C. 甲对手机和微信余额构成相同罪名

D. 甲对丙构成诈骗罪

71. 关于贿赂犯罪的认定,下列哪些说法是正确的?(　　)

A. 甲向国家工作人员乙行贿,携带100万元现金到乙办公室,欲交给乙。乙对甲说:“钱先放你那儿吧!”甲遂将钱带回,保存于自己的保险箱内,直至案发。甲构成行贿罪既遂,数额是100万元。乙构成受贿罪既遂,数额是100万元

B. 甲向国家工作人员乙行贿,给乙一张空白支票,让乙随意写数字支取,上限为999万元。甲为确保乙能够支取,在自己相应账户上存有数千万元资金。案发时,乙未填写及支取。甲构成行贿罪既遂,数额是999万元。乙构成受贿罪既遂,数额是999万元

C. 乙欲经营彩票业务,知道自己不符合条件,找到国家工作人员甲。甲违规审批,授权乙在当地经营彩票业务,并欺骗乙需要交10万元审批费,乙便向甲交了10万元。实际上关于该事项的审批,政府没有设立审批费。甲构成受贿罪既遂,数额为10万元

D. 甲向乙行贿,送乙一张银行卡,告知乙卡内有500万元。乙收下,未查看也未使用。至案发时,卡内本息共600万元。甲构成行贿罪既遂,数额为500万元。乙构成受贿罪既遂,数额为600万元

72. 以下哪些选项体现了控审分离的要求?(　　)

A. 甲危险驾驶案,检察院经过羁押必要性审查,向法院提出变更强制措施的建议

B. 乙盗窃案,法院审理时,发现乙盗窃时为毁灭证据当场使用暴力,建议检察院变更罪名为抢劫罪

C. 丙故意伤害案,检察院起诉至法院,法院经审理认为丙系不负刑事责任的精神病人,法院在判决丙不负刑事责任后对丙作出强制医疗决定

D. 丁减刑案,检察院以丁不符合“确有悔改表现”为由向法院作出的减刑裁定提出纠正意见

73. 关于认罪认罚从宽原则,下列表述正确的

有：(　　)

A. 甲犯数罪，但只认其中一罪，对其全案不得适用认罪认罚从宽原则，法院也不得对其从宽处罚

B. 对于穷凶极恶的杀人犯，即使其认罪认罚并且积极赔偿取得了被害人亲属谅解，也可对其不从宽处罚

C. 认罪认罚从宽原则只能适用于某一诉讼阶段

D. 在审查起诉时认罪认罚，到了审判阶段不认罪认罚的，不能适用认罪认罚从宽原则

74. 关于我国认罪认罚从宽原则与分工负责、互相配合、互相制约原则的关系，下列表述正确的有：(　　)

A. 公安机关在侦查阶段没有适用认罪认罚从宽制度，检察院在审查起诉阶段适用认罪认罚从宽制度是公安机关与检察院互相配合的体现

B. 法院没有按照检察院的量刑建议判处刑罚是法院与检察院互相制约的体现

C. 法律援助机构向看守所派驻值班律师是公安机关、检察院、法院分工负责的体现

D. 认罪认罚从宽原则贯穿刑事诉讼全过程，是公安机关、检察院、法院分工负责的体现

75. 下列关于认罪认罚从宽制度，理解正确的有：(　　)

A. 甲 17 周岁，因涉嫌盗窃被移送审查起诉，甲认罪认罚，其父亲大甲对认罪认罚有异议，甲无须签署认罪认罚具结书，但对甲仍可适用认罪认罚从宽制度

B. 乙杀害妻子的情人丙，乙在诉讼程序中认罪认罚，但并不后悔杀丙，对乙不能适用认罪认罚制度

C. 在一起交通肇事案中，被告人丁表示认罪认罚，但认为被害人也有过错不同意全额赔偿，对丁不能适用认罪认罚从宽制度

D. 被告人戊认罪认罚，应当适用速裁程序审理

76. 下列关于检察院办理刑事案件的表述，正确的有：(　　)

A. 检察委员会可以对部分办案事项做决定并承担相应司法责任

B. 检察办案组办理案件时应请求检察长或副检察长主办

C. 以检察院名义制发的法律文书，检察长可以授权检察官签发

D. 上级检察院认为下级检察院作出的不起诉决定错误，可以撤销不起诉决定

77. 甲用手机约失足妇女乙去酒店，甲穿着假警服扮成警察，用带有警察字样的钱包冒充人民警察证，拿着电棍吓唬乙并索要了 2000 元。后甲被公安机关以招摇撞骗罪立案侦查，下列表述正确的有：(　　)

A. 甲所穿警服是本案物证

B. 因乙系失足妇女，做的本就是非法生意，因此可对甲从宽处罚

C. 带有警察字样的钱包是本案的书证

D. 甲与乙手机上的聊天记录属于电子数据

78. 王某因盗窃被某县公安机关立案侦查并采取取保候审，王某交了 1 万元保证金。在取保候审期间，王某未经批准多次去外地旅游，下列表述正确的有：(　　)

A. 某县公安机关可视情况决定没收王某交纳的 1 万元保证金并责令其重新交纳 8000 元保证金

B. 某县公安机关责令王某重新交纳保证金的，取保候审期间累计计算

C. 某县公安机关可在决定王某重新交纳保证金的同时要求其提供保证人

D. 王某在取保候审期间应当将驾驶证交某县公安机关保管

79. 乐果水果店在门外树立广告招牌“全市最好水果”，市监局依据《广告法》对其作出罚款 10 万元的处罚决定。该水果店提起行政诉讼后，法院认为处罚过重，将罚款改为 3 万元。下列选项正确的有：(　　)

A. 法院判决将罚款数额降低，体现了合理行政原则

B. 市监局确定的罚款数额需要与水果店店主协商同意，体现了执法优益性

C.《广告法》属于行政法规

D. 行政处罚要根据情理和法理作出

80. 某市政建设管理部门依法授予甲公司城市管道燃气独占专营权。在甲公司经营权与营业权存续期间内，该市政建设管理部门确定了城市管道燃气项目招标方案，并举行招标，乙公司中标。对招标行为，甲公司向法院提起诉讼。下

列哪些说法是正确的？(　　)

A. 授予甲公司城市管道燃气独占专营权的行为属于民事行为

B. 如果法院受理此案，乙公司为第三人

C. 非因法定事由并经法定程序，市政建设管理部门不得撤回甲公司依法取得的城市管道燃气独占专营权

D. 授予甲公司城市管道燃气独占专营权的行为属于行政许可

81. 2019 年 2 月国务院发布了《关于在市场监管领域全面推行部门联合“双随机、一公开”监管的意见》(国发〔2019〕5 号)，对此，下列说法正确的是：(　　)

A. 该意见可以作为法官裁判的依据

B. 该意见为行政法规

C. 该意见可以作为制定部门规章的依据

D. 该意见不能进行附带性审查

82. 甲省乙市政府制定的规章《城市生活垃圾分类管理办法》规定，未分类投放垃圾的，由城市管理主管部门责令限期改正，逾期未改，对单位处 1000 元以下罚款，对个人处 200 元罚款。关于该办法，说法正确的是：(　　)

A. 超出地方政府规章立法事项

B. 公布后应在本级人民政府公报和中国政府法制信息网以及在本行政区域内发行的报纸上刊载

C. 应当报甲省政府备案

D. 设定的罚款不能超出该省人大常委会对政府规章规定的罚款限额

83. 下列哪些属于行政强制措施？(　　)

A. 李某酒后驾车，公安局决定暂扣其驾驶执照 6 个月

B. 公安局发现武某酒醉影响公共秩序，将其带离现场并约束其至酒醒

C. 市监局发现张某销售未经检验检疫的猪肉，扣押未售出的猪肉

D. 税务稽查局认定某公司涉嫌转移财产逃税，扣押其相当于应缴税款的商品

84. 某公司超标排污，甲向生态环境局申请公开公司的环评文件，生态环境局征求了该公司意见后，该公司以商业秘密为由拒绝公开其信息，生态环境局即以涉及商业秘密为由拒绝公开。下列哪些选项是正确的？(　　)

A. 若某公司逾期未答复，则视为同意公开

B. 行政机关拒绝公开违法

C. 对于拒绝决定，甲申请行政复议后才可以提起行政诉讼

D. 甲申请信息公开时应当提供身份证明

85. 李某连续 55 次申请了镇政府的防汛信息公开，2019 年又向镇政府申请了信息公开，政府可以采取的正确处理方式有：(　　)

A. 镇政府可以要求其说明理由

B. 如果镇政府同意公开信息，可以收取相应信息处理费用

C. 如果镇政府同意公开信息，不得收费

D. 由于李某多次申请，镇政府可以将该信息纳入主动公开的范围

三、不定项选择题(每题所设选项中至少有一个正确答案，多选、少选、错选或不选均不得分。本部分含 86～100 题，每题 2 分，共 30 分)

86. 关于党对全面依法治国的领导，下列说法错误的是：(　　)

A. 中国共产党的领导是中国特色社会主义最本质的特征，成立中央全面依法治国委员会，有助于加强党对全面依法治国的集中统一领导

B. 成立中央全面依法治国委员会，有助于把党的领导贯彻到全面依法治国全过程

C. 成立中央全面依法治国委员会，加强党对政法工作人员思想、政策、组织方面的领导，由中央全面依法治国委员会决定重大案件的判决

D. 成立中央全面依法治国委员会，有助于发挥政策和法律的各自优势，促进法律转化为党的政策

87. 根据《宪法》和法律，关于特别行政区的法律制度，下列表述正确的是：(　　)

A. 特别行政区原有的法律、法令、行政法规等同基本法相抵触的，经特别行政区的立法机关作出修改，方能予以保留

B.《国籍法》适用于香港特别行政区和澳门特别行政区

C. 特别行政区基本法在特别行政区的法律体系中具有最高法律效力

D. 全国性法律只要符合基本法和法定程序，就可以在特区生效适用

88. 关于监察机关，下列说法正确的是：(　　)

A. 地方各级监察委由本级人大选举产生，负责本行政区域内监察工作

B. 各级人大常委会有权听取和审议本级监察委员会的专项工作报告

C. 监察机关办理职务违法和职务犯罪案件，应当与审判机关、检察机关、执法部门互相配合，互相制约

D. 国家监察委有权制定监察法规

89. 监察委员会是国家的监察机关，根据《宪法》和法律，下列说法正确的是：(　　)

A. 国家监察委员会和地方各级监察委员会是监督与被监督的关系

B. 地方监察委员会主任由本级人大选举产生，任期五年，且没有连任限制

C. 监察机关可以制定监察法规

D. 上级监察机关必要时可以办理所辖各级监察机关管辖范围内的监察事项

90. 某村集体土地被征收，村里制定了有关征地补偿费的使用和分配方案，但遭到了部分村民反对。关于该方案，下列选项正确的是：(　　)

A. 反对者可以申请乡镇政府予以撤销

B. 反对者可以申请法院予以撤销

C. 需要经过村民会议讨论决定

D. 经村民会议授权，由村民代表会议讨论决定

91. 我国宪法序言中载明："中国革命、建设、改革的成就是同世界人民的支持分不开的。中国的前途是同世界的前途紧密地联系在一起的。"关于对外开放与宪法实施，下列选项正确的是：(　　)

A. 2019 年通过《外商投资法》是实施宪法的具体表现

B. 1982 年宪法规定了外商投资问题

C. 2018 年修改宪法时，将"坚持互利共赢开放战略"写入序言

D. 1993 年修改宪法时，将"坚持改革开放"写入序言

92. 关于渎职犯罪，下列说法正确的有：(　　)

A. 司法工作人员因过失致使故意杀人犯未被起诉，故意杀人犯不久又杀人的，构成玩忽职守罪

B. 办案人员利用职权，为实施重罪的犯罪嫌疑人通风报信，致使犯罪嫌疑人改变供述，导致其仅受轻罪追诉，构成帮助犯罪分子逃避处罚罪

C. 国家机关工作人员为境外机构提供国家秘密，构成为境外非法提供国家秘密罪和故意泄露国家秘密罪的想象竞合

D. 国家机关工作人员收受贿赂并实施渎职犯罪，同时构成受贿罪的，一律数罪并罚

93. 关于危害公共安全犯罪，下列说法正确的有：(　　)

A. 甲故意在高速公路上泼洒工业机油，导致十几辆车发生交通事故，造成重大人员伤亡。甲构成破坏交通设施罪

B. 乙醉酒逆行在高速公路上，行驶十多公里。路上车辆纷纷躲避，所幸没有造成人员伤亡。乙构成以危险方法危害公共安全罪

C. 丙为了报复邻居，从高空向四下无人的邻居车上扔酒瓶子，砸中车辆。丙构成以危险方法危害公共安全罪

D. 丁为了自杀，打开自家煤气，给周围邻居造成重大安全隐患。丁构成以危险方法危害公共安全罪

94. 宋某杀害刘某，致刘某重伤昏迷，生命垂危。宋某心生怜悯，想要抱起刘某送去医院救治，不料脚下一滑，和刘某一起摔倒在地。刘某原本已经生命垂危，加上摔倒，很快死亡。下列说法正确的有：(　　)

A. 宋某构成故意杀人罪既遂，救助行为只能是量刑情节

B. 无论如何评价宋某的犯罪形态，宋某均须对刘某的死亡结果负责

C.《刑法》第 24 条第 2 款规定："对于中止犯，没有造成损害的，应当免除处罚；造成损害的，应当减轻处罚。"宋某构成故意杀人罪中止，属于"造成损害结果"，应当减轻处罚

D. 由于宋某没有正确预料刘某死亡的因果流程，故构成故意杀人罪未遂

95. 关于破坏社会主义市场经济秩序罪，下列说法正确的是：(　　)

A. 甲在新冠疫情期间，大量生产、销售不符合国家标准，行业标准的 KN95 防尘口罩，甲构成生产、销售伪劣产品罪

B. 甲明知乙实施金融诈骗行为，仍然协助乙将犯罪所得资金汇往境外，甲构成洗钱罪和掩

饰、隐瞒犯罪所得罪,想象竞合

C. 甲在自己亲友和科室同事之间宣传投资机会,共吸收20余名亲友和同事的资金用于投资,并许诺给予高额回报。甲不构成非法吸收公众存款罪

D. 甲为让自己的公司成功上市,虚开增值税专用发票以虚构公司业务量,但并不抵扣税款,甲不构成虚开增值税专用发票罪

96. 检察院依法开展羁押必要性审查,下列情节可以建议变更强制措施的有:( )

A. 被告人年满65周岁,体弱

B. 犯罪嫌疑人已自愿认罪认罚

C. 被告人与被害方达成和解协议,约定解除羁押后予以履行

D. 犯罪嫌疑人身患严重传染病,且生活不能自理

97. 检察院在审查批捕时,下列属于应当批准逮捕的社会危险性因素是:( )

A. 涉嫌多次盗窃的犯罪嫌疑人没有正当生活来源

B. 涉嫌抢劫罪的犯罪嫌疑人在被拘留时以暴力抗拒抓捕

C. 涉嫌赌博罪的犯罪嫌疑人有吸毒史

D. 涉嫌敲诈勒索罪的犯罪嫌疑人有能力提供数额较高的保证金

98. 下面关于技术侦查的说法,正确的有:( )

A. 实施技术侦查需要经过省级公安机关批准

B. 在经过批准已经实施监听措施的前提下,实施跟踪措施无须再报请批准

C. 通过技术侦查获得的涉及国家秘密的证据不得在审判中使用

D. 对于重大的毒品案件,对贩毒者和买毒者均可实施技术侦查

99. 区政府征收了李某房屋,李某不服提起复议,市政府认为复议超过法定期限,不予受理。李某提起诉讼,下列选项正确的是:( )

A. 李某就征收决定提起诉讼,被告为区政府

B. 本案为复议前置案件,李某对征收决定提起诉讼,法院不应受理

C. 李某就复议机关不予受理提起诉讼,被告为市政府

D. 本案为复议前置案件,李某对复议不受理提起诉讼,法院不应受理

100. 方某因为与陈某发生冲突,用砖头扔向陈某儿子小陈(9周岁),致使其脚部受伤。经过法医鉴定为轻微伤,县公安局决定对方某拘留10日,方某不服,申请复议。下列说法错误的是:( )

A. 方某应当向县政府申请复议

B. 因为致使未成年人受到伤害,应当对方某从重处罚

C. 因方某申请复议,应暂停执行拘留决定

D. 陈某为复议第三人

2020 年国家统一法律职业资格考试(回忆版)

试　卷　二

一、单项选择题(每题所设选项中只有一个正确答案,多选、错选或不选均不得分。本部分含 1 ~ 50 题,每题 1 分,共 50 分)

1. 孕妇 A 身体不适,前往甲医院就诊,甲医院医生因重大过失开错药,造成 A 身体受损,孩子 B 娩出后亦有残疾。根据《民法典》的规定,以下说法正确的是:(　　)

A. 仅 A 可要求医院承担损害赔偿责任

B. 仅 B 可要求医院承担损害赔偿责任

C. A 和 B 均可要求医院承担损害赔偿责任

D. 甲医院和医生对 A 和 B 承担连带责任

2. 陆某因诈骗罪被判入狱,和妻子协议离婚,双方约定,12 岁的儿子由陆某抚养,但实际是由陆某父母抚养。下列哪一说法是正确的?(　　)

A. 陆某是唯一监护人

B. 陆某的妻子是唯一监护人

C. 夫妻二人均为监护人

D. 陆某的父母为监护人

3. 甲和乙签订了两份房屋买卖合同,第一份约定房屋价款 500 万元,注明房屋过户备案事项不按此合同履行。第二份合同约定房屋价款 200 万元,房屋过户备案事项按此合同履行。关于两份合同,下列哪一选项正确?(　　)

A. 第一份合同部分无效,第二份合同无效

B. 第一份合同有效,第二份合同部分无效

C. 两份合同均无效

D. 两份合同均有效

4. 薛某系天雅公司总经理、法定代表人,某晚参加聚会时饮酒过量,在争抢买单过程中,以为是酒水单而以天雅公司之名,误签了一份购买 1000 瓶红酒的商务合同。关于该商务合同的效力,下列哪一选项是正确的?(　　)

A. 因无权代理而效力待定

B. 因意思表示不真实而无效

C. 因乘人之危可主张撤销

D. 因重大误解可主张撤销

5. 廖某与史某约定,如将来廖某不在甲公司上班,廖某便将其在甲公司附近一套自有公寓卖给史某。史某为尽快购得该房屋,贿赂甲公司经理,让其辞退了廖某。廖某和史某关于廖某不在甲公司上班的约定,下列哪一说法是正确的?(　　)

A. 属于合同主给付义务

B. 应视为条件不成就

C. 属于附期限的约定

D. 应视为期限已届满

6. 刘女士在地铁站过天桥时,因边走边看手机,不小心被路面翘起来的铁皮绊倒,正好扑倒了同方向行走正在下台阶的王女士,导致王女士摔倒受伤。王女士将刘女士与天桥所属地铁公司诉至法院。关于责任承担,下列说法正确的是:(　　)

A. 只应由地铁公司承担赔偿责任

B. 地铁公司与刘女士承担连带赔偿责任

C. 地铁公司与刘女士承担按份赔偿责任

D. 只应由刘女士承担赔偿责任

7. 甲的父母去世后,甲因法定继承取得房屋所有权,但尚未办理过户手续。甲欲出卖该房屋,遂与乙订立房屋买卖合同,约定房屋一旦交付,所有权即转移给乙。合同缔结后不久,甲即完成了该房屋的交付。对此,下列哪一说法是正确的?(　　)

A. 房屋买卖合同全部有效

B. 房屋买卖合同全部无效

C. 房屋所有权没有转移

D. 房屋所有权已经转移

8. 某日,邱小童(4 周岁,身高 1 米)随父亲邱天去游乐场玩耍,游乐园内提供蹦床玩耍项目,但系付费项目,限 6 岁以下且身高不超过 1.2 米的儿童进入。邱天支付费用后在场外等候,邱小童则独自进入蹦床区域内玩耍,后跌倒受伤,经诊断为左侧胫骨平台骨裂。关于邱小童的损害,

下列哪一说法是正确的？(　　)

A. 应优先用邱小童财产填补损失

B. 应由游乐场承担赔偿责任

C. 应由邱小童自行承担全部损失

D. 父亲邱天只承担相应补充责任

9. 甲和某音乐学院研究生乙约定，乙租甲房屋，期限1年，但乙可以通过每晚为甲的女儿辅导钢琴1小时，代替房屋租金的支付。双方依约行事。3个月后寒假开始，乙房屋上锁不知所踪，甲无奈聘请某音乐学院本科生为女儿辅导钢琴1个月，每晚1小时，共支付2000元。后乙返回，告知甲其随导师去国外巡演1个月，甲提出乙应当支付1个月的房屋租金。下列说法正确的是：(　　)

A. 乙应当按照甲的房屋在当地的平均租金4000元向甲支付

B. 甲无权请求乙支付租金

C. 乙应当向甲支付2000元

D. 乙应当按照当地音乐学校研究生授课的平均报酬向甲支付3000元

10. 某日，甲公司与乙公司订立合作意向书，约定待甲公司取得某地建设用地使用权后双方订立合作开发合同，并初步约定了出资比例、收益分享等事宜，当日乙公司依合作意向书向甲公司支付了100万元预付款。甲公司取得建设用地使用权后，因决定与其他公司合作而拒绝与乙公司签订合作开发合同。以下说法正确的是：(　　)

A. 乙公司有权请求甲公司承担违约责任

B. 合作意向书不具有法律约束力

C. 乙公司有权请求甲公司支付合作开发合同项下的违约金

D. 甲公司应向乙公司双倍返还预付款

11. 古某携幼子古晓(5周岁)出游，古晓对农户张某的鸽子甚是喜爱。为取悦儿子，古某向张某选购一只，张某微信收款后将鸽子交给古某时，古某示意其直接把鸽子交给古晓。不料古晓害怕，接鸽子时手一缩，鸽子飞了。关于鸽子权属，下列哪一说法是正确的？(　　)

A. 古晓

B. 古某

C. 张某

D. 鸽子的所有权不适用物权变动规则

12. 甲欠丙100吨钢材，为偿还该债务，甲与乙订立了100吨钢材的买卖合同，约定由乙向丙直接交付钢材，丙也可以直接向乙请求履行。丙对此知情，也未拒绝。以下说法正确的是：(　　)

A. 如乙不交付，丙可请求其履行且要求承担违约责任

B. 乙对甲已经没有任何义务

C. 乙不能向丙主张其对甲的抗辩

D. 因合同相对性，丙不能直接向乙请求履行交付义务

13. 李某、王某、赵某三人系好友。李某向王某借款5万元。某日，王某偶遇赵某，谈及李某。王某对赵某表示："李某生活困难，父母又生病，这钱他不用还了。"下列哪一选项是正确的？(　　)

A. 王某的意思表示向赵某作出时生效

B. 王某免除债务的意思表示须李某受领

C. 李某无须向王某偿还债务

D. 王某的意思表示不产生债务免除的效果

14. 甲(男)与乙(女)在外地打工期间相识，之后二人确立了恋爱关系并同居。后乙发现甲有很多缺点，两人并不适合在一起，遂提出分手。甲不同意，并用乙的裸照相威胁(实际并没有裸照)，称如果乙不同意与之结婚便在网上发布乙的裸照。乙无奈，遂与之结婚。关于本案，下列哪一说法是正确的？(　　)

A. 甲和乙的婚姻合法有效

B. 因甲欺诈婚姻可撤销

C. 因甲胁迫婚姻可撤销

D. 因婚姻并非乙的真实意思表示而无效

15. 吕某和田某1990年依法收养夏某，投入很多的精力和财力。夏某成年后未尽养女的责任。2016年吕某去世，夏某对田某不但未尽赡养义务，还多次辱骂赶走老人。2017年田某决定卖掉与吕某共有的5间私房，遭到夏某的阻挠，田某起诉到法院要求解除与夏某的母女关系。关于本案，正确的是：(　　)

A. 5间私房田某与夏某各继承一半

B. 田某无权要求解除与夏某的收养关系

C. 田某可要求夏某补偿收养期间生活费和教育费

D. 夏某无权继承吕某的财产

16. 牛三在集市上抢夺翠花钱包后逃离,大强上前追赶捉拿。追至一条铁路旁,牛三沿路轨奔逃,大强紧追不舍。此时,一列火车迎面疾驰而来,牛三未及反应被撞身亡,大强因急忙跳下路轨而造成骨折。根据《民法典》的规定,下列哪一项正确?(　　)

A. 大强应对牛三的死亡承担过错责任

B. 大强可请翠花给予适当补偿

C. 翠花应对牛三的死亡承担公平责任

D. 大强应对牛三的死亡承担公平责任

17. 鸿讯公司成立于2017年8月,主要从事精密仪器维修。公司股东5人,其中赵某以现金出资200万元,占股40%,首期40万元出资已缴纳,余款160万元,按章程约定于2022年8月之前缴清。辛某认缴出资20万元,占股4%。2018年12月,经5位股东一致同意约定:辛某任维修部经理,年薪90万元,但不参加公司分红。到2019年年底,公司共有300万元可分配利润,关于本案,下列说法正确的是:(　　)

A. 辛某与其他股东的约定剥夺了辛某的利润分配权,故应无效

B. 辛某可向公司主张支付当年的90万元薪酬

C. 就该300万元利润赵某可向公司主张分取120万元

D. 就该300万元利润辛某可向公司主张分取12万元

18. 张某是泉嘉公司的股东,持股20%。2019年10月,张某向何某借款30万元,借期3个月,为担保还款,张某与何某签订协议,约定将张某在泉嘉公司的股权转让给何某,但双方并未办理股权变更手续。2020年1月,张某将股权卖给了不知情的荣某并办理了变更登记,但荣某仅支付了第一期转让款10万元,余款尚未支付。此时,张某欠何某的债务已逾期。关于本案,下列说法正确的是:(　　)

A. 荣某自付清全部股权转让款之日,才能取得泉嘉的股东资格

B. 张某与何某之间关于以股权转让担保借款的约定有效

C. 荣某自股权变更登记完成时,才能取得泉嘉公司的股东资格

D. 何某自借款到期日起有权要求泉嘉公司将其登记为股东

19. 李某独资设立甲公司,甲公司经营状况不好,李某还雪上加霜,将甲公司的全部资产投入李某夫人的一个项目中。乙公司对甲公司有200万元的货款,到期索要时,甲公司无力清偿。乙公司发现李某的所作所为,遂将李某告上法庭。关于本案,法院的下列做法正确的是:(　　)

A. 法院应该依职权变更甲公司为被告

B. 法院应依职权把甲公司列为第三人

C. 法院应当依职权把甲公司追加为共同被告

D. 法院应向乙公司释明,告知其追加甲公司为共同被告

20. 甲持有乙公司5%的股权,丙是乙公司的股东同时担任公司董事。乙公司章程规定股东不能查阅公司会计账簿,但公司章程未登记。2019年1月,甲将股权转让给丙后,公司经营立即变好,甲觉察异样,担心自己作为股东期间被丙"套路",欲查阅公司会计账簿。下列有关说法正确的是:(　　)

A. 甲有权向公司书面申请查阅其作为股东期间的公司账簿

B. 甲有权向公司书面申请查阅并复制公司的会计账簿

C. 公司可根据公司章程的规定拒绝甲的查阅请求

D. 甲不再是公司股东,无权查阅公司的会计账簿

21. 甲和乙共同出资设立了大斧头公司,甲出资80%,担任公司总经理,乙出资20%,担任监事。甲的儿子小甲独资设立了小榔头公司。甲促成并代表大斧头公司与小榔头公司达成了一购销合同,高价购入一批过时原料,造成了大斧头公司的巨额损失。乙看出其中的端倪,欲采取措施。下列有关乙采取的措施正确的是:(　　)

A. 乙有权向法院主张强制解散大斧头公司

B. 乙有权依法定程序以自己的名义向甲提起诉讼,要求其对大斧头公司履行赔偿责任

C. 如果甲将与小榔头公司的关系向大斧头公司披露过,则无须承担赔偿责任

D. 如果购销合同经过了大斧头公司的股东会决议,则甲无须承担赔偿责任

22. 花袜子公司由9个股东出资组成,其中甲

持股5%,乙持股45%,乙担任公司的董事长。公司章程中规定公司增资需全体股东一致同意。2020年3月,花袜子公司召开股东会讨论增资事宜,没有通知甲。股东会决议中由乙代甲签字,最终以代表95%表决权的股东同意作出了增资的决议。甲知道后愤怒不已,且坚决不同意增资。下列有关说法正确的是:(　　)

A. 该股东会决议可撤销

B. 该股东会决议不成立

C. 公司章程规定的有关增资的表决事项无效

D. 甲有权主张公司以合理的价格回购其股权

23. 诚益公司用一张银行承兑汇票来支付与刘伟的合同款项,甲银行已经承兑。但票据上没有将刘伟写为被背书人。刘伟用此票据买红酒,红酒公司担心拿不到钱,刘伟就找了自己的好朋友张三作为此票据的保证人,但没写明被保证人。红酒公司在被背书人栏中填了自己的名字并盖章。红酒公司向甲银行提示付款时被拒绝。下列说法正确的是:(　　)

A. 刘伟对红酒公司无任何法律责任

B. 红酒公司应先向诚益公司主张追索权

C. 虽没写明被保证人,张三仍需承担保证责任

D. 红酒公司可以向甲银行主张追索权

24. 百航股份公司(以下简称百航公司)为上市公司,为解决A项目的资金缺口,百航公司于2020年5月25日通过公开发行公司债券的方式,募集资金1亿元,聘嘉德证券公司为债券受托管理人。下列说法正确的是:(　　)

A. 债券持有人会议不能决议解除对嘉德证券公司的聘请

B. 若百航公司到期不能兑付债券本息,则嘉德证券公司可接受部分债券持有人的委托,以自己的名义代表债券持有人起诉

C. 若百航公司改变所募集资金的用途,则嘉德证券公司有权以自己的名义代表债券持有人起诉

D. 百航公司可将所募集的资金,部分用于A项目带来的亏损

25. 2017年2月,张某56岁,为自己向甲、乙、丙三家保险公司投保重疾险,为了避免被强制体检,投保时,张某谎称自己54岁。在向丙公司投保时,张某未将其已经向甲、乙两家公司投保的情况告知丙公司。2020年4月,张某罹患癌症,向三家保险公司理赔。下列说法正确的是:(　　)

A. 因为张某隐瞒了年龄,三家保险公司有权解除保险合同,不予赔偿

B. 张某对丙公司隐瞒了已经向甲、乙两家公司投保的事实,丙公司有权解除保险合同,不予赔偿

C. 三家保险公司应分别对张某赔偿保险金

D. 三家保险公司应按比例对张某赔偿保险金

26. 甲公司欠乙公司货款30万元到期不还,乙公司多次催要无果。乙公司登录“企查查”下载甲公司的不良涉诉信息私下发送给甲公司的几家合作伙伴,导致行业内各企业对甲公司的评价降低,甲公司频频收到合作伙伴的解约通知。经查,乙公司在“企查查”下载的信息实为2016年的信息,“企查查”的工作人员操作失误将其登记为2018年信息。对于乙公司的行为,下列说法正确的是:(　　)

A. 该行为属于互联网不正当竞争行为

B. 该行为属于混淆行为

C. 该行为属于虚假宣传

D. 该行为属于不正当使用公共数据的行为

27. 李某违规在养殖海鲜的饲料里添加农药。某市酒店自李某处购入海鲜,提供给顾客王某预定的婚宴,结果造成参加婚宴的所有宾客群体性中毒。针对此事件,下列说法正确的是:(　　)

A. 市疾病预防控制中心应向市卫生健康委提交流行病学调查报告

B. 市卫生健康委要向市市场监督管理局提交流行病学调查报告

C. 市卫生健康委应对与事故有关的因素进行流行病学调查

D. 市卫生健康委应对事故现场进行卫生处理

28. 金岭银行因业务急需向山河银行拆借一部分资金,山河银行仗义援手,向金岭银行拆借了这部分资金。请问下列说法正确的是:(　　)

A. 山河银行交足存款准备金、留足备付金、归还央行的到期贷款之后,可以拆借给金岭银行这笔资金

B. 山河银行可以用备付金向金岭银行拆借这笔资金

C. 金岭银行可将这笔资金用于发放个人住房贷款

D. 金岭银行可用这笔资金来购买国债

29. 根据土地利用总体规划，某镇东部耕地被划定为蔬菜生产基地。关于该基地的耕地保护，下列说法正确的是：(　　)

A. 经省政府批准，国家建设工程可占用该基地的部分耕地

B. 该基地内可挖塘养鱼

C. 该基地可在从事蔬菜生产的同时适当发展林果业

D. 镇政府应将该蔬菜生产基地的位置、范围信息向社会公告

30. 甲在乙公司工作，2015 年乙公司计划安排甲到美国分支机构工作，为此付出 15 万元专业英语培训费用，并和甲约定 5 年服务期。对此，下列说法正确的是：(　　)

A. 若甲于 2016 年主动辞职，应当向乙公司支付违约金 15 万元

B. 乙公司可与甲约定，若甲未完成服务期而离职，违约金总额 30 万元

C. 2017 年乙公司经营困难，无法按时发放工资，甲通知乙公司解除劳动合同，无须支付违约金

D. 在服务期内，甲无法进行岗位和工资调整

31. 李某入职甲公司 1 个多月，体检发现怀孕了，遂以自己怀孕为由要求不上夜班。随着孕龄的增加，李某多次早退、迟到、缺勤，甲公司以李某严重违反单位的《劳动纪律》为由予以辞退。以下说法正确的是：(　　)

A. 李某怀孕，不上夜班不违反劳动法律规范

B. 甲公司可以辞退李某

C. 如果李某只是不能胜任职位，甲公司将其调至其他岗位仍不能胜任的，可以解除与李某的劳动合同

D.《劳动纪律》构成劳动合同的内容

32. 沃林公司在甲国登记注册，其主要办事机构也在甲国。后沃林公司被乙国福特公司全资收购，其办事机构随之迁往乙国。后因经营不善，乙国福特公司又被中国启迪公司全资收购，但考虑到业务需要，沃林公司的主要办事机构仍在乙国。关于沃林公司的国籍，下列哪一选项是正确的？(　　)

A. 因沃林公司在甲国登记注册，其国籍始终是甲国

B. 因沃林公司的主要办事机构在乙国，其国籍应为乙国

C. 因沃林公司已被中国启迪公司收购，故其国籍应为中国

D. 沃林公司的国籍由收购协议规定

33. 中国甲公司与德国乙公司因合同纠纷诉至中国某人民法院。根据我国涉外民事诉讼相关规则和实践，下列哪一选项是正确的？(　　)

A. 如合同约定适用欧盟商事条例，该法律选择条款无效

B. 如合同约定适用英国法，人民法院应依英国对反致的态度，决定是否适用英国的国际私法规则

C. 人民法院审理本案，不受民事诉讼法关于审理时限的限制

D. 如合同规定适用英国法，人民法院应依英国国际私法规则，确定合同应适用哪一国实体法

34. 经常居住在天津的德国公民托马斯家中失窃名画。该画随后被中国公民李伟在韩国艺术品市场购得。托马斯得知李伟欲将该画带回中国拍卖的消息后，准备通过诉讼的途径要回该画作。下列说法正确的是：(　　)

A. 托马斯的诉讼行为能力应适用德国法进行判断

B. 该案件中的准据法应该在与案件有实际联系的德国法、中国法以及韩国法中进行选择

C. 当事人不能就所适用的法律达成一致时，应适用韩国法

D. 当事人不能就所适用的法律达成一致时，应适用法院地法即中国法

35. 中国仙林公司从甲国艾尔公司进口一批电子设备，合同中约定了设备规格，并选用了 DPU 术语。甲国艾尔公司制作好样品后，将样品邮寄至仙林公司，请求确认并按照样品履行。中国仙林公司收到样品后确认收到并回复："请依合同履行。"设备到货后与样品相符，但与合同不符，中国仙林公司要求甲国艾尔公司承担违约责任。中国和甲国都是 1980 年《联合国国际货物销售合同公约》的缔约国，下列哪一选项是正确的？(　　)

A. 甲国艾尔公司应承担违约责任,因其交付的设备不符合合同约定规格

B. 甲国艾尔公司不应承担违约责任,因其交付的设备与其提供的样品相符

C. 本案货物风险自货交第一承运人时转移

D. 甲国艾尔公司须在指定装运地的任何地点交货

36. 中国甲公司(买方)与A国乙公司(卖方)签订FCA合同进口货物,货物采用陆海联运,双方在合同中约定中国甲公司应通知海运承运人向A国乙公司签发已装船提单,货款以信用证方式支付。货物在海运途中因强热带风暴湿损。依据《2020年国际贸易术语解释通则》及国际经济法的相关规则和实践,下列哪一选项是正确的?( )

A. 货物风险自货交第一承运人时转移

B. 因海运承运人在货物装船后向A国乙公司签发了已装船提单,故A国乙公司应承担海运中的损失

C. 应由A国乙公司负责投保货物运输险

D. 中国甲公司可以A国乙公司交付的货物质量不符合合同约定为由,要求银行拒付货款

37. 我国轧钢产业向商务部申请对从甲国进口的轧钢进行反倾销调查,商务部终局裁定确定倾销成立,对国内轧钢产业造成损害,决定征收反倾销税。根据我国相关法律规定,下列哪一选项是正确的?( )

A. 反倾销税的纳税人应该是甲国轧钢出口商

B. 我国振华公司认为其已经缴纳的反倾销税款超过倾销幅度,可以向商务部申请退税

C. 针对商务部的终局裁定,甲国轧钢出口商必须先申请复审,对复审决定不服才能提起行政诉讼

D. 针对商务部的终局裁定,甲国轧钢出口商只能申请行政复议,无权向人民法院提起行政诉讼

38. 甲国和中国均为《保护工业产权巴黎公约》缔约国。甲国阿尔斯公司发明一种环保涂料,于2018年12月1日在甲国提出了专利申请,并自2019年年初开始在中国销售该种涂料。中国仙林公司发明了同样的环保涂料,于2019年12月10日向中国有关机关提出了专利申请。下列哪一选项是正确的?( )

A. 仙林公司无权就该种涂料在中国申请专利

B. 若仙林公司获得专利授权,阿尔斯公司继续在中国销售该种涂料,应经仙林公司授权

C. 仙林公司若在中国销售该种涂料,应经阿尔斯公司授权

D. 因阿尔斯公司申请在先,仙林公司的专利权应该被宣告无效

39. 甲地的张三,有块石头价值10万元,交给乙地的李四去参加展览,展览地在丙地。后来李四在丙地将该石头以20万元卖给了王五,李四之后告诉张三该石头卖了15万元,并将15万元交给张三,张三欣然接受。之后张三偶然得知真相,于是向法院起诉李四支付多余的5万元。问本案管辖法院如何确定?( )

A. 甲地法院和乙地法院

B. 乙地法院

C. 丙地法院

D. 丙地法院和乙地法院

40. 刘某工商登记注册个体餐馆,登记字号为“刘大厨私房菜”,与张某协议由张某实际经营餐馆。张某在经营中因供货质量问题与供应商甲发生争执,拟提起诉讼,谁为本案适格原告?( )

A. 刘某为原告

B. 张某为原告

C. “刘大厨私房菜”为原告

D. 刘某和张某为共同原告

41. 程某的房子临街,把房子租给陆某,双方约定租赁期间产生的一切责任由陆某承担。陆某在阳台养花,小区物业多次提醒其花盆掉下容易砸伤楼下行人,不要在阳台放花盆。某日狂风暴雨致使阳台花盆掉落,正巧砸中楼下的李某。李某欲请求赔偿,本案应当以谁为被告?( )

A. 程某和陆某为共同被告

B. 程某为被告

C. 小区物业为被告

D. 陆某为被告

42. 成发公司向消费者销售礼品券,因产品质量与承诺不符,共有包括甲在内的100名消费者起诉成发公司,诉讼中,原告选定彭某和张某担任诉讼代表人。诉讼中法院组织代表人彭某、张

某与成发公司达成调解协议，多数消费者同意调解，甲不同意调解，坚持要求法院作出判决。关于本案，下列表述正确的是：(　　)

A. 告知甲另行起诉

B. 法院应当依法审理并作出判决

C. 法院应当制作调解书，对全体当事人生效

D. 法院应当制作调解书，但该调解书对甲不生效

43. 根据司法解释规定，下列哪种情形构成自认？(　　)

A. 庭审结束后，甲对乙说，我承认我借你钱的事实，但法官问我的时候我就是不说，气死你

B. 法官询问乙是否向甲借款，乙说我当时向好几个人借款，记不清楚了。法官让乙确认，乙坚持表示自己记不清楚了

C. 在庭前证据交换过程中，乙承认了向甲借款5万元的事实，但辩称已经归还了3万元，甲予以否认，乙主张既然甲不承认我还款的事实那我也不承认甲向我提供借款的事实

D. 甲出示了一份乙在诉前签下的字据，该字据上乙确认自己向甲借款并说明了借款的详细情况

44. 甲公司和某村签订了服务合同，用飞机低空飞行为该村喷洒农药，每次飞行都会途经李某的养鸡场。三个月后，李某向吴某履行合同时发现鸡的重量低于合同要求，认为是甲公司的飞机低空飞行产生的噪音导致鸡食欲下降进而影响了鸡的生长，遂向法院起诉甲公司。下列哪一项关于本案的证明责任分配是正确的？(　　)

A. 李某应当对飞机噪音与鸡的减产有因果关系承担证明责任

B. 甲公司应当对飞机噪音与鸡的减产没有因果关系承担证明责任

C. 李某应当对甲公司有过错承担证明责任

D. 甲公司应当对自己没有过错承担证明责任

45. 日本人金某起诉日本A公司(该公司股东为中国人伊某)，日本法院作出判决后，金某向中国某区人民法院起诉伊某，并向法院提供了日本法院的判决书作为证据(该判决书未经中国法院承认、执行)。关于该判决书，说法正确的是：(　　)

A. 该判决书是书证

B. 该判决书是鉴定意见

C. 该判决书所认定的事实属于免证事实

D. 该判决书不符合法定形式，不能作为证据使用

46. 甲公司起诉乙公司请求解除合同，同时追究乙公司的违约责任。在一审开庭时，甲公司主张请求确认合同无效，如果法院实在不能确认合同无效就解除合同，同时追究乙公司的违约责任。法院应当如何处理？(　　)

A. 要求甲公司明确诉讼请求

B. 法院裁定不予受理，因为两个诉讼请求矛盾

C. 告知甲公司另行起诉，因为是两个独立的诉讼请求

D. 法院对两个诉讼请求应当按顺序审理

47. A公司和B销售公司签订买卖合同，B公司一直没有发货，A公司向甲市乙区法院起诉B公司要求履行合同。法院经过审理后查明是B公司的供货商C公司由于疫情停工，故B公司无法发货，遂判决驳回了A公司的诉讼请求。双方当事人均未上诉。三个月后，A公司发现C公司已经全面复工，但B公司仍未履行合同，A公司可以如何处理？(　　)

A. 可以向甲市中院提起上诉

B. 可以再次起诉B公司履行合同

C. 可以向甲市中院申请再审

D. 可以向乙区法院申请再审

48. 张某向安某借款10万元，赵某为该笔借款承担连带保证。后张某拒不归还借款，安某以张某诈骗为由向公安机关报案，同时安某起诉赵某要求承担保证责任。法院受理后，发现张某已经因为集资诈骗被公安机关刑事拘留。法院应当如何处理？(　　)

A. 法院应当裁定诉讼中止，等待刑事案件处理结果

B. 法院应当裁定驳回起诉，等待刑事案件处理结果

C. 法院可以根据安某的申请追加张某为共同被告

D. 法院可以根据安某的申请追加张某为无独立请求权第三人

49. 甲公司与乙公司关于某商铺所有权问题发生争议，法院判决生效后，丙公司认为该判决

侵犯自身合法权益,向作出该生效判决的法院提起了第三人撤销之诉,要求改变原判决。法院经审理认为原判决中原告提供的证据是伪造的,但丙公司无法证明原判决侵犯自身合法权益。法院应当如何处理?( )

A. 依法改变原判决中错误部分

B. 依法支持丙公司的诉讼请求

C. 依法驳回丙公司的诉讼请求

D. 依法撤销原判决中错误部分

50. 程某与邓某恋爱,2020 年 5 月邓某怀孕,邓某威胁程某如果不结婚将到程某单位吵闹,程某迫于无奈于 8 月与邓某登记结婚。10 月邓某流产,程某起诉邓某要求撤销婚姻关系。一审法院判决驳回程某诉讼请求,程某不服一审判决,提起上诉,在二审中程某将诉讼请求变更为解除婚姻关系。关于本案,表述正确的是:( )

A. 二审法院应当撤销一审判决

B. 二审法院对解除婚姻关系的诉讼请求可以组织当事人调解,调解不成发回一审法院重审

C. 二审法院对解除婚姻关系的诉讼请求可以组织当事人调解,调解不成告知程某另行起诉

D. 二审法院可以直接对变更后的诉讼请求进行审理,并作出判决

二、多项选择题(每题所设选项中至少有两个正确答案,多选、少选、错选或不选均不得分。本部分含 51 ~ 85 题,每题 2 分,共 70 分)

51. 某日,李某醉酒搭乘出租车回家,车程 20 公里。李某下车前用手机支付车费,误将 80 元输错成 8080 元。司机收到后,未提醒李某。对此,下列哪些选项是正确的?( )

A. 该运输合同因显失公平而可撤销

B. 对于多付的 8000 元视为李某对司机的赠与

C. 醉酒不影响该运输合同的效力

D. 李某有权请求出租车司机返还 8000 元不当得利

52. 某日,苗某未经邻居陈某同意,将其平时作业用的大型油罐车停在了陈某家的院子里,并骑走了陈某家未上锁的自行车。3 年后,针对陈某的下列哪些请求权,苗某可以主张诉讼时效抗辩?( )

A. 停止侵害　　B. 消除危险

C. 返还财产　　D. 损害赔偿

53. 收藏家游某获得名贵文房四宝一套,邀请书法家王某等前来品鉴。王某一时技痒,趁游某带人参观家藏古董之际,泼墨挥毫,在该名贵宣纸上书就《滕王阁序》一篇并加盖私章。游某发现后十分生气,但认为该书法作品收藏价值极高,遂主张该作品应归其所有,并要求王某赔偿。关于该幅书法作品,根据《民法典》的规定,下列说法正确的是:( )

A. 如果最终认定归王某所有,则王某应给予游某赔偿或补偿

B. 属于游某与王某共有

C. 由王某享有著作权

D. 王某未经许可使用他人宣纸,构成对游某财产权侵害

54. 刘某、关某、张某按照 3 : 3 : 2 的比例,共同出资 80 万元购买了一套房屋,按照按份共有进行了登记。为大幅提高租金收益,刘某和关某倾向于对该房重新装修,预计需再投入 8 万元装修资金,张某反对。关于刘某、关某二人的主张,下列说法正确的有:( )

A. 张某就此可转让份额

B. 张某就此可主张分割共有物

C. 张某就此可主张刘某、关某侵权

D. 刘某、关某有权主张重新装修

55. 孤寡老人甲欲出卖自己的房屋,但由于无处居住,便在与乙订立买卖合同时,约定乙取得房屋所有权后,在该房屋上以甲生命存续期限为期限设定居住权,在房屋所有权过户登记时,一并登记居住权。双方办理过户登记时,因故未办理居住权登记,遂约定事后登记。后甲再找乙办理居住权登记时,乙拒绝。根据《民法典》的规定,下列哪些表述是正确的?( )

A. 甲与乙的约定在双方之间具有债权效力

B. 甲有权请求乙承担迟延履行的违约责任

C. 居住权作为物权没有有效设立

D. 甲有权请求乙继续登记并设立居住权

56. 甲向乙借款 100 万元,同时又与乙签订了房屋抵押合同,约定如果甲到期不能偿还借款,乙可以取得房屋所有权,并作了抵押登记。借款到期后,甲不能偿还债务。对此,下列哪些说法是正确的?( )

A. 双方关于乙取得房屋所有权的约定不发生相应效力

B. 乙可以请求拍卖房屋而从中优先受偿

C. 抵押合同因属虚假行为而无效

D. 抵押合同应认定有效

57. 某日深夜,乙擅自将自己的轿车停放在甲停车位上。甲深夜回来时,无法联系上乙,也无其他车位供停车,遂致电拖车公司将乙的轿车拖走,并支付了拖车费300元。对此,下列说法正确的是:(　　)

A. 甲有权请求乙赔偿因支付拖车费造成的损失

B. 甲有权请求乙承担缔约过失责任

C. 乙侵害了甲对停车位享有的物权

D. 乙构成不当得利

58. 青山公司与绿水公司签署一份采购协议,由青山公司以500万元价格向绿水公司购买一批棉纺制品,货到后3个月付款。同时,自然人钱某提供了一套商品房为青山公司的付款义务作担保,并且完成了抵押登记。后经两家公司协商,其中200万元的付款义务转由虹达公司承担。就此,青山公司总经理电话通知了钱某。关于钱某的担保责任,根据《民法典》的规定,下列选项正确的是:(　　)

A. 钱某仅就300万元承担担保责任

B. 钱某仅就200万元承担担保责任

C. 债务转让协议应取得钱某的书面同意

D. 钱某的担保责任因债务转移而发生变化

59. 管某一直在高价收购当代画家方某的画作,包某知悉后声称自己收藏了一幅罕见的方某的《春闻秋意图》,但实际是其替朋友花某临时保管的。管某不知情向其购买,管某当日与包某缔结买卖合同,约定管某应在7日内支付全款,付款后次日包某应交付画作,不料管某次日获悉包某是代为保管。关于该画作及其买卖合同,根据《民法典》的规定,下列哪些选项是正确的?(　　)

A. 该画作的著作权应属于所有权人花某

B. 如包某无法交付,管某可以主张解除合同

C. 管某可中止付款,除非包某提供担保

D. 如管某未在7日内完成付款,则构成违约

60. 甲公司为一家设备制造厂商,乙公司为某银行下属全资融资租赁公司。甲公司为生产经营需要,拟以回租方式向乙公司申请一笔3600万元的融资租赁款,但甲公司并无价值与之相匹配的设备,遂与乙公司协商以一套自建厂房(违章建筑)作为租赁物折价3600万元,租期3年,月租金110万元,并办理完成该笔业务。关于该笔业务,根据《民法典》的规定,下列说法正确的是:(　　)

A. 双方签订的融资租赁合同因标的物为违章建筑而无效

B. 租赁物客观存在,融资租赁合同合法有效

C. 属于虚构租赁物,融资租赁合同无效

D. 名义上为融资租赁合同,实际应认定为借款合同

61. 孟某(35岁)已婚,与妻子胡某育有一子,家庭关系融洽。后孟某网上认识了秦某(22岁),并迅速交好。秦某未要求孟某离婚,孟某便与秦某签订了一份特殊协议,约定未来财产共同所有,并且任一方如全部丧失或部分丧失行为能力,则另一方为其监护人。关于该协议的性质、效力和影响,下列哪些选项是正确的?(　　)

A. 协议部分内容构成监护协议

B. 孟某已构成事实上的重婚

C. 协议部分内容违反公序良俗

D. 协议部分内容系属无权处分

62. 乙与丙是亲兄弟,其父甲过世后,留有房屋一套。乙伪造遗嘱,将本该归丙继承的房屋登记在自己名下。2020年1月,乙创办某教育科技有限公司,以该房屋出资,于2020年1月1日将该房屋交付给该公司,2020年5月1日办理了变更登记手续。丙发现后,要求该公司返还房屋。对此,下列说法正确的是:(　　)

A. 该公司应当向丙返还该房屋

B. 该公司无须向丙返还该房屋

C. 如果该房屋原归乙所有,乙有权主张自2020年1月1日享有相应股东权利

D. 如果该房屋原归乙所有,2020年5月1日前乙不能享有相应股东权利

63. 东方公司向南宁公司签发汇票一张,银行承兑后,南宁公司背书转让给西水公司,西水公司将其赠与北方公司,北方公司在持有汇票期间丢失,被张某拾得。张某在背书栏伪造北方公司签章,将自己记载为被背书人,并注明“委托收款”,在银行获得兑付后携款潜逃。下列哪些说法是正确的?(　　)

A. 北方公司无对价取得票据,无票据权利

B. 银行因错误付款,应承担赔偿责任

C. 如果汇票没有丢失,北方公司被银行拒绝付款后可向东方、南宁、西水公司行使票据追索权

D. 张某的背书行为无效

64. 美国的BD公司到我国投资,参与某一项目的建设,为该项目成立了美星公司。2020年,因新冠疫情需要,将美星公司的仓库改建为方舱医院集中收治轻症病人。下列有关说法正确的是:(　　)

A. 美星公司为外商投资企业,国家不能征用其仓库

B. 国家为了公共利益的需要,可以征用美星公司的仓库

C. 国家征用美星公司的仓库应当依照法定程序进行,并应当及时给予赔偿

D. 国家征用美星公司的仓库应当依照法定程序进行,并应当及时给予补偿

65. 某外商与达丽公司签署股权转让合同,收购了达丽公司持有的揽月公司的股权,该交易在外商投资准入负面清单之外。达丽公司反悔,认为该股权转让合同未经有关部门批准,是无效的合同。现诉诸法院,依有关规定及司法解释,下列哪些选项是正确的?(　　)

A. 达丽公司以股权转让合同未经有关部门批准为由主张合同无效,人民法院不予支持

B. 如果该股权转让合同签订于《外商投资法》施行前,不适用负面清单的规定

C. 国家对负面清单之外的外商投资,给予最惠国待遇

D. 该外商投资负面清单以外的领域,依内外资一致的原则实施管理

66. 2020年1月1日,法院受理了甲公司的破产申请,股东张三认缴出资期限已经届满,但仍未向公司缴纳出资100万元。根据公司章程规定,股东李四的出资期限为2020年10月1日。对此,下列说法正确的是:(　　)

A. 管理人有权要求张三向公司缴纳出资

B. 管理人有权要求李四向公司缴纳出资

C. 公司欠张三100万元货款,张三可主张以其出资债务与公司对其负债抵销

D. 公司欠李四100万元货款,李四可主张以其出资债务与公司对其负债抵销

67. 某村办工厂因生产的拖拉机产能过剩,资金周转不灵,村委会决定将村办工厂占用的一块集体经营性建设用地使用权出让给新兴公司。新兴公司拟在该土地上开办养殖场,须申请变更城乡规划。对此,下列选项正确的是:(　　)

A. 村委会应经村民会议三分之二以上成员或者三分之二以上村民代表的同意方能出让该土地使用权

B. 如新兴公司未经批准改变该地用途,经村委会决议可收回

C. 新兴公司可将该建设用地用于抵押

D. 新兴公司可向村委会提出变更城乡规划的申请

68. 甲对妻子乙积怨已久,2017年6月为妻子乙投保了人身保险,约定若乙意外身亡,保险公司赔付100万元,受益人是甲本人。2018年4月,甲未经乙同意,将受益人变更为甲母。2019年1月,甲在乙的水杯中下毒,乙被送医抢救捡回一命,后经常精神恍惚,某日在水边不慎落水身亡。下列说法正确的是:(　　)

A. 甲母作为受益人请求保险公司赔付,保险公司不得拒绝

B. 变更甲母为受益人应当征得乙同意

C. 如果甲作为受益人请求保险公司赔付,保险公司不得拒绝

D. 订立此保险合同时,保险金额和受益人应当由乙同意

69. 张某为自家的宝马汽车投保了第三者责任险。2020年3月,张某的儿子张小某与朋友聚会,散场后驾驶自家宝马汽车高速行驶在回家的路上,将一外卖小哥撞伤。张小某害怕不已,约张某在地下车库见面,将撞人的过程向老爸一一交代清楚。张某迅速出面找到被撞伤的外卖小哥,双方达成和解协议,约定赔偿金额20万元。之后张某向保险公司报损理赔,下列说法正确的是:(　　)

A. 对外卖小哥造成损害的是张某的儿子,并非被保险人,保险公司不应该承担赔偿责任

B. 对外卖小哥的赔偿责任确定后,保险公司应当直接对外卖小哥赔偿保险金

C. 保险公司应按和解协议对外卖小哥赔偿保险金

D. 保险公司对和解协议不认可的,有权对保险责任范围以及赔偿数额重新予以核定

70. 飞快汽车生产公司与好迪4S店达成的下

列协议中，构成垄断协议的是：（　　）

A. 好迪4S店在河东省独家销售飞快汽车

B. 好迪4S店向消费者提供飞快汽车保养服务，各项服务价格固定为200元

C. 飞快汽车生产公司授权好迪4S店销售原装轮胎，每个轮胎的价格不得低于2000元

D. 好迪4S店向消费者提供升级服务，每项服务价格不得高于200元

71. 日本的GB公司在我国投资设立杭州蓝天公司，GB公司持股60%。GB公司与英国的KT公司达成股权转让协议，GB公司将其持有的蓝天公司的全部股权转让给KT公司。据查，参与此行为的各公司的交易规模已经达到了国务院规定的申报标准，且此股权转让涉及国家安全。下列有关说法正确的是：（　　）

A. 应当事先向国务院反垄断执法机构申报

B. 可以在完成股权转让后向国务院反垄断执法机构申报

C. 应当由国务院安全监督管理部门进行国家安全审查

D. 若GB公司对反垄断执法机构的决定不服，可以直接提起行政诉讼

72. A电动车公司（以下简称A公司）生产的电动车近期发生多起自燃事件，经调查发现是电池造成的，因此造成多起纠纷久久未解决。B电商平台（以下简称B平台）的自营业务出售该款电动车，在宣传时称：该车型电动车严格按照检查程序检查，没有质量问题。王某在B平台购买该电动车一台，使用不足一个月时，该电动车自燃烧毁，王某被烧伤造成残疾。下列有关说法正确的是：（　　）

A. 王某只能向A公司主张赔偿责任

B. A公司和B平台对王某承担按份赔偿责任

C. 王某可以向A公司主张赔偿残疾生活辅助具费和残疾赔偿金

D. 市场监督管理局可以责令A公司召回该电动车

73. 周某在好吃网外卖平台订餐，点了一份真功夫餐点，价款50元。11:08短信提示外卖已送出，11:38短信告知订单因配送问题被取消，且50元餐费被退回。周某向好吃网质询，对方反馈：大部分订单已经完成配送，只是部分订单被系统自动取消。周某起诉好吃网欺诈消费者，主张500元的赔偿。法院查明该订单配送方式为蜂鸟专送，配送服务方应是好吃网平台，取消订单系因配送问题。以下选项正确的是：（　　）

A. 好吃网应向周某退回50元餐费

B. 好吃网应向周某赔偿500元

C. 好吃网应向周某赔偿150元

D. 真功夫餐厅应向周某赔偿500元

74. 2019年叶某发现自己的东家小果公司违反合同约定，拖欠薪酬，于是叶某提起了仲裁。小果公司也针对叶某提起了仲裁。叶某在公司寄给他的案件材料里面发现了自己近2年的银行流水明细。据查，叶某并没有委托小果公司查询自己的银行流水。下列说法正确的是：（　　）

A. 银行可以按照与小果公司的大客户约定对小果公司提供叶某的银行流水

B. 银行不应提供叶某的银行流水给小果公司

C. 如果法院工作人员持调查手续调取叶某的银行流水，银行应提供

D. 金融监管局可对该银行处以罚款

75. 甲公司投资经营一个国家重点扶持的高速公路项目，还在公路旁边经营一个果园种植苹果树，当地政府对该高速公路项目提供10万元财政补贴。关于甲公司可以享受的税收优惠，下列说法正确的是：（　　）

A. 当地政府补贴的10万元属于免税收入

B. 当地政府补贴的10万元不缴纳企业所得税

C. 甲公司经营高速公路收费项目可以减征企业所得税

D. 甲公司经营果园的收入可以免征企业所得税

76. 2020年1月，大学刚毕业的张某入职华风公司，但双方未签署书面劳动合同。张某干了4个多月，华风公司给张某发的工资越来越低，张某还发现公司没有为其缴纳医疗保险费，遂提出辞职，随后双方办理了离职手续。下列有关说法正确的是：（　　）

A. 张某应与华风公司共同缴纳医疗保险费

B. 张某可以享受医疗保险待遇

C. 张某承担的医疗费用无法享受医疗保险待遇，但可以要求华风公司赔偿损失

D. 张某有权领取失业保险金

77. 德国英海公司与韩国致远公司协议将商事合同纠纷提交中国国际商事法庭管辖。依中国相关法律规定及司法实践,下列哪些选项是错误的?(　　)

A. 如该法庭对本案作出判决,为避免影响判决书效力,法官的少数意见不应当在判决书中载明

B. 因该法庭是最高人民法院常设审判机构,德国英海公司与韩国致远公司无权选择其作为一审法院

C. 如该法庭受理本案,应先委托国际商事专家委员会调解

D. 即使该案件与我国没有实际联系,该法庭仍可能行使管辖权

78. 中国甲公司和墨西哥乙公司签订买卖合同,合同约定因履行合同产生的纠纷适用瑞士法,合同纠纷可由北京仲裁委在新加坡仲裁,也可向中国法院起诉。后双方发生履约纠纷,中国甲公司诉至中国某法院,墨西哥乙公司则认为纠纷应通过仲裁解决。根据我国相关法律规定,下列哪些选项是错误的?(　　)

A. 北京仲裁委只能在中国工作,合同约定仲裁地在新加坡,该仲裁条款无效

B. 因买卖合同选择了瑞士法,故应适用瑞士法来认定仲裁条款的效力

C. 若适用中国法仲裁条款无效,适用新加坡法仲裁条款有效,应认定仲裁条款有效

D. 应直接适用中国法认定该仲裁条款无效

79. 中国华泰公司从甲国埃拉公司以 DPU 术语进口一批货物,依据《2020 年国际贸易术语解释通则》和 1980 年《联合国国际货物销售合同公约》,下列哪些判断是正确的?(　　)

A. 埃拉公司有义务为中国华泰公司投保货物运输险

B. 埃拉公司应在"运输终端"完成交货

C. 埃拉公司应承担运输中的风险

D. 中国华泰公司应在发现或理应发现货物存在质量问题后的一段合理时间通知埃拉公司

80. 根据最高人民法院的规定,C 省中院审理标的额在 3000 万元以上的案件,某基层法院审理一个标的额为 2900 万元的诉讼,诉讼中,原告又增加 290 万元诉讼请求。关于本案,下列表述正确的是:(　　)

A. 基层法院已经取得应诉管辖,应当继续审理

B. 基层法院应当将案件移送中院审理

C. 被告有权对本案提出管辖权异议

D. 基于管辖权恒定原则,基层法院应当继续审理

81. 下列哪些选项中的当事人要承担结果意义上的证明责任?(　　)

A. 原告主张被告和法官有亲属关系需要回避,提交了被告和法官存在亲属关系的证据

B. 环境污染案件,被告主张自己没有过错,提交了自己无过错的证据

C. 环境污染案件,被告主张自己的排污行为与损害后果之间不存在因果关系,向法庭提交了相关证据

D. 原告起诉被告要求归还借款,被告主张原告已经免除了自己的债务

82. 甲起诉乙返还借款 18 万元,下列哪些情形下可以认定借条为真实?(　　)

A. 调解中甲称借条原件被乙借走,只有复印件,乙认可该事实,若甲能放弃利息请求则自己可以归还本金 18 万元,最后双方未能达成调解协议

B. 甲称乙为了与妻子离婚而将借条原件借走,自己只有复印件,乙认可该事实,但称自己写的借条金额为 8 万元,现在借条遗失

C. 甲当庭出示借条原件质证时,乙将该原件塞进嘴里吃了

D. 甲称借条原件在乙处,乙认可,但主张借条原件丢失

83. 张老太在某银行购买理财产品后出现了大额亏损。张老太起诉银行,主张自己购买的产品是保本型。银行工作人员提供合同原件,上有张老太亲笔书写"本人已经知悉该产品存在本金损失风险",并有张老太亲笔签名。张老太主张银行工作人员明确告知其产品是保本产品,这句话是银行工作人员教她写的。关于本案,下列表述正确的是:(　　)

A. 银行提供的合同原件是间接证据

B. 银行提供合同原件后,行为意义上的举证责任转移给张老太

C. 张老太应当将其主张的事实证明到排除合理怀疑的证明标准

D. 张老太应当将其主张的事实证明到高度可能性标准

84. 程飞起诉刘晨要求归还借款325万元，向法院提供了借条；刘晨称借条是伪造的，向法院提供了程飞转账200万元的转账凭证，拟证明只向程飞借款200万元，其余125万元是高额利息。关于本案，下列表述正确的是：（　　）

A. 程飞提供的借条是本证

B. 刘晨提供的转账凭证是本证

C. 程飞应当向法院申请对借条真伪进行鉴定，否则将承担不利后果

D. 刘晨应当向法院申请对借条真伪进行鉴定，否则将承担不利后果

85. D市A县鑫鑫公司与D市B县天安公司因为合同履行产生纠纷，鑫鑫公司欲起诉天安公司支付货款500万元。在起诉前，鑫鑫公司向D市A县法院申请诉前保全，对天安公司在某银行的500万元存款予以冻结；后鑫鑫公司向被告天安公司住所地D市B县法院提起诉讼，法院判决支持了鑫鑫公司诉讼请求，天安公司不服一审判决，提起了上诉，D市中院二审驳回上诉，维持原判。下列表述正确的是：（　　）

A. D市A县法院有权受理保全申请并采取保全措施

B. 判决生效后当事人可以向D市中院申请执行

C. 判决生效后当事人可以向B县法院申请执行

D. B县法院受理案件后，A县法院应当将保全手续移交B县法院

三、不定项选择题（每题所设选项中至少有一个正确答案，多选、少选、错选或不选均不得分。本部分含86～100题，每题2分，共30分）

86. 某日，张三在步行街上游玩时，拾得一精美挂件。正当张三准备上交时，巧遇朋友李四，张三出于炫耀向李四展示该挂件并谎称为自己所有，李四羡慕不已，央求张三借其把玩几天，张三答应，交给了李四。次日，王二趁李四不备，将挂件偷走，王二在某二手古玩市场准备倒卖时，被失主麻大认出。对此，下列说法正确的是：（　　）

A. 李四构成恶意占有

B. 张三属于无权占有

C. 李四可向王二主张返还原物

D. 麻大可向王二主张返还原物

87. 甲公司告知乙，公司为回馈老客户，近期会赠送价值不菲的礼品给乙，乙便嘱咐家人留意接收。邻居丙购买了一台电脑，但因供货商丁的配送员送货时看错门牌号码将本该递送给丙的电脑送至乙家。乙的家人误以为是甲公司寄送的礼品而接收，当晚家中失火导致该电脑被毁。根据《民法典》的规定，下列说法正确的是：（　　）

A. 乙对丙不负赔偿义务

B. 丙有权要求丁交付相同型号、相同配置的电脑

C. 丙有权要求甲公司向自己交付乙的礼品

D. 乙与丁对丙承担连带责任

88. 甲公司向乙公司借款1000万元，丙公司在借款协议“保证人”栏下盖章，但未载明保证方式，丁以自有房屋为该债务设立担保并办理抵押登记。借款到期后甲公司未偿还，乙公司拟向丙公司和丁主张权利。根据《民法典》的规定，下列选项正确的是：（　　）

A. 丙公司应按一般保证承担保证责任

B. 丁承担责任后，有权向丙公司追偿

C. 丁承担责任后，有权向甲公司追偿

D. 丙公司承担保证责任后，有权向甲公司追偿

89. 赵某在唐山大地震中成了孤儿，将仅有的一张和父母的合照视为珍宝。为更好保存照片，赵某将照片送到照相馆翻拍。几日后，照相馆雇员乱丢烟头引起火灾，照片被烧毁，赵某为此十分愤恨和痛苦。根据《民法典》的规定，下列选项正确的是：（　　）

A. 赵某可以要求照相馆承担违约责任

B. 照相馆侵犯了赵某的健康权

C. 照相馆侵犯了赵某的肖像权

D. 赵某有权请求照相馆赔偿精神损失

90. 甲居住在某小区高层建筑内，某日下班走到楼下时，突然被楼上坠落的晾衣杆砸中头部，伤势严重，被送医救治，花去医药费共计9万元。由于找不到加害人，甲便把二楼以上所有业主、小区物业、当地派出所全部诉至法院，要求其承担连带赔偿责任。根据《民法典》的规定，下列说法正确的是：（　　）

A. 应由小区物业承担全部赔偿责任

B. 二楼以上所有业主、小区物业、当地派出

所不承担连带赔偿责任

C. 当地派出所有义务及时调查并查清责任人

D. 二楼以上所有业主应承担补偿责任，除非证明自己不是侵权人

91. 张某欠李某货款10万元，迟迟不履行。李某一气之下将该债权拆分10等份(每份1万元)分别转让给10个朋友，并通知张某逐一履行。关于李某的债权转让，根据《民法典》的规定，下列说法正确的是：(　　)

A. 债权转让未经张某同意无效

B. 李某无权将该债权拆分转让

C. 原则上该转让通知不得撤销

D. 履行合同增加费用应由李某承担

92. 戴某、左某、李某欲共同出资成立三剑客公司，李某因诸多不便，在戴某和左某的参谋下，李某与希希签署代持股协议，约定由李某出资并享有实际的投资收益，由希希出名设立三剑客公司，李某每年向希希支付10万元费用。2019年3月，三剑客公司成立，登记股东为戴某、左某、希希，希希持股45%。李某参加三剑客公司的股东会并行使表决权，对此各股东均未提出异议。2020年10月，希希将名下的股权转让给左某，并办理了变更登记手续。李某知情后，愤怒不已，下列有关说法正确的是：(　　)

A. 希希转让股权给左某，同等条件下，戴某有权主张优先购买权

B. 李某有权要求市场监督管理部门承担赔偿责任

C. 李某有权主张希希和左某的股权转让行为无效

D. 李某有权要求希希返还股权，请求公司将其登记为公司股东

93. 甲、乙、丙、丁出资设立向荣公司，甲认缴出资1000万元，以其名下房产的20年使用权出资；乙认缴出资300万元，以其对欣喜公司的债权，估值定价为300万元，履行了出资义务，该债权于1年后到期；丙认缴出资200万元，以其继承的房屋所有权出资；丁认缴出资30万元，以现金实缴出资。公司成立后，甲担任执行董事，乙担任总经理，丙担任监事。后查明：(1)1年后，由于欣喜公司破产，原乙对欣喜公司的债权仅受偿30万元。(2)丙用以出资的房屋系由丙伪造遗嘱获得，该房屋实际归继承人程某所有，对此股东乙知情。(3)丁出资的现金系其挪用资金犯罪所得。对此，下列说法正确的是：(　　)

A. 甲的出资合法有效

B. 因欣喜公司破产，股东乙应对向荣公司补足270万元的出资

C. 向荣公司可以取得股东丙用以出资的房屋所有权

D. 丁的出资合法有效

94. 奔兔公司销售“奔兔”牌箱包，其在产品广告和包装上突出使用“奔兔”商标，使得该品牌被消费者熟知，在当地有一定知名度，但并未向商标局申请注册。奔兔公司供应商甲在与其合作过程中得知该商标并未注册，合作结束后向商标局在箱包上申请注册了“奔兔”商标。乙公司是本地一家商标代理机构，以囤积和收购商标为主业务，其以对市场敏锐的反应度预测奔兔公司后续会开发皮带销售业务，便向商标局在皮带上申请注册了“奔兔”商标。对此，下列说法正确的是：(　　)

A. 奔兔公司应在甲公司注册“奔兔”商标后5年内请求其注册商标无效

B. 如奔兔公司在皮带上使用“奔兔”商标3年后，乙公司对其提起商标侵权之诉，要求其赔偿损失，奔兔公司可以乙公司此前从未使用进行抗辩

C. 如果甲公司起诉奔兔公司在箱包上使用“奔兔”商标侵犯其注册商标专用权，奔兔公司可以自己在先使用为由进行抗辩

D. 奔兔公司只能在乙公司注册“奔兔”商标后5年内请求其注册商标无效

95. 铭豪公司被法院受理重整并指定管理人。管理人引进了战略投资人佳田公司，重整计划包括：(1)持股5%以上的股东转让股权至佳田公司，确保最终佳田公司的持股比例达到67%；(2)持股比例不足5%的股东，不需要转让股权，但需无条件支持该重整计划。李某持股4.99%。对此重整计划草案的表决及通过，下列说法正确的是：(　　)

A. 为表决此重整计划而召开债权人会议应设置出资人组

B. 李某不参加此重整计划草案的表决

C. 此重整计划草案需持股5%以上的股东一致同意

D. 此重整计划草案需铭豪公司股东会决议通过

96. 甲电视台请张某在电视讲座节目中讲解养生之道，并经张某许可，制作和销售节目录像光盘。乙电视台购入该光盘后，擅自在其电视节目上播出。关于乙电视台的行为，下列说法正确的是：(   )

A. 侵犯了甲电视台的广播组织权

B. 侵犯了张某的著作权

C. 侵犯了张某的表演者权

D. 侵犯了甲电视台的录像制作者权

97. 张某向李某交付货物后，李某拒不支付货款。张某申请甲区法院向李某发出支付令，李某在收到支付令后5天内提出异议，称与张某已经协商了3个月内付款，后又在收到支付令后12天内提出异议称张某向其交付的货物质量不符合约定，要求违约赔偿。后李某以张某为被告向乙区法院提起诉讼，要求违约赔偿。下列表述正确的是：(   )

A. 李某提出的异议不影响支付令效力

B. 甲区法院应当裁定终结督促程序，将案件移送乙区法院

C. 因为李某提起诉讼，支付令失效

D. 因为李某提出异议，支付令失效

98. A区甲起诉B区乙，C区法院判决甲胜诉，甲申请C区法院强制执行，执行中甲与乙达成和解协议，法院中止执行，但和解协议部分履行后甲与乙产生争议。下列说法正确的是：(   )

A. 甲可就和解协议向C区法院起诉

B. 甲可就和解协议向B区法院起诉

C. 甲可就和解协议向C区法院申请恢复强制执行

D. 因和解协议已部分履行，甲不能申请恢复强制执行

99. 周某设立了皓星一人有限公司，周某和吴某因为债务纠纷起诉到法院，法院判处周某还给吴某300万元。吴某向法院申请强制执行周某的财产，不足以偿还，但发现皓星公司账户有200万元，且发现周某的财产与皓星公司的财产混同，遂向法院申请追加皓星公司为被执行人。下列法院做法正确的是：(   )

A. 法院可以追加皓星公司为被执行人

B. 法院不可以追加皓星公司为被执行人

C. 如果对法院裁定不服，可以另行起诉

D. 如果对法院裁定不服，可以向上一级法院申请复议

100. 邓某有一幅名画，张某欲出价100万元购买，邓某与张某素有恩怨，拒绝出售。张某找到吴某，让吴某向邓某购买。吴某和邓某签订买卖合同，约定吴某出价100万元，邓某将画卖给吴某。后邓某得知真相，拒绝履行合同。吴某向法院起诉邓某，法院判决邓某向吴某交付这幅画。邓某拒不履行，吴某申请法院强制执行，邓某遂将这幅画撕毁，表示愿意退还吴某100万元。吴某表示根据合同约定，邓某应当退还100万元并赔偿违约金50万元，双方无法达成协议。本案应当如何处理？(   )

A. 法院应当裁定执行中止

B. 法院应当裁定执行终结

C. 法院应当裁定邓某向吴某赔偿100万元

D. 法院应当裁定邓某向吴某赔偿150万元

国家统一法律职业资格考试

历年真题汇编

2020年客观题

答案册

法律出版社
LAW PRESS·CHINA
北京

2020年国家统一法律职业资格考试(回忆版)

试卷一参考答案及解析

一、单项选择题

1.【解析】C。全面依法治国的总目标是建设中国特色社会主义法治体系,建设社会主义法治国家。这就是,在中国共产党领导下,坚持中国特色社会主义制度,贯彻中国特色社会主义法治理论,形成完备的法律规范体系、高效的法治实施体系、严密的法治监督体系、有力的法治保障体系,形成完善的党内法规体系,坚持依法治国、依法执政、依法行政共同推进,法治国家、法治政府、法治社会一体建设,实现科学立法、严格执法、公正司法、全民守法,促进国家治理体系和治理能力现代化。故A选项正确。在全面依法治国的过程中,党的领导是根本保证,各级政府是确保法律的各项要求能够真正落地的关键环节,因此,依法治国能不能做好,关键要看党能否做到依法执政,各级政府能否做到依法行政,B选项正确。C选项明显错误,在全面推进依法治国的总体战略过程中,法治国家是法治建设的目标,法治政府是建设法治国家的主体,法治社会是构筑法治国家的基础。D选项正确,依法治国是坚持和发展中国特色社会主义的本质要求和重要保障,是实现国家治理体系和治理能力现代化的必然要求,事关我党执政兴国,事关人民幸福安康,事关党和国家长治久安。全面建成小康社会、实现中华民族伟大复兴的中国梦,全面深化改革、完善和发展中国特色社会主义制度,提高党的执政能力和执政水平,必须推进全面依法治国。因此,实现国家治理体系和治理能力现代化,离不开全面依法治国战略的稳定推进。

综上可知,本题答案为C。

2.【解析】D。“用法律控制国家权力,以保障公民的权利”,除通过法治的方式让国家权力互相监督制约以外,还须用道德制约国家权力,A项正确。我国法律监督体系包括国家法律监督体系和社会法律监督体系,国家法律监督体系包括权力机关、执法机关、监察机关、司法机关的监督,社会法律监督体系包括政党监督、社会组织和个人的监督,B、C项正确。全面依法治国,领导干部是“关键少数”,必须带头尊法、守法、学法、用法,作出表率,只有这样人民群众才能更好地守法,D项错误。

综上可知,本题答案为D。

3.【解析】B。党的十九届四中全会提出,构建基层社会治理新格局。“完善群众参与基层社会治理的制度化渠道。健全党组织领导的自治、法治、德治相结合的城乡基层治理体系,健全社区管理和服务机制,推行网格化管理和服务,发挥群团组织、社会组织作用,发挥行业协会商会自律功能,实现政府治理和社会调节、居民自治良性互动,夯实基层社会治理基础。加快推进市域社会治理现代化。推动社会治理和服务重心向基层下移,把更多资源下沉到基层,更好提供精准化、精细化服务。注重发挥家庭家教家风在基层社会治理中的重要作用。”A项正确,B项错误。法律有其局限性,因此我国采取调解、仲裁、行政裁决、行政复议、诉讼等有机衔接的多元化纠纷解决机制。C项说法正确。“枫桥经验”强调依靠人民群众,以法治方式在法治框架内采取多元化的纠纷解决机制,就地化解矛盾,D项正确。

综上可知,本题答案为B。

4.【解析】D。我国是《儿童权利公约》缔约国,该公约属于国际条约,是当代中国正式法律渊源。A项错误。法律关系的主体是特定法律关系中行使权利、履行义务的主体,本案中小雨并不行使权利、履行义务,所以不是法律关系主体。B项错误。裁判所依据的规则、原则等都是法律推理的大前提,而非小前提,C项错误。本案争议焦点是非法代孕子女的监护权归属,这体现了科技进步对法的影响,从实质上表现为法的本质最终反映为法的物质制约性。

综上可知,本题答案为D。

5.【解析】B。“法官是会说话的法律”,是指法律在现实的司法审判中,只有经过法官的解释才能够真正作用于案件裁判,产生直接影响当事人具体权利义务关系的司法判决。因此,这一法谚生动地指明了法律解释对于包括司法审判在内的法律实施的重要意义,可以说法律解释是将法律从“书本上的法”转化为“行动中的法”的必经之路。据此,B选项入选。A选项明显错误,法官并非法律解释的唯一主体,特定的国家机关可以作出正式解释,社会公众和包括法官在内的法律人也可以对法律作出不具有规范性效力的非正式解释。C选项错误,立法活动可以直接设定人们的法律义务,执法行为也可以在现实的社会生活中通过行政处罚等方式对行政相对人产生具体的义务。D选项错误,现代社会中,法律的效力有无和高低取决于其制定主体本身的权威性,司法审判只是对有效法律规范的具体适用而已,并不是使法律有效的原因。

综上可知,本题答案为B。

6.【解析】A。公布是立法程序中最后也是最重要的程序。未经公布的法律不为公众所知,“刑不可知,则威不可测”的思想已经为现代法治原则所否认。因此,公布是法律生效的必要程序,法律不公布,不能生效。因此A选项正确。

法律只要经过完整的立法程序就成为有效的法律,具有法律的强制力。不被公众遵守并不否认法当然具有的国家强制力。行为人因违反法律而受到法律制裁,恰恰是法律强制性的体现。故B选项错误。任何规范都有保证自己实现的力量,只不过,法律的强制力是一种国家强制力。习惯的强制力往往来自社会舆论、个人自觉等主观因素,并不是没有强制力。故C选项错误。

习惯之所以称为习惯,就在于它是人们在社会交往过程中长期自发形成的,通过人们的言传身教,口口相传沿袭至今。因此,习惯虽可以被文字记录,但是否具有成文形式却并非其能够存续的关键。一般认为,习惯法也是不成文法最重要的表现形式之一。故D选项错误。

综上可知,本题答案为A。

7.【解析】B。当然推理是指法律规定某种较轻/较重的事实情形A将发生R的法律后果,则某行为B与A相比更重/更轻,则当然发生R的法律后果,包括举轻以明重和举重以明轻两种情况。题目中,人社局认定王某非因公外出,属于演绎推理而非当然推理,A项错误。

法院依据《社会保险法》的立法者意图,认为王某应当属于工伤保险的保护范围,属于主观目的解释,而非客观目的解释。同时,法院对法律适用的大前提进行了证成,属于外部证成。故C、D选项错误。

描述性概念是指对外在客观事物进行描述的概念,描述性概念通常是对与法律有关的事物、时间、地点的描述。评价性概念是涉及价值判断的概念,是本身具有规范内容的概念。本案中的"因公外出"并非描述性概念,其是否能够成立,显然会导致工伤保险涵盖的范围扩大或缩小,必然会对劳动者与用人单位的权利义务关系造成影响,因此,属于评价性概念。故B项正确。

综上可知,本题答案为B。

8.【解析】D。根据《代表法》的规定,代表有下列情形之一的,暂时停止执行代表职务,由代表资格审查委员会向本级人民代表大会常务委员会或者乡、民族乡、镇的人民代表大会报告:(1)因刑事案件被羁押正在受侦查、起诉、审判的;(2)被依法判处管制、拘役或者有期徒刑而没有附加剥夺政治权利,正在服刑的。本题中,林某已经经过了审判阶段,而羁押发生在之前的侦查、起诉和审判阶段,故不属于第1项规定的情形;林某被判有期徒刑1年,缓期1年零6个月执行,并未实际服刑,故不属于第2项规定的情形。故A选项错误。

根据《代表法》的规定,代表有下列情形之一的,其代表资格终止:(1)地方各级人民代表大会代表迁出或者调离本行政区域的;(2)辞职被接受的;(3)未经批准两次不出席本级人民代表大会会议的;(4)被罢免的;(5)丧失中华人民共和国国籍的;(6)依照法律被剥夺政治权利的;(7)丧失行为能力的。本题中林某并未被剥夺政治权利,刑事犯罪不属于《代表法》规定的代表资格终止的情形,故B、C选项错误,D选项正确。

综上可知,本题答案为D。

9.【解析】A。宪法惯例是指在实际的政治生活中存在的,并为国家机关、政党及公众所普遍遵守的,具有宪法效力的习惯或传统。宪法惯例并非法律,因此并没有具体的法律形式(成文形式),但它涉及国家根本制度、公民基本权利和义务等基本性的宪法问题,且宪法惯例并不借由国家强制力保障,而主要依靠政治家的自觉和公共舆论来保证实施。据此,A选项正确,B、D选项错误。需要提醒考生注意的是,宪法惯例本质上就是与宪法有关的习惯,通过长期的宪法实践得以形成,虽不具有成文法的形式,但在任何一个有宪法和宪法实践的国家中,都广泛存在,典型如我国在宪法实践中形成的:两会同时召开,党和国家最高领导职位三位一体由一人兼任,通过宪法修正案的方式来修改宪法等,据此C选项错误。

综上可知,本题答案为A。

10.【解析】B。民族区域自治是指在少数民族聚居的区域当中实行区域自治,设立自治机关,行使自治权,保障少数民族当家作主,因此是民族自治和区域自治的结合,A选项正确。《民族区域自治法》第15条第1款规定:"民族自治地方的自治机关是自治区、自治州、自治县的人民代表大会和人民政府。"司法机关与监察机关作为贯彻国家统一法制的地方国家机关,不是自治机关。故B选项错误。《民族区域自治法》第20条规定:"上级国家机关的决议、决定、命令和指示,如有不适合民族自治地方实际情况的,自治机关可以报经该上级国家机关批准,变通执行或者停止执行;该上级国家机关应当在收到报告之日起六十日内给予答复。"故C项正确。《民族区域自治法》第38条第1款规定:"民族自治地方的自治机关自主地发展具有民族形式和民族特点的文学、艺术、新闻、出版、广播、电影、电视等民族文化事业,加大对文化事业的投入,加强文化设施建设,加快各项文化事业的发展。"发展具有民族特色的教科文卫事业,是民族自治地方自治权的重要内容之一。故D项正确。

综上可知,本题答案为B。

11.【解析】B。根据《选举法》第9条第1款的规定,设区的市级及以上的人大代表选举由同级人大常委会主持;根据该条第2款的规定,乡级和县级人大代表由选民直接选举,主持组织为选举委员会。故A选项错误。

根据《选举法》第30条第2款的规定,10个以上选民或代表联名有权提名候选人,政党和人民团体可以单独或者联合提名候选人。故B选项正确。

根据《选举法》第31条的规定,人大代表实行差额选举。直接选举候选人比应选人多出1/3到1倍;间接选举候选人比应选人多出1/5到1/2。县人大代表由选民直接选举,应当多出1/3到1倍。故C选项错误。根据《选举法》第45条的规定,直接选举的选举要求"双过半",即全体选民过半投票使选举程序本身有效,获得过半选票方可当选。根据《选举法》第53条的规定,直接选举的罢免要求"全过半",即全体选民过半同意。故D选项错误。

综上可知,本题答案为B。

12.【解析】D。事前审查和事后审查区别在于被审查的法律文件在审查前是否已经生效。事前审查也被称为批准制,指未经审查(批准)的法律文件不得公布生效。但备案行为并不影响有关法律规范的生效,只在发现错误后才进行错误纠正,因此属于事后审查。故A选项错误。

根据《立法法》第109条第4项的规定,部门规章和地方政府规章报国务院备案,地方政府规章报同级人大常委会备案,设区的市级的地方政府规章需要报省级人大常委会和省级政府备案。因此,规章并不由全国人大常委会进行备案审查。故B选项错误。

根据我国《宪法》的规定,有权进行监督宪法实施的主体是全国人大及其常委会。宪法和法律委员会作为全国人大专门委员会,只是负责具体审查工作并提出具体建议。故C选项错误。

合宪性审查的内容,主要包括两个方面:一是对规范性法律文件的合宪性审查和监督;二是对公权力机关行使公权力的具体行为的合宪性审查与监督。故D选项正确。

综上可知,本题答案为D。

13.【解析】B。中国人民政治协商会议制定的《中国人民政治协商会议共同纲领》,起到临时宪法的作用,是新中国第一部宪法性文件。故A项正确。《中国人民政治协商会议共同纲领》与1954年《宪法》同属于宪法规范,效力并无高低之分,故B项错误。

C项,按照制定与修改的程序与一般法律是否相同,宪法分为刚性宪法与柔性宪法。1954年《宪法》第29条规定:"宪法的修改由全国人民代表大会以全体代表的三分之二的多数通过。法律和其他议案由全国人民代表大会以全体代表的过半数通过。"因此,1954年《宪法》属于刚性宪法,C项正确。

《中国人民政治协商会议共同纲领》与1954年《宪法》同属于宪法规范,都规定了国家最根本、最核心的问题,都具有普遍约束力,具有规范性和纲领性。故D项正确。

综上可知,本题答案为B。

14.【解析】D。法的现代化不仅要求法律制度的现代化,还要求法律文化的现代化、公民法律意识的现代化等,A项错误。外源型法的现代化具有被动性、反复性等特点,B项错误。我国法的现代化始于"清末修律",属于外源型法的现代化,属于立法主导性,C项错误。法的现代化要求法律必须具有形式合理性和实质合理性,D项正确。

综上可知,本题答案为D。

15.【解析】C。《法经》中《具法》位于篇尾,A项错误。"八议"不是死刑复核制度,B项错误。C项说法正确。《大清新刑律》的总则名称为"总则",不再沿用传统法典"名例律"的称呼,D项错误。

综上可知,本题答案为C。

16.【解析】A。西周时期婚姻缔结的三大原则是:一夫一妻;同姓不婚;父母之命,媒妁之言。同时还有婚姻缔结的六礼程序:纳采、问名、纳吉、纳征、请期、亲迎,为后世所继承。但上述条件仅适用于正妻,不适用于妾,A项正确,B项错误。"七出""三不去"是休妻的相关制度,其中"三不去"优先,C项错误。西周实行嫡长子继承制,"立嫡以长不以贤,立子以贵不以长"。爵位继承和宗祧继承只能由嫡长子继承,并非看其贤能与否。D项错误。

综上可知,本题答案为A。

17.【解析】B。律师可以在网络上讲授法律知识,但是不可以在宣传中明示或暗示自己是某领域的专家或者权威,A项错误。根据相关法律规定,律师事务所受到停业整顿处罚期限未满的,不得自行决定解散,B项正确。专职律师不得担任企业的法定代表人,不得担任企业董事,但独立董事除外,C项错误。未经当事人委托或法律援助机构指派,律师不得以律师名义为当事人提供法律服务、介入案件,干扰依法办理案件,D项错误。

综上可知,本题答案为B。

18.【解析】A。选项A正确。乙国主张限制豁免理论,而且现行国际法规则也采取限制豁免的立场。题目中的行为属于商业行为,所以乙国法院对本案具有管辖权的说法是正确的。

选项B错误。根据国家豁免的理论,出庭阐明立场和作证是不构成放弃豁免的。本题中的出庭抗议管辖权显然是阐明立场的一种。只有出庭就实体问题进行抗辩,才构成放弃,可以类比民事诉讼法中的应诉管辖部分进行理解。

选项C错误。国家豁免具体可以分为管辖豁免、程序豁免和执行豁免。三者各自为政、互不干涉。放弃管辖豁免不等于放弃执行豁免,所以即使甲国明确放弃管辖豁免,乙国法院也不能强制执行甲国的财产。

选项D错误。参见C项解析。

综上所述,本题答案为A。

19.【解析】C。选项A错误。根据国际法和我国相关法律的规定,毗连区已经不是我国领土,外国的权利在毗连区与在专属经济区内的权利相似,各国的船舶、飞机在符合国际法和我国法律的情况下可以自由航行和飞越。所以A项的说法不正确。

选项B错误。如A项解析所述,毗连区不是领土,也没有关于潜水艇通过的限制。这个规定存在于领海的无害通过权制度中。

选项C正确。根据《最高人民法院关于审理发生在我国管辖海域相关案件若干问题的规定(一)》的规定,中国公民或者外国人在我国管辖海域实施非法猎捕、杀害珍贵濒危野生动物或者非法捕捞水产品等犯罪的,依照我国刑法追究刑事责任。这里的"管辖海域"指内水、领海、毗连区、专属经济区和大陆架。考生注意,本选项的描述是在"大陆架"捕杀濒危海龟,和大陆架上方的水域性质没有关系。

选项 D 错误。根据我国《专属经济区和大陆架法》的规定,任何国际组织、外国的组织或者个人在中华人民共和国的专属经济区和大陆架进行海洋科学研究,必须经中华人民共和国主管机关批准,并遵守中华人民共和国的法律、法规。

综上所述,本题答案为 C。

20.【解析】B。关于间歇性精神病人的刑事责任,根据《刑法》第 18 条第 2 款的规定,在精神正常时,属于完全有责任能力,应当负刑事责任。法条在此没有规定“可以从宽处罚”。因此其在丧失责任能力时,不负刑事责任。

综上所述,本题答案为 B。

21.【解析】C。A 项,第一,单位犯罪是否要求单位必须具有法人资格?结论:一般情况下,不要求单位有法人资格,但是私营企业要构成单位犯罪,要求有法人资格。例如,私营公司可以,合伙不行。第二,单位的分支机构(分公司)或内设机构能否成为单位犯罪的主体?结论:司法解释规定,符合两个条件便可以:(1)以自己名义犯罪;(2)违法所得归该机构所有。因此,A 项说法错误。

B 项,真正身份犯,是指行为人只有具备某种特殊身份,才能构成犯罪。这种特殊身份也称为定罪身份或构成身份。定罪身份必须在开始犯罪时就具有,如果是在犯罪过程中形成的身份,则不属于定罪身份。例如,组织、领导、参加黑社会性质组织罪的组织者,不属于定罪身份,不是真正身份犯。又如,犯罪集团、聚众犯罪中的首要分子,也不是定罪身份。这是因为,这些身份都是在犯罪过程中形成的。

C 项,《刑法》第 17 条第 2 款规定的 8 种罪中,包括杀人,但不包括绑架。

D 项,单位犯罪是单位本身的犯罪,不是各个成员个人的共同犯罪,也不是单位与成员个人的共同犯罪。

综上所述,本题答案为 C。

22.【解析】A。A 项,甲的杀害行为引起乙的正当防卫。乙的正当防卫行为引起大火,甲有灭火义务。这是因为,甲的杀害行为与乙的正当防卫行为具有引起与被引起的关系,所以乙引起大火的结果应归属于甲。甲故意不灭火,构成不作为的放火罪。

B、C、D 项,甲的杀害行为和不作为共同导致乙死亡,属于二因一果,因此,甲的杀人行为构成故意杀人罪既遂,不作为构成放火罪致人死亡。但是,对这两个罪不能数罪并罚,否则意味着对一个死亡结果处罚了两次,违反了禁止重复评价原则。对此,可将死亡结果用于处罚更重的罪名,一般而言,故意杀人罪既遂更重,因此对甲认定为故意杀人罪既遂。基于此,放火罪就只能定放火罪,不能定放火罪致人死亡。最后,(作为)故意杀人罪既遂与(不作为)放火罪数罪并罚。

作为与不作为不是对立排斥关系。而且,甲有两个行为,前行为是杀人,是作为;后行为是放火,是不作为。由于是两个独立行为,故应数罪并罚。所以,D 项说法错误。但是,应注意对死亡结果只能处罚一次。

综上所述,本题答案为 A。

23.【解析】D。第一,由于乙确有偷狗行为,甲的行为不属于假想防卫。犯罪人盗窃到财物后,主人或第三人当场能够挽回财物的行为,可成立正当防卫。

第二,成立正当防卫,要求行为形式上具有“犯罪行为”的特征,初步具有违法性(法益侵害性),然后才需要用正当防卫排除违法性。例如,小偷在盗窃,甲喊了一声,小偷逃跑。甲喊这一声,不具有违法性,本身就是合法行为,不需要用正当防卫来论证无罪。因此这种行为不属于正当防卫。本题中,甲叫乙站住,这种行为虽然制止了乙的不法侵害(乙放下麻袋),但是其本身不具有违法性,故不构成正当防卫。

第三,乙放下麻袋,抛弃赃物后,甲的追赶行为就不再属于为了挽回财物,就不是正当防卫行为了,而是扭送行为。扭送行为是合法行为,是一种法令行为。但是,扭送行为的目的和任务是控制犯罪人的人身自由,然后交给司法机关。超出这个目的和限度,便有可能构成不法侵害行为。例如,将小偷控制住以后,对其实施殴打、侮辱等行为,属于不法侵害行为。

第四,当乙倒地后,甲便能够控制住乙。此后甲对乙实施暴力,便超出了扭送行为的限度,构成不法侵害行为,具体而言构成故意伤害罪致人死亡。注意:此时不属于正当防卫行为,因此也不存在判断是否防卫过当的问题。

综上所述,本题答案为 D。

24.【解析】D。A 项,陈某反击刘某的行为属于正当防卫。但陈某扔刀不慎砸中王某,致王某重伤的结果不能归属于刘某。这是因为,第一,该事件比较异常。王某受伤与刘某的抢劫是独立关系。第二,刘某的抢劫行为对王某没有制造危险。王某受伤应归属于陈某。但这只是客观阶层的分析,在主观阶层,陈某对王某的受伤若没有预见可能性,则按照意外事件处理。

B、C 项,陈某扔刀砸中王某的行为,不属于防卫行为,既不属于正当防卫,也不需要判断是否防卫过当。

D 项,刘某未取得财物而逃跑,此时陈某追赶,不存在夺回财物的问题,不是正当防卫行为,而是扭送行为。陈某实施扭送行为导致自己受伤,该结果不能归属于刘某。这是因为,刘某的逃跑行为本身对陈某没有制造危险。因此,刘某构成抢劫罪,但不构成抢劫罪致人重伤。

综上所述,本题答案为 D。

25.【解析】D。A 项,行为公式:绑架罪 + 故意伤害罪致人重伤、死亡 = 绑架罪(加重处罚)。第一,必须有故意伤害行为。第二,必须致人重伤、死亡,不包括轻伤。第三,对死亡必须是过失,否则就是杀害。第四,伤害时间:从绑架的着手到释放人质前。

B 项,第一,“用毛巾塞住嘴巴”不属于故意杀害行为。第二,“用毛巾塞住嘴巴”也不属于故意伤害行为,不属于故意伤害致人死亡,而属于过失致人死亡,因此不适用“故意伤害被绑架人,致人死亡”。第三,“用毛巾塞住嘴巴”仍然属于绑架罪的实行行为（实力控制人质）范围内的行为，因此属于一个行为同时构成绑架罪和过失致人死亡罪，想象竞合，择一重罪论处。

C项，绑架罪+故意杀人罪=绑架罪（加重处罚）。其中的杀害时间：从绑架的着手到释放人质前。如果将人质释放，被释放的人便不再是人质，不再是“被绑架的人”。此时的故意杀人罪要单独处理，与前面的绑架罪数罪并罚。

D项，在实施绑架期间杀害被绑架人，属于绑架罪+故意杀人罪=绑架罪（加重处罚）。

综上所述，本题答案为D。

26.【解析】D。题中有两个环节。

（1）第一个环节是调换主板。

甲等3人在调换主板时，已经通过付款买到手机，对手机享有所有权，已经占有手机和主板，因此此时调换主板不属于对主板的转移占有，不构成对主板的盗窃罪。即使甲等3人将手机砸毁，也不构成故意毁坏财物罪，因为是在处分自己的财物。

（2）第二个环节是退货。

甲等3人拿着装有废旧主板的手机冒充新手机，要求退货。店家不知情，退还了货款。店家受骗，基于认识错误而处分了财物（货款）。甲等3人构成诈骗罪。

综上所述，本题答案为D。

27.【解析】C。（1）刑法有走私武器、弹药罪，没有走私爆炸物罪。走私爆炸物，应构成走私国家禁止进出口的货物、物品罪。本题中，甲从境外购买爆炸物，不构成走私武器、弹药罪，应构成走私国家禁止进出口的货物、物品罪，由于未能将爆炸物走私入境，构成犯罪未遂。故AB项说法错误。

（2）非法买卖枪支、弹药、爆炸物罪是选择性罪名，选择性罪名的行为对象存在多个，对这多个行为对象产生认识错误，按照客观实际来定罪。这是因为，选择性罪名是一个罪名、一个犯罪构成。其中的认识错误属于同一犯罪构成内的认识错误（具体的错误），不属于不同犯罪构成间的认识错误（抽象的错误）。同一犯罪构成的对象认识错误，不重要，不影响犯罪既遂。本题中，甲的走私行为同时也是非法购买行为。甲以为非法购买的是爆炸物，实际上是弹药。对这种认识错误，按照客观实际来定罪。也就是说，对甲定非法买卖弹药罪既遂。非法买卖弹药罪中包括非法购买行为。C项正确，D项错误。

综上所述，本题答案为C。

28.【解析】D。A项，投标与拍卖是性质不同的事项。若将“拍卖”解释为“投标”，属于类推解释。本案是对土地的竞拍，是拍卖活动。对串通拍卖不能定串通投标罪。

B项，根据《刑法》的规定，如果强迫他人退出投标、拍卖活动，可定强迫交易罪。但是本题中，甲和收购者之间不存在强迫交易，而是自愿买卖，因此双方均不构成强迫交易罪。

C项，没有司法解释将串通拍卖认定为非法经营罪，因此，对串通拍卖不能定非法经营罪。

D项，非国家工作人员受贿罪（《刑法》第163条），是指公司、企业或者其他单位的工作人员利用职务上的便利，索取他人财物或者非法收受他人财物，为他人谋取利益，数额较大（至少6万元）的行为。“为他人谋取利益”，既包括正当利益，也包括不正当利益。“为他人谋取利益”只要求许诺为他人谋取利益，不要求实际上为他人谋取了利益。这一点与受贿罪相同。本题中，甲的行为符合非国家工作人员受贿罪的构成要件。

综上所述，本题答案为D。

29.【解析】D。A项，非法侵入计算机信息系统罪（《刑法》第285条第1款），是指违反国家规定，侵入国家事务、国防建设、尖端科学技术领域的计算机信息系统的行为。乙公司的软件不属于国家事务、国防建设等领域的计算机信息系统，因此王某不构成该罪。

B项，非法获取计算机信息系统数据罪（《刑法》第285条第2款），是指违反国家规定，侵入第285条第1款规定以外的计算机信息系统或者采用其他技术手段，获取该计算机信息系统中存储、处理或者传输的数据，情节严重的行为。该罪的成立，要求先非法侵入，然后获取存储的数据。王某的注册行为不属于侵入行为，也不属于获取存储的数据的行为，因此不构成该罪。

C项，非法控制计算机信息系统罪（《刑法》第285条第2款），是指违反国家规定，侵入第285条第1款规定以外的计算机信息系统或者采用其他技术手段，对该计算机信息系统实施非法控制，情节严重的行为。该罪的成立，要求先非法侵入，然后进行非法控制。王某的注册行为不属于侵入行为，也未进行非法控制，因此不构成该罪。

D项，根据《刑法》第286条规定的破坏计算机信息系统罪，第一，本罪的计算机信息系统，不仅包括《刑法》第285条第1款规定的计算机信息系统，也包括其他一般的计算机信息系统。第二，本罪包括三种行为类型：（1）违反国家规定，对计算机信息系统功能进行删除、修改、增加、干扰，造成计算机信息系统不能正常运行，后果严重的行为。（2）违反国家规定，对计算机信息系统中存储、处理或者传输的数据和应用程序进行删除、修改、增加的操作，后果严重的行为。（3）故意制作、传播计算机病毒等破坏性程序，影响计算机系统正常运行，后果严重的行为。王某故意利用系统漏洞，恶意注册大量靓号的行为，属于上述第二种行为类型，因此构成该罪。

综上所述，本题答案为D。

30.【解析】C。司法解释规定，收受干股（未实际出资而获得的股份）的，成立受贿罪。如果进行了股权转让登记，受贿数额以转让行为时股份价值计算。如果未进行股权转让登记，受贿数额以实际股份分红计算。基于此，甲、乙送给丙10%的股份，并进行登记，当时的股份价值是100万元。因此，此时丙的受贿金额是100万元。

此后，丙的股份涨到200万元，多的100万元属于犯罪所得的收益，但不属于犯罪所得的数额。受贿金额是犯罪所得的数额。

丙的股份行情价是 200 万元。乙有事相求，以 600 万元购买丙的股份，这属于变相行贿和受贿。受贿金额是 400 万元。丙的受贿金额共计是 500 万元。

综上所述，本题答案为 C。

31.【解析】A。诬告陷害罪在客观上表现为捏造他人犯罪事实并向司法机关及相关机关告发。该题中甲偷偷把自己的手机放在乙的包里，属于伪造了乙“盗窃”其手机的证据（由于此时尚未进入刑事诉讼阶段，甲的行为不构成伪证罪），甲的这一行为实质上是捏造乙“盗窃”其手机的犯罪事实，并且向司法机关告发，甲的上述行为符合诬告陷害罪的客观要件。

在主观上，诬告陷害罪要求行为人具有故意，并且具有使他人受到刑事追究的目的（意图），但不要求将该目的作为其行为的唯一目的或主要目的，只要行为人存在该目的即可。换言之，只要行为人意识到自己诬告行为可能使他人受到刑事追究，就足以认定行为人具有本罪的目的。甲虽然出于“乙盗窃自己钱包”的怀疑为找寻乙盗窃自己钱包的证据，而伪造乙盗窃其手机的证据，但甲应该意识到自己的行为可能使乙受到刑事追究，也即可以认定甲在主观上存在使乙受刑事追究的目的。换言之，甲主观上至少存在诬告陷害他人的间接故意。

综上所述，甲成立诬告陷害罪。本题答案为 A。

32.【解析】D。A 错误。根据相关法律规定，构成行贿罪，原则上要求金额达到 3 万元。通过行贿谋取提拔调整的，1 万元以上不满 3 万元也构成行贿罪。本案中，孟某虽然为谋取不正当利益（请求徐某帮助升职），给予国家工作人员徐某财物（价值 5000 元的文物），但并没有达到数额较大的要求，故孟某不成立行贿罪。

B 错误。诈骗罪的本质是欺诈对方，造成对方财产损失，进而获得对方的财产。本案中，孟某虽然将假文物谎称是真文物送给徐某，具有欺骗行为，但孟某并没有造成徐某遭受财产损失的故意，徐某也并没有因此遭受财产损失。故孟某不成立诈骗罪。

C 错误，D 正确。本案中，孟某将价值 5000 元的假文物冒充真文物交与徐某，尽管徐某误以为该文物值 20 万元，也应认为徐某的受贿数额为 5000 元。《最高人民法院、最高人民检察院关于办理贪污贿赂刑事案件适用法律若干问题的解释》第 1 条第 1 款规定：“贪污或者受贿数额在三万元以上不满二十万元的，应当认定为刑法第三百八十三条第一款规定的‘数额较大’，依法判处三年以下有期徒刑或者拘役，并处罚金。”由于徐某的受贿金额未达到 3 万元，故徐某不构成受贿罪。

综上所述，本题答案为 D。

33.【解析】A。在我国，盗窃罪属于公诉案件（由公安立案侦查、检察院起诉），侵占罪则属于纯粹的自诉案件（只能由被害人亲自告诉）。人民法院在审理过程中，若发现公诉人指控的案件系自诉案件，且自诉人没有告诉，则应当对案件裁定终止审理。是故，本题应当选 A。

综上所述，本题答案为 A。

34.【解析】C。A 项，在我国，对于“国恐贪，病半年，死无罪，死再审”的案件，可以适用缺席审判程序。本题中，长河公司及曹某涉嫌生产假药，不属于可以适用缺席审判程序的案件，A 项错误。

B 项，解题关键词是“进入破产程序”“终止审理”。若单位进入破产程序，但尚未完成清算、注销登记，单位仍属于存在状态，此时对被告单位应当继续审理。本项中，长河公司进入破产程序但尚未完成清算、注销登记，法庭应当继续审理，B 项说法庭应当裁定终止审理是错误的。

C 项，为了保证判决的顺利执行，法院可以视情况要求被告单位提供担保。被告单位提供担保的，对被告单位的相关财产可以不进行查封、扣押、冻结，C 项正确。

D 项，被告单位的诉讼代表人一般应当是法定代表人，但法定代表人若需要被追究刑事责任或者因客观原因无法出庭，被告单位应当委托其他负责人或者职工作为诉讼代表人，但相关人员被指控为单位犯罪直接责任人员或者需要成为证人的除外。本题中，长河公司的诉讼代表人本应是法定代表人曹某，但由于曹某外逃，长河公司需要委托其他负责人或者职工担任诉讼代表人。方某由于被指控为单位犯罪直接责任人员，不得担任长河公司的诉讼代表人，D 项错误。

综上所述，本题答案为 C。

35.【解析】C。A 项，在我国，提起公诉需要遵循“门当户对”要求，即检察院应当向与之对应的同级法院提起公诉，而不能直接向上级或者下级法院提起公诉。本题中，H 市检察院可以向 H 市中级人民法院提起公诉，L 区检察院可以向 L 区人民法院提起公诉，但 H 市检察院不可以向 L 区人民法院提起公诉，A 错误。

B 项，应当由中级人民法院一审的案件包括：“国恐无死没缺。”也就是说，可能被判处无期徒刑、死刑的案件，应当由中级人民法院一审。不过，非法吸收公众存款罪虽经《刑法修正案（十一）》修正，但法定最高刑仍为 10 年以上有期徒刑。换言之，非法吸收公众存款罪不可能被判处无期徒刑或者死刑，自然不可能由中级人民法院一审。是故，B 项说 S 市中级人民法院可以审理苏某非法吸收公众存款案件是错误的。

C 项，在我国，对于地区管辖，以犯罪地法院管辖为主，以居住地法院管辖为辅。本题中，P 市既不是苏某犯罪地，也不是苏某居住地，而是其入境地，P 市的法院对苏某案件没有管辖权，C 正确。

D 项，在我国，公安司法机关可以依法定程序请求外国相关部门提供刑事司法协助。公安机关在侦查阶段如需向外国请求刑事司法协助，需要层报公安部。检察院在侦查或者审查起诉过程中如需向外国请求刑事司法协助，需要层报最高人民检察院。法院在审判阶段如需向外国请求刑事司法协助，需要层报最高人民法院。本题中，在侦查阶段，公安机关请越南相关部门协助移送涉案财物的，应当层报公安部而非最高人民检察院，D 错误。

综上所述，本题答案为 C。

36.【解析】A。中国公民在中华人民共和国领域外的犯罪,由其登陆地、入境地、离境前居住地或者现居住地的人民法院管辖;被害人是中国公民的,也可以由被害人离境前居住地或者现居住地的人民法院管辖。本题中,中国人甲在中国领域外犯罪,且被害人乙系中国公民。甲的入境地、甲离境前居住地、乙离境前居住地的法院均有管辖权,即BCD正确。关于A,该邮轮在我国最先停泊港所在地的法院无权管辖。或许考生会想:“这个最先停泊港所在地不就是登陆地、入境地吗?”这是不一定的,因为也许被告人没有从该地登陆、入境。譬如,豪华游轮上有一架直升机,被告人杀人后乘直升机在国内某一城市降落,显然该降落地才是其登陆地或者入境地。故而,A项表述不规范,当选。

综上所述,本题答案为A。

37.【解析】A。A项,在我国,值班律师为没有委托辩护人、法律援助机构没有为其指派法援辩护人的犯罪嫌疑人、被告人提供基本的法律帮助。值班律师可以会见犯罪嫌疑人了解案件情况,自案件移送审查起诉之日起可以查阅案卷材料,可以对案件的处理提出意见和建议,A正确。

B项,在我国,值班律师是在犯罪嫌疑人没有委托辩护和法律援助辩护时才会出现的提供基本法律帮助的人。值班律师不是辩护人,其虽然可以行使辩护人的部分职责,但并非辩护权的主体。因此,值班律师提供法律咨询应当属于法律帮助的范畴,而不是辩护权的体现,B错误。

C项,值班律师不是辩护人,只能提供基本的法律帮助,值班律师无权出庭发表意见,也无权调查取证,C错误。

D项,对于没有委托辩护、法律援助机构没有为其指派辩护人的犯罪嫌疑人、被告人,由值班律师为其提供法律咨询、程序选择建议等法律帮助。值班律师可以参与各类型案件,与犯罪嫌疑人、被告人是否认罪认罚无关,D错误。

综上所述,本题答案为A。

38.【解析】C。A项,一般情况下,辩护律师可以直接赴看守所会见犯罪嫌疑人,无须向侦查机关提出申请。对于危害国家安全犯罪、恐怖活动犯罪,辩护律师在侦查阶段会见犯罪嫌疑人之前需要经过侦查机关批准。A项说辩护律师会见犯罪嫌疑人前需向侦查机关提出申请过于片面,错误。

B项,案件移送审查起诉后,辩护律师可以赴检察院阅卷;案件提起公诉后,辩护律师可以赴法院阅卷。可见,阅卷的地点为检察院或者法院。辩护律师不能向公安机关申请阅卷,B错误。

C项,辩护律师有权申请检察院向公安机关调取其已经收集但没有移送的对犯罪嫌疑人有利的证据,C正确。

D项,经法庭同意,辩护律师可以带一名助理出庭,但律师助理只能从事辩护的辅助工作,不能发表辩护意见。D项说助理有权与辩护律师一起发表辩护意见是错误的。

综上所述,本题答案为C。

39.【解析】D。A项,如果侦查人员采用暴力、威胁以及非法限制人身自由等非法方法收集证人证言,该证言应当予以排除。A项中,侦查人员通过威胁证人的方式获取证言,属于非法取证行为,A项不当选。

B项,如果侦查人员采用刑讯逼供方法使被告人作出供述,那么之后被告人受该刑讯逼供行为影响而作出的与该供述相同的重复性供述,应当一并排除。B项中,侦查人员首次讯问犯罪嫌疑人时通过暴力方式获取了供述,那么后续讯问时即便没有采用暴力方式,犯罪嫌疑人所作的相同供述仍应予以排除,故而侦查人员获取犯罪嫌疑人重复供述的行为属于非法取证行为,B项不当选。

C项,一般认为,连续审讯犯罪嫌疑人不得超过12个小时。C项中侦查人员连续审讯犯罪嫌疑人22个小时属于明显的疲劳审讯、变相肉刑,系非法取证行为,C项不当选。

D项,如果侦查人员采用严重损害本人及其近亲属合法权益的方式威胁,那么犯罪嫌疑人因此遭受难以忍受的痛苦而违背意愿作出的供述应当依法排除。在我国,证人有作证的义务,侦查人员通知证人作证属于合法侦查行为。D项中,侦查人员若通知犯罪嫌疑人正在准备法考的儿子作为证人接受询问,不属于损害其“合法权益”的行为。因此,侦查人员威胁犯罪嫌疑人不属于非法证据排除规则中的非法取证行为,D项当选。

综上所述,本题答案为D。

40.【解析】D。A项,李某涉嫌的不是一般猥亵,而是猥亵儿童,侵害对象特定。李某手机中有许多儿童色情图片,因此可以关联李某具有实施猥亵儿童的动机。A项说这些图片与本案无关联性是错误的。

B项,证人不是根据时速表判断而是估计当时的车速,并且估计的速度为整数100公里每小时,属于典型的主观推断或者臆测,该证言不得作为证据使用,B错误。

C项,宋某涉嫌交通肇事逃逸,公诉案件被告人不承担“自证”义务,故宋某对其辩解无须承担证明责任,C项错误。

D项,在我国,证明对象有实体法事实(包括与定罪相关的事实和与量刑相关的事实)和程序法事实。认罪认罚问题属于证明对象,它既与实体法事实相关(涉及是否从轻量刑),又与程序法事实相关(法官审查其自愿性、真实性、合法性),因此D项说“法院审查其认罪认罚的自愿性属于需要证明的程序法事实”正确。

综上所述,本题答案为D。

41.【解析】A。A项,侦查人员在案发现场发现用于存储作案信息的U盘,该物证与案件相关,应当依法扣押并随案移送,A项正确。

B项,张某通过诈骗支付宝公司非法获利2万余元,支付宝公司可以通过追缴或者退赔的方式得到弥补,无须对张某提起刑事附带民事诉讼,B项错误。

C项,被害人提供的证据材料经过侦查机关审查后可以作为证据使用。但是,该证据不能直接作为定案根据,还需要法院通过审判活动进行查证属实。C项中,支付宝公司提供的证据材料经过侦查机关审查,可以作为证据使用,但不一定需要侦查机关重新提取,而且即便是由侦查机关重新提取的证据,也需经过查证属实才能作为定案根据,C项错误。

D项,张某非法获取公民个人信息虽是为了诈骗,但两者明显系独立的两个行为,侵犯了两个法益,不符合牵连犯的特征,应以侵犯公民个人信息罪和诈骗罪数罪并罚,D项说应择一重罪处罚是错误的。

综上所述,本题答案为A。

42.【解析】A。在刑法中,贩卖工业盐不会构成非法经营罪。本题中,周某购买工业盐出售给当地农户并获利的行为不构成非法经营罪,周某属于没有非法经营的犯罪事实,检察院应当对其法定不起诉。是故,本题应当选A。至于B项所说的特别不起诉、C项所说的附条件不起诉和D项所说的酌定不起诉均错误。

综上所述,本题答案为A。

43.【解析】D。A项,案件被上级法院以事实不清、证据不足为由发回重审,证明一审法院审理出现错误,为了公正起见,一审法院应当另行组成合议庭进行审理。因此本题中,案件由某省高级法院发回某市中级法院重审后,甲不能再作为合议庭成员参与审理工作,A项错误。

B项,在我国,法院作为审判机关具有被动性和中立性的审判特征,仅就检察院起诉的内容进行裁判,即便认为需要补充侦查,法院也是建议检察院补充侦查而不可直接将案件退回检察院补充侦查。B项说法院应当将案件退回检察院补充侦查是错误的。

C项,法院不可直接将案件指令下级法院审理。因此,C项说某市中级法院可以指令下级法院进行一审是错误的。下级法院认为被告人可能被判处无期徒刑或者死刑,请求移送上一级法院审理,上一级法院经过审查,认为被告人无须被判处无期徒刑或者死刑的,可以不同意移送。

D项,在我国的回避制度中,根据“曾参前,不参后”的要求,参与过一个审判程序的审判人员不得再参与同一案件其他程序的审理。但是“发回重来的例外”,即对于发回重审的案件,一审法院作出裁判后又进入第二审程序的,原第二审程序的合议庭组成人员无须回避。本题中,某省高级法院将案件发回某市中级法院重审后,某市中级法院作出一审判决,张三不服再上诉,某省高级法院仍可由乙、丙、丁3名法官组成合议庭,乙、丙、丁3名法官无须回避,D项正确。

综上所述,本题答案为D。

44.【解析】A。A项,武某在假释考验期内被发现还有漏罪,应当由审理该漏罪的法院即某县法院裁定撤销某市中级法院作出的假释裁定,A项正确。

B项,武某涉嫌贷款诈骗罪,属于金融诈骗犯罪,即“职务黑金”中的“金”,某市中级法院应当开庭审理武某假释案件,不可以进行书面审理,B错误。

C项,武某需要变更社区矫正执行地的,应当由社区矫正机构决定,C项说“应当由裁定假释的某市中级法院作出变更裁定”是错误的。

D项,武某的假释裁定被撤销,需要收监执行,应当终止而非解除对武某的社区矫正,D错误。

综上所述,本题答案为A。

45.【解析】A。《公务员法》第103条第3款规定:“聘任制公务员实行协议工资制,具体办法由中央公务员主管部门规定。”本题从逻辑推理角度亦可得出答案。第一,公务员不属于普通劳动者,应当由公务员管理部门管理,所以,从常识出发,可以很轻松地排除B、D两项。第二,公务员聘任制在全国范围内存在,并不是具有地方特色的制度,中央的国务院部门比如司法部、国家税务总局也会存在聘任制公务员,题干中也没有交代任何地方因素的内容,故A项正确。

综上,本题答案为A。

46.【解析】D。在最高人民法院《关于审理行政案件适用法律规范问题的座谈会纪要》中,将现行有效的行政法规分为以下三种类型:一是国务院制定并公布的行政法规。二是《立法法》施行以前,按照当时有效的行政法规制定程序,经国务院批准、由国务院部门公布的行政法规。但在《立法法》施行以后,经国务院批准、由国务院部门公布的规范性文件,不再属于行政法规。三是在清理行政法规时由国务院确认的其他行政法规。最常见的行政法规是第一类情形,但出于历史原因,还存在第二种、第三种情形。本题《外国人来华登山管理办法》属于第二种情形,《立法法》施行以前,按照当时有效的行政法规制定程序,经国务院批准、由国务院部门公布的属于行政法规。故D项正确。该座谈会纪要本是为了解决历史遗留问题,考生了解即可。

综上,本题答案为D。

47.【解析】B。(1)在国务院的机构设置中,考生只需要记住“一高”和“一低”两个特例即可。其中“一高”是国务院组织机构中地位最高的组成部门(比如,司法部、教育部),它们的设立、撤销等事项,由全国人大及其常委会决定;“一低”是部委中的处级内设机构,它的设立只需要该部委自己决定。A项的国家市场监督管理总局作为国务院直属机构既非“一高”,又非“一低”,所以它的设立、撤销、合并应当由国务院决定,故A项错误。

(2)编制是指机构编制管理机关核定的行政机构和事业单位的人员数额和领导职数。实践中,不可能仅有一个“空壳”机构而不配备相应的领导和办事人员,所以国务院行政机构的编制在国务院行政机构设立时就确定下来了,故B项正确。

(3)根据《立法法》第91条的规定,国务院各部、委员会、中国人民银行、审计署和具有行政管理职能的直属机构以及法律规定的机构,可以制定规章。由此可知,有权制定部门规章的主体为国务院组成部门和具有行政管理职能的直属机构。国家市场监督管理总局作为国务院直属机构，是就市场管理秩序、产品质量安全监督管理和食品安全等事项负责的监管部门，不可能无权制定部门规章，故C项错误。

（4）国家市场监督管理总局是独立的监管部门，其职能是对外进行行政管理，而不是协调机构之间关系。承担跨国务院行政机构的重要业务工作的组织协调任务的是国务院议事协调机构，故D项错误。

综上，本题答案为B。

48.【解析】D。（1）行政强制措施没有基础决定，行政强制执行有基础决定。也就是说，行政强制执行是当事人不履行行政机关为其设定的义务（基础决定），然后才需要动用强力强制执行；而行政强制措施是直接动用强力。本题中，行政机关直接向甲发出通知，即"责令其3日内将船舶停靠在指定规划区域内，并限期不得驶离"，作出该通知前并没有要求当事人履行义务的其他基础决定。所以，该通知的性质不属于行政强制执行，而属于行政强制措施。故C项错误。

（2）查封是行政机关对相对人的场所或物品进行封存，不准转移和处理的措施，可以适用于财物，也可适用于场所和设施。查封的对象一般为不动产或其他不便于移动的财产，方式一般为在物品上加贴封条以限制当事人对财产的移动或使用。本题的通知行为显然并不是查封行为，故A项错误。

（3）扣押，又称扣留，指的是行政机关将当事人的财物移至另外场所加以保管，不准被执行人占有、使用和处分的措施。本题并没有将甲的船舶转移占有，没有移至另外场所加以保管，所以该行政行为的性质也不属于扣押，故B项错误。

（4）既然通知属于行政强制措施，又不属于强制措施中的查封和扣押，那么就应归类为D项的其他行政强制措施。

综上，本题答案为D。

49.【解析】A。（1）证明同一事实的数个证据，其证明效力一般是国家机关以及其他职能部门依职权制作的公文文书优于其他书证，故A项是正确的。

（2）在行政赔偿、补偿诉讼中，原告需要证明损害结果的存在，但被告的原因导致原告无法就损害情况举证的，应当由被告就该损害情况承担举证责任。本题并没有表达被告的原因导致原告无法举证，所以，损害结果的举证责任应当由原告承担。故B项是错误的。

（3）如果法院认定强拆行为合法，被告无须承担赔偿责任，但在国家机关的责任类型中，除了赔偿责任，还有对于合法行为承担的人道主义的补偿责任。比如对于未超过规划范围的建筑物部分，国家还是需要承担补偿责任的。题目中说区政府不承担任何责任，过于绝对，故C项错误。

（4）如果政府认定强拆行为违法，但由于房屋已然被强制拆除，此时，属于不具有可撤销内容的情况，法院应当判决确认违法，而非撤销，D项错误。

综上，本题答案为A。

50.【解析】D。（1）如果行政复议决定既有维持原行政行为内容，又有改变原行政行为内容或者不予受理申请内容的，被告应当如何确定呢？在复议维持的情况下，被告是最多、最全的，便于查清案件事实，所以，司法解释规定即使复议决定有不作为或改变的内容也整体上视为复议维持，以作出原行政行为的行政机关和复议机关为共同被告。什么情况下会出现复议决定多重因素呢？按照最高人民法院的观点，是在申请人提出多项申请，复议机关经过审查，分别针对多项申请作出复议决定时。口诀为"多行为，多请求，多因素"。本题中，区市场监督管理局作出了两个行政行为，当事人均申请行政复议，没收违法所得被复议改变，但罚款被复议维持，符合"多行为，多请求，多因素"的要件，被告应当是原机关区市场监督管理局和复议机关区政府，故A项错误。

（2）第一，级别管辖。根据《行政诉讼法解释》的规定，作出原行政行为的行政机关和复议机关为共同被告的，以作出原行政行为的行政机关确定案件的级别管辖。故本案应当以区市场监督管理局来确定级别管辖。即应当由基层法院管辖，B项错误。第二，地域管辖。B项中的地域管辖没有错误，因为经过复议的案件，无论复议结果是维持还是改变，原告既可以向原机关所在地法院起诉，也可以向复议机关所在地法院起诉。

（3）行政处罚的种类分为声誉罚（比如警告、通报批评）、财产罚（比如罚款、没收）、资格罚（比如吊销许可证件）、行为罚（比如责令停产停业）和人身罚（比如拘留）等，没收违法所得和没收非法财物属于财产罚，而非禁止或限制从事某项活动的行为罚，故C项错误。

（4）加处罚款或滞纳金属于间接强制执行手段，一般所有的行政机关在当事人不履行金钱缴纳义务的情况下，均有权加处罚款或收缴滞纳金。同时，为了避免"天价滞纳金"的现象，法律对执行罚作出了四重维度的限制：

第一，告知义务。应当将加处罚款或者滞纳金的标准告知当事人。

第二，数额上限，加处罚款或者滞纳金的数额不得超出金钱给付义务的数额。

第三，期限上限，行政机关实施加处罚款或者滞纳金超过30日，经催告当事人仍不履行的，转为拍卖或者划拨。

第四，加处罚款的数额在行政复议或者行政诉讼期间不予计算。

可见，D项的内容不管是在执行主体还是在执行程序上的表达均是正确的。

综上，本题答案为D。

二、多项选择题

51.【解析】ABCD。2020年11月16日至17日举行了中央全面依法治国工作会议，确立了习近平法治思想在全面依法治国工作中的指导地位。习近平总书记对当前和今后一个时期推进全面依法治国要重点抓好的工作提出了11个方面的要求:(1)坚持党对全面依法治国的领导;(2)坚持以人民为中心;(3)坚持中国特色社会主义法治道路;(4)坚持依宪治国、依宪执政;(5)坚持在法治轨道上推进国家治理体系和治理能力现代化;(6)坚持建设中国特色社会主义法治体系;(7)坚持依法治国、依法执政、依法行政共同推进,法治国家、法治政府、法治社会一体建设;(8)坚持全面推进科学立法、严格执法、公正司法、全民守法;(9)坚持统筹推进国内法治和涉外法治;(10)坚持建设德才兼备的高素质法治工作队伍;(11)坚持抓住领导干部这个"关键少数"。故ABCD选项都正确。

综上可知,本题答案为ABCD。

52.【解析】ABC。《民法典》婚姻家庭编总结了此前《婚姻法》《收养法》等立法经验,重新对婚姻家庭规范进行立法,凸显了中国社会治理经验,在"送养""过继"问题上又体现了对中国传统社会习俗的充分尊重。因此A选项正确。弘扬社会主义核心价值观是宪法规定的公民思想道德领域的基本要求,作为社会生活的百科全书的《民法典》,当然对其应当有所反映,因此B选项正确。《民法典》第1034条第1款规定,自然人的个人信息受法律保护。这体现了在信息社会发展的趋势下,民事立法对人格权保护的新回应。因此C选项正确。法律具有作用上的局限性,理性的有限性使立法者无法设计出完美的法典,社会的发展也会使应当保持稳定的法律不可避免地具有滞后性,D选项说法过于绝对,错误。

综上可知,本题答案为ABC。

53.【解析】ABC。法律解释具有实践性与合目的性特征,会受到解释者的价值影响,在法律解释中,解释者的价值判断必不可少。因此,价值衡量是必然存在的。本题中的张法官和李法官都进行了价值衡量。A项错误。张法官参照刑法意图进行解释,属于法律解释中的客观目的解释,李法官从语言文字的字面含义及用法来解释,属于法律解释中的文义解释,并不是体系解释。B项错误。文义解释有利于确保法的确定性和可预测性,通常情况下应当优先适用;但是这种优先性并不固定,特殊情况下,为了实现个案正义,也可能优先使用其他解释方法,C项错误。法官判案过程是一个将事实与法律对应起来的过程,但是抽象的法律和具体多样的事实并不是可以一一对应上的,也即二者之间存在紧张关系。D项正确。

综上可知,本题答案是ABC。

54.【解析】ABD。国务院可以同外国缔结条约和协定,但是对于对外事务只能管理,没有领导权限,A项错误。

特别行政区无论是整体还是局部地区进入紧急状态,都只能由全国人大常委会决定,B项错误。《宪法》第91条第2款规定,审计机关在国务院总理领导下,依照法律规定独立行使审计监督权,不受其他行政机关、社会团体和个人的干涉。C项正确。国务院由正副总理、国务委员、组成部门的正职首长及秘书长组成,不包括组成部门的"副职",D项错误。

综上可知,本题答案为ABD。

55.【解析】BC。根据《立法法》第11、12条的相关规定,"税收基本制度"属于"法律保留"事项,"有关犯罪和刑罚、对公民政治权利的剥夺和限制人身自由的强制措施和处罚、司法制度等事项"属于"绝对保留"事项。因此,在法律没有规定的情况下,经全国人大及其常委会授权,国务院可以就"税收基本制度"制定行政法规;但是"诉讼和仲裁"属于"绝对保留"事项,是不允许全国人大及其常委会授权国务院制定行政法规的。A项正确,B项错误。根据《立法法》的相关规定,同一机关制定新的一般规定与旧的特殊规定不一致时,由制定机关裁决,C项错误。根据《立法法》第108条第3项的规定,国务院有权改变或者撤销不适当的部门规章和地方政府规章,D项正确。

综上可知,本题答案为BC。

56.【解析】AC。代表因为刑事案件失去人身自由,但没有被剥夺政治权利的,暂停执行代表职务。暂停条件解除后,代表在任期尚未结束的条件下,还可以继续履行代表职务,A、C项正确。代表资格终止的条件包括:迁出或调离本行政区域,未经批准两次不出席本级人大会议,被罢免,辞职,被剥夺政治权利,丧失中国国籍、丧失行为能力,B项错误。县级以上代表资格终止由本级人大常委会决定,D项错误。

综上可知,本题答案为AC。

57.【解析】CD。"科"是东汉时期频繁使用的单行法规,晋朝立法取消了"科"的形式,北朝也没有采用"科"的法律形式。唐代明确规定国家的法律形式分为律、令、格、式,《唐六典·刑部》明确指出:"凡律以正刑定罪,令以设范立制,格以禁违止邪,式以轨物程事。"故A选项错误。宋代死刑的主要行刑制度为斩首、绞杀,故B选项错误。

"重罪十条"始于《北齐律》,包括反逆、大逆、叛、降、恶逆、不道、不敬、不孝、不义、内乱。故C项正确。

根据《仪礼·士昏礼》记载,西周时期婚姻缔结需要经过纳采、问名、纳吉、纳征、请期、亲迎六道程序,合称"六礼"。纳采时,男方家长需要通过媒人告知女方家长希望结亲的意愿。故D项正确。

综上可知,本题答案为CD。

58.【解析】ABC。人权是指每个人作为人应该享有的权利,是一种应然权利,具有自然法的属性,也就是属于道德层面上的权利。居住权作为人权的一类,也就当然是一项道德权利。《民法典》第366条对居住权作出规定,意味着居住权从道德权利上升为法律权利,这个立法过程对居住权而言是确权而非赋权。故AC选项正确。我国法律体系中,居住权较早出现于《最高人民法院关于适用〈中华人民共和国婚姻法〉若干问题的解释(一)》(已失效)中,其中第27条第3款规定:"离婚时,一方以个人财产中的住房对生活困难者进行帮助的形式,可以是房屋的居住权或者房屋的所有权。"此款体现了居住权对离婚后无房可居者的保护。《民法典》承继该精神，扩张了居住权的适用范围。故B选项正确。法律是有局限性的，法律规定的权利只是人权中最普遍享有的权利，或者是最容易受到侵犯的权利，因而有必要通过法律严肃声明。但是有相当部分的权利被排除在法律明文规定之外。因此，即使是人的基本需求，也无法都由法律作出规定。故D选项错误。

综上可知，本题答案为ABC。

59.【解析】ABCD。第十三届全国人民代表大会第三次会议通过《全国人民代表大会关于建立健全香港特别行政区维护国家安全的法律制度和执行机制的决定》，明确维护国家主权、统一和领土完整是香港特别行政区的宪制责任。中央人民政府维护国家安全的有关机关可以根据需要在香港特别行政区设立机构，依法履行维护国家安全相关职责。2020年6月30日，第十三届全国人民代表大会常务委员会第二十次会议通过了《香港特别行政区维护国家安全法》，并决定将其列入《香港特别行政区基本法》附件三。故ABCD选项均正确。

综上可知，本题答案为ABCD。

60.【解析】BD。根据《国歌法》第5条的规定，国家倡导公民和组织在适宜的场合奏唱国歌，表达爱国情感。法律禁止的是侮辱国歌的行为，公民在适宜的场合奏唱国歌受到国家鼓励，A选项明显错误。

《国歌法》第10条第1款从正面规定，在法律规定的场合，奏唱国歌，应当使用国歌标准演奏曲谱或者国歌官方录音版本；第15条从反面规定，在公共场合，故意篡改国歌歌词、曲谱，以歪曲、贬损方式奏唱国歌，或者以其他方式侮辱国歌的，将受到行政或刑事处罚，故B选项正确。

根据《国歌法》第8条的规定，国歌不得用于或者变相用于商标、商业广告，不得在私人丧事活动等不适宜的场合使用，不得作为公共场所的背景音乐等。故C选项错误。

根据《国歌法》第4条第3项的规定，宪法宣誓仪式属于应当奏唱国歌的场合，故D选项正确。

综上可知，本题答案为BD。

61.【解析】AB。检察一体化，即检察权统一行使原则，是指各级检察机关、检察官依法构成统一的整体，各级检察机关、检察官在履行职权、职务中，应当根据上级检察机关、上级检察官的批示和命令进行工作和活动。具体包括：(1)在上下级检察机关和检察官之间存在上命下从的领导关系；(2)各地和各级检察机关之间具有职能协助的义务；(3)检察官之间和人民检察院之间在职务上可以发生相互承继、移转和代理的关系。C项中，检察官在法庭审理中提交证明被告人构成坦白的证据，并未体现检察一体化原则，C项错误。

根据《高检规则》第6条第2款的规定，检察院业务机构负责人对本部门的办案活动进行监督管理。A项正确。《高检规则》第9条第2款规定："上级人民检察院可以依法统一调用辖区的检察人员办理案件，调用的决定应当以书面形式作出。被调用的检察官可以代表办理案件的人民检察院履行出庭支持公诉等各项检察职责。"这体现了检察一体化原则，B项正确。

根据《高检规则》第4条第1款的规定，人民检察院办理刑事案件，由检察官、检察长、检察委员会在各自职权范围内对办案事项作出决定，并依照规定承担相应司法责任。检察官在检察长领导下开展工作。重大办案事项，由检察长决定。"所有办案事项均由检察长决定"的说法明显错误，因此D项错误。

综上可知，本题答案为AB。

62.【解析】ABCD。原告与法官是多年友邻，法官坚持审案，违背了中立原则。A项做法错误。法官在审判中必须做到中立，绝不能在庭审中通过明示或者暗示的方式表明自己对案件的立场和看法。B项做法错误。法官对被害人的救助，从实质上是对犯罪嫌疑人和受害人进行区别对待，没有做到平等对待，违背了中立原则。C项做法错误。法官提前介入案件的侦查阶段，违反审判的中立性原则。D项做法错误。

综上可知，本题答案为ABCD。

63.【解析】CD。选项A错误。根据国际法关于条约保留的规定，在提出保留国和接受保留国之间，适用保留后或者修改后的条款。本题中甲国提出保留，乙国接受，也就是在甲乙两国之间适用甲国的保留意见，其纠纷不应该由国际法院管辖。

选项B错误。根据国际法相关规则的规定，国家可以对条约保留提出是否接受的意见，也可以对其他方面提出反对意见。

选项C正确。根据国际法关于条约保留的规定，在提出保留国和反对保留国(该国不反对条约的生效)之间，该保留涉及的条款视为不存在。本题中甲国提出保留，丁国反对该保留但不反对条约其余条款，所以该保留涉及的条款在甲国和丁国之间视为不存在，其余条款有效。

选项D正确。根据国际法关于条约保留的规定，在反对保留国和接受保留国之间适用原先条约的规定。

综上所述，本题答案为CD。

64.【解析】AB。A项，成年弟弟不是哥哥监管、监护的对象。因此，哥哥对成年弟弟的危险行为、犯罪行为，没有阻止义务。但是，弟弟杀害的是父亲，法律规定儿子有救助父亲的义务。就此而言，哥哥的不制止，构成不作为的犯罪。A项说法正确。

B项，未成年孩子是家长监护的对象。家长对自己小孩的危险行为、犯罪行为负有阻止义务，不阻止的，构成不作为的犯罪。B项说法正确。

C项，本题考查多个作为义务人之间的先后关系。结论：若第一作为义务人不救助法益或侵害法益，则不能要求第二作为义务人实施救助。例1，岳母受伤，妻子不救，丈夫也不救。妻子是第一作为义务人，丈夫是第二作为义务人。丈夫不构成不作为犯。若妻子不在家，则丈夫应当救。例2，妻子殴打自己母亲，丈夫不阻止，不构成不作为犯。C 项说法错误。

D 项,母亲是抚养孩子的第一作为义务人。第一作为义务人不履行抚养义务,则不能要求第二作为义务人(外祖母)履行义务。D 项说法错误。

综上所述,本题答案为 AB。

65.【解析】ABCD。A 项,乙的死亡结果不能归属于甲。理由是:第一,当甲离开后,对乙便不再制造危险。第二,乙坠河溺亡,比较异常。因此,甲构成抢劫罪,但不构成抢劫罪致人死亡。

B 项,乙的死亡结果不能归因于甲。理由是:第一,甲的敲门行为对乙尚未制造危险。第二,乙失足坠亡,比较异常。

C 项,乙在车上将丙杀害,属于实行过限,甲对此不用负责。理由是,甲虽然与乙共谋的内容是杀害丙,但是甲只是让乙实施帮助行为,也即将丙引诱到甲家,但是乙却直接杀害丙。乙的该行为超出甲、乙共同故意的范围,甲对此不用负责。

D 项,乙杀害丙属于实行过限,领导者甲对此不用负责。这是因为,领导者甲只是让丙实施非法拘禁行为,乙却杀害丙。乙的该行为超出了共同故意的范围。

综上所述,本题答案为 ABCD。

66.【解析】BD。A、B、C 项,乙作为帮助犯,要成立犯罪中止,需要脱离共犯关系,并且消除自己的帮助作用。望风的帮助作用有两个:一是拦住回家的主人,这是物理性帮助作用;二是给里面的人以安定心理,这是心理性帮助作用。如果望风者悄悄离开,虽然消除了物理性帮助作用,但未消除心理性帮助作用,不能成立犯罪中止。本题中,乙声明离去,将两种帮助作用均消除了,因此成立犯罪中止,甲此后的行为便与乙无关。故 A、C 项说法错误,B 项正确。

D 项,甲主动放弃抢劫,构成犯罪中止。假如乙一直在外面望风,不知道甲主动放弃,则乙构成帮助犯犯罪未遂。

综上所述,本题答案为 BD。

67.【解析】AC。甲、乙共同盗窃,甲为了抗拒丙抓捕共犯人乙,对丙实施暴力,构成转化型抢劫罪。由于对甲认定为转化型抢劫罪,故对甲不再定盗窃罪与故意伤害罪的数罪并罚。由于乙当时对甲的暴力行为并不知情,因此不转化为抢劫罪,乙仅构成盗窃罪实行犯既遂。假如题中交代,事先甲、乙商量好,如果主人追捕,由甲暴力阻止,则乙也构成转化型抢劫罪。

综上所述,本题答案为 AC。

68.【解析】ABCD。这里的“公共”,是指公众(多数人或不特定人)。危害公众安全,是指危险的危及范围无法预料,具有危及多数人的可能性。

A 项,行为人不仅构成盗窃罪,还危害了道路的公共安全,构成危害公共安全犯罪,具体罪名是破坏交通设施罪。注意:能定破坏交通设施罪,就不定“以危险方法危害公共安全罪”。A 项入选。

BC 项,行为人的行为给公交车上的乘客及道路安全制造了公共危险,危害了公共安全,构成危害公共安全犯罪。因此,BC 项入选。注意,题干问的是构成危害公共安全犯罪,不是问构成“以危险方法危害公共安全罪”。前者是章罪名,后者是具体罪名。

D 项,该行为引发火灾,构成放火罪,属于危害公共安全的犯罪。

综上所述,本题答案为 ABCD。

69.【解析】BD。A 项,王某在家中登录境外网站,下载淫秽影片。此时境外网站的注册地虽然在境外,但是下载行为发生在国内,因此不属于将淫秽物品从国外携带至国内,也即不属于进出境的行为,因此不属于走私行为。并且,王某只给少数几位朋友观看,也不属于传播淫秽物品罪。后者要求传播给不特定人或多数人。

B 项,陈某从境外购买枪支,邮寄到国内,构成走私武器罪。

C 项,走私贵重金属罪对贵重金属的数量有一定要求。国民出于生活装饰目的而佩戴的少量金银首饰,不属于走私贵重金属罪中的贵重金属。如果数量上超出生活装饰的限度,携带出境,则构成走私贵重金属罪。张某佩戴的小吊坠属于生活装饰范畴,因此不构成走私贵重金属罪。

D 项,走私假币罪,是指违反海关法规,逃避海关监管,非法运输、携带假币进出境的行为。李某携带假币从境内进入公海,表明已经出境,构成走私假币罪。李某将假币从公海带进境内,再次构成走私假币罪。不过由于这两次行为具有连续性,可以以一罪处理。

综上所述,本题答案为 BD。

70.【解析】ACD。A 项,甲将手机偷出来时,对手机便构成盗窃罪。这是因为甲此时对手机有非法占有目的。

B、C 项,甲对微信余额构成盗窃罪。首先,占有手机不等于占有微信余额的资金,因此对微信余额资金不构成侵占罪。其次,微信支付的信息资料不属于信用卡信息资料,不需要按照《信用卡解释》处理。根据《信用卡解释》的规定,以非法方式获取他人信用卡信息资料并通过互联网、通讯终端等使用的,无论如何使用,一律定信用卡诈骗罪。对本案应按照正常原理处理,也即甲盗转了乙的微信余额资金,构成盗窃罪。

D 项,甲欺骗丙,构成诈骗罪,因为丙用正常价买到赃物,存在财产损失。

综上所述,本题答案为 ACD。

71.【解析】ABC。A 项,受贿罪的既遂标准:国家工作人员接受了他人财物,建立了自己的占有。受贿罪的既遂,只要求在事实上建立占有,不要求在民法上取得财物的所有权。乙对甲说:“钱先放你那儿吧!”这句话的意思是:“我接受了你的钱财,然后你替我保存起来,这样更安全。”因此乙构成受贿罪既遂,甲也构成行贿罪既遂,数额都是 100 万元。

B 项,乙接受了支票,即使没有支取现金,也构成受贿罪既遂。关于既遂数额,如果支票有具体数额,就以具体数额来定。如果没有具体数额,但是乙可以支取 999 万元,那么就以 999 万元来定。

C 项,受贿罪的本质是权钱交易,也即将他人的钱财与自己的职务行为形成不正当的对价关系。受贿罪中的收钱,既可以是勒索,也可以是编个"名目"索要钱财。本项中,乙知道这笔钱是用来买甲的权(职务行为)的,乙花这笔钱的目的实现了,没有财产损失,不是被害人。因此,甲构成受贿罪,而不构成诈骗罪。甲的受贿金额是 10 万元。

D 项,乙收下银行卡,即使未使用,也构成受贿罪既遂,既遂数额是卡里的资金数额,也即 500 万元。既遂数额是犯罪所得的数额,应以犯罪时为准。至于多了 100 万元利息,这属于犯罪所得的收益,以犯罪后、案发时为准。

综上所述,本题答案为 ABC。

72.【**解析**】BC。A 项,检察院进行羁押必要性审查是行使法律监督权的体现,与控审分离没有直接关系,A 项错误。

B 项,基于不告不理原则,法院审理时发现新的犯罪事实,不能直接对新发现的事实作出裁判。法院应当通知人民检察院,由其决定是否补充、变更、追加起诉或者补充侦查。B 项体现了控审分离的要求,正确。

C 项,强制医疗程序属于特别刑事诉讼程序,奉行控审分离的不告不理原则,若没有检察院向法院提出申请或者公诉,法院不可以主动启动强制医疗程序。本题中,检察院向法院提起公诉,法院经过审理后才对丙依职权作出强制医疗决定,这体现了控审分离的要求,C 项正确。

D 项,检察院认为法院的减刑裁定不当,有权提出纠正意见,这是检察院行使法律监督权的体现,与控审分离没有直接关系,D 项错误。

综上所述,本题答案为 BC。

73.【**解析**】BD。A 项,对于一人犯数罪的案件,被告人只对其中一部分犯罪认罪认罚的,对其全案不适用认罪认罚从宽制度。但是,考虑到被告人毕竟对一部分犯罪坦白认罪,对这部分犯罪可以酌情从轻处罚。A 项中,甲只认其中一罪,对甲全案不得适用认罪认罚从宽原则,但法院可以酌情对甲认罪的部分从轻处罚,A 错误。

B 项,对于被告人认罪认罚案件,是"可以"而非"应当"从宽处罚。对于犯罪极度恶劣的被告人,即便其认罪认罚,也可依法不予从宽处罚。B 正确。

C 项,认罪认罚从宽原则可以适用于侦查、起诉、审判各阶段,C 项说认罪认罚从宽原则只能适用于某一诉讼阶段是错误的。

D 项,被告人在审前阶段不认罪认罚,审判阶段认罪认罚的,可以适用认罪认罚从宽制度。但被告人在审前阶段认罪认罚,审判阶段不认罪认罚的,不得适用认罪认罚从宽制度。D 项中,被告人到了审判阶段不认罪认罚的,对其不再适用认罪认罚从宽制度,法官应当根据在案证据依法作出裁判,D 正确。

综上所述,本题答案为 BD。

74.【**解析**】BD。A 项,认罪认罚从宽原则适用于侦查、起诉、审判各诉讼阶段,因此,公安机关在侦查阶段没有适用认罪认罚从宽制度,检察院在审查起诉阶段仍应开展认罪认罚工作。但是,检察院开展认罪认罚工作并不是在配合公安机关,而是检察院在审查起诉阶段的法定职责。换言之,不论犯罪嫌疑人在侦查阶段是否认罪认罚,检察院在审查起诉阶段均应依法对其适用认罪认罚从宽制度,A 项错误。

B 项,在认罪认罚案件中,对于检察院提出的量刑建议,法院一般应当采纳,但并不绝对。如果法院认为检察院提出的量刑建议明显不当,有权依法独立作出裁判,这体现了法院通过审判程序对检察院公诉案件的制约,B 正确。

C 项,分工负责、互相配合、互相制约原则体现公安机关、检察院和法院之间的工作关系,而法律援助机构属于司法行政机关(司法局、司法厅),其向看守所或者其他机关派驻值班律师与分工负责、互相配合、互相制约原则没有关系,C 错误。

D 项,认罪认罚从宽原则贯穿刑事诉讼全过程,要求公安机关在侦查阶段、检察院在审查起诉阶段,法院在审判阶段都要分别适用认罪认罚从宽制度,这体现了公安机关、检察院和法院的分工负责,D 正确。

综上所述,本题答案为 BD。

75.【**解析**】AB。A 项,未成年人涉嫌犯罪,在审查起诉阶段自愿认罪认罚,其法定代理人或者辩护人对认罪认罚有异议的,未成年犯罪嫌疑人无须签署认罪认罚具结书,但不影响对其从宽处罚。本题中,甲系未成年人,在审查起诉阶段认罪认罚,其父大甲对认罪认罚有异议,甲可不签署认罪认罚具结书,但对甲仍可适用认罪认罚从宽制度,A 项正确。

B 项,自愿认罪、真诚悔罪是适用认罪认罚从宽制度的重要前提,若犯罪嫌疑人、被告人表面认罪认罚,却没有悔罪表现,不能适用认罪认罚从宽制度。本题中,乙故意杀死丙,但不后悔杀丙,属于没有悔罪表现,对乙不得适用认罪认罚从宽制度,B 项正确。

C 项,是否认罚,需要结合犯罪嫌疑人、被告人退赃退赔的态度考虑。如果被告人有能力赔偿而拒不赔偿,或者嘴上说赔但没有实际行动,不能理解为"认罚"。但是,如果犯罪嫌疑人、被告人认罪认罚,但没有退赃退赔、赔偿损失,未能与被害方达成调解或者和解协议,从宽时应当予以酌减。本项中,丁认罪认罚,但认为被害人也有过错不同意全额赔偿,这不属于故意转移财产,有赔偿能力而不赔偿损失的情形,对丁仍可适用认罪认罚从宽制度,但对其从宽时应当予以酌减。因此,C 项说对丁不能适用认罪认罚从宽制度是错误的。

D 项,被告人拥有程序选择权,即便被告人认罪认罚,也可以不同意适用简易程序或者速裁程序,对被告人仍可适用认罪认罚从宽制度。因此,D 项说被告人戊认罪认罚,应当适用速裁程序过于绝对,是错误的。

综上所述,本题答案为 AB。

76.【解析】AD。A 项,在检察院中,检察官、检察长、检察委员会各司其职,在各自的职权范围内,均可对一定的办案事项做决定并承担相应的司法责任,A 项正确。

B 项,检察院办理刑事案件,可以由 2 名以上的检察官组成办案组,检察长应指定 1 名检察官作为主办检察官。可见主办检察官由检察长指定,但并非应当由检察长或副检察长主办,B 项错误。

C 项,以检察院名义制发的法律文书,应当由检察长签发,检察长不可授权检察官签发,C 项错误。

D 项,在我国上下级检察院是领导与被领导的关系,因此,上级检察院发现下级检察院不起诉决定确有错误的,有权撤销下级检察院的不起诉决定,D 项正确。

综上所述,本题答案为 AD。

77.【解析】AD。A 项,物证是以其物质属性、外部特征、存在状态来证明案件事实的材料。本题中,甲所穿的假警服系其实施招摇撞骗罪的犯罪工具,可以用该警服的外部特征和存在状态证明案件事实,属于物证,A 项正确。

B 项,根据关联性证据规则的要求,证据应当和案件事实存在客观联系,一般认为,被害人的过往以及身份和案件没有关联性。本题中,甲通过手机约失足妇女乙并对其实施招摇撞骗,乙系甲明确的侵害对象。此时不能因为乙的“失足妇女”身份而对甲从宽处罚,换言之,被害人的身份与对甲从宽处罚没有相关性,不能作为对甲从宽量刑的证据,B 项错误。

C 项,带有警察字样的钱包是甲实施招摇撞骗罪的犯罪工具,是用钱包的外形特征来证明案件事实,属于物证。可能有的考生会想,钱包上写着“警察”,这应该是书证吧?其实不然,甲并非用“警察”两个字来实施招摇撞骗,而是用长得像人民警察证的钱包来实施招摇撞骗,甲是用该钱包的外形特征来证明其警察身份。试想,若甲在一张 A4 纸上写“警察”二字,乙会相信他是警察吗?是故,该带有警察字样的钱包系物证,C 项错误。

D 项,电子数据是案件发生过程中形成的,以数字化形式存储、处理、传输的,能够证明案件事实的数据。譬如通过手机、电脑传输、储存的聊天记录,电子邮件,电子数据交换等均为电子数据。本题中,甲与乙通过手机进行网络聊天,相关记录属于电子数据,D 项正确。

综上所述,本题答案为 AD。

78.【解析】AB。A 项,王某未经批准多次去外地旅游,违反了取保候审期间应当遵守的法定义务,某县公安机关有权决定没收王某交纳的 10,000 元保证金,同时有权责令王某重新交纳 8000 元保证金,A 正确。

B 项,如 A 项所释,犯罪嫌疑人在取保候审期间若违反了法定义务,侦查机关可以视情况决定没收保证金,同时还可以责令犯罪嫌疑人重新交纳保证金。显然,不论是决定没收保证金还是责令重新交纳保证金,取保候审一直处于适用中。因此,侦查机关即便责令王某重新交纳保证金,对王某的取保候审期间也应当连续或者累计计算,B 正确。

C 项,对犯罪嫌疑人取保候审,不得同时适用保证人保证和保证金保证,C 错误。

D 项,对犯罪嫌疑人取保候审,侦查机关可以视情况决定让犯罪嫌疑人将护照、驾照等身份证件上交。但若公安机关没有作出相关决定,则犯罪嫌疑人无须上交。本题中,某县公安机关没有作出令王某上交驾照的决定,王某无须上交驾驶证,D 错误。

综上所述,本题答案为 AB。

79.【解析】AD。(1)合理原则的子原则之一比例原则要求行政机关在可以采用多种方式实现某一行政目的的情况下,采用对当事人权益损害最小的方式。就行政处罚而言,其表现在“能不罚,则不罚;能少罚,则少罚”上。本题法院认为处罚过重,将罚款 10 万元改为 3 万元,体现了比例原则,自然也就体现了合理行政原则,A 项正确。

(2)B 项,行政执法优益权指的是行政执法机关在行使执法权时,依法享有法定的行政优益权,即执法权具有优先行使和实现的效力,而协商并不是执法优益权的体现,故 B 项错误。对于 D 项,中华法系一直传承着情与法融于一体的传统,权衡法理情理,使“上不违于法意,下不拂于人情”,故 D 项正确。

(3)《广告法》的性质是法律,只有全国人大或全国人大常委会制定的法律才可被命名为“法”,C 项错误。

综上所述,本题答案为 AD。

80.【解析】BCD。(1)市政建设管理部门授予甲公司城市管道燃气独占专营权是行政机关为公共利益行使管理权的表现,属于行政许可,并不是民事行为,故 A 项错误,D 项正确。

(2)首先需要理解甲公司获得的是独占专营权(以下简称 1 号许可)。由于市政建设管理部门“一物二卖”,即在甲公司独占专营权存续期间,让乙公司中标城市管道燃气项目招标方案(以下简称 2 号许可),故具有公平竞争关系且具有行政法上的法律利害关系的甲公司自然有权起诉。在甲公司起诉的时候,如果 2 号许可因为“一物二卖”被撤销,2 号许可的相对人乙公司的利益自然会受到影响,所以,乙公司可为该案件的第三人,故 B 项正确。

(3)根据信赖利益保护原则,非因法定事由并经法定程序,行政机关不得撤销、变更已经生效的行政决定。行政机关朝令夕改,会破坏法律的安定性,导致人民无所适从,无法理性地安排自己的生活、处分自己的权利,故 C 项正确。

综上,本题答案为 BCD。

81.【解析】CD。(1)本题最根本的做题前提是判断《关于在市场监管领域全面推行部门联合“双随机、一公开”监管的意见》(本题解析以下简称《意见》)的法律性质,其为国务院制定的其他规范性文件,判断方法如下:第一,行政法规的名称一般称“条例”,也可以称“规定”“办法”等。国务院根据全国人民代表大会及其常务委员会的授权决定制定的行政法规,称"暂行条例"或者"暂行规定"。而《意见》从文件名称上可以判断它的性质不是行政法规,只能是其他规范性文件。第二,行政法规会以国务院令公布施行,比如,行政法规《食品安全法实施条例》,其文件编号为国令第 721 号,而《意见》编号为"国发〔2019〕5 号",文件编号中的"发"字即说明其性质并非行政法规,只能是其他规范性文件。综上,B 选项错误。

(2)既然《意见》的性质为其他规范性文件,则不可表达为"作为法官裁判的依据",法律和法规是法官裁判的依据,规章是法官裁判的参照,其他规范性文件是法官裁判的参考,所以,A 选项错误。

(3)《规章制定程序条例》第 3 条第 2 款规定:"没有法律或者国务院的行政法规、决定、命令的依据,部门规章不得设定减损公民、法人和其他组织权利或者增加其义务的规范,不得增加本部门的权力或者减少本部门的法定职责。没有法律、行政法规、地方性法规的依据,地方政府规章不得设定减损公民、法人和其他组织权利或者增加其义务的规范。"可见,部门规章制定的依据为"法律或者国务院的行政法规、决定、命令",其中,国务院的决定和命令即为国务院制定的其他规范性文件,C 选项正确。

(4)《行政诉讼法》并没有将全部抽象行政行为纳入行政诉讼附带性审查范围,允许附带性审查的只有其他规范性文件(国务院制定的其他规范性文件除外)。国务院制定的其他规范性文件由于制定主体的特殊身份不允许审查,要排除出来,所以,D 选项正确。

综上,本题答案为 CD。

82.【解析】BCD。(1)本题 A 项实际上是宪法题目。地方政府规章的制定主体分为两类:一是省、自治区、直辖市的人民政府;二是设区的市、自治州的人民政府。设区的市、自治州的人民政府制定规章权限小,限于制定城乡建设与管理、生态文明建设、历史文化保护、基层治理等方面事项的规章。本题所涉及的垃圾分类属于"生态文明建设"事项,并没有超出地方政府规章立法事项的范围,故 A 项错误。

(2)地方政府规章签署公布后,及时在本级人民政府公报和中国政府法制信息网以及在本行政区域范围内发行的报纸上刊载,故 B 项正确。

(3)本题 C 项实际上是宪法题目。根据《立法法》"备案找上级"的要求,市政府上级机关自然包括省政府,所以该规章应当报甲省政府备案,故 C 项正确。同时,应当注意,市政府的规章还应当报送省人大常委会和国务院等主体备案,但本题 C 项并没有排除这些主体,C 项虽然没有完全罗列出市政府规章备案的所有对象,但这样的表述是没有问题的。

(4)规章可以设定的处罚类型只有警告、通报批评与一定数额罚款。部门规章的罚款限额应当由国务院规定,而地方政府规章的罚款限额应由其所在的省级人大常委会决定,故 D 项正确。2020 年、2021 年法考客观题命题学科融合的趋势较为明显,有些题目甚至很难划分学科,比如本题。

综上,本题答案为 BCD。

83.【解析】BCD。行政强制措施,是为了制止违法行为、防止证据损毁、避免危害发生、控制危险扩大而采取的行为。强制措施的目的有两类:第一类目的是维护行政秩序,将"场面控制住",对违法行为予以当场制止,避免危险发生和控制危险扩大,是一种面向未来的具有预防性的行为。本题中,B 项约束行为的目的在于防止醉酒的武某对自身或者他人造成危险;C 项是为了防止未经检验检疫的猪肉流入市场销售影响民众的身体健康而进行的扣押;D 项扣押行为的目的在于防止当事人转移财物,有利于后续行政决定的执行。B、C、D 三个选项的行为从目的上完全符合行政强制措施制止与预防的特点,因此上述三个行为均属于行政强制措施。第二类目的是防止证据损毁灭失,实现证据的固定与保存。在《治安管理处罚法》中,就有为了保存证据而采取的强制措施,例如强制检查、强制传唤和强制扣押等,本题选项中没有出现这类强制措施。

A 项暂扣驾驶证 6 个月为行政处罚,是确定当事人违法后对当事人的一种制裁,行为性质属于行政处罚。同时,该行为明确了 6 个月的期限,符合处罚明确性的特点。行政强制措施在作出时往往不会告知行为期限,只要目的实现了,行政强制措施自然会解除。

综上,本题答案为 BCD。

84.【解析】BCD。(1)对于涉及商业秘密、个人隐私的信息,行政机关应当书面征求第三方意见,第三方应当自收到征求意见书之日起 15 个工作日内提出意见;第三方逾期未提出意见的,由行政机关依照《政府信息公开条例》的规定权衡判断是否公开。此处,既不是视为拒绝,也不是视为同意,而是由行政机关权衡判断,因为此时行政机关需要平衡申请人和第三方两方利益。知情权和隐私权或商业秘密权之间没有公式般孰优孰劣的关系,行政机关只能结合具体的案情作出权衡判断,如果认为知情权更值得保护,则应予以公开,反之,则应不公开,故 A 项错误。

(2)涉及商业秘密的信息并非绝对不能公开,只是原则上不得公开,但以下情形除外:第一,经权利人同意公开;第二,行政机关认为不公开可能对公共利益造成重大影响。本题中,行政机关在既未书面征求第三方意见,也未判断是否存在公共利益的情况下,直接以涉及商业秘密为由拒绝公开的做法在程序上和实体上都是违法的,故 B 项正确。

(3)根据《行政复议法》的规定,对于政府信息公开中的行政机关的所有不作为行为,无论是积极不作为的不予公开,还是消极不作为的未依法履行公开义务或者不予答复,当事人均应当先申请行政复议才能够提起行政诉讼,故 C 项正确。背后的法理在于,信息公开案件的案件量极大,通过复议前置的模式,引导当事人在行政复议阶段化解纠纷,发挥行政复议化解行政争议的主渠道作用。

(4)为了防止在申请资格放开后,一些"匿名"申请人滥用权利胡乱申请,进而浪费有限的行政资源,要求所有申请人均提供身份证明,故D项正确。

综上,本题答案为BCD。

85.【解析】AB。(1)对于数量、频次明显超过合理范围的信息公开申请,行政机关是有权要求申请人说明理由的,所以,A选项正确。

(2)为防止申请人滥用申请权,《政府信息公开条例》中规定,申请公开政府信息的数量、频次明显超过合理范围的,行政机关可以收取信息处理费。所以,针对连续55次申请公开防汛信息的李某可以收取相应信息处理费用。所以,B选项正确,C选项错误。

(3)多个申请人就相同政府信息向同一行政机关提出公开申请,且该政府信息属于可以公开的,行政机关可以纳入主动公开的范围,而不是一个申请人申请多次就可以转化为主动公开。D选项错误。

综上,本题答案为AB。

三、不定项选择题

86.【解析】CD。全面依法治国是一个系统工程,包括立法、执法、司法、守法、法律监督等步骤,为加强各个步骤之间的统筹协调,防止各个环节各自为政,更好地推进全面依法治国,必须把党的领导贯彻到全面依法治国的全过程,必须加强党对全面依法治国的集中统一领导,据此,中央全面依法治国委员会应运而生。故,A、B选项内容均正确。个案的判决只能由人民法院决定。C选项错误。中央全面依法治国委员会的成立,有助于发挥党的政策和法律的各自优势,加强二者的衔接。但是,为了坚持党的领导,应当将党的政策转化为法律,而不是将法律转化为党的政策。D选项错误。

综上可知,本题答案为CD。

87.【解析】ABC。特别行政区原有的法律不与基本法相抵触的,或者经过特别行政区立法机关依法定程序修改的,可以予以保留,A项正确。《国籍法》属于列入附件三的全国性法律,可以在特别行政区适用,B项正确。基本法在特别行政区具有最高效力,特区的任何法律、法令、行政法规和其他规范性法律文件都不得与基本法相抵触,C项正确。全国性法律除列入基本法附件三的,不在特别行政区实行,D项错误。

综上可知,本题答案为ABC。

88.【解析】BCD。监察委员会主任由本级人大选举产生,副主任和委员由主任提名,本级人大常委会任免,A项错误。监察委员会不需要向本级人大及其常委会作工作报告,但是,各级人大常委会有权听取本级监察委员会的专项工作报告。B选项正确。《监察法》第4条第1款和第2款规定:"监察委员会依照法律规定独立行使监察权,不受行政机关、社会团体和个人的干涉。监察机关办理职务违法和职务犯罪案件,应当与审判机关、检察机关、执法部门互相配合,互相制约。"C选项正确。国家监察委有权根据宪法和法律制定监察法规。D选项正确。

综上可知,本题答案为BCD。

89.【解析】BD。《监察法》第10条规定:"国家监察委员会领导地方各级监察委员会的工作,上级监察委员会领导下级监察委员会的工作。"因此,上下级监察委之间是领导关系,并非监督关系。故A项错误。根据我国《宪法》和相关国家机关组织法的规定,法院、检察院和监察委员会均属于人大之下平行设置的国家机关,均只在县级以上设立,其人员的产生方式也基本相同。因此监察委主任由本级人大选举,副主任和委员由主任提请同级人大常委会任免。每届人大任期是5年,因此由人大选举产生的相应官员的任期也需要和人大保持一致,均为5年。并且在我国的监察系统中,只有最高监察机关,即国家监察委的主任有连续任职不得超过两届的限制,其余监察委主任均没有连任限制。故B项正确。C选项错误,根据全国人大常委会的授权,只有国家监察委有权制定监察法规(效力等级相当于行政法规),也就是说,地方监察委是没有监察法规的制定权的。D选项正确,监察委上下级为领导关系,因此在办理监察事项时,上级监察委对下级监察委绝对指挥,上命下从,当然可以办理下级管辖的案件。《监察法》第16条第2款规定:"上级监察机关可以办理下一级监察机关管辖范围内的监察事项,必要时也可以办理所辖各级监察机关管辖范围内的监察事项。"

综上所述,本题答案为BD。

90.【解析】BCD。《村委会组织法》第5条第1款规定:"乡、民族乡、镇的人民政府……不得干预依法属于村民自治范围内的事项。"第36条第2款规定:"村民委员会不依照法律、法规的规定履行法定义务的,由乡、民族乡、镇的人民政府责令改正。"征地补偿分配方案属于村民自治范围内的事项,所以乡镇政府对于村委会的违法方案,应当责令改正。故A选项错误。《村委会组织法》第36条第1款规定:"村民委员会或者村民委员会成员作出的决定侵害村民合法权益的,受侵害的村民可以申请人民法院予以撤销,责任人依法承担法律责任。"故B选项正确。

凡事关全体村民利益的事项必须由村民会议决定;村民会议也可以授权村民代表会议决定,但不能授权村委会决定。《村委会组织法》第24条第1款规定:"涉及村民利益的下列事项,经村民会议讨论决定方可办理……(七)征地补偿费的使用、分配方案……"第23条规定:"村民会议审议村民委员会的年度工作报告,评议村民委员会成员的工作;有权撤销或者变更村民委员会不适当的决定;有权撤销或者变更村民代表会议不适当的决定。村民会议可以授权村民代表会议审议村民委员会的年度工作报告,评议村民委员会成员的工作,撤销或者变更村民委员会不适当的决定。"故CD选项均正确。

综上所述,本题答案为BCD。

91.【解析】ABCD。1982年《宪法》第18条规定:"中华人民共和国允许外国的企业和其他经济组织或者个人依照中华人民共和国法律的规定在中国投资,同中国的企业或者其他经济组织进行各种形式的经济合作。在中国境内的外国企业和其他外国经济组织以及中外合资经营的企业，都必须遵守中华人民共和国的法律。它们的合法的权利和利益受中华人民共和国法律的保护。”故B选项正确。

1993年《宪法》，将“坚持改革开放”写入宪法序言，故D选项正确。

2018年《宪法》在序言第十二自然段增加“坚持和平发展道路，坚持互利共赢开放战略”，故C选项正确。

《外商投资法》的立法依据是《宪法》。《外商投资法》根据《宪法》制定，对外商投资的准入、促进、保护、管理等作出了统一规定，充分体现了宪法精神特别是2018年《宪法修正案》“贯彻新发展理念”“坚持互利共赢开放战略”的精神，是对《宪法》第18条规定进行的创新性、拓展性实践，符合人民期待、发展规律和时代要求，符合宪法规定和精神，体现了宪法的适应性。故A项正确。

综上可知，本题答案为ABCD。

92.【解析】ABC。A项，第一，玩忽职守罪，是指国家机关工作人员玩忽职守，致使公共财产、国家和人民利益遭受重大损失的行为。该罪是过失犯罪，是许多过失型渎职犯罪的兜底罪名。第二，司法工作人员因过失致使故意杀人犯未被起诉，不构成徇私枉法罪，因为该罪是故意犯罪。但是，这种过失行为导致故意杀人犯未被起诉，这种结局已经属于严重后果，属于致使国家和人民利益遭受重大损失的行为，构成玩忽职守罪。换言之，不用考虑杀人犯又杀人，仅就使杀人犯未被起诉而言，就已经属于严重后果了。A项正确。

B项，第一，帮助犯罪分子逃避处罚罪（第417条），是指有查禁犯罪活动职责的国家机关工作人员，向犯罪分子通风报信、提供便利，帮助犯罪分子逃避处罚的行为。第二，办案人员同时构成徇私枉法罪。若犯罪分子本应受到重罪追诉，但办案人员利用职权帮助犯罪人获得轻罪追诉，则办案人员构成徇私枉法罪。办案人员同时构成两罪，想象竞合，择一重罪论处。这两罪是交叉重合关系。B项正确。

C项，为境外窃取、刺探、收买、非法提供国家秘密、情报罪（《刑法》第111条）与故意泄露国家秘密罪（《刑法》第398条）的比较。前者是危害国家安全犯罪；后者是渎职犯罪一章的罪名，但是，国家机关工作人员和非国家机关工作人员均可以构成该罪。

两罪的区别是：二者在对接受方的范围上要求不同。为境外窃取、刺探、收买、非法提供国家秘密、情报罪要求为境外机构、人员。故意泄露国家秘密罪只要求故意泄露就行，至于泄露给谁，不作要求，既可以是境外机构、人员，也可以是境内机构、人员。当故意泄露给境外机构、人员时，同时触犯两罪，想象竞合，择一重罪论处。C项说法正确。

D项，国家机关工作人员既受贿，又渎职，原则上数罪并罚，但是有个例外，也即《刑法》第399条第4款规定的，司法工作人员收受贿赂，有前三款行为的（徇私枉法罪，民事、行政枉法裁判罪，执行判决、裁定失职罪，执行判决、裁定滥用职权罪），同时又构成受贿罪的，择一重罪论处。因此，D项说法错误。

综上所述，本题答案为ABC。

93.【解析】ABD。A项，破坏交通设施罪中的“破坏”既包括物理性毁损，也包括妨害交通设施的道路通行功能。甲的行为虽然没有导致路面毁损，但是妨害了公路的通行功能，并且严重危害了道路公共安全，构成破坏交通设施罪。

B项，乙的行为制造了重大的公共危险，严重程度与放火罪等具有相当性，因此构成以危险方法危害公共安全罪。该罪是具体危险犯，成立该罪只要求造成具体危险，不要求造成实害结果。只造成具体危险时，适用《刑法》第114条的规定。

C项，根据当年司法解释的规定，高空抛物构成以危险方法危害公共安全罪，但不是一切高空抛物行为均构成该罪，因为该罪是具体危险犯，成立该罪只要求造成具体危险。由于四下无人，丙的行为只造成了抽象危险，没有造成具体危险，因此不构成该罪，但构成故意毁坏财物罪。

提示：2021年《刑法修正案（十一）》增设了高空抛物罪。成立该罪要求情节严重。由于四下无人，对人没有危险性，因此不属于情节严重，丙不构成高空抛物罪，但仍构成故意毁坏财物罪。

D项，丁的行为对公共安全制造了具体危险，因此构成以危险方法危害公共安全罪。该罪的成立条件是制造具体危险（现实紧迫危险），既遂条件是造成实害结果。

综上所述，本题答案为ABD。

94.【解析】AB。A项，行为模型：犯罪行为→中止行为（救助行为）→介入因素→实害结果发生。发生了实害结果，首先判断犯罪是否既遂。对此需要判断犯罪行为与实害结果之间有无因果关系。

第一步，介入因素是摔倒行为，比较异常。第二步，介入因素（摔倒）与先前犯罪行为（重伤）对死亡的作用都大，属于二因一果。由于死亡结果与先前的杀害行为有因果关系，杀害行为构成故意杀人罪既遂。这表明，虽然宋某实施了中止行为、救助行为，但是该中止行为没有实际的有效性，因此不能成立犯罪中止。该中止行为、救助行为只能作为普通的量刑情节考虑。因此，A项说法正确。

B项，假如因果关系认定为后因一果，也即死亡结果与先前杀人行为没有因果关系，与后面的介入因素（摔倒）有因果关系，那么故意杀人罪构成犯罪中止，介入因素构成过失致人死亡罪，然后并罚。即使如此认定，宋某也要对刘某的死亡负责（过失致人死亡罪）。因此，B项说法正确。

C项，《刑法》第24条第2款规定：“对于中止犯，没有造成损害的，应当免除处罚；造成损害的，应当减轻处罚。”其中的损害结果是指前面的犯罪行为导致的结果，而不是指中止行为导致的结果。由于宋某不构成犯罪中止,故不存在适用该款规定的问题。

D 项,由于客观上,宋某的杀害行为与刘某的最终死亡有因果关系,宋某构成故意杀人罪既遂。此时,主观上,宋某对具体的因果流程有无认识错误,并不重要。

综上所述,本题答案为 AB。

95.【解析】ACD。A 正确。根据最高人民法院、最高人民检察院、公安部、司法部印发的《关于依法惩治妨害新型冠状病毒感染肺炎疫情防控违法犯罪的意见》,在疫情防控期间,生产、销售伪劣的防治、防护产品、物资,或者生产、销售用于防治新型冠状病毒感染肺炎的假药、劣药,符合《刑法》第 140、141、142 条规定的,以生产、销售伪劣产品罪,生产、销售假药罪或者生产、销售劣药罪定罪处罚。该选项中,甲大量生产、销售不符合国家标准、行业标准的 KN95 防尘口罩,依法构成生产、销售伪劣产品罪。

B 错误。甲明知乙实施金融诈骗行为,仍然协助乙将犯罪所得资金汇往境外,甲的行为既构成洗钱罪又构成掩饰、隐瞒犯罪所得罪。洗钱罪与掩饰、隐瞒犯罪所得、犯罪所得收益罪属于特殊犯罪与一般犯罪的关系,也即触犯洗钱罪的行为也必然构成掩饰、隐瞒犯罪所得罪。因此,甲构成洗钱罪和掩饰、隐瞒犯罪所得罪的法条竞合,而不是想象竞合。

C 正确。非法吸收公众存款罪的对象是公众,即社会上不特定的人,不包括自己的亲朋好友。甲仅在自己的亲友与科室同事之间吸收存款,其影响的范围有限,甲的行为不构成非法吸收公众存款罪。

D 正确。刑法将虚开增值税专用发票规定为犯罪,主要是为了惩治那些为自己或他人偷逃、骗取国家税款而虚开增值税专用发票的行为。对于确有证据证实行为人主观上不具有偷、骗税目的,客观上也不会造成国家税款流失的虚开增值税专用发票行为,不以虚开增值税专用发票罪论处;构成其他犯罪的,以其他犯罪定罪处罚。甲虚开增值税专用发票的目的在于虚构公司业务量,其并没有抵扣税款,没有对国家税款流失造成影响,因此,甲不构成虚开增值税专用发票罪。

综上所述,本题答案为 ACD。

96.【解析】BD。在我国,检察院作为法律监督机关,应当对已被逮捕的犯罪嫌疑人、被告人进行羁押必要性审查,若发现犯罪嫌疑人、被告人存在"预中从过防初小,老和病孕认唯一"情形,可以向办案机关提出释放或者变更强制措施的建议。这些情形具体来说包括:(1)预备犯或者中止犯;(2)共同犯罪中的从犯或者胁从犯;(3)过失犯罪的;(4)防卫过当或者避险过当的;(5)主观恶性较小的初犯;(6)系未成年人或者已满 75 周岁的人;(7)与被害方依法自愿达成和解协议或者获得被害方谅解的;(8)已经或者部分履行赔偿义务或者提供担保的;(9)认罪认罚的;(10)患有严重疾病、生活不能自理的;(11)怀孕或者正在哺乳自己婴儿的妇女;(12)系未成年人或生活不能自理的人的唯一扶养人;(13)可能被判处一年以下有期徒刑或者宣告缓刑的;(14)其他不予羁押不致发生社会危险性的情形。在这些情形中请注意:①初犯,需要主观恶性小。主观恶性大的初犯不符合。②小,指不满 18 周岁。老,指已满 75 周岁。③达成和解的,必须已履行或者提供担保。④患病的,必须达到生活不能自理程度。

本题中,BD 项符合。A 项,被告人未达 75 周岁,错误。C 项,和解后未履行或者提供担保,错误。

综上所述,本题答案为 BD。

97.【解析】ABC。本题考查应当批准逮捕的社会危险性因素。

《刑事诉讼法》第 81 条规定:"对有证据证明有犯罪事实,可能判处徒刑以上刑罚的犯罪嫌疑人、被告人,采取取保候审尚不足以防止发生下列社会危险性的,应当予以逮捕:(一)可能实施新的犯罪的;(二)有危害国家安全、公共安全或者社会秩序的现实危险的;(三)可能毁灭、伪造证据,干扰证人作证或者串供的;(四)可能对被害人、举报人、控告人实施打击报复的;(五)企图自杀或者逃跑的……对有证据证明有犯罪事实,可能判处十年有期徒刑以上刑罚的,或者有证据证明有犯罪事实,可能判处徒刑以上刑罚,曾经故意犯罪或者身份不明的,应当予以逮捕……"

可将该法条精简为一句口诀:"再犯严重超十年,要死要跑毁证据,不知是谁曾故意,打击报复好危险。"

A 项中,犯罪嫌疑人多次盗窃,没有正当生活来源,如果不逮捕起来很有可能再次实施盗窃行为,具有"再犯"新罪的社会危险,应当批准逮捕,A 正确。

B 项中,犯罪嫌疑人涉嫌暴力犯罪,在被抓捕时仍然暴力抗拒,属于具有严重危害社会可能性的情形,应当批准逮捕,B 正确。

C 项中,一般而言,赌博、吸毒一旦上瘾很难戒除,犯罪嫌疑人存在很大的"再犯"可能,应当批准逮捕,C 正确。

D 项中,犯罪嫌疑人有能力提供数额较高的保证金,可以被取保候审。从选项中也看不出其具有再犯或者其他严重危害社会的可能性,这不属于应当批准逮捕的社会危险因素,D 错误。

综上所述,本题答案为 ABC。

98.【解析】D。A 项,实施技术侦查需要报设区的市一级以上公安机关批准,并非必须报省级公安机关批准,A 错误。

B 项,技术侦查措施必须经过严格的批准手续才能实施,如需变更技术侦查的对象和种类,需要重新办理报批手续。本项中,已经采取监听措施,若想实施跟踪措施,属于变更技术侦查措施种类,需要重新报请批准。B 项说无须再报请批准是错误的。

C 项,通过技术侦查措施获取的材料可以作为证据使用,如果这些材料涉及国家秘密,办案人员应当保密,若不宜在法庭上公开举证,法庭应当采取不暴露有关人员身份和技术侦查措施使用的技术设备、技术方法等保护措施。必要时,法庭可以在庭外对证据进行核实。可见,通过技术侦查获得的涉及国家秘密的证据仍需经过法庭调查,法庭可以采取相应的保密措施,C 项说相关证据“不得在审判中使用”是错误的。

D 项,为了有效打击犯罪,技术侦查措施不仅可以对犯罪嫌疑人适用,对与犯罪活动有直接关联的人也可以适用。在重大的毒品犯罪中,贩毒者涉嫌贩卖毒品罪,属于犯罪嫌疑人,经过严格的批准手续可以对其实施技术侦查措施。为了抓获贩毒者,买毒者属于与贩毒活动存在直接关联的人员,侦查机关对买毒者也可以实施技术侦查措施,D 正确。

综上所述,本题答案为 D。

99.【解析】AC。(1)法考中,复议前置的情形包括自然资源确权案件,其与本案最接近,但实际上,本案也是不满足的。首先,房屋并不是自然资源。其次,征收决定也不满足“给了别人”的要素,国家不是别人,给了别人是许可给了张三、登记给了李四、裁决土地给了甲公司这样的普通公民、法人或其他组织,所以,B、D 两项中“本案为复议前置案件”是错误的。

退一步讲,假设本案为复议前置案件,则当事人只能诉复议机关复议不作为,而不可直接对原行政行为提起行政诉讼。复议前置指的是应当经过复议,才可以起诉,经过行政复议是当事人起诉的前提条件。若原行为没有经过复议机关实体审查,不属于经过复议,所以不能诉原行为。

(2)本题为普通的复议不作为案件,当事人可以“择一告”。当事人对原具体行政行为不服提起诉讼的,应当以作出原具体行政行为的行政机关为被告;当事人对复议机关不作为不服提起诉讼的,应当以复议机关为被告。本案中,李某既能够以区政府为被告向法院提起行政诉讼起诉征收决定,又能够以市政府为被告向法院提起行政诉讼起诉复议不作为,故 A、C 两项正确。

综上,本题答案为 AC。

100.【解析】BCD。(1)根据《行政复议法》的规定,县公安局作出处罚决定,复议被申请人是县公安局,复议机关应是县政府,故 A 项正确。

(2)《治安管理处罚法》第 20 条规定:“违反治安管理有下列情形之一的,从重处罚:(一)有较严重后果的;(二)教唆、胁迫、诱骗他人违反治安管理的;(三)对报案人、控告人、举报人、证人打击报复的;(四)六个月内曾受过治安管理处罚的。”该法条没有规定受害人为未成年人时需要从重处罚,故 B 项错误。

(3)被处罚人不服拘留决定,可以向公安机关申请暂缓执行拘留,但要同时满足以下条件:第一,当事人已申请行政复议或提起行政诉讼;第二,当事人主动申请;第三,公安机关认为暂缓执行不致发生社会危险;第四,被处罚人或其近亲属提出符合条件的担保人,或按每日行政拘留 200 元的标准交纳保证金。申请暂缓执行拘留的后 3 个条件题干均未交代,所以方某不符合申请暂缓执行行政拘留的条件,故 C 项错误。

(4)方某砸伤的是未成年人小陈,所以与行政处罚有法律上利害关系的相关人是小陈,小陈可以为复议案件的第三人,只不过由于小陈是未成年人,需要由其法定代理人(比如父亲陈某或者母亲等)代为诉讼。因此复议第三人为小陈,而非其父亲陈某,故 D 项错误。

综上,本题答案为 BCD。

2020年国家统一法律职业资格考试(回忆版)

试卷二参考答案及解析

一、单项选择题

1.【解析】C。首先,孕妇A前往甲医院就诊,与甲医院形成医疗服务合同(无名合同)。因此,医务人员(医生)重大过失导致A身体受损,医疗机构(医院)的行为既违约(违反了医疗服务合同之约)又侵权(侵犯了孕妇A的身体权或健康权)。因此,孕妇A可以选择追究甲医院(医疗机构)的违约责任或侵权责任。

其次,涉及遗产继承、接受赠与等胎儿利益的保护时,胎儿视为具有民事权利能力。据此可知,娩出前,第三人实施侵害行为导致胎儿利益受损害的,胎儿视为具有民事权利能力(视为已出生),享有侵权损害赔偿请求权。本题中,甲医院重大过失导致胎儿B娩出时有残疾,法定代理人可以婴儿的名义提起侵权损害赔偿。据此可知,孕妇A和孩子B均可要求医院承担损害赔偿责任。故A、B项错误,C项说法正确。

最后,用人单位的工作人员因执行工作任务造成他人损害的,由用人单位承担侵权责任。用人单位承担侵权责任后,可以向故意或者有重大过失的工作人员追偿。本题中,医生和甲医院之间系单位用工关系,在执行职务中,医生重大过失导致他人损害的,依法由用人单位(甲医院)对外承担替代责任。承担责任后,甲医院可以向医生进行内部追偿,但对外,他人不得请求工作人员与用人单位承担连带责任。故D项说法错误,不当选。

综上所述,本题的正确答案为C。

2.【解析】C。监护与抚养不同,监护系上位概念,抚养系下位概念。监护职责有三项,分别是抚养、教育和保护。父母分居或者离婚的,不影响父母对子女的监护。父或者母之间系抚养权纠纷,而非监护权纠纷。

父母与子女间的关系,不因父母离婚而消除。离婚后,子女无论由父还是母直接抚养,仍是父母双方的子女。离婚后,父母对于子女仍有抚养、教育、保护的权利和义务。

本题中,虽然陆某和妻子离婚,但双方依然是儿子的监护人。故C项说法正确,当选;A、B、D项说法错误,不当选。

综上所述,本题的正确答案为C。

3.【解析】B。虚假的意思表示,又称虚伪表示或伪装表示,是指表意人与相对人通谋而为虚假的意思表示。因此,也可称为"通谋虚伪表示"。通谋虚伪表示以表意人与相对人的意思联络为核心,如果不存在通谋的意思联络,则不构成通谋虚伪表示。在实务中,通谋虚伪表示表现为"阴阳合同"。

行为人与相对人以虚假的意思表示实施的民事法律行为,即"阳合同",因违反意思自治原则而无效。本题中,甲乙二人为房屋过户备案事项签订的第二份合同为"阳合同"。该合同中关于"房屋价款200万元"的约定系虚假的意思表示,该部分约定无效,但不影响其他部分的效力。第二份合同部分有效,部分无效。

以虚假的意思表示隐藏的民事法律行为的效力,即"阴合同"的效力,依照有关法律规定处理。本题中,甲乙二人真实的意思表示系第一份房屋买卖合同,房屋价款500万元。该份合同完全符合有效民事法律行为的构成要件,即:(1)不违反法律、行政法规的效力性强制性规定;(2)不违背公序良俗;(3)主体具有相应的民事行为能力;(4)意思表示真实。因此,第一份合同合法有效。故B项说法正确,当选;A、C、D项说法错误,不当选。

综上所述,本题的正确答案为B。

4.【解析】D。A项中的关键词为"无权代理"。薛某系天雅公司的"法定代表人",其主体身份就已决定其行为系"代表行为"而绝对不会是"代理行为"。因此,薛某的行为与"无权代理"无涉。故A项说法错误,不当选。

B项中的关键词为"无效"。无效的民事法律行为共5类,即"强、公、主、意、恶",分别是:(1)违反法律、行政法规的效力性强制性规定的民事法律行为无效;(2)违背公序良俗的民事法律行为无效;(3)无民事行为能力人独立实施的民事法律行为无效;(4)行为人与相对人以虚假的意思表示实施的民事法律行为无效;(5)恶意串通损害他人合法权益的民事法律行为无效。本题中,薛某饮酒过量,陷入错误认识,签订的商务合同并不存在上述无效情形。故B项说法错误,不当选。

C项中的关键词为"乘人之危"。乘人之危属于旧概念,按《民法典》新的表述是"显失公平"。显失公平,是指一方利用对方处于危困状态(乘人之危)、缺乏判断能力等情形,致使民事法律行为成立时显失公平的,受损害方有权请求法院或仲裁机构予以撤销。当事人一方是自然人,根据该当事人的年龄、智力、知识、经验并结合交易的复杂程度,能够认定其对合同的性质、合同订立的法律后果或交易中存在的特定风险缺乏应有的认知能力的,法院可以认定该情形构成《民法典》第151条规定的"缺乏判断能力"。本题中,商务合同的对方并未"利用"天雅公司的法定代表人薛某处于危困状态而与之签订合同,且题干中的信息亦未表明合同成立时显失公平。故C项说法错误,不当选。

D项中关键词为“重大误解”。重大误解,是指行为人因对行为的性质,对方当事人,标的物的品种、质量、规格和数量等的错误认识,使行为的后果与自己的意思相悖,并造成较大损失。本题中,薛某饮酒过量,因自己的原因陷入错误认识,误将商务合同当作酒水单而签署系对行为性质的认识错误,属于重大误解。因此,商务合同可撤销。故D项说法正确,当选。

综上所述,本题的正确答案为D。

5.【解析】B。民事法律行为可以附条件,亦可以附期限。“附期限的民事法律行为”和“附条件的民事法律行为”的核心区别在于:所附事实确定会到来为“期限”,不确定为“条件”。本题中,廖某与史某以“廖某不在甲公司上班”为附款影响买卖合同的效力,而廖某是否会从甲公司离职系发生与否不确定的事实,因此属于“条件”而非“期限”。故C、D项错误,不当选。

附条件的民事法律行为,是指当事人在意思表示中附设条款指明一定条件,把条件的成就(发生或出现)与否作为民事法律行为效力发生或终止的依据。本题中,廖某和史某约定,如廖某不在甲公司上班,便将自己的公寓卖给史某,系附生效条件的房屋买卖合同。合同的主给付义务系交付房屋并移转房屋所有权而非“廖某不在甲公司上班”。故A项说法错误,不当选。

附条件的民事法律行为中,所附条件是否成就应由自然原因决定。当事人不得违反诚信原则,不正当地阻止或促成。如当事人为自己的利益不正当地促成条件成就,则视为条件不成就。本题中,史某为尽快购得该房屋,贿赂甲公司经理,让其辞退了廖某,属于不正当地促成条件成就,违反诚信原则。因此,应视为条件不成就。故B项说法正确,当选。

综上所述,本题的正确答案为B。

6.【解析】C。回答本题需要考量以下问题:刘女士和地铁公司两个被告是否需要承担赔偿责任?如何承担赔偿责任?需要考量的因素是否系二者均有过错?二者是否存在主观上的意思联络?是否构成共同侵权?因此,本题考点可以被锁定为“共同侵权”。

从数人分别侵权行为与损害后果之间的因果关系的“原因力”角度进行区分,可以将无意思联络的数人侵权行为区分为两类,分别是无意思联络的原因力竞合的数人侵权和无意思联络的原因力结合的数人侵权。其中,只有无意思联络的原因力竞合的数人侵权才属于共同侵权。

(1)原因力竞合。二人以上分别实施侵权行为造成同一损害,每个人的侵权行为都足以造成全部损害的,行为人承担连带责任。据此可知,原因力竞合的核心即每个人的侵权行为“都足以”造成全部损害。

(2)原因力结合。二人以上分别实施侵权行为造成同一损害,能够确定责任大小的,各自承担相应的责任;难以确定责任大小的,平均承担责任。据此可知,原因力结合的核心即每个人的侵权行为“都不足以”造成全部损害,只是各行为人的行为结合在一起才导致最终损害的发生。

本题中,刘女士边走边看手机,该行为显然具有法律意义上的过错。同时,地铁公司对于翘起的铁皮未及时发现及维修亦有过错。但是,二者的单独行为并不足以导致王女士的损害,而是二者的行为结合在一起导致王女士的损害。因此,二者构成无意思联络的原因力结合的数人侵权,二者对王女士承担按份责任。故C项说法正确,当选;A、B、D项说法错误,不当选。

综上所述,本题的正确答案为C。

7.【解析】C。基于继承而发生物权变动的,自继承开始时取得物权。本题中,甲父母去世后,甲(唯一继承人)即可取得房屋所有权,“未办理”过户手续,不影响甲取得房屋所有权。

基于物权法定的规则,不动产物权变动依“登记”。本题中,甲和乙在房屋买卖合同中约定“交付”即发生物权变动,违反法律的效力性强制性规定。因此,该部分约定无效。但是,该部分无效不影响其他部分的效力,房屋买卖合同部分有效部分无效。故A、B项均错误,不当选。同时,因甲一直未履行过户登记手续,房屋所有权没有转移。故C项说法正确,当选。D项说法错误,不当选。

综上所述,本题的正确答案为C。

8.【解析】B。首先,游乐园是否需要承担侵权责任?游乐园系娱乐场所的经营者、管理者,依法需要履行安全保障义务。本题中,身高1米,4周岁的邱小童完全符合游乐园的规定,付费玩耍跌倒受伤,游乐园存在过错,依法应当承担赔偿责任。

其次,邱天是否存在过错?邱天系邱小童的父亲,即第一顺序的法定监护人。游乐园蹦床玩耍的要求系6岁以下且身高不超过1.2米的儿童,邱小童(4周岁,身高1米)完全符合要求。邱天让邱小童参与蹦床玩耍并不存在过错。

最后,邱小童是否存在过错?邱小童属于受害人,年仅4周岁,系无民事行为能力人,不考虑其过错问题。

因此,对于邱小童的损害,依法应当由安保义务人游乐场承担赔偿责任。故B项说法正确,当选;A、C、D项说法错误,不当选。

综上所述,本题的正确答案为B。

9.【解析】C。根据法律是否赋予特定名称并设有规范,合同可分为有名合同和无名合同。有名合同,又称典型合同,是指在法律上已赋予名称并设有规范的合同;无名合同,又称非典型合同,是指在法律上尚未确定名称和规则的合同。本题中,甲和乙双方所达成的协议不属于《民法典》所规定的任何一类典型合同。因此,属于无名合同。

关于无名合同的法律适用,采“类推适用”规则。《民法典》或者其他法律没有明文规定的合同,适用《民法典》合同编通则的规定,并可以参照适用《民法典》合同编或者其他法律最相类似合同的规定。本题中,与甲乙双方所达成的协议最相类似的合同系"租赁合同",因此,可以参照适用《民法典》合同编关于租赁合同的规定。

根据甲乙双方的约定,乙给付租金的方式为每晚为甲的女儿辅导钢琴1小时,即采用"劳务"的方式给付对价。后乙不知所终,构成违约。但是,劳务之债(债的标的)不适于强制履行,因此,甲无奈只能由第三人替代履行,即聘请某音乐学院本科生为女儿辅导1个月。虽劳务之债不得强制履行,但是,甲可以请求乙负担由第三人替代履行的费用,即聘请本科生为女儿辅导1个月的费用2000元。且基于违约责任的填补性损害原理,违约方仅需弥补非违约方因违约方违约行为所造成的实际损失,即2000元。故C项说法正确,当选;A、B、D项说法错误,不当选。

综上所述,本题的正确答案为C。

10.【解析】A。本约,是指因履行预约而订立的合同。预约,是指约定将来订立一定合同的合同。当事人约定在将来一定期限内订立合同的认购书、订购书、预订书等,构成预约合同。当事人一方不履行预约合同约定的订立合同的义务的,对方可以请求其承担预约合同的违约责任。

据此可知,预约系与本约相互独立的两个合同。但是,二者存在"牵连关系"。当事人一方不履行预约合同约定的订立合同的义务的,对方可以请求其承担预约合同的违约责任,但是不得强制履行本约(因为预约合同的主给付义务系订立合同,而当事人是否履行订立合同的义务,无法强制执行)。

本题中,首先,甲公司和乙公司签订的合作意向书系为了将来一定期限内订立合作开发合同的本约。因此,合作意向书的性质为预约,具有法律约束力。故B项说法错误,不当选。其次,甲公司取得建设用地使用权后拒绝与乙公司签订合作开发合同(本约)构成对预约合同的违约,应当承担预约合同的违约责任,但是不得请求支付合作开发合同(本约)项下的违约金。故A项说法正确,当选;C项说法错误,不当选。最后,乙公司依合作意向书(预约)向甲公司支付了100万元"预付款",双方对于该"预付款"的性质既未明确约定为"定金",亦未约定罚则内容。因此,该100万元不属于定金,甲公司不应向乙公司"双倍"返还预付款。故D项说法错误,不当选。

综上所述,本题的正确答案为A。

11.【解析】C。根据是否严守合同相对性原理,将合同分为束己合同和涉他合同。束己合同,是指严格遵循合同相对性原理,合同中约定的权利义务关系仅限于当事人之间享有和承担,而不能及于第三人的合同。日常生活中的大部分合同均属于束己合同。最典型的束己合同即租赁合同。涉他合同,是指合同当事人在合同中约定了涉及第三人权利或义务的合同,包括向第三人履行债务的合同和由第三人履行债务的合同(当事人约定由第三人向债权人履行债务,第三人不履行债务或履行债务不符合约定的,债务人应当向债权人承担违约责任)。

本题中,古某和张某签订鸽子买卖合同,买方古某依约对卖方张某享有债权请求权,当卖方张某向买方古某履行主给付义务时,买方古某指示卖方张某向第三人古晓(5周岁)履行,系向第三人履行。据此,古某和张某之间的鸽子买卖合同系涉他合同中的利他合同,即给第三人古晓创设权利。

鸽子作为动产,当然适用所有权物权变动的规则。依物权法定原则,在法律没有特别规定的情况下,动产物权变动依"交付"。法律意义上的交付包括两个要件:(1)主观上具有转移所有权的意思;(2)客观上移转了标的物的直接占有(事实上的管领力)。本题中,张某基于买卖合同向第三人古晓(5周岁,无民事行为能力人)交付鸽子,即具有移转所有权的意思。但是,客观上,古晓因害怕"手一缩",鸽子飞了,即张某客观上对标的物鸽子的直接占有并未移转。因此,交付尚未完成。鸽子的所有权仍归卖方张某所有。故C项说法正确,当选。A、B、D项说法错误,不当选。

有考生从买卖合同的风险负担维度分析该案,结论是相同的。买卖合同背景下的"风险",是指不可归责于双方当事人的原因而导致标的物毁损、灭失的情形。其构成要件有二:(1)客观上标的物毁损、灭失;(2)主观上买卖双方均无过错。

本题中,客观上鸽子飞了,可以认为标的物灭失(当然,鸽子有可能飞回张某家,那所有权更归张某)。探讨的主要问题在于主观要件。首先,买方古某请求卖方张某将标的物鸽子交付第三人古晓,并不存在过错。同时,古晓5周岁,系无民事行为能力人,对其接鸽子因害怕"手一缩"的行为更不能进行价值评价为"有过错"。因此,应认为买方无过错。其次,卖方张某是否有过错?有两种分析路径,结论完全相同。路径一:卖方张某将标的物鸽子按照买方的请求向第三人履行不存在过错。依买卖合同下风险负担的"交付主义"原则,交付之前,风险由卖方承担,因张某客观上并未完成标的物直接占有的转移,风险由张某承担,鸽子的所有权归张某。路径二:卖方出卖动物鸽子应采取适当的措施防范鸽子飞走。本题中,卖方张某未采取任何防范措施,有过错。该分析路径表明本案和"买卖合同的风险负担"问题无关,而是一个纯粹的违约责任问题。因此,因卖方张某未完成交付,构成根本违约,鸽子所有权还是张某的。

据此,无论从哪种角度分析,鸽子的所有权均应归张某所有应无异议。

综上所述,本题的正确答案为C。

12.【解析】A。向第三人履行的合同,又称第三人利益合同,是指合同双方当事人为第三人设定了合同权利,由第三人取得利益的合同。

第三人利益合同系涉他合同,涉他合同是合同相对性原理的例外。涉他合同广泛出现在保险业、运输业、金融业等行业中,各国也逐渐通过判例或者法律明确承认涉他合同及其相应的效力。

根据第三人是否享有履行请求权,将第三人利益合同分为不真正利他合同和真正利他合同。

《民法典》第 522 条第 2 款新增真正利他合同制度。其特点在于虽然第三人并非合同的当事人,但是合同的效力可以拓展到非合同当事人的第三人,第三人可以取得独立的履行和违约责任请求权。

本题中,甲(买方)与乙(卖方)签订钢材买卖合同,约定丙(第三人)可以直接请求乙(债务人)向其履行,丙(第三人)对此知情且未拒绝。因此,丙(第三人)基于甲(债权人)与乙(债务人)之间的约定取得了独立的请求权,即丙(第三人)可以请求乙(债务人)向其履行 100 吨钢材,如乙(债务人)不交付(不履行),丙(第三人)可以直接追究乙(债务人)的违约责任。当然,乙(债务人)基于买卖合同对甲(债权人)的抗辩,可以向丙(第三人)主张。故 A 项说法正确,当选;C、D 项说法错误,不当选。

在真正利他合同中,虽然丙(第三人)取得独立的请求权,但并不会导致合同直接当事人甲(债权人/买方)丧失相应的权利和义务。如乙(债务人/卖方)不交付(不履行)100 吨钢材,甲亦可追究乙的违约责任。故 B 项说法错误,不当选。

综上所述,本题的正确答案为 A。

13.【解析】B。基于债的相对性原理,债权人免除债务人的债务需向债务人作出意思表示而非向债务人以外的第三人作出。本题中,李某(债务人)欠王某(债权人)5 万元,如债权人王某欲免除债务人李某的全部或部分债务,应向李某作出意思表示而非赵某。故 A 项说法错误,不当选;B 项说法正确,当选。

关于债务免除的性质,理论上有三种学说,分别是:(1)契约说(如法国、德国);(2)单方行为说(如日本);(3)修正的单方行为说(如意大利)。

根据《民法典》第 575 条的规定,债权人免除债务人部分或全部债务的,债权债务部分或者全部终止,但是债务人在合理期限内拒绝的除外。

据此可知,我国《民法典》采"修正的单方行为说"。学理上解释为,该条规定一方面使债务免除的效果不取决于债务人的接受,而可以直接发生法律效果;另一方面令债务人又可以通过行使拒绝权的方式来使债务免除自始不发生效果。

本题中,债权人王某向第三人赵某作出免除李某债务的意思表示,如李某得知后不行使拒绝权,则产生债务免除的效果;如李某行使拒绝权,则李某须继续向王某偿还债务。因此,王某的意思表示是否产生债务免除的效果以及李某是否须向王某偿还债务,取决于李某(债务人)的态度,即取决于李某是否行使拒绝权。故 C、D 项均错误,不当选。

综上所述,本题的正确答案为 B。

14.【解析】C。婚姻的效力包括三类,分别是有效婚姻、无效婚姻和可撤销婚姻。其中,无效婚姻和可撤销婚姻又称为效力有瑕疵的婚姻。

效力有瑕疵的婚姻,可用 5 个字的口诀来表述,即"婚、龄、属、病、胁"。其中,"婚""龄""属"系无效婚姻;"病"和"胁"系可撤销婚姻。

具体而言,"婚"代表重婚的;"龄"代表未到法定婚龄的;"属"代表有禁止结婚的亲属关系的(直系血亲或三代以内旁系血亲);"病"代表一方患有重大疾病在结婚登记前未如实告知的;"胁"代表胁迫的。

本题中,乙(女)提出与甲(男)分手,甲(男)以在网上发布乙(女)的裸照相威胁,使乙(女)陷入恐惧或害怕的心理状态而与甲(男)结婚。甲(男)构成胁迫,婚姻可撤销。故 C 项说法正确,当选。A、B、D 项说法错误,不当选。

综上所述,本题的正确答案为 C。

15.【解析】C。A 项和 D 项考查法定继承,关键词为"一半"和"无权"。养子女与婚生子女、非婚生子女以及有扶养关系的继子女的法律地位相同,依法享有法定继承权,系养父母的第一顺序的法定继承人。本题中,吕某 2016 年去世时,夏某系其养女,依法享有继承权。故 D 项说法错误,不当选。

夫妻共同所有的财产,除有约定的外,遗产分割时,应当先将共同所有的财产的一半分出为配偶所有,其余的为被继承人的遗产。本题中,5 间私房系吕某和田某夫妻共同共有的财产,一半系田某个人财产,并非吕某遗产。分配吕某遗产时,应当先将夫妻共同所有的财产的一半分出为配偶(田某)所有,另一半系吕某的遗产,由田某和夏某各一半。据此可知,夏某有权继承 5 间私房一半中的一半。故 A 项说法错误,不当选。

B 项考查收养关系的解除,关键词为"无权"。收养关系的解除方式包括两类:(1)协议解除收养关系;(2)诉讼解除收养关系。本题中,养女夏某成年后未尽养女的责任,未尽赡养义务,还多次辱骂赶走老人。据此可知,养父母与成年养子女关系恶化,无法共同生活,双方亲子感情确已无法修复,田某有权要求解除与夏某的收养关系。故 B 项说法错误,不当选。

C 项考查养父母的经济补偿权,关键词为"补偿"。成年养子女遗弃、虐待养父母导致解除收养关系时,养父母享有经济补偿权,有权要求成年养子女补偿收养期间支出的生活、教育和医疗费用。本题中,养女夏某(成年人)对田某不但不尽赡养义务,还多次辱骂赶走老人,因此,田某依法享有经济补偿权。故 C 项说法正确,当选。

综上所述,本题的正确答案为 C。

16.【解析】B。牛三抢夺翠花的钱包系对翠花财产权的侵犯,牛三的行为构成一般侵权,牛三为侵权人。大强上前追赶捉拿的行为系见义勇为(一种特殊的无因管理)。后牛三(侵权人)被撞身亡,见义勇为者大强骨折,如何处理?

A 项考查一般侵权,关键词为"过错责任"。一般侵权责任的构成需同时满足四个要件:(1)侵害行为(加害行为);(2)损害后果;(3)因果关系;(4)主观过错。本题中,大强追赶牛三系为了保护翠花的财产权,属于见义勇为,并非侵害行为,且大强对于牛三的死亡并不存在法律意义上的过错。因此,大强的行为不构成一般侵权,大强无须对牛三的死亡承担赔偿责任。故A项说法错误,不当选。

B项考查见义勇为,关键词为“补偿”。见义勇为,是指在没有法定或约定义务的前提下,为保护他人的人身、财产权益,制止各种侵权行为、意外事件的救助行为。因保护他人民事权益使自己受到损害的,受益人可以给予适当补偿。本题中,大强为了保护翠花的财产权造成骨折且侵权人牛三已死亡。因此,受害人大强依法可请求受益人翠花给予适当补偿。故B项说法正确,当选。

C、D项考查公平补偿规则,关键词为“公平责任”。公平补偿规则,是指受害人和行为人对损害的发生都没有过错的,依照法律的规定由双方分担损失。公平补偿规则是一种损失分担方法,适用前提系双方均无过错。本题中,牛三抢夺翠花的钱包构成一般侵权,主观上存在过错。因此,无论是翠花还是大强均无须承担公平责任。故C、D项均错误,不当选。

综上所述,本题的正确答案为B。

17.【解析】B。A、B项,有限责任公司股东分红比例的确认原则为:(1)全体股东有合法约定的,按约定分配;(2)没有约定的,各股东按照实缴的出资比例分配。本案中,鸿讯公司的全体股东约定“辛某任维修部经理,年薪90万元,但不参加公司分红”,属于以高薪代替分红的策略和安排,体现了全体股东包括辛某本人在内的共同意志。该约定基于全体股东的合意达成,且没有违反法律、行政法规的强制性规定,为有效约定,应该遵照执行,A项错误,B项正确。

C项,赵某在300万元的利润中主张分配120万元,主张分配的比例是40%,即赵某的认缴出资比例。有限责任公司股东分红的比例要么根据全体股东的有效约定,要么按照实缴出资比例确定。本案中,一方面,有各股东的约定方案应该遵照;另一方面,即使各股东没有约定方案,赵某的利润分配应该按照实缴出资比例而非认缴出资比例确定,所以C项错误。

D项,辛某在300万元的利润中主张分配12万元,分配比例是4%,即辛某的认缴出资比例。本案中有关辛某的分红方案“高薪代分红”已经通过全体股东作出了约定,辛某按此约定方案享受权利,不再按照出资比例分红,所以D项错误。另外,即使没有全体股东约定的分配方案,股东也应按照实缴出资比例分配利润,而非辛某主张的认缴出资比例。D项错误。

综上,本题答案为B。

18.【解析】B。A、C项,张某与荣某建立股权转让关系,转让过程中有四个关键节点:(1)双方基于合意签署转让合同;(2)荣某按约定付款;(3)泉嘉公司的股东名册及其他资料变更;(4)泉嘉公司变更登记。自泉嘉公司的股东名册变更时起,受让人荣某取得了公司的股东资格,可以依股东名册的记载行使股东权利,未经登记不能对抗第三人。所以全额付款及公司变更登记均不是股东取得股东资格的法定条件或唯一条件,A、C两项错误。B项,张某与何某之间存在两个法律关系,一为借款,二为股权转让。股权转让的本质是让与担保,此约定符合双方的意愿,没有违反法律法规的强制性规定,不会因为有隐藏的意义而无效,所以该约定有效,B项正确。D项,张某和荣某的股权转让关系已经尘埃落定,荣某已经取得股权成为泉嘉公司的股东。张某与何某之间的股权转让(让与担保)协议已经在事实上无法履行,且泉嘉公司从未为何某办理过变更手续,所以何某并未取得泉嘉公司的股东身份,无权要求泉嘉公司将其登记为股东,D项错误。

综上,本题答案为B。

19.【解析】D。李某对乙公司承担连带责任是以甲公司对乙公司的债合法存在,且甲公司不能清偿为基础的。如果乙公司只是将李某作为被告,法院需将此情况对乙公司释明,告知其追加甲公司为共同被告。如果乙公司拒绝追加,人民法院应当裁定驳回起诉。法院只是告诉原告应该怎么做,但不会主动依职权追加被告。所以C项错误,D项正确。

A项,李某滥用股东权利,严重损害债权人乙公司的合法权益,应对乙公司承担连带责任,所以把李某作为被告没有错误,法院不应该“变更”当事人,A项错误。

B项,甲公司是应当对乙公司承担责任的直接债务人,在本案中应该是被告而非第三人,B项错误。

综上,本题答案为D。

20.【解析】A。A、D项,甲作为“原股东”,有证据证明在持股期间其合法权益受到损害,有权依法查阅或者复制其持股期间的公司特定文件材料,所以A项正确,D项错误。

B项,有限责任公司股东对于财务账簿的知情权需要“三步看”:一步看身份[有限责任公司的(原)股东];二步看要求(书面+查阅);三步看目的(正当)。财务会计账簿涉及公司的核心秘密,纵使是有限责任公司的股东也只能查阅不能复制,B项错误。

C项,股东知情权是股东身份固有权利,不可剥夺不可打折。本题中,公司章程的规定,禁止了股东查阅会计账簿的权利,实质剥夺了股东的知情权,因违法而无效,C项错误。

综上,本题答案为A。

21.【解析】B。A项,强制解散适用的前提是公司陷入“管理僵局”,即连续2年以上没有召开股东会,连续2年以上无法形成股东会决议,董事长期冲突等情形。本案中,大斧头公司的经营管理秩序是正常的,并未出现管理僵局,不适用强制解散的制度,A项错误。

B项,甲作为大股东和总经理,执行职务时未能尽忠职守,通过关联交易损害了大斧头公司的合法权益,应对大斧头公司承担赔偿责任。大斧头公司怠于追究时,股东可依法提起代位诉讼。乙作为大斧头公司的其他股东,在无法推动公司自行起诉的前提下,有权提起代位诉讼,要求甲对大斧头公司履行赔偿责任,B项正确。

C、D项,甲通过关联交易损害了大斧头公司的合法权益,就应该依法承担赔偿责任。甲仅以程序正当为由抗辩,法院不予支持(《公司法司法解释(五)》第1条)。故C、D两项错误。

综上,本题答案为B。

22.【解析】B。A、B项,公司的决议效力瑕疵分三种,即不成立、无效、可撤销,各自有法定的适用情形:(1)公司的股东会“没开会、没表决、人不够、票不够”等情形→不成立;(2)内容违法、违规→无效;(3)决议的内容违反公司章程或召集程序、表决方式违反法律、法规或公司章程→可撤销。本案中的增资决议,按照公司章程需要由代表100%表决权的股东同意,本案中只有代表95%表决权的股东同意,表决的结果不符合章程规定的比例,该决议不成立,所以A项错误,B项正确。

C项,“七件大事”特别决议,即“章程资本改、合分散变形”,需代表2/3以上表决权的股东同意作出股东会决议。这里的“以上”是《公司法》对公司章程的授权,即在2/3的法定底线以上,公司章程可以作出自治性约定。本案中,公司章程约定为全体股东一致同意,该约定合法有效,C项错误。

D项,异议股东回购请求权的前提是:有决议+有法定情形(连续5年盈利不分红,合并分立转财产,届满续命改章程)+有异议。本案中的股东会决议涉及的是增资的情形,没有涉及异议股东回购适用的法定情形,所以甲主张回购的请求不能支持,D项错误。

综上,本题答案为B。

23.【解析】C。A项,票据属于文义证券,主张票据权利或承担票据责任都必须基于票据上的相关记载。刘伟没有在票据上签章,不是票据当事人,无须承担票据责任。但是刘伟和红酒公司之间毕竟存在买卖合同,所以刘伟需就此合同承担合同义务和责任。A项表述为刘伟不承担“任何”法律责任是错误的。

B、D项,追索权是二次性的救济权利,红酒公司行使付款请求权被甲银行拒绝,就可以向其他票据义务人主张追索权。(1)追索对象是“其他义务人”,即排除了付款请求权的对象(承兑人或付款人),即本案中的甲银行。因为第一次找过甲银行,被拒绝才行使追索权的,所以行使追索权再找甲银行一次毫无意义。(2)追索权的行使原则是“可选择、可变更、可代位”,向被追索对象主张连带责任。红酒公司有权对诚益公司和张三行使追索权,无前后顺序。B项“应”字锁定了追索的顺序,限制了红酒公司的选择权是错误的;D项将甲银行列为被追索对象是错误的。

C项,实施票据保证时,没写明被保证人不影响保证的成立,法律推定票据的第一责任人为被保证人:(1)已经承兑的汇票,推定承兑人为被保证人;(2)未经承兑的汇票,推定出票人为被保证人。本案中,张三实施保证行为时,虽然没写明被保证人,保证行为依旧成立,张三应承担保证责任,C项正确。

综上,本题答案为C。

24.【解析】B。A项,债券受托管理人虽然是发行人为债券持有人聘请的,但其毕竟是为了债券持有人的利益而服务,如果债券持有人会议发现受托管理人不能履行对债券持有人的忠诚、勤勉义务,可以决议变更债券受托管理人,A项错误。

B项,若百航公司到期不能兑付债券本息,直接损害了债券持有人的利益,债券受托管理人作为为全体债券持有人服务的机构,有权受全体或部分债券持有人的委托,以自己的名义提起代位诉讼,B项正确。

C项,债券持有人购买债券时对所募集的资金用途和风险进行了评估,如果发行人改变募集资金的用途,则需要债券持有人会议重新评估,需要经过债券持有人会议作出决议。如果发行人擅自改变资金用途,可责令改正+罚款;对负责人可警告+罚款。所以对于发行人改变资金用途,主要通过行政责任来追究,且恢复原状后对债券持有人没有实质损害的,债券持有人无须提起诉讼,也不用债券受托管理人提起代位诉讼,C项错误。

D项,公开发行公司债券募集的资金,主要用于企业运营的需要,不得用于弥补亏损和非生产性支出,否则会出现发行人“拆东墙补西墙”的现象,容易诱发系统性风险,损害债券持有人的利益,D项错误。

综上,本题答案为B。

25.【解析】C。A项,张某虽然虚报了保险年龄,但该合同成立于2017年2月,2020年保险事故发生,已经超过2年,保险公司不能因投保人虚报年龄而解除该保险合同,A项错误。

B、C项,意外险、寿险、重大疾病保险等人身保险中,保险标的为人的生命和健康,其价值是无法用金钱和货币衡量的,一旦发生损失也无法用货币进行评价。所以,如果投保人为同一个被保险人购买了多份意外险、寿险、重大疾病保险,在被保险人发生保险事故后,可以获得多份保险的保险金,发生保险事故时可以向不同的保险公司申请理赔。各家保险公司分别赔偿,彼此间不会相互干扰。值得注意的是,保险公司可能会问及个人投保情况,投保人应按照要求如实告知。但是各家保险公司单独理赔,彼此不会相互干扰,即使张某未将其与甲、乙两公司的保险关系告知丙公司,也不影响丙公司决定是否承保及保险责任承担,丙公司不能因此解除保险合同。另外,就算张某未履行如实告知义务导致保险公司解除保险合同,丙公司也应该在合同成立2年内行使解除权,本案中的保险合同成立已经超过了2年,丙公司也不能因此解除保险合同,B项错误,C项正确。

D项,财产保险中,才有真正的重复保险,是指投保人对同一保险标的、同一保险利益、同一保险事故分别与两个以上保险人订立保险合同,且保险金额总和超过保险价值的保险。除合同另有约定外,各保险人按照其保险金额占保险金额总和的比例承担赔偿保险金的责任。D项混淆了人身保险和财产保险的理赔规则。人身保险的原则是“多买多赔”,财产保险的原则是“损失填平”,D项错误。

综上,本题答案为C。

26.【解析】D。A 项,互联网不正当竞争行为的核心表现是经营者利用技术手段,通过影响用户选择或者其他方式,实施了妨碍、破坏其他经营者合法提供的网络产品或者服务正常运行的行为。比如:(1)未经其他经营者同意,在其合法提供的网络产品或者服务中,插入链接、强制进行目标跳转;(2)误导、欺骗、强迫用户修改、关闭、卸载其他经营者合法提供的网络产品或者服务;(3)恶意对其他经营者合法提供的网络产品或者服务实施不兼容措施。本案中乙公司并不存在此类情形,故 A 项错误。

B 项,混淆行为的核心是"搭便车、傍名牌",在各方面伪装自己,以使自己的特征与其他有一定影响力的商品或服务极其相像,达到使一般消费者误认的效果。本案中,乙公司并没有将自己伪装成与甲公司相像,没有混淆行为,B 项错误。

C 项,虚假宣传的核心是经营者对自身的方方面面作出不真实的美化效果并传播出去,以诱使消费者产生消费欲望,进而获取交易机会。本案中,乙公司没有对自身的任何方面作出虚假的意思表示,不构成虚假宣传,C 项错误。

D 项,《反不正当竞争法》的立法目的在于维护市场竞争秩序,核心在于竞争行为的正当性和制止不正当行为。判断一项行为是否具有正当性,应当从市场竞争秩序、商业道德、利益平衡等基本原则出发,结合相关行业准则、行为手段、损害后果等因素对其性质予以综合评判。"企查查"误将甲公司的历史信息作为最新消息上传到网络上,存在一定的失误且给甲公司造成了损失,应该承担赔偿责任。乙公司通过"企查查"查询到一些与甲公司有关的信用信息,可以作为自己作出商业决策的依据,但不应该将该信息恶意扩大至甲公司的合作伙伴,致使甲公司受到经济损失。乙公司此行为违反了诚信的基本规则,不正当地使用了公共数据,属于不正当使用公共数据的行为,D 项正确。

综上,本题答案为 D。

27.【解析】A。对食品安全事故现场进行卫生处理,并对与食品安全事故有关的因素进行流行病学调查并出具流行病学调查报告属于县级以上疾病预防控制机构的职权,县级以上疾病预防控制机构应当向同级食品安全监督管理、卫生行政部门提交流行病学调查报告。所以 A 项正确,B、C、D 三项的职权描述均错误。

综上,本题答案为 A。

28.【解析】A。A 项,同业拆借的本质是银行之间伸出援手,以帮助兄弟银行渡过难关。但按照商事规则,能够拆出的商业银行必须是"自给自足"之后,有"余粮"才能救济别人,而不是所谓的"自己没吃饱,也分半个馒头给伙伴"。所以拆出的资金为交足存款准备金,留足备付金,归还央行到期贷款之后的闲置资金,A 项描述了闲置资金的概念,正确。

B 项,备付金是商业银行留给自己的客户取款的保障,银行不能舍弃自身客户的利益来帮助友行,否则可能招致客户挤兑。所以山河银行不能用备付金拆借给其他银行,B 项错误。

C、D 项,所谓"救急不救穷",商业银行遇到紧急、临时的资金需求可以通过拆借渡过难关,但不可以"靠借钱度日"。所以拆入资金的用途为:弥补票据结算、联行汇差头寸的不足和解决临时性周转资金的需要。但禁止利用拆入资金发放固定资产贷款或用于投资。C 项的发放住房贷款、D 项的购买国债均属于拆入资金的禁止使用方式,C、D 两项错误。

综上,本题答案为 A。

29.【解析】D。A 项,"粮棉油糖地,好菜试验田"属于永久基本农田的范围,本案中的蔬菜基地即属于此范围。国家对永久基本农田实行严格的保护制度,任何单位和个人不得擅自占用或者改变其用途。国家能源、交通、水利、军事设施等重点建设项目选址确实难以避让永久基本农田,涉及农用地转用或者土地征收的,必须经国务院批准。A 项中省政府无权审批,错误。

B、C 项,永久基本农田有法定的使用范围和要求,基本的职能是确保老百姓的"肚子要吃饱,不挨饿"。挖塘养鱼,发展林果业虽然有助于经济利益,但不能解决温饱和吃饭的粮食问题,所以禁止占用永久基本农田发展林果业或挖塘养鱼。B、C 两项错误。

D 项,永久基本农田划定以乡(镇)为单位进行,永久基本农田应当落实到地块,纳入国家永久基本农田数据库严格管理。乡(镇)人民政府应当将永久基本农田的位置、范围向社会公告,并设立保护标志。D 项正确。

综上,本题答案为 D。

30.【解析】C。乙公司付出了 15 万元的培训费为甲提供了专项培训,有权对甲提出一定的忠诚要求,所以双方约定的服务期是合法有效的,且对于此服务期约定,如果劳动者无故违约,用人单位有权要求其承担违约金。但是违约金的总额并非双方随意约定的,要受到两个指标的约束:(1)违约金不能超过培训费的总额;(2)具体承担的部分按照"分摊原则"确定。乙公司为甲提供专项培训付出了 15 万元的培训费,约定了 5 年的服务期,分摊至每年的培训费应该是 $15 \div 5 = 3$ 万元。甲于 2016 年,即服务 1 年后离职,应该承担的违约金是剩余 4 年应分摊的部分,即 12 万元,并非 15 万元,A 项错误。

B 项,乙公司与甲约定 30 万元违约金,超过了培训费的总额,B 项错误。

C 项,乙公司无力经营且拖欠了甲的工资,逼得甲"另谋出路",情有可原,甲并非"背信弃义",无须承担违约金,C 项正确。

D 项,服务期≠卖身契,在服务期内,乙公司应该正常对甲进行岗位和工资调整,D 项错误。

综上,本题答案为 C。

31.【解析】B。A 项,女员工怀孕的职业安全保障措施是不能从事国家规定的第三级体力劳动强度的劳动;怀孕 7 个月以上,用人单位不得安排其延长工作时间和夜班劳动。本案中,李某怀孕 1 个多月时,无权要求不上夜班。李某坚持不上夜班是违反劳动法律规范的,A 项错误。

B 项,虽然李某是孕妇,用人单位对其承担更多的社会责任,不能通过预告、经济性裁员等方式解除与李某的劳动合同,但是李某并没有敬业尽责,而是“多次早退、迟到、缺勤”,严重违反了用人单位的规章制度,用人单位有权将李某开除,且无须支付经济补偿金,B 项正确。

C 项的表述属于“预告解除”,如果李某没有其他过错行为,“只是不能胜任职位”,用人单位不能对其实施预告解除,因为李某作为孕妇受到法律更多的保护,C 项错误。

D 项,《劳动纪律》是用人单位为形成和维持生产经营秩序,保证劳动合同得以履行,要求全体员工在集体劳动、工作以及与劳动、工作密切相关的其他过程中必须共同遵守的规则,体现更多的是劳动关系中的管理性质和从属性质。“劳动合同”是单独的劳动者与用工单位之间确立劳动关系、明确双方权利和义务的协议,更多地体现了劳动关系中的平等属性。所以《劳动纪律》和劳动合同是不同范畴的规范,《劳动纪律》不是劳动合同的内容,D 项错误。

综上,本题答案为 B。

32.【解析】A。选项 A 正确。法人的国籍就是其注册登记地,和东家是谁(被谁收购)以及主要办事机构(住所)完全没有关系。甲国是沃林公司的注册登记地,国籍为甲国。

选项 BCD 错误。参见 A 项解析。

综上所述,本题答案为 A。

33.【解析】C。选项 A 错误。根据我国法律的规定,当事人可以选择与案件没有任何实际联系的法律。当事人也可以选择未对我国生效的国际条约,但该条约不得违反我国法律的强制性规定和我国的公共秩序。本题中并未对上述“违反”情况作出说明,所以不能得出当然无效的结论。选项 B 和选项 D 错误。我国不承认反致,根据我国冲突规范所指向的外国法仅指外国的实体法。所以 BD 都是错误的。选项 C 正确。该选项考查的是涉外案件的期间。根据我国法律的规定,涉外案件不受国内案件审理时限的限制。

综上所述,本题答案为 C。

34.【解析】C。选项 A 错误。外国人的民事诉讼行为能力和一般民事行为能力不同,属于程序法的范畴,不能适用外国法,法院应该根据我国《民事诉讼法》的规定确定其民事诉讼行为能力。

选项 B 错误。根据我国《涉外民事关系法律适用法》的规定,动产物权适用双方当事人选择的法律,当事人没有选择的,适用法律事实发生时动产所在地法。对法律的选择不需要选择的法律与案件有实际联系,所以 B 项的说法是错误的。

选项 C 正确。如 B 项解析所述,不能达成一致时应适用法律事实发生时动产所在地法。这里的法律事实指可能引起物权变动的法律事实。本题中涉及三个事实,第一个是盗窃,这个事实不会引起物权变动。第二个事实是李伟在艺术品市场购买该画,可能引起物权变动。第三个是拍卖,这一事实尚未发生。所以应该适用引起物权变动的法律事实发生时动产所在的地方的法律,即韩国法。

选项 D 错误。参见 C 项解析。

综上所述,本题答案为 C。

35.【解析】A。首先明确中国公司是买方,甲国公司是卖方。

选项 A 正确。虽然艾尔公司交付的货品和样品一致,但合同中明确约定了相关商品的规格,并且仙林公司在收到货物后明确表示“请依照合同履行”。也就是从头到尾,产品的质量要求都是合同中的约定,没有发生改变,样品并不构成产品的质量标准。所以艾尔公司的交货不符合合同的约定,应该承担责任。

选项 B 错误。参见 A 项解析。

选项 C 错误。本选项考查的是风险转移,DPU 术语应该在目的地卸下货物时转移风险,并且目的地不限于运输的终点,其时间和地点是交货的时间和地点。

选项 D 错误。参见 C 项解析。

综上所述,本题答案为 A。

36.【解析】A。首先明确甲公司是买方,乙公司是卖方。

选项 A 正确。本选项问的是风险转移,本题术语为 FCA,总体来说货交第一承运人时转移风险。

选项 B 错误。本选项考查的是风险转移。参见 A 项解析,货交第一承运人之后,货物的风险就转移到了买方甲公司。风险的转移和提单的签发并没有直接的关系。

选项 C 错误。本选项考查的是保险,FCA 术语下,买卖双方都没有购买保险的义务。

选项 D 错误。信用证的最本质特征就是“见单付款”,与基础交易不具有关联性,只要提供的单据符合要求,就必须付款。以基础交易违约进行的抗辩不能阻却银行的付款义务。

综上所述,本题答案为 A。

37.【解析】B。选项 A 错误。根据我国法律的规定,反倾销税的纳税人是进口经营者,也就是中国进口公司。

选项 B 正确。根据我国法律的规定,反倾销税超过倾销幅度的,可以向商务部申请退税。

选项 C 错误。根据我国法律的规定,对于商务部的反倾销相关裁定,既可以提起行政复议,也可以提起行政诉讼。行政复议不是行政诉讼的前置程序,并且没有规定行政诉讼的前置程序。

选项 D 错误。参见 C 项解析。

综上所述,本题答案为 B。

38.【解析】B。选项 A 错误。根据相关国际和国内法,我国相关经营主体显然是适格的专利权申请主体。注意,是否有权申请和能否获得批准并没有直接关联。

选项 B 正确。根据相关国际和国内法,知识产权具有强烈的地域性,阿尔斯公司只是在甲国提出了专利申请,即使获批,也只是在甲国享有专利保护。如果仙林公司获得专利权,那就是该项技术在我国的唯一专利权人,阿尔斯公司在我国销售相关产品当然要获得授权。

选项C错误。如B项解析所述,阿尔斯公司的专利即使获批,也仅仅在甲国享有专利权,中国是没有义务保护外国专利的。

选项D错误。阿尔斯公司申请的时间是向甲国申请的时间,对于我国来说,其没有提出申请,也不存在所谓的优先权,不会影响仙林公司的专利权。

综上所述,本题答案为B。

39.【解析】B。首先确定,本案是张三起诉李四返还不当得利,不涉及侵权纠纷、合同纠纷等特殊地域管辖问题,故应当适用一般地域管辖,即原告就被告或者被告就原告。同时判断本案不存在被告就原告的特殊情形,故本案应当适用一般地域管辖的原则——原告就被告。根据《民事诉讼法》第22条第1款的规定,对公民提起的民事诉讼,由被告住所地人民法院管辖。故本案应当由被告李四住所地——乙地的法院管辖。

综上所述,本题答案为B。

40.【解析】C。个体工商户有字号的直接以字号为当事人,注明经营者信息即可;没有字号的,以经营者为当事人。登记经营者与实际经营者不一致的,登记经营者与实际经营者为共同诉讼人。本案是个体工商户,该个体餐馆有字号"刘大厨私房菜",所以直接以字号为当事人。故本案应当以"刘大厨私房菜"为原告,注明经营者信息即可。

综上所述,本题答案为C。

41.【解析】A。《民法典》第1253条规定:"建筑物、构筑物或者其他设施及其搁置物、悬挂物发生脱落、坠落造成他人损害,所有人、管理人或者使用人不能证明自己没有过错的,应当承担侵权责任……"搁置物、悬挂物等致人损害的案件中,实体法规定由所有人、管理人、使用人承担赔偿责任,故在诉讼中应当由所有人、管理人、使用人为共同被告。故本题应当将所有人程某和使用人、管理人陆某作为共同被告。

综上所述,本题答案为A。

42.【解析】B。本题是人数确定的代表人诉讼,彭某和张某是诉讼代表人。根据《民事诉讼法》的规定,诉讼代表人所为的诉讼行为直接对所代表的当事人发生法律效力,但代表人变更、放弃诉讼请求或者承认对方当事人的诉讼请求,进行和解,必须经过被代表的当事人同意。代表人所为的诉讼行为直接对所代表的当事人生效,但代表人所为的涉及处分当事人实体权利的事项(承认、放弃、变更诉讼请求,和解等)必须经过被代表的当事人同意,且应当是全体当事人同意。本案代表人与对方当事人达成调解协议涉及对当事人实体权利的处分,必须经过被代表的全体当事人同意。故当甲不同意调解时,代表人彭某和张某不能与对方达成调解协议,本案调解无效,法院应当依法审理并作出判决。

综上所述,本题答案为B。

43.【解析】B。本题考查自认。关于自认的场合包括三种情形:一是庭审中的承认,二是在证据交换、询问、调查过程中的承认,三是在起诉状、答辩状、代理词等书面材料中的承认,除此之外其他场合的承认不构成自认。A选项在庭审结束后的承认不构成自认,D选项乙在诉前的承认不构成自认,A、D选项错误。B选项考查默示的自认,即对对方当事人主张的于己不利的事实既不承认也不否认,经审判人员询问、说明后,仍不明确表示肯定或者否定的,视为对该事实的承认。故对于甲主张的借款事实,乙不明确表示肯定或者否定,法官进行询问、说明后,乙仍不明确表示肯定或者否定,视为自认,此为默示的自认,B选项正确。C选项考查附条件的自认。根据《民事诉讼证据规定》第7条的规定,一方当事人对另外一方当事人主张的于己不利的事实有所限制或者附条件予以承认的,由人民法院综合案件情况确定是否构成自认。在适用时,应当特别注意对当事人附条件的自认,不能简单机械地割裂当事人承认的事实和所附的条件,而需要综合判断所附条件与所承认事实是否属于同一法律关系:如果所附条件与所承认事实属于同一法律关系,则应当将所附条件与所承认事实一并考虑;如果所附条件与所承认事实属于不同法律关系,则可以分别认定——当事人承认的事实构成自认,同时将附加条件作为当事人另行主张的诉讼请求。本案中,乙承认的事实是借款事实,所附条件为借款已经归还,可见所附条件(已经归还)与所承认的事实(借款事实)属于同一法律关系,法院应当将其作为一个整体考虑:法院可以在认定乙所附条件(已经归还3万元)成立的情况下,认定乙所承认的事实(借款5万元)成立;也可以认定乙所承认的事实(借款5万元)和所附条件(已归还3万元)均不成立。故C选项中乙承认借款5万元的事实不一定构成自认,C选项错误。

综上所述,本题答案为B。

44.【解析】B。本案李某起诉甲公司,认为其飞机噪音影响了鸡的生长,导致其遭受损失,属于环境污染致人损害。环境污染案件是无过错责任原则,故被告是否有过错不是证明对象;同时环境污染案件因果关系倒置,故应当由原告对侵权行为和损害后果承担证明责任,由被告对免责事由以及无因果关系承担证明责任。关于因果关系,由于环境污染案件中应当由被告对没有因果关系承担证明责任,故A选项错误,B选项正确。关于过错,环境污染案件是无过错责任原则,故被告甲公司是否有过错与案件无关,不是证明对象,无须证据证明,无须当事人对其承担证明责任,故C、D选项都是错误的。

综上所述,本题答案为B。

45.【解析】D。只有我国人民法院判决认定的事实是免证事实,故日本法院判决认定的事实不是免证事实,C选项错误。鉴定意见是鉴定人对案件审理中的专业问题进行分析后给出的判断意见,日本法院的判决书不是鉴定意见,B选项错误。金某向法院提交这份判决书显然是希望通过这份判决书的内容证明案件事实,故应当作为书证向法院提供,但值得注意的是,在境外形成的公文书证要经过相应的认证程序。根据《民事诉讼证据规定》第16条的规定,当事人提供的公文书证系在中国领域外形成的,该证据应当经所在国公证机关证明,或者履行中国与该所在国订立的有关条约中规定的证明手续。中国领域外形成的涉及身份关系的证据,应当经所在国公证机关证明并经中国驻该国使领馆认证,或者履行中国与该所在国订立的有关条约中规定的证明手续。由于日本法院的判决书属于在中国领域外形成的公文书证,应当经过认证手续后方能作为证据使用,故该判决书未经相应认证手续,不符合法定形式,不能作为证据使用,D选项正确,A选项错误。

综上所述,本题答案为D。

46.【解析】D。本案中甲公司起诉乙公司,提出的诉讼请求是确认合同无效,同时由于担心该请求无法得到支持,又提出了解除合同并追究乙公司违约责任的备位请求,希望在确认合同无效的主张无法得到支持时,法院能够对解除合同并追究乙公司违约责任这一诉讼请求进行审理。显然,这两个诉讼请求构成诉的预备合并,法院应当按照顺序对甲公司的诉讼请求进行审理:如果确认合同无效的请求得到支持,则无需对解除合同并追究违约责任的请求进行审理;如果确认合同无效的请求不能得到支持,则继续对解除合同并追究违约责任的请求进行审理。

综上所述,本题答案为D。

47.【解析】B。本题中法院基于供货商C公司停工导致B公司无法发货这一事实驳回了A公司的诉讼请求。疫情结束后,C公司全面复工则为判决生效后发生的新的事实,故A公司可以再次起诉,法院应当受理,B选项正确。上诉的对象应是尚未生效的一审判决,本案一审判决已经生效,故不能上诉,A选项错误。申请再审的理由是原生效判决"确有错误",而本案原审法院基于判决前的事实作出的判决是正确的,又何来原判决"确有错误"这一说呢?不能因为出现新的事实就通过审判监督程序推翻原生效判决,故C、D项均错误。

综上所述,本题答案为B。

48.【解析】C。C、D选项涉及张某的诉讼地位,在连带保证合同中,债权人主张债务人承担责任的,以债务人为被告;债权人主张保证人承担责任的,以保证人为被告;债权人主张债务人和保证人承担责任的,将其列为共同被告。故如果债权人安某主张债务人张某承担责任,张某应当以共同被告身份参加诉讼,而不是无独三,故选项C正确,D错误。根据《民事诉讼法》的规定,若本案需要以另一案的审结结果为依据,而另一案尚未审结的,法院应当裁定诉讼中止。本案安某起诉赵某承担保证责任,债务人张某因为涉嫌集资诈骗罪被公安机关刑事拘留,张某集资诈骗案的审理结果与本案无关,故张某集资诈骗案尚未审结并不影响本案的继续审理,本案无须诉讼中止,A选项表述错误。张某因为涉嫌集资诈骗罪被公安机关刑事拘留并不影响本案的审理,故法院应当继续审理,B选项法院应当裁定驳回起诉的表述错误。另外,从起诉条件的角度来说,原告的起诉只要满足原告适格,被告明确,诉讼请求、事实、理由具体,属于法院主管和管辖即符合起诉条件,法院应当依法受理。本案虽然张某被刑事拘留,但被告是明确的,法院应当依法受理,不能驳回起诉,B选项错误。

综上所述,本题答案为C。

49.【解析】D。根据《民诉解释》第298条的规定,对第三人的诉讼请求,法院经审理,按下列情形分别处理:(1)请求成立且确认其民事权利的主张全部或部分成立的,改变原判决、裁定、调解书内容的错误部分;(2)请求成立,但确认其全部或部分民事权利的主张不成立,或者未提出确认其民事权利请求的,撤销原判决、裁定、调解书内容的错误部分;(3)请求不成立的,驳回诉讼请求。结合本题,甲公司与乙公司关于商铺所有权的判决生效后,丙公司提出第三人撤销之诉,法院经过审理后,认为原判决中的证据系伪造,即原判决错误,应予撤销;但丙公司亦无法证明自己的权利主张,故对其权利主张部分不能支持。故法院应当撤销原判决错误部分,但对丙公司的权利主张不予支持。

综上所述,本题答案为D。

50.【解析】C。根据《民诉解释》第326条的规定,在第二审程序中,原审原告增加独立的诉讼请求或者原审被告提出反诉的,第二审人民法院可以组织当事人调解,调解不成告知当事人另行起诉。双方当事人同意由二审法院一并审理的,二审法院可以一并裁判。结合本案,原告在一审中提出的诉讼请求是撤销婚姻关系,一审法院对其进行了审理,在二审中原告将诉讼请求变更为解除婚姻关系。首先,对于解除婚姻关系这一诉讼请求,一审法院未予审理,故不属于二审法院审理范围,二审法院如果对其一并审理,将会剥夺当事人对这一诉讼请求的上诉权,所以D选项错误。其次,对于解除婚姻关系这一诉讼请求,可以在当事人自愿的前提下组织调解,如果调解不成,为了保证当事人对这一诉讼请求的上诉权,应告知当事人对解除婚姻关系这一诉讼请求另行起诉,所以C选项正确。最后,原告在一审中提出的诉讼请求是撤销婚姻关系,而一审法院认为其诉讼请求不成立,判决予以驳回,一审判决没有任何错误,自然不能将其撤销或发回重审,A、B选项错误。

综上所述,本题答案为C。

二、多项选择题

51.【解析】CD。A、C项考查合同的效力,关键词为"可撤销"和"不影响"。显失公平,是指一方利用对方处于危困状态、缺乏判断能力等情形,致使民事法律行为成立时显失公平。显失公平的前提条件有二:(1)处于危困状态;(2)缺乏判断能力。当事人一方是自然人,根据该当事人的年龄、智力、知识、经验并结合交易的复杂程度,能够认定其对合同的性质、合同订立的法律后果或交易中存在的特定风险缺乏应有的认知能力的,法院可以认定该情形构成《民法典》第151条规定的“缺乏判断能力”。本题中，李某醉酒打车，与出租车公司签订了一份运输合同。出租车公司的司机并未“利用”李某醉酒与其实施显失公平的民事法律行为，因此，不影响该运输合同（客运合同）的效力。故A项说法错误，不当选；C项正确，当选。

B项考查赠与合同，关键词为“视为”。赠与合同，是指赠与人将自己的财产无偿给予受赠人，受赠人表示接受赠与的合同。赠与合同乃双方民事法律行为，需意思表示合意（合致）。本题中，李某并不存在将8000元无偿给予司机的意思表示，与赠与合同无涉。故B项说法错误，不当选。

D项考查不当得利，关键词为“有权”。不当得利作为法定之债，构成要件有四：（1）没有法定或约定的原因；（2）一方获益；（3）一方受损；（4）获益和受损之间存在因果关系。本题中，乘客李某支付车费将80元错输成8080元，使司机在没有法律上原因的情况下获益8000元，构成不当得利。李某依法有权请求返还。故D项说法正确，当选。

综上所述，本题的正确答案为CD。

52.【解析】CD。首先，停止侵害，是指行为人实施的违法行为仍在继续中，行为人应当承担的立即停止侵害行为的民事责任承担方式。对于任何正在实施违法行为的不法行为人，都可以适用这种民事责任承担方式，要求其立即停止侵害行为。消除危险，是指行为人的行为或其管领下的物件对他人的人身和财产安全造成威胁，或存在侵害他人人身或财产的可能，应当采取有效措施，将具体危险因素予以消除的民事责任承担方式。适用消除危险这一责任形式的前提必须是有危险状态的存在。

停止侵害和消除危险请求权都涉及绝对权的保护且行为人的侵权行为一直处于持续状态，诉讼时效无法确定起算点。因此，二者不适用诉讼时效期间的限制。

本题中，苗某未经陈某同意，将大型油罐车停在陈某家院子里，系对陈某所有权（物权）的侵犯，作为所有权人的陈某依法有权行使物权请求权中的停止侵害和消除危险请求权，此时，苗某作为侵权人不可以主张诉讼时效抗辩。故A、B项说法错误，不当选。

其次，在实践中，若一律规定所有动产物权的权利人的返还财产请求权不适用诉讼时效，在操作上会面临很多困难，也没有必要。一般动产价值小、流动大、易耗损，如果不适用诉讼时效的规定，允许多年后再提起诉讼，会产生诸多问题：一是因年代久远存在举证困难；二是增加诉累；三是不利于矛盾的及时解决。综合考虑，法律规定这类普通动产适用诉讼时效。

船舶、航空器和机动车等动产，价值较大，被称为“准不动产”，准用不动产管理的很多规则，这类动产多会进行物权登记。如果进行了登记，与不动产登记一样，产生强有力的公示公信效力。因此，登记动产物权的权利人请求返还财产不适用诉讼时效的规定。

本题中，苗某未经陈某同意，将陈某未上锁的自行车骑走的行为系侵权行为，自行车为普通动产，没有登记制度。因此，陈某请求苗某返还自行车（普通动产）的请求权依法受3年诉讼时效期间的限制。故C项说法正确，当选。

最后，无论是苗某将大型油罐车停放在陈某院子里抑或骑走陈某的自行车的行为均构成一般侵权行为，依法应当承担侵权损害赔偿责任。损害赔偿系债权请求权，依法适用3年诉讼时效期间的限制。故D项说法正确，当选。

综上所述，本题的正确答案为CD。

53.【解析】ACD。王某去游某家做客，在游某的宣纸（动产）上书写《滕王阁序》一篇（劳动力），且未经宣纸的所有权人游某同意。因此，考点一即锁定为侵权行为（一般侵权）侵犯了游某对宣纸的所有权（物权的一种）。

游某的宣纸（动产）和王某的书写行为（劳动力）结合在一起，属于加工，是添附的一种。因此，考点二锁定为添附制度。

添附，是指数个不同所有人的物结合成一物或由所有人以外的人加工而成为新物，包括三类，分别是：（1）附合；（2）混合；（3）加工。

加工，是指在他人之物上附加自己的有价值的劳动，使之成为新物。因加工而产生的物的归属，有约定的，按照约定；没有约定或者约定不明确的，依照法律规定；法律没有规定的，按照充分发挥物的效用以及保护无过错当事人的原则确定。因一方当事人的过错或者确定物的归属造成另一方当事人损害的，应当给予赔偿或者补偿。本题中，王某在游某的宣纸上书写《滕王阁序》，属于创作行为，即事实行为，由完成作品的王某取得著作权。故C项说法正确，当选。同时，关于作品的物权，确定规则为：第一步，看约定；第二步，看法定；第三步，物尽其用和保护无过错方原则。如果作品价值远高于宣纸的价值，基于物尽其用的规则，最终认定归王某所有，则王某应给予宣纸的所有权人游某赔偿或补偿。故A项说法正确，当选；B项说法错误，不当选。

游某对宣纸享有所有权，王某未经游某同意在游某宣纸上创作的行为，构成一般侵权，侵犯了游某的所有权（物权的一种）。故D项说法正确，当选。

综上所述，本题的正确答案为ACD。

54.【解析】ABD。首先，除共有人之间另有约定外，对共有的不动产作重大修缮、变更性质或者用途的，应当经占份额2/3以上的按份共有人同意。本题中，对按份共有的房屋进行重新装修，属于重大修缮。刘某和关某二人的份额为75%，超过2/3（约等于67%）的份额。因此，二人有权主张重新装修，且该行为不构成对张某的侵权。故C项错误，不当选；D项正确，当选。

其次，按份共有人可以转让其享有的共有的不动产份额，按份共有人对于共有份额的转让是自由的。本题中，刘某和关某二人依法有权决定重新装修房屋，而张某反对后，可以通过转让份额的方式退出。故A项说法正确，当选。

最后，对于按份共有物的分割，在没有特别约定的情况下，按份共有人可以随时请求分割。本题中，刘某、关某和张某并未特别约定不得请求分割共有物。因此，在张某反对重新装修房屋的情况下，可主张分割共有物。故B项说法正确，当选。

综上所述，本题的正确答案为ABD。

55.【解析】ABCD。居住权，是指居住权人有权按照合同约定，对他人的住宅享有占有、使用的用益物权，以满足生活居住的需要。

基于物权法定的原则，设立居住权的，应当向登记机构申请居住权登记。居住权自登记时设立。

登记是居住权的生效要件，未办理居住权登记的，居住权不设立。同时，根据区分原则，未办理居住权登记的，不影响合同的效力，居住权合同依然合法有效。

本题中，甲与乙的约定属于设立居住权的约定，虽然未办理居住权登记，居住权作为用益物权没有有效设立，但不影响约定的效力，该约定合法有效，在双方之间具有债权效力。因此，甲有权基于合法有效的约定请求乙承担迟延履行的违约责任。故A、B、C项说法均正确，当选。同时，基于合法有效的债权协议，甲有权请求乙协助自己继续登记并设立居住权，乙亦有义务协助甲办理居住权登记。故D项亦正确。

综上所述，本题的正确答案为ABCD。

56.【解析】ABD。流押条款，是指当事人在合同（协议）中约定，一旦债务人到期不履行债务，抵押财产直接归债权人所有的条款。抵押权作为优先受偿权，抵押权人一般不以取得抵押财产为目的。

法律禁止流押的立法目的是防止损害抵押人的利益，以免造成对抵押人实质上的不公平。《民法典》并未直接规定流押条款的效力，但从条文表述看，流押条款仍然是无效的（亦可以说不发生相应的效力），因为如果流押条款是有效的，抵押权人就可直接根据约定享有抵押财产的所有权，而不是只能依法就抵押财产优先受偿。从解释论上说，应当认为无效的流押条款已经转化为有效的清算型让与担保。

本题中，在债务履行期限届满前，抵押权人（债权人）乙与抵押人甲在房屋抵押合同中约定，如果甲（债务人）到期不能偿还借款，乙（抵押权人/债权人）可以取得房屋所有权，属于典型的流押条款，该条款无效。但是，双方做了抵押登记，因此，抵押权人（债权人）乙依然享有“优先受偿权”。故A、B项说法均正确，当选。

解决物权问题的核心理念就是“区分原则”。区分原则的本质系物权关系与债权关系分离主义，又称为“物债两分”。本题中，双方关于乙（债权人/抵押权人）取得房屋所有权的约定不发生相应效力，但是，不影响抵押合同的效力，抵押合同完全符合有效民事法律行为的构成要件，并不存在虚假意思表示。因此，抵押合同应认定为有效。故C项说法错误，不当选；D项说法正确，当选。

综上所述，本题的正确答案为ABD。

57.【解析】ACD。首先，停车位通常系由当事人通过出售、附赠或出租等方式约定享有，因此甲的停车位归甲专有，甲对停车位享有物权。乙擅自将自己的轿车停放在甲停车位上，侵害了甲的物权。故C项说法正确，当选。

其次，侵害物权，造成权利人损害的，权利人可以依法请求损害赔偿。本题中，乙侵害甲的物权后，甲将乙的轿车拖走所支付的拖车费300元系乙的侵权行为所致，因此，甲有权请求乙赔偿因支付拖车费造成的损失。故A项说法正确，当选。

再次，不当得利作为法定之债，构成要件有四：(1)没有法定或约定的原因；(2)一方获益；(3)一方受损；(4)获益和受损之间存在因果关系。本题中，乙没有法律上的原因将轿车停放在甲的停车位上，自己获益，甲受损，二者存在因果关系。因此，乙依法构成不当得利。故D项说法正确，当选。

最后，缔约过失责任作为法定之债，是指在缔约过程中，一方违反诚信原则导致对方信赖利益受到损失，依法应承担赔偿责任。本题中，甲和乙之间并不存在缔约问题，因此，甲无权请求乙承担缔约过失责任。故B项说法错误，不当选。

综上所述，本题的正确答案为ACD。

58.【解析】AD。采购协议的性质为买卖合同（双务合同，即双方互负对待给付义务），标的物为棉纺制品（普通动产）。该买卖合同系主法律关系，作为买方的青山公司依合法有效的买卖合同负有给付500万元价款的义务（从给付价款角度而言，青山公司为债务人）。作为卖方的绿水公司（先履行的一方，先交货）害怕债务人青山公司（后履行的一方，货到后3个月付款）无法给付500万元价款，因此，由钱某提供了房屋（不动产）抵押作抵押担保，完成了抵押登记。此时，债权人绿水公司就取得了“优先受偿权”（担保物权的本质）。

后债权人（绿水公司）同意债务人（青山公司）将200万元债务转移给第三人虹达公司。问钱某如何承担担保责任？

据此，锁定本题的两个考点分别是：(1)债务承担；(2)债务承担对担保人的影响。

债务承担，是指在债的关系不失其同一性的基础上，债权人或债务人通过与第三人订立债务承担合同，将债务全部或部分移转给第三人承担的法律现象。该第三人称为承担人。债务的转移对债权人影响巨大，因此，需要征得债权人同意。但是，基于债的相对性原理（合同相对性原理），债务转让协议本身并不需要取得担保人的书面同意。故C项说法错误，不当选。

虽然债务转让协议本身无须取得担保人的书面同意，但是，债务承担对担保人亦影响巨大。未经担保人书面同意，债权人允许债务人转让部分债务的，担保人则不再对转让的债务承担相应的担保责任。本题中，绿水公司（债权人）与青山公司（债务人）协商，将其中200万元债务转让给虹达公司，仅“通知了”物的担保人钱某。因此，钱某将不再对转让的200万元承担担保责任，仅需就剩余的 300 万元承担担保责任,即“转多少免多少”。故 A、D 项正确,当选;B 项错误,不当选。

综上所述,本题的正确答案为 AD。

59.【解析】BC。A 项考查著作权的归属,关键词为“花某”。画作的所有权人仅享有展览权和物权。画作的著作权归完成作品的人,即画家方某。故 A 项说法错误,不当选。

B 项考查无权处分买卖合同的效力和合同解除权,关键词为“可以”。无权处分,不影响买卖合同的效力。包某将代为保管的花某的画作出卖给管某的行为系无权处分,买卖合同合法有效。对于尚未履行完毕且合法有效的合同,只有达到“根本违约”的程度,即合同目的无法实现时,方能解除合同。本题中,如包某无法交付,将导致合同目的无法实现,即根本违约。因此,非违约方管某可以解除合同。故 B 项说法正确,当选。

C、D 项考查不安抗辩权,关键词为“中止”。包某和管某签订的画作买卖合同系“双务合同”,且按照合同约定,管某先履行(先付款),包某后履行(后交画)。作为先履行一方的管某享有不安抗辩权,在支付全款前,管某获悉包某是代为保管,即存在不能履行的可能。因此,管某有权行使不安抗辩权,通知包某(后履行一方)中止履行,并不构成违约。除非包某提供担保,管某才需继续履行。故 C 项说法正确,当选;D 项说法错误,不当选。

综上所述,本题的正确答案为 BC。

60.【解析】ACD。首先,融资租赁合同作为商事合同,由多层法律关系构造而成,其中一层法律关系就是租赁关系。关于租赁关系,可以适用租赁合同的法律规定。本题中,作为租赁物的标的物为甲公司的一套自建厂房,系违章建筑。依租赁合同基本原理,违法建筑物的租赁合同无效。故 A 项说法正确,当选;B 项说法错误,不当选。

其次,因租赁物违法,甲公司和乙公司之间的融资租赁合同缺乏标的物,即虚构租赁物。《民法典》新增制度,虚构租赁物的融资租赁合同无效,其本质系以融资租赁为名行高利贷之实。故 C 项说法正确,当选。

最后,虚假的意思表示,又称虚伪表示或伪装表示。所谓“虚伪表示”,是指表意人与相对人通谋而为虚假的意思表示。因此,也可称为“通谋虚伪表示”。通谋虚伪表示以表意人与相对人的意思联络为核心,如果不存在通谋的意思联络,则不构成通谋虚伪表示。在实务中,通谋虚伪表示表现为“阴阳合同”。

本题中,甲公司和乙公司以融资租赁合同之名行借款合同之实,即“名为融资租赁实为借款”。其中,融资租赁合同系“阳合同”,属于虚假的意思表示。行为人与相对人以虚假的意思表示实施的民事法律行为无效。据此可知,该融资租赁合同无效。甲公司和乙公司之间的合同名义上为“融资租赁合同”,实际应认定为借款合同。故 D 项说法正确,当选。

综上所述,本题的正确答案为 ACD。

61.【解析】ACD。A 项中的关键词为“监护协议”。具有完全民事行为能力的成年人,可以与其近亲属、其他愿意担任监护人的个人或者组织事先协商,以书面形式确定自己的监护人,在自己丧失或者部分丧失民事行为能力时,由该监护人履行监护职责。本题中,孟某(35 岁)和秦某(22 岁)二人均系完全民事行为能力的成年人,依法可以通过书面形式协议确定监护人。故 A 项说法正确,当选。

B 项中的关键词为“重婚”。有配偶者又与他人登记结婚的,是法律上的重婚。虽未登记但确与他人以夫妻名义同居生活的,为事实上的重婚。要特别注意事实上的重婚和有配偶者与他人婚外同居的区别,判断的标准即是否以夫妻名义同居生活:如果双方以夫妻名义同居生活,则构成事实上的重婚;如果双方没有以夫妻名义同居生活,则不属于《刑法》予以处罚的范围,而属于《民法典》婚姻家庭编禁止的行为。本题中,孟某网上认识了秦某,并迅速交好,双方并未以夫妻名义同居生活。因此,孟某不构成事实上的重婚。故 B 项说法错误,不当选。

C 项中的关键词为“公序良俗”。公序良俗由两部分构成,即公序(又称公共秩序,系从国家角度进行的定义,是指国家、社会的存在及其发展所必需的一般秩序)和良俗(又称善良风俗,系从社会角度进行的定义,是指国家、社会的存在及其发展所必需的一般道德,是特定社会所尊重的起码的伦理要求)。本题中,孟某有配偶和儿子,其在网上认识秦某后迅速交好,且与秦某特别约定未来财产共同共有的行为,系对夫妻之间忠实义务的违反,违背了公序良俗。故 C 项说法正确。

D 项中的关键词为“无权处分”。无权处分,是指以自己的名义处分他人或共有财产。本题中,孟某和胡某系夫妻,在无特别约定的情形下,二人的婚后家庭财产系共同共有。孟某未经胡某同意,擅自处分财产(与秦某约定未来财产共同所有),构成无权处分。故 D 项说法正确,当选。

综上所述,本题的正确答案为 ACD。

62.【解析】AC。A、B 项,本案中乙伪造遗嘱,不是房屋的所有权人。乙将该房屋无权处分给某教育科技有限公司,因为乙是公司的创办人,所以乙知情,应视为公司也知情,公司无法善意取得该房屋。该房屋应归丙所有,公司应该将房屋返还给丙。A 项正确,B 项错误。

C、D 项,如果该房屋原归乙所有,乙用此房屋出资设立公司,依法应该通过交付并登记来完成出资。本案中,乙 2020 年 1 月 1 日交付,彼时没有办理登记手续,乙的实缴出资并未完成,所以以分红为核心的相应股东权利被冻结,乙不能行使这些权利。待 2020 年 5 月 1 日,办理完登记手续后,乙的房屋出资程序履行完毕,曾经被冻结的相应股东权利也可以被解冻。但由于自交付起,公司已经实际享有该房屋的经济权益,所以乙有权主张自交付起享有相应的股东权利,C 项正确,D 项错误。

综上,本题答案为 AC。

63.【解析】CD。A 项,《票据法》允许因继承、赠与、税收三种方式无对价而取得票据权利,只是取得的票据权利不得优于前手,A 项否定了北方公司因赠与而获得的票据权利,错误。

B 项,银行作为付款人,只需要对票据进行形式审查,虽然该票据中存在张某伪造签章的情形,但此情形并非银行审查的范畴和能力所及,故银行根据票面的记载履行付款义务,并无过错,B 项错误。

C 项,如果该汇票没有丢失,北方公司作为票据权利人被拒绝付款时,可向其前手义务人行使追索权,即向东方、南宁、西水公司中的一个或几个主张连带责任,C 项正确。

D 项,张某通过伪造北方公司签章的行为进行背书,伪造签章无效,所以该背书行为也无效,D 项正确。

综上,本题答案为 CD。

64.【解析】BD。A、B 项,我国对外商投资给予充分的保护,国家对外国投资者的投资不实行国有化征收。但不实行征收≠不得征收、征用,在特殊情况下,国家为了公共利益的需要,可以依照法律规定对外国投资者的投资实行征收或者征用。本案中,抗击疫情属于特殊情况,国家为了公共利益,可以对美星公司的仓库进行征用,A 项错误,B 项正确。

C、D 项,国家对外国投资者的投资不能免费征收或征用,应当依照法定程序进行,并及时给予公平、合理的补偿,以补偿美星公司为我国的公共利益做出的贡献。但国家并没有违法违规行为,无须对美星公司承担赔偿责任。C 项的"赔偿"错误,D 项的"补偿"正确。

综上,本题答案为 BD。

65.【解析】AD。对于负面清单以外的外商投资,我国实行国民待遇原则,适用备案制。外商投资准入负面清单之外的领域形成的股权转让合同,当事人以合同未经有关行政主管部门批准、登记为由主张合同无效或者未生效的,人民法院不予支持,所以 A、D 两项正确,C 项错误。

法律有一定范围内的溯及力,如果股权转让合同签订于《外商投资法》施行前,但人民法院在《外商投资法》施行时尚未作出生效裁判的,适用新法的规定认定合同的效力,B 项错误。

综上,本题答案为 AD。

66.【解析】AB。A、B 项,2020 年 1 月 1 日,甲公司的破产申请被受理,此时甲公司"命不久矣",没有未来了,故对甲公司欠缴出资的股东应足额缴纳出资,管理人有权要求股东履行出资义务,此义务不受诉讼时效或出资期限的影响。李四的出资义务虽尚未到期,但也应"加速到期"。所以管理人有权要求张三和李四履行出资义务,A、B 两项正确。

C、D 项,股东的出资义务是股东的身份责任,在甲公司被受理破产时,应及时足额履行。股东对公司补缴的出资作为债务人财产供债权人平等受偿。股东同时为公司债权人的,其债权按属性申报并依法受偿。股东的出资义务与其对公司享有的债权不能抵销,否则对股东的宽容就是对债权人的残忍,C、D 两项错误。

综上,本题答案为 AB。

67.【解析】AC。为了切实保障集体经济组织的利益,让集体土地为集体所用,2019 年《土地管理法》大修,打破了多年的城乡二元体制,将集体所有的土地流转打开一个口子,即土地利用总体规划、城乡规划确定为工业、商业等经营性用途,并经依法登记的集体经营性建设用地,土地所有权人可以通过出让、出租等方式交由单位或者个人使用,并应当签订书面合同。集体经营性建设用地出让、出租等,应当经本集体经济组织成员的村民会议 2/3 以上成员或者 2/3 以上村民代表的同意。

A 项,本案中村办工厂占用的土地,已经根据规划定性为集体经营性建设用地,可以依法以出让、出租等方式流转,但应当经本集体经济组织成员的村民会议 2/3 以上成员或者 2/3 以上村民代表的同意,A 项正确。

B 项,如新兴公司未经批准改变该地用途,农村集体经济组织报经原批准用地的人民政府批准,可以收回土地使用权。本案中该土地使用权可以被收回,但村委会不能直接决议收回,而应该报经原批准用地的人民政府批准,B 项错误。

C 项,由于集体经营性建设用地使用权是使用者通过市场方式有偿取得的,可以通过转让、互换、出资、赠与或者抵押等方式再流转,C 项正确。

D 项,确定土地用途的城乡规划是由规划主管部门制定的,如需变更也应向相应的城乡规划主管部门提出申请,而不应向村委会提出申请,D 项错误。

综上,本题答案为 AC。

68.【解析】BD。A 项,受益人索要的保险赔偿金,是被保险人发生保险事故付出了生命或健康的代价换来的,因此被保险人对指定或变更受益人有决定权。投保人指定或变更受益人均需要被保险人同意。本案中甲作为投保人,未经被保险人乙同意,擅自变更受益人是无效的,所以甲母并非本保险合同中的受益人,无权向保险公司主张赔偿金,A 项错误。

B 项,乙作为被保险人,有权决定受益人的人选,投保人指定或变更受益人时需要被保险人同意,否则该受益人的指定或变更是无效的,甲变更受益人为自己的母亲,需要乙的同意,B 项正确。

C 项,本案中甲作为受益人,故意杀害被保险人,虽然未遂,但甲因此丧失了受益权,保险公司有权拒绝甲作为受益人提出的索赔请求,C 项错误。

D 项,死亡险涉及被保险人的生命,对于被保险人至关重要,因此在订立死亡险的保险合同时,被保险人对是否订立及保险金额有权作出自己的衡量或判断,订立死亡险保险合同需要被保险人同意并认可保险金额,D 项正确。

综上,本题答案为 BD。

69.【解析】BD。A 项,在机动车辆第三者责任保险中,被保险人或其允许的驾驶人员在使用保险车辆过程中发生意外事故,致使第三者遭受人身伤亡或财产直接损毁,依法应当由被保险人承担的经济责任,保险公司负责赔偿。本案中保险标的是张某的宝马汽车，无论是张某还是张某允许的其他驾驶人员驾驶此车辆损害第三人利益，保险公司均应承担赔偿责任，A项错误。

B项，第三者责任险的核心法律关系是被保险人给第三者造成损害，赔偿责任确定后，保险公司直接对第三者赔偿保险金，即“你犯错，保险公司替你赔”，B项正确。

C、D项，和解协议是侵权方和被害方达成的协议，只约束协议双方，对保险公司没有直接的约束力，C项表述为保险公司“应”按照和解协议赔偿保险金是错误的。如果保险公司对该和解协议是认可的，可按和解协议赔偿保险金，否则有权对保险责任范围以及赔偿数额重新予以核定，D项正确。

综上，本题答案为BD。

70.【解析】BC。A项，生产商与销售商签订的在一定区域内的独家销售协议，排除了在该区域其他销售商销售该生产商生产的该种商品的行为，实际上排除了品牌内的竞争。但该协议并不能排除其他生产商与其他销售商签订独家销售协议，因此，独家销售协议虽然排除了品牌内的竞争，但并没有排除品牌间的竞争，甚至还活跃了品牌间的竞争，未损害消费者的利益，所以对竞争没有实质性的排除或限制的影响，A项错误。

B、C项，纵向垄断协议指的是有竞争关系的上下游主体之间形成的，主要针对价格方面的协议，包括固定向第三者转售的价格或限定向第三者出售的最低价格。这样，上游生产商凭借自身的控制力，影响了下游市场经销商的自由竞争和价格调控机制，剥夺了消费者因充分竞争可能享受到的“物美价廉”，所以对竞争造成了排除或限制的实质影响，且损害了消费者的合法权益。B、C项属于《反垄断法》规制的纵向垄断行为，故B、C两项正确。

D项，生产商限定经销商向第三者转售的最高价格，避免经销商漫天要价损害消费者的合法权益，对消费者有好处，不为《反垄断法》所禁止，所以D项并非《反垄断法》规制的协议行为，D项错误。

综上，本题答案为BC。

71.【解析】AC。A、B项，本案中KT公司和GB公司之间的股权转让协议，实际上是KT公司收购蓝天公司60%的股权，取得对蓝天公司的控制权，属于经营者集中行为。我国对巨头集中实行事先申报制度，以防患于未然。KT公司对蓝天公司的收购，达到了国务院规定的申报标准，应当事先向国务院反垄断执法机构申报，而不能“先斩后奏”，A项正确，B项错误。

C项，外资KT公司并购我国境内的蓝天公司，涉及国家安全，除依照《反垄断法》规定进行经营者集中审查外，还应当按照国家有关规定进行国家安全审查，C项正确。

D项，经营者对禁止集中的决定不服的，应先提起行政复议再提起行政诉讼，而不能“直接”提起行政诉讼，D项错误。

综上，本题答案为AC。

72.【解析】CD。A项，本案中的电动车因产品的质量问题造成了王某的人身损害，应认定该电动车为缺陷产品。就此缺陷产品造成的损害，王某可以向生产者主张赔偿责任，也可以向销售者主张赔偿责任。A项将王某的索赔对象锁定在生产者A公司，过于片面，A项错误。

B项，本案中缺陷产品电动车由B平台自营业务销售给王某，B平台是经营者。消费者或者其他受害人因商品缺陷造成人身、财产损害的，可以向销售者要求赔偿，也可以向生产者要求赔偿。所以B平台与A公司对王某承担不真正连带责任，并非按份责任，B项错误。

C项，消费者的权益被损害，可主张的赔偿范围包括：①医疗费、护理费、交通费等为治疗和康复支出的合理费用，以及因误工减少的收入；②造成残疾的，还应当赔偿残疾生活辅助具费和残疾赔偿金；③造成死亡的，应当赔偿丧葬费和死亡赔偿金。王某因电动车自燃而残疾，有权主张残疾生活辅助具费和残疾赔偿金，C项正确。

D项，该电动车为缺陷产品，案情表明“因此造成多起纠纷久久未解决”，说明生产者未主动召回该电动车，市场监督管理部门有权责令其召回，D项正确。

综上，本题答案为CD。

73.【解析】AB。A、B项，本案争议的关键问题有两个：(1)好吃网提供的服务内容问题。好吃网提供的服务应包括两方面。一方面，作为网络交易平台提供者，其应提供网络经营场所、交易撮合、信息发布等服务。具体到本案，好吃网应保证交易平台正常运行，应将周某的订单信息及时、准确地提供给商家并及时告知周某订单的进展情况。另一方面，作为配送服务的提供者，其应将涉案订单餐品及时送达周某指定地点。(2)好吃网在提供服务过程中是否存在欺诈行为的问题。好吃网的经营模式客观上存在配送服务在履行上具有不确定性的情况，对于周某而言，订单可能因配送原因被取消的情形属于影响其是否决定选择购买该项服务的重要因素。因此，好吃网应将其提供配送服务在履行上存在不确定性的情况如实告知周某；而好吃网并未将相关信息事先告知周某，属于故意隐瞒影响交易的重要信息的行为，构成欺诈，应依法承担“退一罚三，最低500”的惩罚性赔偿，所以A、B两项正确。

C项，如果好吃网承担因欺诈带来的惩罚性赔偿，法律设置的最低界限是500元，本案中的争议价款是50元，价款的3倍为150元，不足500元，应按500元追究责任，C项错误。

D项，“取消订单”在法律层面指的是“合同解除”。本案中，取消订单系因好吃网的配送问题，故而对外责任应由好吃网承担。在好吃网进行赔偿后，如果查明是商家导致的问题，好吃网可以事后向商家行使追偿权，但商家不用直接对周某承担赔偿责任，D项错误。

综上，本题答案为AB。

74.【解析】BCD。银行流水是非常重要的个人隐私,银行对客户的隐私有保密的义务,除法定情形外不能泄露给第三人。本案中银行无权按照与小果公司所谓的“大客户约定”泄露叶某的个人隐私,银行的行为是违法的,A 项错误,B 项正确。

C 项,法院在承办司法案件过程中,有权凭调查手续调取当事人或相关人员的银行流水,银行应配合,C 项正确。

D 项,商业银行非法查询个人储蓄存款,对存款人或其他客户造成财产损害的,应当承担支付迟延履行的利息以及其他民事责任。国务院银行业监督管理机构有权对其责令改正 + 没收违法所得 + 处以罚款(《商业银行法》第 73 条)。本案中银行非法为第三人查询了叶某的银行流水,银保监会有权对其罚款,D 项正确。

综上,本题答案为 BCD。

75.【解析】BCD。A、B 项,甲公司获得的 10 万元的政府补贴是国家给的,为不征税收入,而非免税收入。所以 A 项错误,B 项正确。

C 项,高速公路项目属于国家重点扶持的交通项目,可以减征、免征企业所得税,C 项正确。

D 项,经营果园作为农、林、牧、渔的收入,符合国家产业政策,可以减征、免征企业所得税,D 项正确。

综上,本题答案为 BCD。

76.【解析】AC。A 项,职工应当参加职工基本医疗保险,由用人单位和职工按照国家规定共同缴纳基本医疗保险费,A 项正确。

B、C 项,基本医疗保险,是为了补偿劳动者因疾病风险造成的经济损失而建立的一项社会保险制度。通过用人单位与个人缴费,建立医疗保险基金,参保人员患病就诊发生医疗费用后,由医疗保险机构对其给予一定的经济补偿。华风公司未依法参保,没有为张某建立医疗保险账户,张某承担的医疗费无法享受医疗保险待遇,因此造成的损失可以要求华风公司赔偿,B 项错误,C 项正确。

D 项,失业保险金的领取条件是:(1)失业前用人单位和本人已经缴纳失业保险费满 1 年;(2)非因本人意愿中断就业;(3)已经进行失业登记,并有求职要求。本案中,华风公司是否为张某投保过失业保险尚未可知,纵使投保了失业保险,双方的劳动关系只持续了 4 个多月,双方缴纳的失业保险费最长也只有 4 个多月,不足 1 年,故张某无法享受失业保险,D 项错误。

综上,本题答案为 AC。

77.【解析】ABC。选项 A 错误。根据我国法律的规定,国际商事法庭的判决中,少数意见可以在判决中载明。

选项 B 错误。国际商事法庭确实是最高人民法院的常设机构,但我国立法明确规定可以选择其作为一审法院。我国法律规定,国际商事法庭受理当事人协议选择最高人民法院管辖,且诉讼标的在人民币 3 亿元以上的第一审国际商事案件。也就是说,在满足一定标的额的涉外商事案件中,当事人可以直接选择最高人民法院作为一审管辖法院。

选项 C 错误。国际商事法庭集合了诉讼、调解和仲裁程序。在当事人同意的基础上,诉讼可以转化为调解程序。在国际商事法庭受理案件 7 日内,经过双方当事人同意,可以委托国际商事专家委员会成员或者国际商事调解机构调解。注意,调解必须经过当事人的同意,也不是先行程序。

选项 D 正确。根据 2023 年修正的《民事诉讼法》的规定,涉外案件的当事人书面选择人民法院管辖的,案件可以由人民法院管辖。也就是按照《民事诉讼法》的规定,当事人选择人民法院管辖不再需要“联系”。

综上所述,本题答案为 ABC。

78.【解析】ABD。大家注意,千万不要一上来看到“或裁或诉”,就好像好不容易看到了一个熟悉的知识点,马上做出判断。这道题考的根本不是这个点。

我国法律中规定,“或裁或诉”的仲裁条款,仲裁部分无效,这个无效的前提是必须适用中国法律。但涉外案件的特点就在于,案件可能适用外国法。如果适用外国法律,或裁或诉的协议,仲裁部分就有可能是有效的。

所以看到仲裁的题,第一步必须先判断仲裁协议所适用的法律,第二步再根据准据法判断条款是否有效。

选项 A 错误。仲裁机构和法院不一样,中国法院原则上只能在我国工作,但仲裁庭完全可以去外国工作,所以 A 项中的说法是错误的。仲裁机构和仲裁地完全可以通过当事人的选择处于不同的国家,这一点是我国法律所允许的。

选项 B 错误。根据我国法律的规定,当事人可以选择仲裁协议所适用的法律,但这种选择必须“专门明示”,合同所适用的法律不等于合同中仲裁协议所适用的法律。本案中只说明因履行合同产生的纠纷适用瑞士法,没有特别强调合同中的“仲裁条款”适用瑞士法,所以不能用瑞士法判断仲裁条款的效力。

选项 C 正确。根据我国法律规定,当事人没有选择仲裁协议所适用的法律时,适用仲裁机构所在地法或仲裁地法,二者对仲裁协议效力作不同认定的,适用认定仲裁协议有效的法律。本案中双方当事人没有对仲裁协议所适用的法律进行选择,所以应该适用中国法(仲裁机构所在地法)或新加坡法(仲裁地法),其中中国法认定无效,新加坡法认定有效的,应该适用新加坡法。

选项 D 错误。参见 C 项解析。

综上所述,本题答案为 ABD。

79.【解析】CD。首先明确本题中中国华泰公司是买方,甲国埃拉公司是卖方。

选项 A 错误。DPU 术语下卖方没有购买保险的义务。

选项 B 错误。本题问的是交货,也就是风险转移。DPU 术语下卖方在目的地将货物卸下后交货,目的地不限于运输的终点。

选项 C 正确。根据 B 项解析,该批货物在目的地中国卸下后才转移风险,所以运输中的风险仍旧应该由卖方埃拉公司承担,正确。

选项D正确。根据《联合国国际货物销售合同公约》的规定,买方应该在收到货物后的一段合理时间内将货物质量问题通知卖方。

综上所述,本题答案为CD。

80.【解析】BC。在诉讼中,原告增加、变更诉讼请求使案件标的额不符合受诉法院级别管辖标准的,被告有权提出管辖权异议。对于被告提出的管辖权异议,法院应当进行审查,认为异议不成立的,应当裁定驳回;认为异议成立的,应当移送管辖。所以本题B、C选项正确。本题中,受诉的基层法院并不会因为应诉管辖以及管辖权恒定原则取得对案件的管辖权。首先,应诉管辖要求被告在提交答辩状期间没有提出管辖权异议,并应诉答辩,受诉法院取得应诉管辖权,但违反级别管辖和专属管辖的除外。本案是违反级别管辖,故受诉法院并不会取得应诉管辖权,A选项错误。其次,管辖权恒定原则是指法院对管辖权异议审查后确定有管辖权的,不因当事人提起反诉、增加或者变更诉讼请求而改变管辖,但违反级别管辖、专属管辖规定的除外。本案违反级别管辖,不适用管辖权恒定原则,故D选项错误。

综上所述,本题答案为BC。

81.【解析】CD。A选项中原告主张法官存在回避事由,根据《民诉解释》第96条的相关规定,回避等程序性事实属于人民法院应当依职权调查的事实。故虽然当事人有义务对此提供证据,但就算当事人没有提供充分证据,法院也应当依职权调查收集相关证据,当事人不一定会承担举证不能的不利后果。此时当事人提供证据的义务仅仅是行为意义上的证明责任而已,不是结果意义上的证明责任,A选项错误。B和C选项考查环境污染案件证明责任的分配。首先,环境污染侵权是无过错责任原则,故被告是否有过错不是侵权构成要件。其次,环境污染案件的证明责任分配中存在因果关系倒置,故应当由原告对侵权行为、结果承担证明责任,被告对免责事由和无因果关系承担证明责任。由于环境污染案件是无过错责任,故被告是否有过错与案件无关,不是证明对象,不需要证据证明,原告、被告对此均不需要承担证明责任,所以B选项错误。环境污染案件中,应当由被告对排污行为与损害结果不存在因果关系承担证明责任,故被告应当提供证据证明不存在因果关系,同时当是否存在因果关系处于事实不清、真伪不明时,被告应当承担不利后果,所以被告应当对此承担结果意义上的证明责任,C选项正确。D选项中,被告主张债务已经免除,即主张法律关系变更、消灭,应当由主张方被告承担证明责任,故被告应当提供证据证明债务已经免除(消灭),同时如果该事实处于事实不清、真伪不明,则被告应当承担不利后果,所以被告对此应当承担结果意义上的证明责任,D选项正确。

综上所述,本题答案为CD。

82.【解析】CD。书证在对方当事人控制之下的,承担举证证明责任的当事人可以在举证期限届满前书面申请人民法院责令对方当事人提交。(1)控制书证的当事人无正当理由拒不提交的,法院可以认定申请人所主张的书证内容为真实。(2)持有书证的当事人以妨碍对方当事人使用为目的,毁灭有关书证或者实施其他致使书证不能使用行为的,法院可以认定申请人主张以该书证证明的事实为真实,同时可以追究其妨碍诉讼的责任。本题C选项中乙当庭将借条毁损,属于以妨碍对方使用为目的对借条这一书证进行毁损,法院可以直接认定甲主张的借条能够证明的事实为真实,故当然可以认定借条为真实,C选项正确。关于乙是否持有该借条这一事实的认定,涉及乙对持有借条这一事实的承认是否构成自认:A选项中乙虽然承认借走借条,但是这是在调解中为了妥协、让步而对案件事实的认可,不构成自认,故据此不能认定乙持有借条,不能认定甲主张的借条为真实,A选项错误。B选项中虽然乙承认自己借走了借条,但是主张借条的金额为8万元,属于附条件的自认,并且其所附条件(借款金额为8万元)与承认持有借条这一事实基于同一借款法律关系,故法院应当将乙持有借条的事实与借款金额为8万元的事实一并考虑:要么认定所承认事实与所附条件均成立,要么认定所承认事实与所附条件均不成立。第一种认定方式,认定所承认事实和所附条件均成立,即认定乙持有借条,同时认定借条金额为8万元,显然,此时不能认定甲主张的借条内容(18万元)为真实;第二种认定方式,所承认事实与所附条件均不成立,即乙不持有借条,既然乙不持有借条,那在乙拒不提供借条时不能认定甲主张的借条内容为真实。故不论哪种情况都不能认定甲主张的18万元的借条为真实,B选项错误。D选项中乙承认持有借条,构成自认,法院可以认定乙持有借条,乙没有正当理由拒不提供,法院可以认定甲主张的借条内容为真实,D选项正确。

综上所述,本题答案为CD。

83.【解析】BC。银行主张合同的真实性,张老太主张合同存在欺诈。首先,银行提供的合同能够完整证明双方当事人之间关于合同权利义务的约定,是直接证据,A选项错误。其次,银行向法院提交了合同原件,根据《民事诉讼证据规定》第92条的规定,私文书证的真实性,由主张以私文书证证明案件事实的当事人承担举证责任。私文书证由制作者或者其代理人签名、盖章或者捺印的,推定为真实。合同属于私文书证,银行提供合同主张以该合同证明案件事实,故应当由银行对合同的真实性承担举证责任。但银行已经提供了合同原件,合同原件中有制作人签名,故该合同应当推定为真实。既然合同已经被推定为真实,张老太主张欺诈,应当由张老太对存在欺诈的事实承担举证责任,即所谓的行为意义上的举证责任转移给张老太,B选项正确。民事诉讼中的证明标准分为三个层次:一是程序性事实适用较大可能性的证明标准;二是一般的实体性事实适用高度可能性的证明标准;三是欺诈、胁迫、恶意串通、口头遗嘱、赠与等五个特殊的实体事实适用排除合理怀疑的证明标准。本案中张老太主张的事实是欺诈,故应当适用排除合理怀疑的证明标准,故C选项正确,D选项错误。

综上所述,本题答案为BC。

84.【解析】AC。借条的待证事实是借款事实成立,借款事实是否成立应当由主张借款事实成立的程飞承担证明责任,故程飞提供的证据是本证,A选项正确。关于刘晨提供的转账凭证是为了证明其只向程飞借款200万元,即否认程飞主张的借款325万元这一事实。对于该借款事实是否成立,应当由主张借款事实成立的程飞承担证明责任,被告刘晨不承担证明责任,故刘晨提供的该转账凭证是反证,B选项错误。关于应当由谁对借条的真伪申请鉴定的问题,《民事诉讼证据规定》第31条第2款规定,对需要鉴定的待证事实负有举证责任的当事人,在人民法院指定期间内无正当理由不提出鉴定申请或者不预交鉴定费用,或者拒不提供相关材料,致使待证事实无法查明的,应当承担举证不能的法律后果。首先,从"谁主张,谁举证"的基本原理进行判断,原告程飞主张借条为真实,刘晨主张借条为虚假,"真实"是积极事实,故应当由主张借条为真实的程飞对借条的真实性承担证明责任。其次,可以根据《民事诉讼证据规定》第92条第1款的规定,私文书证的真实性,由主张以私文书证证明案件事实的当事人承担举证责任,也就是谁提出该文书作为证据,谁对文书的真实性承担证明责任。现在是程飞提出该借条证明借款事实,故应当由程飞对借条的真实性承担证明责任,由程飞提出对借条真伪进行鉴定的申请,否则当借条的真实性无法查明时,应当由程飞承担不利后果,故本题C选项正确,D选项错误。

综上所述,本题答案为AC。

85.【解析】ACD。诉前保全应当由被保全财产所在地、被申请人住所地或者对案件有管辖权的法院管辖。题目中没有提及被保全财产所在地,被申请人天安公司住所地是B县。接下来需要分析对案件有管辖权的法院。本案是合同纠纷,没有专属管辖,没有协议管辖,故应当由被告住所地或者合同履行地法院管辖。被告住所地为B县,本案没有约定履行地,故应当由实际履行地为合同履行地。鑫鑫公司欲起诉天安公司支付货款,为给付货币的案件,应当由接收货币方即鑫鑫公司住所地(D市A县)为合同履行地,故对案件有管辖权的法院是鑫鑫公司住所地A县法院(合同履行地)和天安公司住所地B县法院(被告住所地)。综上,A县和B县法院对诉前保全的申请均具有管辖权,故A县法院有权受理诉前保全申请并采取保全措施,A选项正确。鑫鑫公司向A县法院申请诉前保全,A县法院采取保全措施后,鑫鑫公司向被告天安公司住所地B县法院起诉,B县法院受理案件后,采取诉前保全措施的A县法院应当将保全手续移送受理案件的B县法院,同时A县法院作出的保全裁定视为受理案件的B县法院作出的裁定,所以D选项正确。关于执行管辖,执行案件由一审法院或者与之同级的被执行财产所在地法院管辖,故本题B选项表述中的级别管辖错误;C选项中B县法院作为一审法院,有执行管辖权,C选项表述正确。

综上所述,本题答案为ACD。

三、不定项选择题

86.【解析】BCD。首先,根据占有人是否存在占有的本权(权源),将占有分为有权占有和无权占有。(1)有权占有,又称有权源占有,是指基于合法原因而取得的占有。其中的合法原因可以理解为法律规定或民事法律行为等。如基于买卖合同、赠与合同、租赁合同、设定动产质押权等。(2)无权占有,又称无权源占有,是指非基于合法原因而取得的占有。如遗失物的拾得者对拾得物的占有、盗窃者对盗赃物的占有、承租人在租赁关系消灭后继续占有租赁物、买卖合同无效后买受人对于出卖物的占有等均属于无权占有。本题中,张三拾得麻大的挂件系拾得遗失物,对挂件的占有属于无权占有。故B项说法正确,当选。

其次,对于无权占有,根据占有人的主观心理状态,即以无权占有人是否误信且无怀疑为标准,将无权占有分为善意占有和恶意占有。(1)善意占有,是指占有人不知其无占有的本权(权源)而误信其有正当权源且无怀疑地占有。如盗赃物的买受人信赖出卖人有所有权而购买并占有盗赃物,即为善意占有。(2)恶意占有,是指占有人知道其无占有的本权(权源)或对于该物自己是否有权占有虽有怀疑而仍为占有。如盗赃物的买受人明知出卖人无所有权而购买并占有盗赃物,即为恶意占有。本题中,李四不知张三占有的挂件系遗失物而借用,虽然属于无权占有,但是主观上误信且无怀疑其有占有的本权或权源。因此,李四的占有属于善意占有。故A项说法错误。

再次,虽然李四对挂件的占有系无权占有,但客观上仍存在占有的事实状态或事实管领力。王二趁李四不备,将挂件偷走,系对李四占有的侵夺。因此,李四对王二依法享有占有返还请求权,即可向王二主张返还原物。故C项说法正确,当选。

最后,麻大作为所有权人,王二通过偷盗手段占有其挂件系无权占有。因此,麻大可以基于其所有权人的身份对王二行使返还原物请求权(物权请求权的一种权能),即麻大可向王二主张返还原物。故D项说法正确,当选。

综上所述,本题的正确答案为BCD。

87.【解析】AB。A项考查不当得利的返还范围,关键词为"不负"。不当得利作为法定之债,得利人的范围依得利人主观上的善恶而有所不同。(1)善意得利人,仅负有返还"现存利益"的义务,现存利益不存在的,不负赔偿责任。(2)恶意得利人,负有返还"所受利益"的义务,所受利益不存在的,依法负有赔偿责任。本题中,丁的配送员将丙购买的电脑错送至乙家,乙的家人误以为是甲公司寄送的礼品而接收。虽然,乙构成不当得利,但系善意得利人。当晚,家中失火导致该电脑被毁,即现存利益不存在,依法不负有赔偿责任。故A项说法正确,当选。

B、D项考查违约责任,关键词为"有权"和"连带责任"。违约责任的构成要件有三:(1)存在合法有效的合同;(2)存在违约行为;(3)不存在法定或约定的免责事由。本题中,丙和丁之间存在合法有效的电脑买卖合同,因丁的配送员的过错,其将电脑错送至丙的邻居乙家存在违约行为,且不存在法定或约定的免责事由。因此,丁需对丙承担违约责任,即丙有权要求丁交付相同型号、相同配置的电脑。故B项说法正确,当选。乙并非合同当事人,且乙和丁对丙并不构成共同侵权,因此,乙与丁对丙无须承担连带责任。故D项说法错误,不当选。

C项考查合同相对性原理,关键词为"有权"。基于合同相对性原理,甲公司为回馈老客户,将赠与乙(老客户)礼品,即赠与合同的当事人是甲公司和乙,而丙并非合同当事人,无权要求甲公司向自己交付乙的礼品。换一个角度看,乙作为善意得利人本无须赔偿丙的损失,丙的损失可以基于违约责任向丁主张,这亦能论证丙无权要求甲公司向自己交付乙的礼品。故C项说法错误,不当选。

综上所述,本题的正确答案为AB。

88.【解析】ACD。混合担保,是指在同一个债权债务关系中,既有物的担保,又有人的担保的情形。甲公司(债务人)和乙公司(债权人)之间的主债权1000万元有两个担保,既有物的担保(丁的房屋抵押权)又有人的担保(丙公司的保证)。

A项考查保证方式,关键词为"一般保证"。人的担保,即保证,系以保证人的信用(信誉)所作的担保。保证的方式包括两类,分别是一般保证和连带责任保证。当事人在保证合同中对保证方式没有约定或约定不明确的,按照一般保证承担保证责任。本题中,丙公司在主合同借款协议"保证人"栏下盖章,保证合同成立,但未载明保证方式。因此,丙公司应按一般保证承担保证责任。故A项正确,当选。

B、C、D项考查混合担保的追偿权,关键词为"追偿"。无论物的担保(丁的房屋抵押权)还是人的担保(丙公司提供的一般保证),担保人均非债务人。因此,当丁(抵押人)或丙公司(保证人)承担担保责任后,均有权向主债务人甲公司追偿。故C、D项正确,当选。对于担保人之间能否互相追偿的问题,分两种情况:(1)共同担保人互相不知对方的存在。在共同担保的情形下,担保人之间互相追偿的前提条件是互相有意思联络,即互相知道对方的存在;如互相不知对方的存在,担保人之间无追偿权,承担了担保责任的担保人均向债务人追偿。(2)共同担保人互相知道对方的存在。本题中,丙公司和丁互相并不知道对方的存在,因此,二者不可以互相追偿。故B项错误,不当选。

综上所述,本题的正确答案为ACD。

89.【解析】AD。A项考查"违约责任",关键词为"可以"。承揽合同,是指承揽人按照定作人的要求完成工作,交付工作成果,定作人支付报酬的合同。承揽包括加工、定作、修理、复制、测试、检验等工作。本题中,赵某将照片交给照相馆翻拍,二者形成合法有效的承揽合同,因照相馆雇员乱扔烟头发生火灾,照片被毁,照相馆存在违约行为,且不存在法定或约定的免责事由。因此,定作人赵某可以请求承揽人照相馆承担违约责任。需要注意的是,照相馆的行为亦侵犯了赵某对照片的所有权。照相馆的行为,本质上系"加害给付",既违约又侵权。违约,违的是承揽合同之约;侵权,侵的是照片的所有权(物权/财产权)。故A项说法正确,当选。

B项考查健康权侵权,关键词为"侵犯了"。健康权,是指自然人维护其生理机体和心理机能正常运行和正常发挥(功能),从而维持人体生命活动的人格权。健康权的侵权形态系"侵害生理或心理机能(功能)的正常运转和发挥"。本题中,照相馆的行为导致赵某仅有的一张合照毁损,并未侵犯赵某生理或心理机能(功能)的正常运转和发挥,因此,未侵犯赵某的健康权。故B项说法错误,不当选。

C项考查肖像权侵权,关键词为"侵犯了"。肖像权,是指自然人所享有的以对自己的肖像所体现的人格利益为内容的一种人格权。肖像权的侵权形态包括6类:(1)丑化;(2)污损;(3)伪造;(4)制作;(5)使用;(6)公开。本题中,照相馆导致照片毁损的行为,不属于上述的任何一类。因此,照相馆的行为不构成肖像权侵权。故C项说法错误,不当选。

D项考查精神损害赔偿,关键词为"有权"。因故意或者重大过失侵害自然人具有人身意义的特定物造成严重精神损害的,被侵权人有权请求精神损害赔偿。本题中,赵某与父母仅有的一张合照具有"人身象征意义"。该照片因照相馆雇员重大过失而永久性毁损,造成赵某严重的精神损害(十分痛苦)。因此,赵某依法有权请求照相馆赔偿其精神损失。故D项说法正确,当选。

综上所述,本题的正确答案为AD。

90.【解析】BCD。不明抛掷物、坠落物致人损害责任,即高空抛物致人损害责任共有如下五个方面的问题:(1)责任主体:可能加害的建筑物使用人;(2)归责原则:公平补偿规则(损失分担方法);(3)免责事由:证明自己不是侵权人;(4)安保义务人:物业公司在其过错范围内承担相应的赔偿责任;(5)调查义务:公安等机关。

A项考查安保义务人责任,关键词为"全部"。小区物业公司作为小区的安保义务人承担过错责任,仅在过错(未采取必要的安全保障措施)范围内承担"相应的"赔偿责任,而非"全部"责任。故A项说法错误,不当选。

B、D项考查责任主体和免责事由,关键词为"连带赔偿"和"补偿"。在不明坠落物致人损害责任中,责任主体不包括当地派出所且各责任主体承担的是"连带补偿责任"(主观上不存在过错,系道义性责任)而非"连带赔偿责任"(主观上存在过错,系侵权责任)。故B、D项说法均正确,当选。

C项考查调查义务,关键词为"当地派出所"。不明坠落物致人损害责任涉嫌刑事犯罪,因此,《民法典》中增加了"公安等机关"的调查义务。故C项说法正确,当选。

综上所述,本题的正确答案为BCD。

91.【解析】CD。A项中的关键词为"未经"和"无效"。债权转让对债务人利益影响不大,无须经过债务人同意,通知债务人即可。一言以蔽之,债权转让6字规则:“内外有别+通知”。本题中,李某(债权人)将债权转让后“通知”张某(债务人)逐一去履行,合法有效。故A项说法错误,不当选。

B项中的关键词为“无权”和“拆分”。债权转让中被让与的债权必须具有可让与性。不得让与的债权有三:(1)根据债权性质不得转让;(2)按照当事人约定不得转让;(3)依照法律规定不得转让。本题中,张某(债务人)欠李某(债权人)的10万元货款债权系货币之债且不存在上述禁止行为。因此,李某有权拆分转让。故B项说法错误,不当选。

C项中的关键词为“原则上”和“不得”。为保护债务人的信赖利益,债权转让的通知原则上不得撤销,除非受让人同意。本题中,李某(债权人)将债权拆分转让后已通知张某(债务人),除非受让人同意,否则,通知不得撤销。故C项说法正确,当选。

D项中的关键词为“费用”。债权转让虽对债务人利益影响不大,但是,因债权转让增加的履行费用,应由让与人李某负担。故D项说法正确,当选。

综上所述,本题的正确答案为CD。

92.【解析】CD。A项,希希将股权转让给左某,为股东之间的内部转让,没有破坏股东之间的人合性,奉行的原则是“自由转、随便转、不通知、不优先”,戴某没有优先购买权,A项错误。

B项,市场监督管理部门对于申请人的登记申请材料进行形式审查。本案中,希希将股权转让给左某,系双方“刻意为之”,所以准备的变更登记资料必然“天衣无缝”,市场监督管理部门据此作出变更登记并无过错,无须承担赔偿责任。出现错误登记的客观结果,经权利人申请,市场监督管理部门可以再进行变更登记以还原事实。B项中李某向市场监管部门主张赔偿责任是错误的。

C项,希希将名下股权转让,应参照善意取得制度处理。本案中的股权受让方是左某,对于李某和希希的代持关系及李某实际出资的事实是知情的,所以左某不能善意取得该股权,李某有权主张该股权转让行为无效,C项正确。

D项,李某能够证明其他股东对其实际出资的事实知情,且李某实际行使股东权利其他股东未曾提出异议,所以李某为“半隐名”状态,“显名化”的流程可以简化,李某有权直接请求公司办理股东的变更手续,将其登记为股东,D项正确。

综上,本题答案为CD。

93.【解析】D。A项,向荣公司是独立法人,享有法人财产权,甲与向荣公司的关系应为“以房屋换股权”,出资行为完成后,此房屋应为向荣公司的资产。《民法典》也规定,建筑物、构筑物及其附属设施出资的,该建筑物、构筑物及其附属设施占用范围内的建设用地使用权一并处分。所以甲应该用房屋所有权出资,本案中甲用房屋使用权出资不符合法律规定,A项错误。

B项,乙和向荣公司的关系是“以债权换股权”,债权可以估值定价且可以依法流通转让,属于股东可用于出资的合法的非货币资产。乙将此债权合法估值并转移给向荣公司后,乙合法履行了出资义务。1年后该债权贬值,是向荣公司的资产风险,与乙已无瓜葛,不属于乙未完全履行出资义务,乙也无须承担补足责任,B项错误。

C项,丙伪造遗嘱不能取得房屋所有权,丙用此房屋出资属于无权处分,应适用善意取得制度。但丙的出资情况,向荣公司的总经理乙知情,且丙本人担任公司监事,所以应视为向荣公司知情,因此向荣公司不能善意取得该房屋,C项错误。

D项,货币作为一般等价物,股东用货币出资,只需将足额的货币按时存入公司在银行的账户,以贪污、受贿、侵占、挪用等违法犯罪所得的货币出资,出资合法。股东因此取得股权的,对其违法犯罪行为予以追究、处罚时,应当采取拍卖或者变卖的方式处置其股权,D项正确。

综上,本题答案为D。

94.【解析】ABC。A、C项,甲公司恶意抢注“奔兔”商标,损害了奔兔公司的在先权利,奔兔公司在箱包上的“奔兔”商标尚未被认定为驰名商标。如果甲公司起诉其侵权,在侵权诉讼中,作为在先权利人,奔兔公司可以“先用权”进行抗辩,C项正确。奔兔公司也可以在甲公司的抢注商标被注册之日起5年内申请其无效,A项正确。

B项,商标要在实际使用中发挥其识别商品来源的功能,所以我国严厉打击囤积商标。合法注册的商标但无正当理由连续三年以上不使用的:(1)任何单位或者个人可以向商标局申请撤销该注册商标;(2)注册商标专用权人不能证明此前三年内实际使用过该注册商标,也不能证明因侵权行为受到其他损失的,被控侵权人不承担赔偿责任。本案中,乙公司作为商标代理机构,在皮带产品上囤积了“奔兔”商标,自然也没有使用,所以奔兔公司即使使用了该商标,也无须对乙公司承担赔偿责任,B项正确。

D项,乙公司不以使用为目的抢注商标,本来不该被注册,被错误注册后,任何单位或个人可以在商标注册后随时申请其无效,D项要求了5年内的期限限制,是错误的。

综上,本题答案为ABC。

95.【解析】A。A项,本案中引进战略投资者后,持股5%以上的股东转让股权,使得战略投资者佳田公司的持股比例达到67%,享有绝对控股权,公司的股权架构进行了重新搭建,影响了所有股东的权益,需要设置出资人组,全体股东有权出席并参与表决,A项正确。

B项,参与表决重整计划的原则是“利益相关”,对重整计划草案进行分组表决时,权益因重整计划草案受到调整或者影响的债权人或者股东,有权参加表决;权益未受到调整或者影响的债权人或者股东,不参加重整计划草案的表决。本案中铭豪公司的重整计划草案规定持股5%以下的股东不用转让股权给佳田公司,但需要无条件支持此重整计划。根据该计划,铭豪公司的股权架构进行了重新搭建,对所有股东的权益均有所影响,李某也不例外，所以李某有权参加表决，B 项错误。

C 项，通过“一致同意”可以直接判定本选项错误。分析该选项，可以从两个方面着手：首先，重整计划实行分组表决，组内通过的标准是“1/2 + 2/3”，即出席会议的同一表决组的债权人过半数同意重整计划草案，并且其所代表的债权额占该组债权总额的 2/3 以上，不要求“一致同意”。其次，出资人组应由全体股东组成，并非仅持股 5% 以上的股东，C 项错误。

D 项，铭豪公司被法院裁定受理重整，股东不再享有公司的“所有权”，取而代之的是债权人。股东会退出历史的舞台，取而代之的是债权人会议，由债权人会议来讨论并通过重整计划。因为重整计划影响了股东利益，故在债权人会议分组表决重整计划时，设置出资人组。但 D 项表述为由股东会决议通过重整计划是错误的。

综上，本题答案为 A。

96.【解析】BD。第一步：(1) 确认张某是口述作品的著作权人，有权禁止他人未经许可对其作品内容进行盗版(复制 + 发行)、演绎、改编、上传至网络等行为；(2) 甲电视台是广播组织者，有权禁止他人未经许可对其电视信号进行转播、上传至网络、复制等行为；(3) 甲电视台是录像制作者，有权禁止他人未经许可对其录像制品进行复制、发行、出租、上传至网络、电视台播放等行为。

第二步：确认各第三方的行为定性进而判定应得到谁的授权，以及是否侵权。

本案中，乙电视台将录像制品进行了播放，依法应取得录像制作者 + 作者双许可，双付费。

A 项，乙电视台并未针对甲电视台的广播信号从事任何侵权行为，没有侵犯广播组织权，A 项错误。

B、D 项，本案中乙电视台未经授权而播放录像制品，侵犯了作者和录像制作者的权利，B、D 两项正确。

C 项，本案中张某应为口述作品的著作权人，并非表演者，没有表演者权，C 项错误。

综上，本题答案为 BD。

97.【解析】D。李某第一次异议(已经与张某协商 3 个月内付款)仅仅是提出延缓履行期限，不构成异议。因为根据司法解释的规定，债务人对债权债务没有提出异议，只是提出缺乏清偿能力、延缓履行期限、变更履行方式不构成异议，不影响支付令效力。李某的第二次异议提出质量不符合约定，构成对债权债务的异议，法院经形式审查认为异议成立的，裁定终结督促程序，支付令失效，转为诉讼程序。根据司法解释的规定，债务人在收到支付令之日起 15 日内没有提出书面异议，而向其他法院起诉的，不影响支付令效力。本案是甲区法院发出支付令，李某向乙区法院起诉的行为不影响支付令效力。综上所述，李某的第二次异议构成异议，法院应当终结督促程序，支付令失效，转入诉讼程序，但无须将案件移送乙区法院，所以 A、B 选项错误。支付令失效的原因是李某的第二次异议，并不是李某的起诉，所以 C 选项错误，D 选项正确。

综上所述，本题答案为 D。

98.【解析】A。本题考查执行和解。在执行中当事人达成和解协议的，法院裁定中止执行；和解协议履行完毕的，法院裁定执行终结；义务人拒不履行和解协议的，权利人可以选择申请恢复对原判决的执行，也可以选择就和解协议起诉。故本案中和解协议部分履行后甲和乙产生纠纷，此时和解协议并未完全履行，权利人甲可以申请恢复对原判决的执行，也可以选择就和解协议起诉。关于恢复执行的问题，甲可以申请恢复执行，所以 D 选项错误。但值得注意的是，恢复的是对原生效法律文书的执行，而和解协议不能作为执行根据，所以 C 选项错误。同时，值得注意的是，恢复执行后，和解协议已经履行部分应当依法扣除。关于就和解协议起诉，应当由哪个法院管辖？在执行和解中有三种诉讼：一是和解协议履行完毕后，法院裁定执行终结，但迟延履行、瑕疵履行等造成损失的，可以另行起诉赔偿；二是义务人拒不履行和解协议的，权利人可以选择就和解协议起诉；三是当事人可以起诉要求确认和解协议无效或者撤销和解协议。以上执行和解中的三种诉讼均由执行法院管辖。故甲可以就和解协议向执行法院即 C 区法院起诉，所以本题 A 选项正确，B 选项错误。

综上所述，本题答案为 A。

99.【解析】AC。本题考查司法实践中的一个争议问题。《公司法》第 23 条第 3 款规定：“只有一个股东的公司，股东不能证明公司财产独立于股东自己的财产的，应当对公司债务承担连带责任。”法律明确在一人有限责任公司与股东财产混同的情况下，股东应当对公司的债务承担连带责任，即一人有限责任公司中的法人人格否认制度。但在一人有限责任公司与股东财产混同的情况下，公司应否对股东的债务承担连带责任呢？(“法人人格反向否认”)对这一问题，法律未作明文规定，理论界和实务界存在较大争议。最高人民法院在一则判例中对此持肯定观点，指出：《公司法》第 23 条第 3 款的规定虽系股东为公司债务承担连带责任，但目前司法实践中，在股东与公司人格混同的情形下，公司亦可为股东债务承担连带责任。

首先，皓星公司是周某设立的一人有限责任公司，吴某申请对周某强制执行，周某的财产不足以清偿债务，同时周某的财产与皓星公司财产混同，故皓星公司应当对周某的债务承担连带责任，债权人吴某可以申请追加皓星公司为被执行人，A 选项正确，B 选项错误。

其次，对追加、变更当事人的裁定不服的，应该如何救济？一般情形下应当是向上级法院复议，但如果被追加、变更的当事人只有在满足一定实体条件下才对被执行人的债务承担责任，那当事人是否满足这一实体条件，是存在实体纠纷的，故应当通过另行起诉的方式解决纠纷。具体到本案而言，只有在满足“股东不能证明自身财产独立于公司财产”这一实体条件时，公司和股东才需要承担连带责任。那周某能否证明自身财产独立于公司财产呢？这是存在实体纠纷的，应当通过另行起诉的方式救济，故 C 选项正确，D 选项错误。

综上所述,本题答案为 AC。

100.【解析】B。法院判决邓某将这幅名画交付吴某,吴某申请执行,执行中邓某将这幅名画撕毁,涉及对特定物的执行。根据司法解释的规定,执行标的为特定物的,应当执行原物。原物毁损或者灭失的,当事人可以协议折价赔偿;当事人无法就折价赔偿问题达成协议的,法院裁定执行终结,当事人可以就折价赔偿问题另行起诉。具体分析本案,执行标的为这幅字画,而邓某将这幅字画卖给吴某,吴某申请强制执行,执行标的为特定物,应当执行原物;但邓某将字画撕毁,故涉及折价赔偿问题,邓某和吴某可以达成协议,协议不成的,应当裁定执行终结,同时申请人吴某可以就折价赔偿问题另行起诉。题目表述“双方无法达成协议”,故法院应当裁定执行终结,吴某可以就折价赔偿问题起诉邓某。所以 A 选项错误,B 选项正确。C、D 选项的错误可以从两个角度分析:第一,执行标的为特定物的,必须执行原物,不能执行别的财产,故法院裁定邓某向吴某赔偿 100 万元也好,150 万元也罢,都是错的。第二,执行不解决纠纷,而到底应当折价赔偿 100 万元还是 150 万元属于实体纠纷,执行程序中不能解决,只能通过协议或者诉讼等方式解决,所以 C、D 选项是错误的。

综上所述,本题答案为 B。

2020 年答案速查表

试 卷 一

一、单项选择题

1. C	2. D	3. B	4. D	5. B	6. A	7. B	8. D	9. A	10. B	11. B	12. D	13. B
14. D	15. C	16. A	17. B	18. A	19. C	20. B	21. C	22. A	23. D	24. D	25. D	26. D
27. C	28. D	29. D	30. C	31. A	32. D	33. A	34. C	35. C	36. A	37. A	38. C	39. D
40. D	41. A	42. A	43. D	44. A	45. A	46. D	47. B	48. D	49. A	50. D		

二、多项选择题

51. ABCD	52. ABC	53. ABC	54. ABD	55. BC	56. AC	57. CD	58. ABC
59. ABCD	60. BD	61. AB	62. ABCD	63. CD	64. AB	65. ABCD	66. BD
67. AC	68. ABCD	69. BD	70. ACD	71. ABC	72. BC	73. BD	74. BD
75. AB	76. AD	77. AD	78. AB	79. AD	80. BCD	81. CD	82. BCD
83. BCD	84. BCD	85. AB					

三、不定项选择题

86. CD	87. ABC	88. BCD	89. BD	90. BCD	91. ABCD	92. ABC	93. ABD
94. AB	95. ACD	96. BD	97. ABC	98. D	99. AC	100. BCD	

试 卷 二

一、单项选择题

1. C	2. C	3. B	4. D	5. B	6. C	7. C	8. B	9. C	10. A	11. C	12. A	13. B
14. C	15. C	16. B	17. B	18. B	19. D	20. A	21. B	22. B	23. C	24. B	25. C	26. D
27. A	28. A	29. D	30. C	31. B	32. A	33. C	34. C	35. A	36. A	37. B	38. B	39. B
40. C	41. A	42. B	43. B	44. B	45. D	46. D	47. B	48. C	49. D	50. C		

二、多项选择题

51. CD	52. CD	53. ACD	54. ABD	55. ABCD	56. ABD	57. ACD	58. AD
59. BC	60. ACD	61. ACD	62. AC	63. CD	64. BD	65. AD	66. AB
67. AC	68. BD	69. BD	70. BC	71. AC	72. CD	73. AB	74. BCD
75. BCD	76. AC	77. ABC	78. ABD	79. CD	80. BC	81. CD	82. CD
83. BC	84. AC	85. ACD					

三、不定项选择题

86. BCD	87. AB	88. ACD	89. AD	90. BCD	91. CD	92. CD	93. D
94. ABC	95. A	96. BD	97. D	98. A	99. AC	100. B	

国家统一法律职业资格考试

历年真题汇编

2020~2024年主观题
试卷册+答案册

法律出版社
LAW PRESS·CHINA
北京

2024年国家统一法律职业资格考试(回忆版)

主　观　题

一、论述题

材料一：

高水平社会主义市场经济体制是中国式现代化的重要保障。必须更好发挥市场机制作用，创造更加公平、更有活力的市场环境，实现资源配置效率最优化和效益最大化，既“放得活”又“管得住”，更好维护市场秩序、弥补市场失灵，畅通国民经济循环，激发全社会内生动力和创新活力。

——《中共中央关于进一步全面深化改革、推进中国式现代化的决定》(节选)

材料二：法治是最好的营商环境。要把平等保护贯彻到立法、执法、司法、守法等各个环节，依法平等保护各类市场主体产权和合法权益。

——习近平总书记在中央全面依法治国委员会第二次会议上的重要讲话(节选)

材料三：

科学立法是建设法治化营商环境的重要前提，这次《公司法》的修订有助于优化我国的法治化营商环境，为市场经营主体设立、经营、退出提供了公平、高效的行为规则，是促进社会主义市场经济发展的强有力举措。在未来新《公司法》的实施过程中，还需要辅之以更具操作性的配套规则，并注重规则运用的体系化结构性考量，进一步完善中国特色现代企业制度，打造市场化、法治化、国际化的一流营商环境。

——摘自《民主与法制周刊》：《优化营商环境视域下公司法的规制逻辑和制度因应》(节选)

【问题】

请根据以上材料，结合习近平法治思想，谈谈法治对营商环境的实践途径。

【答题要求】

1. 无观点或论述，照搬材料原文的不得分；

2. 观点正确，表达完整、准确；

3. 总字数不少于600字。

二、刑法

【案情】

2024年3月，周某开始线上诈骗，致电刘某谎称自己是公安人员，告知刘某其涉嫌电信诈骗，需要将其存款取出，会有公安专员上门取钱，转移到公安机关指定的账户。刘某信以为真，将钱取出。取出后对周某心生怀疑，遂又将钱存回银行。被指派去刘某家取钱的同伙武某，到达刘某家中后，发现刘某不在家。遂进入刘某家中，但未找到现金，便将刘某家中橱柜上价值6000元的香烟取走。武某返回后，告知周某自己并未取得现金，隐瞒了其盗走香烟的事实。(事实一)

2024年5月，周某又使用相同的方法欺骗李某。李某上当受骗后，按照周某的指示将30万元现金取出放在家中，后因临时有事外出。被周某指派去李某家取钱的人员武某到达李某家中，发现家中无人，遂将30万元现金取走。武某未告知周某自己是在无人看守的情况下取得现金，只告知已经取得现金。其余周某并不知情。(事实二)

2024年11月，武某因故意伤害罪被立案调查，侦查仅发现了武某盗窃香烟的证据，但没有掌握周某和武某实施诈骗的事实。武某的母亲王某为了“捞出”儿子，将存有30万元现金的银行卡(银行卡登记的持卡人是王某)，送给侦办该案的公安机关领导郑某，并告诉其密码，请求其“关照”自己的儿子。郑某接受了该银行卡，但一直未使用该卡，也未修改密码。将香烟的价值认定为零，一周后周某果然被释放。半个月后，王某发现卡里的钱没有动，于是登录网银将该30万元转入自己的另一张银行卡。(事实三)

2024年12月，周某因盗窃林某的财物被抓，被抓后如实供述了自己诈骗刘某和李某的犯罪行为，并供述了武某也参与犯罪事实，经查证属实。(事实四)

【问题】

1. 事实一中，关于周某的行为性质，公诉人认为周某构成诈骗罪(未遂),辩护人认为周某构成诈骗罪(预备),请分别阐述不同观点的理由。

2. 事实二中,关于武某的行为性质,构成盗窃罪还是诈骗罪,存在不同的观点,请分别阐述理由。

3. 事实二中,公诉人认为周某构成诈骗罪既遂,应当对30万元承担法律责任。辩护人认为周某成立诈骗罪未遂,不应对30万元承担法律责任。请分别阐述公诉人和辩护人的理由,并说明你的观点和理由。

4. 事实三中,关于王某将款项转移回自己账户的行为性质,有观点认为其构成盗窃罪、有观点认为构成侵占罪,还有观点认为无罪,请分别阐述不同观点的理由。

5. 事实三中,关于郑某的行为性质,成立受贿罪既遂还是受贿罪未遂?请说明理由。

6. 事实四中,关于周某的行为,是否符合法律规定的自首和立功情形?

三、刑事诉讼法

【案情】

黄一、黄二、黄三向李某索要钱财未果,于是共谋“收拾”一下李某。某日,三人驾驶轿车逼停骑摩托车的李某,随后下车对李某实施伤害,最终李某被刀砍伤后死亡。案发后,黄一、黄三被捕,经审理,京州市中级人民法院判决二人故意伤害罪,黄一被判处死刑缓期2年执行,黄三被判处有期徒刑15年。

黄二在外逃窜近十年,直至在甲县因涉嫌盗窃财物被甲县公安机关抓获。甲县公安局立案侦查后对黄二采取取保候审,责令其缴纳了8万元保证金。取保候审期间,公安机关发觉黄二可能还犯有其他罪行,于是传唤黄二到指定地点接受讯问。黄二由于担心自己多年前曾参与伤害李某致死的事情被发现,所以经过2次传讯都没有到案。甲县公安机关因此作出决定,没收了黄二已交纳的8万元保证金,并责令其重新交纳12万元保证金,且重新计算了黄二取保候审的期限。

甲县公安机关经过系统侦查,发现黄二之前所犯的故意伤害案,遂将取保候审变更为拘留,同时,检察院予以批准逮捕。京州市检察院对黄二故意伤害一案进行审查起诉,并通知法律援助机构为其指派了律师。随后,黄二的母亲为其委托了刑辩大咖张律师,但检察院以已经为黄二向法律援助机构申请法律援助律师为由,拒绝了黄二母亲为其委托的辩护律师。

检察院认定黄二持刀追砍李某,黄二认可自己构成故意伤害罪,但辩称自己没有持刀追砍李某,只是开车逼停被害人并踢了一脚,应认定自己是从犯。黄一和黄三称黄二在案发时持刀砍了李某,目击证人称看到黄二持刀追逐李某。黄二的母亲对受害人李某的母亲进行了相应赔偿,取得了谅解书。京州市检察院对黄二适用认罪认罚从宽制度,以黄二为故意伤害罪的主犯提起公诉,提出从宽的量刑建议,请求法院判处黄二有期徒刑十年。黄二在辩护律师在场的情况下签署了认罪认罚具结书,对量刑建议未提出异议。

一审中,京州市中级人民法院根据目击证人的证言、黄一和黄三对黄二犯罪事实的供述、DNA鉴定意见和现场勘验笔录等证据,认为黄二驾驶车辆逼停被害人的摩托车、持刀与同伙一起追砍被害人,在犯罪过程中起主要作用。法院鉴于黄二自愿认罪认罚,取得被害人谅解,依法可以从宽处罚,于是采纳了检察院的量刑建议,对黄二以故意伤害罪判处有期徒刑十年。判决后,黄二认为一审判决认定事实与客观事实不符,其在整个案发过程中都听从别人,并未参与拿刀与同案人一起追砍被害人,自己不应被认定为主犯,应被认定为从犯,且认罪认罚具结书是由于关押时间过长在缺乏辨认能力的情况下签署的。黄二提起上诉,请求二审法院对自己从轻处罚。

针对黄二的上诉,京州市检察院认为一审判决之所以对黄二判处有期徒刑十年,是依法适用认罪认罚从宽制度的结果,现黄二提出上诉,意味着认罪认罚从宽的前提不复存在,则不应对其认定认罪认罚。检察院因此提出抗诉,请求二审法院依法判决。

【问题】

1. 公安机关对黄二适用取保候审存在哪些程序上的错误?并说明理由。

2. 本案能否对黄二故意伤害一案适用当事人

和解的公诉案件诉讼程序？并说明理由。

3. 检察院拒绝黄二母亲委托的辩护律师的行为是否正确？并说明理由。

4. 检察院对黄二适用认罪认罚从宽制度是否妥当？并说明理由。

5. 检察院对黄二的上诉提出抗诉是否适当？并说明理由。

6. 你认为在没有新事实和新证据的情况下，二审法院对于黄二故意伤害一案应如何处理？

四、民法综合

【案情】

张龙是京州市从事建筑行业的甲公司法定代表人，因资金周转困难，找姐姐张凤帮忙寻找资金。张凤是上市公司乙公司的法定代表人和控股股东，为此找到了李丽想想办法。李丽同意出借资金，但要求张凤以乙公司的名义提供担保。张凤表示，以乙公司名义对外担保需经过公司内部股东会决议并履行信息披露等程序，较为复杂，愿以个人名义提供保证。李丽表示，可以由张龙、张凤、乙公司与其签订借款协议，不签订担保合同。

基于此，李丽提出可以通过订立四方《借款合同》规避上市公司的审查流程。于是李丽与张凤达成了《备忘录》，记载了因乙公司担保流程较为复杂，故订立借款合同的原因和经过，并约定张凤以乙公司的名义作为共同借款人。《备忘录》一式两份，由张凤和李丽各持一份。后甲公司（张龙代表）、乙公司（张凤代表）、张凤、李丽四方签署了《借款合同》，各方约定甲公司、乙公司、张凤共同向李丽借款1500万元，且3方借款人承担连带还款责任。合同订立后，李丽将该笔借款打入指定账户，该笔款项实际上由甲公司使用。随后，乙公司的法定代表人发生变更，张凤不再担任法定代表人。

借款到期后，甲公司无力偿还。李丽向法院起诉只起诉了乙公司，要求乙公司承担连带还款责任。乙公司辩称：(1)该借款协议由张凤私自订立，没有经过乙公司内部决策程序系其个人行为，乙公司对此并不知情，与乙公司无关；(2)本案有三个债务人，应追加其他两个债务人为共同被告，乙公司并未实际使用该笔借款；(3)张凤与李丽之间订立了《备忘录》，只要提交至法院，一切案件事实就非常清楚了，法院可以向李丽调查取证。

甲公司承揽了金山市的丙公司开发建设的房地产业务，双方订立了《建设工程施工合同》，丙公司欠付甲公司2000万元工程款项未能偿还。甲公司与丙公司订立的《抵债协议1》，约定：将丙公司名下位于光明区的7号楼、8号楼、9号楼的所有权转让给甲公司，用以抵扣2000万元工程款。李丽知晓此事后，找张龙要钱，张龙表示愿意将7号楼和8号楼抵给李丽来偿还1500万元债务，甲公司与李丽订立《抵债协议2》，写明上述抵债事由。丙公司在《抵债协议2》上加盖合同专用章，并写明：已知晓该协议的效力，到时直接将房屋过户给李丽。

丙公司一直未履行房屋变更手续，李丽将甲公司、丙公司诉至法院，要求履行《抵债协议2》，将7号楼和8号楼过户至自己名下。甲公司辩称：丙公司并未给自己过户，所以自己无法给李丽过户。丙公司辩称：(1)房屋尚登记在自己名下，其与甲公司的《抵债协议1》并未生效；(2)丙公司与李丽无合同关系，无权请求丙公司为其办理房屋所有权变更登记。

【问题】

1. 关于借款合同纠纷，李丽仅向法院起诉了乙公司，法院是否应当追加其他债务人为共同被告？请结合《民法典》和《民事诉讼法》及相关司法解释作答请说明理由。

2. 张凤和李丽各自保存一份的《备忘录》，乙公司作为被告，能依据何种证据规则找到该书证，请结合《民事诉讼法》及其司法解释说明理由。

3. 李丽能否主张甲公司和张凤承担还款义务？请结合《民法典》及其司法解释说明理由。

4. 张凤作为乙公司的控股股东和法定代表人，在借款合同纠纷中乙公司能否追究张凤的法律责任？请说明理由。

5. 李丽和乙公司签订的《借款合同》的法律性质是什么？李丽能否要求乙公司承担法律

责任？

6. 甲公司与丙公司订立的《抵债协议1》的法律性质和效力如何？请说明理由。

7. 李丽要求丙公司将7号楼和8号楼过户给自己的主张，能否得到支持？

8. 李丽向法院起诉要求甲公司和丙公司过户7号楼和8号楼，哪些法院有管辖权？

9. 若2023年12月，法院判决甲、丙公司配合李丽办理7、8号楼的过户手续。涉案房屋的抵押权人中华银行认为该判决损害了自身权益，欲于2024年3月提起第三人撤销之诉，法院是否应当受理？

以下第五题、第六题选做一道即可。

五、行政法与行政诉讼法

【案情】

京州市是设区的市，蓝胜公司为市内一污水处理厂。在日常的污水处理工作中将产生的污泥违法堆放在城市绿化带上。京州市市政监督管理局（以下简称市政管理局）以蓝胜公司违法堆放污泥为由，于2023年6月1日对蓝胜公司作出了《行政处罚决定书》，责令其在10日内（2023年6月11日前）对其非法堆放在绿化带上的污泥进行清除并采取治理措施。同时对蓝胜公司处以罚款人民币10万元，对直接负责的法定代表人孙某处以罚款人民币2万元。

随后经两次催告，蓝胜公司仍未在规定期限内进行清理。市政管理局于2023年6月15日作出代履行决定，指定某清理公司对蓝胜公司堆放的污泥进行清除，并要求蓝胜公司支付清理费用。

后蓝胜公司不服，于2023年6月20日向京州市人民政府申请行政复议，京州市人民政府于2023年7月1日作出了行政复议决定，维持了市政管理局所作出的处罚决定。

蓝胜公司对该复议决定不服，于2023年7月10日向人民法院提起行政诉讼，提出以下诉讼请求：

1. 请求确认市政管理局无权对城市污水和污泥进行监督和处罚，请求撤销市政管理局所作出的代履行决定；

2. 请求撤销市政府作出的复议维持决定；

3. 请求判决市政管理局履行提供指定污泥处理区域的法定职责。

在该案件的诉讼过程中，市政管理局向法院提交了一份京州市人民政府制定并发布的《关于明确市政管理局主要职责、内设机构和人员编制管理的规定》，其中明确规定市政管理局为本市的城镇排水主管部门。

材料：

《城镇排水与污水处理条例》是由中华人民共和国国务院于2013年10月2日发布、自2014年1月1日起施行的行政法规。

第五条 国务院住房城乡建设主管部门指导监督全国城镇排水与污水处理工作。

县级以上地方人民政府城镇排水与污水处理主管部门（以下称城镇排水主管部门）负责本行政区域内城镇排水与污水处理的监督管理工作。

县级以上人民政府其他有关部门依照本条例和其他有关法律、法规的规定，在各自的职责范围内负 责城镇排水与污水处理监督管理的相关工作。

第三十条 城镇污水处理设施维护运营单位或者污泥处理处置单位应当安全处理处置污泥，保证处理处置后的污泥符合国家有关标准，对产生的污泥以及处理处置后的污泥去向、用途、用量等进行跟踪、记录，并向城镇排水主管部门、环境保护主管部门报告。任何单位和个人不得擅自倾倒、堆放、丢弃、遗撒污泥。

第五十三条 违反本条例规定，城镇污水处理设施维护运营单位或者污泥处理处置单位对产生的污泥以及处理处置后的污泥的去向、用途、用量等未进行跟踪、记录的，或者处理处置后的污泥不符合国家有关标准的，由城镇排水主管部门责令限期采取治理措施，给予警告；造成严重后果的，处10万元以上20万元以下罚款；逾期不采取治理措施的，城镇排水主管部门可以指定有治理能力的单位代为治理，所需费用由当事人承担；造成损失的，依法承担赔偿责任。

违反本条例规定，擅自倾倒、堆放、丢弃、遗撒污泥的，由城镇排水主管部门责令停止违法行为，限期采取治理措施，给予警告；造成严重后果的，对单位处10万元以上50万元以下罚款，对个人处2万元以上10万元以下罚款；逾期不采取治理措施的，城镇排水主管部门可以指定有治理能力的单位代为治理，所需费用由当事人承担；造成损失的，依法承担赔偿责任。

【问题】

1. 市政管理局责令蓝胜公司限期10日内对违法堆放的污泥进行清除的行为属于何种法律性质？请说明理由。

2. 如何确定本案的管辖法院？请说明理由。

3. 市政管理局对蓝胜公司罚款20万元，对孙某罚款2万元，蓝胜公司提起行政诉讼后，法院能否对孙某被处的2万元罚款进行合并审理？请说明理由。

4. 本案代履行应该遵循怎样的法定程序？请说明理由。

5. 市政管理局对污泥治理是否有监管权和处罚权？请说明理由。

6. 针对蓝胜公司要求市政管理局履行提供指定污泥处理区的职责的请求，人民法院应当如何处理？请说明理由。

六、商法

【案情】

2021年9月，甲、乙、丙、丁、戊共同设立了胜达有限公司，公司注册资本1000万元，持股比例为37%、5%、5%、5%、48%，戊担任董事长，甲、乙为董事。后将法定代表人由戊变更为甲。甲于公司成立时实际缴纳了认缴注册资本份额的一半，公司章程规定，剩余注册资本需在三年内缴清。

2022年4月，甲报告董事会并经其同意，代表胜达公司与其妻子控制的A公司签订设备租赁合同，租期两年，租金400万元。合同签订后，A公司交付设备，胜达公司支付了400万元租金。后胜达公司发现，该设备租金明显过高，且因该设备故障造成较大损失。

2024年10月，甲将全部股份以400万元的价格转让给金某，并告诉金某其认缴的注册资本已经全部缴清。金某向甲支付了400万元现金。甲书面通知胜达公司其他股东自己已将股权全部转让给金某。胜达公司其余四名股东召开股东大会，作出不同意甲转让股权给金某的决议，没有办理相关股东名册变更和工商登记变更手续。金某书面通知胜达公司请求办理变更股东名册和登记，胜达公司予以拒绝。之后金某以胜达公司为被告向法院提起诉讼请求变更登记。

2024年11月，甲代表胜达公司和B公司签订150万元的货物买卖合同，B公司向胜达公司交付货物后，胜达公司拒绝付款，称甲已将股权全部转让，不能代表胜达公司签订合同。

2024年12月中旬，胜达公司以甲和金某为共同被告，向法院提起诉讼，要求甲和金某承担未实际缴纳的出资。金某以甲曾告知已经全部缴清、自己不知情为由进行抗辩。

【问题】

1. 关于与A公司的设备租赁，胜达公司是否有权要求甲赔偿？

2. 甲未经股东会同意对外转让股权是否有效？

3. 金某是否有权直接书面通知其他股东要求变更股东名册？若胜达公司拒绝，金某是否有权直接对胜达公司提起诉讼？

4. 甲转让全部股权后，是否立即丧失董事和法定代表人身份？

5. 胜达公司拒绝向B公司付款的理由是否合法？

6. 胜达公司是否有权要求甲和金某承担缴纳出资的连带责任？金某的抗辩理由能否得到法院的支持？

2023年国家统一法律职业资格考试(回忆版)

主　观　题

一、论述题

材料一:中国式现代化,是中国共产党领导的社会主义现代化,既有各国现代化的共同特征,更有基于自己国情的中国特色。

——中国式现代化是人口规模巨大的现代化。我国十四亿多人口整体迈进现代化社会,规模超过现有发达国家人口的总和,艰巨性和复杂性前所未有,发展途径和推进方式也必然具有自己的特点。我们始终从国情出发想问题、作决策、办事情,既不好高骛远,也不因循守旧,保持历史耐心,坚持稳中求进、循序渐进、持续推进。

——中国式现代化是全体人民共同富裕的现代化。共同富裕是中国特色社会主义的本质要求,也是一个长期的历史过程。我们坚持把实现人民对美好生活的向往作为现代化建设的出发点和落脚点,着力维护和促进社会公平正义,着力促进全体人民共同富裕,坚决防止两极分化。

——中国式现代化是物质文明和精神文明相协调的现代化。物质富足、精神富有是社会主义现代化的根本要求。物质贫困不是社会主义,精神贫乏也不是社会主义。我们不断厚植现代化的物质基础,不断夯实人民幸福生活的物质条件,同时大力发展社会主义先进文化,加强理想信念教育,传承中华文明,促进物的全面丰富和人的全面发展。

——中国式现代化是人与自然和谐共生的现代化。人与自然是生命共同体,无止境地向自然索取甚至破坏自然必然会遭到大自然的报复。我们坚持可持续发展,坚持节约优先、保护优先、自然恢复为主的方针,像保护眼睛一样保护自然和生态环境,坚定不移走生产发展、生活富裕、生态良好的文明发展道路,实现中华民族永续发展。

——中国式现代化是走和平发展道路的现代化。我国不走一些国家通过战争、殖民、掠夺等方式实现现代化的老路,那种损人利己、充满血腥罪恶的老路给广大发展中国家人民带来深重苦难。我们坚定站在历史正确的一边、站在人类文明进步的一边,高举和平、发展、合作、共赢旗帜,在坚定维护世界和平与发展中谋求自身发展,又以自身发展更好维护世界和平与发展。

——《高举中国特色社会主义伟大旗帜为全面建设社会主义现代化国家而团结奋斗——在中国共产党第二十次全国代表大会上的报告(2022年10月16日)》(节选)

材料二:坚持依宪治国、依宪执政,就包括坚持宪法确定的中国共产党领导地位不动摇,坚持宪法确定的人民民主专政的国体和人民代表大会制度的政体不动摇。……推进合宪性审查工作,对一切违反宪法法律的法规、规范性文件必须坚决予以纠正和撤销。

——《从全局和战略高度推进全面依法治国》(节选)

【问题】

问题一:请根据以上材料,结合宪法中关于国家基本制度和公民权利义务方面的规定,论述宪法是如何保障中国式现代化的?

问题二:请根据以上材料,结合习近平法治思想,论述依法治国和依宪治国。

【答题要求】

1. 无观点或论述、照搬材料原文的不得分。
2. 观点正确,表述完整、准确。
3. 总字数不少于600字。

二、刑法

【案情】

迟某向陈某谎称自己被银行列入黑名单，无法申请银行卡，遂向陈某买银行卡。陈某明知迟某可能是利用该银行卡进行电信网络诈骗，但仍然将银行卡卖给迟某，后迟某果然利用该银行卡进行电信网络诈骗犯罪。(事实一)

陈某通过手机银行短信得知多人向该银行卡汇入资金共30万元，陈某向银行工作人员谎称自己银行卡丢失，重新补办该银行卡并将30万元现金取出。事发后，陈某被公安机关采取强制措施，并移交检察机关。(事实二)

陈某被采取强制措施后，陈某的母亲洪某向财政局局长吕某请托，希望吕某找人对陈某从宽处理，并答应事成后给予100万元的报酬。吕某向公安局局长覃某请托，覃某心想吕某肯定收受了陈某亲属的贿赂或者准备接受贿赂，于是以陈某不清楚事实为由，对陈某解除强制措施。陈某被解除强制措施后，洪某交给吕某存有100万元的银行卡。三个月以来，吕某使用该银行卡消费了40万元，担心长期使用洪某名下的银行卡会引起怀疑，遂将该银行卡还给洪某。洪某觉得吕某在此事上帮了大忙，报酬不能太少，于是将剩下的60万元现金取出并送给吕某，吕某收下。(事实三)

一年后，覃某被人举报，检察机关对覃某依法采取强制措施。覃某向检察机关交代了受吕某请托将陈某释放的事实。虽然覃某没有证据证明吕某收受了洪某贿赂，但是为了获得立功表现，仍向检察机关举报吕某受贿，检察机关询问覃某是否有证据，并告知如果没有证据证明吕某受贿将成立诬告陷害罪。覃某表示，如果吕某没有收受贿赂，自己愿意承担诬告陷害罪的刑事责任。之后检察机关将线索移交给监察机关，监察机关在立案前，电话通知吕某到指定地点问话。吕某到达指定地点后如实供述收受洪某贿赂，但辩称受贿金额只为100万元。(事实四)

【问题】

1. 事实一中，关于陈某的行为定性，在刑法理论中有几种观点(至少写出三种)？你的观点和理由是？

2. 事实二中，关于陈某的行为定性，在刑法理论中有几种观点(至少写出三种)？你的观点和理由是？

3. 事实三中，洪某、吕某和覃某的行为各犯何罪？各自的犯罪数额是多少？

4. 事实四中，如何认定吕某和覃某的量刑情节？

三、刑事诉讼法

【案情】

某日晚上，甲正在马路上盗窃自行车，被路过的乙、丙、丁三人看见。随后乙、丙、丁为了获取钱财，把甲带到路旁的公园将甲暴打一顿，并且强行要甲给予乙、丙、丁三人2000元。丁因为临时接到老婆的电话离开犯罪现场，乙和丙在取得2000元财物以后才离开犯罪现场。

第二天早上在公园散步的路人发现甲已经在公园里死亡，公安机关随即对案件展开立案侦查，并将嫌疑人乙、丙、丁抓捕到案。案件经过侦查表明，被害人甲是在前一天20时至23时因钝器敲击致死。同时，乙、丙、丁三人对甲以暴力的方式强行取得甲2000元财物的犯罪事实供认不讳，并且认罪认罚。

但是在法庭庭审的过程中，当事人乙、丙强调他们两人在丁离开现场以后，也同步离开犯罪现场，并未对被害人甲实施故意伤害的行为，当事人甲的死亡与乙、丙之间不存在直接的因果关系，拒绝认罪认罚，乙、丙的辩护律师也在法庭庭审过程中对本案存在事实不清、证据不足的情形依法作了无罪的辩护。

乙的辩护律师在案件的审理过程中认为乙在犯罪的过程中不满18岁，在辩护意见书中提出相应的辩护理由：其一，乙之所以未满18岁，是因为乙在出生的过程中户口本和准生证登记错误；其二，乙的毕业纪念册上记载的其未成年的事实；其三，乙的叔叔是户籍民警，依法提供乙未成年的证人证言。

法庭经过审查认为，乙的毕业纪念册是自己保管的，缺乏证据的证明力。户口本和准生证登记错误未有相关官方材料予以证明，乙的叔叔和乙具有直接的利害关系,证人证言的证明力较低,因此法庭最终未认定被告人乙在实施犯罪时属于未满18周岁的未成年人。

被害人甲的父母在案件刑事部分审理中依法提起附带民事诉讼,要求被告人提供死亡赔偿金、丧葬费、精神损失等相关赔偿事项。最终法院判决乙、丙、丁三人构成抢劫罪,同时乙、丙因为没有证据证明他们实施的行为和甲的死亡之间存在因果关系,因此未认定乙、丙构成故意伤害罪。

【问题】

1. 本案当事人乙、丙对抢劫罪认罪认罚,同时两人认为自己不构成故意伤害行为,对全案可以适用认罪认罚处理吗?

2. 被害人的母亲可否在案件庭审的过程中针对死亡赔偿金、丧葬费、精神损失等依法提起附带民事诉讼?

3. 法院未认定被告人乙属于未成年人是否符合法律程序要求?

4. 本案中法院未认定乙、丙构成故意伤害行为是否符合法律规定?

5. 如果人民法院未认定乙是未成年人,乙的法定代理人和辩护律师依法上诉到二审法院,那么二审法院应当依法如何处理?

四、民法综合

【案情】

王某于2020年2月10日在东山区设立甲公司,王某作为甲公司的唯一股东并担任甲公司经理。之后于2021年3月10日与李某结婚,结婚后李某作为甲公司财务。然后在2022年3月15日,甲公司与西河区乙公司签订《设备买卖合同》,价款200万元,甲公司首付100万元,剩余100万元在2023年支付完,每次支付10万元,于每月月初支付,双方在合同中约定产生纠纷由西河区法院管辖。王某承诺,如果甲公司还不了款,王某就还款,之后甲公司、王某、乙公司在合同上签字,李某未签字。甲公司支付了2期后,就不再支付剩余款项。乙公司了解到是因为甲公司对设备操作不熟导致产量低,无法支付设备价款,乙公司又与甲公司签订《培训合同》,由乙公司派人对甲公司员工培训,培训费20万元,之后乙公司反复催告甲公司支付设备价款和培训费,但甲公司并不配合,只在2023年1月给乙公司转账15万元,注明“履行合同款”,乙公司询问这笔款项是哪一笔价款,甲公司并未回应。乙公司起诉到法院,要求解除合同并支付两个合同项下的价款。后乙公司查明,甲公司无力支付价款,起诉无意义,遂在一审开庭前撤回起诉,法院准许。另查明甲公司的财产跟王某的财产混乱,之后乙公司再次起诉,要求支付货款,并要求王某和李某对甲公司债务承担连带责任。

诉讼过程中,甲公司向法院提出以下抗辩:(1)甲公司认为西河区法院没有管辖权,此案应该由自己所在地东山区法院管辖,因为设备已经完成安装,无法拆除,应属于不动产,协议管辖无效,西河区法院没有管辖权;(2)甲公司认为买卖合同约定的管辖是西河区法院,但是培训合同并没有约定管辖,合同履行地与被告住所地都是东山区法院,因此西河区法院对因《培训合同》产生的纠纷没有管辖权;(3)买卖合同和培训合同没有实质关联,法院不能合并审理;(4)乙公司的起诉状副本已经送达甲公司,故在第一次起诉时,甲公司与乙公司的《设备买卖合同》已经解除,乙公司第二次起诉要求履行合同是不成立的,并且乙公司并非适格原告。王某同意甲公司的抗辩,承认自己对《设备买卖合同》承担连带保证责任,但主张自己不应承担《培训合同》的连带责任。李某同意甲公司的抗辩,并且认为自己在两份合同中都没有签字,不应当承担连带责任,自己不是适格被告。

诉讼过程中乙公司提出了保全申请,申请查封山河小区A房屋。法院经审查发现,2021年时,王某曾与丁房地产开发商签订A房屋买卖合同,该合同价款为600万元,王某支付了400万元首付款,剩余房款在丙银行办理了按揭贷款,并于2021年12月在丙银行办理了A房屋抵押权预告登记。2022年1月,房屋建成,丁公司办理了所有权首次登记。乙公司申请保全时,房屋尚未过户给王某,并且查明王某是故意拖延不办过户。于是法院作出准予查封A房屋的裁定,但由于王某没有取得房屋所有权,无法进行查封登记,法院只进行了公告。法院还查明,王某曾经转移甲公司的财产用于A房屋的装修等。之后A房屋被乙公司申请执行,丙银行提出异议,认为该房屋有自己的抵押预告登记,不能被执行。另外王某的律师也提出抗辩,认为该房屋属于王某的唯一住房(属实)。

【问题】

1. 原告申请撤诉,法院没有经过被告同意,便准许撤诉(甲无力偿还,并且乙认为诉讼没有意义)。法院同意撤诉是否正确?

2. 针对乙公司起诉甲公司、王某、李某,对管辖异议、诉讼请求、诉讼参与人、两个诉讼请求能否合并等抗辩进行分析。

3. 人民法院对山河小区A房屋的查封有没有生效?

4. 对于买卖合同,王某和李某是否承担连带保证责任?

5. 对于《培训合同》,王某和李某是否承担连带责任?

6. 对于丙银行提出的执行异议,法院是否应支持?

7. 乙公司能否请求甲公司支付买卖合同项下的款项80万元和赔偿迟延损失?

8. 乙公司能否请求甲公司支付《培训合同》项下的款项20万元和赔偿迟延损失?

9. 债务人王某用房子给银行设置了抵押预告登记,请分析债务人只有一处住房且银行未正式办理抵押登记对于优先受偿权的影响。

以下第五题、第六题选做一道即可。

五、行政法与行政诉讼法

【案情】

2022年11月25日,县政府作出《县政府关于弘盛小区改造建设项目房屋征收决定》。决定内容如下:因旧城区改建需要,决定对弘盛小区范围内房屋实行征收。房屋征收部门为县住房和城乡建设局,房屋征收实施单位为县政府组建的弘盛小区改造工程指挥部(以下简称改造工程指挥部),签约期限为45日,搬迁期限为30日,具体起止日期在房屋征收评估机构选定后,由房屋征收部门另行公告;附件为《征收补偿方案》,上述内容在当地报纸上刊载公布。

孙某位于弘盛小区的房屋被纳入房屋征收范围,土地性质是国有土地,房屋征收实施单位测量房屋为120平方米,以此时的市场房价计算确定补偿30万元,孙某经多次协商未与房屋征收部门达成补偿协议,也未明确同意将涉案房屋腾空并交付拆除。孙某没来得及搬迁,改造工程指挥部作出了强制拆除决定书,受改造工程指挥部委托的强盛建筑公司,将涉案房屋直接强制拆除,未保全屋内物品,未登记记录,对孙某房屋物品造成了损失。孙某向法院提起行政诉讼,要求确认拆除行为违法,并赔偿被拆除房屋损失50万元,屋内财物损失5万元,过渡期间租房补贴2万元。

材料:

《国有土地上房屋征收与补偿条例》

第8条 为了保障国家安全、促进国民经济和社会发展等公共利益的需要,有下列情形之一,确需征收房屋的,由市、县级人民政府作出房屋征收决定:

(一)国防和外交的需要;

(二)由政府组织实施的能源、交通、水利等基础设施建设的需要;

(三)由政府组织实施的科技、教育、文化、卫生、体育、环境和资源保护、防灾减灾、文物保护、社会福利、市政公用等公共事业的需要;

(四)由政府组织实施的保障性安居工程建设的需要;

(五)由政府依照城乡规划法有关规定组织实施的对危房集中、基础设施落后等地段进行旧城区改建的需要;

(六)法律、行政法规规定的其他公共利益的需要。

第25条 房屋征收部门与被征收人依照本条例的规定,就补偿方式、补偿金额和支付期限、用于产权调换房屋的地点和面积、搬迁费、临时安置费或者周转用房、停产停业损失、搬迁期限、过渡方式和过渡期限等事项,订立补偿协议。

补偿协议订立后,一方当事人不履行补偿协议约定的义务的,另一方当事人可以依法提起诉讼。

第26条第1款 房屋征收部门与被征收人在征收补偿方案确定的签约期限内达不成补偿协议，或者被征收房屋所有权人不明确的，由房屋征收部门报请作出房屋征收决定的市、县级人民政府依照本条例的规定，按照征收补偿方案作出补偿决定，并在房屋征收范围内予以公告。

【问题】

1. 县政府作出的房屋征收决定性质是什么？

2. 孙某对拆迁行为不服提起行政诉讼，被告应该如何确定？

3. 指挥部强制拆除行为是否合法？为什么？

4.《国有土地上房屋征收与补偿条例》第25条中的协议的性质是什么？提起的是哪种诉讼种类？

5. 本案中就室内物品的损失应当由谁承担举证责任？

6. 对于孙某提出的房屋价格的赔偿数额，法院应该如何认定？

六、商法

【案情】

2019年3月，张三、李四和甲公司、乙公司出资设立A公司，持股比例分别为13%、7%、49%、31%。章程规定自然人股东的出资在公司设立时一次性实缴到位，法人股东的出资分两期，第一期出资50%，在公司设立时实缴到位，第二期剩余50%出资在公司设立十年后履行；法定代表人对外签订合同的金额不得超过100万元，超出的须经董事会决议。董事会由甲公司指派的赵六，乙公司指派的王七和张三组成，赵六是A公司董事长兼法定代表人。

2021年，C公司与D公司有60万元的贷款合同，C公司请求A公司为该笔贷款提供担保，赵六遂以A公司名义签订了担保合同。

2022年，经其他股东同意，甲公司将股权转让给了丙公司。丙公司提议召开股东会，商定五年内股东不得对外转让股权，李四对该决议表反对，其他股东表示同意，并修改了公司章程，但因公司职工疏忽，没有将章程进行变更登记。

后李四欲对外转让股权，伪造了其他股东同意其对外转让股权并放弃优先购买权的文书，将股权转让给不知情的王五，签订了转让协议，王五支付了股权转让价款。王五向A公司主张变更登记为公司股东，A公司予以拒绝。

2023年2月，因赵六与其他董事不和，经营理念存在矛盾冲突，赵六遂书面向A公司提出辞职，但是并没有进行工商登记变更。

2023年3月，赵六提出辞呈后，B公司找到赵六，主张与赵六签订买卖合同，并提出该合同利润丰厚，对A公司发展有利，赵六为了A公司利益，遂又以A公司名义对外签订了该买卖合同。B公司对赵六辞任法定代表人一事并不知情。

A公司拖欠E公司600万元债务到期，法院判决该债权有效并强制执行，E公司主张强制执行A公司股东尚未履行的出资。

【问题】

1. 法定代表人赵六签订的债务担保合同是否有效？D公司能否向A公司主张担保责任？

2. A公司关于五年内不能对外转让股权的决议是否有效？李四否认该决议后，是否对其生效？

3. 王五能否善意取得李四转让的股权？

4. 赵六辞去法定代表人职务是否有效？

5. 赵六与B公司签订的买卖合同是否有效？

6. E公司能否主张对A公司股东尚未履行的出资予以执行？

2022年国家统一法律职业资格考试(回忆版)

主 观 题

一、论述题

材料一:

改革开放以后,党坚持依法治国,不断推进社会主义法治建设。……党领导深化以司法责任制为重点的司法体制改革,推进政法领域全面深化改革,加强对执法司法活动的监督制约,开展政法队伍教育整顿,依法纠正冤错案件,严厉惩治执法司法腐败,确保执法司法公正廉洁高效权威。

(摘自《中共中央关于党的百年奋斗重大成就和历史经验的决议》)

材料二:

当前,法治领域存在的一些突出矛盾和问题,原因在于改革还没有完全到位。要围绕让人民群众在每一项法律制度、每一个执法决定、每一宗司法案件中都感受到公平正义这个目标,深化司法体制综合配套改革,加快建设公正高效权威的社会主义司法制度。

(摘自《坚持走中国特色社会主义法治道路更好推进中国特色社会主义法治体系建设》)

材料三:

习近平总书记指出,权力是一把双刃剑,在法治轨道上行使可以造福人民,在法律之外行使则必然祸害国家和人民。执法司法权力专业性强、自由裁量度大、受干扰诱惑多,权力的多重属性表现尤为明显。

(摘自《深化执法司法权力运行机制改革,归根结底就是要规范用权》)

请根据以上材料,结合你对习近平法治思想的学习理解,谈谈党的十八大以来改革重构司法权力配置和运行机制的重大成就和意义。

【答题要求】

1. 无观点或论述、照搬材料原文不得分。

2. 观点正确,表述完整、准确。

3. 总字数不少于600字。

二、刑法

王某与郑某成立了一家公司,但经营不善,一直亏损。某日,二人合谋骗取银行贷款,王某让郑某伪造各种贷款材料。郑某伪造了部分材料,同时欺骗保险公司的工作人员,让保险公司对其贷款提供保险,保险公司未能识破骗局而同意。王某与郑某从银行取得600万元贷款后逃匿。贷款到期后银行向保险公司追偿,保险公司就银行贷款本息进行了赔付。事后查明王某对郑某欺骗保险公司的事情完全不知情。(事实一)

王某与郑某逃往外地后,潜入陈某所有的长期无人居住的住宅内,在该住宅生活多日。(事实二)

某日,王某趁郑某熟睡时打开郑某的手机支付宝,发现支付宝余额有3000元,而且支付宝绑定了一张银行卡。王某将郑某银行卡中的2万元转入郑某的支付宝余额,然后从支付宝余额中又将2万元转入自己的支付宝,并删除了郑某手机上的相关短信等信息。(事实三)

次日,郑某发现银行卡里少了2万元,就问王某,王某矢口否认。郑某将王某反锁在一个房间内近50个小时,不让王某吃喝。待王某无力反抗后,郑某逼迫王某承认未果,遂将王某从二楼推下,致使王某重伤,郑某随后逃走。(事实四)

【问题】

1. 就事实一中郑某行为的认定,主要有两种观点。第一种观点认为,郑某仅对保险公司成立保险诈骗罪;第二种观点认为郑某既对银行成立贷款诈骗罪,也对保险公司成立保险诈骗罪,二者为牵连犯,应当从一重罪处罚。请说明这两种观点的理由与不足(如果认为有);你持什么观点(可以是两种观点之外的观点),理由是什么?

2. 就事实一中王某行为的定性(包括犯罪形态),可能存在哪些观点,各种观点的理由是什么?

3. 关于事实二,王某与郑某的行为是否构成非法侵入住宅罪？理由分别是什么？

4. 就事实三的认定，主要存在两种观点。第一种观点认为，王某的行为构成盗窃罪；第二种观点认为，王某的行为构成信用卡诈骗罪。请说明两种观点的理由与不足（如果认为有）；你持什么观点（可以是两种观点之外的观点），理由是什么？

5. 就事实四的认定，一种观点认为，郑某的行为只能认定为故意伤害（重伤）罪。请问这种观点的理由与不足是什么？

三、刑事诉讼法

钟某系A市网约车司机。某日晚，钟某独自在家中饮酒后心存侥幸，主动接单搭载乘客至市内某地。返程途中，因钟某超速行驶，车辆转弯不及冲至人行横道，撞倒路人顾某。顾某当场昏迷、血流不止。钟某害怕酒驾被查，打电话让恰好在附近购物的妻子王某尽快赶至现场。同时，钟某将顾某紧急送医救治后便返回家中。王某到达事故现场后，主动报警，并告知警方自己系肇事车主且伤者已被送医。当日，顾某因伤重不治身亡。经交警部门认定，王某负事故全部责任。公安机关予以刑事立案，并传唤王某接受讯问。王某在压力之下承认自己是为钟某顶罪。公安机关随即拘传钟某。钟某到案后，主动承认自己的交通肇事行为。公安机关遂以钟某涉嫌交通肇事罪、王某涉嫌包庇罪并案侦查。

之后侦查人员带钟某到案发现场进行指认。其间，侦查人员孙某问钟某当时是否饮酒了，钟某回答“是的”。这一过程被孙某携带的执法记录仪拍摄下来，但未记入笔录。此后，在侦查人员的历次讯问中，钟某均承认自己系酒后驾车。起诉后，钟某与王某在审查起诉阶段均签署了认罪认罚从宽具结书。

检察院提起公诉后，顾某的近亲属对钟某提起附带民事诉讼，法院决定按照“先刑后民”原则以简易程序进行审理。庭审期间，被告人钟某当庭否认自己存在酒后驾车及肇事逃逸行为。法院休庭研究后，决定将钟某与王某分案处理。其中，对钟某涉嫌交通肇事罪适用普通程序审理并作以下安排：（1）由公诉机关补充提供指认现场的执法记录仪视频，作为视听资料予以认定；（2）通知孙某出庭作证，证实钟某在指认现场时自认酒后驾车；（3）通知王某作为证人出庭，证实钟某案发后逃逸。其中，孙某在法庭上陈述“被告人指认了现场且自己听到了被告人自认饮酒的事实”。在上述证据出示并质证后，钟某再次表示认罪认罚。最终，法院判处钟某有期徒刑5年，并对附带民事诉讼原告人作相应赔偿；判决王某免予刑事处罚。

【问题】

1. 请结合本案中公安机关对传唤与拘传的适用，阐述两种措施的区别。

2. 法院将钟某一案由简易程序转至普通程序审理是否妥当？请说明理由。普通程序与简易程序有什么不同？

3. 本案遵循“先刑后民”原则审理应注意哪些事项？

4. 法院分案审理钟某与王某的决定是否妥当？请说明理由。

5. 法院对于执法记录仪视频的性质认定是否正确？请说明理由。

6. 孙某的证言是否属于传闻证据？请说明理由。

四、民法综合

2021年1月，南峰市鹿台区的甲公司因扩大经营需要，拟发行公司债券融资。平远市凤凰区乙公司的大股东兼法定代表人李某也是甲公司股东。为帮助甲公司销售债券，李某找到平远市金龙区丙公司的总经理吴某，要求丙公司帮忙购买甲公司债券。

2021年4月，甲公司债券（3年期，年利率8%）正式发行。4月5日，甲公司与丙公司在南峰市鹿台区签订《债券认购及回购协议》，约定：丙公司认购甲公司5000万元债券；甲公司承诺1

年后将以5500万元的价格进行回购，如逾期未回购，甲公司向丙公司支付1000万元的违约金；因本合同产生的一切纠纷均应提交甲公司所在地的南峰市鹿台区法院解决。

4月8日，李某代表乙公司与丙公司在平远市金龙区签订《担保合同》，约定乙公司为甲公司的回购义务及违约责任等提供“充分且完全的担保”。《担保合同》载明“因本合同发生的纠纷，双方应友好协商，协商无法解决的，应提交平远仲裁委员会解决”。在签约前，丙公司询问李某是否获得了股东会的同意，李某向丙公司展示了微信群聊天记录，显示李某曾就担保一事征求乙公司其他两位股东张某、孙某意见，二人均微信回复“无异议”。

同日，李某个人应丙公司请求就甲公司回购义务向丙公司提供担保，并明确约定担保方式为：丙公司曾向李某个人借款3000万元，将于2021年7月31日到期；到期后，丙公司可以暂不返还该借款，以此作为李某为甲公司回购义务的担保。2021年7月31日，丙公司未向李某返还该笔借款。

2022年4月，回购日期届至，甲公司未履行回购义务。丙公司沟通无果，向鹿台区法院起诉甲公司、乙公司，提出诉讼请求：(1)甲公司履行回购义务并支付违约金1000万元；(2)乙公司对甲公司上述义务承担连带责任。甲公司在答辩期间提交答辩状，认为违约金过高，请求法院予以减少。乙公司在答辩期间也提交了答辩状，未提出管辖权异议，但在开庭中提出《担保合同》中存在仲裁协议，鹿台区法院对案件无管辖权。乙公司其他两位股东张某、孙某知悉该诉讼的消息后，向法院表示，依照公司章程，公司对外担保应经过股东会决议，乙公司为甲公司提供的保证，仅为李某个人的意思，未经公司股东会决议，应为无效。李某则表示，虽没有召开股东会，但李某通过微信聊天征求过张某和孙某的意见，他们均未表示反对，并提供了一份三人微信聊天记录截图的纸质打印件，并表示因为手机更换，只能提供当时聊天记录截图的纸质打印版。法院经过审理，判决支持了丙公司的全部诉讼请求。

丙公司另行向平远市金龙区法院起诉李某，请求确认李某对其的3000万元债权已因承担担保责任而消灭。

丙公司申请对甲公司和乙公司强制执行。在执行过程中，法院查明乙公司已无可供执行的财产，但其下属丁公司为乙公司的全资子公司。丙公司认为：丁公司长期与乙公司混用财务人员、其他工作人员和工作场所，账目不清，其财产无法与乙公司财产相区分，应与乙公司承担连带责任；丁公司承揽的戊公司的建设工程已竣工验收，但戊公司尚未依照合同约定的时间向丁公司支付价款1000万元，因此丙公司希望追加执行丁、戊两公司。

【问题】

1. 根据丙公司的诉讼请求(1)，甲公司是否应当履行回购义务？请说明理由。如甲公司主张该回购安排违反了债权人平等受偿的原则，应为无效，甲公司的主张是否合理？请说明理由。

2. 根据丙公司的诉讼请求(1)，甲公司是否应当支付违约金？请说明理由。关于甲公司请求法院予以减少违约金的主张能否得到法院支持？请说明理由。

3. 张某和孙某提出乙公司与丙公司签订的担保合同无效的主张是否成立？请说明理由。

4. 根据丙公司的诉讼请求(2)，乙公司应当承担何种担保责任？请说明理由。

5. 请具体分析李某向丙公司提供的担保的性质。

6. 丙公司是否有权要求丁公司承担连带责任？请说明理由。

7. 关于乙公司在开庭过程中提出的管辖权异议，法院应当如何处理？

8. 在丙公司提起的诉讼中，张某和孙某是否有权提出乙公司保证合同无效的主张和证据？请说明理由。

9. 请分析打印的微信聊天记录截图的证据能力和证明力，并说明理由。

10. 关于丙公司对李某提出的诉讼，请结合受理条件，分析法院应当如何处理？

11. 丙公司在执行过程中，申请法院追加丁公司、戊公司作为被执行人，法院应当如何处理？如法院裁定追加丁公司、戊公司为被执行人，丁公司、戊公司不同意追加，如何救济？

以下第五题、第六题选做一道即可。

五、行政法与行政诉讼法

2018年7月15日，经某市下辖的县政府授权，县住建局（甲方）与A公司（乙方）协商签订天然气利用合作协议，主要内容如下：

（一）甲方同意乙方在本县从事城市天然气特许经营，范围包括本县县城城区、工业区，期限为20年。

（二）甲方充分考虑天然气项目具有公共事业的特点，在法律允许范围内对项目建设和经营提供支持和帮助。

（三）乙方应保证取得足够的天然气指标。如果乙方不能保证实际用气需求，甲方有权依照相关法律法规进行处理。

（四）本协议签署后，乙方应对项目积极开展工作，签订协议12个月内如因乙方原因工程不能开工建设，则本协议废止。

协议签署后，A公司先后获得市天然气综合利用项目的立项批复、管线路由规划意见、建设用地规划设计条件通知书、国有土地使用证、环评意见书等手续，对项目进行了部分开工建设。

2019年7月10日，县住建局向A公司发出催告："你公司的管道天然气经营许可手续至今未能办理，影响了经营区域内居民、工业、商业用户及时用气。现通知你公司抓紧办理管道天然气经营许可手续，若收到本通知2个月内经营许可手续尚未批准，我市将收回你公司的管道天然气区域经营权，由此造成的一切损失由你公司自行承担。"

2020年6月25日，A公司参加了县燃气工作会议，会议明确要求："关于天然气镇村通工程建设，各燃气企业要明确管网铺设计划，加快推进工程建设，今年9月底前未完成燃气配套设施建设的，一律收回区域经营权。"

2020年6月29日，A公司向县政府出具项目保证书承诺："在办理完成项目开工手续三个月内完成以上工作，如不能按时完成，将自动退出政府所授予经营区域。"

2021年3月6日，县政府向A公司作出收回决定，决定按照合作协议中有关违约责任，收回A公司在县城城区、工业区的特许经营授权，授权给B公司代表县政府经营管理，A公司不服收回决定向市政府申请行政复议。

2021年8月20日，市政府作出维持决定，但决定未告知起诉期限。

2022年3月10日，A公司提起行政诉讼，请求法院撤销收回决定。诉讼中，法院查明B公司已开工建设并在部分地区试运行。

材料：

《城镇燃气管理条例》

第5条 国务院建设主管部门负责全国的燃气管理工作。

县级以上地方人民政府燃气管理部门负责本行政区域内的燃气管理工作。

县级以上人民政府其他有关部门依照本条例和其他有关法律、法规的规定，在各自职责范围内负责有关燃气管理工作。

第15条 国家对燃气经营实行许可证制度。从事燃气经营活动的企业，应当具备下列条件：

（一）符合燃气发展规划要求；

（二）有符合国家标准的燃气气源和燃气设施；

（三）有固定的经营场所、完善的安全管理制度和健全的经营方案；

（四）企业的主要负责人、安全生产管理人员以及运行、维护和抢修人员经专业培训并考核合格；

（五）法律、法规规定的其他条件。

符合前款规定条件的，由县级以上地方人民政府燃气管理部门核发燃气经营许可证。

《市政公用事业特许经营管理办法》

第2条 本办法所称市政公用事业特许经营，是指政府按照有关法律、法规规定，通过市场竞争机制选择市政公用事业投资者或者经营者，明确其在一定期限和范围内经营某项市政公用事业产品或者提供某项服务的制度。

城市供水、供气、供热、公共交通、污水处理、垃圾处理等行业，依法实施特许经营的，适用本办法。

第18条 获得特许经营权的企业在特许经营期间有下列行为之一的，主管部门应当依法终止特许经营协议，取消其特许经营权，并可以实施临时接管：

（一）擅自转让、出租特许经营权的；

（二）擅自将所经营的财产进行处置或者抵押的；

（三）因管理不善，发生重大质量、生产安全事故的；

（四）擅自停业、歇业，严重影响到社会公共利益和安全的；

（五）法律、法规禁止的其他行为。

第19条 特许经营权发生变更或者终止时，主管部门必须采取有效措施保证市政公用产品供应和服务的连续性与稳定性。

第20条 主管部门应当在特许经营协议签订后30日内，将协议报上一级市政公用事业主管部门备案。

第25条 主管部门应当建立特许经营项目的临时接管应急预案。

对获得特许经营权的企业取消特许经营权并实施临时接管的，必须按照有关法律、法规的规定进行，并召开听证会。

请根据案情和材料，运用行政法原理和规定回答下列问题。

【问题】

1.本行政诉讼案件的当事人具体有哪些？请说明理由。

2.如何确定本案的管辖法院？请说明理由。

3.A公司起诉是否超过起诉期限？请说明理由。

4.请分析县政府作出的收回决定的性质。

5.县政府的收回决定是否合法？请说明理由。

6.法院对本案应如何作出裁判？请说明理由。

六、商法

甲有限责任公司（以下简称甲公司）成立于2015年6月，主要从事软件开发，股东分别为A、B、C、D、E，各股东的持股比例依次为55%、26%、11%、5%、3%。甲公司董事长兼法定代表人为A。甲公司运行良好，产品开发也很成功。

甲公司成立后一直未对股东分红。对此，E一直很有意见，遂打算将其股权转让给与甲公司经营相同业务的乙公司，并与乙公司进行了初步洽谈。为便于其股权估价，2019年5月，E向A提出查账要求，要求查阅甲公司成立后所有的会计账簿，A得知E转让股权意图后，认为E的目的不正当，拒绝其查阅要求。

2019年12月，A为担保其对丙公司所负2年期借款债务的履行，将其所持甲公司27%的股权转让给丙公司，并约定在A到期不偿还借款本息时，丙公司有权以该股权优先受偿。在双方达成约定后，A没有为丙公司在甲公司的登记中办理相应的股东登记。

2020年3月，A在甲公司股东会上提议：第一，A、B、C、D、E五人在甲公司之外，再行设立“丁合伙企业（有限合伙）”，A为普通合伙人，其余均为有限合伙人；第二，A对丁合伙企业的出资为其所持甲公司54%的股权，其余各合伙人的出资为各自所持甲公司的全部股权。就该项提议，除E表示强烈反对外，其余股东均表示赞同，遂形成相应的股东会决议。

2020年5月，丁合伙企业成立，合伙人分别为A、B、C、D。甲公司股东相应变更为A、E与丁合伙企业，持股比例分别为1%、3%与96%。甲公司法定代表人仍为A。

2022年年初，A无法清偿对丙公司的债务，丙公司遂就丁合伙企业所持甲公司27%的股权，主张优先受偿。

【问题】

1.A拒绝E的查阅请求是否合法？请说明理由。

2.A与丙公司之间达成的约定是否有效？请说明理由。

3.甲公司于2020年3月形成的设立丁合伙企业的股东会决议，是否有效？请说明理由。

4.甲公司于2020年3月形成的将其股东股权转入丁合伙企业的股东会决议，是否有效？请说明理由。

5.对甲公司股东会决议持反对意见的E，能否向甲公司主张股权回购请求？请说明理由。

6.丙公司优先受偿的请求是否合理？请说明理由。

2021年国家统一法律职业资格考试(回忆版)

主　观　题

一、论述题

材料一:推进全面依法治国是国家治理的一场深刻变革,必须以科学理论为指导,加强理论思维,不断从理论和实践的结合上取得新成果,总结好、运用好党关于新时代加强法治建设的思想理论成果,更好指导全面依法治国各项工作。

——2020年11月16日至17日中央领导在中央全面依法治国工作会议上的讲话

材料二:党的十八大以来,党中央对全面依法治国作出一系列重大决策,提出一系列全面依法治国新理念新思想新战略……明确了全面依法治国的指导思想、发展道路、工作布局、重点任务。这些新理念新思想新战略,是全面依法治国的根本遵循,必须长期坚持、不断丰富发展。

——2018年8月24日中央领导在中央全面依法治国委员会第一次会议上的讲话

材料三:立足我国国情和实际,加强对社会主义法治建设的理论研究,尽快构建体现我国社会主义性质,具有鲜明中国特色、实践特色、时代特色的法治理论体系和话语体系。坚持和发展我国法律制度建设的显著优势,深入研究和总结我国法律制度体系建设的成功经验,推进中国特色社会主义法治体系创新发展。

——《法治中国建设规划(2020—2025年)》

根据材料,结合习近平法治思想的核心要义,谈谈当前和今后一个时期推进全面依法治国要重点抓好的"十一个坚持"。

【答题要求】

1. 观点正确,表述完整、准确。

2. 无观点或论述,照搬材料原文的不得分。

3. 不少于600字。

二、刑法

2017年,赵某威胁周某,若不给10万元,就在网上曝光其隐私。周某害怕,按照赵某的指示,将10万元现金放到指定的垃圾桶内。赵某告诉刘某真相,让刘某取回该10万元现金。刘某取回现金后,二人平分。(事实一)

2018年,赵某在王某家窃得一台笔记本电脑。下楼离开时,误将面前的李某当作王某,为窝藏赃物、抗拒抓捕,将李某打成轻伤。事后查明,李某是来楼道贴小广告的,对赵某的盗窃事实并不知情。(事实二)

2019年,杨某欠赵某债务不还。刘某提议拘禁杨某,逼其还钱。赵某遂将杨某拘禁起来。杨某声称:"你们关了我,我也没钱!"拘禁了杨某两日后,刘某提议把杨某的大拇指砍掉,赵某同意。二人便将杨某的大拇指砍掉(重伤)。(事实三)

2020年,赵某妻子万某得知赵某的犯罪行为后,劝其自首,不然就离婚并且带走两个孩子。赵某恼羞成怒,欲杀死万某,遂用皮带勒住万某脖子。万某大声呼叫,引来他们的两个孩子(一个3岁,另一个5岁)。赵某认为在孩子面前杀害妻子对小孩影响不好,于是停止了杀人行为,最终仅造成万某轻微伤。(事实四)

【问题】

1. 关于事实一,有观点认为,刘某构成敲诈勒索罪,请说明理由。有观点认为,刘某构成侵占罪,请说明理由。

2. 关于事实二,有观点认为,赵某构成事后转化型抢劫罪,请说明理由。有观点认为,赵某构成盗窃罪与故意伤害罪,应数罪并罚,请说明理由。

3. 关于事实三,有观点认为,对赵某、刘某仅以故意伤害罪论处。你是否赞同?请说明理由。

4. 关于事实四,你认为赵某是构成犯罪中止,还是构成犯罪未遂?请说明理由。

三、刑事诉讼法

甲公司通过招投标获得某地块准备开发，但在拆迁过程中有两户居民不同意拆迁，甲公司两位股东贾某、林某便授意员工李某、宋某纠集社会闲杂人员，采用扔石头、放高音喇叭等措施骚扰两户居民。两户居民不堪忍受，遂报警。公安机关以涉嫌寻衅滋事罪对贾某、林某、李某、宋某四人立案侦查。

侦查过程中，林某因认罪认罚，并且有重大立功表现，公安机关对其作出撤案的决定。贾某、宋某、李某也认罪认罚，宋某因没有委托辩护人，公安机关安排其会见了值班律师马某。之后该案侦查终结移送审查起诉。

因该案社会影响重大，群众反映强烈，检察机关对贾某、李某、宋某三人以涉嫌寻衅滋事罪提起公诉。一审法院经审理，认定三人指控罪名成立并作出有罪判决。李某不服一审判决，提起上诉。

二审期间，监察机关经调查，发现甲公司为取得该地块向某区副区长行贿200万元，股东贾某、林某作为主要责任人也被立案调查。

【问题】

1. 如何理解认罪认罚中的"重大立功"？公安机关因此撤销案件应当经过何种法定程序？

2. 值班律师马某在侦查阶段的地位和职责是什么？如果审判时被告人仍没有委托辩护人，马某能不能出庭辩护？

3. 关于甲公司行贿一案，人民法院应如何确定单位犯罪的诉讼代表人？

4. 一审法院应用何种审判组织审理此案？审判人员的职责分工是怎样的？

5. 李某提起上诉，二审法院发现监察机关已将单位行贿罪移送至检察院，二审法院应当如何处理？

6. 如果二审法院发现贾某和宋某犯罪事实清楚，证据确实、充分，但是李某的犯罪事实不清、证据不足，应如何处理？

四、民法综合

T市Y区的枫桥公司是一家大型的资产管理公司，Z市W区的恒通公司是一家具备多种金融牌照的大型集团公司。

2019年1月2日，枫桥公司因债务人抵债（抵偿金额10亿元）接手了位于S市A区的一项在建工程（"枫叶"商业写字楼项目）。2020年1月3日，枫桥公司将该完工后的枫叶写字楼（20层单体高层建筑）整体产权办理至自己名下，并按照枫桥公司的经营理念耗资1亿元进行了统一风格的装饰装修，保留了19层和20层自用，其余18层只接受整层（每层1000平方米）出租，每平方米月租金300元。

2019年12月1日，恒通公司基于业务需要，分拆并新设了甲融资租赁有限公司（全资子公司，以下简称甲公司）、乙商业保理公司（控股子公司，以下简称乙公司）和丙典当有限责任公司（参股子公司，以下简称丙公司）三家子公司。经恒通公司与枫桥公司洽谈，甲、乙、丙三家子公司分别承租了枫叶写字楼的第16、17、18层，格式租赁合同包括以下核心条款：一是租金每月30万元，3个月一付，试租1年，到期后如无特别约定，续租2年，2020年1月15日起租，无免租期；二是承租方不得改动任何墙体装修（俗称"硬装"），可以自行决定不与墙体关联的可拆卸的装饰（俗称"软装"）；三是如有纠纷应提交T市Y区法院通过诉讼解决。此外，恒通公司向枫桥公司出具了书面的《担保承诺书》，承诺为三家子公司的租金支付义务承担连带责任保证。2020年1月14日，甲、乙、丙三家子公司正式入住枫叶写字楼第16、17、18层。

2020年2月14日，甲公司租赁场地的空调、通风系统突发故障，枫桥公司派人多次维修未果。甲公司无奈，只得自行找人更换相关设备，支付设备和维修费共60万元。后甲公司向枫桥公司明确表示，该60万元要在下个季度的租金交付时予以抵扣，但枫桥公司表示不同意。2020年4月16日，甲公司向枫桥公司转账30万元。2020年6月，枫桥公司起诉甲公司和恒通公司，要求甲公司支付拖欠的第二季度租金90万元，由恒通公司承担连带责任。诉讼中，甲公司抗辩称，自己已经向枫桥公司支付了第二季度1个月的房租30万元，而枫桥公司应当支付自己垫付的维修费和设备费60万元，二者相抵，甲公司并不拖欠枫桥公司的租金。枫桥公司不认可甲公司垫付数额，同时主张甲公司曾明确表示，2020年4月16日向枫桥公司转账的30万元系为清偿双方另一买卖合同的货款。法院经审查作出判决：甲公司向枫桥公司支付租金90万元和利息（按一年期贷款市场报价利率从2020年4月16日起计算至清偿之日），恒通公司承担连带责任，恒通公司清偿后，可以向甲公司追偿本金和相关利息。

2020年3月27日，乙公司的客户丁某代表公司来乙公司洽谈签约，丁某将车停在枫叶写字楼的地上停车位。不料，一阵狂风刮过，竟然刮倒一棵大树，将丁某停放的车辆砸毁，此事直接导致一笔金额约5000万元的保理合同未能缔结。乙公司事后了解到，该大树数天前已摇摇晃晃，写字楼多个用户曾向枫桥公司工作人员反映过，提示风险、要求加固，但枫桥公司工作人员接到反映后，未作记载，以致换班时被遗忘。

2020年4月18日，丙公司全体工作人员经过2个多月的体验后，深感枫桥写字楼内部办公装修与其业务风格甚为不合，遂提出适当地改变内部装修风格。遭到枫桥公司拒绝，丙公司见沟通无果，又鉴于甲公司和乙公司相关人员的入住体验，便将该第18层写字楼转租给了另一家公司，并拟1年到期后不再续租。

后枫桥公司对枫叶写字楼的管理能力也未有效提升，各种投诉状况层出不穷，部分相对严重的纠纷也纷纷进入诉讼阶段。2021年1月2日，枫桥公司将整栋写字楼转让给了峰塔公司；该消息发布后，甲公司拟主张对其所租的第16层写字楼的优先购买权，乙公司主张要求枫桥公司赔偿损失，丙公司则顺势主张不再续约。而枫桥公司在此之前，已经起诉甲公司和丙公司，并要求恒通公司承担连带责任保证。

【问题】

1. 乙公司客户丁某的财产损失，可以向谁主张？请说明理由。

2. 乙公司未能与客户丁某所在的公司缔约的经济损失，能否主张赔偿？请说明理由。

3. 丙公司能否将第18层写字楼转租？请说明理由。

4. 枫桥公司将整栋写字楼转让给峰塔公司后，与甲公司等的租赁合同是否会自动解除？请说明理由。

5. 甲公司能否主张第16层写字楼的优先购买权？如果能，请说明理由。如果不能，请说明理由。

6. 恒通公司是否需要对甲、丙公司的债务承担连带责任保证？为什么？

7. 枫桥公司起诉甲公司、丙公司和恒通公司拖欠租金的诉讼，应当由哪一法院管辖？为什么？

8. 关于甲公司2020年4月16日转账的30万元是否构成对租金的支付，应当由谁承担证明责任？如果法院最终无法形成心证，应当如何处理？

9. 甲公司提出的用维修费和设备费60万元抵租金的主张属于抗辩还是反诉，法院应当如何处理？

10. 恒通公司代替甲公司清偿后，是否可以根据上述法院判决申请执行？为什么？

以下第五题、第六题选做一道即可。

五、行政法与行政诉讼法

为加大水源地保护力度，甲县政府于2018年10月10日作出《关于同意关停甲县集中式饮用水源一、二级保护区排污的批复》，决定将该地生产经营多年的某企业经营场所划入饮用水水源二级保护区范围，决定责令关停该企业，由甲县生态环境局负责实施其排污关停工作，但对后续工作未作出安排。2019年5月，甲县生态环境局决定全面关停企业排污口，该企业正式停产。

2020年7月20日，该企业向甲县政府提出请求给予补偿申请：因已不能在原生产地生产，遂请求甲县政府按照企业整体征收情形给予一次性补偿，并免除关停期间的税费及土地使用费等，甲县政府未予答复。

2020年12月2日，该企业向法院起诉，请求法院判令被告支付补偿金。被告辩称，责令关停企业符合法律规定，该企业在法定期限内未提出异议，起诉期限已过时效，并且该企业生产经营场所所涉的饮用水受益区域为邻县乙县，应由乙县进行补偿，甲县政府没有补偿义务。

材料：

《水污染防治法》

第4条 县级以上人民政府应当将水环境保护工作纳入国民经济和社会发展规划。

地方各级人民政府对本行政区域的水环境质量负责，应当及时采取措施防治水污染。

第9条第1款 县级以上人民政府环境保护主管部门对水污染防治实施统一监督管理。

第65条第1款 禁止在饮用水水源一级保护区内新建、改建、扩建与供水设施和保护水源无关的建设项目；已建成的与供水设施和保护水源无关的建设项目，由县级以上人民政府责令拆除或者关闭。

第66条第1款 禁止在饮用水水源二级保护区内新建、改建、扩建排放污染物的建设项目；已建成的排放污染物的建设项目，由县级以上人民政府责令拆除或者关闭。

《环境保护法》

第5条 环境保护坚持保护优先、预防为主、综合治理、公众参与、损害担责的原则。

第6条 一切单位和个人都有保护环境的义务。

地方各级人民政府应当对本行政区域的环境质量负责。

企业事业单位和其他生产经营者应当防止、减少环境污染和生态破坏，对所造成的损害依法承担责任。

公民应当增强环境保护意识，采取低碳、节俭的生活方式，自觉履行环境保护义务。

第31条 国家建立、健全生态保护补偿制度。

国家加大对生态保护地区的财政转移支付力度。有关地方人民政府应当落实生态保护补偿资金，确保其用于生态保护补偿。

国家指导受益地区和生态保护地区人民政府通过协商或者按照市场规则进行生态保护补偿。

【问题】

1. 如何确定本案级别管辖？为什么？

2. 企业起诉是否超过起诉期限？为什么？

3. 如果企业对关停决定不服提起诉讼，如何确定被告？为什么？

4. 如何评价企业提出的补偿请求及其内容？

5. 被告辩称企业经营场所所涉的饮用水受益区域为乙县，甲县政府无补偿义务成立与否？

6. 本案法院应如何裁判？为什么？

六、商法

甲公司成立于2016年年初，股东包括4个自然人(A、B、C、D)与1个法人(E有限责任公司，以下简称E公司，法定代表人为张三)。甲公司注册资本为1000万元，A在公司设立时一次性缴足出资；B、C、D于公司成立时缴纳50%，剩余出资按公司章程规定，在公司成立后第5年年初缴纳；E公司用办公用房一套(作价300万元)缴纳首期出资，剩余出资按公司章程规定，在公司成立后第8年缴足。

甲公司董事会由股东C、D和E公司指派的董事张三组成，董事长由张三担任，公司章程规定：董事长为甲公司的法定代表人。

2018年6月，股东B为担保对其债权人赵六的借款，遂与赵六约定：B将其在甲公司的股权转让给赵六，待债务清偿后，该股权再转归B；倘若B到时无力偿还债务，股权就直接归赵六所有。随后，在甲公司的股东名册、公司章程、公司登记中，B的股权均被变更为赵六。

2018年7月，为改善经营状况，调整组织结构，甲公司召开股东会，经张三提名，股东会经全体股东所持表决权的过半数通过，决议聘请巫旺担任公司总经理，任期3年，并将公司的法定代表人变更为巫旺。

至该年年底，甲公司经营确有起色，公司也略有盈余。但在股东会就利润分配方案进行决议时，各股东就表决权究竟以出资的实缴比例，还是以认缴比例来进行计算，产生激烈冲突，股东会遂搁置利润分配事宜。

进入2019年后，虽然巫旺拼尽全力，但基于种种原因，甲公司的经营状况日益困难，股东与管理层间的矛盾也越发严重。鉴于此，2020年3月甲公司召开董事会，经全体董事一致同意决议提前解聘巫旺。通知巫旺后,巫旺表示不同意,遂引起纠纷。

另查明,E公司投资给甲公司的办公用房,实为李四所有,错误登记在E公司名下,并且E公司法定代表人张三对此知情。

【问题】

1. 就E公司投资的办公用房,甲公司能否主张善意取得?为什么?

2. B与赵六之间的约定,其法律效力如何?为什么?

3. B将股权转让给赵六时,其他股东能否主张优先购买权?为什么?

4. 2018年7月后,甲公司法定代表人是否已有效变更为巫旺?为什么?

5. 2018年年底就利润分配方案的表决,应如何确认各股东表决权的计算标准?为什么?

6. 甲公司董事会解聘巫旺的决议,是否合法有效?为什么?

2020年国家统一法律职业资格考试(回忆版)

主　观　题

一、论述题

略

二、刑法

2010年3月,刘某与任某为了种植沉香,擅自砍伐了国有森林中的一片林木(1200株),将砍伐的林木扔在一旁,然后种植沉香,一直没有被人发现。2016年2月,森林公安局的侦查人员王某发现林木被砍伐,但因其与刘某是中学同学,碍于情面便未作任何处理,导致刘某与任某继续种植沉香。

2017年3月,王某购买一套房屋后,让刘某负责装修,并将50万元的装修费转交给刘某,同时对装修提出了需要花100万元才能完成的要求。刘某请甲装修公司装修完工后,装修公司应收取120万元的费用,但刘某只给了装修公司100万元。装修公司负责人钟某执意要求刘某再付20万元,刘某对钟某说:“房主是在黑社会混的,你再要20万元,小心他捣毁你的装修公司。”钟某听后就没有再要求刘某支付20万元。后来,刘某对王某说:“装修总共花了120万元。”王某说:“太贵了,我再出10万元吧。”刘某收下了该10万元。

2018年7月,喜欢爬山的龚某、洪某见到一片沉香树之后心生盗念,龚某、洪某二人盗窃时被刘某与任某发现,洪某立即逃跑。龚某为了窝藏所盗沉香,对刘某、任某以不让拿走沉香就向林业草原主管部门告发相威胁,刘某、任某担心自己非法砍伐林木的行为被发现,就让龚某拿走了盗窃的价值2万元的沉香。

2018年8月,洪某向林业草原主管部门举报了有人在国有森林中种植沉香的事实。林业草原主管部门工作人员赵某与郑某上山检查时,刘某与任某为了抗拒抓捕,对赵某与郑某实施暴力,赵某与郑某反击,形成互殴状态。赵某被打成轻伤,该轻伤由刘某、任某造成,但不能查明是刘某的行为所致,还是任某的行为所致。刘某被打成重伤、任某被打成轻伤,其中,刘某的重伤由赵某与郑某共同造成,任某的轻伤则由刘某的打击错误所造成(刘某在攻击郑某时,郑某及时躲闪,导致刘某击中了同伙任某)。

【问题】

请分析各个行为人的行为性质(必要时说明犯罪数额、罪数等),并说明理由。有争议的地方,请说明不同观点。

三、刑事诉讼法

小王喜欢玩电脑网络游戏,精通电脑程序。小王制作了一个病毒链接发给多名网络玩家,只要被害人点开链接,小王就能知道对方游戏登录密码。被害人小刘玩游戏时点击了该链接,小王登录小刘游戏账号后将其账户中的100万金豆转入自己的游戏账户。小刘发现后报案,某县公安机关对小王以盗窃罪立案侦查,侦查终结后移送某县人民检察院审查起诉。案件随后由某县人民检察院向某县人民法院提起公诉,某县人民检察院向法庭出示了多项物证、书证、电子数据、鉴定意见,还出示了物价部门出具的游戏金豆的价格认定书一份。小王委托了一名专家辅助人小赵对公诉人出示的鉴定意见质疑。控辩双方在法官指挥下进行了充分的法庭调查。

【问题】

1. 利用计算机网络进行犯罪的犯罪地如何确定?

2. 电子数据的合法性如何审查?

3. 专家辅助人小赵对鉴定意见发表意见起何种作用?

4. 物价部门出具的游戏账号价格认定书属于

什么证据，该如何审查运用？

5. 检察机关在庭审中用什么方式进行举证？

6. 若被告人供述与侦查讯问时录音录像有实质差别，应当如何处理？

四、民法综合

甲公司（西上市东河区）有两个自然人股东A和B（各持股50%），在南下市北山区拥有一地块的土地使用权（正在准备拆迁）。乙公司（东下市西河区）是明达公司（北上市南海区）的全资子公司，是一家专门从事房地产开发的有限责任公司。

A和B以个人名义与乙公司签订了房地产开发合同，约定：(1)A和B以甲公司的土地使用权出资，给乙公司开发房地产并取得乙公司40%的股权。(2)A和B只负责出资，不参与乙公司的经营管理以及开发房地产的任何过程，包括土地使用权融资、建房等。(3)项目完成后，A和B先分得房产的40%（各占20%），A和B取得房产后，将占有乙公司40%的股权无偿转让给明达公司。(4)若因履行该协议发生争议，则由被告住所地人民法院管辖。之后A和B将甲公司的土地使用权作为出资交付转移给了乙公司，并办理了登记手续。乙公司亦办理了变更登记，"乙公司股权中A和B各占20%，明达公司占60%"。

乙公司为了融资：(1)乙公司与丙公司签订了融资租赁合同，丙公司租给乙公司两台铲车，租金2000万元，未办理登记。(2)乙公司向丁公司借款2亿元，以公司现有的及将有的一系列动产、设备（包括向丙公司租赁的两台铲车）与丁公司签订了动产浮动抵押协议，并办理了登记；同时，丁公司认为不稳妥，要求乙公司提供担保，乙公司找到C、D提供连带责任保证。(3)乙公司与戊信托公司办理了信托，自己提供了动产质押担保，子提供一般保证、丑用自己价值1500万元的房屋作抵押，并办理了抵押登记，两个担保人之间（子、丑）互相不知彼此存在。之后丑害怕房屋被执行，就替乙公司偿还了债务。(4)之后乙公司擅自将两台铲车出卖给自然人E，E支付了1950万元，后来E在使用铲车过程中发现铲车有质量和设计缺陷，向乙公司主张责任，乙公司一直未回复。

乙公司为了响应《民法典》经营者社会责任号召，承诺每年向青少年成长基金会捐款1000万元且新闻媒体进行了大力宣传报道。

乙公司将房屋建好后，开始卖房，房屋购买人F发现房屋面积、容积率、配套设施与宣传不符，走廊（楼道）间隔没有宣传时说的那么宽敞，于是向法院主张解除合同。

乙公司出售到总房产的15%时被A和B发现。A、B以乙公司违约为由请求法院裁判乙公司承担违约责任，后来A、B又撤诉。撤诉后A、B对乙公司提起破产重整申请，法院受理了该重整申请。之后A、B再次起诉乙公司，要求乙公司根据合同约定向A、B交付合同约定的40%房产。

【问题】

1. 甲公司债权人是否可以请求A、B承担连带责任？为什么？

2. 若债务履行期限届满乙公司不能清偿债务，丁公司如何主张担保责任？当事人如何列明？

3. E能否取得铲车的所有权？乙公司为丁公司设立的动产浮动抵押权可否对抗自然人E？为什么？

4. 对于铲车的质量和设计缺陷，自然人E可以向乙公司主张何种类型的民事责任？为什么？

5. 乙公司债权人可否行使撤销权，撤销乙公司对青少年成长基金会的赠与？乙公司是否可以对青少年成长基金会的捐款行使任意撤销权，为什么？

6. 若债务到期乙公司无法清偿债务，戊公司应如何主张自己的担保债权？为什么？

7. 丑为了自己的房子不被拍卖，就主动偿还了借款，是否可以向子追偿？

8. A、B可否宣告乙公司的卖房合同无效？为什么？乙公司是否应当对A、B承担违约责任？为什么？

9. A、B起诉乙公司要求交付合同约定的40%房产应当由哪些（个）法院管辖？为什么？

10. E针对两辆铲车质量问题以及设计缺陷，有权向谁主张法律责任？

11. 购房人F对房屋的面积、容积率、配套设施与宣传不符事宜，可以何种方式寻求救济？

12. F向法院起诉，在诉讼中对房屋面积、容积率、配套设施等需要进行鉴定，鉴定的启动方式和鉴定人应当如何确定？如果当事人对鉴定意见提出异议，法院应当如何处理？

以下第五题、第六题选做一道即可。

五、行政法与行政诉讼法

因旧城区改建需要，甲市乙区政府发布《国有土地上房屋征收决定公告》，决定对项目范围内的国有土地房屋实施征收，乙区管委会设立的征拆事务所负责此次征拆事宜。黄某开办的塑料厂（个体工商户）的厂房（黄某为房屋所有权人）在征收范围内，征拆事务所与黄某协商选定了某房地产评估公司作为房屋评估机构，对房屋进行丈量登记，对涉案房屋市场评估总价为260万元。征拆事务所与黄某签订了《资产收购协议书》，协议款项300万元。《资产收购协议书》载明：“如本协议执行过程中发生纠纷，双方应协商解决；协商不成，任何一方均可向某仲裁委员会申请仲裁。”之后黄某以补偿数额过低为由，向法院起诉请求确认《资产收购协议书》无效。

诉讼中，黄某申请乙区政府公布其他被征收人的征收补偿款数额，乙区政府以涉及被征收人隐私为由拒绝。

法院另查明：乙区管委会系甲市乙区政府设置的派出机构。2013年5月7日，乙区政府与乙区管委会签订《国有土地上房屋征收工作授权书》，将乙区范围内国有土地上房屋征收工作授权给区管委会，由区管委会以区政府的名义行使有关权限。

材料：

《国有土地上房屋征收与补偿条例》

第4条第1、2款 市、县级人民政府负责本行政区域的房屋征收与补偿工作。

市、县级人民政府确定的房屋征收部门（以下称房屋征收部门）组织实施本行政区域的房屋征收与补偿工作。

第8条 为了保障国家安全、促进国民经济和社会发展等公共利益的需要，有下列情形之一，确需征收房屋的，由市、县级人民政府作出房屋征收决定：

（一）国防和外交的需要；

（二）由政府组织实施的能源、交通、水利等基础设施建设的需要；

（三）由政府组织实施的科技、教育、文化、卫生、体育、环境和资源保护、防灾减灾、文物保护、社会福利、市政公用等公共事业的需要；

（四）由政府组织实施的保障性安居工程建设的需要；

（五）由政府依照城乡规划法有关规定组织实施的对危房集中、基础设施落后等地段进行旧城区改建的需要；

（六）法律、行政法规规定的其他公共利益的需要。

第29条 房屋征收部门应当依法建立房屋征收补偿档案，并将分户补偿情况在房屋征收范围内向被征收人公布。

审计机关应当加强对征收补偿费用管理和使用情况的监督，并公布审计结果。

【问题】

1. 如何确定本案原告？

2. 如何确定本案被告？

3.《资产收购协议书》是否属于行政协议？

4. 本案约定的仲裁条款是否有效？

5. 本案的起诉期限应当适用什么规定？

6. 乙区政府以涉及第三人隐私为由拒绝黄某的公开申请的行为是否合法？

六、商法

甲公司为一家集体所有制企业转制的有限责任公司，注册资本2000万元，股东张一持股26%，关二持股8%，刘三持股15%，工会代表全体职工持股51%（工会已登记为法人）。各股东均已经缴足出资。

张一担任甲公司的董事长和法定代表人，关

二担任总经理。工会组织职工大会选举曹四、袁五作为甲公司的董事,与张一、关二、刘三共同组成董事会。董六担任甲公司的监事。

曹四私下转让其股权给赵七,一个月后,工会得知此事,遂召开全体职工大会,以曹四私下买卖股权为由决议取消曹四的股东权益,并撤销曹四在甲公司的董事职位。该决议交由袁五转交甲公司股东会,但股东会忙于公司增资事宜,并未作出处理。

甲公司经营情况良好,拟与乙公司达成战略合作关系。甲、乙公司约定:(1)甲公司增资3000万元。(2)由乙公司认缴全部增资,增资后乙公司持有甲公司60%的股份。乙公司分三期履行出资义务。协议签订后15日内缴纳200万元,股权变更登记后半年内缴纳800万元。余款在甲公司上市前缴纳完毕。甲公司重组董事会,由乙公司委派潘八、钱九、温十三位董事进入甲公司董事会,由潘八担任甲公司的董事长和法定代表人,张一担任总经理。

一个月后,甲公司就增资事宜召开股东会,职工股持有人黄十一知情后煽动其他持有职工股的员工均来参会。会上,张一反对增资,关二同意增资,但主张优先认缴500万元新股,职工股持有人黄十一的持股份额是0.5%,主张按此比例优先认缴新股。其他股东均同意甲、乙公司约定的增资方案,甲公司按照此方案作出了股东会决议。

乙公司被登记为甲公司股东,并依约实缴前两期出资。出资后第三天,乙公司委派到甲公司的董事潘八,在乙公司的指示下代表甲公司与乙公司的全资子公司丙公司签订无息借款700万元的合同,借款期限8年。

一年后,甲公司经营不善,乙公司与甲公司的原有股东因经营理念不合,矛盾日渐激化,甲公司业绩堪忧。后甲公司原股东在未通知乙公司的情况下,召开股东会,通过了解除乙公司股东资格的决议。

【问题】

1. 曹四将其股权对外转让给赵七的行为,效力如何?

2. 工会召开全体职工大会撤销对曹四董事的委派及解除曹四股东资格,是否产生曹四董事和股东权益丧失的效力?

3. 甲公司针对增资的股东会决议,效力如何?

4. 关二、黄十一关于优先认缴新股的主张是否可以获得支持?

5. 甲公司与丙公司签订的借款合同,效力如何?

6. 甲公司的股东会解除乙公司股东资格的行为效力如何?

2024年主观题参考答案

一、论述题

【参考答案】

现代化国家应当是法治国家,现代化经济应当是法治经济。法治是最好的营商环境,我们必须以习近平法治思想为指导思想,习近平法治思想为国家治理体系和治理能力现代化提供根本遵循。把法治建设贯穿于经济高质量发展的全过程和各方面,更好发挥法治固根本、稳预期、利长远的保障作用,筑牢经济高质量发展的法律制度基石。

法治是推动经济高质量发展、加快建设现代化经济体系、推进中国式现代化的内在要求、制度基础和重要保障。我们要认真学习贯彻习近平法治思想的核心要义,坚持党中央权威和集中统一领导,按照习近平法治思想的核心要义,将营商环境纳入法治轨道,为经济发展和市场经济体制提供规范依据、行为遵循。正如材料一中提到的发挥市场机制作用,创造更加公平、更有活力的市场环境。

加快完善以宪法为核心的中国特色社会主义法律体系,科学立法是将经济社会发展纳入法治轨道的前提条件和重要途径,健全严格执法、公正司法机制,以高效法治实施体系保障营商环境。推动经济高质量发展必须走法治之路、行法治之力,持续深化全面依法治国实践。正如材料二中所言:“法治是最好的营商环境。要把平等保护贯彻到立法、执法、司法、守法等各个环节,依法平等保护各类市场主体产权和合法权益。”

发挥法治的引领、规范和保障作用,在法治轨道上推动经济高质量发展。贯彻平等理念,弘扬社会主义法治精神,让各种市场主体代表广泛真实地表达立法诉求、参与立法过程、平衡立法利益。确保各种所有制经济依法平等使用生产要素、公平参与市场竞争、同等受到法律保护。正如材料三中所表述优化我国的法治化营商环境,为市场经营主体设立、经营、退出提供了公平、高效的行为准则,是促进社会主义市场经济发展的强有力举措。

当前,我国正处在开启全面建设社会主义现代化国家新征程、向第二个百年奋斗目标进军的新起点。我们要深入学习贯彻习近平法治思想,在法治环境下推动经济高质量发展。把法治蓝图转化为法治中国建设的生动实践,切实把社会主义制度优势转化为经济治理效能,为高质量发展提供规范动力。

二、刑法

【参考答案】

1. ①公诉人观点:周某构成诈骗罪(未遂)。

理由:根据《刑法》,以非法占有为目的,虚构事实隐瞒真相的方式使被害人陷入错误认识而处分财物,行为人获得财物的行为成立诈骗罪。成立既遂要求诈骗行为和取财结果具有因果关系,否则成立未遂。本题中,周某已经实施了欺骗行为,但刘某发觉异常,未将钱带回家,周某因意志以外的原因未能取得财物,系犯罪未遂。故周某构成诈骗罪未遂,可以比较既遂犯从轻或减轻处罚。

②辩护人观点:周某构成诈骗罪(预备)。

理由:根据《刑法》,为了犯罪,准备工具、制造条件的是犯罪预备。本题中周某虚构事实隐瞒真相的行为已经符合刑法关于诈骗罪的构成要件,“着手”的认定应该是对财产法益造成现实、紧迫的危险。刘某取钱后又存入银行,因此对刘某的财产并没有造成紧迫、现实的危险,故属于犯罪预备,可以比照既遂犯从轻、减轻处罚或者免除处罚。

2. ①观点一:武某构成盗窃罪。

理由:根据《刑法》,盗窃他人财物数额较大的行为成立盗窃罪。本题中武某拿走李某的财物,应当认定其对于李某的财物存在非法占有的目的,武某接受周某指派实施了取钱行为,属于采用秘密窃取的方式变他人占有为自己所有的行为。故武某构成盗窃罪,犯罪数额为30万元。

②观点二:武某构成诈骗罪。

理由:根据《刑法》,为他人犯罪提供帮助的是帮助犯。本题中,武某明知周某的欺骗行为,仍然接受指派实施了取钱行为,应当认定武某与周某二人属于诈骗罪的共同犯罪。所以武某构成诈骗罪,犯罪数额为30万元。

3. ①公诉人:周某的行为构成诈骗罪,属于既遂形态。

理由:根据《刑法》,成立诈骗罪既遂要求被害人基于错误认识而处分财物。本题中,周某对李某的财物存在非法占有目的,李某取钱是依照周某指示的结果,应当认定其存在处分意识。周某实施了欺骗行为,李某因此陷入错误认识取出钱放在家中,就存在处分行为。周某的欺骗行为与李某的财产损失之间存在因果关系,属于犯罪既遂。

②辩护人:周某的行为构成诈骗罪,属于未遂形态。

理由:根据《刑法》,成立诈骗罪要求行为人具有处分意识和处分行为,成立诈骗罪既遂必须是被害人基于受骗而处分财物。本题中,周某对李某的财物存在非法占有目的,但李某没有亲手将钱交给武某及周某,应当认定其没有处分行为。故周某构成诈骗罪,系犯罪未遂。

③我认为:周某的行为构成诈骗罪,属于既遂形态。

理由:根据《刑法》,成立诈骗罪既遂要求被害人基于错误认识而处分财物。本题中,李某听从指令,已经将30万元现金放到了“指定位置”,行为人可以随时取走,即认为已经处分了财物，周某和武某是共同犯罪，武某受周某指使取钱，诈骗行为和财产损失有因果关系，成立诈骗既遂。

提示：*自己的观点也可以是诈骗罪未遂，因为本题“指定放钱的位置”是“受害人自己家中”，按照正常思维，放在自己家中的财物仍旧是房主本人占有。武某取财的行为成立盗窃罪，属于入户盗窃。言之有理，也可得分。*

4. ①观点一：王某构成盗窃罪，系犯罪既遂。

理由：根据《刑法》，盗窃公私财物数额较大的行为成立盗窃罪。本题中，王某将银行卡转交给郑某，财产所有权已经转移，无论郑某是否使用该卡，王某已经丧失了卡及钱的所有权。王某将款项转回自己的账户，属于秘密窃取郑某财物，故王某构成盗窃罪，系犯罪既遂，犯罪数额为30万元。

②观点二：王某构成侵占罪，系犯罪既遂。

理由：根据《刑法》，将代为保管的他人财物非法占为己有的行为成立侵占罪。本题中，王某将银行卡转交给郑某，财产所有权已经转移，由于该卡的持卡人是王某，应当认定卡内的财物属于王某的代为保管物。王某将代为保管的他人财物非法占为己有的行为依法成立侵占罪，犯罪数额为30万元。

③观点三：王某不构成犯罪。

理由：侵犯公民私人所有财产，依照法律应当受刑法处罚的行为是犯罪。本题中，王某虽然将银行卡交给郑某，但实际持卡人仍为王某，卡内的钱仍旧由王某占有。题中交代郑某没有占有卡内资金的意图（未修改密码，未使用）。故王某将自己占有的资金进行转移，属于合法的处分行为，不构成犯罪。

提示：*本问题在学理上有一定的探讨价值，王某将钱存入银行卡，卡内资金归银行占有，王某是银行的债权人。王某将银行卡＋密码告知郑某并将卡交给郑某，但债权并未转移。对银行而言，银行仍旧占有30万元现金，债权人仍旧是王某。但王某行贿以后，卡内30万元的性质就变成了贿赂款，依法应当上缴国库，也即王某不再享有该笔钱的债权。*

实际上，王某的行为系将可以随时取款或者转账的地位或利益这一财产性利益交给了郑某，该利益能够使郑某随时从卡中取款或转账。因此，王某一旦挂失，就意味着郑某无法再随时取款或转账，即违背郑某的意志，排除了郑某对该财产性利益的占有，构成了盗窃罪。而对于银行来说，在王某行贿后，该卡内资金理应作为贿赂款被没收，上缴国库，此时王某隐瞒了真相，使银行工作人员陷入错误认识，进而办理了转账行为，无疑是对银行工作人员实施了诈骗债权的行为，理应构成诈骗罪。

5. 郑某构成受贿罪，系犯罪既遂。

理由：根据《刑法》，受贿罪既遂的标准是索取或非法收受他人财物，不要求实际处分。本题中，郑某作为国家工作人员，非法收受王某的财物，利用职务便利释放周某，损害了职务行为的公正性，不论是否实际使用，均已经构成受贿罪，犯罪数额为30万元。

6. 成立自首，但不构成立功。

①周某如实供述了自己对李某、刘某实施的犯罪行为，符合特别自首的情形。

依据《刑法》，被采取强制措施的犯罪嫌疑人、被告人和正在服刑的罪犯，如实供述司法机关还未掌握的本人其他罪行的，以自首论。本题中，周某被采取强制措施后，如实供述司法机关尚未掌握的其他犯罪事实，属于特别自首，可以从轻或减轻处罚。

②周某如实供述了武某的犯罪行为，不符合立功的情形。

依据《刑法》，犯罪分子有揭发他人犯罪行为，查证属实的，或者提供重要线索，从而得以侦破其他案件等立功表现的属于立功。本题中，周某被采取强制措施后，如实供述了司法机关尚未掌握的同案犯武某的犯罪事实，仍旧是自首，因为周某和武某是共同犯罪，两人属于同案犯。（还有另一版回忆中，题干指出周某把武某及母亲王某行贿事宜也交代了，按照这样的案情，周某就成立立功，因为除了交代共同犯罪以外，还揭发了武某的其他犯罪行为。）

三、刑事诉讼法

【参考答案】

1. 对黄二适用取保候审的程序有两处错误：

（1）对黄二重新计算取保候审的期限错误。

依据《刑事诉讼法》及相关规定，对犯罪嫌疑人继续取保候审的，取保候审的时间应当累计计算。对黄二多次采取取保候审，取保候审的期限应累计计算，总共不得超过12个月。

（2）县公安局作出没收8万元保证金错误。

依据《刑事诉讼法》及相关规定，决定没收5万元以上保证金的，应当经设区的市一级以上公安机关负责人批准，本题县公安局无权决定没收，应由京州市公安局决定8万元保证金。

2. 不能适用当事人和解的公诉案件诉讼程序。

依据《刑事诉讼法》，因民间纠纷引起，涉嫌《刑法》分则第四、五章规定的犯罪案件，可能判处3年有期徒刑以下刑罚的，是和解的前提条件之一。本题中黄二涉嫌的故意伤害罪，是《刑法》分则第四章规定的犯罪，但是，黄二被判处有期徒刑10年，明显不符合当事人和解的公诉案件诉讼程序的要件。

3. 不正确。

依据《刑事诉讼法》及相关规定，对法律援助机构指派律师为被告人提供辩护，被告人的监护人、近亲属又代为委托辩护人的，应当听取被告人的意见，由其确定辩护人人选。本题中检察院应当听取犯罪嫌疑人黄二的意见，不能直接拒绝黄二母亲委托的律师。

4. 不妥当。

根据《刑事诉讼法》及相关规定，认罪认罚从宽制度中的“认罪”是指犯罪嫌疑人、被告人自愿如实供述自己的罪行，对指控的犯罪事实没有异议。承认指控的犯罪事实，仅对个别事实情节提出异议，或者虽然对行为性质提出辩解但表示接受司法机关认定意见的，不影响“认罪”的认定。本题中，黄二自始至终都否认指控的持刀追砍李某的事实，该事实不仅影响主从犯的认定，也对量刑有明显影响，故黄二并非仅对个别事实情节提出异议，而是未承认部分主要犯罪事实。因此，适用认罪认罚从宽不妥当。

提示：本案是真实案件改编的，《人民检察院办理认罪认罚案件开展量刑建议工作的指导意见》规定，如果被告人自愿如实供述自己的罪行，对指控的犯罪事实没有异议，只是提出自己的辩解不影响“认罪认罚”的认定，检察院仍旧可以《认罪认罚具结书》提出从宽量刑处罚意见，要区分“对行为性质提出辩解但表示接受司法机关认定意见”及适用。

5. 不适当。

依据《刑事诉讼法》及相关规定，地方各级人民检察院认为本级人民法院第一审的判决、裁定确有错误的时候，应当向上一级人民法院提出抗诉。本题中检察院提起抗诉仅因为黄二提出抗诉而不再符合认罪认罚要求就提出抗诉，属于通过抗诉来对抗上诉，予以二审加刑，做法不适当。

6. **提示：**本问是典型的“开放型”的文书题问法，答案不唯一。此处给出三种参考答案。

【参考答案 1】二审法院应当组成合议庭，开庭审理。依法对黄二进行改判(可以加重刑罚)。

依据《刑事诉讼法》及相关规定，检察院抗诉的案件，应当组成合议庭，对本案进行全面审查，开庭审理。对不服第一审判决的上诉、抗诉案件，不受上诉不加刑的限制，经过审理结合全案证据认定“持刀追砍李某”的主要事实。原判决认定事实没有错误，但适用法律有错误，或者量刑不当的，应当改判。本题中，既有被告人上诉、又有检察院抗诉，二审法院不受上诉不加刑原则的限制，鉴于黄一和黄三分别被判处死缓和 15 年有期徒刑，三人共同犯罪，考虑罪责刑相适应原则，可以适当加重黄二刑罚。

【参考答案 2】二审法院应当组成合议庭，开庭审理，作出驳回上诉或者抗诉、维持原判的裁定。

依据《刑事诉讼法》及相关规定，原判决认定事实和适用法律正确、量刑适当的，应当裁定驳回上诉或者抗诉，维持原判。本题中，黄二自己觉得自己是从犯，但对主要犯罪事实并无异议，并且签了《认罪认罚具结书》，尽管检察院提起了抗诉，但并非一审认定事实或者适用法律有错误。本题事实清楚，证据确实、充分，二审法院应当裁定驳回上诉、抗诉，维持原判。

【参考答案 3】二审法院应当组成合议庭，开庭审理，可以裁定撤销原判发回重审，也可以依法改判。

依据《刑事诉讼法》及相关规定，原判决事实不清楚或者证据不足的，可以在查清事实后改判；也可以裁定撤销原判，发回原审人民法院重新审判。本题中，对于黄二是否“持刀追砍李某”的情节一直没有查清楚，属于“事实不清”的情形，二审法院应该查清黄二的犯罪事实，然后依法裁判，故本题可以查清事实后改判。也可以裁定撤销原判，发回重审。

四、民法综合

【参考答案】

1. 应当追加甲公司作为共同被告，但是不能直接追加张凤为共同被告。

依据《民法典》及相关规定，同一债务有两个以上保证人的，保证人应当按照保证合同约定的保证份额，承担保证责任；没有约定保证份额的，债权人可以请求任何一个保证人在其保证范围内承担保证责任。本题中，李丽是债权人，甲公司是债务人，乙公司、张凤是共同保证人，本案并未约定保证份额，则乙公司和张凤承担连带责任。

依据《民法典》及相关规定，保证人为借款人提供连带责任保证，出借人仅起诉借款人的，法院可以不追加保证人为共同被告；出借人仅起诉保证人的，法院可以追加借款人为共同被告。本题中，甲公司是借款人，而出借人李丽仅起诉了保证人乙公司，法院可以追加甲公司为共同被告，不能追加张凤为共同被告。

2. 可以根据文书提出命令的证据规则。

依据《民事诉讼法》及相关规定，书证在对方当事人控制之下的，承担举证证明责任的当事人可以在举证期限届满前书面申请法院责令对方当事人提交。对方当事人无正当理由拒不提交的，法院可以认定申请人所主张的书证内容为真实。本题中《备忘录》由李丽持有，对案件事实的认定具有重要意义。乙公司可以依据上述规定，向法院申请文书提出命令，如果李丽拒不提交，且无正当理由，法院可以推定乙公司的主张成立。

3. 李丽可以要求甲公司和张凤承担连带还款责任。

依据《民法典》及相关规定，同一债务有两个以上保证人的，保证人应当按照保证合同约定的保证份额，承担保证责任；没有约定保证份额的，债权人可以请求任何一个保证人在其保证范围内承担保证责任。本题中，甲公司的债务有乙公司和张凤两个保证人，属于共同保证，在未约定保证份额时，李丽作为债权人可请求保证人张凤承担连带还款责任。

4. 乙公司能追究张凤的法律责任。

依据《公司法》及相关规定，公司法定代表人应当遵守法律、行政法规和公司章程，忠实履行职责。法定代表人的越权担保行为给公司造成损失，公司请求法定代表人承担赔偿责任的，人民法院依法予以支持。本题中，张凤作为乙公司的法定代表人，未经公司相关机关决议擅自为他人提供担保，属于越权担保，给公司造成损失，乙公司可以要求张凤向公司承担赔偿损失的民事责任。

提示：本题还可以根据《民法典》第 62 条和《民法典

合同编通则解释》第20条来作答。因为《民法典》第62条第2款规定,"法人承担民事责任后,依照法律或者法人章程的规定,可以向有过错的法定代表人追偿"。《民法典合同编通则解释》第20条第3款规定:"法人、非法人组织承担民事责任后,向有过错的法定代表人、负责人追偿因越权代表行为造成的损失的,人民法院依法予以支持。法律、司法解释对法定代表人、负责人的民事责任另有规定的,依照其规定。"据此,乙公司可能因张凤的越权代表行为而承担民事责任,乙公司承担民事责任后,有权向有过错的张凤追偿,请求其承担损害赔偿责任。

5.(1)《借款合同》名为借款,实为担保。

依据《民法典》及相关规定,行为人与相对人以虚假的意思表示实施的民事法律行为无效。以虚假的意思表示隐藏的民事法律行为的效力,依照有关法律规定处理。本题中,李丽与乙公司之间并无真实借款关系,且双方对此都是明知的,符合通谋虚伪行为,双方真实意思是担保关系。

(2)李丽无权要求乙公司担责。

依据《公司法》及相关规定,公司向其他企业投资或者为他人提供担保,按照公司章程的规定,由董事会或者股东会决议。本题中,张凤实施了越权担保行为,且李丽不是善意,乙公司并未对此追认,因此乙公司与李丽订立的担保合同对乙公司不生效,李丽无权要求乙公司承担担保责任。

6.《抵债协议1》属于代物清偿或履行期限届满后的以物抵债协议,是有效的。

依据《民法典》及相关规定,债务人或者第三人与债权人在债务履行期限届满后达成以物抵债协议,不存在影响合同效力情形的,人民法院应当认定该协议自当事人意思表示一致时生效。本题中,债权人甲公司与债务人丙公司订立以7、8、9号楼抵偿2000万元工程欠款的《抵偿协议1》属于在债务履行期限届满后达成的以物抵债协议,且双方均具有相应的民事行为能力,意思表示真实,且不违反法律、行政法规的强制性规定、不违反公序良俗,不存在影响合同效力的情形,因此应当认定《抵债协议1》自当事人意思表示一致时生效。

7.可以得到支持。

《抵债协议2》属于履行期限届满后的以物抵债协议,且属于新债清偿。该抵债协议生效时,原债与新债同时并存。原则上,债权人李丽只能请求债务人甲公司将7号楼和8号楼过户给自己。若甲公司又拒绝履行新债导致《抵债协议2》的合同目的不能实现,李丽享有选择权,其也可以继续请求甲公司履行"新债",也可以选择请求甲公司履行"原债"。综上,李丽要求将7号楼和8号楼过户给自己的主张可以得到支持。

8.京州市、金山市和光明区基层法院有管辖权。

依据《民事诉讼法》及相关规定,不动产纠纷指因不动产的权利确认、分割、相邻关系引起的物权纠纷,本题中,是不动产转让合同纠纷,应适用合同特殊地域管辖规定。因合同纠纷提起的诉讼,由被告住所地或者合同履行地人民法院管辖。据此,本案被告甲公司和丙公司分别在京州市和金山市,两地法院均享有管辖权。因为本案是履行抵押协议的合同纠纷,应由被告住所地或者合同履行地法院管辖。被告的合同义务是交付不动产,不动产所在地视为合同履行地,故光明区法院也有管辖权。

9.不应受理。

依据《民事诉讼法》及相关规定,第三人对已经发生法律效力的判决、裁定、调解书提起撤销之诉的,应当自知道或者应当知道其民事权益受到损害之日起6个月内,向作出生效判决、裁定、调解书的人民法院提出。

本案中,中华银行对7、8、9号楼享有抵押权,法院判决丙公司将7、8号楼过户给李丽,可能影响中华银行的抵押权实现,损害其民事权益。因此,中华银行作为与案件有法律上利害关系的第三人,可以提起第三人撤销之诉,中华银行在2024年3月提起第三人撤销之诉,未超过法定期限,法院应当受理。

五、行政法与行政诉讼法

【参考答案】

1.属于行政强制措施。

依据《行政强制法》,行政强制措施是指行政机关在行政管理过程中,为制止违法行为、防止证据损毁、避免危害发生、控制危险扩大等情形,依法对公民的人身自由实施暂时性限制,或者对公民、法人或者其他组织的财物实施暂时性控制的行为。本案中市政管理局责令蓝胜公司限期清理的行为属于对违法行为的制止,清理绿化带上污泥并恢复原状是防止损害进一步扩大,因此属于行政强制措施。

2.由市政管理局所在地与市政府所在地的基层人民法院均可管辖。

根据《行政诉讼法》的规定,经复议的案件,复议机关决定维持原行政行为的,作出原行政行为的市政管理局和复议机关市政府是共同被告。法院的级别按照原机关确定。本题中,属于复议维持案件,作出原行政行为的机关为京州市市政管理局,因此应当由基层人民法院管辖。市政管理局所在地基层人民法院与市政府所在地基层人民法院对本案均有管辖权。

3.不能合并审理。

依据《行政诉讼法》及相关规定,行政机关对同一事实对若干公民、法人或者其他组织分别作出行政行为,公民、法人或者其他组织不服分别向同一法院起诉的,法院可以决定合并审理。本案中,孙某并未就2万元向法院起诉,且原告蓝胜公司在诉讼中提出的请求不包含市政管理局对孙某所作出的2万元罚款。因此本案不符合可以适用合并审理的情形,本案法院的审理对象应当为蓝胜公司所提出的内容,而对于孙某的罚款应当遵循"不告不理"原则,不能够将其进行合并审理。

4.行政机关依法作出要求当事人履行排除妨碍、恢复原状等义务的行政决定,当事人逾期不履行,经催告仍不履行，其后果已经或者将危害交通安全、造成环境污染或者破坏自然资源的，行政机关可以代履行，或者委托没有利害关系的第三人代履行。

根据《行政强制法》的规定，本案代履行应当遵循以下程序：(1)代履行前送达决定书，代履行决定书应当载明当事人的姓名或者名称、地址，代履行的理由和依据、方式和时间、标的、费用预算以及代履行人；(2)代履行三日前，催告当事人履行，当事人履行的，停止代履行；(3)代履行时，作出决定的行政机关应当派员到场监督；(4)代履行完毕，行政机关到场监督的工作人员、代履行人和当事人或者见证人应当在执行文书上签名或者盖章。

代履行的费用按照成本合理确定，由当事人承担。但是，法律另有规定的除外。代履行不得采用暴力、胁迫以及其他非法方式。

5. 具有污泥治理的监管权与处罚权。

根据《城镇排水与污水处理条例》第5条第2款的规定，县级以上地方人民政府城镇排水与污水处理主管部门负责本行政区域内城镇排水与污水处理的监督管理工作。在本题中，A市人民政府明确市政管理局为本市的城镇排水主管部门，因此市政管理局经过《城镇排水与污水处理条例》的授权，对污泥治理有监管权和处罚权。

6. 应当判决驳回原告的诉讼请求。

根据《行政诉讼法》，行政行为证据确凿，适用法律、法规正确，符合法定程序的，或者原告申请被告履行法定职责或者给付义务理由不成立的，人民法院判决驳回原告的诉讼请求。结合《城镇排水与污水处理条例》第30条的规定，本案中蓝胜公司作为污泥处理处置单位，应当安全处理处置污泥，保证处理处置后的污泥符合国家有关标准，对产生的污泥以及处理处置后的污泥去向、用途、用量等进行跟踪、记录，并向城镇排水主管部门、环境保护主管部门报告。蓝胜公司应当对污泥的处理与后续的管理记录负责。而根据《城镇排水与污水处理条例》第53条第2款的规定，京州市政管理局对于违反本条例擅自倾倒、堆放遗撒污泥的蓝胜公司，可以责令其停止违法行为，情节严重的可处以罚款，逾期不采取治理措施的，京州市政管理局可以指定有治理能力的单位代为治理，所需费用由当事人承担。

综上所述，本案市政管理局的行为适用法律法规正确，符合法定程序，蓝胜公司要求被告市政管理局履行职责的理由不成立，法院应当判决驳回原告的诉讼请求。

六、商法

【参考答案】

1. 有权。

依据《公司法》及相关规定，公司的控股股东、实际控制人、董事、监事、高级管理人员不得利用关联关系损害公司利益。违反前款规定，给公司造成损失的，应当承担赔偿责任。本题中甲代表胜达公司与其妻子控制的A公司签订设备租赁合同，虽说已经向董事会报告并经同意满足了程序上的要件，但是实际上该笔关联交易因设备故障和租金过高损害了胜达公司的利益。也即法定代表人甲利用关联关系损害了公司利益，应当对利达公司的损失承担赔偿责任。

提示：胜达公司和A公司签订的合同是无效的，这是关联交易。甲没有获得公司股东会批准，构成越权代表，且自己妻子控制的A公司非善意，越权代表行为无效。故，胜达公司才可以要求甲来赔偿。

2. 有效。

依据《公司法》，股东向股东以外的人转让股权的，应当将股权转让的数量、价格、支付方式和期限等事项书面通知其他股东，其他股东在同等条件下有优先购买权。本题中股东甲对外转让股权给金某，无须公司其他股东同意，只需要将同等条件通知其他股东即可。其他股东作出反对股权转让的股东会决议也不影响甲与金某之间股权转让的效力。

3. (1)无权。根据《公司法》，股东转让股权的，应当书面通知公司，请求变更股东名册。甲将股权转让给金某是有效的。本题中金某是股权的受让人，只有股东有权请求胜达公司向公司登记机关办理甲变更为金某的登记事项。

(2)有权。根据《公司法》，公司拒绝或者在合理期限内不予答复的，转让人、受让人可以依法向人民法院提起诉讼。本题中金某请求胜达公司变更登记，被胜达公司拒绝。金某有权直接起诉胜达公司。

4. (1)不会立即丧失董事身份。

《公司法》规定，股东会有选举和更换董事、监事，决定有关董事、监事的报酬事项。本题中，甲转让全部股权，也不意味着股东会作出罢免甲董事职务，甲亦未辞任董事职务，故甲仍然是胜达公司的董事。

(2)不会立即丧失法定代表人身份。

《公司法》规定，公司的法定代表人按照公司章程的规定，由代表公司执行公司事务的董事或者经理担任。担任法定代表人的董事或者经理辞任的，视为同时辞去法定代表人。公司章程也应载明变更法定代表人的办法，公司未作出变更法定代表人的决议，甲亦未辞任法定代表人，甲仍然是胜达公司的法定代表人。

5. 胜达公司的拒绝理由不合法。

依据《公司法》，法定代表人以公司名义从事的民事活动，其法律后果由公司承受。本题中甲不因股权转让而丧失法定代表人身份，甲作为法定代表人，代表胜达公司与B公司签订买卖合同，对胜达公司发生效力。

6. (1)有权。依据《公司法》，股东转让已认缴出资但未届出资期限的股权的，由受让人承担缴纳该出资的义务；受让人未按期足额缴纳出资的，转让人对受让人未按期缴纳的出资承担补充责任。本题中甲的第二期出资期限于2024年9月届满，10月未按章程规定缴纳出资，将股权转让给金某，属于瑕疵股权转让。甲作为转让人与金某作为受让人应当就未缴纳的出资承担连带责任。

(2)能得到支持。依据《公司法》，未按照公司章程规定的出资日期缴纳出资或者作为出资的非货币财产的实际价额显著低于所认缴的出资额的股东转让股权的，转让人与受让人在出资不足的范围内承担连带责任；受让人不知道且不应当知道存在上述情形的，由转让人承担责任。本题中甲告知金某已经缴清，金某不知道且不应当知道甲未按期足额缴纳出资，其抗辩理由成立。（关于第二问回答需要根据情况讨论也可得分，重点是对案情交代的理解“金某能否证明不知情”，参考《公司法》第88条作答即可得分。）

2023年主观题参考答案

一、论述题

【参考答案】

问题一：

中国式现代化，是中国共产党领导的社会主义现代化，既有各国现代化的共同特征，更有基于自己国情的中国特色。实现中国式现代化必须坚持党的领导，坚持以人民为中心。

必须坚持全面依法治国，通过宪法保障中国式现代化的实现。具体包括以下几点：

1. 从立法环节来看，要坚持科学立法，“法律是治国之重器，良法是善治之前提”，要完善以宪法为核心的中国特色社会主义法律体系，坚持科学立法和民主立法，加强关于中国式现代化等重点领域立法。正如材料二中所言，对一切违宪的法规、规范性文件必须坚决予以纠正和撤销。

2. 宪法是规定公民权利、规范国家权限的根本法。宪法在我国法律体系中具有最高效力，规定了我国的根本国家制度、国家机构组成、公民基本权利和义务，宪法的制定和修改程序比其他法律要严格。要完善以宪法为核心的中国特色社会主义法律体系，充实中国式法治现代化的规范依据。正如材料一中所言，中国式现代化是全体人民共同富裕的现代化，必须坚持以人民为中心，通过最高效力的宪法来保障人民的权利。

综上，在党的领导下，通过宪法来保障中国式现代化的实现。从立法、执法、司法、守法等各个环节发力，全心全意为人民服务。只有这样，才能实现全体人民共同富裕，促进人与自然和谐共生，推动构建人类命运共同体，创造人类文明新形态，才能保证中国特色社会主义法治事业不断走向新的胜利，才能为实现中华民族伟大复兴的中国梦提供有力保障。

问题二：

习近平法治思想是全面依法治国的根本遵循和行动指南。实现全面依法治国和依宪治国的总目标，必须贯彻好习近平法治思想的核心要义——“十一个坚持”。在习近平法治思想指引下，坚定不移走中国特色社会主义法治道路。

坚持依法治国首先要坚持依宪治国，坚持依法执政首先要坚持依宪执政。坚持依宪治国、依宪执政，正如材料中所述，要坚持宪法确定的中国共产党领导地位不动摇，坚持宪法确定的人民民主专政的国体和人民代表大会制度的政体不动摇。我国宪法确认了中国共产党的执政地位，确认了党在国家政权结构中总揽全局、协调各方的领导核心地位。

宪法是治国理政的总章程。宪法是国家的根本大法，是治国安邦的总章程，具有最高的法律地位、法律权威、法律效力。依宪治国、依宪执政是建设社会主义法治国家的首要任务。正如材料二中所述，要全面贯彻实施宪法、推进合宪性审查。切实维护宪法尊严和权威，是维护国家法治统一、尊严权威的前提，也是维护最广大人民根本利益、确保国家长治久安的重要保障。

一切伟大的实践都需要科学理论的正确指引，实践证明，习近平法治思想是引领法治中国建设实现高质量发展的思想旗帜。坚持中国共产党统一领导，在法治轨道上推进国家治理体系和治理能力现代化。党带头维护宪法尊严和权威，切实学习和领会习近平法治思想及其核心要义。

提示：2023年的论述题有两个问题，答案内容不唯一，可以从多个角度切入。

二、刑法

【参考答案】

1. 陈某明知迟某可能利用自己的银行卡实施电信诈骗犯罪、依然出售银行卡给迟某的行为定性，可能存在如下观点：

(1)构成帮助信息网络犯罪活动罪。《刑法》规定，明知他人利用信息网络实施犯罪，为其犯罪提供互联网接入、服务器托管、网络存储、通讯传输等技术支持，或者提供广告推广、支付结算等帮助，情节严重的行为，成立帮助信息网络犯罪活动罪。本案中，陈某没有事先参与迟某的诈骗犯罪活动。只怀疑迟某会利用银行卡违法犯罪。因此，陈某的行为仅成立帮助信息网络犯罪活动罪。

(2)构成帮助信息网络犯罪活动罪与诈骗罪的想象竞合，应当择一重罪处罚。一个行为触犯数罪名，属于想象竞合，择一重罪论处。本案中，陈某主观上具有犯罪故意，既包括确定的故意，也包括未必的、不确定的故意。陈某明知他人可能将银行卡用于犯罪而向其提供银行卡，主观上有帮助他人犯罪的故意，客观上有提供银行卡的行为，成立帮助信息网络犯罪活动罪。陈某的“帮助”行为在客观上对他人的电信网络诈骗起到了帮助作用，陈某对此主观上也有认知，应成立诈骗罪的帮助犯。系想象竞合，应当择一重罪处罚。

(3)构成洗钱罪。《刑法》规定，为掩饰、隐瞒毒品犯罪、黑社会性质的组织犯罪、恐怖活动犯罪、走私犯罪、贪污贿赂犯罪、破坏金融管理秩序犯罪、金融诈骗犯罪的所得及其产生的收益的来源和性质的行为，成立洗钱罪。本案中如果认定迟某的电信诈骗行为属于金融诈骗，那么陈某提供银行卡的行为构成洗钱罪。

我赞同第一种观点，仅成立帮助信息网络犯罪活动罪。对于明知他人实施电信诈骗行为而提供帮助的行为,在刑法上已经独立定罪,即帮助信息网络犯罪活动罪。

提示:这个答案不唯一,有的考生回答了陈某行为构成诈骗罪。理由:为正犯实施帮助的行为成立帮助犯。本案中陈某明知他人可能将银行卡用于犯罪而向其提供银行卡以提供帮助的行为,依法成立诈骗罪的帮助犯。还有的同学回答陈某的行为不构成犯罪,属于中立的帮助行为。理由:成立帮助犯要求具有确定的故意,即迟某确定要实施犯罪而陈某明知仍旧实施帮助行为,实际上,陈某仅仅是明知迟某可能利用该银行卡实施电信诈骗犯罪,而非确信迟某必然实施电信诈骗犯罪。因此,陈某仅具有不确定的犯罪故意,不成立可罚的帮助犯。类似问题只要回答出三种即可,只要言之有理即可得分。

2. 关于陈某谎称银行卡丢失后,挂失银行卡将30万元现金取出的行为如何定性,存在以下不同观点:

(1)构成侵占罪。理由:《刑法》规定,将代为保管的他人财物非法占为己有,数额较大,拒不退还的行为,成立侵占罪。本案中,银行卡内的存款在法律上仍属于原主人(卡的名义人)占有,陈某以非法占有为目的,将自己占有的卡内存款据为己有,构成侵占罪。

(2)构成盗窃罪。理由:这种观点认为,用于存款的银行卡及密码均在买卡者(迟某)的手中,买卡者对该存款属于事实上的支配状态,对该笔存款具有占有权、控制权。陈某以非法占有为目的,在迟某不知情的情况下,以挂失补卡取款的方式转移了存款的占有,属于秘密窃取行为,构成盗窃罪。

(3)构成诈骗罪。理由:陈某卖出银行卡后,银行卡内的存款由买卡者(迟某)占有。银行工作人员具有处分本行银行卡债权的权限,原卡主人(陈某)采取挂失补办的行为欺骗了银行工作人员,使其陷入认识错误处分了买卡者迟某的债权(迟某对银行的取款权),因此陈某构成诈骗罪,属于三角诈骗的情形。

我赞同观点一,成立侵占罪。理由:由于我国对银行卡实行实名制,必须由本人携带身份证才能申领,银行卡内资金交易的权利、义务由持证申领人享有和承担,本案中,陈某虽然是法律上的持卡人,但申请挂失的行为,属于侵吞本人占有的他人财物。

提示:这个答案不唯一,有的考生回答不成立犯罪。还有的同学回答成立信用卡诈骗罪。只要理由言之有理即可得分。

3.(1)洪某:构成行贿罪。数额100万元。《刑法》规定,为了谋取不正当利益,给予国家工作人员财物的行为成立行贿罪。本案中,洪某的行贿对象是国家机关工作人员吕某,目的是利用吕某的职务便利为自己谋取不正当利益。

(2)吕某:构成受贿罪,属于斡旋受贿。数额100万元。斡旋受贿是指国家工作人员利用本人职权或者地位形成的便利条件,通过其他国家工作人员职务上的行为,为请托人谋取不正当利益,索取请托人财物或者收受请托人财物的行为。在本案中,吕某身为财政局局长,通过公安局局长覃某为洪某谋取不正当利益,成立受贿罪(斡旋受贿)。事后使用和归还均不影响犯罪数额的认定。第二次60万元和前面的100万元是同一财产利益,不能重复评价。因此受贿的数额是100万元。

(3)覃某:构成徇私枉法罪,《刑法》规定,司法工作人员对明知是有罪的人而故意包庇不使他受追诉的行为成立徇私枉法罪。本案中,覃某身为公安局局长,属于司法工作人员。并且覃某为了包庇陈某,故意以陈某不清楚事实为由作无罪处理并解除强制措施。因此,覃某的行为成立徇私枉法罪。

4. 吕某:自首。《刑法》规定,犯罪以后自动投案,如实供述自己的罪行的,是自首。本案中,立案前电话通知谈话可以认定为吕某并未被采取强制措施,自动投案,如实交代的可以认定为自首,自我辩解不影响自首认定。可以从轻或减轻处罚。其中,犯罪较轻的,可以免除处罚。

覃某:(1)坦白。被采取强制措施以后,如实供述的行为成立坦白。覃某被采取强制措施后如实交代,可以从轻处罚。(2)立功。《刑法》规定,犯罪分子揭发他人犯罪行为并查证属实的成立立功。本案中覃某检举吕某犯罪事实,查证属实。可以从轻或减轻处罚。

三、刑事诉讼法

【参考答案】

1. 不可以。根据《刑事诉讼法》及相关规定,犯罪嫌疑人、被告人犯数罪,仅如实供述其中一罪或部分罪名事实的,全案不作"认罪"的认定,不适用认罪认罚从宽制度。本案中,乙、丙二人只对抢劫罪认罪认罚,对故意伤害行为不认罪认罚,全案不作"认罪"的认定,不适用认罪认罚从宽制度。但对如实供述的部分,人民检察院可以提出从宽处罚的建议,人民法院可以从宽处罚。

2. 可以。根据《刑事诉讼法》及相关规定,因人身权利受到犯罪侵犯而遭受物质损失或者财物被犯罪分子毁坏而遭受物质损失的,可以提起附带民事诉讼。对于被害人因犯罪行为遭受精神损失而提起附带民事诉讼的,人民法院不予受理。本案中,被害人的母亲可以提起附带民事诉讼,但是针对附带民事诉讼问题,人民法院只针对提出的死亡赔偿金、丧葬费、交通补助等依法予以支持,对于精神赔偿一般不予以支持。

3. 不符合。根据《刑诉解释》第146条的规定,法院应当根据户籍证明、出生证明文件、学籍卡、人口普查登记、无利害关系人的证言等证据综合判断审查被告人实施被指控的犯罪时是否达到相应法定责任年龄。针对被告人乙的法定代理人和辩护律师提出被告人乙的户口本、出生证明、毕业生纪念册存在异议,首先应当对异议证据的客观性、关联性、合法性展开全面的审查,而不是直接认定为不能证明乙不是未成年人的依据。其次乙的叔叔和乙之间存在近亲属关系,只是说明乙的叔叔证明力弱,需要其他相关证据予以补强。证明乙已满18周岁的证据不足，应当作出有利于被告的认定，应认定乙是未成年人。因此法院直接认定乙不属于未成年人的做法不符合法律程序要求。

4. 符合法律规定。依据《刑事诉讼法》及相关规定，认定被告人有罪的证明标准是“案件事实清楚，证据确实、充分”。本案中对乙、丙是否涉嫌故意伤害被害人甲存在事实不清、证据不足的情形，既没有证据证明被害人甲死亡的时间，也没有证据证明乙、丙与被害人甲之间存在直接的因果关系，综合本案证据无法形成完整证据链，不能排除合理怀疑，因此法院认定乙、丙不构成故意伤害甲的事实正确。

5. 依据《刑事诉讼法》及相关规定，原判决事实不清或者证据不足的，可以在查清事实后改判；也可以裁定撤销原判，发回原审人民法院重新审判。本案中，二审法院针对一审未认定当事人乙符合未成年人存在事实不清、证据不足的情形，应当依法改判，或者撤销原判，发回原审法院依法重新审理。

四、民法综合

【参考答案】

1. 法院同意撤诉正确。《民事诉讼法》第 148 条规定，宣判前，原告申请撤诉的，是否准许，由人民法院裁定。人民法院裁定不准许撤诉的，原告经传票传唤，无正当理由拒不到庭的，可以缺席判决。本案中原告申请撤诉自愿且没有违反法律法规的规定，没有损害国家、集体和他人利益，法院同意撤诉正确。

2. (1) ①甲公司提出的第一个抗辩不成立。根据《民诉解释》第 28 条的规定，不动产的专属管辖包括不动产的权利确认、分割、相邻关系等引起的物权纠纷，以及农村土地承包经营合同纠纷、房屋租赁合同纠纷、建设工程施工合同纠纷、政策性房屋买卖合同纠纷。本案中设备已经安装不能拆除并不影响双方法律关系的实质只是动产买卖合同法律关系，并非不动产专属管辖。设备买卖合同中约定的管辖法院属于原告住所地法院，与争议有实际联系，并且不违反级别和专属管辖，因此管辖协议有效。

②甲公司提出的第二个抗辩不成立。《培训合同》的纠纷是关于付款问题的纠纷，即给付货币纠纷，根据《民诉解释》第 18 条的规定，争议标的为给付货币的，接收货币一方所在地为合同履行地，故本案中的合同履行地是原告住所地法院，即西河区法院。另外，虽然只有设备买卖合同中约定了管辖协议，但是法院将《设备买卖合同》与《培训合同》两个诉合并审理的，根据诉的合并理论，合并的诉讼标的部分存在管辖协议的，法院应当按照管辖协议确定全案管辖。故西河区法院对该培训合同纠纷有管辖权。

③甲公司提出的第三个抗辩不成立。诉的合并审理是指法院将两个或者两个以上彼此有牵连的诉合并到同一法院管辖，并适用同一程序审判。诉的合并的意义在于提高诉讼的效率，防止在相互关联的问题上作出互相矛盾的裁判。

(2) 王某对《培训合同》不承担连带责任的抗辩得不到支持。根据《公司法》第 23 条第 3 款的规定，一人有限责任公司的股东无法证明自己的财产独立于公司财产的，应当对公司的债务承担连带责任。甲公司属于王某的一人公司，并且王某有转移公司财产归个人使用的情形，有法人人格否认的事实，故应当对公司债务承担连带责任。

(3) 李某的抗辩理由也不成立。虽然甲公司是王某的一人公司，但李某作为配偶担任公司重要职务，实质参与公司经营管理，故甲公司实际上属于夫妻共同事业，即便李某未签字，也不可否认两个债务都属于夫妻共同债务。

3. 已经发生效力。《最高人民法院关于人民法院民事执行中查封、扣押、冻结财产的规定》第 7 条规定，查封不动产的，人民法院应当张贴封条或者公告，并可以提取保存有关财产权证照。查封、扣押、冻结已登记的不动产、特定动产及其他财产权，应当通知有关登记机关办理登记手续。未办理登记手续的，不得对抗其他已经办理了登记手续的查封、扣押、冻结行为。从这条即可看出，未办理查封扣押保全登记的，并不影响查封的生效，只是不能对抗其他办理了登记手续的查封、扣押、冻结而已。

另外该规定第 8 条，查封尚未进行权属登记的建筑物时，人民法院应当通知其管理人或者该建筑物的实际占有人，并在显著位置张贴公告。本题中，从王某进行装修可知王某已经实际占有该房屋，该房屋只是因为王某恶意逃避法律义务而未过户，查封该房屋并无不妥，由于王某未办理所有权登记，法院也进行了小区公告，可以视为已经完成了公告，查封已经生效。

4. 王某承担连带责任，李某承担连带责任。

王某在保证合同中作为一般保证人签字，但其作为一人公司股东构成股东与公司财产混同，因此对《设备买卖合同》项下的债务承担连带责任。李某作为王某合法配偶，其共同财产可被甲公司债权人申请连带责任赔偿，因此除李某个人财产外，李某与王某的夫妻共同财产也在承担连带责任范围内。

5. 王某和李某需要承担连带责任。根据《民法典》，甲公司属于一人公司。根据《公司法》第 23 条第 3 款的规定，一人有限责任公司的股东在无法证明自身财产独立于公司财产时，需要承担连带责任。夫妻一方设立一人公司，如果配偶实质参与公司经营管理，则该一人公司属于夫妻共同事业，应由夫妻共同财产承担连带责任。本案中法院查明王某存在人格混同，因此承担连带责任的请求能够得到支持。

6. 不支持。根据《担保制度解释》第 52 条的规定，当只存在抵押预告登记时，经审查已经办理建筑物所有权首次登记，并且不存在预告登记失效等情形的，人民法院应予支持，并应当认定抵押权自预告登记之日起设立。本题中房屋已经办理首次登记，王某基于规避合同义务而拖延过户导致无法办理抵押权正式登记,预告登记并未失效,故丙银行享有对A房屋的抵押权。因此丙银行确实可以提出执行异议,法院受理。但法院并不会中止对该房屋的执行,因为享有担保物权等优先权的异议人,享有的是一种顺位权,完全可以通过参与分配等方式保证其利益,故其所享有的权益不属于足以排除强制执行的民事权益,法院不能中止执行。另外,《最高人民法院关于人民法院办理执行异议和复议案件若干问题的规定》第27条规定,申请执行人对执行标的依法享有对抗案外人的担保物权等优先受偿权,人民法院对案外人提出的排除执行异议不予支持,但法律、司法解释另有规定的除外。

7. 均能得到支持。根据《民法典》第634条的规定,分期付款的买卖合同中买受人未支付价款达到总价款的1/5时,经催告仍未支付到期价款的,出卖人即可要求一次性付清剩余价款或者主张解除合同。本题中,甲公司未支付价款达到了总价款的1/5,而乙公司并没有发出有效的解除意思,故其后主张一次性付清价款能够得到支持。

甲公司无正当理由迟延履行,应当承担迟延履行责任。《民法典》第577条规定,当事人一方不履行合同义务或者履行合同义务不符合约定的,应当承担继续履行、采取补救措施或者赔偿损失等违约责任。而对于金钱之债,迟延履行的损失赔偿标准在没有约定时,应参照合同成立时前一年期贷款市场利率4倍支付迟延履行部分利息,该利息本质属于法定违约金。

8. 只能支持《培训合同》中5万元部分的请求。

《民法典》第560条规定,债务人对同一债权人负担的数项债务种类相同,债务人的给付不足以清偿全部债务的,除当事人另有约定外,由债务人在清偿时指定其履行的债务。债务人未作指定的,应当优先履行已经到期的债务;数项债务均到期的,优先履行对债权人缺乏担保或者担保最少的债务;均无担保或者担保相等的,优先履行债务人负担较重的债务;负担相同的,按照债务到期的先后顺序履行;到期时间相同的,按照债务比例履行。

本案中两笔款项都已经到期,第一笔款项由王某提供了连带责任保证,而第二笔款项是没有担保的,故这15万元应被视为对第二个合同的履行,即第二个合同中的15万元部分因履行而消灭,故乙公司请求甲公司支付20万元无法得到支持,法院只能判决支持5万元。该债务依然属于金钱债务,故迟延履行的损失即为迟延履行利息,也是可以得到支持的。

9. (1)不影响丙银行享有优先受偿权。《民法典》第221条规定,当事人签订买卖房屋的协议或者签订其他不动产物权的协议,为保障将来实现物权,按照约定可以向登记机构申请预告登记。预告登记后,未经预告登记的权利人同意,处分该不动产的,不发生物权效力。预告登记后,债权消灭或者自能够进行不动产登记之日起90日内未申请登记的,预告登记失效。本题中,王某2021年12月为丙银行设立抵押预告登记,2022年1月不动产首次登记,此时丙银行享有对A房屋的抵押权。

(2)唯一住房可以被申请强制执行,不影响优先受偿权。根据《最高人民法院关于人民法院办理执行异议和复议案件若干问题的规定》第20条的规定,如果被执行人名下的唯一住房,超出了被执行人及其所扶养家属生活必需的范围,人民法院可以执行。

五、行政法与行政诉讼法

【参考答案】

1. 房屋征收决定的性质属于具体行政行为。

具体行政行为是指行政主体在对外实施管理中,就特定事项针对特定的公民、法人或者其他组织作出的能够建立、变更、消灭行政法上权利义务关系的一次性处理行为。本案中,县政府作出的房屋征收决定对某小区范围内房屋实行征收,针对的是某小区业主这一特定的对象,房屋征收属于行政征收,是强制处分当事人房屋所有权的一次性处理,具有法律性和处分性。可见,该行为属于典型的具体行政行为。

2. 县政府为被告。

根据《行政诉讼法》及相关规定,以作出行政行为主体的部门为被告。县级以上地方政府已经作出国有土地上房屋征收与补偿决定,当事人不服具体实施房屋征收与补偿工作中的强制拆除房屋等行为提起诉讼的,应当以作出强制拆除决定的行政机关为被告;没有强制拆除决定书的,以县级以上地方政府确定的房屋征收部门为被告。

本案中,作出强制拆除决定的是县政府组建的改造工程指挥部,本应当以其为被告,但是改造工程指挥部却属于县政府组建的临时机构,不具有行政主体资格,不能独立承担法律责任,不能成为诉讼被告,故本案应当视为县政府委托改造工程指挥部实施了该行政行为,应以委托改造工程指挥部的行政机关即县政府为被告。

提示:本题考查的是2023年法考大纲新增内容。一方面是部分考生错误地认为被告是县住房和城乡建设局,可能是对题后附录法条的错误理解。另一方面是对新增的《最高人民法院关于正确确定县级以上地方人民政府行政诉讼被告资格若干问题的规定》的理解不到位。

本案中,县政府确定房屋征收部门为县住房和城乡建设局,房屋征收实施单位为县政府组建的改造工程指挥部,改造工程指挥部作出了强制拆除决定书,并实施了强制拆除。根据"有章看章,没章告征收部门"的规定,只有在未作出强制拆除决定书时才会直接起诉房屋征收部门。在本案这种作出了强制拆除决定书的情况下,就应当以在决定书上署名盖章的机关为被告。从而引出下一个考点,临时组建机构的"假授权真委托"。指挥部属于县政府组建的临时机构,视为县政府委托了改造工程指挥部实施强制拆除,应以县政府为被告。

3. 强制拆除的行为违法。

(1)主体不合法。根据行政法及相关规定,被征收人在法定期限内不申请行政复议或者不提起行政诉讼，在补偿决定规定的期限内又不搬迁的，应当由作出房屋征收决定的市、县级人民政府依法申请法院强制执行，而不是行政机关直接强制拆除。

(2)程序不合法。依据行政法及相关规定，实施房屋征收应当先补偿、后搬迁。本案未签补偿协议，未补偿，未搬迁，未腾空，未通知行政相对人，未经过催告，直接实施强制拆除。并且依据相关条例，强制拆除时，依法应当通知当事人到场，清点造册，妥善保管，及时转交财物。本案中未保全屋内物品，未登记记录。

提示：考生能够回答一点就给分。

4. (1)属于行政协议。

行政协议是指，行政机关为了实现行政管理或者公共服务目标，与公民、法人或者其他组织协商订立的具有行政法上权利义务内容的协议。《国有土地上房屋征收与补偿条例》第25条第1款规定，房屋征收部门与被征收人依照本条例的规定，就补偿方式、补偿金额和支付期限、用于产权调换房屋的地点和面积、搬迁费、临时安置费或者周转用房、停产停业损失、搬迁期限、过渡方式和过渡期限等事项，订立补偿协议。这是行政机关为了旧城改造等公共利益，与小区业主协商一致，约定了征收补偿的行政法上权利义务内容的协议，属于典型的行政协议。

(2)提起的诉讼应为行政诉讼。因为这是基于行政协议引发的争议提起的诉讼，属于行政诉讼法中规定的行政争议案件，为行政诉讼。

提示：有部分考生被《国有土地上房屋征收与补偿条例》第25条第2款规定的“补偿协议订立后，一方当事人不履行补偿协议约定的义务的，另一方当事人可以依法提起诉讼”误导，认为答案是提起民事诉讼。这是审题不清以及对知识点的不熟悉而导致的。本题第一问是法条中提到的补偿协议是什么性质？正确答案是行政协议。重点在于第二问，“提起的是哪种诉讼种类？”。命题者问题设计和考查角度是在第一问确认该协议属于行政协议的基础上，按照《行政诉讼法》和《行政协议案件规定》的规定，房屋征收和补偿协议属于行政诉讼受案范围，当事人提起的是行政诉讼。有的考生误认为命题人考查的是上述第25条第2款规定的双方都可以在对方违约的情况下提起诉讼，所以得出结论是提起民事诉讼，甚至会得出结论，认为该协议是民事协议。

5. 应由被告承担举证责任。

在行政赔偿、补偿案件中，原告应当对被诉的行政行为造成其合法权益损害提供证据。被告导致原告无法举证的，由被告承担举证责任。本案中，行政机关违法强拆，将涉案房屋直接强制拆除，未保全屋内物品，未登记记录，此属于被告导致原告无法举证的，由被告承担举证责任。

6. 法院应当按照作出赔偿决定时的市场行情价来支持赔偿数额。

根据行政赔偿法及相关规定，违法行政行为造成公民、法人或者其他组织财产损害，不能返还财产或者恢复原状的，按照损害发生时该财产的市场价格计算损失。市场价格无法确定，或者该价格不足以弥补公民、法人或者其他组织损失的，可以采用其他合理方式计算。违法征收征用土地、房屋，人民法院判决给予被征收人的行政赔偿，不得少于被征收人依法应当获得的安置补偿权益。

本案中孙某请求的房屋损失属于直接损失，因客观因素无法鉴定的，法院应当结合当事人的主张和在案证据，遵循法官职业道德，运用逻辑推理和生活经验、生活常识等，酌情确定赔偿数额。

六、商法

【参考答案】

1. (1)法定代表人赵六签订的债务担保合同无效。依据《公司法》第15条的规定，公司为他人提供担保，依照公司章程的规定，由董事会或者股东会决议。可见，公司为他人提供担保并非法定代表人可自行决定的，必须以相关机构决议为前提。本题中，赵某作为法定代表人并没有公司相关机构的决议，担保合同无效。

(2)D公司不能向A公司主张担保责任。依据《担保制度解释》第7条第1款和第3款的规定，公司的法定代表人违反公司法关于对外担保决议程序的规定，超越权限代表公司与相对人订立担保合同，人民法院应当依照《民法典》第61条和第504条等的规定处理：①相对人善意的，担保合同对公司发生效力；相对人请求公司承担担保责任的，人民法院应予支持；②相对人非善意的，担保合同对公司不发生效力；相对人请求公司承担赔偿责任的，参照适用本解释第17条的有关规定。这里所称善意，是指相对人在订立担保合同时不知道且不应当知道法定代表人超越权限。相对人有证据证明已经对公司决议进行了合理审查，人民法院应当认定其构成善意。本题中，相对人D公司虽然不知道A公司对赵某的权限限制，但理应依法审查赵某提供的A公司相关决议，但D公司并没有审查，故D公司是恶意，此时担保合同无效，D公司不能要求A公司承担担保责任。

2. A公司五年内禁止股权外转的决议有效，李四虽然否认该决议，但决议依旧对其生效。

《公司法》第84条第3款规定，公司章程对股权转让另有规定的，从其规定。可见股权转让虽然是股东的权利，但法律尊重公司章程的意思自治，则依照章程处理。依据《公司法》第66条第3款的规定，股东会作出修改公司章程的决议，必须经代表2/3以上表决权的股东通过。可见，章程的修改不以登记为生效条件，员工疏忽未能及时登记无须考虑。本题中，除李四反对外，其他股东均同意，其表决权为93%，符合法律规定。

综上所述，A公司五年内禁止转让股权的决议合法有效，李四虽然否认，但依然对李四生效。

3. 王五不能善意取得李四转让的股权。

依据《公司法司法解释(三)》第25条的规定，名义股东将名下登记的股权转让给他人的，可以参照适用《民法典》第311条善意取得制度。该解释第27条规定，股东已经转让股权，但未办理登记，原股东又将登记在其名下的股权转让的，可以参照《民法典》第311条善意取得制度。本题中，李四转让其名下的股权，是有权转让，李四既非名义股东也非一股二卖，不适用善意取得制度，故王五不能善意取得李四转让的股权。

4. 赵六辞去法定代表人职务无效。

依据《公司法》第34条的规定，公司登记事项发生变更的，应当依法办理变更登记。从理论上讲，法定代表人和公司并非简单的劳动合同关系，而是委任关系，不能如同普通劳动者一样通过辞职解除，必须办理变更登记。本题中，并未办理变更登记，所以赵六无法辞去法定代表人职务。

5. 买卖合同有效。

根据《民法典》第504条的规定，法人的法定代表人超越权限订立的合同，除相对人知道或者应当知道其超越权限外，该代表行为有效，订立的合同对法人发生效力。本题中，赵六虽然提出辞职，但尚未办理变更登记，仍然是公司的法定代表人，并且B公司对赵六辞任法定代表人一事毫不知情，所以该合同有效。

6. E公司可以主张执行。

根据《公司法司法解释（三）》第13条第2款的规定，公司债权人请求未履行或者未全面履行出资义务的股东在未出资本息范围内对公司债务不能清偿的部分承担补充赔偿责任的，人民法院应予支持。本题中，E公司作为A公司的债权人，有权主张对A公司股东尚未履行的出资予以执行来清偿A公司欠E公司的债务。

2022年主观题参考答案

一、论述题

【参考答案】

改革重构司法权力配置和运行机制必须以习近平法治思想为指导,必须坚持以习近平同志为核心的党中央权威和集中统一领导。加强和改善党的领导是全面深化改革的根本保证,坚持党领导立法、保证执法、支持司法、带头守法,才能确保改革重构司法权力配置和运行机制取得重大成就。

改革重构司法权力配置和运行机制要坚持党的领导。党的十八大以来,习近平总书记对深化执法司法权力运行机制改革作出一系列重要指示,为进一步规范用权、提升执法司法质效和公信力提供了根本遵循。正如材料一所述,党领导深化以司法责任制为重点的司法体制改革,开展政法队伍教育整顿等是取得重大成绩的。

改革重构司法权力配置和运行机制要以人民为中心,要"努力让人民群众在每一个司法案件中感受到公平正义"。法治是国家治理体系和治理能力的重要依托,立法、执法、司法、守法是依法治国的基本环节,要用法治保障人民安居乐业。正如材料二所述,要围绕让人民群众在每一项法律制度、每一个执法决定、每一宗司法案件中都感受到公平正义这个目标。

司法体制改革要坚持党领导立法、保证执法、支持司法、带头守法,确保司法机关依法办案,发挥司法独立性、权威性、公正性,构建开放、动态、透明、便民的阳光司法机制,确保司法公开、透明。阳光是最好的防腐剂,正如材料三所述,权力是一把双刃剑,权力需要在法治轨道上行使。

综上所述,改革重构司法权力配置和运行机制利国利民,我们必须要坚持在党的领导下,坚持以人民为中心,牢牢把握社会主义公平正义的价值追求,从立法、司法、执法、守法等各环节发力,在思想上和行为上同党中央保持一致。只有这样,司法权威及公正性才能进一步提升,司法廉洁性才能进一步提高。

二、刑法

【参考答案】

1.(1)第一种观点认为郑某只成立保险诈骗罪,理由是银行最终找保险公司赔偿了贷款本息,银行不存在财产损失,故郑某的行为不再认定为贷款诈骗罪,只对保险公司成立保险诈骗罪即可。不足是该观点遗漏了对贷款诈骗罪的行为的评价,混淆了财产损失的产生与财产损失的追回。

第二种观点认为郑某成立保险诈骗罪和贷款诈骗罪的牵连犯,理由是银行存在财产损失。即使银行从保险公司处获得了贷款本息的赔付,这也只是挽回损失的手段。郑某的保险诈骗行为是贷款诈骗的手段行为,两行为具有手段和目的的通常性,属于牵连犯,择一重罪论处。

(2)我赞同第二种观点,郑某成立保险诈骗罪和贷款诈骗罪的牵连犯。

因为如果只评价为保险诈骗罪,则遗漏了对郑某对银行的欺骗行为的评价。依据罪刑法定原则和罪数,第二种观点更符合刑法立法目的,也更利于司法实务依法办案。(注意:此题为开放性问题,考生可以结合前述对两种观点的评价作答,言之有理,逻辑自洽即可。)

2. 主要存在两种观点。

(1)王某成立保险诈骗罪(未遂)。

理由:保险诈骗罪是指以非法获取保险金为目的,违反保险法规,采用虚构保险标的、保险事故或者制造保险事故等方法,向保险公司骗取保险金,数额较大的行为。本题中,王某只是教唆郑某实施贷款诈骗行为,并未教唆其实施保险诈骗行为,如果认定郑某只成立保险诈骗罪,不成立贷款诈骗罪,即郑某并未犯王某所教唆的犯罪,王某的教唆行为因意志以外的因素未得逞,应评价为犯罪未遂。

(2)王某成立贷款诈骗罪(既遂)。

理由:贷款诈骗罪是以非法占有为目的,诈骗银行或者其他金融机构贷款,数额较大的行为。本题中,王某教唆郑某实施贷款诈骗行为,如果认定郑某成立贷款诈骗罪,那么王某就属于贷款诈骗罪的共犯,犯罪形态为既遂。

3.(1)不构成非法侵入住宅罪。

理由:如果认为非法侵入住宅罪的保护法益是住宅的安宁,即非法侵入住宅影响公民的人身安全和生活宁静,那么二人的行为不构成非法侵入住宅罪,因为陈某的住宅长期无人居住,侵入行为不会侵犯住宅的安宁。

(2)构成非法侵入住宅罪。

理由:根据《刑法》第245条的规定,非法侵入住宅罪是指违背住宅内成员的意愿或无法律依据,进入公民住宅,或进入公民住宅后经要求退出而拒不退出的行为。本罪保护的法益是住宅权,即是否允许他人进入的自由权利。陈某并未同意王某、郑某进入该住宅,故二人成立非法侵入住宅罪。

4.(1)第一种观点认为王某构成盗窃罪,理由是从郑某的银行卡转钱到郑某支付宝的行为并未给郑某造成财产损失,真正造成郑某财产损失的是王某从支付宝转出资金到自己账户的行为,属于违背郑某意志转移财产的行为,构成盗窃罪。

第二种观点认为王某构成信用卡诈骗罪，理由是王某的行为是“冒用他人信用卡”的情形。从整体上看，王某是从郑某的银行卡中转出资金，属于冒用郑某信用卡，骗取财物的行为，构成信用卡诈骗罪。该观点的不足是王某从郑某的银行卡转账到郑某支付宝的行为并未给郑某造成财产损失，真正导致郑某遭受财产损失的是王某从支付宝转出资金的行为，而这一行为并未使用郑某的信用卡信息资料（账号 + 密码），不能认定为信用卡诈骗罪。

（2）我赞同第一种观点，王某构成盗窃罪。理由是：在实务中，认定为《刑法》规定的盗窃罪“以非法占有为目的，窃取他人财物数额较大”的构成标准比较好操作，取证也相对简单，只要违背郑某意志转移财产，造成郑某财产损失就可以定罪。（注意：此题为开放性问题，考生可以结合前述对两种观点的评价作答，言之有理，逻辑自洽即可。）

5. 依据《刑法》第 238 条第 2 款的规定，非法拘禁他人，使用暴力致人伤残、死亡的，以故意伤害罪、故意杀人罪论处。本题中，将郑某的行为认定为故意伤害（重伤）罪，虽有理由支撑，但也有不足。

（1）理由：将《刑法》第 238 条第 2 款的规定理解为注意规定，即在非法拘禁行为之外故意实施伤害行为的，本就应认定为故意伤害罪，即将非法拘禁和故意伤害认定为故意伤害罪一罪。

（2）不足：①将《刑法》第 238 条第 2 款的规定理解为法律拟制，即只有在非法拘禁行为以外使用暴力，过失导致被害人重伤的，才能认定为故意伤害罪。本案中郑某具有伤害的故意，不能适用该条款的规定，只能认定为非法拘禁罪和故意伤害（重伤）罪，数罪并罚。②认定为故意伤害罪一罪，实际上是将非法拘禁和故意伤害两个罪名认定为一罪。换言之，这种观点在罪名上认定为注意规定，但在罪数上认定为法律拟制（结合犯），这样无法做到罪刑相适应，即故意伤害的行为本就成立故意伤害罪，将非法拘禁和故意伤害罪认定为故意伤害罪一罪，法定刑并未提高，既无法做到罪刑相适应，也不利于预防犯罪。

三、刑事诉讼法

【参考答案】

1. 传唤与拘传具有以下区别：

（1）强制力和是否属于强制措施不同。传唤是自动到案，不是强制措施；拘传则是强制到案，是强制措施。

（2）适用的对象不同。传唤适用于所有当事人，拘传则仅适用于犯罪嫌疑人、被告人。

（3）是否具有强制力不同。拘传具有强制力，传唤一般没有。

（4）适用时是否一定需要法律文书不同。传唤需要传唤证或者传票，但存在例外；拘传需要拘传票或者拘传证。

2.（1）本案转为普通程序妥当。

理由：《刑事诉讼法》第 214 条第 1 款规定：“基层人民法院管辖的案件，符合下列条件的，可以适用简易程序审判：（一）案件事实清楚、证据充分的；（二）被告人承认自己所犯罪行，对指控的犯罪事实没有异议的；（三）被告人对适用简易程序没有异议的。”《刑事诉讼法》第 221 条规定：“人民法院在审理过程中，发现不宜适用简易程序的，应当按照本章第一节或者第二节的规定重新审理。”本案中，钟某不认罪，故对该案不能适用简易程序，转为普通程序审理是合法妥当的。

（2）普通程序与简易程序具有以下区别：

①审判组织不同：根据《刑事诉讼法》第 183 条第 1 款的规定，普通程序应适用合议庭审理。根据第 216 条第 1 款的规定，适用简易程序审理案件，对可能判处 3 年有期徒刑以下刑罚的，可组成合议庭或独任庭审理；对可能判处的有期徒刑超过 3 年的，应组成合议庭审理。

②审理期限不同：根据《刑事诉讼法》第 208 条第 1 款的规定，普通程序审理期限为案件受理后 2 个月内，至迟不得超过 3 个月。对于可能判处死刑的案件或者附带民事诉讼的案件，以及有法律规定的其他情形的，经上一级人民法院批准，可以延长 3 个月；因特殊情况还需要延长的，报请最高人民法院批准。而根据《刑事诉讼法》第 220 条的规定，简易程序的审理期限为案件受理后 20 日以内；对可能判处的有期徒刑超过 3 年的，可以延长至 1 个半月。

③审理程序简化程度不同：《刑事诉讼法》第 219 条规定：“适用简易程序审理案件，不受本章第一节关于送达期限、讯问被告人、询问证人、鉴定人、出示证据、法庭辩论程序规定的限制。但在判决宣告前应当听取被告人的最后陈述意见。”简易程序中传唤、送达方式简便，公诉人可摘要宣读起诉书，法庭调查和法庭辩论可简化，一般应当当庭宣判，裁判文书可以简化。

④审判级别不同：简易程序只能由基层人民法院适用；而普通程序既可由基层人民法院适用，也可在中级人民法院或者高级人民法院适用。

⑤是否认罪不同：适用简易程序要求被告人承认指控，适用普通程序不要求被告人认罪。

⑥是否需要被告人同意不同：适用简易程序需要被告人同意，适用普通程序审理无此要求。

3. 根据《刑诉解释》第 196 条的规定，法院应重点注意以下事项：

（1）审查必要性。只有为了防止刑事案件审判的过分迟延，方可先审理刑事部分，再审理附带民事部分。

（2）由同一法庭审理。附带民事部分不可由民庭审理。

（3）由同一审判组织审理。刑事与民事部分应当由同一审判组织审理。当然，若同一审判组织的成员确实不能继续参与审判，可以更换。

（4）可制作两份独立判决书。先审理刑事部分后，可以制作刑事判决书。后续审理附带民事诉讼后，可以制作附带民事诉讼判决书。

4. 分案审理不妥当。

根据《刑诉解释》第 220 条第 1 款的规定，对一案起诉的共同犯罪或者关联犯罪案件，被告人人数众多、案情复杂，可以分案审理。

本案中，钟某、王某系关联犯罪，被告人只有两人且案情简单，法院不应仅因钟某翻供即决定分案审理。此外，对钟某需要转为普通程序审理，此时王某成立犯罪需要以钟某构成犯罪为前提，二人存在紧密关联，法院宜将全案转为普通程序审理。因此，法院虽有分案或并案审理的权力，但对本案分案审理并不妥当。

5. 第一种观点认为，法院认定正确。只要与案件事实相关，能够证明案件真实情况的录音录像，即可称为视听资料。

第二种观点认为，法院认定错误。视听资料一般产生于诉讼开始之前，犯罪实施过程之中，不应产生于办案过程中。

我赞同第二种观点。刑事诉讼启动之后，侦查机关为了收集证据而制作的音视频不是视听资料。当然，如果将该音视频用于证明办案程序是否违法时，则属于视听资料。本案中，侦查人员在侦查勘验时通过执法记录仪拍摄下钟某的供述，可以作为勘验笔录或者供述使用，但不是视听资料。

6. 传闻证据是指证人间接转述他人亲身感知经历的陈述。本案中，侦查人员孙某是否是证人非常关键。

第一种观点认为，孙某是证人，根据《公安部规定》第 72 条第 2 款的规定，经法院通知，人民警察应当就其执行职务时目击的犯罪情况出庭作证。

第二种观点认为，孙某是侦查人员，不是证人，其“作证”不是传闻证据。

我赞同第二种观点。根据《刑诉解释》第 251 条的规定，法院可以依职权通知证人、鉴定人、有专门知识的人、调查人员、侦查人员或者其他人员出庭。可见，侦查人员不是证人。《公安部规定》第 72 条第 2 款中的“人民警察”不包括侦查人员，指的是治安民警在执行职务过程中目击犯罪后作为证人作证的情况。是故，孙某“作证”不是传闻证据。

四、民法综合

【参考答案】

1. (1) 甲公司应当履行回购义务。

理由一：

因为民事法律行为的有效要件有四，分别是：①不违反法律、行政法规的效力性强制性规定；②不违背公序良俗；③主体(行为人)具有相应的民事行为能力；④意思表示真实。

本案中，4 月 5 日，甲公司与丙公司签订的《债券认购及回购协议》完全符合上述构成要件。因此，协议合法有效，甲公司应当依约履行回购义务，即还款义务。

理由二：

因为当事人将订立买卖合同作为民间借贷合同的担保，借款到期后借款人不能还款，出借人请求履行买卖合同的，人民法院应当按照民间借贷法律关系审理。

本案中，甲公司通过发行公司债券的方式向丙公司借款 5000 万元，二者系民间借贷法律关系。后二者签订《债券认购及回购协议》的真实意思表示系为债权提供担保，即债权让与担保，该协议合法有效，甲公司应当依约履行回购义务，即还款义务。

理由三：

因为债务人与债权人约定将财产转移至债权人名下，在一定期间后再由债务人以交易本金加上溢价款回购的，属于售后回购型让与担保，约定合法有效。

本案中，4 月 5 日，甲公司与丙公司签订的《债券认购及回购协议》属于典型的售后回购型让与担保，约定合法有效，甲公司应当依约履行回购义务，即还款义务。

(2) 甲公司的主张不合理。

理由一：

因为债务人与债权人约定将财产形式上转移至债权人名下，债务人不履行到期债务，债权人有权对财产折价或以拍卖、变卖该财产所得价款偿还债务的，人民法院应当认定该约定有效。

本案中，甲公司与丙公司签订的《债券认购及回购协议》在性质上属于让与担保或售后回购型让与担保，因未完成公示，仅具有债权效力，即后让与担保，不享有优先受偿权，甲公司依约履行回购义务并不影响其他债权人的合法权益，并未违反债权人平等受偿的原则。

理由二：

因为债权人与担保人订立担保合同，约定以法律、行政法规尚未规定可以担保的财产权利设立担保，当事人主张合同无效的，人民法院不予支持。当事人未在法定的登记机构依法进行登记，主张该担保具有物权效力的，人民法院不予支持。

本案中，甲公司与丙公司以发行公司债券设立让与担保，该约定不存在法定无效情形，合法有效，但是，二者并未完成公示。因此，该约定仅有债权效力而无物权效力，即不享有优先受偿权，甲公司依约履行回购义务并不影响其他债权人的合法权益，并未违反债权人平等受偿的原则。

2. (1) 应当支付。

理由一：

因为违约责任的构成要件有三：①存在合法有效的合同；②存在违约行为；③不存在法定或约定的免责事由。

本案中，甲公司和丙公司之间存在合法有效的协议，回购日期届至，甲公司未履行回购义务构成违约且不存在法定或约定的免责事由。因此，甲公司依法应当承担违约责任，支付违约金。

理由二：

因为当事人可以约定一方违约时应当根据违约情况向对方支付一定数额的违约金。

本案中，甲公司和丙公司约定，如逾期未回购，甲公司向丙公司支付 1000 万元的违约金，该约定合法有效，回购日期届至，甲公司未履行回购义务构成违约且不存在法定或约定的免责事由。因此，甲公司依法应当承担违约责任，支付违约金。

(2)能。

理由一：

因为约定的违约金过分高于实际损失的，即违约金高于实际损失的30%。人民法院可以根据当事人的请求予以适当减少。

本案中，甲公司如依约履行回购义务，丙公司可以获得利息500万元。但是，双方约定的违约金为1000万元，可以认为违约金过分高于实际损失。因此，甲公司可以请求法院减少违约金数额。

理由二：

因为出借人请求借款人按照合同约定利率支付利息的，人民法院应予支持，但是双方约定的利率超过合同成立时1年期贷款市场报价利率4倍的除外。

本案中，甲公司和丙公司之间的认购协议本质上系民间借贷法律关系，而违约金1000万元折合年利率为20%，明显超过合同成立时1年期贷款市场报价利率4倍。因此，可以参照适用借款利率标准认为违约金过分高于实际损失，甲公司可以请求法院减少违约金数额。

理由三：

因为借贷双方对逾期利率有约定的，从其约定，但是以不超过合同成立时1年期贷款市场报价利率4倍为限。

本案中，甲公司和丙公司之间的认购协议本质上系民间借贷法律关系，而违约金可以认为系逾期利率的约定，1000万元折合年利率为20%，明显超过合同成立时1年期贷款市场报价利率4倍。因此，可以参照适用逾期利率标准认为违约金过分高于实际损失，甲公司可以请求法院减少违约金数额。

3.答案一：不成立。

理由一：

因为公司的法定代表人超越权限代表公司与相对人订立担保合同，相对人善意，构成表见代表，担保合同合法有效，对公司发生效力，公司依法应当承担担保责任。

本题中，乙公司对外提供非关联担保，虽然大股东兼法定代表人李某并未召集股东会，但是，通过微信聊天征求过另外两位股东张某、孙某的意见，二者均回复“无异议”。相对人丙公司尽到了合理审查义务，系善意的。因此，担保合同合法有效。

理由二：

因为担保合同系由单独或共同持有公司2/3以上对担保事项有表决权的股东签字同意的，无须出具股东会决议，担保合同依然合法有效。本案中，乙公司对外提供非关联担保，虽然大股东兼法定代表人李某并未召集股东会，但是，通过微信聊天征求过另外两位股东张某、孙某的意见，二者均回复“无异议”。因此，可以认为三位股东一致同意，无须召开股东会，乙公司对外担保的合同合法有效。

答案二：成立。

因为担保合同系由单独或共同持有公司2/3以上对担保事项有表决权的股东签字同意的，无须出具股东会决议，担保合同依然合法有效。

本案中，乙公司对外提供非关联担保，大股东兼法定代表人李某并未召集股东会，虽然通过微信聊天征求过另外两位股东张某、孙某的意见，二者均回复“无异议”，但是，另外两位股东并未在担保合同上签字，相对人亦未对股东会决议进行合理审查，系非善意的，担保合同无效。

4.答案一：连带责任保证。

因为当事人在保证合同中约定了保证人在债务人不履行债务或者未偿还债务时即承担保证责任、无条件承担保证责任等类似内容，不具有债务人应当先承担责任的意思表示的，人民法院应当将其认定为连带责任保证。

本案中，法定代表人李某代表乙公司签订《担保合同》具有提供担保的意思表示，但未确定特定财产，应认定以全部财产提供担保，即保证担保。“充分且完全的担保”不具有先后顺序的意思表示且二者均为商主体，因此，依法应认定为连带责任保证。

答案二：一般保证。

因为当事人在保证合同中对保证方式没有约定或约定不明确的，按照一般保证承担保证责任。

本案中，法定代表人李某代表乙公司签订《担保合同》具有提供担保的意思表示，但未确定特定财产，应认定以全部财产提供担保，即保证担保。“充分且完全的担保”应认定为系对保证范围的约定，但对保证方式没有约定或约定不明确，因此，依法应认定为一般保证。

5.答案一：应收账款质押权。

因为第三人有权处分的将有的应收账款可以出质，应收账款质押权自登记时设立。

本案中，第三人李某就甲公司回购义务(还款义务)向债权人丙公司提供担保的标的物是自己对丙公司将有的3000万元债权(7月31日到期的应收账款)，基于物权法定规则，应收账款债权提供的担保的性质为质押权。

答案二：债权让与担保。

因为应收账款质押权参照适用债权转让的规则。

本案中，李某将对丙公司将有的3000万元债权提供担保，类似于将3000万元债权形式上转移至债权人丙公司名下，债务人甲公司不履行回购义务(还款义务)，债权人丙公司有权对3000万元应收账款债权受偿。

6.答案一：有权。

因为营利法人的出资人滥用法人独立地位和出资人的有限责任，逃避债务，严重损害债权人利益的，应当对法人债务承担连带责任。

本案中，乙公司和全资子公司丁公司(一人公司)长期混用财务人员、其他工作人员和工作场所，账目不清，其财产无法相区分，系典型的反向人格混同，权利滥用，依法应承担连带责任。

答案二：无权。

因为营利法人的出资人滥用法人独立地位和出资人的有限责任，逃避债务，严重损害债权人利益的，应当对法人债务承担连带责任。

本案中，虽然乙公司滥用权利，逃避债务，导致无力清偿债务,严重损害丙公司利益,但是,丙公司并非丁公司的债权人,不符合典型的人格否认情形。因此,丙公司无权要求丁公司承担连带责任。

7. 法院应当对乙公司的管辖权异议不予审查,继续审理。

理由:当事人之间有仲裁协议,但一方起诉时未向法院声明仲裁协议,另一方当事人未在法院首次开庭前提出仲裁协议的,视为双方当事人放弃仲裁协议,法院应当继续审理。

8. 无权提出。

理由:本案原告是丙公司,被告是乙公司,张某和孙某是乙公司的股东,并非本案的当事人,同时由于公司作为独立法人,与股东在财产、责任等方面均是独立的,故股东孙某、张某与本案的处理结果亦没有法律上的利害关系,故不是本案的"无独三",故无权参与诉讼,无权提出相应的主张和证据。

9. 微信聊天截图具有证据能力,具有证明力,但其证明力较小,不得单独作为定案根据。

理由:该微信聊天记录为电子数据,根据司法解释规定,当事人将电子数据作为证据的,应当提供原件。电子数据的制作者制作的与原件一致的副本,或者直接来源于电子数据的打印件或其他可以显示、识别的输出介质,视为电子数据的原件。故该微信聊天记录截图可以作为证据使用,具有证据能力。

同时由于该聊天记录截图无法确定是否存在伪造、剪辑、修改等情形,故属于存在疑点的电子数据,不能单独作为定案根据。

10. 法院应当告知丙公司向有管辖权的法院起诉,丙公司坚持起诉的裁定不予受理。

根据《民事诉讼法》第122条的规定,起诉必须符合下列条件:(1)原告是与本案有直接利害关系的公民、法人和其他组织;(2)有明确的被告;(3)有具体的诉讼请求和事实、理由;(4)属于人民法院受理民事诉讼的范围和受诉人民法院管辖。本案中原告适格,被告明确,诉讼请求、事实、理由具体,属于法院主管,但原告丙公司住所地金龙区法院对本案没有管辖权。法院应当告知原告向被告李某住所地法院起诉,原告坚持起诉的法院裁定不予受理。

11. (1)答案一:法院可以追加丁公司为被执行人;丁公司对法院追加其为被执行人的裁定不服的,可以另行起诉。

理由:《公司法》第23条第3款规定,只有一个股东的公司,股东不能证明公司财产独立于股东自己的财产的,应当对公司债务承担连带责任。反之,股东的财产不足以清偿债务的,公司亦应当对股东的债务承担连带责任。故本案被执行人乙公司不能清偿债务,且乙公司与丁公司的财产混同时,申请人丙公司可以申请追加丁公司为被执行人,对乙公司的债务承担连带责任。当然,追加丁公司为被执行人需要满足乙公司和丁公司财产混同这一实体条件,故对裁定不服的应当另行起诉。

答案二:法院不能追加丁公司为被执行人;丁公司对法院追加其为被执行人的裁定不服的,应当向上一级法院申请复议一次。

理由:《公司法》第23条第3款规定,只有一个股东的公司,股东不能证明公司财产独立于股东自己的财产的,应当对公司债务承担连带责任。但是,法律并未规定在股东的财产不足以清偿债务时,公司应当对股东的债务承担连带责任,故丙公司申请追加丁公司为被执行人于法无据。当然,无论是否满足公司与股东财产混同这一实体条件,都不能追加丁公司为被执行人,故此时不需要解决实体纠纷,对裁定不服的应当通过上级复议的方式予以救济。

(2)法院不能追加戊公司为被执行人;戊公司对法院追加其为被执行人的裁定不服的,可以向上一级法院申请复议。

理由:戊公司作为丁公司的债务人,无须对乙公司的债务承担责任,故不能追加戊公司为被执行人。戊公司不论是否满足某种实体条件都不需要对乙公司的债务承担责任,故无须解决实体纠纷。戊公司对裁定不服的,可以向上一级法院申请复议。

五、行政法与行政诉讼法

【参考答案】

1. 本案当事人包括原告A公司、被告县政府和市政府、第三人B公司。

(1)A公司是收回特许经营权行为的相对人,在认为其合法权益被侵犯时,有权作为原告提起行政诉讼。(2)县政府是被诉收回特许经营权行为的作出者,市政府是复议维持机关,县政府和市政府应作为共同被告。(3)县政府收回A公司的特许经营权后,授权B公司继续经营,B公司是与本案审理结果有利害关系的相关人,可以作为第三人参加诉讼。

2. (1)级别管辖。

本案被告为县政府和市政府,应当根据原行政行为作出机关(县政府)来确定级别管辖,同时,县级以上人民政府为被告应由中级人民法院管辖,所以,本案的级别管辖法院为中级人民法院。

(2)地域管辖。经过复议的案件,作出原行政行为的机关所在地法院与复议机关所在地法院均有管辖权,所以,县政府和市政府所在地法院均有管辖权。

综上,本案应当由县政府所在地中级人民法院和市政府所在地中级人民法院,也就是市中级人民法院管辖。

3. 没有超过。

依照《行政诉讼法解释》的规定,复议机关在作出复议决定后未告知起诉期限的,相对人应当在最长1年之内提起行政诉讼。A公司于2021年8月20日知道复议决定,2022年3月10日提起行政诉讼,并没有超过起诉期限。

4. 答案一:属于行政协议解除行为。

《行政协议案件规定》第9条规定:"在行政协议案件

中，行政诉讼法第四十九条第三项规定的‘有具体的诉讼请求’是指：（一）请求判决撤销行政机关变更、解除行政协议的行政行为，或者确认该行政行为违法……”据此，该规定将行政机关解除协议的行为确定为一种独立的、可诉的具体行政行为。本题中，由于A公司没有履行双方签订的天然气利用合作协议，存在违约行为，县政府据此收回其特许经营权，本质上属于县政府单方解除了与A公司签订的行政协议，其行为性质属于行政协议的解除行为。

答案二：属于行政协议的终止行为。

《市政公用事业特许经营管理办法》第18条规定，获得特许经营权的企业在特许经营期间"擅自停业、歇业，严重影响到社会公共利益和安全的"，主管部门应当依法终止特许经营协议，取消其特许经营权，并可以实施临时接管。本案中，A公司长时间不履行合同约定义务，已经影响了经营区域内居民、工业、商业用户及时用气，所以，县政府收回其经营权的行为属于《市政公用事业特许经营管理办法》第18条规定的终止特许经营协议行为。

答案三：属于行政许可的撤回行为。

由于A公司没有履行双方签订的天然气利用合作协议，属于准予行政许可所依据的客观情况发生重大变化的情况，县政府有权为了公共利益的需要依法撤回已经生效的行政许可，该收回行为本质上属于特许经营许可权的撤回行为。

答案四：属于行政处罚。

由于A公司没有履行双方签订的天然气利用合作协议，县政府收回其特许经营许可权的本质属于依法对违反行政管理秩序的A公司以减损权益或者增加义务的方式予以惩戒的行政处罚行为。

（注意，行为定性的答案一般是开放性的，只要言之成理，皆可得分。）

5. 不合法。

虽然根据《市政公用事业特许经营管理办法》第18条的规定，县政府有权解除行政协议，但该办法第25条规定，县政府收回燃气特许经营权，应当召开听证会。本案中，县政府收回A公司经营权的作出程序中，并未告知该公司有听证申请权，也未依法组织听证，虽然县政府作出了催告，也召开过县燃气工作会议，但这都无法替代听证程序，所以，其收回行为属于程序违法行为。

6. （1）虽然收回燃气特许经营权的行为程序违法，但实体上是因为A公司长期不能完成燃气项目建设，无法实现经营区域内的供气目的，侵害公共利益，达到了解除特许经营协议的法定条件。解除特许经营协议后，经营区域内燃气项目特许经营权已经实际授予B公司，B公司已开工建设并在部分地区试运行，行政行为一旦撤销不仅会影响他人已获得的合法权益，而且会影响居民用气，损害区域内公共利益，所以，应当判决确认违法。（2）A公司部分燃气项目已经开工建设，收回决定给其造成一定程度的损失，在该行政行为被确认违法又不宜撤销的情况下，县政府依法应当采取必要的补救措施并进行赔偿。（3）依照《行政诉讼法解释》规定，法院要对原行政行为和复议行为分别作出裁判。因收回决定违法，所以，市政府的复议维持决定也违法，应当予以撤销。

六、商法

【参考答案】

1. 不合法。

根据《公司法》第57条第2款的规定，有限责任公司股东可以要求查阅公司会计账簿。公司有合理根据认为股东查阅会计账簿有不正当目的，可能损害公司合法利益的，可以拒绝提供查阅。E基于转让股权便于估值的目的请求查账，虽然受让人与甲公司的经营范围相同，但E本身并不存在与甲公司的实质竞争关系，不存在不正当目的，A作为甲公司的法定代表人不应拒绝E的查阅请求。

2. 有效。

A与丙公司的约定为股权让与担保，虽属于非典型的担保模式，但并没有违反法律、法规的强制性规定，基于双方的合意而达成，故合法有效。

3. 无效。

该决议的内容实际为设立有限合伙的合伙协议，并非公司股东会职权决议范围。该股东会决议无效，且根据《合伙企业法》第19条第1款的规定，合伙协议经全体合伙人签名、盖章后生效。因E的反对，该合伙协议也未生效。

4. 有效。

（1）股东会依法召开并表决，该股东会决议成立。

（2）本案中该决议的本质是甲公司的股权重大变更，股东将股权对外转让给丁合伙企业，经过了其他股东过半数同意，且没有主张优先购买权，该决议内容没有违反法律、法规的强制性规定，也没有违反公司章程。股东会召集程序、表决方式亦没有违反法律法规或章程之处。故该决议有效。

（3）只是基于意思自治，E无须将股权出资给丁合伙企业。

5. 不能。

根据《公司法》第89条的规定，股东回购请求权仅限于该款所列明的三种情形下对股东会决议的异议股东（连续五年盈利且符合分红条件而不分红，合并、分立、转让主要财产，公司续期）。本案中，虽然公司自成立起一直未向股东分红，但自公司成立起至决议时并未满5年，股东会决议不涉及上述法定内容，不符合股权回购的法定情形。

6. 不合理。

根据《担保制度解释》的规定，在让与担保中，当事人已经完成财产权利变动的公示，债务人不履行到期债务，债权人才能按照担保物权的有关规定就该财产优先受偿。本案中，A与丙公司签署了让与担保合同，但未办理股权的登记，没有完成物权变动的公示，丙公司无法享有担保物权，不能优先受偿。

2021 年主观题参考答案

一、论述题

【参考答案】

习近平法治思想是着眼中华民族伟大复兴战略全局和世界百年未有之大变局，顺应实现中华民族伟大复兴时代要求应运而生的重大战略思想，也是习近平新时代中国特色社会主义思想的重要组成部分。习近平法治思想的提出，标志着我党对于人类社会发展规律、共产党执政规律和社会主义建设规律的认识达到了一个全新的高度，实现了对马克思主义法学理论中国化的新发展、新飞跃。习近平法治思想具有无与伦比的理论价值和实践价值，具体来说，习近平法治思想是马克思主义法治理论同中国实际相结合的最新成果，是对党领导法治建设丰富实践和宝贵经验的科学总结，是在法治轨道上推进国家治理体系和治理能力现代化的根本遵循，也是引领法治中国建设实现高质量发展的思想旗帜。

正如材料中深刻指出的一样，推进全面依法治国是国家治理的一场深刻变革，必须以科学理论为指导。习近平法治思想深刻回答了新时代为什么要实行全面依法治国、怎样实行全面依法治国等一系列重大问题，包含原创性、系统性、时代性、人民性和实践性的理论品格，为深入推进全面依法治国、加快建设社会主义法治国家，运用制度威力应对风险挑战，实现党和国家长治久安，全面建设社会主义现代化国家、实现中华民族伟大复兴的中国梦，提供了科学指南。

全面依法治国，必须要坚持习近平法治思想的指导地位，着力推进法治思想核心要义“十一个坚持”，这就要求我们在今后各个方面的法治工作中：(1)坚持党对全面依法治国的领导；(2)坚持以人民为中心；(3)坚持中国特色社会主义法治道路；(4)坚持依宪治国、依宪执政；(5)坚持在法治轨道上推进国家治理体系和治理能力现代化；(6)坚持建设中国特色社会主义法治体系；(7)坚持依法治国、依法执政、依法行政共同推进，法治国家、法治政府、法治社会一体建设；(8)坚持全面推进科学立法、严格执法、公正司法、全民守法；(9)坚持统筹推进国内法治和涉外法治；(10)坚持建设德才兼备的高素质法治工作队伍；(11)坚持抓住领导干部这个“关键少数”。

二、刑法

【参考答案】

1. 观点一：刘某构成敲诈勒索罪。

理由是：(1)敲诈勒索罪的实行行为包括恐吓行为和取财行为。敲诈勒索罪的既遂标准是行为人取得财物，即占有控制了财物。当周某将现金放进垃圾桶后，赵某尚未排他地取得控制财物，因为现金随时会被清洁工或其他拾荒者发现并取走，所以赵某此时尚未构成敲诈勒索罪既遂。

(2)在赵某既遂之前，刘某帮助赵某取回现金，属于中途参与赵某的敲诈勒索罪，实施了敲诈勒索罪的取财行为，构成赵某的敲诈勒索罪的承继的共犯。二人构成敲诈勒索罪既遂。

观点二：刘某构成侵占罪。

理由是：(1)当周某将现金放进垃圾桶并离开后，赵某便占有控制了现金，因为一般人不会知道垃圾桶内会有现金，该地点是一个藏匿现金的秘密地点，所以赵某构成敲诈勒索罪既遂。

(2)在赵某既遂之后，刘某帮助赵某取回现金，不属于中途参与赵某的敲诈勒索罪，而属于事后参与，因此不构成赵某的敲诈勒索罪的承继的共犯。

(3)侵占罪是指将他人所有、自己占有的财物变成自己所有。刘某从垃圾桶里拿到现金，便现实占有了现金，然后交给赵某进行平分，属于将周某所有、自己现实占有的现金变成自己和赵某所有。这种行为符合侵占罪的构成要件，构成侵占罪，属于后续侵占行为。此外，刘某的取现金行为同时构成掩饰、隐瞒犯罪所得罪，与侵占罪想象竞合，择一重罪论处。

2. 观点一：赵某构成转化型抢劫罪。

理由是：成立转化型抢劫罪，要求为窝藏赃物、抗拒抓捕、毁灭罪证而当场使用暴力。“为窝藏赃物、抗拒抓捕”不是主客观相统一的要素，而是一种主观目的，不要求客观存在现实的夺取赃物者、抓捕者。因此，对“抓捕者”存在的对象错误不重要，不影响转化抢劫的认定。

观点二：赵某不构成转化型抢劫罪，而构成盗窃罪与故意伤害罪。

理由是：“为窝藏赃物、抗拒抓捕”是一个主客观相统一的要素，在主观上要求有“窝藏赃物、抗拒抓捕”的目的，在客观上要求存在现实的夺取赃物者、抓捕者。由于李某不是夺取赃物者、抓捕者，故赵某不构成转化型抢劫罪。赵某盗窃笔记本电脑构成盗窃罪，事后又造成李某轻伤，构成故意伤害罪，应数罪并罚。

3. 观点一：不赞同。

理由是：(1)二人先非法拘禁杨某两日，已经构成非法拘禁罪既遂，后又实施故意伤害行为，已经构成故意伤害罪既遂。二人实施了两个独立的行为，构成两个独立的犯罪，应数罪并罚。

(2)非法拘禁罪的保护法益是人身自由。故意伤害罪的保护法益是身体健康。二者性质不同。因此，故意伤害罪无法吸收非法拘禁罪。

(3)如果不处罚非法拘禁罪,会遗漏评价二人非法拘禁行为制造的法益侵害,违反了法益保护原则和禁止遗漏评价原则。

观点二:赞同。

理由是:非法拘禁罪是轻罪,故意伤害罪是重罪,重罪可以吸收轻罪,因此可以只定故意伤害罪这个重罪。如此处理,能够做到罪刑相适应。

4. 能够继续犯罪而自动放弃,是犯罪中止。无法继续犯罪而被迫放弃,是犯罪未遂。

观点一:赵某构成犯罪中止。

理由是:(1)从社会一般人的角度来看,赵某能够继续杀人。

(2)在能够继续杀人的前提条件下,赵某放弃犯罪,属于自动放弃,因此构成犯罪中止。这是主观说的观点。

(3)犯罪人理性说认为,犯罪人自动放弃犯罪的心理必须是一种感性的心理(同情、悔过、惊愕等),如果犯罪人理性冷静权衡后,认为无法继续犯罪,则表明确实无法继续犯罪,属于被迫放弃犯罪。赵某不忍心在孩子面前杀妻子,其放弃犯罪是一种感性的心理(不忍心),而非理性冷静权衡后的结果,因此属于自动放弃犯罪,而非被迫放弃犯罪,因此成立中止。

观点二:赵某构成犯罪未遂。

理由是:(1)从社会一般人的角度来看,赵某无法继续杀人。

(2)在无法继续杀人的前提条件下,赵某放弃犯罪,属于被迫放弃,因此构成犯罪未遂。

(3)限定主观说认为,成立犯罪中止,不仅要求犯罪人自动放弃犯罪,而且要求基于真诚悔罪的动机而放弃犯罪。赵某不是基于真诚悔罪而放弃,因此不构成犯罪中止。

三、刑事诉讼法

【参考答案】

1.(1)关于重大立功,根据《最高人民法院关于处理自首和立功具体应用法律若干问题的解释》第7条第1款的规定,犯罪分子有检举、揭发他人重大犯罪行为,经查证属实;提供侦破其他重大案件的重要线索,经查证属实;阻止他人重大犯罪活动;协助司法机关抓捕其他重大犯罪嫌疑人(包括同案犯);对国家和社会有其他重大贡献等表现的,应当认定为有重大立功表现。

本案中,林某认罪认罚,并且有“重大立功”表现,公安机关若认为林某罪行较轻、采用非羁押性强制措施足以防止发生社会危险性,可对林某不适用羁押性强制措施。法院一般应当对林某从轻处罚;符合非监禁刑适用条件的,应当适用非监禁刑;具有法定减轻处罚情节的,可以减轻处罚。

(2)根据《公安部规定》第188条的规定,犯罪嫌疑人自愿如实供述涉嫌犯罪的事实,有重大立功或者案件涉及国家重大利益,需要撤销案件的,应当层报公安部,由公安部商请最高人民检察院核准后撤销案件。报请撤销案件的公安机关应当同时将相关情况通报同级人民检察院。公安机关根据前款规定撤销案件的,应当对查封、扣押、冻结的财物及其孳息作出处理。

本案中,林某具有重大立功表现,若需撤销案件,公安机关应当层报公安部,再由公安部商请最高人民检察院,最高人民检察院核准的,公安机关可以撤销案件。

2.(1)值班律师并非犯罪嫌疑人、被告人的辩护人,根据《值班律师工作办法》第2条的规定,值班律师是为没有辩护人的犯罪嫌疑人、被告人提供法律帮助的律师。

根据《值班律师工作办法》第6条第1、2款的规定,值班律师的职责主要包括以下几个方面:第一,提供法律咨询;第二,提供程序选择建议;第三,帮助犯罪嫌疑人、被告人申请变更强制措施;第四,对案件处理提出意见;第五,帮助犯罪嫌疑人、被告人及其近亲属申请法律援助;第六,法律法规规定的其他事项。值班律师在认罪认罚案件中,还应当提供以下法律帮助:首先,向犯罪嫌疑人、被告人释明认罪认罚的性质和法律规定;其次,对人民检察院指控罪名、量刑建议、诉讼程序适用等事项提出意见;最后,犯罪嫌疑人签署认罪认罚具结书时在场。

(2)马某不能出庭辩护。

根据《值班律师工作办法》第6条的规定,值班律师可以为犯罪嫌疑人、被告人提供法律咨询,提供程序选择建议,帮助申请变更强制措施,对案件处理提出意见,帮助申请法律援助等法律帮助。

可见,值班律师仅提供基本的法律帮助服务,不是真正的辩护人,值班律师没有出庭辩护的资格。

3. 本案中,根据《刑诉解释》第336、337条的规定,对于单位犯罪,人民法院可以从以下方面确定诉讼代表人。

第一,被告单位的诉讼代表人,应当是甲公司的法定代表人、实际控制人或者主要负责人。

第二,法定代表人、实际控制人或者主要负责人被指控为单位犯罪直接责任人员或者因客观原因无法出庭的,应当由甲公司委托其他负责人或者职工作为诉讼代表人。但是,有关人员被指控为单位犯罪直接责任人员或者知道案件情况、负有作证义务的除外。

第三,若仍难以确定诉讼代表人,可以由甲公司委托律师等单位以外的人员作为诉讼代表人。但该诉讼代表人不得同时担任甲公司或者被指控为单位犯罪直接责任人员的有关人员的辩护人。

第四,开庭审理时,应当通知甲公司的诉讼代表人出庭;若诉讼代表人不符合上述规定,应当要求人民检察院另行确定诉讼代表人。

4.(1)根据《人民陪审员法》第16条的规定,“人民法院审判下列第一审案件,由人民陪审员和法官组成七人合议庭进行:(一)可能判处十年以上有期徒刑、无期徒刑、死刑,社会影响重大的刑事案件;(二)根据民事诉讼法、行政诉讼法提起的公益诉讼案件;(三)涉及征地拆迁、生态环境保护、食品药品安全,社会影响重大的案件;(四)其他社会影响重大的案件”。

本案属于涉及拆迁且具有重大社会影响的案件，鉴于其影响的重大性、问题的复杂性和舆论的关注性，一审法院应当由3名法官、4名人民陪审员组成7人合议庭进行审理。

（2）根据《人民陪审员法》第22条的规定，“人民陪审员参加七人合议庭审判案件，对事实认定，独立发表意见，并与法官共同表决；对法律适用，可以发表意见，但不参加表决”。

本案中，一审法院在审理时，如果组成7人合议庭，3名法官负责审理事实和法律问题，并对事实和法律问题均有表决权。由于4名人民陪审员不是法律专业，可以审理和表决事实问题，但不参与表决法律问题。

5. 根据《刑诉解释》第24条第2款的规定，人民法院发现被告人还有其他犯罪被审查起诉、立案侦查、立案调查的，可以参照前款规定协商人民检察院、公安机关、监察机关并案处理，但可能造成审判过分迟延的除外。《刑诉解释》第25条规定，第二审人民法院在审理过程中，发现被告人还有其他犯罪没有判决的，参照前条规定处理。第二审人民法院决定并案审理的，应当发回第一审人民法院，由第一审人民法院作出处理。

本案中，二审法院发现监察机关已将单位行贿罪移送至检察院，未来可能需要将寻衅滋事案与单位行贿案并案处理的，可与人民检察院协商并案事宜。如决定并案审理，二审法院应当将寻衅滋事案裁定撤销原判、发回重审，交由一审法院处理。具言之，案件发回重审后，若人民检察院补充起诉单位行贿罪，一审法院可将寻衅滋事案与单位行贿案并案审理并作出裁判。

6. 根据《刑诉解释》第404条的规定，二审法院认为李某的犯罪事实不清、证据不足时，需要衡量李某犯罪与贾某、宋某是否存在关联。如果存在关联，可以在查清事实后对李某改判，也可以将全案裁定撤销原判，发回一审法院重新审判；如果不存在关联，二审法院根据案件情况，可以对李某分案处理，仅将李某发回一审法院重新审判。一审法院重新审理后，如果李某上诉或者检察院抗诉，若贾某、宋某的二审尚未裁判，二审法院可以将李某与贾某、宋某并案审理。

四、民法综合

【参考答案】

1. 枫桥公司。

因为林木致害责任的构成要件有三：（1）发生林木倾倒的事实；（2）因林木倾倒造成了他人损害；（3）林木的所有人或管理人不能证明自己没有过错。

本案中，枫桥公司作为大树的所有人和管理人，未对可能发生倾倒的大树采取加固措施并设置明显警示标志，具有过错，依法应当承担侵权责任。

2. 不能。

因为缔约过失责任的构成要件有四：（1）在缔约的过程中；（2）一方违反基于诚信原则而产生的先合同义务；（3）导致对方信赖利益损失；（4）一方违反先合同义务与他方所受损失之间存在因果关系。

本案中，丁某所在公司并不存在恶意缔约的行为，没有过错。同时，枫桥公司并非缔约方，亦不存在承担缔约过失责任的主体资格。因此，二者均无须承担赔偿责任，该经济损失系正常的商业风险，应由乙公司自行承担。

3. 不能。

因为未经出租人同意，承租人不得擅自转租。否则，出租人可以解除合同。

本案中，枫桥公司和丙公司签订的租赁合同中并未约定承租人是否可以转租，因此，转租必须经出租人同意。

4. 不会。

因为租赁期间内，租赁物发生所有权变动的，不影响租赁合同的效力。

本案中，枫桥公司与甲公司等的租赁权成立在先，基于“买卖不破租赁”的规则，承租人的租赁权不受影响，可以继续承租直至租期届满，租赁合同的目的可以继续实现。因此，租赁合同不会自动解除。

5. 答案一：能。

因为在租赁期间，出租人出卖租赁房屋的，承租人在同等条件下享有优先购买权。房屋承租人的优先购买权系法定权利，不得进行实质性剥夺。

本案中，甲公司承租了枫桥公司第16层写字楼，现枫桥公司出卖包括第16层在内的整栋写字楼，作为承租人的甲公司在同等条件下享有优先购买权。

答案二：不能。

因为出租人整体转让房屋，该房屋为不可分割或分割明显降低其整体价值或其承租面积未达到整体房屋面积的50%以上，对承租人主张行使优先购买权的诉讼请求，不予支持。

本案中，枫桥公司将整栋写字楼转让给峰塔公司，该写字楼为20层单体高层建筑，租赁物不可分割或分割出售明显降低其整体价值，并且甲公司仅承租20层中的一层。因此，甲公司不能主张优先购买权。

6. 需要。

因为第三人单方以书面形式向债权人作出保证，债权人接收且未提出异议的，保证合同成立。

本案中，第三人恒通公司向债权人枫桥公司出具了书面的《担保承诺书》，承诺为三家子公司的租金支付义务承担连带责任保证，债权人枫桥公司接收且未提出异议。因此，保证合同成立且恒通公司明示承担连带责任保证。

7. 应当由S市A区法院管辖。

首先，根据《担保制度解释》第21条第2款的规定，债权人一并起诉债务人和担保人的，应当根据主合同确定管辖法院；其次，本案主合同是房屋租赁合同，根据《民诉解释》第28条第2款的规定，由不动产所在地（S市A区）法院专属管辖；最后，虽然当事人在租赁合同中约定由T市Y区法院管辖，但该管辖协议因违反专属管辖规定而无效。

8.(1)该30万元构成对租金的支付应当由甲公司承担证明责任。因为甲公司主张债务已经履行,应当由甲公司承担证明责任。

(2)如果法院无法形成心证,在事实认定上应当推定甲公司主张的事实不成立,即推定债务人甲公司未对其履行的义务进行指定。在法律适用上应当按照《民法典》第560条第2款的规定进行处理,即债务人未作指定的,应当优先履行已经到期的债务;数项债务均到期的,优先履行对债权人缺乏担保或者担保最少的债务;均无担保或者担保相等的,优先履行债务人负担较重的债务;负担相同的,按照债务到期的先后顺序履行;到期时间相同的,按照债务比例履行。

9.甲公司的主张构成反诉,法院可以将其与本诉合并审理。

根据《民诉解释》第233条第2款的规定,反诉与本诉的诉讼请求基于相同法律关系、诉讼请求之间具有因果关系,或者反诉与本诉的诉讼请求基于相同事实的,法院应当合并审理。

10.可以申请强制执行。

根据司法解释的规定,申请执行应当满足下列条件:(1)申请或移送执行的法律文书已经生效;(2)申请执行人是生效法律文书确定的权利人或其继承人、权利承受人;(3)申请执行的法律文书有给付内容,且执行标的和被执行人明确;(4)义务人在生效法律文书确定的期限内未履行义务;(5)属于受申请执行的人民法院管辖。

本案满足上述条件。

五、行政法与行政诉讼法

【参考答案】

1.本案由中级人民法院管辖。对国务院部门或者县级以上地方人民政府所作的行政行为提起诉讼的案件由中级人民法院管辖。本案是对县政府不予答复的行为不服提起的诉讼,所以县政府是被告,进而应当由中级人民法院管辖。

2.没有超过。《行政诉讼法》第47条第1款规定:"公民、法人或者其他组织申请行政机关履行保护其人身权、财产权等合法权益的法定职责,行政机关在接到申请之日起两个月内不履行的,公民、法人或者其他组织可以向人民法院提起诉讼。法律、法规对行政机关履行职责的期限另有规定的,从其规定。"本案中没有特别法规定行政机关义务履行期,故应当在2个月届满后的6个月内提起诉讼。该企业2020年7月20日申请补偿,2020年12月2日提起诉讼未超过起诉期限。

3.被告为甲县生态环境局。当事人不服经上级行政机关批准的行政行为,提起行政诉讼的,应当以对外发生法律效力的文件上署名的机关为被告。责令关停行为是县政府批复后县生态环境局以自己名义实施的,所以应当以甲县生态环境局为被告。

4.应当予以支持。根据《行政许可法》第8条第2款的规定,行政机关为了公共利益的需要依法变更或者撤回已经生效的行政许可,应当对由此给公民、法人或者其他组织造成的财产损失给予补偿。该企业就基于行政许可行为产生的信赖利益损失有权获得适当、合理的补偿。又依据《环境保护法》第31条第1款和第2款的规定,国家建立、健全生态保护补偿制度。国家加大对生态保护地区的财政转移支付力度。有关地方人民政府应当落实生态保护补偿资金,确保其用于生态保护补偿,所以对于该企业提出的请求和内容,法院应当予以支持。

5.不成立。依据《环境保护法》第31条第3款的规定,国家指导受益地区和生态保护地区人民政府通过协商或者按照市场规则进行生态保护补偿。甲县政府系案涉生态保护地所在地政府,甲县政府负有行政补偿职责,应当由甲县政府与受益地区政府进行协商,作出相应补偿,而不可直接拒绝该企业的补偿请求。

6.法院应当判决甲县政府在法定期限内对该企业造成的损失进行合理补偿。如果尚需被告进一步调查或裁量以确定补偿标准,法院应当判决甲县政府根据原告的请求重新处理。

六、商法

【参考答案】

1.不能。

根据《民法典》第311条规定的善意取得制度,本案中,该办公用房实际属于李四所有,错误登记在E公司名下,E公司将其出资至甲公司属于无权处分。E公司的法定代表人张三对此知情,同时张三担任甲公司的董事长和法定代表人,所以甲公司应被视为知情,因此,甲公司无权善意取得该房屋。

2.(1)股权让与担保有效。

B与赵六之间的约定属于股权让与担保,作为非典型担保模式并不被法律禁止。本案中,若B到期没有清偿债务,赵六可以对标的股权拍卖、变卖、折价以偿还债权。

(2)流质条款无效。

B与赵六之间约定,若债权到期无法进行清偿,该股权归债权人赵六所有的内容属于"流质条款",此条款无效,但不影响股权让与担保约定的其他部分的效力。

3.不能。

根据《公司法》第84条第2款的规定,有限责任公司的股东对外转让股权时,其他股东在同等条件下有权主张优先购买权。本案中,B与赵六之间建立的股权让与担保关系,根据《担保制度解释》第69条的规定,股权让与担保中,"名义股东"赵六并不承担股东相应的出资责任。故此股权只是登记在赵六名下,但甲公司的实际股东仍为B而非赵六。所以此行为并非真正的股权对外转让,其他股东不能主张优先购买权。

4.甲公司变更巫旺为法定代表人的股东会决议可

撤销。

根据《公司法》第26条第1款的规定，股东会决议内容违反公司章程的，可撤销。本案中，甲公司章程规定董事长为公司法定代表人。2018年7月，甲公司股东会决议选总经理巫旺为法定代表人，此项内容违反了公司章程的规定，股东可于决议作出后60日内向法院申请撤销，决议被撤销后，甲公司应当向登记机关申请撤销变更登记，彼时甲公司的法定代表人恢复为原来的张三。

若股东未在规定期限内提起诉讼，主张撤销决议，则股东会决议以及相应的变更登记合法有效。彼时甲公司的法定代表人合法变更为巫旺。

5. 应按照各股东的认缴出资比例进行表决。

根据《公司法》第65条的规定，股东会会议由股东按照出资比例行使表决权；但是，公司章程另有规定的除外。本案中，公司章程无另外约定，因此按照认缴出资比例进行表决。

6. 董事会决议合法有效。

（1）根据《公司法》第25、26、28条关于决议效力的规定，甲公司召开董事会并依法表决作出决议，该决议成立。

（2）根据《公司法》第67条第2款第8项的规定，董事会有权聘任或解聘经理。董事会作为经理的上级，解聘经理并不受任期限制，故该决议内容合法。

（3）该董事会会议的召集、表决方式符合法律、行政法规、公司章程的规定，该决议程序合法。

综上所述，该决议合法有效。

2020年主观题参考答案

一、论述题

略

二、刑法

【参考答案】

(一)第一段事实

1. 关于刘某与任某的行为。

第一种观点认为,二人没有采伐证而擅自采伐林木,构成滥伐林木罪。二人没有非法占有目的,即没有利用意思,不构成盗窃罪和盗伐林木罪。二人同时构成故意毁坏财物罪。二人的滥伐林木罪和故意毁坏财物罪属于想象竞合,择一重罪论处。

第二种观点认为,二人除构成滥伐林木罪、故意毁坏财物罪之外,还构成盗伐林木罪,想象竞合,择一重罪论处。这是因为认定二人仅触犯滥伐林木罪和故意毁坏财物罪,没有评价到国有林木所有权受到侵害,存在遗漏评价。因此,应认为二人同时触犯了盗伐林木罪,基于这一考虑,盗伐林木罪不要求具有非法占有目的。

2. 王某构成徇私枉法罪。理由是王某故意不予立案侦查,属于故意的不作为的渎职犯罪。

(二)第二段事实

1. 王某构成受贿罪,受贿数额是60万元。王某获得了120万元的财产性利益,但是只支付了60万元,实际获得了60万元的财产性利益。

2. 刘某构成行贿罪,行贿数额是60万元。刘某通过自己的行为让王某获得了60万元的财产性利益,相应地,自己的行贿数额也是60万元的财产性利益。(应注意的是,行贿数额不要求是行贿人实际支出的数额。)虽然刘某实际支出只有40万元,但是刘某的行贿数额仍然是60万元。

3. 刘某对钟某构成诈骗罪,因为刘某虚构了恐吓信息,使钟某陷入错误认识,骗得了20万元的财产性利益。

4. 刘某对钟某不构成敲诈勒索罪。题中刘某只是转告虚假的恐吓信息,不符合胁迫的要求。

(三)第三段事实

1. 龚某、洪某构成盗伐林木罪的共同犯罪,属于犯罪未遂。理由是,盗伐林木罪、盗窃罪的既遂标准是,取得控制财物,并且达到平稳占有的状态。虽然题中表明"龚某为了窝藏所盗沉香",但二人在"盗窃时"因为意志以外的原因被迫放弃。因此综合判断,此时二人对财物尚未达到平稳占有的状态。

2. 龚某构成敲诈勒索罪既遂。理由是,龚某通过威胁方式使刘某、任某放弃自己的财物。

3. 龚某不构成转化型抢劫罪。理由是,龚某没有以暴力相威胁。

4. 龚某构成盗伐林木罪未遂和敲诈勒索罪既遂,数罪并罚。

5. 洪某对龚某的敲诈勒索罪不用负责,因为洪某对龚某的敲诈勒索行为并不知情,龚某属于实行过限。

(四)第四段事实

1. 刘某、任某不构成转化型抢劫罪。理由是,虽然二人是为了抗拒抓捕而实施暴力,但是此时二人并没有实施盗窃、诈骗、抢夺行为。

2. 刘某、任某对赵某、郑某实施暴力,构成妨害公务罪和故意伤害罪,想象竞合,择一重罪论处。

3. 双方虽然形成互殴状态,但是双方不属于相互斗殴或聚众斗殴。理由是,刘某、任某构成妨害公务罪和故意伤害罪,属于不法侵害行为。赵某、郑某一方属于防卫行为。在此不能适用"斗殴无防卫""斗殴有承诺"。

4. 刘某、任某对赵某的轻伤均应负责,均构成故意伤害罪既遂。理由是,二人构成故意伤害罪的共同犯罪,根据"部分实行、全部负责"原则,此时虽然无法查明轻伤由谁导致,但无须查明。

5. 赵某和郑某共同导致刘某重伤,属于正当防卫,而非防卫过当。理由是,刘某对赵某、郑某的人身实施暴力行为,属于"行凶"。赵某、郑某将刘某打成重伤没有超出制止不法侵害的必要限度。

6. 刘某将任某打成轻伤,属于打击错误。根据具体符合说,刘某对郑某构成故意伤害罪未遂;刘某对任某属于过失致人轻伤,不构成犯罪。根据法定符合说,刘某对郑某构成故意伤害罪未遂;刘某对任某构成故意伤害罪既遂;想象竞合,择一重罪论处,最终以故意伤害罪既遂论处。

7. 刘某将任某打成轻伤,也属于偶然防卫。理由是,刘某在客观上制止了任某的不法侵害,但是其主观上没有认识到这一点。根据防卫认识不要说,刘某的行为构成正当防卫。根据防卫认识必要说,刘某不构成正当防卫,刘某的行为涉嫌过失犯罪;由于在结果上,刘某没有制造危害结果,刘某最终不构成过失犯罪。

三、刑事诉讼法

【参考答案】

1. 为了最大限度打击网络犯罪,基本上与计算机网络相关的地区均可视为犯罪行为地或者结果地,拥有管辖权。具体而言,利用计算机网络进行犯罪的犯罪地可以包括:(1)服务器所在地;(2)网络服务提供者所在地;(3)被侵害的信息网络系统及其管理者所在地;(4)犯罪过程中犯罪嫌疑人、被害人或者其他涉案人员使用的信息网络系统所在地;(5)被害人被侵害时所在地;(6)被害人财产遭受损失地。

2.《关于办理刑事案件收集提取和审查判断电子数据若干问题的规定》第24条规定,对收集、提取电子数据是否合法,应当着重审查以下内容:(1)收集、提取电子数据是否由2名以上侦查人员进行,取证方法是否符合相关技术标准。(2)收集、提取电子数据,是否附有笔录、清单,并经侦查人员、电子数据持有人(提供人)、见证人签名或者盖章;没有持有人(提供人)签名或者盖章的,是否注明原因;对电子数据的类别、文件格式等是否注明清楚。(3)是否依照有关规定由符合条件的人员担任见证人,是否对相关活动进行录像。(4)电子数据检查是否将电子数据存储介质通过写保护设备接入检查设备;有条件的,是否制作电子数据备份,并对备份进行检查;无法制作备份且无法使用写保护设备的,是否附有录像。

3. 小赵对鉴定意见发表的意见可以作为法官裁判的参考材料。

根据《刑事诉讼法》第197条第2款的规定,公诉人、当事人和辩护人、诉讼代理人可以申请法庭通知有专门知识的人出庭,就鉴定人作出的鉴定意见提出意见。在我国,鉴定意见的主要特点包括:(1)鉴定人需要具有鉴定人资质;(2)鉴定人需要由公安司法机关指派或者聘请;(3)由鉴定人针对案件专门事实提出专业意见。

本案中,专家辅助人小赵不一定具备这三个特点,具言之:(1)小赵不一定具有鉴定人资质;(2)小赵没有经过公安司法机关指派或者聘请;(3)小赵是对鉴定意见而非对案件专门事实发表意见。因此,小赵对鉴定意见发表的意见不属于法定证据种类,只能作为法院裁判的参考材料,对其适用鉴定意见的审查规则。

4.《刑诉解释》第100条规定:"因无鉴定机构,或者根据法律、司法解释的规定,指派、聘请有专门知识的人就案件的专门性问题出具的报告,可以作为证据使用。对前款规定的报告的审查与认定,参照适用本节的有关规定。经人民法院通知,出具报告的人拒不出庭作证的,有关报告不得作为定案的根据。"

本案中,物价部门出具的游戏金豆的价格认定书即由有专门知识的人就案件的专门性问题出具的报告,该价格认定书可以作为证据使用,审查与认定参照鉴定意见的程序规定。

5.《高检规则》第399条规定:在法庭审理中,公诉人应当客观、全面、公正地向法庭出示与定罪、量刑有关的证明被告人有罪、罪重或者罪轻的证据。按照审判长要求,或者经审判长同意,公诉人可以按照以下方式举证、质证:(1)对于可能影响定罪量刑的关键证据和控辩双方存在争议的证据,一般应当单独举证、质证。(2)对于不影响定罪量刑且控辩双方无异议的证据,可以仅就证据的名称及其证明的事项、内容作出说明。(3)对于证明方向一致、证明内容相近或者证据种类相同,存在内在逻辑关系的证据,可以归纳、分组示证、质证。公诉人出示证据时,可以借助多媒体设备等方式出示、播放或者演示证据内容。定罪证据与量刑证据需要分开的,应当分别出示。

6. 对于这一问题,目前立法没有明确规定。一种观点认为,应当以被告人供述为准。在审判阶段,被告人可以接受控辩双方对其交叉发问,法官也可以依职权对被告人发问,结合庭审的举证、质证,法庭辩论,利于查清被告人供述的真实性,应当以被告人在庭审中的供述为准。

另一种观点认为,应当以侦查讯问时录音录像为准。讯问时录音录像具有高度客观性,能够真实反映被告人在侦查阶段的陈述内容。不能以被告人在庭审中的一时陈述为准,应当以高度客观的录音录像为准。

笔者认为,不能绝对地采纳被告人供述或者侦查讯问时录音录像,应当具体问题具体分析。被告人基于多种考虑,庭审中供述不一定为真。若侦查阶段发生刑讯逼供等非法取证行为,侦查人员对其刑讯的时候不录、录的时候不刑讯,录音录像内容也不一定为真。因此,法官应当重点审查被告人供述与录音录像的客观性、真实性、合法性。若被告人供述能够得到其他证据印证,应当采纳被告人供述。若录音录像有其他证据印证,则应采纳侦查讯问时录音录像。

四、民法综合

【参考答案】

1. 可以。

因为营利法人的出资人滥用法人独立地位和出资人的有限责任,逃避债务,严重损害债权人利益的,应当对法人债务承担连带责任。

本案中,甲公司的自然人股东A和B未经任何表决程序,在未形成团体意思决议的情形下,擅自将甲公司的土地使用权出资,与乙公司签订房地产开发合同,损害了甲公司债权人的利益。因此,依法应当承担连带责任。

2. (1)应当先就乙公司自己提供的物保实现债权,不足部分再请求保证人C和D承担保证责任。

因为被担保的债权既有债务人自己提供的物的担保又有保证的,除当事人另有约定外,债权人应当先就该物的担保实现债权。

本案中,丁公司的债权既有债务人乙公司提供的动产浮动抵押权,又有C和D提供的保证,并且当事人无特别约定。因此,应当先就该动产浮动抵押权实现债权,不足部分再请求保证人承担责任。

(2)若丁公司仅起诉借款人乙公司,则人民法院可以不追加连带责任保证人C和D为共同被告;若丁公司仅起诉连带责任保证人C和D,则人民法院可以追加借款人乙公司为共同被告;若丁公司将借款人乙公司和连带责任保证人C和D作为共同被告一并起诉,则人民法院无须追加共同被告。

3. (1)能。

因为乙公司擅自将融资租赁而来且设定抵押权的两

台铲车出卖给自然人E的行为系无权处分，自然人E善意取得两台铲车的所有权。

(2)可以。

因为乙公司将融资租赁而来的两台铲车为丁公司设定动产浮动抵押权系无权处分，丁公司善意取得动产浮动抵押权。乙公司作为房地产开发公司将已设定抵押权的两台铲车又出卖给自然人E属于非正常经营活动，因此，作为抵押权人的丁公司可以向E主张行使抵押权。

4. 违约责任。

因为违约责任的构成要件有三：(1)存在合法有效的合同；(2)存在违约行为；(3)不存在法定或约定的免责事由。

本案中，虽然乙公司无权处分，但不影响乙公司和E签订的铲车买卖合同合法有效，乙公司出售的铲车有质量和设计缺陷存在违约行为，且不存在法定或约定的免责事由。

5. (1)乙公司债权人可以。

因为债权人撤销权的构成要件有四：①债权人对债务人有合法债权；②主观上，债务人具有诈害债权的恶意；③客观上实施了诈害债权的行为；④债务人的行为已危害债权人的债权。

本案中，债务人乙公司无偿转让财产权益影响债权人的债权实现，债权人可以请求法院撤销债务人的行为。

(2)乙公司不可以。

因为赠与合同赠与人的任意撤销权包括三个例外，分别是：①经过公证的赠与合同；②具有救灾、扶贫、助残等公益性质的赠与合同；③道德义务性质的赠与合同。

本案中，乙公司向青少年基金会的赠与依法属于公益性质的赠与，不可以行使任意撤销权。

6. 戊公司应当先执行乙公司提供的动产质权，不足部分，再向子和丑主张。

因为当债务人提供的物的担保和保证并存时，除当事人有特别约定外，应当先执行债务人自己提供的物的担保。

7. 不能。

因为同一债务有两个以上第三人提供担保，担保人之间互相追偿的情形有三：(1)担保人之间约定相互追偿即分担份额；(2)担保人之间系连带共同担保；(3)各担保人在同一份合同书上签章、捺指印。本题中，丑和子互相不知对方的存在，属于"背靠背担保"，互相之间不享有追偿权。

8. (1)不能。

因为民事法律行为的有效要件有四，分别是：①不违反法律、行政法规的效力性强制性规定；②不违背公序良俗；③主体具有相应的民事行为能力；④意思表示真实。

本案中，乙公司的卖房行为完全符合上述构成要件。因此，乙公司的卖房合同合法有效。

(2)应当。

因为违约责任的构成要件有三，分别是：①存在合法有效的合同；②存在违约行为；③不存在法定或约定的免责事由。

本案中，A、B和乙公司存在合法有效的合作协议，乙公司对外销售的行为构成违约行为且不存在免责事由。因此，应当承担违约责任。

9. 应当由东下市西河区人民法院管辖。根据司法解释的规定，财产纠纷，当事人可以书面协议选择与争议有实际联系地点的人民法院管辖，但违反级别管辖和专属管辖的除外。故本案应当根据管辖协议的约定，由被告乙公司住所地东下市西河区人民法院管辖。

10. E如果主张违约责任，应当向乙公司主张；E如果主张侵权责任，可以向乙公司以及铲车的生产企业主张。

11. F可以与乙公司和解、调解、达成仲裁协议向仲裁委员会申请仲裁或向法院起诉。

12. 首先，本案应当由当事人申请进行鉴定。根据司法解释的规定，鉴定的启动方式有两种，一是由当事人申请鉴定，二是符合法院依职权调查收集证据情形的，法院可以依职权决定鉴定。同时，法院依职权调查收集证据的情形包括5类：(1)涉及可能损害国家利益、社会公共利益的；(2)涉及身份关系的；(3)涉及《民事诉讼法》第58条规定诉讼的；(4)当事人有恶意串通损害他人合法权益可能的；(5)涉及依职权追加当事人、中止诉讼、终结诉讼、回避等程序性事项的。本案不属于法院依职权决定鉴定的情形，故只能由当事人申请鉴定。

其次，关于鉴定人的确定，可以由法院组织双方当事人协商确定具备相应资格的鉴定人，当事人协商不成的，由法院指定。

最后，当事人对鉴定意见有异议的，可以书面形式向法院提出；法院应当要求鉴定人作出解释、说明或者补充。当事人收到鉴定人书面答复后仍有异议的，法院应当要求有异议的当事人预交鉴定人出庭费用，并通知鉴定人出庭。

五、行政法与行政诉讼法

【参考答案】

1. 黄某具有原告资格。《行政诉讼法》第25条第1款规定，行政行为的相对人以及其他与行政行为有利害关系的公民、法人或者其他组织，有权提起诉讼。本案中，黄某是房屋所有权人，也是《资产收购协议书》的行政相对人，与被诉协议具有法律上的利害关系，所以黄某具有原告资格。

2. 区政府是被告。第一，本题并没有市、县级人民政府确定的房屋征收部门，所以被告不是房屋征收部门。第二，《行政诉讼法解释》第20条第3款规定，没有法律、法规或者规章规定，行政机关授权其内设机构、派出机构或者其他组织行使行政职权的，属于《行政诉讼法》第26条规定的委托。当事人不服提起诉讼的，应当以该行政机关为被告。本案中，乙区政府授权乙区管委会没有法律依据，属于"假授权，真委托"，视为乙区管委会是受乙区政府委托的组织，其与黄某签订行政协议，应当由乙区政府作为被告承担责任。

3.《资产收购协议书》属于行政协议。《行政协议案件规定》第1条规定，行政机关为了实现行政管理或者公共服务目标，与公民、法人或者其他组织协商订立的具有行政法上权利义务内容的协议，属于《行政诉讼法》第12条第1款第11项规定的行政协议。本案中，区政府为了对外实施行政管理，与黄某签订的具有行政法上权利义务内容的协议，属于行政协议。

4. 仲裁条款无效。根据《行政协议案件规定》第26条的规定，行政协议约定仲裁条款的，人民法院应当确认该条款无效，但法律、行政法规或者我国缔结、参加的国际条约另有规定的除外。因此，本案中行政协议中约定的仲裁条款是无效的。

5. 本案适用民事法律规范时效。根据《行政协议案件规定》第25条的规定，公民、法人或者其他组织对行政机关不依法履行、未按照约定履行行政协议提起诉讼的，诉讼时效参照民事法律规范确定；对行政机关变更、解除行政协议等行政行为提起诉讼的，起诉期限依照行政诉讼法及其司法解释确定。本案中，黄某并不是对行政机关变更、解除行政协议等行政行为提起诉讼，所以诉讼时效参照民事法律规范确定。

6. 乙区政府拒绝公开的行为违法。根据《政府信息公开条例》第21条的规定，土地征收属于行政机关主动公开的事项。根据《国有土地上房屋征收与补偿条例》第29条第1款的规定，房屋征收部门应将分户补偿情况在房屋征收范围内向被征收人公布。

同时根据《政府信息公开条例》第15条的规定，涉及个人隐私等公开会对第三方合法权益造成损害的政府信息，行政机关不得公开。但是，第三方同意公开或者行政机关认为不公开会对公共利益造成重大影响的，予以公开。本案中，乙区政府以涉及被征收人的隐私为由拒绝公开，没有征求被征收人的意见，也没有衡量社会公共利益，故其直接拒绝的行为是违法的。

六、商法

【参考答案】

1. 无效。本案中工会作为登记的法人，代表全体职工持股，工会作为“集合股东”，在公司内部行使股东权利，参与公司的管理。由于公司实行职工持股计划一般具有维系企业与职工关系的目的，并且职工股股东相对于普通股股东，享受了诸多优惠条件，对职工股股权的转让应当给予一定的限制。实践中一般根据公司章程、职工持股会章程等进行转让，并且一般通过内部转让、回购等形式完成转让。职工私下将职工股转让给他人是无效的。

2.（1）曹四的董事资格可因此丧失。根据《公司法》第68条第1款的规定，董事会中的职工代表由公司职工通过职工代表大会、职工大会或者其他形式民主选举产生。本案中，曹四作为职工董事由职工大会选举和罢免，曹四被职工大会撤销任命后丧失甲公司的董事资格。

（2）曹四的股东权益不会因此丧失。甲公司推行职工持股计划，曹四作为职工通过工会持股，但曹四按照其份额享有收益等相关权利，此权利是以曹四的职工身份和对公司的出资为基础获取的，职工大会无权取消。

3.（1）甲公司增资3000万元的决议有效。根据《公司法》第66条第3款的规定，股东会作出增加注册资本的决议，必须经代表2/3以上表决权的股东通过。本案中，虽然张一反对甲公司的增资决议，但代表74%表决权的其他股东均同意，故增资决议有效。

（2）由乙公司认购全部新增股本的决议不成立。根据《公司法》第227条第1款的规定，公司新增资本时，股东有权优先按照实缴的出资比例认缴出资。但是，全体股东约定不按照出资比例优先认缴出资的除外。本案中，甲公司增资3000万元，其他股东有权按实缴出资比例行使优先认缴权，如果打破此认购比例，则涉及公司股权架构的重新搭建，需要全体股东一致约定。由乙公司认购全部增资的决议，有张一等股东反对，故同意此决议的表决结果未达到公司法规定的通过比例。根据《公司法司法解释（四）》第5条的规定，该决议不成立。

4.（1）关二的主张不能完全得到支持。根据《公司法》第227条的规定，公司新增资本时，股东有权优先按照实缴的出资比例认缴出资。但是，全体股东约定不按照出资比例优先认缴出资的除外。本案中，关二实缴出资比例为8%，在此范围即240万元新股的范围内，关二有优先认缴权。无其他股东的一致同意的情况下，关二主张优先认缴500万元新股超出了法定范围，关二对超出部分的主张于法无据。

（2）黄十一的主张不能得到支持。根据《公司法》第227条的规定，公司新增资本时，享有优先认缴权的是公司的股东。本案中，黄十一的职工股并非由黄十一直接持股，而是由工会作为集体持股平台统一持股并将工会登记为公司股东。黄十一既然不是甲公司直接的股东，就无权主张优先认缴权。

5. 该借款合同有效。根据《公司法》第22条及《公司法司法解释（五）》第1条的规定，公司的控股股东、董事利用关联关系损害公司利益，给公司造成损失的，应当承担赔偿责任。本案中，潘八以甲公司名义与丙公司签署的无息借款合同，属于控股股东实施的关联交易，但法律并不否认关联交易的效力，只是因此给公司造成的损失，行为人需对公司承担赔偿责任。

6. 无效。根据《公司法司法解释（三）》第17条第1款的规定，有限责任公司的股东未履行出资义务或者抽逃全部出资，经公司催告缴纳或者返还，其在合理期间内仍未缴纳或者返还出资，公司有权以股东会决议解除该股东的股东资格。本案中，乙公司实际缴纳了出资1000万元，并且没有经催告缴纳的程序，不能被解除股东资格，甲公司股东会解除其股东资格的行为无效。